U0714113

詩部

論述

姚振宗輯《七略别録佚文・詩家》　《詩》始自魯申公，作古訓。燕人韓嬰爲文帝博士，作《詩外傳》。按《儒林傳》云「作内外傳」，此敓「内」字。齊人轅固生爲景帝博士，亦作《詩外内傳》。由是有魯、韓、齊之學。《漢紀》。趙人有毛公，爲河間獻王博士，作《詩傳》，自謂得子夏所傳。由是爲《毛詩》，列於學也。《漢紀》。按此謂河間國列於官，非謂漢朝也。

《漢書・藝文志・詩類序》　《書》曰：「詩言志，歌詠言。」故哀樂之心感，而歌詠之聲發。誦其言謂之詩，詠其聲謂之歌。故古有采詩之官，王者所以觀風俗，知得失，自考正也。孔子純取周詩，上采殷，下取魯，凡三百五篇，遭秦而全者，以其諷誦，不獨在竹帛故也。漢興，魯申公爲《詩》訓故，而齊轅固、燕韓生皆爲之傳。或取《春秋》，采雜説，咸非其本義。與不得已，魯最爲近之。三家皆列於學官。又有毛公之學，自謂子夏所傳，而河間獻王好之，未得立。

《隋書・經籍志・詩類序》　《詩》者，所以導達心靈，歌詠情志者也。故曰：「在心爲志，發言爲詩。」上古人淳俗樸，情志未惑。其後君尊於上，臣卑於下，面稱爲諂，目諫爲謗，故誦美譏惡，以諷刺之。初但歌詠而已，後之君子，因被管絃，以存勸戒。夏、殷已上，詩多不存。周氏始自后稷，而公劉克篤前烈，太王肇基王迹，文王光昭前緒，武王克平殷亂，成王、周公化至太平，誦美盛德，踵武相繼。幽、厲板蕩，怨刺並興。其後王澤竭而詩亡，魯太師摯次而録之。孔子删詩，上采商，下取魯，凡三百篇。至秦，獨以爲諷誦，不滅。漢初，有魯人申公，受《詩》於浮丘伯，作詁訓，是爲《魯詩》。齊人轅固生亦傳《詩》，是爲《齊詩》。燕人韓嬰亦傳《詩》，是爲《韓詩》。終于後漢，三家並立。漢初又有趙人毛萇善《詩》，自云子夏所傳，作《詁訓傳》，是爲「《毛詩》古學」，而未得立。後漢有九江謝曼卿，善《毛詩》，又爲之訓。東海衛敬仲，受學於曼卿。先儒相承，謂之《毛詩》。《序》，子夏所創，毛公及敬仲又加潤益。鄭衆、賈逵、馬融，並作《毛詩傳》，鄭玄作《毛詩箋》。《齊詩》魏代已亡；《魯詩》亡於西晉；《韓詩》雖存，無傳之者。唯《毛詩鄭箋》，至今獨立。又有《業詩》，奉朝請業遵所注，立義多異，世所不行。

錢東垣等輯《崇文總目・詩類序》　［原叙］昔孔子删古詩三千餘篇，取其三百一十一篇著于經。秦楚之際，亾其六。漢興，詩分爲四：一曰魯人申公作訓詁，號《魯詩》；二曰齊人轅固生作傳，號《齊詩》；三曰燕人韓嬰作《内外傳》，號《韓詩》；四曰河間人毛公作《故訓傳》，號《毛詩》。三家並列學官，而毛以後出，至平帝時始列于學。其後馬融、賈逵、鄭衆、康成之徒，皆發明毛氏，其學遂盛。魏晉之間，齊、魯之《詩》廢絶，《韓詩》雖在而益微，故毛氏獨行，遂傳至今。韓嬰之書，至唐猶在，今其存者十篇而已。《漢志》嬰書五十篇，今但存其《外傳》，非嬰傳《詩》之詳者，而其遺説時見于他書，與毛之義絶異，而人亦不信。去聖既遠，誦習各殊，至于考風雅之變正以知王政之興衰，其善惡美刺不可不察焉。見《歐陽文忠公集》。《三家詩考》引「韓嬰之書」至「與毛之説絶異」，無「漢志嬰書五十篇」句。

鄭樵《通志・藝文略・詩類序》　按：《詩》舊惟魯、齊、韓三家而已，魯申公，齊轅固，燕韓嬰也。終于後漢，惟此三家並立學官。漢初又有趙人毛萇者，自言其《詩》傳自子夏，蓋本《論語》「起予者商」之言也。河間獻王雖好之，而漢世不以立學官。毛公嘗爲北海相，其《詩》傳於北海，鄭玄北海人，故爲之箋。《毛詩》自鄭氏既箋之後，而學者篤信鄭玄，故此《詩》專行，三家遂廢。《齊詩》亡於魏，《魯詩》亡於西晉，隋唐之世，猶有《韓詩》可據，迨五代之後，《韓詩》亦亡。致今學者只憑毛氏，且以序爲子夏所作，更不敢擬議。蓋事無兩造之辭，則獄有偏聽之惑。臣爲作《詩辨妄》六卷，可以見其得失。

晁公武《郡齋讀書志・詩類》　右古詩三千餘篇，孔子删取其三百十一篇爲經，後亡其六。漢興，分爲三：申公作《訓詁》，號《魯詩》；轅固生作傳，號《齊詩》；韓嬰作傳，號《韓詩》，皆列學官。最後毛公詩出，自謂子夏所傳。公，趙人，爲河間獻王博士，五傳至東京，馬、賈、二鄭，皆授其學。魏、晉間，魯、齊《詩》遂廢而《韓詩》僅存，《毛公詩》獨行至今，世謂其解經最密。其《序》，蕭統以爲卜子夏所作，韓愈嘗以三事疑其非，王介甫獨謂詩人所自製。按《東漢·儒林傳》曰：衛宏「作《毛詩序》，善得《風》《雅》之旨」。《隋·經籍志》曰：「先儒相承謂《毛詩序》子夏所創，毛公及衛宏所潤益。」愈之言蓋本於此。《韓詩》序《芣苢》曰「傷夫也」，《漢廣》曰「悅人也」。《序》若詩人所自製，《毛詩》猶《韓詩》也，不應不同若是，況文意繁雜，其出二人手甚明，不知介甫何以言之，殆臆論歟？漢鄭康成箋。

馬端臨《文獻通考·經籍考·詩》　孔氏曰：「《史記·孔子世家》云：『古者詩本三千餘篇，去其重，取其可施於禮義者三百五篇。』按《書》、《傳》所引之詩，見在者多，亡逸者少，則夫子所錄者不容十分去九，馬遷之言，未可信也。據今者及亡詩六篇，凡三百一十一篇，而《史記》、《漢書》云三百五篇，缺其亡者，以見在爲數。」

歐陽氏曰：「遷說然也。今《書傳》所載逸《詩》，何可數也？以鄭康成《譜圖》推之，有更十君而取其一篇者，又有二十餘君而取其一篇者，由此言之，何啻三千！」又曰：「刪云者，非止全篇刪去也。或篇刪其章，或章刪其句，刪其字，如『唐棣之華，偏其反而，豈不爾思，室是遠而』，此《小雅·唐棣》之詩也。夫子謂其以室爲遠，害於兄弟之義，故篇刪其章也。『衣錦尚絅，文之著也』，此《鄘風·君子偕老》之詩也。夫子惡其盡飾之過，恐其流而不返，故章刪其句也。『誰能秉國成，不自爲政，卒勞百姓』，此《小雅·節南山》之詩也。夫子以『能』之一字爲意之害，故句刪其字也。」【略】

石林葉氏曰：「《詩》有四家，《毛詩》最後出而獨傳，何也？曰：豈惟《毛詩》？始漢世之《春秋》，《公》、《穀》爲盛，至後漢而《左氏》始立，而後之盛行者，獨《左氏》焉。《禮》家之學，五傳弟子，分曹教授，蓋《小戴》最爲後出，而今之言《禮》者，惟《小戴》爲衆所宗。此無他，六經始出，諸儒講習未精，且未有他書以證其是非，故雜僞之說可入，趙賓之《易》，張霸之《書》，是也。歷時既久，諸儒議論既精，而又古人簡書時出於山崖屋壁之間，可以爲證，而學者遂得即之以考同異，而長短精粗見矣。長者出而短者廢，自然之理也。六經自秦火後，獨《詩》以諷誦相傳。《韓詩》既出於人之諷詠，而齊、魯與燕，語音不同，訓詁亦異，故其學往往多乖。獨《毛》之出也，自以源流得於子夏，而其書貫穿先秦古書。其釋《鴟鴞》也，與《金縢》合；釋《北山》、《烝民》也，與《孟子》合；釋《昊天有成命》，與《國語》合；釋《碩人》、《清人》、《黃鳥》、《皇矣》，與《左傳》合；而序《由庚》等六章，與《儀禮》合。蓋當毛氏時，《左氏》未出，《孟子》、《國語》、《儀禮》未甚行，而學者亦未能信也。惟河間獻王博見異書，深知其精。迨至晉、宋，諸書盛行，肆業者衆，而人始翕然知其說近正。且《左氏》等書，漢初諸儒皆未見，而毛說先與之合，不謂之源流子夏可乎？唐人有云：『《齊詩》亡於魏，《魯詩》亡於晉，《韓詩》雖存，無傳之者。』今韓氏章句已不存矣，而《齊詩》猶有見者，然唐人既謂之亡，則書之眞僞，未可知也。」

東萊呂氏曰：「魯、齊、韓、毛《詩》讀異，義亦不同，以《魯》、《齊》、《韓》之義尚可見者較之，獨《毛詩》率與經傳合。《關雎》正風之首，三家者乃以爲刺，餘可知矣，是則《毛詩》之義，最得其眞也。」

王禕《青巖叢録》　《詩》三百篇，始定於周公，再定於孔子，二《南》及大、小《雅》、《周頌》，周公之所定也。幽、厲之後，風雅俱變，孔子於諸國之風，則刪其淫邪者，於公卿大夫之作，則取其可爲訓戒者。東遷之後，王國列爲《國風》，既又得《商頌》、《魯頌》等篇，合周公之所定者爲三百篇。秦火，《詩》、《書》同禍，《書》最殘缺，而《詩》獨無一篇之失者，亦以其託於諷詠，不徒載於竹帛故也。然《素絢》、《唐棣》、《貍首》、《轡柔》諸詩，既皆缺逸，而已放之鄭聲，乃反獲存。【略】諸篇不知用之祀何鬼神，享何賓客，何得失可諷，何禮義之可正。劉歆言《詩》始出時，一人不能獨盡，其經或爲雅，或爲頌，相合而成，不足，則以世俗之流傳，管絃之濫在者足之，而不辨其非，故變雅之中，或有類於正雅之音，而成王之頌，且有康王以後之詩。蓋今之《國風》、《雅》、《頌》，非復孔子所刪之舊矣。至於二《南》，以《關雎》配《鵲巢》，以《葛覃》配《采蘩》，以《卷耳》配《草蟲》，以《樛木》配《江汜》，以《螽斯》配《小星》，以《桃夭》配《摽梅》，以《兔罝》配《羔羊》，以《芣苢》配《采蘋》，以《漢廣》配《行露》，以《汝墳》配《殷雷》，以《麟趾》配《騶虞》，各十一篇，整然相合，其爲周公所定無疑。若《甘棠》，後人思召伯也，《何彼穠矣》、《王風》也，《野有死麕》，淫詩也，此三詩乃皆列於二《南》，然則雖二《南》亦非復周公之所定者矣。漢世言《詩》者四家，《魯詩》起於申公，而盛於韋賢；《齊詩》起於轅固，而盛於匡衡；《韓詩》起於韓嬰，而盛於王吉，三家並立學官。《毛詩》起於毛公，最後顯，大毛公亨爲訓詁，河間獻王獻之，以小毛公萇爲博士。其後盛於徐敖，而言《毛詩》者本之徐氏，至平帝時始立學官。四家之《詩》，經同而說異，後漢又黜毛氏而立齊、魯、韓氏學。至於馬融、鄭衆、鄭康成、賈逵之徒，乃皆發明毛公。馬融、賈逵、鄭衆作傳，鄭康成爲箋，又爲譜、圖，於是毛氏學遂盛，而三家寖微。魏、晉之時，齊、魯之《詩》廢絕，《韓詩》雖存而益微。今毛學與鄭氏《箋》、《譜》並行，世之言《詩》者，非毛、鄭之學不學也。初《詩序》自爲一編，毛公始以分寘諸篇之首，乃若詩人所命之題，而《詩》之因《序》以作者，經之本旨，不復可考，其《序》或以爲出於孔子及弟子之知《詩》者作，或曰子夏作，或曰《大序》子夏作，《小序》子夏、毛公合作。《東漢·儒林傳》曰衛宏作《毛詩序》；王肅曰子夏所《序》，今之《毛詩》是也；《隋·經籍志》曰毛詩、子夏所創，毛公及衛宏又加潤益；韓愈又以爲《詩序》非子夏所著；王安石則以爲詩人所自製；或曰太史采詩之時，已序其美刺之意於篇端，自美刺而下，意者講師之說，或出於子夏，或出於毛公與衛宏之徒，非出一人之手，故其辭往往重復云。唐以來，儒者皆莫覺其爲失，儒顧有覺之者，然莫能去也。至朱子始深斥其失而去之，足以洗千載之謬矣。朱子《集傳》其訓詁亦用毛、鄭，而叶韻則本吳才老之說，其釋諸經，自謂於《詩》獨無遺憾。朱子之《傳》行，而毛、鄭之說廢矣。當時東萊呂氏有《讀詩記》，最爲精密，朱子實兼取之，而朱子門人輔氏有《童子問》，其說復多補朱《傳》之未備者焉。

焦竑《國史經籍志·詩類序》　《詩》三百十一篇，亡其辭者六。考之《儀禮》，皆笙詩也。笙詩有譜以記音節，而無其辭，非軼之也。春秋諸侯卿大夫，賦《詩》道志，率無所擇。至考其入樂，自《邶》迄《豳》，無一在數。享之用《鹿鳴》，鄉飲酒之笙《由庚》、《鵲巢》，射之奏《騶虞》、《采蘋》，靡匪雅與南也。然後知南、雅、頌之爲樂無疑矣。故曰：「以雅以南，以籥不僭。」季札觀舞象箾南籥者，南籥，二《南》之籥也；箾，雅也；象舞，頌之《維清》也。《文王世子》又曰：「胥鼓南。」則南之爲樂益明已。竊嘗論他經可以詁解，而《詩》當以聲論。後世不得其聲，而獨辭之知，韓、毛諸家，於鳥獸蟲魚之細，竭力以爭，而問其音節，不能解也。古者審聲以知治，作樂以成教者，其亦幾於絕矣。夫以聲感者於性近，而以義求者離性遠。學《詩》而不知此也，與耳食何異？今録其見存諸編，令學者與樂部類而觀焉。

《四庫提要·詩類序》　《詩》有四家，毛氏獨傳，唐以前無異論。宋以後則衆說爭矣。然攻漢學者，意不盡在於經義，務勝漢儒而已；伸漢學者，意亦不盡在於經義，憤宋儒之詆漢儒而已。各挾一不相下之心，而又濟以不平之氣，激而過當，亦其勢然歟？夫解《春秋》者，惟《公羊》多駁，其中高子、沈子之說，殆轉相附益。要其大義，數十傳自聖門者，不能廢也。《詩序》稱子夏，而所引高子、孟仲子乃戰國時人，固後來攙續之明證。即成伯瑜等所指篇首一句，經師口授，亦未必不失其眞。然去古未遠，必有所受。意其眞贋相半，亦近似《公羊》。全信全疑，均爲偏見。今參稽衆說，務協其平。苟不至程大昌之妄改舊文，王柏之横刪聖籍者，論有可採，竝録存之，以消融數百年之門戶。至於鳥獸草木之名，訓詁聲音之學，皆事須考證，非可空談。今所採輯，則尊漢學者居多焉。

耿文光《萬卷精華樓藏書記·詩類序》　古詩三千余篇，孔子刪之爲三百，漢儒倡之，後儒議之，蓋疑者半，信者半。《國風》、《雅》、《頌》之什，或以爲太史所分，或以爲孔子所分，或又謂不待太史、孔子而後分也，蓋是者半，非者半。大、小《序》之作，或以爲子夏，或又謂非子夏，蓋可者半，否者半。此三者，至今不能決也，而連篇累牘，辨說紛如。愚以去古既遠，確證誠難，並列其說，不加論斷，是或讀書之一道也。秦漢以前之古本不可見矣，漢時傳《詩》者有齊、魯、韓、毛四家，各有師傳，不相統貫，義既不同，字亦各異，是固疑無可疑，而信不妨並信矣。然齊、魯、韓三家已佚，所存者惟毛萇之《傳》，而毛亨之《故訓》亦亡，明時忽出《子貢詩傳》、子夏《詩說》，皆鄞人豐坊所撰僞迹，顯然不足存也。今所録者凡三十一家，始於鄭《箋》，附以《外傳》。其中考辨名物，訓詁字義，最爲讀《詩》要着，而《詩》音入於小學類者，亦宜參觀。《毛詩圖》著於《七録》者尚有三家，《韓詩圖》見於《名畫記》者尚有一家，今皆亡佚，深可惜也。今有《毛詩名物圖考》，尚可爲童蒙講說，而宋本《六經圖》中有《詩圖》，亦宜省視。其他《爾雅》、《埤雅》、《方言》、《釋名》、《說文》、《本草》皆可爲《詩》學之助，宜遍及也。宋元經說已著於目録學者，茲不復贅。《毛詩指說》、《六家詩名物抄》已見於耿氏書目者，亦不再録。近人說《詩》，多宗漢學。

雜録

《漢書・藝文志・詩》 凡《詩》六家，四百一十六卷。

陸德明《經典釋文序録・注解傳述人》 《詩》者，所以言志吟咏性情以諷其上者也。古有采詩之官，王者巡守，則陳詩以觀民風，知得失，自考正也。動天地，感鬼神，厚人倫，美教化，移風俗，莫近乎詩。

是以孔子最先删録。既取周詩，上兼《商頌》，凡三百十一篇。毛公爲故訓時已亡六篇，故《藝文志》云三百五篇。以授子夏，子夏遂作《序》焉。或曰毛公作《序》，解見□□。口以相傳，未有章句。戰國之世，專任武力，《雅》《頌》之聲爲鄭衛所亂，其廢絶亦可知矣。遭秦焚書而得全者，以其人所諷誦，不專在竹帛故也。

漢興，傳者有四家。魯人申公亦謂申培公，楚王太傅，武帝以安車蒲輪徵之，時申公年八十餘，以爲太中大夫。受《詩》於浮丘伯，以《詩經》爲訓故以教，無《傳》，疑者則闕不傳，號曰《魯詩》。弟子爲博士者十餘人，郎中令王臧、蘭陵人。御史大夫趙綰、趙人。臨淮太守孔安國、膠西内史周霸、城陽内史夏寬、東海太守魯賜、碭人。長沙内史繆生、蘭陵人。膠西中尉徐偃、膠東内史闕門慶忌，鄒人。皆申公弟子也。申公本以《詩》、《春秋》授，瑕丘江公盡能傳之，徒衆最盛。魯許生、免中徐公免中，縣名。皆守學教授。丞相韋賢受《詩》於江公及許生，傳子玄成。賢字長孺，玄成字少翁，父子並爲丞相，封扶陽侯，又治《禮》、《論語》。玄成兄子賞以《詩》授哀帝，大司馬車騎將軍。又王式字翁思，東平新桃人，昌邑王師。受《詩》於免中徐公及許生，以授張生長安名長安，字幼君，山陽人，爲博士論石渠，至淮陽中尉。及唐長賓、東平人，爲博士，楚王太傅。褚少孫。沛人，爲博士。《褚氏家傳》云卽續《史記》褚先生。張生兄子游卿諫大夫。以《詩》授元帝，傳王扶。琅琊人，泗水中尉。扶授許晏。陳留人，爲博士。又薛廣德字長卿，沛國相人，御史大夫。受《詩》於王式，授龔舍。字君倩，楚國人，太山太守。

齊人轅固生漢景帝時爲博士，至清河太傅。作《詩傳》，號《齊詩》，傳夏侯始昌。始昌授后蒼。字近君，東海郯人，通《詩》、《禮》，爲博士，至少府。蒼授翼奉字少君，東海下邳人，爲博士，諫大夫。及蕭望之、字長倩，東海蘭陵人，御史大夫、前將軍，兼傳《論語》。匡衡。字稚圭，東海承人，丞相，樂安侯。子咸亦明經，歷九卿，家世多爲博士。衡授師丹字公仲，瑯琊人，大司空。及伏理、字游君，高密太傅，家世傳業。批注：陸璣《詩疏》：「伏黯傳理家學，改定章句以授子恭，恭删黯章句，定爲二十萬言。」伏生八世理，九世湛，湛弟黯，黯子恭，十五世完。滿昌。字君都，潁川人，詹事。昌授張邯九江人。及皮容，瑯琊人。皆至大官，徒衆尤甚。後漢陳元方亦傳《齊詩》。

燕人韓嬰漢文帝時爲博士，至常山太傅。推《詩》之意，作内、外《傳》數萬言，號曰《韓詩》。淮南賁生受之。武帝時，嬰與董仲舒論於上前，仲舒不能難。嬰又爲《易傳》，燕趙閒好《詩》，故其《易》微，唯韓氏自傳之。其孫商爲博士，孝宣時涿韓生其後也。河内趙子事燕韓生，授同郡蔡誼。誼以《詩》授昭帝，至丞相，封侯。誼授同郡食子公爲博士。及琅邪王吉。字子陽，王駿父，昌邑中尉、諫大夫，吉兼五經，能爲《鄒氏春秋》，以《詩》、《論》教授。子公授太山栗豐。部刺史。吉授淄川長孫順。爲博士。豐授山陽張就。順授東海髮福。並至大官。

《藝文志》云：齊、韓《詩》「或取《春秋》，采雜說，咸非其本義。魯最爲近之」。

《毛詩》者，出自毛公。河間獻王好之。徐整字文操，豫章人，吳太常卿。云：子夏授高行子。高行子授薛倉子。薛倉子授帛妙子。帛妙子授河間人大毛公。毛公爲《詩故訓傳》於家，以授趙人小毛公。一云名萇。小毛公爲河間獻王博士，以不在漢朝，故不列於學。一云：子夏傳曾申。字子西，魯人，曾參之子。申傳魏人李克。克傳魯人孟仲子。鄭玄《詩譜》云：子思之弟子。孟仲子傳根牟子。根牟子傳趙人孫卿子。孫卿子傳魯人大毛公。《漢書・儒林傳》云：「毛公，趙人，治《詩》，爲河間獻王博士，授同國貫長卿。徐整作「長公」。長卿授解延年。爲阿武令，《詩譜》云齊人。延年授虢徐敖。敖授九江陳俠。」王莽講學大夫。或云：陳俠傳謝曼卿。元始五年，公車徵說《詩》。後漢鄭衆、賈逵傳《毛詩》，馬融作《毛詩注》，鄭玄作《毛詩箋》，申明毛義難三家，於是三家遂廢矣。魏太常王肅更述毛非鄭；荆州刺史王基字伯輿，東萊人。駮王肅申鄭義。晉豫州刺史孫毓字休朗，北海平昌人，長沙太守。爲《詩評》，評毛、鄭、王肅三家異同，朋於王；徐州從事陳統字元方。難孫申鄭。

宋徵士雁門周續之、字道祖，及雷次宗俱事廬山惠遠法師。豫章雷次宗、字仲倫，宋通直郎，徵不起。齊沛國劉瓛並爲《詩序義》。

前漢，魯、齊、韓三家《詩》列於學官。平帝世，《毛詩》始立。《齊詩》久亡；《魯詩》不過江東；《韓詩》雖在，人無傳者。唯《毛詩》鄭《箋》獨立國學，今所遵用。

《隋書・經籍志・詩》　右三十九部，四百四十二卷。通計亡書，合七十六部，六百八十三卷。

《舊唐書・經籍志・詩》　右《詩》三十部，凡三百十三卷。

錢東垣等輯《崇文總目・詩類》　共八部計一百一十五卷。

《新唐書・藝文志・詩類》　右《詩》類二十五家，三十一部，三百二十二卷。失姓名三家，許叔牙以下不著録三家，三十三卷。

王應麟《玉海・藝文・詩》　《書》曰：「詩言志，歌詠言。」哀樂之心感，而歌詠之聲發。誦其言謂之詩，詠其聲謂之歌。故古有采詩之官，王者所以觀風俗，知得失，自考正也。孔子純取周詩，上采殷，下取魯，凡三百五篇，遭秦而全者，以其諷誦，不獨在竹帛故也。漢興，魯申公爲《詩》訓故，而齊轅固、燕韓嬰皆爲之傳。或取《春秋》，采雜說，咸非其本義。與不得已，皆列於學官。漢初，又有趙人毛萇善《詩》，自云子夏所傳，作《詁訓傳》，是爲《毛詩》，古學而未得立。後漢有九江謝曼卿善《毛詩》，又爲之訓。東海衛宏受學於曼卿，鄭衆、賈逵、馬融並作《毛詩傳》，鄭玄作《箋》。《齊詩》魏代已亡；《魯詩》亡於西晉；《韓詩》雖存，無傳之者。唯《毛詩》鄭《箋》至今獨立。

《宋史・藝文志・詩類》　右《詩》類八十二部，一千一百二十卷。陳寅《詩傳》以下不著録十四部，二百四十五卷。

《明史・藝文志・詩類》　右《詩》類八十七部，九百八卷。

《四庫提要・詩類二》　右《詩》類六十二部，九百四十一卷，附録一部，十卷，皆文淵閣著録。

《四庫提要・詩類存目二》　右《詩》類八十四部，九百一十三卷，內八部，無卷數。皆附存目。

張之洞《書目答問・列朝經注經説經本考證》　以上《詩》之屬。《詩》家與四家《詩》皆不合者，不錄。《子貢詩傳》、《申培詩說》皆僞書，不錄。

毛詩分部

綜述

古詩

朱彝尊《經義考・詩》　《古詩》。今存三百五篇。《周禮》：「太師教六詩，曰風，曰賦，曰比，曰興，曰雅，曰頌。」卜子曰：「詩者，志之所之也，在心爲志，發言爲詩。情動於中而形於言，言之不足，故嗟嘆之；嗟嘆之不足，故永歌之；永歌之不足，不知手之舞之足之蹈之也。先王以是經夫婦，成孝敬，厚人倫，美教化，移風俗。故詩有六義焉：一曰風，二曰賦，三曰比，四曰興，五曰雅，六曰頌。以一國之事，繫一人之本，謂之風；言天下之事，形四方之風，謂之雅。雅者，正也，言王政之所由廢興也。政有小大，故有《小雅》焉，有《大雅》焉。頌者，美盛德之形容，以其成功告於神明者也。是謂『四始』，《詩》之至也。」

墨翟曰：「誦《詩》三百，歌《詩》三百，舞《詩》三百。」

荀卿曰：「詩者，中聲之所止也。」司馬遷曰：「古者詩三千餘篇，及至孔子，去其重，取可施於禮義，上采契、后稷，中述殷、周之盛，至幽、厲之缺，始於衽席。故曰《關雎》之亂以爲《風》始，《鹿鳴》爲《小雅》始，《文王》爲《大雅》始，《清廟》爲《頌》始。三百五篇，孔子皆絃歌之，以求合《韶》、《武》、《雅》、《頌》之音。禮樂自此可得而述，以備王道，成六藝。」又曰：「《詩》三百篇，大抵賢聖發憤之所爲作也。」劉歆曰：「詩以言情。情者，性之符也。」《詩含神霧》曰：「詩者，天地之心，君德之祖，百福之宗，萬物之戶也。刻之玉版，藏之金府。集微揆著，上統元皇，下序四始，羅列五際。」又曰：「詩者，持也。在於敦厚之教，自持其心，諷刺之道，可以扶持邦家者也。」

《詩推度災》曰：「建四始五際而八節通。卯酉之際爲革政，午亥之際爲革命。」

《詩氾歷樞》曰：「卯，《天保》也；酉，《祈父》也；午，《采芑》也；亥，《大明》也。然則亥爲革命，一際也；亥又爲天門出入候聽，二際也；卯爲陰陽交際，三際也；午爲陽謝陰興，四際也；酉爲陰盛陽微，五際也。」又曰：「《大明》在亥，水始也；《四牡》在寅，木始也；《嘉魚》在巳，火始也；《鴻雁》在申，金始也。」

《春秋演孔圖》曰：「《詩》含五際六情。」即六義也。《春秋説題辭》曰：「詩者，天文之精，星辰之度，人心之操也。在事爲詩，未發爲謀，恬憺爲心，思慮爲志。故詩之爲言志也。」班固曰：「古有采詩之官，王者所以觀風俗、知得失、自考正也。孔子純取周詩，上采殷，下取魯，凡三百五篇遭秦而全者，以其諷誦，不獨在竹帛故也。」

翼奉曰：「《詩》有五際：君臣、父子、兄弟、夫婦、朋友。」孟康曰：「五際：卯、酉、午、戌、亥也。陰陽終始際會之歲，於此則有變改之政。」

鄭康成曰：「詩者，承也。政善，則下民承而讚咏之政；惡，則諷刺之。」

劉熙曰：「詩，之也，志之所之也。興物而作謂之興，敷布其義謂之賦，事類相似謂之比，言王政事謂之雅，稱頌成功謂之頌。隨作者之志而别名之者也。」

張揖曰：「《詩・小雅》之材七十四人，《大雅》之材三十一人。」按揖之言，以一篇爲一人。

周續之曰：「風雅體同，而由我化物則謂之風，物由我正則謂之雅。考之禮教，其歸不殊也。」

梁簡文帝曰：「詩者，思也，辭也。發慮在心謂之思，言見其懷抱者也。在辭爲詩，在樂爲歌，其本一也。」

《隋書・經籍志》曰：「夏、殷以上，詩多不存。周氏始自后稷，而公劉克篤前烈，太王肇基王迹，文王光昭前緒，武王克平殷亂，成王、周公化致太平，誦美盛德，踵武相繼。幽、厲板蕩，怨刺並興。其後王澤竭而詩亡，魯太師摯次而録之。孔子删《詩》，上采商，下取魯，凡三百篇。」按如《隋志》所云，則二《南》之始《關雎》，《雅》始《鹿鳴》、《文王》，《頌》始《清廟》，皆魯太師次而録之者。故《論語》曰「師摯之始，《關雎》之亂」是也。

孔穎達曰：「經傳所引諸詩，見存者多，亡失者少，不容孔子十去其九。」

李行修曰：「夫詩者，其辭主文譎諫而不訐，其教溫柔敦厚而不愚。仲尼采之，合三百五篇，善者全而用，不善者全而去。」

成伯璵曰：「詩者，四國所陳，臣下所獻。出自百家，辭生鄙俚，豈能盡善，若不刊正，無裨國風。文遭暴秦，並爲煨燼，而《詩》全樂章布於人口，三百之外，惟亡六篇。比諸典籍，未爲殘滅。」又曰：「《詩》有『四始』。始者，正詩也，謂之正始。《周》、《召》二《南》，《國風》之正始；《鹿鳴》至《菁菁者莪》，爲《小雅》之正始；《文王受命》至《卷阿》，爲《大雅》之正始；《清廟》至《般》，爲《頌》之正始。」李清臣曰：「《國風》、《雅》、《頌》美刺之義不甚相絶而分別若此，或曰太師分之，或曰孔子分之，是皆未爲知詩。夫詩者，古人樂曲，故可以歌，可以被於金石鐘鼓之節。其聲之曲折，其氣之高下，詩人作之之始，固已爲《風》，爲《小雅》，爲《大雅》，爲《頌》。《風》之聲不可以入《雅》，《雅》之聲不可以入《頌》，不待太師與孔子而後分也。太師知其聲，孔子知其義爾，亦猶今之樂曲有小有大聲之不同，而辭之不相入，亦作者爲之，後來者所不能易也。」

歐陽修曰：「删詩云者，非止全篇删去也，或篇删其章，或章删其句，或句删其字。如『唐棣之華，偏其反而。豈不爾思？室是遠而』，此《小雅・唐棣》之詩也，夫子謂其以室爲遠害於兄弟之義，故篇删其章也。『衣錦尚絅，文之著也』，《邶鄘風・君子偕老》之詩也，君子謂其盡飾之過恐其流而不返，故章删其句也。『誰能秉國成，不自爲政，卒勞百姓』，此《小雅・節南山》之詩也，夫子以能之一字爲意之害，故句删其字也。」

周子醇曰：「孔子删詩，有全篇删者，《驪駒》是也；有删兩句者，『月離于畢，俾滂沱矣；月離于箕，風揚沙矣』是也；有删一句者，『素以爲絢兮』是也。」

劉安世曰：「孔子時詩，今不可得而見之，且以《論語》考之，今《碩人》之詩無『素以爲絢兮』一句，則知孔子時詩亡矣。」

鄭樵曰：「上下千餘年，《詩》纔三百五篇，有更十君而取一篇者，皆商、周人所作，夫子併得之於魯太師編而録之，非有意於刪也。刪詩之説，漢儒倡之。」

陳鵬飛曰：「春秋之亡以禮廢，秦之亡以《詩》廢。」唐仲友曰：「周之興也，由《召南》而《周南》，由《周南》而《雅》，由《雅》而《頌》。其衰也，《頌》息於南征之後，《雅》變於監謗之際，《風》降於東遷之餘。道之汙隆可具見矣。羣叔之流言，《風》猶將變，而況於《雅》乎？洛邑之遷，《頌》未可遽復，故《風》猶可正而進於《雅》也。《雅》在則《春秋》可以無作，奈何變而遂至於亡也？」又曰：「『其風肆好』『穆如清風』，《大雅》亦有風；『雖則如燬，父母孔邇』，《周南》已有雅；『有匪君子，終不可諼兮』，變《風》猶有頌。《采蘩》，賦之屬也；《螽斯》，比之屬也；《關雎》，興之屬也。有賦、比、興以爲《風》，亦有以爲《雅》、《頌》。一篇而一義者有之，《鶴鳴》專於興也，其意達於風矣；有一句而二意者，『王室如燬』比而雅也。」

朱子曰：「人言夫子刪詩，看來只是采得許多詩，夫子不曾刪去，只是刊定而已。」又曰：「當時史官收詩時，已各有編次。但經孔子時，已經散失，故孔子重新整理一番，未見得刪與不刪。」戴埴曰：「《詩》篇名之例不一，《關雎》、《葛覃》之類，取其首章；《權輿》、《騶虞》之類，取其末章；《召旻》、《韓奕》之類，取一章之義，合而成文；《氓》、《丰》、《蕩》、《緜》之類，取章中一事；《維天之命》、《昊天有成命》，則取章中一句；惟《雨無正》、《酌》、《賚》，於詩亦無取。亦有例同而名異者，『緜緜瓜瓞』與『緜緜葛藟』同一取緜緜之義，一以『葛藟』爲名；『緜蠻黄鳥』與『交交黄鳥』同一取緜蠻之義，一以『黄鳥』爲名」。又曰：「《風》、《雅》之正變以治言，自邶至曹，治固多變；太王治豳，風化所基，亦何言變風？《節南山》至《魚藻》，治固變矣；《六月》、《車攻》、《斯干》諸詩，何以言變小雅？《民勞》至《桑柔》，治固變矣；《崧高》、《韓奕》、《烝民》、《江漢》諸詩，何以言變大雅？《周禮・籥章》歌《豳詩》、《豳雅》、《豳頌》，謂言天下之事，形四方之風，則豳何以有《雅》？謂美盛德，告成功，則豳何以有《頌》？然則求詩於詩，不若求詩於樂。夫子自衛反魯，然後樂正，《雅》、《頌》各得其所。及言《關雎》之亂洋洋盈耳，以樂正詩則《風》、《雅》與《頌》以聲而別，樂有正聲，必有變聲。故《國風》十五國之歌，歌之正爲正風，歌之變爲變風。采《風》者以聲別之，其於《雅》亦然。瞽誦工歌，既别其聲之正變，復析爲《小雅》、《大雅》，以雅音之大者爲大樂章，大燕享用之；雅音之小者爲小樂章，小燕享用之。以言乎《頌》，周之《頌》簡，商魯之《頌》繁；《周頌》敬懼而謙恭，《商》、《魯頌》侈麗而夸大。然其音茍合，何往非《頌》？人不以詩求詩而以樂求詩，始知《風》、《雅》之正變小大與三《頌》之殊塗而同歸矣。今之樂章至不足道，猶有正調轉調、大曲小曲之異。《風》、《雅》、《頌》既被之絃歌，播之金石，安得不别其聲之小大正變哉？」

葉適曰：「《史記》古詩三千餘篇，孔子取三百五篇。孔安國亦言刪《詩》爲三百篇。按周詩，及諸侯用爲樂章今載於左氏傳者，皆史官先所采定，就有逸詩殊少矣。疑不待孔子而後刪十取一也。又《論語》稱《詩》三百，本謂古人已具之詩，不應指其自刪者言之。然則《詩》不因孔氏而後刪矣。」又曰：「周以《詩》爲教，置學立師，諸侯之《風》陳於太師，其所去取皆當時朝廷之意。故《匪風》之思周道，《下泉》之思治，《簡兮》之思西方美人，皆自周言之也。孔子生數百年後，無位於王朝，而以一代所教之詩，刪落高下，十不存一，爲皆出其手，豈非學者之隨聲承誤，失於考訂而然乎？」又曰：「季孫行父請命於周，而史克作頌。則是以天子之命列於《頌》也，非孔子之所能裁定也。」又曰：「《詩》三百篇，孔子舉其在者也。後人謂孔子自刪爲三百篇，大妄也。」又曰：「言《詩》者，自《邶》、《鄘》而下皆目爲變《風》，其正者二《南》而已。然季札觀樂，論《詩》未嘗及變。孔子教小子以可興可觀可羣可怨，亦未嘗及變。夫言者之旨，其發也殊，要以歸於正爾。美而非諂，刺而非訐，怨而非憤，哀樂而非私，何不正之有？後之學《詩》者，不極其志之所至，而以正變強分之，則有蔽而無獲矣。」

章如愚曰：「《王》之《風》非貶王也，體本《風》也；《魯》之《頌》非褒魯也，體本《頌》也。《詩》體有《風》、《雅》、《頌》之殊，非《雅》重於《風》，《頌》高於《雅》也。」

羅璧曰：「《詩》名之説，或謂國史，或謂子夏、毛萇。而《書・金縢》云：『公乃爲詩以遺王，名之曰《鴟鴞》』。則《詩》名乃作者自定。至分爲

《風》、《雅》、《頌》，説者謂始於孔子自衛反魯，樂正，《雅》、《頌》各得其所。然吴季札聘魯，魯太師已爲札歌《風》、歌《雅》、歌《頌》矣。《魯頌駉詩序》曰：『季孫行父請命於周，而史克作是頌。』《史記》：微子過殷墟而作雅。觀此，則《雅》、《頌》亦作者自別也。」

王應麟曰：「逸詩篇名，若《貍首》、《驪駒》、《祈招》、《轡之柔矣》皆有其辭，惟《采薺》、《河水》、《新宫》、《茅鴟》、《鳩飛》無辭。或謂《河水》，《沔水》也；《新宫》，《斯干》也；《鳩飛》，《小宛》也。《韓詩外傳》引逸詩尤多，其孔筆所刪與？」

劉汲曰：「三百篇什無定章，章無定句，句無定字，字無定音，大小長短、險易輕重，惟意所適。雖役夫室妾悲憤感激之語，與聖賢相雜而無媿，亦各言其志也已矣。」

蘇天爵曰：「太史公云：古詩三千餘篇，孔子刪之，存者三百一十一篇。是則秦火之餘，《詩》亦爲完書矣。而凡經傳所引逸詩，是皆孔子所刪二千七百餘篇之文乎？今考之孔子之言曰：『吾自衛反魯，然後樂正，《雅》、《頌》各得其所。』又曰：『《詩》三百，一言以蔽之，曰思無邪。』未嘗言刪詩也。至趙氏《孟子題辭》，始有刪詩之説。而晉世所傳孔氏《書序》亦言刪詩爲三百篇，皆出太史公之後。夫以周之列國，若滕、薛、許、蔡、邾、莒，其與陳、魏、曹、檜地醜德齊，而獨無一詩之存，何也？將有其詩而夫子刪之與？當季札之聘魯，請觀周樂，於時夫子未刪詩也，自《雅》、《頌》之外，其十五《國風》盡歌之。今三百篇及魯人所存無加損也，其謂夫子刪詩，其可信乎？」

朱右曰：「古《詩》三百篇，以風、雅、頌爲三經，賦、比、興爲三緯。」

盧格曰：「《史記》古詩三千餘篇，孔子取三百五篇。孔穎達以爲未可信。按《王制》：天子五年一巡狩，命太師陳詩，以觀民風。西周盛時，環海内而封者千八百國，使各陳一詩，亦千八百篇矣。今載於經者，惟邶、鄘、衛、鄭、齊、魏、唐、秦、陳、檜、曹十一國，皆春秋時詩，其他亦無所録。孟子『《詩》亡』之論，其有慨於此乎？」黄淳耀曰：「孔子有正樂之功，而無刪詩之事。蓋刪詩者，漢儒之説也。」

汪琬曰：「刪詩之説，昉於史遷。其言不可據依。」

按：孔子刪詩之説，倡自司馬子長，歷代儒生莫敢異議。惟朱子謂經孔子重新整理，未見得刪與不刪。又謂孔子不曾刪去，只是刊定而已。水心葉氏亦謂詩不因孔子而刪。誠千古卓見也。鄭漁仲、蘇伯修亦嘗疑之。近時嘉定陶菴黄氏亦謂孔子有正樂之功，而無刪詩之事。愚心韙之。竊以《詩》者掌之王朝，班之侯服，小學、大學之所諷誦，冬夏之所教，莫之有異。故盟會、聘問、燕享，列國之大夫賦詩見志，不盡操其土風。使孔子以一人之見取而刪之，王朝列國之臣其孰信而從之者？且如「行以《肆夏》，趨以《采薺》」，樂師所教之樂儀也，何不可施於禮義？而孔子必刪之，俾堂上有儀而門外無儀，何也？「凡射，王以《騶虞》爲節，諸侯以《貍首》爲節，大夫以《采蘩》爲節，士以《采蘋》爲節。」今大小《戴記》載有《貍首》之辭，未嘗與禮義悖，而孔子於《騶虞》、《采蘩》、《采蘋》則存之，於《貍首》獨去之，俾王與大夫士有節而諸侯無節，又何也？《燕禮》「升歌《鹿鳴》，下管《新宫》」；《大射儀》「乃歌《鹿鳴》三終，乃管《新宫》三終」。而孔子於《鹿鳴》則存之，於《新宫》則去之，俾歌有詩而管無詩，又何也？《肆夏》、《樊遏》、《渠》，天子所以享元侯者，故九夏掌於鐘師。而《大司樂》「王出入，奏《王夏》；尸出入，奏《肆夏》；牲出入，奏《昭夏》」。鄉飲酒之禮：賓出，奏《陔》。鄉射之禮：賓興，奏《陔》。大射之儀：公升，卽席，奏《陔》；賓醉，奏《陔》。公入驁此，又何不可施於禮義，而孔子必刪之？俾禮廢而樂缺，又何也？正考父校商之名頌十二篇，於周太師歸以祀其先王，孔子殷人，乃反以先世之所校歸祀其祖者刪其七篇而止存其五，又何也？穆王欲肆其心，周行天下，祭公謀父作《祈招》之詩以止王心，詩之合乎禮義者莫此若矣，孔子既善其義而又刪之，又何也？且詩至於三千篇，則輶軒之所采，定不止於十三國矣，而季札觀樂於魯，所歌《風》詩無出十三國之外者；又子所雅言，一則曰《詩》三百，再則曰誦《詩》三百，未必定屬刪後之言。況多至三千，樂師矇叟安能遍爲諷誦？竊疑當日掌之王朝，班之侯服者，亦止於三百餘篇而已。至歐陽子謂刪《詩》云者，非止全篇刪去，或篇刪其章，或章刪其句，或句刪其字。此又不然。《詩》云：「唐棣之華，偏其反而。豈不爾思？室是遠而。」惟其詩孔子未嘗刪，故爲弟子雅言之也。《詩》曰：「衣錦尚絅，文之著也。」惟其詩孔子亦未嘗刪，故子思子舉而述之也。《詩》云「誰能秉國成」，今本無「能」

字，猶夫「殷鑒不遠，在于夏后之世」，今本無「于」字，非孔子去之也，流傳既久，偶脫去爾。昔者子夏親受《詩》於孔子矣，其稱《詩》曰：「巧笑倩兮，美目盼兮，素以爲絢兮。」惟其句孔子亦未嘗刪，故子夏所受之《詩》存其辭以相質，而孔子亟許其可與言《詩》，初未以「素絢」之語有害於義而斥之也。由是觀之，詩之逸也，非孔子刪之可信已。然則《詩》何以逸也？曰：一則秦火之後，竹帛無存，而日誦者偶遺忘也；一則作者章句長短不齊，而後之爲章句之學者必比而齊之，於句之從出者去之故也；一則樂師矇叟止記其音節而亡其辭，竇公之於樂，惟記《周官·大司樂》一篇，而其餘不知。制氏則僅記其鏗鏘鼓舞，而不能言其義，此樂章之所缺獨多也。噫！衰周之際，禮不期於壞而壞，樂不期於崩而崩。孔子方憂其放失而考求之不暇，又豈忍刪去之乎？且失《采齊》、《新宮》、《貍首》、《繁遏》、《渠》、《九夏》，暨笙詩六篇、《商頌》七篇，皆先王著於禮而被於樂者，信如子長之言，則刪自孔子，禮壞樂崩，是誰之過與？愚有以斷其必不然矣。

詩序

《舊唐書·經籍志·詩》 《毛詩集序》二卷。卜商撰。

《新唐書·藝文志·詩類》 卜商《集序》二卷。

馬端臨《文獻通考·經籍考·詩》 《詩序》。《釋文》舊說云：「『《關雎》，后妃之德也』至『用之邦國焉』名《關雎序》，謂之《小序》，此以下則《大序》也。《大序》是子夏作，《小序》是子夏、毛公合作，卜商意有未盡，毛更足成之。」 《後漢·儒林傳》：「衛宏從謝曼卿受學，作《毛詩序》，善得《風》、《雅》之旨，至今傳於世。」 《隋志》：「先儒相承，謂《毛詩序》子夏所創，毛公及衛敬仲更加潤色。」

石林葉氏曰：「世人疑《詩序》非衛宏所爲，此殊不然。使宏鑿空爲之乎？雖孔子亦不能。使宏誦師說爲之，則雖宏有餘矣。且誦宏《序》，有專取諸書之文而爲之者，有雜取諸書所說而重複互見者，有委曲宛轉附經而成其書者，不可不論也。『《詩》有六義：一曰風，二曰賦，三曰比，四曰興，五曰雅，六曰頌』，其文全出於《周官》。『情動於中而形於言，言之不足，故嗟歎之』，其文全出於《禮記》。『成王未知周公之志，公乃爲詩以遺王』，其文全出於《金縢》。『高克好利而不顧其君，文公惡而欲遠之不能，使高克將兵而禦狄於竟，陳其師旅，翱翔河上，久而不召，衆散而歸，高克奔陳』，其文全出於《左傳》。『微子至於戴公，其間禮樂廢壞』，其文全出於《國語》。『古者長民，衣服不貳，從容有常，以齊其民』，其文全出於《公孫尼子》。則《詩序》之作，實在數書既傳之後明矣。此吾所謂專取諸書所言也。《載馳》之詩，『許穆夫人作也，閔其宗國顛覆』矣，又曰『衛懿公爲狄人所滅』。《絲衣》之詩，既曰『繹賓尸』矣，又曰『靈星之詩』。此蓋衆說並傳，衛氏得善辭美意併錄而不忍棄之。此吾所謂雜取諸書之說而重複互見也。《騶虞》之詩，先言『人倫既正，朝廷既治，天下純被文王之化』，而復繼之以『蒐田以時，仁如騶虞，則王道成』。《行葦》之詩，先言『周家忠厚，仁及草木』，然後繼之以『內睦九族，外尊事黃耇，養老乞言』。此又吾所謂委曲宛轉，附經而成其義也。即三者而觀之，《序》果非宏之所作乎？漢世文章未有引《詩序》者，惟黃初四年，有共公『遠君子近小人』之說。蓋魏後於漢，宏之《詩序》，至此始行也。」 又曰：「世以《詩序》爲孔子作，初無據，口耳之傳也。惟《隋·經籍志》以爲子夏作，先儒相承，云毛公及衛宏潤益之。今定爲孔子作，固不可，若孔子授子夏而傳之，是亦嘗經孔子所取，亦何傷乎？大抵古書未有無序者，皆繫之於篇末，蓋以總其凡也。今《書》有《序》，孔安國以爲孔子作，自安國始遷之逐篇之首。《易》有《序卦》、《彖》、《象》、《爻辭》，王輔嗣遷之逐卦之中。至《太史公自序》、揚子雲《法言》，皆其遺法。況《詩》皆記其先王之政與列國之事，非見其《序》，蓋有全篇莫知所主意者。孔子雖聖人，人事之實，亦安能臆斷於數百載之下？猶之《春秋》必約魯史而後可爲。鄭忽與晉文公出入，晉、鄭不以告，魯史所不得書，則孔子不能強筆而削之也。而謂衛宏能之，可乎？所謂衛宏從謝曼卿受學而作者，范曄之言爾。據史，毛公，趙人，與河間王同時，三傳而爲徐敖，初無謝曼卿者，獨《東漢·賈逵傳》言父徽學《毛詩》於謝曼卿。至顯宗，令撰齊、魯、韓《詩》與毛氏《同異》。蓋漢自中興後，《毛詩》始見。鄭康成與衛宏略先後，豈有不知而以宏之言爲孔子者？此理尤甚明。吾謂古者凡有是詩，則有是序，如今之題目者。故太師陳之，則可以觀風俗；邇人采之，則可以知訓戒；學者誦之，則可以興，可以觀，可以群，可以怨。其藏在有司。孔子刪詩，既取其辭，因以其序，命子夏之徒爲之，則於理爲近矣。」

朱子曰：「《詩序》之作，說者不同。或以爲孔子，或以爲子夏，或以爲國史。皆無明文可考。惟《後漢·儒林傳》以爲衛宏作《毛詩序》，今傳於世，則序乃宏作明矣。然鄭氏又以爲諸序本自合爲一編，毛公始分以寘諸篇之首。則是毛公之前，其傳已久，宏特增廣而潤色之耳。故近世諸儒，多以《序》之首句，爲毛公所分，而其下推說云云者，爲後人所益，理或有之。但今考其首句，則已有不得詩人之本意，而肆爲妄說者矣，況沿襲云云之誤哉！然計其初，猶必自謂出於臆度之私，非經本文，故且自爲一編，別附經後。又以尚有齊、魯、韓氏之說並傳於世，故讀者亦有以知其出於後人之手，不盡信也。及至毛公引以入經，乃不綴篇後而超冠篇端，不爲註文而直作經字，不爲疑辭而遂爲決辭。其後三家之傳又絶，而毛說孤行，則其抵牾之迹，無復可見。故此《序》者，遂若詩人先所命題，而詩文反爲因《序》以作，於是讀者轉相尊信，無敢擬議。至於有所不通，則必爲之委曲遷就，穿鑿而附合之。寧使經之本文繚戾破碎，不成文理，而終不忍明以《小序》爲出於漢儒也。愚之病此久矣，然猶以其所從來也遠，其間容或眞有傳授證驗而不可廢者，故既頗采以附傳中，而復併爲一編，以還其舊，因以論其得失云。又論《邶栢舟序》曰：《詩》之文意事類可以思而得，其時世名氏，則不可以強而推。故凡《小序》，唯詩文明白直指其事，如《甘棠》、《定中》、《南山》、《株林》之屬；若證驗的切，見於書史，如《載馳》、《碩人》、《清人》、《黃鳥》之類，決爲可無疑者。其次，則詞旨大概可知必爲某事，而不可知其的爲某時某人者，尚多有之，若爲《小序》者，姑以其意推尋探索，依約而言，則雖有所不知，亦不害其爲不自欺，雖有未當，人亦當恕其所不及。今乃不然，不知其時者，必強以爲某王某公之時，不知其人者，必強以爲某甲某乙之事。於是傅會書史，依託名謚，鑿空妄語，以誑後人。其所以然者，特以恥其有所不知，而惟恐人之不見信而已。且如《栢舟》，不知其出於婦人而以爲男子，不知其不得於夫而以爲不遇於君，此則失矣。然有所不及而不自欺，則亦未至於大害理也，今乃斷然以爲衛頃公之時，則其故爲欺罔，以誤後人之罪，不可揜矣。蓋其偶見此詩冠於三衛變風之首，是以求之春秋之前；而《史記》所書，莊、桓以上，衛之諸君，事皆無可考者，謚亦無甚惡者，獨頃公有賂王請命之事，其謚又爲甄心動懼之名，如漢諸侯王必其嘗以罪謫，然後加以此謚，以是意其必有棄賢用佞之失，而遂以此詩予之。若將以衒其多知而必於取信，不知將有明者從旁觀之，則適所以暴其眞不知，而啟其深不信也。凡《小序》之失，以此推之，什得八九矣。又其爲說，必使《詩》無一篇不爲美刺時君國政而作，固已不切於情性之自然，而又拘於時世之先後，其或書傳所載，當此一時偶無賢君美謚，則雖有辭之美者，亦例以爲陳古而刺今。是使讀書疑於當時之人絶無『善則稱君，過則稱己』之意，而一不得志，則扼腕切齒，嘻笑冷語，以懟其上者，所在而成群。是其輕躁險薄，尤有害於溫柔敦厚之教，故予不可以不辯。又論《桑中序》曰：此詩乃淫奔者所自作。《序》之首句以爲刺奔誤矣。其下云云者，乃復得之《樂記》之說，已略見本篇矣，而或者以爲刺詩之體，固有鋪陳其事，不加一辭，而閔惜懲創之意自見於言外者，此類是也，豈必譙讓質責然後爲刺也哉！此說不然。夫詩之爲刺，固有不加一辭而意自見者，《清人》、《猗嗟》之屬是也。然嘗試玩之，則其賦之之人，猶在所賦之外，而詞意之間，猶有賓主之分也。豈有將欲刺人之惡，乃反自爲彼人之言，以陷其身於所刺之中而不自知之哉？其必不然也明矣！又況此等之人，安於爲惡，其於此等之詩，計其平日固已自其口出而無慚矣，又何待吾之鋪陳，而後始知其所爲之如此？亦豈畏吾之閔惜，而遂幡然遽有懲創之心邪？以是爲刺，不唯無益，殆又不免於鼓之舞之，而反以勸其惡也。或者又曰：《詩》三百篇，皆雅樂也，祭祀朝聘之所用也；桑間、濮上之音，鄭、衛之樂也，世俗之所用也。雅、鄭不同部，其來尚矣。且夫子荅顔淵之問，於鄭聲亟欲放而絶之，豈其刪詩乃錄淫奔者之辭，而使之合奏於雅樂之中乎？亦不然也。雅者，二《雅》是也。鄭者，《緇衣》以下二十一篇是也。衛者，《邶》、《鄘》、《衛》三十九篇是也。桑間，《衛》之一篇，《桑中》之詩是也。二《南》、《雅》、《頌》，祭祀朝聘之所用也。《鄭》、《衛》、桑、濮，里巷狎邪之所歌也。夫子之於鄭、衛，蓋深絶其聲於樂以爲法，而嚴立其詞於《詩》以爲戒。如聖人固不語亂，而《春秋》所記，無非亂臣賊子之事。蓋不如是，無以見當時風俗事變之實，而垂鑒戒於後世，故不得已而存之，所謂道並行而不相悖者也。今不察此，乃欲爲之諱其《鄭》、《衛》、桑、濮之實，而文之以雅樂之名，又欲從而奏之宗廟之中、朝廷之上，則未知其將以薦之何等之鬼神，用之何等之賓客？而於聖人爲邦之法，又豈不爲陽守而陰叛之邪？其亦誤矣。曰：然則《大序》所謂『止乎禮義』，夫子所謂『思無邪』者，又何謂邪？曰：《大序》指《栢舟》、《綠衣》、《泉水》、《竹竿》之屬而言，以爲多出於此耳；非謂篇篇皆然，而《桑中》之類亦止乎禮義也。夫子之言，正爲人有邪正美惡之雜，故特言此，以明皆可懲惡勸善，而使人得其性情之正耳；非以《桑中》之類，亦以無邪之思作之也。曰：荀卿所謂『《詩》者，中聲之所止』，太史公亦謂『三百篇者，夫子皆絃歌之以求合於《韶》、《武》之音』，何邪？曰：荀卿之言，固爲正經而發；若史遷之說，則恐亦未足爲據也。豈有哇淫之曲，而可以強合於《韶》、《武》之音也邪？」

《詩》、《書》之序，自史傳不能明其爲何人所作，而先儒多疑之。至朱文公之解經，則依古經文析而二之，而備論其得失，而於《詩・國風》諸篇之序，詆斥尤多。以愚觀之，《書序》可廢，而《詩序》不可廢；就《詩》而論之，《雅》、《頌》之序可廢，而十五《國風》之序不可廢。何也？《書》直陳其事而已，序者後人之作，藉令其深得經意，亦不過能發明其所已言之事而已，不作可也。《詩》則異於《書》矣。然《雅》、《頌》之作，其辭易知。其意易明。故讀《文王》者，深味「文王在上」以下之七章，則「文王受命作周」之語贅矣。讀《清廟》者，深味「於穆清廟」之一章，則「祀文王」之語贅矣。蓋作者之意已明，則序者之辭可略，而敷衍附會之間，一語稍煩，則祇見其贅疣而已。至於讀《國風》諸篇，而後知《詩》之不可無序，而序之有功於《詩》也。蓋風之爲體，比、興之辭多於敘述，風諭之意浮於指斥。蓋有反覆詠歎，聯章累句，而無一言敘作之之意者。而序者，乃一言以蔽之曰「爲某事也」。苟非其傳授之有源，探索之無舛，則孰能臆料當時指意之所歸以示千載乎？而文公深詆之，且於《桑中》、《溱洧》之篇，辨析尤至。以爲安有刺人之惡，而自爲彼人之辭，以陷於所刺之地而不自知者哉？其意蓋謂詩之辭如彼，而序之說如此，則以詩求詩可也，烏有捨明白可見之詩辭，而必欲曲從臆度難信之序說乎？其說固善矣。然愚以爲必若此，則《詩》之難讀者多矣，豈直鄭、衛諸篇哉！夫《芣苢》之序，以「婦人樂有子」爲后妃之美也；而其詩語，不過形容采掇芣苢之情狀而已。《黍離》之序，以爲「閔周室宮廟之顛覆也」；而其詩語，不過慨歎禾黍之苗穗而已。此詩之不言所作之意，而賴序以明者也。若捨序以求之，則其所以采掇者爲何事，而慨歎者爲何說乎？《叔于田》之二詩，序以爲「刺鄭莊公也」；而其詩語，則鄭人愛叔段之辭耳。《揚之水》、《椒聊》二詩，序以爲「刺晉昭公也」；而其詩語則晉人愛桓叔之辭耳。此詩之序其事以諷，初不言刺之之意，而賴序以明者也。若捨序以求之，則知四詩也，非子雲《美新》之賦，則袁宏九錫之文耳，是豈可以訓而夫子不刪之乎？《鴇羽》、《陟岵》之詩，見於變風，序以爲征役者不堪命而作也；《四牡》、《采薇》之詩，見於正雅，序以爲勞使臣遣戍役而作也。而深味四詩之旨，則歎行役之勞苦，敘饑渴之情狀，憂孝養之不遂，悼歸休之無期，其辭語一耳。此詩之辭同意異，而賴序以明者也。若捨序以求之，則文王之臣民亦怨其上，而《四牡》、《采薇》不得爲正雅矣。即是數端而觀之，則知序之不可廢；序不可廢，則《桑中》、《溱洧》何嫌其爲刺奔乎？蓋嘗論之：均一勞苦之辭也，出於敘情閔勞者之口，則爲正雅，而出於困役傷財者之口，則爲變風也；均一淫泆之詞也，出於奔者之口則可刪，而出於刺奔者之口則可錄也；均一愛戴之辭也，出於愛叔段、桓叔者之口則可刪，而出於刺鄭莊、晉昭者之口則可錄也。夫《芣苢》、《黍離》之不言所謂，《叔于田》、《揚之水》之反辭以諷，《四牡》、《采薇》之辭同變風，文公胡不玩索詩辭，別自爲說，而卒如序者之舊說，求作詩之意於詩辭之外矣？何獨於鄭、衛諸篇而必以爲奔者所自作，而使正經爲錄淫辭之具乎？且夫子嘗刪《詩》矣，其所取於《關雎》者，謂其樂而不淫耳。則夫詩之可刪，孰有大於淫者？今以文公《詩傳》考之：其指以爲男女淫泆奔誘，而自作詩以敘其事者，凡二十有四。如《桑中》、《東門之墠》、《溱洧》、《東方之日》、《東門之池》、《東門之楊》、《月出》，則序以爲刺淫，而文公以爲淫者所自作也；如《靜女》、《木瓜》、《采葛》、《丘中有麻》、《將仲子》、《遵大路》、《有女同車》、《山有扶蘇》、《蘀兮》、《狡童》、《褰裳》、《豐》、《風雨》、《子衿》、《揚之水》、《出其東門》、《野有蔓草》，則序本別指他事，而文公亦以爲淫者所自作也。夫以淫昏不檢之人，發而爲放蕩無恥之辭，而其詩篇之繁多如此，夫子猶存之，則不知所刪何等一篇也？文公謂序者之於《詩》，不得其說則一舉而歸之刺其君。愚亦謂文公之於《詩》，不得其說則一舉而歸之淫謔。如《靜女》、《木瓜》以下諸篇是也。文公又以爲序者之意，必以爲《詩》無一篇不爲刺時君國政而作，輕浮險薄，有害於溫柔敦厚之教。愚謂古者庶人謗、商旅議，亦王政之所許，况變風、變雅之世實無可美者，而禮義消亡，淫風大行，亦不可謂非其君之過。縱使譏訕之辭太過，如《狡童》諸篇之刺忽，亦不害其爲愛君憂國不能自己之意。今必欲使其避諷訕之名而自處於淫謔之地，則夫身爲淫亂而復自作詩以贊之，正孟子所謂無羞惡之心者，不可以人類目之，其罪浮於訕上矣，反得爲溫柔敦厚乎？或曰：文公之說，謂《春秋》所記，無非亂臣賊子之事，蓋不如是無以見當時事變之實，而垂鑒於後世，故不得已而存之，所謂並行而不相悖也。愚以爲未然。夫《春秋》，史也；《詩》，文詞也。史，所以紀事。世之有治不能無亂，則固不容存禹、湯而廢桀、紂，錄文、武而棄幽、厲也。至於文辭，則其淫哇不經者，直爲削之而已，而夫子猶存之，則必其意不出於此，而序者之說是也。夫後之詞人墨客，跌蕩於禮法之外，如秦少游、晏叔源輩，作爲樂府，備狹邪妖冶之趣，其詞采非不艷麗可喜也，而醇儒莊士深斥之，口不道其詞，家不蓄其書，懼其爲正心誠意之累也。而《詩》中若是者二十有四篇，夫子錄之於經，又煩儒先爲之訓釋，使後學誦其文。推其義則《通書》、《西銘》必與《小山詞選》之屬兼看並讀，而後可以爲學也。或又曰：文公又嘗云，此等之人安於爲惡，其於此等之詩，計其平日固已自其口出而無慚矣，又何待吾之鋪陳，而後始知其如此；亦復畏吾之閔惜而遂幡然遽有懲創之心邪？愚又以爲不然。夫羞惡之心，人皆有之，而况淫泆之行，所謂不可對人言者？市井小人，至不才也，今有與之語者，能道其宣淫之狀，指其行淫之地，則未有不面頸發赤，且慚且諱者；未聞其揚言於人曰：「我能姦，我善淫也。」且夫人之爲惡也，禁之使不得爲，不若愧之而使之自知其不可爲。此鋪張揄揚之中，所以爲閔惜懲創之至也。夫子謂宰我曰：「汝安則爲之。」夫豈眞以居喪食稻衣錦爲是乎？萬石君謂子慶曰：「內史貴人，坐車中自如固當。」夫豈眞以不下車爲是乎？而二人既聞是言也，卒爲之羞愧改行，有甚於被誚讓者，蓋以非爲是而使之求吾言外之意，則自反而不勝其愧悔矣！此《詩》之訓也。或曰：序者之序《詩》與文公之釋《詩》，俱非得於作詩之人親傳面命也。序求詩意於辭之外，文公求詩意於辭之中，而子何以定其是非乎？曰：愚非敢苟同序說而妄議先儒也。蓋嘗以孔子、孟子之所以說《詩》者讀《詩》，而後知序說之不繆，而文公之說多可疑也。孔子之說曰：「誦《詩》三百，一言以蔽之，曰思無邪。」孟子之說曰：「說《詩》者不以文害辭，不以辭害意，以意逆志，是爲得之。」夫經非所以誨邪也，而戒其無邪；辭所以達意也，而戒其害意。何也？噫！聖賢之慮遠矣。夫詩，發乎情者也，而情之所發，其辭不能無過，故其於男女夫婦之間，多憂思感傷之意，而君臣上下之際，不能無怨懟激發之辭。十五《國風》，爲詩百五十有七篇，而其爲婦人而作者，男女相悅之辭，幾及其半。雖以二《南》之詩，如《關雎》、《桃夭》諸篇爲正風之首，然其所反覆詠歎者，不過情欲燕私之事耳。漢儒嘗以《關雎》爲刺詩矣，此皆昧於「無邪」之訓，而「以辭害意」之過也，而况《邶》、《鄘》之末流乎？故其怨曠之悲，遇合之喜，雖有人心者所不能免，而其志切，其辭哀，習其讀而不知其旨，易以動盪人之邪情泆志，而况以鋪張揄揚之辭，而序淫泆流蕩之行乎？然詩人之意，則非以爲是而勸之也。蓋知詩人之意者，莫如孔孟，慮學者讀《詩》而不得其意者，亦莫如孔孟，是以有「無邪」之訓焉，則以其辭之不能不鄰乎邪也。使篇篇如《文王》、《大明》則奚邪之可閑乎？是以有「害意」之戒焉，則以其辭之不能不戾其意也。使章章如《清廟》、《臣工》則奚意之難明乎？以是觀之，則知刺奔果出於作詩者之本意而夫子所不删者，其詩決非淫泆之人所自賦也。夫子曰：「思無邪。」如序者之說，則雖詩辭之邪者，亦必以正視之。如《桑中》之刺奔，《溱洧》之刺亂之類是也。如文公之說，則雖詩辭之正者，亦必以邪視之。如不以《木瓜》爲「美齊桓公」，不以《采葛》爲「懼讒」，不以《遵大路》、《風雨》爲「思君子」，不以《褰裳》爲「思見正」，不以《子衿》爲「刺學校廢」，不以《揚之水》爲「閔無臣」，而俱指爲淫奔謔浪要約贈答之辭是也。且此諸篇者，雖疑其辭之欠莊重，然首尾無一字及婦人，而謂之淫邪者乎？或又曰：文公嘗言，雅者，二《雅》是也；鄭者，《緇衣》以下二十一篇是也；衛者，《邶》、《鄘》、《衛》三十九篇是也；桑間，《衛》之一篇，《桑中》是也；二《南》、《雅》、《頌》，祭祀朝聘之所用也；《鄭》、《衛》、桑濮，里巷狹邪之所作也。夫子於鄭、衛，蓋深絕其聲於樂以爲法，而嚴立其詞於《詩》以爲戒。今乃欲爲之諱其《鄭》、《衛》、桑濮之實，而文以雅樂之名，又欲從而奏之宗廟之中、朝廷之上，則未知其將以薦之於何等之鬼神，用之於何等之賓客乎？愚又以爲未然。夫《左傳》言季札來聘，請觀周樂，而所歌者《邶》、《鄘》、《衛》、《鄭》皆在焉，則諸詩固雅樂矣。使其爲里巷狹邪所用，則周樂安得有之？而魯之樂工，亦安能歌異國淫邪之詩乎？然愚之所論，不過求其文意之指歸，而知其得於情性之正耳。至於被之絃歌，合之音樂，則《儀禮》、《左傳》所載古人歌詩合樂之意，蓋有不可曉者。夫《關雎》、《鵲巢》，閨門之事，后妃、夫人之詩也，而鄉飲酒、燕禮歌之；《采蘋》、《采蘩》，夫人、大夫妻能主祭之詩也，而射禮歌之；《肆夏》、《繁》、《遏》、《渠》，宗廟配天之詩也，而天子享元侯歌之；《文王》、《大明》、《綿》，文王興周之詩也，而兩君相見歌之。以是觀之，其歌詩之用與詩人作詩之本意，蓋有判然不相合者，不可強通也，則烏知《鄭》、《衛》諸詩不可用之於燕享之際乎？《左傳》載列國聘享賦詩，固多斷章取義，然其太不倫者，亦以來譏誚。如鄭伯有賦《鶉之奔奔》，楚令尹子圍賦《大明》及穆叔不拜《肆夏》，甯武子不拜《彤弓》之類是也。然鄭伯如晉，子展賦《將仲子》；鄭伯享趙孟子，太叔賦《野有蔓草》；鄭六卿餞韓宣子，子齹賦《野有蔓草》，子太叔賦《褰裳》，子游賦《風雨》，子旗賦《有女同車》，子柳賦《蘀兮》。此六詩，皆文公所斥以爲淫奔之人所作也。然所賦皆見善於叔向、趙武、韓起，不聞被譏。乃知《鄭》、《衛》之詩，未嘗不施之於燕享。而此六詩之旨意訓詁，當如序者之說，不當如文公之說也。或曰：序者之辭固有鄙淺附會居然可見者，先儒疵議之非一人矣，而子信之何邪？曰：愚之所謂不可廢者，謂《詩》之所不言而賴《序》以明者耳。至《詩》之所已言，則《序》語雖工，不讀可也，況其鄙淺附會者乎？蓋作《序》之人，或以爲孔子，或以爲子夏，或以爲國史，皆無明文可考。然鄭氏謂毛公始以寘諸詩之首，則自漢以前，經師傳授，其去作詩之時蓋未甚遠也；千載而下，學者所當遵守體認以求詩人之意而得其庶幾，固不宜因其一語之贅疣，片辭之淺陋，而欲一切廢之，鑿空探索而爲之訓釋也。姑以近代詞人之作譬之，如所謂「皇帝二載秋，閏八月初吉」，如所謂「吾聞京城南，兹惟群山囿」，則辭意明白，無俟序說者也。放翁之詩曰：「城上危樓畫角哀，沈園非復舊池臺。傷心池下春波綠，曾逐孤鴻照影來。」「夢斷香銷四十年，沈園老柳不吹綿。此身行作稽山土，猶弔遺踪一悵然。」其題曰「沈園」而已。誠齋之詩曰：「飽喜饑嗔笑殺儂，鳳凰未必勝狙公。雖逃暮四朝三外，猶在桐花竹實中。」其題曰「無題」而已。是三詩者，不言所謂，人莫能知其所以作之意也。劉後村《詩話》釋之曰：放翁幼婚某氏，頗倦於學，嚴君督過之，竟至仳離。某氏別適某官，一日通家於沈園，目成而已。晚年游園，感而賦之。誠齋既里居，累章乞休致不得，命再予祠，有感而賦。以爲雖脫吏責，尚縻閑廩，不若相忘於物外也。然後三詩之意始明。夫後村之說，即三詩之序也。後村之於楊、陸二公，相去不百年，得於長老之所誦說，口耳之所習聞，筆之簡冊，可以質諸二公而不繆也。倘後乎此千百載，說者必欲外後村之意而別爲之說，則雖其體認之精，辯析之巧，亦終於臆說而已。或曰文公之於《詩序》，於其見於經傳，信而有證者則從之，如《碩人》、《載馳》、《清人》、《鴟鴞》之類是也；其可疑者，則未嘗盡斷以臆說，而固有引他書以證其謬者矣。曰：是則然矣，然愚之所以不能不疑者，則以其惡《序》之意太過，而所引援指摘，似亦未能盡出於公平而足以當人心也。夫《關雎》，《韓詩》以爲衰周之刺詩，《賓之初筵》，《韓詩》以爲衛武公飲酒悔過之詩，皆與毛《序》反者也。而《韓詩》說《關雎》，則違夫子不淫不傷之訓，是決不可從者也。《初筵》之詩，夫子未有論說也，則詆毛而從韓。夫一《韓詩》也，《初筵》之序可信，而《關雎》之序獨不可信乎？《邶・柏舟》，毛《序》以爲仁人不遇而作，文公以爲婦人之作，而引《列女傳》爲證，非臆說矣。然《列女傳》出於劉向，向上封事論恭顯傾陷正人，引是詩「憂心悄悄，慍於群小」之語而繼之曰：「小人成群，亦足慍也。」則正毛《序》之意矣。夫一劉向也，《列女傳》之說可信，而封事之說獨不可信乎？此愚所以疑文公惡《序》之意太過，而引援指摘似爲未當，此類是也。夫本之以孔孟說《詩》之旨，參之以《詩》中諸序之例，而後究極夫古今詩人所以諷詠之意，則《詩序》之不可廢也審矣。愚豈好爲異論哉！

或曰：夫子何以刪詩？昔太史公曰：古詩本三千餘篇，孔子去其重複，取其可施於禮義者三百五篇。孔氏曰：案《書》、《傳》所引之詩，見在者多，亡逸者少，則孔子所錄，不容十分去九，馬遷所言，未可信也。朱文公曰：三百五篇，其間亦未必皆可施於禮義，但存其實以爲鑒戒耳。之三說者，何所折衷？愚曰：若如文公之說，則《詩》元未嘗刪矣，今何以有諸逸詩乎？蓋文公每捨《序》以言《詩》，則變風諸篇，祗見其理短而詞哇，愚於前篇已論之矣。但以經傳所引逸詩考之，則其辭明而理正，蓋未見其劣於三百五篇也，而何以刪之？三百五篇之中，如詆其君以碩鼠狡童，如欲刺人之惡，而自爲彼人之辭以陷於所刺之地，殆幾不可訓矣，而何以錄之？

蓋嘗深味聖人之言，而得聖人所以著作之意矣。昔夫子之言曰：「述而不作。」又曰：「蓋有不知而作之者，我無是也。」又曰：「多聞闕疑。」異時嘗舉史缺文之語而歎世道之不古，存「夏五郭公」之書而不欲遽正前史之缺誤，然則聖人之意蓋可見矣。蓋詩之見録者，必其序説之明白而旨意之可考者也；其軼而不録者，必其序説之無傳，旨意之難考而不欲臆説者也。或曰：今三百五篇之序，世以爲衛宏、毛公所作耳，如子所言，則已出於夫子之前乎？曰：其説雖自毛、衛諸公，而傳其旨意，則自有此詩而已有之矣。《鴟鴞》之序見於《尚書》，《碩人》、《載馳》、《清人》之序見於《左傳》，所紀皆與作詩者同時，非後人之臆説也。若《序》説之意，不出於當時作詩者之口，則《鴟鴞》諸章，初不言成王疑周公之意，《清人》終篇亦不見鄭伯惡高克之迹，後人讀之，當不能曉其爲何語矣。蓋嘗妄爲之説曰：作詩之人可考，其意可尋，則夫子録之，殆「述而不作」之意也。其人不可考，其意不可尋，則夫子删之，殆「多聞闕疑」之意也。是以於其可知者，雖比興深遠，詞旨迂晦者，亦所不廢，如《芣苢》、《鶴鳴》、《蒹葭》之類是也。於其所不可知者，雖直陳其事，文義明白者，亦不果録，如「翹翹車乘，招我以弓；豈不欲往，畏我友朋」之類是也。於其可知者，雖詞意流泆，不能不類於狹邪者，亦所不删，如《桑中》、《溱洧》、《野有蔓草》、《出其東門》之類是也。於其所不可知者，雖詞意莊重，一出於義理者，亦不果録，如「周道挺挺，我心扃扃；禮義不愆，何恤於人言」之類是也。然則其所可知者何？則三百五篇之序意是也。其所不可知者何？則諸逸詩之不以序行於世者是也。歐陽公《詩譜補亡後序》曰：「後之學者，因迹前世之所傳而較其得失，或有之矣。若使徒抱焚餘殘脱之經，倀倀然於去聖千百年之後，不見先儒中間之説，而欲特立一家之論，果有能哉？」此説得之。蓋自其必以爲出於衛宏、毛公輩之口，而先以不經之臆説視之，於是以特立之己見，與之較短量長於辭語工拙之間，則祗見其齟齬而不合，疎繆而無當耳。夫使序《詩》之意，果不出於作《詩》之初，而皆爲後人臆度之説，則比興諷詠之詞，其所爲微婉幽深者，殆類東方朔「聲謦尻高」之隱語，蔡邕「黄絹幼婦」之廋詞，使後人各出其智以爲猜料之工拙，恐非聖經誨人之意也。或曰：諸《小序》之説固有舛馳鄙淺而不可解者，盡信之可乎？愚曰：《序》非一人之言也，或出於國史之采録，或出於講師之傳授，如《渭陽》之首尾異説，《緇衣》之兩義並存，則其舛馳固有之，擇善而從之可矣；至如其辭語之鄙淺，則《序》所以釋經，非作文也，祖其意足矣，辭不必致也。夫以夫子之聖，猶不肯雜取諸逸詩之可傳者與三百五篇之有序者並行，而後之君子，乃欲盡廢《序》以言《詩》，此愚所以未敢深以爲然。故復摭「述而不作」、「多聞闕疑」之言，以明孔子删《詩》之意，且見古序之尤不可廢也。

高儒《百川書志・詩》　《詩序》一卷。後漢衛宏作《毛詩序》，見朱子《辨説》。

毛晉《汲古閣書跋》　子夏《詩序》。《漢・藝文志》云：《春秋》分爲五，謂左氏與公羊、穀梁、鄒、夾也。《詩經》分爲四，謂毛氏與齊、魯、韓也。但諸家俱云，某傳某説，惟毛氏系之于經，曰《毛詩》，不知何以推尊至此。世謂毛氏解經最簡，禪家所謂「句中有眼」，坡仙所謂「字中有筆」，非深解旨趣，豈易言哉？故自漢迄隋、唐，讀《詩》家竝主于毛氏，轉相尊信，無敢擬議者。自紫陽先生詫之爲妄，幾乎與三家共淪落矣。然猶謂其從來也遠，眞有傳授證驗而不可廢者，既采以附傳中，復爲一編以還其舊，始信先儒之藩終難孌也。若石林、東萊諸君子，無不嘆其深解旨趣而辨論之快，莫如鄱陽馬氏云。

《四庫提要・詩類一》　《詩序》二卷。内府藏本。案《詩序》之説，紛如聚訟。以爲《大序》子夏作，《小序》子夏、毛公合作者，鄭玄《詩譜》也。以爲子夏所序《詩》即今《毛詩序》者，王肅《家語注》也。以爲衛宏受學謝曼卿，作《詩序》者，《後漢書・儒林傳》也。以爲子夏所創，毛公及衛宏又加潤益者，《隋書・經籍志》也。以爲子夏不序《詩》者，韓愈也。以爲子夏惟裁初句，以下出於毛公者，成伯璵也。以爲詩人所自製者，王安石也。以《小序》爲國史之舊文，以《大序》爲孔子作者，明道程子也。以首句即爲孔子所題者，王得臣也。以爲毛《傳》初行尚未有序，其後門人互相傳授，各記其師説者，曹粹中也。以爲村野妄人所作，昌言排擊而不顧者，則倡之者鄭樵、王質，和之者朱子也。然樵所作《詩辨妄》一出，周孚即作《非鄭樵詩辨妄》一卷，摘其四十二事攻之。質所作《詩總聞》，亦不甚行於世。朱子同時如呂祖謙、陳傅良、葉適皆以同志之交，各持異議。黄震篤信朱學，而所作《日鈔》，亦申《序》説。馬端臨作《經籍考》，於他書無所考辨，惟《詩序》一事，反覆攻詰至數千言。自元、明以至今日，越數百年，儒者尙各分左右袒也。豈非說經之家第一爭訴之端乎？考鄭玄之釋《南陔》曰：「子夏序《詩》篇義各編，遭戰國至秦而《南陔》六詩亡。毛公作《傳》，各引其序冠之篇首，故詩雖亡而義猶在也。」程大昌《考古編》亦曰：「今六序兩語之下，明言有義無辭，知其爲秦火之後見序而不見詩者所爲。」朱鶴齡《毛詩通義序》又舉《宛丘》篇序首句與毛《傳》異辭，其說皆足爲《小序》首句原在毛前之明證。邱光庭《兼明書》舉《鄭風·出其東門》篇，謂毛《傳》與《序》不符。曹粹中《放齋詩說》亦舉《召南·羔羊》、《曹風·鳴鳩》、《衛風·君子偕老》三篇，謂《傳》意、《序》意不相應，《序》若出於毛，安得自相違戾？其說尤足爲續申之語出於毛後之明證。觀蔡邕本治《魯詩》，而所作《獨斷》，載《周頌》三十一篇之序，皆祇有首二句，與毛《序》文有詳略，而大旨略同。蓋子夏五傳至孫卿，孫卿授毛亨，毛亨授毛萇，是《毛詩》距孫卿再傳。申培師浮丘伯，浮丘伯師孫卿，是《魯詩》距孫卿亦再傳。故二家之《序》大同小異，其爲孫卿以來遞相授受者可知。其所授受祇首二句，而以下出於各家之演說，亦可知也。且《唐書·藝文志》稱「《韓詩》卜商序，韓嬰注，二十二卷」，是《韓詩》亦有《序》，其《序》亦稱出子夏矣。而《韓詩》遺說之傳於今者，往往與毛迥異，豈非傳其學者遞有增改之故哉？今參考諸說，定《序》首二語爲毛萇以前經師所傳，以下續申之詞爲毛萇以下弟子所附，仍録冠《詩》部之首，明淵源之有自。併録朱子之《辨說》，著門戶所由分。蓋數百年朋黨之爭，兹其發端矣。《隋志》有顧歡《毛詩集解敘義》一卷，雷次宗《毛詩序義》二卷，劉炫《毛詩集小序》一卷，劉瓛《毛詩序義疏》一卷，案：序、敘二字互見，蓋史之駁文，今仍其舊。《唐志》則作卜商《詩序》二卷。今以朱子所辨，其文較繁，仍析爲二卷。若其得失，則諸家之論詳矣，各具本書，兹不復贅焉。

姚振宗《後漢藝文志·詩類》 衛宏《毛詩序》。宏始末見《書》類。范書《儒林傳》：「九江謝曼卿善《毛詩》，宏從曼卿受學，因作《毛詩序》，善得《風》、《雅》之旨，于今傳于世。」《隋書·經籍志》曰：「趙人毛萇善《詩》，自云子夏所傳。先儒相承，謂《毛詩序》，子夏所創，毛公及敬仲又加潤益。」《經義考》曰：「《詩》之有序，不特毛《傳》爲然，說《韓詩》、《魯詩》者亦莫不有序。而論者多謂《序》作于衛宏，夫《毛詩》雖後出，亦在漢武時，《詩》必有序，而後可授受。韓、魯皆有《序》，《毛詩》豈獨無序，直至東漢之世，俟宏之《序》以爲序乎？」

毛詩

《漢書·藝文志·詩》 《毛詩》二十九卷。

楊士奇等《文淵閣書目·詩》 《詩經》。一部，一冊。闕。《詩經》。一部，二冊。闕。

高儒《百川書志·詩》 《毛詩古文》四卷。

徐𤊹《徐氏家藏書目·詩》 《毛詩白文》四卷。

彭元瑞等《天禄琳琅書目後編·宋版經部》 《毛詩》一函，四冊。四卷。不依《風》、《雅》、《頌》分卷，祇列《詩序》、經文，其《小雅》分什依《集傳》，是南宋季年本。然「家伯維宰」、「降子卿士」之類尙從古本，與後來諸本不同。 宋活字本，《唐風》內「自」字橫置可證。考沈括《夢溪筆談》，慶曆中有畢昇爲活版，以膠泥燒成。而陸深《金臺紀聞》云毘陵人。初用鉛字，視版印尤巧。則活字版實昉宋時矣。模印字用藍色，尤稀見。

姚振宗《漢書藝文志條理·詩》 《毛詩》二十九卷。本書《儒林傳》：「毛公，趙人也。治《詩》，爲河間獻王博士。」 本志敍：「又有毛公之學，自謂子夏所傳，而河間獻王好之，未得立。」又《景十三王傳》：「河間獻王德修學好古，實事求是。其學舉六藝，立《毛氏詩》博士。」 鄭康成《六藝論》曰：「河間獻王好學，其博士毛公善說《詩》，獻王號之曰《毛詩》。」范書《儒林傳》云：「趙人毛長傳《詩》，是爲《毛詩》。」 唐孔穎達《正義》曰：「漢初爲傳訓者，皆與經別行。故石經《書》、《公羊傳》並無經文，毛亨爲《故訓》，亦與經別。」 王氏《考證》：「《正義》云：『毛爲《詁訓》，與經別，二十九卷，不知併何卷。』按三家經各二十八卷，此多出一卷者，蓋《詩序》也。

毛詩故訓傳

《漢書・藝文志・詩》 《毛詩故訓傳》三十卷。

《舊唐書・經籍志・詩》 《毛詩》十卷。毛萇撰。

錢東垣等輯《崇文總目・詩類》 《毛詩古訓傳》二十卷。毛亨撰。

《新唐書・藝文志・詩類》 毛萇《傳》十卷。

鄭樵《通志・藝文略・詩》 毛萇《傳》十卷。

陳振孫《直齋書録解題・詩類》 《毛詩》二十卷。漢河間王博士趙人毛公撰。漢初，齊、魯、韓三家並行，而毛氏後出，獨河間獻王好之，未得立。其後，三家皆廢，而毛獨傳，故曰「毛詩」。毛公者，有大毛公、小毛公。案《後漢・儒林傳》稱毛萇傳《詩》，而孔氏《正義》據鄭《譜》云，魯人大毛公爲《詁訓傳》於其家，河間獻王得而獻之，以小毛公爲博士。則未知萇者大毛公歟？小毛公歟？

劉若愚《内板經書紀略》 《詩傳》。六本，六百三十五葉。

姚振宗《漢書藝文志條理・詩》 《毛詩故訓傳》三十卷。本書《儒林傳》：「毛公治《詩》，爲河間獻王博士，授同國貫長卿。長卿授解延年。延年授徐敖。敖授九江陳俠，爲王莽講學大夫。由是言《毛詩》者，本之徐敖。」又傳贊曰：「平帝時又立《毛詩》。」 鄭康成《詩譜》曰：「魯人大毛公爲《詁訓傳》于其家，河間獻王得而獻之，以小毛公爲博士。」范書《鄭玄傳》注或云大毛公曾爲北海相。《隋志》以小毛公爲河間太守。吳陸璣《詩疏》曰：「孔子刪詩，授卜商。商爲之序，以授魯人曾申。申授魏人李克。克授魯人孟仲子。仲子授根牟子。根牟子授趙人荀卿。荀卿授魯國毛亨，亨作《詁訓傳》，以授趙國毛萇。時人謂亨爲大毛公，萇爲小毛公。以其所傳，故名其《詩》曰《毛詩》。萇爲河間獻王博士。」《釋文敍録》徐整云：子夏授高行子。高行子授薛倉子。薛倉子授帛妙子。帛妙子授河間人大毛公。大毛公爲《詩故訓傳》于家，以授趙人小毛公。一云：名萇，爲河間獻王博士，以不在漢朝，故不列于學。《釋文敍録》：「孔子録詩三百一十一篇，以授子夏，子夏遂作《序》焉。口以相傳，未有章句。」又曰：「《詩》三百十一篇，毛公爲故訓時已亡六篇，故《藝文志》云三百五篇。」又曰：「《毛詩故訓傳》二十卷，鄭氏箋。」《隋書・經籍志》：「漢初又有趙人毛萇善《詩》，自云子夏所傳，作《詁訓傳》，是爲《毛詩》古學，而未得立。後漢有九江謝曼卿，善《毛詩》。東海衞敬仲，受學于曼卿。先儒相承，謂之《毛詩》。《序》，子夏所創，毛公及敬仲又加潤益。」又曰：「《毛詩》二十卷，漢河間太守毛萇傳，鄭氏箋。」《唐・經籍志》：「《毛詩》十卷，毛萇撰。」《唐・藝文志》：「毛萇《傳》十卷。」《宋・藝文志》：「《毛詩》二十卷，漢毛萇爲《詁訓傳》，鄭玄箋。」按：此沿《隋志》之誤，並云毛萇作傳，《提要》已辨之詳矣。《經義考》曰：「按《詩》之有《序》，不特毛《傳》爲然，說魯、齊、韓《詩》者，亦莫不有序。惟《毛詩》之《序》本乎子夏，子夏習《詩》而明其義，又能推原國史，明乎得失之故。試稽之《尚書》、《儀禮》、《左氏內外傳》、《孟子》，其說無不合。《毛詩》出，學者舍齊、魯、韓三家而從之，以其有子夏之《序》，不同乎三家也。惟其《序》作于子夏，子夏授《詩》于高行子，此《緑衣序》有高子之言。又子夏授曾申，申授李克，克授孟仲子，此《惟天之命》注有孟仲子之言。皆以補師說之所未及，毛公因而存之不廢。若夫《南陔》六詩，有其義而亡其辭，則出自毛公足成之。所謂有其義者，據子夏之《序》也，而論者多謂《序》作于衞宏。夫《毛詩》雖後出，亦在漢武時。《詩》必有《序》而後可授受。韓、魯皆有序，《毛詩》豈獨無序，直至東漢之世，俟宏之《序》以爲序乎？」按《唐・經籍志》：「《毛詩集序》二卷，卜商撰。」《唐・藝文志》：「卜商《集序》二卷。」其稱集序，似即衞宏之書。王氏《考證》云：「鄭氏以爲諸序本自合爲一編，毛公始分以寘諸篇之首。」《四庫提要》曰：「《詩序》之說，紛如聚訟，爲說經家第一爭詬之端。今參考諸說，定《序》首二語爲毛萇以前經師相傳，以下續申之詞爲毛萇以下弟子所附。」又曰：「《漢書》但稱毛公，不著其名。《後漢・儒林傳》始云：『趙人毛長傳《詩》，是爲《毛詩》。』其長字不从艸。《隋志》始从《詩傳》稱毛萇。然鄭玄《詩譜》云大毛公爲《訓詁傳》。陸璣《詩疏》云毛亨作《訓詁傳》。據是二書，則作《傳》者乃毛亨，非毛萇。故孔氏《正義》亦云大毛公爲其《傳》，由小毛公而題毛也。《隋志》所云，殊爲舛誤。而流俗沿襲，莫之能更。今定作《傳》者爲毛亨。以鄭氏後漢人，陸氏三國吳人，併傳授《毛詩》，淵源有自，所言必不誣也。」 嚴可均《鐵橋漫稾》曰：「子夏五傳至荀子，荀子傳大毛公，是《毛詩》亦荀子所傳也。」

按：此篇凡分五段：三家經爲第一段，《魯說》爲第二段，《齊后氏故》、《傳》、《孫氏故》、《傳》及《雜記》爲第三段，《韓故》、《内外傳》及《說》爲第四段，《毛詩經》及《故訓傳》爲第五段。

毛詩訓

姚振宗《後漢藝文志・詩類》 謝曼卿《毛詩訓》。范書《儒林・衛宏傳》：「初，九江謝曼卿善《毛詩》，乃爲其訓。宏從曼卿受學。」《釋文敘録》：「毛公授貫長卿，長卿授解延年，延年授徐敖，敖授九江陳俠，俠爲王莽講學大夫。或云陳俠傳謝曼卿。元始五年，公車徵說《詩》。」《隋書・經籍志》曰：「後漢有九江謝曼卿，善《毛詩》，又爲之訓。」 侯《志》曰：「陸元朗稱曼卿元始五年公車徵。又賈徽、衛宏後漢初人，皆受學于曼卿，則曼卿似前漢人。而《隋志》稱爲後漢，或曾入光武時也。」

毛詩傳

曾樸《補後漢書藝文志考・詩》 衛宏《毛詩傳》。卷數佚。范書：「初，九江謝曼卿善《毛詩》，宏從曼卿受學。」案：《釋文・毛詩音義上》引「芣苢，木也，實似李，食之宜子，出於西戎。衛氏《傳》、許慎並同。」諸書不言衛宏作《毛詩傳》，然徧檢隋、唐《志》及漢後諸史列傳，無別有衛氏能治《毛詩》學者。且《釋文》引於許慎前，次王肅，再次王基，時代朗然，非宏而何？蓋此書久佚，元朗從他書轉採耳。

毛詩傳

姚振宗《後漢藝文志・詩類》 鄭衆《毛詩傳》。衆始末見《易》類。范書《儒林傳》：「中興後，鄭衆、賈逵傳《毛詩》。」陸璣《毛詩草木鳥獸蟲魚疏》、《釋文敘録》引並同。 《隋書・經籍志》曰：「後漢鄭衆、賈逵、馬融並作《毛詩傳》。」 侯《志》曰：「范蔚宗、陸璣、陸德明皆但云鄭衆傳《毛詩》，不言作《傳》，惟《隋志》有作《傳》之文，而亦不著其書，疑誤也。今亦未敢臆斷，姑録之。其說今絶無存，惟旁見《周禮・宰夫》之職注、《典瑞》注、《大司馬》注與毛《傳》、鄭《箋》俱異。至如《序》，《官・膳夫》注、《獻人》注、《射人》注、《隸僕》注、《小司寇》注，則固無異解也。」

按：鄭衆本傳云：「作《春秋難記條例》，兼通《易》、《詩》。」則《隋志》之言不爲無據。其但見於序而不著於録者，則其書久亡，《七志》、《七録》所不載，故亦無從記述。侯氏疑其誤，非也。

毛詩雜義難

《隋書・經籍志・詩》 梁有《毛詩雜議難》十卷。漢侍中賈逵撰。亡。

《舊唐書・經籍志・詩》 《毛詩雜義難》十卷。

《新唐書・藝文志・詩類》 《雜義難》十卷。

鄭樵《通志・藝文略・詩》 《雜義難》十卷。《唐・藝文志》。

姚振宗《後漢藝文志・詩類》 賈逵《毛詩雜義難》十卷。《隋書・經籍志》：「梁有《毛詩雜議難》十卷，漢侍中賈逵撰。亡。」《唐・經籍志》：「《毛詩雜義難》十卷。」《藝文志》同。並不著撰人。

按：本傳「逵所著經傳義詁及論難百餘萬言」，此卽論難之一也。

詩異同

姚振宗《後漢藝文志・詩類》 賈逵《詩異同》。范書本傳：「建初中詔令撰《尚書古文同異》，帝善之。復令撰齊、魯、韓《詩》與毛氏《異同》。八年，乃詔諸儒各選高才生，受《左氏》、《穀梁春秋》、《古文尚書》、《毛詩》，由是四經遂行于世。」

毛詩傳

姚振宗《後漢藝文志・詩類》 賈逵《毛詩傳》。逵始末見《書》類。范書本傳逵「父徽，學《毛詩》于謝曼卿。逵傳父業」。　又《儒林傳》曰：「中興後，鄭衆、賈逵傳《毛詩》。」　《隋書・經籍志》曰：「鄭衆、賈逵、馬融並作《毛詩傳》。」　侯《志》曰：「《風俗通・祀典》篇引賈逵説靈星之義，當是《緇衣》篇注解。」

毛詩注

陸德明《經典釋文序録・注解傳述人》 馬融《注》十卷。無下帙。

《隋書・經籍志・詩》 梁有《毛詩》十卷。馬融注。亡。

姚振宗《後漢藝文志・詩類》 馬融《毛詩傳》十卷。融始末見《易》類。范書《儒林傳》：「中興後，鄭衆、賈逵傳《毛詩》，後馬融作《毛詩傳》。」　《釋文敍録》：「《毛詩》，馬融注，十卷，無下帙。」　《隋書・經籍志》：「梁有《毛詩》十卷，馬融注。亡。」按馬《傳》原編當與鄭《箋》同爲二十卷，此無下帙，故存十卷。　馬國翰輯本序曰：「《毛詩馬氏傳》《唐志》以下不復著録，唯《正義》及《釋文》引十一節，酈道元《水經濕水注》引一節，佚説之存者僅此。案鄭康成受業于融，箋《詩》應本師説，《正義》、《釋文》所引，特著其與鄭義異者耳。」

毛詩箋

陸德明《經典釋文序録・注解傳述人》 《毛詩故訓傳》二十卷。鄭氏箋。《藝文志》稱《毛詩故訓傳》三十卷者，毛公作《傳》，本與經別行，唯以《序》文分置篇首，今本題「周南詁訓傳第一」至「那詁訓傳第三十」，卽《毛詩傳》之舊次也。鄭氏作《箋》，則以《箋》文附於經傳之下，《正義》云：「未審此《詩》引經附傳是誰爲之。其鄭之《箋》當元在經傳之下矣。」又約卷爲二十。而毛公卷次尚仍其舊，至唐修《正義》附以《詩譜》，仍以鄭《箋》二十卷爲大目，而別爲子卷。

《隋書・經籍志・詩》 《毛詩》二十卷。漢河間太傅毛萇傳，鄭氏箋。

《舊唐書・經籍志・詩》 《毛詩詁訓》二十卷。鄭玄箋。

《新唐書・藝文志・詩類》 鄭玄箋《毛詩詁訓》二十卷。

鄭樵《通志・藝文略・詩》 《毛詩故訓》二十卷。漢河間太傅毛萇撰，鄭玄箋。

晁公武《郡齋讀書志・詩類》 《毛詩故訓傳》二十卷。

陳振孫《直齋書録解題・詩類》 《毛詩故訓傳》二十卷。後漢大司農鄭康成箋。鄭氏曰「箋」者，案《正義》云，鄭於諸經皆謂之注，獨此言「箋」者，《字林》云：「箋，表也，識也。」鄭遵毛學，表明毛言，記識其事，故稱爲「箋」。又案《後漢傳》注引張華《博物志》，鄭注《毛詩》曰「箋」，不解此意。或云毛公曾爲北海相，鄭氏郡人，故以爲敬。雖未必由此，然漢、魏間達上之辭，皆謂之「牋」，則其爲敬明矣。其間與毛異義者甚多，王肅蓋嘗述毛非鄭云。

馬端臨《文獻通考・經籍考・詩》 《毛詩故訓傳》二十卷。

《宋史・藝文志・詩類》 《毛詩》二十卷。漢毛萇爲詁訓傳，鄭玄箋。

楊士奇等《文淵閣書目・詩》 《詩鄭氏箋》。一部，六冊。闕。《詩鄭氏箋》。一部，六冊。闕。《詩鄭氏箋》。一部，五冊。闕。《詩鄭氏箋》。一部，十冊。闕。《詩鄭氏箋》。一部，一冊。闕。《詩鄭氏箋》。一部，四冊。闕。

徐𤊹《徐氏家藏書目·詩類》 《毛詩鄭箋》二十卷。鄭玄。

錢謙益等《絳雲樓書目·詩類》 宋板《詩經毛鄭箋》三冊。

錢曾《讀書敏求記·經》 《毛詩鄭氏箋》二十卷。南宋刻本。首載《毛詩舉要圖》。

黃丕烈《蕘圃藏書題識·經類》 《毛詩傳箋》二十卷。宋刊本。余自購求書籍以來，於宋刊《毛詩傳箋》附《釋文》本凡五見，而有其三。一爲顧氏小讀書堆本，相傳爲南宋光宗時刻，余未及借校，友人鈕非石校於葛本上，其佳處實多焉；一爲毘陵周九松藏本；一爲此本；一爲小字本；一爲陳仲魚本。然已上四本，皆有重言互注等附入，非傳箋淨本也。向聞吳稷堂家有宋版《毛詩傳箋》，未之見，心甚怏怏，不過守此冊爲至寶。小字本雖全，未易賀而上之。頃松江書籍鋪以吳本歸，余取對此刻似勝，卽檢一條《邶柏舟小序》下「柏木名」此已闌入箋文，而吳本云「柏木名以爲舟」也，于傳下加圈以別之，且未脫「以爲舟也」四字。況無重言互注等，安得不以吳本爲甲，而此本遜居乙耶？因附記於此。小字本近歸三松堂潘氏，非余有矣。癸酉立秋後十日下弦復翁識。

《毛詩傳箋》殘本□卷。宋刊本。此殘宋本《詩經傳箋》附《釋文》本，余得諸已巳年，鈔補於庚午年，猶未及裝潢也。頃又得一小字本，大同而小異。合諸延令季氏書目所云，鄭箋陸德明釋文《詩經》二十卷八本之說，正符其目。又載《監本纂圖重言重意互注點校毛詩》六年乃得，此本之名是書，雖非季氏舊物，而監本之名，以此識矣。監本亦非一刻，余新得者標題《監本重言重意互注毛詩》，較此少「纂圖」字、「點校」字，可知非一刻矣。昔人聚書不妨兼收並蓄，故得成大藏書家。余力萬不逮季氏之一，而好實同之。茲藏二刻，居然相埒，後之得是書者，殆將由百宋一廛之簿録而沿流溯源乎？喜而書此，以誌余言之非妄云。辛未初冬復翁書於求古居。越月□季望後一日，裝成原收及裝潢鈔補之費共計百金。

顧廣圻《思適齋書跋·經部》 《毛詩》三卷。宋刻本。錢曾《敏求記》云「《毛詩鄭氏箋》廿卷，南宋刻本，首載《毛詩舉要圖》」，卽此刻本也。十年前家兄抱沖收得之，藏於小讀書堆，近始借在西湖寓館校讀一過。所見《毛鄭詩》本子莫有舊於此者，洵足寶已。嘉慶壬戌九月初一日元和澗薲居士顧廣圻書。

顧廣圻《思適齋集外書跋輯存·經類》 《毛詩》二十卷。宋刊本。

張之洞《書目答問·正經正注》 《毛鄭詩》三十卷。嘉慶甲子木瀆周氏校刻本。

姚振宗《後漢藝文志·詩類》 鄭玄《毛詩箋》二十卷。玄始末見《易》類。范書《儒林傳》：「中興後，鄭衆、賈逵傳《毛詩》，後馬融作《毛詩傳》，鄭玄作《毛詩箋》。」《釋文敍録》：「《毛詩故訓傳》二十卷，鄭氏箋。」又曰：「鄭玄作《毛詩箋》申明毛義，難三家，于是三家遂廢矣。」《隋書·經籍志》：「《毛詩》二十卷，漢河間太守毛萇傳，鄭氏箋。」《唐·經籍志》：「《毛詩詁訓》二十卷，鄭玄箋。」《藝文志》：「鄭玄箋《毛詩訓詁》二十卷。」《宋史·藝文志》：「《毛詩》二十卷，毛萇爲詁訓傳，鄭玄箋。」《四庫提要》曰：「今參稽衆說，定作《傳》者爲毛亨。《隋志》題毛萇，誤也。《漢志》、《毛詩》二十九卷，《隋志》附以鄭《箋》作二十卷，疑爲康成所併。康成發明毛義，自命曰《箋》。按《說文》曰：『箋，表識書也。』《六藝論》云：『注《詩》宗毛爲主，毛義若隱略，則更表明，如有不同，卽下己意，使可識別。』然則康成特因毛《傳》而表識其傍，如今人之簽記，積而成帙，故謂之『箋』，無庸別曲說也。」《鄭學録》曰：「《釋文》、隋唐《志》：二十卷，唐孔沖遠撰。《傳》、《箋》、《正義》分爲四十卷，今列于學官。」

毛詩譜

陸德明《經典釋文序録·注解傳述人》 鄭玄《詩譜》二卷。徐整暢太叔裘隱。《詩譜序》云：「夷、厲以上歲數不明，太史《年表》自共和始，歷宣、幽、平王而得《春秋》。次弟以立斯譜。欲知源流清濁之所處，則循其上下而省之；欲知風化芳臭氣澤之所及，則旁行而觀之。此《詩》之大綱也。」鄭氏立《譜》之意如是。唐撰《正義》，割《詩譜》說置《風》、《雅》、《頌》之首，而置《譜》不錄。北宋時，其《譜》遂亡。歐陽修自稱慶曆四年得於絳州，殘闕錯亂，不可復考，乃爲之補譜十有五，補文字二百七，增損塗乙改正者八百八十三，爲《詩譜補亡》。清儒戴震、丁晏等以爲《正義》

所載《譜》文已有脱漏，歐氏所定既不與《正義》相契，又馮私肊，多所增省，皆不足保信，乃重爲考訂，别立新譜。然原《譜》散佚來久，後生之所補苴，亦求其近似而止，欲規復鄭氏之本眞難矣。《隋志》：「《毛詩譜》三卷，吴太常卿徐整撰。」撰，謂爲鄭氏撰注也。又：「《毛詩譜》二卷，太叔求及劉炫注。」王應麟曰：「《序録》所稱『徐整暢太叔裘隱』者，蓋整既暢演而裘隱栝之。」按：王説是也。求、裘文同。

《舊唐書・經籍志・詩》　《毛詩譜》二卷。鄭玄撰。

《新唐書・藝文志・詩類》　鄭玄《譜》三卷。

鄭樵《通志・藝文略・詩》　《毛詩譜》三卷。鄭玄撰。

晁公武《郡齋讀書志・詩類》　《詩譜》一卷。右漢鄭玄康成撰。歐陽永叔補其闕，遂成全書。

尤袤《遂初堂書目・詩類》　鄭氏《詩譜》。

《宋史・藝文志・詩類》　鄭玄《詩譜》三卷。

張之洞《書目答問・正經正注》　《詩譜》一卷。嘉慶甲子木瀆周氏校刻本。

姚振宗《後漢藝文志・詩類》　鄭玄《毛詩譜》一卷。序曰：「夷、厲以上，歲數不明，太史《年表》自共和始，歷宣、幽、平王而得《春秋》。次第以立斯譜。欲知源流清濁之所處，則循其上下而省之；欲知風化芳臭氣澤之所及，則傍行而觀之。此《詩》之大綱也。舉一綱而萬目張，解一卷而衆篇明。于力則鮮，于思則寡，其諸君子亦有樂于是歟？」《詩譜序疏》曰：「鄭于《三禮》、《論語》爲之作序，此譜亦是序類，避子夏序名，以其列諸侯世及《詩》之次，故名『譜』也。」《釋文敍録》：鄭玄《詩譜》二卷，徐整暢大叔裘隱。《隋書・經籍志》：「《毛詩譜》二卷。太叔求及劉炫注。」《日本國見在書目》：「《毛詩譜序》一卷，鄭玄撰，大叔求撰。」《唐・經籍志》：「《毛詩譜》二卷，鄭玄撰。」《藝文志》：「鄭玄《毛詩譜》三卷。」《宋・藝文志》：「鄭玄《詩譜》三卷。」《鄭學録》曰：「孔沖遠撰《詩正義》，以譜説散置《風》、《雅》、《頌》諸題下，而條疏之其旁行者無從載，以後傳本浸佚。故宋《崇文總目》無之。至慶曆間，歐陽永叔于絳州得一本，其文有注而不見名字，又首尾殘缺，國譜悉顛倒錯亂。因取己所注詩圖十四篇以補譜之亡者，凡補譜十五，補文字二百七，增損塗乙改正八百八十三，而鄭《譜》復完。今行世者，皆歐陽本也。」王氏《漢魏遺書》有輯本一卷。

詩傳

姚振宗《後漢藝文志・詩類》　荀爽《詩傳》。爽始末見《易》類。范書本傳：「著《禮易傳》、《詩傳》。」荀悦《漢紀》曰：「臣悦叔父故司空爽，著《詩傳》，皆附正義，無他説，通人學者，多好尚之。然希得立於學官也。」

按：《太平御覽》五百八十六引顔延之《庭誥》曰：「荀爽云：詩者古之歌章。」似即《詩傳》中語。本傳不言爽治誰家《詩》，證以《漢紀》「希得立於學官」之語，則其爲《毛氏詩》審矣。陸元朗云：「根牟子傳趙人孫卿子，孫卿子傳魯人大毛公。」是毛氏傳荀氏學。慈明爲荀卿十二世孫，傳《毛詩》即所以傳其家學也。

毛詩義問

《隋書・經籍志・詩》　《毛詩義問》十卷。魏太子文學劉楨撰。

《舊唐書・經籍志・詩》　《毛詩義問》十卷。劉楨撰。

《新唐書・藝文志・詩類》　劉楨《義問》十卷。

鄭樵《通志・藝文略・詩》　《毛詩義問》十卷。魏太子文學劉公幹。

姚振宗《後漢藝文志・詩類》　劉楨《毛詩義問》十卷。《魏志・王粲傳》：「始文帝爲五官將，及平原侯植皆好文學。粲與東平劉楨字公幹並見友善，太祖辟爲丞相掾屬。楨以不敬被刑，刑竟署吏。建安二十二年卒。文帝書與元城令吴質曰：『昔年疾疫，親故多離其災，徐、陳、應、劉，一時俱逝。』」范書《文苑・劉梁傳》：「梁東平寧陽人，爲野王令，光和中卒。孫楨，亦以文才知名。」注引《魏志》云：「楨字公幹，爲司空軍謀祭酒，五官郎將文學，與徐楨、陳琳、阮瑀、應瑒俱以文章知名，轉爲平原侯庶子。」今按《魏志》爲司空軍謀祭酒者，乃徐幹，非劉楨。爲五官將文學及平原侯庶子者，乃徐幹、應瑒，亦非劉楨。章懷此注，或非今所傳之《魏志》。又裴松之注引《文士傳》云楨父名梁，與《范書》稱孫者，亦不合，此則未詳爲孰是矣。《隋書・經籍志》：「《毛詩義問》十卷，魏太子文學劉楨撰。」《唐・經籍志》：「《毛詩義問》十卷，劉楨撰。」《藝文志》：「劉楨《義問》十卷。」按建安二十二年，文帝始立爲太子，楨卽于是年卒。此稱太子文學，或終于是官，或從後追題。馬國翰輯本序曰：「劉楨《毛詩義問》，隋、唐《志》並十卷。今從《水經注》、《北堂書鈔》、《初學記》、《藝文類聚》、《太平御覽》輯得十二節，訓釋名物與陸璣《疏》相似。」

詩說

姚振宗《漢書藝文志拾補・詩》 呂叔玉《詩說》。《經義考》曰：「按呂氏於《詩》，不知主何家之說。杜子春注《周官》引之，其說曰：『《肆夏》、《繁遏》、《渠》皆《周頌》也。《肆夏》、《時邁》也；《繁遏》、《執競》也；《渠》，《思文》也。』頗見新義。惜乎其不傳。」

毛詩注

陸德明《經典釋文序録・注解傳述人》 王肅《注》二十卷。前已具疏。

《隋書・經籍志・詩》 《毛詩》二十卷。王肅注。

《舊唐書・經籍志・詩》 《毛詩》二十卷。王肅注。

《新唐書・藝文志・詩類》 王肅《注》二十卷。

鄭樵《通志・藝文略・詩》 《毛詩》二十卷。王肅注。

張之洞《書目答問・列朝經注經說經本考證》 《毛詩王氏注》四卷。魏王肅。玉函山房輯本。

姚振宗《三國藝文志・詩類》 王肅《毛詩注》二十卷。肅始末見《易類》。《釋文敍録》：「鄭玄作《毛詩箋》，申明毛義，難三家，于是三家遂廢。魏太常王肅更述毛非鄭。」又曰：「王肅《注》二十卷。」《隋書・經籍志》：「《毛詩》二十卷，王肅注。梁有《毛詩》二十卷，鄭玄、王肅合注。亡。」《唐・經籍志》：「《毛詩》二十卷，王肅注。」《藝文志》：「王肅《注》二十卷。」侯《志》曰：「《釋文敍録》云魏太常王肅述毛非鄭。案肅雖述毛，然亦有不得毛旨者，如《正義》摘出《召南・采蘋》、《邶風・擊鼓》諸條；亦有改毛以濟其私者，如《經義雜記》摘出『以慰我心』、『古之人無斁』、『維此文王』、『每懷靡及』諸條是也。」馬國翰輯本序曰：「《隋志》云『梁有《毛詩》二十卷，鄭玄、王肅合注』。蓋魏晉人取肅注次鄭《箋》後，以便觀覽，非肅別有注也，今輯録四卷。其說申述毛旨，往往與鄭不同。」

毛詩注

《隋書・經籍志・詩》 梁有《毛詩》二十卷。鄭玄、王肅合注。亡。

姚振宗《隋書經籍志考證・詩類》 梁有《毛詩》二十卷，鄭玄、王肅合注，亡。不著撰録人姓名。馬國翰王注輯本序曰：「《隋志》云：『梁有《毛詩》二十卷，鄭玄、王肅合注。』蓋魏晉人取肅《注》次鄭《箋》後，以便觀覽，非肅別有注也，今併亡。」

毛詩義駁

《隋書・經籍志・詩》 《毛詩義駁》八卷。王肅撰。

《舊唐書・經籍志・詩》 《毛詩雜義駁》八卷。王肅撰。

《新唐書・藝文志・詩類》 王肅《毛詩雜義駁》八卷。

鄭樵《通志・藝文略・詩》 《毛詩義駁》八卷。王肅。

張之洞《書目答問・列朝經注經說經本考證》 《義駁》一卷。魏王肅。玉函山房輯本。

姚振宗《三國藝文志・詩類》 王肅《毛詩義駁》八卷。《隋書・經籍志》：「《毛詩義駁》八卷，王肅撰。」《唐・經籍志》：「《毛詩雜義駁》

八卷，王肅撰。」《藝文志》：「王肅《雜義駁》八卷。」馬國翰輯本序曰：「肅注《毛詩》，以鄭《箋》有不合于毛者，因復爲此書曰『義駁』者，駁鄭氏義也。今輯録凡十二節。鄭氏訓義優洽，未易擲撲，自有此《駁》，而王基、孫毓、陳統之徒，反覆辯難，門戶各爭，則景侯爲之倡也。」

毛詩奏事

《隋書・經籍志・詩》《毛詩奏事》一卷。王肅撰。

鄭樵《通志・藝文略・詩》《毛詩奏事》一卷。王肅。

張之洞《書目答問・列朝經注經説經本考證》《毛詩奏事》一卷。魏王肅。玉函山房輯本。

姚振宗《三國藝文志・詩類》王肅《毛詩奏事》一卷。《隋書・經籍志》：「《毛詩奏事》一卷，王肅撰。」馬國翰輯本序曰：「肅既撰《毛詩義駁》，專攻鄭氏，此則取鄭氏之違失條奏于朝，故題『奏事』也。今從《正義》輯得四節。康成大儒，先通魯、韓二家，後箋《毛詩》，其與毛不盡同者，意在兩存其是。肅必欲盡廢鄭説，駁之不已，復陳諸奏，何見疾之深乎？」

毛詩問難

《隋書・經籍志・詩》梁有《毛詩問難》二卷。王肅撰。亡。

《舊唐書・經籍志・詩》《毛詩問難》二卷。王肅撰。

《新唐書・藝文志・詩類》王肅《毛詩問難》二卷。

鄭樵《通志・藝文略・詩》《問難》二卷。《唐・藝文志》。

張之洞《書目答問・列朝經注經説經本考證》《問難》一卷。魏王肅。玉函山房輯本。

姚振宗《三國藝文志・詩類》王肅《毛詩問難》二卷。《隋書・經籍志》有《毛詩問難》二卷，案有「上敓梁」字。王肅撰，亡。《唐・經籍志》：「《毛詩問難》二卷，王肅撰。」《藝文志》：「王肅《問難》二卷。」《四庫提要》曰：「自鄭《箋》既行，齊、魯、韓三家遂廢，然《箋》與《傳》義亦時有異同。魏王肅作《毛詩注》、《毛詩義駁》、《毛詩奏事》、《毛詩問難》諸書，以申毛難鄭。」馬國翰輯本序曰：「肅于《毛詩注》外有《義駁》、有《奏事》，皆攻擊鄭氏。此之《問難》，大抵亦申毛以難鄭也。《隋志》云：『梁有二卷，亡。』《唐志》復著録二卷。今佚。從《正義》輯録七節，與《注》及《駁》、《奏》相比次，王氏一家之學萃于兹矣。」

毛詩音

姚振宗《三國藝文志・詩類》王肅《毛詩音》。《釋文敍録》：「爲《詩音》者九人：鄭玄、徐邈、蔡氏、孔氏、阮侃、王肅、江惇、干寶、李軌。」

案《隋・經籍志》云：「梁有《毛詩音》十六卷，徐邈等撰。亡。」王肅《詩音》當在此十六卷中。

毛詩駁

《隋書・經籍志・詩》《毛詩駁》一卷。魏司空王基撰，殘缺。梁五卷。

《舊唐書・經籍志・詩》《毛詩駁》五卷。王伯輿撰。

《新唐書・藝文志・詩類》王基《毛詩駁》五卷。

鄭樵《通志・藝文略・詩》《毛詩駁》五卷。魏司空王基。

姚振宗《三國藝文志・詩類》王基《毛詩駁》五卷。《隋志》一卷。《後漢書・鄭玄傳》：「其門人東萊王基著名于世。」章懷太子曰：「基字伯輿，魏鎮南將軍安樂鄉侯。」《魏志》本傳：「基字伯輿，東萊曲城人也。年十七，入琅邪界游學。黃初中，察孝廉，除郎中。爲青州別駕，後召爲祕書郎，擢中書侍郎。明帝時散騎常侍王肅著諸經傳解，改易鄭玄舊説，而基據持玄義，常與抗衡。歷安平太守、大將軍曹爽從事中郎、安豐太守、尚書、荆州刺史。毌丘儉、文欽作亂，以基爲行監軍、假節，領許昌軍。欽等平，遷鎮南將軍，都督豫州諸軍事，領豫州刺史，進封安樂鄉侯。諸葛誕反，基以本官行鎮東將軍，都督揚、豫諸軍事。轉征東、征南將軍，都督揚州、荆州諸軍事。景元二年薨，贈司空，謚曰景侯。」案：基字伯輿，伯興，未詳孰是。《釋文敍録》：「鄭玄作《毛詩箋》，王肅更述毛非鄭，荆州刺史王基駁王肅申鄭義。」案基爲荆州刺史在正始中。《隋書·經籍志》：「《毛詩駁》一卷，魏司空王基撰，殘缺。梁五卷。」《唐·經籍志》：「《毛詩駁》五卷，王伯興撰。」《藝文志》：「王基《毛詩駁》五卷。」《四庫提要》曰：「王肅作《毛詩問難》諸書，以申毛難鄭。王基作《毛詩駁》以申鄭難王。」

馬國翰輯本序曰：「基以策敵立功，掌統方任，而善爲撰述，常據持鄭義，與王肅抗衡。其書唐初尚有完帙，今佚。從《正義》、《釋文》輯録十五節，其説依鄭駁王，具有根柢。」侯《志》曰：「案基説之載于孔《疏》者，如『采采芣苢』一條駁王肅『出于西戎』之説，『充耳以素』一條駁王肅『玄紞無五色』之説，『侵鎬及方』一條駁王肅『鎬京』之説，『不自爲政』一條駁王肅『人臣不顯諫』之説，皆極精當。惜全書久佚，可考見者無多也。」

毛詩答問駁譜

《隋書·經籍志·詩》 梁有《毛詩答問駁譜》，合八卷。亡。

姚振宗《隋書經籍志考證·詩類》 梁又有《毛詩答問駁譜》，合八卷，亡。不著撰人。按：此似亦王司空書。

毛詩義

《隋書·經籍志·詩》 《毛詩義》四卷。魏祕書郎劉璠撰。亡。

姚振宗《三國藝文志·詩類》 劉璠《毛詩義》四卷。《隋書·經籍志》：「梁又有《毛詩義》四卷、《毛詩箋傳是非》二卷，並魏祕書郎劉璠撰。亡。」

毛詩箋傳是非

《隋書·經籍志·詩》 《毛詩箋傳是非》二卷。魏祕書郎劉璠撰。亡。

姚振宗《三國藝文志·詩類》 劉璠《毛詩箋傳是非》二卷。

毛詩注

姚振宗《三國藝文志·詩類》 孫炎《毛詩注》。炎始末見《易》類。《魏志·王肅附傳》：「樂安孫叔然作《周易》、《春秋例》，《毛詩》諸注。」侯《志》曰：「叔然注今絶無傳，其旁見《爾雅》注者多與毛《傳》合，蓋毛公本以《雅》訓釋《詩》者也。」

詩傳

文廷式《補晉書藝文志·詩類》 袁準《詩傳》。見《魏志·袁渙傳》注引《袁氏世紀》。案：《詩·大雅·生民》疏引袁準説，未知出此書否。

毛詩注

姚振宗《三國藝文志·詩類》 李譔《毛詩注》。譔始末見《易》類。《蜀志》本傳：「譔著古文《易》、《尚書》、《毛詩》。」常璩《梓潼人士贊》：「譔著古文《周易》、《尚書》、《毛詩注解》。」

毛詩草木鳥獸蟲魚疏

陸德明《經典釋文序録・注解傳述人》 陸璣《毛詩草木鳥獸蟲魚疏》二卷。字元恪，吴郡人，吴太子中庶子、烏程令。隋、唐《志》同。《崇文總目》云：「世或以璣爲機，非也。機本不治《詩》。今應以『璣』爲正。」焦循曰：「陸《疏》太約，爲後人綴拾之本。吕東萊所引陸《疏》言《毛詩》授受與此大異，知綴拾者未見《讀詩記》也。」丁晏曰：「《初學記》『燭類』引陸士衡《毛詩草木疏》，唐人已誤爲機，幸有《釋文》爵里甚明。今所傳二卷卽璣之原書，後人疑爲掇拾之本，非也。以《爾雅》邢疏、《齊民要術》、《太平御覽》所引證之，仍以此《疏》爲詳。《疏》引劉歆、張奐諸説皆古義之僅存者。間有遺文，後人傳寫佚脱耳。下篇敍四家源流，至爲賅洽，毛公名亨，得此《疏》而始備。惟其去漢未遠，是以述古能詳，尤信其爲原書也。」清《四庫提要》曰：「毛晉所刻援引陳振孫之言，謂其書引《爾雅》郭璞注，當在郭後，因題曰『唐陸璣』。夫唐代之書，《隋志》烏能著録？且書中所引《爾雅注》僅及犍爲文學、樊光，實無一字涉及郭璞，不知陳氏何以云然。」按：李匡乂《資暇集》曰：「陸璣《草木疏》稱，郭璞云『緑竹，王芻也，今呼爲白腳蘋』。」陳振孫所見與唐本同。毛晉撰《廣要》或刪去此文，致與唐宋人所言不相應。清儒爲《提要》者止見明人刪改之書，遂云「無一字涉及郭璞」，其實不爾。然則唐人所見已非陸璣原本，近代所見則又非陳振孫當時本也。《提要》之誤較然可知。若丁氏之説，則所謂過信亦非者也。

《隋書・經籍志・詩》 《毛詩草木蟲魚疏》二卷。烏程令吴郡陸機撰。

《舊唐書・經籍志・詩》 《毛詩草木鳥獸魚蟲疏》二卷。陸璣撰。

錢東垣等輯《崇文總目・詩類》 《毛詩草木鳥獸蟲魚疏》二卷。［原釋］吴太子中庶子烏程令陸璣撰。世或以璣爲機，非也。機自爲晉人，本不治《詩》，今應以璣爲正。然書但附《詩釋誼》，窘于采獲，似非通儒所爲者，將後世失傳，不得其眞歟。見《文獻通考》。

《新唐書・藝文志・詩類》 陸璣《草木鳥獸魚蟲疏》二卷。

鄭樵《通志・藝文略・詩》 《草木鳥獸魚蟲疏》二卷。吴陸璣。

晁公武《郡齋讀書志・詩類》 《毛詩草木鳥獸蟲魚疏》二卷。右吴陸璣撰。或題曰陸機，非也。璣仕至烏程令。

尤袤《遂初堂書目・詩類》 陸璣《草木蟲魚疏》。

陳振孫《直齋書録解題・詩類》 《毛詩鳥獸草木蟲魚疏》二卷。題吴郡庶子陸璣撰。案《館閣書目》稱吴中庶子烏程令，字元恪，吴郡人，據陸氏《釋文》也。其名從「玉」，固非晉之士衡，而其書引郭璞注《爾雅》，則當在郭之後，亦未必爲吴時人也。孔《疏》、吕《記》多引之。

馬端臨《文獻通考經籍考・詩》 《毛詩草木鳥獸蟲魚疏》二卷。

《宋史・藝文志・詩類》 陸璣《草木鳥獸蟲魚疏》二卷。

楊士奇等《文淵閣書目・詩》 陸璣《詩鳥獸草木蟲魚疏》。一部，一冊。闕。

徐𤊹《徐氏家藏書目・詩類》 《毛詩草木蟲魚疏》二卷。吴陸璣。

毛晉《汲古閣書跋》 陸璣《草木鳥獸蟲魚疏》。右《毛詩疏》二卷。或曰，吴太子中庶子烏程令陸機作也。或曰，唐吴郡陸璣作也。陳氏辨之曰，其書引《爾雅》郭璞註，則當在郭之後，未必吴時人也。但諸書援引多誤作機，案機字士衡，晉人，本不治《詩》，則此書爲唐人陸璣字元恪者所撰無疑矣。後世失傳，不得其眞，故有疑爲贋鼎者。或又曰，贋則非贋，蓋摭拾羣書所載，漫然釐爲二卷，不過狐腋豹斑耳，其説近之。

錢謙益等《絳雲樓書目・詩類》 陸璣《草木蟲魚疏》。二卷。字元恪，吴郡人，吴太子中庶子烏程令。見《經典釋文》。

《四庫提要・詩類一》 《毛詩草木鳥獸蟲魚疏》二卷。通行本。吴陸璣撰。明北監本《詩正義》全部所引皆作陸機。考《隋書・經籍志》，《毛詩草木蟲魚疏》二卷，注云：「烏程令吴郡陸璣撰。」陸德明《經典釋文序録》「陸璣《毛詩草木鳥獸蟲魚疏》二卷」，注云：「字元恪，吴郡人。吴太子中庶子烏程令。」《資暇集》亦辯璣字从玉，則監本爲誤。又毛晉《津逮祕書》所刻，援陳振孫之言，謂其書引《爾雅》郭璞注，當在郭後，未必吴人，因而題曰唐陸璣。夫唐代之書，《隋志》烏能著録？且書中所引《爾雅注》，僅及漢犍爲文學、樊光，實無一字涉郭璞，不知陳氏何以云然。姚士粦跋已辨之，或晉未見士粦跋歟？原本久佚。此本不知何人所輯，大抵從《詩正義》中録出。然《正義》《衛風・淇澳》篇引陸璣《疏》「淇、澳二水名」，今本乃無此條。知由採摭未周，故有所漏，非璣之舊帙矣。又《衛風》「椅桐梓漆」一條，稱「今雲南牂牁人績以爲布」。考《漢書・地理志》，益州郡有雲南縣，《後漢書・郡國志》永昌郡有雲南縣，皆一邑之名。《唐書・地理志》，姚州雲南郡，武德四年以漢雲南縣地置。蓋至是始升爲大郡，而袁滋《雲南記》、竇滂《雲南別録》諸書作焉。璣在三國，卽以雲南配牂牁，似乎諸家傳寫，又有所竄亂，非盡原文。然勘驗諸書所引，一一符合，要非依託之本也。末附四家《詩》源流四篇，而《毛詩》特詳。考王柏《詩疑》，已詆璣所敘與《經典釋文》不合。王應麟《困學紀聞》亦議其誤以曾申爲申公。則宋本已有之，非後人所附益矣。蟲魚草木，今昔異名，年代迢遙，傳疑彌甚。璣去古未遠，所言猶不甚失眞。《詩正義》全用其說，陳啟源作《毛詩稽古編》，其駁正諸家亦多以璣說爲據。講多識之學者，固當以此爲最古焉。

姚振宗《三國藝文志・詩類》 陸璣《毛詩草木鳥獸蟲魚疏》二卷。《釋文敍録》：「陸璣《毛詩草木鳥獸蟲魚疏》二卷。璣字元恪，吳郡人，吳太子中庶子、烏程令。」 《隋書・經籍志》：「《毛詩草木蟲魚疏》二卷，烏程令吳郡陸機撰。」 《唐・經籍志》：「《毛詩草木鳥獸魚蟲疏》陸機撰。」失載卷數，又「璣」並誤爲「機」。 《藝文志》：「陸璣《草木鳥獸蟲魚疏》二卷。」 《宋史・藝文志》同。 《四庫提要》曰：「陸璣《疏》二卷，原本久佚，此不知何人所輯。末附四家《詩》源流四篇，而《毛詩》特詳。蟲魚草木，今昔異名，年代迢遙，傳疑彌甚。璣去古未遠，所言猶不甚失眞。《詩正義》全用其說，陳啓源作《毛詩稽古編》，其駁正諸家亦多以璣說爲據。講多識之學者，固當以此爲最古焉。」

案：書中引魏博士濟陰周元明說，不知何人何書。

毛詩譜

《隋書・經籍志・詩》 《毛詩譜》三卷。吳太常卿徐整撰。

鄭樵《通志・藝文略・詩》 《毛詩譜》三卷。吳太常卿徐整撰。

姚振宗《三國藝文志・詩類》 徐整《毛詩譜》三卷。《釋文敍録》：「徐整字文操，豫章人，吳太常卿。」又曰：「鄭玄《詩譜》二卷，徐整暢。」 《隋書・經籍志》：「《毛詩譜》三卷，吳太常卿徐整撰。」 金谿王謨《漢魏遺書鈔敍録》曰：「吳射慈《喪服變除圖》今見于《通典》所載者凡三十餘條，其中徐整與慈問答者十二，整自爲立論者一，整蓋亦爲禮服之學者。而《隋志》載整《詩譜》二卷、《孝經默注》一卷，不知其于禮服有論著也。故表而出之。」馬國翰《玉函山房敍録》曰：「吳射慈《喪服變除圖》與徐整答問爲多，整當是慈之門人。」 侯《志》曰：「《釋文敍録》引徐整云：『子夏授高行子。高行子授薛倉子。薛倉子授帛妙子。帛妙子授河間人大毛公。毛公爲《故訓傳》于家，以授趙人小毛公。』卽此書中語也。《敍録》又謂：『鄭玄《詩譜》二卷徐整暢太叔裘隱。』太叔裘不知何時人，《隋志》、《經義考》俱系于徐整下，今未敢必爲三國時，故不著録。」

毛詩答雜問

《隋書・經籍志・詩》 《毛詩答雜問》七卷。吳侍中韋昭、侍中朱育等撰。亡。

《舊唐書・經籍志・詩》 《毛詩雜答問》五卷。

《新唐書・藝文志・詩類》 《毛詩雜答問》五卷。

鄭樵《通志・藝文略・詩》 《毛詩雜答問》五卷。韋昭、朱育等。

姚振宗《三國藝文志・詩類》 韋昭、朱育等《毛詩答雜問》七卷。《吳志》：「韋曜字弘嗣，吳郡雲陽人。曜本名昭，史爲晉諱，改之。少好學，能屬文，從丞相掾，除西安令，還爲尚書郎，遷太子中庶子。太子和廢後，爲黃門侍郎。孫亮卽位，爲太史令。孫休踐阼，爲中書郎、博士祭酒。孫皓卽位，封高陵亭侯，遷中書僕射，職省，爲侍中，常領左國史。鳳皇二年，收付獄，誅。」華覈上疏救曜云：「曜年已七十，餘數無幾，乞赦其一等之罪。」則死時年七十也。 《吳志・虞翻傳》注引《會稽典録》曰：「孫亮時，有山陰朱育，仕郡門下書佐。後仕朝，常在臺閣，爲東觀令，遙拜清河太守，加位侍中，推刺占射，文藝多通。」案育字嗣卿，見兩唐《志》小學類。推刺占射者，善推逆刺占候及射覆之術也。《隋書・經籍志》：「梁又有《毛詩答類問》七卷，吳侍中韋昭、侍中朱育等撰，亡。」《唐書・經籍》、《藝文志》：「《毛詩雜答問》五卷。」並不著撰人，蓋卽是書之殘本。馬國翰輯本序曰：「茲從《正義》及《藝文類聚》、《初學記》、《太平御覽》等書輯録十三節，內有《御覽》引韋輝光《毛詩問》一節，《正義》引薛綜答韋昭一節。」侯《志》曰：「《御覽》八百十六引韋輝光《毛詩問》一條。考韋昭字宏嗣，不字輝光，然輝光與昭字義合，書名又同，或宏嗣有兩字乎？」

毛詩注

陸德明《經典釋文序録・注解傳述人》 謝沈《注》二十卷。

《隋書・經籍志・詩》 梁有《毛詩》二十卷。謝沈注。亡。

文廷式《補晉書藝文志・詩類》 謝沈《毛詩注》二十卷。《鵲巢》疏：「鳲鳩，謝氏云：『布穀類也。』」見《隋志》。

謝氏毛詩譜鈔

《隋書・經籍志・詩》 《謝氏毛詩譜鈔》一卷。

鄭樵《通志・藝文略・詩》 《謝氏毛詩譜鈔》一卷。

丁國鈞《補晉書藝文志・詩類》 《毛詩譜鈔》一卷。謝沈。謹按：見《隋志》，舊題謝氏，蓋亦沈書。

毛詩釋義

《隋書・經籍志・詩》 梁《毛詩釋義》十卷。謝沈撰。亡。

《舊唐書・經籍志・詩》 《毛詩釋義》十卷。謝沈撰。

《新唐書・藝文志・詩類》 謝沈《釋義》十卷。

鄭樵《通志・藝文略・詩》 《毛詩釋義》十卷。晉祠部郎謝沈。

文廷式《補晉書藝文志・詩類》 謝沈《毛詩釋義》十卷。見《隋志》。

毛詩義疏

《隋書・經籍志・詩》 《毛詩義疏》十卷。謝沈撰。亡。

文廷式《補晉書藝文志・詩類》 謝沈《毛詩義疏》十卷。見《隋志》。疑《義疏》卽《釋義》複出也。

毛詩外傳

吳士鑒《補晉書經籍志・詩類》 謝沈《毛詩外傳》。見本傳。

毛詩注

陸德明《經典釋文序録・注解傳述人》 江熙《注》二十卷。字太和，濟陽人，東晉兗州別駕。

《隋書・經籍志・詩》 《毛詩》二十卷。晉兗州別駕江熙注。亡。

文廷式《補晉書藝文志・詩類》 江熙《毛詩注》二十卷。字太和，濟陽人，兗州別駕。唐成伯璵《毛詩指說》云：「江熙、謝沈各注二十卷。」

毛詩異同評

陸德明《經典釋文序録・注解傳述人》 孫毓《詩同異評》十卷。前已具疏。

《隋書・經籍志・詩》 《毛詩異同評》十卷。晉長沙太守孫毓撰。

《舊唐書・經籍志・詩》《毛詩異同評》十卷。孫毓撰。

《新唐書・藝文志・詩類》孫毓《異同評》十卷。

鄭樵《通志・藝文略・詩》《毛詩異同評》十卷。晉孫毓。

張之洞《書目答問・列朝經注經説經本考證》《毛詩異同評》三卷。晉孫毓。玉函山房輯本。

文廷式《補晉書藝文志・詩類》孫毓《毛詩異同評》十卷。《隋志》云：「長沙太守。」《釋文序録》云：「字休朗，北海平昌人，豫州刺史。」《毛詩指説》云：「北海人，爲長沙太守。」馬國翰玉函山房有輯本。《釋文序録》云：「晉豫州刺史孫毓爲《詩評》，評毛、鄭、王肅三家同異，朋於王。」成伯瑜《毛詩指説》云：「晉孫毓爲《詩評》十卷，評毛、鄭、王三家異同。」《汝墳》疏云：「君子，欒詳，馬昭、孔晁、孫毓等皆云大夫。」此當是參此書及《聖證論》而言，然欒詳未詳何人。

毛詩諸家音

陸德明《經典釋文序録・注解傳述人》爲《詩音》者九人：鄭玄、徐邈、蔡氏、孔氏、阮侃、王肅、江惇、干寶、李軌。阮侃字德恕，陳留人，河內太守。江惇字思俊，河內人，東晉徵士。蔡氏、孔氏，不詳何人。阮侃未詳。江淳見《晉書・江統傳》。《隋志》：「梁有《毛詩音》十六卷，徐邈等撰；《毛詩音》二卷，徐邈撰；《毛詩音隱》一卷，于氏撰。亡。」按：「于」當爲「干」之譌。

《舊唐書・經籍志・詩》《毛詩諸家音》十五卷。鄭玄等注。

《新唐書・藝文志・詩類》鄭玄等《諸家音》十五卷。

鄭樵《通志・藝文略・詩》鄭玄等《諸家音》十五卷。

毛詩音隱

《隋書・經籍志・詩》梁有《毛詩音隱》一卷。干氏撰。亡。

文廷式《補晉書藝文志・詩類》干寶《毛詩音隱》一卷。《隋志》作于氏，今據《經典釋文序録》作干寶。《詩・泮水》「薄采其茆」，《釋文》：「干寶

云：『今之鰓鱺艸，堪爲葅，江東有之。』」

難孫氏毛詩評

《隋書・經籍志・詩》《難孫氏毛詩評》四卷。晉徐州從事陳統撰。

《舊唐書・經籍志・詩》《難孫氏詩評》四卷。陳統撰。

《新唐書・藝文志・詩類》陳統《難孫氏詩評》四卷。

鄭樵《通志・藝文略・詩》《難孫氏毛詩評》四卷。晉陳統。

張之洞《書目答問・列朝經注經説經本考證》《難孫氏毛詩評》一卷。陳統。玉函山房輯本。

文廷式《補晉書藝文志・詩類》陳統《難孫氏毛詩評》四卷。字元方，徐州從事。《隋書・音樂志下》云：「據毛萇、侯苞、孫毓故事，皆有鍾聲，而王肅之意乃言不可。又陳統云：『婦人無外事，而陰教尚柔，柔以靜爲體，不宜用於鍾。』」

毛詩表隱

《隋書・經籍志・詩》梁有《毛詩表隱》二卷。陳統撰。亡。

《舊唐書・經籍志・詩》《毛詩表隱》二卷。

《新唐書・藝文志・詩類》陳統《表隱》二卷。

鄭樵《通志・藝文略・詩》《表隱》二卷。晉陳統。

文廷式《補晉書藝文志・詩類》陳統《毛詩表隱》二卷。《鹿鳴》之什，《釋文》：「不數，陳氏云：『數，細也。』」

毛詩拾遺

《隋書・經籍志・詩》《毛詩拾遺》一卷。郭璞撰。

鄭樵《**通志・藝文略・詩**》　《毛詩拾遺》一卷。郭璞。

姚振宗《**隋書經籍志考證・詩類**》　《毛詩拾遺》一卷，郭璞撰。《晉書》本傳：「璞字景純，河東聞喜人也。好經術，博學有高才。惠、懷之際，河東先擾。璞結姻昵交游數十家，避地東南。王導引爲參軍。元帝卽位，以爲著作郎。頃之，遷尚書郎。母憂，去職。未期，王敦起璞爲記室參軍。敦之謀逆也，溫嶠、庾亮使璞占吉凶，璞曰：『大吉。』於是勸帝討敦。敦將舉兵，又使璞筮。璞曰：『無成。』敦固疑璞之勸嶠、亮，又聞卦凶，乃曰：『卿更筮吾壽幾何？』答曰：『明公起事，必禍不久。若往武昌，壽不可測。』敦大怒曰：『卿壽幾何？』曰：『命盡今日日中。』敦怒，收璞，斬之。時年四十九。及王敦平，追贈弘農太守。」　馬氏玉函山房輯本序曰：「《隋志》載郭璞《毛詩拾遺》一卷，梁又有《毛詩略》四卷。《唐志》不著録，佚已久。《北堂書鈔》、《初學記》、《藝文類聚》各引一節，《釋文》引三節，《正義》引一節。或稱郭璞，或止稱郭，亦是此書佚文，並據輯補。至《釋文》、《正義》引郭璞爲《爾雅音注》者，皆不敢攔入也。」

文廷式《**補晉書藝文志・詩類**》　郭璞《毛詩拾遺》一卷。《北堂書鈔》一百二十九、《藝文類聚》六十、《太平御覽》三百四十七、《初學記》二十八並引之，馬國翰輯此書得七節。

毛詩略

《**隋書・經籍志・詩**》　梁又有《毛詩略》四卷。亡。

文廷式《**補晉書藝文志・詩類**》　郭璞《毛詩略》四卷。

毛詩辨異

《**隋書・經籍志・詩**》　《毛詩辨異》三卷。晉給事郎楊乂撰。

《**舊唐書・經籍志・詩**》　《毛詩辯》三卷。楊乂撰。

《**新唐書・藝文志・詩類**》　楊乂《毛詩辨》三卷。

鄭樵《**通志・藝文略・詩**》　《毛詩辨異》三卷。晉楊乂。

文廷式《**補晉書藝文志・詩類**》　楊乂《毛詩辯異》三卷。《舊唐志》無「異」字。給事郎。

毛詩異義

《**隋書・經籍志・詩**》　《毛詩異義》二卷。楊乂撰。

鄭樵《**通志・藝文略・詩**》　《毛詩異義》二卷。楊乂。

文廷式《**補晉書藝文志・詩類**》　楊乂《毛詩異義》二卷。

毛詩雜義

《**隋書・經籍志・詩**》　梁有《毛詩雜義》五卷。楊乂撰。亡。

文廷式《**補晉書藝文志・詩類**》　楊乂《毛詩雜義》五卷。

毛詩義疏

《**隋書・經籍志・詩**》　《毛詩義疏》二十卷。舒援撰。

鄭樵《**通志・藝文略・詩**》　《毛詩義疏》二十卷。舒援。

姚振宗《**隋書經籍志考證・詩類**》　《毛詩義疏》二十卷，舒援撰。舒援始末未詳。

唐孔穎達《正義序》曰：「近代爲《義疏》者，有全緩、何胤、舒瑗。」馬氏玉函山房輯本序曰：「《隋志》有《毛詩義疏》二十卷，僅題舒援撰，不著時代。《唐志》不著録，佚已久。惟《正義》及《禮記正義》引，凡三節，一作舒瑗，一作舒援，一作舒緩，疑不能定。」

毛詩疑字

朱彝尊《經義考・詩》 蔡氏謨《毛詩疑字》。佚。按蔡謨《毛詩疑字議》，《初學記》引之，其辭曰：「佩者，服用之稱；珮者，玉器之名。稱其服用，則字從人；名其器，則字從王。」

釋毛詩

文廷式《補晉書藝文志・詩類》 虞喜《釋毛詩》。本傳。

毛詩音

文廷式《補晉書藝文志・詩類》 江惇《毛詩音》。字思俊，河内人，東晉徵士。《晉書》思俊作思悛。見《釋文序録》。按《孫晷傳》：「濟陽江惇少有高操，聞晷學行，自東陽往候之。」是惇之學出於晷也。

詩注

文廷式《補晉書藝文志・詩類》 袁喬《詩注》。本傳。

毛詩音

《隋書・經籍志・詩》 梁有《毛詩音》十六卷。徐邈等撰。亡。

鄭樵《通志・藝文略・詩》 《毛詩音》十六卷。梁徐邈等撰。按：徐氏《音》今雖亡，然陸《音》所引多本於此。

毛詩音

《隋書・經籍志・詩》 梁有《毛詩音》二卷。徐邈撰。亡。

鄭樵《通志・藝文略・詩》 《毛詩音》二卷。徐邈撰。按：徐氏《音》今雖亡，然陸《音》所引多本於此。

丁國鈞《補晉書藝文志・詩類》 《毛詩音》二卷。徐邈。謹按：見《七録》。家大人曰：「《隋志》又言『梁有《毛詩音》十六卷，徐邈等撰』。蓋集各家《詩音》而徐爲首，故有『等』字，實則邈所著即此二卷也，不再複列。」

文廷式《補晉書藝文志・詩類》 徐邈《毛詩音》二卷。《隋志》又云：「梁有《毛詩音》十六卷，徐邈等撰。」

毛詩雜義

《隋書・經籍志・詩》 《毛詩雜義》四卷。晉江州刺史殷仲堪撰。亡。

姚振宗《隋書經籍志考證・詩類》 梁有《毛詩雜義》四卷，晉江州刺史殷仲堪撰，亡。《晉書》本傳：「殷仲堪，陳郡人也。能清言。談理與韓康伯齊名。補佐著作郎。謝玄鎮京口，以爲長史。孝武帝召爲太子中庶子，甚相親愛。復領黄門郎，寵任轉隆。以會稽王非社稷之臣，擢所親幸以爲藩捍，乃授爲都督荆益寧三州軍事、振威將軍、荆州刺史、假節，鎮江陵。安帝初，與桓玄等結盟舉兵，後互相疑阻，爲玄所獲，逼令自殺，死於柞溪。」

按：《晉書》仲堪但由荆州黜爲廣州，旋即敗死，實未嘗爲江州。此引《七録》，題「江州刺史」，誤。別集類則題「荆州刺史殷仲堪集十二卷」也。

文廷式《補晉書藝文志・詩類》 殷仲堪《毛詩雜義》四卷。江州刺史。

毛詩背隱義

《隋書・經籍志・詩》 梁有《毛詩背隱義》二卷。宋中散大夫徐廣撰。亡。

姚振宗《隋書經籍志考證・詩類》 梁有《毛詩背隱義》二卷，宋中散大夫徐廣撰，亡。《晉書》本傳：「廣字野民，東莞姑幕人，侍中邈之弟也。世好學，至廣尤爲精純，百家術數無不研覽。孝武世，除祕書郎，典校祕書省。數遷。至義熙初，封樂成侯。歷大司農祕書監。及劉裕受禪，恭帝遜位，廣獨哀感。因辭衰老，乞歸桑梓。性好讀書，老猶不倦。年七十四，卒於家。」《宋書》本傳：「義熙初，高祖除鎮軍咨議參軍，領記室。封樂成縣五等侯。高祖受禪，永初元年，詔曰：『祕書監徐廣，學優行謹，歷位恭肅，可中散大夫。』廣上表乞歸桑梓，許之。元嘉二年卒，時年七十四。」《南史》本傳：「永初元年，詔除中散大夫。廣言墳墓在晉陵丹徒，又生長京口，息道玄忝宰此邑，乞相隨之官，歸終桑梓。許之，贈賜甚厚。性好讀書，年過八十，猶歲讀五經一遍。元嘉二年卒。」按：《南史》謂廣年過八十，不取宋、晉《書》卒年七十四之説，蓋別有所據也。

按：齊、梁時隱士何胤注書，於卷背書之，謂爲「隱義」，「背隱義」之義蓋如此。由是推尋，則凡稱「音隱」、「音義隱」之類，大抵皆從卷背録出，皆是前人隱而未發之義，當時別無書名，故卽就本書加「隱」字以名之。又按：此并以悟漢人經注各自爲書之所以然。

文廷式《補晉書藝文志・詩類》 徐廣《毛詩背隱義》二卷。「背」，疑「音」字之譌。

詩音

文廷式《補晉書藝文志・詩類》 李軌《詩音》。見《釋文序録》。

詩音

文廷式《補晉書藝文志・詩類》 劉昌宗《詩音》。見顏師古《匡謬正俗》卷一。《邶詩》，《釋文》云：「燀，劉昌宗音運。」

詩音

文廷式《補晉書藝文志・詩類》 孔氏《詩音》。《釋文序録》列二家徐邈後、阮侃前，注云：「不詳何人。」按《孝友・許孜傳》云：「師事豫章太守會稽孔沖，受《詩》、《書》、《禮》、《易》及《孝經》、《論語》。」此孔氏疑卽沖也。

詩音

文廷式《補晉書藝文志・詩類》 蔡氏《詩音》。

詩音

文廷式《補晉書藝文志・詩類》 阮侃《詩音》。字德恕，陳留人，河內太守。見《釋文序録》。

詩序義

文廷式《補晉書藝文志・詩類》 周續之《詩序義》。見《釋文序録》。

字道祖。馬國翰輯佚書曰：「續之注《毛詩》，隋、唐《志》不著録。《釋文序録》謂爲《詩序義》。《顔氏家訓》引其叢木音，云周續之《毛詩注》，訓及傳箋之字，不止解説《詩序》也。《正義》於『鄭氏箋』下云：『周續之與雷次宗同受慧遠法師《詩義》，而續之題已如此。』此又解全詩之證。故據《家訓》題《毛詩注》。《北堂書鈔》、《匡謬正俗》並引之。」按《毛詩指説》云：「周續之及雷次宗並作《詩序義》。」《書鈔》九十五引周續之解《毛詩》。

毛詩注

文廷式《補晉書藝文志・詩類》　周續之《毛詩注》。

毛詩序義

《隋書・經籍志・詩》　《毛詩序義》二卷。宋通直郎雷次宗撰。

鄭樵《通志・藝文略・詩》　《毛詩序義》二卷。宋通直郎雷次宗。

姚振宗《隋書經籍志考證・詩類》　毛詩序義二卷，宋通直郎雷次宗撰。《南史・隱逸傳》：「雷次宗字仲倫，豫章南昌人也。少入廬山，事沙門釋慧遠，篤志好學，尤明《三禮》、《毛詩》。隱退不受徵辟。宋元嘉十五年，徵至都，開館於雞籠山，聚徒教授，置生百餘人。會稽朱膺之、潁川庾蔚之並以儒學總監諸生。時國子學未立，上留意藝文，使丹陽尹何尚之立玄學，太子率更令何承天立史學，司徒參軍謝元立文學，凡四學並建。車駕數至次宗館，資給甚厚。久之，還廬山，後又徵詣都，爲築室於鍾山，謂之招隱館。二十五年，卒於鍾山。」　《釋文敘録》：「豫章雷次宗字仲倫，宋通直郎，徵不起。爲《詩序義》。」

毛詩義

《隋書・經籍志・詩》　梁有《毛詩義》一卷。雷次宗撰。亡。

毛詩集注

陸德明《經典釋文序録・注解傳述人》　梁有桂州刺史清河崔靈恩集衆解，爲《毛詩集注》二十四卷。崔靈恩遍通五經，猶精《三禮》、三《傳》，集注《毛詩》二十四卷，注《周禮》四十卷，制《三禮義宗》三十卷、《左氏經傳義》二十二卷、《左氏條例》十卷、《公羊穀梁文句義》十卷。　《詩正義序》曰：「近代爲《義疏》者，有全緩、何胤、舒瑗、劉軌思、劉醜、劉焯、劉炫等。焯、炫並聰穎特達，文而又儒，特爲殊絶，今據以爲本。」

按：《詩疏》所引，上采鄭、王同異，下及南北諸儒，而以二劉爲本。陸撰《釋文》時居南土，北方儒士非彼所知。沈重初仕蕭巋，時相比近，故特著之。

《隋書・經籍志・詩》　《集注毛詩》二十四卷。梁桂州刺史崔靈恩注。

《舊唐書・經籍志・詩》　《集注毛詩》二十四卷。崔靈恩集注。

《新唐書・藝文志・詩類》　崔靈恩《集注》二十四卷。

鄭樵《通志・藝文略・詩》　《毛詩集注》二十四卷。梁桂州刺史崔靈恩。

姚振宗《隋書經籍志考證・詩類》　《集注毛詩》二十四卷，梁桂州刺史崔靈恩注。《梁書・儒林傳》：「崔靈恩，清河東武城人也。少篤學，從師偏通五經。先在北仕爲太常博士，天監十三年歸國。高祖以其儒術，擢拜員外散騎侍郎，遷步兵校尉，兼國子博士。靈恩聚徒講授，聽者常數百人。解經析理，甚有精致，京師舊儒咸稱重之，助教孔僉尤好其學。出爲長沙內史，還除國子博士，講衆尤盛。又出爲明威將軍、桂州刺史，卒官。《集注毛詩》二十二卷。」　《釋文敘録》曰：「梁有桂州刺史清河崔靈恩，集衆解爲《毛詩集注》二十四卷。」又《玉海》引《釋文》云：「靈恩《集注》，采三家之本。」《唐書・經籍志》：「《集注毛詩》二十四卷，崔靈恩集注。」《唐書・藝文志》：「崔靈恩《集注》二十四卷。」馬氏玉函山房輯本序曰：「其引鄭《箋》多與今本不同，而往往勝於今本。則知由俗儒訛傳，猶賴此以存其舊。又其書雖以毛爲主，間取三家。蓋其時《韓詩》尚在，《魯》、《齊》之義，則從古籍中引述得之，尤足以資學者考訂云。」

毛詩音

陸德明《經典釋文序録・注解傳述人》 俗間又有徐爰《詩音》。徐爰，字長玉，南琅邪開陽人。

毛詩引辨

《隋書・經籍志・詩》 《毛詩引辨》一卷。宋奉朝請孫暢之撰。亡。

姚振宗《隋書經籍志考證・詩類》 梁有《毛詩引辯》一卷，宋奉朝請孫暢之撰，亡。孫暢之始末未詳。宋郭若虛《圖畫見聞誌》載後魏孫暢之撰《述書記》，疑即其人。

毛詩序義

《隋書・經籍志・詩》 《毛詩序義》七卷。孫暢之撰。亡。

毛詩釋

《隋書・經籍志・詩》 《毛詩釋》一卷。宋金紫光祿大夫何偃撰。亡。

姚振宗《隋書經籍志考證・詩類》 梁有《毛詩釋》一卷，宋金紫光祿大夫何偃撰，亡。《宋書》本傳：「偃字仲弘，廬江灊人，司徒尚之中子也。舉秀才，除中軍參軍。世祖時，歷吏部尚書。侍中顔竣與偃俱在門下，以文義賞會，相得甚歡。素好談玄，注《莊子・消搖》篇傳於世。大明二年，卒官，年四十六。贈散騎常侍、金紫光祿大夫。謚曰靖。」

毛詩集解敍義

《隋書・經籍志・詩》 《毛詩集解敍義》一卷。顧歡等撰。

鄭樵《通志・藝文略・詩》 《毛詩解序義》一卷。顧歡等。

毛詩檢漏義

《隋書・經籍志・詩》 《毛詩檢漏義》二卷。梁給事郎謝曇濟撰。亡。

姚振宗《隋書經籍志考證・詩類》 梁有《毛詩檢漏義》二卷，梁給事郎謝曇濟撰，亡。《南齊書・周顒傳》：「顒卒官時，會王儉講《孝經》未畢，舉曇濟自代，學者榮之。官爲給事中。」按：《齊書》本附謝曇濟於周顒傳後，今本敓去其前數語，故不見其姓字里籍，《南史》更不載此事，今遂無從考見。按《南史・文惠太子傳》：永明三年，講《孝經》，少傅王儉以摘句令太子僕周顒撰爲《義疏》，據此則顒舉以自代者，代其所撰《孝經義疏》，得與於太子講席，故儒者榮之也。嚴可均《全齊文編》曰：「謝曇濟，永明末爲國子助教。」按：此見《南齊書・禮志》。《志》有鬱林王隆昌元年，國子助教謝曇濟議明堂配饗事。又有明帝建武二年，給事中、領國子助教謝墨濟議泄哀之儀。「墨濟」即「曇濟」之誤。

毛詩總集

《隋書・經籍志・詩》 《毛詩總集》六卷。梁處士何胤撰。亡。

毛詩隱義

《隋書・經籍志・詩》 《毛詩隱義》十卷。梁處士何胤撰。亡。

毛詩序注

《隋書・經籍志・詩》 梁有《毛詩序》一卷。梁隱居先生陶弘景注。亡。

姚振宗《隋書經籍志考證・詩類》 梁有《毛詩序》一卷，梁隱居先生陶弘景注，亡。《南史・隱逸傳》：「陶弘景字通明，丹陽秣陵人也。幼有異操，年十歲得葛洪《神仙傳》，晝夜研求，便有養生之志。父爲妾所害，遂終身不娶。讀書萬餘卷，一事不知，以爲深恥。齊高帝作相，引爲諸王侍讀，除奉朝請。永明十年，上表辭祿。止於句容之句曲山，自號華陽陶隱居。人間書札，即以隱居代名。性好著述，老而彌篤。梁武帝既早與之游，及即位後，恩禮愈篤，書問不絕。大同二年卒，年八十五。詔贈太中大夫，謚曰貞白先生。所著《學苑》百卷。」

陶翊《華陽隱居陶先生本起録》曰：「注《尚書》、《毛詩序》共一卷，《左傳》已有劉實、賀道養注，《易略例》即是《易序》，不假復注。」翊字木羽，隱居先生從子也，見宋張君房《雲笈七籤》中。其「左傳」以下云云，似即隱居序文中語。

毛詩義疏

《隋書・經籍志・詩》 《毛詩義疏》五卷。張氏撰。亡。

《舊唐書・經籍志・詩》 《毛詩義疏》五卷。張氏撰。

《新唐書・藝文志・詩類》 張氏《義疏》五卷。

鄭樵《通志・藝文略・詩》 張氏《義疏》五卷。

文廷式《補晉書藝文志・詩類》 張氏《毛詩義疏》五卷。《隋書》列殷後，不著時代，姑附於此。

毛詩序注

《隋書・經籍志・詩》 《毛詩序注》一卷。宋交州刺史阮珍之撰。亡。

毛詩序義疏

《隋書・經籍志・詩》 《毛詩序義疏》一卷。劉瓛等撰，殘缺。梁三卷。

《舊唐書・經籍志・詩》 《毛詩序義》一卷。劉氏撰。

《新唐書・藝文志・詩類》 劉氏《序義》一卷。

鄭樵《通志・藝文略・詩》 《毛詩序義疏》一卷。劉瓛等。

姚振宗《隋書經籍志考證・詩類》 《毛詩序義疏》一卷，劉瓛等撰，殘缺。梁三卷。劉瓛有《周易乾坤義》，見前《易》類。《釋文敘録》：「宋徵士鴈門周續之、豫章雷次宗、齊沛國劉瓛並爲《詩敘義》。」按：本志題「劉瓛等」者，或合周、雷二家之書在內，爲陸氏所見者歟？《唐書・經籍志》：「《毛詩序義》一卷，劉氏志撰。」按：「志」當是「等」字之誤。《唐書・藝文志》：「劉氏《序義》一卷。」馬氏玉函山房輯本序曰：「《隋志》載《毛詩序義疏》一卷，劉瓛撰，殘闕。梁三卷。《唐志》有劉氏《序義》一卷，即《隋志》之《序義疏》也。今佚。從《正義》、《釋文》所引得二節。」

毛詩篇次義

《隋書・經籍志・詩》 梁有《毛詩篇次義》一卷。劉瓛撰。亡。

毛詩雜義注

《隋書・經籍志・詩》 梁有《毛詩雜義注》三卷。亡。

毛詩發題序義

《隋書・經籍志・詩》 《毛詩發題序義》一卷。梁武帝撰。

鄭樵《通志・藝文略・詩》 《毛詩發題序義》一卷。梁武帝。

姚振宗《隋書經籍志考證・詩類》 《毛詩發題序義》一卷，梁武帝撰。梁武帝有《易大義》，見前《易》類。 馬國翰曰：「《毛詩題綱》，隋、唐《志》皆不載，《太平御覽》引《螽斯》、《葛藟》、《南山有臺》、《白華》凡四節，皆卽篇義參合《序》說，發明比興之旨。考《隋志》有《毛詩發題序義》一卷，梁武帝撰，疑卽是書也。」

按：南北朝講書，有「發題」、「開題」名目，蓋首發其端，此與下《大義》，實爲一書而相承分著其目也。

毛詩大義

《隋書・經籍志・詩》 《毛詩大義》十一卷。梁武帝撰。

鄭樵《通志・藝文略・詩》 《毛詩大義》十一卷。梁武帝。

姚振宗《隋書經籍志考證・詩類》 《毛詩大義》十一卷，梁武帝撰。《南史・劉之遴傳》：「時《周易》、《尚書》、《毛詩》並有武帝義疏。」《藝文類聚・雜文部》：「梁簡文帝請尙書左丞賀琛奉述制旨《毛詩義》表曰：『臣聞樂由陽來，性情之本；詩以言志，政教之基。故能使天地咸亨，人倫敦序。故東魯夢周，窮茲刪采；西河邵魏，著彼纘述。叶星辰而建詩，觀斗儀而命禮。以爲陳徐雅頌，膏肓匪一；燕韓篇什，痼疾多端。北海鄭君，徒逢箋釋；南郡太守，空爲異序。庶令中和永播，碩學知宗，大胥負師，國子咸紹。孝敬之德，化洽天下，多識之風，道行比屋。』」按類書引文多刪節不完，「庶令」上有敚文。

毛詩十五國風義

《隋書・經籍志・詩》 梁有《毛詩十五國風義》二十卷。梁簡文撰。

姚振宗《隋書經籍志考證・詩類》 梁有《毛詩十五國風義》二十卷，梁簡文撰。《梁書》、《南史》本紀：「太宗簡文皇帝諱綱，字世纘，高祖第三子，昭明太子母弟也。天監五年，封晉安王。中大通三年四月，昭明太子薨。五月，立爲皇太子。太清三年五月丙辰，武帝崩。辛巳，卽皇帝位。明年，改元大寶。大寶二年八月，侯景廢帝爲晉安王，禪位於豫章王棟，幽帝於永福省。王偉苦勸行弒。冬十月壬寅，崩，時年四十九。所著《昭明太子傳》五卷，《諸王傳》三十卷，《禮大義》二十卷，《法寶連璧》三百卷，《謝客文涇渭》三卷，《玉簡》五十卷，《易林》十七卷，《沐浴經》三卷，《棊品》五卷，《彈棊譜》一卷，《新增白澤圖》五卷，及《長春義記》、《光明符》、《竈經》、《馬槊譜》、《如意方》、《老子義》、《莊子義》、文集各若干卷，並行於世。」《長春義記》以下等書，並見本志。 馬氏玉函山房輯本序曰：「唐成伯璵《毛詩指說》引梁簡文帝《毛詩十五國風》《陳風》義一條。」

按：梁簡文是書及《春秋》、《孝經》諸義不著於本紀者，大抵皆編入《長春殿義記》一百卷中，見後《論語》、五經總義類中。

葉詩

《隋書・經籍志・詩》 《業詩》二十卷。宋奉朝請業遵注。

《舊唐書・經籍志・詩》 《葉詩》二十卷。葉遵注。

《新唐書・藝文志・詩類》 葉遵注二十卷。號《葉詩》。

鄭樵《通志・藝文略・詩》 《毛詩》二十卷。葉遵注。

姚振宗《隋書經籍志考證・詩類》 《業詩》二十卷，宋奉朝請葉遵注。《釋文敍録》：「業遵字長儒，燕人，宋奉朝請。注《禮記》十二卷。」本志篇敍曰：「又有《業詩》，奉朝請業遵所注，立義多異，世所不行。」《唐書・經籍志》：「《業詩》二十卷，業遵注。」一本並作「葉」。《唐書・藝文志》：「葉遵注二十卷，號《葉詩》。」一本又並作「業」。按：業、葉傳寫不一。考《廣韻》及《氏族略》，有鄴姓無業姓，唯宋鄧名世《古今姓氏書辨證》載業姓，援《釋文敍録》，此一條以爲之證。蓋率爾記載，非眞得古氏族世系者。不足爲據，似當從葉爲是。

毛詩義疏

朱彝尊《經義考・詩》 全氏緩《毛詩義疏》。佚。

毛詩拾遺

張鵬一《隋書經籍志補・詩》 《毛詩拾遺》，後魏渤海高允。

毛詩箋音證

《隋書・經籍志・詩》 《毛詩箋音證》十卷。後魏太常卿劉芳撰。

鄭樵《通志・藝文略・詩》 《毛詩箋音證》十卷。後魏太常劉芳。

毛詩誼府

《隋書・經籍志・詩》 《毛詩誼府》三卷。後魏安豐王元延明撰。

《舊唐書・經籍志・詩》 《毛詩誼府》三卷。元延明撰。

《新唐書・藝文志・詩類》 元延明《誼府》三卷。

鄭樵《通志・藝文略・詩》 《毛詩誼府》三卷。後魏元延明。

姚振宗《隋書經籍志考證・詩類》 《毛詩誼府》三卷，後魏安豐王元延明撰。《魏書・文成五王傳》：「安豐王猛，太和五年封。薨，子延明，襲。累遷給事黃門侍郎。侍中延明既博極羣書，兼有文藻，與中山王熙及弟臨淮王彧等，並以才學令望有名於世。莊帝時，爲尚書令、大司馬。及元顥入洛，延明受顥委寄。顥敗，遂將妻子奔蕭衍，死於江南。莊帝末，喪還。出帝初，贈太保，王如故，謚曰文宣。所著詩賦贊頌銘誄三百餘篇，又撰《五經宗略》、《詩禮別義》，注《帝王世紀》及《列仙傳》。」按：元顥奔梁在武帝中大通二三年間，亦見《梁武本紀》，而延明之事不具。《唐書・經籍志》：「《毛詩誼府》三卷，元延明撰。」《唐書・藝文志》：「元延明《誼府》三卷。」

毛詩序義注

張鵬一《隋書經籍志補・詩》 《毛詩序義注》一卷，後魏博陵劉獻之。本傳云：「魏承喪亂之後，五經大義，雖有師說，而海內諸生，多有疑滯，咸決於獻之。六藝之文，雖不悉注，然所標宗旨，頗異舊義。撰《三禮大義》四卷，《隋志》有，不著姓名。《三傳略注》三卷，《毛詩序義注》一卷，行於世，並立《章句疏》二卷。注《涅槃經》，未就而卒。」又云：「獻之善《春秋》、《毛詩》。」

毛詩章句疏

張鵬一《隋書經籍志補・詩》 《毛詩章句疏》三卷，後魏博陵劉獻之。

詩音義

陸德明《經典釋文序録・注解傳述人》 近吳興沈重亦撰《詩音義》。沈重，字德厚，吳興武康人，博覽羣書，尤明《詩》及《左氏春秋》，學業該博，爲當世儒宗，著《周禮義》三十卷、《儀禮義》三十五卷、《禮記義》三十卷、《毛詩義》二十八卷、《喪服經義》五卷，又撰《三禮音》、《毛詩音》，俱見本傳。

毛詩義疏

《隋書・經籍志・詩》 《毛詩義疏》二十八卷。蕭巋散騎常侍沈重撰。

鄭樵《通志・藝文略・詩》 《毛詩義疏》二十八卷。梁常侍沈重。

姚振宗《隋書經籍志考證・詩類》 《毛詩義疏》二十八卷，蕭巋散騎常侍沈重撰。《北史・儒林傳》：「沈重字子厚，吳興武康人也。性聰悟，專心儒學，尤明《詩》及《左氏春秋》。梁武帝中大通四年，補國子助教。後除五經博士。梁元帝卽位，迎重西上。魏平江陵，重乃留事蕭詧。周武帝以重經明行修，聘至京師，令討論五經，幷校定鍾律。授驃騎大將軍、開府儀同三司、露門博士，仍於露門館爲皇太子講《論語》。建德末，表請還梁，梁主蕭巋拜重散騎常侍、太常卿。隋開皇三年卒，年八十四。重學業該博，爲當世儒宗。陰陽圖緯、道經、釋典，無不通涉。著《毛詩義》二十八卷、《毛詩音》二卷。」按：隋文帝開皇三年，爲後梁明帝巋天保二十二年，陳後主至德元年。

《釋文敍録》曰：「近吳興沈重亦撰《詩音義》。」 馬氏玉函山房輯本序曰：「《北史》本傳載其著《毛詩音》二卷，《隋志》不載，而有《毛詩義疏》二十八卷，似二卷之《音》亦倂入《義疏》二十八卷之內。《唐志》，《義疏》不著録，而有鄭玄等《諸家音》十五卷，似沈《音》亦在其中，故陸氏《釋文》及引之。今佚，采《音釋》合訂二卷。」 王氏《漢魏遺書鈔》曰：「今鈔出《釋文》四十九條，有音無義者不録，《初學記》十三條，《史記正義》一條。」

毛詩音

張鵬一《隋書經籍志補・詩》 《毛詩音》二卷，後周吳郡沈重。本傳云：「重學業該博，爲當世儒宗。至於陰陽圖緯，道經釋典，靡不博綜。又多所撰述，咸得指要。著《周禮義》三十一卷、《志》已録作四十。《儀禮義》三十五卷、《禮記義》三十卷、《志》已録作四十。《毛詩義》二十八卷、《志》已録作《義疏》。《喪服經義》五卷、《周禮音》一卷、《儀禮音》一卷、《禮記音》二卷、《毛詩音》二卷。」

毛詩章句

朱彝尊《經義考・詩》 張氏思伯《毛詩章句》。佚。

毛詩義疏

朱彝尊《經義考・詩》 劉氏軌思《毛詩義疏》。佚。

毛詩義注

《隋書・經籍志・詩》 《毛詩義注》四卷。亡。

《舊唐書・經籍志・詩》 《毛詩義注》五卷。

《新唐書・藝文志・詩類》 《義注》五卷。

姚振宗《隋書經籍志考證・詩類》 梁又《毛詩義注》四卷，亡。不著撰人。

按：兩唐《志》有《毛詩義注》五卷，不著撰人，似即是書。

毛詩大義

《隋書·經籍志·詩》 《毛詩大義》十三卷。

毛詩義疏

《隋書·經籍志·詩》 《毛詩義疏》二十卷。

姚振宗《隋書經籍志考證·詩類》 《毛詩義疏》二十卷。不著撰人。

馬國翰曰：「《藝文類聚》諸書有引《毛詩義疏》而不著名氏者，朱氏《經義考》併以爲沈重。考《隋志》於舒援、沈重《義疏》外，題《毛詩義疏》者凡五部，皆不著名氏，諸家引述，當在五部，故未敢采入沈氏書。」

按：此五家，大抵皆北朝人。《北史·儒林傳》云：「通《毛詩》者，多出於魏朝劉獻之。獻之傳李周仁。周仁傳董令度、程歸則。歸則傳劉敬和、張思伯、劉軌思。其後能言《詩》者，多出二劉之門。」孔氏《正義序》有曰：「近代爲《義疏》者，有全緩、何胤、舒瑗、劉軌思、劉醜、劉焯、劉炫等。」本志惟有何胤、舒援、劉炫三家，餘皆不見。

毛詩義疏

《隋書·經籍志·詩》 《毛詩義疏》二十九卷。

毛詩義疏

《隋書·經籍志·詩》 《毛詩義疏》十卷。

毛詩義疏

《隋書·經籍志·詩》 《毛詩義疏》十一卷。

毛詩義疏

《隋書·經籍志·詩》 《毛詩義疏》二十八卷。

毛詩釋疑

《隋書·經籍志·詩》 《毛詩釋疑》一卷。

鄭樵《通志·藝文略·詩》 《毛詩釋疑》一卷。

毛詩義疏

朱彝尊《經義考·詩》 劉氏醜《毛詩義疏》。佚。

毛詩義疏

朱彝尊《經義考·詩》 劉氏焯《毛詩義疏》。佚。

毛詩并注音

《隋書・經籍志・詩》　《毛詩并注音》八卷。祕書學士魯世達撰。

鄭樵《通志・藝文略・詩》　《毛詩并注音》八卷。隋祕書學士魯世達撰。

按：《唐志》有魯世達《音義》二卷。

姚振宗《隋書經籍志考證・詩類》　《毛詩并注音》八卷，祕書學士魯世達撰。《北史・儒林・劉炫附傳》：「時儒學之士，又有褚暉、顧彪、魯世達、張沖、王孝籍並知名。」又曰：「魯世達，餘杭人。煬帝時，爲國子助教。撰《毛詩章句義疏》四十二卷，行於世。」《隋書・許善心傳》：「大業元年，轉禮部尚書，奏薦儒者徐文遠爲國子博士，包愷、陸德明、褚徽、魯世達之輩並加品秩，授爲學官。」《唐書・經籍志》：「《毛詩音義》二卷，魯達撰。」按此因唐人舊文，避諱刪去「世」字也。《唐書・藝文志》：「魯世達《音義》二卷。」

毛詩音義

《舊唐書・經籍志・詩》　《毛詩音義》二卷。魯世達撰。

《新唐書・藝文志・詩類》　魯世達《音義》二卷。

毛詩章句義疏

《隋書・經籍志・詩》　《毛詩章句義疏》四十卷。魯世達撰。

鄭樵《通志・藝文略・詩》　《毛詩章句義疏》四十卷。魯世達。

王圻《續文獻通考・經籍考・詩》　《毛詩章句疏義》，魯世達著。

姚振宗《隋書經籍志考證・詩類》　《毛詩章句義疏》四十卷，魯世達撰。魯世達有《毛詩並注音》，見前。《北史・儒林傳》：「世達撰《毛詩章句義疏》四十二卷，行於世。」

按：兩唐《志》唯有魯世達《毛詩音義》二卷。並此《義疏》四十卷，正合本傳四十二卷之數。

毛詩譜

《隋書・經籍志・詩》　《毛詩譜》二卷。太叔求及劉炫注。

鄭樵《通志・藝文略・詩》　《毛詩譜》二卷。太叔求及劉炫注。

姚振宗《隋書經籍志考證・詩類》　《毛詩譜》二卷，太叔求及劉炫注。太叔求始末未詳，劉炫有《尚書述義》，見前《書》類。《釋文敍録》：「鄭玄《詩譜》二卷，徐整暢太叔裘隱。」《唐日本國見在書目》：「《毛詩譜序》一卷，鄭玄撰，太叔求撰。」《玉海・藝文類》：「《國史志》：《詩譜》世傳太叔求注，不在祕府。《經典釋文敍録》所稱『徐整暢太叔裘隱』，蓋整既暢演，而裘隱括之。求字譌也。歐陽修《補注》一卷。」盧氏《釋文考證》曰：「暢謂暢明鄭旨，隱謂詮發隱義。」

按：徐整取鄭氏《詩譜》而暢言之，太叔裘更發其所隱，而劉炫又爲之注。然則此本出自劉氏。太叔裘不知何代人，西晉有太叔廣，東平人，見《晉書・摯虞傳》，裘或其族歟？

毛詩集小序

《隋書・經籍志・詩》　《毛詩集小序》一卷。劉炫注。

鄭樵《通志・藝文略・詩》　《毛詩集小序》一卷。劉炫。

毛詩述義

《隋書・經籍志・詩》　《毛詩述義》四十卷。國子助教劉炫撰。

《舊唐書・經籍志・詩》 《毛詩述義》三十卷。劉炫撰。

《新唐書・藝文志・詩類》 劉炫《述義》三十卷。

鄭樵《通志・藝文略・詩》 《毛詩述義》四十卷。隋劉炫。

姚振宗《隋書經籍志考證・詩類》 《毛詩述義》四十卷，國子助教劉炫撰。劉炫有《尚書述義》，見前《書》類。 《北史・儒林・劉焯傳》：「焯少與河間劉炫結盟爲友，同受《詩》於同郡劉軌思。」又《劉炫傳》云：「炫著《毛詩述議》四十卷。」 《唐日本國見在書目》：「《毛詩述議》三十卷，劉炫撰。」 《唐書・經籍志》：「《毛詩述義》三十卷，劉炫撰。」 《唐書・藝文志》：「劉炫《述義》三十卷。」 孔穎達《正義序》曰：「近代爲《義疏》者，有劉焯、劉炫等。然焯、炫並聰穎特達，文而又儒，擢秀幹於一時，騁絶轡於千里，因諸儒之揖讓，日下之無雙。於其所作疏內，特爲殊絶。今奉敕刪定，故據以爲本。然焯、炫等負恃才氣，輕鄙先達，同其所異，異其所同，或應略而反詳，或宜詳而更略，準其繩墨，差忒未免，勘其會同，時有顛躓。」 馬氏玉函山房輯本序曰：「《北史》稱《述議》，隋、唐《志》並作《述義》，《隋》四十卷，《唐》三十卷，今佚。《正義》引二節。二劉並稱，蓋與兄焯說義同也。鄭樵《六經奧論》引一節，並據録之。《正義序》謂『奉敕刪定，據以爲本』云云。然則劉氏之說，其醇者固皆具於《正義》，特晦其名，末由區別耳。」按：劉焯，信都昌亭人，劉炫，河間景城人，焯少與炫結盟爲友，但同姓非弟晜。馬氏以焯爲炫之兄，意度之詞耳。

毛詩義疏

張鵬一《隋書經籍志補・詩》 《毛詩義疏》，隋李鉉。詳《周易義例》。按《隋志》有《毛詩義疏》七種，內四種不著撰者姓名，其卷數有二十卷、十卷不等，疑鉉書卽在其內。

毛詩題綱

鄭樵《通志・藝文略・詩》 《毛詩題綱》一卷。

《宋史・藝文志・詩類》 《毛詩提綱》一卷。不知作者。

毛詩釋文

陳振孫《直齋書録解題・詩類》 《毛詩釋文》二卷。唐陸德明撰。

《宋史・藝文志・詩類》 陸德明《詩釋文》三卷。

楊士奇等《文淵閣書目・詩》 陸氏《詩經釋文》。一部，三冊。闕。 陸氏《詩經音義》。一部，一冊。闕。

張之洞《書目答問・正經正注》 《毛詩音義》三卷，嘉慶甲子木瀆周氏校刻本。附《毛詩校字記》一卷。

毛詩正義

《舊唐書・經籍志・詩》 《毛詩正義》四十卷。孔穎達撰。

錢東垣等輯《崇文總目・詩類》 《毛詩正義》四十卷。［原釋］唐國子祭酒孔穎達撰，太尉長孫無忌諸儒刊定。國朝端拱初，國子司業孔維等奉詔是正。《詩》學之家，此最爲詳。見《文獻通考》。

《新唐書・藝文志・詩類》 《毛詩正義》四十卷。孔穎達、王德韶、齊威等奉詔撰，趙乾叶、四門助教賈普曜、趙弘智等覆正。

鄭樵《通志・藝文略・詩》 《毛詩正義》四十卷。唐孔穎達等。

晁公武《郡齋讀書志・詩類》 《毛詩正義》四十卷。右唐孔穎達等撰。據劉炫、劉焯《疏》爲本，刪其所煩而增其所簡云。自晉室東遷，學有南北之異。南學簡約，得其英華；北學深博，窮其枝葉。至穎達始著《義疏》，混南北之異，雖未必盡得聖人之意，而刑名度數亦已詳矣。自兹以後，大而郊、社、宗廟，細而冠、婚、喪、祭，其儀法莫不本此。元豐以來，廢而不行，甚無謂也。

尤袤《遂初堂書目・詩類》 《毛詩正義》。

陳振孫《直齋書録解題・詩類》 《毛詩正義》四十卷。唐孔穎達與王德韶等撰。專述毛、鄭之學，且備鄭《譜》於卷首，蓋亦增損劉焯、劉炫之《疏》而爲之也。

馬端臨《文獻通考經籍考・詩》 《毛詩正義》四十卷。

胡師安等《元西湖書院重整書目》 《詩注疏》。

《宋史・藝文志・詩類》 孔穎達《正義》四十卷。

楊士奇等《文淵閣書目・詩》 《詩經注疏》。一部，二十九冊。完全。《詩經注疏》。一部，二十四冊。闕。《詩經注疏》。一部，二十冊。完全。《詩經注疏》。一部，十三冊。殘缺。《詩經正義》。一部，十二冊。闕。

高儒《百川書志・詩》 《毛詩註疏》七十卷。鄭氏箋，唐國子祭酒孔穎達奉勅撰，陸德明音義。

范邦甸等《天一閣書目・詩類》 《詩經註疏》二十卷。漢鄭玄箋，唐孔穎達疏。《毛詩疏》四十卷。明刊本。

徐𤊹《徐氏家藏書目・詩類》 《毛詩註疏》二十四卷。漢鄭康成箋，唐孔穎達疏。

張萱等《内閣藏書目錄・經部》 《毛詩注疏》二十九冊。全。舊板。

錢謙益等《絳雲樓書目・詩類》 《毛詩註疏》。

《四庫提要・詩類一》 《毛詩正義》四十卷。内府藏本。漢毛亨傳，鄭玄箋，唐孔穎達疏。案《漢書・藝文志》，《毛詩》二十九卷，《毛詩故訓傳》三十卷。然但稱毛公，不著其名。後《漢書・儒林傳》始云：「趙人毛長傳《詩》，是爲《毛詩》。」其長字不從艸。《隋書・經籍志》載《毛詩》二十卷，漢河間太守毛萇傳，鄭氏箋。於是《詩傳》始稱毛萇。然鄭玄《詩譜》曰：「魯人大毛公爲《訓詁傳》於其家，河間獻王得而獻之，以小毛公爲博士。」陸璣《毛詩草木蟲魚疏》亦云：「孔子刪詩授卜商，商爲之序以授魯人曾申，申授魏人李克，克授魯人孟仲子，仲子授根牟子，根牟子授趙人荀卿，荀卿授魯國毛亨，毛亨作《訓詁傳》以授趙國毛萇。時人謂亨爲大毛公，萇爲小毛公。」據是二書，則作《傳》者乃毛亨，非毛萇。故孔氏《正義》亦云大毛公爲其《傳》，由小毛公而題毛也。《隋志》所云，殊爲舛誤。而流俗沿襲，莫之能更。朱彝尊《經義考》乃以《毛詩》二十九卷題毛亨撰，注曰「佚」。《毛詩訓故傳》三十卷題毛萇撰，注曰「存」。意主調停，尤爲於古無據。今參稽衆說，定作《傳》者爲毛亨。以鄭氏後漢人，陸氏三國吳人，併傳授《毛詩》，淵源有自，所言必不誣也。鄭氏發明毛義，自命曰《箋》。《博物志》曰：「毛公嘗爲北海郡守，康成是此郡人，故以爲敬。」推張華所言，蓋以爲公府用記，郡將用箋之意。然康成生於漢末，乃修敬於四百年前之太守，殊無所取。案《說文》曰：「箋，表識書也。」鄭氏《六藝論》云：「注《詩》宗毛爲主，毛義若隱略則更表明，如有不同，卽下己意，使可識別。」案此論今佚，此據《正義》所引。然則康成特因毛《傳》而表識其傍，如今人之簽記，積而成帙，故謂之《箋》，無庸別曲說也。自鄭《箋》既行，齊、魯、韓三家遂廢。案此陸德明《經典釋文》之說。然《箋》與《傳》義亦時有異同。魏王肅作《毛詩注》、《毛詩義駁》、《毛詩奏事》、《毛詩問難》諸書，以申毛難鄭。歐陽修引其釋《衛風・擊鼓》五章，謂鄭不如王。見《詩本義》。王基又作《毛詩駁》以申鄭難王。王應麟引其駁《芣苢》一條，謂王不及鄭。見《困學紀聞》，亦載《經典釋文》。晉孫毓作《毛詩異同評》，復申王說。陳統作《難孫氏毛詩評》，又明鄭義。竝見《經典釋文》。袒分左右，垂數百年。至唐貞觀十六年，命孔穎達等因鄭《箋》爲《正義》，乃論歸一定，無復岐塗。毛《傳》二十九卷，《隋志》附以鄭《箋》，作二十卷，疑爲康成所併。穎達等以疏文繁重，又析爲四十卷。其書以劉焯《毛詩義疏》、劉炫《毛詩述義》爲稿本，故能融貫羣言，包羅古義。終唐之世，人無異詞。惟王讜《唐語林》記劉禹錫聽施士匄講《毛詩》，所說「維鵜在梁」、「陟彼岵兮」、「勿翦勿拜」、「維北有斗」四義，稱毛未注，然未嘗有所詆排也。至宋鄭樵，恃其才辨，無故而發難端。南渡諸儒，始以掊擊毛、鄭爲能事。元延祐科舉條制，《詩》雖兼用古注疏，其時門戶已成，講學者迄不遵用。沿及明代，胡廣等竊劉瑾之書，作《詩經大全》，著爲令典，於是專宗朱《傳》，漢學遂亡。然朱子從鄭樵之說，不過攻《小序》耳。至於詩中訓詁，用毛、鄭者居多。後儒不考古書，不知《小序》自《小序》，《傳》、《箋》自《傳》、《箋》，閧然佐鬭，遂併毛、鄭而棄之。是非惟不知毛、鄭爲何語，殆併朱子之《傳》亦不辨爲何語矣。我國家經學昌明，一洗前明之固陋。乾隆四年，皇上特命校刊《十三經注疏》，頒布學宮。鼓篋之儒，皆駸駸乎研求古學。今特録其書，與《小序》同冠《詩》類之首，以昭六義淵源，其來有自。孔門師授，端緒炳然，終不能以他說掩也。

孫星衍《平津館鑒藏書籍記・宋版》　《附釋音毛詩注疏》二十卷。每卷又分卷數，首行大題下俱有小黑蓋子，共七十卷。次行題「鄘柏舟詁訓傳第四」，凡標題俱據卷一，此本卷一、卷二俱補寫，故據卷三題款。第三行題「毛詩國風」，空二字題「鄭氏箋」，空二字題「孔穎達疏」。每篇前俱載《詩譜》、《詩序》。凡詩俱連《詩序》寫，不另提行。前有孔穎達《毛詩正義序》、《詩譜序》，係後人鈔補。據岳珂《九經沿革例》云：「唐石本、晉銅版本、舊新監本、蜀諸本與他善本止刊古注，建本、蜀中本則附音於注文之下。」此本附釋音，當出於南宋閩中所刻。每葉廿行，行十七字，小字行廿三字，有明正德補刻葉，收藏有「襄史」朱文方印。

又《明版》　《毛詩注疏》二十卷。題漢鄭氏箋，唐孔穎達疏。「毛詩國風」四字，汲古閣本在第四行，此本在第二行漢鄭氏箋上。前有《詩譜序》、孔穎達《毛詩正義序》，陸德明《音義》附於書中，而不別出其名。每葉十八行，行廿一字，板心下刻字人姓名同前。

張金吾《愛日精廬藏書志・詩類》　《毛詩注疏》二十卷元刊本。［唐］國子祭酒上護軍曲阜縣開國子孔穎達等奉敕撰。　分卷與宋刊本同，蓋以《箋》之分卷爲《疏》之分卷也。每頁十六行，每行大十八字、小二十五字，經單行大字，《傳》、《箋》、《釋文》、《正義》雙行小字，《傳》、《箋》、《釋文》與宋刊本同，《疏》則以「正義」兩字冠之《詩譜序》，後卽繼以《周南召南譜》。《毛詩校勘記》曰：「《書録解題》云，《正義》備鄭《譜》於卷首。陳氏所見乃《王義》原書，爲得其實，則知鄭《譜》散入各處，不復總序於《譜序》下者，後來合併經、注、《正義》時所改也，此一《譜》與《譜序》接連，正其跡之未經盡泯者。」閩、監、毛本俱移此《譜》入卷第一中鄭氏《箋》、《正義》之後，非是。《毛詩正義序》。抄補。

毛詩指說

錢東垣等輯《崇文總目・詩類》　《毛詩指說》一卷。［原釋］唐成伯璵撰。略敘作《詩》大旨及師承次敘。見熊克《毛詩指說跋》及《文獻通考》。

《新唐書・藝文志・詩類》　成伯璵《毛詩指說》一卷。

鄭樵《通志・藝文略・詩》　《毛詩指說》一卷。唐成伯璵。

尤袤《遂初堂書目・詩類》　唐成伯璵《毛詩指說》。

馬端臨《文獻通考經籍考・詩》　《毛詩指說》。

《宋史・藝文志・詩類》　成伯璵《毛詩指說統論》一卷。

楊士奇等《文淵閣書目・詩》　唐成伯瑜《詩經指說》。一部，一冊。完全。

張萱等《内閣藏書目録・經部》　《毛詩指說》一冊。唐成伯瑜述。中敘作《詩》大指及師承次第。

錢謙益等《絳雲樓書目・詩類》　唐成伯璵《毛詩指說》一冊。一卷。

錢曾《讀書敏求記・經》　成伯瑜《毛詩指說》一卷。分《興述》、《解說》、《傳受》、《文體》四篇。亦約畧指說之，無異聞特解也。乾道壬辰建安熊克題于後。

《四庫提要・詩類一》　《毛詩指說》一卷。兩江總督採進本。唐成伯璵撰。伯璵爵里無考。書凡四篇。一曰《興述》，明先王陳詩觀風之旨，孔子刪詩正雅之由。二曰《解說》，先釋詩義，而《風》、《雅》、《頌》次之，《周南》又次之，詁《傳》、《序》又次之，篇章又次之，后妃又次之，終以《鵲巢》、《騶虞》。大略卽舉《周南》一篇，隱括論列，引申以及其餘。三曰《傳受》，備詳齊、魯、毛、韓四家授受世次，及後儒訓釋源流。四曰《文體》，凡三百篇中句法之長短，篇章之多寡，措辭之異同，用字之體例，皆臚舉而詳之，頗似劉氏《文心雕龍》之體。蓋說經之餘論也。然定《詩序》首句爲子夏所傳，其下爲毛萇所續，實伯璵此書發其端，則決別疑似，於說《詩》亦深有功矣。伯璵尚有《毛詩斷章》二卷，見《崇文總目》，稱其取《春秋》斷章之義，鈔取《詩》語，彙而出之。蓋卽李石《詩如例》之類。

宋熊克嘗與毘陵沈必豫欲合二書刻之，而《斷章》一書，竟求之不獲，乃先刻《指説》。此本末有克跋，蓋卽從宋本傳刻也。克嘗著《中興小歷》，別見史部編年類中。其刻此書時，方分教於京口，故跋稱刻之泮林云。

吴壽暘《拜經樓藏書題跋記》　《毛詩指説》。《毛詩指説》一卷，唐成伯璵述。分《興述》、《解説》、《傳受》、《文體》四類。後跋云：「唐成伯璵有《毛詩指説》一卷、《斷章》二卷，載於本志。《崇文總目》謂《指説》略敘作詩大旨及師承次第，《斷章》大抵取《春秋》賦詩斷章之義，擷詩語彙而出之。克先世藏書偶存《指説》，會分教京口，一日同官毘陵沈必豫子順見之，欲更訪斷章，合爲一帙。蓋久而未獲，乃先刊《指説》於泮林，庶與四方好古之士共焉。乾道壬辰三月十九日，建下闕。」此舊鈔與前《周易議卦》合一冊，先君子以通志堂刊本校，鈔本較勝。覃溪先生《通志堂經解目録》云：「其《傳受》一篇，足資考核，唐世説《詩》，《正義》而外，傳者惟此書耳。其中尚有闕字。瑜，《新唐志》作璵。」

張之洞《書目答問・列朝經注經説經本考證》　《毛詩指説》一卷。唐成伯璵。通志堂本。

毛詩斷章

錢東垣等輯《崇文總目・詩類》　《毛詩斷章》二卷。[原釋] 唐成伯璵撰。大抵取《春秋》賦《詩》斷章之義，鈔取《詩》語，彙而出之。見熊克《毛詩指説跋》及《文獻通考》。

《新唐書・藝文志・詩類》　成伯璵《斷章》二卷。

鄭樵《通志・藝文略・詩》　《毛詩斷章》二卷。

尤袤《遂初堂書目・詩類》　唐成伯璵《毛詩斷章》。

馬端臨《文獻通考・經籍考・詩》　《毛詩斷章》。

《宋史・藝文志・詩類》　成伯璵《毛詩斷章》二卷。

毛詩別録

鄭樵《通志・藝文略・詩》　《毛詩別録》一卷。張部。

尤袤《遂初堂書目・詩類》　唐張敘《詩別録》。

《宋史・藝文志・詩類》　張訢《別録》一卷。

毛詩注

《新唐書・藝文志・詩類》　王玄度注《毛詩》二十卷。

鄭樵《通志・藝文略・詩》　《毛詩》二十卷。王玄度注。

毛詩纂義

《新唐書・藝文志・詩類》　許叔牙《毛詩纂義》十卷。

鄭樵《通志・藝文略・詩》　《毛詩纂義》十卷。許叔牙。

佚名《新唐書藝文志注・詩類》　許叔牙《毛詩讚義》十卷。叔牙，《舊書》有傳。

毛詩要義

張萱等《内閣藏書目録・經部》　《毛詩要義》五冊。不全。唐長孫無忌等奏：「孔穎達《五經正義》討覈未周，奉敕旁摭羣書，更加訂正，爲注疏羽翼。永徽四年上。」原二十卷，今存五冊有半，内闕二卷至五卷、八卷、九卷、十四卷、十五卷、十九卷。

毛詩演聖通論

《宋史・藝文志・詩類》 胡旦《毛詩演聖通論》二十卷。

詩說

朱彝尊《經義考・詩》 周氏堯卿《詩說》。三十卷。佚。《隆平集》：「周堯卿，字子俞，初名奭，今名及字，夢人授之也。天聖二年登進士第，積官至太常博士，通判饒州。有《詩》、《春秋》說各三十卷。堯卿之學，不惑傳注，問辨思索，以通爲期。其學《詩》，以孔子所謂『《詩》三百，一言以蔽之，曰思無邪』、孟子所謂『說《詩》者以意逆志，是爲得之』，考經指歸，而見毛、鄭之得失，曰：『毛之《傳》欲簡，或寡於義理，非一言以蔽之者也；鄭之《箋》欲詳，或遠於情性，非以意逆志者也。』是可以無去取乎。」歐陽修表墓曰：「堯卿，道州永寧縣人，學長於毛鄭《詩》、《左氏春秋》。」

毛詩正紀

鄭樵《通志・藝文略・詩》 《毛詩正紀》一卷。

尤袤《遂初堂書目・詩類》 宋咸《毛詩正紀》。

《宋史・藝文志・詩類》 宋咸《毛詩正紀》三卷。

毛詩外義

鄭樵《通志・藝文略・詩》 《毛詩外義》二卷。宋咸。

《宋史・藝文志・詩類》 宋咸《外義》二卷。

毛詩正紀外義

王圻《續文獻通考・經籍考・詩》 《毛詩正紀外義》，宋咸著。

闕言

鄭樵《通志・藝文略・詩》 《闕言》二十三卷。黄君俞。

毛詩折衷義

鄭樵《通志・藝文略・詩》 《毛詩折衷義》二十卷。劉宇。

陳振孫《直齋書録解題・詩類》 《詩折衷》二十卷。皇祐中莆田劉宇撰。凡毛、鄭異義，折衷從一。蓋倣唐陳岳《三傳折衷論》之例，凡一百六十八篇。

馬端臨《文獻通考・經籍考・詩》 《詩折衷》二十卷。

《宋史・藝文志・詩類》 劉宇《詩折衷》二十卷。

毛詩大義

鄭樵《通志・藝文略・詩》 《毛詩大義》三卷。蘇子才。

《宋史・藝文志・詩類》 蘇子才《毛詩大義》三卷。

箋傳辨誤

鄭樵《通志・藝文略・詩》　《箋傳辨誤》八卷。周式。

《宋史・藝文志・詩類》　周軾《箋傳辨誤》八卷。

周詩集解

鄭樵《通志・藝文略・詩》　《周詩集解》二十卷。宋朝丘鑄注，只取序中第一句，以爲子夏作，後句則削之。

《宋史・藝文志・詩類》　丘鑄《周詩集解》二十卷。

詩解

王圻《續文獻通考・經籍考・詩》　《詩解》二十卷，吳駿著。駿字希遠，浦城人。元豐中登第，官至饒州通判。

毛詩小傳

朱彝尊《經義考・詩》　梅氏堯臣《毛詩小傳》。二十卷。佚。歐陽修志墓曰：「嘉祐五年，京師大疫，四年聖俞得疫，卒。聖俞姓梅氏，名堯臣，宣州人。以從父蔭補太廟齋郎，歷桐城、河南、河陽三縣主簿，以德興縣令知建德縣，又知襄城縣，監湖州鹽稅，簽署忠武、鎮安兩軍節度判官，監永濟倉，國子監直講，累官至尚書都官員外郎。學長於《毛氏詩》，爲《小傳》二十卷。」

毛詩統論

朱彝尊《經義考・詩》　郭氏友直《毛詩統論》。二十卷。佚。文同志墓曰：「君諱友直，字伯龍。善與人交。又喜藏書，書至萬餘卷，謄寫校對，盡爲佳本，伯龍無不讀，人問之者，伯龍無不知，所以人多與之游。景祐中，被薦至尚書省，不第，遂歸，不復就舉。於成都學舍聚生徒常數百人。治平詔求遺書，伯龍所上凡千餘卷，盡祕府之未有者。熙寧四年，朝廷以伯龍景祐進士，恩授將仕郎，守龍州助教。所著《毛詩統論》二十卷，《歷代沿革樂書》十三卷。」

詩本義　附圖譜

晁公武《郡齋讀書志・詩類》　《歐陽詩本義》十五卷。右皇朝歐陽修永叔撰。歐公解《詩》，毛、鄭之説已善者，因之不改，至於質諸先聖則悖理，考於人情則不可行，然後易之，故所得比諸儒最多。但平日不信符命，嘗著書以《周易》、《河圖》、《洛書》爲妖妄，今又以《生民》、《玄鳥》之詩爲怪說。蘇子瞻曰：「帝王之興，其受命之符，卓然見於《詩》、《書》者多矣。《河圖》、《洛書》、《玄鳥》《生民》之詩，豈可謂之誣也哉！恨學者推之太詳，流入讖緯，而後之君子亦矯枉過正，舉從而廢之，以爲王莽、公孫述之流緣此作亂。使漢不失德，莽、述何自起？而歸罪三代受命之符，亦過矣。」

尤袤《遂初堂書目・詩類》　歐陽氏《詩本義》。

陳振孫《直齋書録解題・詩類》　《詩本義》十六卷，《圖譜》附。歐陽修撰。先爲論，以辨毛、鄭之失，然後斷以己見。末二卷爲《一義解》、《取舍義》、《時世》《本末》二論、《豳》《魯》《序》三問，而補亡鄭《譜》及《詩圖總序》附於卷末。大意以爲毛、鄭之已善者皆不改，不得已乃易之，非樂求異於先儒也。

馬端臨《文獻通考・經籍考・詩》 《歐陽詩本義》十六卷。《朱子語錄》曰：「歐公《詩本義》煞說得有好處，有《詩本末論》。」又有論云：「何者爲《詩》之本？何者爲《詩》之末？《詩》之本，不可不理會，《詩》之末，不理會也無妨。近世自集注文字出，此等文字都不見，有了也害事。」

《宋史・藝文志・詩類》 歐陽修《詩本義》十六卷。

楊士奇等《文淵閣書目・詩》 《詩歐陽氏本義》。一部，六冊。闕。

錢曾《讀書敏求記・經》 歐陽氏《詩本義》十五卷。《詩》自齊、魯、韓三家俱亡，而毛萇之《傳》獨存，其作《序》之人無明文可考。鄭氏謂毛公始以寘之《詩》之首。蓋自漢經師相傳授，其去作《詩》時未甚遠，《序》之有功于《詩》而不可廢也，審矣。宋儒安得狃一己之私，指摘作《序》者之或有小疵乎？《詩譜補亡後序》云：「後之學者因迹前世之所傳而較其得失，或有之矣。若使徒抱焚餘殘脫之經，倀倀于去聖人千百年後，不見先儒中間之說，而欲特立一家之學者，果有能哉？吾未之信也。」歐公此言深中宋儒說《詩》之病，亦見公之虛心經學如此。故此書逐章先論毛、鄭之得失，而後申之以本義。末三卷備著《義解》、《論》、《問》等篇，復以《鄭氏詩譜補亡》終焉。蓋歐公于《詩》詳說有年，其論云：「察其美刺，知其善惡，以爲勸戒，所謂聖人之志者，本也。求聖人之意，達詩人之旨者，經師之本也。此《本義》所由作也。」昔吾友馮定遠以《詩》世其家學，得乎《三百篇》者深。嘗語予曰：「六義中，興爲意興之興，而宋儒作興起之興，豈不可笑？」因抵掌極論之。嗟乎！斯人今也則亡，其聲音笑貌顯顯然在目中。每尋味其緒言，爲泣下不能已。因附識之於此。

《四庫提要・詩類一》 《毛詩本義》十六卷。兩江總督採進本。宋歐陽修撰。是書凡爲《說》一百十有四篇，《統解》十篇，《時世》《本末》二論，豳、魯、序三問，而《補亡鄭譜》及《詩圖總序》附於卷末。修文章名一世，而經術亦復湛深。王宏撰《山志》，記嘉靖時欲以修從祀孔子廟，衆論靡定。世宗諭大學士楊一清曰：「朕閱《書・武成》篇，有引用歐陽修語，豈得謂修於六經無羽翼，於聖門無功乎？」一清對以「修之論說見於《武成》，蓋僅有耆耳。其從祀一節，未敢輕議」云云。蓋均不知修有此書也。自唐以來，說《詩》者莫敢議毛、鄭。雖老師宿儒，亦謹守《小序》。至宋而新義日增，舊說幾廢。推原所始，實發於修。然修之言曰：「後之學者，因迹先世之所傳而較得失，或有之矣。使徒抱焚餘殘脫之經，倀倀於去聖人千百年後，不見先儒中間之說，而欲特立一家之學者，果有能哉？吾未之信也。」又曰：「先儒於經不能無失，而所得固已多矣。盡其說而理有不通，然後以論正之。」是修作是書，本出於和氣平心，以意逆志。故其立論未嘗輕議二家，而亦不曲徇二家。其所訓釋，往往得詩人之本志。後之學者，或務立新奇，自矜神解。至於王柏之流，乃併疑及聖經，使《周南》、《召南》俱遭刪竄，則變本加厲之過，固不得以濫觴之始歸咎於修矣。林光朝《艾軒集》有《與趙子直書》曰：「《詩本義》初得之如洗腸，讀之三歲，覺有未穩處。大率歐陽、二蘇及劉貢父談經多如此。」又一書駁《本義》、《關雎》、《樛木》、《兔罝》、《麟趾》諸解，辨難甚力。蓋文士之說《詩》，多求其意；講學者之說《詩》，則務繩以理。互相掊擊，其勢則然，然不必盡爲定論也。

張金吾《愛日精廬藏書志・詩類》 《毛詩本義》十六卷。明刊本。翰林學士兼龍圖閣學士朝散大夫給事中知制誥充史館修撰判秘閣歐陽修撰。是書每篇冠以《小序》，經文下備列《傳》、《箋》，後乃繫之以《論》與《本義》。通志堂本刪去《小序》、經注，止以篇名標題，蓋非歐陽氏之舊矣。張瓘跋。開禧三年。

潘祖蔭《滂喜齋藏書記・經部》 宋刻《詩本義》十五卷。四冊。宋歐陽修撰。後附《詩譜補亡》。《四庫提要》作十六卷，合《詩譜》言之也。每半葉十行，行二十字。前五卷、末一卷皆鈔補。卷十之末有點校周見成姓氏。中有顧元慶印，卽陽山大石顧家也。

詩譜補闕

鄭樵《通志・藝文略・詩》 《詩譜補闕》三卷。歐陽修。

尤袤《遂初堂書目・詩類》 歐陽氏《續詩譜》。

陳振孫《直齋書録解題・詩類》 《詩譜》三卷。漢鄭康成撰，歐陽修補亡。其序云：慶曆四年至絳州得之，有注而不見名氏。《譜序》自「周公致太平」已上皆亡之，取孔氏《正義》所載補足之，因爲之注。自此以下卽用舊注。考《春秋》、《史記》，合以毛、鄭之說，補《譜》之亡者，於是其書復完。案：宋《兩朝國史志》，歐陽修於絳州得注本，卷首殘闕，因補成進之，而不知注者乃太叔求也。

馬端臨《文獻通考經籍考・詩》 《詩譜》一卷。《兩朝國史志》：「歐陽修於絳州得注本，卷首殘闕，因補成進之，而不知注者爲太叔求也。」

歐陽公自序曰：「毛、鄭於《詩》，其學亦已博矣。予嘗依其《箋》、《傳》，考之於經，而證以《序》、《譜》，惜其不合者頗多。蓋《詩》述商、周，自《生民》、《玄鳥》，上陳稷、契，下迄一作訖。陳靈公，千五六百歲之間，旁及列國君臣世次，國地山川，封域圖牒，鳥獸草木魚蟲之名，與其風俗善惡，方言訓故，一作詁。盛衰治亂美刺之方，無所不載，然則孰能無失於其間哉！予疑毛、鄭之失既多，然不敢輕易者，意其爲說不止於《箋》、《傳》，而恨己一作已恨。不得盡見二家之書，未能徧通其旨。夫不盡見其書，而欲折其是非，猶不盡人之辭，一作辨。而欲斷其訟之曲直，其能果於自決乎？其能使之必服乎？世傳鄭氏《詩譜》最詳，求之久矣不可得，雖《崇文總目》祕書所藏亦無之。慶曆四年，奉使河東，至於絳州偶得焉。其文有注而不見名氏，然首尾殘闕，自『周公致太平』已上，皆亡之。其國譜旁行，尤易爲訛舛，悉皆顛倒錯亂，不可復考。凡《詩》、《雅》、《頌》兼列商、魯，其正變之《風》，十有四國，而其次比，莫詳其義，惟封國變《風》之先後，不可以不知。周、召、王、豳同出於周，邶、鄘幷於衛，檜、魏無世家，其可考者陳、齊、衛、晉、曹、鄭、秦，此封國之先後也；《豳》、《齊》、《衛》、《檜》、《陳》、《唐》、《秦》、《鄭》、《魏》、《曹》此變《風》之先後也；《周南》、《召南》、《邶》、《鄘》、《衛》、《王》、《鄭》、《齊》、《豳》、《秦》、《魏》、《唐》、《陳》、《曹》，此孔子未删詩之前，周大師樂歌之次第也；《周》、《召》、《邶》、《鄘》、《衛》、《王》、《檜》、《鄭》、《齊》、《魏》、《唐》、《秦》、《陳》、《曹》、《豳》，此鄭氏《詩譜》次第也；黜《檜》後《陳》，此今《詩》次比也。初予未見《鄭譜》，嘗略考《春秋》、《史記》本紀、世家、年表，而合於毛、鄭之說，爲《詩圖》十四篇，今因取以補《鄭譜》之亡者，足以見二家所說世次先後甚備，因據而求其得失較然矣。而仍存其圖，庶幾以見予於鄭氏之學盡心焉耳。夫盡其說而有所不通，然後得以論正，予豈好爲異論者哉！凡補其譜十有五，補其文字二百七。一本注云：《譜序》自「周公致太平」以上皆亡其文，予取孔穎達《正義》所載之文補足，因爲之註。自周公以下即用舊注云。增損塗乙改正者三一作八。百八十三，而鄭氏之《譜》復完。一有「矣」字。」

《宋史・藝文志・詩類》 歐陽修《補注毛詩譜》一卷。

錢曾《讀書敏求記・經》 歐陽氏《鄭氏詩譜補亡》一卷。

詩考

尤袤《遂初堂書目・詩類》 董氏《詩考》。

詩講義

朱彝尊《經義考・詩》 李氏彖《詩講義》。佚。

詩傳

《宋史・藝文志・詩類》 鮮于侁《詩傳》六十卷。

楊士奇等《文淵閣書目・詩》 《詩鮮于氏傳》。一部，五冊。闕。

朱彝尊《經義考・詩》 鮮于氏侁《詩傳》。《宋志》：「六十卷。」未見。按：鮮于氏《詩傳》，范鎮作墓志，秦觀撰行狀，俱云二十卷。《文淵閣書目》暨葉氏《菉竹堂目》均載有是書。

橫渠詩說

尤袤《遂初堂書目・詩類》 《橫渠詩說》。

《宋史・藝文志・詩類》 張載《詩說》一卷。

馬國翰《玉函山房藏書簿録・詩類》 《橫渠詩說》一卷。載《張子全書》。宋張載撰。案《張子全書・經學理窟》有《詩》、《書》一目，與《尙書》並條記。《宋志》有《詩說》一卷，或別有撰著也，訪求不得，姑以此著録。

詩義

《宋史・藝文志・詩類》 趙仲鋭《詩義》三卷。

新經毛詩義

晁公武《郡齋讀書志・詩類》 《新經毛詩義》二十卷。右皇朝熙寧中置經義局，撰《三經義》，皆本王安石說。《毛詩》先命王雱訓其辭，復命安石訓其義。書成，以賜太學，布之天下以取士云。

陳振孫《直齋書録解題・詩類》 《新經詩義》三十卷。案：《宋史・藝文志》作二十卷。王安石撰。亦《三經義》之一也。皆雱訓其辭，而安石釋其義。

馬端臨《文獻通考・經籍考・詩》 《新經詩義》三十卷。

《宋史・藝文志・詩類》 王安石《新經毛詩義》二十卷。

舒王詩義外傳

《宋史・藝文志・詩類》 《舒王詩義外傳》十二卷。

朱彝尊《經義考・詩》 《舒王詩義外傳》。《宋志》：「十二卷。」佚。

晁公武曰：「熙寧中置經義局，撰《三經義》，皆本王安石說。《毛詩》先命王雱訓其辭，復命安石訓其義，書成以賜太學，布之天下，以取士云。」

王應麟曰：「《詩》亂離瘼矣，爰其適歸《新經義》云。亂出乎上，而受患常在下。及其極也，乃適歸乎其所出矣。噫！宣、靖之際，其言驗矣。而兆亂者誰與？言與行違，心與迹異，荆舒之謂也。」

三十家毛詩會解

《宋史・藝文志・詩類》 《三十家毛詩會解》一百卷。吳純編，王安石解義。

毛詩十五國風咨解

鄭樵《通志・藝文略・詩》 《毛詩十五國解》一卷。吳申。

《宋史・藝文志・詩類》 吳景山《十五國風咨解》一卷。

朱彝尊《經義考・詩》 吳氏申《十五國風咨解》。《宋志》：「一卷。」佚。《姓譜》：「申，字景山，甌寧人。皇祐進士，爲國子監說書。神宗擢爲御史，尋知諫院，出知舒州。」

毛詩判篇

鄭樵《通志・藝文略・詩》 《判篇》二卷。劉泉。

《宋史・藝文志・詩類》 劉泉《毛詩判篇》一卷。

詩講義

朱彝尊《經義考・詩》 沈氏季長《詩講義》。十卷。佚。

詩傳

《宋史・藝文志・詩類》 李常《詩傳》十卷。

詩集

《宋史・藝文志・詩類》 魯有開《詩集》十卷。

詩傳補注

朱彝尊《經義考・詩》 范氏百祿《詩傳補注》。二十卷。佚。哲宗《奬諭詔》曰：「敕百祿，省所上表，撰成《詩傳補注》二十卷。夫六義之文蓋溫柔敦厚之教，四家之說有訓、故、傳、箋之殊，雖同出於先儒，或有非其本義，是使後學各務名家。卿博識洽聞，留心經術討論之外，尤深於《詩》。鑑商、周之盛衰，考毛、鄭之得失，補注其略，紬次成書，眞得作者之微，頗助學官之闕，奏篇來上，講解甚明，研味之餘，嘉嘆無已。」王應麟曰：「元祐四年六月，吏部侍郎范百祿進《補注》二十卷，詔付祕省。」

詩論

朱彝尊《經義考・詩》 李氏清臣《詩論》。二篇。存。

詩講義

《宋史・藝文志・詩類》 趙令湑《講義》二十卷。

詩講義

《宋史・藝文志・詩類》 喬執中《講義》十卷。

王圻《續文獻通考・經籍考・詩》 《詩講義》，喬執中著。

伊川詩説

晁公武《郡齋讀書志・詩類》 《伊川詩説》二卷。右皇朝程頤正叔門人記其師所談之經也。

馬端臨《文獻通考・經籍考・詩》 《伊川詩説》二卷。

《宋史・藝文志・詩類》 《新解》一卷。程頤門人記其師之説。

詩集

《宋史・藝文志・詩類》 毛漸《詩集》十卷。

詩傳

《宋史・藝文志・詩類》 沈銖《詩傳》二十卷。

朱彝尊《經義考・詩》 沈氏銖《詩傳》。《宋志》：「二十卷。」佚。

《揚州府志》：「沈銖，字子平，其先武康人，徙眞州。少從王介甫學，舉熙寧癸丑進士，歷官起居郎、中書舍人，以龍圖閣待判知宣州卒。《詩傳》二十卷，沈季長撰，銖續成之。」

詩說

朱彝尊《經義考・詩》　朱氏長文《詩說》。佚。

詩解集傳

晁公武《郡齋讀書志・詩類》　《蘇氏詩解》二十卷。右皇朝蘇轍子由撰。其說以《毛詩序》爲衛宏作，非孔氏之舊，止存其首一言，餘皆刪去。按司馬遷曰：「周道闕而《關雎》作。」揚雄曰：「周、康之時，《頌》聲作乎下，《關雎》作乎上。」與今《毛詩序》之義絶不同，則知《序》非孔氏之舊明矣。雖然，若去《序》不觀，則《詩》之辭有溟涬而不可知者，不得不存其首之一言也。

尤袤《遂初堂書目・詩類》　蘇黃門《詩解》。

陳振孫《直齋書録解題・詩類》　《詩解集傳》二十卷。門下侍郎眉山蘇轍子由撰。於《序》止存其首一言，餘皆刪去。

馬端臨《文獻通考・經籍考・詩》　蘇子由《詩解》二十卷。

《宋史・藝文志・詩類》　蘇轍《詩解集傳》二十卷。

楊士奇等《文淵閣書目・詩》　《詩潁濱傳》。一部，五册。闕。

徐𤊹《徐氏家藏書目・詩類》　蘇潁濱《詩傳》十五卷。

錢謙益等《絳雲樓書目・詩類》　蘇潁濱《詩集解》三册。二十卷。其說亦深非小序。此書與《春秋集傳》皆謫筠州時作，亦見東坡《與王定國書》。

《四庫提要・詩類一》　《詩集傳》二十卷。內府藏本。宋蘇轍撰。其說以《詩》之《小序》反復繁重，類非一人之詞，疑爲毛公之學，衛宏之所集録。因惟存其發端一言，而以下餘文悉從刪汰。案《禮記》曰：「騶虞者，樂官備也；貍首者，樂會時也；采蘋者，樂循法也。」是足見古人言詩，率以一語括其旨。《小序》之體，實肇於斯。王應麟《韓詩考》所載，如「《關雎》，刺時也；《芣苢》，傷夫有惡疾也；《漢廣》，悅人也；《汝墳》，辭家也；《蝃蝀》，刺奔女也；《黍離》，伯封作也；《賓之初筵》，衛武公飲酒悔過也」。劉安世《元城語録》亦曰：「少年嘗記讀《韓詩》案《崇文總目》，《韓詩》北宋尚存，范處義《逸齋詩補傳》謂《韓詩》世罕有之，此語不可信，蓋偶未考。有《雨無極》篇，序云正大夫刺幽王也。首云『雨無其極，傷我稼穡』」云云，是《韓詩序》亦括以一語也。又蔡邕書《石經》，悉本《魯詩》，所作《獨斷》，載《周頌序》三十一章，大致皆與《毛詩》同，而但有其首句，是《魯詩序》亦括以一語也。轍取《小序》首句爲毛公之學，不爲無見。史傳言衛宏從曼卿受學，因作《毛詩序》，亦不爲無徵。唐成伯璵作《毛詩指說》，雖亦以《小序》爲出子夏，然其言曰「衆篇之《小序》，子夏惟裁初句耳。《葛覃》，后妃之本也。《鴻鴈》，美宣王也。如此之類是也。其下皆大毛公自以《詩》中之意而繫其詞」云云。然則惟取《序》首，伯璵已先言之，不自轍創矣。厥後王得臣、程大昌、李樗皆以轍說爲祖，良有由也。轍自序又曰：「獨採其可者見於今傳，其尤不可者皆明著其失。」則轍於毛氏之學亦不激不隨，務持其平者。而朱翌《猗覺寮雜記》乃曰：「蘇子由解《詩》不用《詩序》。」亦未識轍之本志矣。

彭元瑞等《天禄琳琅書目後編・明版經部》　潁濱先生《詩集傳》。一函，六册。宋蘇轍撰。書十九卷。依章解義。前引《小序》，而以其反復繁重，類非一人之詞，疑爲毛公之學衛宏所集。故書中惟存發端一言，以下餘文實從刪云。明焦竑刻入《兩蘇經解》本。

張金吾《愛日精廬藏書志・詩類》　潁濱先生《詩集傳》十九卷。先君子手抄本。蘇轍撰。

詩解

尤袤《遂初堂書目・詩解》　范太史《詩解》。

《宋史・藝文志・詩類》 范祖禹《詩解》一卷。

詩義

《宋史・藝文志・詩類》 彭汝礪《詩義》二十卷。

詩説

《宋史・藝文志・詩類》 孔武仲《詩説》二十卷。

毛詩序義索隱

《宋史・藝文志・詩類》 王商範《毛詩序義索隱》二卷。

毛詩物性門類

鄭樵《通志・藝文略・詩》 《毛詩物性》八卷。

陳振孫《直齋書録解題・詩類》 《詩物性門類》八卷。不著名氏，多取《説文》。今考之，蓋陸農師所作《埤雅》稿也，詳見《埤雅》。

馬端臨《文獻通考・經籍考・詩》 《詩物性門類》八卷。

《宋史・藝文志・詩類》 《毛詩名物性門類》八卷。不知作者。

毛詩義方

鄭樵《通志・藝文略・詩》 《毛詩義方》二十卷。林洪範。

《宋史・藝文志・詩類》 《義方》二十卷。不知作者。

詩傳

《宋史・藝文志・詩類》 陳寅《詩傳》十卷。

毛詩説

《宋史・藝文志・詩類》 許奕《毛詩説》三卷。

王圻《續文獻通考・經籍考・詩》 《毛詩説》，許奕著。奕，簡川人。慶元五年，擢進士第一，授東川節度判官，論諫甚多，帝稱骨鯁。天資孝友，通籀隸書。

毛詩訓解

朱彝尊《經義考・詩》 李氏撰《毛詩訓解》。二十卷。佚。楊時志墓曰：「撰，字子約。世居陳留，遷福建之連江，今爲蘇人。登進士第，以朝奉大夫通判袁州。」張衵曰：「撰，唐宗室也。熙寧六年進士，爲江州彭澤令，仕終朝奉大夫。有《毛詩訓解》二十卷，《孟子講義》十四卷。」

詩傳

王圻《續文獻通考・經籍考・詩》 《詩傳》，王巖叟著。

詩二南義

《宋史・藝文志・詩類》 游酢《詩二南義》一卷。

毛詩辨疑

晁公武《郡齋讀書志・詩類》 《毛詩辨疑》一卷。右皇朝楊時中立撰。

馬端臨《文獻通考・經籍考・詩》 《毛詩辨疑》一卷。

《宋史・藝文志・詩類》 楊時《詩辨疑》一卷。

馬國翰《玉函山房藏書簿録・詩類》 《龜山詩義》一卷。載《龜山先生集》。宋楊時撰。説《鄭風・將仲子》、《叔子田》、《狡童》三篇，發明《序》説。

周詩義

《宋史・藝文志・詩類》 茅知至《周詩義》二十卷。

王圻《續文獻通考・經籍考・詩》 《周詩義》二十卷，茅知微著。知微，仙遊人，景佑中龐籍以德行薦補州學教授。

詩學發微

王圻《續文獻通考・經籍考・詩》 《詩學發微》，楊明復著。

詩説

《四庫提要・詩類存目一》 《詩説》一卷。内府藏本。宋張耒撰。耒字文潛，楚州淮陰人。登進士第。元祐中官至起居舍人，紹聖中謫監黄州酒税。徽宗召爲太常寺卿，坐元祐黨，復貶房州別駕，黄州安置。尋得自便，居於陳州，主管崇福宫，卒。事蹟具《宋史・文苑傳》。是書載《柯山集》中。納喇性德以其集不甚傳，因刻之《通志堂經解》中，凡十二條。如《抑》篇「慎爾出話」一條，蓋爲蘇軾烏臺詩案而發。《卷阿》篇「爾土宇昄章」一條，蓋爲熙河之役而發。餘亦多借抒熙寧時事，不必盡與經義比附也。

詩學名物解

陳振孫《直齋書録解題・詩類》 《詩學名物解》二十卷。知樞密院莆田蔡卞元度撰。卞，王介甫壻，故多用《字説》。其目自《釋天》至《雜釋》凡十類，大略如《爾雅》，而瑣碎穿鑿，於經無補也。

馬端臨《文獻通考・經籍考・詩》 《詩學名物解》二十卷。

《宋史・藝文志・詩類》 蔡卞《毛詩名物解》二十卷。

范邦甸等《天一閣書目・詩類》 《毛詩名物解》二十卷。藍絲欄鈔本。宋蔡元度撰。

《四庫提要・詩類一》 《毛詩名物解》二十卷。兩江總督採進本。宋蔡卞撰。卞字元度，興化仙遊人。熙寧三年與兄京同舉進士第，官至觀文殿學士。事蹟具《宋史》本傳。自王安石《新義》及《字説》行，而宋之士風一變。其爲名物訓詁之學者，僅卞與陸佃二家。佃，安石客。卞，安石壻也。故佃作《埤雅》，卞作此書，大旨皆以《字説》爲宗。陳振孫稱卞書議論穿鑿，徵引瑣碎，無裨於經義，詆之甚力。蓋佃雖學術本安石，而力沮新法，斷斷異議，君子猶或取之。卞則傾邪姦憸，犯天下之公惡，因其人以及其書，羣相排斥，亦自取也。然其書雖王氏之學，而徵引發明，亦有出於孔穎達《正義》、陸璣《草木蟲魚疏》外者。寸有所長，不以人廢言也。且以邢昺之僉邪，而《爾雅疏》列在學官。則卞書亦安得竟棄乎？書凡十一類，曰《釋天》、《釋百穀》、《釋草》、《釋木》、《釋鳥》、《釋獸》、《釋蟲》、《釋魚》、《釋馬》、《雜釋》、《雜解》。陳氏《書録解題》稱分十類，蓋傳寫誤脱一字也。

詩序論

朱彝尊《經義考・詩》　晁氏說之《詩之序論》。一卷。存。

詩經講義

朱彝尊《經義考・詩》　廖氏剛《詩經講義》。二卷。存。載《高峰集》。《宋史》：「廖剛，字用中，順昌人。少從陳瓘、楊時學。崇寧五年進士。紹興七年拜御史中丞，尋改工部尚書。以徽猷閣直學士提舉明道宮致仕。」

詩　解

朱彝尊《經義考・詩》　羅氏從彥《詩解》。佚。《閩書》：「從彥，字仲素，延平人。紹興二年以特科授博羅主簿。學者稱豫章先生。」

詩解義

朱彝尊《經義考・詩》　丘氏稅《詩解義》。佚。《江西通志》：「丘稅，字爲高，南豐人，入太學。建炎初伏闕上書，乞徙都金陵以圖恢復。所著有《詩解義》。」

廣川詩故

陳振孫《直齋書録解題・詩類》　《廣川詩故》四十卷。董逌撰。其說兼取三家，不專毛、鄭，謂《魯詩》但見取於諸書，其言莫究，《齊詩》尚存可據，《韓詩》雖亡缺，猶可參考。案逌《藏書志》有《齊詩》六卷，今《館閣》無之。逌自言隋、唐亦已亡久矣，不知今所傳何所從來，或疑後世依託爲之。然則安得便以爲《齊詩》尚存也。然其所援引諸家文義與毛氏異者，亦足以廣見聞、續微絶云耳。

馬端臨《文獻通考・經籍考・詩》　廣川《詩考》四十卷。《中興藝文志》：董逌撰。逌謂班固言《魯詩》最近，今徒於他書時得之。齊詩所存不全，或疑後人託爲，然章句間有自立處，此不可易者。《韓詩》雖亡闕，《外傳》及章句猶存。《毛詩訓故》爲備，以最後出，故獨傳，乃據毛氏以考正於三家。且論《詩序》決非子夏所作。建炎中，逌載是書而南，其志公學博，不可以人廢也。

《宋史・藝文志・詩類》　董逌《廣川詩故》四十卷。

毛詩重文說

鄭樵《通志・藝文略・詩》　《毛詩重文說》七卷。

《宋史・藝文志・詩類》　吳良輔《詩重文說》七卷。

毛詩正論

鄭樵《通志・藝文略・詩》　《毛詩正論》十卷。劉孝孫。

《宋史・藝文志・詩類》　劉孝孫《正論》十卷。

詩解

朱彝尊《經義考・詩》　宋徽宗皇帝《詩解》。九卷。佚。

毛詩講義

朱彝尊《經義考・詩》　周氏紫芝《毛詩講義》。佚。紫芝自序曰：「孔子之言六藝多矣，而尤詳於《詩》，當時問答之辭見於《論語》一書者，可考而知也。故『興於《詩》，立於禮，成於樂』。既以是告其門人『不學《詩》，無以言』，又以是而告其子。其言之之詳，至於再，至於三而不已者，豈非《詩》之爲經也，誦其辭者可以興、可以羣、可以觀、可以怨，邇之事父，遠之事君，又多識乎禽獸草木之名，故學者必以是始焉？然而登孔子之門者，其徒三千，以言《詩》見取於聖人者，商、賜二人。商列於文學之科，賜之達可以從政，孔子姑許之以可以言《詩》爾，其他蓋未有所聞焉。則《詩》之說，又何難明若此。以謂學必始於《詩》，則自幼學之時固已習之矣，奈何後之學者雖專門之學，終身玩其辭而白首不能窺其奥，何哉？孔子曰：『人莫不飲食也，鮮能知味也。』《詩》之作雖出於國史、賤隸與夫閨門婦女之口，類皆托於鳥獸草木以吟咏其性情，觀其辭致高遠，所以感人心而格天意者，委曲而盡情，優游而不迫，以先王之澤猶在，禮義之風未泯，是以言皆合於聖人之旨，非是則删而去之矣，此後之學者所以明其說之爲難也。嗚呼！學《詩》者可謂難矣。自孔子而下，深於《詩》者蓋可以一二數也。孔子聖人，明乎《詩》之道也；子夏、子貢，則學乎孔子，而明乎《詩》之義者也；孟子，則與孔子同道，明乎《詩》之志者也；漢魯申公、楚元王交以《詩》爲倡，而知《詩》之學者也。何以知其然哉？孔子曰：『《詩》三百，一言以蔽之，曰思無邪。』蓋誠者天之道，思誠者人之道，思於無邪則誠之至也。非誠之至，則亦何能正得失、動天地、感鬼神如影響之捷？故曰：惟孔子能知《詩》之道也。『巧笑倩兮，美目盼兮，素以爲絢兮』，而子夏言禮後於質『如切如磋，如琢如磨』，而子貢言有其質者不可以無學。二者非深於《詩》之義，何以知禮與質相爲先後、質與學相爲終始？故曰：惟子夏、子貢能知《詩》之義也。孟子曰：『說《詩》者不以文害辭，不以辭害志，以意逆志，是爲得之。』觀『周餘黎民，靡有孑遺』之詩，則知詩人之意在憫旱魃之虐而已，果黎民之無遺也哉？非略其辭以求其志，則未有不以辭害志者。故曰：惟孟子能知《詩》之志也。是數者其所知固自有淺深，要皆有得於《詩》焉。亡秦之餘，六籍煨燼，學者不見全經久矣。漢興，惟魯申公、楚元王交始爲之訓。其後，鄭氏爲之箋，孔氏爲之疏，而《詩》之學寖興焉。然而是數子者，不過離章析句，辨其名物以名家而已。故曰：若魯申公、楚元王交，則知《詩》之學者也。漢自武帝崇尙儒術，始變高祖馬上之風，宰臣多用儒生。元、成以來，長於《詩》者首推匡衡、蕭望之之徒，則以《詩》飾其儒雅者也，其去孔子之學蓋遠矣。荀卿號爲知信六經尊孔氏者，觀其著書，輒時取詩人之辭以證其說，卒致失其本旨者甚多，比古人之學最爲疎繆。李斯學荀卿用以相秦，至二世而遂亡其國，蓋以經術而斷國論要在觀經之審，學之不善，其禍一至於此，可不閔哉！諸君子有意於學《詩》，願以孔子、孟子、子夏、子貢爲之師，以求詩人之大體，而更以荀卿爲戒焉，則庶乎其有得也。」

周南講義

朱彝尊《經義考・詩》　張氏綱《周南講義》。一卷。存。按：《講義》載《華陽老人集》，始《詩序》，至《螽斯》章。

詩辨學數

王圻《續文獻通考・經籍考・詩》　《詩辨學數》十卷，王居正著。

詩解

朱彝尊《經義考・詩》 王氏大寶《詩解》。佚。

詩解

晁公武《郡齋讀書志・詩類》 《陳氏詩解》二十卷。右皇朝陳少南撰。

尤袤《遂初堂書目・詩類》 陳少南《詩解》。

陳振孫《直齋書録解題・詩類》 《詩解》二十卷。陳鵬飛撰。不解《商》、《魯》二頌，以爲《商頌》當闕，而《魯頌》可廢。

馬端臨《文獻通考・經籍考・詩》 《陳氏詩解》二十卷。陳鵬飛《詩解》二十卷。

王圻《續文獻通考・經籍考・詩》 《詩解》，陳鵬飛著。

朱彝尊《經義考・詩》 陳氏鵬飛《詩解》。《通考》：「二十卷。」未見。王應麟曰：「陳少南不取《魯頌》，然則『思無邪』一言亦在所去乎？」朱子曰：「陳少南於經旨既疏略，不通點檢處極多，不足據。」

詩解

尤袤《遂初堂書目・詩類》 張直父《詩解》。

毛詩補音

尤袤《遂初堂書目・詩類》 吳棫《毛詩補音》。

陳振孫《直齋書録解題・詩類》 《毛詩補音》十卷。吳棫撰。其說以爲《詩》韻無不叶者，如「來」之爲「釐」，「慶」之爲「羌」，「馬」之爲「姥」之類。《詩音》舊有九家，唐陸德明始定爲《釋文》。《燕燕》以「南」韻「心」，沈重讀「南」作尼心切。德明則謂古人韻緩，不煩改字。《揚之水》以「沃」韻「樂」，徐邈讀「沃」鬱縛切，德明亦所不載。顔氏《糾謬正俗》以傅毅《郊祀賦》「禳」作而成切；張衡《東京賦》「激」作吉躍切。今之所作大略倣此，其援據精博，信而有證。朱晦翁注《楚辭》亦用棫例，皆叶其韻。棫又有《韻補》一書，不專爲《詩》作也。要之古人韻緩之説，最爲確論，不必一一改字，詳見《韻補》。

馬端臨《文獻通考・經籍考・詩》 《毛詩補音》十卷。《朱子語録》曰：「吳才老《補韻》甚詳，然亦有推不去者，某煞尋得，當時不曾記，今皆忘之矣。如『外禦其務』，叶『烝也無戎』，才老無尋處，卻云『務』字古人讀做『蒙』，不知『戎，汝也』，『汝』『戎』二字，古人通用，是叶音『汝』也。如『南仲太祖，太師皇父，整我六師，以修我戎』，亦是叶音『汝』也。『下民有嚴』，叶『不敢怠遑』，才老欲音『嚴』爲『莊』，云避漢諱，卻無道理。其後讀《楚・天問》，見一『嚴』字，乃押從『莊』字，乃知是叶韻『嚴』讀作『昂』也。《天問》，才老豈不讀，往往無甚意義，只恁地打過去也。或問吳氏叶韻何據？曰：他皆有據。泉州有其書，每一字引十餘證，少者亦兩三證，他說元初更多，後來刪去，姑存此耳。然猶有未盡。」

《宋史・藝文志・詩類》 吳棫《毛詩叶韻補音》十卷。

詩説

朱彝尊《經義考・詩》 潘氏好古《詩説》。佚。呂祖謙作墓志曰：「好古，字敬修，一字伯御，松陽人。喜著書，有《詩》、《春秋》、《詩》、《孟》、《中庸》説合五十一卷。」

毛詩辨疑

朱彝尊《經義考・詩》 吳氏曾《毛詩辨疑》。佚。《撫州府志》：「吳曾，字虎臣，崇仁人。高宗時以獻書得官，累遷至吏部郎中。孝宗朝出知嚴州致仕。」

夾漈詩傳　辨妄

陳振孫《直齋書録解題・詩類》 《夾漈詩傳》二十卷、《辨妄》六卷。鄭樵撰。《辨妄》者，專指毛、鄭之妄。謂《小序》非子夏所作，可也，盡削去之而以己意爲之序，可乎？樵之學雖自成一家，而其師心自是，殆孔子所謂不知而作者也。

馬端臨《文獻通考・經籍考・詩》 《夾漈詩傳》、《辯妄》，共二十六卷。自序：「《毛詩》自鄭氏既箋之後，而學者篤信康成，故此《詩》專行，三家遂廢。《齊詩》亡於魏；《魯詩》亡於西晉；隋、唐之世，猶有《韓詩》可據，迨五代之後，《韓詩》亦亡。致今學者只憑毛氏，且以《序》爲子夏所作，更不敢擬議。蓋事無兩造之辭，則獄有偏聽之惑，今作《詩辯妄》六卷，可以見其得失。」

按：夾漈專詆《詩序》，晦庵從其説，所謂「事無兩造之辭，則獄有偏聽之惑」者，大意謂《毛序》不可偏信也。然愚以爲譬之聽訟，《詩》者其事也，齊、魯、韓、毛，則證驗之人也。《毛詩》本書具在，流傳甚久。譬如其人，親身到官，供指詳明，具有本末者也。齊、魯、韓三家，本書已亡，於他書中間見一二，而眞僞未可知。譬如其人，元不到官，又已身亡，無可追對，得之風聞道聽，以爲其説如此者也。今捨《毛詩》而求證於齊、魯、韓，猶聽訟者以親身到官所供之案牘爲不可信，乃採之於傍人傳説而欲以斷其事也，豈不誤哉！

《宋史・藝文志・詩類》 鄭樵《詩傳》二十卷，又《辨妄》六卷。

毛詩奥論

祁承㸁《澹生堂藏書目・詩》 《毛詩奥論》。二卷。鄭樵《通志略》本。

毛詩詳解

陳振孫《直齋書録解題・詩類》 《毛詩詳解》三十六卷。案：《宋史・藝文志》作四十六卷。長樂李樗迂仲撰。博取諸家説，訓釋名物文意，末用己意爲論以斷之。樗，閩之名儒，於林少穎爲外兄。林，李出也。

馬端臨《文獻通考・經籍考・詩》 李樗《毛詩詳解》三十六卷。

《宋史・藝文志・詩類》 李樗《毛詩詳解》四十六卷。

詩學

《宋史・藝文志・詩類》 范處義《詩學》一卷。

解頤新語

《宋史・藝文志・詩類》 范處義《解頤新語》十四卷。

朱彝尊《經義考・詩》 范氏處義《解頤新語》。《宋志》：「十四卷。」佚。王應麟曰：「鼉鳴如鼓，《新經》之説也。《解頤新語》取之，鑿矣。」又曰：「晁景迂《詩序論》云：『序《騶虞》「王道成也」，《風》其爲《雅》與？序《魚麗》「可以告神明」，《雅》其爲《頌》與？』《解頤新語》亦云：『文王之《風》終於《騶虞》，《序》以爲「王道成」，則近於《雅》矣；文王之《雅》終於《魚麗》，《序》以爲「可告神明」，則近於

《頌》矣。』」

詩補傳

《宋史・藝文志・詩類》 范處義《詩補傳》三十卷。

楊士奇等《文淵閣書目・詩》 《詩逸齋補傳》。一部，六冊。闕。

《詩逸齋補傳》。一部，十冊。闕。

黄虞稷《千頃堂書目・詩類・補元》 《逸齋補傳》二十二卷。按《宋史・藝文志》有范處義《詩補傳》三十卷，《經義考》謂即此書，而此止二十二卷，不可解，今通志堂刊本亦三十卷。

《四庫提要・詩類一》 《詩補傳》三十卷。浙江范懋柱家天一閣藏本。舊本題曰「逸齋撰」，不著名氏。朱彝尊《經義考》云「《宋史・藝文志》有范處義《詩補傳》三十卷，卷數與逸齋本相符。明朱睦㮮《聚樂堂書目》直書處義名，當有證據。處義，金華人，紹興中登張孝祥榜進士」云云，則此書爲處義所作，逸齋蓋其自號也。大旨病諸儒説《詩》，好廢《序》以就己説，故自序稱：「以《序》爲據，兼取諸家之長，揆之性情，參之物理，以平易求古詩人之意。」又稱：「文義有闕，補以六經史傳；詁訓有闕，補以《説文》、《篇韻》。」蓋南宋之初，最攻《序》者鄭樵，最尊《序》者則處義矣。考先儒學問，大抵淳實謹嚴，不敢放言高論。宋人學不逮古，而欲以識勝之，遂各以新意説《詩》。其間剔抉疏通，亦未嘗無所闡發。而末流所極，至於王柏《詩疑》，乃併舉二《南》而删改之。儒者不肯信《傳》，其弊至於誣經，其究乃至於非聖，所由來者漸矣。處義篤信舊文，務求實證，可不謂古之學者歟？至《詩序》本經師之傳，而學者又有所附益，中間得失，蓋亦相參。處義必以爲尼山之筆，引據《孔叢子》，既屬僞書；牽合《春秋》，尤爲旁義。矯枉過直，是亦一瑕。取其補偏救弊之心可也。

詩説

朱彝尊《經義考・詩》 趙氏敦臨《詩説》。佚。

毛詩詁訓傳

《宋史・藝文志・詩類》 晁公武《毛詩詁訓傳》二十卷。

詩聲譜

朱彝尊《經義考・詩》 陳氏知柔《詩聲譜》。二卷。佚。

詩解

朱彝尊《經義考・詩》 謝氏諤《詩解》。二十卷。佚。

詩解

朱彝尊《經義考・詩》 張氏淑堅《詩解》。佚。

詩集善

朱彝尊《經義考・詩》 胡氏維寧《詩集善》。佚。

詩論

《四庫提要・詩類存目一》 《詩論》一卷。編修程晉芳家藏本。宋程大昌撰。大昌有《易原》，已著録。是書本載大昌《考古編》中，故《宋志》不列其名。朱彝尊《經義考》始別立標題，謂之《詩議》，曹溶《學海類編》則作《詩論》，《江南通志》則作《毛詩辨正》。考原本實作《詩論》，則曹溶本是也。又曹溶本作十八篇，而彝尊引陸元輔之言，謂程氏《詩議》十七篇。一論古有二《南》而無《國風》之名。二論《南》、《雅》、《頌》爲樂詩，諸《國》爲徒歌。三論《南》、《雅》、《頌》之爲樂無疑。四論「四始」品目。五論《國風》之名出於《左》、《荀》。六論《左》、《荀》創標《風》名之誤。七論逸《詩》有《豳雅》、《豳頌》而無《豳風》，以證《風》不得抗《雅》。八論《豳詩》非《七月》。九辨《詩序》不出於子夏。十辨《小序》綴《詩》出於衛宏。十一辨《詩序》不可廢。十二據季札序《詩》篇次，知無《風》名案此篇爲改定《毛詩》標題，元輔此語未明。十三論《毛詩》有古序，所以勝於三家。十四論採詩序詩，因乎其地。十五論《南》爲樂名。十六論《關雎》爲文王詩案此解「周道闕而《關雎》作」一語，非論文王，元輔此語亦未明。十七論《詩》樂及《商》、《魯》二頌，乃併末兩篇爲一。考原本亦作十七篇，元輔之言不爲無據。然詳其文意，論《詩》樂與論《商》、《魯頌》了不相屬，似《考古編》刻本誤合。曹本分之，亦非無見也。其大旨謂《國風》之名出漢儒之附會，其説甚辯。惟《左傳》「《風》有《采蘩》、《采蘋》」語，《荀子》「《風》之所以爲《風》」語，不出漢儒，無可指駁。則以左氏爲秦人，「風」字出於臆説。謂荀子之學出於仲弓，仲弓非商、賜可與言《詩》之比，故荀子所傳亦爲臆説。近時蕭山毛奇齡據《樂記》「正直而靜，廉而謙者宜歌《風》」，《表記》引《詩》「我躬不閲，遑恤我後」，又引《詩》「心之憂矣，於我歸説」，皆稱《國風》，以駁詰大昌。不知大昌之意惟在求勝於漢儒，原不計經義之合否。即引《樂記》、《表記》以詰之，亦不難以《戴記》四十九篇指爲漢儒附會也。觀其於左氏所言季札觀樂，合於己説者，則以傳文爲可信；所言《風》有《采蘩》、《采蘋》，不合己説者，則又以《傳》文爲不可信。顛倒任意，務便己私，是尚可與口舌爭乎？且即所謂可據者言之，十五《國風》同謂之周樂，《南》、《雅》、《頌》亦同謂之歌，不云《南》、《雅》、《頌》奏樂，《國風》徒歌也。豈此《傳》又半可據半不可據乎？《傳》又稱「金奏《肆夏》之三」、「工歌《鹿鳴》之三」，亦將謂《頌》入樂，《雅》徒歌乎？是與所引孔子正樂但言《雅》、《頌》不言《風》，而忘其亦不言《南》者，同一不充其類而已矣。

詩口義

朱彝尊《經義考・詩》　孫氏調《詩口義》。五十卷。佚。

毛詩前説

陳振孫《直齋書録解題・詩類》　《毛詩前説》一卷。項安世撰。考定《風》、《雅》篇次，而爲之説。其曰「前説」者，末年之論有少不同故也。

馬端臨《文獻通考・經籍考・詩》　項安世《毛詩前説》一卷。

《宋史・藝文志・詩類》　項安世《毛詩前説》一卷。

詩解

《宋史・藝文志・詩類》　項安世《詩解》二十卷。

詩古音辨

陳振孫《直齋書録解題・詩類》　《詩古音辨》一卷。從政郎信安鄭庠撰。

馬端臨《文獻通考・經籍考・詩》　《詩古音辨》二卷。

《宋史・藝文志》　鄭庠《詩古音辨》一卷。

錢謙益等《絳雲樓書目・詩類》　宋鄭庠有《詩古音辨》二卷。

詩解

朱彝尊《經義考・詩》　羅氏維藩《詩解》。二卷。佚。楊萬里志墓曰：「羅价卿，諱維藩，廬陵人。擢進士第，授迪功南雄州保昌縣尉，陞從政郎。著《詩解》二卷。」

詩集傳

趙希弁《讀書附志・經解類》　《詩集傳》二十卷。右晦庵先生朱文公所定也。江西漕趙崇憲刻于計臺而識其後。

尤袤《遂初堂書目・詩類》　朱氏《集傳稿》。

陳振孫《直齋書録解題・詩類》　《詩集傳》二十卷。朱熹撰。以大、小《序》自爲一編，而辨其是非。其序《呂氏讀詩記》，自謂少年淺陋之説，久而知其有所未安，或不免有所更定。今江西所刻晚年本，得於南康胡泳伯量，校之建安本，更定者幾什一云。

馬端臨《文獻通考・經籍考・詩》　晦庵《詩集傳》。

《宋史・藝文志・詩類》　朱熹《詩集傳》二十卷。

楊士奇等《文淵閣書目・詩》　《詩朱子集傳》。一部，二冊。闕。　《詩朱子集傳》。一部，十冊。闕。　《詩朱子集傳》。一部，六冊。闕。　《詩朱子集傳》。一部，一冊。闕。　《詩朱子集傳》。一部，二冊。闕。

高儒《百川書志・詩》　《詩經集註》八卷。宋晦菴先生新安朱熹集註。

范邦甸等《天一閣書目・詩類》　《詩經》二十卷。刊本。宋朱子集傳，明正德十二年司禮監刊本。《詩經集註》二十卷。

徐𤊹《徐氏家藏書目・詩類》　《詩經集註》八卷。朱子。

《四庫提要・詩類一》　《詩集傳》八卷。通行本。宋朱子撰。《宋志》作二十卷，今本八卷，蓋坊刻所併。朱子注《易》，凡兩易稿。其初著之《易傳》，《宋志》著録，今已散佚，不知其説之同異。注《詩》，亦兩易稿。凡呂祖謙《讀詩記》所稱「朱氏曰」者，皆其初稿，其説全宗《小序》。後乃改從鄭樵之説。案：朱子攻序用鄭樵説，見於《語録》。朱升以爲用歐陽修之説，殆誤也。是爲今本。卷首自序，作於淳熙四年，中無一語斥《小序》，蓋猶初稿。序末稱時方輯《詩傳》，是其證也。其注《孟子》，以《柏舟》爲仁人不遇。作《白鹿洞賦》，以《子衿》爲刺學校之廢。《周頌・豐年》篇，《小序辨説》極言其誤，而《集傳》乃仍用《小序》説，前後不符。亦舊稿之刪改未盡者也。楊慎《丹鉛録》，謂文公因呂成公太尊《小序》，遂盡變其説，雖意度之詞，或亦不無所因歟？自是以後，説《詩》者遂分攻《序》、宗序兩家，角立相爭，而終不能以偏廢。《欽定詩經彙纂》雖以《集傳》居先，而序説則亦皆附録，允爲持千古之平矣。舊本附《詩序辨説》於後，近時刊本皆刪去。鄭玄稱毛公以序分冠諸篇，則毛公以前序本自爲一卷。《隋志》、《唐志》亦與《毛詩》各見，今已與《辨説》別著於録，茲不重載。其間經文譌異，馮嗣京所校正者，如《鄘風》「終然允臧」，「然」誤「焉」。《王風》「牛羊下括」，「括」誤「栝」。《齊風》「不能辰夜」，「辰」誤「晨」。《小雅》「求爾新特」，「爾」誤「我」；「胡然厲矣」，「然」誤「爲」；「朔月辛卯」，「月」誤「日」；「家伯維宰」，「維」誤「冢」；「如彼泉流」，「泉流」誤「流泉」；「爰其適歸」，「爰」誤「奚」。《大雅》「天降滔德」，「滔」誤「慆」；「如彼泉流」，亦誤「流泉」。《商頌》「降予卿士」，「予」誤「于」。凡十二條。陳啟源所校正者，《召南》「無使尨也吠」，「尨」誤「厖」；「何彼襛矣」，「襛」誤「穠」。《衛風》「遠兄弟父母」，誤「遠父母兄弟」。《小雅》「言歸斯復」，「斯」誤「思」；「昊天大憮」，「大」誤「泰」。《楚茨》「以享以祀」，「享」誤「饗」；「福祿膍之」，「膍」誤「媲」；「畀不能趨」，「趨」誤「趍」；「不皇朝矣」，「皇」誤「遑」。下二章同。《大雅》「淠彼涇舟」，「淠」誤「渒」；「以篤于周祜」，脱「于」字。《周頌》「既右饗之」，「饗」誤「享」。《魯頌》「其旂茷茷」，誤「茷茷」。《商頌》「來格祁祁」，誤「祈祈」。凡十四條。又《傳》文譌異，陳啟源所校正者，《召南・騶虞》篇「豝，牝豕也」，「牝」誤「牡」。《終南》篇「黻之狀亞，象兩弓相背」，「亞」誤「亜」，「弓」誤「已」。《南有嘉魚》篇「鯉質鱒鱗」，「鱗」誤「鯽」，又衍「肌」字。《甫田》篇「或耘或耔」，引《漢書》「苗生葉以上」，脱「生」

字；「隤其土」，誤「墳其上」。《頍弁》篇「賦而比也」，誤增「興又」二字。案：此輔廣《詩童子問》所增。《小宛》篇「俗呼青雀」，「雀」誤「鵲」。《文王有聲》篇「減成溝也」，「成」譌「城」。《召旻》篇「池之竭矣」章，「比也」誤作「賦」。《閔予小子》篇引《大招》「三公穆穆」，誤「三公揖讓」。《賚》篇「此頌文王之功」，「王」誤「武」。《駉》篇「此言魯侯牧馬之盛」，「魯侯」誤「僖公」。凡十一條。史榮所校正者，《衛風・伯兮》篇《傳》曰「女爲悅己者容」，「己」下脱「者」字。《王風・采葛》篇「蕭，萩也」，「萩」誤「荻」。《唐風・葛生》篇「域，營域也」，「營」誤「塋」。《秦風・蒹葭》篇「小渚曰沚」，「小」誤「水」。《小雅・四牡》篇「今鵻鳩也」，「鵻」誤「鵓」。《蓼蕭》篇「在衡曰鸞」，「衡」誤「鑣」。《采芑》篇「卽今苦蕒菜」，「蕒」誤「藚」。《正月》篇申包胥曰「人定則勝天」，「定」誤「衆」。《小弁》篇「江東呼爲鵯鳥」，「鵯」誤「鵯」。《巧言》篇「君子不能堲讒」，「堲」誤「塈」。凡十條。蓋五經之中，惟《詩》易讀，習者十恆七八。故書坊刊版亦最夥，其輾轉傳譌，亦爲最甚。今悉釐正，俾不失眞。至其音叶，朱子初用吳棫《詩補音》，案棫《詩補音》與所作《韻補》爲兩書，《書録解題》所載甚明。《經義考》合爲一書，誤也。其孫鑑又意爲增損，頗多舛迕。史榮作《風雅遺音》，已詳辨之，茲不具論焉。

彭元瑞等《天禄琳琅書目後編・宋版經部》　《詩集傳》四函。十六冊。宋朱熹集傳。二十卷。前有《詩傳綱領》、《詩圖》、自序、大小《序》。李霨家藏本。霨，高陽人。順治丙戌進士，官至大學士。

彭元瑞等《天禄琳琅書目後編・明版經部》　《詩集傳》。二函，十冊。篇目見前宋版經部。近刻無《詩序辯說》，此猶古本。

吳壽暘《拜經樓藏書題跋記》　《詩集傳》。右不全宋本，止八卷，陳簡莊徵君從中吳爲先君子購得。經文悉與唐《石經》同，注文悉存文公原本。與徵君所藏宋刻相伯仲，係明晉府圖書，每冊皆有印記。楮墨古雅，字畫精楷，蓋宋刻之佳者。先君子書云：「按《明史・諸王傳》，晉恭王封於太原府，傳至裔孫表欒，孝友好文，分封慶成王。此豈其故物耶？」簡莊徵君跋其所藏《詩集傳》云：「考文公孫鑑《詩傳遺說序》云，《詩集傳》豫章、長沙、後山皆有本，而後山校讎最精。是本或亦係後山本耶？自《小雅》以後闕，徵君所藏亦闕，《小雅・蓼莪》至《大雅・板》之什，吉光片羽，彌足珍已。」

詩序辨説

趙希弁《讀書附志・經解類》　《詩序辨說》一卷。右晦庵先生朱文公所定也。江西漕趙崇憲刻于計臺而識其後。

陳振孫《直齋書録解題・詩類》　《詩序辨說》一卷。朱熹撰。

馬端臨《文獻通考・經籍考・詩》　《詩序辨說》。

《宋史・藝文志・詩類》　朱熹《詩序辨》一卷。

朱彝尊《經義考・詩》　朱子熹《詩序辨說》。《宋志》：「一卷。」存。輔廣曰：「《釋文》載沈重云：『按《大序》是子夏、毛公合作，卜商意有未盡，毛更足成之。』《隋・經籍志》亦云：『先儒相承謂《毛詩序》子夏所創，毛公及衛敬仲宏更加潤色。』至於以爲國史作者，則見於《大序》與王氏說，然皆是臆度懸斷，無所據依，故先生直據《後漢・儒林傳》之說，而斷以爲衛宏作。又因鄭氏之說，以爲宏特增廣而潤色之。又取近世諸儒之說，以爲《序》之首句爲毛公所分，而其下推說云云，爲後人所益者。皆曲盡人情事理。至於首句之已有妄說者，則非先生閲理之明，考義之精，不能及也。至論《詩序》本自爲一編，別附經後，又以尙有齊、魯、韓氏之說並傳於世，故讀者亦有知其出於後人之手，而不盡信，亦得其情。又論毛公引以入經，乃不綴篇後而超冠篇端，不爲注文而直作經字，不爲疑辭而遂爲決辭云者，則可見古人於經則尊信而不敢易，視於己說則謙虛推托，不敢自決而有待於後人者，自有深意。若毛公之作，則出於率易不思，遂啓後人穿鑿遷就之失，以至於上誣聖經，而其罪有不可逭者矣。嗚呼，可不戒哉！可不謹哉！或曰：『子之責夫毛公者當矣，而晦翁先生又生於數千年後，乃盡廢諸儒之說，而遂斷《小序》爲不足據者，何哉？』予應之曰：『不然，先生之學始於致知格物，而至於意誠心正。其於解釋經義，工夫至矣。必盡取諸儒之說一一細研，窮一言之善無有或遺，一字之差無有能遁，其誦聖人之言都一似自己言語一般。蓋其學已到至處，能破千古疑，使聖人之經復明於後世。然細考其說，則其端緒又皆本於先儒之所嘗疑而未究者，則亦未嘗自爲臆説也。學者顧第勿深考耳，觀其終既已明。知《小序》之出於漢儒，而又以其間容或眞有傳授證驗而不可廢者，故既頗采以附傳中，而復併爲一編以還其舊，因以論其得失云之説，則其意之謹重不苟，亦可見矣。豈可與先儒之穿鑿遷就者同日語哉！』」王應麟曰：「朱子《詩序辨説》多取鄭漁仲《詩辨妄》。」　孫緒曰：「朱子作《詩傳》，盡去《序》説，惟諷誦辭氣抑揚以求時世，今人翕然宗之。夫《序》説雖不可盡信，然去作者尙未遠，猶有可據。乃盡删其説，顧自信於千載之下，近者可信，遠者果不信乎？以言取人，孔子猶失之宰我，不根據於當時簡冊之所存，而時之先後、人之淑慝、俗之隆汙，概取必於吟哦詠嘆之間，糟粕芻狗與《序》説等耳，後當有是鄙言者。」

詩風雅頌

陳振孫《直齋書録解題・詩類》　《詩風雅頌》四卷，《序》一卷。朱熹所録。以爲《序》出後世，不當引冠篇首，故別録爲一卷。

馬端臨《文獻通考・經籍考・詩》　《詩風雅頌》四卷，《序》一卷。

詩説

《宋史・藝文志・詩類》　張貴謨《詩説》三十卷。

朱彝尊《經義考・詩》　張氏貴謨《詩説》。《宋志》：「三十卷。」佚。《括蒼彙記》：「張貴謨字子智，遂昌人。由進士主吳縣簿，教授撫州，宰江山縣，官至朝議大夫。」

詩説

朱彝尊《經義考・詩》　黄氏應春《詩説》。佚。《寧波府志》：「黄應春，奉化人。嘉熙二年進士。官至朝散郎，知處州。著有《詩説》，內翰應繇、左史黄自然繳進，送監看詳，除國子學録。」

毛詩解義

《宋史・藝文志・詩類》　鄭諤《毛詩解義》三十卷。

反古詩説

朱彝尊《經義考・詩》　薛氏季宣《反古詩説》。一作《詩性情説》。佚。季宣自序曰：「紹興己卯冬，走初本之《詩序》述《廣序》。越四歲，癸未，解官自東鄂，始因其説而次第之，名之《反古詩説》。或者尤之曰：『《詩》古無説，今子盡掊先儒之説而自爲之説，眞古之遺説乎？抑亦未能脱於胸臆之私乎？』曰：固也，古之無《詩》説也，三百五篇之義《詩序》備矣。由七十子之徒沒，經教汨於異端，齊、魯、毛、韓家自爲説。《凱風》之義，自孟軻氏已失其傳，由孟軻而來，於今已一千祀矣。今之説而謂之古，宜未免乎胸臆之私。人之性情古猶今也，可以今不如古乎？求之於心，本之於《序》，是猶古之道也，先儒於此何加焉？棄《序》而概之先儒，宜今之不如古也。反古之説，於是以戾，然則反古之道又何疑爲？莊姜之詩不云乎：『我思古人，實獲我心。』言志同也，志同而事一，則古今一道爾。天命之謂性，庸有二理哉？是則《反古詩説》未爲戾已。《記》有之曰：『人莫知苗之碩，莫知子之惡。』言蔽物也，有已而蔽於物，則古人情性與今先儒之説，未知其能通，信能復性之初，□□得心之正。豁蔽以明物，因《詩》以求《序》，則反古之説，其始庶幾乎。」

非鄭樵詩辨妄

朱彝尊《經義考・詩》 周氏孚《非鄭樵詩辨妄》。一卷。存。孚自序曰：「古之教人者，未嘗有訓詁也，故曰：『不憤不啓，不悱不發，不以三隅反，則不復也。』自聖人沒而異端起，先儒急於警天下之方悟者，故即六經之書而訓詁之。雖其教與古異，而意則一也。自漢以來，六經之綱維具矣，學者世相傳守之，雖聖人起未易廢也，而鄭子乃欲盡廢之，此予所以不得已而有言也。故撮其害理之甚者見於予書，而其爲《詩》之義，則有先儒之傳在。嗚呼！聚訟之學，古人惡之，安知不有以是規予者哉！然予之所不暇恤也。於是總而次之，凡四十二事爲一卷。」顧湄曰：「周孚，字信道，濟北人，居京口。淳熙初，眞州學教授。自號蠹齋。」

詩總聞

陳振孫《直齋書録解題・詩類》 王氏《詩總聞》三卷。案：《宋史・藝文志》作二十卷。不知名氏及時代。其自序言丁丑入吳，見謝君士燮；丙戌入蜀，見陳君彥深；庚寅再入蜀，見楊君左車。所稱甲子，不著年號。而謝、陳、楊三君，亦竟莫詳爲何人也。當俟知者問之。其書有《聞音》、《聞訓》、《聞章》、《聞句》、《聞字》、《聞物》、《聞用》、《聞迹》、《聞事》、《聞人》凡十聞，每篇爲《總聞》，又有《聞風》、《聞雅》、《聞頌》等，其說多出新意，不循舊傳。案：朱彝尊《王氏詩總聞序》：王氏名質，字景文，汶陽人。紹興庚辰進士，召試館職不就，歷樞密院編修官，出通判荆南府，不行，奉祠山居，有集四十卷。此書亦作二十卷。

馬端臨《文獻通考・經籍考・詩》 王景文《詩總聞》三卷。

《宋史・藝文志・詩類》 王質《詩總聞》二十卷。

楊士奇等《文淵閣書目・詩》 《詩王氏總聞》。一部，十冊。完全。

張萱等《内閣藏書目録・經部》 《詩總聞》十冊。全。宋汶陽王質箋注《毛詩》，其中音切爲《聞音》，解字爲《聞字》，訓義爲《聞訓》，正句爲《聞句》，分章爲《聞章》，辨器爲《聞用》，辨物爲《聞物》，注古事爲《聞事》，注古人姓名爲《聞人》，辨山川邑里爲《聞跡》，總其大義爲《總聞》。凡二十卷。又《詩總聞》二冊。不全。同前。

錢謙益等《絳雲樓書目・詩類》 宋王質《詩總聞》六冊。二十卷。質字景文，其自序云：「研精覃思於此幾三十年。」南宋人虞允文嘗薦之。

錢曾《讀書敏求記・經》 王質《詩總聞》二十卷。王質，汶陽人。其書分十聞：一《聞音》，二《聞訓》，三《聞章》，四《聞句》，五《聞字》，六《聞物》，七《聞用》，八《聞跡》，九《聞事》，十《聞人》。又斷之以《總聞》。趙清常從閣宋本鈔録，惜缺二十餘葉，藏書家無從借補，俟更覓之。

王士禛《漁洋書跋》 《詩總聞》。同年梁溪秦宮諭留仙松齡以寫本《詩總聞》相寄，宋人汶陽王質撰。其例曰《聞南》、《聞風》、《聞雅》、《聞頌》，又《聞音》、《聞訓》、《聞跡》、《聞事》、《聞物》、《聞用》、《聞章》、《聞句》、《聞字》，而終以《總聞》。其書援據亦博，而好與毛、鄭異，亦絶與朱子不合。如衛詩《柏舟》、《燕燕》、《鶉之奔奔》、《二子乘舟》，鄭詩《狡童》、《將仲子》、《有女同車》、《青青子衿》之類甚多。如云鄭忽言行，蓋多近賢，不可以成敗論人，所謂狡童，非忽也。又云文姜，鄭忽所辭者也，以爲賢而不娶，識者更詳之。此言最允。然於齊詩《南山》、《猗嗟》諸篇，皆無異詞。後有宋人跋云：「右雪山王先生《詩説》二十卷，其家櫝藏且五十年，未有發揮之者。臨川貳車國正韓公攝守是邦，念前輩著述不可湮沒，乃從其孫宗旦求此書，鋟梓以傳。命工經始，而日強分符來此，公餘取讀之。其刪《詩序》，實與文公朱先生合。至以意逆志，自成一家，眞能寤寐詩人之意於千載之上，斯可謂之窮經矣。淳祐癸卯季冬上澣，吳興陳日強書。」此跋謂與晦翁合，亦非也。

《四庫提要・詩類一》 《詩總聞》二十卷。内府藏本。宋王質撰。質字景文，興國人。紹興三十年進士。官至樞密院編修，出通判荆南府，改吉州。周亮工《書影》以爲宋末人，蓋考之未審也。亮工又稱是書世久無傳，謝肇淛始録本於祕府。後肇淛諸子盡賣藏書，爲陳開仲購得，乃歸諸亮工。則其不佚者僅矣。其書取《詩》三百篇，每篇説其大義，復有《聞音》、《聞訓》、《聞章》、《聞句》、《聞字》、《聞物》、《聞用》、《聞跡》、《聞事》、《聞人》凡十門。每篇爲《總聞》，又有《聞風》、《聞雅》、《聞頌》冠於「四始」之首。南宋之初，廢《詩序》者三家，鄭樵、朱子及質也。鄭、朱之説最著，亦最與當代相辨難。質説不字字詆《小序》，故攻之者亦稀。然其毅然自用，別出新裁，堅鋭之氣乃視二家爲加倍。自稱覃精研思幾三十年，始成是書。淳祐癸卯，吴興陳日強始爲鋟版於富川。日強跋稱其「以意逆志，自成一家」，其品題最允。又稱其「刪除《小序》，實與文公朱先生合」，則不盡然。質廢《序》與朱子同，而其爲説則各異。黄震《日鈔》曰「雪山王質，夾漈鄭樵，始皆去《序》言《詩》，與諸家之説不同。晦菴先生因鄭公之説，盡去美刺，探求古始，其説頗驚俗。雖東萊先生不能無疑」云云。言因鄭而不言因王，知其趣有不同矣。然其冥思研索，務造幽深，穿鑿者固多，懸解者亦復不少。故雖不可訓，而終不可廢焉。

張金吾《愛日精廬藏書志・詩類》　《詩總聞》二十卷。舊抄本。汶陽王質撰。自序曰：「窮經，一有志：死生禍福不遷之，徹爲期，愈疑愈堅，愈滯愈壯，志也。二有識：所見愈卓，所得愈多，當恢崇充羡，常若有所不足，識也。三有才：難探之淵探之，又有難言之妙言之，又有難發之微，必心口手相應，庶幾其可，才也。四有力：博采庶言，自立定制，苟有所見，運斤成風而不疑，力也。子研精覃思，於此幾三十年。丁丑入吴，見謝君士燮，及此，謝曰：『無多談人情是也。』予急有所省。丙戌入蜀，見陳君彦深，及此，陳曰：『江南人則可，吾關西人不若此。』予益有所省。庚寅再入蜀至梁，見楊君左車，商州游子也，因詢商山之事，偶及四老之蹟。楊曰：『侯子與採芝同心，則商山風土草木自見，何問我爲？』予大有所省。又十八年，自度可書，乃書，今具左方。

《聞音》者，凡音韻是。古音無有不叶，特稱謂之殊，呼吸之别，傳寫舛訛，連析差跌。與夫古人取叶之法不同，轉紐之法亦異，雖古律不可以此而推，然吟咏諷誦，亦有所助。蓋俻見古人之心，期語法有不期而會者。作《聞音》一。

《聞訓》者，凡字義是。古訓多不同，隨語生意，亦有不當爲此訓而爲此訓，有當爲此訓而不爲此訓，有本無異義強出多端，故語意多暗失。作《聞訓》二。

《聞章》者，凡分段是。古爲章，後爲解，或以韻轉，或以語轉，或以事轉，或以勢轉。當是音調抑揚低昂不同，故文辭相依隨而爲節奏，大率以意細推自見。若拘於繁簡短長，則其意不附章而生。作《聞章》三。

《聞句》者，凡句讀是。古句有以肅爲整，有以亂爲整，或其意一斷一續之間，一上附一下連之際，迥令人開拓，以至囁嚅咨嗟，從此得入。作《聞句》四。

《聞字》者，凡字畫是。古字固多通用，亦於偏傍繁省之間，清濁輕重之際，矯揉隱桀，不勞更張，自生義味。但不可率情變文，以附合己意，若繩削得宜。古今畧無差别，不見外手它迹。作《聞字》五。

《聞物》者，凡鳥獸草木是。古物無異今物，但稱謂差殊，今《詩》所見不出書傳所載，但博搜詳味，或有一二見共同，一出卽可從，不然亦必兩合。其合仍須有理，可以中情，不可徒求合也。切不用求奇喜新，宛轉推測，其衆所共識，已所經見者不與。作《聞物》六。

《聞用》者，凡器物是。古今尤無定，展轉差殊。今一鄉一里，其所用制度稱謂有各不同，制度雖同而稱謂不同者，稱謂雖同而制度不同者，而况方俗隔絶，年代深邈。但首尾前後以意細推自出，縱不卽出，久當自省。作《聞用》七。

《聞跡》者，凡在處是。山川土壤，州縣鄉落，皆不可輕認。亦必左右前後，參伍錯綜以相推測，或可得其眞，亦有不似所在而實所在，亦有實所在而不似所在。先繹本文，徐及他載。作《聞跡》八。

《聞事》者，凡事實是。古事安可容易推尋？但先平心精意，熟玩本文，深繹本意，然後卽其文意之罅，探其事實之跡，雖無可考，而亦可旁見隔推，有相霑帶，自然顯見。作《聞事》九。

《聞人》者，凡姓號是。古人可顯考者，固不在論，其隱昧遺落，亦就本文本意及旁人左右前後推量。雖不得其眞，亦可窺見其生死、悲愉、善惡、老少；雖不得其全，亦可附見其風俗美惡、時節寒暄，與其人互相發明，亦得彷彿。作《聞人》十。陳日強跋。淳祐癸卯。

毛詩說略

王圻《續文獻通考・經籍考・詩》 《毛詩說略》，余端禮著。出處見《周易啓蒙》。

詩義解

王圻《續文獻通考・經籍考・詩》 《詩義解》，韓惇著。

朱彝尊《經義考・詩》 韓氏謹《詩義解》。佚。陸元輔曰：「晉江韓謹字去華，以南海尉改宣義郎，除處州教授。著《詩禮義解》，上之，召爲國子博士，遷廣南東路提舉學事，自巡尉未再期，擁使節一方，前未有也。」

詩解

朱彝尊《經義考・詩》 唐氏仲友《詩解》。佚。戚雄曰：「唐說齋讀經，於《詩》最有發明。如以《碩鼠》爲愛君之至，眞有精思卓識。」

毛詩箋義

朱彝尊《經義考・詩》 陳氏駿《毛詩箋義》。佚。《閩書》：「陳駿，字敏仲，爲大冶丞。從游朱文公之門。」

詩經講解

王圻《續文獻通考・經籍考・詩》 《詩經講解》，舒璘著。璘，四明人。乾道中，爲徽州教授。徽《詩》、《禮》久不頌習，璘作《詩禮講解》，家傳人誦。

詩學發微

朱彝尊《經義考・詩》 舒氏璘《詩學發微》。佚。《寧波府志》：「舒璘，字元質，奉化人。乾道中爲徽州教授，終宜州通判。淳祐中謚文靖。」

呂氏家塾讀詩記

尤袤《遂初堂書目・詩類》 《呂氏讀詩記》。

陳振孫《直齋書録解題・詩類》 《呂氏家塾讀詩記》三十二卷。呂祖謙撰。博采諸家，存其名氏，先列訓詁，後陳文義，翦裁貫穿，如出一手。己意有所發明，則別出之。《詩學》之詳正，未有逾於此書者也。然自《公劉》以後，編纂已備，而條例未竟，學者惜之。

馬端臨《文獻通考・經籍考・詩》 《呂氏讀詩記》三十二卷。

《宋史・藝文志・詩類》 呂祖謙《家塾讀詩記》三十二卷。

楊士奇等《文淵閣書目・詩》 《呂氏讀詩記》。一部，五册。闕。《呂氏讀詩記》。一部，五册。闕。

王圻《續文獻通考・經籍考・詩》 《家塾讀詩記》，呂祖謙著。

徐𤊹《徐氏家藏書目・詩類》 《呂氏讀詩記》三十二卷。宋呂本中。

錢謙益等《絳雲樓書目・詩類》 呂東萊《讀詩記》十册。三十二卷。

于敏中等《天祿琳琅書目・宋版經部》 《東萊家塾讀詩記》。二函，十六冊。宋呂祖謙著。三十二卷。第一卷爲《綱領》，卷二以下釋大小傳經文，博引諸家注成之。朱子序。　巾箱本不載鋟刻年月。案陳振孫《書録解題》云：「自《公劉》以後，編纂已備，條例未竟，學者惜之。」是本《公劉》首章下識云：「先兄修是書至此終。自《公劉》次章訖終篇，則往歲所纂輯，未及刊定。今不敢損益，姑從其舊則。」此書乃其弟所校刊也。御題：「此呂氏家塾本也。說《詩》家自毛、鄭後，同異紛紜，鮮所折衷。東萊兼綜衆說，挈要提綱，斷以己意，於《三百篇》之義殆庶幾乎。向爲檇李項氏家藏。卷約字工，猶屬閩中舊刻，其珍惜之。乾隆御識。」鈐寶二：曰「幾暇怡情」，曰「乾隆宸翰」。　檇李項元汴藏本有印記。元汴字子京，好收金石遺文圖繪名蹟，凡斷幀隻行，悉輸其門。書法出入智永、趙吳興之間，兼工山水，號墨林居士，見董其昌《容臺集》。

闕補卷四、十九之二十二。卷二十五、五。卷二十七、十一。卷三十二。末行。

《四庫提要·詩類一》　《呂氏家塾讀詩記》三十二卷。浙江汪汝瑮家藏本。宋呂祖謙撰。祖謙有《古周易》，已著録。此其說《詩》之作也。朱子與祖謙交最契，其初論《詩》亦最合，此書中所謂「朱氏曰」者，卽所採朱子說也。後朱子改從鄭樵之論，自變前說，而祖謙仍堅守毛、鄭。故祖謙沒後，朱子作是書序，稱「少時淺陋之說，伯恭父誤有取焉。既久，自知其說有所未安，或不免有所更定，伯恭父反不能不置疑於其閒，熹竊惑之。方將相與反覆其說，以求眞是之歸，而伯恭父已下世」云云。蓋雖應其弟祖約之請，而夙見深有所不平。然迄今兩說相持，嗜呂氏書者終不絕也。陳振孫《書録解題》稱：「自『篤公劉』以下編纂已備，而條例未竟，學者惜之。」此本爲陸釴所重刊。釴序稱得宋本於友人豐存叔，呂氏書凡二十二卷，《公劉》以後，其門人續成之。與陳氏所說小異，亦不言門人爲誰。然《書録解題》及《宋史·藝文志》均著録三十二卷，則當時之本已如此。釴所云云，或因戴溪有《續讀詩記》三卷，遂誤以後十卷當之歟？陳振孫稱其「博採諸家，存其名氏，先列訓詁，後陳文義，翦截貫穿，如出一手。有所發明，則別出之。《詩》學之詳正，未有逾於此書者」。魏了翁作後序，則稱其能發明詩人躬自厚而薄責於人之旨。二人各舉一義，已略盡是書所長矣。了翁後序乃爲眉山賀春卿重刻是書而作。時去祖謙沒未遠，而版已再新。知宋人絕重是書也。

彭元瑞等《天禄琳琅書目後編·宋版經部》　《呂氏家塾讀詩記》。二函，十六冊。宋呂祖謙撰。三十二卷。第一卷《綱領》、《詩樂》、《刪次》、大小《序》、《六義》、《風雅頌》、《章句音韻》、《卷帙》、《訓詁傳授》、《條例》。第三卷以下《詩》正文，小注引諸家說，斷以己意。前朱熹序，後尤袤跋。

宋巾箱本。按陳振孫《書録解題》，云：「自《公劉》已後，編纂已備，條例未竟，學者惜之」。此本《公劉》首章下有識云「先兄己亥之秋復修是書，至此而終。自《公劉》之後章訖於終篇，則往歲所纂輯者，皆未及刊定，如《小序》之有所去取、諸家之未次先後，與今編條例多未合。今不敢復有所損益，姑從其舊，以補是書之闕」云。按前序，云伯恭父之弟子約，以是書授其兄之友丘侯宗卿，而宗卿將爲版本以傳永久。後跋亦云，今東州士子家寶其書，而篇帙既多，傳寫易誤。建寧所刻，又益闕遺。其友丘侯宗卿惜其傳之未廣，始鋟木於江西漕臺。據此，則是書本有建寧坊本，丘宗卿乃爲重刻此帙也。子約，祖謙之弟祖儉字，太常寺丞。以上書乞誅韓侂冑，謫死，賜謚忠。宗卿，名崈，江陰軍人。隆興進士，官至同知樞密院事。贈太師，謚忠定。尤袤，字延之，無錫人。紹興進士，官至禮部尙書。謚文簡。《宋史》皆有傳。　曾藏王世貞、毛晉家。其「宗伯」一印，則錢謙益自誌其官閥也。

《呂氏家塾讀詩記》。二函，十六冊。同前。　亦宋巾箱本。前本每版十二行，每行二十二字，此本十四行，十九字，且注中引諸家姓氏皆用白文，確非一本，或卽尤跋所云建寧刻也。又別本，魏了翁序，乃爲眉山賀春卿重刻而作。又明陸釴重刻，是書釴有序，此無之。祖謙書，絕爲世重，當時卽已重槧不一，則未知何本也。

孫星衍《平津館鑒藏書籍記·明版》　《呂氏家塾讀詩記》三十二卷。前有嘉靖辛卯陸釴序，稱近得宋本，杜史應臺傳公刻于南昌郡，又有淳熙壬寅朱子敘，盧氏《羣書拾補》所據以補萬曆癸丑南都刻本缺葉者，卽此本也。每葉廿八行，行廿九字。收藏有「陳子龍印」朱文方印，「穎川陳氏較定典籍之章」朱文長印，「練江陳昂之印」朱文方印，「陳先生後人」白文方印，「天都陳氏承雅堂圖籍」朱文方印，「陳氏藏書子孫永寶」朱文長印。末卷後有康熙癸酉陳昂墨蹟二跋。

張金吾《愛日精廬藏書志・詩類》 《呂氏家塾讀詩記》三十二卷。明嘉靖刊本。宋呂祖謙撰。同里嚴氏思菴虞惇校閲。凡朱《傳》與《小序》異者，一一標出，間附識語，亦極精當。朱子序。淳熙壬子。陸釴重刊序。嘉靖辛卯。嚴氏手識曰：「鄭詩二十一篇，而朱子以《將仲子》、《遵大路》、《有女同車》、《山有扶蘇》、《蘀兮》、《狡童》、《褰裳》、《風雨》、《子衿》、《揚之水》諸篇俱爲淫奔之詩，蓋泥於夫子『鄭聲淫』之一言。故凡詩中有懷思贈答者，概斥之爲淫奔。夫鄭風固淫矣，夫子刪詩而淫詩居其大半，則夫子之所刪者又何等詩也？《傳》曰：『好而知其惡，惡而知其美。』鄭雖淫，豈無他美之可采乎？執成見以論古人之書，書之不可通者多矣。此高子之《小弁》所以取譏於孟子也。辛酉春二月初十日嚴虞惇閲并記。」

又曰：「或問《七月》周公作也，《公劉》召公作也，均之陳王事以戒成王。何《七月》爲《風》，《公劉》爲《雅》？先儒謂周公遭變故，不入于《雅》，然乎？否乎？曰《公劉》言政事也，《七月》言風俗也。既曰《風》矣，自不得入于《雅》也。豳不先二《南》，尊文王也；不總二《南》，豳先岐後也；不與《王風》相屬，興衰非其類也。文王致治，周公反正，十五《國風》以是始終之，則尊周公與文王等矣。」又曰：「按毛公以《南陔》、《白華》、《華黍》附《魚麗》後，爲《鹿鳴》之什。次《南有嘉魚》之什首《嘉魚》，次《南山有臺》，次《由庚》，次《崇正》，次《由儀》，至《吉日》共十三篇。又次爲《鴻雁之什》、《節南山》之什、《谷風》之什、《甫田》之什、《魚藻》之什。而朱子《集註》則云：《南陔》、《白華》、《華黍》、《由庚》、《崇正》、《由儀》六篇皆笙詩，有聲無辭，依《儀禮》以《南陔》附《杕杜》後，爲《鹿鳴》之什；其次爲《白華》之什，首《白華》，次《華黍》，次《魚麗》，次《由庚》，次《南有嘉魚》，而下叙與此同。今按《六月序》，《魚麗》繼《杕杜》之後，而《南陔》以下次第井然，此書因之，以正毛氏之失。今當從之。」又曰：「《魚麗》、《南有嘉魚》、《南山有臺》朱子以爲燕享通用之樂，今宜從《序》。朱子之説本之《鄉飲酒禮》及《燕禮》，然其疏解文義多所未安。如《魚麗》、《南有嘉魚》，則云卽所薦之物，而道主人樂賓之意。然於『南有樛木』、『翩翩者鵻』已不可通。至『南山有臺，北山有萊』則全無所取興，不知詩人亦何取於此。愚謂此詩之義，《序》説得之，而燕享則歌之以樂賓，非謂竟取義於燕賓也。壬戌九月初五日虞惇記。」又曰：「《楚茨》已下四篇，朱子云此公卿力農奉祭之詩。然詩中皆云『萬壽無疆』，恐非天子不足以當之也。」又曰：「《黍苗》、《隰桑》、《瓠葉》三篇，皆思古之詩。今《集註》直以爲美，大抵《序》所云陳古刺今者，朱子皆不取也。」

《呂氏家塾讀詩記》殘本十九卷。宋刊本。宋呂祖謙撰。原三十二卷，今存卷一至卷十九，每頁二十四行，行二十二字。朱子序。抄補。

張之洞《書目答問・列朝經注經説經本考證》 《呂氏家塾讀詩記》三十二卷。宋呂祖謙。錢儀吉編刻《經苑》本，明嘉靖陸釴刻本。

毛詩解

王圻《續文獻通考・經籍考・詩》 《毛詩解》，瑞安陳傅良著。傅良，瑞安人。乾道中進士，爲中書舍人，引裾諫光宗朝重華宮，官至寶謨閣待制。學者稱止齋先生。

朱彝尊《經義考・詩》 陳氏傅良《毛詩解詁》。二十卷。佚。葉紹翁曰：「考亭先生晚注《毛詩》，盡去《序》文，以彤管爲淫奔之具，以城闕爲偷期之所。止齋陳氏得其説而病之，謂『以千七百年女史之彤管與三代之學校，以爲淫奔之具、偷期之所，竊有所未安』。獨藏其説，不與考亭先生辨。考亭微知其然，嘗移書求其《詩》説，止齋答以『公近與陸子靜互辨無極，又與陳同甫爭論王霸矣。且某未嘗注《詩》，所以説《詩》者，不過與門人爲舉子講義，今皆毀棄之矣』。蓋不欲滋朱之辨也。今止齋《詩傳》方行於世。」陳埴曰：「止齋以檜亡爲東周之始，曹亡爲春秋之終，聖人繫曹、檜之詩於《國風》之末，卽其思周道、思治之語，爲傷無王、無霸之驗。愚謂周之東遷，豈專關於一檜之亡？而春秋之終，豈專係於一曹之亡？止齋之言，或以無王、無霸之時，惟小國滅亡最先，故小國思患最切。是以聖人繫《詩》作《春秋》，每於小國觀世變，非謂由此二國致禍也。」

詩説

陳振孫《直齋書録解題·詩類》 《黄氏詩説》三十卷。黄度撰。葉適正則爲之序。

馬端臨《文獻通考·經籍考·詩》 黄度文叔《詩序》三十卷。水心葉氏序曰：「公於《詩》，尊敍倫紀，致忠達敬，篤信古文，旁録衆善，博厚憯怛而無迂重之累，紬緒悠久而有新美之益。然則性情不蔽而《詩》之教可以復明，公其有志於是歟？按《易》有程，《春秋》有胡，而《詩集傳》之善者亦數家，大抵欲收拾群義，酌其中平以存世教矣，未知性情何如耳！今公之書既將並行，讀者誠思其教，存其性，教明性明而《詩》復，則庶幾得之。」

《宋史·藝文志·詩類》 黄度《詩説》三十卷。

王圻《續文獻通考·經籍考·詩》 《詩説》，黄度著。度，新昌人。隆興進士，除監察御史，寧宗時累官煥章閣學士。所著又有《周禮説》。曹粹中亦有《詩説》。

讀詩臆説

王圻《續文獻通考·經籍考·詩》 《讀詩臆説》十卷，王宗道著。

慈湖詩傳

楊士奇等《文淵閣書目·詩》 《詩錫慈湖解》。一部，八冊。闕。

《四庫提要·詩類一》 《慈湖詩傳》二十卷。《永樂大典》本。宋楊簡撰。簡有《慈湖易傳》，已著録。是書原本二十卷。焦竑《國史經籍志》及黄虞稷《千頃堂書目》尚載其名，而朱彝尊《經義考》注曰「已佚」。今海內藏書，咸集祕府，而是書之目闕焉，則彝尊所説爲可信。蓋竑之所録，皆據史志所載，類多虚列。虞稷徵刻書目，亦多未見原書，固不足盡據耳。今從《永樂大典》所載，裒輯成編，仍勒爲二十卷。又從《慈湖遺書》內補録自序一篇，總論四條，而以《攻媿集》所載樓鑰與簡《論詩解書》一通，附於卷首。其他論辨若干條，各附本解之下，以資考證。至其總論列國《雅》、《頌》之篇，《永樂大典》此卷適闕，無從採録。具《公劉》以下詩十六篇，則《永樂大典》不載其《傳》。豈亦如呂祖謙之《讀詩記》獨闕《公劉》以下諸篇，抑在明初卽已殘闕耶？是書大要，本孔子「無邪」之旨，反覆發明。而據《後漢書》之説，以《小序》爲出自衛宏，不足深信。篇中所論，如謂《左傳》不可據，謂《爾雅》亦多誤，謂陸德明多好異音，謂鄭康成不善屬文。甚至自序之中，以《大學》之釋《淇澳》爲多牽合，而詆子夏爲小人儒。蓋簡之學出陸九淵，故高明之過，至於放言自恣，無所畏避。其他箋釋文義，如以「聊樂我員」之「員」爲姓，以「六駁」爲「赤駁」之譌，以「天子葵之」之「葵」有向日之義，閒有附會穿鑿。然其於一名一物一字一句，必斟酌去取，旁徵遠引，曲暢其説。其考核六書，則自《説文》、《爾雅》、《釋文》以及史傳之音注，無不悉蒐。其訂正訓詁，則自齊、魯、毛、韓以下以至方言雜説，無不博引。可謂折衷同異，自成一家之言，非其所作《易傳》以禪詁經者比也。昔吴棫作《詩補音》十卷，又別爲《韻補》五卷。《韻補》明人有刻本，其書採摭《詩》、《騷》以下及歐陽修、蘇軾、蘇轍之作，頗爲雜濫。《補音》久佚，惟此書所引尚存十之六七。然往往以漢魏以下之韻牽合古音，其病與《韻補》相等。《朱子語類》謂才老《補音》亦有推不去者，蓋卽指此類。顧炎武亦嘗作《韻補正》一書，以糾其失。考古音者，固未可全以爲準焉。

張金吾《愛日精廬藏書志·詩類》 《慈湖詩傳》二十卷。文淵閣傳抄本。宋楊簡撰。　自序。

詩説

《宋史·藝文志·詩類》 高端叔《詩説》一卷。

放齋詩說

《宋史・藝文志・詩類》 曹粹中《詩說》三十卷。

楊士奇等《文淵閣書目・詩》 《詩放齋說》。一部，五冊。闕。

王圻《續文獻通考・經籍考・詩》 《詩說》，曹粹中著。

黃虞稷《千頃堂書目・詩類・補宋》 曹粹中《放齋詩說》十卷。

倪燦等《宋史藝文志補・詩類》 曹粹中《放齋詩說》十卷。

朱彝尊《經義考・詩》 曹氏粹中《放齋詩說》。《宋志》：「三十卷。」未見。王應麟曰：「曹氏《詩說》，謂《齊詩》先《采蘋》而後《草蟲》。」又曰：「『四月秀葽』，諸儒不詳其名，《說文》引劉向說以爲苦葽，曹氏以《爾雅》、《本草》證之，知其爲遠志。」又曰：「旱麓，毛氏云：旱，山名也。曹氏按：《地理志》漢中南鄭縣有旱山，沱水所出，東北入漢。」

詩傳遺說

楊士奇等《文淵閣書目・詩》 《詩傳遺說》。一部，三冊。闕。

黃虞稷《千頃堂書目・詩類・補宋》 朱鑑《詩傳遺說》六卷。一名《朱氏詩說補遺》。

倪燦等《宋史藝文志補・詩類》 朱鑑《詩傳遺說》六卷。一名《朱氏詩說補遺》。

《四庫提要・詩類一》 《詩傳遺說》六卷。兩江總督採進本。宋朱鑑編。鑑有《朱文公易說》，已著録。是編乃理宗端平乙未，鑑以承議郎權知興國軍事時所成。蓋因重輯朱子《集傳》，而取《文集》、《語録》所載論《詩》之語足與《集傳》相發明者，彙而編之，故曰「遺說」。其書首《綱領》，次《序辨》，次《六義》，繼之以《風》、《雅》、《頌》之論斷，終之以逸詩、《詩譜》、叶韻之義。以朱子之說，明朱子未竟之義，猶所編《易傳》例也。鑑自序有曰「先文公《詩集傳》，豫章、長沙、後山皆有本，而後山校讎最精。鑑第初脫稿時，音訓間有未備，刻版已竟，不容增益。欲著補脫，終弗克就。仍用舊版，葺爲全書，補綴趲那，久將漫漶。竭來富川，郡事餘暇，輒取家本，新加是正，刻寘學宮」云云。國朝寧波史榮撰《風雅遺音》，據鑑此序，謂今本《集傳》音叶，多鑑補葺，非朱子所手定。其說似非無因。然則以音叶之誤議朱子，與以朱子之故而委曲回護吳棫書者，殆均失之矣。

朱公詩解

王圻《續文獻通考・經籍考・詩》 《朱公詩解》，戴亨著。

詩解

朱彝尊《經義考・詩》 馮氏誠之《詩解》。二十卷。佚。

續呂氏家塾讀詩記

陳振孫《直齋書録解題・詩類》 《岷隱續讀詩記》三卷。戴溪撰。其書出於呂氏之後，謂呂氏於字訓章已悉，而篇意未貫，案：「謂呂氏」以下原本脫，今校補。故以《續記》爲名。其實自述己意，亦多不用《小序》。

馬端臨《文獻通考・經籍考・詩》 《岷隱續讀詩記》三卷。

《宋史・藝文志・詩類》 戴溪《續讀詩記》三卷。

王圻《續文獻通考・經籍考・詩》 《岷隱續讀詩記》。永嘉戴溪著。

錢謙益等《絳雲樓書目・詩類》 戴溪撰《續讀詩記》三卷，亦多不用《小序》。

《四庫提要・詩類一》 《續呂氏家塾讀詩記》三卷。《永樂大典》本。宋戴溪所續呂祖謙之書也。溪，永嘉人。淳熙五年爲別頭省試第一。歷官工部尚書、文華閣學士。卒贈端明殿學士。理宗紹定間賜謚文端。事蹟具《宋史・儒林傳》。傳稱溪字肖望，黄震《日鈔》亦同。而沈光作溪《春秋講義序》，稱字少望。震爲溪同時人，不應有誤。溪子㮣，刊父遺書，乞光作序，亦不應有誤。或溪有二字歟？溪以《呂氏家塾讀詩記》取毛《傳》爲宗，折衷衆説，於名物訓詁最爲詳悉，而篇内微旨，詞外寄託，或有未貫，乃作此書以補之，故以《續記》爲名。實則自述己意，非盡墨守祖謙之説也。其中如謂《摽梅》爲父母之擇壻，《有狐》爲國人之憫鰥，《甘棠》非受民訟，《行露》非爲侵陵。故《書録解題》謂其大旨不甚主《小序》。然皆平心静氣，玩索詩人之旨，與預存成見，必欲攻毛、鄭而去之者，固自有殊。《溫州志》稱溪「平實簡易，求聖賢用心，不爲新奇可喜之説，而識者服其理到」，於此書可見一斑矣。原本三卷，久佚不傳。散見於《永樂大典》中者，尚得十之七八。謹綴緝成帙，仍釐爲三卷。《永樂大典》「詩」字一韻，闕卷獨多。其原序、總綱無從補録，則亦姑闕焉。

東宮詩解

王圻《續文獻通考・經籍考・詩》 《東宮詩解》，劉爚著。爚，建陽人，與弟炳皆朱子高弟。仕至工部尚書。謚文簡。

詩解詁

朱彝尊《經義考・詩》 陳氏謙《詩解詁》。佚。王瓚曰：「宋乾道中永嘉陳謙益之撰。」

絜齋毛詩經筵講義

《四庫提要・詩類一》 《絜齋毛詩經筵講義》四卷。《永樂大典》本。宋袁燮撰。燮有《絜齋家塾書鈔》，已著録。此書乃其爲崇政殿説書時撰進之

本。《宋史・藝文志》、《直齋書録解題》皆不著録。朱彝尊《經義考》亦不列其名。惟《永樂大典》頗載其文，蓋其失傳亦已久矣。宋代經筵講章，如朱震、范沖《左氏講義》，戴溪《春秋講義》，類多編輯别行，燮此書亦同其例。其中議論和平，頗得風人本旨。於振興恢復之事，尤再三致意。如論《式微》篇，則極稱太王、句踐轉弱爲强，而貶黎侯無奮發之心。論《揚之水》篇，則謂平王柔弱爲可憐。論《黍離》篇，則直以汴京宗廟宫闕爲言，皆深有合於獻納之義。胡安國作《春秋傳》，意主復讎，往往牽經以從己。而燮則因經文所有而推闡之，故理明詞達，無所矯揉，可謂能以古義資啓沃矣。謹以次編定，釐爲四卷，皆《國風》也。其《雅》、《頌》諸篇，則《永樂大典》闕載，或輪番進講，燮偶未嘗直歟。

毛詩傳

王圻《續文獻通考・經籍考・詩》 《毛詩傳》二十卷，譚世選著。世選，茶陵人。初以尚書獻策補官，凡五薦漕臺，三爲舉首。所著又有《史評羽翼》、《漢儒議論》。

白石詩傳

陳振孫《直齋書録解題・詩類》 《白石詩傳》二十卷。宗正少卿樂清錢文子文季撰。所居白石巖，以爲號。案《宋史・藝文志》：《白石詩傳》二十卷，又《詩訓詁》三卷。魏了翁作《錢氏集傳》，序曰：「别爲詁釋，如《爾雅》類例。」

馬端臨《文獻通考・經籍考・詩》 《白石詩傳》二十卷。

《宋史・藝文志・詩類》 錢文子《白石詩傳》一十卷。

楊士奇等《文淵閣書目・詩》 《詩錢文子傳》。一部，四册。闕。《詩錢文子傳》。一部，十一册。闕。

王圻《續文獻通考・經籍考・詩》 《白石詩傳詩訓詁》，錢文子著。

黄虞稷《千頃堂書目・詩類・補元》 《詩錢氏集傳》。

倪燦等《補遼金元藝文志・詩類》　錢氏《詩集傳》。

朱彝尊《經義考・詩》　錢氏文子《白石詩傳》。《宋志》：「三十卷。」存。魏了翁序曰：「古之言《詩》以見志者，載於《魯論》、《左傳》及子思、孟子諸書，與今之爲《詩》事實、文義、音韻、章句之不合者，蓋十六七。而貫融精粗、耦合事變，不啻自其口出。大抵作者本諸性情之正，而說者亦以發其性情之實，不拘拘於文辭也。自孔、孟氏沒，遺言僅存，乃皆去籍焚書之餘，編殘簡脫，師異指殊，歷漢、魏、晉、隋，久而無所統一。上之人思所以救之，於是《尙書》存孔，《三禮》存鄭，《易》非王氏不宗，《春秋》惟優左、杜，《詩》專取毛、鄭，士豈無耳目肺腸，而不能以自信也？則寧倍往聖不刊之經，毋違時王所主之傳。所謂傳者千百家中一人耳，而一時好尙遂定爲學者之正鵠，佔畢訓故，悉惟其意。違之，則曰是非經指也，以他書且不可，況言《詩》乎？《詩》之專於毛、鄭，其來已久，舍是誠無所宗。然其間有淺闇拘迫之說，非皆毛、鄭之過。《序》文自一言而下，皆歷世講師因文起義，傅會穿鑿之說，乃敢與經文錯行而人不以爲疑。毛《傳》簡要平實，無臆說，無改字，於《序》文無所與，猶足以存舊聞、開來哲。至鄭氏惟《序》是信，則往往遷就迎合，傅以《三禮》，彼其於《詩》於《禮》文同而釋異，已且不能以自信也，而流及後世，則皆推之以爲不可遷之宗。迨我國朝之盛，然後歐、蘇、程、張諸儒，昉以聖賢之意，是正其說。人知末師之不可盡信，則相與辨《序》文、正古音、破改字之謬，闢專門之隘，各有以自靖自獻。極於近世，呂成公集衆善、存異本，朱文公復古經、主叶韻，然後興觀羣怨之旨可以吟詠體習，庶幾其無遺憾矣。永嘉錢公又併去講師增益之說，惟存《序》首一言，約文述指，篇爲一贊，凡舊說之涉乎矜己訕上、傷俗害倫者，皆在所不取，題曰《錢氏集傳》。又別爲詁釋，如《爾雅》類例者，使人便於習讀。始公奉使成都，嘗出以視予，至是門人丁文伯黼起家守廬陵，將爲板行，而屬予題辭。嗚呼！聖人之經猶王室也，二牧三監九宗五正相與同心僇力，黜其不衷，疆以周索，雖《匪風》、《下泉》之弱也，苟有是志，猶足以維持人心，況鉅人价藩，實翰王略。予懼不得與於執事，其何敢辭？錢公名文子，字文季，永嘉人。蚤以明經厲志，有聲庠序。仕至宗正少卿，學術行誼爲士人宗仰云。」

喬行簡序曰：「《詩》者，人心之所存，有感而後發者也。故《國風》、《雅》、《頌》莫非憂樂怨慕之所形見，言《詩》者必自夫治道之隆替、詩人之情性而索之，斯足以得其意而達其微。泥諸儒雜出之說，而無優柔自求之功，則其義隱矣。《小序》之於《詩》，其說固未必皆不然也，前輩之傳《詩》乃有削去而不存者，今白石先生之《詩傳》亦獨有取於篇首之一言，豈非前後講師各出己見，間不免於自相背戾，而適以紊亂詩人之意乎？士方入小學時，《詩》之與《序》混然於句讀，誦習之初，彼固視之皆經也。迨夫稍通大義，《序》之說或主於內，且將牽合《詩》意以就之，此其爲詩之病痼矣。志於傳授解惑者，苟不爲之拔其本根而去其所先入，安能使之以詩求詩而自有所得哉！此殆黜異尊經之意，故雖若失之易而不暇問也。至於他所發明，如世變之自興而趨廢，人情之懷舊而愴新，或致愛於君而引咎於己，或委順於天而無惡於人者，先生尤致意。然亦不過一章之中釋以數語，一篇之後贊以數辭，而所謂發乎情、止乎禮義者，固已爲之煥然。善逆詩人之志者，豈必待辭費哉！行簡昔嘗從先生游，聽言論如引岷江下三峽，滔滔乎其無涯也。今是書乃謹嚴簡要如此，則知先生之學自博而之約，歲殊而月異矣。同門湯尹程嘗爲余述先生病革時言，曰：『吾於《詩傳》尙多欲有所更定。』又以見其用功之不已，所詣之益深也。先生姓錢氏，諱文子，字文季，永嘉人。入太學，以兩優解褐，仕至宗正少卿。乾、淳諸老之後，巋然後學宗師。白石，其徒號之也。沒今二十餘年，司馬文正公之孫述，自尙書郎出守永嘉，行簡知先生有是書而未廣也，又知郡太守之賢可屬以此，乃訪求於湯尹之姪時大，俾偕詁釋刻諸郡齋云。紹定六年六月朔。」

詩訓詁

《宋史・藝文志・詩類》　錢文子《詩訓詁》三卷。

朱彝尊《經義考・詩》　錢氏文子《詩訓詁》。《宋志》：「三卷。」存。陳振孫曰：「宗正少卿樂清錢文子撰。所居白石巖，因以爲號。」　徐秉義曰：「錢氏《詩詁》三卷，曰《釋天》、曰《釋地》、曰《釋山》、曰《釋水》、曰《釋人》、曰《釋言》、曰《釋禮》、曰《釋樂》、曰《釋宮》、曰《釋器》、曰《釋車》、曰《釋服》、曰《釋食》、曰《釋禽》、曰《釋獸》、曰《釋蟲》、曰《釋魚》、曰《釋草》、曰《釋木》，凡一十九門。」

詩講義

《宋史・藝文志・詩類》 黄邦彦《講義》三卷。

詩頌解

《宋史・藝文志・詩類》 鮮于㦤《詩頌解》三卷。

詩　解

《宋史・藝文志・詩類》 黄櫄《詩解》二十卷，《總論》一卷。

朱彝尊《經義考・詩》 黄氏櫄《詩解》。二十卷，《總論》一卷。存。《閩書》：「櫄，字實夫，龍谿人。淳熙中以舍選入對，升進士丙科，調南劍教授，終宣教郎。」

詩序解

朱彝尊《經義考・詩》 黄氏櫄《詩序解》。一卷。存。

毛詩集解

楊士奇等《文淵閣書目・詩》 《詩李黄集解》。一部，六冊。闕。《詩李黄集解》。一部，六冊。闕。

黄虞稷《千頃堂書目・詩類・補宋》 李樗、黄櫄《毛詩集解》三十六卷。樗字若林，閩縣人，師呂本中，領鄉薦，學者稱迂齋先生。櫄字實夫，漳州人，淳熙進士，官宣教郎。

倪燦等《宋史藝文志補・詩類》 李樗、黄櫄《毛詩集解》三十六卷。樗字若林，閩縣人。櫄字實夫，漳州人。

《四庫提要・詩類一》 《毛詩集解》四十二卷。内府藏本。不著編録人名氏。集宋李樗、黄櫄兩家《詩》解爲一編，而附以李泳所訂呂祖謙《釋音》。樗字若林，閩縣人。嘗領鄉貢。著《毛詩詳解》三十六卷。櫄字實夫，龍溪人。淳熙中以舍選入對，升進士兩科，調南劔州教授，終宣教郎。著《詩解》二十卷，《總論》一卷。泳字深卿，始末未詳，與樗、櫄皆閩人。疑是書爲建陽書肆所合編也。樗爲林之奇外兄，見《書録解題》。又爲呂本中門人見何喬遠《閩書》，其學問具有淵源。《書録解題》稱其書博取諸家，訓釋名物文義，末用己意爲論斷。今觀櫄解，體例亦同。似乎相繼而作，而稍稍補苴其罅漏，不相攻擊，亦不相附合。如論《詩序》，樗取蘇轍之說，以爲毛公作而衛宏續。櫄則用王安石、程子之說，以爲非聖人不能作。所見迥爲不同。其學雖似少亞於樗，而其說實足以相輔。編是書者，惟音釋取呂祖謙，而訓釋之文則置《讀詩記》而取樗、櫄。殆亦以二書相續，如驂有靳，故不欲參以他說歟。

詩　傳

朱彝尊《經義考・詩》 林氏拱辰《詩傳》。佚。《溫州府志》：「拱辰，字巖起，平陽縣人。淳熙戊戌武舉換文登第，歷廣東經略安撫使。有《詩傳》刊於平江。」

毛詩講義

《宋史・藝文志・詩類》 林岊《講義》五卷。

楊士奇等《文淵閣書目・詩》　《詩林岊講義》。一部，五冊。闕。

《四庫提要・詩類一》　《毛詩講義》十二卷。《永樂大典》本。宋林岊撰。岊字仲山，古田人。紹熙元年特奏名。嘉定閒嘗守全州。《宋史》不爲立傳。而《福建通志》稱其在郡九年，頗多惠政，重建清湘書院，與諸生講學，勉敦實行，郡人祀之柳宗元廟，則亦循吏也。是編皆其講論《毛詩》之語。觀其體例，蓋在郡時所講授，而門人録之成帙者。大都簡括箋疏，依文訓釋，取裁毛、鄭而折衷其異同。雖範圍不出古人，然融會貫通，要無枝言曲說之病。當光、寧之際，廢《序》之說方盛，岊獨力闡古義，以詔後生，亦可謂篤信謹守者矣。《宋史・藝文志》、馬端臨《經籍考》及《文淵閣書目》，此書皆作五卷。自明初以來，久無傳本。故朱彝尊《經義考》以爲已佚。今從《永樂大典》各韻所載，次第彙輯，用存其概。《永樂大典》所原軼者，則亦闕焉。因篇帙稍繁，謹釐爲一十二卷，不復如其舊目云。

張金吾《愛日精廬藏書志・詩類》　《毛詩講義》十二卷。文瀾閣傳抄本。宋林岊撰。

讀詩記

朱彝尊《經義考・詩》　徐氏僑《讀詩記》。佚。

詩衍義

王圻《續文獻通考・經籍考・詩》　《詩衍義》諸書，湯建著。建，樂清人。於天文地理古今制度，考覆精詳。

誦詩訓

王圻《續文獻通考・經籍考・詩》　《誦詩訓》五卷，李心傳著。

又《經解總》　《誦詩訓》，井研李心傳著。

詩學管見

王圻《續文獻通考・經籍考・詩》　《詩學管見》，浙錢時著。

詩名物編

朱彝尊《經義考・詩》　楊氏泰之《詩名物編》。十卷。佚。

詩類

朱彝尊《經義考・詩》　楊氏泰之《詩類》。三卷。佚。

毛詩口義

朱彝尊《經義考・詩》　張氏孝直《毛詩口義》。佚。

詩譜

《宋史・藝文志・詩類》　李燾《詩譜》三卷。

嵇璜等《續通志・圖譜略・詩》　宋李燾《詩譜》。

詩略

朱彝尊《經義考・詩》 史氏守道《詩略》。十卷。佚。《四川總志》：「史守道，字孟傳，眉州人。紹定進士，迪功郎。」

詩説

朱彝尊《經義考・詩》 王氏萬《詩説》。佚。

詩總

朱彝尊《經義考・詩》 焦氏巽之《詩總》。佚。

詩講議

王圻《續文獻通考・經籍考・詩》 《詩講議》，余干柴中行著。

詩注

朱彝尊《經義考・詩》 洪氏咨夔《詩注》。佚。

詩經注解

朱彝尊《經義考・詩》 熊氏剛大《詩經注解》。佚。陸元輔曰：「建陽熊剛大從蔡淵、黃幹游，爲建安教授，有《詩經注解》，學者稱古溪先生。」

詩傳演説

朱彝尊《經義考・詩》 顧氏文英《詩傳演説》。佚。劉克莊曰：「顧貢士《詩傳》，大略如鄭夾漈。」

詩傳

朱彝尊《經義考・詩》 董氏鼎《詩傳》。佚。

毛詩要義

《宋史・藝文志・詩類》 魏了翁《詩要義》二十卷。

楊士奇等《文淵閣書目・詩》 《詩經要義》。一部，十五冊。闕。《詩經要義》。一部，十冊。闕。

錢謙益等《絳雲樓書目・詩類》 《毛詩要義》五冊。二十卷。魏了翁。

錢曾《讀書敏求記・經》 《毛詩要義》四十卷。此書二十卷，每卷分上下目，後載《序》、《譜》。趙清常從閣本鈔録，其中脱簡仍如之。

瞿鏞《鐵琴銅劍樓藏書目録・詩類》 《毛詩要義》二十卷。鈔本。宋魏了翁撰，無序跋。其書録《疏》爲多，《傳》、《箋》則間取之，析其辭爲各條，每條自撰綱領，亦有一條中不能截分者，則以綱領書於眉間。大抵意取故實，不主說經，故不求詳備，第録之以備遺忘。足徵宋儒亦不忽漢唐實事求是之學也。其所録之《注疏》，猶出當時善本，故有異於十行本而實勝者。卽如卷第一「鄭氏箋」疏「《詁訓傳》，毛自題之」，不脫「傳」字。《關雎傳》「若雎鳩之有別焉」，「雎鳩」不作「關雎」；《箋》「雄雌情意」，「雄雌」不作「雌雄」，並同岳本。《葛覃》末章疏、《南山》箋「文姜與娣姪」，「南」上不衍圈，「文」不譌「云」，據此知十行本「云」卽「文」之譌，浦氏鏜謂脫「文」字，非也。《卷耳》疏「衛侯饗苦成叔」，不重「成」字。《螽斯》疏「股鳴者也」，「股」不誤「肱」。《鵲巢》疏「婦車亦如之，有裧」，「裧」不誤「供」。《采蘩》疏「于俎南西上」，「俎」不誤「葅」；「案《少牢》作被錫，注云被錫」，兩「錫」字皆不誤「裼」。《采蘋》箋「此祭祭女所出祖也」，不脫下「祭」字；「祭禮主婦設羹」，「禮」不誤「事」。《行露》箋「紂帛不過五兩」，「紂」不作「純」。《小星》疏「知三爲心者」，「心」不誤「星」。《野有死麕》箋「皆可以白茅裹束以爲禮」，「裹」上不衍「包」字。《何彼襛矣》疏「謂以如王龍勒之韋」，「王」不誤「玉」；「其始嫁之衣」，「嫁」下不衍「其嫁」二字。全書中足以訂譌者甚繁，惜阮氏作校勘記未見之也。

詩註

王圻《續文獻通考・經籍考・詩》 《詩註》，趙汝談著。出處見《書說》。

詩演義

朱彝尊《經義考・詩》 劉氏元剛《詩演義》。佚。

讀詩私記

朱彝尊《經義考・詩》 章氏叔平《讀詩私記》。佚。黃震序曰：「《詩》自衛宏作《小序》，諸儒往往憑之以說《詩》，隨其所發，理趣雖精，而《詩》之所以作，則世遠未必知其果然否也。王雪山、鄭夾漈始各捨《序》而言《詩》，朱晦庵因夾漈而酌以人情天理之自然而折衷之，所以開示後學者已明且要。東萊呂氏讀《詩》時，嘗雜記諸儒之舊說，未及成書，公已下世。學者以其朱晦庵之說異，而與舊傳之諸說同也，或莫適從。臨川章君叔平，因兩家之異，參諸說之詳，斷以己見，名以『私記』，無一語隨人之後，其用功之精勤與謙虛不敢自信之意果何如哉？余得而讀之，三歎不忍去手，方欲從之面請，則已拜予祠之命東歸矣。始志篇端，歸之尚俟後會云。」

詩箋

朱彝尊《經義考・詩》 蔡氏夢說《詩箋》。八卷。佚。《赤城新志》：「蔡夢說，字起巖，黃巖人。從車敬齋游，究心濂洛之學，開門授徒，黃超然、高志尹、方儀皆其弟子也。所著書多散亡，獨《箋詩》八卷藏於家。」

詩辨說

《宋史・藝文志・詩類》 王柏《詩辨說》二卷。

《四庫提要・詩類存目一》 《詩疑》二卷。內府藏本。宋王柏撰。柏有《書疑》，已著録。《書疑》雖頗有竄亂，尚未敢删削經文。此書則攻駁毛、鄭不已，併本經而攻駁之；攻駁本經不已，又併本經而删削之。其以《行露》首章爲亂入，據《列女傳》爲說，猶有所本也。以《小弁》「無逝我梁」

四句爲漢儒所妄補，猶曰其詞與《谷風》相同，似乎移綴也。以《下泉》末章爲錯簡，謂與上三章不類，猶著其疑也。至於《召南》刪《野有死麕》，《邶風》刪《靜女》，《鄘風》刪《桑中》，《衛風》刪《氓》、《有狐》，《王風》刪《大車》、《丘中有麻》，《鄭風》刪《將仲子》、《遵大路》、《有女同車》、《山有扶蘇》、《蘀兮》、《狡童》、《褰裳》、《丰》、《東門之墠》、《風雨》、《子衿》、《野有蔓草》、《溱洧》，《秦風》刪《晨風》，《齊風》刪《東方之日》，《唐風》刪《綢繆》、《葛生》，《陳風》刪《東門之池》、《東門之枌》、《東門之楊》、《防有鵲巢》、《月出》、《株林》、《澤陂》，凡三十二篇。案書中所列之目實止三十一篇，疑傳刻者脱其一篇。又曰：「《小雅》中凡雜以怨誹之語，可謂不雅，予今歸之《王風》，且使《小雅》粲然整潔。」其所移之篇目，雖未具列，其降《雅》爲《風》，已明言之矣。又曰：「《桑中》當曰《采唐》，《權輿》當曰《夏屋》，《大東》當曰《小東》。」則併篇名改之矣。此自有六籍以來第一怪變之事也。柏亦自知詆斥聖經爲公論所不許，乃託詞於漢儒之竄入。夫漢儒各尊師說，字句或有異同，至篇數則傳授昭然，其增減一一可考。如《易・雜卦傳》爲河內女子壞老屋所得。《書》出伏生者二十九篇，孔安國以孔壁古文增十六篇，而《泰誓》三篇亦爲河內女子所續得，《舜典》首二十八字爲姚方興所上。《周禮・考工記》爲河間獻王所補。具有明文。下至《左傳》，增「其處者爲劉氏」一句、「秦穆姬登臺履薪」一段，先儒亦具有記載。惟《詩》不言有所增加，安得指《國風》三十二篇爲漢儒竄入也？王弼之《易》、杜預之《左傳》，以傳附經，離其章句；鄭玄《禮記》目録與劉向《別録》不同，亦咸有舊說。惟《詩》不言有所更易，安得謂《王風》之詩竟移入《小雅》也？且《春秋》有三家，可以互考，故《公羊》經文增「孔子生」一條，而《左傳》無。《詩》有四家，亦可以互考，故三家《般》詩多「於繹思」一句，《毛詩》無之，見《經典釋文》。《毛詩・都人士》有首章，而三家無之，見《禮記・緇衣》注。卽《韓詩・雨無正》多「雨無其極」二句，宋人亦尚能道之，見《元城語録》。一句一字之損益，卽彼此參差，昭昭乎不能掩也。此三十二篇之竄入，如在四家既分以後，則齊增者魯未必增，魯增者韓未必增，韓增者毛未必增，斷不能如是之畫一。如在四家未分以前，則爲孔門之舊本確矣。柏何人斯，敢奮筆而進退孔子哉？至於謂《碩人》第二章形容莊姜之色太褻，《秦風・黃鳥》乃淺識之人所作，則更直排刪定之失，不復託詞於漢儒，尤爲恣肆。陳振孫《書録解題》載陳鵬飛作《詩解》二十卷，不解《商頌》、《魯頌》，以爲《商頌》當闕，《魯頌》當廢。其說已妄，猶未如柏之竟刪也。後人乃以柏嘗師何基，基師黃榦，榦師朱子，相距不過三傳，遂併此書亦莫敢異議。是門戶之見，非天下之公義也。

詩可言

《宋史・藝文志・詩類》 王柏《詩可言》二十卷。

朱彝尊《經義考・詩》 王氏柏《詩可言集》。《宋志》：「二十卷。」未見。方回序曰：「《可言集》前後二十卷，金華魯齋王公柏之所著也。此集專以評《詩》，故曰『可言』。前集取文公《文集》、《語録》等所論三百五篇之所以作，及《詩》之教、之體、之學而及於《騷》；次取文公所論漢以來至宋及題跋近世諸公詩。後集各專一類，而論其詩者二十三人，曰：濂溪、橫渠、龜山、羅豫章、李延平、徐逸平、胡文定、致堂、五峰、朱韋齋、劉屏山、潘默成、呂紫微、曾文清、文公、宣公、成公、黃谷城、黃勉齋、程蒙齋、徐毅齋、劉篁嵲、劉漫塘。附見者五人，曰：劉靜春、曾景建、趙昌父、方伯謨、李果齋。其第十三卷專取漢唐山夫人《房中樂》，然則其立論可謂嚴矣。文公、成公於『思無邪』各爲一說，前輩謂之未了公案。『《詩》三百，一言以蔽之，曰思無邪』，自古及今，皆謂作詩者『思無邪』，文公獨不謂然。《論語集注》謂：『凡《詩》之言，善者，可以感發人之善心；惡者，可以懲創人之逸志。』觀此固已爲《詩》之言有善有惡，作詩之人不皆『思無邪』矣。猶未也，《文集》第七十卷《讀東萊詩記》乃有云：『孔子之稱思無邪也，以爲《詩》三百篇勸善懲惡，雖其要歸無不出於正，然未有若此言之約而盡者爾，非以作詩之人所思皆無邪也。』今考東萊所說，見《桑中》詩後，謂『詩人以無邪之思作之，學者當以無邪之思讀之』。文公則辨之曰：『彼雖以有邪之思作之，而我以無邪之思讀之。』二公之說不同如此。又『雅』、『鄭』二字，文公謂《桑中》、《溱洧》卽是鄭聲衛樂，二《雅》乃『雅』也。成公謂《桑中》、《溱洧》亦是雅聲，彼桑間、濮上已放之矣。予嘗詳録二先生異説於『思無邪』章，今魯齋但紀文公之説而不紀成公之説，雖引成公《讀詩記》所説十有三條，而《桑中》詩後一條不録，無乃以文公之説爲是耶？別見魯齋《詩説》，則謂今之三百五篇非盡夫子之三百五篇也。秦法嚴密，《詩》豈獨全？竊意刪去之詩容有存於里巷浮薄之口，漢儒病其亡逸，概謂古詩取以足數，《小序》又文以他辭，而後儒不敢議。欲削去淫奔之詩三十有二，以合聖人放淫之大訓。予晚進未敢遽從，竊謂《桑中》、《溱洧》非淫奔者自爲之詩，彼淫奔者有此事而旁觀之人有羞惡之心，故形爲歌詠以刺譏醜惡，若今鄙俚如賺如令，連篇累牘形容狹邪之語，無所不至，豈淫者自爲之乎？旁觀者爲之也。文公以淫奔之詩出於淫奔者之口，故不惟不信《小序》，而《大序》止乎禮義之言亦致疑焉，蓋謂《桑中》、《溱洧》等作未嘗止乎禮義也。予妄意以爲採詩觀風，詩亦史也，鄭衛之淫風盛矣，其國豈無君子與好事者察見其人情狀，故從而歌詠之？其所以歌詠之，蓋將以揚其惡，雖近於戲狎，而實亦足以爲戒也。文公以爲淫奔者自爲是詩，則其人亦至不肖，大無恥矣，惡人之尤也，聖人何録焉？成公謂《詩》雅樂也，祭祀朝聘之所用也，桑間、濮上之音，鄭衛之樂也，世俗之所用也。《桑中》、《溱洧》諸篇作於周道之衰，雖已煩趣，猶止於中聲。孔子嘗欲放鄭聲，豈有刪詩示萬世，乃收鄭聲以備六藝乎？此説不爲無理。而文公則謂《鄭風》、《衛風》若干篇卽是鄭、衛，《大雅》、《小雅》若干篇卽是雅。二《南》正風，房中之樂也；二《雅》之正，朝廷之樂也；商、周之《頌》，宗廟之樂也。變雅無施於事變，特里巷之歌謠耳。必曰三百篇皆祭祀朝聘之所用，則未知《桑中》、《溱洧》之屬，當以薦何等之鬼神，接何等之賓客耶？此二説者，內翰尚書王公應麟與予一商略之矣。作詩不皆『思無邪』，文公糾成公之説也，因是遂辨『雅』、『鄭』二字，而及於三百篇或用爲樂、或不用爲樂，三節不同，所以謂之未了公案，學者不可不細考也。予考十家所評詩話，始於胡苕溪，博也；終於王魯齋，約也。欲學《詩》者，觀是足矣。」

詩考

王圻《續文獻通考・經籍考・詩》 王柏亦有《詩考》。

詩膚説

王圻《續文獻通考・經籍考・詩》 《詩膚説》，高斯得著。斯得，稼之子。紹定初進士。稼死王事於沔，無意仕進。李心傳領史事，辟爲史館檢閱，後累遷翰林學士。

詩集傳解

王圻《續文獻通考・經籍考・詩》 《詩集解傳》三十卷，高頤著。頤，寧德人，舉進士。

朱彝尊《經義考・詩》 高氏頤《詩集傳解》。三十卷。佚。《閩書》：「高頤字元齡，慶元進士，知永州東安縣。」

詩經講義

王圻《續文獻通考・經籍考・詩》 《詩經講義》，福安陳經著。經，慶元進士。

讀詩一得

朱彝尊《經義考・詩》 黄氏震《讀詩一得》。一卷。存。震自序曰：「《毛詩》注釋簡古，鄭氏雖以《禮》説《詩》，於人情或不通，及多改字之弊，然亦多有足以裨《毛詩》之未及者。至孔氏《疏義》出而二家之説遂明。本朝伊川與歐、蘇諸公，又爲發其理趣，《詩》益煥然矣。南渡後，李迂仲集諸家爲之辨而去取之，南軒、東萊止集諸家可取者，視李氏爲徑，而東萊之《詩記》獨行，岷隱戴氏遂爲《續詩記》。建昌段氏又用《詩記》之法爲《集解》，華谷嚴氏又用其法爲《詩緝》，諸家之要者多在焉，此讀《詩》之本說也。雪山王公質、夾漈鄭公樵，始皆去《序》而言《詩》，與諸家之說不同。晦庵先生因鄭公之說盡去美刺，探求古始，其說頗驚俗，雖東萊不能無疑焉。夫《詩》非《序》莫知其所自作，去之千載之下，欲一旦盡去自昔相傳之說，別求其說於茫冥之中，誠亦難事。然其指《桑中》、《溱洧》爲鄭衛之音，則其辭曉然，諸儒安得回護而謂之雅音？若謂《甫田》、《大田》諸篇皆非刺詩，自今讀之，皆藹然治世之音。若謂『成王不敢康』之『成王』爲周成王，則其說實出於《國語》，亦文義之曉然者。其餘改易，固不可一一盡知，若其發理之精到，措辭之簡潔，讀之使人瞭然，亦孰有加於晦庵之《詩傳》者哉？學者當以晦庵《詩傳》爲主，至其改易古說，間有於意未能遽曉者，則以諸家參之，庶乎得之矣。」

詩地理考

《宋史・藝文志・詩類》　王應麟《詩地理考》五卷。

王圻《續文獻通考・經籍考・詩》　《詩地理考》，鄞縣王應麟著。

《四庫提要・詩類一》　《詩地理考》六卷。通行本。宋王應麟撰。其書全録鄭氏《詩譜》，又旁採《爾雅》、《說文》、《地志》、《水經》以及先儒之言，凡涉於詩中地名者，薈萃成編。然皆採録遺文，案而不斷，故得失往往竝存。如《小雅・六月》之四章「玁狁匪茹，整居焦穫。侵鎬及方，至于涇陽」，其五章曰「薄伐玁狁，至于太原」。其地於周爲西北，鎬、方在涇陽外，焦穫又在其外，而太原更在焦穫之外。故劉向疏稱千里之鎬，猶以爲遠。孔穎達乃引郭璞《爾雅注》池陽之瓠中以釋焦穫。考《漢書》，池陽屬左馮翊，而涇陽屬安定，不應先至焦穫，乃至涇陽。又以太原爲晉陽，是玁狁西來，周師東出，尤乖地理之實，殊失訂正。又《大雅・韓奕》首章曰「奕奕梁山」，其六章曰「溥彼韓城，燕師所完」。應麟引《漢志》「夏陽之梁山」、《通典》「同州韓城縣古韓國」，以存舊說。引王肅「燕北燕國」及「涿郡方城縣有韓侯城」，以備參考。不知漢王符《潛夫論》曰：「昔周宣王時有韓，其國近燕，後遷居海中。」《水經注》亦曰：「高梁水首受灅水于戾陵堰，水北有梁山。」是王肅之說確有明證。應麟兼持兩端，亦失斷制。然如《騶虞》，毛《傳》云「仁獸」，賈誼《新書》則曰「騶者，天子之囿」。「俟我于著」，毛《傳》云「門屏之閒曰著」，《漢志》則以爲濟南著縣。「滮池北流」，毛《傳》云「滮，流貌」，《水經注》則有滮池水，《十道志》亦名聖女泉。兼採異聞，亦資考證。他如《二子乘舟》，引《左傳》「盜待于莘」之說；秦穆「三良」，引《括地志》「家在雍縣」之文。皆經無明文，而因事以存其人。亦徵引該洽，固說《詩》者所宜考也。

張之洞《書目答問・列朝經注經說經本考證》　《詩地理考》六卷。宋王應麟。《玉海》附刻本，《津逮》本，《學津》本。

詩草木鳥獸蟲魚廣疏

《宋史・藝文志・詩類》　王應麟《詩草木鳥獸蟲魚廣疏》六卷。

王圻《續文獻通考・經籍考・詩》　《詩草木鳥獸譜》，鄞縣王應麟著。

嵇璜等《續通志・圖譜略・詩》　王應麟《草木鳥獸譜》。

詩辨

王圻《續文獻通考・經籍考・詩》　《詩辨說》，鄞縣王應麟著。

倪燦等《宋史藝文志補・詩類》　王應麟《詩辨》。

詩説

《宋史・藝文志・詩類》　輔廣《詩說》一部。

詩童子問

楊士奇等《文淵閣書目・詩》 輔氏《童子問》。一部，二冊。闕。

《四庫提要・詩類一》 《詩童子問》十卷。浙江吳玉墀家藏本。宋輔廣撰。廣字漢卿，號潛齋。其父本河朔人，南渡居秀州之崇德縣。初從呂祖謙遊，後復從朱子講學，卽世所稱慶源輔氏也。是編大旨，主於羽翼《詩集傳》，以述平日聞於朱子之說，故曰《童子問》。卷首載《大序》、《小序》，採録《尙書》、《周禮》、《論語》說《詩》之言，各爲注釋。又備録諸儒辨說，以明讀《詩》之法。書中不載經文，惟録其篇目，分章訓詁。末一卷則惟論叶韻。朱彝尊《經義考》載是書二十卷，有胡一中序。言閲建陽書市，購得而鋟諸梓。且載文公《傳》於上，《童子問》於下。此本僅十卷，不載朱子《集傳》，亦無一中序。蓋一中與《集傳》合編，故卷帙加倍。此則汲古閣所刊廣原本，故卷數減半，非有所闕佚也。其說多掊擊《詩序》，頗爲過當。張端義《貴耳集》載陳善《送廣往考亭》詩曰：「見說平生輔漢卿，武彝山下啜殘羹。」似頗病其暖暖姝姝，奉一先生。然各尊其所聞，各行其所知，謹守師傳，分門別戶，南宋以後亦不僅廣一人，不足深異。陳啓源《毛詩稽古編》糾其注《周頌・潛》篇不知季春「薦鮪」爲《月令》之文，誤以爲《序》說而辨之，則誠爲踈舛。蓋義理之學與考證之學分途久矣。廣作是書，意自有在，固不以引經據古爲長也。

吳壽暘《拜經樓藏書題跋記》 《詩童子問》。汲古閣刊本，前有「錢求赤」圖記印，蓋懷古堂舊藏也。

詩緝

《宋史・藝文志・詩類》 嚴粲《詩集》一部。

楊士奇等《文淵閣書目・詩》 嚴粲《詩輯》。一部，十三冊。完全。

范邦甸等《天一閣書目・詩類》 《詩緝》三十六卷。刊本。宋淳祐嚴粲撰并自序。

王圻《續文獻通考・經籍考・詩》 《嚴氏詩輯》，嚴粲輯。粲字明卿，邵武人。精《毛氏詩》。

徐𤊹《徐氏家藏書目・詩類》 《嚴氏詩緝》三十六卷。宋嚴粲，邵武人。

張萱等《内閣藏書目録・經部》 《嚴氏詩緝》三冊。全。宋朝奉大夫嚴粲集諸家之說爲《毛詩注緝》，凡三十六卷。

錢謙益等《絳雲樓書目・詩類》 《嚴氏詩輯》八冊。三十六卷。名粲，字坦叔，明趙府刻過。顧仲恭言《詩輯》作於朱注之後，優於諸家。

《四庫提要・詩類一》 《詩緝》三十六卷。直隸總督採進本。宋嚴粲撰。粲字坦叔，邵武人。官清湘令。是書以呂祖謙《讀詩記》爲主，而雜採諸說以發明之。舊說有未安者，則斷以己意。如論大、小《雅》之別，特以其體不同，較《詩序》「政有大小」之說，於理爲近。又如《邶》之《柏舟》，舊謂賢人自比，粲則以「柏舟」爲喻國，以「汎汎」爲喻無維持之人。《干旄》之「良馬四之」、「良馬五之」，舊以爲良馬之數，粲則以爲乘良馬者四五輩，見好善者之多。《中谷有蓷》，舊以蓷之暵乾喻夫婦相棄，粲則以歲旱草枯，由此而致離散。凡若此類，皆深得詩人本意。至於音訓疑似，名物異同，考證尤爲精核。宋代說《詩》之家，與呂祖謙書竝稱善本，其餘莫得而鼎立，良不誣矣。

彭元瑞等《天祿琳琅書目後編・明版經部》 《詩緝》。四函，二十冊。宋嚴粲撰。粲字坦叔，號華谷，邵武人。官清湘令。書三十六卷。前有淳祐甲辰林希逸序，次戊申粲自序，次袁甫手帖，次《條例》，次《清濁音圖》，次《十五國風地理圖》，次《毛詩綱目》。其書以呂祖謙《讀詩記》爲主，而雜采諸說，以發明之。舊說未安，則斷以己意，而於音訓疑似、名物異同最爲精覈。《音圖》後刻「趙府栞於居敬堂」，有「趙府居敬堂」章。考《明史・諸王傳》，趙府六世襲，厚煜以孝聞。嘉靖七年，璽書褒予。性和厚，搆樓讀書，文藻贍麗。蓋其所刻也。細按書中，如「何彼襛矣」之「襛」、「揚且之晳也」之「晳」、「終然允臧」之「然」、「不能辰夜」之「辰」、「蒹葭凄凄」之「凄」、「約軧錯衡」之「軧」、「其下維穀」之

「穀」、「成不以富」之「成」、「朔月辛卯」之「月」、「家伯維宰」之「維」、「不離于裏」之「離」、「爰其適歸」之「爰」、「興雨祁祁」之「祁」、「不皇朝矣」之「皇」、「以篤于周祜」之「于」、「洒埽廷內」之「廷」、「既右饗之，來假來饗」之「饗」、「降予卿士」之「予」，皆與後來誤本不同。雖明刻而猶存宋本之舊也。

張之洞《書目答問・列朝經注經說經本考證》 《詩緝》三十六卷。宋嚴粲。明刻本。

詩大義

王圻《續文獻通考・經籍考・詩》 《詩大義》，時少章著。

詩贅説

王圻《續文獻通考・經籍考・詩》 《詩贅説》，時少章著。

詩經訓註

王圻《續文獻通考・經籍考・詩》 《詩經訓註》安成劉應登著。

朱彝尊《經義考・詩》 劉氏應登《詩經訓注》。佚。《江西通志》：「劉應登字堯咨，安城人，景定間漕貢進士。宋社將危，隱居不仕。」

詩傳微

王圻《續文獻通考・經籍考・詩》 《詩傳微》，豐城陳煥著。

黃虞稷《千頃堂書目・詩類・補宋》 陳煥《詩傳微》。字時可，豐城人，宋兩與漕薦，入元不仕。

倪燦等《宋史藝文志補・詩類》 陳煥《詩傳微》。一作「徵」。字時可，豐城人，兩與漕薦，入元不仕。

詩直解

王圻《續文獻通考・經籍考・詩》 《詩直解》，呂椿著。

讀詩傳

王圻《續文獻通考・經籍考・詩》 《讀詩傳》，沙縣蕭山著。

詩傳註疏

王圻《續文獻通考・經籍考・詩》 《詩傳註疏》，謝枋得著。枋得，弋陽人。平生無書不讀，爲文章高邁奇絶，汪洋演迤，自成一家，學者師尊之。

阮元《四庫未收書目提要・詩類》 《詩傳註疏》三卷。《知不足齋叢書》本。宋謝枋得撰。枋得著有《疊山文集》，《四庫全書》已著録。是書《宋史・藝文志》不載，朱彝尊《經義考》則云已佚。惟元人解經，如劉瑾《詩傳通釋》、朱公遷《詩經疏義》、胡一桂《附録纂疏》、徐與喬《初學解體》中，互相徵引。而陸元輔云：「疊山《詩傳》，發明透暢，其書爲當時所重。」茲本通計三百零一則，分上中下三卷，似係後人編輯而成，已非原書卷帙。考枋得生丁板蕩，故其説《詩》見志，每多《小雅》憂傷哀怨之思，然據理解經，亦絶非橫發議論，若胡安國之《春秋傳》可比。今書中如《無衣》之「與子同仇」，隱然見高宗南渡之事；如皇父之不遺一老，輒復刺似道誤國之事。至于《蓼莪》四章，尤詳明愷切。然則禮之所謂溫柔敦厚，與

《論語》之所稱興觀羣怨者，于枋得實無愧焉。

毛詩粗通

朱彝尊《經義考・詩》 趙氏若燭《毛詩粗通》。佚。

毛詩解

朱彝尊《經義考・詩》 劉氏垕《毛詩解》。佚。《閩書》：「垕，字伯醇，建陽人。寶慶三年知江寧，以收李全功，轉朝請大夫，知常州、衡州，移南劍州。學者稱靜齋先生。」

詩訓釋

朱彝尊《經義考・詩》 董氏夢程《詩訓釋》。佚。

詩義斷法

朱彝尊《經義考・詩》 謝氏升孫《詩義斷法》。佚。《江西通志》：「謝升孫，南城人。舉進士爲翰林編修官，朝士稱之曰南牕先生。」

佩韋齋輯聞詩說

朱彝尊《經義考・詩》 俞氏德鄰《佩韋齋輯聞詩說》。一卷。存。曹溶曰：「宋季俞德鄰，永嘉人。著有《佩韋齋輯聞》，中有《詩》說一十三條。」

詩解

朱彝尊《經義考・詩》 姚氏隆《詩解》。佚。黄淵序曰：「心動物也，詩亦動物也，豈可以言語求哉？惟不說者爲上矣。夫子絃歌而取三百十有一篇，斷之以『思無邪』一語，即詩論《詩》，他無文字。洙泗言《詩》，特子貢、子夏見於《魯論》耳。齊、魯、毛、韓四家出，傳興而經廢矣。《序》文不知果誰所作，毛萇於《序》猶無所與，鄭康成惟《序》是信，叔世講師又出入毛、鄭間，跛眇相迓，笑者孩之。雖然語初學者不爲詁釋，彼豈知或大或小、或博或約、或顯或晦、或抑或揚之妙？此野庵《詩解》所以作也。是解也，參之李迂仲，訂之張敬夫，《序》之可者從之，否則正之。謂《風》、《雅》、《頌》皆始於文王；謂《風・關雎》、《鵲巢》迺應其聲；謂二《雅》聲有大小，非政有大小；謂《王風》迺王城之聲；謂《國風》無變《風》，二《雅》無變《雅》。譚《詩》平易如此。野庵，姚姓隆名，贈朝散大夫，蕭之韶溪人。」

詩經講義

朱彝尊《經義考・詩》 江氏愷《詩經講義》。佚。《徽州府志》：「愷，字伯幾，婺源人。貢禮闈。宋亡，衣齊衰，隱居。學者稱雪江先生。」

詩講義

朱彝尊《經義考・詩》 陳氏普《詩講義》。一卷。存。

詩口義

王圻《續文獻通考・經籍考・詩》 《詩口義》，同安丘葵著。

弦歌毛詩譜

黄虞稷《千頃堂書目・詩類・補元》 俞琰《弦歌毛詩譜》一卷。

倪燦等《補遼金元藝文志・詩類》 俞琰《弦歌毛詩譜》一卷。

嵇璜等《續通志・圖譜略・詩》 俞琰《絃歌毛詩譜》。

錢大昕《補元史藝文志・詩類》 俞玉吾《絃歌毛詩譜》一卷。

詩義指南

楊士奇等《文淵閣書目・詩》 段氏《詩義指南》。一部，一冊。闕。

黄虞稷《千頃堂書目・詩類・補宋》 段昌武《詩義指南》一卷。是書爲舉業發題作也。

阮元《四庫未收書目提要・詩類》 《詩義指南》一卷。《知不足齋叢書》本。宋段昌武撰。昌武字子武，廬陵人，官朝奉郎。是編諸家目録均未收録，惟見朱彝尊《經義考》。昌武又有《叢桂毛詩集解》、《讀詩總説》二書。此冊彝尊謂爲舉業發題而作，自《關雎》以至《鳧鷖》，或取詩中一章一節，發其義，語簡而深，義約而盡。自《篤公劉》以下，惜未之及耳。

叢桂毛詩集解

黄虞稷《千頃堂書目・詩類・補宋》 段昌武《叢桂毛詩集解》三十卷。字子武，廬陵人，官朝奉郎。是書爲舉業發題作也。

倪燦等《宋史藝文志補・詩類》 段昌武《叢桂毛詩集解》三十卷。字子武，廬陵人。

《四庫提要・詩類一》 《毛詩集解》二十五卷。兩江總督採進本。宋段昌武撰。昌武字子武，廬陵人。焦竑《國史經籍志》作段文昌，蓋因唐段文昌而誤。朱睦㮮《授經圖》作段武昌，則傳寫倒其文也。其始末無考，惟書首載其從子維清請給據狀，稱「先叔朝奉昌武以《詩經》而兩魁秋貢，以累舉而擢第春官」而已。其書舊本題《叢桂毛詩集解》，蓋以所居之堂名之。其書首爲《學詩總説》，分《作詩之理》、《寓詩之樂》、《讀詩之法》三則。次爲《論詩總説》，分《詩之世》、《詩之次》、《詩之序》、《詩之體》、《詩之派》五則。餘皆依章疏解，大致仿吕祖謙《讀詩記》而詞義較爲淺顯。原書三十卷。明代惟朱睦㮮《萬卷堂》有宋槧完本，後沒於汴梁之水。此本爲孫承澤家所鈔，僅存二十五卷。其《周頌・清廟》之什以下，竝已脱佚。朱彝尊《經義考》載是書三十卷，注曰「闕」。又別載《讀詩總説》一卷，注曰「存」。《讀詩總説》今未見傳本，而卷首《學詩總説》、《論詩總説》今在原目三十卷之外，疑即所謂《讀詩總説》者。或一書而彝尊誤分之，或兩書而傳寫誤合之，則莫可考矣。

張金吾《愛日精廬藏書志・詩類》 《叢桂毛詩集解》三十卷，附《學詩總説》、《論詩總説》。舊抄本，千頃堂藏書。[宋]廬陵段昌武《子武集》。原本三十卷，今佚卷五、卷十、卷二十二、二十三及末五卷。每冊首俱有「千頃堂圖書」印記。行在國子監禁止翻板公據，曰：「行在國子監據迪功郎新贛州會昌縣丞段維清狀：維清先叔朝奉昌武以《詩經》而兩魁秋貢，以累舉而擢第春官，學者咸宗師之。邛山羅史君瀛嘗遣其子姪來學，先叔以毛氏《詩》口講指畫，筆以成編，本之東萊《詩記》，參以晦庵《詩傳》，以至近世諸儒一話一言苟足發明，率以録焉，名曰《叢桂毛詩集解》。獨羅氏得其繕本，校讐最爲精密。今其姪曹貢樾鋟梓，以廣其傳。維清竊惟先叔刻志窮經，平生精力畢於此書，儻或其他書肆嗜利翻板，則必竄易首尾，增損音義，非惟有辜羅貢士鋟梓之意，亦重爲先叔明經之玷。今狀披陳，乞備牒兩浙福建路運司，備詞約束，乞給據付羅貢士爲照。未敢自專，伏候台旨，呈奉台判牒仍給本監，除已備牒兩浙路福建路運司備詞約束所屬書肆取責知委文狀同申外，如有不遵約束違戾之人，仰執此經所屬陳乞，追板劈毀，斷罪施行，須至給據者。右出給公據付羅貢士樾收執照應，淳祐八年七月□日給。」

讀詩總説

朱彝尊《經義考・詩》　段氏昌武《讀詩總説》。一卷。存。段維清狀略曰：「先叔朝奉昌武，以《詩經》而兩魁秋貢，以累舉而擢第春官。印山羅使君瀛嘗遣其子姪來學，先叔以《毛詩》口講指畫，筆以成編。本之東萊《詩説》，參以晦庵《詩傳》，以至近世諸儒，一話一言，苟足發明，率以録焉，名曰《叢桂毛詩集解》。」　陸元輔曰：「宋盧陵段昌武子武輯。首載《學詩總説》，分《作詩之理》、《寓詩之樂》、《讀詩之法》。次載《論詩總説》，分《詩之世》、《詩之次》、《詩之序》、《詩之體》、《詩之派》。餘三十卷，分十五《國風》、《小雅》、《大雅》、《周頌》、《魯頌》、《商頌》。引先儒之説，依《詩》之章次解之，而間附以己意。大抵如東萊《讀詩記》例而較明暢。前後無序跋，但有其從子維清請給據狀。段氏有叢桂堂，故取以名。焦弱侯《經籍志》、朱西亭《授經圖》皆載此書，而焦氏以段昌武爲段文昌，朱氏又倒其名爲段武昌，俱以未見此書者。予所見北平孫氏抄本，孫侍郎耳伯知祥符縣事時所抄，聞西亭晚得宋刻，今沒於洪流矣。」

詩序解

朱彝尊《經義考・詩》　段氏昌武《詩序解》。一卷。存。

詩學備忘

楊士奇等《文淵閣書目・詩》　李簡《詩學備忘》。一部，十二冊。闕。

黃虞稷《千頃堂書目・詩類・補宋》　李簡《詩學備忘》二十四卷。

倪燦等《補遼金元藝文志・詩類》　李簡《詩學備忘》二十四卷。

錢大昕《補元史藝文志・詩類》　李簡《詩學備忘》二十四卷。

清全齋讀詩編

黃虞稷《千頃堂書目・詩類・補宋》　陳深《清全齋讀詩編》。

倪燦等《宋史藝文志補・詩類》　陳深《清全齋讀詩編》。

錢大昕《補元史藝文志・詩類》　陳深《清全齋讀詩編》。

詩辨疑

楊士奇等《文淵閣書目・詩》　《詩趙德辨疑》。一部，一冊。闕。

黃虞稷《千頃堂書目・詩類・補宋》　趙德《詩辨疑》七卷。一作十卷。附朱《傳》者其撮要，此則全編也。本宋宗室，入元隱居豫章東湖，自號鐵峰。

倪燦等《宋史藝文志補・詩類》　趙德《詩辨疑》七卷。一作十卷。宗室，入元隱居豫章。附朱倬《詩疑問》後者止一卷，其撮要，此則全編也。

錢大昕《補元史藝文志・詩類》　趙德《詩辨説》。七卷。一作一卷。宋宗室，隱居豫章。

毛詩句解

黃虞稷《千頃堂書目・詩類・補元》　李公凱《毛詩句解》二十卷。字仲容，宜春人，其書專取《呂氏讀詩記》而隱括之。

倪燦等《補遼金元藝文志・詩類》　李公凱《毛詩句解》二十卷。字仲容。

錢大昕《補元史藝文志・詩類》　李公凱《毛詩句解》二十卷。

瞿鏞《鐵琴銅劍樓藏書目録·詩類》 《直音傍訓毛詩句解》二十卷。元刊本。題宜春李公凱仲容。此書各家俱未著録，惟見黃氏《千頃堂書目》，而朱氏《經義考》、錢氏《元史藝文志》並從之，蓋亦流傳絶少者。考直音始見於《明本排字九經》，不用反切，故曰「直音」。而此書則仍有反切，惟不用叶音，但用本音，其例又小殊也。《詩》音自朱子用吳才老《詩補音》，其孫子明氏又意爲增損，已不免舛迕。近時坊本，或依叶音，或用方音，非今非古，繆盭較諸經音尤甚。此本「雎」與「砠」並音「趍」，《集傳》雎，音七余反，砠，音七餘反，音趍，正與朱子合。嚴氏《詩緝》曰：「雎，七胥反。」以溫公《切韻圖》正之，「七」字在第十八圖，屬清字母，「胥」字在第三圖，平聲第四等横尋「清」字得「疽」字，其上聲爲「取」，去聲爲「覰」，則平聲正音「趨」也。雎、疽、砠、苴皆同音，俗讀爲「沮」平聲，非。則與嚴氏亦合。其音之不苟類如此。「傍訓」者，如「雎鳩」傍注「水鳥」，「荇菜」傍注「水草」，「流」傍注「求」，僅一兩字，亦不別立細行。今世塾中盛行傍訓本，蓋濫觴於此。「句解」者，注於每句下，而上下文語氣隔句，仍復相屬，最爲曉暢。每篇悉冠以《小序》，其解卽依《序》義闡發，雖隨文詮釋，亦能申明古義。黃俞邰謂檃括《呂氏讀詩記》，良然。前有「開子養吾氏倡古生」朱記。

毛詩通旨

錢大昕《補元史藝文志·詩類》 何逢原《毛詩通旨》。

毛詩集疏

錢大昕《補元史藝文志·詩類》 熊禾《毛詩集疏》。

詩傳音旨補

錢大昕《補元史藝文志·詩類》 劉莊孫《詩傳音旨補》二十卷。

詩説

阮元《四庫未收書目提要·詩類》 《詩説》十二卷。汪士鐘刻本。宋劉克撰。克，信安人，事蹟未詳。朱彝尊《經義考》云：「此書《宋·藝文志》、焦氏《經籍志》、朱氏《授經圖》，均未之載。崑山徐氏傳是樓有藏本，乃宋時雕刻，前有總説，惜第二、第九、第十卷都闕。」此爲影宋鈔本，闕卷皆對，卽從徐氏藏本録出者。前有克自序，作於紹定壬辰。壬辰宋理宗紹定五年，克乃理宗時人也。宋儒説《詩》，有攻《小序》者，有守舊説者。廢《小序》者，朱子也；尊古注者，呂祖謙也。克之學出於祖謙，其子坦跋稱其書「每篇條諸家之解，而繫己意於後。其所纂輯家數，視東萊《詩記》加詳」。克之學本之呂氏，從可知矣。體例雖與《詩記》相同，然互有去取，亦不盡從祖謙之説也。坦以纂輯各家，卷帙繁富，未易鋟梓，乃盡删舊解，獨存克説，則是書非克之原本矣。《鄭風·大叔于田》今本脱「大」字，此書與唐石經注疏本同，亦可證近世坊本之誤。按汪氏刻本僅補第二卷，尚缺卷九卷十，歸安陸氏十萬卷樓藏有完本。

黃丕烈《蕘圃藏書題識·經類》 《詩説》十二卷。鈔本。是書宋刻，余曾見之，後爲藝芸書舍歸去。其爲之介者，五柳主人也。坊友射利，往往以祖本售人，先於未售之前，録副以爲別售之計。此其初心止爲射利起見，然余謂此法良善，使一本化爲無數之本，則其流傳廣矣。唯流弊有不堪言者，録副時豈能纖悉無誤？烏焉帝虎，從此日多，且源流斷不肯明以示後人。卽如子瀟以爲近年何夢華購得徐氏本影寫兩份，以售吾邑陳子準、張月霄，此得諸售者之侈言耳。其實已從吾鄉本傳録者也。宋元人解經，余所不喜，故此書見而未得。今伯元又傳録以句題識，余第就所知源流爲一述之。

解經當否，子瀟詳言之，無煩贅筆已。道光辛巳孟冬月士禮居主人識。

張金吾《愛日精廬藏書志・詩類》　《詩說》十二卷。抄本。〔宋〕信安劉克學。是書仿《讀詩記》例，每篇條列諸家解，而繫己說於後，所採視呂氏加詳。克子坦鋟梓時，刪去諸解，獨存克說，與克所著《書說》並刊，今《書說》佚而是書僅存。讀其書，如說《卷耳》曰：「二《南》之詩皆樂易和平，此詩乃不勝其憂，何也？以其時求之，其當殷之末世，周之盛德耶？當文王與紂之事耶？殷周之際，其係於二代興衰之判者羑里一事，此章非爲羑里發，何哉？當橫逆患難之時，太姒惟憂傷歎息，而不敢言、不敢怨，其情如此，所以『采采卷耳，不盈傾筐』也。」說《樛木》曰：「其文王受命作周之詩乎？文王之王而屈於商紂，有所服事而不得伸，此詩人所謂『南有樛木』也。木雖有所屈，而天下之所依繫於周，與周人所以尊事而王之者，自固結而不可解。故首章曰纍之，猶纏綿也；二章曰荒之，荒大也；卒章曰縈之，不可而解也。」說《蒹葭》曰：「謂周道陵遲，王政不綱也。秦居天下上流，視平王遷洛，地勢爲下，洛邑既爲王室，秦之視洛，非『宛在水中』乎？伊人指平王，襄公救犬戎之難，故其辭云爾。《蒹葭》亦《黍離》之意，喪亂之後，所見皆此物也。平王已遷洛，若遡水而上，復圖豐鎬，則難矣。其義皆以洛邑、豐鎬而發。」說《正月》曰：「平王簒攜王之時，國人憂之而作也。於時，平王將挾申甫以逐攜王，攜王獨立無助，詩人事以己之惸獨，以言攜王伯服之獨立也。懼禍之及，故多隱辭。」至若說《鴻雁》則曰：「周宣王驅民以興宮室之役。」說《大車》則曰：「周大夫盛飾以挑市井之女。」說《綢繆》則曰：「曲沃有分晉之漸。」說《晨風》則曰：「秦伯有勤王之功。」以及以《雞鳴》爲刺晏朝，《羔裘》爲譏怙寵，《渭陽》爲嘉釋怨之類，俱能不襲陳言，自抒心得。然其穿鑿之處，未免近於武斷，讀者節取焉可也。《經義考》云崑山徐氏藏有宋雕本，此則從徐氏傳抄本過録者，缺卷二、卷九、卷十三卷。

　自序。　克子坦鋟梓跋。淳祐六年。　吳寬題識曰：「成化丁未七月十有九日，兩過，新涼襲人，間閱半餉，三日後遍觀一過，因書以紀歲月云。寬。」

詩集傳

尤袤《遂初堂書目・詩類》　裴氏《詩集傳》。

詩本義補遺

《宋史・藝文志・詩類》　吳氏《詩本義補遺》二卷。名亡。

朱彝尊《經義考・詩》　吳氏失名《詩本義補遺》。《宋志》：「一卷。」佚。按王氏《困學紀聞》載鶴林吳氏論《詩》曰：「興之體足以感發人之善心，毛氏自《關雎》而下總百十六篇，首繫之興，《風》七十、《小雅》四十、《大雅》四、《頌》二，注曰興也，而比、賦不稱焉。蓋謂賦直而興微，比顯而興隱也。」吳氏未詳其名，其書出於朱子《集傳》之前，未審即《宋志》所載《本義補遺》否也。

集解

楊士奇等《文淵閣書目・詩》　嚴氏《集解》。一部，十冊。闕。

毛詩小疏

錢東垣等輯《崇文總目・詩類》　《毛詩小疏》二十卷。［原釋］不著撰人名氏。因孔《疏》爲本，刪取要義，輔益經注云。見《文獻通考》。

鄭樵《通志・藝文略・詩》　《毛詩小疏》二十卷。《崇文館目》。

馬端臨《文獻通考・經籍考・詩》　《毛詩小疏》。

《宋史・藝文志・詩類》　《毛詩小疏》二十卷。

毛詩解題

錢東垣等輯《崇文總目・詩類》　《毛詩解題》二十卷。［原釋］不著撰人名氏。篇端總叙詩義，次述章旨。蓋近儒之爲者歟。見《文獻通考》。

馬端臨《文獻通考・經籍考・詩》　《毛詩解題》。

《宋史・藝文志・詩類》　《毛詩釋題》二十卷。

毛詩餘辨

鄭樵《通志・藝文略・詩》　《毛詩餘辨》四卷。

毛詩章疏

鄭樵《通志・藝文略・詩》　《毛詩章疏》二卷。

《宋史・藝文志・詩類》　《毛詩章疏》二卷。不知作者。

毛詩玄談

鄭樵《通志・藝文略・詩》　《毛詩玄談》一卷。

《宋史・藝文志・詩類》　《毛詩玄談》一卷。不知作者。

毛鄭詩學

鄭樵《通志・藝文略・詩》　《毛鄭詩學》十卷。

《宋史・藝文志・詩類》　《毛鄭詩學》十卷。不知作者。

毛詩別集正義

鄭樵《通志・藝文略・詩》　《別集正義》一卷。

詩統解序

鄭樵《通志・藝文略・詩》　《詩統解序》一卷。

毛詩名物解

鄭樵《通志・藝文略・詩》　《毛詩名物解》十卷。

詩德義

尤袤《遂初堂書目・詩類》　《詩德義》。

毛詩正數

《宋史・藝文志・詩類》　《毛詩正數》二十卷。

毛詩釋篇目疏

《宋史・藝文志・詩類》 《毛詩釋篇目疏》十卷。不知作者。

詩疏要義

《宋史・藝文志・詩類》 《詩疏要義》一卷。不知作者。

釋文

《宋史・藝文志・詩類》 《釋文》二十卷。不知作者。

通義

《宋史・藝文志・詩類》 《通義》二十卷。不知作者。

詩關雎義解

《宋史・藝文志・詩類》 《詩關雎義解》一部。不知作者。

比興窮源

《宋史・藝文志・詩類》 《比興窮源》一卷。不知作者。

錢學傳

錢溥《秘閣書目・詩》 《錢學傳》。四。

毛詩解題

錢溥《秘閣書目・經》 《毛詩解題》。

毛詩譜音

錢溥《秘閣書目・經》 《毛詩譜音》。

纂圖重言重意互注毛詩　附毛詩舉要圖　毛詩篇目

黃虞稷《千頃堂書目・詩類・補宋》 《毛詩纂圖互註重言重意》二十卷。

于敏中等《天禄琳琅書目・宋版經部》 《監本纂圖重言重意互註點校毛詩》。二函，十冊。首《毛詩圖譜》，正文全録漢毛萇《傳》、鄭康成《箋》，附唐陸德明《音義》，復加重言、重意、互註三例，共二十卷。朱彝尊《經義考》載《纂圖互註毛詩》二十卷，引陸元輔語曰：「此書不知何人編輯，鋟刻甚精。首之以《毛詩舉要圖》二十五，次之以《毛詩》篇目。其卷一至終，則全録大小《序》、毛《傳》、鄭《箋》、陸氏《釋文》，而采《左傳》、《三禮》有及於《詩》者爲互註。又標詩句之同者爲重言，詩意之同者爲重意。蓋唐宋人帖括之書也。」此本證以所言，雖無圖目，而體例適符。惟書中於篇目相同者爲重篇，詩句相似者爲似句，乃元輔所未及。蓋因書名未經標出，遂不加詳考耳。至其字畫流美，紙墨亦佳，信爲鋟本之精者。

本朝御史季振宜藏書仿毛晉汲古閣例，有「宋本」橢圓印以誌善本。尚書徐乾學傳是樓收藏書籍甚富。此書兩家印記俱備，蓋歷經鑒藏家珍祕也。振宜字詵兮，號滄葦，揚州泰興人。順治丁亥進士，授蘭溪令，歷刑、戶兩曹，擢御史。乾學字原一，號健菴，蘇州崑山人。康熙庚戌進士第三，授編修，官至刑部尚書。所著有《憺園文集》。

嵇璜等《續通志・圖譜略・詩》　《纂圖互注毛詩》。

黄丕烈《蕘圃藏書題識・經類》　《纂圖重言重意互注毛詩》二十卷。宋監本。宋刻《監本纂圖重言重意互注毛詩》，余于向年得之郡故家，内原闕第五至第七，計三卷。其時適有別本宋刻小板者，亦屬殘本，而此三卷可配入，故並購之，擬重裝焉，因循未果。今歲夏初，五柳主人從都中歸，攜有全部宋刻本，行款正同，謂可借以影鈔補全。無如，已許售海寧陳仲魚，遂轉向仲魚借之以了此願。鈔畢，復手校其誤，三卷中止誤一字，七卷六葉三行「淫」誤爲「浮」，竟改之，墨痕可驗也。嘉慶庚午秋八月朔日復翁黄丕烈識。

張金吾《愛日精廬藏書志・詩類》　《纂圖互注毛詩》二十卷，附《毛詩舉要圖》、《毛詩篇目》。宋刊本。毘陵周氏九松迂叟藏書。漢鄭氏箋。是書《傳》、《箋》下附《釋文》及《互注重言重意》，蓋南宋麻沙坊本也。《傳》、《箋》、《釋文》俱雙行小字，傳無標題，山井鼎云：「今本有『傳』字者，後人加也。」《箋》以「箋云」冠之，山井鼎云：「『箋云』二字鄭氏之舊，所以別毛氏《傳》也。」無《傳》者亦無標題，如《關雎序》「發猶見也」，《葛覃序》「躬儉節用」之類，陸德明云：「《序》並是鄭注所以無『箋云』者，以無所疑亂故也。」猶是鄭君之舊，《釋文》則以一圈隔之。今本有《釋文》混入於《箋》者，如「《關雎》舊解云」至「以無所疑亂故也」、《關雎》「后妃之德也」下。又「《風》之始」至「並是此義」「用之邦國焉」下。是也，閩、監、毛本俱同，此本與下元本俱不誤，可貴也。每頁二十四行，每行大二十一字、小二十五字，缺卷十一至十四，抄補每冊首末俱有「周良金印」、「毘陵周氏九松迂叟藏書記」兩印。

詩義斷法

朱彝尊《經義考・詩》　《詩義斷法》。一卷。佚。右見《菉竹堂書目》。

毛詩正變指南圖

嵇璜等《續通志・圖譜略・詩》　宋人《毛詩正變指南圖》。

《四庫提要・詩類存目一》　《毛詩正變指南圖》六卷。兩淮鹽政採進本。是書爲明末陳重光所刻。前有李雯序，謂其書爲宋人未竟之本，故詳於大而略於小。今考卷首列漢迄宋諸儒訓故、圖譜、音訓之目，頗叢雜無次第。一卷全録《小序》首句，二卷作詩次序，皆本鄭氏《詩譜》。三卷世次，四卷族譜，五、六卷雜釋名物，俱爲簡略，惟五卷釋刻漏稍詳。其義例淺陋，不似古人著作，且亦別無佐證。疑卽重光自輯，而託之舊本也。重光字端羲，華亭人。

詩經傳疏

金門詔《補三史藝文志・詩經類》　《頒定詩經傳疏》一部，清寧元年頒賜學校。右遼。

説　詩　附毛鄭詩經

龔顯曾《金藝文志補録・詩經類》　《説詩》。祝簡。附《毛鄭詩經》。天德三年國子監印定。毛萇注，鄭玄箋。

詩古注

胡師安等《元西湖書院重整書目》 《詩古注》。

詩學大成

劉若愚《内板經書紀略》 《詩學大成》。十四本，一千葉。

黃虞稷《千頃堂書目・詩類・補元》 毛直方《詩學大成》。字靜可，建安人，咸淳中薦舉，入元不仕。編《詩學大成》。見《尚友錄》。

倪燦等《宋史藝文志補・詩類》 毛直方《詩學大成》。

詩集傳附録纂疏

楊士奇等《文淵閣書目・詩》 《詩胡一桂纂疏》。一部，八冊。闕。

王圻《續文獻通考・經籍考・詩》 《朱子詩傳附録纂疏》，胡一桂著。出處見《周易本義》。

黃虞稷《千頃堂書目・詩類・補元》 胡一桂《詩傳纂疏附錄》八卷。以朱子《集傳》爲主，而纂諸儒異同之說，及朱子《語錄》、《文集》之要語附之。

倪燦等《宋史藝文志補・詩類》 胡一桂《詩傳纂疏附録》八卷。

錢大昕《補元史藝文志・詩類》 胡一桂《詩傳附録纂疏》八卷。

張金吾《愛日精廬藏書志・詩類》 《詩集傳附録纂疏》二十卷。元泰定刊本，汲古閣藏書。朱子《集傳》，新安後學胡一桂《附録纂疏》。是書以朱子《集傳》爲宗，取《語録》、《文集》之及於《詩》者，謂之「附録」；諸儒說《詩》之合於《集傳》者，謂之「纂疏」。其朱說有未安者，間亦旁參他說。如云「諸家皆本《序》說，姑纂一二」，《采葛》或云「姑備諸說」，《丘中有麻》或云「姑備叅考」，《雨田》或云「備《詩》說者覽焉」。《有女同車》蓋雖不敢顯違朱子，而亦隱示不墨守朱子也。胡氏之說以「愚按」、「愚謂」別之。所引謝疊山說，頗有出吳氏元長輯本外者。如《鵲巢》，《纂疏》引疊山謝氏曰：「一章曰御夫人初嫁，國君親迎，御輪之幣必百兩也。二章曰將夫人初嫁，所將幣帛必百兩也。三章曰成御以百兩，送以百兩，宜其室家，而婦道成也。」《二子乘舟》引疊山謝氏曰：「又以大義斷之，二子不能全身遠害，遺其父以不慈之名。二子順親之心，雖不可瑕玼；二子愛父之道，則未爲盡善。使其父萬世被不慈之名，是二子之死有害於大義也。誰謂詩人之辭無《春秋》之義乎？」《破斧》引疊山謝氏曰：「周公東征三年，器械用之勞而破缺者，不過斧斨錡銶耳。若車馬、弓弩、戈殳、子戟無一損壞，其不嗜殺人，不戰而勝可見矣。」諸條吳氏輯本俱未採。知吳氏雖列《纂疏》之名，實未見《纂疏》全書也。案《元史・儒學傳》「一桂著《周易本義附録纂疏》、《本義啟蒙翼傳》、《朱子詩傳附録纂疏》並行于世」云云，今惟《周易傳疏》、《啟蒙翼傳》刊入經解，世多有之，此書則傳本絶稀。《經義考》著録八卷，錢氏《補元史藝文志》同。注「未見」，儲藏家亦絶無著録者。是本元刊元印，首尾完善，洵經義中驚人秘笈也。《語録輯要》後有「泰定丁卯仲冬翠巖精舍新刊本」印，卷首有「毛子晉」、「毛斧季」印記。

善乎，朱子之於《詩》，足以知聖人也。取經而傳之，祖刪述之本旨，而含前儒傳言失意之餘慮，《傳》之作也有由哉。周德既衰，詩亡樂缺，所賴見先公先王風化之自者，惟三百篇。夫子生晚周，拳拳於二《南》，唯恐人心之不爲，於師摯聞《關雎》洋洋盈耳，欣幸之至，歌詠不絶。興詩、立禮、成樂之語，豈虛發哉？朱子於千載之後，感歎哲人云亡，衆喙淆亂，恐聖人扶持詩、樂之意不傳，乃分別正聲之可弦可歌者。其餘鄭、衛之間有關淫竇情性，弗得其正，辯而闡明，以防閑人心。及排《小序》之誤，理渙辭釋，使後死者得與於斯文。彰聖人之功莫大焉，其書又豈肯自居於疏下？近世《詩》解甚多，如李迂仲、呂伯恭皆善言，惟華谷嚴氏獨能詣風、賦、比、興之趣，識其正體。其間援朱子言者多，是知朱《傳》不得不爲《詩》之統宗會元，雖聖人復出，不易斯言也。然則今胡氏之《附録纂疏》，及稽《齊魯韓三家詩考》，捃摭星宿於羲娥後，得無戾朱子意乎？曰不然。漢儒自申、轅而下，專門者絶力模倣，皆爲羽翼聖經，獨如支流之未抵於海，習射之未至於的，則各有見焉。今之纂集大成，隱括前後，鏤剔衆說。學者得之，如大庖厭飫，不但染指嘗鼎。胡氏之心，豈弗良苦？觀其精力茲書，沒身乃已。後十餘年始得今劉氏君佐，廼朱子故友劉用之後人，大不忍以用朱子之學者堙鬱不售，亟鋟諸梓，使學者誠能於此沉浸參酌，舉《疏》而《傳》通，舉《傳》而《疏》通，明經取青紫之士，其事業所得，燭照龜卜，較然甚明也。書肆舊有《書傳纂集大成》，行之於四方，信矣。今《詩傳纂集大成》，人間有此雙拱璧，將爭先覩之，政不待序而後顯。劉氏曰是序也。時泰定第四禩彊圉單閼歲，長至穀旦乙丑，後學從仕郎邵武路總管府經歷致仕盱江揭祐民從年父，書於建東陽翠巖劉氏家塾。

朱子《詩集傳序》。　《詩傳附録姓氏》。《纂疏姓氏》。　《詩篇目録》。《詩傳綱領》。　《語録輯要》。

文場取士，《詩》以朱子《集傳》爲主明經也。新安胡氏編入《附録纂疏》，羽翼朱《傳》也。增以浚儀王内翰《韓魯齊三家詩考》，求無遺也。今以《詩考》謹鋟諸梓，附於《集傳》之後，合而行之。學《詩》之士，潛心披玩，蜚英聲於場屋間者，當自此得之。時泰定丁卯日長至，後學建安劉君佐謹識。

校定詩經

金門詔《補三史藝文志・詩經類》　吳澂《校定詩經》。右元。

詩經序録

王圻《續文獻通考・經籍考・詩》　《詩經序録》，吳澂著。

詩集解

錢大昕《補元史藝文志・詩類》　胡炳文《詩集解》。

詩傳釋疑

錢大昕《補元史藝文志・詩類》　程龍《詩傳釋疑》。

學詩筆記

黄虞稷《千頃堂書目・詩類・補元》　程直方《學詩筆記》。

倪燦等《補遼金元藝文志・詩類》　程直方《學詩筆記》。

錢大昕《補元史藝文志・詩類》　程直方《學詩筆記》。

詩傳衆紀

黄虞稷《千頃堂書目・詩類・補元》　吳迂《詩傳衆紀》。

倪燦等《補遼金元藝文志・詩類》　吳迂《詩傳衆紀》。

錢大昕《補元史藝文志・詩類》　吳迂《詩傳衆説》。

詩傳通釋

楊士奇等《文淵閣書目・詩》　《詩傳通釋》。一部，五冊。闕。《詩傳通釋》。一部，四冊。闕。

王圻《續文獻通考・經籍考・詩》　《詩傳通釋》，劉瑾著，瑾，安福人。博通經史，隱不仕。

錢謙益等《絳雲樓書目・詩類》　劉瑾《詩傳通釋》八冊。二十卷。

黄虞稷《千頃堂書目・詩類・補元》　劉瑾《詩傳通釋》二十卷。字公瑾，安城人，博通經史，隱居不仕。其書宗朱子而録各經傳及諸儒所發要義，并考求其世次源流。

倪燦等《補遼金元藝文志・詩類》 劉瑾《詩傳通釋》二十卷。字公瑾，安城人。

于敏中等《天禄琳琅書目・宋版經部》 《詩傳通釋》。一函，四冊。元劉瑾輯。二十卷。前載朱子《詩集傳序》、《詩序辨說》，又《詩傳綱領》並《外綱領》。《吉安府志》載：劉瑾，安福人。肆力治《詩》，其說宗朱子，而間出其所自得。又考正諸國世次、作者時世，察其源流，辨其音韻，審詩樂之合，窮刪定之由，爲《詩傳通釋》一書，能闡發朱子之藴。今按：是書以朱子《集傳》爲主，而博引諸家之說分注於下，己說則標以「愚按」二字。其《綱領》首《詩大序》，次經傳及宋儒論《詩》之言，《外綱領》，首《諸國世次圖》，次《作詩時世圖》，次源流、章句、音韻、詩樂刪次，並《引用書目》及《諸儒姓氏》諸篇，與府志所言脗合。顧炎武《日知録》云：永樂中，命儒臣纂修《五經大全》，《春秋》則全襲元人汪克寬《胡傳纂疏》，但改其中「愚按」二字爲「汪氏曰」，及添「廬陵李氏」等一二條而已。《詩經大全》則全襲元人劉瑾《詩傳通釋》，而改其中「愚按」二字爲「安成劉氏曰」。其三經，後人皆不見舊書，亦未必不因前人也。昔日儒臣奉旨編纂諸書，頒餐錢、給筆札，書成之日賜金遷秩，所費于國家者不知凡幾。將謂此書既成，可以章一代教學之功，啟百世儒林之緒，而僅取已成之書鈔謄一過，上欺朝廷，下誑士子，唐宋之時有是事乎？朱彝尊《經義考》云：永樂中，胡廣等攘其成書爲《大全》。今以《大全》較之輯注，微有增損，《小序》則《通釋》附於每篇之後，《大全》冠於全書之首，並加以圖二十有三爲稍異耳。又引黃虞稷曰：「瑾字公瑾，安成人。」按：安福縣在漢時爲安平、安成二縣境。元成宗元貞間嘗升爲安福州。安成蓋古邑名，故瑾亦自署爲安成，虞稷第沿而未考耳。書中《詩傳綱領》首葉於劉瑾署名次行有「建安劉氏日新堂校刊」九字。卷一末又有「至正壬辰仲春日新堂刻梓」木記。考至正壬辰爲元順帝十二年。劉氏未詳其名，想亦當時書賈也。本朝劉體仁藏本有印記。體仁字公㦷，江南潁州人，順治乙未進士，官吏部考功郎。著有《蒲菴集》。餘印無考。

《四庫提要・詩類二》 《詩傳通釋》二十卷。內府藏本。元劉瑾撰。瑾字公瑾，安福人。其學問淵源出於朱子。故是書大旨在於發明《集傳》，與輔廣《詩童子問》相同。陳啟源作《毛詩稽古編》，於二家多所駁詰。然廣書皆循文演義，故所駁惟訓解之辭；瑾書兼辨訂故實，故所駁多考證之語。如注《何彼襛矣》，以齊桓公爲襄公之子。注《魏風》，以魏爲七國之魏。注《陟岵》，謂毛《傳》先出，《爾雅》後出。注《綢繆》，謂心宿之象，三星鼎立。注《鹿鳴之什》，謂上下通用，止《小雅》、二《南》，其《大雅》獨爲天子之樂。注《節南山》，以家父即《春秋》之家父，師尹即《春秋》之尹氏。案此項安世之說，見朱善《詩解頤》，瑾襲之而隱其名也。注《楚茨》，誤讀鄭康成《玉藻注》，以楚茨爲即采齊。注《甫田》，誤讀毛《傳》車梁，以爲即《小戎》之梁輈。注《殷武》，杜撰殷廟之昭穆及祧廟世次。皆一經指摘，無可置辭。故啟源譏胡廣修《詩經大全》，收瑾說太濫。案《大全》即用瑾此書爲藍本，故全用其說。啟源未以二書相較，故有此語。謹附訂於此。然徵實之學不足，而研究義理究有淵源。議論亦頗篤實，於詩人美刺之旨尚有所發明，未可徑廢。至《周頌・豐年》篇，朱子《詩辨說》既駁其誤，而《集傳》乃用《序》說，自相矛盾。又三夏見於《周禮》，呂叔玉注以《時邁》、《執競》、《思文》當之，朱子既用其說，乃又謂成、康是二王謚，《執競》是昭王後詩，則不應篇名先見《周禮》。瑾一一回護，亦爲啓源所糾。然漢儒務守師傳，唐疏皆遵注義。此書既專爲朱《傳》而作，其委曲遷就，固勢所必然，亦無庸過爲責備也。

錢大昕《補元史藝文志・詩類》 劉瑾《詩傳通釋》二十卷。字公瑾，安福人。

張金吾《愛日精廬藏書志・詩類》 《詩傳通釋》二十卷，附《詩傳綱領》。元至正刊本。朱子《集傳》，[元]後學安成劉瑾通釋。卷一後有「至正壬辰仲春日新堂梓木」印。卷十六缺，抄補。

吳壽暘《拜經樓藏書題跋記》 《詩傳通釋》。舊鈔本《詩傳通釋》二十卷，前有「曹溶之印」、「檇李曹氏藏書印」二圖記，蓋秋岳侍郎藏本。經文及注並與宋本同。《竹竿》「遠兄弟父母」亦未改。惟「羊牛下括」作「牛羊」，「彼徂矣岐」句下引沈氏說，與吳門袁氏所藏宋本《詩集傳》爲錢竹汀宮詹所拈出者同，且中多缺筆，蓋從宋本影鈔者。

讀詩記

王圻《續文獻通考・經籍考・詩》《詩記》，休寧陳櫟著。

黃虞稷《千頃堂書目・詩類・補元》陳櫟《讀詩記》。

倪燦等《補遼金元藝文志・詩類》陳櫟《讀詩記》。

錢大昕《補元史藝文志・詩類》陳櫟《讀詩記》。

詩大旨

黃虞稷《千頃堂書目・詩類・補元》陳櫟《詩大旨》。

倪燦等《補遼金元藝文志・詩類》陳櫟《詩大旨》。

錢大昕《補元史藝文志・詩類》陳櫟《詩大旨》。

詩經句解

朱彝尊《經義考・詩》陳氏櫟《詩經句解》。未見。櫟自序曰：

「《詩》部分有三，曰《風》、曰《雅》、曰《頌》；所以作《風》、《雅》、《頌》之體亦有三，曰賦、曰比、曰興。《詩》有六義，此之謂也。《風》則有十五《國風》，《雅》則有大、小《雅》，《頌》則三《頌》也。《風》有正有變，《周南》、《召南》，正《風》也；《邶》、《鄘》、《衛》、《王》、《鄭》、《齊》、《魏》、《唐》、《秦》、《陳》、《檜》、《曹》、《豳》十三國之風，變《風》也。《雅》之大小，亦有正有變，自《鹿鳴》至《菁菁者莪》，正《小雅》也；自《六月》至《何草不黃》，變《小雅》也；自《文王》至《卷阿》，正《大雅》也；自《民勞》至《召旻》，變《大雅》也。三《頌》，《周頌》、《魯頌》、《商頌》也。風，風也，民俗歌謠之詩也；雅，正也，朝廷讌饗朝會樂歌之詩也；頌，美也，宗廟祭祀樂歌之詩也。直陳其事曰賦，以彼喻此曰比，託物興辭曰興，六義之略如此而已。詩之作或出於公卿大夫，或出於小夫賤隸，或出於婦人女子，乃人聲自然之音，自古有之，康衢之謠是也。今見於《書》，如舜皋喜起明良之歌，即虞詩也；《五子之歌》則夏詩也；商詩多亡，今《商頌》五篇乃未盡亡者。外此，《風》、《雅》、二《頌》，皆周詩也。二《南》雖國風，已有進而爲雅之漸，見周之所以盛；《王・黍離》不復爲雅，乃降而儕於列國之風，見周之所以衰。《王》詩降爲《國風》而《詩》亡，《詩》亡而《春秋》作矣。以《詩》爲教，自古已然。舜命夔教胄子曰：『詩言志。』《周禮》太師教六詩，曰風、曰雅、曰頌、曰賦、曰比、曰興是也。孔子刪《詩》爲三百篇，始列於六經，而尤以爲教人之先務，視他經猶諄諄焉。曰『興於詩』，曰『誦《詩》三百』，曰『小子何莫學夫《詩》』。謂子伯魚曰：『汝爲《周南》、《召南》矣乎？』他日過庭所聞，亦先問學《詩》乎。子所雅言，《詩》亦必在《書》、《禮》之先。而提綱挈領，教人以讀《詩》之法，則曰：『《詩》三百，一言以蔽之，曰思無邪。』蓋以《詩》雖三百篇之多，大要不出美善刺惡二者，讀美善之詩，可以感發吾之善心；讀刺惡之詩，可以懲創吾之逸志，皆所以正吾心而使無邪思者。學者識賦、比、興之體以讀《風》、《雅》、《頌》之詩，而一以無邪之思爲主焉，則《詩》之一經可學矣。《詩序》之作，或以爲孔子，或以爲子夏，或以爲國史，皆無明文可考。惟《後漢書・儒林傳》以爲衛宏作《詩序》傳於後。今考《小序》與《詩》牴牾，臆度傅會、繆妄淺陋常多，有根據而得詩意者恆少，其非孔子、子夏所作而爲宏所作明矣。諸序本自合爲一編，至毛氏爲《詩訓傳》始引序入經，分置各篇之首，不爲注文而直作經字，於是讀者轉相尊信，無敢擬議。至有不通，必爲之委曲遷就，穿鑿附合，寧使經之本文繚戾破碎不成文理，而終不敢以《小序》爲出於漢儒也。獨朱文公《詩傳》始去《小序》，別爲一編，序說之可信者取之，其繆妄者正之，而後學者知《小序》之非，聞正大之旨。至矣！盡矣！今述文公之《傳》爲《句解》，以授幼學。又以序與詩異處不便觀覽，乃依毛氏，序列各篇之首，但高下其行以別之，庶使序之得失開卷了然，而詩之意義易於推尋云。」

錢大昕《補元史藝文志・詩類》陳櫟《詩經句解》。

詩經主意

楊士奇等《文淵閣書目・詩》 彭士奇《詩經主意》。一部，一冊。闕。

詩講疑

朱彝尊《經義考・詩》 焦氏悅《詩講疑》。佚。蘇天爵表墓曰：「先生姓焦氏，諱悅，字子和。與同郡安熙講說六經之旨，伊洛諸儒之訓，莫不究其精微。中臺御史表其學行可爲人師，授眞定郡學官，號其居曰兌齋。有《詩講疑》一編藏於家。」

錢大昕《補元史藝文志・詩類》 焦悅《詩講疑》。

詩經講說

王圻《續文獻通考・經籍考・詩》 《詩經講說》，顔達著。達，江陵人。家貧力學，行義自持，不苟合於人。

錢大昕《補元史藝文志・詩類》 顔達《詩經講說》。江陵人。

詩音釋

黃虞稷《千頃堂書目・詩類・補元》 韓性《詩音釋》一卷。

倪燦等《補遼金元藝文志・詩類》 韓性《詩音釋》一卷。

朱彝尊《經義考・詩》 韓氏性《詩音釋》。一卷。佚。陸元輔曰：「元慈湖書院山長會稽人韓性明善撰。」

錢大昕《補元史藝文志・詩類》 韓性《詩音釋》一卷。

毛詩音訓

楊士奇等《文淵閣書目・詩》 《詩李恕音訓》。一部，三冊。闕。

黃虞稷《千頃堂書目・詩類・補元》 李恕《毛詩音訓》四卷。

倪燦等《補遼金元藝文志・詩類》 李恕《毛詩音訓》四卷。

錢大昕《補元史藝文志・詩類》 李恕《毛詩音訓》四卷。黃丕烈云《經義考》別有《毛詩詁訓》四卷。似是一書重出。

毛詩故訓

黃虞稷《千頃堂書目・詩類・補元》 李恕《毛詩故訓》四卷。

倪燦等《補遼金元藝文志・詩類》 李恕《毛詩故》四卷。

毛詩旁注

朱彝尊《經義考・詩》 李氏恕《毛詩旁注》。未見。

詩傳疏釋

朱彝尊《經義考・詩》 朱氏近禮《詩傳疏釋》。佚。吳澂跋曰：「朱子之注經，《詩傳》爲最善，學者之窮經，亦惟《詩》爲易入。盱江朱近禮喜讀《詩》，隨己所知，具疏其下。或有所釋，或有所廣，年未二十而專攻一經，志可尚已。」

錢大昕《補元史藝文志・詩類》 朱近禮《詩疏釋》。盱江人。

詩傳旁通

黃虞稷《千頃堂書目・詩類・補元》 梁益《詩傳旁通》十五卷。本閩人，隨父家江陰，舉江浙鄉試。書主發明朱子之《傳》。

倪燦等《補遼金元藝文志・詩類》 梁益《詩傳旁通》十五卷。

《四庫提要・詩類二》 《詩傳旁通》十五卷。山東巡撫採進本。元梁益撰。益字友直，號庸齋，江陰人。自署三山者，以其先福州人也。嘗舉江浙鄉試，不及仕宦，教授鄉里以終。事蹟附載《元史・儒學傳・陸文圭傳》內。朱子《詩傳》，詳於作詩之意，而名物訓詁僅舉大凡。益是書仿孔、賈諸疏證明注文之例，凡《集傳》所引故實，一一引據出處，辨析源委。因杜文瑛先有《語孟旁通》，體例相似，故亦以《旁通》爲名。其中如聖人之耦，則引《西漢書》劉歆論董仲舒語。「見堯於羹、見舜於牆」，則引《後漢書・李固傳》以明出典。或朱子所未詳者，亦旁引諸說以補之。如五緎、五總，引陸佃之語。三單，引鄭《箋》羨卒、孔《疏》副丁之類。亦間有與朱子之說稍異者。如「頃筐塈之」，《集傳》音「許器切」，《大雅》「民之攸塈」，《集傳》音「許既切」者，從陸德明《經典釋文》。益則引《禮部韻》，謂「許既切」者，在「未」韻，音餼，注云「取也」。「許器切」者，在「至」韻，音洎，作「巨至切」。朱子之音與《禮部韻》不同云云。是是非非，絕不堅持門戶。視胡炳文等之攀附高名，言言附合，相去遠矣。卷首爲類目，末一卷則其敘說。內一條論秦造父封趙，因録羅泌《國姓紀原》之文，自謂此於《詩傳》雖無所繫，而宋氏有國，其姓亦當知，故通之。則冗贅之文，汗漫無理，可已而不已者也。前有至正四年太平路總管府推官濱州翟思忠序，明朱睦㮮《授經圖》遂以《詩傳旁通》爲思忠作，殊爲疎舛。今從朱彝尊《經義考》所辨，案彝尊所引乃陸元輔之言。附訂正焉。

錢大昕《補元史藝文志・詩類》 梁益《詩傳旁通》十五卷。

張金吾《愛日精廬藏書志・詩類》 《詩傳旁通》十五卷，《類目》一卷。文瀾閣傳抄本。元梁益撰。

翟思忠序。至正四年。

愚益此編，不敢自謂成書，不敢輒題目録，然又不可無目以紀録其事。故姑類聚其目，備觀者之檢閱，而以類目目之云爾。有元至正四年甲申四月二十三日梁益識。

詩緒餘

黃虞稷《千頃堂書目・詩類・補元》 梁益《詩緒餘》，未見。

倪燦等《補遼金元藝文志・詩類》 梁益《詩傳緒餘》。本閩人，家江陰，舉江浙鄉試。

錢大昕《補元史藝文志・詩類》 梁益《詩緒餘》。字友直，江陰人。

詩傳精要

朱彝尊《經義考・詩》 安氏熙《詩傳精要》。佚。蘇天爵狀曰：「先生諱熙，字敬仲，姓安氏，太原離石人也。金亡，徙山東，愛眞定風土，家焉。試中選，占儒籍，以郡博士舉貳其學事。先生之教人也，師道卓然，科條纖悉，皆有法度，入學以居敬爲本，讀書以經術爲先。其講說也，毫分縷析，融會貫通，俾學者如親聞聖人之言，心開目明，釋然無疑。弟子去來者常至百人，憲司數以其行薦於朝，卒無所就。不幸以疾卒，年四十有二。有《詩傳精要》、《統皇極經世書》、《四書精要考異》。」

錢大昕《補元史藝文志・詩類》 安熙《詩傳精要》。

詩集傳名物鈔

楊士奇等《文淵閣書目・詩》 《詩許謙名物鈔》。一部，八冊。闕。

范邦甸等《天一閣書目・詩類》 《毛詩名物鈔》八卷。烏絲欄鈔本。元東陽許謙撰，吳師道序。

王圻《續文獻通考・經籍考・詩》　《詩名物抄》十卷，元金華處士許謙著。

黃虞稷《千頃堂書目・詩類・補元》　許謙《詩集傳名物鈔》八卷。《集傳》所未備者，旁搜博采，多引魯齋王氏、仁山金氏說而附己見。又以《小序》及鄭氏、歐陽氏《譜》世次多舛，一從朱子補定，正音釋考，名物度數，粲然畢具。退《何彼穠矣》、《甘棠》於《王風》，而削去《野有死麕》一章，則因魯齋之疑云。

倪燦等《補遼金元藝文志・詩類》　元許謙《詩集傳名物鈔》八卷。

錢曾《讀書敏求記・經》　許謙《詩集傳名物鈔》十二卷。朱子之學，一傳爲何基、王柏，再傳爲金履祥、許謙，授受相傳。白雲一代大儒，其于《詩》專宗朱子，汎掃毛、鄭之說，未知今之《三百篇》果非夫子之舊？歟抑《桑中》、《溱洧》諸篇，夫子刪詩竟不辨爲淫佚之什而采之歟？退《何彼穠矣》、《甘棠》于《王風》，削去《野有死麕》，其卓識遠過于夫子歟？子曰：「多聞闕疑。」聖人且云然，而後學反立已見以疑聖人，非予所敢信也。

《四庫提要・詩類二》　《詩集傳名物鈔》八卷。內府藏本。元許謙撰。謙有《讀書叢說》，已著録。謙雖受學於王柏，而醇正則遠過其師。研究諸經，亦多明古義。故是書所考名物音訓，頗有根據，足以補《集傳》之闕遺。惟王柏作《二南相配圖》，移《甘棠》、《何彼穠矣》於《王風》，而去《野有死麕》，使《召南》亦十有一篇，適如《周南》之數。師心自用，竄亂聖經，殊不可訓。而謙篤守師說，列之卷中，猶未免門戶之見。至柏所刪《國風》三十二篇，謙疑而未敢遽信，正足見其是非之公。吳師道作是書序，乃反謂已放之鄭聲，何爲尚存而不削，於謙深致不滿。是則以不狂爲狂，非謙之失矣。卷末譜作詩時世，其例本之康成，其說則改從《集傳》。蓋淵源授受，各尊所聞。然書中實多采用陸德明《釋文》及孔穎達《正義》，亦未嘗株守一家。名之曰《鈔》，蓋以此云。

錢大昕《補元史藝文志・詩類》　許謙《詩集傳名物鈔》八卷。一作十二卷。

詩義指南

王圻《續文獻通考・經籍考・詩》　《詩義指南》十七卷，分寧雷光霆著。光霆家居授徒，學士程鉅夫、詹天遊，皆其徒也。至元間，遣使徵拜，未幾卒。學者稱龍光先生。

黃虞稷《千頃堂書目・詩類・補元》　雷光霆《詩義指南》十七卷。分寧人。程鉅夫嘗從受業，至元間遣使徵之，未至卒。學者稱爲龍光先生。

倪燦等《補遼金元藝文志・詩類》　雷光霆《詩義指南》十七卷。分寧人。

錢大昕《補元史藝文志・詩類》　雷光霆《詩義指南》十七卷。字友光，寧州人。

風雅遺音

王圻《續文獻通考・經籍考・詩》　《風雅遺音》，南昌熊凱著。

詩集傳音釋

黃虞稷《千頃堂書目・詩類・補元》　羅復《詩集傳音釋》二十卷。字中行，廬陵人。

倪燦等《補遼金元藝文志・詩類》　羅復《詩集傳音釋》二十卷。字中行，廬陵人。

錢大昕《補元史藝文志・詩類》　羅復《詩集傳音釋》二十卷。字中行，廬陵人。

張金吾《愛日精廬藏書志・詩類》　《詩集傳音釋》二十卷。元至正刊本。朱子《集傳》，元東陽許謙《名物鈔》音釋，後學廬陵羅復纂輯。《經義考》著録云：「合白雲許氏《名物鈔》而音釋之。」凡例後有「至正辛卯孟夏雙桂書堂重刊」木印。朱子《詩集傳序》、《詩集傳凡例》、《詩傳圖》、《詩傳綱領》。

詩集

王圻《續文獻通考・經籍考・詩》　《詩集》三卷，王都中著。都中，福寧人，積翁子。歷仕四十餘年，清白之操得於家傳，治郡之績雖古循吏無以尚之。

詩雜説

王圻《續文獻通考・經籍考・詩》　《詩雜説》，吴師道著。

詩經纂例

朱彝尊《經義考・詩》　秦氏玉《詩經纂例》。佚。楊維楨志墓曰：「先生諱玉，字德卿，姓秦氏。其先鹽城人，徙居崇明，又徙崑之太倉，家焉。通五經，尤邃於《詩》，教授鄉里二十年，既没，其徒私謚曰孝友先生。」

錢大昕《補元史藝文志・詩類》　秦玉《詩經纂例》。字德卿，崑山人。

詩説

錢大昕《補元史藝文志・詩類》　余希聲《詩説》四卷。青田人。

詩學管見

朱彝尊《經義考・詩》　俞氏遠《詩學管見》。未見。

讀詩疑問

朱彝尊《經義考・詩》　蘇氏天爵《讀詩疑問》。一卷。存。天爵自述曰：「戊辰之冬，閲朱子《詩集傳》、吕氏《讀詩記》，偶有所疑，輒筆録之，蓋將就有道而正焉，非願學固哉高叟之爲詩也。」

錢大昕《補元史藝文志・詩類》　蘇天爵《讀詩疑問》一卷。

詩義

錢大昕《補元史藝文志・詩類》　吴簡《詩義》。字仲廣，吴江人，紹興路學録。

詩經發揮

王圻《續文獻通考・經籍考・詩》　《詩經發揮》，吉水楊舟授《詩經》於謝南窓作。

錢大昕《補元史藝文志・詩類》　楊舟《詩經發揮》。《江西通志》：「字道濟，吉水人。」《湖廣通志》：「字梓夫，慈利人，登進士，爲茶陵同知，歷遷翰林待制。」

詩經辨正

朱彝尊《經義考・詩》 周氏鼎《詩經辨正》。佚。宋濂志墓曰：「周鼎，字仲恆，先世自安成徙廬陵。從湜溪郭正表游，六經有所疑滯，縱橫扣擊，惟恐其弗明。積功既久，多超特之見。謂《詩》分正變之説，固肇於漢儒，然而正中有變，變中有正，不可執一而求。況其體製音節，夐然不侔，若虛心玩之，策書紊亂，瞭然可見，必各從其類，然後可辨世道升降之由。其詩雖非盛時之作，其人既賢，其書猶近於古，必附小、大《雅》之正者，勸懲之義庶有託焉。先王以禮樂化成天下，而於《詩》之用見之，其效至於協和神人之應，非空言比也。君於六經皆有論著，未及完，獨《詩經辨正》若干卷藏於家。」

錢大昕《補元史藝文志・詩類》 周鼎《詩經辨正》。字仲恆，廬陵人。

詩記

王圻《續文獻通考・經籍考・詩》 《詩記》，方道叡著。

錢大昕《補元史藝文志・詩類》 方道叡《詩記》。字以愚，淳安人，至正進士，翰林編修，改杭州判官。

詩經補注

黄虞稷《千頃堂書目・詩類・補元》 貢師泰《詩經補注》二十卷。

倪燦等《補遼金元藝文志・詩類》 貢師泰《詩經補注》。

錢大昕《補元史藝文志・詩類》 貢師泰《詩補注》二十卷。

詩經音考

黄虞稷《千頃堂書目・詩類・補元》 夏泰亨《詩經音考》。字叔遠，會稽人，官元翰林修撰。

倪燦等《補遼金元藝文志・詩類》 夏泰亨《詩經音考》。字叔遠，會稽人，翰林修撰。

錢大昕《補元史藝文志・詩類》 夏泰亨《詩經音考》。字叔通，會稽人。翰林編修。

詩小序解

黄虞稷《千頃堂書目・詩類・補元》 包希魯《詩小序解》一卷。

倪燦等《補遼金元藝文志・詩類》 包希魯《詩小序解》。

錢大昕《補元史藝文志・詩類》 包希魯《詩小序解》一卷。

詩纘緒

倪燦等《補遼金元藝文志・詩類》 劉玉汝《詩纘緒》十八卷。

《四庫提要・詩類二》 《詩纘緒》十八卷。《永樂大典》本。元劉玉汝撰。玉汝始末未詳。惟以周霆震《石初集》考之，知其爲廬陵人，字成之，嘗舉鄉貢進士。所作《石初集序》，末題「洪武癸丑」，則明初尚存也。此書諸家書目皆未著録，獨《永樂大典》頗載其文。其大旨專以發明朱子《集傳》，故名曰《纘緒》。體例與輔廣《童子問》相近。凡《集傳》中一二字之斟酌，必求其命意所在。或存此説而遺彼説，或宗主此論而兼用彼論，無不尋繹其所以然。至論比興之例，謂有有取義之興，有無取義之興，有一句興通章，有數句興一句，有興兼比、賦兼比之類。明用韻之法，如曰隔句爲韻，連章爲韻，疊句爲韻，重韻爲韻之類。論《風》、《雅》之殊，如曰有腔調不同，有詞義不同之類。於朱子比興、叶韻之説，皆能反覆體究，縷析條分。雖未必盡合詩人之旨，而於《集傳》一家之學，則可謂有所闡明矣。明以來諸家《詩》解，罕引其説，則亡佚已久。今就《永樂大典》所載，依經排纂，正其脱譌，定爲一十八卷。

錢大昕《補元史藝文志・詩類》　劉玉汝《詩纘緒》十八卷。字成之，廬陵人。

張金吾《愛日精廬藏書志・詩類》　《詩纘緒》十八卷。文瀾閣傳抄本。元劉玉汝撰。

詩傳疏義

王圻《續文獻通考・經籍考・詩》　《朱子詩傳疏義》二十卷，朱公遷著。公遷字克升，鄱陽人。其父梧崗翁聞同郡準軒吳中行，得聞朱子門人黄幹之學於廣信饒魯，往準軒學焉。於是大肆力於學，經傳子史百家之書，禮樂律曆制度名物之數，無不貫通，而悉究之。初以遺逸徵至京師，授翰林直學士，力辭不許，章七上，乃出爲金華郡學正。勤於著述，剖析經傳，極其精緻。

黄虞稷《千頃堂書目・詩類・補元》　朱公遷《詩傳疏義》二十卷。樂平人，至正鄉舉，處州教授。

倪燦等《補遼金元藝文志・詩類》　朱公遷《詩傳疏義》二十卷。字克升，樂平人，處州教授。

《四庫提要・詩類二》　《詩經疏義》二十卷。浙江吳玉墀家藏本。元朱公遷撰。公遷字克升，樂平人。《江西通志》載其至正間爲處州學正，何英後序則稱以特恩授校官，得主金華郡庠。二説互異。考《樂平縣志》載公遷「以至正辛巳領浙江鄉試，教婺州，改處州」。然則英序舉其始，《通志》要其終耳。是書爲發明朱子《集傳》而作，如注有疏，故曰《疏義》。其後同里王逢及逢之門人何英，又采衆説以補之。逢所補題曰《輯録》，英所補題曰《增釋》。雖遞相附益，其宗旨一也。其説墨守朱子，不踰尺寸，而亦間有所辨證。如《卷耳》篇内，朱子誤用毛《傳》舊説，以崔嵬爲土山戴石，公遷則引《爾雅》、《説文》，明其當爲石戴土。又《七月》之詩，朱子本《月令》以流火在六月，公遷推驗歲差，謂《公劉》時當五六月之交。皆足以補《集傳》之闕。又《集傳》所引典故，一一詳其出處。即所引舊説，原本不著其名者，如《衛風》之趙子注爲趙伯循，《小雅・斯干》篇之或曰注爲曾氏之類，皆一一考訂，雖與宏旨無關，亦足見其用心不苟也。書成於至正丁亥。正統甲子，英始取逢所授遺稿重加增訂，題曰《詩傳義》，詳釋發明，以授書林葉氏刊行之。而版心又標《詩傳會通》，未喻其故。今仍從公遷舊名，題曰《詩經疏義》，以不沒其始焉。

錢大昕《補元史藝文志・詩類》　朱公遷《詩傳疏義》二十卷。字克升，樂平人，處州學正。

吳壽暘《拜經樓藏書題跋記》　《詩經疏義》。右凡二十卷，爲元番陽朱公遷所撰，而門下士補訂者。卷首列「後學番陽朱公遷克升疏義，野谷門人王逢原夫輯録，松塢門人何英積中增釋」。有至正丁亥公遷自序，復有明正統甲子何英後序。前有「嘉靖二年孟夏月安正書堂重刊」長印，後有「癸未年仲夏安正書堂刊」長方印，蓋初刻於正統間，重刻於嘉靖二年。卷首列《詩序辨説》及《綱領》二十五圖，前有讀書凡例，例内「本經文誤寫」一條謂《十月之交》「朔日辛卯」，古本是「朔月」，今《集傳》本皆爲「朔日」，明是誤字。如《論語》最後「不知命」，古本是「孔子曰」，《集注》無「孔」字。《孟子》「行者有裹糧」，古本是「裹囊」，《集注》本以「囊」爲「糧」字，皆誤也。循用既久，不知其然矣。此「朔日」字宜改從古本。蓋元時所見本已如此。然宋本《詩集傳》「朔日」故作「朔月」，咸淳本《四書》「裹糧」仍作「裹囊」耳。其經文之異於今本者，如《定之方中》「終然允臧」，《皇矣》「以篤于周祜」，《周頌》「既右享之」，《商頌》「來假祁祁」，並與唐石經合。惟《竹竿》「遠兄弟父母」已作「父母兄弟」，「家伯維宰」作「爲宰」。其注之異於今本者，如《周南》「不可休息」下，吳氏曰：「《韓詩》作『思』。」《小雅》「爰其適歸」，「爰」下注：「《家語》作『奚』。」《周頌》「假以溢我」，「假」下注：「《春秋傳》作『何』。」「溢」下注：「《春秋傳》作『恤』」。按錢宮詹《養新録》載「寶山朱寄園家藏元儒雙湖胡氏《詩傳附録纂疏》二十卷，一遵朱文公元本」，卷分及字句，此並與之同，蓋皆未經改竄刪併者也。「爰其適歸」注，《養新録》謂今本刪去「《家語》作『奚』」句，直改爲「奚」，大非文公説經謹慎之意。「假以溢我」句，刪去《春秋傳》云云，則注中「假」之爲「何」、「溢」之爲「恤」云云，令人不解何謂矣。讀是書知元儒尙守家法，不似明人之鹵莽妄作。又「祇自疷兮」下引劉氏曰「當作疧，與痻同，眉貧反」，「婁豐年」下注「力注反」。與《潛研堂文集》所拈出者並同。「彼徂矣岐」句下引沈括説，與宮詹所記合。蓋是書雖刻於明之中葉，而猶爲元儒手筆，悉仍文公之舊，未經妄刪者，洵可貴也。

詩國風小雅説

王圻《續文獻通考・經籍考・詩》　《詩國風小雅説》，福清黄舜祖著。

詩傳名物類考

黄虞稷《千頃堂書目・詩類・補元》　楊璲《詩傳名物類考》。字元度，餘姚人。

倪燦等《補遼金元藝文志・詩類》　楊璲《詩傳名物類考》二十卷。字元度，餘姚人。

錢大昕《補元史藝文志・詩類》　楊燧《詩傳名物類考》。字元度，餘姚人，歷寧海、縉雲及本州學官。

詩集説

黄虞稷《千頃堂書目・詩類・補元》　盧觀《詩集説》。

倪燦等《補遼金元藝文志・詩類》　盧觀《詩集説》。

朱彝尊《經義考・詩》　盧氏觀《詩集説》。未見。黄虞稷曰：「字彦達，崑山人熊之父。」

錢大昕《補元史藝文志・詩類》　盧觀《詩集説》。

詩經疑問　附詩辨説

楊士奇等《文淵閣書目・詩》　朱倬《詩經疑問》。一部，一冊。闕。

范邦甸等《天一閣書目・詩類》　《詩經疑問》七卷，《疑問附編》一卷。烏絲欄鈔本。元盱黎朱倬孟章氏撰，建安劉錦文識末云：「《詩經疑問》，朱君孟章所擬，以私淑人也。舊所録先後無緒，今特爲之詮次梓行。復以豫章趙氏所編頗采以附於後。」《附編》一卷，豫章趙德撰，劉錦文識云：「右趙氏所編，凡七卷，此特四之一耳。是編專爲《疑問》設，其餘汎論經旨，故不復録。」

黄虞稷《千頃堂書目・詩類・補元》　朱倬《詩經疑問》七卷。稱進士盱黎朱倬孟章編，自爲問答以發朱子《集傳》之藴。宋附趙德《詩辨疑》一卷。

倪燦等《補遼金元藝文志・詩類》　朱倬《詩經疑問》七卷。字孟章，盱江人，進士。末附趙德《詩辨疑》一卷。

錢大昕《補元史藝文志・詩類》　朱倬《詩疑問》七卷。一作八卷。字孟章，建昌新城人，以進士授遂安尹，至正十二年，寇至，不屈，死。

《四庫提要・詩類二》　《詩疑問》七卷，附《詩辨説》一卷。內府藏本。元朱倬撰。倬字孟章，建昌新城人。至正二年進士，官遂安縣尹。壬辰秋，寇至，吏卒逃散，倬獨坐公所以待盡。及寇焚廨舍，乃赴水死。蓋亦忠節之士，《元史》遺漏未載。國朝納喇性德作是書序，始據《新安文獻志》汪叡所作哀辭，爲表章其始末。其書略舉詩篇大旨發問，而各以所注列於下，亦有闕而不注者。劉錦文序稱：「其間有問無答者，豈眞以爲疑哉？在乎學者深思而自得之耳。」又稱：「舊本先後無緒，今爲之論定，使語同而旨小異者，因得以互觀焉。」是此本乃錦文所重編，非倬之舊。其有問無答者，或亦傳寫佚脱，而錦文曲爲之辭歟？末有趙德《詩辨説》一卷。德，宋宗室，舉進士，入元隱居豫章東湖。其書與倬書略相類，殆後人以倬忠烈，德高隱，其人足以相配，故合而編之歟？倬書七卷，附以德書爲八卷。

朱睦㮮《授經圖》、焦竑《經籍志》乃皆作六卷，疑爲傳寫之譌。或倬原書六卷，劉錦文重編之時析爲七卷，亦未可定也。

詩義發揮

黃虞稷《千頃堂書目・詩類・補元》 曹居貞《詩義發揮》。廬陵人。

倪燦等《補遼金元藝文志・詩類》 曹居貞《詩義發揮》。廬陵人。

錢大昕《補元史藝文志・詩類》 曹居貞《詩義發揮》。廬陵人。

詩義矜式

楊士奇等《文淵閣書目・詩》 林泉生《詩義矜式》。一部，一冊。闕。

黃虞稷《千頃堂書目・詩類・補元》 林泉生《詩義矜式》十二卷。字清源，三山人。

朱彝尊《經義考・詩》 林氏泉生《詩義矜式》。十二卷。存。繆泳曰：「此專爲科舉而設，無足存也。」按：泉生行狀、墓志俱吳海作，平生著述秪載《春秋論斷》，而無《詩義矜式》一書，殆書賈所託也。

詩傳旁通

楊士奇等《文淵閣書目・詩》 翟思忠《詩傳旁通》。一部，八冊。闕。

黃虞稷《千頃堂書目・詩類・補元》 翟思忠《詩傳旁通》十卷。

倪燦等《補遼金元藝文志・詩類》 翟思忠《詩傳旁通》八卷。失時代。

詩解

黃虞稷《千頃堂書目・詩類・補元》 李少南《詩解》二十卷。不知時代。

倪燦等《補遼金元藝文志・詩類》 李少南《詩解》二十卷。失時代。

詩義權輿

黃虞稷《千頃堂書目・詩類》 何淑《詩義權輿》。

學詩舟楫

錢大昕《補元史藝文志・詩類》 周聞孫《學詩舟楫》。

詩答問

錢大昕《補元史藝文志・詩類》 蔣宗簡《詩答問》。

類編歷舉三場文選詩義

張金吾《愛日精廬藏書續志・詩類》 《新刊類編歷舉三場文選詩義》八卷。抄本。從陳君子準藏元刊本傳録。［元］安成後學劉貞仁《初編集》。起延祐甲寅迄元統乙亥，凡八科。是書與《周易經義》俱可考見有元一代經義之式，故並存之。

瞿鏞《鐵琴銅劍樓藏書目録・詩類》 《類編歷舉三場文選詩義》八卷。元刊本。題「安成後學劉貞仁初編集」。案《元史・選舉志・科目》：仁宗皇慶二年定科場考試程式，漢人、南人第一場，明經、經疑二問，經義一道，各治一經；第二場，古賦詔誥章表；第三場，策一道。則《詩》義，義實第一場文也。此編選江浙、江西、湖廣鄉試及中書堂會試《詩》義，自延祐甲寅鄉試至元統乙亥鄉試，每鄉會試一科，合爲一卷，凡八科。蓋皇慶定制至次年改元延祐，始舉行鄉試，故稱是科爲第一科。其首卷第一篇及末篇，爲黃文獻延祐甲寅鄉試第三名與乙卯會試第十六名之作，本集皆未載。題後多有載考官批者，會試皆稱考官批，鄉試則稱初考覆考考官批」，其官多教授、照磨、録事、推官、縣丞、縣尹、州判之類，而無一定。《元志》所謂「並於見任幷在閑有德望文學常選官內選差」者也。惟《志》謂會試考試官四員，鄉試每處差考試官同考官各一員，此則會試亦四員，而鄉試則有三員，與《志》不合，或後有更定而史失之歟？皇慶詔書：《詩》以朱氏爲主，《尚書》以蔡氏爲主，《易》以程氏、朱氏爲主。已上三經，兼用古註疏。此載湖廣鄉試考官彭縣丞士奇批聶炳文云：「習《詩》、《書》者之於朱《傳》、蔡《傳》，宜必在所熟講，然求其合者甚少。此卷雖不盡合，蓋鐵中之錚錚者。」其去取如此，宜古註疏之遂廢矣。又載縣丞擬作半篇，稱爲「《詩經》冒子」，蓋其體猶與論相近。仁初又有《三場文選易義》、《禮義》，皆八卷，潜研錢氏皆見過，載《日記鈔》中，獨未見此，而《千頃堂書目》則皆未之及。舊爲邑人陳子準所藏。子準名揆，藏書甚富，著有《琴川志注》、《琴川續志》、《虞邑遺文》，其稿並藏余家。卷首有「稽瑞樓」朱記。

詩圖説

楊士奇等《文淵閣書目・詩》 《詩圖説》。一部，一冊。闕。

黃虞稷《千頃堂書目・詩類・補元》 《詩圖説》。失名氏。

倪燦等《補遼金元藝文志・詩類》 《詩圖説》。失名。

詩經斷法

楊士奇等《文淵閣書目・詩》 《詩經斷法》。一部，一冊。闕。

《四庫提要・詩類存目一》 《詩義斷法》五卷。浙江范懋柱家天一閣藏本。不著撰人名氏。卷首有「建安日新書堂刊行」字，又有「至正丙戌」字，蓋元時所刻。朱彝尊《經義考》載宋謝叔孫《詩義斷法》，不列卷數，注引《江西通志》曰：「叔孫，南城人，舉進士，官翰林編修。」又載《詩義斷法》一卷，不著名氏，注曰「見《菉竹堂書目》」，竝云「已佚」。此本五卷，與後一部一卷之數不符，其叔孫之書歟？首有自序，詞極鄙俚，殆不成文。卷前冠以《作義之法》，分總論、冒題、原題、講題、結題五則。次爲《學詩入門須知》。次爲《先儒格言》。次爲《總論六義》。皆剽竊陳言，不出兔園冊子。又書中但列擬題，於經文刊削十七。始於《鄘風》之《干旄》，不知何取。蓋揣摩弋取之書，本不爲解經而作也。

詩經題斷

楊士奇等《文淵閣書目・詩》 《詩經題斷》。一部，一冊。闕。

詩旁注

黃虞稷《千頃堂書目・詩類》 朱升《詩旁注》八卷。

《明史・藝文志・詩類》 朱升《詩旁注》八卷。

盧文弨《經籍考》 朱楓林《諸經旁注注解》。明初學士朱升著。升，休寧人，師事陳櫟。博洽羣書，歸居石門，所著有《易》、《詩》、《書》、《周官》、《儀禮》、《禮記》、《四書》、《孝經》、小學旁注注解及《書傳》補正傳注。

詩經演義

王圻《續文獻通考・經籍考・經解》 《詩經演義》。王廉熙陽著。

詩集傳音義會通

黃虞稷《千頃堂書目・詩類》 汪克寬《詩集傳音義會通》三十卷。引古今之書凡百餘家，疑者辨之，缺者補之，朱子之欲更定而未及者從而正之。

朱彝尊《經義考・詩》 汪氏克寬《詩集傳音義會通》。三十卷。未見。

危素序曰：「新安朱子《詩傳》，或文義，或引證，讀者時有所未通。窮鄉下邑，豈能家貯羣書，人熟通訓故？學者之患此久矣。祁門汪君仲裕甫，蚤貢於鄉，教授宣、歙間。《易》、《禮》、《春秋》，各有著述。至於《詩傳》，爲凡例十有二條，幽探徧索，具見成書，分爲三十卷，名曰《詩集傳音義會通》。其自序則以興《詩》成樂之效望於來學。盛哉！君之用心。蓋其從大父東山受學於饒先生伯輿，君之學得於吳先生可翁，兩先生俱鄱人，距祁門甚邇。君年高德邵，爲士林之蓍龜云。」

宋濂序曰：「漢晉諸儒既造傳以釋六經，唐孔穎達復爲《正義》，什傳而使之明，陸德明《經典釋文》之書遂與之兼行。蓋名物之詳，理所當明；聲字之訛，理所當正。而議者尚有謂孔之繁蕪、陸之疎漏者。當是時，伊洛之學未興，則其失有不得不然者矣。三百篇之詩，自子朱子親爲之注，其大義固已昭如日星，讀者於事證音義有所未喻，輒昧昧而言之，譬猶不得其門而欲闚奧之入，不調其弓而思正鵠之中，抑亦難矣。前鄉貢進士汪先生，新安人，其從大父東山君，嘗從雙峰饒子浙得黃文肅公之學。文肅則子朱子高第弟子也。其授受淵源，最爲親切，故學者多尊事之。先生幼卽從之游，學遂大進，慨然以致君澤民爲己任。應書有司，以《春秋》中前選。已而上春官不利，嘆曰：『得失固命也。』明諸經以淑後世，不猶行己之志哉？於是作《詩集傳音義會通》若干卷，引古今之書凡百餘家，疑者辨之，闕者補之，朱子之欲更定而未及者亦從而正之。稽其用心，固欲孔、陸無異。然而簡而弗繁，精而不疎，則有大過於人者矣。嗚呼！自經學湮微，其於名物之詳、聲字之訛多忽而不講。高談性命者，有不屑爲；沒溺辭章者，有不暇爲。其視先生爲何如哉？濂少先生七歲，應書武林時嘗一會之，迄今三十餘年。先生以修《元史》被召至京師，會濂亦來總裁史事。於是與先生談經，其深詣遠到殆非當世之士所可及。方欲執弟子禮而請業焉，而先生飄然東歸，因爲敍其書以志歆豔之私。先生所著有《易傳義音考》、《春秋傳纂疏》、《春秋左傳分紀》、《春秋諸傳提要》、《經禮補逸》、《周禮類要》、《四書音證》、《通鑑綱目考異》、《六書本義》等書，皆有益於世，非但今所序之書而已，因併及之。先生名克寬，字德輔，學者尊爲環谷先生云。」

《明史・藝文志・詩類》 汪克寬《詩集傳音義會通》三十卷。

詩經演疏

王圻《續文獻通考・經籍考・詩》 《詩經演疏》，陳謨著。謨，泰和人。

黃虞稷《千頃堂書目・詩類》 陳謨《詩經演疏》。

讀詩記

黃虞稷《千頃堂書目・詩類》 范祖幹《讀詩記》。

朱彝尊《經義考・詩》 范氏祖幹《讀詩記》。未見。《金華府志》：「范祖幹，字景先，金華人。受業白雲許先生之門。太祖帥師下婺，辟爲諮議，以親老辭。鄉人稱爲純老先生。」

詩疑大鳴録

楊士奇等《文淵閣書目・詩》 曾堅《詩疑大鳴録》。一部，一冊。闕。

黃虞稷《千頃堂書目・詩類》 曾堅《詩疑大鳴録》一卷。吳江人，本元禮部員外郎。徐達克元都，堅同學士危素等出謁軍門，太祖命仍原官，後宣德中歷官雲南左右政使司。

《明史・藝文志・詩類》 曾堅《詩疑大鳴録》一卷。

錢大昕《補元史藝文志・詩類》 曾堅《詩疑大鳴録》一卷。字子白，臨川人，翰林直學士。

詩經蠡測

徐𤊹《徐氏家藏書目・詩類》 《詩經蠡測》□卷。蔣悌生。

詩經演義

楊士奇等《文淵閣書目・詩》 梁寅《詩經演義》。一部，二冊。闕。

王圻《續文獻通考・經籍考・詩》 《詩經演義》，梁寅著。

錢謙益等《絳雲樓書目・詩類》 梁寅《詩演義》一冊。八卷。

黃虞稷《千頃堂書目・詩類》 梁寅《詩經演義》八卷。因朱子之《傳》演其義而申之。

《明史・藝文志・詩類》 梁寅《詩演義》八卷。

《四庫提要・詩類二》 《詩演義》十五卷。浙江范懋柱家天一閣藏本。元梁寅撰。寅有《周易參義》，已著録。是書推演朱子《詩傳》之義，故以《演義》爲名。前有自序云：「此書爲幼學而作，博稽訓詁以啟其塞，根之義理以達其機，隱也使之顯，略也使之詳。」今考其書，大抵淺顯易見，切近不支。元儒之學，主於篤實，猶勝虛談高論、橫生臆解者也。朱彝尊《經義考》載此書作八卷，注曰「未見」。此本至《小雅・苕之華》篇止，以下皆闕，而已有一十五卷，則八卷之説，殊爲未確。蓋彝尊未覩此本，但據傳聞録之，卷數譌異，其亦有由矣。

張金吾《愛日精廬藏書志・詩類》 《詩演義》十五卷。文瀾閣傳抄本。元梁寅撰。《詩》以溫柔敦厚而垂教者也。其爲言也，既平易而易知；及諷詠之也，又足以感人心而易入。然新學誦之，亦有難者焉。其所以難者，訓詁則必欲其明也，義理則必欲其正也，《詩》之所由作者，所當究而其不可知者爲多也。吾夫子刪詩之時，未有注釋也。至漢儒以經相傳授，注釋益衆矣，而無所前聞，多臆度，故謬誤相襲。朱子《詩傳》獨覺夫千載之失，而有以正之。至於字義，尤必有據。凡其穿鑿附會者，悉棄而不取。故曰訓詁之必明也。漢儒之釋經，於正理或昧，迨程朱之言既行，駁雜之論乃黜。今之讀經者，宜一遵程朱，勿復互異，故曰義理之必正也。古人之歌詩，如今之歌曲，或頌或規，唯取大意，詩之事實，多所未究。以今觀之，其作者爲何人，所指爲何事，勿問之可也，故曰其不可知者爲多也。《傳》之或簡略者，蓋章解句釋，非君子之所尚也。然幼學之士，讀經而懵於《傳》，讀《傳》而違於經，非加之意何以究通？故余之所論著，爲幼學慮也。故博稽訓詁以啟其塞，根之義理以達其意，於其隱也闡而使之顯，於其畧也推而使之詳。其間與《傳》牴牾蓋或時有焉，而以求其是也。君子觀之，恕其僭踰，正其疵謬，則耄言之或傳於後也，非至幸乎？洪武十六年歲在癸亥孟夏之月臨江後學梁寅序。

詩考

黃虞稷《千頃堂書目・詩類》 梁寅《詩考》四卷。

《明史・藝文志・詩類》 梁寅《詩考》四卷。

詩經解頤

楊士奇等《文淵閣書目・詩》 朱善《詩經解頤》。一部，一册。闕。

王圻《續文獻通考・經籍考・詩》 《詩經解頤》，豐城朱善著。字修萬，洪武中文淵閣大學士。

錢謙益等《絳雲樓書目・詩類》 明初朱善著《詩經解頤》。

黄虞稷《千頃堂書目・詩類》 朱善《詩解頤》四卷。字備萬，豐城人，洪武八年授翰林修撰，十七年進文淵閣大學士。

《明史・藝文志・詩類》 朱善《詩解頤》四卷。

《四庫提要・詩類二》 《詩解頤》四卷。内府藏本。明朱善撰。善字備萬，號一齋，豐城人。洪武中官至文淵閣大學士。事蹟附見《明史・劉三吾傳》。是編不載經文，但以《詩》之篇題標目。大抵推衍朱子《集傳》爲説，亦有闕而不説者，則併其篇目略之。其説不甚訓詁字句，惟意主借《詩》以立訓。故反覆發明，務在闡興觀羣怨之旨、温柔敦厚之意，而於興衰治亂，尤推求源本，剴切著明。在經解中爲别體，而實較諸儒之争競異同者爲有裨於人事。其論《何彼襛矣》，爲後人誤編於《召南》，蓋沿王柏之謬説，不足爲據。其論《二子乘舟》，謂壽可謂之悌弟，伋不可謂之孝子，律以「大杖則逃」之文，固責備賢者之意。實則申生自縊，《春秋》無貶。尙論古人，亦未可若是苛也。然論其大旨，要歸醇正，不失爲儒者之言。其於「太王翦商」一條，引金履祥之言，補《集傳》所未備。其據宣王在位四十六年，謂「節彼南山」之申伯蹶父、皇父尹氏，皆非當日之舊人，駁項安世之説，亦時有考據。《明史》載其引據往史，駁律禁姑舅、兩姨爲婚之説，極爲典核。知其研思典籍，具有發明。蓋元儒篤實之風，明初尤有存焉，非後來空談高論者比也。

彭元瑞等《天禄琳琅書目後編・明版經部》 《詩經解頤》。一函，二册。明朱善撰。善字備萬，豐城人。洪武初大學士。謚文恪。書四卷。不載經文，或爲總論，或分章立説。末有洪武壬午丁隆識，稱其子既鋟諸梓，歲久不能無譌，命工重刊此本。乃汲古閣藏，收書家所珍爲毛鈔也。

詩集傳解

黄虞稷《千頃堂書目・詩類》 高頤《詩集傳解》二十卷。福安人，洪武中舉孝廉，任海鹽知縣。

《明史・藝文志・詩類》 高頤《詩集傳解》二十卷。

詩小序論

朱彝尊《經義考・詩》 陶氏安《詩小序論》。一卷。佚。

國風尊經

《四庫提要・詩類存目一》 《國風尊經》一卷。編修朱筠家藏本。舊本題「明陶宗儀撰」。宗儀字九成，黄巖人。元末舉進士不中，卽棄去，累辟舉。洪武中乃出爲教官。事蹟具《明史・文苑傳》。是書前有宗儀自序。案孫作《滄螺集》有《陶九成小傳》，備列其生平著述，無此書名。《明史・藝文志》及朱彝尊《經義考》皆不著録。其書多用《字説》。如序中解大小《雅》云：「雅，知風者也，故名相風。」解「君子好逑」云：「逑從求從辵，謂行而求之也。」解「參差荇菜」云：「荇從草從行，謂草生水中而東西行者也。」解「左右芼之」云：「芼從草從毛，言以菜加於食物之上，如毛之附麗於外。」解「螽斯羽」云：「螽從冬從虫，蓋子產於冬而生於春也。」解「招招舟子」云：「招從手從召，謂舉手召也。」解「簡兮」云：「竹間爲簡，言衆工來會，如竹之稠密也。」解「隰有苓」云：「未知何草，然從草從令，草之善者。」解「終窶且貧」之「窶」從穴從婁，謂上下皆空也；貧從分從貝，謂所有輒散也。解「靜女其姝」云：「姝，女顏之若朱者。」解「中冓之言」云：「冓之爲文，有材木從横、層累增高之義，中冓當國之中，而構者則君之居也。」其穿鑿不通，不可枚舉。其最謬者，如謂《桑中》爲《關雎》之遺，是以淫女擬聖后也。謂「人之無良，我以爲兄」，兄者長也，居上爲民長也，毛氏以爲君之兄者，非也。自古以來，有稱君爲兄者乎？宗儀亦何至於此？核其詞氣，似明萬曆以後人，蓋贋託也。惟《卷耳》、《葛覃》二詩，其説似近情理。然以《國策》觸讋之語證古者諸侯之女無歸寧之禮，則又不然。息嬀歸寧而過蔡獻舞，止享而召兵，其事具載《左傳》，安得謂其必無？以觸讋之言疑古禮，是猶以華督目逆一事，疑古婦人無出必蔽面之禮；以崔杼見棠姜一事，疑古婦人無幃哭之禮；以陶嬰中夜悲鳴一語，疑古寡婦無不夜哭之禮也。豈通論乎？原目自《周南》至《曹風》，惟無《豳風》。此本僅至《衛風》而止，蓋佚其半。然如此妄謬之書，佚亦正不足惜耳。

詩經正葩

黄虞稷《千頃堂書目·詩類》 瞿佑《詩經正葩》。

朱彝尊《經義考·詩》 瞿氏佑《詩經正葩》。佚。錢謙益曰：「佑，字宗吉，錢塘人。洪武中，以薦歷仁和、臨安、宜陽訓導，陞周府右長史。永樂間，下詔獄，謫戍保安。洪熙乙巳，英國公奏請赦還，令主家塾。」

詩經詳釋

王圻《續文獻通考·經籍考·詩》 《詩經詳釋》，何英著。英，鄱陽人。

黄虞稷《千頃堂書目·詩類》 何英《詩經詳釋》。一作「增釋」。

朱彝尊《經義考·詩》 何氏英《詩經詳釋》一作「增釋」。未見。按：是書當卽朱公遷《疏義》增釋之。

詩小序集成

黄虞稷《千頃堂書目·詩類》 周是修《詩小序》。

朱彝尊《經義考·詩》 周氏是修《詩小序集成》。三卷。佚。《江西通志》：「周是修，名德，以字行，泰和人。初舉霍丘縣學訓導，擢周府奉祠正，改衡府記善。靖難師入金川門，自經於應天府學。」

《明史·藝文志·詩類》 周是修《詩小序集成》三卷。

詩集義

黄虞稷《千頃堂書目·詩類》 周是修《詩集義》。

詩譜

黄虞稷《千頃堂書目·詩類》 周是修《詩譜》三卷。

詩正義

黄虞稷《千頃堂書目·詩類》 張洪《詩正義》十五卷。

《明史·藝文志·詩類》 張洪《詩正義》十五卷。

詩義

朱彝尊《經義考·詩》 楊氏禹錫《詩義》。二卷。佚。《雲南通志》：

「楊禹錫，太和人，洪武間，以經明行修辟，授本縣學訓導。」

《明史・藝文志・詩類》 楊禹錫《詩義》二卷。

詩經總旨

黄虞稷《千頃堂書目・詩類》 鄭旭《詩經總旨》一卷。閩縣人，建文中官儒學訓導。

《明史・藝文志・詩類》 鄭旭《詩經總旨》一卷。

詩經會意

朱彝尊《經義考・詩》 趙氏鼒《詩經會意》。佚。鄭玥曰：「趙鼒，雞澤人，弘、正間由歲貢生任戶部司務，陞南刑部員外郎。」

詩傳通證

王圻《續文獻通考・經籍考・詩》 《詩傳通證》，贊善陳濟著。濟，武進人。

黄虞稷《千頃堂書目・詩類》 陳濟《詩傳通證》。武進人，永樂中徵修大典，書成，授春坊贊善。

詩傳大全

高儒《百川書志・詩》 《詩傳大全綱領》一卷。《詩傳大全圖》一卷。《詩傳大全》二十卷。皇明翰林院學士胡廣等奉敕纂修。

范邦甸等《天一閣書目・詩類》 《毛詩大全》二十卷。明翰林學士胡廣等奉敕纂修。

徐𤊹《徐氏家藏書目・詩類》 《詩經大全註》二十卷。

張萱等《内閣藏書目録・經部》 《詩傳大全》十三冊。全。又《詩傳大全》九冊。不全。

劉若愚《内板經書紀略》 《詩傳大全》。十二本，九百九葉。

黄虞稷《千頃堂書目・詩類》 《詩集傳大全》二十卷。永樂間命胡廣等四十一人編輯。

《明史・藝文志・詩類》 永樂中敕修《詩集傳大全》二十卷。胡廣等纂。

《四庫提要・詩類二》 《詩經大全》二十卷。通行本。明胡廣等奉敕撰，亦永樂中所修《五經大全》之一也。自北宋以前，説《詩》者無異學。歐陽修、蘇轍以後，别解漸生。鄭樵、周孚以後，爭端大起。紹興、紹熙之間，左右佩劍，相笑不休。迄宋末年，乃古義黜而新學立。故有元一代之説《詩》者，無非朱《傳》之箋疏。至延祐行科舉法，遂定爲功令，而明制因之。廣等是書，亦主於羽翼朱《傳》，遵憲典也。然元人篤守師傳，有所闡明，皆由心得。明則靖難以後，耆儒宿學，略已喪亡。廣等無可與謀，乃剽竊舊文以應詔。此書名爲官撰，實本元安城劉瑾所著《詩傳通釋》而稍損益之。今劉氏之書尚有傳本，取以參校，大約於其太冗蔓者略删數條，而餘文如故。惟改其中「瑾案」二字爲「劉氏曰」，又劉書以《小序》分隸各篇，是書則從朱子舊本合爲一篇，小變其例而已。顧炎武《日知録》、朱彝尊《經義考》竝抉摘其非。陳啟源《毛詩稽古編》，但責廣等採劉瑾之説太濫，猶未究其源也。其書本不足存，惟是恭逢聖代，考定藝文，既括千古之全書，則當備歷朝之沿革，而後是非得失，釐然具明。此書爲前明取士之制，故仍録而存之，猶小學類中存《洪武正韻》之例云爾。

葩經或問

黄虞稷《千頃堂書目・詩類》 魯穆《葩經或問》。

朱彝尊《經義考・詩》 魯氏穆《葩經或問》。未見。陸元輔曰：「穆，天台人，永樂丙戌進士，累官都察院右僉都御史理院事。」

詩義集説

黄虞稷《千頃堂書目・詩類》 孫鼎《詩義集説》四卷。字公宜，廬陵人，永樂舉人，應天提學御史。正統十二年丁卯序。

《明史・藝文志・詩類》 孫鼎《詩義集説》四卷。

阮元《四庫未收書目提要・詩類》 《詩義集説》四卷。明孫鼎撰。鼎字宜鉉，廬陵人。永樂中領鄉薦，任松江教授，擢監察御史，提督南畿學政。是編凡四卷。蓋採取《解頤》、《指要》、《發揮》、《矜式》等書，擇其新義，彙爲一編，仍分總論、章旨、節旨各類，展帙釐然，頗屬精備。其中所引，如彭奇《詩經主意》、曹居貞《詩義發揮》，朱彝尊則云未見，謝升孫《詩經斷法》則云已佚。考之黄虞稷《千頃堂書目》，知是書成於正統十二年，《經義考》曾列此書，而注云未見，此則從原刻影鈔，惜其序文已佚耳。

讀詩記

黄虞稷《千頃堂書目・詩類》 李賢《讀詩記》一卷。

《明史・藝文志・詩類》 李賢《讀詩紀》一卷。

詩口義

黄虞稷《千頃堂書目・詩類》 劉翔《詩口義》。清江人，宣德己酉舉人，翰林院檢討。又有《禮記説》。

詩經集解

黄虞稷《千頃堂書目・詩類》 范理《詩經集解》三卷。

朱彝尊《經義考・詩》 范氏理《詩經集解》。三十卷。楊守陳志墓云三卷。未見。《台州府志》：「范理，字道濟，天台人。宣德庚戌進士，官至南京吏部左侍郎。」

《明史・藝文志・詩類》 范理《詩集解》三十卷。

詩經主意

朱彝尊《經義考・詩》 彭氏奇《詩經主意》。未見。按：奇，未詳何時人，書載葉氏《菉竹堂目録》。

詩經講説

朱彝尊《經義考・詩》 王氏逢《詩經講説》。二十卷。佚。《樂平縣志》：「王逢，字原夫。宣德初薦授富陽學訓導，尋以明經召見。放歸，杜門講學。鄉里稱曰松隖先生。」

《明史・藝文志・詩類》 王逢《詩經講説》二十卷。

詩私鈔

黄虞稷《千頃堂書目・詩類》 楊守陳《詩私鈔》四卷。

朱彝尊《經義考・詩》 楊氏守陳《詩私抄》。四卷。存。守陳自序曰：「《詩》三百篇皆孔子所録，世無異論矣。其《序》或謂作於孔子，又或以爲子夏、毛公，或以爲衛宏，莫能定也。然自漢毛公據《序》作《傳》，而鄭康成之《箋》從之，唐孔祭酒之《疏》、宋呂東萊之《讀詩記》皆從之。他儒亦莫不尊《序》如經，無敢有議而違者。至歐陽文忠、蘇穎濱始皆《疑》序而嫌《傳》、《箋》，各出其所見。穎濱則例取《序》之首句，盡去其下文而說之；文忠則於《傳》、《箋》之善者皆從之，而其間有悖理咈情者，始易之耳。獨鄭夾漈深闢《傳》、《箋》之妄，盡去《序》而自爲之說。或謂其私心自是，殆於不知而作者。晦庵朱夫子，博考諸家，深探古始，以爲《集傳》，多主夾漈之說，且斷然以《序》說謬妄淺拙，實漢儒所作，不當分冠諸篇。因併爲一編，而詳論其得失，學者莫不信而遵之。奮千古之卓見，以掃百代之陋聞，非命世之大儒，其孰能與於此哉？然其主夾漈而與鄭、衛諸《風》盡斷爲淫詩，則東萊固嘗議之，其後馬氏端臨亦嘗辨之，今雖專門舉子尚或有疑於此者。蒙少從先祖栖芸先生授《詩》，僅聞大旨，已厭淫詩之繁而疑之矣。其後徧考諸家，益詳味之，則所疑亦不止此。歷歲洊久，疑猶未能釋也。今居閒處靜，日味諸經，因詳考各家傳注，擇而抄之以誦習。《詩》則專抄《集傳》，獨於疑未釋者或仍從《傳》、《箋》，或易以他說，或寫愚見附焉。嗟乎！《序》說多謬妄淺拙，信有如朱子之言者。徒以其託名於聖賢，故世儒尊而信之，歷數百年之久無敢更者。況朱子之道學無愧聖賢，何啻百世之山斗。而其爲《集傳》也，貫穿古今，折衷百氏，發理精到，措辭簡明，諸家莫有能逮之者。而初學小生乃敢私竊去取於其間，豈非昏愚僭妄之極者哉？雖然，自昔儒生治經講道，皆由粗以造精，而於前言往行，亦始多疑而終信者。今蒙學未至而輕遽言之，不自知其說之謬甚也，俟他日改正焉。斯可以驗學之進矣。天順元年丁丑冬十月。」

戚雄曰：「鏡川《詩抄》，於《兔罝》引《墨子》曰：『文王舉閎夭、泰顛於罝罔之中，授之政而西土服。』此說有據。」

王鏊曰：「《詩小序》序所以作者之意，而或與詩詞不應，自宋以來，人多疑之，未敢盡屏。至朱子一切刮去，自諷其詩而爲之說。卓哉，其爲見也！視古注亦簡切易曉，可謂有功於三百篇矣。但古人作詩，必自命題，國史採之，亦必著其所自，不然其人去之千古，安知微意所屬？使今人爲詩不自命題，則釋之者人人殊，不知果誰能得作者之心也。毛、鄭泥於《小序》，宛轉附合，多取言外之意。朱子不泥《序》說，獨味詩之本旨。毛、鄭固多失，然去古未遠，其說亦或有自。朱子以夫子『鄭聲淫』之說，於鄭、衛之《風》多指爲淫奔，楊文懿公守陳謂春秋列國大夫會盟多賦詩以見志，使皆淫辭，焉肯引以自況？若夫子意在垂戒，一二篇足矣，何取於多若是？如《風雨》、《鷄鳴》、《丘中有麻》之類，《序》以爲思賢，《木瓜》以爲報功，《采葛》以爲懼讒，《青青子衿》以爲刺學校廢，如此之類，姑從其舊，未爲不可也。」

《明史・藝文志・詩類》　楊守陳《詩私鈔》四卷。

黃佐曰：「朱子所指淫詩與《小序》說異者，近世四明楊氏直以爲秦火之後，漢儒誤收以備三百之數。故其所著《私抄》，刪削而改編之。愚謂《左傳》載列國所賦者，諸淫詩具在，誤收之說，豈其然乎？」

詩經直指

黃虞稷《千頃堂書目・詩類》　易貴《詩經直指》十五卷。貴州宣慰司籍，吉水人，景泰甲戌進士，辰州府知府。

《明史・藝文志・詩類》　易貴《詩經直指》十五卷。

詩經講說

黃虞稷《千頃堂書目・詩類》　程楷《詩經講說》二十卷。字正之，樂平人，成化丁未會試第一人。

《明史・藝文志・詩類》　程楷《詩經講說》二十卷。

詩傳纂義

范邦甸等《天一閣書目・詩類》　《詩傳集義》一卷。朱絲欄鈔本。明畏菴倪復撰。

黃虞稷《千頃堂書目・詩類》　倪復《詩傳纂義》一卷。字汝新，鄞縣人，嘉靖時。

《四庫提要・詩類存目一》　《詩傳纂義》。無卷數。浙江巡撫採進本。明倪復撰。復字汝新，鄞縣人。兹編不載經文，惟於有所發明者標其篇名。所說多襲前人，或全録之而不言所本。其自出新意者，如謂《皇華》、《四牡》通爲射饗樂歌之類，於古皆無所考證。

詩經發鑰

朱彝尊《經義考・詩》　劉氏銓《詩經發鑰》。佚。《寧波府志》：「劉銓，字世衡，慈谿人，以貢爲丹徒訓導。」

詩傳旁通

朱彝尊《經義考・詩》　王氏彥文《詩傳旁通》。未見。錢金甫曰：「華亭人，號益齋，官嘉興縣儒學教諭。」

詩　解

朱彝尊《經義考・詩》　丁氏徵《詩解》。佚。

風雅遺音

黃虞稷《千頃堂書目・詩類》　劉誠《風雅遺音》。輯楚漢以下詞人之作，得《三百篇》之旨者。

詩經講義

朱彝尊《經義考・詩》　鄭氏滿《詩經講義》。未見。《浙江新志》：「滿，字守謙，慈谿人，弘治壬子舉人，濮州知州。」

詩釐正

黃虞稷《千頃堂書目・詩類》　湛若水《詩釐正》二十卷。

朱彝尊《經義考・詩》　湛氏若水《詩釐正》。二十卷。存。若水自序曰：「《詩》何爲而釐正也？甘泉子曰：釐正夫淫詩也。淫詩不可存於經也，此必夫子已删，後儒復取而雜入焉者也。『《詩》三百，一言以蔽之，曰思無邪。』無邪者，正也。夫古之詩皆樂章也，奏之鄉黨焉，奏之閨門焉，奏之邦國焉。淫奔之詞果可奏之鄉黨、閨門、邦國乎？大不可也。此夫子之所以去之，獨存三百篇也。今乃三百十一篇，其十一篇者非夫子所删淫詩，好事之儒復取而混之爲三百十一者乎？其釐正《小序》何也？曰：《小序》者，如今人作詩必先有序於前，爲某人某事爾也。《詩》之《大序》，孔子弟子子夏以夫子之意爲之。其曰『國史明乎得失之迹』，國史，謂小史也。其時近，故其記事也切。與後之生乎千百年之後而臆計乎千百年之前者異矣。故論《詩》者必以《小序》爲正。然其中有數字後儒雜入者，釐而正之，使《序》純乎古則《序》正，《序》正則《詩》正矣。」

《明史・藝文志・詩類》　湛若水《詩釐正》二十卷。

詩　考

黃虞稷《千頃堂書目・詩類》　許誥《詩考》。

詩經冊義

黄虞稷《千頃堂書目·詩類》 馬理《詩經冊義》。

毛詩集解

黄虞稷《千頃堂書目·詩類》 陳鳳梧《毛詩集解》。取毛《傳》、鄭《箋》、孔《疏》，稽諸朱子之《語類》參之，以《讀詩記》、《詩緝》、楊守陳《私鈔》而附以自得之見。別著參訂篇什一卷，以定其世次。

儼山詩微

錢謙益等《絳雲樓書目·詩類》 《儼山詩微》一冊。陸深，長沙門人。

黄虞稷《千頃堂書目·詩類》 陸深《儼山詩微》三卷。

朱彝尊《經義考·詩》 陸氏深《儼山詩微》。二卷。存《儼山集》中。

闕。深自序曰：「深承父兄之訓，於《詩》自少誦習，中歲業舉，反覆諷詠之餘，竊有所疑輒用劄記。迨通籍禁林，獲交賢俊間，於僚友間稍出一二質之，頗有合焉，而亦未敢遽以爲是也。今六十年矣，雖於經術終身難聞，而一得之愚不忍自棄，聊存稿以示子孫，目曰《詩微》，其章句篇什多仍乎舊。是編也，蓋欲折衷《傳》、《序》，兼採衆長，以明詩人之旨。其疑者存焉，其闕者俟焉，而因以附見鄙說，求爲朱子之忠臣而後已。嗚呼，僭妄之罪，安所於逃？觕令後世知予之苦心焉爾。」

按：《詩微》業有成書，公子楫稱公攜入京師，爲朝士竊去，僅存二《南》、《邶風》而已。其於《大序》疑有錯簡而更正之。存《儼山集》中。

《明史·藝文志·詩類》 陸深《儼山詩微》二卷。

詩經童訓辨疑

黄虞稷《千頃堂書目·詩類》 李淮《詩經童訓辨疑》。字巨川，聞喜人，正德甲戌進士，巡撫延綏，右僉都御史。

毛詩序說

錢謙益等《絳雲樓書目·詩類》 呂柟《毛詩序說》二冊。

黄虞稷《千頃堂書目·詩類》 呂柟《毛詩序說》六卷。

《明史·藝文志·詩類》 呂柟《毛詩序說》六卷。

《四庫提要·詩類存目一》 《毛詩說序》六卷。浙江朱彝尊家曝書亭藏本。明呂柟撰。柟有《周易說翼》，已著録。是書以《小序》爲主，而設爲門人問答以明之。每章標舉大意，主於疏通毛義而止。其諸說之異同，皆不置辯。其名物訓詁亦皆弗詳，猶說《詩》家之簡嚴者。但疏解未免太略，此本傳寫譌脱，不可解處尤多。

毛詩或問

徐𤊹《徐氏家藏書目·詩類》 《毛詩或問》二卷。袁仁。

黄虞稷《千頃堂書目·詩類》 袁仁《毛詩或問》二卷。

《明史·藝文志·詩類》 袁仁《毛詩或問》二卷。

《四庫提要·詩類存目一》 《毛詩或問》一卷。通行本。明袁仁撰。仁有《砭蔡編》，已著録。是編大旨主於伸《小序》抑《集傳》，設爲問答以明之。所說止於《魯頌》，疑佚其末數頁也。其自序詆徐禎卿、孫鍾元於《毛詩》訓詁之外，不能措一詞。而謂：「他經可理測，而《詩》則不落理路；他經可意會，而《詩》則不涉意想。三千在門，獨許商、賜可與言《詩》，以其各有悟門。」又詆朱子解《詩》如盲人捫象。而自謂其説「言思莫及，理解俱融，不知我之爲古人，古人之爲我」，其言甚誕。今觀其書，一知半解，時亦有之。然所執者乃嚴羽《詩話》不涉理路，不落言詮，純取妙悟之説。以是説漢魏之詩尚且不可，況於持以解經乎？

毛詩末喻

黄虞稷《千頃堂書目·詩類》 韓邦奇《毛詩末喻》。

胡氏詩識

《明史·藝文志·詩類》 胡纘宗《胡氏詩識》三卷。

詩經摘玉

朱彝尊《經義考·詩》 高氏尚賢《詩經摘玉》。佚。錢金甫曰：「尚賢，新鄭人，正德丁丑進士。」

詩稗説

黄虞稷《千頃堂書目·詩類》 舒芬《詩稗説》三十篇。

詩　説

《明史·藝文志·詩類》 張邦奇《詩説》一卷。

詩經衍義

黄虞稷《千頃堂書目·詩類》 王崇慶《詩經衍義》七卷。

朱彝尊《經義考·詩》 王氏崇慶《詩經衍義》。一卷。存。崇慶自序曰：「《詩》三百，周詩也。《商頌》十二得之周太師氏，而亡其七，亦周人爲之也。夫上公之封，禮樂之備，所以思康微子也。周先王之用心篤矣，是故學莫大乎性情。風所以風此也，雅所以雅此也，頌所以頌此也。然則學《詩》奈何？曰：本之吾心以審其幾，參之事物以觀其變，弘之學問思辨以廣其志，反之無聲無臭以會其極，其庶幾哉！作《詩經衍義》。」

《明史·藝文志·詩類》 王崇慶《詩經衍義》一卷。

詩經臆言

朱彝尊《經義考·詩》 丁氏奉《詩經臆言》。未見。錢金甫曰：「丁奉，常熟人，正德戊辰進士。」

詩説解頤

范邦甸等《天一閣書目·詩類》 《詩説解頤》四十卷。刊本。明嘉靖季本撰并序云：「書有《總論》二卷，以提其綱；《正釋》三十卷，則説正經者也；别爲《字義》八卷，附於其後，以補正説之所未備，而性情之本名物之詳一覽可盡矣。」卷首附録釋詩先儒姓名，旁引證義書目。門人馬棫、張道、王滋、徐渭同校正。

徐𤊹《徐氏家藏書目·詩類》 《詩説解頤》三十卷。季本。《詩説字義》八卷。季本。

錢謙益等《絳雲樓書目・詩類》 季本《詩說解頤》十册。八卷。

黃虞稷《千頃堂書目・詩類》 季本《詩說解頤正繹》三十卷。又《總論》二卷。又《字說》八卷。嘉靖丁巳序。

《明史・藝文志・詩類》 季本《詩說解頤》八卷、《總論》二卷。

《四庫提要・詩類二》 《詩說解頤》四十卷。兩淮鹽政採進本。明季本撰。本有《易學四同》，已著録。是書凡《總論》二卷，《正釋》三十卷，《字義》八卷。大抵多出新意，不肯剽襲前人，而徵引該洽，亦頗足以自申其說。凡書中改定舊說者，必反覆援據，明著其所以然。如以《南山》篇之「必告父母」句，爲魯桓告父母之廟。《九罭》篇之「公歸不復」句，謂以鴻北向，則不復爲興。《下泉》篇之「郇伯」，爲指郇之繼封者而言。「皇父卿士」章，謂以寵任爲先後，故崇卑不嫌雜陳。《頍弁》篇之「無幾相見」句，爲兄弟甥舅自相謂。如斯之類，皆足於舊說之外，備說《詩》之一解。雖間傷穿鑿，而語率有徵，尚非王學末流以狂禪解經者比也。存此一編，使知姚江立教之初，其高足弟子研求經傳，考究訓詁乃如此，亦何嘗執「六經注我」之說，不立語言文字哉？

毛詩注詁

祁承㸁《澹生堂藏書目・詩》 《毛詩注詁》四卷。陳深輯。

詩經注解

朱彝尊《經義考・詩》 霍氏韜《詩經注解》。未見。

詩億

黃虞稷《千頃堂書目・詩類》 王道《詩億》三卷。

四詩表傳

黃虞稷《千頃堂書目・詩類》 楊慎《四詩表傳》一卷。

詩經指要

王圻《續文獻通考・經籍考・詩》 《詩經指要》，楊用修著。

風雅逸編

王圻《續文獻通考・經籍考・詩》 《風雅逸編》，楊用修著。

擬詩外傳

徐𤊹《徐氏家藏書目・詩類》 《擬詩外傳》一卷。黃省曾。

詩傳通解

黃虞稷《千頃堂書目・詩類》 黃佐《詩傳通解》二十五卷。

朱彝尊《經義考・詩》 黃氏佐《詩傳通解》。二十五卷。存。佐自序曰：「史志謂：漢興，魯申公始爲《詩》訓詁，而齊轅固、燕韓嬰皆爲之傳，或取《春秋》，采雜說，皆非本義，魯最爲近之。三家列於學官。獨漢初趙人毛萇善《詩》，自云子夏所傳，是爲《毛詩》，而未得立。其後三家廢而《毛詩》獨行世，或泥於『魯最爲近』之語，必欲宗之。然《魯詩》今可考者有曰：『佩玉晏鳴，《關雎》嘆之。』以爲刺康王而作，固已異於孔子之言矣。又曰：『騶虞，掌鳥獸官，古有良騶，天子之田也。』文王事殷，豈可以天子言哉？其爲《周南》、《召南》，首尾已謬至此。他如《齊詩》之『五際』，《韓詩》之『二傳』，皆非本義。此《毛詩》所以善於三家也。惜夫鄭玄、孔穎達所爲《箋》、《疏》，或疑經文之誤，或訂本傳之失，魏、晉之世，劉楨、王肅多所難駁，紛若聚訟，迄於唐、宋，解之者亡慮百家。子朱子始爲《集傳》，其學大行，然後聽者專矣。論者猶病其違毛氏而宗鄭樵。蓋毛氏主《序》以言《詩》，樵則斥《序》之妄，以爲出於衛宏而盡削去之，遂以己意爲之序。凡詩人所刺，皆斷以爲淫奔者所自作，則非所謂懲創逸志，施於禮義者矣。呂氏祖謙《讀詩記》復主毛《序》，子朱子見而深有取焉，嘗有意於會萃所長，則其心未嘗自滿也。佐少誦《詩》，因旁及《注疏》、《玉海》，首明《集傳》之意，而附諸說異同於其下，命曰《詩傳旁通》。正德庚午領薦而病，間得嚴氏粲《詩緝》，復采入焉。自是日加刪潤。癸酉罹憂廢棄，丁丑北上，病不克，終試而歸，乃復修改，幷及禮樂，更命曰《詩經通解》，藏諸篋笥，以俟有道而正云。」

《明史・藝文志・詩類》 黃佐《詩傳通解》二十五卷。

詩大義

黃虞稷《千頃堂書目・詩類》 李承恩《詩大義》。

詩辨疑

黃虞稷《千頃堂書目・詩類》 張忠《詩辨疑》。號梅江，任丘人，嘉靖己丑進士，光祿寺卿。

詩經輯說

王圻《續文獻通考・經籍考・詩》 《詩經輯說》，潘文定著。

黃虞稷《千頃堂書目・詩類》 潘恩《詩經輯說》七卷。

朱彝尊《經義考・詩》 潘公恩《詩經輯說》。七卷。存。公自序曰：「兩漢言《詩》者四家，齊、魯、韓、毛，後毛氏獨存，三家先後並廢。毛宗《序》說，分置諸篇之首。先儒謂《序》說卜子夏所創，毛公、衛敬仲潤色之。宋儒繼興，各以己意發明經指。迨朱文公《集傳》成，立之學官，大行於時，而毛氏之學寖亡矣。昔人謂：『《序》非一人之言，或出於國史之采録，或出於講師之傳授，雖其舛誤不類間亦有之，而要之古序不可盡廢。』信哉言矣！世之經生宗法朱《傳》，以博科試，於古之注疏不復過目，寧非闕典乎哉？予幼肄習是經，既而涉獵諸說，觀呂東萊氏《讀詩記》而善之，其立訓纂言，兼總古注，而毛氏之說始存。又觀朱克升《疏義》而善之，其發明朱《傳》之旨爲詳且盡。予乃合集是書，日以玩焉。以《序》說録冠各詩之前，次録朱氏所定傳序，次録經文，次則雜采毛說、鄭《箋》、孔《疏》其微言緒論，可廣見聞者。雖未協厥中，亦詮次不廢。乃若疏義符合訓詁，其標識賦比興諸體尤號詳明，可裨朱《傳》，遂牽連采掇。一得之愚，偶契於衷，則於篇末書附以備遺亡。蓋所以助博物洽聞，而非以鉤奇獵異，所以羽翼朱氏，而非以牴牾儒先也。會粹成帙，名曰《輯說》，録置家塾，庸便觀覽，且思就正有道，蘄於朝夕吟咏之時，或有得夫溫柔敦厚之教，庶幾孔子所謂可興、可觀、可羣、可怨之指，亦可以弗畔矣夫。」

《明史・藝文志・詩類》 潘恩《詩經輯說》七卷。

毛詩緒說

朱彝尊《經義考・詩》 陳氏褎《毛詩緒說》。未見。黃虞稷曰：「福建寧德縣人，嘉靖癸未進士。」

讀詩記

黄虞稷《千頃堂書目・詩類》 王漸逵《讀詩記》。因許魯齋訂正二《南》之圖，竊取朱子之意，復爲訂正《小雅》圖，以救《小序》之失。

毛詩小見

黄虞稷《千頃堂書目・詩類》 歐志學《毛詩小見》。字須靜，莆田人，嘉靖乙酉舉人，丙戌進士，知縣。

詩序考

朱彝尊《經義考・詩》 李氏舜臣《詩序考》。一卷。佚。

方山詩説

黄虞稷《千頃堂書目・詩類》 薛應旂《方山詩説》八卷。一作六卷。

朱彝尊《經義考・詩》 薛氏應旂《方山詩説》。八卷。存。王夢得序曰：「我師方山公，五經罔不淹貫，而尤長於《詩》。以幼時所録《詩説》鋟諸梓，始經義理以求其趣，參之古今以博其趣，察之性情以正其意，訂之得失以協其中，眞可輔翼乎經而並行者，學者當自得之。嘉靖癸卯序。」

《明史・藝文志・詩類》 薛應旂《方山詩説》八卷。

詩辨疑

《明史・藝文志・詩類》 陳錫《詩辨疑》一卷。

詩傳存疑

朱彝尊《經義考・詩》 陸氏垹《詩傳存疑》。一卷。存。垹自序曰：「《毛詩》注釋簡古，鄭氏雖以禮説《詩》，於人情或不通，及多改字之弊，然亦有可以裨毛氏之未及者。至孔穎達《疏》出，而二家之説遂明。程伊川與歐、蘇諸公，又爲發其理趣，《詩》益煥然。李迂仲集諸家爲之辨而去取之，南軒東萊止集諸家可取者，視李氏爲徑，而東萊之《詩紀》獨行。岷隱戴氏遂爲《續詩紀》，建昌段氏又用《詩紀》之法爲《集解》，華谷嚴氏又用其法爲《詩輯》，諸家之要多在焉。雪山王公質、夾漈鄭公樵，始皆去《序》而言《詩》，與諸家之説不同。晦庵先生因鄭氏之説，盡去美刺，探求古始，其説頗驚俗，雖東萊不能無疑焉。夫《詩》非《序》莫知其所自作，去之千載之下，欲一旦盡去古昔相傳之説，別求其説於茫冥之中，誠亦難矣。然其指《甫田》、《大田》諸篇爲治世之音，『成王不敢康』之『成王』爲周成王，則其説的有根據，且發理精到，措辭簡潔，讀之使人瞭然，孰有加於晦庵之《詩傳》者哉？學者當以是爲主。至其改易古説，間有意未能遽曉者，則以諸家參之，庶乎得之矣。」

按：《賓齋詩説》至衛詩而止，今附集中，未成之書也。

《明史・藝文志・詩類》 陸垹《詩傳存疑》一卷。

詩教考

黄虞稷《千頃堂書目・詩類》 李經綸《詩（類）〔教〕考》。字大經，南豐諸生。

朱彝尊《經義考・詩》 李氏經綸《詩教考》。未見。黃虞稷曰：「經綸，字大經，南豐諸生。」 黃宗羲曰：「大經以《詩》三百篇非夫子之舊，漢儒雜取逸詩以足其數，故無益於天德王治之粹者，削之作《詩教考》。」

按：《詩》三百十一篇，孔子所定，蔽以一言，曰「思無邪」。而朱子則曰：「彼雖以有邪之思作之，而我以無邪之思讀之，是作詩者不皆思無邪矣。」因以春秋列國卿大夫盟會宴饗所賦，百世之後盡定爲淫奔之詩。數傳而魯齋王氏竟刪去三十二篇，謂今三百五篇非夫子之舊，秦火後《詩》不能獨全，漢儒取刪去之詩足數。此支離之說也。大經《詩教考》蓋本諸王氏。《詩》本無邪，而王氏刪之於前，李氏削之於後亦異，於孔子之旨矣。」

詩經面牆解

朱彝尊《經義考・詩》 李氏經綸《詩經面牆解》。未見。

詩　解

朱彝尊《經義考・詩》 王氏大覺《詩解》。未見。黃虞稷曰：「福州人。」

詩經翼傳

朱彝尊《經義考・詩》 林氏甫任《詩經翼傳》。未見。

詩講義

朱彝尊《經義考・詩》 黃氏三陽《詩講義》。未見。蔣垣曰：「三陽，字元泰，建陽人。」

詩講義

朱彝尊《經義考・詩》 程氏朝光《詩講義》。八卷。未見。

詩經折衷

朱彝尊《經義考・詩》 鄒氏泉《詩經折衷》。未見。高佑釲曰：「泉字嶧山。」

毛詩傳旨一貫

朱彝尊《經義考・詩》 薛氏志學《毛詩傳旨一貫》。未見。何三畏序曰：「《詩》蓋三千篇矣，此孔子未刪詩以前詩也。刪之後得三百五篇，皆以合《韶》、《武》之音，而《詩》乃隸於經焉。《詩》蓋有《魯詩》、《齊詩》、《韓詩》、《毛詩》諸家之學矣，此朱子未傳《詩》以前《詩》也。傳之後凡數萬餘言皆以黜，而《詩傳》乃隸於學官焉。國家明經取士，士業一經者，輒令取衷傳注，必句釋而字解之，此雖訓詁之家而亦足以發明聖經之宗旨，匪是則談理無所與陳，發義無所與展，而甚則離經畔聖，其害不可勝言矣。薛子希之，少負才名，長爲士望，凡百家諸子之籍靡所不窺，而獨於《詩傳》討論加詳焉。其言曰：風、雅、頌三經之章，章各有體；賦、比、興三緯之義，義各有宜；閭閻里巷、郊廟朝廷、忠臣孝子、烈士貞女一唱三嘆之歌，歌各有指。乃爲提綱挈領，覃思殫精，或日旰忘食，夜分廢寢，不對客、不闚門者經年，而《傳旨一貫》之編成矣。是編也，大都以傳譯經，以意逆傳，於諸家之説，務擇所安，不爲持兩可，以故強記博綜之彦，服其多通，推其淵識，可以掩映先達，領袖後進，而爲紫陽氏之忠臣已。」錢金甫曰：「志學，字希之，常熟人。」

詩經引躍

朱彝尊《經義考・詩》 吳氏瑞登《詩經引躍》。未見。繆泳曰：「瑞登字雲卿。」

毛詩正宗

朱彝尊《經義考・詩》 陳氏推《毛詩正宗》。未見。俞汝言曰：「推，字行之，福建人。」

詩經定

朱彝尊《經義考・詩》 楊氏文奎《詩經定》。未見。

毛詩定見

朱彝尊《經義考・詩》 袁氏煒《毛詩定見》。未見。錢謙益曰：「煒，字懋中，慈谿人。嘉靖戊戌會元廷試第三人，累官少傅，兼太子太傅，建極殿大學士，贈少師，謚文榮。」

讀詩私記

《四庫提要・詩類二》 《讀詩私記》二卷。浙江巡撫採進本。明李先芳撰。先芳字伯承，號北山，監利人，寄籍濮州。嘉靖丁未進士，官至尚寶司少卿。《明史・文苑傳》載王世貞所定廣五子，先芳其一也。是書成於隆慶四年，所釋大抵多從毛、鄭，毛、鄭有所難通，則參之呂氏《讀詩記》、嚴氏《詩緝》諸書。其自序曰「文公謂《小序》不得《小雅》之説，一舉而歸之刺。馬端臨謂文公不得鄭、衛之風，一舉而歸之淫。胥有然否。不自揣量，折衷其間」云云。蓋不專主一家者，故其議論平和，絶無區分門戶之見。如説《鄭風・子衿》，仍從學校之義，則不取宋學。謂《國風》、《小雅》初無變正之名，則不從漢説。至《楚茨》、《南山》等四篇，則《小序》與《集傳》之説竝存，不置可否。蓋《小序》皆以爲刺幽王，義有難通，而《集傳》所云，又於古無考，故闕所疑也。雖援據不廣，時有闕略，要其大綱，則與鑿空臆撰者殊矣。朱彝尊《經義考》載先芳有《毛詩考正》，不列卷數，注曰「未見」，而不載此書。其爲一書兩書，蓋不可考。然此書亦多辨定毛《傳》，或彝尊傳聞未審，誤記其名歟？

毛詩考正

黃虞稷《千頃堂書目・詩類》 李先芳《毛詩考正》。以《詩》注《邶》、《鄘》諸《風》，多解淫奔，疑而未安。索注疏及《呂氏讀詩記》，考正其説。先芳，字伯承，濮州人。嘉靖丁未進士，歷官尚寶司丞，左遷亳州同知，升寧國府同知，中計典歸。

陸詩別傳

黃虞稷《千頃堂書目・詩類》 陸奎章《陸詩別傳》十二卷。武進人，陸簡子，嘉靖戊子舉人，學士。

張氏說詩

《四庫提要・詩類存目一》 《張氏說詩》一卷。江蘇周厚堉家藏本。明張廷臣撰。廷臣字元忠，崑山人。嘉靖戊子舉人。是編題「婁上編甲之己」，蓋其全集之一種也。大旨謂《詩序》有所傳授，不應盡廢，持論甚正。而其所推闡，則以意斷制者多。

詩經考証

徐𤊹《徐氏家藏書目・詩類》 《詩經考証》一卷。何宗魯。

詩辨考證

黃虞稷《千頃堂書目・詩類》 何宗魯《詩辨考證》四卷。字可言，福清人，嘉靖癸卯舉人，官惠州府同知。

讀風臆評

《四庫提要・詩類存目一》 《讀風臆評》。無卷數。江蘇巡撫採進本。明戴君恩撰。君恩字仲甫，長沙人。嘉靖癸丑進士，官巴縣知縣。是書取《詩經・國風》加以評語，又節録朱《傳》於每篇之後。烏程閔齊伋以朱墨版印行之。纖巧佻仄，已漸開竟陵之門。其於經義，固了不相關也。

詩林伐柯

黃虞稷《千頃堂書目・詩類》 勞堪《詩林伐柯》四卷。凡先儒之說有異聞者，聚而録之，非全詩也。

朱彝尊《經義考・詩》 勞氏堪《詩林伐柯》。四卷。存。謝東山序曰：「《詩林伐柯》者，道亭勞先生所爲說《詩》者也。先生按潼川，暇出以示東山，由是讀之卒業。先生於《三百篇》既合而統論之，又析而詳言之。大而一說之長，小而一詁之善，取之也博，辨之也明。學《詩》者讀之，不猶伐柯者其則不遠矣乎？雖然，所謂則者，不在書而在人，不在人而在我。聖門說《詩》，曰『思無邪』，曰『溫柔敦厚，《詩》之教也』，此學《詩》之則也。先生在蜀，其教人也，德行以爲本，篤實以爲文，行之以敬，敷在寬，出之以色笑匪怒。其校士也，喜怒不形，好惡不作，覬覦莫得而倖，毀譽莫得而撓。所以薫陶變化之者，其爲『無邪』與『溫柔敦厚』則一而已矣。今諸生既親承先生之善訓，其尚於先生所以爲身教者，近取則焉。不然，苟徒讀先生之書，固非先生之志矣。隆慶庚午序。」　繆泳曰：「堪，江西德化人，嘉靖丙辰進士，歷官副都御史協理院事。」

《明史・藝文志・詩類》 勞堪《詩林伐柯》四卷。

詩序折衷

黃虞稷《千頃堂書目・詩類》 陳頤正《詩序折衷》。慈谿人，嘉靖壬戌進士，按察使。

葩經說略

祁承㸁《澹生堂藏書目・詩》 《葩經說略》一卷。李栻《經說萃編》本。

詩經正義

黄虞稷《千頃堂書目・詩類》 許天贈《詩經正義》。字德夫，黟縣人，嘉靖乙丑進士，山東參政。

《四庫提要・詩類存目一》 《詩經正義》二十七卷。安徽巡撫採進本。明許天贈撰。天贈字德天，黟縣人。嘉靖乙丑進士，官至山東布政使參政。是書不載經文，但標章名節目，附以己説，頗爲弇陋。如於《采蘋》章云：「大夫妻講中不可説出，此就説《詩》者言，非詩人口氣。」書中大率如此，蓋全爲時文言之也。經學至是而弊極矣。

毛詩附説

黄虞稷《千頃堂書目・詩類》 薛騰蛟《毛詩附説》十卷。

鄭風秦風豳風説

馬國翰《玉函山房藏書簿録・詩類》 《鄭風秦風豳風説》一卷。載《茅鹿門先生文集》。明河南按察司副使歸安茅坤順甫撰。朱氏《經義考》云茅氏《鄭風説》一篇、《秦風説》一篇、《豳風説》一篇。案《豳風説》有《讀七月》、《讀鴟鴞》二篇，「一」當是「二」字之訛，舊分屬各《風》，玆統著一卷。其説《鄭風》云大柢《詩》之言淫謔者，爲里巷所布，易傳而難滅，如今南北所傳聲伎之類是也。孔子嘗刪之，不列於經，而其俗之所傳固有不能口禁而人熄之者，秦沒而漢求亡經於天下，則學士大夫各采所傳以補三百之數，往往雜出而並見耳。此仍襲魯齋王氏説而小變其詞，未足爲定論也。

詩經存固

徐𤊹《徐氏家藏書目・詩類》 《詩經存固》八卷。葉朝榮。

黄虞稷《千頃堂書目・詩類》 葉朝榮《詩經存固》八卷。一作十卷。字時良，福清人，葉向高父，隆慶元年選貢，養利州知州。

《四庫提要・詩類存目一》 《詩經存固》八卷。福建巡撫採進本。明葉朝榮撰。朝榮字良時，福清人。大學士向高之父也。隆慶元年恩貢，授九江府通判，官至養利州知州。是編乃其教授生徒時，酌取《詩經大全》，參以己意而成。後官九江，復加改定，更作《義略》一卷，總論十五國及《雅》、《頌》諸篇大義。萬曆四十四年向高致仕歸，復整齊而重刻之。前有朝榮自序，序末附以向高跋語。

詩經旁音

晁瑮《晁氏寶文堂書目・詩經》 《詩經旁音》。

詩　箋

朱彝尊《經義考・詩》 呂氏光洵《詩箋》。未見。俞汝言曰：「光洵，字[信卿]，新昌人。嘉靖壬辰進士，歷官兵部尚書，兼副都御史，巡撫雲南。改南京工部。」

詩　疑

朱彝尊《經義考・詩》 陳氏言《詩疑》。未見。言自序曰：「《詩》也者，正變存乎感，哀樂存乎音，美刺勸戒存乎意，升降理亂存乎時。得其意，故時可見也；得其感，故音可審也；得其音，故政可知也。於是乎《詩》次可序也，則序之可也。序之也者，以序乎先王之詩世也。觀乎其世，而樂有恍焉者矣，是故序《詩》也。《詩小序》之作，或以爲孔子，或以爲子夏，或以爲子夏、毛公合作，或以爲國史，或以爲衛宏潤色之。潤色者，潤色乎孔子、子夏、毛公者也，孔子、子夏、毛公其去《詩》尚近，必耳目有逮焉者，而以數千載之後臆而破之，豈不遠哉？是故《序》有原乎《詩》之意，而《詩》無證乎《序》之辭者。朱子以爲非，而我疑其是也，故命其編曰《詩疑》。」

詩序傳

朱彝尊《經義考・詩》 陳氏言《詩序傳》。未見。言自述曰：「先王之詩，孔子得宋大夫之七篇曰《商頌》，繼之者周也。周宗文王，故次二《南》。文王未王，二《南》未雅也。武王成之，故次武王之《頌》。成王治定功成，制禮作樂而備矣，故次之正雅。成王有疑於周公未純也，故次《豳》之變風。承成王者，康王、昭王也，故次二王之《頌》。二王之後有宣王之興，幽、厲之衰，故次幽、宣、厲王之變雅。觀其所變，而詩之情見矣。幽王弒，平王東而不復，《雅》故次《王風》。平王而下無詩矣，於是有諸侯之詩。魯，宗國也，而無風，故次《魯頌》。康叔者，武王之子也，故次《邶》、《鄘》、《衛》。唐叔者，成王之弟也，故次《唐》。以其厲王之後，故次《鄭》。異姓而大功者，太公、畢公也，故次《齊》、次《魏》。秦，諸侯而狄者也，故次《秦》。國小而極亂，亂極必治，君子有未濟之思，故次之以《陳》、《檜》、《曹》終焉。」

讀詩蠡測

黃虞稷《千頃堂書目・詩類》 黃光昇《讀詩蠡測》。

含玄子詩説

徐𤊹《徐氏家藏書目・詩類》 《含玄子詩説》。趙樞生。

詩　考

黃虞稷《千頃堂書目・詩類》 王樵《詩考》。

毛詩國風序傳辨

祁承㸁《澹生堂藏書目・詩》 《毛詩國風序傳辨》一卷。徐學謨本集本。

詩經繹

徐𤊹《徐氏家藏書目・詩類》 《詩經繹》三卷。鄧原錫。

黃虞稷《千頃堂書目・詩類》 鄧元錫《詩繹》三卷。

《明史・藝文志・詩類》 鄧元錫《詩繹》三卷。

詩原始

黃虞稷《千頃堂書目・詩類》 章潢《詩原始》。

詩論辨

祁承㸁《澹生堂藏書目·詩》 《詩論辨》一卷。徐常吉。

毛詩翼説

《明史·藝文志·詩類》 徐常吉《毛詩翼説》五卷。

詩經纂注

《明史·藝文志·詩類》 沈一貫《詩經纂注》四卷。

學詩多識

黄虞稷《千頃堂書目·詩類》 黄洪憲《學詩多識》。

選註風雅源流

王圻《續文獻通考·經籍考·詩》 《選註風雅源流》，楊文恪著。

毛詩古音考

徐𤊹《徐氏家藏書目·詩類》 《毛詩古音考》四卷。陳第。

錢謙益等《絳雲樓書目·詩類》 陳第《毛詩古音考》二册。宋鄭犀有《詩古音辨》二卷。陳將軍季立，出戚少保麾下，一時名將也，其博雅最爲焦澹園諸公所推重。

黄虞稷《千頃堂書目·詩類》 陳第《毛詩古音考》四卷。字季立，連江人，爲諸生教授。清漳俞大猷一見奇之，召置幕下，勸以武自奮，薦之譚綸。綸亦奇之曰：「俞、戚流亞也。」起家京營，出守古北口，官游擊將軍。居薊鎮，與戚繼光論兵，復相善。其後譚死戚去，第與後來開府者不合，棄官歸。聞修撰焦竑好學，往金陵從之游，離經析疑，叩擊累年，竑以爲不如也。第學通五經，而尤長於《詩》、《易》。《古音考》一書，發前人未竟之意義，尤爲學者所推。萬曆三十四年丙午序。

《明史·藝文志·詩類》 陳第《毛詩古音考》四卷。

彭元瑞等《天禄琳琅書目後編·明版經部》 《毛詩古音考》。一函，二册。明陳第撰。第字季立，連江人。以書生從軍，官至薊鎮遊擊。書四卷。末附《讀詩雜言》八則，次萬曆丙午自跋。其書大指，謂古人之音與今異，凡今所稱叶韻，皆古人之本音。定爲本證、旁證二例，本證者，《詩經》中所有；旁證者，秦漢以下與《三百》合者也。條例貫通，考證精密，古韻之復，實自第始。顧炎武等遞相推闡，皆以此爲祖本也。是書世尠刻本，其傳鈔著録者有焦竑及第自序二首。竑序稱其身爲名將，一旦棄去，周遊萬里，著書滿家，爲三異。此本但有第後跋，無前二序，而槧摹精整，尚係初印，固爲難得耳。

張之洞《書目答問·列朝經注經説經本考證》 《毛詩古音考》六卷。明陳第。《學津》本。

詩序解頤

錢謙益等《絳雲樓書目·詩類》 邵弁《詩序解頤》一册。

黄虞稷《千頃堂書目·詩類》 邵弁《詩序解頤》一卷。字偉元，太倉州人，歲貢士。

《四庫提要·詩類存目一》 《詩序解頤》一卷。浙江巡撫採進本。明邵弁撰。弁字元偉，太倉州人。隆慶中貢生。此書申朱子《詩序辨説》之義，而又以己意更正之，中多臆論。所定《小雅》世次諸條，尤無確據。卷末附

《洛書辨》一篇，無所闡發，徒事空言。又「三江既入，震澤厎定」辨一篇，主中江、北江、南江之説，寥寥數語，亦未暢明也。

詩解頤

黄虞稷《千頃堂書目・詩類》 顧起經《詩解頤》。

詩經疏解

黄虞稷《千頃堂書目・詩類》 殷子義《詩經疏解》。嘉定人，隆慶中貢生，淮安府訓導。

馮氏詩説

祁承㸁《澹生堂藏書目・詩》 《馮氏詩説》二卷。馮時可。

詩　臆

黄虞稷《千頃堂書目・詩類》 馮時可《詩臆》二卷。

《明史・藝文志・詩類》 馮時可《詩億》二卷。

毛詩旁訓

趙琦美《脈望館書目・毛詩》 《旁訓》一本。

詩名物疏

趙琦美《脈望館書目・毛詩》 《詩名物疏》十二本。

選詩演義

趙琦美《脈望館書目・毛詩》 《選詩演義》一本。

詩傳書例

黄虞稷《千頃堂書目・詩類》 郭子章《詩傳書例》四帙。泰和人。

《明史・藝文志・詩類》 郭子章《詩傳書例》四卷。

二賢言詩

彭元瑞等《天禄琳琅書目後編・明版經部》 《二賢言詩》。一函，二冊。明李維楨以豐坊僞子貢《詩傳》與子夏《詩序》合刻。前有序，稱郭司馬相奎授梓，蜀中楨謹繕録版行，名曰《二賢言詩》。次兩序，其一略云，得黄文裕祕閣子貢《詩傳》石本，與成都守詹牧父分校，并《小序》刻之，而不著姓名。考郭子章，字相奎，泰和人。隆慶辛未進士，官至兵部尚書。詳其文意，即子章所作也。其一略云，歲己丑，謙幸以職事侍文憲郭公，出所藏祕閣《子貢詩傳》石本示謙，要與《小序》相發明。爰命工摹勒，而不著姓。考《通志》，成都知府有詹思謙，萬曆中任，即郭序所云詹牧父也。其標題子章原刻曰《二賢詩傳》，維楨再刻改曰《二賢言詩》。《子貢詩傳》篆書首行云：「《詩傳孔氏傳》，衛端木賜子貢述。」竟似近人撰刻，古無此體，豐坊作僞，前人辨之甚晰，而郭、詹取以合《小序》。至維楨序，明云豐人翁好作贋書，附以己意，稱傳之外國，衆疑弗信，而又作此，狡獪甚矣，好奇之過也。維楨字本寧，京山人。隆慶戊辰進士，官至禮部尚書。謚文簡。

印古詩説

朱彝尊《經義考・詩》 朱氏得之《印古詩説》。一卷。存。錢金甫曰：「朱得之，字本思，靖江人，師事陽明。陽明歿於粤，走數千里迎之，哭盡哀。《印古詩説》一卷，錢塘胡氏刻入《格致叢書》。」

《明史・藝文志・詩類》 朱得之《印古詩説》一卷。

重輯詩譜

嵇璜等《續通志・圖譜略・詩》 明鄭若曾《重輯詩譜》。

詩經疑問

黄虞稷《千頃堂書目・詩類》 姚舜牧《詩經疑問》十二卷。

《明史・藝文志・詩類》 姚舜牧《詩經疑問》十二卷。

《四庫提要・詩類二》 《詩經疑問》十二卷。内府藏本。明姚舜牧撰。舜牧有《易經疑問》，已著録。是編釋《詩》，兼用毛《傳》、朱《傳》及嚴粲《詩緝》，時亦自出新論。如辨成王未嘗賜周公天子禮樂，其説頗爲有見。又論三經、三緯之説，謂賦、比、興乃通融取義，非截然謂此爲賦、此爲比、此爲興也。惟截然分而爲三，於是求之不得其説，則將爲賦而興又比也，賦而比又興也，而寖失其義。其説亦足解轇轕之談。舜牧於諸經皆有疑問，惟此編説《詩》爲差善。自序稱所疑凡經數十年，重加訂問，前此誤解，亟與辨正。蓋其用力較深也。惟不信古人字少假借通用之説，於龍光、伴奂之類，皆徑以本字解之，強生論辨。是則隆、萬以後儒者少見古書之故。亦足見詁訓不明而欲義理之不謬，無是事矣。

毛詩鄭箋纂疏

黄虞稷《千頃堂書目・詩類》 屠本畯《毛詩鄭箋》二十卷。

詩故

徐𤊹《徐氏家藏書目・詩類》 《詩故》一卷。朱謀煒。

錢謙益等《絳雲樓書目・詩類》 朱謀㙔《詩故》一册。十卷。董逌著《廣川詩故》四十卷，鬱儀殆沿襲前人書名以自名其書耶。

黄虞稷《千頃堂書目・詩類》 朱謀㙔《詩故》十卷。原本《小序》，按文武周公以來，《春秋》、《左》、《國》之事而次第其世，考其習俗，論其人而以意通之。萬曆三十七年己酉序。

《明史・藝文志・詩類》 朱謀㙔《詩故》十卷。

《四庫提要・詩類二》 《詩故》十卷。浙江吴玉墀家藏本。明朱謀㙔撰。謀㙔有《周易象通》，已著録。是書以《小序》首句爲主，略同蘇轍《詩傳》之例，而參用舊説以考證之。其曰《詩故》者，考《漢書・藝文志》、《詩》類有《魯故》二十五卷，《齊后氏故》二十卷，《齊孫氏故》二十七卷，《韓故》三十六卷，《毛詩故訓傳》三十卷。顔師古註曰：「故者，道其旨意也。」謀㙔是編，蓋用漢儒之舊名。故其説《詩》亦多以漢學爲主，與朱子《集傳》多所異同。其間自立新義者，如以《小星》爲暬御入直，以《斯干》爲成王營洛、周公所賦之類，未免失之穿鑿。然謀㙔博極羣書，學有根柢，要異乎剽竊陳言。蓋自胡廣等《五經大全》一出，應舉、窮經，久分兩事。謀㙔深居朱邸，不藉進取於名場，乃得以研究遺文，發揮古義也。經術盛衰之故，此亦可知其大凡矣。

詩解頤録

黃虞稷《千頃堂書目・詩類》 朱統䂓《詩解頤録》。新建奉國中尉。

詩經講義

黃虞稷《千頃堂書目・詩類》 程嗣光《詩經講義》八卷。

詩經埤傳

黃虞稷《千頃堂書目・詩類》 黃一正《詩經埤傳》八卷。

《明史・藝文志・詩類》 黃一正《詩經埤傳》八卷。

詩經補傳

黃虞稷《千頃堂書目・詩類》 蔡毅中《詩經輔傳》四卷。

朱彝尊《經義考・詩》 蔡氏毅中《詩經補傳》。四卷。未見。錢金甫曰：「中山蔡氏毅中，光山人。萬曆辛丑進士，官至禮部右侍郎，兼翰林院侍讀學士。」

《明史・藝文志・詩類》 蔡毅中《詩經補傳》四卷。

毛詩原解

黃虞稷《千頃堂書目・詩類》 郝敬《毛詩原解》三十六卷。天啓乙丑序。

《明史・藝文志・詩類》 郝敬《毛詩原解》三十六卷。

《四庫提要・詩類存目一》 《毛詩原解》三十六卷。浙江巡撫採進本。

明郝敬撰。敬有《周易正解》，已著録。是書前有《讀法》一卷，大指在駁朱《傳》改《序》之非。於《小序》又惟以卷首一句爲據。每篇首句增「古序曰」三字，餘文則以「毛公曰」別之。《序》或有所難通者，輒爲委曲生解，未免以經就傳之弊。而又立意與《集傳》相反，亦多過當。夫《小序》確有所受，而不能全謂之無所附益；《集傳》亦確有所偏，而不能全謂之無所發明。敬徒以朱子務勝漢儒，深文鍛鍊，有以激後世之不平，遂卽用朱子吹求《小序》之法以吹求朱子。是直以出爾反爾示報復之道耳，非解經之正軌也。

毛詩序説

黃虞稷《千頃堂書目・詩類》 郝敬《毛詩序説》八卷。天啓乙丑序。

朱彝尊《經義考・詩》 郝氏敬《毛詩序説》。八卷。存。敬自序曰：「《詩》自朱《傳》行而古《序》塵庋閣矣，朱子未改古《序》之先，譏古《序》爲鑿；既改古《序》之後，人疑朱《傳》爲猜。然譏古《序》而不求所以是，疑朱《傳》而不辨所以非，人誰適從？天下義理訾量易而折衷難，兩物質而後功苦見，兩造具而後曲直分。余取古《序》、朱《傳》參兩，爲《毛詩説》。舍《詩》説《序》者，《序》志而《詩》則辭也。孟子云：『善《詩》者，不以辭害志，以意逆志，是謂得之。』志得而辭可旁通矣。夫説《詩》與説他文字異，他文字切直爲精核，《詩》含蓄爲溫厚。古《序》得其含蓄，朱《傳》主於切直，反以含蓄爲鑿空，三百古《序》無一足解頤者矣。人非賜、商，未可與言《詩》。余幼承師説，守功令，何敢自異？偶閱古《序》，覺食芹美。人有心，問之同學，可則與衆共之，若其否也，野人無知，博一笑而已，其敢有他？」

《明史・藝文志・詩類》 郝敬《序説》八卷。

風雅合詮

徐𤊹《徐氏家藏書目・詩類》 《風雅合銓》二卷。趙宧光。

黄虞稷《千頃堂書目・詩類》 趙宧光《風雅合詮》三卷。

朱彝尊《經義考・詩》 趙氏宧光《風雅合注》。三卷。未見。吳周瑾曰：「宧光，字凡夫，吳人，隱居寒山。」

詩意

朱彝尊《經義考・詩》 方氏大鎮《詩意》。未見。

詩經毛朱二傳删補

黄虞稷《千頃堂書目・詩類》 徐奮鵬《詩經毛朱二傳删補》。臨川人，以《毛詩》、朱《傳》繁簡不一，令學者昧比興之旨，乃爲是書。人劾其擅改經傳，請治罪。神宗取其書閲之，以其不悖於經傳，有功於朱子，貸之。復著《古今治統》二十卷、《古今道脈》二十卷、《辨俗》十卷、《怡偲集》十卷。崇禎中督學駱日升、蔡懋德將上其書於朝，不果。學者稱筆峒先生。

南州詩説

朱彝尊《經義考・詩》 徐氏必達《南州詩説》。六卷。存。必達自序曰：「必達幼從先大夫受《詩》。稍長，繙閲諸先輩説有異同者，又從先大夫質焉。己丑春，謝客扃戶，作爲《詩説》，專以先大夫爲宗，而旁採諸先輩説，亦時附以己意。務奇而不軌者，盡黜焉。間有稍異時説，而揣摩作者心事，情景躍然，不忍棄去者。出自先輩，即標先輩姓名；出自己者，即標曰『愚意』。其爲時所稱説，而默想作者之意似未必然，則存之，而標曰『再詳』。今去曩時已三十餘年，髮種種矣。生男八人，爲築南州書舍，聚而教之，羣從子弟亦時時過從，抄傳孔艱，遂災及木，其於教誨爾子倘庶幾焉。天啓辛酉。」俞汝言曰：「必達字德夫，嘉興人。萬曆壬辰進士，歷官南京兵部右侍郎。其書爲舉子業而作，李少卿日華序之。」

《明史・藝文志・詩類》 徐必達《南州詩説》六卷。

毛詩六帖

黄虞稷《千頃堂書目・詩類》 徐光啓《毛詩六帖》六卷。字子先，上海人，萬曆甲辰進士，官至太子太保、文淵大學士。六帖者：一《翼傳》，二《存古》，三《廣義》，四《擥藻》，五《博物》，六《正叶》。

《明史・藝文志・詩類》 徐光啓《毛詩六帖》六卷。

《四庫提要・詩類存目一》 《詩經六帖重訂》十四卷。兩浙總督採進本。明徐光啓撰，國朝范方重訂。光啓字子先，上海人。萬曆甲辰進士，官至東閣大學士。謚文定。事蹟具《明史》本傳。方字令則，如皋人。前有方自序，謂：「徐光啓《六帖》後先錯互，爲未定之書。爰爲重訂，而去其《博物》一帖。其餘五帖，皆移定其次，而無所增改。五帖者，一《翼傳》，二《存古》，三《廣義》，四《擥藻》，六《正叶》也。」卷首有光啓《韻譜説并例》，於諸詩皆不載其詞，但於有韻之句以白圈爲識，無韻之句以黑圈爲識，體例殊爲未善。且既以古音無叶爲全書注意之處，乃於圈識之外絶不言其所以然。題曰《韻譜》，名實亦復相乖。又《六帖》名始於帖經，程大昌《演繁露》疏解頗明。白居易以名類書，殊無所取義。光啓以名經解，爲轉不失其初。然考《明史・藝文志》，載徐光啓《毛詩六帖》六卷，是每帖爲一卷也。方既删《博物》一門，則六帖僅存其五，與光啓作書之意全不相合，安得復以《六帖》稱乎？

詩經以俟録

黃虞稷《千頃堂書目・詩類》 瞿九思《詩經以俟錄》。九思謂三百篇皆有所用，因取當世所行典禮，自朝廟以迄里巷，即詩一一配合而歌之，以俟好古君子云。九思所著諸書，皆名「以俟錄」，不僅此也。

《明史・藝文志・詩類》 瞿九思《詩經以俟録》六卷。

毛詩多識篇

徐𤊹《徐氏家藏書目・詩類》 《多識篇》七卷。林兆珂。

黃虞稷《千頃堂書目・詩類》 林兆珂《毛詩多識篇》七卷。字孟鳴，莆田人，萬曆甲戌進士，刑部郎中。

《明史・藝文志・詩類》 林兆珂《毛詩多識篇》七卷。

《四庫提要・詩類存目一》 《毛詩多識編》七卷。浙閩總督採進本。明林兆珂撰。兆珂字孟鳴，莆田人。萬曆甲戌進士，官至安慶府知府。是編本陸璣《疏》而衍之，凡《草部》二卷，《木部》、《鳥部》、《獸部》、《蟲部》、《鱗介部》各一卷。多引鄭樵、陸佃、羅願之語，又兼取豐坊之僞子貢《傳》、僞申培《說》。貪多務博，頗乏持擇。其《凡例》稱：「鳥獸昆蟲草木，非三百篇所有不載。」然如「龍旂」之龍非眞龍，「鸞鑣」之鸞非眞鸞，而徵引故實，累牘連篇，此自類書，何關經義？又如因《爾雅》「荇接余」之文，遂謂漢之婕妤取義於荇菜，其穿鑿抑又甚焉。據其《凡例》尚有《外編》、《雜編》二書。此本無之，未知其爲未刻，抑爲偶佚也。

學詩略

朱彝尊《經義考・詩》 汪氏應蛟《學詩略》。一卷。存。應蛟自序曰：「先王於《詩》教豈不重哉？自朝廷宮闈，下迨國都閭巷，皆絃誦《風》、《雅》，以涵詠性情，而約之至正。春秋時諸侯卿大夫聘會燕饗，猶相與賦詩見志，蓋其諷諭婉而感人深也。說者謂古詩三千餘篇，夫子僅存其什一。篇什雖簡，而忠孝恭順、禮義廉恥之節，森然悉具，以言乎興觀羣怨、事父事君則備矣。子謂《詩》可以一言蔽，曰思無邪。夫學《詩》者誠求端於無邪也，茲《略》已多乎哉。」吳周瑾曰：「澄源汪氏應蛟，婺源人，萬曆甲戌進士，歷官右僉都御史，經理朝鮮，巡撫天津，後死於難。」

《明史・藝文志・詩類》 汪應蛟《學詩略》一卷。

詩經課子衍義

朱彝尊《經義考・詩》 謝氏台卿《詩經課子衍義》。未見。錢金甫曰：「台卿，字韋仲，晉江人。萬曆庚辰進士。」

詩說

黃虞稷《千頃堂書目・詩類》 徐即登《詩說》五帙。

詩經古注

徐𤊹《徐氏家藏書目・詩類》 《詩經古注》十卷。

錢謙益等《絳雲樓書目・詩類》 《詩經古註》一冊。

黃虞稷《千頃堂書目・詩類》 李鼎編《詩經古注》十卷。

詩經淺義

朱彝尊《經義考・詩》 謝氏《詩經淺義》。未見。唐文恪公序曰：「歲乙酉，不佞鼓橐來遊成均，時溫陵韋紳謝先生實司鐸焉。不佞獲侍先生皋比，先生幸借交杵臼，時時進不佞與之講業，津津乎有味其言之也。先生於《詩》尤稱專門名家，諸所指授，不佞往往解頤。成均職事，無他龐雜，苜蓿青氈，蕭然吏隱。先生據梧絃誦，滴露纂玄，久之，著成一編，曰《淺義》。不佞受而讀之，其旨遠，其辭文，其義該，其言約，其采摭必彙諸家之粹，而時攄所獨得。蓋先生苦心十年，殺青乃竟，斯已勤矣。今之譚《詩》者，必折衷於考亭氏，考亭氏《集傳》，舉子家奉之若律式焉，然就其訓詁而復訓詁之，支離日甚，惡在其爲《詩》也？必若先生斯編，明白典雅，簡遠和鬯，使上智者循是以求，不及者亦可以訓夫。非於《詩》教大有資焉者乎？」

詩原

朱彝尊《經義考・詩》 張氏彩《詩原》。三十卷。存。陳此心序曰：「《詩》之爲教，原以維世風，正人心，弗納於邪也。故夫子存三百五篇，而撮其要，曰思無邪。夫以無邪蔽《三百》，乃夫子代爲詩人原也。而最可原者，尤莫如《鄭風》。鄭亦世漸於桓、武，士有《緇衣》之好，女有《雞鳴》之風。安得概以淫斥？舉仁人義士感時憂國之公忠，悉入妖女狡童之案，不其冤乎？則說《詩》而不善原者之過也。張公爲東省名元，淹貫百家，沉酣六藝。凡詩中意義兩可，邪正相隣者，《序》、《傳》、《疏》、《箋》各覩一班，公直因其天然而衷之正的，融其偏駁而會之大通。又間出獨解，直發聖賢所未發，而於聖經賢傳，毫不相戾。如《鄭風》一篇，原淫入貞，而鄭之士女千古獲知心矣。由此以推作者深情，刪者精意，默受推原者多矣。尼聖以無邪原《三百》，其旨顯而微；公原《三百》以無邪，其旨微而顯。諸儒刺邪以懲邪，其功博而緩；公原邪以歸正，其功約而捷。世道人心，所藉維持者不小也。尼聖可作，當亟與之言《詩》也已。」 錢金甫曰：「張彩，字還白，一字歛之，滕縣人。萬曆辛卯鄉試第一，官至刑部郎中。」

《明史・藝文志・詩類》 張彩《詩原》三十卷。

詩經質疑

徐𤊹《徐氏家藏書目・詩類》 《詩經質疑》六卷。曹學佺。

黃虞稷《千頃堂書目・詩類》 曹學佺《詩經質疑》六卷。

《明史・藝文志・詩類》 曹學佺《詩經質疑》六卷。

毛詩鳥獸草木考

徐𤊹《徐氏家藏書目・詩類》 《毛詩鳥獸草木考》二十卷。吳雨。

黃虞稷《千頃堂書目・詩類》 吳雨《毛詩鳥獸草本疏》三十卷。因陸璣之《疏》而廣之。閩縣人。

《明史・藝文志・詩類》 吳雨《毛詩鳥獸草木疏》三十卷。

《四庫提要・詩類存目一》 《毛詩鳥獸草木考》二十卷。兩淮馬裕家藏本。明吳雨撰。雨自題但稱閩郡人，不知隸籍何縣也。是書爲其同郡徐𤊹所編次。《鳥考》三卷，《獸考》三卷，《蟲考》二卷，《鱗考》一卷，《草考》四卷，《穀考》一卷，《木考》三卷，而以《天文考》二卷終焉。惟不考地理，或無以加於王應麟書，故置之歟？曹學佺序稱其體本吳仁傑《離騷草木疏》，又以配陳第《毛詩古音考》。然如雞本家禽，而繁文旁衍；鼠原常物，而異種橫增。駢拇枝指，殊爲可已不已。視吳、陳兩書之精核，相去遠矣。

詩經人物志

徐𤊹《徐氏家藏書目・詩類》 《詩經人物志》三十四卷。林世陞。

黃虞稷《千頃堂書目・詩類》 林世陞《毛詩人物志》三十四卷。禮部尚書林燫子。本王應麟《詩傳圖要》而作。

毛詩序考

黃虞稷《千頃堂書目・詩類》 史記事《毛詩序考》十卷。

詩學內傳　外傳

黃虞稷《千頃堂書目・詩類》 陸曾曄《詩學內傳》三十二卷，又《外傳》二十卷。字章之，會稽人。

詩經類考

徐𤊹《徐氏家藏書目・詩類》 《詩經類考》三十卷。沈。

黃虞稷《千頃堂書目・詩類》 沈萬鈳《詩經類考》三十卷。字玉臺，嘉善鄉貢士。其書爲《古今論詩考》、《逸詩考》、《音均考》、《國風異同考》、《二雅三頌考》、《羣書字異考》各一卷，《天文地理雜考》二十二卷。崇禎戊寅自序。

《明史・藝文志・詩類》 沈萬鈳《詩經類考》三十卷。

《四庫提要・詩類存目一》 《詩經類考》三十卷。浙江巡撫採進本。明沈萬鈳撰。萬鈳字玉臺，嘉善人。萬曆丁酉舉人，官知縣。茲編於三百篇所載名物典故，分門編録。前有《古今論詩考》、《逸詩考》、《音韻考》，後有《風雅頌異同考》、《羣書字異考》。凡所援據，不能盡本經傳，故往往不精不詳。如《天文類》釋「三五」、「小星」，引《釋名》曰「星，散也」，《說文》曰「萬物之精，上爲列宿」。如此之類，與經義無涉，實爲泛濫。又如朝制，有大朝覲之朝，若韓侯入覲是也；又有常朝之朝，若《雞鳴》之詩是也。而此書《禮制類》乃止引《曲禮》天子「當扆而立」、「當宁而立」，及《周禮・太宰》大朝覲會同數則。而《玉藻》「朝辨色始入」諸條乃竟遺之。如此之類，亦多失於考核。蓋此書本《詩名物疏》而作，而實不及原書也。

彭元瑞等《天禄琳琅書目後編・明版經部》 《詩經類考》。二函，十二冊。明沈萬鈳撰。萬鈳字仲容，嘉善人。萬曆丁酉舉人，官知縣。書三十卷。分二十六門，曰《古今論詩考》，曰《逸詩考》，曰《音韻考》，曰《天文考》，曰《時令考》，曰《地理考》，曰《列國考》，曰《人物考》，曰《宗族考》，曰《官制考》，曰《飲食考》，曰《服飾考》，曰《宮室考》，曰《器具考》，曰《珍寶考》，曰《禮考》，曰《樂考》，曰《井田考》，曰《封建考》，曰《賦役考》，曰《刑獄考》，曰《兵制考》，曰《四夷考》，曰《禽蟲考》，曰《草木考》，曰《國風異同考》，曰《小雅異同考》，曰《大雅異同考》，曰《三頌異同考》，曰《羣書字異考》。大指與《六家詩名物疏》相類而遜其宏博。版刻極整雅不苟。

太倉王氏藏本。

詩經會說

朱彝尊《經義考・詩》 劉氏憲寵《詩經會說》。八卷。存。錢金甫曰：「慈谿人，字行素。萬曆壬辰進士，南太僕卿。」

《明史・藝文志・詩類》 劉憲寵《詩經會說》八卷。

詩商

《明史・藝文志・詩類》 樊良樞《詩商》五卷。

詩經理解

朱彝尊《經義考・詩》 趙氏一元《詩經理解》。十四卷。存。高佑釲曰：「趙一元，字士會，山陰人。書成於萬曆乙未，駱日升爲之序。」

《明史・藝文志・詩類》 趙一元《詩經理解》十四卷。

詩經質疑

朱彝尊《經義考・詩》 吳氏炯《詩經質疑》。一卷。存。炯自序曰：「余少讀《左氏春秋》，見其援引《詩》辭，確有證據，而比諸考亭，疑有異同。長而聞之長者，謂考亭信理，不若毛氏近古有師傳也。考亭以意逆志於千百世之下，大破漢儒之轂。然漢儒師傳，亦未可盡掃。余取《序》、《傳》、考亭比而讀之，考亭無可疑者，不復搜剔訓詁；考亭有可疑者，則取節《序》、《傳》，兼附己意。豈曰解頤？聊存管見云耳。萬曆丙午夏四月。」

《明史・藝文志・詩類》 吳炯《詩經質疑》一卷。

葩經旁意

黃虞稷《千頃堂書目・詩類》 喬中和《葩經旁意》一卷。字公致，蓬山人，垣曲令。

《明史・藝文志・詩類》 喬中和《葩經旁意》一卷。

葩經約說

朱彝尊《經義考・詩》 趙氏琮《葩經約說》。十卷。未見。《平湖縣志》：「琮，字伯裕，中萬曆己酉舉人，署高陽教諭。」

《明史・藝文志・詩類》 趙琮《葩經約說》十卷。

毛詩說

《四庫提要・詩類存目一》 《毛詩說》四卷。浙江巡撫採進本。明陳以蘊撰。以蘊字仲宣，南昌人。萬曆己酉舉人。是書成於崇禎癸酉。前有以蘊自序，大旨謂《小序》固陋淺拙，詞必徵之事，事必實之人，往往不得其義，則概謂之刺君，非得卜子夏之傳者。又以朱子《集傳》，祖夾漈而詆毛《傳》，亦未盡孟子說《詩》之法。然觀編中所言，乃似坊選詩集之批語。卽朱子《集傳》亦尚非以蘊所可議，無論《小序》矣。

詩經逢源

朱彝尊《經義考・詩》 莊氏廷臣《詩經逢源》。八卷。存。陸元輔曰：「莊廷臣，字寧宇，武進人。萬曆庚戌進士，官至太僕少卿。」

《明史・藝文志・詩類》 莊廷臣《詩經逢源》八卷。

詩傳闡

黃虞稷《千頃堂書目・詩類》 鄒忠胤《詩經闡》二十五卷。字肇敏，號黍谷居士，武進人。崇禎乙亥自序。

《明史・藝文志・詩類》 鄒忠胤《詩傳闡》二十四卷。

《四庫提要・詩類存目一》 《詩傳闡》二十三卷，《闡餘》二卷。浙江吳玉墀家藏本。明鄒忠胤撰。忠胤字肇敏，無錫人。萬曆癸丑進士，官至江西按察司副使。是書卽豐坊僞《詩傳》每章推演其義，而於坊僞《詩說》則深斥其妄。一手所造之書，而目爲一眞一贋，此眞不可理解之事矣。

詩通

《明史・藝文志・詩類》 陸化熙《詩通》四卷。

《四庫提要・詩類存目一》 《詩通》四卷。浙江巡撫採進本。明陸化熙撰。化熙字羽明，常熟人。萬曆癸丑進士，官至廣西提學僉事。是編不載經文，止標篇什名目，而發揮其意旨。大都依文詮釋，尋味於詞氣之間。其自序云：「朱注所不滿人意者，止因忽於所謂微言託言，致變風刺淫之語，概認爲淫；變雅近美之刺，卽判爲美耳。」故《傳》中於鄭、衛之詩多存《小序》，卽二《雅》、三《頌》亦多引《序》說，而又間引鄭《箋》、孔《疏》以證之，頗異乎株守門戶者，但所得不深耳。

讀詩録

朱彝尊《經義考・詩》 胡氏胤嘉《讀詩録》。二卷。存。錢金甫曰：「胡胤嘉，字休復，仁和人。萬曆癸丑進士，改庶吉士。」

《明史・藝文志・詩類》 胡胤嘉《讀詩録》二卷。

詩經集思通

《明史・藝文志・詩類》 朱道行《詩經集思通》十二卷。

詩傳演

朱彝尊《經義考・詩》 金氏鏡《詩傳演》。未見。

詩經脈

《四庫提要・詩類存目一》 《詩經脈》八卷。江蘇周厚堉家藏本。明魏浣初撰。其標題又曰「閔非臺先生增補」。浣初字仲雪，常熟人。萬曆丙辰進士，官至布政司參政。閔非臺則不知何許人也。其書分上下二格，如高頭講章之式。下格爲浣初原書，前列正文，後有附考，頗知原本註疏，旁及諸家。如《君子偕老》章「副笄六珈」，毛《傳》云：「笄，衡。」蓋述《追師》「追、衡、笄」之文，衡垂於耳，笄貫於髮，見於《追師》註疏甚詳。浣初引以證朱《傳》衡笄一物之誤，尙小有考證。惟大致拘文牽義，鉤剔字句，摹仿語氣，不脫時文之習。上格爲閔氏補義，則純乎鄉塾之說矣。

毛詩發微

《四庫提要・詩類存目一》 《毛詩發微》三十卷。副都御史黃登賢家藏本。明宋景雲撰。景雲字祥禎，博興人。萬曆己未進士，官至監察御史，巡按湖廣。其說《詩》以朱子《集傳》爲主，亦間採毛《傳》及他說以參之。爲例有三，標「正」字者，衍《集傳》者也；標「附」字者，採他說者也；標「考」字者，釋名物者也。然大抵以批點時文之法推求經義耳。

詩經世業

朱彝尊《經義考・詩》 瞿氏汝說《詩經世業》。未見。錢金甫曰：「汝說，常熟人，侍郎景淳之子。中萬曆辛丑進士，官至江西布政司參議。」

爾雅堂詩說

《明史・藝文志・詩類》 顧起元《爾雅堂詩說》四卷。

毛詩微言

《四庫提要・詩類存目一》 《毛詩微言》二十卷。內府藏本。明張以誠撰。以誠字君一，華亭人。萬曆辛丑進士第一，官翰林院修撰。是書雜採舊說，無所發明。如豐坊僞《詩傳》之類，皆不辨而濫收之，亦嗜博而失於別擇。

詩學全書

黃虞稷《千頃堂書目・詩類》 卓爾康《詩學全書》四十卷。

詩經說通

黃虞稷《千頃堂書目・詩類》 沈守正《詩經通說》十三卷。

《明史・藝文志・詩類》 沈守正《詩經說通》十四卷。

《四庫提要・詩類存目一》 《詩經說通》十三卷。兩淮鹽政採進本。明沈守正撰。守正字允中，號無回，錢塘人。萬歷癸卯舉人，官國子監博士。是編成於萬曆乙卯。其說頗以朱《傳》廢《序》爲非，然又不甚用古義。其所列引用諸書，不過三十六種，而以豐坊僞《魯詩》爲冠。又謂《隋志》稱《韓詩》雖存，乃其《外傳》，竟不知《崇文總目》尚有《韓詩》，持論多茫無考證，故所引皆明人影響之談。雖大旨欲以意逆志，以破拘牽，而純以公安、竟陵之詩派竄入經義，遂往往恍惚而無著。如解《關雎》云：「所謂憂之喜之者，不必泥定文王，亦不必泥定宮人。」然則究何指也？至於以《行露》、《野有死麕》爲貞女設言自誓，不必定有強娶私誘之事。然則女子待年於室，無故而作一誓詞，傳播於衆，天下有此情事乎？又謂文王之化，必無強暴之男子，然則堯舜之世，亦不當有四凶矣。其膠固不解，更甚於訓詁之家，烏在其能得言外意也？

六家詩名物疏

黃虞稷《千頃堂書目・詩類》 馮復京《六家詩名物疏》五十五卷。字嗣宗，常熟人。萬曆乙巳焦竑等序。

《明史・藝文志・詩類》 馮復京《六家詩名物疏》五十五卷。

《四庫提要・詩類二》 《六家詩名物疏》五十四卷。內府藏本。明馮應京撰。應京字可大，號慕岡，盱眙人。萬曆壬辰進士，官至湖廣按察使僉事。事蹟具《明史》本傳。是書因宋蔡卞《詩名物疏》而廣之。《江南通志》稱其少業《詩》，鉤貫箋疏，作《詩六家名物疏》是也。其徵引頗爲賅博，每條之末，間附考證。如「被之僮僮」，鄭《箋》以被爲髲髢，《集傳》以爲編髮。應京則據《周禮・追師》，謂編則列髮爲之，次則次第髮長短爲之，所謂髲髢，定《集傳》之誤混爲編。又如《鄭風・緇衣》，《集傳》以爲緇衣、羔裘，大夫燕居之服。應京則據賈公彥《周禮疏》，以爲卿士朝于天子，服皮弁服，其適治事之館，改服緇衣，鄭《箋》所謂所居私朝，即謂治事之館。凡此之類，其議論皆有根柢，猶爲徵實之學者。惟所稱六家，乃謂齊、魯、毛、韓、鄭《箋》、朱《傳》，則古無是目，而自應京臆創之。且毛、鄭本屬一家，析而爲二，亦乖於傳經之支派。以非宏旨所繫，亦姑仍其舊名焉。

彭元瑞等《天禄琳琅書目後編・明版經部》 《六家詩名物疏》。二函十冊。明馮復京撰。《四庫全書總目》作應京，字可大，號慕岡，盱眙人。萬曆壬辰進士，官湖廣按察司僉事。《明史》有傳。書五十五卷。取齊、魯、毛、韓、鄭《箋》、朱《傳》六家釋名物之説，輯爲一書。前有王道新序，萬曆乙巳申時行序，焦竑序，莊毓慶序，陳禹謨序。又提要二卷，列釋天、釋神、釋時序、釋地、釋國邑、釋山、釋水、釋體、釋親屬、釋姓、釋爵位、釋飲食、釋服飾、釋室、釋器、釋布帛、釋寶玉、釋禮、釋樂、釋兵、釋舟車、釋色、釋藝業、釋夷、釋獸、釋鳥、釋鱗介、釋蟲、釋木、釋穀、釋草、釋雜物三十二門。次卷目，次引用書目。意在廣陸璣、蔡卞之書，而實以朱《傳》疏略作此，以補之也。禹謨字錫元，常熟人。由舉人官至四川按察司僉事。闕補莊序。五。

詩經圖史合考

黃虞稷《千頃堂書目・詩類》 鍾惺《詩經圖史合考》二十卷。

嵇璜等《續通志圖譜略・詩》 明鍾惺《詩經圖史合考》。

《四庫提要・詩類存目一》 《詩經圖史合考》二十卷。浙江巡撫採進本。明鍾惺撰。惺字伯敬，竟陵人。萬曆庚戌進士，官至福建提學僉事。《明史・文苑傳》附載《袁宏道傳》中。是書雜考《詩》之名物典故，亦間繪圖，故稱《圖史合考》。然名雖釋經，實則隸事。如《周南・桃夭》篇首引《本草綱目》載「桃仁去淤血，桃梟療中惡腹痛」一條、次引《家語》「六果桃爲下」一條，次引《管子》「五沃之土宜桃」一條，次引《鹽鐵論》「桃實多則歲穰」一條，次引江淹《桃頌》一條，次引崑崙山玉桃一條，次引唐明皇目桃爲消恨花一條，次引《酉陽雜俎》王母桃一條，次引《列仙傳》綏山桃一條，其文遂畢，於經義一字無關。全書所載，皆類於此，不知其何所取也。

毛詩解

黃虞稷《千頃堂書目・詩類》 鍾惺《毛詩解》。

《四庫提要・詩類存目一》 《毛詩解》。無卷數。江蘇周厚堉家藏本。明鍾惺撰。是編取古人説《詩》之書卷帙簡少者合爲一編。曰《詩序》，曰《詩説》，曰《詩外傳》，曰《讀詩一得》，曰《山堂詩考》，曰《困學紀詩》，曰《詩地理考》，曰《詩考》，曰《逸詩》，曰《文獻詩考》，曰《詩傳綱領》，曰《詩識》，曰《讀詩録》，曰《印古詩語》。其中《讀詩一得》即黃氏《日鈔》之一門，《山堂詩考》即《山堂考索》之一門，《困學紀詩》即《困學紀聞》中論《詩》之語，《逸詩》即王氏《詩考》中之逸《詩》篇名，《讀詩録》即《讀書録》中論《詩》數條，《詩傳綱領》即《詩經大全》之綱領。謬陋殆難言狀。至申培《詩説》本僞《魯詩》，《韓詩外傳》明標韓字，乃題曰《毛詩解》，是尤不足深責者矣。

詩經備考

《四庫提要・詩類存目一》 《詩經備考》二十四卷。兩江總督採進本。明章調鼎撰。調鼎字玉，富順人。是編因鍾惺未成之本增損成書，以攻擊朱子《集傳》。夫《集傳》排斥毛、鄭，固未必盡無遺議，先儒亦互有異同。然非鍾惺等所可置議也，況又拾惺之餘緒乎？

詩經紀緒

徐圖等《行人司重刻書目》 《詩經紀緒》八本。

豳風吹

徐𤊹《徐氏家藏書目・詩類》 《豳風吹》一卷。吳時憲。

詩綴標目

徐𤊹《徐氏家藏書目・詩類》 《詩綴標目》一卷。

毛詩正變指南圖

祁承㸁《澹生堂藏書目・詩》 《毛詩正變指南圖》一冊一卷。陳林官本，即《六經圖》。

詩音辨略

馬國翰《玉函山房藏書簿録・詩類》 《詩音辨略》二卷。《函海》本。明新都楊貞一孟公撰。以《詩經》叶音隸於《韻補》者有所未安，徵印前聞以詮釋之。萬曆己未門人凌一心序而付梓。

詩經類疏

朱彝尊《經義考・詩》 蔣氏之驎《詩經類疏》六卷。未見。

斷章別義

朱彝尊《經義考・詩》 蔣氏之驎《斷章別義》三卷。未見。

毛詩正義

朱彝尊《經義考・詩》 錢氏龍珍《毛詩正義》八卷。未見。

聖門傳詩嫡冢

黄虞稷《千頃堂書目・詩類》 凌濛初《聖門傳詩嫡冢》十六卷。萬曆戊午萬尚烈序。

《明史・藝文志・詩類》 凌濛初《聖門傳詩嫡冢》十六卷。

《四庫提要・詩類存目一》 《聖門傳詩嫡冢》十六卷，附録一卷。浙江巡撫採進本。明凌濛初撰。濛初字稚成，烏程人。是書輯《詩序》及毛《傳》、鄭《箋》，又以豐坊《詩傳》冠各篇之首，而互考其異同。以《詩序》舊稱出子夏，《詩傳》亦稱子貢，故以《聖門傳詩嫡冢》爲名。其末附録一卷，則豐坊所作申培《詩説》也。

詩逆

《明史・藝文志・詩類》 凌濛初《詩逆》四卷。

《四庫提要・詩類存目一》 《詩逆》四卷。浙江吳玉墀家藏本。明凌濛初撰。卷首有《七月表》一篇，以其中獨闕三月，乃摘「春日載陽」至「公子同歸」、「蠶月條桑」至「猗彼女桑」諸事，布於二月、四月之間，標爲

「蠶月」，殊屬穿鑿。又《詩考》一篇，獨載一《御車圖》，尤爲挂漏。其所詮釋，亦罕逢奧義。

言詩翼

《四庫提要・詩類存目一》 《言詩翼》六卷。兩浙總督採進本。明凌濛初撰。此編仍列《詩傳》、《詩序》於每篇之前。又以《詩傳》、《詩序》次序不同，復篆書《詩傳》冠於篇端，而雜採徐光啓、陸化熙、魏浣初、沈守正、鍾惺、唐汝諤六家之評，直以選詞、遣調、造語、鍊字諸法論三百篇。每篇又從鍾惺之本，加以圈點。明人經解，眞可謂無所不有矣。

詩經注疏大全纂

朱彝尊《經義考・詩》 陶氏其情《詩經注疏大全纂》。十二卷。存。唐汝諤曰：「其情字逸則。」

《明史・藝文志・詩類》 陶其情《詩經注疏大全纂》十二卷。

詩箋

朱彝尊《經義考・詩》 堵氏維常《詩箋》。未見。陸元輔曰：「堵維常，字沖宇，宜興人。於《詩》、《禮》、《春秋》皆有箋，其子牧遊先生因之輯《三經澤書》。」

詩經箋疏

朱彝尊《經義考・詩》 江氏彥明《詩經箋疏》。未見。陸元輔曰：「彥明，字晏其，婺源人。」

詩說闕疑

黄虞稷《千頃堂書目・詩類》 徐熙《詩說闕疑》十五卷。

詩晷正

黄虞稷《千頃堂書目・詩類》 黄道周《詩晷正》。

毛詩删翼

黄虞稷《千頃堂書目・詩類》 王志長《毛詩删翼》二卷。字平仲，崑山舉人。取序、說、傳、箋、正義及宋、元、明諸儒之說《詩》者折衷，不盡從《集傳》。

詩說

黄虞稷《千頃堂書目・詩類》 馬元調《詩說》十卷。字巽甫，嘉定縣人。師婁堅，盡得其學。

待軒詩記

黄虞稷《千頃堂書目・詩類》 張次仲《詩記》六卷二冊。吳補

《明史・藝文志・詩類》 張次仲《待軒詩記》六卷。

《四庫提要・詩類二》 《待軒詩記》八卷。浙江巡撫採進本。明張次仲

撰。次仲有《周易玩辭困學記》，已著録。是書前載《總論》二篇，其餘《國風》以一國爲一篇，二《雅》、《周頌》以一什爲一篇，《魯頌》、《商頌》亦各爲一篇。大抵用蘇轍之例，以《小序》首句爲據，而兼採諸家以會通之。其於《集傳》，不似毛奇齡之字字譏彈，以朱子爲敵國。亦不似孫承澤之字字阿附，併以毛氏爲罪人。案承澤《詩經朱傳翼》自序稱：「王弼亂《易》，罪深桀、紂；毛氏之罪，亦不在王弼之下。」故持論和平，能消融門戶之見。雖憑心揣度，或不免臆斷之私，而大致援引詳明，詞多有據。在近代經解之中，猶爲典實。卷末別有《述遺》一卷，有録無書，目下注「嗣刻」字，蓋欲爲之而未成也。今併削其目，不復虛列焉。

詩經偶箋

《四庫提要・詩類存目一》　《詩經偶箋》十三卷。江西巡撫採進本。明萬時華撰。時華字茂先，南昌人。是編成於崇禎癸酉。大旨宗孟子「以意逆志」之説，而掃除訓詁之膠固，頗足破腐儒之陋。然《詩》道至大而至深，未可以才士聰明測其涯際，況於以竟陵之門徑，掉弄筆墨，以一知半解訓詁古經。其自序有曰：「今之君子知《詩》之爲經，不知《詩》之爲詩，一蔽也。謝太傅嘗問諸從《毛詩》何句最佳，遏以『楊柳依依』對，公所賞乃在『訏謨定命，遠猶辰告』。譚友夏亦言讀《詩》不能使《國風》與《雅》、《頌》同趣，且覺《雅》、《頌》更於《國風》有味。易入處便入，終是讀書者之病。今之君子少此元致，二蔽也」云云。蓋鍾惺、譚元春詩派盛於明末，流弊所極，乃至以其法解經詩歸之貽害於學者，可謂酷矣。

詩　疏

《明史・藝文志・詩類》　張睿卿《詩疏》一卷。

毛詩世本古義

黄虞稷《千頃堂書目・詩類》　何楷《毛詩世本古義》二十八卷。取《毛詩序》依其世時之次第而先後之，故曰「世本」。所采先儒之説甚博。

《明史・藝文志・詩類》　何楷《毛詩世本古義》二十八卷。

《四庫提要・詩類二》　《詩經世本古義》二十八卷。浙江巡撫採進本。明何楷撰。楷有《古周易訂詁》，已著録。其論《詩》，專主孟子知人論世之旨。依時代爲次，故名曰《世本古義》。始於夏少康之世，以《公劉》、《七月》、《大田》、《甫田》諸篇爲首。終於周敬王之世，以《曹風・下泉》之詩殿焉。計三代有詩之世，凡二十八王，各爲序目於前。又於卷末仿《序卦傳》例，作《屬引》一篇，用韻語排比成文，著所以論列之意。考《詩序》之傳最古，已不能盡得作者名氏。故鄭氏《詩譜》，闕有間焉。三家所述，如《關雎》出畢公，《黍離》出伯封之類，茫昧無據，儒者猶疑之弗傳。楷乃於三千年後，鉤棘字句，牽合史傳，以定其名姓時代。如《月出》篇有「舒窈窕兮」、「舒懮受兮」之文，卽指以爲夏徵舒，此猶有一字之近也。《碩鼠》一詩，茫無指實，而指以爲《左傳》之魏壽餘，此孰見之而孰傳之？以《大田》爲「豳雅」，《豐年》、《良耜》爲「豳頌」，卽屬之於公劉之世，此猶有先儒之舊説也。以《草蟲》爲《南陔》，以《菁菁者莪》爲《由儀》，以《緡蠻》爲《崇丘》，又孰傳之而孰受之？大惑不解，楷之謂乎？然楷學問博通，引援賅洽。凡名物訓詁，一一考證詳明，典據精確，實非宋以來諸儒所可及。譬諸蒐羅七寶，造一不中規矩之巨器，雖百無所用，而毀以取材，則火齊、木難，片片皆爲珍物。百餘年來，人人嗤點其書，而究不能廢其書，職是故矣。

彭元瑞等《天禄琳琅書目後編・明版經部》　《詩經世本古義》。二函，十六冊。明何楷撰。楷字元子，晉江人。天啓乙丑進士，官吏科給事中。唐王時，授禮部尚書，爲鄭芝所軋，憤卒。《明史》有傳。書二十八卷。前有范景文序，林蘭友序，曹學佺序，楷自序，次原引一首，附録《論風雅頌》三條。其書不依《毛詩》次第，略本鄭氏《詩譜》，而雜以己意，取三百五篇，敘其時世，始夏少康之世《公劉》篇，迄周敬王之世《下泉》篇，凡二十八王，各爲序引於前。末屬引一首，仿《序卦傳》體，以韻語明所以比屬牽綴之義，不免穿鑿傅會。而援據極博，考證極詳，亦可謂萃一生之精力者矣。范景文字夢章，吳橋人。萬曆癸丑進士，崇正末官大學士，殉難。曹學佺字能始，侯官人。萬曆乙未進士，官陝西副使，天啓中除名，崇禎初復官，不赴家居，殉節。

詩經考

徐𤊹《徐氏家藏書目·詩類》　《詩經考》十八卷。黄文焕。

《四庫提要·詩類存目一》　《詩經考》十八卷。江西巡撫採進本。明黄文煥撰。文煥字維章，永福人。天啓乙丑進士，崇禎中由山陽縣知縣擢翰林院編修。坐鉤黨，與黄道周同下詔獄。後獲釋，流寓南都以終。是書專考三百篇中名物典故。其凡例有六：一曰世系，二曰畿甸，三曰人物，四曰天時地利，五曰兵農禮樂，六曰動植。仍以經文篇第爲序，各標其目而解之，徵引頗爲繁富。惟愛博嗜奇，頗傷冗雜。其於人物，皆詳其始末成一列傳，而又不著其所本，尤爲曼衍。窺其用意，似欲與何楷《世本古義》抗行一時。然不似楷之穿鑿，亦不及楷之博洽也。

詩經彙考

徐𤊹《徐氏家藏書目·詩類》　《詩經彙考》二十卷。黄文煥。

詩經羣義

朱彝尊《經義考·詩》　陳氏弘緒《詩經羣義》。未見。

五十家詩義裁中

朱彝尊《經義考·詩》　高氏承埏《五十家詩義裁中》。十二卷。存。

承埏自序曰：「孔氏之門，身通六藝者七十二人，夫子許其可與言《詩》者，子貢、子夏兩賢而已。子貢《詩傳》出於近人僞撰，惟子夏之《序》授高行子，傳至大、小毛公以及衛宏，宏學於謝曼卿者也。論其世，數百年矣；考其人，十有一傳矣。而說者謂《序》出於宏，然則曼卿以前受之於師者皆無《序》乎？理之所必無也。明道程子謂《詩》學必於《大序》中求，又謂國史得詩必載其事，然後其義可知。伊川則云《大序》非聖人不能作，其篤信《詩序》若是。自雪山王氏、夾漈鄭氏乃廢《序》言《詩》，朱子用之作《集傳》，以鄭聲淫爲鄭詩淫也，於是鄭詩出於淫奔者最多，且以鄭、衛之音並舉，推而及於《邶》、《鄘》、《衛》，而《王風》而齊、陳諸國，靡不有淫奔之詩。數傳而魯齋王氏遂欲刪去其三十二篇，是以孔子刪詩爲未盡善矣，毋乃賢知之過與？予家世治《詩》。曾王父以《詩》舉隆慶丁卯鄉試，先子旋以《詩》舉萬曆朝鄉會試。弇鄙如予，亦以《詩》義入彀，然墨守者《集傳》一編而已，自避兵竹林里，故家遺書經亂散失，亟割饘粥之產以購之，稍稍裒集，言《詩》者得五十家，大約淳熙以前，無舍《序》言《詩》者，淳熙而後，遵《集傳》廢《序》者十之九矣。孔子曰：『《詩三百》，一言以蔽之，曰思無邪。』《序》所云『發乎情，止乎禮義』者，無邪之說也，本乎孔子者也。孟子曰：『以意逆志，是爲得之』。《集傳》去《序》言《詩》，求詩人之志於千載之上，以意逆志之說也，本乎孟子者也。吾因二者而裁其中焉，於《國風》淫奔諸詩仍存舊《序》，其餘則以朱子爲歸，而五十家之義附之。非敢異於朱子也，竊取者二程子之言，亦孔子之《詩》教然爾。」

錢謙益曰：「嘉興高工部寓公以文學世其家，爲文士；出令衛邊，乘城捍患，爲才吏；瀝血帶索，爲父訟冤，爲孝子。乙酉兵後，悲歌忼慨，低徊結轖，以生爲可厭，而以死爲可樂也。其詩曰：『惟將前進士，慘憺表孤墳。』此其詩何詩也？祈病而病，祈死而死，庶幾從容就義者之爲矣。」

譚吉璁曰：「先生字澤外，中崇禎庚辰進士，歷知遷安、寶坻、涇三縣事，以南工部虞衡主事，請亟還里。聚書八十廚，集五十家《詩》説，折衷之，曰《詩義裁中》，惜其經亂遺失也。」

《明史・藝文志・詩類》　高承埏《五十家詩義裁中》十二卷。

毛詩陸疏廣要

黄虞稷《千頃堂書目・詩類》　毛鳳苞《草木蟲魚疏廣要》四卷。

《四庫提要・詩類一》　《毛詩陸疏廣要》二卷。內府藏本。吳陸璣撰，明毛晉注。晉原名鳳苞，字子晉，常熟人。家富圖籍，世所傳影宋精本，多所藏收。又喜傳刻古書，汲古閣版至今流布天下。故在明季，以博雅好事名一時。嘗刻《津逮祕書》十五集，皆宋元以前舊帙。惟此書爲晉所自編。陸璣原書二卷，每卷又分二子卷。蓋儲藏本富，故徵引易繁；採摭既多，故異同滋甚。辨難考訂，其説不能不長也。其中如「南山有臺」一條，則引韻書證其佚脱。「有集維鷮」一條，則引《詩緝》證其同異。其考訂亦頗不苟。至於嗜異貪多，每傷支蔓。如「鶴鳴于九皋」一條，後附《焦山瘞鶴銘考》一篇，蔓延及於石刻，於經義渺無所關。核以詁經之古法，殊乖體例。然雖傷冗碎，究勝空疎。明季説《詩》之家，往往簸弄聰明，變聖經爲小品。晉獨言言徵實，固宜過而存之，是亦所謂論其世矣。

詩經闡祕

毛晉《汲古閣書跋》　毛表字奏叔，號正庵，晉第四子。《詩經闡祕》。余自弱冠時，同弟黼季師事叔子先生，講求經義，亦既朝考夕稽，耳提面命，余兄弟並能敬奉師傳，罔敢廢業。而先生猶懼記誦之學，未必能堅且固也，更爲之窮源極委，正其訛，核其實，芟其蔓，振其綱，雖張華之博物，少遜其能；弘景之多聞，難出其右。可見先生負奇才，具大略，流覽羣書，積畢生學力成《闡祕》一書，其於四始六義之要，始無餘藴焉。不惟此書之成，歷幾歲月，卽翻閲點定，又反覆再三。今先生往矣，而著作猶存，吟詠篇章，奚啻函丈追隨，講求一室也。受業毛表奏叔氏百拜謹跋。

毛扆字斧季，晉第五子，陸貽典婿也，最知名，尤耽校讎，兼精小學，何義門輩皆推重之。《詩經闡祕》。商丘宋公，博學君子也，每見異書，輒焚香誦讀，巡撫江南歷十餘載，境內名人碩士，無不折節下交。戊子春，來登汲古舊閣，羈留信宿，凡閣中所藏書籍，逐一觀覽。及展閲魏師《闡祕》，遂擊節嘆賞，以爲名人著作，惜未流通，雅欲捐資購得，商榷付梓。余以吾師手授枕祕，多年不忍廢去，且是書之成，歷數載苦功，取材富，考覈精，卽魏氏子孫尚無從寓目，一旦應商丘之求，不且負吾師之傳乎？後之人其能善體吾志，什襲藏之，則幸甚幸甚。康熙辛卯汲古後人毛扆黼季氏跋於此静坐。

吳壽暘《拜經樓藏書題跋記》　《毛詩闡祕》。魏沖叔子著。不分卷。《國風》爲一册，《小雅》、《大雅》各爲一册，三《頌》爲一册。蓋叔子承汲古主人之屬，輯以授奏叔、黼季兄弟者。有天啓四年七月沖自序，謂《詩》固毛氏之家學，不可以無傳。爲之發藏攄臆，舉父兄師長之心傳，百家衆説之精義，采録全編，名曰《毛詩闡祕》云云。後有毛氏兄弟跋。奏叔跋稱其窮原極委，正訛核實，芟蔓振綱，成書歷幾歲月，翻閲點定，反覆再三。具見當日傳授之苦心。黼季跋謂此書大爲商丘宋公所擊賞，欲捐貲購梓。毛氏以師書不忍廢去，戒後人什襲而藏。更足徵其善承師學矣。卷末復有知休寧縣事虞山丁斌跋，其首頁爲人掣去。是書先君子得於吳門書肆中，鈔寫甚精，硃筆圈點及題識皆親筆，裝褫雅潔，印記纍纍。嘗取以補入《經義考》，並書云：「宋牧仲嘗欲購此書刻之，黼季靳而弗與。後歸休寧程某，休寧令虞山丁斌又爲之跋。丁未夏日，予於吳門書肆得之，猶是汲古精鈔，裝潢題識皆無損，眞可寶也。」又云：「按《毛詩闡祕》依《集注》分卷，乃叔子在琴川毛氏授學表、扆兄弟時纂輯，以裨舉業之用。然據黼季跋，以爲歷數載苦功，取材富而考覈精，卽魏氏子孫亦不知有是書，蓋先生所授枕秘也。」

詩經叶韻

黃虞稷《千頃堂書目・詩類》 程元初《詩經叶韻》四卷。

詩經反切音釋

黃虞稷《千頃堂書目・詩類》 程元初《詩經反切音釋》一卷。

十五國風論

徐𤊹《徐氏家藏書目・詩類》 《十五國風論》一卷。林國華。

黃虞稷《千頃堂書目・詩類》 林國華《十五國風論》一卷。

白菴談詩

徐𤊹《徐氏家藏書目・詩類》 《白菴談詩》一卷。陳元綸。

詩經澤書

吳壽暘《拜經樓藏書題跋記》 《詩經澤書》。《詩經澤書》，明宜興堵牧游先生著。不分卷，亦無序目。先君子從陽羡得鈔本，因録副藏於家，並補入朱氏《經義考》。有序一篇，刻《愚谷文存續編》中。

胡氏詩識

徐𤊹《徐氏家藏書目・詩類》 《胡氏詩識》三卷。胡文煥。

黃虞稷《千頃堂書目・詩類》 胡文煥《胡氏詩識》三卷。取朱子《集傳》，擇其要而類編之，自天文至訓詁，凡三十七類。

詩經彙解

黃虞稷《千頃堂書目・詩類》 張元玘《詩經彙解》。

毛詩解

黃虞稷《千頃堂書目・詩類》 周夢華《毛詩解》。

毛詩微言

黃虞稷《千頃堂書目・詩類》 唐汝諤《毛詩微言》二十卷。字士雅，松江人。

朱彝尊《經義考・詩》 唐氏汝諤《毛詩微言》。二十卷。存。汝諤自序曰：「《詩》有齊、魯、韓三家盡亡，獨存毛、鄭。自朱子《集傳》出，而毛、鄭之説又束之高閣矣。顧晦翁掊擊《小序》，而後人復左袒漢儒，又一時如呂東萊《讀詩記》、嚴華谷《詩緝》先後互出，與朱《傳》抗衡。余以爲苟非出自詩人，總之皆臆説也。謂漢儒近古，度有師承，而附會不少；謂宋儒明理，疑無曲説，而矯枉或過。國朝纂修《大全》，裨益後學，而與朱《傳》相矛盾者，輒爲棄去。故《注疏》之説既不收録，而諸家之論亦不甚有所發明。又高明之士視爲筌蹄，不復染指，而屹首研摩，皆其庸庸者耳，此《詩》解所以概未盡善也。余生平最喜徐儆弦先生《翼說》與吾鄉玄扈徐公《六帖》，以其綜輯前人而超然獨解，絕無穢雜。余故篇中所載兩公居多，而又廣以箋疏，附以臆說，雖不敢謂與朱《傳》有裨，聊補《大全》所未備也。」

錢金甫曰：「安慶教授華亭唐汝諤士雅撰。」

《明史・藝文志・詩類》 唐汝諤《毛詩微言》二十卷。

詩經微言合參

《四庫提要・詩類存目一》 《詩經微言合參》八卷。江蘇巡撫採進本。明唐汝諤撰。汝諤字士雅，華亭人。天啓中以歲貢生官常熟縣教諭。汝諤初著《毛詩微言》二十卷，繼復删汰贅詞，標以今名。自序謂溯源毛、鄭，參以《讀詩記》及嚴氏《詩緝》，而折衷於朱子。今核其書，實不過科舉之學也。

詩牖

《四庫提要・詩類存目一》 《詩牖》十五卷。浙江巡撫採進本。明錢天錫撰。天錫字公永，竟陵人。天啓壬戌進士，官至僉都御史。是編大抵推敲字義，尋求語脈，爲程式制藝之計。首載馮元飈序，謂其書不但存朱子，存《毛詩》，并可以存齊、存魯、存韓，祧衛宏而禰子夏，其功不在鄭、孔下，亦夸之甚矣。

詩經註疏大全合纂

范邦甸等《天一閣書目・詩類》 《詩經註疏大全合纂》三十四卷。明後學張溥纂幷序。

黄虞稷《千頃堂書目・詩類》 張溥《詩經注疏大全合纂》三十四卷。

《明史・藝文志・詩類》 張溥《詩經注疏大全合纂》三十四卷。

《四庫提要・詩類存目一》 《詩經註疏大全合纂》三十四卷。江蘇巡撫採進本。明張溥撰。溥字天如，太倉人。崇禎辛未進士，改庶吉士。事蹟具《明史・文苑傳》。自宋儒說《詩》廢《序》，毛、鄭之學遂微。明永樂中修《五經大全》，《詩》則取鄱陽朱克升《疏義》，增損劉瑾之書，懸爲令甲，經學於是益荒。溥是書雜取《註疏》及《大全》合纂成書，差愈於科舉之士株守殘匱者。然亦鈔撮之學，無所考證也。

詩經鐸

朱彝尊《經義考・詩》 申氏佳胤《詩經鐸》。未見。陸元輔曰：「字孔嘉，永年人。崇禎辛未進士，官太僕寺丞。甲申死寇難。」

詩鏡

朱彝尊《經義考・詩》 申氏佳胤《詩鏡》。未見。

詩劄

黄虞稷《千頃堂書目・詩類》 黄淳耀《詩劄》二卷。取漢、宋諸儒之說爲兩造，而以己意微加讞決，僅及《王風》而止，淳耀隨卒，書亦亡。太倉朱汝礪以其意更補焉。

讀詩略記

黃虞稷《千頃堂書目・詩類》 朱朝瑛《讀詩略記》二卷。

《明史・藝文志・詩類》 朱朝瑛《讀詩略記》二卷。

《四庫提要・詩類二》 《讀詩略記》六卷。浙江巡撫採進本。明朱朝瑛撰。朝瑛有《讀易略記》，已著録。是書朱彝尊《經義考》作二卷。此本六冊，不分卷數。核其篇頁，不止二卷。疑原書本十二卷，刊本誤脱一「十」字，傳寫者病其繁瑣，併爲六冊也。朝瑛論《詩》以《小序》首句爲主。其說謂亡詩六篇，僅存首句，則首句作於未亡之前，其下作於既亡之後明矣。所見與程大昌同，而所辨較大昌尤明白，足決千古之疑。然其訓釋不甚與朱子立異。自鄭、衛淫奔不從《集傳》以外，其他說有乖迕者，多斟酌以折其中。如論《楚茨》爲刺幽王之詩，則據《荀子》以爲恰在《鼓鐘》之後，或幽王尚好古樂，故賢士大夫稱述舊德，擬《雅》、《南》而奏之，以感導王志。論《抑》爲刺厲王之詩，則據《詩》文「其在於今」一語，以爲當爲衛武公少時所作。大抵皆參稽融貫，務取持平。其以《生民》篇姜嫄巨跡爲必不可信，亦先儒舊義。至於求棄之之由而不得，乃援後世綠綈方底之事以證之，則未免反失之附會。又頗信《竹書紀年》，屢引爲證，亦乖說經之體。然綜其大旨，不合者十之二三，合者十之五六也。

詩　采

朱彝尊《經義考・詩》 張氏星懋《詩采》。八卷。存。潘晉臺序曰：「言《詩》者亡慮千家，率以《小序》爲祖，毛說爲宗。夫祖《小序》者，以《序》爲出卜商手，蓋自沈重之言始也。然漢世文字，未有引《詩序》者，惟黃初四年有『曹共公遠君子近小人』之語。蓋魏後於漢，《叙》至是而始行也。予嘗反覆《小序》，再四繹之，凡《左傳》、《國語》所嘗登載，則深切明著，歷歷如見。苟二書所不言，而古書又無明證，則未有能明指其人其事也。如《白華》則以爲孝子潔白，《華黍》則以爲時和歲豐宜黍稷，《由庚》則以爲萬物各由其道，《崇丘》則以爲萬物得極其高大。三百篇之詩，并未嘗以『命篇』二字取義，序《詩》者何以知其然？宗毛氏者以毛氏與孟子說《詩》多合也，毛氏以《召南》爲文、武之詩，故不得不以『平王』爲『平正之王』，以《周頌》爲成王時作，故不得不以『成王』爲『成此王功』。殊不知書中此類甚多，《召南》有康王以後之詩，有平王以後之詩，不特文武時也。《甘棠》、《行露》之詩，召公既沒之後，在康王世也。《何彼穠矣》作於平王以後，亦猶是也。《大明》之『維此文王』，《思齊》之『文王之母』，《皇矣》之『比於文王』，《靈臺》之『王在靈沼』，《緜》之『文王蹶厥生』，皆後世詩人追詠之詞，何嘗作於文王之世。《周頌》之美成王亦猶是也。毛氏解《詩》之失，孰有大於此者？若夫考亭一意排斥《小序》不用，然程伊川有云：『《詩小序》是當時國史作，如不作，則孔子亦不能知。』斯言未必信乎。故六經皆有義，《詩》獨無義，非無義也，義在樂也。六經皆宜解，《詩》獨不宜解，非不宜解也，解在史也。今吾友宅修之爲《詩采》，或軋逢《小序》，或進退毛解，或上下考亭，或雜取齊、魯、韓佚說，或傅會列國諸大夫賦詩本旨，而參以律呂，廣以五雅百家，察以五方人物、風土、山川、遺蹟，悉以九州噢咻需於聲音氣息，予又安得贅一詞哉！子貢見師乙而問焉，曰：『如賜者，宜何歌也？』此求義於樂之說也。馬端臨曰：『其人可考，其意可尋者，夫子録焉；其人不可考，其意不可尋者，夫子刪焉』。此求解於史之說也。古太師先得乎刪之意，而後能采；吾夫子盡悉乎采之意，而後能刪。今宅修操孟子論世之旨，以求合於夫子之刪，水乳矣。即因以求合於太師之采，亦水乳矣。即更而敷之於《小序》、毛說、考亭，亦水乳矣。故《詩采》者，不失其所以爲采詩而已矣。」

《明史・藝文志・詩類》 張星懋《詩采》八卷。

詩經存旨

《明史・藝文志・詩類》 高鼎熺《詩經存旨》八卷。

詩權

朱彝尊《經義考・詩》 趙氏起元《詩權》。八卷。存。曹溶曰：「起元，字庶先。」

《明史・藝文志・詩類》 趙起元《詩權》八卷。

詩經弋獲解

朱彝尊《經義考・詩》 丘氏九奎《詩經弋獲解》。六卷。未見。《邵武府志》：「丘九奎，字子聚，諸生。」

詩經胡傳

朱彝尊《經義考・詩》 胡氏紹曾《詩經胡傳》十二卷。存。紹曾自序曰：「古經並有竹簡漆書，《詩》獨爲羣儒口授，《毛詩》尤後出，其字與三家異者凡百數。迨東漢後而篆隸更爲正楷，點畫小譌，厥旨遂殊。諸家《詩》亡，毛《傳》巋然獨存，乃字樣失眞，不可枚列。猶或傳繕偶乖，至如『何彼襛矣』之作『穠』也，『終然允藏』之作『終焉』也，『不能辰夜』之作『晨』也，『蒹葭萋萋』之作『凄』也，『不可畏也』之作『亦可畏也』，『求爾新特』之作『求我』也，『胡然厲矣』之作『胡爲』也，『家伯維宰』之作『冢宰』也，『朔月』之作『朔日』也，『爰其適歸』之作『奚其』也，『以享以祀』之作『饗』也，『天降滔德』之作『慆』也，『彼徂矣』之作『岨』也，『庤乃錢鎛』之作『痔』也，『言授之縶』之作『受』也，『其旂茷茷』之作『筏』也，『降予卿士』之作『于』也，俱明舛礙理，並無他據。若夫『召伯所憩』之爲『憩』也，『之死矢靡它』之爲『他』也，『羊牛下來』之爲『牛羊』也，『大叔于田』之刪『大』也，『隰有六駮』之爲『駁』也，『取彼狐貍』之爲『狸』也，『婦暵平聲于室』之爲『嘆去聲』也，『鄂不韡韡』之爲『韡』也，『家室君王』之爲『室家』也，『不憖遺一老』之爲『慭』也，『折薪拖矣』之爲『杝』也，『昊天大幠』之爲『泰』也，『仲氏吹篪』之爲『箎』也，『潸焉出涕』之爲『潸』也，『維塵雍兮』之爲『雝』也，『既匡既勑』之爲『敕』也，『不皇朝矣』之爲『遑』也，『洒掃庭內』之爲『廷』也，《小旻》、《抑》詩兩『泉流』之爲『流泉』也，『以篤于周祜』之刪『于』也，『不拆不副』之爲『坼』也，『穫之挃挃』之爲『桎』也，『亨祀不忒』之爲『享』也，此則互易倒揉。若是者改之與？經何可改也！不暇加訂與？經何可忽也！夫前古蟲鳥不可追矣，秦篆稍近古，隸又次之，能通篆隸，則義有不待釋者。故經之正文皆當從大篆，其《注疏》則用時畫，庶使學者得窺三才之奧，而經學用是可明矣。」吳周瑾曰：「胡紹曾，字宗一，舉人。王尙書錫袞序其書。」

《明史・藝文志・詩類》 胡紹曾《詩經胡傳》十二卷。

毛詩翼傳

朱彝尊《經義考・詩》 顧氏秉禮《毛詩翼傳》。未見。錢金甫曰：「華亭諸生顧秉禮育宇撰。」

詩志

黄虞稷《千頃堂書目・詩類》 范王孫《詩志》二十六卷。錢塘人。

《明史・藝文志・詩類》 范王孫《詩志》二十六卷。

《四庫提要・詩類存目一》 《詩志》二十六卷。兩江總督採進本。明范王孫撰。王孫字士文，休寧人，寄籍錢塘。是書乃館於金聲家時所著，聲爲序而梓之。皆雜採諸說而成。於同時人中多取沈守正《說通》及陳際泰《五經讀》、顧夢麟《說約》，不甚研求古義也。

詩問略

《四庫提要・詩類存目一》　《詩問略》一卷。編修程晉芳家藏本。明陳子龍撰。子龍字人中，一字臥子，華亭人。崇禎丁丑進士，官紹興府推官。後魯王以爲兵科給事中，事敗被執，乘間投水死。事蹟具《明史》本傳。乾隆四十一年賜諡忠裕。此編乃其讀《詩》劄記之文。曰「詩問」者，取問諸有道之意。又所解皆偶標己意，隨拈各條，非説全經，故謂之「略」。《明史・藝文志》不著録，見於曹溶《學海類編》中。其説不主朱子《集傳》，亦不甚主《毛詩》、鄭《箋》。大抵因《小序》而變其説。如《有女同車》、《序》以爲刺忽，子龍則以爲美忽。以《蘀兮》、《狡童》爲刺祭仲。率以意爲解，不必有據。觀其自序，知其學從郝敬入也，宜其臆斷矣。

鑑湖詩説

《四庫提要・詩類存目一》　《鑑湖詩説》四卷。江蘇周厚堉家藏本。明陳元亮撰。元亮字寅倩，山陰人。是書乃鄉塾講章。其凡例有十：曰尊經，曰從註，曰存《序》，曰辨俗，曰標新，曰考古，曰博物，曰章旨，曰節解，曰集説。其所取裁，不出永樂《大全》諸書。

詩經精意

《四庫提要・詩類存目一》　《詩經精意》。無卷數。江西巡撫採進本。明詹雲程撰。雲程字念庭，江西人。是編詮釋經文，皆敷衍語氣，爲時文之用，乃塾師訓蒙講章也。

詩　意

《四庫提要・詩類存目一》　《詩意》。無卷數。兩淮馬裕家藏本。明劉敬純撰。敬純，武進人。是書大旨宗朱子《集傳》，雖間採諸家，然其發明《集傳》者，亦科舉揣摹之本也。

毛詩辨

朱彝尊《經義考・詩》　郭氏金臺《毛詩辨》。佚。高佑釲曰：「長沙人。」

詩集傳

朱彝尊《經義考・詩》　李氏澤民《詩集傳》。佚。《廣信府志》：「李澤民，貴溪人。隱居事母，號北山樵子。著《詩集傳》。」

詩　論

朱彝尊《經義考・詩》　陸氏圻《詩論》。五卷。存。繆泳曰：「圻，字麗京，更字景宣，錢塘貢士。甲申後，隱於醫，賣藥長安市。後棄家爲浮屠，居韶州之丹崖山。繼又爲道士，遁去，不知所終。」

詩劄

朱彝尊《經義考・詩》 朱氏汝礪《詩劄》。十卷。存。陸元輔曰：「先師黄陶庵有《詩劄》二卷，未及成書，崑山朱裔石倣之，會諸家之説而折衷焉，亦名《詩劄》，凡十卷。其援據詳博，義論精核，可翼《注疏》、《大全》之書。裔石又有《禮辨》十四篇，多出新意，發先儒所未發。」

詩律表

朱彝尊《經義考・詩》 董氏説《詩律表》。一卷。存。

誦詩弋獲

朱彝尊《經義考・詩》 顔氏鼎受《誦詩弋獲》。四卷。存。杜濬曰：「桐鄉顔鼎受孝嘉，倜儻士也。游學桂陽，遭亂，入衡山爲道士，潔身而還。《誦詩弋獲》四卷，《六義辨》一卷，《國風演連珠》一卷，皆山中所撰也。」

國風演連珠

朱彝尊《經義考・詩》 顔氏鼎受《國風演連珠》。一卷。存。

六義辨

朱彝尊《經義考・詩》 顔氏鼎受《六義辨》。一卷。存。

詩義纂

朱彝尊《經義考・詩》 安氏《詩義纂》。未見。劉榛序曰：「六經所以明道也，自爲帖括之用而經亡矣。且《易》不可爲典要，而《詩》與《春秋》亦然。泥其文而求之，則其義愈晦。蓋《詩》也者，隨感而言其志也，言之所指，未必爲志之所存，則其温厚醞藉，同時之人未必盡知之，況在數千百年之後乎？顧聖人之所取，惟其止乎理義而使諷之者，涵泳而自得其性情之正。故古人之學不必依賴訓詁，而往往因之能興也。迨至後世，先王之教澤既熄，人不知斯道之存，而遺經將廢，於是不得已誘天下於帖括之中，使之不棄屣而去也，可以慨世變矣。則夫爲之學者，應上所求，不得不以文爲業；以文爲業，不得不以言是循；以言是循，不得不字櫛句比，抽絲穿穴，以求明也。吾里前輩安君履吉者業《詩》，病世之説《詩》者未至也而爲之纂。或曰：經不以帖括而愈明乎？曰：經以明道，道亡而經何有？彼夫汲汲焉懷利以馳章句之末，而希工於文藝，卽區區草木鳥獸之名，亦不暇識，遑問其興觀羣怨、事君事父之益哉？古人之言志者而適以爲奪志者也，其謂之亡乎？其不謂之亡乎？雖然，有志者誠因是而反之於性情之間，法其所美，戒其所刺，而六義之指歸無不爲一身之實用。則經明而道益明，以之修齊，以之治平，將無往而非《詩》教之所興矣。然則安君之纂，又豈獨可爲帖括之用歟？安君舉明天啓甲子孝廉，其書久湮滅於戎馬。灰燼之餘，而今始解頤於天下也。然則一書之顯晦，顧亦有時哉？」

詩經副墨

《四庫提要・詩類存目一》 《詩經副墨》八卷。江蘇周厚堉家藏本。明陳組綬纂。組綬字伯玉，武進人。崇禎甲戌進士，官兵部主事。是書前列《讀書二十四觀》，次爲《通考》，次爲《總論》。每篇之前，皆竝列《集傳》、《小序》之文，而以《集傳》居《小序》前。其每章詮解，則循文敷衍而已。卷首《凡例》有曰：「諸說雖精，或於制義未當者，吾從宋。」是其著書之大旨矣。

詩經朱註考

朱彝尊《經義考・詩》 劉氏慶孫《詩經朱註考》。未見。《廣平府志》：「劉慶孫，永年人，崇禎庚午舉人。」

毛詩古音考辨

《明史・藝文志・詩類》 唐達《毛詩古音考辨》一卷。

詩經考定

朱彝尊《經義考・詩》 韋氏調鼎《詩經考定》。二十四卷。存。吳周瑾曰：「調鼎，字玉鉉，蜀金川人。」

《明史・藝文志・詩類》 韋調鼎《詩經考定》二十四卷。

桂林詩正

《四庫提要・詩類存目一》 《桂林詩正》八卷。兩江總督採進本。明顧懋樊撰。懋樊有《點易丹》，已著録。是編成於崇禎庚辰。博採衆說，參以己見，然多不根之創解。如謂《鄭》之《豐》及《風雨》篇皆《齊詩》，而誤入於《鄭》。《豐》詩爲小白適莒，國人有悔不送而望其歸之詞。《風雨》詩以雞鳴失時，比齊之昏亂，桓公興，仲父相，乃晦明之大際，孔子刪詩録《風雨》，亦猶「微管仲」之意也。如斯之類，不知何據而云然。至於笙詩六篇，竟以束皙《補亡》列入，溷亂經文，尤爲乖刺矣。

詩觸

《四庫提要・詩類存目一》 《詩觸》四卷。江西巡撫採進本。明賀貽孫撰。貽孫字子翼，禾州人。是書前後無序跋，不著作書年月。考陳士業《筠莊初集》有《賀子翼制藝序》，而《凡例》中引梅膺祚《字彙》，書中多引鍾惺《詩經評》，亦皆明末之書，當即其人也。是書以《小序》首句爲主，而刪其以下之文，以爲毛萇、衛宏之附益，蓋宗蘇轍之例。大旨調停於《小序》、朱《傳》之間。作詩之旨多從《序》，詩中文句則多從《傳》；《國風》多從《序》，《雅》、《頌》則多從《傳》。每篇先列《小序》，次釋名物，次發揮詩意。主孟子「以意逆志」之說，每曲求言外之旨，故頗勝諸儒之拘腐。而其所從入，乃在鍾惺《詩評》。故亦往往以後人詩法詁先聖之經，不免失之佻巧。所謂楚既失之，齊亦未爲得也。卷首冠以四論。其第三篇論淫詩，第四篇論風刺，皆爲有見。第二篇論以意逆志，是以全書之根本而涉於掉弄聰明。全書之病，即坐於是。第一篇論詩與歌謠、謳、誦、諺語不同，三百篇皆樂章，其說甚是。而謂漢魏之樂府，宋之詞，元之南北曲，皆用此例，則不盡然。無論宋詞、元曲各有宮調，其句法之長短、音律之平仄、字數之多少，具有定譜，不可增減，與三百篇迥殊。即漢魏樂府有倚聲製詞者，亦有採詩入樂者。觀郭茂倩《樂府》所載，孰爲本調，孰爲魏樂所奏，孰爲晉樂所奏，其增減字句以就聲律者，班班可考，何嘗有一定之調，亦何嘗田夫販婦一一解音律哉？故三《頌》者，《郊祀歌》之類也，自諧管弦者也。二《雅》、十五國《風》者，相和歌之類也，採以被之管絃者也。貽孫所説，似是而非。蓋迂儒解《詩》，患其視與後世之詩太遠，貽孫解《詩》，又患其視與後世之詩太近耳。

十五國風疏

朱彝尊《經義考・詩》 顧氏玘徵《十五國風疏》。一卷。存。繆泳曰：「君諱玘徵，字文玉，嘉興梅會里人。崇禎甲申後棄諸生，閉戶著書。《國風疏》説鄭、衛詩不盡泥朱子《傳》。」

詩韻釋義

劉若愚《内板經書紀略》 《詩韻釋義》。二本，一百五十八葉。

詩讚餘音

黄虞稷《千頃堂書目・詩類》 《詩讚餘音》。著夫子删述本「思無邪」之旨。

詩經朱傳翼

《四庫提要・詩類存目二》 《詩經朱傳翼》三十卷。浙江吴玉墀家藏本。國朝孫承澤撰。承澤有《尚書集解》，已著録。承澤初附東林，繼降闖賊，

終乃入於國朝。自知爲當代所輕，故末年講學，惟假借朱子以爲重。獨此編説《詩》，則以《小序》、《集傳》竝列，而又雜引諸説之異同。窺其大意，似以《集傳》爲未愜，而又不肯訟言，故顢頇模棱，不置論斷，紛紜糅亂，究莫名其指歸。首鼠兩端，斯之謂矣。

詩説簡正録

《四庫提要・詩類存目二》 《詩説簡正録》十卷。直隸總督採進本。國朝提橋撰。橋字景如，號滄如居士，河間人。前明天啓壬戌進士，入國朝官至刑部侍郎。是編以《詩經大全》諸書卷帙浩博，難以披尋，因採擇諸説，輯爲一編，名曰《簡正録》，言其説簡而義正也。每篇首列經文，次摘採諸家之説，融會訓釋，又次附以己見。皆以通俗之語講解文義，蓋取便於初學而已。

詩經傳説取裁

《四庫提要・詩類存目二》 《詩經傳説取裁》十二卷。兩淮馬裕家藏本。國朝張能鱗撰。能鱗字西山，順天人。順治丁亥進士，官至四川按察司副使。其書以豐坊僞《詩傳》爲主，而旁採申培《詩説》及《詩六帖》以發明之。宗旨先謬，其餘亦不足深詰矣。

詩經比興全義

《四庫提要・詩類存目二》 《詩經比興全義》一卷。江蘇巡撫採進本。國朝王鍾毅撰。鍾毅字遠生，華亭人。順治中松江府學歲貢生。是書據朱子《詩傳》，發明比、興之義，每詩各標篇名，而推求託物抒懷之意。前有《大意》一篇，篇末有云「《關雎》之爲求賢，《菁莪》、《棫樸》之爲養士，此等

義非不佳。然與《集注》全異，功令所格，不敢濫收」云云，蓋專爲科舉作也。

詩經通義

《四庫提要・詩類二》　《詩經通義》十二卷。浙江汪啓淑家藏本。國朝朱鶴齡撰。鶴齡有《尚書埤傳》，已著録。是書專主《小序》，而力駁廢《序》之非。所採諸家，於漢用毛、鄭，唐用孔穎達，宋用歐陽修、蘇轍、吕祖謙、嚴粲，國朝用陳啓源。其釋音，明用陳第，國朝用顧炎武。其《凡例》九條，及考定鄭氏《詩譜》，皆具有條理。惟鶴齡學問淹洽，往往嗜博好奇，愛不能割，故引據繁富而傷於蕪雜者有之，亦所謂武庫之兵，利鈍互陳者也。要其大致，則彬彬矣。鶴齡與陳啓源同里，據其自序，此書蓋與啓源商搉而成。又稱啓源《毛詩稽古編》專崇古義，此書則參停於今古之間，稍稍不同。然《稽古編》中，屢稱「已見《通義》，茲不具論」，則二書固相足而成也。

毛詩稽古編

《四庫提要・詩類二》　《毛詩稽古編》三十卷。江西按察使王昶家藏本。國朝陳啓源撰。啓源字長發，吴江人。是書成於康熙丁卯。卷末自記，謂閲十有四載，凡三易稿乃定。前有朱鶴齡序，又有康熙辛巳其門人趙嘉稷序。鶴齡作《毛詩通義》，啓源實與之參正。然《通義》兼權衆説。啓源此編，則訓詁一準諸《爾雅》，篇義一準諸《小序》，而詮釋經旨則一準諸毛《傳》，而鄭《箋》佐之。其名物則多以陸璣《疏》爲主。題曰「毛詩」，明所宗也。曰「稽古編」，明爲唐以前專門之學也。所辨正者惟朱子《集傳》爲多，歐陽修《詩本義》、吕祖謙《讀詩記》次之，嚴粲《詩緝》又次之。所掊擊者惟劉瑾《詩集傳通釋》爲甚，輔廣《詩童子問》次之。其餘偶然一及，率從略焉。前二十四卷，依次解經而不載經文，但標篇目。其無所論説者，則併篇目亦不載。其前人論説已明，無庸複述者，亦置不道。次爲《總詁》五卷，分六子目，曰《舉要》、曰《考異》、曰《正字》、曰《辨物》、曰《數典》、曰《稽疑》。末爲附録一卷，則統論《風》、《雅》、《頌》之旨。其間堅持漢學，不容一語之出入，雖未免或有所偏，然引據賅博，疏正詳明，一一皆有本之談。蓋明代説經，喜騁虚辨。國初諸家始，變爲徵實之學，以挽頹波。古義彬彬，於斯爲盛，此編尤其最著也。至於附録中「西方美人」一條，牽及雜説，盛稱佛教東流始於周代，至謂孔子抑三王，卑五帝，藐三皇，獨歸聖於西方。「捕魚諸器」一條，稱廣殺物命，恬不知怪，非大覺緣果之文，莫能救之。至謂庖犧必不作網罟，是則於經義之外，横滋異學，非惟宋儒無此説，即漢儒亦豈有是論哉？白璧之瑕，固不必爲之曲諱矣。

張之洞《書目答問・列朝經注經説經本考證》　《毛詩稽古篇》三十卷。陳啓源。單行本，學海堂本。

田間詩學

黄虞稷《千頃堂書目・詩類》　錢澄之《田間詩學》五卷。

《四庫提要・詩類二》　《田間詩學》十二卷。左都御史張若溎家藏本。國朝錢澄之撰。澄之有《田間易學》，已著録。是書成於康熙己巳。大旨以《小序》首句爲主，所採諸儒論説，自《注疏》、《集傳》以外，凡二程子、張子、歐陽修、蘇轍、王安石、楊時、范祖禹、吕祖謙、陸佃、羅願、謝枋得、嚴粲、輔廣、真德秀、邵忠允、季本、郝敬、黄道周、何楷二十家。其中王、楊、范、謝四家，今無傳本，蓋採於他書。陸、羅二家，本無《詩》注。蓋草木鳥獸之名，引其《埤雅》、《爾雅翼》也。自稱毛、鄭、孔三家之書，録者十之二，《集傳》録者十之三，諸家各本録者十之四。持論頗爲精核，而於名物、訓詁、山川、地理言之尤詳。徐元文序稱其「非有意於攻《集傳》，於漢、唐以來之説亦不主於一人。無所攻，故無所主。無所攻無所主而後可以有所攻有所主」云云。深得澄之著書之意。張英序又稱其「嘗與英書，謂《詩》與《尚書》、《春秋》相表裏，必考之《三禮》以詳其制作，徵諸三《傳》以審其本末，稽之五《雅》以核其名物，博之《竹書紀年》、

《皇王大紀》以辨其時代之異同案二書所序時代多不可據，此語殊爲失考，謹附訂於此，與情事之疑信。即今輿記以考古之圖經，而參以平生所親歷」云云。則其考證之切寬，尤可見矣。

詩本音

《四庫提要・小學類三》 《詩本音》十卷。安徽巡撫採進本。國朝顧炎武撰。《音學五書》之二也。其書主陳第《詩》無叶韻之說，不與吳棫《補音》爭，亦全不用棫之例。但即本經所用之音互相參考，證以他書，明古音原作是讀，非由遷就，故曰：「本音。」每詩皆全列經文，而註其音於句下。與今韻合者，註曰：「《廣韻》某部。」與今韻異者，即註曰：「古音某。」大抵密於陳第而疎於江永，故永作《古韻標準》，駁正此書者頗多。然合者十九，不合者十一。南宋以來，隨意叶讀之謬論，至此始一一廓清，厥功甚鉅。當以永書輔此書，不能以永書廢此書也。若毛奇齡之逞博爭勝，務與炎武相詰難，則文人相輕之習，益不足爲定論矣。

張之洞《書目答問・列朝經注經說經本考證》 《詩本音》十卷。顧炎武。《音學五書》本，學海堂本。

詩經稗疏

《四庫提要・詩類二》 《詩經稗疏》四卷。湖南巡撫採進本。國朝王夫之撰。夫之有《周易稗疏》，已著録。是書皆辨正名物訓詁，以補《傳》、《箋》諸說之遺。如《詩譜》謂得聖人之化者謂之《周南》，得賢人之化者謂之《召南》。此則據《史記》謂雒陽爲周、召之語，以陝州爲中線而兩分之，則《周南》者周公所治之南國也。證之地理，亦可以備一解。至於鳥則辨睢鳩之爲山禽而非水鳥；雀角之角爲咮，詩意言雀實有角，鼠實有牙。於獸則辨「九十其犉」之語，當引《爾雅》「七尺曰犉」之文釋之，不當以「黄牛黑脣」釋之；「騂剛」之「剛」爲「犅」，則以牛脊言之。於草則辨藑爲藋葦之屬，而非蔞蒿；薇自爲可食之菜，而非不可食之蕨。於木則辨詩言樸者，實今之柞。言柞者，實今之櫟；榛楛之榛，即詩之所謂栵，而非榛栗之榛。於蟲則辨斯螽、莎鷄、蟋蟀之各類，而非隨時異名之物；果蠃負螟蛉以食其子，而非取以爲子。於魚則辨鱣之即鯉，而《集傳》誤以爲黄魚；鮪之似鯉，而《集傳》誤以爲鱘魚。於器用則辨《集傳》訓重較爲「兩輢上出軾者」之未諳車制，及毛《傳》訓綮爲歷録，歷録爲紡車交縈之名，而《集傳》增一「然」字之差。於禮制則辨公堂稱觥爲飲酒於序，而非如《集傳》所云豳公之堂。「裸將」之訓爲灌，與奠一義，而歷詆《白虎通》灌地降神之謬。皆確有依據，不爲臆斷。其謂《猗嗟》爲作於魯莊如齊觀社之時，指莊娶哀姜而言，則據《爾雅》「姊妹之夫曰甥」以釋甥字。謂《無衣》爲作於秦哀公，則指楚之僭號以釋王字，義亦可通。惟以「葛屨五兩」之五通爲行列之義；木瓜、木桃、木李爲刻木之物；堇荼之荼如塗，爲穰草和泥；奉璋之璋爲牙璋，連下文六師以爲言：未免近鑿。至於《生民》一篇，謂姜嫄爲帝摯妃，后稷爲帝摯子，平林爲帝摯時諸侯之國。推至見棄之由，則疑爲諸侯廢摯立堯之故，即以「不康不寧」爲當日情事。無論史冊無明文，抑與祭法禘嚳郊稷之說異矣。四卷之末，附以《考異》一篇，雖未賅備，亦足資考證。又《叶韻辨》一篇，持論明通，足解諸家之轇轕。惟贅以《詩譯》數條，體近詩話，殆猶竟陵鍾惺批評《國風》之餘習。未免自穢其書，雖不作可矣。

張之洞《書目答問・列朝經注經說經本考證》 《詩經稗疏》四卷。王夫之。《船山遺書》本。

毛詩瑣言

朱彝尊《經義考・詩》 黄氏宗裔《毛詩瑣言》。一卷。存。繆泳曰：「黄宗裔，字道傳，餘姚人。」

毛詩寫官記

《四庫提要・詩類二》 《毛詩寫官記》四卷。浙江巡撫採進本。國朝毛奇齡撰。奇齡有《仲氏易》，已著録。是書皆自記其説《詩》之語，凡一百八十八條。取《漢書・藝文志》武帝「置寫書之官」語爲名。自序謂「依汝南太守聽寫官言《詩》，憶而録之」，蓋寓名以爲問答，猶之或問焉耳。案奇齡自述，早年著《毛詩續傳》三十八卷，其稿已失。後乃就所記憶者作《國風省篇》、《詩札》及此書。其門人所述經例，則云早刻《詩説》於淮安，未能刊正。又李塨所作序目云：「嘗以《詩》義質之先生，先生曰，子所傳諸《詩》，有未能改者數端。如以《十畝之間》爲淫奔，以《鴟鴞》爲避居於東，以封康叔爲武王，以有邰家室爲太姜瑯琊之駘。凡此皆惑也。」據此則此中之誤，奇齡固自知之，但所自知者猶未盡耳。然其書雖好爲異説，而徵引詳博，亦不無補於考證。瑕瑜竝見，在讀者擇之而已。

張之洞《書目答問・列朝經注經説經本考證》 《毛詩寫官記》四卷。毛奇齡。《西河集》本。

詩札

《四庫提要・詩類二》 《詩札》二卷。浙江巡撫採進本。國朝毛奇齡撰。奇齡既作《毛詩寫官記》，復託與寫官以札問訊而寫官答之之詞，以成此書，凡八十四條。第二卷首有其門人所記云「此西河少時所作，故其立説有暮年論辨所不合者。其間校讎數則，尤所矛盾。行世既久，不便更易」云云。據此則其中多非定論，其門人亦不諱之。然奇齡學本淵博，名物詁訓，頗有所長。必盡廢之，亦非平允之道。毛、韓異義，齊、魯殊文，漢代耑門，已不限以一説。兼收竝蓄，固亦説經家所旁採矣。

張之洞《書目答問・列朝經注經説經本考證》 《札記》二卷。毛奇齡。《西河集》本。

詩傳詩説駁義

《四庫提要・詩類二》 《詩傳詩説駁義》五卷。浙江巡撫採進本。國朝毛奇齡撰。明嘉靖中鄞人豐坊作《魯詩世學》一書，往往自出新義，得解於舊注之外，恐其説之不信，遂託言家有《魯詩》，爲其遠祖稷所傳，一爲子貢《詩傳》，一爲申培《詩説》，竝列所作《世學》中。厥後郭子章傳刻二書，自稱得黄佐所藏祕閣石本，於是二書乃單行。明代説《詩》諸家，以其言往往近理，多採用之，遂盛傳於時。奇齡因其託名於古，乃引證諸書以糾之。夫《易傳》託之子夏，《書傳》託之孔安國，其説之可取者皆行於世。至其源流授受，則説經之家務核其眞。奇齡是書，不以其説爲可廢，而於依託之處則一一辨之，亦可謂持平之論矣。

續詩傳鳥名

《四庫提要・詩類二》 《續詩傳鳥名》三卷。浙江巡撫採進本。國朝毛奇齡撰。奇齡作《毛詩續傳》，以遭亂避仇佚之。後從鄰人吴氏子得卷末《鳥名》一卷，與其門人莫春園、張文檒共緝綴之，衍爲三卷。大意在續《毛詩》而正朱《傳》，每條皆先列《集傳》之文於前，而一一辨其得失。考訓釋《毛詩》草木蟲魚者，自吴陸璣以後，作者實繁。朱子作《詩集傳》，大旨在發明美刺之旨，而名物訓詁則其所略。奇齡此書，則惟以考證爲主，故其説較詳。惟恃其博辨，往往於朱《傳》多所吹求，而所言亦不免於疎舛。如奇齡所作《毛詩省篇》，既以《齊風・雞鳴》爲讒人，此書又用舊説，爲賢妃之告旦，前後時相矛盾。鷦鷯之名桃蟲，猶竊脂之名桑扈，原不因木而名。乃謂所棲所食，俱不在桃，以喙鋭如錐，專剖葦中蟲食之，謂之掏蟲。掏、桃字通，尤杜撰無理。至於解「睍睆黄鳥」用毛萇舊訓，於義本長。乃謂鶯字從二目一八，其二目，離之二目；一八者，艮八之喙。又謂鶯字從二火，離爲目，目本離火。《尚書・洪範》伏《傳》以五事之目屬五行之火，鶯首之戴兩火，即鷖之戴兩目。此雖王安石之《字説》不穿鑿至此矣。然大致引證賅洽，頗多有據。録而存之，以廣考訂，固不害于多識之義爾。

張之洞《書目答問・列朝經注經説經本考證》 《續詩傳鳥名》三卷。毛奇齡。《西河集》本。

白鷺洲主客説詩

《四庫提要・詩類存目二》 《白鷺洲主客説詩》一卷。浙江巡撫採進本。國朝毛奇齡撰。奇齡有《仲氏易》，已著録。初，施閏章爲江西參議，延湖廣楊洪才講學於吉安之白鷺州書院，併續招奇齡往。奇齡與洪才論《詩》不合。及與閏章同官翰林，重録其向時所講《毛詩》諸條，皆設爲甲乙問答，故以「主客」爲名。大旨洪才主朱子淫詩之説，而奇齡則謂《鄭風》無淫詩；洪才主朱子笙詩無詞之説，而奇齡則謂笙詩之詞亡。故是書所論，惟此二事。夫先生陳詩以觀民風，本美刺兼舉以爲法戒。既他事有刺，何爲獨不刺淫？必以爲《鄭風》語語皆淫，固非事理；必以爲《鄭風》篇篇皆不淫，亦豈事理哉？且人心之所趨向，形於詠歌，不必實有其人其事。六朝《子夜》諸曲諸歌，唐人《香奩》諸集，豈果淫者自述其醜？亦豈果實見其男女會合，代寫其狀？不過人心佚蕩，相率摹擬形容，視爲佳話，而讀者因知爲衰世之音。推之古人，諒亦如是。此正采風之微旨，亦安得概以「淫者必不自作」一語，遂謂三百篇内無一淫詩也？至於笙詩之説，未爲無理。然併《儀禮》而詆爲僞，抑又横矣。

國風省篇

《四庫提要・詩類存目二》 《國風省篇》一卷。浙江巡撫採進本。國朝毛奇齡撰。皆其避讐出亡之時以意説《詩》之語，後追憶而録之。其初設爲問答，故名《問答》。後去其問而存其答，以其出於追憶，故以《省篇》爲名。凡二十六章。所論多與《傳》義不同，或據他説，或自爲斷制，雖間有考證，要於《詩》義未能盡合。如以《黍離》爲念亂，以《雞鳴》爲讒人，皆憑臆見而失之者也。以《式微》爲黎侯夫人作，以衛武公爲殺兄，皆據舊説而失之者也。至於《十畝之間》諸篇，李塨所作《序目》，已記奇齡自悔之言矣。

詩識名解

《四庫提要・詩類二》 《詩識名解》十五卷。浙江巡撫採進本。國朝姚炳撰。炳字彦暉，錢塘人。自多識之訓，傳自孔門，《爾雅》一書，訓詁名物略備。厥後諸儒纂述，日久多佚。惟陸璣之《疏》尚有裒輯重編之本。自宋蔡卞以來，皆因璣書而輾轉增損者也。此書亦以鳥獸草木分列四門，故以多識爲名。其稍異諸家者兼以推尋文義，頗及作詩之意爾。然孔子言鳥獸草木本括舉大凡，譬如史備四時，不妨以春秋互見。炳乃因此一語，遂不載蟲魚，未免近高叟之固。其中考證辨駁，往往失之蔓衍。如辨麟、麐二物，義本《説文》，尚有關於訓詁。至於鳳凰神物，世所罕睹，而連篇累牘，辨其形狀之異同，則與經義無關矣。又詩中八鸞、和鸞之類，本爲鈴屬，非鸞鳥之鸞，而列之鳥部。然則車之伏兔，將入獸部乎？是皆愛奇嗜博，故有此弊。然核其大致，可取者多，固宜略其蕪雜，採其菁英焉。

詩經彙詁

《四庫提要・詩類存目二》 《詩經彙詁》二十四卷。兩江總督採進本。國朝范芳撰。芳字令則，如皋人。其書大旨以朱子《集傳》爲主，而衷諸常熟楊彝、太倉顧夢麟之説。蓋彝與夢麟同輯《詩經説約》者也。全書共一千二百五十餘番，約六十萬言。採摭非不詳贍，而本意爲科舉而設，於經義究鮮發明。

詩經廣大全

《四庫提要・詩類存目二》 《詩經廣大全》二十卷。浙江吳玉墀家藏本。國朝黄夢白、陳曾同撰。夢白字金孺，曾字衣聖，皆無錫人。夢白謂明初《詩經大全》有裨朱《傳》，但所採羣經典故，未備本末，所引諸儒論說，未有折衷，因與曾推廣之。大略以《集傳》爲主，而間存諸說。前有韓菼序，引顧炎武言「自五經有《大全》而經學衰」，兹編雖爲廣《大全》而作，然其採擇精詳，詮釋簡當，或有功於朱《傳》。今考是書，雖溯源《注疏》，然未能深研古義。其訓釋名義，亦惟以蔡卞、馮復京二書爲藍本，罕所考正。宜菼之有微詞也。

詩經正解

《四庫提要・詩類存目二》 《詩經正解》三十卷。江蘇周厚堉家藏本。國朝姜文燦撰。文燦字我英，丹陽人。是書首爲《詩經》字畫辨疑，次爲天文、輿地、服飾、禮樂器具、車馬兵制圖考，次爲姓氏、草木、禽獸、鱗介諸考，大抵襲《六經圖》及《名物疏》諸書而爲之，其訓釋亦頗淺易。

詩問

《四庫提要・詩類存目二》 《詩問》一卷。浙江朱彝尊家曝書亭藏本。國朝吳肅公撰。肅公字雨若，號街南，宣城人。是書大旨攻朱子《詩集傳》，然亦不甚從《小序》，往往皆臆揣武斷之說。其中引《世歷紀》一條證《出車》爲文王詩，又引《竹書紀年》一條證《菀柳》爲諸侯盟太室詩，皆牽引雜說，不足據以解經也。

詩説

《四庫提要・詩類二》 《詩說》三卷。江蘇巡撫採進本。國朝惠周惕撰。周惕字元龍，長洲人。康熙辛未進士，由庶吉士改密雲縣知縣。惠氏三世以經學著，周惕其創始者也。是書於毛《傳》、鄭《箋》、朱《傳》無所專主，多自以己意考證。其大旨謂大、小《雅》以音別，不以政別；謂正雅、變雅美刺錯陳，不必分《六月》以上爲正，《六月》以下爲變，《文王》以下爲正，《民勞》以下爲變。謂二《南》二十六篇皆疑爲房中之樂，不必泥其所指何人。謂《周》、《召》之分，鄭《箋》誤以爲文王。謂天子諸侯均得有《頌》，《魯頌》非僭。其言皆有依據。至謂《頌》兼美刺，義通於誦，則其說未安。考鄭康成注《儀禮》「正歌備」句曰：「正歌者，升歌及笙各三終，間歌三終，合樂三終，爲一備。」核以經文，無歌後更誦及一歌一誦之節。其《周禮・瞽矇職》曰「諷誦詩」，鄭注謂「闇讀之，不依永也」。則歌、誦是兩事，知頌、誦亦爲兩事，周惕合之，非矣。又謂證以《國策》禮無歸寧之文，訓「歸寧父母」爲「無父母遺罹」之義。考「歸寧」文見《左傳》，於《禮經》必有所承。何休注《公羊傳》，稱：「諸侯夫人尊重，既嫁，非有大故，不得反。惟士大夫妻，雖無事，歲一歸寧。」此文當必有所受。《曲禮》曰：「女子許嫁，纓，非有大故，不入其門。姑、姊、妹、女子子，已嫁而反，兄弟弗與同席而坐，弗與同器而食。」其文承上許嫁而言，則已嫁而反，是即歸寧之明證，不得曰禮無文矣。然其餘類皆引據確實，樹義深切，與枵腹說經，徒以臆見決是非者，固有殊焉。

張之洞《書目答問・列朝經注經說經本考證》 《詩說》三卷，附録一卷。惠周惕。家刻本，借月山房本，《指海》本，學海堂本。

詩經疏略

《四庫提要・詩類存目二》 《詩經疏略》八卷。河南巡撫採進本。國朝張沐撰。沐有《周易疏略》，已著録。其説以《小序》爲主，而亦時有異同。大抵調停前人之説，而參以臆斷。如「平王之孫，齊侯之子」，既不用舊説，又不用《春秋》王姬之説。乃訓平爲等，謂唐棣本不同於桃李，而華如桃李。王之孫本不齊於侯之子，今觀其車服則等王之孫，以齊於侯之子。以附會《序》中「不繫其夫，下王后一等」之説。於經義殊爲乖剌，亦何取乎宗《小序》也？

詩經識餘

張金吾《愛日精廬藏書志・詩類》 《詩經識餘》四十二卷。抄本。國朝内閣學士兼禮部侍郎臣徐秉義纂輯。缺卷九至二十五，凡十七卷。

詩牋辨疑

朱彝尊《經義考・詩》 胡氏渭《詩牋辨疑》二卷。存。

詩經惜陰録

《四庫提要・詩類存目二》 《詩經惜陰録》二十卷。兩江總督採進本。國朝徐世沐撰。世沐有《周易惜陰録》，已著録。是書前有《自記》，又有《小引》，謂曾請正於李光地、陸隴其。每卷皆記其起草繕眞之年月，蓋亦苦志著述者。然循文衍説，於《詩》教未得其要領也。

毛朱詩説

《四庫提要・詩類存目二》 《毛朱詩説》一卷。通行本。國朝閻若璩撰。若璩有《古文尚書疏證》，已著録。是書論《小序》爲不可盡信，而朱子以《詩》説《詩》爲矯枉過正。皆泛論兩家得失，非章句訓詁也。所引《尚書》、《左傳》以爲《詩》之本《序》，誠爲確鑿。其餘則多懸揣臆斷之詞，不類若璩他著作，未喻其故也。

毛詩日箋

《四庫提要・詩類存目二》 《毛詩日箋》六卷。兩江總督採進本。國朝秦松齡撰。松齡字留仙，號對巖，無錫人。順治乙未進士，改庶吉士，以江南奏銷案罷歸。康熙己未舉博學鴻儒，官至左春坊左諭德。是編以紫陽《集傳》宗孟子「以意逆志」之旨，多不依《小序》，因取歐、蘇、王、呂程、李、輔、嚴諸家，以及明郝敬、何楷，近時顧炎武之言，互相參核，而以己意斷之，不專主《小序》亦不專主《集傳》。凡有疑義，乃爲疏解，亦不盡解全詩，故曰《日箋》。王士禎《居易録》云：「秦宮諭所輯《毛詩日箋》，所論與余夙昔之見頗同。其所採取，亦甚簡當。」然大旨多以意揣之，不盡有所考證也。

詩經詳説

《四庫提要・詩類存目二》 《詩經詳説》。無卷數。河南巡撫採進本。國朝冉覲祖撰。覲祖有《易經詳説》，已著録。是書以朱子《集傳》爲主，仍採毛、鄭、孔及宋、元以下諸儒之説附録於下。每章《小序》與《集傳》竝列。蓋欲尊《集傳》而又不能盡棄《序》説，欲從《小序》而又不敢顯悖《傳》文。故其案語率依文講解，往往模棱。間有自出新義者，如《鄭風・有女同車》，謂男女同車爲必無之事，改爲「二女同車」；改《溱洧》爲夫婦偕游之作；又以《豳風・伐柯》爲東人得遂室家之願，歸美周公之詞。考之古説，皆無所依據也。

詩序證

朱彝尊《經義考・詩》 鍾氏淵映《詩序證》。一卷。佚。繆泳曰：「廣漢以子夏《詩序》當信，作《詩序證》一卷，又《左氏內外傳》暨周秦子書以證其非誣。惜其沒後，草稿不可得矣。」

讀詩質疑

《四庫提要・詩類二》 《讀詩質疑》三十一卷，附録十五卷。江蘇巡撫採進本。國朝嚴虞惇撰。虞惇字寶成，常熟人。康熙丁丑進士，官至太僕寺少卿。是編乃其孫湖南驛鹽道有禧所刊，乾隆十二年經進御覽。首爲《列國世譜》，次《國風世表》，次《詩指舉要》，次《讀詩綱領》，次《刪次》，次《六義》，次《大小序》，次《詩樂》，次《章句音韻》，次《訓詁傳授》，次《經傳逸詩》，次《三家遺說》，次《經傳雜說》，次《詩韻正音》，次《經文考異》。每一類爲一卷，皆附録篇首，不入卷數。其正經則《國風》爲十五卷，《小雅》爲八卷，《大雅》爲三卷，而每卷析一子卷。《頌》爲五卷。大旨以《小序》爲宗，而參以《集傳》。其從《序》者十之七八，從《集傳》者十之二三。亦有二家皆不從，而虞惇自爲說者。每篇之首，冠以《序》文及諸家論《序》之說。每章之下，各疏字義。篇末乃總論其大旨與去取諸說之故。皆以推求詩意爲主，頗略於名物訓詁，亦不甚引據考證。如《墨子》稱：「文王舉閎夭、太顛於罝網中，授之政，西土服。」墨子在春秋、戰國之間，當及聞古義。而虞惇以爲附會《兔罝》之詩。至《左傳》稱「祭仲有寵於莊公」，所謂寵者，信任顯榮之意，故楚靈王對申無宇自稱「盜有寵」也。虞惇因此一字，指祭仲爲安陵、龍陽之流，以《山有扶蘇》之狡童當之，謂仲雖爲卿，詩人醜其進身之始。此不更附會乎？又申培《詩說》，出自豐坊，其中多剽朱《傳》之義。而虞惇反謂朱《傳》多引申培，亦殊失考。然大致皆平心靜氣，玩味研求於

毛、朱兩家，擇長棄短。非惟不存門戶之心，亦併不涉調停之見。核其所得，乃較諸家爲多焉。

詩所

《四庫提要・詩類二》 《詩所》八卷。福建巡撫採進本。國朝李光地撰。光地有《周易觀彖》，已著録。是編大旨不主於訓詁名物，而主於推求《詩》意。其推求《詩》意又主於涵泳文句，得其美刺之旨而止，亦不旁徵事跡，必求其人以實之。又以爲西周篇什，不應寥寥。二《南》之中，亦有文、武以後詩。《風》、《雅》之中，亦多東遷以前詩。故於《小序》所述姓名，多廢不用，併其爲朱子所取者亦或斥之。其間意測者多，考證者少。如謂「有女懷春」爲祀高禖，則附會古義。謂「有扁斯石」，扁字從戶從冊，古者額書於戶曰扁，以石爲之，亦近於穿鑿《字說》。案戶冊爲扁，義本《說文》，以石爲之，則光地之新解。在光地所注諸經之中，較爲次乘。然光地邃於經術，見理終深。其所詮釋，多能得興觀羣怨之旨。他如鄭、衛之録淫詩，引《春秋》之書亂臣賊子爲之，證《楚茨》以下爲豳雅，《載芟》以下爲豳頌。引《豳風》之後附《鴟鴞》諸篇，以釋豳雅後有《瞻洛》諸詩，豳頌後有《酌》、《桓》諸詩之疑。其言皆明白切實，足闡朱子未盡之義，亦非近代講章揣骨聽聲者所可及也。

詩經序傳合參

《四庫提要・詩類存目二》 《詩經序傳合參》。無卷數。江蘇巡撫採進本。國朝顧昺撰。昺有《周易摘鈔》，已著録。是編爲其三經解之三。大旨從蘇轍之說，以《小序》第一句爲國史之舊文，次句以下爲後儒之附益，因以朱子《集傳》互核其異同，而斷以己見，故曰《合參》。多採李光地《詩所》之說，持論頗平允。然推究文義，以意斷制者多。未能元元本本，合衆說以斷兩家之是非也。

欽定詩經傳說彙纂

《四庫提要・詩類二》 《欽定詩經傳說彙纂》二十卷，序二卷。康熙末聖祖仁皇帝御定。刻成於雍正五年，世宗憲皇帝製序頒行。《詩序》自古無異說，王肅、王基、孫毓、陳統爭毛、鄭之得失而已。其舍《序》言《詩》者，萌於歐陽修，成於鄭樵，而定於朱子之《集傳》。輔廣《童子問》以下，遞相羽翼，猶未列學官也。元延祐中行科舉法，始定《詩》義用朱子，猶參用古注疏也。明永樂中修《詩經大全》，以劉瑾《詩集傳通釋》爲藍本，始獨以《集傳》試士。然數百年來，諸儒多引據古義，竊相辨詰，亦如當日之攻毛、鄭。蓋《集傳》廢《序》，成於呂祖謙之相激，非朱子之初心。故其間負氣求勝之處，在所不免。原不能如《四書集註》句銖字兩，竭終身之力，研辨至精。特明代纂修諸臣，於革除之際，老師宿儒，誅鋤略盡，不能如劉三吾等輯《書傳會選》，於蔡氏多所補正。又成祖雖戰伐之餘，欲興文治，而實未能究心經義，定衆說之是非。循聲附和，亦其勢然歟？是編之作，恭逢聖祖仁皇帝天亶聰明，道光經籍，研思六義，綜貫四家。於衆說之異同，既別白瑕瑜，獨操衡鑑。而編校諸臣，亦克承訓示，考證詳明，一字一句，務深溯詩人之本旨。故雖以《集傳》爲綱，而古義之不可磨滅者，必一一附録以補闕遺。於學術持其至平，於經義乃協其至當。風雅運昌，千載一遇，豈前代官書任儒臣拘守門戶者，所可比擬萬一乎。

張之洞《書目答問・正經正注》 《詩經傳說彙纂》二十一卷。康熙末年。又乾隆二十年。

日講詩經解義

清敕撰《國朝宮史・書籍門》 《日講詩經解義》一部。聖祖仁皇帝命日講諸臣撰擬，依章解義，按日進講，親定成書。聖祖仁皇帝御製序：「昔者虞廷命后夔爲典樂之官，以教胄子，首詔之曰『詩言志』，則詩之爲教所從來遠矣。蓋人性情之發不能無所寄託，而詩則兼備六藝諷誦吟咏之間，足以觀感而興起者，莫善於此。故曰溫柔敦厚，詩教也。自夫子刪定而後，《三百篇》之旨粲然。其採之里巷者，則爲《風》；陳之朝廷者，則爲《雅》；薦之郊廟者，則爲《頌》。觀其美刺，而善惡之鑒昭矣；觀其正變，而隆替之治判矣；觀其升歌於廟，朱絃象管之所唱歎，而祖功宗德之具在矣。千載而下，猶得見江漢之遺風，豳岐之故俗，《關雎》、《麟趾》之化，矇瞍《七月》之箴。《天保》、《鹿鳴》，堂陛賡颺之盛；《清廟》、《閟宮》，歌雍舞勺之章，皆賴此《三百篇》之存，安可不沈酣優渥於其間哉？朕嘗思古人立訓之意，既有政教典禮紀綱法度以維持之矣，而感通乎上下之間，鼓舞於隱微之地，使人從善遠惡，而不知優游順適而自得，則必賴乎《詩》。如天之生萬物也，日以暄之，雨以潤之，露以濡之，雷霆以肅之，而又必宣暢八風以疏通而條達之，然後萬類咸遂其生養，而無促迫矯強之弊。故教至於《詩》而微矣，治至於《詩》而極盛矣。朕志慕隆古淳穆之理，崇獎《詩》教，爰命儒臣輯成《詩經講義》日進於坐隅，朝夕觀覽。凡立說一準於考亭，而旁蒐義蘊兼及《註疏》，博綜名物，亦參《爾雅》。又思夫子平日雅言之教，稱引誦說，惟《詩》最多，如《大學》、《中庸》、《孝經》篇末必引《詩》以咏歎之，亦以見古人之斯須不離乎此也。朕亦欲四海臣民，謹思貞度，以揚《風》扢《雅》之學，偕進於溫厚和平之教，故序而頒之，此則朕之所深望也夫。」

詩經集成

《四庫提要・詩類存目二》 《詩經集成》三十卷。江蘇周厚堉家藏本。國朝趙燦英撰。燦英字殿颺，武進人。是書成於康熙庚午。大旨爲揣摩場屋之用。故首列朱子《集傳》，次敷衍語氣爲串講，串講之後爲總解，全如坊本高頭講章。至總解之後益以近科鄉會試墨卷，則益非說經之體矣。

豐川詩說

《四庫提要・詩類存目二》 《豐川詩說》二十卷。陝西巡撫採進本。國朝王心敬撰。心敬有《豐川易說》，已著録。是編大旨謂自宋至今，毛氏之《傳》廢於朱《傳》之盛行。郝敬云：「《序》近古而朱在後，不合以後說而反廢前說。」固爲得之。然使後說而合經，安在不可舍前而遵後？且齊、魯、韓三家盡在《毛詩》之前，而皆以毛《傳》盡廢，安在後之更合者不可獨行？又將謂毛《序》必承傳有自，不可改。不思三家之傳亦必承傳有自，而一廢盡廢，何也？其持論頗近和平。故其書從毛《傳》及郝敬解者居其大半。然自二家以外，諸儒之書無一字引及，則亦抱殘守匱之學耳。其每節必效鄉塾講章，敷衍語氣，尤可以無庸也。

詩傳名物集覽

《四庫提要・詩類二》 《詩傳名物集覽》十二卷。湖北巡撫採進本。國朝陳大章撰。大章字仲夔，號雨山，黄岡人。康熙戊辰進士，改庶吉士。以母老乞歸。其於《毛詩》，用功頗深。所作《集覽》本百卷，凡三易稿而後成。此乃其摘録付梓之本，凡《鳥》二卷、《獸》二卷、《蟲豸》一卷、《鱗介》一卷、《草》四卷、《木》二卷。蓋尤其生平精力所注也。《毛詩》自陸璣以下，詮釋名物者，毋慮數十家，此書成之最後，故於諸家之說採輯尤夥。其中體例未合者，如釋「鶉之奔奔」，則《莊子》之鶉居、《列子》之性變以及朱鳥爲鶉首、子夏衣若懸鶉之類，無所不引。釋「雞棲于塒」，則《列子》之木雞、《呂氏春秋》之雞跖、《漢官儀》之長鳴雞，亦無不備載。皆體近類書，深乖說經之旨。又每條首録《集傳》大意，以紫陽爲主。故如「鄂不韡韡」，則取豈不光明之義，而駁鄂作萼、不作跗之說爲不煩改字。亦過於偏執。至如載宋太宗賜耶律休哥旗鼓杓窊印，則以遼事誤作宋事，尤爲乖舛。然其徵引既衆，可資博覽。雖精核不足，而繁富有餘，固未始非讀《詩》者多識之一助也。

詩經劄記

《四庫提要・詩類二》 《詩經劄記》一卷。兩江總督採進本。國朝楊名時撰。名時有《周易劄記》，已著録。是編乃其讀《詩》所記，大抵以李光地《詩所》爲宗，而斟酌於《小序》、朱《傳》之間。其論《關雎》，從《小序》求賢之說，最爲明允。其論《鄭風》不盡淫詩，而聖人亦兼存淫詩以示戒，論亦持平。而謂鄭聲卽鄭詩，力駁鄭樵之說，則殊不然。淫詩可存以示戒，未有以當放之淫聲，被之管弦，可以示戒者也。至《詩所》論季札觀樂，所陳皆西周之詩，非東遷以後之詩。名時據變風終於陳靈，在宣公十年至襄公二十九年，吳子使札來聘，已越五十五年。又引《左傳》卿大夫所賦以見東遷以後之詩，列國具備其文。絕不回護其師說，可謂破除講學家門戶之見。又《十月之交》一篇，謂辛卯日食，則云應問於知曆者。《殷武》一章於朱子始祔而祭之說，則云更宜考定。亦不強不知以爲知。惟二《雅》諸篇，頗有臆斷。然如論《國語》弔二叔之不咸，引富辰所云封建親戚以藩屏周者，首舉管、蔡、郕、霍，知二叔不爲管、蔡；引《禮記》「月三五而盈」，證「三五在東」；引《周禮》祭天地三辰皆有奉璋之禮，辨朱《傳》之專指宗廟；引《月令》「節嗜慾」及《集韻》「嗜」字註，解「上帝耆之」；引《大司樂》享先妣之文在享先祖之上，證《大雅》、《魯頌》所以止稱姜嫄；引《儀禮》下管《新宫》在宣王之前，證《新宫》非《斯干》。亦皆具有考據。於其師說，可謂有所發明矣。

復菴詩說

《四庫提要・詩類存目二》 《復菴詩說》六卷。陝西巡撫採進本。國朝王承烈撰。承烈字復菴，涇陽人。康熙己丑進士，官翰林院檢討。是書奉朱子《詩集傳》爲主，以攻擊毛、鄭。其菲薄漢儒，無所不至。惟淫詩數篇，稍與朱子爲異耳。蓋揚輔廣諸人之餘波，而又加甚焉者也。其中間有不從《序》亦不從《傳》者，如謂《關雎》爲周公擬作之類，皆懸空無據。至於注釋之中，附以評語，如論《周南》云：「《周南》十一篇祗就文字而論，其安章、頓句、運調、鍊字、設想，無一不千古傾絶。」論《女曰雞鳴》云：「弋禽飲酒，武夫之興何其豪；琴瑟靜好，文人之態又何其雅。」如是之類，觸目皆是。是又岐入鍾、譚論《詩》之門徑矣。

毛詩訂韻

《四庫提要・詩類存目二》　《毛詩訂韻》五卷。浙江巡撫採進本。國朝謝起龍撰。起龍字天愚，餘姚人。是書成於雍正癸丑。其自序詆吴棫《韻補》之謬，而發明陸德明「古人韻緩不煩改字」之説，持論最確。乃核其所注，則仍謂古音之外有所謂叶韻，但以音屬讀，取其順吻而止，絶不究音韻之本原與古人之舊法。則與吴棫之書均爲臆定，未可同浴而譏裸裎也。觀其於《漢廣》末章云「蔞有閭、樓二音，駒亦有居、鉤二音，只從《傳》讀閭、讀居可也。如《桃夭》首章，華，家古讀敷、姑，今入麻韻，不妨依今韻讀之。韻者，使之叶於音而適於口也，叶且適於吟詠矣，何必斤斤古之是泥云云。」是於此事茫然未解，殆無從與之詰難矣。

陸堂詩學

《四庫提要・詩類存目二》　《陸堂詩學》十二卷。浙江巡撫採進本。國朝陸奎勳撰。奎勳有《陸堂易學》，已著録。是編雖託名闡發朱子《集傳》，而實則務逞其博辨。大抵自行己意，近王柏《詩疑》；牽合古事，近何楷《詩世本古義》。如以《節南山》之「尹氏」，即《春秋・隱公三年》所稱尹氏卒者；「家父作誦」，即《隱公八年》天王使來求車者。此類核以時代，已無以决其必然。其最新奇者，謂《詩》三百篇爲史克所定，非孔子所删；謂《燕燕》爲衛君悼亡之作，其夫人爲薛女，故曰「仲氏任只」；謂《柏舟》之「共伯」即公子伋；謂《君子偕老》爲哀挽夫人之詩，「之子不淑」乃禮家之弔詞；謂《淇澳》兼詠康叔、武公；謂《葛藟》爲周、鄭交質之詩；謂《丘中有麻》之「子國」爲鄭武公字，其「子嗟」當作「子多」，爲鄭桓公字；謂《著》爲刺魯莊公娶哀姜；謂《園有桃》爲劉向《説苑》所載邯鄲子陽亡桃事；謂《防有鵲巢》爲陳宣公殺太子禦寇事；謂《澤陂》爲鄭元所作；謂《黄鳥》爲共伯歸國；謂《行野》爲幽王廢后；謂《何人斯》「居河之麋」爲虢石父；謂《大東》「西人之子」爲褒姒；謂《小明》之共人爲二相共和；謂《鼓鐘》爲穆王作，而淑人爲盛姬；謂《青蠅》之「搆我二人」爲申后、宜臼；謂《敬之》、《小毖》爲成王作，乃《雅》混於《頌》；謂《駉》爲頌魯莊公，謂《泮宫》爲魯惠公頌孝公。皆隨意配隸，於古無徵。他如既指《竹書》爲僞託，而《揚之水》、《鼓鐘》諸篇又援以爲詞；既以鄭《譜》爲妄作，而《有杕之杜》諸篇又據以爲證。《家語》贋作，《孔叢》晚出，乃動輒引爲確典，亦不可爲訓。雖間有辨正精核之處，而以愛奇嗜博，反掩其所長。較毛奇齡之説經，又變本加厲者矣。

詩藴

《四庫提要・詩類存目二》　《詩藴》四卷。浙江巡撫採進本。國朝姜兆錫撰。兆錫有《周易本義述藴》，已著録。是書一以朱子《集傳》爲宗，力攻《小序》。至以僞子貢《詩傳》、僞申培《詩説》同類而譏，未免失於鑒別。於近代諸家之説，頗取李光地《詩所》。然惟合《集傳》者始采之，稍有異同即爲所汰。至於《木瓜》諸篇，知不能全泯舊説，則依違兩可於其間，尤不免門戶之見矣。

讀詩小匡

丁丙《善本書室藏書志・經部三》　《讀詩小匡》一卷。舊鈔本。何夢華藏書。華川馮李驊撰。自序曰：「《三百篇》之韻，非可以後人之韻拘也。

吳氏《韻補》，朱子以之叶《詩》，陳氏又專有《毛詩古音考》。此外，如韓、魯以及白、嚴諸家莫不各有讀法。其中離合彊半，驊已注有全本。今先摘其尤與古人發明者五十餘條，就正博雅。如以爲可與言《詩》，則全韻出矣。」考序稱「全韻」，稿本定佚。此書亦人所不知，夢華主簿獨知之而録之以存吾鄉之經學，豈不重可寶貴哉？

詩統說

《四庫提要・詩類存目二》 《詩統說》三十二卷。左都御史黃登賢家藏本。國朝黃叔琳撰。叔琳有《研北易鈔》，已著録。是編雜採諸家《詩》說，分類鈔録。所摭頗爲繁富，而朱墨縱横，塗乙未定，蓋猶草創之本也。前後無序跋，亦無目録。以其排纂之例推之，十四卷以前皆總論《詩》之綱領，十五卷以後乃依經文次第而論之。不列經文，惟集衆說，故以《統說》爲名云。

詩經拾遺

《四庫提要・詩類存目二》 《詩經拾遺》十三卷。安徽巡撫採進本。國朝葉酉撰。酉字書山，桐城人。乾隆己未進士，官至左春坊左庶子，降補翰林院編修。是書專以《詩》之次第立說，分《正編》、《附編》、《餘編》，不取《小序》，併不取《左傳》。以季札觀樂所列諸國不足信，而斷以「左氏失之誣」一語。以《木瓜》美齊桓爲穿鑿悖謬，而斷以「五尺童子羞稱五霸」一語。又以《雅》、《頌》分什爲毛、鄭之可笑，而分合其數篇，別爲編次。蓋漢以來相傳之古經，自酉而一變其例矣。

學詩闕疑

《四庫提要・詩類存目二》 《學詩闕疑》二卷。河南巡撫採進本。國朝劉青芝撰。青芝字芳草，襄陽人。雍正丁未進士，改庶吉士。未散館，卒。是編皆引舊說以駁朱子《詩集傳》，從毛《傳》、鄭《箋》者十之三四，從蘇轍《潁濱詩傳》者十之六七，其偶涉他家者不過數條耳。《詩序》之見廢，始於鄭樵，而成於朱子。諸儒之論，自宋代即有異同。青芝是編，大抵前人所已辨，其中自爲說者，往往推求於字句之間。如《行露》以爲實未成訟，不過設言以拒之，此泥經文二「雖」字也。然與經文二「何以」字，義又不協矣。

毛詩通義

《四庫提要・詩類存目二》 《毛詩通義》十四卷。浙江巡撫採進本。國朝方棻如撰。棻如有《周易通義》，已著録。是書但列經文，別無訓釋，各章之下必引《四書》一兩句以證之。如《關雎》章即引「君子之道造端乎夫婦」，《葛覃》章即引「夫人蠶繅以爲衣服」之類。至於《牆有茨》篇無可附會，則謂宣姜所生，如壽、如文公、如宋桓及許穆夫人皆有賢德，引「犂牛之子騂且角」句。殆於以經爲戲矣。

詩經測義

《四庫提要・詩類存目二》 《詩經測義》四卷。浙江巡撫採進本。國朝李鍾僑撰。鍾僑字世邠，安溪人。康熙壬辰進士，官翰林院編修，降補國子監丞。是編不載正文，隨其所見，各爲評論。大旨以夫子未嘗刪詩，特據所得編之而已。若謂三千刪爲三百，則春秋時君卿大夫所賦多三百篇中所有，且其人皆在夫子之前，豈能預合聖人之意而去取之？《風》、《雅》正變之說亦難據，《楚茨》以下《瞻洛》諸篇皆承平之作，而列之於變，「平王之孫」列在二《南》，編《詩》不必以正變爲低昂，正變不必以世代爲前後。其持論類皆如此。至如釋《關雎》首章非宮人作，乃世臣承命襄事而賦之。其次章蓋博求四國，未得其人，故憂至於反側。釋「雖則如燬」句，謂役於王室而歸者，其室家勞之如此。亦多前人未有之説也。

毛詩類釋　續編

《四庫提要・詩類二》　《毛詩類釋》二十一卷，《續編》三卷。江蘇巡撫採進本。國朝顧棟高撰。棟高有《尚書質疑》，已著録。是編成於乾隆壬申。序文案語皆稱臣，蓋擬進之本。凡分二十一類。其序中抒所自得者，如於釋地理，知邶、鄘、衛乃三地名，非三國名。於釋山，知「崧高維岳」乃吴岳，非中岳。於釋水，知《吉日》之漆、沮，非《緜》詩、《潛》頌之漆、沮。於釋時令，知《公劉》已先以建子爲正。於釋祭祀，知禘饗明堂俱周公創舉。於釋官職，知司徒、司空、司馬皆在《周官》以前。於釋兵器，知古甲皆用革。於釋宫室，知《君子陽陽》乃伶官之詩，非婦人所作。於釋草，知麻有二種。於釋鳥，知桑扈亦有二種。於釋馬，知《衛風》騋牝、《魯頌》牧馬，皆以備兵事，《司馬法》「馬牛車乘俱出於民」，乃王莽僞託之文。今考其書，禘及大享明堂一條，司徒司空司馬一條，皆與《序》文不相應，未喻何故。其邶鄘衛一條爲顧炎武説，崧高一條爲閻若璩説，漆沮一條爲許謙説，《公劉》用子正一條爲毛亨説，古甲用革一條爲陳祥道説，麻有二種一條爲蔡卞説，桑扈二種一條爲陸佃説，丘甸不出車馬一條爲李廉説。惟《君子陽陽》一條以《楚茨》之文證《小序》，自出新意耳。然諸家説《詩》中，名物多泛濫以炫博。此書則採録舊説，頗爲謹嚴。又往往因以發明經義，與但徵故實，體同類書者有殊，於説《詩》亦不爲無裨也。其《續編》三卷，則成於乾隆癸酉。取《爾雅》、《釋詁》、《釋言》、《釋訓》之文有關於《詩》者，摘而録之，亦略爲疏解，蓋訓詁名物相輔而行之義。以《爾雅》校之，尚闕「之，匹也」、「言，戒也」二條，或繕稿時偶誤脱歟。

詩疑辨證

《四庫提要・詩類二》　《詩疑辨證》六卷。江蘇巡撫採進本。國朝黄中松撰。中松字仲嚴，上海人。是書主於考訂名物，折衷諸説之是非，故以《辨證》爲名。其中亦瑕瑜互見。如古説雎鳩爲鵰類，鄭樵及朱子則以爲鳧類。《左傳》云：「鴡鳩，司馬也。」馮復京引朱《傳》云：「江淮所有，當年恐未入詩人之目。」已爲定論。至《爾雅》云：「鴡鳩，王鴡。」郭注：「鵰類，今江東呼之爲鶚，好在江渚山邊食魚。」《爾雅》又云：「楊鳥，白鷢。」郭注：「似鷹，尾上白。」是則二鳥明矣。乃揚雄、許慎皆以白鷢釋雎鳩，是傎也。中松竝存其説，未免兩岐。「黍稷」一條，獨載《周禮》黍貴稷賤，黍早稷晚之説。案后稷以官名，社稷以壇名，稷爲五穀之長，諸書皆然，稷未嘗賤也。《月令》以稷爲首種。《尚書緯》云：「春鳥星昏中以種稷，夏火星昏中以種黍。」是稷亦非晚也，中松乃取其説。又引《家語》之文以廢羣議。不知《家語》王肅僞撰，不足據也。《韓奕》之「梁山」、「韓城」，王應麟兩存舊説，而其意以在晉爲主。中松本王肅之説，謂皆在燕地，持論自確。而又疑梁山在晉地，且不明乾州之梁山與在夏陽者本一山綿亘，孔《疏》最明，乃用胡渭「雍州有二梁山」之説，竝疑梁山宫爲三梁山。則支離繳繞，弊亦與應麟等矣。「應田」，不取鄭《箋》田當作𨍰，聲轉字誤之説。案陳之爲田，此聲轉也。𨍰之變陳，此字誤也。中松徒疑𨍰非引而曰讀爲引，以爲費力。不知𨍰與朄同。《説文解字》曰：「朄，擊小鼓引樂聲也。」其文甚明，何足爲疑乎？至全書之中，考正譌謬，校定異同，其言多有依據。在近人中，猶可謂留心考證者焉。

詩瀋

《四庫提要・詩類二》　《詩瀋》二十卷。浙江巡撫採進本。國朝范家相撰。是編乃其釋《詩》之説。家相之學，源出蕭山毛奇齡。奇齡之説經，引證浩博，善於詰駁，其攻擊先儒最甚。而盛氣所激，出爾反爾，其受攻擊亦最甚。家相有戒於斯，故持論一出於和平，不敢放言高論。其作是書，大旨斟酌於《小序》、朱《傳》之間，而斷以己意。首爲《總論》三十篇，以下依次詮說，皆不載經文，但著篇目。其先儒舊說無可置辨者，則併篇目亦不著之。今核其所言，短長互見。如謂《卷耳》爲文王在羑里，后妃遣使臣之作。謂《中谷有蓷》爲憐申后。謂《褰裳》爲在晉、楚爭鄭之時。謂《丰》爲男親迎而女不從。謂《敝笱》爲嘆王綱廢弛。謂《采苓》爲申生而作。謂《采薇》爲文王伐玁狁。謂《沔水》爲宣王信讒。皆以意揣度，絶無確證。然如《總論》第十四條力破《黍離》降爲《國風》之說，謂：「太史不采風，王朝無掌故，諸侯之國史亦不紀録以進。蓋四《詩》俱亡，非獨《雅》也。《詩》亡而諷諭彰癉之道廢，是以《春秋》作焉。」此與孟子「迹熄」之說深有發明。第十五條謂：「三百五篇之韻叶之而不諧者，其故有三。列國之方音不同，一也；古人一字每兼數音，而字音傳譌已久，非可執一以諧聲，二也；詩必歌而後出，每以餘音相諧，自歌詩之法不傳，而餘音莫辨，三也。」此亦足解顧炎武、毛奇齡二家之鬬。其解《采蘩》篇，謂「被之僮僮」爲夫人齋居之首服，而歷引《周禮・内司服》、《玉藻》及聶氏《三禮圖》以證之。蓋被者所以配褖衣，今據聶氏謂婦人之褖衣因男子之元端。又《玉藻》云：「玄冠丹組纓，諸侯之齋冠也。」則知夫人服被爲齋，夫人齋於正寢，既不可如祭之服副褘，又不可服告桑之編，故服燕寢朝君之被。此說爲前人所未及。其解《楚茨》、《信南山》諸篇，尤爲詳晰。如「南東其畝」及「幷田有廬」之類，於溝洫田制咸依據確鑿，不同附會。在近代說《詩》之家，猶可謂瑜不掩瑕、瑕不掩瑜者也。

毛詩說

《四庫提要・詩類存目二》《毛詩說》二卷。浙江巡撫採進本。國朝諸錦撰。錦字襄七，號艸廬，秀水人。雍正甲辰進士，改庶吉士，散館外補知縣，改補教授。乾隆丙辰召試博學鴻詞，授翰林院檢討，官至右春坊右贊善。是篇以《小序》爲主，故題曰《毛詩》。《序》文惟存首句，用蘇轍之例。不釋全經，惟有所心得則說之，用劉敞《七經小傳》例也。首爲《通論》九篇。上卷《周南》至《曹風》，所說凡五十八篇；下卷《豳風》至《商頌》，所說凡二十七篇。疏證旁通，時有新意，而亦不免於附會古義。如以死麕、死鹿爲古儷皮之禮；以「仲氏任只，其心塞淵」爲陳執州吁，由戴嬀内援之證；以「西方之人兮」即《方言》之「凡相哀憐，湘、潭之間謂之人兮」；以《木瓜》爲刺衛於齊桓没後，同宋人伐齊；以《水經注》段干冢，證《十畝之間》，以春秋時秦境東至於河，證「所謂伊人」爲思周；以僖負羈之妻，證「季女斯飢」。皆有强經從我之失。其《長發》篇後附《禘說》三篇，謂孔穎達《春秋疏》以祫爲禘，其說固是。而謂穎達之誤，在以《王制》、《祭統》、《郊特牲》有春禘夏禘之文，遂誤混大祭於時祫，則失之誣。考《王制》曰：「春曰礿，夏曰禘。」《祭統》曰：「春祭曰礿，夏祭曰禘。」《郊特牲》曰：「春禘而秋嘗。」《祭義》曰：「春禘秋嘗。」俱據時禘而言，與祫祭略不相涉，經文最爲明晰。孔尚不能混時禘於時祫，又何至混大禘於時祫？是無故而羅之咎也。推錦之意，不過以《王制》又有祫禘、祫嘗、祫烝之文，因祫、禘二字相連，遂以爲時禘亦兼祫，而疑孔《疏》緣此而誤。不知《王制注》曰：「天子先祫而後時祭。」蓋三時各先爲祫祭，而後更舉禘、嘗、烝。是時祭之禘，本不兼祫。孔即略不曉事，何至以大禘混時禘，又混時祫耶？然則孔《疏》之誤，在於信《春秋》不書祫祭，而竟廢《禮記》，不在附會《禮記》以解《春秋》也。錦又謂：「漢儒據《春秋》書禘，一春一夏，因以附會《禮記》，遂有春禘、夏禘時祭之名。」今考《昭公十五年》「二月癸酉，有事于武宮」，則所謂一春也；《閔公二年》「夏五月乙酉，吉禘于莊公」，則所謂一夏也。然《春秋・僖公八年》又有「秋七月，禘于太廟」之文，漢儒果因《春秋》書禘一春一夏，遂附會春禘、夏禘爲時祭之名，何以秋禘獨不附會乎？至於三代之禮，制同名異者多，如夏世室、殷重屋、周明堂，周弁、殷冔、夏收之類，不一而足。今錦必斥春祫、夏禘、秋嘗、冬烝、夏殷之制爲非，持論殊偏。若謂鄭玄以三年一祫、五年一禘爲據《春秋》非禮之制，則又聚訟之緒餘，無庸辨矣。

詩貫

《四庫提要・詩類存目二》　《詩貫》十八卷。浙江吳玉墀家藏本。國朝張敘撰。敘有《易貫》，已著録。是書首載《詩説》一卷，《詩本旨》一卷，《詩音表》二卷，後案經文次序爲之注釋，凡十四卷。頗多與朱子異同。如以《關雎》爲后妃求賢之詩，義本《小序》，而遂謂此篇竝下二篇皆后妃自作。又以《駉》篇爲美伯禽而非頌僖公，引《書經・費誓》「竊馬牛有常刑」之語，謂出師時丁寧馬牛如此，則平日之留心牧事可知。夫伯禽固勤牧事，又何以知僖公之獨不然乎？其説皆不免於牽合。且各章訓釋已詳經文之下，而又仿《小序》之體别爲《本旨》一卷，冠之於前，於體例亦傷繁贅也。

詩經備旨

馬國翰《玉函山房藏書簿録・詩類》　《詩經補注附考備旨喈鳳》八卷。崇順堂本。國朝霧閣鄒梧岡聖脈撰，男廷猷可庭編次。

詩經提要録

《四庫提要・詩類存目二》　《詩經提要録》三十一卷。兩江總督採進本。國朝徐鐸撰。鐸有《易經提要録》，已著録。是書以朱子《集傳》爲宗，而亦參取《小序》。大旨多本李光地《詩所》、楊名時《詩經劄記》二書。蓋鐸爲名時之門人，名時則光地之門人也。

毛詩序説

周中孚《鄭堂讀書記補逸・詩類》　《毛詩序説》三十二卷。國朝龔鑑撰。鑑，字齡上，一字明水，號碩果，錢塘人。雍正中拔貢生，官甘泉縣知縣。明水邃於經學，杭堇浦世駿嘗爲作傳，稱其《詩説》闡明李文貞公《詩所》爲多。蓋其書雖專明《小序》，而參以朱子《集傳》及宋、元諸家之説，多擇其精當者列之，折衷以己説。其首卷有總論，中一條稱《隋志》謂《詩序》子夏所創，毛公及衛敬仲潤益，斯言最得其平。蘇子由存其首句，而盡去其餘，似亦有見於此。但毛公、衛宏既宗《小序》，則所潤益亦未必無所傳授。既有潤益，不能保其不改易，不顛倒，故《序》之首句，亦間有失其本旨者。是書多以《小序》首句爲宗，間有舍首句而擇其下句，其首尾奉爲全璧者十之五六耳。至其論《鄭》、《衛》之非淫詩，尤爲詳確。國朝諸家宗《序》者非一，得此書而序之，確可尊信處益顯然，無復可置喙矣。

詩義記講

《四庫提要・詩類存目二》　《詩義記講》四卷。江蘇巡撫採進本。國朝夏宗瀾撰。宗瀾有《周易劄記》，已著録。是編卷首標題「江陰楊名時講授」，然觀名時之序，則名時以李光地《詩所》授宗瀾，宗瀾讀而自記所見，非名時書也。《鄭風》之首有名時批二段，其不出名時審矣。

詩深

《四庫提要・詩類存目二》　《詩深》二十六卷。浙江吳玉墀家藏本。國朝許伯政撰。伯政有《易深》，已著録。是書用蘇轍之説，以《小序》首句爲古《序》，而以其餘爲續《序》。次列《集傳》，次列辨義。於《集傳》多所攻難，而所立異義不能皆有根據。

毛詩明辨録

周中孚《鄭堂讀書記補逸·詩類》 《毛詩明辨録》十卷。乾隆戊辰蘇州毛氏刊本。國朝沈青崖撰。青崖，字艮思，號寓舟，又號南湖，秀水人，雍正癸卯舉人，歷官開歸道。是編成於乾隆辛酉，乃其督糈邊陲時所著。桑弢甫調元序稱其貫穿諸經，左右咸逢，又身歷邊地，考古風土之遺，辨晰民物，致爲精覈，即音韻亦細與折中，而大旨發明朱子之《集傳》特詳。然其書於《小序》、毛《傳》、鄭《箋》、孔《疏》以及宋諸家説，皆在所資取，故其自序中謂謹宗《欽定彙纂》一書云。前二卷爲綱領，其後八卷則依次釋經，而不載經文，但列篇題，或摘句爲解。卷首又有虞山盛元珍序，末有吳郡毛德基跋。寓舟所著，尚有《易》、《春秋三傳》《明辨録》、《通鑑綱目尙論編》及《塵屑》、詩文集等書。

詩經旁參

《四庫提要·詩類存目二》 《詩經旁參》二卷。江西巡撫採進本。國朝應麟撰。麟有《易經粹言》，已著録。是編於三百篇中摘篇標目，略爲之説。大抵因朱《傳》而敷衍其餘意。

詩序闡真

周中孚《鄭堂讀書記補逸·詩類》 《詩序闡眞》八卷。嘉慶丙寅譚經草堂刊本。國朝楊有慶撰。有慶，字履旋，諸暨人，諸生。是書成於乾隆乙酉，不載經文，止標篇目。名書之義，謂專宗《詩序》而闡發其眞藴之所在，採諸家説，附以己意而附翼之。前有齊次風《召南》序及自序，序稱：「自漢至唐，皆以《序》爲確據，第序有衍説，由來已久，駢枝雜出，至有首尾横決，不明其大義之所存者。此闡之不眞，致宗旨者反自離其宗，而攻《序》者入室操戈，紛紛滋議。宋自程子宗《序》，辨衍而不詳所言；蘇氏以首句爲《序》，其餘皆衍，而不盡其説；呂氏東萊辨衍尊《序》，多所發明，而其掊擊《小序》，摘其訛謬者，實繁有徒。善乎馬端臨之言曰：『《書序》可廢，《詩序》不可廢。《雅》、《頌》之序可廢，《國風》之序必不可廢也。』愚深服其言，并謂《雅》、《頌》之序亦必不可廢也。」其言良允。然端臨之説，非謂《雅》、《頌》序固可廢，蓋舉其更要者言之耳。履旋所著，尚有《周易疏解》、《洪範九疇論》、《養浩軒文稿》、《地理指南確注》、《五雲山房詩鈔》諸種，而是書爲最所注意云。

毛詩名物圖説

張之洞《書目答問·列朝經注經説經本考證》 《毛詩名物圖説》九卷。徐鼎。乾隆三十六年刻本。

毛詩廣義

《四庫提要·詩類存目二》 《毛詩廣義》無卷數。編修曹錫齡家藏本。國朝紀昭撰。昭字懋園，獻縣人。乾隆丁丑進士，官内閣中書舍人。是編全載毛萇之《傳》，其以《小序》冠各篇之首，亦從毛氏，故題曰「毛詩傳」。及《小序》之下，雜引鄭《箋》、孔《疏》及諸儒之説，以發明之。大旨以毛《傳》與朱子《集傳》互相勘正，以己意斷其短長。其間不盡用毛説，故名曰「廣義」云。

治齋讀詩蒙說

丁丙《善本書室藏書志・經部三》　《治齋讀詩蒙說》二卷。精刻本。中鄉老農顧成志心勿氏。前有閼逢敦牂壯月自序曰：「光祿沈敬亭先生詮《易》畢，欲從事於《詩》，謂余曰：『吾釋《詩》，不惟其義，且以法。《詩》法備於三百篇而尠有詳説其妙者，童而習之，皓首莫能言，亦學者之恥也。得一筏以津逮焉，甚善！』無何，先生病，未就。而三十年前先生嘗書《詩》簡端三百餘條，竊欲取其論法者廣之，卒卒未暇。今課兒是經，乃輯一卷，名曰《蒙說》。」

欽定詩義折中

《四庫提要・詩類二》　《欽定詩義折中》二十卷。乾隆二十年皇上御纂。鎔鑄衆說，演闡經義，體例與《周易述義》同。訓釋多參稽古義，大旨亦同。蓋我聖祖仁皇帝欽定《詩經彙纂》，於《集傳》之外，多附録舊說，實昭千古之至公。我皇上幾暇研經，洞周窔奥，於漢以來諸儒之論，無不衡量得失，鏡別異同。伏讀《御製七十二候詩》中《虹始見》一篇，有「晦翁舊解我疑生」句，句下御注，於《詩集傳》所釋蝃蝀之義，詳爲辨證。併於所釋《鄭風》諸篇概作淫詩者，亦根據毛、鄭訂正其譌。反覆一二百言，益足見聖聖相承，心源如一。是以諸臣恭承彝訓，編校是書，分章多準康成，徵事率從《小序》。使孔門大義，上溯淵源，卜氏舊傳，遠承端緒。因欽定《詩經》以樹義，卽因《御纂周易》以立名。作述之隆，後先輝耀。經術昌明，洵無過於昭代者矣。

張之洞《書目答問・正經正注》　《欽定詩義折中》二十卷，多宗毛、鄭。殿本。

毛詩證讀

張之洞《書目答問・列朝經注經說經本考證》　《毛詩證讀》□卷。翟灝。刻本。

虞東學詩

《四庫提要・詩類二》　《虞東學詩》十二卷。安徽巡撫採進本。國朝顧鎮撰。鎮字備九，號古湫，常熟人。常熟，古海虞地，鎮居城東，故又號曰虞東。乾隆甲戌進士，官至宗人府主事。是書大旨，以講學諸家尊《集傳》而抑《小序》，博古諸家又申《小序》而疑《集傳》，搆釁者四五百年，迄無定論。故作是編，調停兩家之說，以解其紛。所徵引凡數十家，而歐陽修、蘇轍、呂祖謙、嚴粲四家所取爲多。雖鎔鑄羣言，自爲疏解，而某義本之某人，必於句下註其所出。又《集傳》多闡明義理，於名物訓詁聲音之學皆在所略。鎮於是數端，亦一一考證，具有根柢。蓋於漢學、宋學之間，能斟酌以得其平。書雖晚出，於讀《詩》者不爲無裨也。

案：諸經之中，惟《詩》文義易明，亦惟《詩》辨爭最甚。蓋「詩無達詁」，各隨所主之門戶，均有一說之可通也。今核定諸家，始於《詩序辨說》，以著起釁之由。終於是編，以破除朋黨之見。凡以俾說是經者，化其邀名求勝之私而已矣。是編録此門之大旨也。

張之洞《書目答問・列朝經注經說經本考證》　《虞東學詩》十二卷。顧鎮。刻本。

毛鄭詩考正

周中孚《鄭堂讀書記・詩類》　《毛鄭詩考正》四卷。《戴氏遺書》本。

國朝戴震撰。震，字東原，休寧人，乾隆乙未進士，官翰林院庶吉士。是書於毛《傳》、鄭《箋》無所專主，多自以己意考證，或兼摘《傳》、《箋》考正之，或專摘一家考正之，或止摘經文考正之。大都俱本古訓古義，推求其是，而仍以輔翼《傳》、《箋》爲主，非若宋人說《詩》諸書專以駮斥毛、鄭而別名一家也。首爲鄭氏《詩譜》，不入卷數。東原自識稱鄭氏《譜》亡，歐陽永叔得其殘本於絳州，取孔穎達《正義》所戴之文補之，今其《譜》又復訛闕，聊加訂正，以存梗概云。

張之洞《書目答問・列朝經注經說經本考證》 《毛鄭詩考正》四卷。戴震。《戴氏遺書》本，學海堂本。

杲溪詩經補注

周中孚《鄭堂讀書記・詩類》 《杲谿詩經補注》二卷。《戴氏遺書》本。國朝戴震撰。是書采輯毛《傳》、鄭《箋》、朱《傳》三家之說於經文之下，而自爲說以發明之大旨，與所作《毛鄭詩考正》相同。而此更博稽羣籍以相參證，并於各章後自爲小序而爲之說，亦依傍原《序》及《傳》、《箋》之說爲之，不似《集傳》及何氏《世本古義》諸書全然自創一序也。其書首卷爲《周南》，次卷爲《召南》，蓋未成之本也。

張之洞《書目答問・列朝經注經說經本考證》 《杲溪詩經補注》二卷。戴震。《戴氏遺書》本，學海堂本。

詩學女爲

周中孚《鄭堂讀書記補逸・詩類》 《詩學女爲》二十六卷。乾隆中刊本。國朝汪梧鳳撰。梧鳳，字在湘，號松溪，歙縣人，拔貢生。松溪少從江愼修遊，與戴東原震、程讓堂瑤田講習辨難，於《詩》有獨得，乃著是書，以授其子灼，因取夫子謂伯魚語，名曰《詩學女爲》。其書不載經文，但逐條辨說，凡說《國風》十五卷，《小雅》五卷，《大雅》三卷，《頌》三卷，前有自序并總論八則。其書每篇首一條說經，次爲訓釋名物。其說以《集傳》爲宗，《序》說之可信者亦存之，《序》與說俱不可通，乃博採衆論，間附己見，蓋於漢宋諸儒之說皆擇其長而無所偏主，期歸於平允。至於考證名物，尤爲詳備，足補《集傳》所未及者焉。前又有乾隆壬辰鄭誠齋虎文所撰行狀一篇，則松溪沒後刊書時所附也。

毛詩草木鳥獸蟲魚疏校正

劉錦藻《清續文獻通考・經籍考・詩》 《毛詩草木鳥獸蟲魚疏校正》二卷，趙佑撰。佑字啟人，號鹿泉，浙江仁和人。乾隆壬申進士，官至左都御史。臣謹案：《詩疏》，吳太子中庶子烏程令陸璣元恪撰。書久佚，陶氏《說郛》、毛氏《廣要》均非完本，佑取陶、毛兩本，校以諸家所引別錄而是正之，凡應改定題目、增訂文字、可疑之處，附見於本文中，悉以《爾雅疏》、《釋文》爲之主並繫之。案：佑視學江西，丁杰爲加點勘，頗稱詳愼。

詩小箋

朱記榮《國朝未刊遺書志略・經目》 《詩小箋》七卷，河南張遠覽。案：張氏出青浦王述菴司寇門下，箸譔甚夥。張聞遠孝廉家藏有副本，兵燹後唯此及《春秋義略》尚存。

惜抱軒詩說

馬國翰《玉函山房藏書簿錄・詩類》 《惜抱軒詩說》一卷。同善堂藏本。國朝姚鼐撰。雜說《詩》義凡十四條，如「星言夙駕」訓星爲晴，以爲甫晴卽駕，足以爲勤矣，若見星而行，乃罪人與奔喪者之事，衛文固不得爲也；説「狐裘以朝」爲燕見，謂解爲諸侯朝天子服非是；説「三事大夫」，云有任人準夫牧三事之責，謂《集傳》以三公訓之爲僞《古文周官》「三事暨大夫」句所誤，具有特識。

詩譜補亡後訂

劉錦藻《清續文獻通考・經籍考・詩》　《詩譜補亡後訂》一卷，吴騫撰。騫字槎客，號兔牀，浙江海寧人。諸生。騫自序曰：「鄭氏《詩譜》，舊本三卷，歐陽公得殘本於絳州，手爲補其亡，書亦三卷，近止一卷，頗多爲缺。休寧戴東原復爲考正，其疏闊處間亦不免。爰從各本重加校定，稍參鄙見云。」

詩音辨

劉錦藻《清續文獻通考・經籍考・詩》　《詩音辨》二卷，李調元撰。

毛詩故訓傳

黄丕烈《蕘圃藏書題識・經類》　《毛詩故訓傳》三十卷。稿本。此《毛詩故訓傳》三十卷，金壇段茂堂大令一家專經之學也。《漢志》、《毛詩》、《經》、《傳》各自爲書，今既失《傳》，段先生釐而傳之，俾《箋》不與《傳》並載，學者始識《傳》本獨行，唯毛氏爲能解《詩》，得其故訓，故《詩》必繫以毛也，後人口稱《毛詩》，動以朱子《詩傳》當之，失其義矣。既究心故本從事注疏，《傳》、《箋》並舉，罔知率從，段乃別而白之，以定一尊。蓋讀《傳》而後讀《箋》，讀《傳》、《箋》而後讀《正義》，且由是以讀《釋文》。若者與毛異，若者與毛同，若者當從毛，若者當違毛，昭然在目，段故不憚爲之專於毛也。原稿四冊，潘理齋農部從茂堂先生生時借鈔，逮歿而後人始爲付梓。先生所説，多附於《傳》句下。鈔刻互有出入，或鈔後手自刪改，或後人有意去取。余故借鈔校刻，悉悉照改，有顯見鈔誤者，不復遵之，學者讀此，可得《故訓》大旨，其功顧不題歟？道光三年癸未立秋日校畢記，蕘夫。　以原稿鈔出本校江録本覆勘，三十日午後畢。

江録本末有鐵君篆字一行云：「嘉慶甲戌二月江沅書於三山節署。」蓋其時就館浙閩督署時也。想茂堂先生書尚未有成，而鐵君愛之甚，故手爲之録副。迨後有定本，理齋之所鈔者是也，迨後刻已非及身。後人但據札記及定本付梓，故時有出入，而余必以未定之江録本手校者。鐵君云：「茂堂先生垂老，精神已衰，往往有取未定本入刻，而反遺定本者，《尚書撰異》中某卷是也。」且鐵君深於經學，《説文》尤所家傳，即如「令人善忌」句爲是，而增「憂」字爲非，此時刻本居然未定者爲「令人善忌」，而定者爲「令人善忌憂」，是未可不參考。余故悉校出，以俟讀者參考焉。秋清逸士校畢記。

詩經小學

馬國翰《玉函山房藏書簿録・詩類》　《詩經小學》四卷。學海堂本。國朝段玉裁撰。段既訂《毛詩故訓傳》，此編復摘訓《毛詩》中字義，以《爾雅》、《説文》爲主，故曰《小學》。

張之洞《書目答問・列朝經注經説經本考證》　《詩經小學》四卷。段玉裁。經韻樓本，學海堂本。

風雅遺音

《四庫提要・詩類存目二》　《風雅遺音》四卷。兩江總督採進本。國朝史榮撰。榮自號雪汀老人，鄞縣人。其書據朱子孫鑑所作《詩傳補遺後序》，定朱子《集傳》原本有音未備，其音多後人所妄加。因以《集傳》與音互相考證，得其矛盾之處，條分縷析以辨之。一曰《集傳》用舊訓義而無音，二曰《集傳》有異義而不別爲之音，三曰音與《傳》義背，四曰古今未有之音，五曰聲誤，六曰韻誤，七曰音誤，八曰誤音爲叶，九曰誤叶爲音，十曰四聲誤讀，十一曰泛云四聲之誤，十二曰《邶風》注與某同之誤，十三曰補音，十四曰叶音闕誤，十五曰叶音誌略。又附録經文誤字、經文疑義、京本音切考異、《釋文》叶韻紀原、吴棫《韻補》考異、《集傳》相沿之譌、俗書相沿之譌、《集傳》偶考、俗音訂誤九門，共二十四類。其音與義背、用舊義而無音、異義而不別音三門，辨論頗爲精確。誤音、誤叶、補音及俗音訂誤四門，亦多可取。惟未有之音與四聲誤讀二門，所言即是音誤，分目未免太繁。至泛云四聲及《邶風》音與某同二門，則有意吹求，未爲平允。又滎考今音頗詳，而古音則茫無所解，故叶音闕誤、叶音誌略二門所言，往往大謬。吴棫《韻補》見行於世，滎自言未見其書，摭諸書所引爲考異，尤爲贅疣。至於舊音舛謬之處，動輒漫駡。一字之失，至詆爲全無心肝，亦殊乖著書之體。蓋考證頗有所長，而蕪雜亦所未免焉。

詩序補義

《四庫提要・詩類二》

《詩序補義》二十四卷。浙江巡撫採進本。國朝姜炳璋撰。炳璋字石貞，號白巖，象山人。乾隆甲戌進士，官石泉縣知縣。是編以《詩序》首句爲國史所傳，如蘇轍之例。但轍於首句下申明之語竟刪除不論，炳璋則存其原文，與首句中離一字書之，而一一訂其疎舛，例又小殊。蓋參用朱子《詩序辨說》之義，以貫通兩家也。其論「江有沱」，謂古者嫡媵竝行，無待年于國之禮。然《春秋》伯姬歸紀，叔姬歸酅，實非一年之事，未可斷其必無。論《魯頌》，謂用天子禮樂自吉禘莊公始見於經，斷以爲僭自僖公。然《呂覽》史角之事雖出雜說，而「考仲子之宫，初獻六羽」註謂：「前此用八，故曰初獻。」是已在隱公先矣。是過於考證，轉失之眉睫之前。他如論《野有死麕》，以尨吠爲喻人之類，亦失經旨。要其恪守先儒，語必有據，而於廢《序》諸家亦置而不爭，不可不謂篤實近裏之學也。其《綱領》有云：「有詩人之意，有編詩之意。如《雄雉》爲婦人思君子，《凱風》爲七子自責，是詩人之意也。《雄雉》爲刺宣公，《凱風》爲美孝子，是編詩之意也。朱子順文立義，大抵以詩人之意爲是詩之旨。國史明乎得失之迹，則以編詩之意爲一篇之要。」尤可謂解結之論矣。

毛詩通說

周中孚《鄭堂讀書記補逸・詩類》

《毛詩通說》二十卷，補遺一卷。映雪草堂刊本。國朝任兆麟撰。兆麟，字文田，吴江人，諸生。是書成於乾隆甲辰，前有自撰序録，大略謂學《詩》者必宗《序》，以其近古而可徵也，乃考經傳諸子所載孔子以來迄於隋世百家之說，其言不背於《序》者彙而録之，各系《序》後，以發揮其旨。搜採古義，亦頗勤博。末有江珠、沈纕二跋。

讀風偶識

劉錦藻《清續文獻通考・經籍考・詩》

《讀風偶識》四卷，崔述撰。述見《書》類。臣謹案：述論《詩》，有曰：「齊、魯、韓、毛均出於漢，三家之《詩》雖亡，然見於漢人引述者有之，與今《詩序》互異。豈《毛詩》獨可信，而齊、魯、韓皆不可信耶？」又曰：「前人以《詩序》謂子夏、毛公所作，非有實據，而衛宏作《詩序》，則《後漢書》實有明文。夫申公說《詩》，疑者不傳，衛宏在後，何以每篇皆能悉其爲某人之事？」又曰：「風、雅、南皆《詩》之體，江、沱、汝、漢皆在岐周之東，不當言化自北而南。」皆心得語。

詩音表

張之洞《書目答問・列朝經注經說經本考證》

《詩音表》一卷。錢坫。

《錢氏四種》本。

毛詩證讀

周中孚《鄭堂讀書記補逸・詩類》　《毛詩證讀》五卷。原刊本。國朝戚學標撰。學標，字翰芳，號鶴泉，太平人，官涉縣知縣。是書凡分《國風》上下二卷，《小雅》一卷，《大雅》一卷，《頌》一卷，於經文下詳注其音，而正音則圈其字，轉音用方匡界，偶合者旁加小圈以爲別。蓋以前人讀《詩》，詳義而略音，故以音爲主，詳所未詳。其讀《詩》之法，則主於諧聲，兼通假借，至四聲以及叶韻，以皆非古，概不之及，惟旁引本經，并博采三代有韻之文，下至子史詞賦，皆取其在未有韻書之前者，互相證明，故題是名。其有全篇無韻，數章散句，音難互轉者，概仍其闕。求《詩》之古音與漢學者，不外是矣。前有嘉慶乙丑諸訒菴以謙序及自撰凡例，又冠以《讀詩或問》數十則。

詩古訓

張之洞《書目答問・列朝經注經説經本考證》　錢大昭《詩古訓》十二卷，未刊。

朱記榮《國朝未刊遺書志略・經目》　《詩古訓》十二卷，嘉定錢大昭可廬。自序謂：「守漢儒之遺説，以求無悖於義理。齊、魯、韓三家之有可證者，引而伸之，兼采衆説，考異同，辨通俗，正刊謬，非敢與毛異也，於四家冀有小補耳。」鄭尗問謂稿本舊臧嘉興沈匏廬觀察所，自後不知流轉何所，未審今尚有存否。

詩聲類　分例

張之洞《書目答問・列朝經注經説經本考證》　《詩聲類》十二卷，《分例》一卷。孔廣森。《顨軒所著書》本。

詩人考

劉錦藻《清續文獻通考・經籍考・詩》　《詩人考》一卷，陳鱣撰。臣謹案：宋范處義著《詩補傳》，凡作者姓氏可考者四十有一篇。今鱣是書增多三之一，善讀者因其人而得其詩之美刺與夫時之興衰、俗之厚薄。此《詩》教之通於春秋，可爲鑑戒者也。

詩氏族考

李慈銘《越縵堂讀書記・詩類》　《詩氏族考》，清李超孫撰。閲李引樹《詩氏族考》，蓋以王伯厚有《詩地理考》，故作此以補之也。前有香子序，其書依《詩》之篇次，取所稱之人名氏族，自后妃以至殷武，條舉諸書，而下系以考證。凡經史諸子箋注義疏，以及近儒著述，搜羅頗備，有倫有要，亦治《詩》者所不可少也。光緒乙亥十一月十二日。

張之洞《書目答問・列朝經注經説經本考證》　《詩氏族考》六卷。李超孫。別下齋本。

毛詩地理釋

張之洞《書目答問・列朝經注經説經本考證》　《毛詩地理釋》四卷。

焦循。

毛詩補疏

張之洞《書目答問・列朝經注經說經本考證》　《毛詩補疏》五卷。焦循。《焦氏叢書》本，學海堂本。

陸璣疏考證

張之洞《書目答問・列朝經注經說經本考證》　《陸璣疏考證》一卷。焦循《焦氏叢書》本。

二南近說

劉錦藻《清續文獻通考・經籍考・詩》　《二南近說》四卷，莫與儔撰。與儔字猶人，一字傑夫，貴州獨山人。嘉慶己未進士，遵義府教授。

毛詩紬義

馬國翰《玉函山房藏書簿録・詩類》　《毛詩紬義》二十四卷。學海堂本。國朝翰林院庶吉士嘉應李黼平撰。根據《注疏》，於《故訓》中紬繹新義。

張之洞《書目答問・列朝經注經說經本考證》　《毛詩紬義》二十四卷。李黼平。廣州原刻本，學海堂本。

草堂說詩

馬國翰《玉函山房藏書簿録・詩類》　《草堂說詩》一卷。來鹿堂本。國朝劉應秋撰。大旨用孟子「《詩》亡然後《春秋》作」之義，謂《詩》與《春秋》相表裏，多有關人心世道語。惟說《子衿》，朱《傳》以爲淫奔而《白鹿洞賦》曰「廣青衿之疑問」，疑朱子晚年改正。乃於《將仲子》云：「雖淫奔之詩，猶有所顧忌，此《鄭風》之初變。」於《揚之水》云：「此淫奔之詩，其纏綿而要結者，至是爲已盡，視《將仲子》之女子又進矣，此《鄭風》之成也。」似不免於歧見。

毛詩名物志

朱記榮《國朝未刊遺書志略・經目》　《毛詩名物志》，武進丁履恆道久。

詩雙聲疊韻譜

李慈銘《越縵堂讀書記・詩類》　《詩雙聲疊韻譜》，清鄧廷楨撰。閱鄧嶰谷《詩雙聲疊韻譜》，凡分四目：曰錯綜，曰對待，曰累句，曰單詞。謂錯綜爲古人巧思，對待爲作者常例，累句偶見，單詞最多，大率通所可通，而不強通所不通，猶有亭林、慎修諸君家法。以虞協侯，不從顧而從江，以妻韻室，不從段而從孔，亦爲謹嚴。前有自序及《凡例》八則，持論皆佳，惜於古音同異之故，俱不標注，過爲簡略，又其中可補者尚多耳。此書與《說文雙聲疊韻譜》皆成於總督兩廣時，俱有番禺林伯桐序。以駢儷言音韻之學，源流深邃，裁制精工，亦近世之名篇也。林字月亭，廣東舉人。同治壬申四月二十一日。

毛詩後箋

張之洞《書目答問・列朝經注經説經本考證》　《毛詩後箋》□□卷。胡承珙。《墨莊遺書》本。

毛詩傳箋通釋

張之洞《書目答問・列朝經注經説經本考證》　《毛詩傳箋通釋》三十二卷。馬瑞辰。道光十五年刻本。

毛詩通考

李慈銘《越縵堂讀書記・詩類》　《毛詩通考》，清林伯桐撰。閱番禺林桐君學正伯桐《毛詩通考》，共三十卷。皆考鄭《箋》之異於毛《傳》者，大恉皆申毛而難鄭。其時陳碩甫《毛詩疏》尚未出，而宗恉則同也。書止兩冊，每卷首皆有「考鄭箋異義」五字，蓋本其通考之一門，故以此標目，而全書未成也。如止考鄭《箋》，不得名曰「通考」矣。光緒甲申十一月二十四日。

張之洞《書目答問・列朝經注經説經本考證》　《毛詩通考》三十卷。林伯桐。修本堂本。

毛詩識小

李慈銘《越縵堂讀書記・詩類》　《毛詩識小》，清林伯桐撰。閱林月亭伯桐《毛詩識小》三十卷，亦僅兩冊。其書罕所發明，往往直録箋疏之説，亦多采近時諸家。以大率言名物，故曰「識小」也。光緒甲申十一月三十日。

張之洞《書目答問・列朝經注經説經本考證》　《毛詩識小》三十卷。林伯桐。《修本堂遺書》本。

鄭氏詩譜考正

張之洞《書目答問・列朝經注經説經本考證》　《鄭氏詩譜考正》一卷。林伯桐。修本堂本。

毛詩後箋

張之洞《書目答問・列朝經注經説經本考證》　許桂林《毛詩後箋》八卷，未刊。

詩經廣詁

李慈銘《越縵堂讀書記・詩類》　《詩經廣詁》，清徐璈撰。閱《詩經廣詁》，桐城徐璈撰。璈號樗亭，由進士戶部主事改浙江壽昌縣知縣，調臨海縣知縣。前有道光十年洪氏頤煊序，其書共八冊，不分卷，先以序例、綱領及詩家源流，其後自《國風》至《商頌》，依次爲説，皆搜輯古義，以爲證左而不加論斷。凡《春秋内外傳》、周秦諸子以至宋明國朝人之説，無不甄録，間亦附注己見。曰「廣詁」者，取《詩》無達詁之義也。光緒丙子三月二十二日。

張之洞《書目答問・列朝經注經説經本考證》　《詩廣詁》□卷。徐璈。刻本。

嚴氏詩緝補義

周中孚《鄭堂讀書記補逸·詩類》《嚴氏詩緝補義》八卷。墨莊原刊本。國朝劉燦撰。燦，字星若，鎮海人，諸生。前有星若自序，乃其於嘉慶辛未得重刻嚴氏《詩緝》本讀之，微嫌其書於時令地理頗有失實；又首篇《關雎》淑女，一指后妃，一指嬪御，亦近鶻突；而於《小序》之甚確者或疑其誤且衍，因爲是編以補正之。取方望溪苞《朱子詩義補正》爲主，益以書史所載及近時諸家之説，而一以《詩序》爲歸，凡正嚴氏之誤者八十三條，餘則補其所未備，或申明其説。汪瑟菴廷珍序稱爲戴氏《續讀詩記》之流，信然也。望溪書爲補正《集傳》而作，今其書流傳頗少，是編中已約略具之。其前又有自撰例言及《詩學通譜圖》。

詩地理考今釋

朱記榮《國朝未刊遺書志略·經目》《詩地理考今釋》，績溪胡培翬竹邨。

詩經體注圖考大全

馬國翰《玉函山房藏書簿録·詩類》《詩經體注圖考大全》八卷。坊本。國朝錢塘高朝瓔介石撰。下注上解，帖括之書也。

毛詩音韻考

馬國翰《玉函山房藏書簿録·詩類》《毛詩音韻考》四卷，《略言》一卷。研經堂本。國朝朝邑縣儒學教諭渭南程以恬南都撰。采諸家之説，而以戴東原爲主，有不合者，以己意辨之。

毛詩韻訂

張之洞《書目答問·列朝經注經説經本考證》《毛詩韻訂》十卷。苗夔。自刻本。

毛詩禮徵

張之洞《書目答問·列朝經注經説經本考證》《詩禮徵文》十卷。包世榮。家刻本。

毛詩重言　增補

張之洞《書目答問·列朝經注經説經本考證》《毛詩重言》一卷。王筠。《鄂宰四種》本。

毛詩雙聲疊韻説　增補

張之洞《書目答問·列朝經注經説經本考證》《毛詩雙聲疊韻説》一卷。王筠。《鄂宰四種》本。

毛詩多識編

劉錦藻《清續文獻通考·經籍考·詩》《毛詩多識編》十二卷，王瑬撰。塗字子兼，一字亮生。江蘇吳縣人，貢生。

毛詩傳疏

李慈銘《越縵堂讀書記・詩類》 《詩毛氏傳疏》，清陳奐撰。閱長洲陳氏奐《詩毛氏傳疏》。奐字碩甫，金壇段若膺氏弟子也，故所疏一以段注《說文》爲宗，以名物訓詁獨詳。近儒之爲《毛詩》學者，汪氏龍有《毛詩申成》，胡氏承珙有《毛詩後箋》，段氏有《毛詩小箋》，皆竟伸毛說，不主鄭《箋》。陳氏亦屢引《後箋》、《小箋》之說，而略不及《申成》，蓋汪氏此書，行書絕少，予亦未嘗見也。陳氏書分爲三十卷，總爲十冊，前有自序及《凡例》各一篇。同治丁卯九月初四日。

張之洞《書目答問・列朝經注經說經本考證》 《毛詩傳疏》三十卷。陳奐。單行本，叢書本。

釋毛詩音

李慈銘《越縵堂讀書記・詩類》 《釋毛詩音》，清陳奐撰。陳碩甫《毛詩音》云：「參差雙聲，參音如縿，又音人參之參；差音如瑳，又音等差之差。」案《經典釋文》參初金反，差初宜反，又初佳反。是讀參如讖，平聲；讀差如齹，又如釵也。《廣韻》二十一侵「參，嵾差不齊也，亦作參，楚簪切」。《集韻》二十一侵「嵾，初簪切，嵾差山不齊貌」。又出「參」字云：「參差不齊。」考嵾嵳是後出字，《廣韻》猶以嵾參爲一字，《集韻》竟分二字，誤矣。然其音則皆與陸氏合也。縿音所銜切，《說文・糸部》、《廣韻》二十七銜、《集韻》二十七銜皆同，其讀如衫。人參之參，音所今切，《說文・木部》有槮差，《竹部》有篸差，皆音所今切。「槮」下且引《詩》曰「槮差荇菜」，此殆陳氏音人參之參所本。差音如瑳者，蓋因《左傳》「鄭有子齹」，《說文》引作「子𪗋」，而𪗋音昨何切，故音差如瑳耳。《說文》本有「齹」字，曰：「齒參差也，楚宜切。」「𪗋」字當時後入竄入，非許書本有。其引《春秋傳》曰「鄭有子𪗋」，當本作「子齹」，引在「齹」下，今本皆後人亂之。《廣韻》言「𪗋」字出《字統》，不云出《說文》。又𪗋從佐聲，而《說文》無「佐」字，此其顯然者。段氏玉裁注本乃反刪「齹」存「𪗋」，其誤甚矣。段氏偏信《釋文》「齹，《說文》作𪗋」之言，不知元朗所引《說文》多不足據也。總之初金之音，自是六朝以來相承舊讀，與初宜、初佳、昨何三音皆爲雙聲，即讀倉含切，亦與雙聲不隔。今俗語曰舛錯，吾越方言曰侵瑳，皆自然音轉。若讀如衫如森，則與初宜等三音，皆非雙聲，不特音和不合，即以類隔取之，亦相遠矣。至其本字，則參當作槮，或作篸，差當作縒，見《說文・糸部》，楚宜切。或作齹，而參差皆借字也。光緒丁丑正月二十二日。

詩語助義

劉錦藻《清續文獻通考・經籍考・詩》 《詩語助義》三十卷，陳奐撰。

毛詩諸經引文異同

劉錦藻《清續文獻通考・經籍考・詩》 《毛詩諸經引文異同》一卷，蔣文照撰。文照字容輝，號蓉村，浙江烏程人。監生。

詩傳箋補

朱記榮《國朝未刊遺書志略・經目》 《詩傳箋補》十二卷，元和朱駿聲允倩。

詩經廿二部古音表集説

張之洞《書目答問・列朝經注經説經本考證》 《詩經廿二部古音表集説》□卷。夏炘。自著《景紫堂全書》本。

毛鄭詩釋

張之洞《書目答問・列朝經注經説經本考證》 《毛鄭詩釋》四卷。丁晏。六藝堂本。

毛詩陸疏校正

張之洞《書目答問・列朝經注經説經本考證》 《校正陸璣毛詩草木鳥獸蟲魚疏》二卷。丁晏校。六藝堂本，《古經解類函》重刻丁本，又《津逮》本。

毛詩讀

李慈銘《越縵堂讀書記・詩類》 《毛詩讀》，清王劼撰。閲近人巴郡王劼《毛詩讀》，凡三十卷，咸豐乙卯刻於成都。自序謂初爲《毛詩述義》，與包慎伯、陳碩甫相商榷，道光戊申於南昌舟次失去，歸田後重輯此書。大抵掊擊鄭《箋》，以朱子《集傳》爲不足辨，而謂《詩》皆是責備臣道之辭，寓言婦德。《關雎序》言后妃，后妃謂王者之匹偶，引《晉語》「若翟公子吾是之依兮，鎮撫國家惟王妃兮」，韋昭注言：「重耳當霸諸侯，爲王妃偶。」以證后者王也，妃者匹也，后妃之德，言賢臣當匹其君之德。不特周、召爲后妃，即文王亦爲后妃，雅則后妃之政有大小者也，頌則美后妃之成功者也，變則非其后妃者也。舊説誤后妃爲王后，他經前史無稱王后爲后妃者，《周書》之后皆斥王，《周禮》皆稱王后，不稱妃，《何彼襛矣序》云：「下王后一等。」《葛覃傳》云：「王后織玄紞。」與《周禮》合。惟《關雎》八篇《序》、《傳》合正喻二義，而立后妃之名，示人以臣道之重，有偶王之責，不得如後世公卿徒卑以自牧也。所言皆狂悍迂曲，絶不可通，雖亦頗講古本章句及典禮名物，而大端已謬，其文義又多故爲晦窒，不足取也。光緒戊子六月十四日。

毛詩傳箋異義解

李慈銘《越縵堂讀書記・詩類》 《毛詩傳箋異義解》，清沈鎬撰。閲震澤沈駕部鎬《毛詩傳箋異義解》。其書薈萃自漢迄今諸儒之説，折衷其平，而以《説文》爲主，近時人之最有根柢者。同治壬戌二月初五日。

詩小學

李慈銘《越縵堂讀書記・詩類》 《詩小學》，清吳樹聲撰。閲保山吳樹聲《詩小學》共三十卷，又補一卷。前有自序，言不精於訓詁聲音，不可以説經，尤不可以説《詩》；而段氏玉裁《毛詩小學》、《毛詩故訓傳》，皆用其注《説文》雙聲疊韵之法解字以解經，然域于毛《傳》專門之學，因謂《采蘋》「于以奠之」，《傳》「奠，置也」，據《禮》注「奠，獻也」；《簡兮》「簡兮」，《傳》「簡，大也」，據《左傳》等書注「簡，選練也」；《考槃》「在澗」，《傳》「考，成也」，據《箋》及《説文》、《漢書》注「考，老也」，皆當以疊韵字爲訓。《北門》「室人交徧摧我」，《傳》「摧，沮也」，據《説文》「摧，擠也」，《太玄注》「摧，趣也」；《定之方中》「靈雨既零」，《傳》「靈，善也」，據《説文》作「霝雨既零」，訓「霅也」，皆當以雙聲字爲訓。又謂詩中有古字，如《凱風》「吹彼棘心」，「心」爲「尖」之古字，《説文》作「櫼」。「母氏聖善」，「聖」爲「聽」之古字。《定之方中》「匪直也人」，「也」爲「殹」之叚借，即「緊」之古字。《斯干》「君子攸芋」，「芋」爲「宇」之古字。《文王》「有周不顯，帝命不時」，「不」爲「丕」之古字；「不顯亦世」，「亦」爲「弈」之古字。《抑》「無競維人」、《桑柔》「秉心競烈」、文「無競維烈」、「執競武王」各「競」字，皆爲「強」之古字。《泮水》「靡有不孝」，「孝」爲「學」之古字。有譌字，如關雎「君子好逑」，「逑」爲「仇」之譌；「左右芼之」，「芼」爲「若」之譌。《汝墳》「惄如調飢」，「調」爲「朝」之譌。《殷武》「罙入其阻」，「罙」爲「突」之譌。有叚借字，有合音，如《采苓》「舍旃舍旃」，「旃」爲「之焉」之合音。《七月》「八月斷壺」，「壺」爲「胡盧」之合音。《東山》「有敦瓜苦」，「敦」爲「團圓」之合音。《十月之交》「山冢崒崩」，「崒」爲「崔巍」之合音。「楚楚者茨」，「茨」爲「蒺藜」之合音。有一字數義，如同一「介」字，或訓爲助，或訓爲大，或爲匃之叚借，或爲戒之叚借。同一「且」字，或訓爲往，或訓爲存，或爲怚之叚借，或爲輔之叚借。有一義數用。如曰、與、于，皆語詞也。「女曰鷄鳴，士曰昧旦」，義近于云。「見晛曰消」，「曰嬪于京」，義通乎聿。「曰止曰時」，曰爲爲之叚借。「黃鳥于飛」、「之子于歸」，于與曰同義。「于彼原隰」、「于邑于謝」，于訓爲往；「作于楚宮」、「作于楚室」，于讀爲爲。其書純用段氏疊韵雙聲之法，有不得通者，參用旁通引申之義，博采古籍，研極形聲，卓然小學名家。然不遵《小序》，好異舊説，往往近于武斷。雙聲疊韵，固爲訓詁之本，而義貴引申，故訓所傳，必非無自，亦安得以聲韵相限？即如穆姜曰「元者，善之長也」，四語俱于聲韵不相關合。「天者，顛也」，天有顛誼，不得以顛誼盡之。「日者，實也」，日有實義，不得以實義盡之。吳氏開卷釋周南二字，以周爲地名，南爲樂名，皆考之未審。以《商頌》「天命玄鳥」爲本作「天命玄王」，漢世爲讖緯之學者所改，則近于妄矣。《説文》霝字下本引《東山》詩「霝雨其濛」，右零作霝也，「靈雨既零」之零與霝同，非靈與霝同。若如吳解，則「霝雨既零」之零字，當從段氏注《説文》零字解，作徐雨也，此謂霎雨既徐耳。而吳仍依《説文》舊本，解零爲餘雨，謂霝雨已後尚有餘雨也，則不成語矣。同治辛未九月三十日。

毛詩廣訓

朱記榮《國朝未刊遺書志略・經目》　《毛詩廣訓》，嘉興朱廣川松溪。朱述之大令緒曾序云：「《詩毛氏訓詁傳廣義》冠鄭《譜》於前，每章專用毛《傳》，采漢以來諸説注釋於下，於鄭《箋》、孔《疏》、朱《傳》無所偏廢，皆取於毛無所抵牾者，以發明之，引典碻實，説理曉暢。」

詩經説志

朱記榮《國朝未刊遺書志略・經目》　《詩經説志》十四卷，平湖時樞森巖。

詩經異文考證

朱記榮《國朝未刊遺書志略・經目》　《詩經異文考證》二十二卷，平湖陸錫謨明諧。

詩經句讀考證

朱記榮《國朝未刊遺書志略・經目》　《詩經句讀考證》一卷，前人。

詩序異同彙參

朱記榮《國朝未刊遺書志略・經目》　《詩序異同彙參》四卷。前人。

詩地理今釋

朱記榮《國朝未刊遺書志略・經目》　《詩地理今釋》四卷，前人。

三家詩分部

詩經

《漢書・藝文志・詩》 《詩經》二十八卷。魯、齊、韓三家。

姚振宗《漢書藝文志條理・詩》 《詩經》二十八卷。魯、齊、韓三家。本書《儒林傳》：「漢興言《詩》于魯則申培公，于齊則轅固生，燕則韓太傅。」又曰：「申公，魯人也。少與楚元王交俱事齊人浮丘伯受《詩》。漢興，高祖過魯，申公以弟子從師入見于魯南宮。呂后時，浮丘伯在長安，楚王遣子郢與申公俱卒學。元王薨，郢嗣立爲楚王，令申公傅太子戊。戊不好學，病申公。及戊立爲王，胥靡申公。申公愧之，歸魯退居家教授。武帝初即位，使使束帛加璧，安車以蒲輪駕駟迎申公，以爲太中大夫。病免歸，數年卒。」又《楚元王傳》：「元王少時嘗與魯穆生、白生、申公俱受《詩》于浮丘伯。伯者，孫卿門人也。及秦焚書，各別去。漢六年，既廢楚王信，分其地爲二國，立賈爲荆王，交爲楚王。元王既至楚，以穆生、白生、申公爲大夫。文帝時，聞申公爲《詩》最精，以爲博士。元王薨，郢客嗣是爲夷王。申公爲博士，失官，隨郢客歸，復爲中大夫。」又《儒林傳》：「轅固，齊人也。以治《詩》孝景時爲博士。拜爲清河太傅，疾免。武帝初即位，復以賢良徵。諸儒多疾毁曰固老，罷歸之。時固已九十餘矣。公孫弘亦徵，仄目而事固。固曰：『公孫子，務正學以言，無曲學以阿世！』諸齊以《詩》顯貴，皆固之弟子也。」韓嬰有《易傳》，見前《易》家。本志敘曰：「三家皆立于學官。」《經義考》：「朱倬曰：『《魯詩》起于申公而盛于韋賢，《齊詩》始于轅固而盛于匡衡，《韓詩》始于韓嬰而盛于王吉。』」

楚元王詩傳

姚振宗《漢書藝文志拾補・詩》 《楚元王詩傳》。《漢書》本傳：「楚元王交字游，高祖同父少弟也。好書，多材藝。少時嘗與魯穆生、白生、申公俱受《詩》於浮丘伯。伯者，孫卿門人也。及秦焚書，各別去。高后時，浮丘伯在長安，元王遣子郢客與申公俱卒業。文帝時，聞申公爲《詩》最精，以爲博士。元王好《詩》，諸子皆讀《詩》，申公始爲《詩傳》，號《魯詩》。元王亦次《詩傳》，號曰《元王詩》，世或有之。」《漢書・儒林傳》：「申公，魯人也。少與楚元王交俱事齊人浮丘伯受《詩》。漢興，高祖過魯，申公以弟子從師入見於魯南宮。太后時，浮丘伯在長安，楚元王遣子郢與申公俱卒學。元王薨，郢嗣立爲楚王，令申公傅太子戊。」《世系》：「劉氏戰國時爲魏大夫。秦滅魏，徙大梁，生清，徙居沛。生仁，號豐公。生煓，字執嘉。四子：伯、仲、邦、交。邦，漢高祖也。」按太公名字唯見于此。《經義考》曰：「劉城曰：『楚元王，高祖同父兄弟也。秦漢間急攻戰，燔墳籍，一家之內，仲則力田治生產矣，季則好酒及色，嫚罵儒生矣。交何所見而早，毅然學古，獨與穆生、白生、申公輩游，同受《詩》於浮丘伯？豈非豪傑之士無待而興者哉？然則，交固漢儒林之首也。』」按劉城，字伯宗，江南貴池人，前明遺老，有《嶧桐集》。見《感舊集》中。按：《元王詩》在魯、齊、韓三家未分之前，固與申培公同爲《魯詩》宗。其後劉向家世《魯詩》，傳學至西京之末，皆元王一派，亦云盛矣。

魯説

《漢書・藝文志・詩》 《魯説》二十八卷。

姚振宗《漢書藝文志條理・詩》 《魯説》二十八卷。《經義考》曰：「按《詩》之有序，不獨毛《傳》爲然，説《魯詩》者亦有序。楚元王受《詩》于浮丘伯。劉向，元王之孫，按爲元王四世孫。實爲《魯詩》。其所撰

《新序》，以《二子乘舟》爲伋之傅母作，《黍離》爲壽閔其兄作：《列女傳》以《芣苢》爲蔡人妻作，《汝墳》爲周南大夫妻作，《行露》爲申人女作，《邶・柏舟》爲衛宣夫人作，《燕燕》爲定姜送婦作，《式微》爲黎莊公夫人及其傅母作，《大車》爲息夫人作。此皆本于《魯詩》之序也。」王謨輯本敍録曰：「《漢志》申公《魯故》二十五卷，《魯說》二十八卷。謨案《魯詩》亡于西晉，故隋、唐二《志》俱不著録。今惟就諸書所引《魯詩》明文搜輯爲《魯詩說》，凡鈔出《詩正義》一條，《禮記》、《儀禮疏》各一條，《公羊傳注》、《爾雅注》各一條，《漢書注》三條，《後漢書注》一條，《白虎通》、《說文》各一條，《石經》殘碑五條。又據王氏《詩考》鈔出劉向《列女傳》九條，《新序》二條，《說苑》三條。又據《經義考》鈔出蔡邕《獨斷》三十一條。」馬國翰輯本序曰：「《藝文志》《魯故》二十五卷，《魯說》二十八卷。王應麟輯三家佚說爲《詩考》，《魯詩》僅十四條。考《儒林傳》申公弟子爲博士十餘人，又有韋氏學，張、唐、褚氏之學，今諸人可徵者，孔安國有《書傳》、《論語說》、《古文孝經傳》。韋玄成《漢書》本傳載其奏議褚少孫有補《史記》凡所引《詩》皆《魯詩》也。又司馬遷從孔安國問《古文尚書》，于申公爲再傳弟子，《史記》引《詩》亦爲《魯詩》無疑。《困學紀聞》云：『《魯詩》出于浮丘伯，以授楚元王交。劉向乃交之孫，按爲交之玄孫。其說蓋本《魯詩》。』《經義考》謂：『蔡邕《石經》悉本《魯詩》，今《獨斷》所載《周頌》三十一章，其序與《毛詩》雖繁簡有不同，而其義則一云。』案《石經魯詩》殘碑載洪适《隸續》，王氏《詩考》取入《魯詩》，他書亦當有引《石經》者。由此推之，邕所撰述，其引用不與《毛詩》同，皆《魯詩》也。臧庸《拜經日記》云：『《爾雅》是《魯詩》之學。』又謂：『唐人義疏引某氏《爾雅注》即樊光也。其詩並與毛、韓不同，蓋本《魯詩》。』又謂：『王叔師《楚辭章句》所引《詩》或與毛、韓不同，與《爾雅》、《列女傳》有合，蓋《魯詩》也。』並據輯録釐爲三卷。」按馬氏此輯于《魯詩》遺佚搜括略盡，亦可云竭心力而爲之者。然孔安國《書傳》、《孝經傳》實非孔氏本眞，似欠別擇。按劉歆《移書》云：「孝文時《詩》始萌芽，武帝時一人不能獨盡其經，或爲《雅》，或爲《頌》，相合而成。」此《魯說》二十八卷依經本卷數編次，不著撰人，似即爲《雅》爲《頌》，劉向校定相合而成者歟？其《齊雜記》、《韓說》諸不著撰人名氏者，亦此類也。

魯詩故

《漢書・藝文志・詩》　《魯故》二十五卷。

鄭樵《通志・藝文略・詩》　《魯故訓》二十五卷。漢魯申公。

張之洞《書目答問・列朝經注經説經本考證》　《魯詩故》三卷。玉函山房輯本。

姚振宗《漢書藝文志條理・詩》　《魯故》二十五卷。顔師古集注曰：「故者，通其指義也。它皆類此。今流俗《毛詩故訓傳》改爲詁字，失眞耳。」本書《楚元王傳》：「申公始爲《詩傳》，號《魯詩》。」按《詩傳》即此《魯故》，又疑別爲一書。本志敍曰：「漢興，魯申公爲《詩訓故》。」按此又例以《毛詩故訓傳》，則《魯故》與《詩傳》實爲一書。又《儒林傳》：「申公歸魯居家教授，終身不出門。復謝賓客，獨王命召之乃往。弟子自遠方至受業者千餘人，申公獨以《詩經》爲訓故以教，無傳，疑疑則闕弗傳。蘭陵王臧從申公受《詩》，至郎中令。代趙綰爲御史大夫。弟子爲博士十餘人，孔安國至臨淮太守，周霸膠西內史，夏寬城陽內史，碭魯賜東海太守，蘭陵繆生長沙內史，徐偃膠西中尉，鄒人闕門慶忌膠東內史。其學官弟子行雖不備，而至于大夫、郎、掌故以百數。申公卒以《詩》、《春秋》授，而瑕丘江公盡能傳之，徒衆最盛。及魯許生、免中徐公，李奇曰：「免中，邑名也。」皆守學教授。韋賢治《詩》，事博士大江公及許生。傳子玄成，由是《魯詩》有韋氏學。王式事免中徐公及許生。授張長安、唐長賓、褚少孫，皆爲博士。由是《魯詩》有張、唐、褚氏之學。」《釋文敍録》：「《魯詩》不過江東。」《隋・經籍志》：「漢初，魯人申公受《詩》于浮丘伯，作訓詁，是爲《魯詩》。」又曰：「《魯詩》亡于西晉。」王氏《考證》：「晁氏曰《詩》有《魯故》、《韓故》、《齊后氏故》、《孫氏故》、《毛詩故訓傳》，《書》有大、小夏侯《解故》，前人唯『故』之尚如此。又《後漢・輿服志》注引《魯訓》。」

魯詩韋君章句

姚振宗《漢書藝文志拾補・詩》 《魯詩韋君章句》。《漢書》本傳：「韋賢字長孺，魯國鄒人也。篤志於學，兼通《禮》、《尚書》，以《詩》教授，號稱鄒魯大儒。徵爲博士，給事中，進授昭帝《詩》，稍遷光祿大夫詹事，至大鴻臚。以尊立孝宣帝與謀議，賜爵關内侯。徙爲長信少府。本始三年，代蔡義爲丞相，封扶陽侯，食邑七百戶。時賢七十餘，爲相五歲，地節三年，以老病乞骸骨，罷歸。丞相致仕自賢始。年八十二薨，謚曰節侯。」《漢書・儒林・申公傳》：「申公以《詩》、《春秋》授瑕丘江公及魯許生。韋賢治《詩》，事博士大江公晉灼曰：「大江公即瑕邱江公也。」及許生。又治《禮》，至丞相。傳子玄成，以淮陽中尉論石渠，後亦至丞相。玄成及兄子賞以《詩》授哀帝，至大司馬車騎將軍，自有傳。由是《魯詩》有韋氏學。」王應麟《漢志考證》曰：「《魯詩》有韋氏學。後漢《執金吾丞武榮碑》云：『治《魯詩經韋君章句》。』」《經義考》曰：「按《魯詩》有韋氏學，而《章句》不載於《漢志》。考《執金吾武榮碑》云：『治《魯詩經韋君章句》。』則當時韋氏父子亦有《章句》授弟子矣。朱倬曰：『《魯詩》起於申公而盛於韋賢。』」按：許愼《五經異義》今輯本有治《魯詩》丞相韋玄成說。按明區大任《百越先賢志》云：「澹臺敬伯，會稽人，受《韋氏詩》於淮陽薛漢。」則東漢之初，薛氏、澹臺氏皆傳《韋氏詩》，不僅武氏一家也。漢爲薛廣德玄孫，廣德以《魯詩》博士論石渠，至御史大夫，見《儒林傳》。按區《志》所據多古書，故其言皆徵實。

魯詩許氏章句

姚振宗《漢書藝文志拾補・詩》 《魯詩許氏章句》。《漢書・儒林傳》：「申公以《詩》授魯許生及免中徐公。」又曰：「王式，東平人也。事免中徐公及許生。授山陽張長安。張兄子游卿爲諫大夫，以《詩》授元帝。其門人琅琊王扶爲泗水中尉，陳留許晏爲博士。由是張家有許氏學。」《釋文敘録》曰：「張生兄子游卿以《詩》授元帝，傳王扶。扶授許晏。陳留人，爲博士。」《太平御覽》四百九十六：「《陳留風俗傳》曰：『許晏字偉君，受《魯詩》於琅琊王扶，改學曰《許氏章句》，列在儒林。故諺曰：「殿上成羣許偉君。」』」按：《陳留風俗傳》後漢議郎圈稱撰，凡三卷，見《隋書・經籍志》。按《後漢書・獨行・李業傳》：「業習《魯詩》，師博士許晃。平帝時，舉明經，爲郎。王莽居攝，去官。」似即此博士許晏，而譌爲晃。

魯詩正説

黄虞稷《千頃堂書目・詩類》 豐熙《魯詩正說》。

魯詩世學　序傳

范邦甸等《天一閣書目・詩類》 《魯詩世學》三十二條，《序傳》四卷。藍絲欄鈔本，卷首有「天一閣」、「古司馬氏」二圖章。宋豐稷正音，明豐慶續音，豐耘補音，豐熙正説，豐道生考補，邵城、邵培續考。香山黄佐撰序云：「古文《魯詩》摹於虞喜，廢於天監、貞觀，發於宣和、紹興，而重於趙明誠、黄伯思、董逌、洪适、韓元質、范成大，其亦有數存焉。豐淸敏公爲之正音，其後文忠公、簡菴公、西園公世有論著，先師一齋先生集爲《正説》，以宋世摹本授佐，俾訂成之。」

黄虞稷《千頃堂書目・詩類》 豐坊《魯詩世學》三十六卷。一作十二卷。坊言家有《魯詩世學》，是書傳自遠祖稷，然實自撰也。又作《詩傳》託之子貢，而同時又有《詩説》託之申培者，皆僞書不録。

《四庫提要・詩類存目一》 《魯詩世學》三十二卷。兩淮馬裕家藏本。明豐坊撰。坊有《古易世學》，已著録。是編首列子貢《詩傳》，詭云石本。次列《詩序》，而以《正音》託之宋豐稷，以《續音》託之豐慶，以《補音》託之豐耘，以《正説》託之豐熙。譎稱祖父所傳，而自爲之考補，故曰《世學》。又附以門人何昆之《續考》，共爲一書。實則坊一人所撰也。其書變亂經文，詆排舊説，極爲妄誕。朱彝尊《經義考》辨之甚詳。而康熙中禮部侍郎平湖陸棻乃尊信其中三年之喪必三十六月之説，遭憂家居已閱二十七月，猶不出補官。其門人丘嘉穗載之《東山草堂邇言》中，以爲美談。不知此唐王元感之論，當時已爲議者所駁，載於《舊唐書》中，非古義也。則僞書之貽害於經術者甚矣。

詩傳

毛晉《汲古閣書跋》　子貢《詩傳》。秦焰之餘，《易》以卜筮而傳，《詩》以諷誦而傳，《書》以藏壁而傳，始信三經與莧墜相終始，殆聖而不可知之之謂神耶。若子夏《詩序》、子貢《詩傳》，載在竹帛，非叶於管絃者，豈亦有神物護持至今耶？但《詩序》先儒辯論紛紛，未聞有詳覈《詩傳》者。或因宣聖可與言《詩》一語，後人附會其説而作是傳，亦未可知。范石湖謂《傳》即《魯詩》，今觀其章次約略相似。余家向藏宋揚石碑，古文大篆，漫滅難辨，然焚香展對，古色炤心，恍遨神于殷周十五國間，肅然不敢睨視。忽一日失去，深嘅神物不易保也。既又得郭中丞公新刻，云是祕閣石本，前列篆書未知亦出宋皇祐間張紹文、楊南仲輩手筆否。余亟依其釋文授梓以傳，其眞贋未敢臆決，姑俟博雅君子。

錢謙益等《絳雲樓書目・詩類》　《子貢詩傳》，附《申公説》一冊。僞書也。鄞人豐坊撰。《詩説》則更後之妄人附會《詩傳》爲之者。

《四庫提要・詩類存目一》　《詩傳》一卷。内府藏本。舊本題曰「子貢撰」，實明豐坊所作。《明史》坊本傳稱坊「爲《十三經訓詁》，類多穿鑿。世所傳子貢《詩傳》即坊編本」者是也。其説升魯於《邶》、《鄘》之前，降《鄭》於《鄶》、《曹》之後，《大雅》、《小雅》各分爲三，曰續、曰傳，皆與所作申培《詩説》同。二書皆以古篆刻之。不知漢代傳經，悉用隸書。故孔壁科斗，世不能辨，謂之古文。安得獨此二書，參用籀體？郭子章、李維楨皆爲傳刻釋文，何鏜收入《漢魏叢書》，毛晉收入《津逮祕書》，并以爲曾見宋搨，皆謬妄也。

詩説

徐𤊹《徐氏家藏書目・詩類》　《申培詩説》一卷。附叢書内。

《四庫提要・詩類存目一》　《詩説》一卷。江蘇巡撫採進本。舊本題曰「申培撰」，亦明豐坊僞作也。何楷《詩世本古義》、黃虞稷《千頃堂書目》、毛奇齡《詩傳詩説駁義》皆力斥之。今考《漢書・杜欽傳》稱「佩玉晏鳴，《關雎》歎之」，《後漢書・楊賜傳》稱「康王一朝晏起，《關雎》見幾而作」，注皆稱《魯詩》，而此傳仍訓爲太姒思淑女。又《坊記》注引「先君之思，以畜寡人」爲衛定姜之作。《釋文》曰「此是《魯詩》」，而此仍爲莊姜送戴嬀。培傳《魯詩》，乃用毛《傳》乎？其僞妄不待問矣。

魯詩正學

錢謙益等《絳雲樓書目・詩類》　《魯詩正學》。十二卷。僞書也，亦鄞人豐坊僞撰耳。郭青螺刻《詩傳》於楚，李本寧爲序，竟不辨眞僞，何也？坊同郡人周應賓，著《九經考異》，論之詳矣。豐道生撰《世學》，意欲疏通證明其《詩傳》一編耳，眞所謂心勞日拙者也。

惢泉手學

黃虞稷《千頃堂書目・詩類》　《惢泉手學》二卷。題曰「環琉堂石經魯詩正」。

《四庫提要・詩類存目一》　《惢泉手學》二卷。浙江巡撫採進本。不著撰人名氏。惟卷首自序有二私印，一曰「聞性道字大直」，一曰「明山鑑西薛蘿香弄隱人」，知爲聞性道所作。序稱「吾鄉豐氏」，則鄞人也。序中所稱「壬辰」，蓋萬曆二十年。又稱「歲在丁卯」，則天啓七年。其冊末云「己巳手補朱字」者，則崇禎二年也。是書取豐坊所作子貢《詩傳》、申培《詩説》二書合爲一編，以篆文與釋文皆出手鈔，故謂之「手學」。案古文自許慎所存二百餘字外，鐘鼎款識，隨人音釋，已均在疑似之間。況此二書又出豐坊妄造，性道乃珍重鉤摹之，亦好古而不知考古者歟？

齊詩轅氏內傳

姚振宗《漢書藝文志拾補・詩》 《齊詩轅氏內傳》。《漢書・儒林傳》：「漢興，言《詩》，於魯則申培公，於齊則轅固生。」又曰：「轅固，齊人也。以治《詩》孝景時爲博士，拜清河太傅，疾免。武帝初即位，復以賢良徵。諸儒多嫉毁曰固老，罷歸之。時固已九十餘矣。公孫弘亦徵，仄目而事固。諸齊以《詩》顯貴，皆固之弟子也。」《漢書・藝文志》：「漢興，魯申公爲《詩》訓故，而齊轅固、燕韓生皆爲之傳。或取《春秋》，采雜説，咸非其本義。」荀悦《漢記》曰：「齊人轅固生爲景帝博士，作《詩外內傳》。」按轅固生作《詩外傳》，唯見於此。《藝文志》所謂「取《春秋》，采雜説，非其本義」者，似即指兩家《外傳》而言，則實有其書也。《釋文敍録》：「齊人轅固生作《詩傳》，號《齊詩》。」元朱倬《詩疑問》曰：「《齊詩》始於轅固而盛於匡衡。」按：《藝文志》言「轅固爲之傳」。而其書不見。應劭注云：「后蒼作《齊詩》。」按蒼爲轅固生再傳弟子，《齊詩》自轅氏始，不始於后蒼也。

齊詩轅氏外傳

姚振宗《漢書藝文志拾補・詩》 《齊詩轅氏外傳》。

齊詩傳

張之洞《書目答問・列朝經注經説經本考證》 《齊詩傳》二卷。玉函山房輯本。

齊后氏故

《漢書・藝文志・詩》 《齊后氏故》二十卷。

鄭樵《通志・藝文略・詩》 《齊后氏故訓》二十卷。漢齊后蒼。

姚振宗《漢書藝文志條理・詩》 《齊后氏故》二十卷。本書《儒林傳》：「諸齊以《詩》顯貴，皆固之弟子也。昌邑太傅夏侯始昌最明。后倉字近君，東海郯人也。事夏侯始昌。始昌通五經，倉亦通《詩》、《禮》爲博士，至少府，授翼奉、蕭望之、匡衡。衡授琅琊師丹、伏理。由是《齊詩》有翼、匡、師、伏之學。」《釋文敍録》：「《齊詩》久亡。」《隋・經籍志》曰：「《齊詩》魏代已亡。」

齊后氏傳

《漢書・藝文志・詩》 《齊后氏傳》三十九卷。

鄭樵《通志・藝文略・詩》 《齊后氏傳》三十九卷。

姚振宗《漢書藝文志條理・詩》 《齊后氏傳》三十九卷。《經義考》曰：「按《詩》之有序，不特毛《傳》爲然，説《韓詩》、《魯詩》者亦莫不有序。《詩》必有序，而後可授受。韓、魯皆有序，《齊詩》雖亡，度當日經師亦必有序。」馬國翰輯本序曰：「《漢志》《齊后氏傳》三十九卷。《隋志》云：『《齊詩》魏代已亡。』《文獻通考》云：『董逌《藏書目》有《齊詩》六卷，疑後人依托爲之。』今其書亦不傳。王應麟《詩考》輯存十六節，並及翼奉、蕭望之、匡衡、伏理、理子湛之説。《漢書・地理志》引『子之營兮』、『自土漆沮』，師古以爲《齊詩》者皆收入。考《漢書・敍傳》述其家學云：『伯少受《詩》于師丹。』固父彪爲伯弟穉之子，固其從孫也。班氏世傳齊學，故《地理志》引用《齊詩》。按《宋書・志序》云：「朱贛博采風詩，班氏因以爲《志》。」則朱贛所采而班氏述之。由此推之，凡《漢書》中除紀傳所載詔策疏奏之類各録本文外，表、志、贊、序出于班氏父子手筆，所引皆《齊詩》無疑也。《後漢書・班固傳》云：『天子會諸儒講論五經，作《白虎通德論》，令固撰集其事。』今《白虎通》引《詩》有《魯訓》，有《韓内傳》，其引《詩》不言何家者以齊爲本，故不復顯其姓名也。並據輯補釐爲二卷，引者多稱『傳』，因總題《齊詩傳》也。」長洲何焯《義門讀書記》曰：「《藝文志》敍云齊轅固爲之傳，而《齊詩》止有后氏、孫氏，不及轅固。按《儒林傳》固傳夏侯始昌，始昌傳后倉，則《后氏故傳》皆本諸轅固也。」

齊孫氏故

《漢書・藝文志・詩》　《齊孫氏故》二十七卷。

鄭樵《通志・藝文略・詩》　《齊孫氏故訓》二十七卷。

姚振宗《漢書藝文志條理・詩》　《齊孫氏故》二十七卷。王氏《考證》：「《齊詩》有翼匡、師伏之學，孫氏未詳其名。」《經義考》：「《孫氏失名。齊故》，《漢志》二十七卷，佚。」

齊孫氏傳

《漢書・藝文志・詩》　《齊孫氏傳》二十八卷。

鄭樵《通志・藝文略・詩》　《齊孫氏傳》二十八卷。

姚振宗《漢書藝文志條理・詩》　《齊孫氏傳》二十八卷。宋鄭樵《通志・藝文略》曰：按后、孫之《傳》其亡已久，必不可得。今存其名，使學者知傳注之門戶也。今之學者專溺毛氏，由其不知有他之故。馬國翰《齊詩》輯本序曰：「《藝文志》：『《齊孫氏故》二十七卷，《孫氏傳》二十八卷。』孫氏不知何人，按《漢志》《齊詩》之有傳説始于后倉，孫氏，故傳蓋宗后氏也。」按吴陸璣《詩疏》卷後載四家《詩》源流，于《齊詩》中不及孫氏，知孫氏《故》、《傳》在三國時已微。《經義考・承師》篇洪氏傳經表亦皆無孫氏。朱、洪二家但依據《儒林傳》而未參考《藝文志》，故有此失。

齊雜記

《漢書・藝文志・詩》　《齊雜記》十八卷。

姚振宗《漢書藝文志條理・詩》　《齊雜記》十八卷。按此與《春秋公羊雜記》相類，皆合衆家所記以爲一編。劉氏《録》、《略》中當必有其姓名，班氏略之，今遂不可考。

齊詩伏氏章句

姚振宗《漢書藝文志拾補・詩》　《齊詩伏氏章句》。《漢書・儒林傳》「諸齊以《詩》顯貴，皆轅固弟子也。昌邑太傅夏侯始昌最明。」又曰：「后蒼，東海人也。事夏侯始昌。授翼奉、蕭望之、匡衡。衡授琅琊師丹、伏理斿君。理爲高密太傅，家世傳業。由是《齊詩》有翼、匡、師、伏之學。」《後漢書・伏湛傳》：「湛字惠公，琅琊東武人也。九世祖勝，字子賤，所謂濟南伏生者也。湛高祖父孺，武帝時，客授東武，因家焉。父理，爲當世名儒，以《詩》授成帝，爲高密太傅，别自名學。湛少傳父業，教授數百人。成帝時，以父任爲博士弟子。五遷，至王莽時爲繡衣執法，遷後隊屬正。」又曰：「自伏生已後，世傳經學。」按陸璣《詩疏》卷末言四家《詩》源流云「其後伏黯傳理家學，改定章句，以授嗣子恭」云云，與范書《儒林・伏恭傳》所言合。然則伏黯所據爲藍本者，伏理章句也，黯亦理之子湛之弟。

改定齊詩章句

姚振宗《後漢藝文志・詩類》　伏黯《改定齊詩章句》。范書《儒林・伏恭傳》：「恭琅邪東武人，司徒湛之兄子也。湛弟黯，字稚文，以明《齊詩》，改定章句，作解説九篇。位至光祿勳，無子，以恭爲後。」按黯，伏生九世孫也。吳陸璣《詩疏》曰：「后蒼爲博士，授諫大夫翼奉、丞相匡衡，衡授大司空師丹、高密太傅伏理，由是《齊詩》有翼、匡、師、伏之學。其後伏黯傳理家學，改定章句，作解說九篇以授嗣子恭。」

齊詩解說九篇

姚振宗《後漢藝文志・詩類》 伏黯《齊詩解說九篇》。

減定齊詩章句

姚振宗《後漢藝文志・詩類》 伏恭《減定齊詩章句》。范書《儒林傳》：「恭，字叔齊，少傳黯學，以任爲郎。建武四年，除劇令，舉尤異，太常試經第一，拜博士，遷常山太守。敦修學校，教授不輟，由是北州多爲伏氏學。永平二年，代梁松爲太僕。四年，拜司空。初，父黯章句繁多，恭乃省減浮辭，定爲二十萬言。在位九年，以病乞骸骨罷。建初二年冬，肅宗行饗禮，以恭爲三老，年九十。元和元年卒。」陸璣《詩疏》曰：「伏黯傳理家學，改定章句，以授嗣子恭。恭刪黯章句，定爲二十萬言。」按伏氏世系，伏生八世，理九世，湛、湛弟黯、黯子恭十世，隆十三世，無忌十五世，完。自伏生後世傳經學，而《齊詩章句》自伏理至此凡三定其本。

詩解文句

姚振宗《後漢藝文志・詩類》 景鸞《詩解文句》。鸞始末見《易》類。范書《儒林傳》：「能理《齊詩》，作《詩解文句》」。陸璣《詩疏》曰：「又蜀郡任末、廣漢景鸞皆以明習《齊詩》，教授著述而卒。」按文句即章句之異名。《隋志》《禮》家有皇侃《喪服文句義疏》十卷，此其證也。此殆彙衆家《詩》解而爲之章句歟？侯《志》據《經義考》題作《齊詩解》，以「文句」二字屬下讀。今考本傳云「作《易說》及《詩解文句》，兼取《河》、《洛》，以類相從，名爲《交集》」，《華陽國志》云「撰《禮略》、《河洛交集》」，則《河洛交集》別爲一書。此書名《詩解文句》，審矣。

齊詩翼奉學

張之洞《書目答問・列朝經注經說經本考證》 近人別有《齊詩翼奉學》一卷。

韓詩

《舊唐書・經籍志・詩》 《韓詩》二十卷。卜商序，韓嬰撰。

《新唐書・藝文志・詩類》 《韓詩》，卜商序，韓嬰注。二十二卷。

張之洞《書目答問・列朝經注經說經本考證》 嚴可均輯《韓詩》二十一卷，附《魯詩》、《齊詩》、《漢人詩說》，未刊。

韓故

《漢書・藝文志・詩》 《韓故》三十六卷。

鄭樵《通志・藝文略・詩》 《韓故訓》三十六卷。漢常山太傅韓嬰。

張之洞《書目答問・列朝經注經說經本考證》 《韓詩故》二卷。漢韓嬰。玉函山房輯本。

姚振宗《漢書藝文志條理・詩》 《韓故》三十六卷。

韓詩內傳

《漢書·藝文志·詩》　《韓內傳》四卷。

鄭樵《通志·藝文略·詩》　《韓詩內傳》四卷。

張之洞《書目答問·列朝經注經説經本考證》　《韓詩內傳》一卷。漢韓嬰。玉函山房輯本。

姚振宗《漢書藝文志條理·詩》　《韓內傳》四卷。韓嬰見前《易》家。本書《儒林傳》：「嬰推詩人之意，而作《內外傳》數萬言，其語頗與齊、魯間殊，然歸一也。淮南賁生受之。燕趙間言《詩》由韓生。」又曰：「趙子，河內人也。事燕韓生，授同郡蔡誼。誼授同郡食子公與王吉。吉授淄川長孫順。由是《韓詩》有王、食、長孫之學。」《釋文敍録》：「《韓詩》雖在，人無傳者。」《隋·經籍志》：「《韓詩》二十二卷，漢常山太傅韓嬰，薛氏章句。」又曰：「《韓詩》雖存，無傳之者。」《唐·經籍志》：「《韓詩》二十卷，卜商序，韓嬰傳。」《唐·藝文志》：「《韓詩》卜商序，韓嬰注，二十二卷。」《四庫提要》：「《唐志》稱《韓詩》卜商序，韓嬰注，二十二卷。」是《韓詩》亦有序，其序亦稱出子夏矣。《經義考》曰：「按《詩》之有序，不特毛《傳》爲然，説《韓詩》、《魯詩》者亦莫不有序。如《關雎》刺時也，《芣苢》傷夫有惡疾也，《漢廣》悦人也，《汝墳》辭家也，《蝃蝀》刺奔女也，《黍離》伯封作也，《鷄鳴》讒人也，一作悦人，《雨無極正》大夫刺幽王也，《賓之初筵》衛武公飲酒悔過也，此《韓詩》之序也。」又曰：「《韓詩》唯《外傳》僅存，若《白虎通》、《風俗通》、《三禮義宗》、《大戴禮注》、《初學記》、杜佑《通典》所引諸條，皆《內傳》文也。」王謨輯本敍録曰：「《韓詩內傳》至宋已亡，朱子嘗欲寫出《文選注》中《韓詩章句》，未果。王應麟因更爲《韓詩考》，猶多遺漏。謨已別撰《韓詩拾遺》十六卷，以網羅諸內外傳放失，茲不具録，祇仍據《毛詩》篇目略爲詮次。凡鈔出《釋文》一百五十八條，《詩正義》九條，《周禮正義》五條，《禮記正義》七條，《公羊傳注》二條，《孟子音義》一條，《爾雅注疏》四條，《史記》注五條，《漢書》注五條，《後漢書》注十六條，《文選注》九十三條，《水經注》一條，《説文》一條，《玉篇》三條，《廣韻》一條，《白虎通》二條，《類聚》二條，《初學記》六條，《書鈔》一條，《御覽》十一條，《玉海》四條，朱子《詩傳》一條，董氏《詩故》六條。」按諸書所引亦多有薛方丘父子《章句》之文。馬氏玉函山房輯《韓詩故》二卷、《韓內傳》一卷，又《薛氏章句》二卷。

韓詩外傳

《漢書·藝文志·詩》　《韓外傳》六卷。

《隋書·經籍志·詩》　《韓詩外傳》十卷。

《舊唐書·經籍志·詩》　《韓詩外傳》十卷。韓嬰撰。

錢東垣等輯《崇文總目·詩類》　《韓詩外傳》十卷。韓嬰撰。

《新唐書·藝文志·詩類》　《韓詩外傳》十卷。

鄭樵《通志·藝文略·詩》　《韓詩外傳》十卷。

晁公武《郡齋讀書志·詩類》　《韓詩外傳》十卷。右漢韓嬰撰。嬰，燕人。其書《漢志》本十篇：《內傳》四，《外傳》六。隋止存《外傳》，析十篇，其及經蓋寡，而遺説往往見於他書，如「逶迤」、「郁夷」之類，其義與《毛詩》不同。此書稱《外傳》，雖非解經之深者，然文辭清婉，有先秦風。

洪邁《容齋題跋》　《跋韓嬰詩外傳》。《藝文志》有《韓家詩經》、《韓故》、《內傳》、《外傳》、《韓説》五書，今惟存《外傳》十卷。慶曆中，將作監主簿李用章序之，命工刊刻於杭。其末又題云：「蒙文相公改章三千餘字。」予家有其書。百卷第二章載孔子南遊適楚，見處子佩瑱而浣，乃令子貢以微詞三挑之，以是説《詩·漢廣》游女之章。其繆戾甚矣，他亦無足言。

尤袤《遂初堂書目·詩類》　《韓詩外傳》。

陳振孫《直齋書録解題·詩類》　《韓詩外傳》十卷。漢常山太傅燕韓嬰撰。案《藝文志》有《韓故》三十六卷，《內傳》四卷，《外傳》六卷，《韓説》四十一卷，今皆亡。所存惟《外傳》，而卷多於舊，蓋多記雜説，不專解《詩》。果當時本書否也？「故」者，通其指義也，作詩非。隨齋批注。

馬端臨《文獻通考・經籍考・詩》 韓嬰《詩外傳》共十卷。本傳：「嬰，孝文時爲博士，景帝時至常山太傅。推詩人之意而作內、外《傳》數萬言，其語頗與齊、魯間殊，然歸一也。」

《宋史・藝文志・詩類》 《韓詩外傳》十卷。漢韓嬰傳。

高儒《百川書志・詩》 《韓詩外傳》十卷。漢文帝時博士燕韓嬰作。

王世貞《讀書後》 《讀〈韓詩外傳〉》。《韓詩外傳》凡十篇，漢人燕韓嬰所著。其注《詩》二十二卷，而此則雜記夫子之緒言，與諸春秋戰國之說家稍近于理者也，大抵引《詩》以證事，而非引事以明《詩》，故多浮汎不切、牽合可笑之語。蓋馳騁，而說詩之旨微矣。獨其辭稍明健可誦，而所記亦不甚詭于倫物。唯謂孔子南游阿谷之隧，而類于懷春之吉士，而周公之討管蔡激于隱客之一言爲大謬耳。夫子見狸跡鼠而鼓瑟，曾子聞而識其有貪狼之心，其然乎？豈螳蜋捕蟬之說所由昉乎？然以美曾子之察音，則可以見夫子之移志，則不可甚哉，好奇者之易詩也。

徐𤊹《徐氏家藏書目・詩類》 《韓詩外編》十卷。漢韓嬰著。

毛晉《汲古閣書跋》 《詩外傳》。《韓詩內傳》專解詩家三昧。《漢志》雖列四卷之目，湮沒既久，隋時僅存《外傳》六卷，析爲十卷，想即今行本。晁氏所謂「文辭秀婉，有先秦風」者也，但所載詩句，與本經互異，或漢時刊於石碑者，與今不同，如「南有喬木，不可休息」一章，疊用四「思」字，確然可憑。又如「岐有夷之行」，「岐」字連下句讀，便覺「彼作矣彼徂矣」，句法雙妙。陳氏謂多載雜說，疑非當年本書，此亦強作解事矣。予家藏宋刻，與《容齋隨筆》相符，因録其跋語于前。據焦氏云，佛典引《韓詩外傳》曰：「死者爲鬼，鬼者歸也，精氣歸於天，肉歸于土，血歸於水，肝歸於澤，聲歸于雷，動作歸於風，眼歸於日月，骨歸于木，筋歸于山，齒歸於石，膈歸于露，毛歸于草，呼吸之氣復歸於人。」今本俱無之。

錢謙益等《絳雲樓書目・詩類》 《韓詩外傳》。十卷。宋慶曆中，將作監主簿李用章序之，命工刊刻於杭。

《四庫提要・詩類二》 《韓詩外傳》十卷。通行本。漢韓嬰撰。嬰，燕人。文帝時爲博士，景帝時至常山太傅。《漢書・藝文志》有《韓故》三十六卷，《韓內傳》四卷，《韓外傳》六卷，《韓說》四十一卷。歲久散佚，惟《韓故》二十二卷《新唐書》尚著録，故劉安世稱嘗讀《韓詩・雨無正》篇。然歐陽修已稱今但存其《外傳》，則北宋之時，士大夫已有見有不見。范處義作《詩補傳》在紹興中，已不信劉安世得見《韓詩》，則亡在南北宋間矣。惟此《外傳》，至今尚存。然自《隋志》以後，即較《漢志》多四卷，蓋後人所分也。其書雜引古事古語，證以《詩》詞，與經義不相比附，故曰《外傳》。所采多與周秦諸子相出入。班固論三家之《詩》，稱其「或取《春秋》，采雜說，咸非其本義」，殆即指此類歟？中間阿谷處女一事，洪邁《容齋隨筆》已議之。他如稱彭祖名竝堯禹，稱長生久視，稱天變不足畏，稱韶用干戚，稱舜兼二女爲非，稱荆蒯芮僕不恤其德，語皆有疵。謂柳下惠殺身以成信，謂孔子稱御說恤民，謂舜生於鳴條一章爲孔子語，謂輪扁對楚成王，謂冉有稱吳、楚、燕、代伐秦王，皆非事實。顏淵、子貢、子路言志事，與申鳴死白公之難事，皆一條而先後重見，亦失簡汰。然其中引荀卿《非十二子》一篇，删去子思、孟子二條，惟存十子，其去取特爲有識。又繭絲、卵雛之喻，董仲舒取之爲《繁露》。君羣、王往之訓，班固取之爲《白虎通》。精理名言，往往而有，不必盡以訓詁繩也。是書之例，每條必引《詩》詞，而末引《詩》者二十八條；又「言語汝」一條，起無所因。均疑有闕文。李善註《文選》，引其孔子升泰山，觀易姓而王者七十餘家事，及漢皋二女事，今本皆無之，疑竝有脫簡。至《藝文類聚》引雪花六出之類，多涉訓詁，則疑爲《內傳》之文，傳寫偶誤。董斯張盡以爲《外傳》所佚，又似不然矣。案：《漢志》以《韓外傳》入《詩》類，蓋與《內傳》連類及之。王世貞稱「《外傳》引《詩》以證事，非引事以明《詩》」，其說至確。今《內傳》解《詩》之說已亡，則《外傳》已無關於《詩》義。徒以時代在毛萇以前，遂列爲古來說《詩》之冠。使讀《詩》者開卷之初，即不見本旨，於理殊爲未協。以其舍《詩》類以外無可附麗，今從《易緯》、《尚書大傳》之例，亦別綴於末簡。

黃丕烈《蕘圃藏書題識續録・經類》 《詩外傳》十卷。元刻本。此元本《詩外傳》，五柳居藏書也。余向年曾見之，因有闕失，未與交易。今茲四月下澣六日，往訪五柳居主人，見其裝潢是書，問之，知已爲余友綬階袁君所得，內所闕失悉照津逮本補足，惟卷二獨少四行。主人疑津逮本有殘缺，屬余參考。余遂攜歸，取嘉靖沈辨之雕本校勘，補其殘缺之文，所鈔者有譌誤，復以沈本正之，蓋沈本去古猶未遠也。至元本實有佳處，韓與毛之異同，班班可考，後刻反據毛而改韓，何耶？綬階信古甚篤，必能辨之，余不復贅。乾隆六十年乙卯重五日夏至蕘圃黃丕烈書。在制不印。嘉慶壬戌春游京師，得元刻毛鈔本，與此本正同。壽階聞之，屬爲易去。其向所鈔補不與元刻合者，此本所脱，余本卻有可補之葉，而毛鈔者想亦與鈔補多勝，遂命鈔胥傳録。奈其人欲出門，未畢工而辭去，遂手校其舊存者印本，此略後於余本，而首葉《韓詩序》余卻無之，賴此可補，未始非相得益彰云。癸亥四月十有四日坐雨太白樓之西廂書蕘翁黃丕烈。此綬階袁君三硯齋藏書也，無刊刻序跋歲月。袁君定之爲元本云。近從借歸以勘程榮、毛晉諸刻，實遠勝之。如稱《詩》，與載王伯厚《詩考》者不異，字句多寡與諸子書每相出入，亦與唐宋人注書及類書所引往往有同者。且其標目分條，以至佚字脱句皆未失古意，足正後來不能闕疑之非，即宋本之善，應不過是也。內失葉二十餘，翻他本無足中補寫者。予謂宜但作烏絲闌，虛以待書，想袁君亦必以爲當也。乙卯九月潤蕢顧廣圻書。元刻《詩外傳》十卷，爲綬階袁君所得，丁巳仲春鈕匪石借校過，轉假於予子，因亦得校讀一徧，足正今本脱譌之處甚夥。茲摘其最精妙而證以他書決然無疑者若干條，附録於後，以見此書之可寶云。卷一「差然乖久」與《御覽》合，今本「然」譌「遲」，「久」譌「人」。「㮯桑而爲樞」與《新序》、《莊子》合，今「爲」譌「無」。卷三「相地而攘正」，今本作「正攘」，證以《荀子》作「衰正」，則元本第誤「衰」爲「攘」耳。「武王載發」與《荀子》、《詩考》并合，今改「發」爲「旆」，非。「則莫我敢遏」與《荀子》合，今作「曷」，去辵，非。卷五「行絶禮義」亦與《荀子》合，今加人旁作「儀」，非。「則舉錯而定一朝之自」，證以《荀子》，第譌「伯」爲「自」，餘皆合，今本或脱「而」字，或「定」下增「於」字，尤謬。「天謂殷適」與《詩考》合，今改「謂」爲「位」，非。卷六「遠猷辰告」與《詩考》合，今改「猷」爲「猶」，非。「是唐之所以象典刑」與《御覽》合，今譌「唐」爲「君」。「告爾民人」，《説苑》、《詩考》皆作「告」，今改爲「質」，非。「子孫承承」與《詩考》合，今改「承承」爲「繩繩」，非。「王者必立牧三人」與《續漢書·百官志》劉昭注合，今譌「三」爲「二」。卷七「喪親三年」與《説苑》合，今作「親喪三年」，非。「莘莘征夫」亦與《説苑》合，今作「征夫捷捷」，非。「鶴鳴九皋」與《説文》、唐石經並合，今「鳴」下加「于」字，非。「興兵而攻齊棲於莒」，《大戴禮》盧辨注及賈子引「棲」下有「閔王」二字，此本有「閔」字而脱一「王」字。卷八「忘我實多」下有「此忘我者」一句，與《文選》注引合，今本皆脱。「有弁淒淒」與《詩考》合，今本改作「有渰萋萋」。卷九「爲人子不孝也」與《御覽》合，今本「子」下加「不可」二字，非。「衣與謬與」與《荀子》合，今改爲「衣歟食歟」，謬。「及其升少陽」與《御覽》合，今譌「少陽」爲「於高」。「而去苦少耳」，「而」上有二字少。闕「似是如量」，證以《初學記》、《御覽》所引正合，今本脱。卷十「瀾然而涕下」與《御覽》合，今改「瀾」爲「潸」，非。「天難訦斯」與《詩考》合，今譌「訦」爲「忱」，非。又書中本有闕字多以□記之，今本則去□直接，後人無從致疑。間有譌作一字，如卷四「□日多者」，證以《荀子》，當是「暇」字，今本或作「每日」，或作「自用」，或作「日日」，皆謬。又古字如「則」作「即」，「鋭」作「兑」，「慧」作「惠」，今本皆改去，賴此本得以正之。近武進趙舍人懷玉校刻是書，所据元本皆未及此精妙，蓋其所据者，即明沈辨之重雕之至正本，實未見此眞元刻耳，惜哉。嘉慶二年龍集丁巳爲病之月辛丑朔六日丙午嘉定瞿中溶字子盛記。

黃丕烈《蕘圃藏書題識再續録·經類》

《韓詩外傳》十卷。校元本，闕九、十兩卷。四月下澣六日夜膳後，挑燈校此，覺元刻尚留一二古字，書以最前刻者爲最佳，開卷已信如是矣。棘人丕烈。卷一末。二十七日晨起校此，有書客來，攜舊鈔集數種，相與劇談半日。至午，乃畢校。「療飢」，「飢」字與《毛詩傳箋》合，「療」字與《釋文》「當從療」之説合，信元刻之善本也。壬申夏五游西山，舟中無聊，偶攜此書，擬臨陸東蘿手校本上之旁引曲證語。柰舟太小，執筆即搖動不已，故所臨未終二卷，遂置之。後自山中歸，望日燒燭，重臨始畢第二卷。復翁記。元本《詩外傳》，余藏毛氏本亦於甲戌春歸默堂篋中，止校元本矣。近新交張訒庵、吳枚庵各借此臨校，遇模糊處反以相質，余幾忘所校之同異矣。甚哉，元本之不可輕棄也。歸默堂之本，不可復蹤跡，而歸玩華居者，或可再借歸以證其異同。余素不信校本，今自校者，且難信之，皆因惜錢，而不惜書，以致此也。清夜自思，頓殊今昔，爲之掩卷，歎息不已。乙亥五月二日訒菴還書歸篋。復翁偶記。舊友雲煙散，新交且莫來。異書拋欲盡，愁緒理難開。心血半生耗，容顔今歲衰。空門時念我，彼岸首應回。乙亥五月二日枯坐百宋一廛感懷作廿止醒人。乙亥冬借向歸金玩華居元刻本，倩內姪丁達夫影摹一本，仍與校本並藏。蕘翁記。十二月十九日燈下識。以上卷二末。五月望後一日臨校畢此卷。昨晚校未畢，今早往顧春艖處賀湯餅，午後又值諸友人來，劇談至夜，客去方校此，已更餘矣。以上卷三末。日來俗務蝟集，未能畢力校勘，端陽前一日晨起校終此卷。天氣倏陰倏晴，即有微雨而不澍，鄉人盼雨甚急。麥已收，秧將插矣，彼蒼其默佑之哉。小千頃堂主人黃蕘圃氏識。五月十七日午後臨校畢此卷。以上卷四末。端陽節後，連日天陰，礎潤而不雨，潮濕薰蒸，正所謂黃梅時節也。人頗懶倦，無意校書。至九日粥後，校終此卷。俗諺云「夏至難逢端午日」，今歲適逢此，是誠難得也。附記於此。五月十七日，燒燭臨校畢此卷，適又屆端陽節後連日天陰，惟雨不甚大，天亦不甚熱，較十七年前稍異耳。事隔數年而校書不輟，故我依然可謂幸矣。附記。余臨陸東蘿校本至此卷止，已後五卷皆倩東蘿代臨矣。東蘿與澗蘋居相近，交亦密，故校書事亦頗勤渠手。校本亦據五硯與余兩家所藏元本，其參校他書異同則又東蘿所自爲也。余延東蘿司讎校事止二年，余力既不足，硯田之資不足以贍東蘿。忽忽別去，晨夕又失一晤語之友，唯留此手跡，時得展玩。此書之中諸同人筆墨頗多，風流雲散，曷勝離合之感。壬申歲暮書復翁。以上卷五末。飯畢校此。今日頗有霽色，然浮雲往來，仍有欲雨之意，農人望之至矣，沛然下雨其在斯時乎？卷六末。校此卷畢，斜照滿庭，綠陰映牖，林間清風，徐徐來矣，不雨奈何？卷七末。今日寂靜無事，于午後連校三卷。昔也，是翁云閒窗靜坐，爐香郁然，覽茲墨妙，是正書中一二譌字，覺人世間榮名利養之樂罕有逾於此者，余亦以爲然。卷八末。甲申夏，復以殘元本校一卷至四卷，所校字皆注於下方，不復記出，想讀者自能別之也。鋆識。卷四末。

顧廣圻《思適齋書跋・經部》　《詩外傳》十卷。元刻本。

顧廣圻《思適齋集外書跋輯存・經類》　《詩外傳》十卷。元刊本。

張之洞《書目答問・列朝經注經說經本考證》　《韓詩外傳》十卷。漢韓嬰。趙懷玉校本，周廷寀校注本，吳氏望三益齋刻周趙合校本，《古經解彙函》本。又《津逮》、《學津》、《通津草堂》三本，皆遜。

姚振宗《漢書藝文志條理・詩》　《韓外傳》六卷。本志敍：「漢興，魯申公爲《詩》訓故，而齊轅固、燕韓生皆爲之傳。或取《春秋》，采雜說，咸非其本義。」《隋書・經籍志》：「《韓詩外傳》十卷。」《唐・經籍志》：「《韓詩外傳》十卷，韓嬰撰。」《唐・藝文志》：「《韓詩》二十二卷。又《外傳》十卷。」《宋・藝文志》：「《韓詩外傳》十卷，漢韓嬰傳。」王氏《考證》：「《太史公自序》：『厥協六經異傳。』注：『如子夏《易傳》、毛公《詩》及韓嬰《外傳》、伏生《尚書大傳》之流。』」《文獻・經籍考》：「晁氏曰：此書稱《外傳》，雖非其解經之深者，然文辭清婉，有先秦風。又陳氏曰：今所存惟《外傳》，而卷多于舊。舊六卷，今十卷。蓋多雜說，不專解《詩》，不知果當時本書否也？又洪氏《隨筆》曰：第二章載孔子南游適楚，見處子佩瑱而浣，乃令子貢以微詞挑之。以是說《詩・漢廣》游女之章。其謬戾甚矣，他亦無足言。」《經義考》：「王應麟曰：申、毛之《詩》皆出荀卿子，而《韓詩外傳》多引荀書。又曰：荀卿《非十二子》，《韓詩外傳》引之止云十子，而無子思、孟子。愚謂荀卿非子思、孟子，蓋其門人如韓非、李斯之流托其師以毀聖賢，當以《韓詩》爲正。又王世貞曰：《韓詩外傳》雜記夫子之緒言，與諸春秋戰國之說，大抵引《詩》以證事，而非引事以明《詩》，故多浮泛不切、牽合可笑之語。蓋馳騁勝，而說《詩》之旨微矣。又董斯張曰：世所傳《韓詩外傳》亦非全書，《文選注》、《藝文類聚》、《太平御覽》、佛典引《外傳》文，今本皆無之。」《四庫提要》曰：「自《隋志》以後，即較《漢志》多四卷，蓋後人所分也。其書雜引古事古語，證以《詩》詞，與經義不相比附，故曰《外傳》。所采多與周秦諸子相出入。中間阿谷處女之類，皆非事實，又先後重見，失于簡汰。然其引荀卿《非十二子》，刪去子思、孟子，惟存十子，其去取特爲有識。又繭絲、雞卵之喻，董仲舒取之爲《繁露》。君羣、王往之訓，班固取之爲《白虎通》。精理名言，往往而有，不必盡以訓詁繩也。是書之例，每條必引《詩》詞，而末引《詩》者二十八條，又『吾語汝』一條，起無所因。均疑有闕文。《文選注》二事，今本皆無之，並疑有脫簡。」

嚴可均《鐵橋漫稿》曰：「《韓詩外傳》引《荀子》以說《詩》者四十餘事，是韓嬰亦荀子私淑弟子也。」

楊守敬《日本訪書志》　《詩外傳》十卷。明沈辨之刊本。每卷題「詩外傳」，無「韓」字。惟卷首錢惟善序題有「韓」字。序後有「吳都沈辨之野竹齋校彫」篆書木記。首行題「詩外傳卷第一」，次行題「韓嬰」二字。每半葉九行，行十七字，大如錢，左右雙邊。余以此本校之毛氏津逮本，小有異同，而此爲優。蓋毛氏亦原此本而又有謬誤者也。程榮《漢魏叢書》所據原本脱首卷第二葉，竟以「抽觴」接「遊女不可求思」刊之，其他謬誤亦多。何允中雖補此一葉，而謬誤者亦未能校正。余嘗作札記，視趙懷玉、周寀校本似爲詳密云。按沈辨之，明嘉靖間人，與文休承兄弟往來。《孫祠書目》因其木記接錢序後，遂以沈爲元人，非也。余謂此刻款式雖古，而字體實是明嘉靖間之格，《訪古志》稱即以元本重雕者，亦非也。此本亦得之立之，首有「吳氏仲文印」，又有「黑水居圖書記」。

韓説

《漢書・藝文志・詩》　《韓説》四十一卷。

張之洞《書目答問・列朝經注經説經本考證》　《韓詩説》一卷。漢韓嬰。玉函山房輯本。

姚振宗《漢書藝文志條理・詩》　《韓説》四十一卷。馬國翰輯本序曰：「《漢志》：《韓説》四十一卷。隋、唐《志》不著録，佚已久。今從《漢書・王吉傳》、《正義》、《禮疏》、《釋文》、《大戴禮注》、王氏《詩考》諸引《韓詩説》韓魯説者凡若干條，與《韓故》、《韓内傳》別録爲卷。」按《蔡義傳》：「武帝時，詔求能爲《韓詩》者，徵義待詔。上召義，説《詩》，甚説之。」按義之説，或當在此四十一卷中。

韓詩翼要

《隋書・經籍志・詩》　《韓詩翼要》十卷。漢侯苞傳。

《舊唐書・經籍志・詩》　《韓詩翼要》十卷。卜商撰。

《新唐書・藝文志・詩類》　《韓詩翼要》十卷。

鄭樵《通志・藝文略・詩》　《韓詩翼要》十卷。漢侯苞。

《清史稿・藝文志・詩類》　漢侯苞《韓詩翼要》一卷。馬國翰輯。

姚振宗《後漢藝文志・詩類》　侯苞《韓詩翼要》十卷。《隋書・經籍志》：「《韓詩翼要》十卷，漢侯苞傳。」　《唐・經籍志》：「《韓詩翼要》十卷，卜商撰。」按此題卜商，誤。　《藝文志》：「《韓詩翼要》十卷。」不著撰人。

侯《志》曰：「侯氏説見於《正義》者，《斯干》詩、《白華》詩、《江漢》詩、《抑》詩。又《隋書・禮樂志》云：『牛弘修皇后房内之樂，據毛萇、侯苞、孫毓故事，皆有鍾聲。』」　馬國翰輯本序曰：「苞，不詳何人。今唯從《正義》及陳暘《樂書》輯録四節。其説『衣裼』、『弄瓦』，與毛《傳》合，意其以毛通韓，摘論節訓，故以『翼要』爲名歟？」又王氏《漢魏遺書鈔》亦輯存數條。　按王謨輯本敍録云：「今本《隋志》作侯芭。」則是書或題侯苞，或題侯芭，自來不一。考《漢書・揚雄傳》云：「鉅鹿侯芭常從雄居，受其《太玄》、《法言》焉。」《七録》儒家有侯苞注《法言》六卷，而《文選》王元長詩注引侯巴《法言注》。按《法言注》實侯芭撰，而《七録》作侯苞，《選注》又以芭爲巴，苞與芭形聲相近，非別爲一人，即揚雄弟子，鉅鹿人也。《論衡・案書篇》曰：「子雲作《太玄》，侯鋪子隨而宣之。」則其字鋪子。唐王涯《説玄》又稱鉅鹿侯芭子常，則又字子常。由是知揚雄傳芭，下敓「子」字，其原文則云「而鉅鹿侯芭子常從雄居」，下文王邑、嚴尤謂桓譚曰：「子常稱揚雄書，豈能傳於後世乎？」此稱子常即謂侯芭，非稱桓譚。芭不知卒于何時，或當在中興之後。《經義考》列後漢之末，又作侯包，非是。

韓詩薛夫子章句

姚振宗《漢書藝文志拾補・詩》　《韓詩薛夫子章句》。《漢書・薛廣德傳》：「廣德字長卿，沛郡相人也。以《魯詩》教授。爲博士，論石渠，至御史大夫。」　《世系》曰：「廣德生饒，長沙太守。饒生愿，爲淮陽太守，因徙居焉。生方丘，字夫子。方丘生漢，字公子，後漢千乘太守。」　《後漢書・儒林傳》：「薛漢字公子，淮陽人也。世習《韓詩》，父子以章句著名。漢少傳父業，當世言《詩》者，推漢爲長。」　元和惠棟《後漢書補注》曰：「《隋・經籍志》：『《韓詩》二十二卷，薛氏章句。』」棟案唐人所引《韓詩》，其稱薛君者，漢也；稱薛夫子者，乃方丘也。故《馮衍傳》注有《薛夫子章句》是也。《傳》不載漢父名字，後人以《章句》專屬諸漢，失之。」按後人，指王氏應麟也。 番禺侯康《補後漢藝文志》曰：「按《馮衍傳》注之文，亦見《明帝本紀》注，而彼引作薛君。據此，則凡稱薛君者，亦有薛夫子説矣。」 按：《儒林傳》薛廣德事王式，受《魯詩》。五世至漢，猶以《魯詩章君章句》授澹臺敬伯，見區大任《百越先賢志》。是薛氏本世以《魯詩》，兼習《韓詩》者也。

韓詩薛氏章句

《隋書・經籍志・詩》 《韓詩》二十二卷。漢常山太傅韓嬰，薛氏章句。

鄭樵《通志・藝文略・詩》 韓嬰《傳》二十二卷。薛氏章句。

張之洞《書目答問・列朝經注經説經本考證》 《韓詩薛君章句》二卷。漢薛漢。玉函山房輯本。

姚振宗《後漢藝文志・詩類》 薛漢《韓詩章句》。范書《儒林傳》：「漢字公子，淮陽人也。世習《韓詩》，父子以章句著名。漢少傳父業，教授常數百人。建武初，爲博士。當世言《詩》者，推漢爲長。永平中，爲千乘太守，後坐楚事辭相連，下獄死。弟子犍爲杜撫、會稽澹臺敬伯、鉅鹿韓伯高最知名。」 《隋書・經籍志》：「《韓詩》二十二卷，漢常山太傅韓嬰，薛氏章句。」此或合薛氏父子之書以爲一編。 惠棟《後漢書補注》：「《唐世系》曰：『薛廣德生饒，長沙太守。饒生愿，爲淮陽太守，因徙居焉。生方丘，字夫子。方丘生漢。』《經籍志》曰：『《韓詩》二十二卷，薛氏章句。』棟按唐人所引《韓詩》其稱薛君者漢也，稱薛夫子者乃方丘也。故《馮衍傳》注有《薛夫子章句》是也，傳不載漢父名字，後人以《章句》專屬諸漢，失之。」按《薛夫子章句》今録入《漢志拾補》中。 侯《志》曰：「《馮衍傳》注引《薛夫子章句》，亦見《明帝本紀》注，而引作薛君，則凡稱薛君者，亦有薛夫子説矣。」 馬國翰輯本序曰：「《薛君章句》久佚，宋王應麟《詩考》輯附《韓詩》而尚多漏略，玆更補輯，別爲二卷。」 按《唐書・世系表》：漢爲御史大夫薛廣德玄孫。廣德治《魯詩》，而漢亦傳《魯詩》。區大任《百越先賢志》云：「澹臺敬伯受《韋氏詩》于淮陽薛漢。」《韋氏詩》者，丞相韋賢治《魯詩》，爲韋氏學，此其證也。范書但謂漢世習《韓詩》，未爲詳盡，漢蓋家世《魯詩》兼習《韓詩》者也。

韓詩章句

姚振宗《後漢藝文志・詩類》 杜撫《韓詩章句》。范書《儒林傳》：「撫字和叔，犍爲武陽人也。少有高才。受業於薛漢，定《韓詩章句》。後歸鄉里教授，弟子千餘人。後爲驃騎將軍東平王蒼所辟，及蒼就國，掾史悉補王官屬，未滿歲，皆自劾歸。時撫爲大夫，不忍去，蒼賜車馬財物遣之。辟太尉府。建初中，爲公車令，數月卒官。」按此是杜氏刪定薛漢本，以授其弟子者，馬竹吾謂即薛君《章句》，侯《志》亦不別著録。然薛氏父子既以章句著名，則亦自有其書，漢人能自立成一家，往往有書以名其學，此類是已，故別出之。

詩題約義通

姚振宗《後漢藝文志・詩類》 杜撫《詩題約義通》。范書《儒林傳》：「其所作《詩題約義通》，學者傳之，曰『杜君注』云。」本「注」作「法」，按作「法」者是也。 惠棟《後漢書補注》：「《華陽國志》曰：『撫，資中人。治五經。數應三公徵，撫侍送故公。作《詩通議説》。』案文當云其所作詩題曰『通議』也。」 侯《志》曰：「《華陽國志》作《詩通議説》，名似較順。然陸璣先于常璩，其稱名已同范史矣。」按陸氏《詩疏》云：「所作《詩題約義通》學者傳之，曰『杜君注』。」與范書無少差異。

韓詩譜

《隋書・經籍志・詩》 梁有《韓詩譜》二卷。漢有道徵士趙曄撰。亡。

姚振宗《後漢藝文志・詩類》 趙曄《韓詩譜》二卷。《隋書・經籍志》：「梁有《韓詩譜》二卷，漢有道徵士趙曄撰，亡。」《經義考》曰：「趙氏曄《詩細》，《七録》作《詩譜》二卷。佚。」按：朱氏謂《詩譜》即《詩細》，恐不然。侯《志》亦別出之。

詩神泉

《隋書・經籍志・詩》 梁有《詩神泉》一卷。漢有道徵士趙曄撰。亡。

姚振宗《後漢藝文志・詩類》 趙曄《歷神淵》一卷。《隋書・經籍志》：「梁有《詩神泉》一卷，漢有道徵士趙曄撰。亡。」《吴志・虞翻傳》注：「《會稽典録》曰：初平末年，翻爲會稽太守王朗功曹，對王府君曰：『有道山陰趙曄、徵士上虞王充，各洪才淵懿，學究道源，著書垂藻，駱驛百篇，釋經傳之宿疑，解當世之槃結，或上窮陰陽之奥祕，下據人情之歸極。』」惠棟《後漢書補注》：「《經籍志》曰梁有《詩神泉》一卷。以歷言《詩》，猶《詩緯》之《汎歷樞》也。」

詩細

姚振宗《後漢藝文志・詩類》 趙曄《詩細》。范書《儒林傳》：「曄字長君，會稽山陰人也。少嘗爲縣吏，奉檄迎督郵，曄恥于廝役，遂棄車馬去。到犍爲資中，詣杜撫受《韓詩》，究竟其術。積二十年，絶問不還，家爲發喪制服。曄卒業乃歸。州召補從事，不就。舉有道。卒于家。曄著《詩細歷神淵》。蔡邕至會稽，讀《詩細》而歎息，以爲長於《論衡》。邕還京師傳之，學者咸誦習焉。」按：王充《論衡》亦蔡中郎至會稽所得，傳之京師，故其言如此。 惠棟《後漢書補注》：「《會稽典録》曰：『撫嘉其精力，盡以其道授之。撫卒，曄經營葬之，然後歸。』」《冊府元龜・學校部・注釋類》：「趙曄撰《詩道微》十一篇。」按：《詩道微》似即《詩細》之異名，其書凡十一篇，惟見《冊府元龜》，其所据必有本，今莫得而詳矣。

韓詩章句

姚振宗《後漢藝文志・詩類》 張匡《韓詩章句》。范書《儒林・趙曄傳》：「時山陰張匡，字文通。亦習《韓詩》，作章句。後舉有道，博士徵，不就。卒於家。」《冊府元龜・學校部・注釋類》：「張正習，《韓詩》作章句。」宋諱「匡」，故曰「正」，猶唐諱「淵」，改爲「泉」。

韓詩章句

姚振宗《三國藝文志・詩類》 杜瓊《韓詩章句》。《蜀志》本傳：「瓊字伯瑜，蜀郡成都人也，少受學于任安，精究安術。劉璋時辟爲從事。先主定益州，領牧，以瓊爲議曹從事。後主踐阼，拜諫議大夫，遷左中郎將、大鴻臚、太常。年八十餘，延熙十三年卒。著《韓詩章句》十餘萬言。」

韓詩内傳考

張之洞《書目答問・列朝經注經説經本考證》 邵晉涵《韓詩内傳考》有刻本，不見。

韓詩外傳疏證

張之洞《書目答問・列朝經注經説經本考證》 陳瑑《韓詩外傳疏證》十卷，未見傳本。

韓詩內傳徵

張之洞《書目答問・列朝經注經説經本考證》　《韓詩內傳徵》四卷。宋緜初。刻本。

詩考

馬端臨《文獻通考・經籍考・詩》　《詩考》五卷。浚儀王應麟撰。自序漢言《詩》者四家，師異指殊。賈逵撰《齊魯韓與毛氏異同》，梁崔靈恩采三家本爲《集注》。今唯毛《傳》、鄭《箋》孤行，韓僅存《外傳》，而魯、齊《詩》亡久矣。諸儒説《詩》，壹以毛、鄭爲宗，未有參考三家者，獨朱公《集傳》，閎意眇指，卓然千載之上。言《關雎》則取康衡；《柏舟》婦人之詩，則取劉向；《笙詩》有聲無辭，則取《儀禮》；「上天甚神」，則取《戰國策》；「何以恤我」，則取《左氏傳》；《抑》，戒自警，《昊天有成命》，道成王之德，則取《國語》；「陟降庭止」，則取《漢書注》；《賓之初筵》，飲酒悔過，則取《韓詩序》；「不可休思」、「是用不就」、「彼岨矣岐」，皆從《韓詩》；「禹敷下土方」，又證諸《楚辭》。一洗末師專已守殘之陋，學者諷詠涵濡而自得之，躍如也。文公語門人，《文選注》多《韓詩章句》，嘗欲寫出，應麟竊觀《傳記》所述三家緒言尚多有之，網羅遺帙，傳以《説文》、《爾雅》諸書，萃爲一編，以扶微學，廣異義，亦文公之意云爾。讀《集傳》者，或有考於斯。

《宋史・藝文志・詩類》　王應麟《詩考》五卷。

王圻《續文獻通考・經籍考・詩》　《詩考》，鄞縣王應麟著。

《四庫提要・詩類一》　《詩考》一卷。直隸總督採進本。宋王應麟撰。應麟有《周易鄭康成注》，已著録。此編則考三家之《詩》説者也。《隋書・經籍志》云：「《齊詩》，魏代已亡；《魯詩》，亡於西晉；《韓詩》雖存，無傳之者。」今三家《詩》惟《韓詩外傳》僅存，所謂《韓故》、《韓內傳》、《韓説》者亦竝佚矣。應麟檢諸書所引，集以成帙，以存三家逸文。又旁搜廣討，曰《詩異字異義》，曰《逸詩》，以附綴其後，每條各著其所出。所引《韓詩》較夥，齊、魯二家僅寥寥數條。蓋《韓詩》最後亡，唐以來注書之家引其説者多也。卷末別爲《補遺》，以掇拾所闕，其蒐輯頗爲勤摯。明董斯張嘗摘其遺漏十九條。其中《子華子》「清風婉兮」一條，本北宋僞書，不得謂之疎略。近時會稽范家相，因應麟之書，撰《三家詩拾遺》十卷。其所條録，又多斯張之所未蒐。併摘應麟所録《逸詩》，如《楚辭》之《駕辨》，夏侯玄《辨樂論》之《網罟》、《豐年》，《穆天子傳》之《黃竹》、《呂氏春秋》之《燕燕》、《破斧》、葛天八闋，《尚書大傳》之《晳陽》、《南陽》、《初慮》、《朱于》、《苓落》、《歸來》、《縵縵》，皆子書雜説，且不當録及殷以前。所言亦不爲無理。然古書散佚，蒐採爲難，後人踵事增修，較創始易於爲力。篳路藍縷，終當以應麟爲首庸也。

張金吾《愛日精廬藏書志・詩類》　《韓魯齊三家詩考》六卷。元泰定刊本。王應麟撰。是本刊附胡氏《詩傳纂疏》後。《韓詩・韓奕》「幹，正也，謂以其議非而正之」，《玉海》本闕下一句，餘異同處類多《玉海》，通爲一卷。此本六卷，蓋猶是王氏舊第也。《易》有三《易》，《禮》有三《禮》，《春秋》有三《傳》，《詩》有四家。《連山》、《歸藏》、《周易》是爲三《易》，《連山》、《歸藏》今不復見，《太玄》倣《連山》，《潛虚》倣《歸藏》。予嘗參放三《易》筮法，纂成一編矣。三《禮》則朱子嘗輯《儀禮》爲經，二《禮》爲傳，《春秋》則《左氏》、《公羊》、《穀梁》竝行於世，《詩》則齊、魯、韓三家之説不傳，今所傳唯毛氏耳。予官中秘書，授《詩》藩邸，春容道山羣玉間，與祕書郎王伯厚尙論古《詩》，伯厚出示《詩考》一卷，傳齊、魯《詩》，乃散見於傳注者會稡爲一，雖曰存十一於千百，然四《詩》異同可備參考。昔齊、魯《詩》盛行於時，《韓詩》則燕趙間好之，《毛詩》後出，未大顯也，齊、魯、韓《詩》並立學官。至漢平帝時，《毛詩》始得立。魏晉亂離，齊、魯《詩》廢絶，《韓詩》雖存而寖微，唯毛氏獨行，以至於今，此四家《詩》興廢之大略也。伯厚家學囦源一翁二季，殫見洽聞，以博學宏詞名世。伯厚謂眞宏博者不在是，方將刊華就實，盡洗時粧，顓意古學，予深嘉而力贊之。予亦有嗜古癖，敬題卷首，以見同館友朋切磋琢磨之古詁。景定五年甲子良月之望古涪文及翁伯學甫序。愚讀內翰王公《詩考》，不覺擊節而言曰：「是編雖不過僅存什一於千百，然亦何止，足以知四家《詩》興廢之大略，眞足以扶微學，廣異義，羽翼朱子《集傳》之書，以詔當今傳萬世者，其功誠不可以淺小論也。何以言之？如《關雎》一也，毛以爲后妃之德，韓以爲賢人詠之以刺時，魯則又以爲詩人歎而傷周康王之后。《芣苢》一也，毛以爲衛頃公之時，仁人不遇，小人在側，韓則以爲衛宣姜之所自誓。《燕燕》一也，毛以爲衛宣姜歸其娣而送之。《鼓鍾》一也，毛以爲刺幽王，韓則又以爲作於昭王之時。《黍離》一也，毛以爲周大夫行役作，韓以爲伯封作，魯則又以爲衛宣公之子壽閔其兄伋之且見害作。《賓之初筵》一也，毛以爲衛武公刺時，韓則又以爲武公飲酒悔過。三家寂寂僅存，而毛與之不同者已如此。《正義》曰：『毛與三家異者，動以百數。』此而觀之，何止百數之不同哉？然因其所不同者若此，於以知毛氏所引《序》以冠篇首，不惟決非夫子作，亦決非子夏作，或者反爲毛自得所傳受，尊而引之。後漢衛宏又復增廣潤色之也。使果作於子夏以前，則必爲四家之所同引，又何至紛紛有如是之牴牾哉？朱子猶以毛《序》所從來者遠，其間容或眞有傳授證驗之所不可廢者，又復頗采以附《傳》中，可謂一出於大公至正之心，而不容纖芥私意於去取間矣。愚獨恨四家遽絕其三，使其殽亂不得以盡折於朱子之手，以統壹聖經，而幸斯道猶幸而《詩考》之僅存，使觀者略有以見毛氏牴牾之迹。信朱子黜《小序》之當，而悟末師專己守殘之陋。此愚所以謂眞足以扶微學而廣異義，有翼朱子《集傳》，以詔當今傳萬世者，其功誠不可淺小論也。愚故編寘《集傳》之末，圖與四方朋友共之。俾由此以讀朱子《詩序辨説》，則知其爲誠萬世不刊之論也。《正義》又曰：『齊、韓之徒與毛氏異者，非有壁經可據。』愚亦曰毛氏與齊、韓之徒異者，亦非有壁經之可據也，烏可致一偏之論於其間哉？況毛氏之於三家，最爲後出，安有《小序》三家不得之於前而毛氏乃得之於其後也？讀者尙有以考斯。延祐甲寅秋新安後學胡一桂序。」

張之洞《書目答問・列朝經注經説經本考證》　《三家詩考》一卷。宋王應麟。《玉海》附刻本，《津逮》本，《學津》本。

補王伯厚詩考

盧文弨《經籍考》　《補王伯厚詩考》。明烏程董斯張曰：「伯厚《詩考》引諸書字義異同及《薛君韓詩章句》極詳覈，茲更得十餘則補之。《荀子》引《節南山》云：『「維天子是庳，卑民不迷。」庳，今作毘；卑，今作俾。』《子華子》引《野有蔓草》云：『「有美一人，淸風婉兮。」風，今作揚。』《説苑》引《黍苗》『原隰既平，泉流既淸』：『本立而道生。』《漢隸・薛君碑》引『永矢不愃』。《考槃》。今作弗諼。《水經注》引《魯頌》『保其凫繹』：『其，今作有。』《韓詩》：『于嗟，嘆辭。』《騶虞》。薛君章句。《文選》注。使我心痗。《伯兮》。《文選》注。『彼其之子，碩大且篤』，非良篤修身行之君子，其孰能與之哉？《椒聊》。《韓詩外傳》。『和樂且湛』，薛君曰：『樂之甚也。』《常棣》。《文選》注。檀車綫綫。《杕杜》。《釋文》。伯厚引作張張，誤。『彼交庶紓，天子所予』，言必交吾志然後予。《采菽》。《韓詩外傳》。『刑于寡妻』，刑，正也。《思齊》。《釋文》。烝，美也；濯，美也。《文王有聲》。《釋文》。薛君曰：『亹，水流貌。』《凫鷖》。《文選》注。『對彼雲漢』，薛君曰：『宣王遭亂仰天也。』《雲漢》。《文選》注。薛君曰：『幹，正也，謂以其義非而正之。』《韓奕》。《文選》注。伯厚引此缺下句。薛君曰：『宋襄公去奢節儉。』《商頌》。《文選》注。師，臣者，帝交愛臣者，王；臣臣者，覇；臣不行者，亡。《韓詩內傳》。伯厚引此缺下二句。又姜后曰：『雎鳩之鳥，猶未見其乘居而匹遊。』《文選》注。按此當本三家《詩》説。此皆困學翁之所逸也。」文弨案：謂以其義非而正之，是李善語不當并引。

詩考異字箋餘

張之洞《書目答問・列朝經注經説經本考證》　《詩考異字箋餘》十四卷。周邵蓮。嘉慶元年刻本。

校補王氏詩考

劉錦藻《清續文獻通考・經籍考・詩》　《校補王氏詩考》二卷，趙紹祖撰。紹祖字繩伯，號琴士，安徽涇縣人。道光辛巳舉孝廉方正，滁州訓導，賞五品銜。臣謹案：王應麟掇拾三家逸文，明董斯張補之，近范家相補之，而紹祖復補之，雖踵事增華，殆不妨分道揚鑣云。

詩考補注　補遺

張之洞《書目答問・列朝經注經説經本考證》　《詩考補注》二卷，《補遺》一卷。林伯桐。修本堂本。

三家詩拾遺

《四庫提要・詩類二》　《三家詩拾遺》十卷。浙江巡撫採進本。國朝范家相撰。家相字蘅洲，會稽人。乾隆甲戌進士，官至柳州府知府。漢代傳《詩》者四家。《隋書・經籍志》稱：「《齊詩》亡於魏；《魯詩》亡於西晉；惟《韓詩》存。」宋修《太平御覽》，多引《韓詩》，《崇文總目》亦著録，劉安世、晁説之尚時時述其遺説。而南渡儒者，不復論及。知亡於政和、建炎間也。自鄭樵以後，説《詩》者務立新義，以掊擊漢儒爲能。三家之遺文，遂散佚而不可復問。王應麟於咸淳之末，始掇拾殘賸，輯爲《詩考》三卷。然創始難工，多所挂漏。又增綴逸《詩》篇目，雜採諸子依託之説，亦頗少持擇。家相是編，因王氏之書，重加裒益，而少變其體例。首爲《古文考異》，次爲《古逸詩》。次以三百篇爲綱，而三家佚説一一併見。較王氏所録以三家各自爲篇者，亦較易循覽。惟其以《三家詩拾遺》爲名，則古文考異不盡三家之文者，自宜附録；其逸《詩》不繫於三家者，自宜芟除。乃一例收入，未免失於貪多。且冠於篇端，使開卷即名實相乖，尤非體例。其中如張超稱《關雎》爲畢公作一條，説見超所作《誚蔡邕青衣賦》，非超別有解經之説，而但據《詩補傳》所載泛稱張超云云，竝不録其賦語。蒐採亦間有未周，然較王氏之書則詳贍遠矣。近時嚴虞惇作《詩經質疑》，内有《三家遺説》一篇。又惠棟《九經古義》、余蕭客《古經解鉤沈》，於三家亦均有採掇。論其賅備，亦尚不及是編也。

張之洞《書目答問・列朝經注經説經本考證》　《三家詩拾遺》十卷。范家相。守山閣本。

三家詩補遺

劉錦藻《清續文獻通考・經籍考・詩》　《三家詩補遺》三卷，阮元撰。元字伯元，號雲臺，江蘇儀徵人。乾隆己酉進士，官至體仁閣大學士，謚文達。臣謹案：是書爲元晚年所輯，陳壽祺《三家詩遺説考》其撰述次第多與是書同。壽祺爲元嘉慶己未會試所得士，淵源具在，固有所受之也。

三家詩遺説考

張之洞《書目答問・列朝經注經説經本考證》　《三家詩遺説考》十五卷。陳壽祺。家刻本。

劉錦藻《清續文獻通考・經籍考・詩》　《三家詩遺説考》十五卷，陳壽祺撰。壽祺字恭甫，一字葦仁，號左海，又號梅修，福建閩縣人。嘉慶己未進士，翰林院編修。

三家詩異文疏證　補遺　續補遺

張之洞《書目答問・列朝經注經説經本考證》　《三家詩異文疏證》六

卷，《補遺》三卷。馮登府。道光十年自刻本，又《學海堂續刻經解》本二卷。

三家詩異義遺説

張之洞《書目答問·列朝經注經説經本考證》 馮登府別有《三家詩異義遺説》二十卷，未刊。

三家詩餘論

朱記榮《國朝未刊遺書志略·經目》 《三家詩餘論》。案柳東先生自記云：「余於嘉慶庚午成《三家詩異文疏證》九卷，於庚寅年刻於四明；己亥，阮師刻入《學海堂經解》千四百零六卷，總爲二卷。乙未又成《三家詩遺説翼證》二十四卷，較爲詳備，尚未慊意，以其與《廣詁》相似也。庚子六月乃成《三家詩餘論》，排日纂輯，仍以《翼證》爲本而略於文字訓詁，蓋義理之學也。昔宋人不信《序》説，舉而空之，遂蹈不學之失。朱子能知三家之勝於毛，而僅引《韓詩》數則，不能廣爲徵引，以分四家之優劣。余竊師此意，一以存微學，一以正古文，前二種幾可廢矣。六月至十一月已殺青，而紅夷未靖，校勘注疏爰爲記之。」案：是書甫刻而即燬於兵亂，猶爲未刻也，但未審稿本今尚存否。

詩古微

周中孚《鄭堂讀書記·詩類》 《詩古微》二卷。修吉堂刊本。國朝魏源撰。源，字默深，邵陽人，道光壬午舉人。是編乃其説《詩》之文，凡分十二目，曰《正始篇》，曰《詩樂篇》，曰《三家發凡》，曰《毛詩明義》，曰《三家發微》，曰《齊魯詩發微合篇》，曰《魯詩發微》，曰《韓詩發微》，曰《三家通義》，曰《三家同義》，曰《三家異義》，曰《集傳初義》，計二十六篇。大旨挾三家緒論以砭《毛詩》古義，頗與范家相《三家詩拾遺》相近，而轉有取於宋、元、明人諸家之説，且并《小序》、《傳》、《箋》俱一概排斥，知其學從何楷《世本古義》入手也。蓋默深本文人，學無師授，故昧於漢人家法云。前有武進李申耆兆洛序，竟與張皋文之《虞氏易》、劉申甫之《公羊春秋》並稱，竊未敢以爲然也。承幹按：先生後中道光甲辰進士，官至江蘇高郵州知州。

張之洞《書目答問·列朝經注經説經本考證》 《詩古微》□卷。魏源。自刻本。魏所著有《書古微》、《公羊古微》，未見傳本。

三家詩説

龍啓瑞《經籍舉要·經類》 國朝丁晏《三家詩説》。增。

詩經三家注疏

李慈銘《越縵堂讀書記·詩類》 《詩三家注疏》，清周曰庠撰。見有邑人周曰庠所著《詩三家注疏》。其經文依《毛詩》，而注三家異同於下。其確知爲三家説者，直書曰齊説、魯説、韓説，升大字爲注。其足補翼三家者，自周、秦迄國朝諸家之説皆采之。惟毛、鄭、孔、朱四家，以人所盡讀，故不録，亦升大字爲集説。注與集説，皆以小字，各爲之疏。前有貴陽周起濱序，稱其書可與近時陳碩甫《毛詩疏》並傳。曰庠號一峰，老於諸生。其自序言羣經皆有論撰，惟此書已有清本。今詢其子，言亂後所著盡亡矣。因假此以歸。同治己巳六月二十四日。

閱邑人周一峰秀才《詩三家注疏》，其清本僅存二卷，至《邶風》止；稿本至《豳風》止。頗掔綜古訓，有裨經術，而體例未妥，約有數病。采集三家之説，不標出處，一也；集説泛存異義，非主三家，二也；疏多游移出入，罕所發明，三也。諸家或稱名，或稱字，或僅標書名，時代先後，凌雜無序，四也。七月初九日。

三家詩遺說考

李慈銘《越縵堂讀書記・詩類》 《三家詩遺說考》，清陳喬樅撰。閱陳樸齋《齊詩遺說考》，共四卷。三家齊最無徵，樸齋本其父左海所輯之緒，增而益之，推衍其說，凡所增者，加一「補」字以爲別。其自叙謂轅生以治《詩》爲博士，諸齊以《詩》貴顯者，皆固之弟子，而夏侯始昌最明。始昌通五經，后蒼事始昌，亦通《詩》、《禮》爲博士。戴德、戴聖、慶普皆后氏弟子，《詩》、《禮》師傳既同，則《儀禮》及二戴《禮記》中凡所稱《詩》皆當爲《齊詩》。鄭君本治《小戴禮》，注《禮》在箋《詩》之前，未得毛《傳》，知《禮》注所述多本《齊詩》之義。《齊詩》有翼、匡、師、伏之學，班固之從祖伯少受《詩》於師丹，叔皮父子，世傳家學，《漢書・地理志》引「子之營兮」及「自杜沮漆」，並據《齊詩》之文。又云「陳俗巫鬼，晉俗儉陋」，其語亦與匡衡說合，是《漢書》皆用《齊詩》也。荀悅叔父爽師事陳寔，寔子紀傳《齊詩》，見《經典釋文》。《後漢書》言荀爽嘗著《詩傳》，爽之《詩》學，太丘所授，其爲齊學明矣。轅固生作《詩內外傳》，荀悅特著於《漢紀》，尤足證荀氏家學皆治《齊詩》，是《漢紀》、《申鑒》所引皆《齊詩》也。公羊氏本齊學，治《公羊春秋》者，其於《詩》皆稱齊，猶之穀梁氏爲魯學，其治《穀梁春秋》者於《詩》亦稱魯也。董仲舒通五經，治《公羊春秋》，與齊人胡母生同業，則習齊可知，是《春秋繁露》所引皆《齊詩》也。《易》有孟京卦氣之候，《詩》有翼奉五際之要，《尚書》有夏侯《洪範》之說，《春秋》有公羊災異之條，皆明於象數，以著天人之應，淵源所自，同一師承。孟喜從田王孫受《易》，喜即東海孟卿子，焦延壽所從問《易》，是亦齊學也，故焦氏《易林》皆主《齊詩》說，非僅甲戊巳庚達性任情之語，與翼氏《齊詩》言五性六情合；亥午相錯，則亂緒業之辭，與《詩氾歷樞》言午亥之際爲革命合。桓寬《鹽鐵論》以《周南》之兔罝爲刺義，與魯、韓、毛迥異，以《邶風》之鳴雁爲雝文與魯、韓、毛並殊，是所引亦皆《齊詩》也。其搜采可謂備矣。覈而論之，惟《詩》緯如《推度災》、《氾歷樞》、《含神霧》等，蓋多《齊詩》說。公羊本齊人，《春秋繁露》中或有《齊詩》說，餘皆推測流派，近於景響之談。至鄭君本傳明云習《韓詩》，亦間用《魯詩》，《坊記》注以燕燕爲衛定姜之詩，與劉子政《列女傳》同，中壘世習《魯詩》，則注所用《魯詩》說也。至班孟堅本傳惟云九歲誦詩書，及長，所學無常師，不爲章句。則其於《詩》無所謂家法。《漢書・地理志》引《齊詩》曰「子之營兮」，顏注《毛詩》作「還」，《齊詩》作「營」。又右扶風杜陽下引《詩》曰「自杜」，顏注「自土沮漆」，《齊詩》作「自杜」，王伯厚輯三家《詩》，據以載之《齊詩》。《左海文集・答許子錦論經義書》，謂師古時《齊詩》久亡，不知何從得其說，其注此志以「周道郁夷」爲《韓詩》，而不知《韓詩》實作「威夷」，則其踳駁未可盡信。班固之習《齊詩》，它無左驗，其說甚覈，樸齋強以《漢書》證《齊詩》，亦顯背其父說矣。光緒戊子九月二十八日。

四家詩異文考

張之洞《書目答問・列朝經注經說經本考證》 《四家詩異文考》五卷。陳喬樅。自刻本。

詩三家義集疏

劉錦藻《清續文獻通考・經籍考・詩》 《三家詩義集疏》二十八卷，王先謙撰。先謙見《書》類。臣謹案：西漢之世，齊、魯、韓三家並立學官，劉歆嘗欲兼立《毛詩》，而其移太常書僅《左氏春秋》、《古文尚書》、《逸禮》三事而已，獨不及《毛詩》，豈非以毛氏於《關雎》、《騶虞》獨創異說？既與三家異義，而二《南》疆域三家，俱存其義，而毛氏獨僞造《周》、《召》二《南》新說歟？先謙排斥毛氏，推尊三家。如程大昌曰：「齊、魯、韓皆未見古《序》也。」鄭樵曰：「《毛詩》與經傳諸子合，而三家無證也。」姜炳璋曰：「毛《序》出子夏、孟荀，而三家無考也。」其矯誣三家，不外此三端。是書一一抉其疑而破之，此可與魏氏《詩古微》並駕齊驅矣。

禮部

論述

《漢書・藝文志・禮類序》 《易》曰：「有夫婦父子君臣上下，禮義有所錯。」而帝王質文世有損益，至周曲爲之防，事爲之制，故曰：「禮經三百，威儀三千。」及周之衰，諸侯將踰法度，惡其害己，皆滅去其籍，自孔子時而不具，至秦大壞。漢興，魯高堂生傳《士禮》十七篇。訖孝宣世，后倉最明。戴德、戴聖、慶普皆其弟子，三家立於學官。《禮古經》者，出於魯淹中及孔氏，與十七篇文相似，多三十九篇。及《明堂陰陽》、《王史氏記》所見，多天子諸侯卿大夫之制，雖不能備，猶愈倉等推《士禮》而致於天子之説。

《隋書・經籍志・禮類序》 自大道既隱，天下爲家，先王制其夫婦、父子、君臣、上下、親疎之節。至于三代，損益不同。周衰，諸侯僭忒，惡其害己，多被焚削。自孔子時，已不能具，至秦而頓滅。漢初，有高堂生傳十七篇，又有古經，出於淹中，而河間獻王，好古愛學，收集餘燼，得而獻之，合五十六篇，並威儀之事。而又得《司馬穰苴兵法》一百五十五篇，及《明堂陰陽》之記，並無敢傳之者。唯古經十七篇，與高堂生所傳不殊，而字多異。自高堂生，至宣帝時后蒼，最明其業，乃爲《曲臺記》。蒼授梁人戴德，及德從兄子聖、沛人慶普，於是有大戴、小戴、慶氏，三家並立。後漢唯曹元傳慶氏，以授其子褒。然三家雖存並微，相傳不絶。漢末，鄭玄傳小戴之學，後以古經校之，取其於義長者作注，爲鄭氏學。其《喪服》一篇，子夏先傳之，諸儒多爲注解，今又別行。而漢時有李氏得《周官》。《周官》蓋周公所制官政之法，上於河間獻王，獨闕《冬官》一篇。獻王購以千金不得，遂取《考工記》以補其處，合成六篇奏之。至王莽時，劉歆始置博士，以行於世。河南緱氏及杜子春受業於歆，因以教授。是後馬融作《周官傳》，以授鄭玄，玄作《周官注》。漢初，河間獻王又得仲尼弟子及後學者所記一百三十一篇獻之，時亦無傳之者。至劉向考校經籍，檢得一百三十篇，向因第而敍之。而又得《明堂陰陽記》三十三篇、《孔子三朝記》七篇、《王史氏記》二十一篇、《樂記》二十三篇，凡五種，合二百十四篇。戴德刪其煩重，合而記之，爲八十五篇，謂之《大戴記》。而戴聖又刪大戴之書，爲四十六篇，謂之《小戴記》。漢末馬融，遂傳小戴之學。融又定《月令》一篇、《明堂位》一篇、《樂記》一篇，合四十九篇；而鄭玄受業於融，又爲之注。今《周官》六篇、古經十七篇、《小戴記》四十九篇，凡三種。唯鄭《注》立於國學，其餘並多散亡，又無師説。

錢東垣等輯《崇文總目・禮類序》 〔原敍〕禮樂之制盛于三代而大備于周，三代之興皆數百年而周最久，始武王、周公修太平之業，畫天下以爲九服，上自天子至于庶人，皆有法度。方其郊祀天地，開明堂以會諸侯，其車旗服器文章爛然，何其盛哉。及幽、厲之亂，周室衰微，其後諸侯漸大，然齊桓賜胙而拜，晉文不敢必請隧，以禮維持又二百餘年，禮之功亦大矣。下更戰國，禮樂殆絶。漢興，禮出淹中，后、戴諸儒共爲補綴，得百餘篇，三鄭、王肅之徒皆精其學，而説或不同。夫禮極天地朝廷宗廟，凡人之大倫可謂廣矣，雖二家殊説，豈不博哉。自漢以來沿革之制，有司之傳，著于書者，可以覽焉。見《歐陽文忠公集》。

晁公武《郡齋讀書志・禮類》 漢武帝時，河間獻王開獻書之路，得《周官》，有五篇，失《冬官》一篇，乃募以千金，不得，取《考工記》以補其闕。至孝成時，劉歆校理秘書，始得序列，著於《録略》，爲衆儒排棄。歆獨以爲周公致太平之迹。永平時，杜子春初能通其讀，鄭衆、鄭興亦嘗傳受。玄皆引之，以參釋異同云。大夫者，興也；司徒者，衆也。

王祎《青巖叢録》 禮以《儀禮》爲經，《禮記》爲傳。《儀禮》者周公作，三代聖人法制之所存，故孔子有學禮之言，《禮記》有讀禮之文。《禮記》之作，出自孔氏，蓋孔子既沒，七十二子之徒共撰所聞爲記，或録舊禮之文，或録變禮所由，或兼記體履，或雜序得失，乃《儀禮》之傳疏也。秦焚書，禮廢最甚。漢興，高堂生得《儀禮》十七篇以授瑕丘蕭奮，奮授東海孟卿，卿授后蒼，蒼授大戴德、小戴聖，是爲今文。鄭康成爲之注。至武帝時魯恭王壞孔子宅，得古經五十六卷於壁中，一説出魯淹中，淹中，里名。河間獻王得而上之，其字皆篆，是爲古文，其十七篇與《儀禮》正同。二戴及劉氏《別録》所傳十七篇，次第各不同，尊卑吉凶先後次序，惟《別録》爲優，故鄭氏用之。餘三十九篇，藏在祕府，謂之逸禮。哀帝初，劉歆欲以逸禮列之學官，而諸博士不肯置對，竟不得立。唐初猶存，而諸儒不以爲意，遂至於亡。漢、隋《志》皆稱古經，《唐志》乃始稱《儀禮》。若《禮記》之見於漢者，其初百三十一篇。劉向校定得二百餘篇，號《大戴禮》。戴聖又删爲四十六篇，號《小戴禮》，止四十三篇。《曲禮》、《檀弓》雜分上下，故爲四十六篇。馬融增以《月令》、《明堂位》、《樂記》三篇，總四十九篇，鄭康成爲之注。今世所行者，惟《儀禮》十七篇，《小戴禮記》四十九篇，而《大戴禮》存者四十三篇，不大行。初漢世言禮者，盛於后蒼，有《曲臺記》，故嘗立后蒼禮博士。及二戴出，而禮尤備。大戴以授徐良，小戴以授橋仁、楊榮，於是大戴有徐氏之學，小戴有橋、楊之學。而宣帝時大小戴皆立之學官，厥後諸儒，如盧植、王肅、孫炎、馬融之流，皆有功於禮，而鄭氏爲盛矣。自晉、宋至周、隋，傳禮學者爲多，其爲義疏者，南有賀循、庾蔚、崔靈恩、沈重宣、皇甫侃；北有徐道明、李業興、李寶鼎、侯聰、熊安。至唐魏徵以《小戴》綜彙不倫，更作《類禮》二十篇。開元中，詔元行沖與諸儒爲疏，將立之學官，而張說沮之。當時疏《儀禮》者賈公彥等，疏《禮記》者孔穎達諸儒也。及宋（諸）[朱]子與東萊呂子商訂，欲取《禮記》中有關於《儀禮》者附之經；其不繫《儀禮》者，仍別爲記。不果，晚乃作《儀禮經傳通解》，以《儀禮》爲綱，分王朝邦國等類，而以《禮記》分隸於其間，蓋未成之書。而喪、祭二禮，又其門人黃氏、楊氏所續也。近時吳氏澄獨疑其經傳混淆，爲朱子未定之稿，於是重加纂次，以十七篇者並依鄭氏次第爲正經，取《戴記》、鄭《注》中有經篇者，離之爲逸經。逸經八篇，其二取之《小戴記·投壺》、《奔喪》也，其三取之《大戴記·公冠》、《諸侯遷廟》、《諸侯釁廟》也，其三取之鄭氏注中《□禘》、《明堂》、《王居明堂》也。禮各有義，則經之正也，以戴氏所存兼劉氏所補者合之爲傳。傳十篇，《戴記》中《冠義》、《昏義》、《鄉飲酒義》、《射義》、《燕義》、《聘義》，乃周末漢初人作以釋經，而戴氏抄以入記，正爲《儀禮》之傳，乃依經禮篇次，萃爲一編。《射義》一篇，迭陳天子諸侯卿大夫士之射，釐爲《鄉射義》、《大射義》二篇。《士相見義》、《公食大夫義》則用清江劉原父所補，惟《覲義》闕，取《大戴記·朝事》一篇以備之，共爲十篇。於是《儀禮》之經，自一至十各有傳矣。正經居首，逸經次之，傳終焉，其外仍以歸諸戴氏之記。《小戴記》存者三十六篇，亦重加序次，曰《通禮》者九，《曲禮》、《內則》、《少儀》、《玉藻》，通記大小儀文，而《緇衣》附焉。《月令》、《王制》專記國家制度，而《文王世子》、《明堂位》附焉。曰喪禮十有一，《喪大記》、《喪服小記》、《雜記》、《服問》、《檀弓》、《曾子問》六篇記喪，而《大傳》、《間傳》、《問喪》、《三年問》、《喪服四制》五篇，則喪之義也。曰祭禮者四，《祭法》一篇記祭，而《郊特牲》、《祭義》、《祭統》三篇，則祭之義也。曰通倫者十有二，《禮運》、《禮器》、《經解》一類，《哀公問》、《仲尼燕居》、《孔子閒居》一類，《坊記》、《表記》一類，《緇衣》一類，《儒行》自爲一類，《學記》、《樂記》其文雅馴，則以終之。朱子所輯，及黃氏《喪禮》、楊氏《祭禮》，亦去其重復，名之曰「朱氏記」，與二《戴記》爲三焉。

《周禮》，周公作或謂之《周官》。蓋即其設位言之，則曰《周官》，即其制作言之，則曰《周禮》也。自周之衰，諸侯將踰法度，惡其害己，皆滅去其典籍。而秦用商君，其政與《周官》相反，始皇疾惡，焚燒之獨悉。漢興，高堂生首言《儀禮》，而《周禮》之出最後。武帝時，河間獻王得而獻之，入于秘府，或謂有李氏上《周官》五篇于武帝。當世儒者莫得見焉。成帝時，劉歆校理秘書見之，以爲周公致太平之迹，始得列序，著于《録》、《略》，而五官皆有殘缺，《冬官》又亡，乃以《考工記》足之。或曰司空官屬錯散於五官之中，實未嘗亡。俞庭□有《復古編》於五官中摘其羨者以補《冬官》，而刪去《考工記》。《考工記》者，前世能識古制者所作也，王莽時，歆取以足之，厥後杜子春、賈徽及子逵、鄭興及子衆與馬融等皆傳《周禮》，爲之訓詁，而鄭康成爲之注。然自《周禮》之出，當世儒者多疑之，林顧以爲末世瀆亂不經之書，何休以爲六國陰謀之書，獨康成知爲聖法，作《論難》以排衆說，故《周禮》之出，始於劉歆而成於康成也。魏、晉以來，于實、王邵之徒，有爲義疏者，有爲論評者，以及禮帖、禮鈔之類，莫可勝數。至唐賈公彥撰疏二十卷，今惟鄭注賈疏行焉。然自《周禮》之出，當世云云至文中子云云，今即共書考之，其中誠亦有可疑者，六鄉六遂，共十五萬家，官吏乃至二萬三千人，十五萬家之所入幾何，而足以給二萬三千之官吏乎？以地官計之，公卿大夫士通用三十萬人，而府史胥徒又所不預，則其衆多又益甚焉。至若太史、內史，掌六典、八法、八則、八柄之貳，宜屬天官，乃屬之春官。大小行人、司儀、掌客宜屬春官，乃屬之秋官。宰夫掌臣民之復逆矣，則大僕、小臣、御僕之掌復逆，宜屬天官，而乃屬夏官。宰夫掌治朝之位矣，則司士正朝儀之位，宜屬天官，乃屬夏官。地官掌邦畿之事，造都邑，建社稷，設封疆，既悉掌之，而掌固、掌疆、司險、候人又見於夏官。天官掌財賦之事，自太府至掌皮既悉領之，而泉府、廩人、倉人又見於地官，若此等類，未易悉數。此其官職之煩宂殽雜，實爲可疑，學者詳之而已。至文中子乃謂「如有用我，執此以往」，而唐太宗謂爲眞聖作，宋横渠張子又極尊信，而王荆公且推行之，獨五峰胡氏則深所擯抑，朱子蓋嘗折衷其説，由周公立下規模，未及用也，趙汝騰氏又謂「惟王建國」、「以爲民極」數語，乃周公作洛後所爲，然不可考矣。若程子所謂有《關雎》、《麟趾》之意，然後可以行周官之法度，則推本而論之者也。

焦竑《國史經籍志・禮類序》 漢初，《禮經》出魯淹中，河間獻王得而奏之，乃高堂生獨傳十有七篇，即今之《儀禮》也。后蒼從堂講業，尋以授戴德兄弟及沛人慶普，後三家益微，鄭玄明小戴之學，自爲之注，書乃盛行。《喪服》一篇相傳出於子夏，而獻王又從李生得《周官書》，以《冬官》闕，取《考工記》足成之。顧不知《冬官》未嘗闕也，蓋冢宰六屬屬六十，今冬官之屬才二十八，而五官數各有羨，天官六十有三，地官七十八，春官七十，夏官六十九，秋官六十六，遺編斷簡錯出，乃爾取其羨數，還之冬官，不獨百工得歸眞部，而六官僞舛因可類考，亦足快矣！《儀禮》多軼，永樂中御史劉有年劉，沅州人，見《一統志》。獻逸經十有八篇，時未加表章，旋就湮沒。夫以古經出千百世之後，而不爲寶惜，劉歆所謂「杜道餘，滅微學」，寧獨漢人而已。余深慨之，特附著於篇，令好古者有所聞焉。

《四庫提要・禮類序》 古稱議禮如聚訟，然《儀禮》難讀，儒者罕通，不能聚訟。《禮記》輯自漢儒，某增某減，具有主名，亦無庸聚訟。所辨論求勝者，《周禮》一書而已。考《大司樂》章先見於魏文侯時，理不容僞。河間獻王但言闕《冬官》一篇，不言簡編失次，則竄亂移補者亦妄。《三禮》竝立，一從古本，無可疑也。鄭康成注，賈公彦、孔穎達疏，於名物度數特詳。宋儒攻擊，僅摭其好引讖緯一失，至其訓詁則弗能踰越。蓋得其節文，乃可推制作之精意，不比《孝經》、《論語》可推尋文句而談。本漢唐之注疏，而佐以宋儒之義理，亦無可疑也。謹以類區分，定爲六目：曰《周禮》，曰《儀禮》，曰《禮記》，曰《三禮總義》，曰《通禮》，曰《雜禮書》。六目之中，各以時代爲先後，庶源流同異，可比而考焉。

又《禮類一》 案：《周禮》古謂之《周官》，欽定《三禮義疏》已復其本名。以諸家注本題《周禮》者十之九，難於一一追改，故姑從鄭玄以來相沿之稱。

又《禮類二》 案：《儀禮》不專言《喪服》，而古來喪服之書則例附於《儀禮》。蓋《周官》凶禮無專門，《禮記》又《儀禮》之義疏。言喪服者大抵以《儀禮》爲根柢，故從其本而類附也。

又《禮類三》 案：訓釋《大學》、《中庸》者，《千頃堂書目》仍入禮類，今併移入《四書》。以所解者《四書》之《大學》、《中庸》，非《禮記》之《大學》、《中庸》。學問各有淵源，不必彊合也。《大戴禮記》舊附於經，史繩祖《學齋佔畢》亦有《大戴禮記》，宋列爲十四經之説。然繩祖所云，別無佐證。且其書古不立博士，今不列學官，未可臆加以經號。今以二戴同源，附録於《禮記》之末，從其類也。

又《禮類四》 案：公私儀注，《隋志》皆附之禮類。今以朝廷制作，事關國典者，隸史部政書類中。其私家儀注無可附麗，謹彙爲《雜禮書》一門，附禮類之末，猶律呂諸書皆得入經部樂類例也。

耿文光《萬卷精華樓藏書記・禮類序》 鄭氏曰：《禮器經》，禮三百謂《周禮》也。又曰：周公居攝而作六職，謂之《周禮正義》，《周禮》、《儀禮》並周公所記，所謂禮經三百，威儀三千。禮經則《周禮》也，威儀則《儀禮》也。馬融曰：孝武開獻書之路，《周官》出於山巖屋壁。《隋志》：漢時有李氏得《周官》，《周官》蓋周公所制官政之法，上於河間獻王，獨闕《冬官》一篇。獻王購以千金不得，遂取《考工記》以補其闕，合成六篇，奏之。至王莽時，劉歆始置博士以行於世。河南緱氏、杜子春受業於歆，因以教授鄭樵，曰《周禮》一書，或謂文王治岐之制，或謂成周理財之書，或謂戰國陰謀之書，或謂漢儒附會之説，或謂末世瀆亂不驗之書，紛紜之説，無所折衷。予謂非聖人之智不及。文中子居家未嘗廢《周禮》，太宗讀《周禮》謂其聖作，其深知《周禮》者歟！若夫王莽敗於前，荆公敗於後，此非《周禮》不可行而不善用《周禮》者之過也？

賈公彦曰：周衰，諸侯惡典籍之害己，《司空》篇亡，鄭康成曰：《考工記》，司空之官也。《司空》篇亡，漢興，購求千金不得，此前世識其事者記録以備大數耳。《南齊書》：文惠太子鎭雍州，有盜發楚王冢，獲竹簡書、青絲編。簡廣數分，長二尺，有得十餘簡以示王僧虔，曰是蝌蚪書。《考工記》、《周官》所闕文也。林希逸曰：《周禮》六官闕其一，河間獻王以《考工記》足之。《考工》之文自與五官不同，予嘗以此爲造物之巧，畢竟五官文字俱同一律，《考工》之文又奇，足以此書似造物有意也。朱申曰：《冬官》不名司空而名《考工記》者，蓋漢儒名之也。朱氏曰：《考工記》漢以補冬官之闕，然周官三百六十，多以士爲之，若記之所云直百工焉爾，記之所載三十工，鄭氏以爲司空之官，非矣。又曰：說《周禮》者言《冬官》不亡，散見五官中，多以意強補《冬官》，惟錢氏馭不襲前人之說，可謂溫故知新矣。

《禮古經》，《漢志》：五十六卷，經七十篇，記一百三十一篇。注：七十子後學者所記。《明堂陰陽》三十三篇。注：古明堂之遺事。《王史氏》二十一篇。注：七十子，後學者，《別録》云六國時人。劉歆曰：魯恭王得古文於壞壁，逸禮有三十九，天漢之後，孔安國獻之。范書：孔安國所獻《禮古經》五十六篇及《周官經》，前世傳其書，未有名家。朱子曰：今《儀禮》多是士禮。河間獻王得《古禮》五十六篇，其中却有天子諸侯禮。班固作《漢書》時，其書尚在，鄭康成亦及見之。今《注疏》中有援引處，不知甚時失了，眞可惜也。吳徵曰：魯恭王壞孔子宅，得《古文禮經》於孔氏壁中，凡五十六篇，河間獻王得而上之。其十七篇與《儀禮》正同，餘三十九篇藏在秘府，謂之《逸經》。孔、鄭所引逸《中霤禮》、《禘於太朝禮》、《王居明堂禮》皆其篇也。唐初猶存，後儒曾不以爲意，遂至於亡。惜哉！《草廬纂儀》《逸禮經》八篇，傳十篇，創於國子監、崇文閣。鄭康成曰：傳《禮》者十三家，惟高堂生及五傳弟子戴德、戴聖名世也。《崇文總目》、《儀禮》乃儀度委曲之書，若後世儀注，其初蓋三千餘條。陳録此乃儀，更須有禮書。朱《考》所載《士禮考正》、《昏禮用中》、《鄉飲酒儀》、《射禮集解》、《覲禮辨》、《喪服譜注》凡百十家，而《喪服》最多，其中多未見之書，或採自本集，不必皆單行本也。高堂生所傳恐非今本。

朱氏《經義考》列《大戴禮》於《禮記》之前，以大戴在先故也。《四庫書目》附録《大戴禮》於《禮記》之屬，後以其殘缺不全故也。今注勝於古注，又經諸大家考訂，因次於《禮記》之後，以明與《四庫》附録之本不同也。又案：高堂生傳《士禮瑕》，丘蕭奮以禮至淮陽太守，東海孟卿事奮以授后蒼，魯閭丘鄉蒼說禮數萬言，號《曲臺記》。后氏之禮分爲四家，聞人通雖未立於學官，而石渠禮論其議奏獨多，慶普《禮記》未詳篇目，東漢曹克父子尙傳其學。克著《禮記章句辨難》，於是有慶氏學。褒著《禮通義》十二篇，又著《演經雜論》百二十篇，又傳《禮記》四十九篇，教授諸生千餘人，慶氏學遂行於世。《隋書》大戴、小戴、慶氏三家並立，然曹褒所論皆讖緯之言，故所制漢禮不行。大小戴、慶氏皆后蒼弟子，然所傳之禮不必皆爲《儀禮》。毛氏之說固未可深信也。《大戴禮》自盧注以後，元馬定國有《大戴禮辨》一卷，朱《考》曰佚。吳澄《大戴禮序録》一篇，朱《考》曰存。阮相國言治此經，其注則未見也。其他《大戴禮》之說，具見於《經義考》。

《周官經》，《漢志》六篇，唐時謂之《周禮》，《周官傳》四篇，別有《周政》、《周法》、《河間》、《周制》等篇似與《周官》相表裏，今皆亡佚。《禮古經》班氏、鄭氏猶及見之，不知何時亡失。《注疏》中有援引處，《儀禮》十七篇，多是士禮，却少天子諸侯禮，則所逸尤多。此吳澄所以有《儀禮》逸經也。《曲臺記》、《慶普禮記》皆佚，惟戴聖《禮記》獨存，而《大戴禮記》亦闕。謹案：《四庫書目》禮類分六目，曰《周禮》，曰《儀禮》，曰《禮記》，曰《三禮總義》，曰《通禮》，曰《雜禮書》。今所録者凡三十二家，《周禮》二家，《儀禮》十家，《禮記》四家，《三禮總義》如《三禮圖》之類或名標三禮，或禮義兼三禮者，皆入焉，凡四家。《通禮》如禮書之類，雖兼三禮而歷代之制皆備，與經義不同，故別爲一類，凡五家。《雜禮書》則私家之儀注也，凡二家。今自陳氏禮書以下，皆謂之禮書，而以弟子職附焉。

雜録

姚振宗輯《七略別録佚文・禮》 右六藝《禮》家佚文八條，附錄十條。

《漢書・藝文志・禮》 凡《禮》十三家，五百五十五篇。入《司馬法》一家，百五十五篇。

陸德明《經典釋文序録・注解傳述人》 安上治民，莫善於禮。鄭子太叔云：「夫禮，天之經，地之義，民之行也。」《左傳》云：「禮所以經國家，定社稷，序民人，利後嗣者也。」禮教之設，其源遠哉！

帝王質文，世有損益，至於周公，代時轉浮。周公居攝，曲爲之制，故曰：「經禮三百，威儀三千。」及周之衰，諸侯始僭，將逾法度，惡其害己，皆滅去其籍，自孔子時而不具矣。孔子反魯乃始刪定。值戰國交爭，秦氏焚坑，惟故《禮經》崩壞爲甚。

漢興，有魯高堂生傳《士禮》十七篇，即今之《儀禮》也。而魯徐生善爲容，孝文時爲禮官大夫。景帝時，河間獻王好古，得古《禮》獻之。鄭《六藝論》云：後得孔氏壁中、河間獻王古文《禮》五十六篇、《記》百三十一篇、《周禮》六篇。其十七篇與高堂生所傳同而字多異。劉向《別録》云：古文《記》二百四篇。《藝文志》曰：《禮古經》五十六篇，出於魯淹中。蘇林云：淹中，里名。或曰：河間獻王開獻書之路，時有李氏上《周官》五篇，失《事官》一篇，乃購千金不得，取《考工記》以補之。瑕丘蕭奮以《禮》至淮陽太守，授東海孟卿。孟喜父。卿授同郡后蒼及魯閭丘卿。其古《禮經》五十六篇，蒼傳十七篇，所餘三十九篇以付書館，名爲《逸禮》。蒼說《禮》數萬言，號曰《后蒼曲臺記》。在曲臺校書著《記》，因以爲名。孝宣之世，蒼爲最明。蒼授沛聞人通漢字子方，以太子舍人論石渠，至中山中尉。及梁戴德，字延君，號「大戴」，信都太傅。戴聖，字次君，號「小戴」，以博士論石渠，至九江太守。沛慶普，字孝公，東平太傅。由是《禮》有大小戴、慶氏之學。普授魯夏侯敬，又傳族子咸。豫章太守。大戴授琅邪徐良。字斿卿，爲博士、州牧、郡守，家世傳業。小戴授梁人橋仁字季卿，大鴻臚，家世傳業。及楊榮。字子孫，琅邪太守。

王莽時，劉歆爲國師，始建立《周官經》，以爲周禮。河南緱氏杜子春受業於歆，還家以教門徒，好學之士鄭興父子等興字少贛，河南人，後漢太中大夫。子衆已見前。並作《周禮解詁》。多往師之。賈景伯亦作《周禮解詁》。

《禮記》者，本孔子門徒共撰所聞以爲此記，後人通儒各有損益，故《中庸》是子思伋所作，《緇衣》是公孫尼子所制。鄭玄云《月令》是呂不韋所撰。盧植字子幹，涿郡人，後漢北中郎將、九江太守。云《王制》是漢時博士所爲。陳邵字節良，下邳人，晉司空長史。《周禮論序》云：戴德刪古《禮》二百四篇爲八十五篇，謂之《大戴禮》；戴聖刪《大戴禮》爲四十九篇，是爲《小戴禮》。漢劉向《別録》有四十九篇，其篇次與今《禮記》同，名爲他家書拾撰所取，不可謂之《小戴禮》。後漢馬融、盧植考諸家同異，附戴聖篇章，去其繁重及所敍略而行於世，即今之《禮記》是也。鄭玄亦依盧、馬之本而注焉。

范曄《後漢書》云：中興，鄭衆傳《周官經》。後馬融作《周官傳》，授鄭玄，玄作《周官注》。鄭注引杜子春、鄭大夫、鄭司農之義。鄭玄《三禮目録》云：「二鄭信同宗之大儒，今贊而辯之。」玄本治《小戴禮》，後以《古經》校之，取其於義長者順者，故爲鄭氏學。玄又注小戴所傳《禮記》四十九篇。通爲《三禮》焉。

漢初，立高堂生《禮》博士，後又立大小戴、慶氏三家，王莽又立《周禮》。後漢，《三禮》皆立博士。今慶氏《曲臺》久亡，大戴無傳學者，唯鄭注《周禮》、《儀禮》、《禮記》並列學官，而《喪服》一篇又別行於世。今《三禮》俱以鄭爲主。

《隋書·經籍志·禮》 右一百三十六部，一千六百二十二卷。通計亡書，二百一十一部，二千一百八十六卷。

《舊唐書·經籍志·禮》 右《禮》一百四部，《周禮》十三家，《儀禮》、《喪服》二十八家，禮論答問三十五家，凡一千九百四十五卷。

錢東垣等輯《崇文總目·禮類》 共三十三部，計一千九十七卷。

《新唐書·藝文志·禮類》 右《禮》類六十九家，九十六部，一千八百二十七卷。失姓名七家，元行沖以下不著録十六家，二百九十五卷。

王應麟《玉海·藝文·三禮》 九經《禮》居其三，曰《儀禮》，漢儒得《古文禮》五十六篇，高堂傳《士禮》十七篇，《漢志》所謂古經七十篇者也。劉原父云當作十七。曰《周禮》，漢河間獻王得之李氏，失《冬官》一篇，補以《考工記》，劉歆校理，始得著録。《漢志》所謂《周官經》六篇者也。曰《禮記》，有《大戴禮記》、《小戴禮記》，漢后倉授梁人戴德及兄子聖，德刪古禮爲八十五篇，謂之《大戴禮》，聖刪《大戴禮》爲四十六篇，爲《小戴禮》。馬融又足《月令》、《明堂位》、《樂記》爲四十九篇。《漢志》不著録，而曰德、聖、慶普三家，立於學官。後漢諸儒多爲《小戴》訓，即今之《禮記》也。《大戴禮》既已缺逸，其間又多雜誤，《後漢·儒林傳》與《隋·經籍志》諸書言《三禮》皆不及《大戴》云。

《宋史·藝文志·禮類》 右《禮》類一百十三部，一千三百九十九卷。石𡼖《中庸集解》以下不著録二十六部，四百六十九卷。

《明史·藝文志·禮類》 右《禮》類一百七部，一千一百二十一卷。

《四庫提要·禮類一》 右禮類《周禮》之屬二十二部，四百五十三卷，皆文淵閣著録。

又《禮類二》　右禮類《儀禮》之屬二十二部，三百四十四卷，附録二部，一百二十七卷，皆文淵閣著録。

又《禮類三》　右禮類《禮記》之屬二十部，五百九十四卷，附録二部，十七卷，皆文淵閣著録。

又《禮類四》　右禮類《雜禮書》之屬五部，三十三卷，皆文淵閣著録。

又《禮類存目一》　右禮類《儀禮》之屬九部，一百五卷，附録四部，二十二卷，皆附存目。

又《禮類存目二》　右禮類《禮記》之屬四十一部，五百五十四卷，內一部無卷數。附録四部，七卷，皆附存目。

又《禮類存目三》　右禮類《三禮總義》之屬二十部，三百一十卷，內一部無卷數。皆附存目。

右禮類《通禮》之屬六部，二百四十七卷，皆附存目。

右禮類《雜禮書》之屬十七部，八十七卷，內三部無卷數。皆附存目。

張之洞《書目答問・列朝經注經説經本考證》　以上《周禮》之屬。疑經者不録。

以上《儀禮》之屬。有意攻駁古注者不録。

以上《禮記》之屬。

以上「三禮總義」之屬。《三禮》家不考禮制，空言禮意者不録。

綜述

周禮分部

周官經

《漢書・藝文志・禮》　《周官經》六篇。王莽時劉歆置博士。

姚振宗《漢書藝文志條理・禮家》　《周官經》六篇，王莽時劉歆置博士。本書《王莽傳》：「元始四年，是歲徵天下通一藝，及有《逸禮》、古《書》、《毛詩》、《周官》、《爾雅》通知其意者，皆詣公車。」又《儒林傳》：「古文《尚書》家，王莽時諸學皆立。」馬融《周官傳序》曰：「秦自孝公已下，用商君之法，其政酷烈，與《周官》相反。故始皇禁挾書特疾惡，欲絕滅之，搜求焚燒之。獨悉是以隱藏百年，孝武帝始除挾書之律，開獻書之路。既出于山巖屋壁，復入于秘府，五家之儒莫能見焉。至孝成皇帝，達才通人劉向、子歆校理秘書，始得列序，著于《録》、《略》。然亡其《冬官》一篇，以《考工記》足之。時衆儒並出，共排以爲非是。唯歆獨識，其年尚幼，務在廣覽博觀，又多鋭精于《春秋》，末年乃知其周公致太平之迹，迹具在斯。」荀悅《漢紀》：「劉歆以《周官》十六篇爲《周禮》，王莽時歆奏以爲經，置博士。」《隋書・經籍志》：「漢時有李氏得《周官》，《周官》蓋周公所制官政之法，上于河間獻王，獨闕《冬官》一篇。獻王購以千金不得，遂取《考工記》以補其處，合成六篇，奏之。至王莽時，劉歆始置博士，以行于世。」王氏《考證》：「《禮記疏》云：孝文時求得此書，不見《冬官》一篇，乃使博士作《考工記》補之，謂孝文時，非也。又齊文惠太子鎮雍州，有發楚王冢，獲竹簡書、青絲編。簡廣數分，長二尺，得十餘簡以示王僧虔，僧虔曰是科斗書《考工記》。然則《考工記》亦先秦書，謂之漢博士作，誤矣。」

周官

《隋書·經籍志·禮類序》 而漢時有李氏得《周官》。《周官》蓋周公所制官政之法，上於河間獻王，獨闕《冬官》一篇。【略】今《周官》六篇、古經十七篇、《小戴記》四十九篇，凡三種。唯鄭注立於國學，其餘並多散亡，又無師説。

周禮

陸德明《經典釋文序録·次第》 《三禮》次第，《周禮》爲本，《儀禮》爲末，先後可見。

姚振宗《三國藝文志·禮類》 荀悦《漢紀》曰：劉歆以《周官》六篇爲《周禮》，王莽時歆奏以爲《禮經》，置博士。

馬端臨《文獻通考·經籍考·禮》 《朱子語録》曰：《周禮》一書好看，廣大精密，周家法度在裏許。但未敢令學者看此，非是不可學，亦非是不當學，只爲學有先後，先須理會自家身心合做底，學《周禮》却自後一截事而今把來説看，還有一句干涉吾人身心上事否？《周禮》規模，皆是周公做，但其言語，是他人做。如今時宰相提舉勅令，豈是宰相一一下筆？有不是處，周公須與改，至小可處，或未及改；或是周公晚年作此書。某所疑者，但恐周公立下此法，却不曾行得盡。後世皆以《周禮》非聖人書，其間細碎處雖可疑，其大體直是非聖人做不得。穎濱蘇氏曰：言周公所以治周者，莫詳於《周禮》。然以吾觀之，秦、漢諸儒，以意損益之者衆矣，非周公之完書也。何以言之？周之西都，今之關中也，其東都，今之洛陽也。二都居北山之陽，南山之陰，其地東西長，南北短，短長相補，不過千里，古今一也。而《周禮》王畿之大，四方相距千里，如畫棋局，近郊遠郊，甸地稍地，小都大都，相距皆百里，千里之方，地實無所容之。故其畿內遠近諸法，類皆空言耳。此《周禮》之不可信者一也。《書》稱武王克商而反商政，列爵惟五，分土爲三。故《孟子》曰：「天子之制，地方千里，公侯百里，伯七十里，子、男五十里；不能五十里，不達於天子，附於諸侯，曰附庸。」鄭子產亦云：「古之言封建者，蓋若是。」而《周禮》諸公之地方五百里，諸侯四百里，諸伯三百里，諸子二百里，諸男百里，與古説異。鄭氏知其不可而爲之説曰：「商爵三等，武王增以子、男，其地猶因商之故。周公斥大九州，始皆益之如《周官》之法。於是千乘之賦，自一成十里而出車一乘，千乘而千成，非公侯之國，無以受之。」吾竊笑之。武王封之，周公大之，其勢必有所并，必有所徙。一公之封，而子男之國爲之徙者十有六，封數大國，而天下盡擾，此書生之論，而有國者不爲也。傳有之曰：「方里而井，十井爲乘。」故十里之邑而百乘，百里之國而千乘，千里之國而萬乘，古之道也；不然百乘之家爲方百里，萬乘之國爲方數圻矣，故無是也。語曰：「千乘之國，攝乎大國之間。」千乘雖古之大國，而於衰周爲小，然孔子猶曰：「安見方六七十如五六十，而非邦也者？」然則雖衰周，列國之強家猶有不及五十者矣。韓氏、羊舌氏，晉大夫也，其家賦九縣，長轂九百，其餘四十縣，謂一縣而百乘，則可，謂一縣而百里，則不可。此《周禮》之不可信者二也。王畿之內，公邑爲井田，鄉遂爲溝洫。此二者，一夫而受田百畝，五口而一夫爲役，百畝而税之十一，舉無異也。然而井田自一井而上，至於一同而方百里，其所以通水之利者，溝、洫、澮三，溝洫之制。至於萬夫方三十二里有半，其所以通水之利者，遂、溝、洫、澮、川五，利害同而法制異，爲地少而用力博，此亦有國者之所不爲也。楚蒍掩爲司馬，町原防井衍沃，蓋平川廣澤，可以爲井者井之，原阜堤防之間，狹不可井，則町之。杜預以町爲小頃町。皆因地以制廣狹多少之異，井田溝洫，蓋亦然耳。非公邑必爲井田，而鄉遂必爲溝洫。此《周禮》之不可信者三也。三者既不可信，則凡《周禮》之詭異，遠於人情者，皆不足信也。古之聖人，因事立法，以便人者有矣，未有立法以強人者也。立法以強人，此迂儒之所以亂天下也。五峰胡氏曰：謹按孔子定書，《周官》六卿，「家宰，掌邦治，統百官，均四海」者也。今以劉歆所成《周禮》考之，「太宰，掌建邦之六典」，夫太宰統五官之典以爲治者也，豈於五官之外，更有治典哉！則掌建六典，歆之妄也。太宰之屬六十。小宰也、司會也、司書也、職內也、職歲也、職幣也，是六官之所掌，辭繁而事複，類皆期會簿書之末，俗吏掊克之所爲，而非贊冢宰、進退百官，均一四海之治者也。古之君國子民者，以義爲利，不以利爲利，故百乘之家，不畜聚斂之臣，與其有聚斂之臣，寧有盜臣。今天官有宰夫者，考郡都鄙縣之治，乘其財用之出入，凡失財用物辟名者誅之，其足用長財善物者賞之。夫君相守恭儉，不尚末作，使民務本，此足用長財之要也。百官有司，謹守其職，豈敢踰越制度，自以足用長財爲事。若劉歆之說，是使百官有司，不守三尺，上下交征利，椎剝其民，以危亡其國之道，非周公致太平之典也。古之王者，守禮寡欲，由義而行，無所忌諱，不畏災患。今天官甸師乃曰：「喪事代王受眚災。」此楚昭、宋景之所不爲者也，而謂周公立以爲訓，開後王忌諱之端乎！先王之制，凡官府次舍列於庫門之外，所以別內外、嚴貴賤也。今宮正乃比宮中之官府，次舍之衆寡。又曰：「去其奇衺之民。」則是嬪妃宮吏，衆庶雜處，簾陛不嚴，而內外亂矣。「宮伯掌王宮之士庶子。」鄭玄以爲諸吏之適庶，宿衛王宮者也。天子深居九重，而朝後市，謹之以門衛，嚴之以城郭溝池，環之以鄉遂縣都，藩之以侯甸男邦采衛，守之以夷蠻戎狄，周匝四垂，中天下而立，定四海之民。今周公乃於宮中置諸吏，又以其士庶子衛王宮，何示人不廣，而自削弱如此也。王后之職，恭儉不妬忌，帥夫人嬪婦以承天子、奉宗廟而已矣。今內宰凡建國左右立市，豈后之職也哉！「內小臣掌王后之命。」后有好事於四方則使往，有好令於卿大夫，則亦如之。「閽人掌守王宮中門之禁。」說者以爲二官奄者、墨者也。婦人無外事，以貞潔爲行，若外通諸侯，內交群下，則將安用君矣？夫人臣尚無境外之交，曾謂后而可乎？古者不使刑人守門，公家不畜刑人，大夫不養士，遇諸塗，弗與之言。周公作《立政戒》，成王以恤左右，綴衣虎賁，欲其皆得俊乂之人。今反以隱宮刑餘，近日月之側，開亂亡之端乎？寺人，內豎賤人，非所貴也。「內祝掌宮中禱祠禳禬之事。」夫祭祀之禮，天子公卿諸侯大夫士行之於外，后妃夫人嬪婦供祭服籩豆於內。凡天地宗廟、山川百神，祀有典常，又安用此，么麼禱祠禳禬於宮中？此殆漢世女巫執左道入宮中，乘妃姬爭妬，與爲厭勝之事耳。劉歆乃以爲太宰之屬，置於王宮，其誣周公也甚矣！冢宰常以天下自任，故王者內嬖嬪婦敵於后，外寵庶孽齊於嫡，宴遊無度，衣服無章，賜與無節，法度之廢，將自此始，雖在內庭，爲冢宰者，眞當任其責也。若九嬪之婦法，世婦之宮具，女御之功事，女史之內政，典婦之女功，乃后夫人之職也；王安石以爲統於冢宰，則王所以治內，可謂至公而盡正矣。夫順理而無阿私之謂公，由理而無邪曲之謂正，修身以齊家，此王者治國平天下之定理，所自盡心者也；苟身不能齊家，而以付之冢宰，爲王也悖理莫甚焉，又可謂之公正乎？噫，安石眞姦人哉！四方貢職，各有定制，王者爲天下主財，奉禮義以養天下，無非王者之財也，不可以有公私之異。今大府乃有貳貢之餘財，以共玩好之用，不幾有如李唐之君，受裴延齡之欺罔者乎！王府乃有王之金玉良貨賄之藏，不幾有如漢桓、靈置私庫者乎！內府乃有四方金玉齒革良貨賄之獻，而共王之好賜，不幾有如李唐之君，受四方羨餘之輕侮者乎！王裘服，宜夫人、嬪婦之任也，今既有司裘，又有縫人、屨人等九官，則皆掌衣服者也；膳夫酒正之職，固不可廢，又有臘人、監人等十有六官，則皆掌飲食者也；醫師之職，固不可廢，又有獸醫等五官，皆醫事也；帷幕次舍之事，固不可廢，而皀隸之所作也，亦置五官焉：凡此，既不應冗濫如是。且皆執技以事上役於人者也，而以爲冢宰進退百官、均一四海之屬，何也？漢興，經五伯七雄聖道絕滅，大亂之後，陳平爲相，尚不肯任廷尉內史之事，周公承文、武之德，相成王爲太師，乃廣置宮闈猥褻、衣服飲食、技藝之官以爲屬，必不然矣！其末則又有夏采之官焉，專掌王崩復土者也。嗚呼！安得是不祥之人哉！禮官臨大變，一時行之可矣，乃預置官以俟王崩而行其職，何不祥之甚也！太宰之屬六十有二，考之未有一官完善者，則五卿之屬可知矣；而可謂之經，與《易》、《詩》、《書》、《春秋》配乎？按《周禮》一書，先儒信者半，疑者半。其所以疑之者，特不過病其官冗事多，瑣碎而煩擾耳。然愚嘗論之，經制至周而詳，文物至周而備，有一事必有一官，毋足怪者。有如閹閽卜祝，各設命官，衣膳泉貨，俱有司屬。自漢以來，其規模之瑣碎，經制之煩密，亦復如此，特官名不襲六典之舊耳；固未見其爲行《周禮》，而亦未見其異於《周禮》也。獨與百姓交涉之事，則後世惟以簡易闊略爲便，而以《周禮》之法行之，必至於厲民而階亂，王莽之王田、市易，介甫之青苗，均輸是也。後之儒者，見其效驗如此，於是疑其爲歆、莽之僞書而不可行，或以爲無《關雎》、《麟趾》之意則不能行。愚俱以爲未然，蓋《周禮》者，三代之法也。三代之時，則非直周公之聖可行，雖一凡夫亦能行之。三代而後，則非直王莽之矯詐、介甫之執愎不可行，而雖賢哲亦不能行。其故何也？蓋三代之時，寰宇悉以封建，天子所治，不過千里，公侯則自百里以至五十里，而卿大夫又各有世食祿邑，分土而治，家傳世守，民之服食日用，悉仰給於公上，而上之人所以治其民者，不啻如祖父之於其子孫，家主之於其臧獲。田土則少而授，老而收。於是乎有鄉遂之官，又從而視其田業之肥瘠，食指之衆寡，而爲之斟酌區畫，俾之均平。如上地家七人之類是也。貨財則盈而斂，乏而散。於是乎有泉府之官，又從而補其不足，助其不給，或賒或貸，而俾之足用，所以養之者如此。司徒之任，則自卿大夫州長以至閭胥比長，自遂大夫縣正以至里宰鄰長，歲終正歲，四時孟月，皆徵召其民，考其德藝，糾其過惡，而加以勸懲。司馬之任，則軍有將，師有帥，卒有長，四時仲月，則有振旅治兵、茇舍大閱之法，以旗致民，行其禁令，而加以誅賞，所以教之者如此。上下蓋弊弊焉，察察焉，幾無寧日矣！然其事雖似煩擾，而不見其爲法之弊者，蓋以私土子人，痛癢常相關，脈絡常相屬，雖其時所謂諸侯卿大夫者，未必皆賢，然既世守其地，世撫其民，則自不容不視爲一體，既視爲一體，則姦弊無由生，而良法可以世守矣。自封建變而爲郡縣，爲人君者，宰制六合，穹然於其上，而所以治其民者，則諉之百官有司、郡守縣令，爲守令者，率三歲而終更，雖有龔、黄之慈良，王、趙之明敏，其始至也，茫然如入異境，積日累月，方能諳其土俗，而施以政令，往往期月之後，其善政方可紀，纔再期而已及瓜矣。其有疲愞貪鄙之人，則視其官如逆旅傳舍，視其民如飛鴻土梗，發政施令，不過授成於吏手，既授成於吏手，而欲以《周官》之法行之，則事煩而政必擾，政擾而民必病，教養之恩惠未孚，而追呼之苛嬈已極矣！是以後之言善政者，必曰「事簡」。夫以《周禮》一書觀之，成周之制，未嘗簡也。自土不分胙，官不世守，爲吏者，不過年除歲遷，多爲便文自營之計，於是國家之法制，率以簡易爲便，「慎無擾獄市」之説，「治道去太甚」之説，遂爲經國庇民之遠猷。所以臨乎其民者，未嘗有以養之也，苟使之自無失其養，斯可矣；未嘗有以教之也，苟使之自毋失其教，斯可矣。蓋壤土既廣，則志慮有所不能周，長吏數易，則設施有所不及竟。於是法立而姦生，令下而詐起，處以簡靖，猶或庶幾，稍涉繁夥，則不勝其瀆亂矣。昔子産聽鄭國之政，其所施爲者，曰：「都鄙有章，上下有服，田有封洫，廬井有伍。」此俱《周官》之法也。然一年而輿人誦之曰：「孰殺子産，吾其與之！」三年而誦之曰：「子産而死，誰其嗣之！」按鄭國土地褊小，其在後世則一郡耳！夫以子産之賢智，而當一郡守之任，其精神必足以周知情僞，其念慮必足以洞究得失，決不至如後世承流宣化者之以苟且從事也。而周制在當時亦未至盡隳，但未能悉復先王之舊耳。然稍欲更張，則亦未能遽當於人心，必俟磨以歲月，然後昔之謗讟者，轉而爲謳歌耳。况賢不及子産，所涖不止一郡，且生乎千載之後，先王之制久廢，而其遺書僅存，乃不察時宜，不恤人言，而必欲行之乎？王介甫是也。介甫所行變常平而爲青苗，諉曰：「此《周官》泉府之法也。」當時諸賢，極力争之。蘇長公之言曰：「青苗雖云不許抑配，然其間願請之戶，必皆孤貧不濟之人家，若自有贏餘，何至與官交易？此等鞭撻已急，則繼之逃亡，逃亡之餘，則均之鄰保。」蘇少公之言曰：「出納之際，吏緣爲姦，法不能禁，錢入民手，雖良民不免非理費用，及其納錢，雖富民不免違限受責。如此則鞭笞必用，而州縣多事矣。」是皆言官與民賒貸之非便也。蓋常平者，糴糶之法也，青苗者，賒貸之法也。糴糶之法，以錢與粟兩相交易，似未嘗有以利民，而以官法行之，則反爲簡便。賒貸之法，捐錢以予民，而以時計息取之，似實有以濟民，而以官法行之，則反爲繁擾。然糴糶之説，始於魏文侯，常平之法，始於漢宣帝，三代之時，未嘗有此，而賒貸之法，則《周官》泉府明言之。豈周公經制，顧不爲其簡易者，而欲爲其繁擾者乎？謂《周禮》爲不可信之書，則《左氏傳》言鄭饑，子皮以子展之命餼國人粟，戶一鐘；宋饑，司城子罕請於平公，出公粟以貸，使大夫皆貸，司城氏貸而不書，爲大夫之無者貸，宋無饑人；齊陳氏以家量貸，而以公量收之。則春秋之時，官之於民，固有賒貸之事也。雖當時未嘗取二分之息，如青苗之爲，然熙寧諸賢所言，非病其取息之多也，蓋以爲貧者願貸，貸與之而不能償，則虧官；富者不願貸，抑配予之而并令保任貧者代償所逋，則損民。兩無所益，固不若常平之交手相付，聽從民便之爲簡易兩得也。然左氏所述鄭、宋、齊之事，謂之善政，以爲美談，未嘗見其有熙、豐之弊，何也？蓋鄭、宋、齊列國也，其所任者罕氏、樂氏、陳氏，則皆有世食祿邑，與之分土而治者也。介甫所宰者天下也，其所任者六七少年，使者四十餘輩，與夫州縣小吏則皆干進徇時之徒也。然非鄭、宋、齊之大夫盡賢，而介甫之黨盡不肖也。蓋累世之私土子人者，與民情常親，親則利病可以周知，故法雖繁，而亦足以利民；暫焉之承流宣化者，與民情常疏，疏則情僞不能洞究，故法雖簡，而猶懼其病民也。以青苗賒貸一事觀之，則知《周禮》所載，凡法制之瑣碎煩密者，可行之於封建之時，而不可行之於郡縣之後，必知時適變者，而後可以語通經學古之説也。

楊士奇等《文淵閣書目・禮類》 《周禮正文》。一部，四册，完全。 《周禮》。一部，三册，完全。 《周禮》。一部，七册，完全。 《周禮》。一部，五册，完全。 《周禮》。一部，四册，完全。 《周禮》。一部，六册，完全。

張萱等《内閣藏書目録・禮類》 《周禮》全書六册，全。 《周禮》五册，全。 又六册，全。 又三册，全。 又三册，不全。 又五册，全。 《周禮》二十六册。 京本《周禮》七册。 《周禮》正文四册，全。

徐𤊹《徐氏家藏書目・禮類》 《周禮白文》六卷。

錢謙益等《絳雲樓書目補遺・禮類》 宋板《周禮》八册。十二卷。

張之洞《書目答問・正經正注》 武昌局刻《周禮》單注大字本。

又《列朝經注經説經本考證》 《周禮讀本》十二卷。袁槐校刻本。

考工記古本

徐𤊹《徐氏家藏書目・禮類》 《考工記古本》一卷。

周官傳

《漢書・藝文志・禮》 《周官傳》四篇。

姚振宗《漢書藝文志條理・禮家》 《周官傳》四篇。《後漢書・儒林傳》：「《禮古經》五十六篇，《周官經》六篇。前世傳其書未有名家。」按此傳，四篇自爲一家之學，非名家乎特不得其主名耳。 《經義考》曰：「無名氏《周官傳》，《漢志》四篇，佚。按《漢志》儒家別有《周政》六篇、《周法》九篇、《河間周制》十八篇。注云獻王所述，似與《周官》相表裏，惜乎其皆亡也。」按：西京博士無《周官》之學，若王莽時立博士，博士爲之傳説則在《七略》奏進之後，無由著録此四篇。竹垞先生證以《周政》、《周法》、《周制》三書，而不言是傳爲何人作，竊意以爲獻王及其國之諸博士作。獻王獻《周官經》，並獻其《傳》，故《七略》亦並載其書。

周官注

姚振宗《三國藝文志・禮類》 杜子春《周官注》。范書《儒林傳》：「《周官經》六篇，前世傳其書，未有名家。」 荀悦《漢紀》曰：「劉歆以《周官》六篇爲《周禮》，王莽時歆奏以爲《禮經》，置博士。」 馬融《周官傳序》曰：「劉歆末年乃知其周公致太平之迹，迹具在斯。奈遭天下倉卒，兵革並起，疾疫喪荒，弟子死喪，徒有里人河南緱氏杜子春尚在。永平之初，年且九十，家于南山，能通其讀，頗識其説。鄭衆、賈逵往受業焉。」 《釋文敍録》曰：「王莽時劉歆爲國師，始建立《周官經》，以爲《周禮》。河南緱氏杜子春受業于歆，還家以教門徒。好學之士鄭興父子等多往師之。」又曰：「鄭注《周官》，引杜子春、鄭大夫、鄭司農之義。」馬國翰輯本序曰：「《周禮》杜子春《注》，隋、唐《志》皆不載，佚已久。從鄭康成《注》中所引，輯爲二卷。」

周禮解詁

姚振宗《後漢藝文志・禮類》 鄭興《周禮解詁》。范書本傳：「興字少贛，河南開封人也。更始時拜諫議大夫、涼州刺史，坐免，西歸隗囂。建武六年東還，以杜林薦，徵爲大中大夫。九年使監征南、積弩營于津鄉，《征南將軍岑彭積弩將軍傳》：「俊屯津鄉，以拒公孫術。」領征南營與大司馬吳漢擊公孫述，述死，留屯成都。坐左轉蓮勺令，以事免。興好古學，尤明《左氏》、《周官》，長於曆數。自杜林、桓譚、衛宏之屬，莫不斟酌焉。興去蓮勺後，遂不復仕。客授閿鄉，三公連辟不肯應，卒于家。」　鄭玄《周官序》曰：「世祖以來通人達士，大中大夫鄭少贛名興，作《周禮解詁》。」　馬國翰輯本序曰：「《周禮鄭大夫解詁》佚已久，今從康成《注》中輯録，凡十五節。晁公武《讀書志》曰：鄭興、鄭衆傳授《周禮》，康成引之以參釋異同云。鄭大夫者，興也。司農者，衆也。」

周禮解詁

姚振宗《後漢藝文志・禮類》　衛宏《周禮解詁》。宏始末見《書》類。　鄭玄《周官序》曰：「故議郎衛次仲作《周禮解詁》。」　范書《鄭興傳》：「興好古學，尤明《周官》。自杜林、桓譚、衛宏之屬，莫不斟酌焉。」《注》：「斟酌謂取其意旨也。」

周禮解詁

姚振宗《後漢藝文志・禮類》　鄭衆《周禮解詁》。衆始末見《易》類。　馬融《周官傳序》曰：「衆所解說，近得其實、獨以《書序》言『成王既黜殷命，還歸在豐，作《周官》，則此《周官》也。』失之矣。」　鄭玄《周官序》曰：「世祖以來通人達士大中大夫，鄭少贛名興，及子大司農仲師名衆，皆作《周禮解詁》。」又曰：「二鄭者，同宗之大儒，明理于典籍，觕識皇祖大經《周官》之義，存古字，發疑正讀，亦信多善。徒寡且約，用不顯於世。今讚而辨之，庶成此家世所訓也。」　范書《儒林傳》：「中興以後，鄭衆傳《周官經》。」　《釋文敍録》曰：「鄭興父子並作《周禮解詁》。」　馬國翰輯本序曰：「《周禮鄭司農解詁》隋、唐《書》不著録，佚已久。從鄭康成注裒輯六官，各爲一卷。凡六卷。」

周禮解詁

姚振宗《後漢藝文志・禮類》　賈逵《周禮解詁》。逵始末見《書》類。　范書本傳：「逵父徽，從劉歆受《周官》，逵傳父業，作《周官解故》。」　馬融《周官傳序》曰：「杜子春能通其讀頗識其說，鄭衆、賈逵往受業焉。衆、逵洪雅博聞，又以經書記轉相證明杜氏爲解。逵解行于世，衆解不行，兼攬二家爲備，多所遺闕。」　鄭玄《周官序》曰：侍中賈君景伯作《周禮解詁》。　《釋文敍録》曰：賈景伯亦作《周禮解詁》。　馬國翰輯本序曰：賈公彥《疏》謂賈逵作《周禮解詁》，不言卷數。隋、唐《志》皆不著目，佚已久。茲就賈《疏》及諸書所引，輯爲一卷，說多與馬季常同，引者往往並稱賈馬。鄭康成于其說之不合者，時以己意隱破之。

周官訓詁

姚振宗《後漢藝文志・禮類》　張衡《周官訓詁》。范書本傳：「衡字平子，南陽西鄂人也。少游三輔，觀太學，通五經，貫六藝。永元中舉孝廉，不行。連辟公府，不就。大將軍鄧騭奇其才，累召不應。安帝雅聞衡善術學，公車特徵，拜郎中，再遷爲太史令。順帝初，再轉復爲太史令。陽嘉中，遷侍中。永和初，出爲河間相，徵拜尚書。年六十二，永和四年卒。著《周官訓詁》，崔瑗以爲不能有異于諸儒也。」余蕭客《古經解鉤沈》曰宋本《春秋疏》二十八引張衡《解詁》。　《續漢書・百官志》注引胡廣《漢官解詁序》曰：「順帝時平子爲侍中，典校書，方作《周官解說》。」

周官禮

《隋書・經籍志・禮》　《周官禮》十二卷，馬融注。

《舊唐書・經籍志・禮》　《周官》十二卷。馬融傳。

《新唐書・藝文志・禮類》　馬融《周官傳》十二卷。

鄭樵《通志・藝文略・禮》　《周官禮》十二卷。馬融傳。

姚振宗《後漢藝文志・禮類》　馬融《周官傳》十二卷。融始末見《易》類。融自序曰：「至六十爲武都守，郡小，少事，乃述平生之志，著《易》、《尚書》、《詩》、《禮》《傳》皆訖，惟念前業未畢者，唯《周官》。年六十有六，目瞑意倦，自力補之，謂之《周官傳》也。惠氏《後漢書補注》：「《商芸小說》曰：『融在武都七年，南郡四年。』」　鄭玄《周官序》曰：「南郡太守馬季長作《周禮解詁》」。　范書《儒林傳》：「中興鄭衆傳《周官經》，後馬融作《周官傳》。」　《毛詩正義》曰：「馬融爲《周禮注》，欲省學者兩讀，故具載本文後。漢以來始就經爲注。」　《釋文敍録》：「馬融注《周官》十二卷。」　《隋書・經籍志》：「《周官禮》十二卷，馬融注。」　《唐・經籍志》，《周官》十二卷，馬融撰。　《藝文志》：「馬融《周官傳》十二卷。」　馬國翰輯本序曰：「融爲鄭康成之師，而康成注用杜子春及鄭大夫父子三家疏，引馬融說又往往爲鄭君所不取，則馬傳未能精醇，而鄭之不阿所好，均可見已。今輯録一卷。」又王氏《漢魏遺書鈔》亦有輯本一卷。

周禮難

姚振宗《後漢藝文志・禮類》　臨碩《周禮難》。范書《孔融傳》：「董卓以融爲北海相，融到郡表顯儒術，薦舉賢良鄭玄、彭璆、邴原等。郡人甄子然、臨孝存知名早卒，融恨不及之，乃命配食縣社。」　《世說・言語》篇注：「伏滔《青楚人物論》曰：『後漢時鄭康成、周孟玉、劉祖榮、臨孝存，皆青士有才德者。』」　《鄭學録》曰：「臨碩，字孝存，臨亦作林。」

賈公彥序《周禮》曰：「林孝存以爲武帝知《周官》末世瀆亂不驗之書，故作《十論》、《七難》以排棄之。」

周官禮

《隋書・經籍志・禮》　《周官禮》十二卷。鄭玄注。

《舊唐書・經籍志・禮》　《周官禮》十三卷。鄭玄注。

錢東垣等輯《崇文總目・禮類》　《周禮》十二卷。鄭康成注。

《新唐書・藝文志・禮類》　鄭玄注《周官》十三卷。

鄭樵《通志・藝文略・禮》　《周官禮》十二卷。鄭玄注。

晁公武《郡齋讀書志・禮類》　《周禮》十二卷。右鄭玄注。漢武帝時，河間獻王開獻書之路，得《周官》，有五篇，失《冬官》一篇，乃募以千金，不得，取《考工記》以補其闕。至孝成時，劉歆校理秘書，始得序列，著於《録》、《略》，爲衆儒排棄。歆獨以爲周公致太平之迹。永平時，杜子春初能通其讀，鄭衆、鄭興亦嘗傳受。玄皆引之，以參釋異同云。大夫者，興也；司徒者，衆也。

陳振孫《直齋書録解題・禮類》　《周禮》十二卷，《周禮注》十二卷。漢鄭康成撰。案《藝文志》，《周官經》六篇，本注云：「王莽時劉歆置博士。」顏師古曰：「即今之《周禮》也，亡其《冬官》，以《考工記》足之。」愚嘗疑周禮六典與書《周官》不同。司徒掌邦敎，敷五典，擾兆民；司空掌邦土，居四民，時地利，二官各有攸司。蓋自唐、虞九官，禹、契所職，則已然矣。今《地官》於敎事殊略，而田野、井牧、鄉遂、稼穡之事，殆皆司空職耳。《周官》初無邦事之名，今所謂事典者，未知定爲何事？書缺亡而以《考工記》足之，天下之事，止於百工而已耶？先儒固有疑於是書者，若林存孝以爲武帝知《周官》末世瀆亂不經之書，作《十論》、《七難》以排棄之。何休亦以爲六國陰謀之書，甚者或謂劉歆附益以佐王莽者也。惟鄭康成博覽，以爲周公致太平之迹，故其學遂行於世。愚案此書多古文奇字，名物度數，可考不誣。其爲先秦古書似無可疑。愚所疑者，邦土、邦事灼然不同，其他繁碎駁雜，與夫劉歆、王安石一再用之而亂天下，猶未論也。康成之學，出於扶風馬融，而參取杜子春、鄭大夫、鄭司農之說。子春河南緱氏人，生漢末，至永平初尚在，年九十餘。鄭衆、賈逵皆受業焉。大夫者，河南鄭興少贛也；司農者，鄭衆仲師，興之子也。融字季長。

《宋史・藝文志・禮類》 鄭玄《周禮注》十二卷。

楊士奇等《文淵閣書目・禮類》 《周禮鄭氏注》。一部，五册，闕。《周禮鄭氏注》。一部，六册。闕。

范邦甸等《天一閣書目・禮類》 《周禮鄭註》六卷，《考工記》一卷。刊本司馬公題籤。嘉靖丁亥陳鳳梧編行并序。松江守何鰲梓。

錢謙益等《絳雲樓書目・禮類》 《周禮傳》。六册。

于敏中等《天禄琳琅書目・宋版經部》 《周禮》。二函，十二册。漢鄭康成注，唐陸德明音義。十二卷。宋岳珂相臺書塾刊正《九經三傳沿革例》云：世傳《九經》，自建蜀京杭而下，有建余氏本，分句讀，稱爲善本云云。此書每卷後或載「余仁仲比校」，或「余氏刊於萬卷堂」，或「余仁仲刊於家塾」，所謂建余氏也。句讀處亦與所言相合。又卷末各詳記經注、音義字數。點畫完好，紙色極佳。張氏古照堂所藏，名無考。

彭元瑞等《天禄琳琅書目後編・宋版經部》 《周禮》。一函，六册。鄭康成注。十二卷。後附陸德明《音義》一卷，岳珂所謂《音釋》自爲一書，眞宋監本之舊也。按書中《太宰》「三曰邦監本譌『郊』。甸之賦」，《膳夫》「羞用百有監本脱『有』字。二十品」，《卿大夫》「各憲之于其所治」，監本衍『之』以下句，『國』字屬此句。《肆長》「掌其戒禁」，監本譌『令』。《遂人》「以彊監本譌『疆』。予任甿」，《大樂正》「乃分樂而序監本譌『祀』。之」，《磬師》「凡監本譌『及』。祭祀」，《夏官》序官「小子史一監本譌『二』。人」，《司弓矢》「庳監本譌『痺』。矢授兵甲監本譌『至』。之儀」，《大馭》「掌馭玉監本譌『王』。輅」，《職方氏》「其浸盧監本譌『廬』。維」，《庭氏》「夜監本脱『夜』字。射之」，《大行人》「則詔監本脱『詔』字。相諸侯之禮」，《小行人》「凡此五物者監本脱『此』字。」，《掌客》「致饗監本譌『饔』。太牢」，《秋官》末《都則》、闕。《都士》、闕。《家士》。闕。監本脱此三官。《考工記・輪人》「則是摶監本譌『槫』。以衍石也」。是則明傳刻之誤，宋監本不誤也。

黄丕烈《蕘圃藏書題識・經類》 《周禮鄭氏注》殘本二卷。蜀大字本。倚樹吟軒楊氏，余幼時讀書處也。其主人延名師課諸子，有伯子才而夭，余就讀時與仲氏偕時同筆硯，情意殊投合也。其家有殘宋蜀大字本《周禮・秋官》二册，蓋書友詭稱樣本，持十金去，以取全書，久而未至，亦遂置之。余稍長，喜講求古書，從偕時乞得，登諸《百宋一廛賦》中，偕時亦不以余爲豪奪也。客歲，偕時病歿，年纔五十有四。從此失一良友，甚可傷也。余今春耳目之力漸衰，偶有小恙，即畏風惡寒，久不至外堂。日於下樓西廂，靜坐養疴，檢點羣書，偶及此册，因記曩事如此。人往風微，覩此贈物，益增傷感。而此殘鱗片甲，猶見蜀本規模，勝似後來諸宋刻。余所見有纂圖互注本，有點校京本，有余氏萬卷堂本，有殘岳本。幸叨良友之贈，物以人重，人又以物重也。甲戌閏二月一日，復齋黄丕烈識。時積雪盈庭，春寒透骨，窗外又飄飄未止也。奈何奈何！　余年來家事日增，精神日減，校書一事久廢。然由博反約，尚喜手校經籍。此《周禮》蜀本殘帙，向未校出，今秋新收殘岳本《地》、《春》二官，手校於嘉靖本上。因復校此《秋官》以儷之。《周禮》善本，六官有半矣，豈不幸哉！乙亥孟冬二十有五日，復翁。

黄丕烈《蕘圃藏書題識再續録・經類》 《周禮鄭氏注》十二卷。校宋本。《周禮》宋本纂圖互注者，流傳尚多。庚子歲，余得京本校注鄭注《周禮》，內附《釋文》，係巾箱小本。因取此本，於邗上旅寓校讎一過，是正頗多。然此本係翻宋刻佳本，尚多誤謬，信書之不可不參校也。庚子孟夏，聽默識。聽默者，姓錢，字景凱，住山塘，書賈中識古之人也。《天祿琳琅》云「白隄錢聽默經眼」，即其鈐於古書之圖記也。復翁識。案此本最佳，錢云尚多誤謬，此惑於他本也。十一月十七日，亦取纂圖互注本參校一過，未知與錢所校本同否，所校字時有出入。《周禮》纂圖互注本曾見宋刻，非佳本也。經注本此爲最善，不附《釋文》，尤爲可寶。是書藏某家，因有錢聽默校宋本，物主視爲奇貨，余因集各本校此書，不得不購此一明刻損污之本。出番餅十枚置之，可云書魔矣。乙亥秋九月小盡，復翁。余所見互注本，而《秋》、《冬》二官非互注者，向在海寧陳氏。今聞已轉徙矣。十月二十七日，復翁。以上卷一後。某家得此時見有校宋本，在上已出重貲。故此時購之必索重直，且經估人之手，宜增至十番也。余於去秋校《周禮》，曾借五柳居所收小字宋本，校《天官》上下卷，於毛刻《注疏》本上。後屬陸東蘿覆校，付刊之，樣專以嘉靖本爲主，其他宋本有勝於嘉靖本者，時一參之。故此刻《天官》上下有小字本者，皆就舊校毛本上臨出也。原校小字宋本係首册，《天官》上下全，《地官》止有上卷。因向有眞岳本，故未校。頃從書友又獲一小字宋本，即五柳所收原帙而散佚者，係《夏官》上下全，

《秋官》止有上卷，急收之而校於此。間有一二佳處，其誤者亦復不少，援前校例。《秋官》向有蜀大字本，故亦不校也。丙子閏月十有二日，竭竟日力校之。復翁記。以上卷八後。此嘉靖本《三禮》中之《周禮》也。昔以青蚨六百餘文購一塾師讀本，已點污矣，久而失之，茲復置此，污損更甚。卷中紅筆是也。蕘夫記。卷九後。蜀本《秋官》二卷，向藏虛白堂楊氏。余從惕甫乞得，遂爲己有，入諸《百宋一廛賦》中。今秋又從香嚴書屋中購獲岳板眞本，《地官》、《春官》四卷，與此適得《周禮》之半。凡天下事得半已足矣！寧望全耶？此外余本藏顧氏，董本藏蔣氏，皆非全璧也。復翁。卷十後。丙子十月，借鈕非石手校顧抱沖藏余仁仲本校。此本卷一末有錢聽默跋，云得京本校注《秋官》，又多蜀本校字，余茲校德興董學士宅集古堂本於汲古《注疏》本上，復以董本參錢所校者，但就錢校處參校董本，經注與此本異同字，不復校上者，以有全校本，在毛刻上也。董本有鈔補卷，故宋刻標曰「董本闕卷」，標曰「鈔補」云。復翁。　海寧陳仲魚僑吳之時，與余同好收書，故彼此所收非見知即聞知也。渠從嘉禾金公手得宋刊《周禮經注》，《天官》至《夏官》皆纂圖互注本，《秋》、《冬》二官則單注有經文者也。仲魚歸隱向山閣，蹤跡不常晤。今秋思校《周禮經注》付梓，因購各家宋本，遂往借之。適已轉徙他所，幸他所反近在我郡，仍託友借之，校如右。兼用墨筆黃筆者，以先有二色筆校別本也。竊思天壤間事每相左，即如陳本不能守而轉徙他所，董本余不能收而已售他人，皆事之相左者也。今將以嘉靖本付梓，而以各本異同入諸札記中，聊以償余夙願已耳。乙亥十一月十五日，復翁。以上十二卷後。

黃丕烈《百宋一廛書録》　《周禮鄭氏注》。余友顧抱沖收得小字本《周禮》，獨缺《秋官》，以鈔補刻，已稱難得。適余友倚樹吟軒中有大字本《周禮》二冊，驗是蜀本，適爲《秋官》。余曰：「世間有此巧事，一本獨缺《秋官》，一本獨存《秋官》，何兩美不相合邪！」主人知余好之甚，遂輟贈余。余擬轉贈抱沖，而抱沖作古，此舉遂廢。此書永爲士禮居中物矣。今驗兩本板刻，似此較勝于彼，惜未借顧本傳録，究未知佳處若何耳。

黃丕烈《蕘圃刻書題識・經類》　《重雕嘉靖本校宋周禮札記序》。鄭氏之學，惟《三禮》爲最精。《三禮》之注，惟鄭氏爲最善。向來《三禮》鄭注本合刻者，以十六行十七字本爲佳，相傳爲嘉靖本是也。若宋時《三禮》合刻之本，世鮮傳焉。《禮記》有撫州本，《儀禮》有嚴州本，皆覆雕行世。《周禮》獨缺如，余竊病焉。向聞萬卷堂余氏有單注本，在余友顧抱沖家，未及借校。近於同郡故藏書家見有紹興間集古堂董氏雕本，後爲壽松堂蔣氏收得，遂假歸校勘，多所取正。因思刻以傳世，奈字體細小，兼多破體，取爲家塾課本，有所未宜。舊藏嘉靖本字大悅目，頗宜老眼，末有經注字數，其出宋本無疑，仿此開雕，行款悉遵，而幅式稍狹。於經注訛舛之字，悉校宋刻正之。董本爲主，此外參以家藏之岳本、蜀大字本。又借諸家之小字本、互注本，校余氏本。集腋成裘，以期美備。至於嘉靖本之獨勝於各本者，其佳處不敢以他本易之，存其舊也。此刻係校宋本，非覆宋本，故改字特多，然必注明以何本改定，非妄作也。若字之可疑者仍之，而於校語中標出，守闕疑之義也。刊成之日，附《校語》一卷，以俟讀是書者取證焉。嘉慶戊寅孟冬，吳郡黃丕烈識。

張之洞《書目答問・正經正注》　福禮堂《周禮注》十二卷。周氏刻本，張青選清芬閣得刻本。鄭注，附《釋文》。得齋校本《周官禮注》六卷。殷盤校刻本。鄭注。間采賈疏及宋人說。

姚振宗《後漢藝文志・禮類》　鄭玄《周官禮注》十二卷。玄始末見《易》類。玄自序曰：「世祖以來，通人達士大中大夫鄭少贛及子大司農仲師、故議郎衛次仲、侍中賈君景伯、南郡太守馬季長，皆作《周禮解詁》。玄竊觀二三君子之文章，顧省竹帛之浮辭，其所變易灼然如晦之見明，其所彌縫，奄然如合符復析，斯可謂雅達廣攬者也。然猶有參錯，同事相違，則就其原文字之聲類，考訓詁，捃祕逸，括囊大典，網羅衆家」云云。　范書本傳：「又從東郡張恭祖受《周官》、《禮記》。」又《儒林傳》曰：「馬融作《周官傳》，授鄭玄。玄作《周官注》。」　《釋文敍録》：「鄭玄注《周官》十二卷。」　《隋書・經籍志》：「《周官禮》十二卷，鄭玄注。」　《唐・經籍志》：「十三卷」。　《藝文志》同。　《宋・藝文志》：「鄭玄《周禮注》十二卷。」　《四庫提要》曰：「玄于《三禮》之學，本爲專門，故所釋特精。惟好引緯書，是其一短。歐陽修集有《請校正五經劄子》，欲刪削其書。然緯書不盡可據，亦非盡不可據，在審別其是非而已，不必竄易古書也。又好改經字，亦其一失。然所注但曰『當作某』耳，尚不似北宋以後連篇累牘動稱『錯簡』，則亦不必苛責于玄矣。」　《鄭學録》曰：「《周官禮注》，唐賈公彦撰《疏》五十卷，今列于學官。」

周官音

《舊唐書・經籍志・禮》　《周官音》三卷。鄭玄撰。

《新唐書・藝文志・禮類》　鄭玄《周官音》三卷。

答臨孝存周禮難

姚振宗《後漢藝文志・禮類》　鄭玄《答臨孝存周禮難》。范書本傳：「玄又著書，答臨孝存《周禮難》。」　賈公彦序《周禮》曰：「林孝存作《十論》、《七難》，以排棄之。」何休亦以爲六國陰謀之書，唯有鄭玄徧覽羣經，知《周禮》者，乃周公致太平之迹，故能答林碩之論難，使《周體》義得條通。　《鄭學録》曰：「劉知幾稱《鄭志目録》作《答臨碩難禮》。此書唐後久佚。《十論》、《七難》今不能詳，康成所答，其遺文見經疏者，《禮記・王制》内二條，《周禮》内三條，《毛詩》内二條而已。」

禮記注

姚振宗《後漢藝文志・禮類》　高誘《禮記注》。陳振孫《書録解題》曰：「誘注《淮南子》，自序言：『自誘之少從同縣盧君受其句讀。』盧君者，植也，與之同縣，則誘乃涿郡人。又言：『建安十年辟司空掾東郡濮陽令，十七年遷監河東。』則誘乃漢末人，其出處略可見。」嚴可均《全後漢文編》曰：「誘，涿郡涿人，建安中曹操辟爲司空掾，除東郡濮陽令，遷監河東。」《經義考》曰：「高氏《禮注》，《藝文類聚》引之。」按高誘嘗從盧子幹受學，盧撰《禮記解詁》，誘承師説而别爲之注，未可知也，姑從《經義考》録存之。

周官傳

姚振宗《三國藝文志・禮類》　王朗《周官傳》。朗始末具《易》類。《魏志》本傳：朗著《易》、《周官傳》，咸傳于世。案本傳，朗上疏有云「《周禮》六宫内官百二十人」，而諸經常説咸以十二爲限，此亦略見其治經之緒餘矣。

周禮音

陸德明《經典釋文序録・禮》　徐邈《周禮音》一卷。

文廷式《補晉書藝文志・禮類》　徐邈《周禮音》一卷。見《釋文序録》。馬國翰有輯本一卷。

周官禮

《隋書・經籍志・禮》　《周官禮》十二卷。王肅注。

《舊唐書・藝文志・禮》　《周官禮》十二卷。王肅注。

《新唐書・藝文志・禮類》　王肅又注《周官》十二卷。

鄭樵《通志・藝文略・禮》　《周官禮》十二卷。王肅注。

姚振宗《三國藝文志・禮類》　王肅《周官禮注》十二卷。《釋文敍録》：「王肅注《周官》十二卷。」《隋書・經籍志》：「《周官禮》十二卷，王肅注。」　《唐・經籍志》同《藝文志》：「王肅注《周官》十二卷。」　余蕭客《古經解鉤沈》曰：「《通典》五十五引王肅注二條。」　案本傳，肅上疏陳政本曰：「六卿亦典事者也，《周官》則備矣。五日視朝，公卿大夫並進，而司士辨其位焉。其《記》曰：『坐而論道，謂之三公；作而行之，謂之士大夫。』」此肅引《記》以釋《經》，亦其遺説之一節也。

文廷式《補晉書藝文志・禮類》　袁進《周官傳》。見《魏志・袁渙傳》注引袁氏《世紀》。

周官論評

《舊唐書・藝文志・禮》　《周官論評》十二卷。陳邵駁，傅玄評。

《新唐書・藝文志・禮類》　傅玄《周官論評》十二卷。陳邵駁。

鄭樵《通志・藝文略・禮》　《周官論評》十二卷。傅玄。

周官寧朔新書

《隋書・經籍志・禮》　梁又有《周官寧朔新書》八卷。晉燕王師王懋約撰。亡。

《舊唐書・經籍志・禮》　《周官寧朔新書》八卷。司馬伷序，王懋約注。

《新唐書・藝文志・禮類》　司馬伷《周官寧朔新書》八卷。

鄭樵《通志・藝文略・樂》　《周官寧朔新書》八卷。司馬伷。

文廷式《補晉書藝文志・禮類》　王懋約《周官寧朔新書》八卷。《舊唐志》云司馬伷序。

周官禮異同評

《隋書・經籍志・禮》　《周官禮異同評》十二卷。晉司空長史陳劭撰。

鄭樵《通志・藝文略・禮》　《周官禮異同評》十二卷。晉司空長史陳劭。

文廷式《補晉書藝文志・禮類》　陳邵《周官禮異同評》十二卷。司空長史。《隋志》作「劭」，誤。《舊唐志》云：陳邵駁，傅玄評。又案本傳云：郡舉孝廉，不就，徵爲陳留內史，累遷燕王師，不言曾爲司空長史也。《新唐志》：「傅玄《周官論評》十三卷，陳邵駁。」即此書。《釋文序録》引陳邵《周禮論序》。

周官禮

《隋書・經籍志・禮》　《周官禮》十二卷。干寶注。

《舊唐書・經籍志・禮》　《周官禮》十二卷。干寶注。

《新唐書・藝文志・禮類》　干寶注《周官》十二卷。

鄭樵《通志・藝文略・禮》　《周官禮》十二卷。干寶注。

文廷式《補晉書藝文志・禮類》　干寶《周官禮注》十二卷。劉昭《續漢志》注屢引之。《隋書・牛宏傳・明堂議》引《周官・考工記》鄭注。又云馬融、王肅、干寶所注與鄭亦異。記，《周書・斛斯徵傳》亦引之。

周官禮駁難

《隋書・經籍志・禮》　《周官禮駁難》四卷。孫略撰。

《舊唐書・藝文志・禮》　《周官駁難》五卷。孫略問，干寶答。

《新唐書・藝文志・禮類》　干寶《答周官駁難》五卷。孫略問。

鄭樵《通志・藝文略・禮》　《周官禮駁難》四卷。孫略。

文廷式《補晉書藝文志・禮類》　孫略《周官禮駁難》三卷。《通典》九十八「生不及祖父母，不稅服議」。孫略《議》曰：《記》云不及祖，謂不及並代而不相服。略昔親行其事，時人咸不見。」許即此人。九十一亦引孫略《大功降服議》。

周官駁難

《隋書・經籍志・禮》　梁有《周官駁難》三卷。孫琦問，干寶駁，晉散騎常侍虞喜撰。

鄭樵《通志・藝文略・禮》　《周官駁難》五卷。孫琦問，干寶駁，虞喜撰。

文廷式《補晉書藝文志・禮類》　虞喜《周官駁難》三卷。《隋志》云孫琦、干寶駁，散騎常侍虞喜撰。

周官禮

《隋書・經籍志・禮》　《周官禮》十二卷。伊説注。

《舊唐書・藝文志・禮》　《周官禮》十卷。伊説撰。

《新唐書・藝文志・禮類》　伊説注《周官》十卷。

鄭樵《通志・藝文略・禮》　《周官禮》十二卷。伊説注，唐有十卷。

文廷式《補晉書藝文志・禮類》　伊説《周官禮注》十二卷。《舊唐志》十卷。

周官音義

文廷式《補晉書藝文志・禮類》　宋氏《周官音義》。見《列女韋逞母宋氏傳》。《類聚》六十九引，《秦記》亦載其事。《初學記》卷十八：裴景仁《前秦記》：苻堅幸太學，問博士經典，博士盧壺對曰《周官禮注》未有其師。韋逞母宋氏傳其父業，得《周官音義》，自非此母，無以授後生。《書鈔》一百三十二亦引之。

周禮音

陸德明《經典釋文序録・禮》　劉昌宗《周禮》、《儀禮音》各一卷。

《隋書・經籍志・禮》　《禮音》三卷。劉昌宗撰。

鄭樵《通志・藝文略・禮》　《禮音》三卷。劉昌宗。

文廷式《補晉書藝文志・禮類》　劉昌宗《周禮音》三卷。《釋文序録》云一卷，馬國翰從《釋文》、《集韻》輯録二卷。

周禮音

陸德明《經典釋文序録・禮》　李軌《周禮》、《儀禮音》各一卷。

文廷式《補晉書藝文志・禮類》　李軌《周禮音》一卷。見《釋文序録》。馬國翰有輯本。

周禮聶氏音

文廷式《補晉書藝文志・禮類》　《周禮聶氏音》。馬國翰曰：聶氏不詳何人，隋、唐《志》不著録，惟《釋文》引之。《地官・司市》引聶氏及沈，《春官・太卜》引沈依聶氏，其人當在沈重前。《晉書》有國子祭酒聶熊評《穀梁春秋》，或是其人，今亦姑采之。

周官音訓三鄭異同辨

鄭樵《通志藝文略・禮類》　《周官音訓三鄭異同辨》二卷。王曉。

鄭玄注周官儀禮音

張鵬一《隋書經籍志補・經部》　《鄭玄注周官儀禮音》。劉芳。

干寶注周官音

張鵬一《隋書經籍志補・經部》 《干寶注周官音》一卷。劉芳。

周官義證

張鵬一《隋書經籍志補・經部》 《周官》、《儀禮義證》各五卷。劉芳。

集注周官禮

《隋書・經籍志・禮》 《集注周官禮》二十卷。崔靈恩注。

《新唐書・藝文志・禮類》 崔靈恩《周官集注》二十卷。

鄭樵《通志・藝文略・禮》 《周官禮集注》二十卷。崔靈恩。

周禮義疏

張鵬一《隋書經籍志補・經部》 《周官義疏》二十卷。後周長樂熊安生。本傳：安生初從陳達受三《傳》，又從房虯受《周禮》，並通大義。後事徐遵明，服膺歷年。東魏天平中，受《禮》於李寶鼎，遂通《五經》。然專以《三禮》教授，弟子自遠方至者千餘人。乃討論圖緯，捃摭異聞。先儒所未悟者，皆發明之。撰《周禮義疏》二十卷，《禮記義疏》三十卷，《孝經義》一卷，並行於世。其受業擅名於後者有馬榮伯、張黑《北史》作買。奴、竇士榮、孔籠、劉焯、劉炫等。

周官禮義疏

《隋書・經籍志・禮》 《周官禮義疏》四十卷。沈重撰。

《舊唐書・經籍志・禮》 《周禮義疏》四十卷。沈重撰。

《新唐書・藝文志・禮類》 沈重《周禮義疏》四十卷。

鄭樵《通志・藝文略・禮》 《周官禮義疏》四十卷。沈重。

周禮音

陸德明《經典釋文序録・禮》 沈重撰《周禮》、《禮記音》。

張鵬一《隋書經籍志補・經部》 《周禮音》一卷。沈重。

周禮音

陸德明《經典釋文序録・禮》 近有戚衮作《周禮音》。

周官禮義疏

《隋書・經籍志・禮》 《周官禮義疏》十九卷。

周官禮義疏

《隋書・經籍志・禮》 《周官禮義疏》十卷。

周官禮義疏

《隋書·經籍志·禮》《周官禮義疏》九卷。

周官分職

《隋書·經籍志·禮》《周官分職》四卷。

鄭樵《通志·藝文略·禮》《周官分職》四卷。

周官禮圖

《隋書·經籍志·禮》《周官禮圖》十四卷。

鄭樵《通志·藝文略·禮》《周官禮圖》十四卷。

郊祀圖

《隋書·經籍志·禮》梁有《郊祀圖》二卷，亡。

周禮釋文

陳振孫《直齋書録解題·禮類》《周禮釋文》二卷。唐陸德明撰。

楊士奇等《文淵閣書目·禮》《周禮陸德明釋文》。一部，二冊。完全。

張萱等《内閣藏書目録·經部》《周禮釋文》。二冊。全。陸德明音釋。

周禮義決

《舊唐書·經籍志·禮》《周禮義決》三卷。王玄度撰。

《新唐書·藝文志·禮類》王玄度《周禮義決》三卷。

鄭樵《通志·藝文略·禮》《周禮義決》三卷。唐王玄度。

周禮注疏

《舊唐書·經籍志·禮》《周禮疏》五十卷。賈公彥撰。

錢東垣等輯《崇文總目·禮類》《周禮疏》五十卷。［原釋］賈公彥。見天一閣鈔本。

《新唐書·藝文志·禮類》賈公彥《周禮疏》五十卷。

鄭樵《通志·藝文略·禮》《周禮疏》五十卷。唐賈公彥。

晁公武《郡齋讀書志·禮類》《周禮疏》十二卷。右唐賈公彥撰。公彥，洺州人，永徽中仕至太學博士。史稱著此書四十卷，今併爲十二卷。世稱其發揮鄭學最爲詳明。

尤袤《遂初堂書目·禮類》《周禮疏》。

陳振孫《直齋書録解題·禮類》《周禮疏》五十卷。唐賈公彥撰。其序《周禮》廢興起於成帝劉歆，而成於鄭康成。又言鄭衆以爲《書·周官》，即此《周官》也，失之矣。《書》止一篇，《周禮》乃六篇，文異數萬，非《書》類，是則然矣。但《周禮》六官，實本於《周官》，《周官》舉其凡，《周禮》詳其目，鄭衆之説，未得爲失。而其大可疑者，則邦土、邦事之不同也。《館閣書目》案《藝文志》謂之《周官經》，此《禮器》所謂經禮者是也。《志》有《周官經》六篇，《傳》四篇，但曰經傳云爾，迺便以爲經禮，尤爲可笑。《廣川藏書志》云公彥此《疏》，據陳邵《異同評》及沈重《義疏》爲之，二書並見《唐·藝文志》，今不復存。

馬端臨《文獻通考·經籍考·禮》《周禮疏》十二卷。

《宋史・藝文志・禮類》 賈公彥《周禮疏》五十卷。

楊士奇等《文淵閣書目・禮類》 《周禮賈公彥注疏》。一部，六冊。闕。《周禮賈公彥注疏》。一部，四冊。闕。《周禮賈彥彥注疏》。一部，十七冊。闕。《周禮賈公彥注疏》。一部，十七冊。闕。《周禮賈公彥注疏》。一部，八冊。殘缺。《周禮賈公彥注疏》。一部，十五冊。完全。《周禮賈公彥注疏》。一部，十五冊。闕。《周禮賈公彥注疏》。一部，六冊。闕。《周禮賈公彥注疏》。一部，二十六冊。完全。《周禮賈公彥正義》。一部，六冊。闕。

高儒《百川書志・禮》 《周禮疏》十二卷。唐弘文館學士賈公彥等奉敕撰，鄭氏註，陸德明釋文音義。

范邦甸等《天一閣書目・禮類》 《周禮註疏》四十二卷。漢鄭玄註，唐賈公彥疏，陸德明釋文。

徐𤊹《徐氏家藏書目・禮類》 《周禮注疏》四十二卷。漢鄭玄注，唐賈公彥疏。

劉若愚《内板經書紀略》 《九經周禮注疏》十五冊，全。賈公彥著。又《周禮注疏》二十冊，全。又九冊，不全。

《四庫提要・禮類一》 《周禮注疏》四十二卷。內府藏本。漢鄭玄注，唐賈公彥疏。元有《易注》，已著録。公彥，洺州永年人，永徽中官至太學博士。事蹟具《舊唐書・儒學傳》。《周禮》一書，上自河間獻王，於諸經之中，其出最晚。其眞僞亦紛如聚訟，不可縷舉。惟《横渠語録》曰：「《周禮》是的當之書，然其間必有末世增入者。」鄭樵《通志》引孫處之言曰：「周公居攝六年之後，書成歸豐，而實未嘗行。蓋周公之爲《周禮》，亦猶唐之顯慶、開元禮，預爲之以待他日之用，其實未嘗行也。惟其未經行，故僅述大略，俟其臨事而損益之。故建都之制不與《召誥》、《洛誥》合，封國之制不與《武成》、《孟子》合，設官之制不與《周官》合，九畿之制不與《禹貢》合」云云。案此條所云，惟《召誥》、《洛誥》、《孟子》，顯相舛異，至《禹貢》乃唐虞之制，《武成》、《周官》乃梅賾《古文尚書》，《王制》乃漢文帝博士所追述，皆不足以爲難。其說蓋離合參半。其說差爲近之，然亦未盡也。夫《周禮》作於周初，而周事之可考者，不過春秋以後。其東遷以前三百餘年，官制之沿革，政典之損益，除舊布新，不知凡幾。其初去成康未遠，不過因其舊章，稍爲改易。而改易之人，不皆周公也。於是以後世之法竄入之，其書遂雜。其後去之愈遠，時移勢變，不可行者漸多，其書遂廢。此亦如後世律令條格，率數十年而一修，修則必有所附益。特世近者可考，年遠者無徵，其增刪之迹，遂靡所稽，統以爲周公之舊耳。迨乎法制既更，簡編猶在，好古者留爲文獻，故其書閱久而仍存。此又如《開元六典》、《政和五禮》，在當代已不行用，而今口尚有傳本，不足異也。使其作僞，何不全僞六官，而必闕其一，至以千金購之不得哉！且作僞者必剽取舊文，借眞者以實其贗，《古文尚書》是也。劉歆宗《左傳》，而《左傳》所云「禮經」，皆不見於《周禮》。《儀禮》十七篇，皆在《七略》所載《古經》七十篇中，《禮記》四十九篇，亦在劉向所録二百十四篇中。而《儀禮・聘禮》實行饔餼之物，禾米芻薪之數，籩豆簠簋之實，鉶壺鼎甕之列，與掌客之文不同。又《大射禮》天子諸侯侯數侯制，與《司射》之文不同。《禮記・雜記》載子男執圭，與《典瑞》之文不同。《禮器》天子諸侯席數與《司几筵》之文不同。如斯之類，與二禮多相矛盾。歆果贗託周公爲此書，又何難牽就其文，使與經傳相合，以相證驗，而必留此異同，以啟後人之攻擊。然則《用禮》一書，不盡原文，而幷出依託，可概睹矣。《考工記》稱「鄭之刀」，又稱「秦無廬」。鄭封於宣王時，秦封於孝王時，其非周公之舊典，已無疑義。《南齊書》稱文惠太子鎮雍州，有盜發楚王冢，獲竹簡書、青絲編，簡廣數分，長二尺有奇。得十餘簡，以示王僧虔。僧虔曰：是科斗書《考工記》，則其爲秦以前書亦灼然可知。雖不足以當《冬官》，然百工爲九經之一，其工爲九官之一，先王原以制器爲大事，存之尚稍見古制。俞庭椿以下，紛紛割裂五官，均無知妄作耳。鄭《注》，《隋志》作十二卷，賈《疏》文繁，乃析爲五十卷，新、舊《唐志》竝同。今本四十二卷，不知何人所併。玄於《三禮》之學，本爲專門，故所釋特精。惟好引緯書，是其一短。歐陽修集有《請校正五經劄子》，欲刪削其書。然緯書不盡可據，亦非盡不可據，在審別其是非而已，不必竄易古書也。又好改經字，亦其一失。然所注但曰「當作某」耳，尚不似北宋以後連篇累牘，動稱錯簡，則亦不必苛責於玄矣。公彥之《疏》，亦極博核，足以發揮鄭學。《朱子語録》稱《五經》疏中《周禮疏》最好，蓋宋儒惟朱子深於禮，故能知鄭、賈之善云。

孫星衍《平津館鑒藏書籍記・宋版》 《周禮注疏》四十二卷，題漢鄭氏注，唐賈公彥疏。鄭氏注下又題陸德明釋文，爲他經所無。前有賈公彥

《周禮正義序》，結銜汲古閣本作「唐散騎大夫」，此本作「唐朝散大夫」，與宋本《五經正義》表合。每葉十八行，行廿一字，板心下刻字人姓名，同前。

黃丕烈《蕘圃藏書題識再續録・經類》 《周禮注疏》四十二卷。校宋本。抱經盧文弨以吳門惠氏校本，幷武英殿新刻本明北雍本校正。惠半農先生，名士奇，暨子松崖先生，名棟，於經、史皆有評校。此以宋本校正疏，以余氏萬卷堂本校經注音義。弨今所校，凡依惠本改定者，不一一標識，惟惠本所未經改，而新本及管見有增減更易之處，乃著之。以上盧文弨跋。此《天官》上復以五柳居藏小字宋本校，亦用墨筆，未免有與臨周本用墨筆亂者。偶以小字宋本標出，或加墨圈識。其字有雙圈者，周校多同也。凡書各有源流，即如字體小寫，小字宋本與董本多同，故遇小寫字反以墨圈識之，非取其字體之正也。十月十九日。復翁。 十月二十有六日，覆取嘉靖本勘此《天官》，上云覆嘉者是也。嘉無破體小寫字，故多與董本小字本異。以上卷四後。十月二十有七日午前，覆校嘉靖本，唯《掌次》「張帟，柩上承塵」，「上」誤「小」，乃嘉本所獨耳。卷七後。五柳居有小字宋本，存《天官》上下、《地官》上，兹取以校《天官》上下。其《地官》上不覆校者，《地官》自有岳本在，係眞宋板之最佳者，故略之。十月二十一日，復翁。

十月二十有七日，覆嘉本前有嘉字者，係臨周校也。云案者即臨校周校，時先以嘉本參之也。復翁。 周本校語云錢孫保、季振宜所藏宋板《周禮・春官》、《夏官》、《冬官》爲余仁仲本，《天官》、《地官》則又別一宋槧，《秋官》則鈔補者也。余假諸顧秀才之逵，又參以岳本校訖。癸丑二月廿二日也。蕘案此是周香嚴臨段茂堂校本，前跋當是茂堂所記。以上卷八後。 十月二十有七日，覆校嘉靖本，並略參眞岳板。復翁。卷十後。 凡同宋本者，則上方寫「岳」字，以岳本校若膺氏。卷十五後。以余仁仲本校，以岳本校。卷十八後。此本先有盧抱經先生校勘紅筆，自此冊而止，兹用黃筆加圈，紅筆以別之。卷十八後。以余仁仲本校。卷十九後。以余仁仲本校此卷，尾葉闕其半。卷二十七後。以余仁仲本校。卷二十九後。余仁仲本。卷三十三後。余仁仲本闕，岳本校。卷三十四後。岳校。卷三十六後。案此卷因董本闕，以鈔本補，改用黑筆。兹臨周校全用黑筆，故注岳本用黑筆處，皆別標出云。卷三十七後。以岳本校。卷三十八後。凡黑筆云周校者，皆臨校也。卷三十九後。《秋官》下、《冬官》上，係鈔補，用黑筆校。蕘翁。 臨校周校亦用黑筆，皆校岳本也。其注「周校」云者，用余仁仲本。卷四十後。此書黃筆以蔣壽松藏顧氏散出之殘宋本校。其最佳者，《天官》上《臘人》注也，餘多訛舛。蕘翁。卷四十二後。 全書覆取周臨段校余仁仲刊本，又錢孫保補鈔宋本，又岳本及段茂堂意改本。余取周臨校本，勘此於董本異同，悉加圈出，兹取載於此。校本上下方及行間者，皆余本與岳本也。補鈔宋本及意改本，未及校入，恐展轉傳寫，昧所從來也。讀此書者，但認黃筆爲董刊宋本。《秋》下、《冬》上，董已闕，不可信。至岳本，想係覆本，幷記。復翁。

周禮唐諸儒要義

楊士奇等《文淵閣書目・禮》 《周禮唐諸儒要義》。一部，十三冊。完全。 《周禮唐諸儒要義》。一部，八冊，闕。

周官致太平論

鄭樵《通志・藝文略・禮》 《周官致太平論》十卷。李泰伯撰。

周禮新義

晁公武《郡齋讀書志・禮類》 《新經周禮義》二十二卷。右皇朝王安石介甫撰。熙寧中，設經義局，介甫自爲《周官義》十餘萬言，不解《考工記》。按秦火之後，《周禮》比他經最後出，論者不一。獨劉歆稱爲周公致太平之迹；鄭氏則曰周公復辟後，以此授成王，使居雒邑，治天下；林孝存謂之黷亂不驗之書；何休亦云六國陰謀之説。昔北宫錡問孟子周室班爵禄之制，孟子以爲諸侯惡其害己，滅去其籍。則自孟子時已無《周禮》矣，況經秦火乎？孝存、休非之，良有以也。不知劉、鄭何所據而言？然又自違異不同。王莽嘗取而行之，斂財聚貨，瀆禮煩民，冗辟詭異，離去人情遠甚，施於文則可觀，措於事則難行，凡莽之馴致大亂者，皆以此。厥後唯蘇綽、王通善之，諸儒未嘗有言者。至於介甫，以其書理財者居半，愛之，如行青苗之類，皆稽焉，所以自釋其義者，蓋以其所創新法盡傅著之，務塞異議者之口。後其黨蔡卞、蔡京紹述介甫，期盡行之圜土方田皆是也。周，姬姓，故其女曰王姬，舍其同姓，其臣如宋、齊之女，亦不曰姬而各氏其姓，曰子氏，曰姜氏。趙，嬴姓，京乃令帝女稱帝姬。噫，至於姓亦從焉，何其甚也！久之，禍難兼起，與莽無異，殆《書》所謂「與亂同事」者歟？

尤袤《遂初堂書目・禮類》 王文公《周禮新經》。

陳振孫《直齋書録解題・禮類》 《周禮新義》二十二卷。王安石撰。其序言：「自周衰至今，歷載千數，而太平之遺迹，掃蕩殆盡，學者所見，無復全經。於是時，乃欲訓而發之，臣誠不自揆，知其難也。以訓而發之之爲難，又知夫立政造事，追而復之之爲尤難也。」新法誤國，於此可推其原矣。熙寧八年，詔頒之國子監，且置之義解之首。其解止於《秋官》，不及《考工記》。

馬端臨《文獻通考・經籍考・禮》 《新經周禮義》二十二卷。

《宋史・藝文志・禮類》 王安石《新經周禮義》二十二卷。

楊士奇等《文淵閣書目・禮》 《周禮王荊公解義》。一部，三冊。闕。

張萱等《内閣藏書目録・經部》 《荆公周禮解義》三冊，不全。宋王安石注。

《四庫提要・禮類一》 《周官新義》十六卷。附《考工記解》二卷。《永樂大典》本。宋王安石撰。安石事蹟詳《宋史》本傳。晁公武《讀書志》曰「熙寧中置經義局，撰《三經義》，皆本王安石經説。三經，《書》、《詩》、《周禮》也。《新經毛詩義》凡二十卷，《尚書義》凡十三卷，今竝佚。《周禮新義》本二十二卷，明萬曆中重編《内閣書目》尚載其名、故朱彝尊《經義考》不敢著其「已佚」，但注曰「未見」。然外間實無傳本，即明以來内閣舊籍，亦實無此書。惟《永樂大典》中所載最夥，蓋《内閣書目》據《文淵閣書目》，《文淵閣書目》即修《永樂大典》所徵之書。其時尚有完帙，故采之最詳也。考蔡絛《鐵圍山叢談》曰：「王元澤奉詔爲《三經義》，時王丞相介甫爲之提舉。《詩》、《書》蓋多出元澤及諸門弟子手，《周禮新義》實丞相親爲之筆削者。政和中，有司上言，天府所籍吳氏資多有王丞相文書。於是朝廷悉藏諸祕閣，用是吾得見之。《周禮新義》，筆蹟如斜風細雨，誠介甫親書」云云。然則《三經義》中惟《周禮》爲安石手著矣。安石以《周禮》亂宋，學者類能言之。然《周禮》之不可行於後世，微特人人知之，安石亦未嘗不知也。安石之意，本以宋當積弱之後，而欲濟之以富強。又懼富強之説必爲儒者所排擊，於是附會經義以鉗儒者之口，實非眞信《周禮》爲可行。迨其後用之不得其人，行之不得其道，百弊叢生，而宋以大壞。其弊亦非眞緣《周禮》以致誤。羅大經《鶴林玉露》詠安石放魚詩曰：「錯認蒼姬六典書，中原從此變蕭疎。」是猶爲安石所紿，未究其假借六藝之本懷也。因是而攻《周禮》，因是而攻安石所注之《周禮》，是寬其影附之巧謀，而科以迂腐之薄譴矣。故安石怙權植黨之罪，萬萬無可辭。安石解經之説，則與所立新法各爲一事。程子取其《易解》，朱子、王應麟均取其《尚書義》，所謂言各有當也。今觀此書，惟訓詁多用《字説》，病其牽合。其餘依經詮義，如所解「八則」之治都鄙，「八統」之馭萬民，「九兩」之繫邦國者，皆具有發明，無所謂舞文害道之處。故王昭禹、林之奇、王與之、陳友仁等注《周禮》，頗據其説。《欽定周官義疏》亦不廢采用。又安可盡以人廢耶！安石神宗時所上《五事劄子》，及《神宗日録》，載安石所引《周官》，及楊時《龜山集》中所駁「平頒興積」一條，其文皆在《地官》中。今《永樂大典》闕《地官》、《夏官》二卷，其説遂不可考。然所佚適屬其瑕纇，則所存者益不必苛詆矣。安石本未解《考工記》，而《永樂大典》乃備載其説。據晁公武《讀書志》，蓋鄭宗顔輯安石《字説》爲之，以補其闕。今亦竝録其解，備一家之書焉。

周禮講義

楊士奇等《文淵閣書目・禮》 《周禮鄭宗顔講義》。一部，一冊。完全。

張萱等《内閣藏書目録・經部》 《周禮講義》。一冊。全。宋王安石及鄭宗顔注《冬官》、《考工記》，鈔本。

黃虞稷《千頃堂書目・三禮類・補宋》 鄭宗顔《周禮講義》一卷。

周禮闕言

鄭樵《通志・藝文略・禮》 《周禮闕言》十二卷。黄君俞。

周禮中義

陳振孫《直齋書録解題・禮類》 《周禮中義》八卷。祠部員外郎長樂劉彝執中撰。彝，諸經皆有《中義》。

馬端臨《文獻通考・經籍考・禮》 《周禮中義》八卷。

《宋史・藝文志・禮類》 劉彝《周禮中義》十卷。

周禮詳解

陳振孫《直齋書録解題・禮類》 《周禮詳解》四十卷。王昭禹撰。未詳何人。近世爲舉子業者多用之，其學皆宗王氏新説。

馬端臨《文獻通考・經籍考・禮》 《周禮詳解》四十卷。

《宋史・藝文志・禮類》 王昭禹《周禮詳解》四十卷。

楊士奇等《文淵閣書目・禮》 《周禮王昭禹詳解》。一部，二十冊。完全。

張萱等《内閣藏書目録・經部》 王昭禹《周禮詳解》。二十冊。全。鈔本。昭禹字光遠，其説用王安石而加詳焉。《天官》八卷、《地官》八卷、《春官》六卷、《夏官》三卷、《秋官》五卷、《冬官》六卷。

《四庫提要・禮類一》 《周禮詳解》四十卷。浙江巡撫採進本。宋王昭禹撰。陳振孫《書録解題》曰：「昭禹未詳何人。近世爲舉子業者多用之，其學皆宗王氏新説。」王與之作《周禮訂義》，類編姓氏世次，列於龜山楊時之後，曰「字光遠」，亦不詳其爵里。當爲徽、欽時人。今案其書，解「惟王建國」云：「業格於上下謂之王，或而圍之謂之國。」解「匪頒之式」云：「散其所藏曰匪，以等級之曰頒。故匪從匚從非，言其分而非藏也。頒從分從頁，言自上而頒之下。」解「圃」曰：「圃有衆甫謂之圃。」解「鮑魚」曰：「魚之鮮者包以致之。」解「鱐」曰：「魚之乾者肅以致之。」解「司徒」云：「於文反后爲司，蓋后從一從厂從口，則所以出命，司反之則守令而已。從一則所以一衆，司反之則分衆以治之而已。從厂則承上世之庇覆，以君天下，司反之則以君之爵爲執事之法而已。」其附會穿鑿，皆遵王氏《字説》。蓋當時《三經新義》列在學官，功令所懸，故昭禹因之不改。然其發明義旨，則有不盡同於王氏之學者。如解《泉府》「以國服爲之息」云：「各以其所服國事賈物爲息。若農以粟米，工以器械，皆以其所有也。周之衰，不能爲民正田制地，税斂無度，又從而貸之，則凶年饑歲無以爲償矣。下無以償，上之人又必責之，則稱貸之法，豈特無補於民哉！求以國服爲之息，恐收還其母而不得。」蓋已目睹青苗之弊，而陰破其説矣。至其闡發經義，有足訂《注疏》之誤者。如解《載師》「里布」、「屋粟」，謂：「國宅無征，民居有征無布。以其不毛，使之有里布。民出耕在田廬，入居在里，其屋有田以出粟。今不耕田，則計屋而斂之，謂之屋粟。」不從先儒以「里布」爲二十五家之泉，「屋粟」爲三夫之粟。又解「近郊十一，遠郊二十而三，甸、稍、縣、都皆無過十二」，固當時正役，後因遠近劇易而制云云，皆爲先儒所未發。故宋人釋《周禮》者，如王與之《訂義》、林之奇《講義》，多引其説，固不得以遵用新説而盡廢之也。五官皆不載敍官。宋末朱申作《句解》，蓋從其例，究爲一失。今姑仍舊本録之。内附載陸德明《釋文》，而卷首以德明之名冠昭禹前。今考昭禹自序末云「因《釋文》而作」，或後人所增入，以德明時代在前，遂題諸昭禹上歟？今仍録其音釋而德明之名則附著於此，不復竝列簡端焉。

張金吾《愛日精廬藏書續志・禮類》 《周禮詳解》四十卷。文淵閣傳抄本。宋王昭禹撰。自序。

周禮圖

《宋史・藝文志・禮類》 龔原《周禮圖》十卷。

周禮義辨疑

晁公武《郡齋讀書志·禮類》 《周禮義辨疑》一卷。皇朝楊時中立撰。

馬端臨《文獻通考·經籍考·禮》 《周禮辨疑》一卷。晁氏曰：皇朝楊時中立撰。凡一卷。攻安石之書。

《宋史·藝文志·禮類》 楊時《周禮義辨疑》一卷。

周禮纂圖

楊士奇等《文淵閣書目·禮》 《周禮陳祥道纂圖》。一部，三冊。殘缺。《周禮陳祥道纂圖》。一部，三冊。闕。《周禮陳祥道纂圖》。一部，五冊。殘缺。

周禮辯學

王圻《續文獻通考·經籍考·禮》 《周禮辯學》。王居正著。

周禮解義

王圻《續文獻通考·經籍考·禮》 《周禮解義》。漳州黃穎著。

周禮通解

王圻《續文獻通考·經籍考·禮》 《周禮通解》。聞人宏著。

周禮別説

《明史·藝文志·禮類》 馮時行《周禮別説》一卷。

周禮傳

《宋史·藝文志·禮類》 胡銓《周禮傳》十二卷。

周官辨疑

王圻《續文獻通考·經籍考·禮》 《周官辯疑》。德興董濬著。

周禮講義

馬端臨《文獻通考·經籍考·禮》 史浩《周禮講義》。《中興藝文志》：孝宗爲建王浩分講《周禮》，多啟發，孝宗稱之，然止於司關。

《宋史·藝文志·禮類》 史浩《周官講義》十四卷。

王圻《續文獻通考·經籍考·禮》 《周官講義》十四卷。史浩著。

周禮井田譜

陳振孫《直齋書録解題・禮類》 《周禮井田譜》二十卷。進士會稽夏休撰。紹興時表上之。淳熙中樓鑰刻之，永嘉陳止齋爲之序。休有《破禮記》二十卷，未見。

馬端臨《文獻通考・經籍考・禮》 《周禮井田譜》二十卷。永嘉止齋陳氏序曰：「夏君休所著《井田譜》，亦有志矣！鄭氏井邑，若畫棋然，蓋祖《王制》，《王制》晚雜出。漢文帝時，以海内盡爲九州，州必方千里，千里必爲國二百一十。其後班固《食貨志》亦謂井方一里，八家各私田百畝，公田十畝，是爲八百八十畝，爲廬舍，蓋人二畝半云。凡若此，夏君皆不取。漢以來諸儒，鮮或知之者。其説：畿内廣成萬步謂之都，不能成都謂之鄙，不能成鄙即成縣者與之爲縣，成甸者與之爲甸，至一丘一邑盡然。以其不能成都、成鄙，故謂之『閒田』，以其不可爲軍、爲師，而無所專係，故謂之『閒民』。鄉遂市官，皆小者兼大者，他亦上下相攝，備其數，不必具其員，歲登，下民數，於是損益之，是謂相除之法，皆通論也。餘至纖至悉，雖泥於數度，未必皆叶，然其意要與時務合，不爲空言去聖人遠。《周禮》一經，尚多三代經理遺跡，世無覃思之學，顧以説者謬，嘗試者復大謬，乃欲一切駮盡爲慊，苟得如《井田譜》與近時所傳林勛本《政書》者數十家，各致其説，取其通如此者，去其泥不通如彼者，則周制可得而考矣。周制可得而考，則天下庶幾於治矣！」

《宋史・藝文志・禮類》 夏休《周禮井田譜》二十卷。

楊士奇等《文淵閣書目・禮》 《周禮夏休井田譜》。一部，四冊。闕。

嵇璜等《續通志・圖譜略・禮》 宋夏休《周禮井田譜》。

《四庫提要・禮類存目一》 《周禮井田譜》二十卷。《永樂大典》本。

宋夏休撰。休，會稽人。紹興中進士。樓鑰序云：「以上書補官，一試吏而止。」亦未詳爲何官也。其書因井田之法，別以己意推演，創立規制。於鄉遂之官聯，溝遂之縱横，王侯之畿疆，田萊之差數，兵農之相因，頒祿之多寡，門子遊倅之法，兆域昭穆之制，郊社宗廟之位，城郭内外之分，以及次舍廬室市廛次叙，三鼓、四金、五常、九旗、五路、五車、和門、八節，皆摹繪爲圖，若眞可坐言起行者。其考訂舊文，亦多出新意。如曰：「野之萊田，以時治之而已，不必盡耕作也。以其菰蒲之利，柴蒿之屬，刈之復生，采之復出也。不然，既不謂之易，則一家之力豈能歲耕田百畝、萊二百畝！蓋萊者，刈穫之名，虞人萊所田之野是也。」又曰：「庶人受一廛，耕百畝。適長用力，所謂可任用者家二人。適子之適，力復及耕，則可任用者三人矣。故適子之適謂之餘子。雖適子之適力未及耕，而有庶子及耕，則亦三人。故庶子謂爲餘夫也。」又曰：「古之附庸不可以爲國，地方百里則可以爲同。《春秋》蕭同叔子，何休註以爲『國名』是也。」又曰：「五十里爲則，大宗伯曰：『五命賜則。』註云：『則者，未成國之名。』以漢制考之，可見。」如是之類，尚可存備一説。至於以《管子》「經言」解《論語》「自經於溝瀆」爲「經正溝瀆之制」，則附會甚矣！夫阡陌既開以後，井田廢二千餘載矣。雖以聖人居天子之位，亦不能割裂州郡，剷平城堡，驅天下久安耕鑿之民，悉奪其所有，使之蕩析變遷，以均貧富。一二迂儒，乃竊竊然私議復之，是亂天下之術也。使果能行，又豈止王安石之新法哉！同時瑞安黄毅，乃爲作《答問》一篇，條舉或者之説，一一爲之疏通證明，殆不知其何心矣。陳傅良之序有曰：「其説以不能成都鄙者爲閒田，不可爲軍師者爲閒民，鄉遂市官皆小者兼大者，他亦上下相攝，備其數，不必具其員，皆通論。餘多泥於度數，未必皆叶。」似稍稍致其不滿。永嘉之學，雖頗涉事功，而能熟講於成敗，此亦一證矣。此書《宋志》著録。明唐樞作《周禮論》，力斥其謬，則樞尚及見之。朱彝尊《經義考》註曰「未見」，蓋無用之書，傳之者少也。惟《永樂大典》之内，全部具存，檢核所言，實無可採，姑附存其目，而糾正其失如右。

周禮講義

陳振孫《直齋書録解題・禮類》 《周禮講義》四十九卷。林之奇撰。

馬端臨《文獻通考・經籍考・禮》 《周禮講義》四十九卷。陳氏曰：林之奇撰。四十九卷。

周禮本制圖論

稽璜等《續通志・圖譜略・禮》 吳沆《周禮本制圖論》。

周禮解

王圻《續文獻通考・經籍考・禮》 陳戒叔《周禮解》。漳州陳兟著。兟字戒叔，紹興進士。

周禮丘乘圖説

陳振孫《直齋書録解題・禮類》 《周禮丘乘圖説》一卷。項安世撰。

馬端臨《文獻通考・經籍考・禮》 《周禮丘乘説》一卷。

《宋史・藝文志・禮類》 項安世《周禮丘乘圖説》一卷。

稽璜等《續通志・圖譜略・禮》 項安世《周禮丘乘圖説》。

周禮説

晁公武《郡齋讀書志・禮類》 《周禮説》三卷。右朝奉郎祕書少監陳傅良所進也。舊刊于《止齋文集》中，曹叔遠別爲一書而刻之，且爲之說。

陳振孫《直齋書録解題・禮類》 《周禮説》三卷。中書舍人永嘉陳傅良君舉撰。曰格君心、正朝綱、均國勢，各四篇。

馬端臨《文獻通考・經籍考・禮》 陳君舉《周禮説》三卷。《中興藝文志》稱傅良之言曰：《周官》之綱領三：養君德、正朝綱、均國勢也。鄭《註》之誤三：《王制》，漢儒之言，今以釋《周禮》；《司馬法》，兵制，今以證田制；漢官制，皆襲秦，今以比《周官》。徐筠學於傅良，記所口授，而爲書曰《微言》。傅良爲説十二篇，專論綱領。《朱子語録》曰：於丘子服處見陳、徐二先生《周禮制度菁華》，下半冊徐元德作，上半冊即陳君舉所奏《周官説》。先生云：「孝宗嘗問君舉：『聞卿博學，不知讀書之法當如何？』陳奏云：『臣生平於《周官》粗嘗用心推考，今《周官》數篇已屬稿，容臣退繕寫進呈。』遂寫進御。大概推《周官》制度亦稍詳，然亦有杜撰錯說處。如云冢宰之職，不特朝廷之事，凡內而天子飲食、服御、宮掖之事，無不畢管，蓋冢宰以道詔王，格君心之非，所以如此說固是；但云主客行人之官，合屬春官宗伯，而乃掌於司寇，宗伯典禮，司寇典刑，土地疆域之事，合掌於司空，乃掌於司馬，蓋周家設六官，互相檢制之意。此大不然，何聖人不以君子長者之道待其臣，既任之而復疑之邪？」或問如何，先生曰：「賓客屬秋官者，蓋諸侯朝覲會同之禮既畢，則降而肉袒請刑，司寇主刑，所以屬之，有威懷諸侯之意。夏官掌諸侯、土地、封疆，如職方氏，皆屬夏官。蓋諸侯有變，則六師移之，所以屬司馬也。」又問：「冬官司空掌何事？」曰：「次第是管土田之事，蓋司馬職方氏，存其疆域之定制，至於申畫井田，創置纖悉，必屬於司空，而今亡矣。」

《宋史・藝文志・禮類》 陳傅良《周禮説》一卷。

楊士奇等《文淵閣書目・禮》 《周禮陳傅良說》。一部，一冊。完全。

周禮説

陳振孫《直齋書録解題・禮類》 《周禮説》五卷。黃度撰。不解《考工記》。葉水心序之。

馬端臨《文獻通考・經籍考・禮》 黃度《周禮説》五卷。水心葉氏序曰：《周官》晚出，而劉歆遽行之，大壞矣，蘇綽又壞矣，王安石又壞矣。千四百年，更三大壞，而是書所存無幾矣。《詩》、《書》、《春秋》皆孔子論定，孟軻諸儒相與弼承，世不能知而信其所從。井冽於逵，衆酌飲焉，惟其量爾，故治雖不足而書有餘也。孔子未嘗言《周官》，孟子亦以爲不可得聞，一旦驟至，如奇方大藥，非黄帝、神農所名，無制使服食之法，而庸夫鄙人妄咀吞之，不眩亂顛錯幾希！故用雖有餘，而書不足也。雖然，以余考之：周之道固莫聚於此書，他經其散者也；周之籍固莫切於此書，他經其緩者也。公卿敬，群有司廉，教法齊備，義利均等，固文、武、周、召之實政在是也，奈何使降爲度數事物之學哉！新昌黄文叔始述五官而爲之説，亹亹乎孔、孟之以理貫事者，必相發明也；惻惻乎文、武之以己形民者，必相緯經也。守天下者，非私智也；設邦家，非自尊也；養民至厚，取之至薄；爲下甚逸，爲上甚勞。洗滌三壞之腥穢，而一以性命道德起後世之公心，雖未能表是書而獨行，猶將合他經而共存也，其功大矣！同時永嘉陳君舉亦著《周禮説》十二篇，蓋嘗獻之紹熙天子，爲科舉家宗尚。君舉素善文叔，論議相出入。所以異者，君舉以後準前，由本朝至漢，遡而通之；文叔以前準後，由春秋、戰國至本朝，沿而別之。其敘鄉遂、溝洫，辯二鄭是非，凡一字一語，細入毫芒，不可損益也。

《宋史・藝文志・禮類》 黄度《周禮説》五卷。

楊士奇等《文淵閣書目・周禮》 《周禮黄度説》。一部，十册。完全。

張萱等《内閣藏書目録・經部》 《周禮説》十册，全。宋紹熙間新昌黄文叔度著。始述五官，而爲之説，與孔孟以理貫事者相發明。又以前準後，由春秋、戰國至宋沿而別之。其敘鄉遂、溝洫，辨二鄭是非。又與永嘉陳君舉《周禮説》相出入。葉適有序。

周禮説

王圻《續文獻通考・經籍考・禮》 《周禮説》。馬之純著。

周禮集解

王圻《續文獻通考・經籍考・禮》 《周禮集解》。興化黄鍾器之著。

周禮復古編

《宋史・藝文志・禮類》 俞庭椿《周禮復古編》三卷。

楊士奇等《文淵閣書目・禮》 《周禮復古編》。一部，一册。闕。

錢謙益等《絳雲樓書目・禮類》 俞廷椿《周禮復古編》。一册。

《四庫提要・禮類一》 《周禮復古編》一卷。山東巡撫採進本。宋俞庭椿撰。庭椿字壽翁，臨川人。乾道八年進士，官古田令。是書《宋志》作三卷。今本作一卷，標曰陳友仁編。蓋友仁訂正《周禮集説》，而以此書附其後也。庭椿之説，謂五官所屬皆六十，不得有羨。其羨者皆取以補《冬官》。鑿空臆斷，其謬妄殆不足辯。又謂《天官》世婦與《春官》世婦，《夏官》環人與《秋官》環人，爲一官複出，當省并之。其説似巧而其謬尤甚，二世婦與二環人無論職掌各殊。即以序官考之，《天官》世婦爲王之後宫，故與九嬪、八十一御女皆無官屬。至於《春官》世婦爲王之宫官，故每宫卿一人，下大夫四人，中士八人，女府二人，女史二人，奚十六人，與《天官》世婦顯異。鄭《注》以漢之大長秋、詹事、中少府、太僕爲證，其説本確。庭椿乃合而一之，是誤以《春官》之世婦爲婦人也。至於《司馬》環人之屬下士六人，史二人，徒十有二人。《秋官》環人之屬中士四人，史四人，胥四人，徒四十八。若二環人是一官，何所屬之中、下士及史、胥、徒，乃各不同如此耶？此好立異説者之適以自蔽也。然復古之説，始於庭椿。厥後丘葵、吴澄皆襲其謬，説《周禮》者遂有「冬官不亡」之一派，分門別戶，輾轉蔓延，其弊至明末而未已。故特存其書，著竄亂聖經之始，爲學者之炯戒焉。

周官禮圖

楊士奇等《文淵閣書目・禮類》 俞言《周禮圖》。一部，一冊。完全。

嵇璜等《續通志・圖譜略・禮》 俞言《周官禮圖》。

周禮解義

馬端臨《文獻通考・經籍考・禮》 鄭鍔《周禮解義》。《中興藝文志》：《周禮》一經，説者僅一二家，又多舛或鑿。淳熙中，鍔爲《解義》，詳制度，明經旨，學者宗其書。

《宋史・藝文志・禮類》 鄭諤《周禮解義》二十二卷。

周官辨略

《宋史・藝文志・禮類》 徐煥《周官辨略》十八卷。

王圻《續文獻通考・經籍考・禮》 《周官辯略》。徐煥著。

周禮微言

《宋史・藝文志・禮類》 徐行《周禮微言》十卷。

周禮考疑

晁公武《郡齋讀書志・禮類》 《周禮考疑》七卷。右祝融居士樂思忠仲恕所著也，永嘉戴溪肖望、豐城劉德秀仲洪爲之序。

黃虞稷《千頃堂書目・三禮類》 樂思忠《周禮考疑》七卷。

周禮解

王圻《續文獻通考・經籍考・禮》 龍溪余嘉亦有《周禮解》。

周禮總義

趙希弁《讀書附志・經解類》 《周禮總義》三十卷。右山齋易祓所著也。許儀爲之序，刻于衡陽。

《宋史・藝文志・禮類》 易祓《周禮總義》三十六卷。

楊士奇等《文淵閣書目・禮類》 《周禮易祓總義》。一部，十二冊。闕。

王圻《續文獻通考・經籍考・禮》 《周禮總義》、《周禮釋疑》。易祓著。

張萱等《内閣藏書目録・禮類》 《周禮總義》十一冊，全。宋嘉定間長沙易祓注。凡三十六卷。

《四庫提要・禮類一》 《周官總義》三十卷。永樂大典本。宋易祓撰。祓有《周易總義》，已著録。是書陳振孫《書録解題》不載。惟趙希弁《讀書附志》著録，稱「許儀爲之序，刻於衡陽」。今衡陽本世已無傳。惟《永樂大典》尚載其《天官》、《春官》、《秋官》、《考工記》，而《地官》、《夏官》亦佚。謹裒合四官之文，編次成帙，以存其舊。其《地官》、《夏官》則采王與之《周禮訂義》所引以補其亡。仍依《讀書附志》所列，勒爲三十卷。雖非完帙，然十已得其八九矣。其書研索經文，斷以己意，與先儒頗有異同。如論《大宰》九賦，則援《載師》之「任地」，及《司市》、《司關》、《丱人》、《角公》、《職幣》等職，以駁「口率出泉」之説。論宗廟九獻，則合《籩人》、《醢人》、《内宰》、《司尊彝》及《行人》「王禮再祼」之文，以駁列祼事於九獻之説。論《肆師》之「祈珥」，則引《羊人》、《小子》及《山虞》

諸條，以糾改「祈」爲「刏」，改「珥」爲「衈」之説。論《輈人》之「四旗」，則歷辯《巾車》、《司常》、《大司馬》、《大行人》與《考工記》不合，以明《曲禮》車騎爲戰國之制，諸如此類，雖持論互有短長，要皆以經釋經，非鑿空杜撰。至於《內宰》「二事」，則改爲「副貳」之「貳」。於《酒正》「式灋」，則指爲九式之灋。於「園廛」、「漆林」諸賦，則謂以什一取民，又於一分中分十一、十二、二十而三數等而輸之於王。於《凌人》「斬冰」，則謂十二月爲建亥之月，先令之於亥月，而後三爲凌室，以待亥、子、丑三月之藏。亦皆自出新義。而於《職方氏》之地理山川，尤爲詳悉。蓋祓雖人品卑污，而於經義則頗有考據。不以韓侂胄、蘇師旦故掩其著書之功也。

張金吾《愛日精廬藏書志・禮類》　《周官總義》二十卷。文淵閣傳抄本。宋易祓撰。

周禮總説

王圻《續文獻通考・經籍考・禮》　《周禮總説》。喬行簡著。行簡，東陽人。紹熙進士，端平間累官左右丞相。

周禮開方圖説

《宋史・藝文志・禮類》　鄭景炎《周禮開方圖説》一卷。

嵇璜等《續通志・圖譜略・禮》　鄭景炎《周禮開方圖説》。

周禮綱目　摭説

陳振孫《直齋書録解題・禮類》　《周禮綱目》八卷。《摭説》一卷。紹興府教授括蒼林椅奇卿撰。嘉定初上之朝。

馬端臨《文獻通考・經籍考・樂》　《周禮綱目》八卷。《摭説》一卷。

《宋史・藝文志・禮類》　林椅《周禮綱目》八卷。《摭説》一卷。

周禮句解

楊士奇等《文淵閣書目・禮》　《周禮句解》。一部，三冊。完全。

《周禮句解》。一部，二冊。完全。

高儒《百川書志・禮》　《周禮句解》十二卷。魯齋朱申周翰句解。

范邦甸等《天一閣書目・禮類》　《周禮句解》十二卷。魯齋朱申周翰著。

徐𤊹《徐氏家藏書目・禮類》　《周禮句解》十二卷。朱申注。元板。

張萱等《內閣藏書目録・經部》　《周禮句解》二冊，全。朱申注。又一冊，全。

錢謙益等《絳雲樓書目・禮類》　朱申《周禮句解》六冊。十二卷。

黃虞稷《千頃堂書目・三禮類・補宋》　朱申《周禮句解》十二卷。

倪燦等《宋史藝文志補・三禮類》　朱申《周禮句解》十二卷。

《四庫提要・禮類一》　《周禮句解》十二卷。浙江范懋柱家天一閣藏本。宋朱申撰。申事蹟無考，里貫亦未詳。案《江西通志》，有朱申字繼宣，宋太學生。又李心傳《道命録》，有淳祐十一年新安朱申序，其結銜題「朝散大夫知江州軍州兼管內勸農營田事」。似爲二人，不知此書誰所著也。逐句詮釋，大略根據《注疏》，義取簡約。其中所見有與《注疏》異者，若太宰之職「五曰貢賦」，鄭《注》曰：「賦，口率出泉也。貢，功也，九職之功所稅也。」是書則易之曰：「賦，稅也。貢，獻也。」有力主《注疏》而曲爲引證者，若《大司徒》「諸公之地封疆方五百里」以下，則堅守《注》中「半爲附庸」之説，而不執《孟子》、《王制》以疑《周禮》。至於《注疏》之疑不能決者，若《小司徒》「四丘爲甸」以下，《注》謂旁加之數，乃治洫澮之數。《大司樂》「圜鍾爲宮」以下，《注》謂天宮夾鍾，不用中呂等律，以其與地宮同位之類，則皆闕而不載。雖循文詁義，無大發明。而較之竄亂古經，橫生新義者，猶不失謹嚴之義。惟序官乃經文之綱領，申以其無假詮釋，遂削而不載，頗乖體要。是則因陋就簡之失矣。

張金吾《愛日精廬藏書志・禮類》 《周禮句解》十二卷。明初刊本。吳方山藏書。宋魯齋朱申周翰撰。卷末有題識云「姑蘇吳岫家藏」，卷首有葉石君印記。

潘祖陰《滂喜齋藏書志・經部》 宋刻《校正詳增音訓周禮句解》十二卷。一函，六冊。題魯齋朱申周翰。每一官分上下卷。前有登雲子序。舊爲松陵莫氏藏書。附藏印「李琪家藏子二，孫二永口寶用」、「士弘私印」、「頌之父」、「擔如居士」、「寧靜閣」、「五隖山房」、「松江莫氏壽樸堂書籍」、「季振宜讀書」。宋刻《音點周禮詳節句解》。一函四冊。此與前本不同，有武夷勿軒居士序，云雲坡陳君以魯齋《二禮句解》屬序。勿軒，熊禾去非之號也。又有題記云：「今將本局所刊舊本增修注釋，三復校正，並無訛舛，伏幸藻鑑。」是其書已經坊肆附益，非魯齋之舊矣。有無名氏手跋，鈐「孝弟清白傳家」印。附藏印「滎陽」、「潘氏彥中」、「潘康」。

周禮辯

王圻《續文獻通考・經籍考・禮》 《周禮辯》一篇。金楊雲翼著。雲翼字之美，樂平人。初學語，即畫地作字，日誦數千言。登明昌五年進士第一，累官翰林學士。

黃虞稷《千頃堂書目・三禮類・補金》 楊雲翼《周禮辨》一篇。

倪燦等《補遼金元藝文志・三禮類》 金楊雲翼《周禮辨》一篇。

龔顯曾《金藝文志補録》 《周禮辨》一篇。楊雲翼。

周禮折衷

陳振孫《直齋書録解題・禮類》 《鶴山周禮折衷》二卷。樞密臨邛魏了翁華父之門人稅與權所録。條列經文，附以傳注。鶴山或時有所發明，止於《天官》，餘皆未及也。

馬端臨《文獻通考・經籍考・禮》 《鶴山周禮折衷》二卷。

《宋史・藝文志・禮類》 魏了翁《周禮折衷》二卷。

徐𤊹《徐氏家藏書目・禮類》 《周禮折衷》一卷。宋魏了翁。見全集內。

周禮要義

《宋史・藝文志・禮類》 魏了翁《周禮要義》三十卷。

張萱等《內閣藏書目録・禮類》 《周禮要義》八冊。

周禮井田圖說

嵇璜等《續通志・圖譜略・禮》 魏了翁《周禮井田圖說》。

太平經國之書

《宋史・藝文志・禮類》 鄭伯謙《太平經國書統集》七卷。

《徐氏家藏書目・禮類》 《太平經國書》十一卷。宋鄭伯謙。

錢謙益等《絳雲樓書目・禮類》 《太平經國書》。

《四庫提要・禮類一》 《太平經國之書》十一卷。內府藏本。宋鄭伯謙撰。伯謙字節卿，永嘉人。官修職郎，衢州府學教授。王與之《周禮訂義》首列宋代說《周禮》者四十五家，伯謙爲第三十一，居黃度、項安世之間，蓋寧宗、理宗時人。是書發揮《周禮》之義。其曰《太平經國書》者，取劉歆「周公致太平之迹」語也。首列四圖：一曰成周官制，一曰秦漢官制，一曰漢官制，一曰漢南北軍。所圖僅三朝之職掌宿衛，蓋其大意欲以宮中、府中、文事、武事一統於太宰，故惟冠此四圖，明古制也。其書爲目三十：曰教化、奉天、省官、內治、官吏、宰相、官民、官刑、攬權、養民、稅賦、節財、保治、考課、賓祭、相體、內外、官制、臣職、官民、宮衛、奉養、祭享、愛物、醫官、鹽酒、理財、内帑、會計、内治。其中内外一門會計一門，又各分爲上下篇，凡論三十二篇，皆以周官制度類聚貫通，設爲問荅，推明建官之所以然。多參證後代史事，以明古法之善。其論《天官》「玉府」諸職一條，車若水《腳氣集》頗稱之。然其間命意，間有不可解者，如《齊東野語》記韓侂胄之敗，殿司夏震尙聲喏於道旁。《梅磵詩話》記紹定辛卯，臨安大火，九廟俱燬，獨丞相史彌遠賜第以殿司軍救撲而存。故洪咨夔詩有「殿前將軍猛如虎，救得汾陽令公府，祖宗神靈飛上天，痛哉九廟成焦土」之句。其時武統於文，相權可謂重極。而此書《宰相》一篇，尙欲更重其權。又宋人南渡之餘，湖山歌舞，不復措意中原，正宜進臥薪嘗膽之戒，而此書《奉養》一篇，乃深斥漢文帝之節儉爲非。所論皆不可爲訓。毋乃當理宗信任賈似道時，曲學阿世以干進歟？以他篇貫通經義，尙頗有發明。舊本流傳，久行於世，姑節取焉而已。

周禮考工記解

楊士奇等《文淵閣書目・禮類》　《周禮林希逸考工説》。一部二册。闕。

高儒《百川書志・禮》　《周禮考工記解》。二卷。鬳齋林希逸撰。

王圻《續文獻通考・經籍考・禮》　《考工記解》。林希逸著。

徐𤊹《徐氏家藏書目・禮類》　《考工記圖解》二卷。宋林希逸著。

錢謙益等《絳雲樓書目・禮類》　希逸《考工記解》。一册。二卷。

黄虞稷《千頃堂書目・三禮類・補宋》　林希逸《考工記圖解》四卷。

倪燦等《宋史藝文志補・三禮類》　林希逸《考工記圖解》四卷。今梓本無圖，止二卷。

嵇璜等《續通志・圖譜略・禮類》　林希逸《考工記圖解》。

《四庫提要・禮類一》　《鬳齋考工記解》二卷。江蘇巡撫採進本。宋林希逸撰。希逸字肅翁，福清人。端平二年進士。景定間官司農少卿，終中書舍人。自漢河間獻王取《考工記》補《周官》，於是經與《記》合爲一書。然後儒亦往往別釋之，唐有杜牧注，宋有陳祥道、林亦之、王炎諸家解，今竝不傳。獨希逸此注僅存。宋儒務攻漢儒，故其書多與鄭康成注相剌繆。然以「綆參分寸之二」爲輪外兩邊有護身者，以「較」爲車箱前横在式之上，則不合於輪輿之制。於「倨句一矩有半」，解仍鄭氏《注》。其圖乃以鼓爲「倨」，股爲「句」，則不合於磬折之度。於戈之「長内則折前」，謂援與胡句相竝如磬之折。於臯鼓之「倨句磬折」，謂鼓爲圓物，何緣有倨句磬折之形？恐有脱文。皆於古器制度未之詳核。特以經文古奥，猝不易明。希逸注明白淺顯，初學易以尋求。且諸工之事非圖不顯，希逸以《三禮圖》之有關於《記》者，采摭附入，亦頗便於省覽。故讀《周禮》者，至今猶傳其書焉。

潘祖陰《滂喜齋藏書記・經部》　宋刻《周禮考工記解》二卷。二函，八册。題「鬳齋林希逸撰」，上下二卷，每葉二十行，行十八字，卷後附《釋音》。宋諱「匡」、「桓」、「恆」字缺筆。惜下卷《釋音》後缺三十一葉。鬳齋經學甚疏，然其所據經文有可證今本誤者，如《輈人》「輈注則利準，利準則久，和則安」，此書「利準」二字不重，按「準」故書作「水」，鄭司農云：「注則利水，謂輴脊上雨注，令水去利也。」玄謂「利水」重讀似非。「注則利」謂輈之揉者，形如注星則利也。「準則久」謂輈之在輿下者，平如準則能久也。「和則安」注與準者，和人乘之則安。惠學士據此注，謂下「利準」二字衍。注，鄭司農云下當有「利水重讀」四字，故後鄭辨其非。淺人於經，既增重文，因删司農重讀之言。今考後鄭分舉經文，明以「注則利」句、「準則久」句、「和則安」句，則其所見經文，必不重「利準」二字。惠校甚精，《唐石經》以下各本皆誤，惟此獨否。其他異文，如「故一器而工聚焉者，車爲多」，無「故」字。「輪人則轂雖敝不藃」，「敝」下有「而」字。「凡輻，量其鑿深以爲輻廣」，上「輻」字作「轂」。「故竑其幅廣以爲之羽，「廣」下有「之」字。「亦弗之溓也」，「溓」作「濂」。《輈人》「軓前七尺」，「不至軓七寸」，「軓中有灂軓」，皆作「軌」。「凡任木」，「木」下有「者」字。「以其一爲之，當兔之圍」，無上「之」字。「及其下㢀也」，無「也」字。《鍾氏》「以朱湛、丹秫三月而熾之」，「以」上有「必」字。「是故夾而搖之，以眂其豐」，下脱「殺之節也」四字。《梓人》「攫閷」作「玃盧」，「人是故侵之」作「侵人」。《車人》「上句者二尺有二寸」，上「二」字作「一」。《弓人》「漆也者，以爲受霜露也」，無「受」字。「角長二尺有五寸」，「五」作「二」。「亦弗可以爲良矣」，「矣」作「也」。「末應將興」，

「將」作「先」。皆與今本不同。卷首有「古香樓」、「汪季子文柏」、「柯庭氏雙谿草堂圖記」三印。

周官集傳

錢大昕《補元史藝文志・禮類》 劉莊孫《周官集傳》二十卷。

周禮訂義

《宋史・藝文志・禮類》 王與之《周禮訂義》八十卷。

楊士奇等《文淵閣書目・禮》 《周禮王與之訂義》。一部，十五冊。闕。

《周禮王與之訂義》。一部，二冊。完全。塾本作《東巖周禮訂義》。

張萱等《內閣藏書目録・經部》 《東巖周禮訂義》二冊，不全。鈔本。東巖齋王與之著。止存第十五卷。

《四庫提要・禮類一》 《周禮訂義》八十卷。內府藏本。宋王與之撰。與之字次點，樂清人。淳祐二年六月，行在祕書省准敕訪求書籍，牒溫州宣取是編。知溫州趙汝騰奏進，特補一官，授賓州文學。後終於通判泗州。此本省牒、州狀、都司看詳及敕旨均録載卷首，蓋猶宋本之舊。前有眞德秀序，作於紹定五年壬辰，下距進書時十年。又有趙汝騰後序，作於嘉熙元年丁酉，下距進書時六年。故汝騰奏稱素識其人。又稱德秀殁後，與之益刪繁取要，由博得約，其書益精粹無疵也。所采舊說，凡五十一家。然唐以前僅杜子春、鄭興、鄭衆、鄭玄、崔靈恩、賈公彦等六家，其餘四十五家則皆宋人。凡文集、語録無不搜采。蓋以當代諸儒爲主，古義特附存而已。德秀稱：「鄭、賈諸儒析名物，辯制度，不爲無功，而聖人微旨終莫之睹。惟洛之程氏，關中之張氏，獨得聖經精微之藴。永嘉王君，其學本於程、張」云云。蓋以義理爲本，典制爲末，故所取宋人獨多矣。其注《考工記》，據《古文尚書・周官》司空之職，謂《冬官》未嘗亡。實沿俞庭椿之謬說。汝騰後序亦稱之，殊爲舛誤。然庭椿淆亂五官，臆爲點竄。與之則僅持是論，而不敢移掇經文，視庭椿固爲有間。至其以序官散附諸官，考陸德明《經典釋文》、晉干寶注《周禮》，雖先有此例，究事由意創，先儒之所不遵，不得援以爲據也。惟是四十五家之書，今佚其十之八九，僅賴是編以傳。雖貴近賤遠，不及李鼎祚《周易集解》能存古義，而蒐羅宏富，固亦房審權《周易義海》之亞矣。又案丘葵《周禮補亡序》：稱嘉熙間，東嘉王次點作《周官補遺》，由是《周禮》之六官始得爲全書。今本實無《補遺》，未審別爲一書，或附此書內而佚之。然憑臆改經之說，正以不存爲最善，固無庸深考也。

彭元瑞等《天禄琳琅書目後編・宋版經部》 《東巖周禮訂義》。四函，三十二冊。宋王與之撰。與之，字次點，樂清人。官通判泗州。書八十卷。前有祕書省下溫州牒，次溫州繳書申，次知溫州趙汝騰薦奏，次檢正都司看詳，次旨授賓州文學。又紹定五年眞德秀序，《編類姓氏世次》、《編集條例》、《序周禮興廢》，後有嘉熙丁酉趙汝騰後序。據牒奏，乃淳祐二年六月宣取，十一月繳進，十二月本州奏薦，三年正月降付，四月降旨授官。其列銜則推官施洽、判官周夢發、添差通判趙與篂、通判趙賁夫、直煥章閣知州趙汝騰也。申內印本二十冊，在當時已鐫版矣。書中採諸舊說五十一家、杜子春、鄭興、鄭衆、鄭康成、崔靈恩、賈公彦六家外，餘皆宋人。其以序官散附諸職，與古本異。是書近《通志堂經解》有重刊本。

東陽二何君周禮義

王圻《續文獻通考・經籍考・禮》 《東陽二何君周禮義》一卷。內舍生何夢申與弟參知政事夢然所作，各一首，皆近道之言。五世孫觀光裝裱成卷，宋潛溪題而藏之。

補正古周禮

王圻《續文獻通考・經籍考・禮》 《補正古周禮》。胡一桂撰。

周禮訂本

黄虞稷《千頃堂書目・三禮類・補元》 丘葵《周禮訂本》三卷。

錢謙益等《絳雲樓書目補遺・禮類》 丘葵《周禮訂正》二冊。元人。

倪燦等《補遼金元藝文志・三禮類》 丘葵《周禮訂本》三卷。同安人。

錢大昕《補元史藝文志・禮類》 丘葵《周禮定本》三卷。

周禮補亡

王圻《續文獻通考・經籍考・禮》 《周禮補亡》。丘葵著。葵，同安人。刻志爲學，不求人知，自號釣磯翁。取五官中錯簡成書，因名《補亡》。

黄虞稷《千頃堂書目・三禮類・補元》 丘葵《周禮全書》六卷，同安人，刻志篤學，不求人知。馬祖常嘗薦於朝，命未下而卒。

倪燦等《補遼金元藝文志・三禮類》 丘葵《周禮全書》六卷。

《四庫提要・禮類存目一》 《周禮補亡》六卷。衍聖公孔昭焕家藏本。元丘葵撰。葵字吉甫，莆田人。《閩書》作同安人，未之詳也。是書本俞庭椿、王與之之說，謂冬官一職散見五官，又參以諸家之說，訂定天官之屬五十九，地官之屬五十七，春官之屬六十，夏官之屬五十，秋官之屬五十七，冬官之屬五十四。又云：「先王不能以祿食養無用之官。故《周官》雖曰三百六十，而兼攝相半。如掌葛徵絺綌，掌染草斂染草之類，每官掌一事，無是事未必有是官也。」其說皆自信不疑。《周禮》一書，不過闕《冬官》耳。至南宋淳熙、嘉熙之間，俞、王二家倡爲異說，而《五官》俱亂。葵又從而推波助瀾。《閩書》稱宋末科舉廢，葵杜門勵學，居海嶼中，因自號釣磯翁。所著有《易解義》、《書解義》、《詩口義》、《春秋通義》、《四書日講》、《周禮補亡》。今諸書散佚，惟此書爲世所詬病，轉以見異而存。據葵自序，書蓋成於泰定丙子，葵年八十一矣。虛殫一生之力，使至今談《周禮》者，稱俞庭椿爲變亂古經之魁，而葵與王與之爲煽助異說之黨，不亦傎歟！其書世有二本。其一分六卷，題曰《周禮註》。其一卽此本，不分卷數而題曰《周禮冬官補亡》。《經義考》又作《周禮全書》，而註曰：「一作《周禮補亡》。」案此書別無他長，惟補亡是其本志，故今以《補亡》之名著録焉。

錢大昕《補元史藝文志・禮類》 丘葵《周禮全書》六卷。

周禮經傳

錢大昕《補元史藝文志・禮類》 吳澂《周禮經傳》十卷。

周禮考注

高儒《百川學志・禮》 《周禮考註》十七卷。元翰林學士吳澄考註。

周官考正

王圻《續文獻通考・經籍考・禮》 《周官考正》。吳澄纂次。其序曰：《周官》六篇，其《冬官》一篇闕。《漢・藝文志》序列於禮家，後人名曰《周禮》。文帝嘗召至魏文侯時老樂工，因得《春官・大司樂》之章。景帝子河間獻王好古學，購得《周官》五篇。武帝求遺書得之，藏於秘府，禮家諸儒皆莫之見。哀帝時，劉歆校理秘書，始著於《録》、《略》，以《考工記》補《冬官》之闕。歆門人河南杜子春能通其學，鄭衆、賈逵受業於杜，漢末馬融傳之鄭玄，所註今行於世。宋張子、程子甚尊信之，王文公又爲《新義》。朱子謂此經周公所作，但當時行之恐未能盡，後聖雖復損益可也，至若肆爲誹詆訾毀之言，則愚陋無知之人耳。《冬官》雖闕，今仍存其目，而《考工記》別爲一卷，附之經後云。

周官敘録

黃虞稷《**千頃堂書目・三禮類・補元**》 吳澄《周官敘錄》六篇。

倪燦等《**補遼金元藝文志・三禮類**》 元吳澄《周官敍録》六篇。

考工記注

徐𤊹《**徐氏家藏書目・禮類**》 《考工記註》二卷。元吳澄注。《考工記》二卷。漢鄭康成訓註。元吳澄考注。

周官考

王圻《**續文獻通考・經籍考・禮**》 《周官考》三卷。臧夢解著。夢解，鄞人。宋末進士，仕元至廣東廉訪使。博學洽聞，爲時名儒，嘗著座右四銘以自儆。士大夫稱之曰魯山先生。

黃虞稷《**千頃堂書目・三禮類・補元**》 臧夢解《周官考》三卷。

倪燦等《**補遼金元藝文志・三禮類**》 臧夢解《周官考》三卷。

錢大昕《**補元史藝文志・禮類**》 臧夢解《周官考》三卷。

禮粹

《**宋史・藝文志・禮類**》 《禮粹》二十卷。不知作者。

中禮

《**宋史・藝文志・禮類**》 王慤《中禮》八卷。

周禮秋官講義

《**宋史・藝文志・禮類**》 江與山《周禮秋官講義》一卷。

周禮名數圖

尤袤《**遂初堂書目・禮類**》 《周禮名數圖》。

周禮類例義斷

《**宋史・藝文志・禮類**》 《周禮類例義斷》二卷。

纂圖互注重言重意周禮

黃虞稷《**千頃堂書目・三禮類・補宋**》 《周禮纂圖互註重言重意》十二卷。撰人無考，與《詩經重言重意》皆宋時攻帖括者所爲。朱彝尊以爲元人，非是。亦見《傳是樓・宋板書目》。予家有此書，乃季滄葦舊藏本。滄葦亦定爲宋刻。

于敏中等《**天禄琳琅書目・宋版經部**》 《纂圖互註周禮》。二函，十二冊。前《周禮經圖》三十有九，各系以說；次篇目；正文全録鄭《注》及唐陸德明《音義》，復加重言、重意、互註三例，共十二卷。按宋陳祥道有

《周禮纂圖》，其書已佚。此書纂圖不載撰人姓氏，而圖説多引祥道《禮書》之言，或本之祥道書，故仍其名。音義後標重言、重意、互註，與前監本《毛詩》同，當亦唐宋人帖括之書，但標名無「重言重意」四字，經文不施句讀，版尺寸亦較縮耳。又《經義考》載《周禮附音重言重意互註》十二卷，引繆泳謂元人所輯，竝無指實，且與《纂圖互註毛詩》出唐宋人之説自相矛盾。此本的係宋槧，非明尹洪兩廣重刻本也。諸卷前後原有印記，不知何時割去，迹尚可辨。闕補《經圖》、一之八卷十二。十八。

錢大昕《補元史藝文志・禮類》　《周禮附音重言重意互注》十二卷。未詳撰人。

黄丕烈《蕘圃藏書題識・經類》　《纂圖互注重言重意周禮》十二卷。宋京本。宋刻《周禮》所見有三本，一爲余仁仲本，藏於小讀書堆，係中版，獨闕《秋官》。倚樹吟軒有蜀本，止《秋官》二卷，則大版也，見爲余有。陶筠椒有纂圖互注本，卻無闕卷，有闕葉，版子適中。惟此又係巾箱中本。余所見《左傳》題曰「婺本」，此《周禮》題曰「京本」，蓋同一例矣。惜少《春》、《夏官》，安得彙而敘之如百衲《史記》乎？爲古書發一歎云。抱沖作古，書籍不輕假人，筠椒以待賈而沽，未能借校，致令槎翁之書，留余百宋一廛中，僅得與蜀殘本一校，未盡其善，又可惜也。還書之日，書數語於尾，以質諸槎翁。槎翁想亦同慨已！時嘉慶丙寅穀雨後二日，黄丕烈識。

吳壽暘《拜經樓藏書題跋記・群經小學》　《周禮纂圖互注重言重意》。宋刻本，十二卷。前《周禮經圖》三十有九，各系以説；次篇目；正文全錄鄭《注》及唐陸德明《音義》，復加重言、重意、互注三例，共十二卷。先君子云：「按《經義考》載《周禮附音重言重意互注》十二卷，引繆泳謂元人所輯，並無指實，且與《纂圖互注毛詩》出唐宋人之説自相矛盾。此本的係宋槧，非明尹洪兩廣重刻本也。諸卷前後原有印記，不知何時割去，迹尚可辨。」吳門黃蕘圃主事跋云：「宋刻《周禮》所見有三本，一爲余仁仲本，藏於小讀書堆，係中版，獨闕《秋官》。倚樹吟軒有蜀本，止《秋官》二卷，則大板也，見爲余有。陶筠椒有纂圖互注本，卻無闕卷，有闕葉，板子適中。惟此又係巾箱中本。余所見有《左傳》題曰『婺本』，此《周禮》題曰『京本』，蓋同一例矣。惜少《春》、《夏官》，安得彙而叙之如百衲《史記》乎？爲古書發一嘆云。抱沖作古，書籍不輕假人。筠椒以待賈而沽，未能借校，致令槎翁之書，留余百宋一廛中，僅得與蜀殘本一校，未盡其善，又可惜也。還之日，書數語于尾，以質諸槎翁。槎翁想亦同慨已。時嘉慶丙寅穀雨後二日，黃丕列識。」同里陳簡莊徵君跋云：「槎客先生得此書時，適生次君虞臣，故其小字日周官。今虞臣年已三十餘矣，展讀之下，偶思前事，宛如昨日。附記于後。嘉慶十一年歲在丙寅暮春之初，陳鱣題。」先君子得書之日，爲不肖暘墮地之辰。今先妣見背已十餘寒暑，而先君子奄捐舘舍已九閲月矣。傷二人之長逝，愧一經之徒貽，昏瞀之餘，整理故帙，悲感可勝言哉！

潘祖蔭《滂喜齋藏書記・經部》　宋刻《京本點校附音重言重意互注周禮》殘本四卷。鄭氏注。每半葉十一行，行大十九字，小二十字。大題在下，小題在上。板高不及四寸。蠅頭細字，精勁無匹，眞爲宋板上駟。惜缺八卷，惟存《天官》下一卷，《地官》下一卷，《春官》上下兩卷。據《士禮題跋》，蕘圃所藏亦巾箱本，而佚春、夏二《官》。若以此殘本儷之，則六《官》僅缺《司馬》矣。附藏印「研北程年彭若氏」、「白門居士」、「月波樓鑑賞」。

周禮集傳

楊士奇等《文淵閣書目・禮》　《周禮毛應龍集傳》。一部，十六冊。完全。

張萱等《内閣藏書目録・經部》　《周禮集傳》十六冊，全。鈔本。元大德間澧州教授豫章介石毛應龍著。總諸儒訓釋，斷以己見。凡二十四卷。

黃虞稷《千頃堂書目・三禮類・補元》　毛應龍《周禮集傳》二十四卷。字介石，豫章人，元大德間澧州教授。一作十三卷。

倪燦等《補遼金元藝文志・三禮類》　《毛應龍周禮集傳》二十四卷。今十六卷。字介石，豫章人，澧州教授。

《四庫提要・禮類一》　《周官集傳》十六卷。《永樂大典》本。元毛應龍撰。案張萱《内閣書目》，稱應龍字介石，豫章人，大德間嘗官澧州教授。而江西志乘俱軼其名，始末已不可詳考矣。是書於諸家訓釋，引據頗博，而於鄭鍔之《解義》、徐氏之《音辨》，及歐陽謙之之説，所采尤多。其自出己意者，則題「應龍曰」以別之。其中有沿襲誤説，未考古義者。如《鍾師》「掌金奏，以鍾鼓奏《九夏》」，杜子春、鄭康成皆以《九夏》爲樂曲，而應龍獨引歐陽謙之説，謂：「《左傳》襄四年曰：『金奏《肆夏》之三，工歌《文王》之三。』《文王》而曰工歌，是有詩而可歌者也。《肆夏》而曰金奏，是徒有其聲，可以金奏而無詩可歌明矣。」今考孔穎達《左傳疏》云：「作樂先擊鐘，故稱『金奏』，此晉人作樂先歌《肆夏》，《肆夏》是作樂之初，故於《肆夏》言金奏也。次工歌《文王》，樂已先作，非復以金爲始，故言工歌也。」其説足與鄭《注》相發明。如以「《九夏》」之文統「金奏」之下，卽以爲非樂曲。則《鍾師》又有「凡射，王奏《騶虞》，諸侯奏《貍首》，卿大夫奏《采蘋》，士奏《采蘩》」之文，貫於「金奏」下，豈亦均非樂曲乎！又《甸祝》「禂牲禂馬」，鄭註「禂，讀如伏誅之誅。今侏大字也。爲牲祭求肥充，爲馬祭求肥健也。」應龍亦主謙之説，謂「禂，稠也，禱牲稠盛也。」以康成改讀爲非。考「禂」「侏」二字古音本通，非康成改讀。揚雄《國三老箴》：「負乘覆餗，姦寇侏張。」《晉書・慕容垂載記》：「苻堅報書曰：『侏張幽顯。』」《魏書・恩倖傳》：「侏張不已。」《北齊・源彪傳》：「吳賊侏張。」侏張卽譸張。侏與譸，猶侏與禂，音同故義借，安得指爲康成改讀乎！又《㮚氏》「爲鬴」，應龍引鄭鍔之説曰：「晏子謂六斗四升爲鬴。管子謂百升而成釜。康成則謂四升曰豆、四豆曰區、四區曰釜，爲六斗四升。以下文觀之，其臀一寸，其實一豆，豆當爲斗釜之臀，一寸而容一斗，則釜之內方一尺，而容十斗，無可疑者。十斗則百升，正管仲所謂釜也。康成謂四升曰豆，每四而加，故區至釜而六斗四升。彼殊不考之於《梓人》也。『梓人爲飲器，爵一升，觚三升，獻以爵而酬以觚，一獻而三酬，則一豆矣。』夫一獻則一升矣，三酬則九升也。以一合九，非十升爲豆而何？而康成謂四升爲豆，失之矣。」今考康成謂鬴六斗四升，實據經文方尺、深尺以粟米法算之。蓋粟米法方一尺，深一尺六寸二分，乃容一石。鍔以鬴容一石，則是鬴方尺，深尺六寸二分矣。其何以解於經文方尺、深尺耶？《管子・海王》篇「鹽百升而釜」，房元齡注，謂鹽十二兩七銖一黍，十分之一爲升，當米六合四勺。百升之鹽，七十六斤十二兩十七銖，二纍爲釜，當米六斗四升。則是《海王》篇百升之釜，乃實百升之鹽，非實百升之粟也。今鍔以《管子》量鹽之鬴，爲《㮚氏》量粟之鬴，比擬已爲不倫。至於康成注《梓人》，以豆爲斗，實以豆止四升，不及一獻三酬之數。鍔誤以豆爲飲器，遂牽合十升之文，反詆改豆爲斗之非。不知古以斗飲，不以豆飲。《詩・行葦》篇毛傳曰：「大斗長三尺。」《戰國策》曰：「令工人作爲金斗，長其尾，與代王飲，卽因反斗擊之。」此斗爲飲器之證也。《越語》曰：「觴酒豆肉。」《韓子・外儲》篇曰：「取一豆肉。」是豆實食器，而非飲器之證也。又安得引《梓人》之文爲《管子》之旁證乎！諸如此類，皆未免膠執舊文，疎於考核。至於冕服車旗之度，廟祧昭穆之制，《司尊彝》之六尊六彝，《司几筵》之五几五席，方弓義弓之異名，正歲正月之竝用，條例引證，頗爲明晰。宋以來諸家散佚之説，尚因是以存其崖略，則蒐輯之功，固亦非尠矣。其書諸家著録，皆云二十四卷。今散見於《永樂大典》者，《地官》、《夏官》適當闕帙。其餘四官，首尾頗爲完具。謹録爲十六卷，以一官四卷，共得二十四卷，計之仍其舊第也。應龍所著，別有《周官或問》五卷，在《集傳》之外，《永樂大典》割附《集傳》之後。其存者僅《天官》十九條，《春官》十四條，《秋官》、《冬官》各一條，篇幅寥寥，不能別成一帙。今仍附於各傳下，既免以畸零散佚，且使一家之説互相參證，亦足以資發明焉。

錢大昕《補元史藝文志・禮類》 毛應龍《周官集傳》二十四卷。今存十六卷。

張金吾《愛日精廬藏書志・禮類》 《周官集傳》十六卷。文淵閣傳抄本。元毛應龍撰。

周官或問

楊士奇等《文淵閣書目・禮》 《周禮毛應龍或問》。一部，一冊，完全。

黃虞稷《千頃堂書目・三禮類》 毛應龍《或問》五卷。

錢大昕《補元史藝文志・禮類》 毛應龍《周官或問》五卷。字介石，豫章人，大德間澧州教授。

周禮集說

范邦甸等《天一閣書目・禮類》 《周禮集說》十二卷。關中劉儲秀編補，元至正陳友仁序云：「余友雲山沈君則正謂余曰：『近得《集說》於霅，手澤尙新，編節條理，與《東萊讀詩記》、《東齋書傳》相類，其博雅君子之爲歟？名氏則未聞也。』一日到沈君家，取而閱之，攜其書以歸。是歲，留於山前表伯之西榻，就而筆之。訓詁未詳者，則益以賈氏、王氏之疏說。辨析未明者，則附以前輩諸老之議論，越明年書成。」

黃虞稷《千頃堂書目・三禮類・補元》 《周禮集說》十二卷。不知何人所輯，元吳興陳友仁君復得之於沈則正，因傳之。內《地官》末卷亡，明關中劉儲秀補注。

徐𤊹《徐氏家藏書目・禮類》 《周禮集說》十二卷。元陳友仁編。

錢謙益等《絳雲樓書目・禮類》 陳友仁《周禮集說》十二冊。十二卷。元人。

倪燦等《補遼金元藝文志・三禮類》 《周禮集說》十二卷。失名。內《地官》末卷亡，明關中劉儲秀補注。

《四庫提要・禮類一》 《周禮集說》十卷。編修汪如藻家藏本。不著撰人名氏。前有元初陳友仁序，稱其友「雲山沈則正，近得此書於霅，編節條理與《東萊讀詩記》、《東齋書傳》相類，名氏則未聞也。癸未攜以歸，訓詁未詳者，益以賈氏、王氏之疏說。辨析未明者，附以前輩諸老之議論」云云。蓋友仁因宋人舊本重輯也。友仁字君復，湖州人。序題「丙子後九歲，」丙子爲宋亡之歲，友仁不題至元年號，而上溯丙子以系年，蓋亦宋之遺民。故仿陶潛不書年號，但稱甲子之例。然陶潛在晉諸詩，亦但題甲子，非以入宋之故。原集具存，友仁未之詳考耳。卷首有《總綱領》一篇，《官制總論》一篇，又《凡例》一篇，分條闡說，極爲賅洽。每官之前，又各爲《總論》一篇，所引《注疏》及諸儒之說，俱能擷其精粹，而於王安石《新經義》采摘尤多。蓋安石《三經新義》，雖爲宋人所攻，而《周官新義》則王昭禹述之於前，見所作《周禮詳解》。林之奇述之於後，案之奇學出呂本中，本元祐一派，而作《周禮全解》亦用安石之說，見王與之《周禮訂義》。故此書亦相承援引，不廢其文也。《考工記》後附俞庭椿《周禮復古編》一卷，殊爲疣贅，有失別裁。然不肯變易古經而兼存其說，以待後人之論定，較庭椿之妄誕則略有間矣。原佚《地官》二卷，其《春官總論》亦佚。黃虞稷《千頃堂書目》云：「關中劉儲秀嘗補注以行。」今未之見，亦姑仍其舊闕之焉。

彭元瑞等《天禄琳琅書目後編・宋版經部》 《周禮集說》。二函，二十冊。元陳友仁因無名氏舊本增。友仁字君復，湖州人。元本十二卷，今書十卷，其《地官》二卷元佚。前有友仁自序，次《凡例》，次《綱領》，次《官制總論》。其五官篇首各有總論。末附俞庭椿《復古編》。庭椿字壽翁，臨川人，乾道八年進士，官古田令。友仁序稱得是書於霅，其訓詁未詳者，則益以賈氏、王氏之疏說，辨析未明者，則附以前輩諸老之議論。末署「至元戊子歲」，蓋友仁本宋遺老，而是書則刊於元初者也。庭椿《復古編》於五官中割取四十九以補《冬官》之缺。友仁載之簡末，失別裁矣。

錢大昕《補元史藝文志・禮類》 陳友仁《周禮集說》十二卷。字君復，湖州人。

張金吾《愛日精廬藏書志・禮類》 《周禮集說》十一卷。文淵閣傳抄本。不著撰人名氏。傳抄閣本，缺卷十一卷，從明成化刊本補録。陳友仁序。

吳壽暘《拜經樓藏書題跋記・羣經小學》 《周禮集說》十二卷。原缺《地官》，末卷爲俞庭椿《復古編》，後爲《集說綱領》。《千頃堂書目》謂：「不知何人所輯，元吳興陳君仁君復得之于沈則正，因傳之。內《地官》末卷亡，明關中劉儲秀補注。」今觀其書，《天官》卷第三後即次《春官》卷第四，是《地官》當時已缺。其自序稱：「余友雲山沈君則正謂余曰：『近得《集說》于霅，手澤尙新，編節條理，與《東萊詩記》、《東齋書傳》相類，其博雅君子之爲與？』」又云：「攜其書以歸，就而筆之。訓詁未詳者，則益以賈氏、王氏之疏說。辨析未明者，則附以前輩諸老之議論。越明年是書成。」蓋陳氏甚用力于此焉！劉儲秀注本未識與此有異同否。是本紙墨甚古，字畫端楷，爲元刻之佳者。每葉二十四行，行二十五字。

周禮正義

錢大昕《補元史藝文志・禮類》 王申子《周禮正義》。

周禮解義

黃虞稷《千頃堂書目・三禮類・補元》 湯彌昌《周禮解義》。字師言，吳縣人。

倪燦等《補遼金元藝文志・三禮類》 湯彌昌《周禮解義》。字師言，吳人。

錢大昕《補元史藝文志・禮類》 湯彌昌《周禮解義》。字師言，吳人，瑞安州判官。

倣周禮書

王圻《續文獻通考・經籍考・禮》 《倣周禮書》一卷。諸暨王冕著。倣《周禮》而爲之，秘不使人觀。嘗撫卷曰：「吾未卽死，持此遇明主，伊呂事業不難期也。」

黃虞稷《千頃堂書目・三禮類》 王冕《倣周禮書》。

禮學幼範

錢大昕《補元史藝文志・禮類》 汪汝懋《禮學幼範》七卷。

周禮纂言

王圻《續文獻通考・經籍考・禮》 《周禮纂言》。吳當著。當，澄之孫。通經史百家，官翰林學士。

黃虞稷《千頃堂書目・三禮類・補元》 吳當《周禮纂言》。當本大父澄之意爲是書。

倪燦等《補遼金元藝文志・三禮類》 吳當《周禮纂言》。本其祖澄之意爲之。

錢大昕《補元史藝文志・禮類》 吳當《周禮纂言》。

周禮詳集

張萱等《内閣藏書目録・經部》 《周禮詳集》一册，不全。未詳著人姓氏。自《地官司徒》至《考工記》。

黃虞稷《千頃堂書目・三禮類》 《周禮詳集》一册。自《地官司徒》至《考工記》。

周禮或問

張萱等《内閣藏書目録・經部》 《周禮或問》一册。鈔本。莫詳答問姓氏。

黃虞稷《千頃堂書目・三禮類》 《周禮或問》一册。

周禮類要

黄虞稷《千頃堂書目・三禮類》　汪克寬《周禮類要》。

周禮考注

王圻《續文獻通考・經籍考・禮》　《周禮考注》。梁寅著。

黄虞稷《千頃堂書目・三禮類》　梁寅《周禮注》。梁氏《書莊記》云：「於《周禮》删剔其注，使之明暢也。」

周禮集説

王圻《續文獻通考・經籍考・禮》　《周禮集説》。浦陽宋濂著。

黄虞稷《千頃堂書目・三禮類》　宋濂《周禮集説》。

序官考

黄虞稷《千頃堂書目・三禮類》　蘇伯衡《序官考》一卷。

周禮考次

王圻《續文獻通考・經籍考・禮》　《周禮考次》。方希古著。

周禮考次目録

黄虞稷《千頃堂書目・三禮類》　方孝孺《周禮考次目録》一卷。

《明史・藝文志・禮類》　方孝孺《周禮考次目録》一卷。

周禮補注

黄虞稷《千頃堂書目・三禮類》　丁禮《周禮補注》。字思敬，丹徒人，永樂中河南南陽府知府。

周禮集注

王圻《續文獻通考・經籍考・禮》　《周禮集注》。何椒丘著。

周禮集注

徐𤊹《徐氏家藏書目・禮類》　《周禮集注》七卷。何喬新。

錢謙益等《絳雲樓書目・禮類》　何喬新《周禮集説》。六冊。七卷。字廷秀，廣昌人。官尚書。謚文肅。博學多聞。有《椒丘文集》。

黄虞稷《千頃堂書目・三禮類》　何喬新《周禮集注》七卷。弘治九年丙辰序。《周禮明解》十二卷。每篇首仿鄭本列其目次，則取四家所論定其屬，黜《考工記》別爲卷，不使列諸聖經，參考諸儒，附以肊見。作《集注》以俟後之君子擇焉。

《明史・藝文志・禮類》　何喬新《周禮集注》七卷。

王圻《續文獻通考・經籍考・禮》　《周禮註解》。刑部尚書何喬新著。喬新，南城人。

《四庫提要·禮類存目一》 《周禮集注》七卷。兩淮馬裕家藏本。明何喬新撰。喬新字廷秀，江西廣昌人，景泰甲戌進士，官至刑部尚書，謚文肅。事蹟具《明史》本傳。是書謂《冬官》不亡，大約沿俞庭椿、王與之、丘葵及晏璧僞託吳澄之說，臆爲竄亂。如引丘葵說，謂太史直筆而書，爲天官之屬無疑。不知《太史》之文曰「讀禮書而協事」，又曰「以書協禮事」，又曰「執其禮事」，然則《太史》當入《春官》，經有明文可據。《唐職官志》以太史合屬禮曹，是其遺意。今幷入《天官》，既不通經，且不明史矣。又如引僞本吳澄《考註》說，謂諸子掌國子之倅，使之修德學道，當入教官之屬。不知「諸子」之職曰：「若有兵甲之事，則授之車甲，合其卒伍，置其有司，以軍法治之。」蓋主以戎事詔國子，故隷《司馬》。今徒以修德學道之語，幷入《司徒》，則《夏官》都司馬之職曰「掌其政學」，亦未嘗不及於教，將竝移入《司徒》歟？是皆妄取前人謬戾之論，割裂倒置，踵其失而加甚。故前後義例，率不能自通，徒爲談《周禮》者所詬病耳。

周禮明解

黃虞稷《千頃堂書目·三禮類》 何喬新《周禮明解》十二卷。

《明史·藝文志·禮類》 何喬新《周禮明解》十二卷。

周禮義釋

黃虞稷《千頃堂書目·三禮類》 桑悅《周禮義釋》。

禮意大全

黃虞稷《千頃堂書目·三禮類》 何廷矩《禮意大全》三卷。字時振，番禺人。陳憲章門人。二書皆本之《周禮》。

存羊録

黃虞稷《千頃堂書目·三禮類》 何廷矩《存羊録》十卷。

周禮互注

黃虞稷《千頃堂書目·三禮類》 張詡《周禮互注》十二卷。

周禮疏義

黃虞稷《千頃堂書目·三禮類》 王啓《周禮疏義》。黃巖人，成化進士，刑部侍郎。

周禮校正

黃虞稷《千頃堂書目·三禮類》 陳鳳梧《周禮校正》六卷。以類相從而參以舒芬所注圖釋及諸家之解。

周禮合訓

黃虞稷《千頃堂書目·三禮類》 陳鳳梧《周禮合訓》六卷。別有《周禮合訓》，未知與此書同異。

《明史·藝文志·禮類》 陳鳳梧《周禮合訓》六卷。

周禮音釋

黄虞稷《千頃堂書目・三禮類》　吴昂《周禮音釋》。號南溪，海鹽人。進士，官福建布政使。

周禮考誤

黄虞稷《千頃堂書目・三禮類》　余本《周禮考誤》。

周禮注解

黄虞稷《千頃堂書目・三禮類》　馬理《周禮注解》。

周禮沿革傳

徐𤊹《徐氏家藏書目・禮類》　《周禮沿革》六卷。魏校。

黄虞稷《千頃堂書目・三禮類》　魏校《周禮天官沿革傳》六卷。

《明史・藝文志・禮類》　魏校《周禮沿革傳》六卷。

《四庫提要・禮類存目一》　《周禮沿革傳》四卷。安徽巡撫採進本。明魏校撰。校字子才，號莊渠，昆山人。弘治乙丑進士，官至太常寺卿，遷國子監祭酒，未上卒，謚恭簡。事蹟具《明史・儒林傳》。是編取《周禮》六官之屬，證以秦漢而下官制沿革，訖明代而止。僅有《天官》、《地官》、《春官》，蓋未成之稿也。夫時殊事異，文質異宜，雖三代亦不相沿襲。校於數千年後乃欲舉陳迹以繩今，不亂天下不止。其斷斷不可，人人能解，即校亦非竟不知。特以不談三代，世即不目爲醇儒，故不能不持此論耳。自序一篇，故摹典誥，亦此意也。

官職會通

黄虞稷《千頃堂書目・三禮類》　魏校《官職會通》二卷。

《明史・藝文志・禮類》　魏校《官職會通》二卷。

讀禮疑圖

徐𤊹《徐氏家藏書目・禮類》　《讀禮疑圖》六卷。季本。

錢謙益等《絳雲樓書目・禮類》　季本《讀禮疑圖》。六冊。六卷。

黄虞稷《千頃堂書目・三禮類》　季本《讀禮疑圖》六卷。一名《禮疑》。嘉靖戊申序。

《明史・藝文志・禮類》　季本《讀禮疑圖》六卷。

嵇璜等《續通志・圖譜略・禮》　明季本《讀禮疑圖》。

《四庫提要・禮類存目一》　《讀禮疑圖》六卷。兩江總督採進本。明季本撰。本有《易學四同》，已著録。是書辨論《周禮》賦役諸法，祖何休、林孝存之説，以爲戰國策士之所述。前三卷以其疑《周禮》者爲圖辨之，後三卷依據《孟子》立斷，因及後代徭役軍屯之法，論其得失。大旨主於輕徭薄賦，其意未始不善，其説亦辨而可聽。然古今時勢各殊，制度亦異，有不得盡以後世情形推論前代者。至其牽合《魯頌》「公車千乘，公徒三萬」，則欲改《小司徒》「四井爲邑，四邑爲丘，四甸爲縣，四縣爲都」之文，謂「四」當作「五」。又增「四都爲同」一語，則更輾轉竄亂矣。蓋本傳姚江之學，故高明之過，其流至於如斯也。

周禮定本

徐𤊹《徐氏家藏書目・禮類》　《周禮定本》十三卷。舒芬。

王圻《續文獻通考・經籍考・禮》　《周禮定本》。修撰舒芬著。芬，進賢人。

黃虞稷《千頃堂書目・三禮類》　舒芬《周禮定本》十三卷。《五官序辨》五卷，《六官圖釋》一卷，別編一卷，《校訂正經》六卷。

《明史・藝文志・禮類》　舒芬《周禮定本》十三卷。

《四庫提要・禮類存目一》　《周禮定本》四卷。兩江總督採進本。明舒芬撰。芬有《周易箋》，已著録。茲編亦其所著《梓溪內集》之一。大旨祖俞庭椿「《冬官》不亡，雜出於五官」之說，而參以僞本吳澄《考註》，復以己意進退之。凡爲《五官叙辨》五篇、《六官圖說》一篇、《周官剔僞》一篇、《周禮正經》六篇。刪舊本《考工記》，移《天官・太宰》、《地官・大司徒》之文以入於《冬官・大司空》，移《小司徒》及《遂人》之文入《小司空》，又移《天官》之《掌舍》、《幕人》、《掌次》，《地官》之《遂師》、《遂大夫》、《縣正》、《鄙師》、《酇長》、《里宰》、《鄰長》、《上訓》、《誦訓》、《司稼》、《草人》、《稻人》、《場人》、《囿人》、《載師》、《閭師》、《縣師》、《均人》、《稍人》、《旅師》、《山虞》、《林衡》、《川衡》、《澤虞》、《迹人》、《卝人》、《角人》、《羽人》、《掌葛》、《掌染草》、《掌炭》、《掌荼》、《掌蜃》、《舂人》、《舍人》、《倉人》、《廩人》、《遺人》、《委人》、《稾人》，《夏官》之《掌畜》、《職方氏》、《形方氏》、《山師》、《川師》、《邍師》、《司勳》、《量人》，以屬《冬官》。《明史》芬本傳稱，芬精於《周禮》，嘗謂《周禮》視《儀禮》、《禮記》猶蜀之視吳、魏。疾革，其子請所言，惟以未及表章《周禮》爲恨。於是經可云篤信。夫俞氏之書爲荒經蔑古之祖，芬不能訂正其謬，乃噓其已燼之焰而更加厲焉。甚且刪削舊文，十幾二三。自命曰定本，傎彌甚矣。

周官音詁

《明史・藝文志・禮類》　楊慎《周官音詁》一卷。

周禮輯說

黃虞稷《千頃堂書目・三禮類》　應廷育《周禮輯說》。

周禮訓雋

徐𤊹《徐氏家藏書目・禮類》　《周禮訓雋》卷。

黃虞稷《千頃堂書目・三禮類》　陳深《周禮訓雋》十卷。

《明史・藝文志・禮類》　陳深《周禮訓雋》十卷。

《四庫提要・禮類存目一》　《周禮訓雋》二十卷。副都御史黃登賢家藏本。明陳深撰。深字子淵，長興人。嘉靖乙酉舉人，官至雷州府推官。是書略無考證，而割裂五官，歸於《冬官》，則沿俞庭椿輩之謬論，無足録也。

錢大昕《補元史藝文志・禮類》　陳深《周禮訓雋》十卷。

周禮訓注

黃虞稷《千頃堂書目・三禮類》　陳深《周禮訓注》十八卷。字子淵，長興人，嘉靖乙酉舉人，雷州府推官。

《明史・藝文志・禮類》　陳深《周禮訓注》十八卷。

錢大昕《補元史藝文志・禮類》　陳深《周禮訓注》十八卷。

考工記句詁

黃虞稷《千頃堂書目・三禮類》　陳深《考工記句詁》一卷。

《明史・藝文志・禮類》　陳深《考工記句詁》一卷。

錢大昕《補元史藝文志・禮類》　陳深《考工記句詁》一卷。

周禮因論

徐𤊹《徐氏家藏書目·禮類》　《周禮因論》一卷。唐樞。

黄虞稷《千頃堂書目·三禮類》　唐樞《周禮因論》一卷。

《明史·藝文志·禮類》　唐樞《周禮因論》一卷。

《四庫提要·禮類存目一》　《周禮因論》一卷。浙江汪啟淑家藏本。明唐樞撰。樞有《易修墨守》，已著録。是書以「民極」爲《周禮》本原，蓋本葉時《禮經會元》之説，謂《詩》蔽以一言曰「思無邪」，《周禮》蔽以一言曰「爲民極」也。其駁夏休《井田譜》之妄，亦卓然有識。然其文如語録，寥寥數條，未爲詳備，不足以言詁經也。

周禮會注

黄虞稷《千頃堂書目·三禮類》　李如玉《周禮會注》十五卷。如玉，同安縣儒士。嘉靖十八年令其子詣闕奏進，帝嘉其究心禮書，令給冠帶榮身。

《明史·藝文志·禮類》　李如玉《周禮會注》十五卷。

周禮疑

《明史·藝文志·禮類》　羅洪先《周禮疑》一卷。

周禮述注

黄虞稷《千頃堂書目·三禮類》　金瑤《周禮述注》六卷。字德溫，休寧人，嘉靖中選貢，廣西衛經歷。

《明史·藝文志·禮類》　金瑤《周禮述注》六卷。

《四庫提要·禮類存目一》　《周禮述注》六卷。編修鄭際唐家藏本。明金瑤撰。瑤有《六爻原意》，已著録。是書成於萬曆己卯。前有瑤自序，幷所作凡例十條。謂《周禮》之文爲漢儒所竄改，其中有僞官亂句，悉爲考定，别以陰文書之。大旨本元吳澄《三禮考註》、明何喬新《周禮集註》之説，而又以臆見更定之。其補《冬官》之末，附以《改官議》、《改文議》二篇，即評論二氏之得失者也。案《冬官》不亡，亂入五官之邪説，倡於宋俞庭椿，益之以元之丘葵，皆變亂古文，爲經學之蟊賊。至吳澄《三禮考註》，本晏璧所僞託，實亦沿三家之流弊。何喬新之《集註》，又其重儓也。瑤未見俞、丘之書，遂奉吳、何爲鼻祖。所定僞官亂句諸條，若親得周公舊本，一一互校而知者，其無稽更不足辨矣。

周官私録

黄虞稷《千頃堂書目·三禮類》　王樵《周官私録》□卷。

周禮發明

《四庫提要·禮類存目一》　《周禮發明》一卷。江西巡撫採進本。明沈瑤撰。瑤字林珍，德清人。嘉靖癸丑進士，官至兵部郎中。是編於六官之後，各爲《總論》一篇。《冬官》一職則雜取《司徒》之屬補其闕，蓋用《三禮考註》之本。所録經文，頗多删節，所謂發明者寥寥數頁，亦僅如鄉塾之講章。

周禮傳

黄虞稷《千頃堂書目·三禮類》　王應電《周禮傳》十卷。嘉靖戊午序。應電，字昭明，號明齋，崑山人。師事莊渠、魏校，善釋經，有《五經繹》，今不傳。

《明史·藝文志·禮類》　王應電《周禮傳》十卷。

《四庫提要·禮類一》　《周禮傳》十卷。浙江范懋柱家天一閣藏本。明王應電撰。應電字昭明，崑山人。嘉靖中遭倭亂，避居江西，遂終於泰和。受業魏校之門，書中稱師云者，即述校語。故《明史·儒林傳》即附之校傳後焉。史稱應電篤好《周禮》，謂「《周禮》自宋以後，胡宏、季本各著書指摘其瑕舋，至數十萬言。俞壽翁、吳澄則以爲《冬官》不亡，雜見於五官中而更次之。近世何喬新、陳鳳梧、舒芬亦各以己意更定。然此皆諸儒之《周禮》也。乃覃研十數載，先求聖人之心，朔斯禮之源。次考天象之支，原設官之意。推五官離合之故，見綱維統體之極。因顯以探微，因細以繹大，成《周禮傳詁》數十卷」云云。蓋應電於《周禮》之學，用力頗深。此三書雖各爲卷帙，實相輔而行。核其大致，亦瑕瑜互見。其傳十卷，黜《考工記》不録，猶曰專解古經，至割裂序官之文，凡同職相統者，使區分部居，各以類從，則頗嫌竄亂。然論説頗爲醇正，雖略於考證而義理多所發明。其《圖説》二卷，用以稽考傳義，中如《職方氏》九州之類，有圖無説。又有如女官、女奚、女奴諸辨，有説無圖。上卷《明堂表》一篇，亦有録無書。蓋原本所闕。下卷闕井邑丘甸諸圖，則別見《翼傳》，故不複載也。所説間有舛誤者，如謂「社即地祇，夏至有事於方澤，乃祭大社」。考《春官·司服》希冕以禮社稷，五祀序於毳冕以禮四望山川之下，故鄭康成《酒正注》，列社稷於小祭，其説本明。應電以當地祇大祭，殊於經義有乖。至謂「明堂即王之六寢，宗禮文王以配上帝，不得於王之寢地，當在南郊，與郊天同。迎尸則於明堂」。又謂郊「天迎尸，亦當於明堂。」考《通典》載「南郊去國五十里，明堂在國三里之外，七里之内」，則相距凡四十餘里。安有祭時迎尸，遠在四十里外者？《周禮·掌次》「凡祭祀張尸次」，蓋尸幄切近壝宮，迎尸即於此幄。應電未核《注疏》，故有此謬。他如圖南郊於朝日之前，既從其序，而圖祈穀於迎暑之後，又頗顛舛。然其自序，謂奮《周禮》圖冕服則類爲男女之形，而章服仍不明，井邑則類爲大方隔，而溝洫仍不分，則亦頗有所訂正。今姑與其傳竝存，以備一家之説。其《翼傳》二卷，凡分七篇。上卷曰《冬官補義》，曰《天王會通》，曰《學周禮法》，曰《治地事宜》。下卷曰《握奇經傳》，曰《非周禮辨》，曰《經傳正謬》。其《冬官補義》，擬補土司空、工師、梓人、器府、四瀆、匠人、壘壁氏、巡方、考工、準人、嗇夫、柱下史、左史、右史、水泉、魚政、監法、豖人十八官，未免意爲揣測。其《天王會通》，以《天官書》所列諸星分配諸官，以爲王者憲天而出治，亦多涉附會。《學周禮法》有必不可復者，及後人假仿之妄，舊注解釋之謬，改聲改字之非與細物爲自古相傳之遺，官事有兼涉不擾之法，皆爲有見。餘則多録舊文。其《治地事宜》，直欲復井田之制，殊失之迂。其《握奇經傳》，雜參以後世之法，亦失之駁。其《非周禮辨》，駁正諸家，尚爲明析。其《經傳正謬》，則於《周禮》以外兼涉羣經，非惟以篆改隸，併欲以籀改篆，則拾其師魏校《六書精藴》之説，而不知其流於詭誕矣。大抵三書之中，多參臆説，不盡可從。以《周禮》、《儀禮》至明幾爲絶學，故取長棄短中，略採數家，以姑備一朝之經術，所謂不得已而思其次也。三書凡十四卷，《明史》作數十卷，蓋約舉之詞。朱彝尊《經義考》惟載《傳》十卷，《圖説》二卷，《學周禮法》一卷，《非周禮辨》一卷，而不載《翼傳》之名，頗爲疎漏。又所引黄虞稷語，乃《翼傳》之解題，而繫之《周禮傳》下，亦爲舛誤。豈偶然疎略，未及檢其全書歟？

周禮圖説

黄虞稷《千頃堂書目·三禮類》 王應電《圖説》二卷。《圖説》亦上下二卷。

《明史·藝文志·禮類》 王應電《周禮圖説》二卷。

《四庫提要·禮類一》 《圖説》二卷。明王應電撰。

周禮翼傳

黄虞稷《千頃堂書目·三禮類》 王應電《翼傳》二卷。《翼傳》者上卷爲《冬官補義》一、《天王會通》二、《學周禮法》三、《治地事宜》四。下卷《握機經傳》五、《非周禮辨》六、《經傳正誤》七。

《四庫提要·禮類一》 《翼傳》二卷。明王應電撰。

學周禮法

《明史・藝文志・禮類》　王應電《學周禮法》一卷。

非周禮辨

《明史・藝文志・禮類》　王應電《非周禮辨》一卷。

周禮全經釋原　周禮通論　周禮通考續論

徐𤊹《徐氏家藏書目・禮類》　《周禮全經》十四卷。柯尚遷。

黄虞稷《千頃堂書目・三禮類》　柯尚遷《周禮全經釋原》十二卷。附録二卷。字喬可，長樂人。《天官》三卷，《地官》二卷，《春官》三卷，《夏官》、《秋官》共三卷，《冬官》一卷，末附《周禮通論》、《周禮通考續論》二卷。嘉靖丙午自序。

《明史・藝文志・禮類》　柯尚遷《周禮全經釋原》十四卷。

《四庫提要・禮類一》　《周禮全經釋原》十四卷。安徽巡撫採進本。明柯尚遷撰。尚遷字喬可，長樂人，自號陽石山人。嘉靖中由貢生官邢臺縣縣丞。其書自《天官》至《冬官》凡十二卷，又附以《周禮通論》、《周禮通今續論》各一卷。前列序二篇，《源流序論》一篇，《六官目問》四篇，《全經綱領》十二條，《釋原凡例》七條。書中訓解，其稱「釋」者，皆采輯古注。其曰「原」者，則尚遷推闡作經本意也。《周禮》本闕《冬官》，尚遷宗俞庭椿之説，稍爲變易，取《遂人》以下《地官》之事，分爲《冬官》。自遂人至旅下士，正六十人，以符六官各六十之數，故曰「全經」。較庭椿之紛更割裂，差爲稍勝。故唐順之、姜寶皆深是之，然仍不出宋人錯簡之曲説。且改經文「安擾邦國」爲「富邦國」，又以吴澄所補「惟王建國」以下四十字冠於《冬官》之首，則猶之乎竄亂古經矣。以其訓詁經義，尚條暢分明，有所闡發，故與王應電書皆節取以備一家。朱彝尊《經義考》所載，與此本卷數相同。而注云：「內《源流敍論》一卷、《通論》一卷。」今此本《通論》之外，尚有《續論》，而《源流敍論》乃在卷首，不列十四卷之中，與彝尊所注不合。或彝尊未及細檢，亦如王應電書歟。

周禮直解

黄虞稷《千頃堂書目・三禮類》　袁表《周禮直解》。

續定周禮全經集注

黄虞稷《千頃堂書目・三禮類》　王圻《續定周禮全經集注》十四卷。因柯尚遷之書而重爲更定，凡五官所載有關於工者四十有二則，摘而彙之爲《冬官》上卷。而《考工記》三十一條，皆造作營繕不係，仍附於《冬官》之後，列爲下卷。

《明史・藝文志・禮類》　王圻《續定周禮全經集注》十四卷。

周禮通義

黄虞稷《千頃堂書目・三禮類》　施天麟《周禮通義》二卷。崇禎乙亥刊行，王錫袞序。

《明史・藝文志・禮類》　施天麟《周禮通義》二卷。

周禮文物大全

嵇璜等《清通志・圖譜略・禮》　陳林《周禮文物大全圖》。

《四庫提要・禮類存目一》《周禮文物大全》。無卷數。浙江巡撫採進本。不著撰人名氏，亦無序跋。其版爲藍朱二色。首列六官之所屬，次爲制度器物諸圖，終以諸儒傳授圖。大抵轉相勦襲，摹寫失眞。如王宮制圖，外朝爲致民三詢之地，雉門爲人民觀法之區，則外朝應在雉門之外，而此圖列於庫門之外。他若裘冕無旒，六贄未備，壇壝市肆，亦弗詳載，蓋鄉塾兔園冊也。考宋乾道中，昌州楊甲作《六經圖》，其《周禮圖》曰「文物大全」，與此書之名相合。又國朝廬江盧雲英，因其父所刻信州石本《五經圖》重爲編輯，其《周禮圖》亦曰「文物大全」。然楊氏圖凡四十有三，盧氏圖凡五十有一，均與此本不符。疑坊肆書賈於盧氏《五經圖》中摘其《周禮》諸圖，而稍稍竄亂之，別爲一書，以售其欺耳。

考工記解

黃虞稷《千頃堂書目・三禮類》焦竑《考工記解》一卷。

《明史・藝文志・禮類》焦竑《考工記解》二卷。

考工記標義

黃虞稷《千頃堂書目・三禮類》徐應曾《考工記標義》二卷。

考工記通

黃虞稷《千頃堂書目・三禮類》徐昭慶《考工記通》二卷。

《明史・藝文志・禮類》徐昭慶《考工記通》二卷。

《四庫提要・禮類存目一》《考工記通》二卷。浙江吳玉墀家藏本。明徐昭慶撰。昭慶字穆如，宣城人。是書凡例有曰：「此註本之朱周翰之《句解》，上而參之鄭康成，下而合之周啓明、孫士龍諸家，用成是帙。惟欲取便初學，故自忘其固陋」云云。今觀其書，多斤斤於章法、句法、字法，而典據殊少，則凡例蓋道其實也。其中時亦自出己意，攻駁前人。如「貉踰汶則死」，此「汶」本齊魯間水，陸德明《音釋》不誤。而昭慶謂此是岷江，不當音「問」，引《史記》爲證。不知《史記》固「汶」與「岷」通，未嘗以《考工記》之「汶」爲岷山也。

考工輯注

黃虞稷《千頃堂書目・三禮類》陳與郊《考工輯注》二卷。

《明史・藝文志・禮類》陳與郊《考工記輯注》二卷。

考工記圖

嵇璜等《續通志・圖譜略・禮》林兆珂《考工記圖》。

考工記補圖

徐㶿《徐氏家藏書目・禮類》《考工記補圖》一卷。明張鼎思著。

黃虞稷《千頃堂書目・三禮類》張鼎思《考工記補圖》二卷。長洲人。萬曆丁丑進士，福建按察副使。

嵇璜等《續通志・圖譜略・禮》張鼎思《考工記補圖》。

批點考工記

《四庫提要・禮類存目一》《批點考工記》一卷。內閣學士紀昀家藏本。明郭正域撰。正域字美命，江夏人。萬曆癸未進士，官至禮部侍郎，諡文毅。事蹟具《明史》本傳。是編取《考工記》之文，圈點批評，惟論其章法、句法、字法，每節後所附註釋，亦頗淺略。蓋爲論文而作，不爲詁經而作也。

周禮説

黄虞稷《千頃堂書目・三禮類》 徐即登《周禮説》十四卷。

《明史・藝文志・禮類》 徐即登《周禮説》十四卷。

《四庫提要・禮類存目一》 《周禮説》十四卷。兩淮馬裕家藏本。明徐即登撰。即登字獻和，又字德峻，號匡岳，豐城人。萬曆癸未進士，官至河南按察使。其書前十三卷解五官，不載《考工記》。末一卷爲《冬官闕疑》，蓋亦取俞庭椿之説，但尚未敢改經耳。然明言某官移易爲最允，某官移易爲未協，已毅然斷爲當改矣，何闕疑之云乎！

周禮完解

黄虞稷《千頃堂書目・三禮類》 郝敬《周禮完解》十二卷。

《明史・藝文志・禮類》 郝敬《周禮完解》十二卷。

《四庫提要・禮類存目一》 《周禮完解》十二卷。浙江吴玉墀家藏本。明郝敬撰。敬有《周易正解》，已著録。此書亦謂《冬官》散見於五官，而又變幻其辭。謂陽分六官以成歲序，陰省冬官以法五行，穿鑿尤甚。中間横生枝節，不一而足。如《典瑞》職「王晉大圭，執鎮圭」，晉即「搢」字，鄭衆註本不誤。賈疏云：「搢，插也。謂插大圭長三尺玉笏於帶間，手執鎮圭尺二寸。」其義亦最明。而敬謂「接見曰晉。晉，進也。行禮從容漸進，如日之升」，以附會於經文「朝日」之語。果終歲如是乎？此亦務勝古人之過矣。

考定古本周禮

黄虞稷《千頃堂書目・三禮類》 馬應龍《考定古本周禮》六卷。字伯光，安丘人。萬曆壬辰進士，禮部主事。

周禮釋評

黄虞稷《千頃堂書目・三禮類》 孫攀古《周禮釋評》六卷。字士龍，宣城人。折衷俞廷椿、王次點、吴澄、柯尚遷諸本，別爲考訂。

錢謙益等《絳雲樓書目・禮類》 《周禮釋評》。七冊。

《明史・藝文志・禮類》 孫攀古《周禮釋評》六卷。

《四庫提要・禮類存目一》 《古周禮釋評》六卷。河南巡撫採進本。明孫攀撰。攀字士龍，宣城人。是書因朱申《周禮句解》稍爲訂補，別以音釋、評語標註上方，如村塾讀本之式，均無足採。惟當明之季，異學爭鳴，能不刪削經文，亦不竄亂次序，兢兢守鄭、賈之本，猶此勝於彼焉。

周禮古本訂注

黄虞稷《千頃堂書目・三禮類》 郭良翰《周禮古本訂注》六卷。字道憲，莆田人。以任子官。好著書，多所論述。萬曆乙卯序。

《明史・藝文志・禮類》 郭良翰《周禮古本訂注》六卷。

《四庫提要・禮類存目一》 《周禮古本訂註》六卷。浙江吴玉墀家藏本。明郭良翰撰。良翰字道憲，莆田人。萬曆中以蔭官太僕寺丞。是編自序，謂俞庭椿、王與之、丘葵、吴澄、何喬新五家補本，分割殊甚。不知《冬官》可以不補，五官必不可淆。五官自存，《冬官》自闕，何必強臆以亂成經！因取古本訂正之。其持論甚允。而附葉時《冬官補亡》一篇於《考工記》之前，仍俞庭椿等《冬官》散在五官之説，又自相矛盾矣。其註亦皆揣摩文句，無所考正，非解《三禮》之法也。

考工記輯注

黃虞稷《千頃堂書目·三禮類》 朱大啓《考工記輯注》一卷。字君與，秀水人。萬曆庚戌進士，除南昌推官，歷吏部郎中，以弟憂去官。崇禎中遷刑部侍郎。贈尚書。

周禮句解

黃虞稷《千頃堂書目·三禮類》 周京《周禮句解》六卷。

古周禮注釋

黃虞稷《千頃堂書目·三禮類》 郎兆玉《古周禮注釋》六卷。字完伯，仁和人。

《明史·藝文志·禮類》 郎兆玉《注釋古周禮》六卷。

《四庫提要·禮類存目一》 《古周禮》六卷。兩淮馬裕家藏本。明郎兆玉撰。兆玉字完白，仁和人。萬曆癸丑進士。是書謂之《古周禮》者，自別於俞庭椿諸人之改本也。其註皆鈔撮舊文，罕能通貫。然暖暖姝姝，守一先生之言，視他家之變亂古經，與其妄也寧拘矣。

考工記纂注

黃虞稷《千頃堂書目·三禮類》 程明哲《考工記纂注》一卷。歙縣人。

《四庫提要·禮類存目一》 《考工記纂註》二卷。浙江巡撫採進本。明程明哲撰。明哲字如晦，歙縣人。是書主於評點字句，於經義無所發明，名爲《纂註》，實僅剿襲林希逸《考工記圖解》之文。其誤亦皆沿林本。惟經中「軓」字皆改爲「軌」，獨與林本不同。考《説文》云：軌，車轍也。軓，車軾前也。軌聲九，軓聲凡。」《輈人》之「軓前十尺而策半之」，鄭司農云：「軓，謂軾前也。」《大馭》：「『王祭兩軹，祭軓乃飲。』古書軓爲範。」杜子春云：「範當爲軓。」《小戎》傳曰：「陰，揜軓也。」箋曰：「揜軓在軾前，垂輈上。」然則諸言軾前，皆謂軓也。《中庸》云：「車同軌。」《匠人》云：「經塗九軌。」注云：「軌，謂轍廣也。」是二字辨別顯然。林希逸《圖解》尚不誤。今明哲於希逸之誤皆襲之，其不誤者轉改之，亦可謂不善改矣。

周禮五官

黃虞稷《千頃堂書目·三禮類》 曹津《周禮五官》五卷。嘉善人，貢士。南安府儒學教授。闕《考工記》不解。

重訂古周禮

《明史·藝文志·禮類》 陳仁錫《周禮句解》六卷。

《四庫提要·禮類存目一》 《重訂古周禮》六卷。兩江總督採進本。明陳仁錫撰。仁錫有《繫辭十篇書》，已著録。是編不用俞庭椿改本，與郎兆玉相同。其稱「重訂」，當即因兆玉本也。然五官皆移敍官於「惟王建國」之前，亦非古本。又其凡例曰：「考《漢藝文志》，是書原闕《冬官》，漢儒補以《考工記》，未免割裂聖經，不必妄爲補綴。」而六卷仍列《考工記》，乃自違其説。其註釋多剽竊朱申《句解》，體例尤爲猥雜。殆庸劣坊賈託名，未必眞出仁錫也。

訂周禮注疏

黃虞稷《千頃堂書目・三禮類》　張采《訂周禮注疏》十八卷。

周禮注疏合解

黃虞稷《千頃堂書目・三禮類》　張采《周禮注疏合解》十八卷。

《明史・藝文志・禮類》　張采《周禮合解》十八卷。

《四庫提要・禮類存目一》　《周禮註疏合解》十八卷。兩淮馬裕家藏本。明張采撰。采字受先，太倉人。崇禎戊辰進士，官臨川縣知縣，福王時爲禮部員外郎。《明史・文苑傳》附見《張溥傳》中。采與溥爲復社領袖，在當日聲望動天下。然此書疎淺特甚，豈亦託名耶。

周禮注疏刪翼

黃虞稷《千頃堂書目・三禮類》　王志長《周禮注疏刪翼》三十卷。刪節《注疏》之繁而附以後儒之論，以用聖經羽翼。志長，字平仲，崑山人，崇禎庚午舉人。崇禎己卯序。

《明史・藝文志・禮類》　王志長《周禮注疏刪翼》三十卷。

《四庫提要・禮類一》　《周禮注疏刪翼》三十卷。直隸總督採進本。明王志長撰。志長字平仲，崑山人。萬曆中舉人。《明史・文苑傳》附見其兄《志堅傳》中，稱其亦深於經學。是書於鄭《注》、賈《疏》多刊削其繁文，故謂之「刪」。又雜引諸家之說以發明其義，故謂之「翼」。《周禮》一書，得鄭《注》而訓詁明，得賈《疏》而名物制度考究大備。後有作者，弗能越也。周、張、程、朱諸儒，自度徵實之學必不能出漢、唐上，故雖盛稱《周禮》，而皆無箋注之專書。其傳於今者，王安石、王昭禹始推尋於文句之間。王與之始脫略舊文，多輯新說。葉時、鄭伯謙始別立標題，借經以抒議。其於經義，蓋在離合之間。於是考證之學，漸變爲論辯之學，而鄭、賈幾乎從祧矣。志長此書亦多采宋以後說，浮文妨要，蓋所不免，而能以《注疏》爲根柢，尚變而不離其宗。且自朱申以後，苟趨簡易，以敘官爲無用而刪之，經遂有目無綱。俞庭椿、丘葵以後，又多騁臆見，竄亂五官，以補《冬官》之亡，經遂更無完簡。沿及明代，彌逐頹波，破碎支離，益非其舊。志長能恪遵古本，亦爲力遏橫流。在經學荒蕪之日，臨深爲高，亦可謂研心古義者矣。惠棟作《精華録訓纂》，因金榮誤引其文，遂併以「村書」詆志長，乃相輕已甚之詞，不必盡允也。

讀周禮略記

《四庫提要・禮類存目一》　《讀周禮略記》六卷。浙江巡撫採進本。明朱朝瑛撰。朝瑛有《讀易略記》，已著録。是書不全録經文，但每段標其起止，云自某句至某句。其註於漢、唐舊說頗不留意。如《稻人》下駁鄭氏「每井九夫，旁加一夫，以治溝洫」，不知「旁加一夫」即所謂閒民者也。大概朝瑛涉獵九經，而《三禮》則用功較淺云。

周禮說略

《四庫提要・禮類存目一》　《周禮說略》六卷。浙江吳玉墀家藏本。不著撰人名氏。於《周禮》之中偶有所見，即摘其一節一語而疏之，以非解全經，故云《說略》。書中多引郝敬之說，則在敬以後矣。大抵議論多而考證少，如謂官屬三百六十以象天，今檢其數，乃贏其一，如《易》之大衍虛其一也。可謂穿鑿無理。又如《牧師》「孟春焚牧，仲春通淫」，與《月令》季春游牧不合。蓋鳥獸孳尾，多乘春氣，經特略舉其大凡。仲春、季春相去無幾，不必過泥。而此書謂《月令》爲秦時書，秦地寒涼，萬物後動，故後《周禮》一月。不知秦地即周地，無中外南北之分也。是足見其隨文生義，不能深考事實矣。

周禮彙編

《明史・藝文志・禮類》 沈羽明《周禮彙編》六卷。

周禮訂釋古本

《四庫提要・禮類存目一》 《周禮訂釋古》。無卷數。江蘇巡撫採進本。國朝王芝藻撰。芝藻有《大易疏義》，已著録。是書前有康熙丁丑自序。大抵宗俞庭椿之說而小變之，謂《冬官》未亡而不必補。《考工記》之文奇變而軌乎法，非周公莫能爲之。虛其官而詳具其法，官省則繁弗減，法詳則凡事有作。《五官》可以兼攝，《冬官》可無設也。其說甚巧。然鄭封於宣王時，秦封於孝王時，周公安得稱鄭之力？又安得稱「秦無盧」？是開卷即無以自解，更奚論其他也。其解「九賦」云：「邦中四郊即鄉遂地。」是併百里爲郊、六鄉在遠郊、六遂在甸之異，亦未詳考。惟《遂人》溝洫說云：「《遂人》所謂『十夫』者，十井之夫也。其云『十夫有溝』，則是十井之遂同歸於溝也。故《匠人》謂之『井間』。既謂之『間』，則非一井可知。」較舊註差爲明晰耳。

周禮問

《四庫提要・禮類存目一》 《周禮問》一卷。浙江巡撫採進本。國朝毛奇齡撰。奇齡有《仲氏易》，已著録。是書皆設爲「或問」，辨《周禮》出戰國之末，不出劉歆。凡十七目：一論《周禮》非漢人僞作，凡四條；一論六官、三官、二官，凡二條；一論古無三司名；一論冢宰；一論《周禮》與《尚書》、《大戴禮》表裏；一論周六卿、唐虞六卿；一論司徒、司空；一論天地四時之名所始；一論宰夫；一論官名官職同異；一論人數多寡；一論祿數不及入數；一論分土三等同異；一論九州閒田；一論《周官》非秦制；一論羅氏攻《周禮》之繆；一論與他經同文。而其書與目不甚相應。蓋亦其門人所誤題也。其持論是非相半。如《小宰》紀六官之屬各六十，賈《疏》謂指宮正至夏采諸職。奇齡謂經文其屬六十乃據六卿本職之下所屬大夫士也。六卿各有長官，如後世所稱堂上官。除一卿二中大夫外，所屬有下大夫四人、中士十六人、下士三十二人，合得六十人，略無闕溢。今考《春官》除宗伯卿一人，小宗伯、中大夫二人，擬於堂上官，不入六十之數，則《肆師》下大夫四人，即爲屬官，如後世所稱曹郎矣。乃肆師之職曰：「凡國之大事，治其禮儀，以佐宗伯。」賈《疏》曰：「肆師與小宗伯同爲中下大夫，命數如一，故二人同佐宗伯。」據此，則肆師明爲宗伯副貳之官。即經文亦明云肆師掌禮治事如宗伯之儀。今奇齡必屈肆師爲屬吏，同於後世之曹郎。其說似弗能通。奇齡又以《周禮》公五百里，侯四百里，伯三百里，子二百里，男一百里，不合於《王制》、《孟子》。遂據《周禮》謂封國有大功者必需益地，即不能以百里、七十里、五十里限之。特約爲之制，公不過五百里，侯不過四百里，伯與子男以是爲差。其說似巧。但《明堂位》封周公于曲阜七百里，則奇齡所謂「公不過五百里」者則已過之矣。加封之制，不應已創之而已又隳之也。故《司勳》文曰：「凡賞無常，輕重視功。」明乎加封亦不得立常數矣。奇齡立論，大率類此。其他不無翼經之說。然以爲戰國人作，則仍用何休六國陰謀之說，與指爲劉歆所作者亦相去無幾。陽雖翼之，陰實攻之矣。與其以《儀禮》爲戰國之書，同一好爲異論，不足據也。

周禮集傳

《四庫提要・禮類存目一》 《周禮集傳》六卷。湖南巡撫採進本。國朝李文炤撰。文炤有《周易本義拾遺》，已著録。是書前有自序，謂：「朱子曾稱《周禮》爲天理爛熟之書，表章雖明，而訓釋未逮。諸儒之說，不能有醇無疵。因遠稽博採，上推列聖之因革，下鑑歷代之興衰，以竊附於《詩》、《書集傳》之後。」其自命甚高。今觀其書，不過隨文釋義，無所考證。多引先儒議論及後世事蹟，曼衍牽合，亦非詁經之正體。惟《考工記》之前，復旁搜官名於傳記之中，以補《冬官》之闕，計官三十有五，中有大司空、小司空、冢人、權人、都司空、家司空六官，皆不言所據。昔錢鄓病俞庭椿以後割取五官，殊失古本之舊，因著《冬官補亡》三卷，所補凡二十有一。其與炤相同者，惟后稷、農正、農師、水師、匠師、工師、舟牧、工正、圬人九官，司空則不立大小之名。餘尚有十一官，爲文炤所未載。殆由未見鄓書歟？

周官辨非

《四庫提要・禮類存目一》 《周官辨非》一卷。浙江巡撫採進本。國朝萬斯大撰。斯大有《儀禮商》，已著録。是編力攻《周禮》之僞，歷引諸經之相牴牾者，以相詰難。大旨病其官冗而賦重。案古經滋後人之疑者，惟《古文尚書》與《周禮》。然《古文尚書》突出於漢、魏以後，其傳授無徵，而牴牾有證。吳棫所疑，雖朱子亦以爲然。閻若璩之所辨，毛奇齡百計不能勝，蓋有由也。《周官》初出，林孝存雖相排擊，然先後二鄭，咸證其非僞。通儒授受，必有所徵。雖其書輾轉流傳，不免有所附益，容有可疑。然亦揣摩事理，想像其詞，迄不能如《尚書》一經，能指某篇爲今文，某篇爲古文也。斯大徒見劉歆、王安石用之而敗，又見前代官吏之濫，賦斂之苛，在在足以病民，遂意三代必無是事，竟條舉《周禮》而詆斥之。其意未始不善，而懲羹吹齏，至於非毀古經，其事則終不可訓也。魏禧疾明末諸臣屈身閹賊，遂疑《論語》論管仲、召忽一章爲不出於孔子，其亦此類歟！

周禮惜陰録

《四庫提要・禮類存目一》 《周禮惜陰録》六卷。兩江總督採進本。國朝徐世沐撰。世沐有《周易惜陰録》，已著録。是編於典制罕所考證，惟推求於文句之間，好以臆斷。如「王齊日三舉」，所以增一舉者，爲助氣以行禮。而世沐謂「三」字誤，當作「不」，則致齋豈茹素之謂乎！《樂師》職「帗舞」，帗之爲羽，無可疑者。而世沐獨取先鄭祓除之義，亦爲未合。《考工記》「畫繢之事，青與白相次，赤與黑相次」，自是配色之法。而世沐以爲仁義相資，禮智相合，健順相成，亦過於穿鑿也。

高注周禮

《四庫提要・禮類存目一》 《高註周禮》二十二卷。兩江總督採進本。國朝高愈撰。愈字紫超，無錫人，順治中歲貢生。《江南通志》載愈著《周官集解》十六卷，當即是書。其分卷各異，殆傳寫者不同也。書中採前人之說多本諸王昭禹《訂義》，亦間有發明。其中有最駁者數條，如《大司徒》：「諸公之地封疆方五百里，其食者半。諸侯之地封疆方四百里，其食者三之一。諸伯之地封疆方三百里，其食者三之一。諸子之地封疆方二百里，其食者四之一。諸男之地封疆方百里，其食者四之一。」鄭康成註：謂其食者半、參之一、四之一者，乃天子食此諸侯之貢也，不用先鄭之說。愈謂諸侯自食其半、三之一、四之一，而以其餘貢天子。其說頗詆康成。今考《春秋・昭公十三年傳》曰：「昔天子班貢，輕重以列，列尊貢重，周之制也。」杜註：「公侯地廣，故所貢者多。」如愈所說，公地五百里乃自食其半，以其半貢天子。侯伯地四百里、三百里，僅自食其三之一，乃以其二貢天子。子男地二百里一百里，僅自食其四之一，乃以其三貢天子。則尊反貢輕，而卑反貢重矣。《昭公十三年傳》又曰：「卑而貢重者甸服也。」杜註：「甸服謂天子畿內共職貢，即公卿大夫之采地。」鄭玄《小司徒註》：「采地，食者皆四之一。公凡四都，一都之田稅入於王。卿凡四縣，一縣之田稅入於王。大夫凡四甸，一甸之田稅入於王。」是食采者卑與尊同，故云卑而貢重。是周制甸服貢重，尚不過四分之一，而邦國所貢乃至於三之二、四之三乎！《司勳》文曰：「凡頒賞地，三之一食。」《註》云：「賞地之稅三分，王食其一。」與《大司徒》所云其食者半，其食者三之一、四之一，均爲王之所食，與《大司徒》文例義略同。愈乃不一置解，而獨於此別生異說，似未貫洽全經也。又《小司徒》曰：「乃經土地而井牧其田野，九夫爲井，四井爲邑，四邑爲丘，四敶爲甸，四甸爲縣，四縣爲都。」鄭玄註曰：「此謂造都鄙也。」愈乃曰：「四縣爲都，計田止一千二十四井，以《稍人》丘乘法推之，止得兵車六十四乘。視百乘之家猶遜焉，而《傳》稱先王之制，大都三國之一，中五之一，小九之一。今此八千一百九十二家，不能當天子六鄉、六遂十五之一。是猶不足稱小都，而況大都乎！今考《春秋・隱公元年傳》：「先王之制，大都不過三國之一。」杜註謂「都城當國三分之一」，非謂田邑車乘當國三分之一也。愈不得引以爲難。且四縣爲都，本小都也，積四小都乃爲大都。今愈以四縣之都爲大都，於鄭《註》尚未詳考。又《春秋・襄公二十七年傳》曰：「惟卿備百邑。」杜《註》云：「此一乘之邑。」孔《疏》云：「百乘爲采邑之極。」《坊記疏》謂：「公之孤、侯伯之卿與天子之三公同，俱方百里。」是惟大都方百里者，乃得有百乘，而天子之卿止得小都五十里，安得同於侯伯之卿！又寧以不及百乘爲嫌耶！至四縣爲都，凡一千二十四井，以《司馬》甸出一乘之法求之，所出本不及十六乘，而愈乃謂得兵車六十四乘，尤舛誤矣。《稍人》「掌丘乘之政令」，鄭讀乘爲甸，謂掌丘及甸之政令也。愈謂乘字不當改讀，遂謂一丘出一乘。考《春秋》成公元年三月，「作丘甲」，杜《註》：「長轂一乘，甸所賦。今魯使丘出之，譏重斂，故書。」若《稍人》已令丘出一乘，則與周之制也，《春秋》又何得書以示譏耶！又《韓詩》「維禹敶之」，《毛詩》敶作甸。敶訓曰「乘」，甸亦訓曰「乘」，古陳、乘、甸三字音同，故讀乘爲甸。愈不知古音，故有此疑，是亦妄難鄭氏也。他如謂郊社相對，社即祭地，更無北郊。九夫爲井即十夫有溝，都鄙鄉遂不異制。則均襲舊文，無庸更辨者矣。

周禮述注

《四庫提要・禮類一》　《周禮述注》二十四卷。福建巡撫採進本。國朝李光坡撰。光坡字耜卿，號茂夫，安溪人。大學士光地之弟也。杭世駿《榕城詩話》稱其家居不仕，潛心經學，著有《三禮述注》，此即其一也。其書取《注疏》之文，删繁舉要，以溯訓詁之源。又旁采諸家，參以己意，以闡制作之義。雖於鄭、賈名物度數之文，多所刊削，而析理明通，措詞簡要，頗足爲初學之津梁。考其兄光地《榕村集》中，有《周官筆記》一卷，皆標舉要義，不以考證辨難爲長。其姪鍾倫亦有《周禮訓纂》，與光坡此書體例相近。蓋其家學如是也。宋儒喜談三代，故講《周禮》者恆多。又鑑於熙寧之新法，故恆牽引末代弊政，支離詰駁，於《注疏》多所攻擊，議論盛而經義反淆。光坡此書，不及漢學之博奧，亦不至如宋學之蔓衍，平心靜氣，務求理明而詞達。於說經之家，亦可謂適中之道矣。

周禮輯義

《四庫提要・禮類存目一》　《周禮輯義》十二卷。浙江巡撫採進本。國朝姜兆錫撰。兆錫有《周易本義述蘊》，已著録。是書多本《周禮訂義》，攻詰鄭《註》。若謂《匠人》、《遂人》同制；井田不分都鄙公邑；《大司馬》「凡令賦上地家三人，中地二家五人，下地家二人」，非專指邦國。又力斥《小司徒》鄭《註》旁加之說。此類皆襲前人緒論，不足深求。其自出新意者，如《司尊彝》「春祠、夏禴，祼用雞彝、鳥彝，皆有舟。其朝踐用兩獻尊，其再獻用兩象尊，皆有罍。諸臣之所昨也。」兆錫謂「皆有舟」與「皆有罍」對舉，則舟、罍皆是尊名。今考禮圖，六彝爲上尊，盛三斗；六尊爲中尊，盛五斗；六罍爲下尊，盛一石。故《爾雅》曰：「彝，卣罍，器也。」郭璞註云：「皆盛酒尊。」孫炎註云：「尊彝爲上，罍爲下，卣居中。」然則罍本下尊，不待兆錫申說。若以「舟」爲尊，則未會此經之義。夫彝、尊、罍得列於上、中、下三尊者，以《司尊彝》於雞彝、鳥彝則曰「祼用」，於獻尊、象尊則曰「朝踐用」、「再獻用」，於罍則曰「諸臣之所昨」，獨於舟不著所用，則舟不得列於尊可知。兆錫但知「皆有舟」與「皆有罍」對舉，謂舟與罍同，而不知「皆有罍」句下有「諸臣所昨」明文，「皆有舟」句下別無明文。此舟、罍不同之明證也。考鄭司農曰：「舟，尊下臺，若今時承槃。」《鄉射記》曰：「命弟子設豐。」注云：「設以承其爵。」《玉藻》曰：「大夫側尊用棜，士側尊用禁。」亦所以承尊。舟之承尊，蓋亦猶是，安得曰尊。賈公彥《疏》謂「舟宜若後世酒船」，陸佃亦謂「若今酒船」。殆以形類酒船，故名曰舟耳，非以酒船即舟也。如此之類，頗傷於臆斷。至若辨賈

《疏》北郊用裘之説，謂盛夏用裘，必不能行，後世遂至天地合祭。謂《大司徒》公五百里、侯四百里、伯三百里、子二百里、男一百里，爲制賦之成數。《孟子》百里、七十里、五十里，爲出軍之實數。此類亦自樹一義，不爲無見。然遽詆鄭玄爲過，始又談何容易也。

周禮訓纂

《四庫提要·禮類一》 《周禮訓纂》二十一卷。福建巡撫採進本。國朝李鍾倫撰。鍾倫字世得，安溪人。康熙癸酉舉人，未仕而卒。此書自《天官》至《秋官》，詳纂注疏，加以訓義。惟闕《考工記》不釋，蓋以河間獻王所補，非周公之古經也。書後有乾隆丁丑其子廣平府知府清馥跋，稱鍾倫初受《三禮》於其叔光坡。康熙癸酉鄉薦公車後，日侍其父光地於京邸。及光地出督順天學政，復遷直隸巡撫，十餘年中，鍾倫皆隨行，得其指授。又多與宣城梅文鼎、長洲何焯、宿遷徐用錫、河間王之鋭、同里陳萬策等，互相討論。故其學具有本源。凡所詮釋，頗得《周官》大義。惟於名物度數，不甚加意，故往往考之弗詳。如《巾車》：「重翟，錫面朱總。厭翟，勒面繢總。安車，彫面，鷖總，皆有容蓋。」注：「總以繒爲之，著馬勒，直兩耳與兩鑣，車衡輨亦宜有焉。容爲蟾車，山東謂之裳幃，蓋如今小車蓋也。皆有容有蓋，則重翟、厭翟，謂蔽也。安車無蔽，謂去飾也。」鍾倫謂：「總惟當施馬，於車義無所取。」考蔡邕《獨斷》曰：「飛軨以緹油，廣八寸，長注地，左畫蒼龍，右畫白虎，繫軸頭。」《續漢·輿服志》曰：「乘輿重牙斑輪，升龍飛軨。」注引薛綜《東京賦》注：「飛軨以緹油，廣八寸，長注地，繫軸頭。」所云緹油，即注所云總，以繒爲之。所云軸頭，即注所云輨。然則飛軨即總之在車者，而鍾倫謂總惟飾馬，誤矣。鍾倫又謂：「容以繒結四旁之上際，其四旁之下際則以翟爲蔽。」考《經》文「皆有容蓋」，實兼承上重翟、厭翟、安車而言，但重翟、厭翟二車既有容蓋，又有翟蔽，兩旁以畫飾，安車則惟有容蓋，而無翟飾耳。既無翟飾，即惟藉裳幃爲障蔽。裳幃之制，當四面圍合，上下通徹。故《詩》曰：「漸車帷裳」。《箋》云：「帷裳，童容也。」《方言》：「襜褕，江淮南楚謂之襢褣。」童容與襢褣義同。蓋襢褣長襦，上下相連以覆體，車之帷裳垂覆上下，形相似也。又《士昏禮》：「婦車亦如之，有裧。」《注》：「裧，車裳幃。」《續漢·輿服志》注：「舊典傳車驂駕乘赤帷裳，唯郭駕爲冀州，敕去襜帷。」《釋名》：「衽，襜也，在旁襜襜然。」云襜帷，蓋如裳衽下垂也。凡此皆同於《巾車》之安車，但有帷裳，無重翟、厭翟者也。如鍾倫所云：「帷裳但結四旁之上際，其四旁下際以翟爲蔽。」則安車但蔽上際，不復蔽下際矣。《釋名》曰：「容車，婦人所載小車也。其蓋施帷，以隱蔽其形容也。」若容但蔽上際，不及下際，豈能隱蔽形容乎？如此之類，頗爲疎舛。然如辨禘祫、社稷、學校諸篇，皆考證詳核。又如《司馬法》謂：「革車一乘，甲士三人，步卒七十二人。」鍾倫據蔡氏説謂：「一乘不止甲士三人、步卒七十二人。此是輕車用馬馳者，更有二十五人，將重車在後。」今考《新書》：「攻車七十五人，前拒一隊，左右角二隊，守車一隊，炊子十人，守裝五人，廄養五人，樵汲五人，共二十五人。攻守二乘，共百人。」又《尉繚子·伍制》：「令軍中之制，五人爲伍，伍相係也。十人爲什，什相係也。五十人爲屬，屬相係也。百人爲閭，閭相係也。」起於五人，訖於百人，蓋軍中之制，自一乘起。此皆一乘百人之明驗，足證其説之精核。又明於推步之術，訓《大司徒》土圭之法，謂：「百六十餘里，景已差一寸。」亦得諸實測，非同講學家之空言也。

周禮拾義

《四庫提要·禮類一》 《周禮拾義》。無卷數。浙江巡撫採進本。國朝李大濬撰。大濬、安溪人。是書採輯《註疏》及諸家之説，間附以案語。然於禮家所聚訟者，如幣餘之賦，馬氏與林孝存、王與之之説不同。井田之法，《孟子》與《漢志》不同。九獻之禮，諸儒各異。皆竝採其説，不加論斷。書中多載李光地説，蓋大濬爲光地之族云。

周官集注

《四庫提要・禮類一》 《周官集注》十二卷。安徽巡撫採進本。國朝方苞撰。苞字鳳九，號靈皐，亦號望溪，桐城人。康熙丙戌會試中式舉人。官至內閣學士，兼禮部侍郎。後落職修書，特賜侍講銜致仕。是編集諸家之說，詮釋《周禮》。謂其書皆六官程式，非記禮之文。後儒因《漢志》《周官》六篇列於禮家，相沿誤稱《周禮》。故改題本號，以復其初。其注仿朱子之例，采合衆說者，不復標目。全引一家之說者，乃著其名。凡其顯然舛誤之說，皆置不論。惟似是而非者，乃略爲考正。有推極義類，旁見側出者，亦仿朱子之例，以圈外別之。訓詁簡明，持論醇正，於初學頗爲有裨。其書成於康熙庚子。後苞別著《周官辨》十篇，指《周官》之文爲劉歆竄改，以媚王莽，證以《漢書》莽傳事蹟，歷指某節某句爲歆所增，言之鑿鑿，如目睹其筆削者。自以爲學力既深，鑑別眞僞，發千古之所未言。然明代金瑤先有是論，特苞更援引史事耳。持論太高，頗難依據，轉不及此書之謹嚴矣。

周官析疑

《四庫提要・禮類存目一》 《周官析疑》三十六卷。安徽巡撫採進本。國朝方苞撰。苞有《周官集注》，已著録。是書以《周官》爲一編，《考工記》爲一編，各分篇第，世亦兩本別行。然前有顧琮序，稱合《考工》爲四十卷。則本非兩書，特不欲以河間獻王所補與經相淆，故各爲卷目耳。其書體會經文，頗得大義。然於說有難通者，輒指爲後人所竄，因力詆康成之《註》。若《太宰》「以九賦斂財賄」。鄭註：「賦，口率出泉也。今之算泉，民或謂之賦。」苞謂九賦，即九職邦、郊、甸、稍、縣、都之田賦，則農所貢公田之九穀，與圃牧嬪婦之貢也。關市之賦，即商賈百工之貢也。山澤之賦，即虞衡之貢也。園圃藪牧，即邦、郊、甸、稍、縣、都之地。農工、商賈、嬪婦、臣妾、閒民，即邦、郊、甸、稍、縣、都之人。今考《載師》，首言園廛，次近郊，次遠郊，次甸、稍、縣、畺，明別園廛於甸、稍、縣畺之外，則九職之園圃，不得合於九賦之邦、郊、甸、稍、縣、都可知。苞以九職之圃牧、嬪婦、臣妾、閒民，統於九賦之邦、郊、甸、稍、縣、都，而九賦之關市山澤豈獨出於邦、郊、甸、稍、縣、都之外。經文又何以別舉之乎？苞不過因九職內百工商賈，可以當九賦之關市，虞衡可以當九賦之山澤，而園圃、藪牧、嬪婦、臣妾、閒民，於九賦更無所歸，遂強入於邦、郊、甸、稍、縣、都之中。庶乎九職、九賦得混爲一，即以斥鄭《註》「口率出泉」之非，而不知鄭註此文，實據本文「財賄」二字起義。《外府》曰：「掌邦布之入出。」其下曰：「凡祭祀、賓客、喪紀、會同、軍旅，共其財用之幣齎，賜予之財用。」註曰：「布，泉也。」《泉府》曰：「凡國事之財用取具焉。」此皆以泉爲財。《荀子》曰：「厚刀布之斂以奪之財，重田野之税以奪之食。」則以刀布爲財，與田税爲食對舉。經於九府既云「斂財賄」，則知九賦內兼有泉矣。九賦所以供九式，故九賦曰「財賄」，而九式曰「財用」。凡祭祀、賓客、喪荒、羞服、工事、幣帛、芻秣、匪頒、好用，資於穀者少，資於泉者多。而泉之所入，止有市征之絘布、總布、質布、罰布、廛布，不過當關市之一賦。此外則惟有宅不毛者之里布，均未足以充九式之用。若不資泉於邦、郊、甸、稍、縣、都等，則《職歲》所云官府都鄙之出財用，恐終年常不給也。考《漢書》本紀：高祖四年，初爲算賦，民十五以上至六十五出賦錢，人百二十爲一算。《賈捐之傳》：民賦四十，丁男三歲一事。是一歲每丁不過賦十三錢有奇。又《新論》：漢宣以來，百姓賦錢，歲餘二十萬，僅二百貫耳。較之後代封椿、留州諸色目，不及萬分之一。而周之九賦，視之亦云薄矣。乃苞襲宋人之說，猶以鄭《註》「口率出泉爲厚斂，此因末流而病其本也。又《泉府》曰：「凡民之貸者，與其有司辨而受之，以國服爲之息。」苞以劉歆增竄此節，附會王莽，且謂：「《司市》職『以泉府同貨而斂賒』，則有賒而無貸明矣。」今考《周書・大匡解》曰：「賦灑其幣，鄉正保貸。」又《管子》：「發故屋，辟故窌，以假貸，而以公量收之。」則是齊之家有貸，由於國有貸也。又《左氏傳》：「齊使有司寬政，毀關，去禁，薄斂，已責。」註曰：「除逋責」。又《成二年傳》亦曰：「楚乃大戶已責，逮鰥救乏。」考責即是貸，故《小宰》曰：「聽稱責以傅別。」鄭註：「稱責謂貸予。」賈疏：「稱責謂舉責生子，於官於民，俱是稱也。」故房玄齡註《管子》「責而食者幾何家」，亦以「責」爲「出息」也。然則貸民之制，自《泉府》外，既見於《小宰》，又見於《春秋傳》、《管子》，而苞指爲王莽創制，誤矣。《管子·治國》篇曰：「則民倍貸以給上之徵矣。」註：「倍貸謂貸一還二。」此所謂横斂也。若以國服爲之息，約所出不過十一，略使子餘於母，以爲不涸之藏。取於民者微，而濟於民者大。此先王惠鮮之精意，苞乃反以疑經，不亦過乎！又《載師》「近郊十一，遠郊二十而三，甸、稍、縣、都皆無過十二。」苞亦指爲劉歆之所竄。不知以近郊、遠郊、甸、稍、縣、都通計之，則四十分而稅六，猶是什一而少强耳。賈《疏》引《異義公羊》云：「什一，據諸侯邦國，《載師》特據王畿。王畿稅法輕近而重遠者，近者勞，遠者逸故也。諸侯邦國無遠近之差者，以其國地狹少，役賦事暇。」據此，則賦踰什一者，止王畿内四百里。而通邦國萬里計之，仍未乖乎什一之大凡也。《禹貢》因九州差爲九等，荆州田第八，賦第三。雍州田第一，賦第六。《通典》謂《禹貢》定稅什一，而輕重有九等之不同。則知什一乃統九州計之，非每州皆什一也。故《三禮義宗》謂稅俱什一，而郊内、郊外收藉不同。苞乃力詆經文，亦爲勇於自信。蓋苞徒見王莽、王安石之假借經義以行私，故鰓鰓然預杜其源，其立意不爲不善。而不知弊在後人之依託，不在聖人之制作。曹操復古九州以自廣其封域，可因以議《禹貢》冀州失之過廣乎！

周官辨

《四庫提要·禮類存目一》 《周官辨》一卷。安徽巡撫採進本。國朝方苞撰。是書就《周禮》中可疑者摘出數條，斷以己見，分《別僞》、《辨惑》二門。大旨以竄亂歸之劉歆，凡十篇。已録入所著《望溪文集》中。此其初出別行之本也。

考工記析義

《四庫提要·禮類存目一》 《考工記析義》四卷。國朝方苞撰。

禮説

《四庫提要·禮類一》 《禮説》十四卷。副都御史黄登賢家藏本。國朝惠士奇撰。士奇有《半農易説》，已著録。是編不載《周禮》經文，惟標舉其有所考證辨駁者，各爲之説，依經文次序編之。凡《天官》二卷，計六十一條。《地官》三卷，計六十三條。《春官》四卷，計九十五條。《夏官》二卷，計六十一條。《秋官》二卷，亦六十一條。《考工記》一卷，計四十條。古聖王經世之道，莫切於禮。然必悉其名物而後可求其制度，得其制度而後可語其精微。猶之治《春秋》者不核當日之事實，即不能明聖人之褒貶。故說禮則必以鄭氏爲宗，亦猶說《春秋》者必以左氏爲本。鄭氏之時，去周已遠，故所注《周禮》，多比擬漢制以明之。今去漢末復閲千六百年，鄭氏所謂「猶今」某物、某事、某官者，又多不解爲何語。而當日經師訓詁，輾轉流傳，亦往往形聲竝異，不可以今音今字推求。士奇此書，於古音、古字皆爲之分別疏通，使無疑似。復援引諸史百家之文，或以證明周制，或以參考鄭氏所引之漢制，以遞求周制，而各闡其制作之深意。在近時說禮之家，持論最有根柢。其中如因巫降之禮，遂謂漢師丹之使巫下神爲非惑左道。因《貍首》之射，遂謂周萇宏之射諸侯爲非依物怪。因庶民攻說，翦氏攻禜，遂謂段成式所記西域木天壇法禳蟲，爲周之遺術。皆不免拘泥古義，曲爲之詞。又如因含玉而引及餐玉之法，則失之蔓衍。因《左傳》稱仍叔之子爲弱，遂據以斷犂牛之子爲犢，亦失之附會。至於引《墨子》以證司盟之詛，併以證《春秋》之觀社，取其去古未遠，可資旁證可也。遂謂不讀非聖之書者，非善讀書，則詞不達意，欲矯空談之弊，乃激而涉於偏矣。然統觀全書，徵引博而皆有本原，辨論繁而悉有條理。百瑜一瑕，終不能廢其所長也。

張之洞《書目答問・列朝經注經說經本考證》 《禮說》十四卷。惠士奇。原刻本。上海彭氏重刻本。學海堂本。

周禮節訓

《四庫提要・禮類存目一》 《周禮節訓》六卷。編修勵守謙家藏本。國朝黃叔琳撰。叔琳有《硏北易鈔》，已著録。是編名曰《節訓》，蓋節録而訓釋之也。經文既非完本，所輯註文亦皆不著名氏。觀其自序，蓋家塾私課之本。故其凡例亦曰「聊備兔園之一冊」云。

周禮疑義

張金吾《愛日精廬藏書志・禮類》 《周禮疑義》四十四卷。抄本。鄭氏注。賈公彥疏。國朝吳廷華存疑。是書分「訂義」、「疑義」兩門。訂義者，取《注疏》及唐、宋諸家之說以訂正經義也。疑義者，取《注疏》之義有可疑者爲之反覆辨論，以正鄭、賈之誤也。其意重在疑義，故以「疑義」名書。猶《毛詩本義》有論、有本義，而以「本義」名書也。自序曰：「經有可據則信之以經，經無可據則信之以理。至經與理俱無可據，則別之爲疑義。」可以知其著書之大旨矣。六典，姬聖所以致太平，而歆以亡新，王以誤宋，非六典故，不能用六典故爾。試思五均、六斡、傭役、青苗，考之經文，果出何典？則所用特劉、鄭之說，而掠影者流因以妄詆六典。吾知劉、鄭且竊笑之。然劉、鄭之累《周禮》亦甚矣。莽固漢逆，用《周禮》亡，不用《周禮》亦亡，歆特促之。且《周禮》之傳，由於歆率之說，禮止誤一莽，可置勿論。若玄則身任訓詁，當爲千古傳其信，乃多以不經之說說經，故有《膳夫》註而或疑周爲縱侈，有《載師》註而或疑周爲橫征，有《大司樂》註而或以爲師巫之造怪、樂律之悖戾，凡黷祀嚴刑自私自利之習悉舉以疑經，斯《周禮》之厄矣。且不特《周禮》，如以耀魄寶混國丘之禮，故六朝之祀無昊天；以靈威仰等亂五帝之名，致八代之祀皆列宿。大裘祭地所以啟元祐之合祭也，占算斥賣所以開唐宋之煩苛也。曲學臆說，墨守不移，良法美意，爲累不少，斯又千古治道之蠹矣。余幼讀六典，見口率出泉之說而疑，吾師謂余此鄭說，非先王法。余乃知口率之說爲誤。且知不獨口率之說爲誤，執此以讀諸經諸傳，凡誤如《周禮》者，往往有之。因合《三禮》、三《傳》、《書傳》、《史》、《漢》十種，凡疑義千七百餘則。迄今四十年矣，悠忽因循，老已將至。抱此疑義若將終身，豈徒駒隙太速，亦姑待一念誤之。今年以事留三山，得宋儒文康葉氏《禮經會元》讀之，喜其先得我心。但瑜瑕互見，未克全純，爰綴之說。既蔵事，復舉新故《疑義》萃而餘之，六典中凡得二百餘則。蓋《註疏》大概，在割裂經文，傅會史傳，經文史傳之不已，又廣之以緯書，緯書之不已，又廣之以漢法、莽制，且又好爲武斷穿鑿之說。其義既紊，其經益多，有宋以來，諸儒多論之。余謂典故在經，精微在理，故必以經晰理，斯可以經解經。鄭氏欲屈理以從心，又欲屈經以從己，故其說多可疑。余之於鄭說也，經有可據則信之以經，經無可據則信之以理，至經與理俱無可據，則別之爲疑義。此二百餘則所自志也。雖然，余非好疑也，自六經燔而《周禮》幸存，自《冬官》補而《周禮》又幾於不存。末世瀆亂之說倡之於前，《十論》、《七難》之說排之於後。俞、王五家且以復古之說亂之。今日得見全書，不可謂非大幸。然疑義未析，致千古學者不疑註而疑經，不獨註經者之咎，亦讀經者之責爾。夫漢以來，漢者好自立異，諸聖人精義特爲辨訟所借端，如《疑孟》、《非孟》、《廢疾》、《膏肓》等編，皆儒者習氣。余方目爲多事，而顧自蹈之。然欲如《春秋調人》，模棱兩可，固非素心所敢安也，則亦與凡讀六典者共參之可矣。錢塘吳廷華識。

周禮疑義舉要

《四庫提要・禮類一》 《周禮疑義舉要》七卷。安徽巡撫採進本。國朝江永撰。永字愼修，婺源人。是書融會鄭《注》，參以新說，於經義多所闡發。其解《考工記》二卷，尤爲精核。如經文：「六尺有六寸之輪，軹崇三尺有三寸也。加軫與轐焉，四尺也。」軫圍尺一寸，見於經文，而轐圍不著。

幷軫、轐以求七寸之崇，頗爲難合。鄭《注》亦未及詳解。永則謂：「軫方徑二寸七分有半，自軸心上至軫面，總高七寸。轂入輿下，左右軹在轂上，須稍高，容轂轉，故轂上必有轐庋之。轐之圍徑無正文。《輈人》『當兔之圍』，居輈長十之一，方徑三寸六分，輈亦在輿下庋輿者，則兔圍與當兔同可知。軸半徑二寸二分，加轐方徑三寸六分，其高五寸八分。以密率算，轂半徑五寸一分弱，中間距軹七分強，可容轂轉。以五寸八分，加後軫出轐上者，約一寸二分，總高七寸。輿版之厚上與軫平，亦以一寸二分爲率。後軫在輿下餘一寸五分，輈踵爲闕曲以承之。算加軫與轐之七寸，當從輈算起。蓋輈在軸上，必當輿底相切。而兩竇伏兔，亦必與輈齊平。故知輈之當兔圍，必與兔圍等大。後不言兔圍者，因輈以見云云。」考《釋名》曰：「軫橫在前，如臥牀之有枕也。枕，橫也，橫在下也。薦版在上，如薦席也。」似輿版在上而軫在下。永謂軫面與輿版相平，似乎不合。然輿版之下仍餘軫一寸五分，則其說仍不相悖。又考《說文》曰：「轐，車伏兔下革也。」則是伏兔鉗轂之處，尚有革承其間。永算伏兔距轂崇三寸六分，而伏兔下革厚尚未算入。要其增分甚微，固亦無妨於約算也。又經文曰：「參分其隧，一在前，二在後，以揉其式。」式之制，具詳於《曲禮》孔《疏》。其說謂車箱長四尺四寸而三分，前一後二，橫一木，下去車牀三尺三寸，謂之爲式。又於式上二尺二寸橫一木，謂之爲較。至宋林希逸，又謂揉者揉其木使正直而爲之。永則謂揉兩曲木，自兩旁合於前，通車前三分隧之一，皆可謂之式。式崇三尺三寸，并式深處言之。兩端與兩輢之植軹相接。軍中望遠，亦可一足履前式，一足履旁式。《左傳》長勺之戰，「登軾而望」是也。若較在式上，如何能「登軾而望」？若較於隧三分之前橫架一木，則在陰版之內，車外不見式矣。《記》如何云「苟有車，必見其式」云云。考鄭《注》曰：「兵車之式深尺四寸三分寸之二。」則經所云「一在前者」皆爲「式」。凡一尺四寸有奇之地，《注》始得云「式深」。若僅於兩輢之中橫架一木，名之曰式，則一木前後更不爲式，注又何得以深淺度式乎？孔《疏》謂橫架一木於車箱內，蓋未會鄭《注》式深二字之義。又鄭《注》云：「較，兩輢上出式者。」兩輢則兩箱版也。上出式而度之以兩輢，則兩較各在兩箱之上明矣。故《釋名》曰：「較在箱上。」不云「較在式上」，是其明證。孔《疏》之誤顯然。至於經文凡云揉者，皆揉之使曲，而希逸反謂揉之使直，尤屬不考，均不及永之所說確鑿有徵。其他援引典核，率皆類此，其於古制，亦可謂考之詳矣。

張之洞《書目答問・列朝經注經說經本考證》　《周禮疑義舉要》七卷。江永。原刻本。守山閣本。學海堂本。

周官禄田考

《四庫提要・禮類一》　《周官祿田考》三卷。浙江巡撫採進本。國朝沈彤撰。彤有《尚書小疏》，已著録。自歐陽修有《周禮》官多田少、祿且不給之疑，後人多從其說。即有辨者，不過以攝官爲詞。彤獨詳究周制，以與之辨。因撰是書，分《官爵數》、《公田數》、《祿田數》三篇。凡田、爵、祿之數不見於經者，或求諸注。不見於注者，則據經起例，推闡旁通，補經所無，乃適如經之所有。其說精密淹通，於鄭、賈注疏以後，可云特出。其中稍有牴牾者，如謂子、男之國不得有中士。考《孟子》稱「小國地方五十里」、有「中士倍下士」之文。趙岐注曰：「子、男爲小國。《王制》曰：『王者之制祿爵，公、侯、伯、子、男，凡五等。諸侯之上大夫、卿、下大夫、上士、中士、下士，凡五等。』」孔穎達《疏》，謂諸侯統公、侯、伯、子、男，則子、男有中士矣。《王制》又曰：「其有中士、下士，數各居其上之三分。」鄭注謂上、中、下士二十七人，各三分之。《周禮・太宰》賈《疏》釋此文，謂朝聘之位，次國之上士當大國之中士，中士當下士，下士當其空。小國之上士當次國之中士，中士當下士，下士當其空。故云各居其上之三分。若子、男無中士，則小國之士不敷三分之數，與經文戾矣。彤又謂加田之制，國八十里者，其加田極於百里。四十里者，極於五十里。二十里者，極於二十五里。考《司勳》文曰：「凡賞地無常，輕重視功。」又曰：「惟加田無征。」鄭注曰：「加田，既賞之，又加賜以田。」夫賞田且無常數，況加田乎！《春秋・宣公十五年傳》「晉侯賞桓子狄臣千室，又賞士伯以瓜衍之縣。」《襄公二十六年傳》：「三月甲寅朔，享子展，賜之先輅三命之服，先八邑。」《襄公二十七年傳》：「公與免餘邑六十。」《襄公二十八年傳》：「與晏子邶殿，其鄙六十。」此無論其爲「賞」爲「加」，率無常數，正可與《司動》文相證。而彤定以二十里、十里、五里，稽諸經傳，略無明文。又彤算畿內百萬井，去山陵林麓等三十六萬井，存田六十四萬井，以爲三分去一，本於班固《刑法志》。今考百萬井而去三十六萬井，乃二十五分而去九。班《志》本不云三分去一，彤所引殊爲誤記。且班《志》非爲《周官》作注，故立算不必盡據經文。今彤既據經文，即當參校經義，求其脗合。考鄭《載師》注，算近郊百里，則用三分去一之法。算六遂以外，則用十八分去五之法。蓋近郊以內，不易之地家百畝，一易之地家二百畝，再易之地家三百畝。相通三夫，而受六夫之地。至六遂以外，上地家百畝，萊五十畝。中地家百畝，萊百畝。下地家百畝，萊二百畝。相通六夫，而受十三夫之地。其所受之田，既較近郊爲加多，則所去之地，即當較近郊爲加少。故郊內三分去一，而遂外僅十八分去五也。夫以三分去一算遂外之地，且猶病其過多，而況於二十五分而去九乎！此不信鄭《注》之所以疎也。至謂《遂人》十夫亦爲井田，乃襲宋人緒論，尤疎於考校。然其百慮一失者，僅此三四條耳，亦可云湛深經術者矣。

張之洞《書目答問・列朝經注經説經本考證》　《周官祿田考》三卷。沈彤。果堂集本。學海堂本。

周禮會要

《四庫提要・禮類存目一》　《周禮會要》六卷。侍講劉亨地家藏本。國朝王文清撰。文清號九溪，寧鄉人。雍正甲辰進士，官至宗人府主事。是編以《周禮註疏》浩繁，但約括諸家，略疏字義，以便讀者。其凡例稱，經文一字不遺，亦一字不動。然敘官亦經文也，自五官之長外，餘官則俱刪之矣。

周官翼疏

《四庫提要・禮類存目一》　《周官翼疏》三十卷。山西巡撫採進本。國朝沈淑撰。淑字季和，常熟人。雍正癸卯進士，是書彙輯漢、唐、宋、明以來及國朝李光地、顧炎武、方苞之説，分爲五部。凡疏解經義者，曰《正義》。於本義引伸旁通者，曰《通論》。考訂《註疏》之失者，曰《辨正》。綜列後世事迹，援史證經者，曰《餘論》。別著新義，以備參考者，曰《存異》。書各六卷，而總以《翼疏》爲名。其《正義》六卷，則又每卷自爲上下皆採輯前人之説，不以己見參之。書成於雍正丁未，前有自作條例十二則。

周禮質疑

《四庫提要・禮類存目一》　《周禮質疑》五卷。河南巡撫採進本。國朝劉青芝撰。青芝有《學詩闕疑》，已著録。是書摘《周禮》舊註及前人經訓，互相參證。間亦取後代之事以引伸其義，頗與鄭、賈爲難，然臆斷多而考證少。宋儒事事排漢儒，獨《三禮註疏》不敢輕詆，知禮不可以空言說也。青芝視之太易矣。

周禮三注粹鈔

《四庫提要・禮類存目一》　《周禮三注粹鈔》二卷。福建巡撫採進本。國朝高宸撰。宸字北侍，福清人，雍正中諸生。是書詮釋《周禮》，而不録《考工記》。其《冬官補亡篇》有云：「兪庭椿著《復古編》，謂《冬官》不亡，雜出於五官之中。其後王次點、丘吉甫皆因之，吳草廬遂爲《考註》云云。」是所據之本爲兪庭椿《復古編》，則所謂三註當即指王、丘、吳三家。而書中不標名氏，直以己意融貫成文。又多迂闊不情之論，爲三家之所無，莫明其體例何似。卷首自序一篇，亦泛論治法道法，無一字及著書之旨。

周官義疏

《四庫提要·禮類一》 《欽定周官義疏》四十八卷。乾隆十三年《御定三禮義疏》之第一部也。考《漢志》，載《周官經》六篇，傳四篇，故杜子春鄭興、鄭衆、賈逵、衛宏、張衡所注，皆稱《周官》。馬融、鄭玄所注，猶稱《周官禮》。迨唐賈公彦作《疏》，始沿用省文，稱爲《周禮》，實非本名。今仍題曰《周官》，從其朔也。首冠以《御製日知薈説》，論《周官》者十則，以昭千古之權衡。其采掇羣言，則分爲七例，一曰正義，直詁經義，確然無疑者也。二曰辨正，後儒駁正，至當不易者也。三曰通論，或以本節本句參證他篇，比類以測義，或引他經與此互相發明者也。四曰餘論，雖非正解而依附經義，於事物之理有所推闡者也。五曰存疑，各持一説，義亦可通；又或已經駁論，而持此者多，未敢偏廢者也。六曰存異，名物象數，久遠無傳，難得其眞，或創立一説，雖未即愜人心，而不得不存之以資考辨者也。七曰總論，本節之義已經訓解，又合數節而論之，合一職而論之者也。大抵《周官》六典，其源確出周公，而流傳既久，不免有所竄亂。不必以爲疑，亦不必以爲諱。説《周官》者以鄭氏爲專門而訓詁既繁，不免有所出入，不可護其短，亦不可没其長。是書博徵約取，持論至平。於《考工記注》、奥澀不可解者，不強爲之詞，尤合聖人闕疑之義也。

張之洞《書目答問·列朝經注經説經本考證》 《周官義疏》四十八卷。乾隆十三年。

周官記　周官説　周官説補

張之洞《書目答問·列朝經注經説經本考證》 《周官記》五卷，《周官説》五卷。莊存與。《味經齋遺書》本。

周禮軍賦説

張之洞《書目答問·列朝經注經説經本考證》 《周禮軍賦説》四卷。王鳴盛。學海堂本。

考工記圖

張之洞《書目答問·列朝經注經説經本考證》 《考工記圖》二卷。戴震。《戴氏遺書》本。學海堂本。

考工創物小記

張之洞《書目答問·列朝經注經説經本考證》 《考工創物小記》一卷。程瑤田。在《通藝録》内，學海堂本。

溝洫疆理小記

張之洞《書目答問·列朝經注經説經本考證》 《溝洫疆理小記》一卷。程瑤田。在《通藝録》内，學海堂本。

周禮鄭注疏證

張之洞《書目答問·列朝經注經説經本考證》 馬宗璉《周禮鄭注疏證》。未見傳本。

周禮漢讀考

張之洞《書目答問·列朝經注經說經本考證》《周禮漢讀考》六卷。段玉裁。經韻樓本。學海堂本。

周禮學　附周官辨非辨

張之洞《書目答問·列朝經注經說經本考證》沈夢蘭《周官學》。未見傳本。

周官故書考

張之洞《書目答問·列朝經注經說經本考證》徐養原《周禮故書考》。未見傳本。

車制圖考

張之洞《書目答問·列朝經注經說經本考證》《車制圖考》一卷。阮元。揅經室本。學海堂本。較錢坫《車制考》尤核。

考工記車制參解

張之洞《書目答問·列朝經注經說經本考證》朱鴻《考工記車制參解》。未刊。

周禮故書疏證

張之洞《書目答問·列朝經注經說經本考證》《周禮故書疏證》卷。宋世犖。《台州叢書》本。

周官精義

張之洞《書目答問·列朝經注經說經本考證》《周官精義》十二卷。連斗山。通行本。不能得單注本者，初學止可讀此。

周官禮鄭氏注箋

張之洞《書目答問·列朝經注經說經本考證》《周官禮鄭氏注箋》十卷。莊綬甲。

周禮釋注

張之洞《書目答問·列朝經注經說經本考證》《周禮釋注》二卷。丁晏。六藝堂本。

考工輪輿私箋

張之洞《書目答問·列朝經注經說經本考證》《考工輪輿私箋》二卷。鄭珍。附圖一卷。今人。同治戊辰莫氏刻本。

儀禮分部

禮古經

姚振宗輯《七略别錄佚文・禮》　《禮經》十七篇。后氏、戴氏。《士冠禮》第一，《士昏禮》第二，《士相見禮》第三，《鄉飲酒禮》第四，《鄉射禮》第五，《燕禮》第六，《大射儀》第七，《聘禮》第八，《公食大夫禮》第九，《覲禮》第十，《喪服》第十一，《士喪禮》第十二，《士喪禮下篇》第十三，《士虞禮》第十四，《特牲饋食禮》第十五，《少牢饋食禮》第十六，《少牢下篇》第十七。嚴本。按：《士冠禮》疏云：此劉向《别録》十七篇之次。大、小戴自第三日下篇次互異，疑《别録》分著后氏、大小戴經本爲三條，而條而各言其篇目，篇目有同異。

《漢書・藝文志・禮》　《禮古經》五十六卷，經（七十）［十七］篇。后氏、戴氏。

姚振宗《漢書藝文志條理・禮家》　《禮古經》五十六卷，經七十篇。后氏、戴氏。劉敞曰此七十與後七十皆當作十七，計其篇數則然。

本志叙：《古禮經》者，出於魯淹中，蘇氏曰里名也。及孔氏學七十篇，劉敞曰學七十篇當作與十七篇。文相似多三十九篇。　本書《劉歆傳》：「歆移書太常博士曰：及魯恭王壞孔子宅，欲以爲宫，而得古文于壞壁之中，《逸禮》有三十九篇，皆古文舊書。天漢之後，孔安國獻之。」按：與《古文尚書》同爲孔安國家所獻。此殽家字竹。垞朱氏據荀悦《漢紀》所校。又《儒林傳贊》曰：「平帝時又立《逸禮》。」

《隋書・經籍志》：「又有古經，出於淹中，而河間獻王，好古愛學，收集餘燼，得而獻之，合五十六篇，並威儀之事。」按《禮古經》初出于淹中，又出于孔壁，而河間獻王亦得而上之。當時凡三本。《論衡・正説篇》又謂宣帝時河内女子壞老屋得《佚禮》一篇。

《禮記正義》：「至武帝時，河間獻王得《古禮》五十六篇，獻王獻之。」又《六藝論》云：「後得孔子壁中古文《禮》，凡五十六篇，其十七篇與高堂生所傳同，而字多異，其十七篇外則《逸禮》是也。」《儀禮疏》云：「餘三十九篇，絶無師説，祕在于館。」

王氏《考證》：《佚禮》三十九篇，其篇名頗見于他書，若《學禮》見《賈誼傳》，《天子巡狩禮》見《周官内宰》注，《朝貢禮》見《聘禮》注《朝事儀》見《覲禮》注，《禘嘗禮》見《射人》疏，《中霤禮》見《月令》注及《詩・泉水》疏，《王居明堂禮》見《月令》、《禮器》注，《古大明堂禮・昭穆》篇見蔡邕論，《本命》篇見《通典》，《聘禮志》見《荀子》，又有《奔喪》、《投壺》、《遷廟》、《釁廟》、《曲禮》、《少儀》、《内則》、《弟子職》諸篇見大、小戴《記》及《管子》。《七録》云：「古經周宗伯所掌五禮威儀之事。」以上言《禮古經》五十六卷。又按《御覽》諸書引《皇覽》《逸禮》即此《逸禮》，繆襲等鈔入《皇覽》者也。王仁圃氏輯存十餘條，拘定《皇覽》，于伯厚氏所舉諸篇皆置不入録，可謂不充其類矣。又桓譚《新論》云：「《古秩禮記》有五十六卷。」蓋亦稱《古禮記》。本志《尚書》叙云：「魯恭王壞孔子宅，得《古文尚書》及《禮記》是也。」

《史記・儒林傳》：「諸學者多言《禮》，而魯高堂生最本。《禮》固自孔子時而其經不具，及至秦焚書，書散亡益多，于今獨有《士禮》，高堂生能言之。」賈公彦《序周禮廢興》云：「漢興，高堂生博士傳十七篇。」則高堂生爲漢初博士。《魏志・高堂隆傳》云：「泰山平陽人，魯高堂生後也。」范書《儒林傳》注云：「高堂生名隆。」蓋因此而誤。王氏《考證》：「《史記正義》：謝承云：『秦代有魯人高堂伯人。』又《七録》云：『博士侍其生得十七篇。』」

后氏有《齊詩故》、《傳》，見前《詩》家。本書《儒林傳》：「漢興，言《禮》則魯高堂生。」又曰：「魯高堂生傳《士禮》十七篇。」「而瑕丘蕭奮以《禮》至淮陽太守。」孟卿事蕭奮以授后倉，倉授梁戴德延君、戴聖次君。德號大戴，爲信都太傅；聖號小戴，以博士論石渠，至九江太守。由是《禮》有大戴、小戴之學。」又傳贊曰：「初《禮》唯有后氏，至孝宣世，復立大、小戴《禮》。《隋・經籍志》云：「聖爲德從兄子」。

本志叙：「高堂生傳《士禮》十七篇，訖孝宣世，后倉最明，戴德、戴聖、慶普皆其弟子，三家立于學官。」按：《儒林傳》贊三家者，謂后氏、二戴氏，慶氏不與焉。

鄭康成《六藝論》曰：「案《漢書・藝文志》、《儒林傳》，傳《禮》者十三家，惟高堂生及五傳弟子戴德、戴聖名世也。熊氏云五傳弟子者，則高堂生、蕭奮、孟卿、后倉及戴德、戴聖爲五也。」

劉歆與揚雄書云：「三代之書，蘊藏于家，直不計耳，顧弗多耶？今有一《周易》而無《連山》、《歸藏》，有一《春秋》而無千二百國寶書及不修春秋，有鄉禮二、士禮七、大夫禮二、諸侯禮四、諸公禮一而天子之禮無一傳者，不知其傳孰多于其亡耶？」按此見王氏《考證》卷末，晁説之所引，亦見《玉海》五十二，蓋即劉歆《與揚雄從取方言書》。今本《方言》卷後載劉、揚往還書無此一節，此蓋其佚文，可補其缺。晁氏在北宋時所見蓋如此。王氏《考證》按：「今《儀禮》，士禮有《冠》、《婚》、《相見》、《喪》、《夕》、《虞》、《特牲饋食》七篇，他皆天子諸侯卿大夫禮。」按王氏謂天子禮者，蓋指《覲禮》第十篇也。劉子駿謂「天子之禮無一傳者」，殆以《覲禮》僅得其一，亡其三，時故不數及歟。

鄭康成《三禮目録》曰：「《特牲》、《少牢》、《有司徹》于五禮屬吉禮，《喪服》、《士喪》、《既夕》、《士虞》屬凶禮，《士相見》、《聘禮》、《覲禮》屬賓禮，《冠》、《昏》、《鄉飲》、《鄉射》、《燕禮》、《公食大夫》、《大射》屬嘉禮。」按：此唯有吉、凶、賓、嘉四禮，略見于十七篇中，若軍禮則未之及，故班氏從兵權謀析出《軍禮司馬法》百五十五篇，入之《禮》類，意欲彌縫其闕也。

《經義考》：「孫惠蔚曰：『淹中之經，孔安國所得，惟有卿大夫士饋食之篇，而天子諸侯享廟之祭禘祫之禮盡亡。』」又崔靈恩曰：「《儀禮》者，周公所制。吉禮唯得三篇，凶禮得四篇，賓禮唯存三篇，軍禮亡失，嘉禮得七篇。」又熊朋來曰：「《儀禮》名爲十七篇，實十五篇而已。《既夕禮》乃《士喪禮》之下篇也，《有司徹》乃《少牢饋食禮》之下篇也。」【略】

按：班氏注后氏、戴氏，今后氏之經不可考見。意者大戴之本即據后氏所傳，小戴受之，又移易其次第別爲一本。小戴于經于記皆不從大戴，所訂別自爲學，故經與記皆有自訂之本。故注但云后氏、戴氏，不云大、小戴氏。然則注后氏者即大戴本，注戴氏者即小戴本，至劉向典校經籍，以兩家之本編次不同，俱未盡善。因重訂一本，附著於《別録》、《七略》所不具也。

姚振宗《漢書藝文志拾補・禮家》 劉向校定《禮經》十七篇。《漢書・楚元王附傳》：「向字子政，本名更生。年十二，以父德任爲輦郎。既冠，擢爲諫大夫。以典尚方鑄作事不驗下吏，系當死，得減死論。復拜爲郎中給事黄門，遷散騎、諫大夫、給事中。元帝即位，擢爲散騎宗正給事中，下獄免官。復爲中郎，又坐免爲庶人，廢十餘年。成帝即位，石顯等伏辜，更生乃復進用，更名向。召拜爲中郎使，領三輔都水，遷光禄大夫，領校中五經祕書，爲中壘校尉，居列大夫官前後三十餘年，年七十二卒。【略】

按：《藝文志》「《禮經》七十篇」，諸家以爲十七之誤。《志》唯載后氏、戴氏，而劉氏校定之本次序不同，爲鄭氏所依據者，《志》未之及，蓋當時別行之本，在中祕書之外，猶屈、宋辭賦既録於《詩賦略》中，又集爲《楚辭》十六卷也。

儀禮

《宋史・藝文志・禮類》 《儀禮》十七篇。高堂生傳。

孫星衍《平津館鑒藏書籍記・宋版》 《儀禮》十七卷。前後無序跋。十七篇止載經文而無注。黑口，板每葉廿行，行廿字。内有補刻葉。板心上有「閩何校」三字，亦是南宋閩中所刻。末附《儀禮旁通圖》一卷，不題作者姓名。據《天禄琳琅・元刻本》，是宋楊復撰。通志堂有重刊本。

又《明版》 《儀禮》二十卷。篆書。不著寫人姓氏。末卷後有「口學廬陵陳鳳梧校刊」一行。《儀禮》經文十七篇，又益以《奔喪禮》、《投壺禮》、《深衣》三篇，每篇爲一卷。每葉十八行，行十三字。收藏有「烟客」白文方印、「掃花庵藏書」朱文方印、「楝亭曹氏藏書」朱文長印。

張之洞《書目答問・正經正注》 武昌局刻《儀禮》單注大字本。古注，卷數仍舊。

喪服子夏傳

姚振宗《漢書藝文志拾補・禮家》 《喪服子夏傳》一篇。《晉書・禮志》曰：「《喪服》本文省略，必待注解，事義迺彰。其傳説差詳，世稱子夏所作。」 《隋書・經籍志》曰：「《喪服》一篇，子夏先傳之，諸儒多爲注解，今又別行。」 《儀禮疏》曰：「其《傳》内更云『傳』者，是子夏引他舊傳以證己義。《儀禮》見在一十七篇，餘不爲傳，獨爲《喪服》作傳者，但《喪服》一篇，總包天子已下五服差降，六術精麤變除之數，既繁出入，正殤交互，恐讀者不能悉解其義，是以特爲傳解。」王應麟《漢志考證》曰：「《喪服傳》，子夏所爲。《白虎通》謂之《禮服傳》。」按：《喪服子夏傳》本自別行，其編入《儀禮》十七篇中者，後人爲之也。

禮桓生説

姚振宗《漢書藝文志拾補・禮家》《禮桓生説》。劉歆《七略》曰：「《禮》家先魯有桓生説經，頗異。」漢書《劉歆傳》：「歆移書大常博士曰：《逸禮》有三十九，《書》十六篇，及《春秋》左氏丘明所修，皆古文舊書，藏於祕府，伏而未發。孝成皇帝閔學殘文缺，稍離其眞，乃陳發祕藏，校理舊文，得此三事，以考學官所傳，經或脱簡，傳或間編。師古曰：「間編，謂舊編爛絶，就更次之，前後錯亂也。」傳問民間，則有魯國桓公、趙國貫公、膠東庸生之遺學與此同，抑而未施。此乃有識者之所惜閔，士君子之所嗟痛也。」《漢書・儒林傳》：「漢興，魯高堂生傳《士禮》十七篇，而魯徐生善爲頌。師古曰：「頌，讀與容同。」孝文時，徐生以頌爲禮官大夫，傳子至孫延，及徐氏弟子公戶滿意、桓生、單次皆爲禮官大夫。」

喪服變除

《舊唐書・經籍志・禮》戴德《喪服變除》一卷。

《新唐書・藝文志・禮類》《喪服變除》一卷。戴德撰。

鄭樵《通志・藝文略・禮》《喪服變除》一卷。戴德。

姚振宗《漢書藝文志拾補・禮家》戴德《喪服變除》一卷。《漢書・儒林傳》：「漢興，魯高堂生傳《士禮》十七篇。而瑕丘蕭奮以《禮》至淮陽太守，東海孟卿事蕭奮，以授后倉，倉授梁戴德延君，號大戴，爲信都太傳。」世漢信都太傅戴德始世居魏郡斥丘。《唐書・經籍志》：「《喪服變除》一卷。戴至德撰。」按稱「至德」誤。《唐・藝文志》：「大戴德《喪服變除》一卷。」按：《新唐志・史部・儀注類》有戴至德《喪服變服》一卷，列唐人中。是唐有戴至德亦撰《喪服變服》之書，《舊唐志》或因此而誤。王謨輯本叙録曰：「《唐志》：大戴德《喪服變除》一卷。《隋志》不載此書，今從《通典》鈔出十一條，又《禮記注疏》二條。」馬國翰輯本序曰：「大戴傳《禮》在小戴之前，自小戴學盛而大戴浸微，其記雖存，鮮有肄習。至《喪服變除》，《隋志》且不著目，《唐・藝文志》始以一卷著録，今佚。《禮記鄭注》及《正義》引數條，杜佑《通典》稱引頗多，摭輯猶可成帙。」

喪服經傳

陸德明《經典釋文序録・禮》馬融注《喪服》。

《隋書・經籍志・禮》《喪服經傳》一卷。馬融注。

《舊唐書・經籍志・禮》《喪服紀》一卷。馬融注。

《新唐書・藝文志・禮類》馬融注《喪服記》一卷。

鄭樵《通志・藝文略・禮》《喪服經傳》一卷。馬融。

姚振宗《後漢藝文志・禮類》馬融《喪服經傳》一卷。《釋文叙録》曰：「《喪服》一篇，又別行于世。馬融注《喪服》。」《隋書・經籍志》曰：「其《喪服》一篇，子夏先傳之，諸儒多爲注解。今又別行。」又曰：「《喪服經傳》一卷，馬融注。」《唐・經籍志》：「《喪服記》一卷，馬融注。」《藝文志》：「馬融注《喪服記》一卷。」馬國翰輯本序曰：「《喪服經傳》馬氏注一卷。《儀禮疏》引數條，杜佑《通典》所引最多，缺者蓋無幾矣！」侯《志》曰：「王謨、孫馮翼俱有輯本一卷。」

儀禮

陸德明《經典釋文序録・禮》鄭玄注《儀禮》十七卷。

《隋書・經籍志・禮》《儀禮》十七卷。鄭玄注。

《舊唐書・經籍志・禮》《儀禮》十七卷。鄭玄注。

錢東垣等輯《崇文總目·禮類》 《儀禮》十七卷。鄭康成注。

《新唐書·藝文志·禮類》 鄭玄注《儀禮》十七卷。

鄭樵《通志·藝文略·禮》 《儀禮》十七卷。鄭玄注。

晁公武《郡齋讀書志·禮類》 《儀禮》十七卷。右鄭氏注。西漢諸儒得古文《禮》，凡五十六篇。高堂生傳《士禮》十七篇，爲《儀禮》。《喪服傳》一卷，子夏所爲。其說曰：《周禮》爲本，聖人體之；《儀禮》爲末，聖人履之。爲本則重者在前，故宗伯序五禮以吉、凶、賓、軍、嘉爲次；爲末則輕者在前，故《儀禮》先冠、昏，後喪、祭。唐韓愈謂文王、周公法制粗在於是，恨不及其時，進退揖讓於其間云。

陳振孫《直齋書録解題·禮類》 《古禮經》十七卷、《古禮注》十七卷。漢大司農北海鄭康成撰。相傳以爲高堂生所傳者也。

馬端臨《文獻通考·經籍考·禮》 《儀禮注》十七卷。韓文公《讀儀禮》：「余嘗苦《儀禮》難讀，且又行於今者蓋寡，沿襲不同，復之無由，考於今，誠無所用云，然文王、周公之法制具在於是。孔子曰：『吾從周。』謂其文章之盛也。古書之存者希矣，百氏雜家尚有可取，况聖人之制度邪！於是掇其大要，奇辭奥旨著於篇，學者可觀焉。惜吾不及其時，揖讓進退於其間。嗚呼，盛哉！」

《朱子語録》：「知看《儀禮》有緒，甚善。此書雖難讀，然卻多是重複，倫類若通，則其先後彼此，展轉參照，足以互相發明，久之自通貫也。禮書如《儀禮》，尚完備如他書。《儀禮》是經，《禮記》是解《儀禮》。且如《儀禮》有《冠禮》，《禮記》便有《冠義》；《儀禮》有《昏禮》，《禮記》便有《昏義》；以至燕、射之禮，莫不皆然。只是《儀禮》有《士相見禮》，《禮記》卻無《士相見義》。後來劉原甫補成一篇，學《禮記》下言語，只是解他《儀禮》。《儀禮》不是古人預作一書如此。初間只是以義起，漸漸相襲，行得好，只管巧，至於情文極細密、極周緻處，聖人見此意思好，故録成書。今《儀禮》多是士禮。如河間獻王得《古禮》五十六篇，乃孔壁所藏之書，其中卻有天子諸侯禮。所以班固言愈於推士禮以致天子諸侯之禮。是班固作《漢書》時，其書尚在，鄭康成亦及見之。今注疏中有引援處，不知是甚時失了，可惜！漢時儒者專門名家，自一經之外，都不暇講。故先儒謂聖經不亡於秦火，而壞於漢儒，其說亦好。溫公論景帝：『太子既亡，當時若立獻王爲嗣，則漢之禮樂制度，必有可觀。』陳振叔亦儘得見其《說儀禮》云：『此乃儀，更須有禮書。《儀禮》只載行禮之威儀，所謂『威儀三千』是也。禮書如云『天子七廟、諸侯五、大夫三、士二』之類，是說大經處。這是禮，須自有箇文字』。」

《宋史·藝文志·禮類》 鄭玄《古禮注》十七卷。

楊士奇等《文淵閣書目·儀禮》 《儀禮鄭氏注》。一部，五冊。《儀禮鄭氏注》。一部，九冊。《儀禮鄭氏注》。一部，六冊。完全。

徐𤊹《徐氏家藏書目·禮類》 《儀禮鄭玄注》十七卷。

張萱等《内閣藏書目録·經部》 《儀禮》四冊。不全。鄭氏注。

于敏中《天録琳琅書目·明版經部》 《儀禮》。二函，十四冊。漢鄭康成注。十七卷。此書係規仿宋槧，每卷末詳記經注字數，與前宋版《周易》之式相同，然以彼漸之書手、刻工，皆大相逕庭矣。書中有「趙氏子昂」、「樞密之章」、「允文」三印，篆法庸俗，皆出一手，其爲書賈僞作無疑，不足載。

彭元瑞等《天禄琳琅書目後編·宋版經部》 《儀禮》。一函，六冊。鄭康成注。十七卷。每卷末列經若干字、注若干字，通卷宋諱闕筆，惟不諱「慎」字、「敦」字，蓋紹興年間刻。按：晁公武云：「監本差誤蓋多，亦難盡從。」岳珂亦謂：「不能無譌謬脱略。」今細校之，以《儀禮》爲最甚。張淳所以有《儀禮正誤》之作也。謹以此本未譌者列於左：《士冠禮》「啐醴建監本譌『捷』。柶」。《士昏禮》「菹監本譌葅。醢四豆」、「御受」、監本譌『授』。「始扱壹監本譌『一』。祭」、「命之監本衍『辭』字。曰」、「壻授綏，姆辭曰：『未教，不足與爲禮也』」、監本全脱此節。「弟監本衍『則』字。稱其兄」。《士相見禮》「摯」。監本譌『贄』。《鄉飲酒禮》「逐監本譌『送』。授瑟」、「尊者降席，席監本脱一『席』字。東南面」。「改取監本譌『作』。一个挾之」、「以耦，監本二字脱。告於大夫曰」、「相揖退監本脱『退』字。反位」、「適左个中皆」、監本譌『亦』。「賓與大夫坐，監本脱『坐』字。反奠于其所」、「福髤，横而拳監本譌『奉』。之」、「祖薰監本譌『纁』。襦。」、「士鹿中，翿旌以獲」。監本全脱此節。《燕禮》「升實監本譌『賓』。之」、「大夫皆升監本脱『升』字。就席」、「太師告于監本脱『于』字。樂正曰」、「主人拜送監本譌『授』。觶」、「以賜鍾監本譌『鐘』人」、「其牲狗也」。監本全脱此節。《大射儀》監本無『儀』字。「大史監本譌

『夫』。在干侯之東北」、「賓揖監本衍『乃』字。升」、「交于監本譌『與』階前」、「上射降三」、監本譌『二』。「一射于監本譌『與』。左」、「司馬師坐乘之，卒」、監本脱『卒』字。「比監本譌『北』。耦」、「相揖退，監本衍『還』字。釋弓矢于次」、「司射作射監本譌『揖』。如初」、「北面告監本脱『告』字。于公」、「實監本譌『賓』。觶以授 賓」、「司馬師監本脱『師』字。受虛爵」、「公合拜，賓監本脱『賓』字。反位」。《聘禮》「米禾皆二監本譌『二』。十車」、「賓監本譌『客』。辟」、「坐啐禮」、監本譌『酒』。「對日非禮也，最辭」監本脱『辭』字。「復見之，監本譌『訝』。以其摯」、「醴尊于東箱」監本譌『廂』。「君貺寡君延及二三老拜」、「又拜送」。監本兩節倒置。《公食大夫禮》「贊者監本衍『二人』兩字。負東房」、「卿擯監本譌『賓』。由下」。《覲禮》「侯氏裨監本譌『裨』。冕」、「坐奠圭」。監本譌『主』。《喪服》「持監本譌『特』。重於大宗者」、「皆監本脱『皆』字。爲無服之殤」、「五月者」。監本脱『者』字。《士喪禮》「受用篋」、監本譌『篚』。「東監本譌『如』。面，不踴」、「櫛於監本譌『用』。簞」、「來日某監本脱『某』字。卜葬其父某甫」。《既夕禮》監本脱『禮』字。「夷監本譌『侇』。牀饌于階間」、「擯者出監本脱『出』字。請」、「外內監本譌『內外』皆埽」、「皆坐持體」、監本此下衍『男女改服』一節。「裏監本譌『裹』。親膚」、「不説監本譌『設』經帶」、「升降監本脱『降』字。自西階」、「亦張可也」。監本譌『可張』。《士虞禮》「簞巾監本譌『布』。在其東」、「祝佐食，降，復監本脱『復』字。位」、「尸受，監本譌『授』。振祭」、「哭止，告事畢，賓出」。監本全脱此節。《特牲饋食禮》「賓答再監本譌『再答』。拜」、「立于門外東方」、監本譌『房』。「出立于戶監本脱『戶』字。西」、「洗獻，衆監本脱『衆』字。足弟」、「舉奠答拜尸，監本脱『尸』字。祭酒」、「賓卒立監本譌『于』觶」、「自監本脱『自』字。左受旅，如初」、「舉觶者祭，卒觶，拜長，皆答拜」、監本全脱此節。「主人出立於戶外，監本譌『內』。西面」、「西墉監本譌『墉』。下，南上」。《少牢饋食禮》「如筮日之禮」監本譌『儀』。「用薦歲監本譌『爲』。事」、「皆設扃鼎」、監本譌『幕』。「以授尸坐，取簞興」、監本全脱此節。「尸受，同祭監本譌『受』。于豆祭」、「賓戶監本譌『尸』。西北面拜送爵」、「主人降，監本譌『祭』。立于阼階東」、「主人答壹監本譌『一』。拜」、「有司」、監本衍『徹』字。「匕皆加于鼎東枋」、監本譌『祊』「亦司士載亦監本譌『載』。體」、「賓亦覆手以受」、監本譌『授』。「主人洗監本衍『爵』字。于房中」、「立于主人席北，西面」、監本譌『面西』。「主人其監本譌『共』。祭糗脩」、「主人降洗觶」、監本譌『爵』。「宰夫執薦監本譌『爵』。以從」、「其監本脱『其』字。先生之沓」、「受爵，酌獻侑侑，拜受，三獻，北面答拜」、監本重衍此十四字。「受三獻爵」監本脱『爵』字。「酌授監本譌『受』。尸」、「賓戶監本譌『尸』。西北面答拜」、「賓兄弟交錯監本譌『醋』。其酬」。是宋本原不譌脱，明人傳刻宋監本轉益謬誤，不得歸咎於宋本也。

《儀禮》。二函，十二册。同前。朱彝尊曝書亭藏。彝尊，字錫鬯，秀水人。康熙己未博學鴻詞科，官檢討。

黄丕烈《蕘圃刻書題識·經類》 嚴本《儀禮》鄭氏注，續校識語。余既刊嚴本《儀禮》并附校語行世。近同年友張君翰宣讀是書，舉其誤數十條，來諗于余。余惟是刊悉存嚴本面目，其中譌缺斷壞之字，間據陸、賈、張、李四家書，是正完補，即校語有未盡舉出之字，多見芸臺侍郎《儀禮校勘記》及段若膺《儀禮漢讀考》中，讀者自能得之，已於前校緣起涉及，而張君精心解詁，妙悟博通，是有以助余不逮，爲不可沒。故復校讐一過，續刊所舉，并冀世之如張君者，復有以告余也。丁丑仲冬望後，吳縣黄丕烈識。

姚振宗《後漢藝文志·禮類》 鄭玄《儀禮注》十七卷。范書《儒林傳》：「玄本習《小戴禮》，按此謂小戴氏經，非小戴氏記。後以古經校之，取其義長者，故爲鄭氏學。」《釋文敍録》引范書云：取其于義長者、順者，故爲鄭氏學。《釋文敍録》：「鄭玄注《儀禮》十七卷」。《隋書·經籍志》：「《儀禮》十七卷。鄭玄注。《唐·經籍志》同。《藝文志》：「鄭玄注《儀禮》十七卷。」《宋·藝文志》：」「鄭玄《古禮注》十七卷。」賈《疏序》曰：「《周禮》、《儀禮》發源是一，理有終始，分爲二部，並是周公攝政太平之書。《周禮》爲末，《儀禮》爲本。本則難明，末便易曉。是以《周禮》注者則有多門，《儀禮》所注，後鄭而已。」

張之洞《書目答問·正經正注》 影宋嚴州單注本《儀禮》十七卷，附《校録》一卷。士禮居校本，武昌局繙黄本。鄭注。

儀禮音

《隋書・經籍志・禮》 鄭玄《音》二卷。亡。

鄭樵《通志・圖譜略・禮》 《儀禮音》二卷。鄭玄。

喪服經傳

陸德明《經典釋文序録・禮》 鄭注《周禮》、《儀禮》、《禮記》並列學官，而《喪服》一篇又别行于世。

《隋書・經籍志・禮》 《喪服經傳》一卷。鄭玄注。

《舊唐書・經籍志・禮》 《喪服紀》一卷。鄭玄注。

《新唐書・藝文志・禮類》 鄭玄注《喪服紀》一卷。

鄭樵《通志・圖譜略・禮》 《喪服經傳》一卷。鄭玄。

姚振宗《後漢藝文志・禮類》 鄭玄《喪服經傳注》一卷。《隋書・經籍志》：「《喪服經傳》一卷。鄭玄注。」《唐・經籍志》：「《喪服紀》一卷。鄭玄注。」《藝文志》：「鄭玄注《喪服記》一卷。」馬國翰輯《喪服變除》序曰：「《隋志》復有《喪服經傳注》，即注《儀禮・喪服》篇也。晉、宋諸儒好治《喪禮》，于是鄭注《喪服》别有單行之本。故隋、唐《志》亦别著于録。」【略】

按：馬、鄭二家書，《隋志》作《喪服經傳》，兩唐《志》作《喪服記》，實一書而名偶異。《鄭學録》别出《喪服紀》，云不知所紀何事，又謂唐人經疏無一引及，則無怪其然矣。

又按：范書《馬融傳》言，融所注有《三禮》，實止注《喪服傳》一篇。《儒林傳》云「馬以《周禮》傳授鄭玄」，陸元朗云「鄭依盧、馬之本定《禮記》」，是《周禮》、《禮記》鄭皆受之于馬，則《喪服》一篇當亦爲馬所授。此注馬氏書别爲一本歟？

喪服變除

《舊唐書・經籍志・禮》 《喪服變除》一卷。鄭玄撰。

《新唐書・藝文志・禮類》 鄭玄《喪服變除》一卷。

姚振宗《後漢藝文志・禮類》 鄭玄《喪服變除注》一卷。《唐書・經籍志》：「《喪服變除》一卷。鄭玄注。」《唐・藝文志》：「鄭玄注《儀禮》十七卷。《喪服變除》一卷。注《喪服紀》一卷。」馬國翰輯本序曰：「《唐志》有《喪服變除》一卷，今佚，唯杜佑《通典》引之，作《鄭玄變除》。又《禮記・檀弓》、《雜記》、《間傳》注中亟引《變除》禮文而説其義。宗按此鄭引大戴德《變除》禮文。孔穎達《正義》亦每於《變除》引鄭以爲依，用此亦佚説可以參考者也。并輯録之。」

按：大戴德有《喪服變除》一卷，亦見新、舊《唐志》。此或鄭氏注大戴之書。觀《唐・藝文》敍次，似以《喪服變除》爲大戴氏注者，故列于前；《喪服紀》爲馬氏注者，故列在後歟。

喪服譜

《隋書・經籍志・禮》 《喪服譜》一卷。鄭玄注。

鄭樵《通志・圖譜略・禮》 《喪服譜》一卷。鄭玄。

姚振宗《後漢藝文志・禮類》 鄭玄《喪服譜注》一卷。《隋書・經籍志》：「《喪服譜》一卷，鄭玄注。」馬國翰輯《變除》序又曰：「《隋志》復有《喪服譜》一卷，疑即《唐志》之《變除》。蓋因大戴之書而申明之，或其書中衍爲圖譜，故《隋志》取以標目歟。」

按：此或即如馬説，或後人從《三禮圖》析出别行，或鄭氏之先有人撰《喪服譜》者，鄭從而注之。又按《隋志》云：「梁有戴氏《喪服五家要記圖譜》五卷。亡。」此戴氏疑即大、小戴，鄭或取五家中戴氏一家圖譜而注之，或全注五家圖譜，别爲一卷。

荊州刺史劉表新定禮

《隋書・經籍志・禮》　《漢荊州刺史劉表新定禮》一卷。

鄭樵《通志・圖譜略・禮》　《新定喪禮》一卷。漢劉表。

姚振宗《後漢藝文志・禮類》　《劉表喪服後定》一卷。表始末見《易》類。《隋書・經籍志》：《漢荊州刺史劉表新定禮》一卷。烏程嚴可均《全後漢文編》曰：表與綦毋闓、宋忠等撰《五經章句》，謂之「後定」，此即其一。《通典》八十三、八十四、八十九引凡四條。馬國翰輯本序曰：《隋志》有《劉表新定禮》一卷，「新定」即「後定」，題小異耳。《唐志》不著，佚已久。杜佑《通典》引六節，或僅題「劉表」，或稱「後定喪服」。

儀禮

《隋書・經籍志・禮》　《儀禮》十七卷。王肅注。

《舊唐書・經籍志・禮》　《儀禮》十七卷。王肅注。

《新唐書・藝文志・禮類》　王肅注《儀禮》十七卷。

鄭樵《通志・藝文略・禮》　《儀禮》十七卷。王肅注。

姚振宗《三國藝文志・禮類》　王肅《儀禮注》十七卷。《隋書・經籍志》：「《儀禮》十七卷。王肅注。」《唐・經籍志》同。《藝文志》：「王肅注《儀禮》十七卷。」侯氏謂《唐志》但有肅《喪服注》，無《儀禮注》者，殊不然也。

案：本傳言肅注《三禮》。隋、唐三《志》亦各有肅《儀禮注》十七卷，而《釋文敍録》云自馬融以下如王肅等九人，云並注《喪服》，不言肅注《儀禮》，與隋、唐《志》異，豈陸氏未見其本耶？抑肅實止注《喪服》，隋、唐《志》誤列其目耶？又余氏輯《古經解鉤沈》，罔羅古注大抵略具其《儀禮》卷中，除《喪服篇》而外，無一條爲肅他篇之注者，何其泯沒無徵歟？疑不能明也。

儀禮音

《舊唐書・經籍志・禮》　《儀禮音》二卷。

《新唐書・藝文志・禮類》　《儀禮音》二卷。

鄭樵《通志・藝文略・禮》　《儀禮音》二卷。王肅。

喪服經傳

陸德明《經典釋文序録・禮》　王肅注《喪服》。

《隋書・經籍志・禮》　《喪服經傳》一卷。王肅注。

《新唐書・藝文志・禮類》　王肅注《喪服紀》一卷。

鄭樵《通志・圖譜略・禮》　《喪服經傳》一卷。王肅。

姚振宗《三國藝文志・禮類》　王肅《喪服經傳注》一卷。《晉書・禮志》曰：「《喪服》一卷，卷不盈握而爭説紛然。三年之喪，鄭云二十七月，王云二十五月。改葬之服，鄭云服緦三月，王云葬訖而除。繼母出嫁，鄭云皆服，王云從乎繼寄育乃爲之服。無服之殤，鄭云子生一月哭之一日，王云以哭之日易服之月。如此者甚衆。《喪服》本文省略，必待注解事義乃彰。其傳説差詳，世稱子夏所作。鄭、王祖經宗傳，而各有異同，天下並疑，莫知所定。」《釋文敍録》曰：「肅又注《禮容服》。」又曰：「馬融、王肅並注《喪服》。」《隋書・經籍志》：《喪服經傳》一卷。王肅注。」《唐・藝文志》：「王肅注《喪服紀》一卷。」馬國翰輯本序曰：「肅有《儀禮注》，《隋志》別出《喪服經傳》一卷，王肅注。《唐志》作《注喪服紀》，今久佚。從賈公彥《疏》、陸德明《釋文》、杜佑《通典》所引輯録一卷。賈《疏》于馬、鄭所不言者，依王義以釋經。」

案：《釋文敍録》曰《喪服》一篇，又別行于世。《隋・經籍志》云：「其《喪服》一篇，子夏先傳之，諸儒多爲注解。今又別行。」案子夏《喪服傳》亦云《禮服傳》。自漢以來，有馬南郡、鄭司農二家之注，王氏又從而注之，或以爲即《喪服變除》者，似不然也。

喪服要記

《隋書・經籍志・禮》　《喪服要記》一卷。王肅注。

《舊唐書・經籍志・禮》　《喪服要紀》一卷。王肅注。

《新唐書・藝文志・禮類》　王肅《喪服要記》一卷。

鄭樵《通志・藝文略・禮》　《喪服要記》一卷。王肅。

姚振宗《三國藝文志・禮類》　王肅《喪服要記》一卷。《隋書・經籍志》：「《喪服要記》一卷。王肅注。」《藝文志》：「王肅《喪服要記》一卷。」《唐・經籍志》：「《喪服要記》一卷。」《經義考》曰：「王氏《喪服要記》，孔氏《正義》、杜氏《通典》多引之。其《魯哀公葬父》一篇，酈善長《水經注》謂肅此證近于誣。」

喪服變除

姚振宗《三國藝文志・禮類》　王肅《喪服變除》。《晉書・禮志》：太康初，尚書郎摯虞表請增損新禮曰：「至于《喪服》，世之要用，而特易失旨。故子張疑高宗諒陰三年，子思不聽其子服出母，子游謂異父昆弟大功，而子夏謂之齊衰，及孔子沒而門人疑于所服。此等皆明達習禮，仰讀先典，俯師仲尼，漸漬聖訓，講肄積年，及遇喪事，猶尚若此，明喪禮易惑，不可不詳也。況自此以來，篇章焚散，去聖彌遠，喪制詭謬，固其宜矣。是以《喪服》一卷，卷不盈握，而爭說紛然。臣以爲今宜依準王景侯所撰《喪服變除》，使類統明正，以斷疑爭。」案《王肅傳》注引《世語》曰：「肅女適司馬文王，即文明皇后，生晉武帝、齊獻王攸。」蓋以帝之外王父，故虞稱其謚而不名。

案：《喪服變除》始于大戴氏，其後鄭氏亦有是作，詳見《後漢・藝文志》。前史與《喪服經傳》皆分別著録，或以爲此即經傳注之異名，似不然。侯《志》曰：「《水經汾水注》引一條，頗譏其誣。」今據《經義考》所輯《魯哀公葬父》一篇，語多誕妄。道元之譏，可云有識矣。

馬國翰輯本序曰：「肅注《喪服經傳》，又引伸喪服之義作《要記》。隋、唐《志》並以一卷著録，今佚。《水經注》、《藝文類聚》、《太平御覽》諸書皆引魯哀公祖載其父孔子問以設表門菰廬等，《繹史》刪合爲一節。又《通典》引十三節合録一表。」

案：此于經傳注《變除》而外，又雜記喪服，如外傳之類，別爲是編。本傳有云：「其所論駁朝廷典制以及喪紀輕重，凡百餘篇。」此一卷即百餘篇中之一類歟？

喪服傳馬王注

張之洞《書目答問・列朝經注經説經本考證》　《喪服傳馬王注》一卷。問經堂輯本。

喪服要記

《隋書・經籍志・禮》　《喪服要記》一卷。蜀丞相蔣琬撰。

鄭樵《通志・圖譜略・禮》　《喪服要記》一卷。蜀蔣琬。

姚振宗《三國藝文志・禮類》　蔣琬《喪服要記》一卷。《蜀志》本傳：「琬字公琰，零陵湘鄉人也。以州書佐隨先主入蜀，除廣都長，免爲什邡令。先主爲漢中王，琬入爲尚書郎。後主建興元年，丞相亮開府，辟爲東曹掾。舉茂才，遷爲參軍長史，加撫軍將軍。亮卒，爲尚書令，俄而加行都護，假節，領益州刺史，遷大將軍，録尚書事，封安陽亭侯。開府，加爲大司馬。延熙九年卒，謚曰恭。」《隋書・經籍志》：「《喪服要記》一卷。蜀丞相蔣琬撰。」《冊府元龜》作《要義》。

喪服圖

姚振宗《三國藝文志・禮類》 譙周《喪服圖》。《蜀志》本傳：「周字允南，巴西西充國人也。耽古篤學，誦讀典籍研精六經。建興中，丞相亮領益州牧，命周爲勸學從事。亮卒，大將軍蔣琬領刺史，徙爲典學從事，總州之學者。後主立太子，以周爲僕，轉家令，徙中散大夫，遷光禄大夫。景耀六年冬，魏鄧艾克江由，長驅而前，後主從周策降。時晉文王爲魏相國，以周有全國之功，封陽城亭侯。又下書辟周。周發至漢中，困疾不進。晉室踐阼，累下詔所在發遣周。周遂輿疾詣洛，泰始三年至。以疾不起，就拜騎都尉。周乃自陳無功而封，求還爵士，皆不聽許。六年秋，爲散騎常侍，疾篤不拜，至冬卒。時年七十一。《續漢・五行志》注引《蜀志》云：「蜀亡，魏徵不至。」蓋周以魏亡。兩年之後，始至洛陽也。又案：晉武帝泰始六年，吳歸命侯皓建衡二年也。後十年，吳乃亡。 侯《志》曰：「《御覽》五百四十引譙周《喪服圖》，又《通典》八十一引譙周《縗服圖》，蓋即一書，《喪服》其大名，《縗服》則其中之一也。《通典・凶禮》門中屢引譙周，又九十四卷引譙周《喪服集圖》，必皆出此書矣。」案：亦似在周所作《五經然否論》中。 余蕭客《〈古經解鉤沈〉敍録》曰：「晉譙周《喪服集圖》，《通典》引之。」 馬國翰《〈玉函山房〉敍録》曰：「周，經說長于《禮・服》。」

文廷式《補晉書藝文志・禮類》 譙周《縗服圖》。《通典》八十一引此書，曰：「童子不降成人，小功親以上皆服本親之喪，童子不杖不廬，不免不廝。當室著免廝，十四以下不堪廝則不。」一百一引譙周曰：「爲師，如本有服降而無服者，其爲師少長所成就者，雖服除，心喪皆三年。」八十九引譙周曰：「據（繼）母嫁猶服周，以親母可知，故無絰也。」九十一引譙周曰：「凡外親正服皆緦，加者不過小功。今異父兄弟，父沒母嫁，所生者皆相報服。」八十三引譙周說，國君爲卿大夫服。八十四引譙周說，始死變服。八十一庾蔚之引譙周云：「十四以下不堪廝則不。」又引譙周說，天子諸侯爲外祖父小功云云。

五宗圖

《隋書・經籍志・禮》 梁又有《五宗圖》一卷。亡。

姚振宗《三國藝文志・禮類》 薛綜《五宗圖》一卷。《吳志》本傳：「綜字敬文，沛郡竹邑人也。少依族人避地交州，從劉熙學。士燮既附孫權，召綜爲五官中郎，除合浦、交阯太守。還都，守謁者僕射。出爲建昌侯慮長史，入守賊曹尚書，遷尚書僕射。徙選曹爲太子少傅，領選職如故。赤烏六年春，卒。凡所著數萬言，又定《五宗圖》，皆傳于世。」《隋書・經籍志》：「梁有《五宗圖》一卷。」不著撰人，疑即是書。 嚴可均《全三國文編》曰：「《通典》卷七十三，引薛綜《述鄭氏禮五宗圖》。」 余蕭客《〈古經解鉤沈〉敍録》曰：「薛綜《述鄭氏禮五宗圖》，《通典》引之。」

喪服變除圖

《隋書・經籍志・禮》 梁有《喪服變除圖》五卷，吳齊王傳射慈撰。亡。

《舊唐書・經籍志・禮》 《喪服天子諸侯圖》二卷。（謝）〔射〕慈撰。

《新唐書・藝文志・禮類》 射慈《喪服天子諸侯圖》一卷。

鄭樵《通志・藝文略・禮》 《喪服天子諸侯圖》一卷。

姚振宗《三國藝文志・禮類》 射慈《喪服圖》。

喪服變除

姚振宗《三國藝文志・禮類》 射慈《喪服變除》。《吳志・吳主孫休傳》：「休年十三，從中書郎射慈受學。」又《齊王孫奮傳》：「及諸葛恪誅，奮下住蕪湖，欲至建業觀變，傅相謝慈等諫奮，奮殺之，坐廢爲庶人。」裴松之曰：「慈字孝宗，彭城人。見《禮論》，撰《喪服圖》及《變除》行于世。」《廣韻》四十禡射字注云：「射，又姓。」《三輔決録》云：「漢末大鴻臚射，咸本姓謝，名服。天子以爲將軍出征，姓謝，名服，不祥，改之，爲射氏，名咸。故《吳志》或稱射慈，或稱謝慈。」《隋書・經籍志》：「梁有《喪服變除圖》五卷，吳齊王傳射慈撰。亡。」《唐・經籍志》：「《喪服天子諸侯圖》二卷，謝慈撰。」《藝文志》：「射慈《喪服天子諸侯圖》一卷。」嚴可均《全三國文編》曰：「射慈字孝宗，彭城人。一作謝慈。爲中書郎，領齊王奮傳，以諫被殺。有《喪服圖》及《變除》五卷」。又曰：「《喪服變除》今見于《通典》者，凡二十條。」王謨輯本序曰：「書中載徐整與慈問答。整蓋亦爲《禮・服》之學者。凡共鈔出《通典》三十一條，内一條見《御覽》。」馬國翰輯本序曰：「裴松之注云撰《喪服圖》及《變除》行于世，蓋二書也。《七録》合之云《喪服變除圖》五卷。《唐・藝文志》有《喪服天子諸侯圖》一卷，已非梁時之舊本，今佚。從杜佑《通典》采得二十七節，又從《御覽》、《南史》、《禮記正義》各采一節，合而録之。與徐整答問爲多，整當是慈之門人。其書體例亦鄭《志》之類。」

喪服經傳

《隋書・經籍志・禮》 《喪服經傳》一卷。晉給事中袁準注。

《舊唐書・經籍志・禮》 《喪服禮》一卷。袁準注。

《新唐書・藝文志・禮類》 袁準注《儀禮》一卷。

鄭樵《通志・藝文略・禮》 《喪服經傳》一卷。晉給事中袁準。

鄭樵《通志・圖譜略・禮》 《儀禮》一卷。袁準注。

文廷式《補晉書藝文志・禮類》 袁準《喪服經傳》一卷。本傳云注《喪服經》，《唐志》作《儀禮注》，《通典》九十一引晉袁準《喪服傳》，馬國翰玉函山房輯録一卷。

喪服圖

《新唐書・藝文志・禮類》 崔游《喪服圖》一卷。

鄭樵《通志・藝文略・禮》 《喪服圖》一卷。崔游。

文廷武《補晉書藝文志・禮類》 崔游《喪服圖》一卷。見本傳及《唐志》。

儀　禮

《新唐書・藝文志・禮類》 孔倫《儀禮注》一卷。

鄭樵《通志・圖譜略・禮》 《儀禮》一卷。孔倫注。

集注喪服經傳

陸德明《經典釋文序録》 孔倫注《喪服》。

《隋書・經籍志・禮》 《集注喪服經傳》一卷。晉廬陵太守孔倫撰。

《舊唐書・經籍志・禮》 《喪服紀》一卷。

鄭樵《通志・藝文略・禮》 《集注喪服經傳》一卷。晉孔倫。

文廷式《補晉書藝文志・禮類》 孔倫《集注喪服經傳》一卷。東晉廬陵太守。《釋文》云：「字敬序，會稽人，集衆家注。」《通典》八十八引《儀禮》「夫，至尊也」，孔倫曰：「以父服服之，故曰至尊。」卷九十「女子子爲祖父母同」，孔倫曰：「婦人歸宗，故不敢降其祖。」《孔嚴傳》（附《孔愉傳》）「父倫，黄門郎」，當別是一人。

喪紀禮式

文廷式《補晉書藝文志・禮類》 杜襲《喪紀禮式》。《華陽國志》云：

「漢嘉太守，蜀郡杜龔敬修，亦著《喪紀禮式》，後生有取焉。」

儀禮

《新唐書·藝文志·禮類》 陳銓《儀禮注》一卷。

鄭樵《通志·藝文略·禮》 《儀禮》一卷。陳銓注。

喪服經傳

《隋書·經籍志·禮》 《喪服經傳》一卷。陳銓注。

《舊唐書·經籍志·禮》 《喪服紀》一卷。陳銓注。

鄭樵《通志·藝文略·禮》 《喪服經傳》一卷。陳銓。

文廷式《補晉書藝文志·禮類》 陳銓《喪服經傳注》一卷。《通典》八十八引《儀禮》「妾爲君，君至尊也」，陳銓曰：「降於女君，故不敢稱夫。稱爲君者，同於人臣也。」卷八十九「妻，至親也」，陳銓曰：「以其至親，故服同於母。」卷九十「妾不得體君，得爲其父母遂」，陳銓曰：「以妾卑賤不得體君，又嫌君之尊不得服其父母，故傳明之卑賤不得體君。」「舊君者，仕焉而已者也」，陳銓曰：「仕焉，凡仕者，而已者，致仕也。」「大夫不敢降其祖」，陳銓曰：「不敢降其曾祖，爲衆者，如衆人也。」卷九十一亦引五條。卷九十「爲伯父母、叔父母同與尊者，一體也」，陳銓曰：「尊者，父也。所謂昆弟一體也。」「爲昆弟之子同」，陳銓曰：「男女同耳。」「大夫之庶子爲嫡昆弟同」，陳銓曰：「大夫爲衆子大功，嫡子同。」「爲人後者，爲其父母報」，陳銓曰：「大宗爲尊者之正宗，故後之也。」「未嘗同居，則不爲異居」，陳銓曰：「異居者，昔嘗同，今不同也。夫有大功之親，同財者也，子有大功，不可以隨母，彼有大功，不可以專財也。」「女子子爲祖父母同」，陳銓曰：「言雖已嫁，猶不敢降也。」駁鄭玄曰：「經似在室，失其旨也。在室之女則與男同。已見章首，何爲重出？言不敢降者，明其已嫁。傳義詳之。」

喪服要記

《隋書·經籍志·禮》 《喪服要記》二卷。晉侍中劉逵撰。亡。

文廷式《補晉書藝文志·禮類》 劉逵《喪服要記》二卷。侍中。陸德明《儀禮釋文》引之。

喪服儀

《隋書·經籍志·禮》 《喪服儀》一卷。晉太保衛瓘撰。

鄭樵《通志·圖譜略·禮》 《喪服儀》一卷。晉衛瓘。

文廷式《補晉書藝文志·禮類》 衛瓘《喪服儀》一卷。太保。《通典》一百三有尚書令衛瓘表太子洗馬郤詵母亡不致喪歸事。

喪服要集

《隋書·經籍志·禮》 《喪服要集》二卷。晉征南將軍杜預撰。

《舊唐書·經籍志·禮》 《喪服要集議》二卷。杜預撰。

《新唐書·藝文志·禮類》 杜預《喪服要集議》三卷。

鄭樵《通志·藝文略·禮》 《喪服要集》二卷。杜預。

文廷式《補晉書藝文志·禮類》 杜預《喪服要集》二卷。征南將軍。《通典》八十四：晉杜元凱云：「父在爲母，冠縗裳、絰帶皆疏縗，（疏，麤也。）三年者，始死之死，如不杖同。」又云：「諸侯建大旂，扛七仞斿至地。」《釋文·禮運音義》「越席」，杜元凱云「結草」。《北堂書鈔》九十二：杜預《喪服要記》云：「始死葬銘，凡卿大夫，士各以其官，婦人則書姓行。」《初學記》十四：杜預《要集》云：「凡挽，天子六紼，諸侯四，大夫三，士二。」

喪服要略

《隋書·經籍志·禮》 《喪服要略》一卷。晉太學博士環濟撰。

鄭樵《通志·藝文略·禮》 《喪服要略》一卷。晉博士環濟。

文廷式《補晉書藝文志·禮類》 環濟《喪服要略》一卷。太學博士。

喪服要略

《隋書・經籍志・禮》 《喪服要略》二卷。

鄭樵《通志・藝文略・禮》 《喪服要略》二卷。

喪服制要

《隋書・經籍志・禮》 《喪服制要》一卷。徐氏撰。

鄭樵《通志・藝文略・禮》 《喪服制要》一卷。徐氏。

冠禮儀

文廷武《補晉書藝文志・禮類》 王堪《冠禮儀》。《通典》五十六引之，又五十八引東晉王堪《六禮辭》並爲《贄儀》云云。又八十一有王堪《議愍懷太子薨上所宜服事》，則堪西晉人，後東渡也。《趙王倫傳》云：「以王堪、劉謨爲左右司馬。」

儀禮音

《隋書・經籍志・禮》 梁有李軌、劉昌宇《音》各一卷。

鄭樵《通志・圖譜略・禮》 《儀禮音》二卷。李軌、劉昌宗。

文廷式《補晉書藝文志・禮類》 李軌《儀音》一卷。

文廷式《補晉書藝文志・禮類》 劉昌宗《儀禮音》一卷。《釋文・爾雅釋宮音義》「闈，劉昌宗《儀禮》音揮」，「塾音熟，劉《儀禮》又音育」。《詩召南音義》「羹之，劉昌宗《音儀禮》音衡」。邶詩《釋文》「煇，劉昌宗音運」，亦當出此書。

喪服要記

《隋書・經籍志・禮》 《喪服要記》十卷。賀循撰。梁有《喪服要記》六卷，晉司空賀循撰。亡。

鄭樵《通志・藝文略・禮》 《喪服要記》六卷。賀循。

喪服譜

《隋書・經籍志・禮》 《喪服譜》一卷。賀循撰。

《舊唐書・經籍志・禮》 《喪服譜》一卷。賀循撰。

《新唐書・藝文志・禮類》 賀循《喪服譜》一卷。

鄭樵《通志・藝文略・禮》 《喪服譜》一卷。賀循。

文廷式《補晉書藝文志・禮類》 賀循《喪服譜》一卷。

喪服要記注

《舊唐書・經籍志・禮》 《喪服要紀》五卷。賀循撰，謝微注。

《新唐書・藝文志・禮類》 《賀循喪服要記》五卷。謝微注。

文廷式《補晉書藝文志・禮類》 謝徽注《喪服要記》。見《通典》七十四。徽，不詳何人。按：謝混子三曜、宏、徽，皆歷顯位，未知係謝徽否。

喪服圖

鄭樵《通志・圖譜略・禮》 賀循《喪服圖》。

文廷式《補晉書藝文志・禮類》　賀循《喪服圖》。

凶禮

《隋書・經籍志・禮》　《凶禮》一卷。晉廣陵相孔衍撰。

鄭樵《通志・藝文略・禮》　《凶禮》一卷。晉廣陵相孔衍。

文廷式《補晉書藝文志・禮類》　孔衍《凶禮》一卷。廣陵相。《通典》一百三引孔衍《禁招魂葬議》；卷九十八引孔衍《乖離論》；卷四十八引孔衍《室廟藏主室論》。

喪服譜

《隋書・經籍志・禮》　《喪服譜》一卷。晉開府儀同三司蔡謨撰。

《舊唐書・經籍志・禮》　《喪服譜》一卷。蔡謨撰。

《新唐書・藝文志・禮類》　蔡謨《喪服譜》一卷。

鄭樵《通志・藝文略・禮》　《喪服譜》一卷。晉蔡謨撰。

文廷式《補晉書藝文志・禮類》　蔡謨《喪服譜》一卷。開府儀同三司。馬國翰據《晉書・禮志》、《通典》録謨説《喪服》得十四節，中有答問之文，疑不盡出此書。《通典》一百二《改葬服議于濟答王濛》引蔡謨云：「傳云，不以兄弟之服服至尊者，乃始喪正服耳。且斬縗之末，便自縞冠麻衣，乃輕於緦麻，然猶以服至尊矣。」又引蔡謨《答或問》。一百三又引《蔡謨論》、卷六十《范朗問蔡謨》。九十八引《蔡謨説》。

喪服圖

鄭樵《通志・圖譜略・禮》　蔡謨《喪服圖》。

文廷式《補晉書藝文志・禮類》　蔡謨《喪服圖》。以上二種並見《通志・圖譜略》。

喪服變除

《隋書・經籍志・禮》　《喪服變除》一卷。晉散騎常侍葛洪撰。

鄭樵《通志・藝文略・禮》　《喪（王）〔服〕變除》一卷。葛洪。

文廷式《補晉書藝文志・禮類》　葛洪《喪服變除》一卷。散騎常侍。馬國翰曰：「今佚。陸德明《儀禮釋文》引一事，杜佑《通典》引二節而已。」案《通典》卷八十七。

喪服釋疑

《隋書・經籍志・禮》　《喪服釋疑》二十卷，劉智撰。亡。

文廷式《補晉書藝文志・禮類》　劉智《喪服釋疑》二十卷。智，《晉書》附《劉寔傳》。此書《通典》屢引之，《隋志》有孔智《喪服釋疑》二十卷，王謨《漢魏遺書鈔》云：「當是劉智之誤。」馬國翰有輯本，得十七條。

儀禮注

文廷式《補晉書藝文志・禮類》　劉兆《儀禮注》。唐釋慧苑《華嚴經音義》卷一引劉兆注《議禮》曰：「備，畢盡也。」卷二引曰：「舉，畢盡也。」

集注喪服經傳

《隋書・經籍志・禮》《集注喪服經傳》一卷。宋太中大夫裴松之撰。

鄭樵《通志・藝文略・禮》《集注喪服經傳》一卷。宋裴松之。

略注喪服經傳

陸德明《經典釋文序録・禮》雷次宗注《喪服》

《隋書・經籍志・禮》《略注喪服經傳》一卷。雷次宗注。

喪服注

陸德明《經典釋文序録・禮》周續之注《喪服》。

文廷式《補晉書藝文志・禮類》周續之《喪服注》。見《釋文序録》。

喪服難問

《隋書・經籍志・禮》《喪服難問》六卷。崔凱撰。

儀禮

《新唐書・藝文志・禮類》蔡超宗《儀禮注》二卷。

鄭樵《通志・藝文略・禮》《儀禮》二卷。蔡超注。

集注喪服經傳

《隋書・經籍志・禮》《集注喪服經傳》二卷。宋丞相諮議參軍蔡超注。

《舊唐書・經籍志・禮》《喪服紀》二卷。蔡超宗注。

鄭樵《通志・藝文略・禮》《集注喪服經傳》二卷。宋蔡超。

喪服要問

《隋書・經籍志・禮》《喪服要問》六卷，劉德明撰。亡。

文廷式《補晉書藝文志・禮類》劉德明《喪服要問》六卷。

喪服要紀

《隋書・經籍志・禮》梁有《喪服要記》，宋員外常侍庾蔚之注。

《舊唐書・經籍志・禮》《喪服要紀》十卷。賀循撰，庾蔚之注。

《新唐書・藝文志・禮類》庾蔚之注《喪服要記》五卷。

鄭樵《通志・藝文略・禮》《喪服要記》五卷。庾蔚之。

文廷式《補晉書藝文志・禮類》賀循《喪服要記》十卷。《隋志》又云：梁有賀循《喪服要》六卷。蓋據《七録》所載，即此書也。《通典》一百二《改葬服議》：賀循答傅純云：「鄭玄云三月者，以親視尸柩，故三月以序其餘哀。但遲速不可限，故不在三月章也。王氏虞畢而除，且無正文。鄭得從重，故《要記》從之。」八十二江霦按：「賀公記天子諸侯五屬之內，雖不服職，爲臣皆斬縗，爲夫子則齊縗。」同八十一引賀循《喪服要記》。《通典》九十七晉虞喜按：賀循《喪服記》云：「父死未殯而祖父死，服祖以同；既殯而祖父死，三年。」

喪服

《隋書・經籍志・禮》《喪服》三十一卷。宋員外郎散騎庾蔚之撰。亡。

喪服世要

《隋書・經籍志・禮》《喪服世要》一卷，庾蔚之撰。

喪禮鈔

《隋書・經籍志・禮》《喪禮鈔》三卷。王隆伯撰。

鄭樵《通志・藝文略・禮》《喪服鈔》三卷。王隆伯。

喪服義鈔

鄭樵《通志・藝文略・禮》《喪服義鈔》三卷。

喪服集議

《隋書・經籍志・禮》《喪服集議》十卷，宋撫軍司馬費沈撰。

喪服經傳

《隋書・經籍志・禮》梁又有《喪服經傳》一卷，宋徵士劉道拔注。亡。

喪服經傳義疏

《隋書・經籍志・禮》《喪服經傳義疏》一卷，齊徵士沈麟士撰。

喪服經傳義疏

《隋書・經籍志・禮》《喪服經傳義疏》二卷，齊給事中樓幼瑜撰。

喪服治禮儀注

鄭樵《通志・藝文略・禮》《喪服治禮儀注》九卷。何胤。

喪服古今集記

《隋書・經籍志・禮》《喪服古今集記》三卷。齊太尉王儉撰。

《舊唐書・經籍志・禮》《喪服古今集記》三卷。王儉撰。

《新唐書・藝文志・禮類》王儉《喪服古今集記》三卷。

鄭樵《通志・藝文略・禮》《喪服古今集記》三卷。齊太尉王儉。

喪服圖

《隋書・經籍志・禮》《喪服圖》一卷。王儉撰。

鄭樵《通志・藝文略・禮》《喪服圖》一卷。王儉。

喪服世行要記

《隋書・經籍志・禮》《喪服世行要記》十卷。齊光祿大夫王逡撰。

《舊唐書・經籍志・禮》《喪服五代行要記》十卷。王逡之志。

《新唐書・藝文志・禮類》王逡之注《喪服五代行要記》十卷。

鄭樵《通志・藝文略・禮》《喪服世行要記》十卷。齊光祿大夫王逡。

喪服經傳義疏

《隋書・經籍志・禮》梁又有《喪服經傳義疏》五卷。齊散騎郎司馬憲撰。

儀禮注

《新唐書・藝文志・禮類》田僧紹《儀禮注》二卷。

鄭樵《通志・圖譜略・禮》《儀禮》二卷。田僧紹注。

集解喪服經傳

《隋書・經籍志・禮》《集解喪服經傳》二卷。齊東平太守田僧紹解。

《舊唐書・經籍志・禮》《喪服紀》二卷。田僧紹注。

鄭樵《通志・藝文略・禮》《集注喪服經傳》二卷。齊田僧紹。

喪服答要難

《隋書・經籍志・禮》《喪服答要難》一卷。袁祈撰。

《舊唐書・經籍志・禮》《喪服要難》一卷。趙成問，仇祈答。

《新唐書・藝文志・禮類》《喪服要難》一卷。趙成問，袁祈答。

鄭樵《通志・藝文略・禮》《喪服答要難》一卷。袁祈。

南齊五服制

鄭樵《通志・藝文略・禮》《南齊五服制》一卷。

喪服經傳義疏

《隋書・經籍志・禮》《喪服經傳義疏》一卷，劉瓛撰。

喪服義疏

《隋書・經籍志・禮》《喪服義疏》二卷。梁步兵校尉、五經博士賀瑒撰。

鄭樵《通志・藝文略・禮》　《喪服義疏》二卷。梁五經博士賀瑒。

儀禮義證

張鵬一《隋書經籍志補・三禮》　《儀禮義證》五卷。劉芳。

喪服經傳義疏

《隋書・經籍志・禮》　《喪服經傳義疏》一卷。梁尚書左丞何佟之撰。亡。

鄭樵《通志・藝文略・禮》　《喪服經傳義疏》一卷。梁何佟之。

五服圖

《隋書・經籍志・禮》　《五服圖》一卷。

五服圖儀

《隋書・經籍志・禮》　《五服圖儀》一卷。

五服略例

《隋書・經籍志・禮》　《五服略例》一卷。

鄭樵《通志・藝文略・禮》　《五服略例》一卷。

喪禮雜義

《隋書・經籍志・禮》　《喪禮雜義》三卷。

喪服傳

《隋書・經籍志・禮》　《喪服傳》一卷。梁通直郎裴子野撰。

鄭樵《通志・藝文略・禮》　《喪服傳》一卷。梁裴子野。

喪服論

張鵬一《隋書經籍志補・三禮》　《喪服論》。後魏河東柳玄達。《魏書・裴叔業傳》云：「玄達曾著《大夫論》，備陳叔業背逆歸順、契闊危難之旨。又著《喪服論》，約而易尋，文多不録。」

喪服文句義疏

《隋書・經籍志・禮》　《喪服文句義疏》十卷。梁國子助教皇侃撰。

《舊唐書・經籍志・禮》　《喪服文句義》十卷。皇侃撰。

《新唐書・藝文志・禮類》　皇侃《喪服文句義》十卷。

鄭樵《通志・藝文略・禮》　《喪服文句義疏》十卷。梁皇侃。

喪服問答目

《隋書·經籍志·禮》《喪服問答目》十三卷。皇侃撰。

鄭樵《通志·藝文略·禮》《喪服問答目》十三卷。皇侃。

難王儉喪服集記

張鵬一《隋書經籍志補·三禮》《難王儉喪服集記》七十餘條。後魏范陽盧道虔，見《北史·盧玄傳》。

喪服記

《隋書·經籍志·禮》《喪服記》十卷。王氏撰。

鄭樵《通志·藝文略·禮》《喪服記》十卷。王氏。

喪服五要

《隋書·經籍志·禮》《喪服五要》一卷。嚴氏撰。

鄭樵《通志·藝文略·禮》《喪服五要》一卷。嚴氏撰。

駁喪服經傳

《隋書·經籍志·禮》《駁喪服經傳》一卷。卜氏傳。

鄭樵《通志·藝文略·禮》《駁喪服經傳》一卷。卜氏傳。

喪服疑問

《隋書·經籍志·禮》《喪服疑問》一卷。樊氏撰。

鄭樵《通志·藝文略·禮》《喪服疑問》一卷。樊氏。

喪服圖

《隋書·經籍志·禮》《喪服圖》一卷。賀遊撰。

鄭樵《通志·藝文略·禮》《喪服圖》一卷。賀遊。

喪服禮圖

《隋書·經籍志·禮》《喪服禮圖》一卷。

鄭樵《通志·藝文略·禮》《喪服禮圖》一卷。

喪服要問

《隋書·經籍志·禮》《喪服要問》一卷。

鄭樵《通志·藝文略·禮》《喪服要問》一卷。

喪服經傳隱義

《隋書·經籍志·禮》梁有《喪服經傳隱義》一卷。亡。

喪服義鈔

《隋書・經籍志・禮》《喪服義鈔》三卷。

鄭樵《通志・藝文略・禮》《喪服義鈔》三卷。

喪服假寧制

《隋書・經籍志・禮》《喪服假寧制》三卷。

鄭樵《通志・藝文略・禮》《喪服假寧制》三卷。

喪服祥禫雜議

《隋書・經籍志・禮》梁有《喪服祥禫雜議》二十九卷。亡。

喪服雜議故事

《隋書・經籍志・禮》《喪服雜議故事》二十一卷。亡。

戴氏喪服五家要記圖譜

《隋書・經籍志・禮》《戴氏喪服五家要記圖譜》五卷。亡。

喪服君臣圖儀

《隋書・經籍志・禮》《喪服君臣圖儀》一卷。亡。

喪服要記

張鵬一《隋書經籍志補・三禮》《喪服要記》。後魏敦煌索敞。本傳：敞爲劉昞助教，以喪服散在衆篇，遂撰比爲《喪服要記》。《北史》同。

儀禮音

張鵬一《隋書經籍志補・三禮》《儀禮音》二卷。沈重。

喪服經義

張鵬一《隋書經籍志補・三禮》《喪服經義》五卷。沈重。

喪服經傳義疏

《舊唐書・經籍志・禮》《喪服經傳義疏》四卷。沈文阿撰。

《新唐書・藝文志・禮類》沈文阿《喪服經傳義疏》四卷。

鄭樵《通志・藝文略・禮》《喪服經傳義疏》四卷。沈文阿。

喪服發題

《舊唐書・經籍志・禮》 《喪服發題》二卷。沈文阿撰。

《新唐書・藝文志・禮類》 沈文阿《喪服發題》二卷。

鄭樵《通志・藝文略・禮》 《喪服發題》二卷。沈文阿。

喪服義

《隋書・經籍志・禮》 《喪服義》十卷。陳國子祭酒謝嶠撰。

鄭樵《通志・藝文略・禮》 《喪服義》十卷。陳謝嶠。

喪服要問

《隋書・經籍志・禮》 《喪服要問》二卷。張耀撰。亡。

喪禮五服

《舊唐書・經籍志・禮》 《喪禮五服》七卷。大將軍袁憲撰。

鄭樵《通志・藝文略・禮》 《喪禮五服》七卷。袁憲。

論喪服決

《隋書・經籍志・禮》 《論喪服決》一卷。

鄭樵《通志・藝文略・禮》 《論喪服決》一卷。

喪服雜記

《隋書・經籍志・禮》 《喪服雜記》二十卷。伊氏撰。亡。

文廷式《補晋書藝文志・禮類》 伊氏《喪服雜記》二十卷。按：伊氏，疑即注《周官禮》之伊說。

喪服章句

張鵬一《隋書經籍志補・三禮》 《喪服章句》一卷。後周趙郡李公緒。見《李渾傳》。

喪服義

張鵬一《隋書經籍志補・三禮》 《喪服義》三卷。隋張冲。

儀禮音

《舊唐書・經籍志・禮》 《儀禮音》二卷。

儀禮義疏見

《隋書・經籍志・禮》 《儀禮義疏見》二卷。

鄭樵《通志・藝文略・禮》 《儀禮義疏》二卷。

儀禮義疏

《隋書・經籍志・禮》 《儀禮義疏》六卷。

鄭樵《通志・藝文略・禮》 《儀禮義疏》六卷。

儀禮音義

《宋史・藝文志・禮類》 陸德明《音義》一卷。

楊士奇等《文淵閣書目・儀禮》 《〈儀禮〉陸德明音義》。一部，一冊。完全。

古禮釋文

陳振孫《直齋書録解題・禮類》 《古禮釋文》一卷。唐陸德明撰。

《宋史・藝文志・禮類》 陸德明《古禮釋文》一卷。

儀禮疏

《舊唐書・經籍志・禮》 《儀禮疏》五十卷。賈公彥撰。

錢東垣等輯《崇文總目・禮類》 《儀禮疏》五十卷。［原釋］賈公彥。見天一閣鈔本。

《新唐書・藝文志・禮類》 賈公彥《儀禮疏》五十卷。

鄭樵《通志・圖譜略・禮》 《儀禮疏》五十卷。唐賈公彥。

晁公武《郡齋讀書志・禮類》 《儀禮疏》五十卷。右唐賈公彥撰。齊黄慶、隋李孟悊各有《疏義》。公彥刪二疏爲此書。國朝嘗詔邢昺是正之。

尤袤《遂初堂書目・禮類》 《儀禮疏》。

陳振孫《直齋書録解題・禮類》 《古禮疏》五十卷。唐弘文館學士臨洛賈公彥等撰。初有齊黄慶、隋李孟悊二家行於世，公彥據以爲本而增損之。

馬端臨《文獻通考・經籍考・禮》 《儀禮疏》五十卷。《朱子語録》曰：「《儀禮疏》説得不甚分明。」先公《儀禮注疏序》曰：「余生五十八年，未嘗讀《儀禮》之書。一日，從敗篋中得景德中官本《儀禮疏》四帙，正經注語，皆標起止，而疏文列其下。蓋古有明經學究專科如《儀禮經注》，學者童而習之，不待屑屑然登載本文，而已熟其誦數矣。王介甫《新經》既出，士不讀書，如余之於《儀禮》者皆是也。然不敢付之茫昧幽冥，將尋訪本書傳抄，庶幾創通大義。然余老矣，懼其費日力而卒無所補也。長兒跋曰：家有臨本《儀禮經注》，可取而附益之，以便觀覽。意欣然，命之整緝，釐爲九帙，手自點校；并取朱氏《禮書》與其門人高弟黄氏、楊氏諸家續補之編，分章析條，題要其上，遂爲完書。拊而歎曰：茲所謂《儀禮》者歟？韓昌黎之言，豈欺我哉！其爲書也，於奇辭奥旨中，有精義妙道焉。於纖悉曲折中，有明辨等級焉。不惟欲人之善其生，且欲人之善其死；不惟至嚴於冠、昏、朝聘、鄉射，而尤嚴於喪祭。後世徒以其推士禮而達之天子，以爲殘闕不可考之書。徐而觀之，一士也，天子之士與諸侯之士不同，上大夫與下大夫不同，等而上之，固有可得而推者矣。周公之經，何制之備也！子夏之傳，何文之奇也！康成之注、公彥之疏，何學之博也！小子識之。」

楊士奇等《文淵閣書目・儀禮》 賈公彥《儀禮疏》五十卷。

《儀禮賈公彥注疏》。一部，十冊。完全。

《儀禮賈公彥注疏》。一部，十二冊。《儀禮賈公彥注疏》。一部，十冊。完全。

《儀禮賈公彥注疏》。一部，十冊。《儀禮賈公彥注疏》。一部，十冊。

《儀禮賈公彥注疏》。一部，十冊。

范邦甸等《天一閣書目・禮類》 《儀禮註疏》十七卷。漢鄭玄註，唐賈公彥疏。提督直隸學政餘姚聞人詮校正，常州府知府遂昌應檟刊行。

徐𤊹《徐氏家藏書目・禮類》 《儀禮注疏》十七卷。漢鄭玄注，唐賈公彥疏。

張萱等《內閣藏書目録・經部》　《儀禮注疏》十冊，全。唐賈公彥注。又十冊，全。又五冊，不全。又七冊，不全。《儀禮正義》十四冊，不全。即賈公彥《儀禮疏》也。闕首三卷。又三冊，不全。

《四庫提要・禮類二》　《儀禮注疏》十七卷。內府藏本。漢鄭玄注，唐賈公彥疏。《儀禮》出殘闕之餘，漢代所傳，凡有三本。一曰戴德本，以《冠禮》第一，《昏禮》第二，《相見》第三，《士喪》第四，《既夕》第五，《士虞》第六，《特牲》第七，《少牢》第八，《有司徹》第九，《鄉飲酒》第十，《鄉射》第十一，《燕禮》第十二，《大射》第十三，《聘禮》第十四，《公食》第十五，《覲禮》第十六，《喪服》第十七。一曰戴聖本，亦以《冠禮》第一，《昏禮》第二，《相見》第三，其下則《鄉飲》第四，《鄉射》第五，《燕禮》第六，《大射》第七，《士虞》第八，《喪服》第九，《特牲》第十，《少牢》第十一，《有司徹》第十二，《士喪》第十三，《既夕》第十四，《聘禮》第十五，《公食》第十六，《覲禮》第十七。一曰劉向《別録》本，即鄭氏所注。賈公彥疏謂：「《別録》尊卑吉凶，次第倫序，故鄭用之；二戴尊卑吉凶雜亂，故鄭不從之也。」其經文亦有二本。高堂生所傳者，謂之今文。魯恭王壞孔子宅，得亡《儀禮》五十六篇，其字皆以篆書之，謂之古文。玄注參用二本。其從今文而不從古文者，則今文大書，古文附注，《士冠禮》「闑西閾外」句注「古文闑爲槷，閾爲蹷」是也。從古文而不從今文者，則古文大書，今文附注，《士冠禮》「醴辭，孝友時格」句注「今文格爲嘏」是也。其書自元以前，絕無注本，元後有王肅注十七卷，見於《隋志》。然賈公彥序，稱「《周禮》注者則有多門，《儀禮》所注，後鄭而已」，則唐初肅書已佚也。爲之義疏者有沈重，見於《北史》。又有無名氏二家，見於《隋志》。然皆不傳。故賈公彥僅據齊黃慶、隋李孟悊二家之疏，定爲今本。其書自明以來，刻本舛譌殊甚。顧炎武《日知録》曰：「萬曆北監本《十三經》中，《儀禮》脫誤尤多。《士昏禮》脫『壻授綏，姆辭曰：未教，不足與爲禮也』一節十四字，賴有長安石經，據以補此一節，而其注疏遂亡。《鄉射禮》脫『士鹿中翿旌以獲』七字。《士虞禮》脫『哭止，告事畢，賓出』七字。《特牲饋食禮》脫『舉觶者祭，卒觶，拜，長者答拜』十一字。《少牢饋食禮》脫『以授尸，坐。取簞，興』七字。此則秦火之所未亡，而亡於監刻矣」云云。蓋由《儀禮》文古義奧，傳習者少，注釋者亦代不數人，寫刻有譌，猝不能校，故紕漏至於如是也。今參考諸本，一一釐正，著於録焉。

孫星衍《平津館鑒藏書籍記・明版》　《儀禮注疏》十七卷。題「漢鄭氏注，唐賈公彥疏」。前有賈公彥《儀禮注疏序》。結銜亦作「唐朝散大夫」。每葉十八行，行廿一字。板心下刻字人姓名同前。

《儀禮注疏》十七卷。此即前本而摹印稍在後。卷一脫「唐賈公彥」四字，卷七脫「唐賈公彥疏」五字，卷八脫「漢鄭氏注唐賈公彥疏」九字，卷十一脫「唐賈」二字，卷十四脫「唐」字。

《儀禮注疏》十七卷。題「漢鄭玄注，唐賈公彥疏，後學廬陵陳鳳梧編校」。前有賈公彥《儀禮注疏序》。結銜亦作「唐朝散大夫」。鄭《注》、《釋文》皆作小字，「疏」字用小圓圈別之。前本恆、桓等字，俱依宋本缺筆，此本不缺。黑口版。每葉廿行，行廿二字。收藏有「思日書齋」白文長印、「諸邦正印」白文方印、「貞叔諸氏收藏」朱文長印。

黃丕烈《蕘圃藏書題識續録・經類》　《儀禮疏》五十卷。影宋單疏本。《儀禮疏》五十卷，始見於陳氏《書録解題》及馬端臨《文獻通考》，然但聞五十卷之名，而原書未見，蓋世所行本皆附注而行，故分卷即從鄭《注》爲十七卷也。國朝朱竹垞作「賈公彥《儀禮疏》五十卷，存」，未知所存者僅據《疏》而言，抑或果見《疏》之爲五十卷也。余近得《儀禮疏》七帙，通爲五十卷，內缺三十二卷至三十七卷，首尾完善，實足證五十卷之說。正經注語皆標起止，而疏文列其下，爲宋景德年間本，與馬廷鸞之說合。每卷結銜云「唐朝散大夫行太學博士弘文館學士臣賈公彥等撰」，較本多「等」字，與衛湜所云「公彥同李元植編《儀禮疏》」之說合。卷末羅列各臣官銜，自崔偓佺以至呂蒙正共十四人，而中有云「翰林侍講學士、大中大夫、守尚書工部侍郎、兼國子監祭酒、權同句當官院事、柱國、河間郡開國侯、食邑一千戶食實封四百戶賜紫金魚袋臣邢昺都校」，與晁公武所云「齊黃慶、隋李孟悊各有《疏義》，公彥刪二疏爲此書，國朝嘗詔邢昺是正之」之說合，則此書之爲宋本毫無疑義，豈不可寶哉！

顧广圻《思適齋書跋・經部》　《儀禮疏》五十卷。宋刻本。《儀禮》一經，文字特多譌舛，深於此學者，每讀注而得經之誤，又讀疏而得注之誤。然則疏之爲用至要而不可以不校者也。校疏諸家，大概見於盧召弓氏《詳校》中。乃浦聲之多憑臆之改，金樸園惟《通解》是從，識者又病之。無他，不見善本之過而已。此宋時官本疏分卷五十，尚是賈公彦等所撰之舊。不佞在士禮居勘之一過，於行世各本補其脱，删其衍，正其錯謬，皆不可勝數。其所標某至某，注某至某，尤有關於經注，而各本刊落竄易殆盡，非此竟無由得見。實於宋槧書籍爲奇中之奇，寶中之寶，莫與此倫者也。竊謂儻剟其菁英，句排字比，勒成一書，流傳寓內，庶幾賈氏之精神不蔽，而問途此經者享夫榛蕪一闢之功。然自揣才力拙薄，曷克斯任，姑引其端，用以俟夫方來之哲焉耳。嘉慶五年歲在庚申七月，元和顧廣圻識。

顧广圻《思適齋集外書跋輯存》　《儀禮疏》五十卷。

張金吾《愛日精廬藏書志·禮類》　《儀禮疏》五十卷。影寫宋景德刊本，從吴門黄氏藏宋刊本寫。唐朝散大夫行太學博士宏文館學士臣賈公彦等撰。是書於經注不録全文，止標起止，而疏列其下。其標題之例，六字以下則全書之，如「主人受眂，反之」直書全句是也。七字以上則起止各摘兩字，如「士冠」至「廟門」是也。雖間有不盡然者，然大要如此。疏與經注北宋猶各自爲書，如《崇文總目》所載《周易正義》十四卷、《尚書正義》二十卷、《毛詩正義》四十卷、《周禮疏》五十卷、《儀禮疏》五十卷、《禮記正義》七十卷、《春秋正義》三十六卷、《穀梁疏》三十卷、今本十二卷，或經宋人合并歟。《公羊疏》三十卷、《孝經正義》三卷、《論語正義》十卷、《爾雅正義》十卷，皆單疏本也。南宋合注疏爲一，而單疏本遂晦。夫合者所見之經注，未必鄭、賈所見之經注也。其字其説乃或齟齬不合，淺學者或且妄改疏文，以遷就經注，而鄭、賈所守之經注，遂致不可復識。即如《儀禮》以疏分附經注，非是本與《要義》尚存，則五十卷之卷次且不可考，奚論其他？至是本文義字句可以訂正今本者，校勘記載之已詳，不更贅。缺卷三十二至三十七，凡六卷，卷末列校定、再校、都校等銜名十八行。　《儀禮疏序》。

彭元瑞等《天禄琳琅書目編·明版經部》　《儀禮註疏》。四函，三十二冊。篇目同前宋版經部。每卷首標「提督直隸學政、監察御史餘姚聞人詮校正，直隸常州府知府遂昌應櫝刊行」。考明制，天下學校領以提學道，惟兩畿則差御史。常州，南直隸屬郡。《江南通志》載聞人詮、應櫝俱嘉靖年間任。詮，字邦正，嘉靖丙戌進士，官至湖廣按察副使，王守仁之門人，著《芷蘭集》，又有《飲射圖解》，是講經禮之學者。

張之洞《書目答問·列朝經注經説經本考證》　影宋景德本《儀禮疏》五十卷。蘇州汪氏校刻本。《儀禮義疏》四十八卷。

喪儀纂要

鄭樵《通志·藝文略·禮》　《喪儀纂要》九卷。張戩。

喪禮極義

錢東垣等輯《崇文總目·禮類》　《喪禮極義》一卷。［原釋］唐商價集。褋敍先儒五服輕重之倫，然首末不論。見《文獻通考》。闕。見天一閣鈔本。

鄭樵《通志·藝文略·禮》　《喪服極議》一卷。殷價。

馬端臨《文獻通考·經籍考·禮》　《喪禮極義》一卷。

喪服正要

鄭樵《通志·藝文略·禮》　《喪服正要》二卷。孟詵。

喪服圖

《隋書·經籍志·禮》　《喪服圖》一卷。崔逸撰。

鄭樵《通志·藝文略·禮》　《喪服圖》一卷。崔逸。

凶儀

鄭樵《通志·藝文略·禮》　《凶儀》一卷。鄭珣瑜。

五服制度

鄭樵《通志・藝文略・禮》 《五服制度》一卷。

五服圖

鄭樵《通志・藝文略・禮》 《五服圖》張薦撰。卷亡。

五服圖

鄭樵《通志・藝文略・禮》 《五服圖》十卷。仲子陵。

喪服制

鄭樵《通志・藝文略・禮》 《喪服制》一卷。龐景昭。

喪服加減

錢東垣等輯《崇文總目・禮類》 《喪服加減》一卷。［原釋］不著撰人名氏，襍記服制增損，文無倫次。見《文獻通考》。凡兩引。闕。見天一閣鈔本。

鄭樵《通志・藝文略・禮》 《喪服加減》一卷。

馬端臨《文獻通考・經籍考・禮》 《喪服加減》。

五服法纂

鄭樵《通志・藝文略・禮》 《五服法纂》三卷。

五服年月敕

鄭樵《通志・藝文略・禮》 《五服年月敕》一卷。

雜凶禮

鄭樵《通志・藝文略・禮》 《雜凶禮》四十二卷。

儀禮唐諸儒要義

楊士奇等《文淵閣書目・儀禮》 《儀禮唐諸儒要義》。一部，十一冊，完全。《儀禮唐諸儒要義》。一部，十一冊。完全。

喪禮

《宋史・藝文志・禮類》 張詵《喪禮》十卷。

儀禮正義

尤袤《遂初堂書目・禮類》　陸右丞《儀禮正義》。

禮書

尤袤《遂初堂書目・禮類》　陸左丞《禮書》。

儀禮議

《宋史・藝文志・禮類》　陸佃《儀禮義》十七卷。

王圻《續文獻通考・經籍考・禮》　《儀禮議》十卷。陸佃著。佃，山陰人。

夏正士禮儀略舉要

王圻《續文獻通考・經籍考・禮》　《夏正士禮儀略舉要》十卷。陸佃著。

註解儀禮

《宋史・藝文志・禮類》　陳詳道《註解儀禮》三十二卷。

禮例詳解

《宋史・藝文志・禮類》　陳詳道《禮例詳解》十卷。

儀禮詳解

《宋史・藝文志・禮類》　周燔《儀禮詳解》十七卷。

夾漈鄉飲禮

陳振孫《直齋書録解題・禮類》　《夾漈鄉飲禮》七卷。鄭樵撰。

馬端臨《文獻通考・經籍考・禮》　《夾漈鄉飲禮》七卷。

《宋史・藝文志・禮類》　鄭樵《鄉飲禮》七卷。

儀禮經傳通解

陳振孫《直齋書録解題・禮類》　《古禮經傳通解》二十三卷。《集傳集注》十四卷。朱熹撰。以古十七篇爲主而取大、小戴《禮》及他書傳所載繫於禮者附入之。二十三卷已成書，缺《書數》一篇。其十四卷草定未刪改，曰《集傳集注》者，蓋此書初名也。其子在刻之南康，一切仍其舊云。

馬端臨《文獻通考・經籍考・禮》　《古禮經傳通解》二十三卷。《集傳集注》十四卷。《中興藝文志》：熹書爲《家禮》三卷、《鄉禮》三卷、《學禮》十一卷、《邦國禮》四卷、《王朝禮》十四卷。其曰《儀禮經傳通解》者，凡二十三卷，熹晚歲所親定。惟《書數》一篇缺而未補。其曰《儀禮集傳集注》者，即此書舊名，凡十四卷，爲《王朝禮》，而《卜筮篇》亦闕。

熹所草定，未及刪改。

《朱子語録》曰：《儀禮》，禮之根本，而《禮記》乃其枝葉。《禮記》本秦、漢上下諸儒解釋《儀禮》之書，又有他書附益於其間。今欲定作一書，先以《儀禮》篇目置於前，而附《禮記》於其後，如《射禮》則附以《射義》，似此類已得二十餘篇。若其餘《曲禮》、《少儀》，又自作一項，而以類相從，若疏中有說制度處，亦當采取以益之。《禮》書異時必有兩本，其據《周禮》分經傳，不多取《國語》雜書、迂僻蔓衍之說者，吾書也；其黜《周禮》，使事無統紀，合經傳，使書無間別，多取《國語》雜記之書，使傳者疑，而習者蔽，非吾書也。《答應仁仲書》曰：前賢常患《儀禮》難讀，以今觀之，只是經不分章，記不隨經，而注疏各爲一書，故使讀者不能遽曉。今定此本，盡去諸弊，恨不得令韓文公見之也。

先公曰：愚按記不隨經，注疏各爲一書，讀者不能遽曉，此猶古《易》之《彖》、《象》、《文言》、《繫辭》，各自爲書，鄭康成所以欲省學者兩讀，而爲今《易》也。文公於《禮》書之離者合之，於《易》書之合者離之，是亦學者所當知也。

《宋史・藝文志・禮類》 朱熹《儀禮經傳通解》二十三卷。

楊士奇等《文淵閣書目・儀禮》 《儀禮經傳通解》。一部，一百冊。 《儀禮經傳通解》。一部，一百冊。 《儀禮經傳通解》。一部，三十四冊。

范邦甸等《天一閣書目・禮類》 《儀禮經傳通解》二十三卷。《續解》二十九卷。朱絲欄。鈔本。宋朱文公熹撰。寶祐癸丑金華王佖序，丁抑序，崑山謝章序，朱夫子男朱左序。

徐𤊹《徐氏家藏書目・禮類》 《儀禮經傳》、《續儀禮》六十六卷。朱子。

張萱等《内閣藏書目録・經部》 《儀禮經傳通解》三十五冊。宋朱熹著。以《儀禮》爲經，而取《禮記》及諸經史書所載有及於《禮》者，皆附於本經之下。具列注疏諸儒之說，爲《家禮》六卷，《鄉禮》四卷，《學禮》十五卷，《邦國禮》五卷，《王朝禮》十四卷。 又四十三冊。不全。 又三十四冊。不全。 又二十四冊。不全。 又五十五冊。不全。 又七十四冊。不全。 又十冊。不全。 又六冊。不全。 又九冊。不全。 又二冊。不全。

錢謙益等《絳雲樓書目・禮類》 《儀禮通解》四十五冊。朱子。

錢曾《讀書敏求記・經》 《儀禮經傳通解》二十三卷。《儀禮集傳集註》十四卷。朱子謂六經之道同歸，而禮樂之用爲急，遭秦滅學，禮樂先壞，其頗存者《三禮》而已。《周官》一書，固爲禮之綱領，至儀法度數，則《儀禮》乃其本經，而《禮記・郊特牲》、《冠義》等篇，乃其義疏耳。前此猶有三禮、通禮、學究諸科，士得以誦習而知其說。王安石變亂舊制，廢《儀禮》而獨存《禮記》之科，遺本宗末，其失已甚。因以《儀禮》爲經，而取《禮記》及諸經史雜言所載有及于禮者，皆附本經之下。具列注疏諸儒之說，撰《家禮》五、《鄉禮》三、《學禮》十一、《邦國禮》四，共二十三卷，曰《儀禮經傳通解》。《王朝禮》十四卷，曰《儀禮集傳集注》，刊于南康道院。此書卷帙煩重，脫誤弘多。獨此本逐一補録完，罕有錯簡脫字，今之藏書家，恕未必細心緝訂如此也。識者其詳辨之。

《儀禮經傳通解續》二十九卷。朱子晚年，著《經傳通解》，屬稿甫定而歿，未成喪、祭二門。嘗以規摹次第，屬之門人黄幹勉齋，俾爲類次。嘉定癸未，四明張虙來南康，知勉齋此稿在南劍、陳史君宓處，以書索來，凡二十九卷，校刻之，并前書傳于世。焦氏《經籍志》混稱《朱子通釋》二十三卷、《續編》二十九卷。不分勉齋續稿之詳。今黄俞邰、周雪客《徵刻書目》因之，是殆未取原書覆閲也。

《四庫提要・禮類四》 《儀禮經傳通解》三十七卷。續二十九卷。浙江巡撫採進本。《儀禮經傳通解》，宋朱子撰。初名《儀禮集傳集注》。朱子《乞修三禮劄子》所云：「以《儀禮》爲經，而取《禮記》及諸經史雜書所載有及於禮者，皆以附於本經之下，具列注疏諸儒之說，略有端緒」，即是書也。其《劄子》竟不果上，晚年修葺，乃更定今名。朱子沒後，嘉定丁丑始刊版於南康。凡《家禮》五卷，《鄉禮》三卷，《學禮》十一卷，《邦國禮》四卷，共二十三卷，爲四十二篇。中闕《書數》一篇，《大射》至《諸侯相朝》八篇，尚未脱稿。其卷二十四至卷三十七，凡十八篇，則仍前草創之本，故用舊名《集傳集注》，是爲《王朝禮》。中闕《卜筮》一篇，目録內《踐阼》第三十一以後，序說竝闕，蓋未成之本也。所載《儀禮》諸篇，咸非舊次，亦頗有所釐析。如《士冠禮》三屨本在辭後，仍移入前；「陳器服」章戒、宿、加冠等辭本總記在後，乃分入前各章之下。末取《雜記》

「女子十五許嫁，笄」之文，續經，立「女子笄」一目。如斯者不一而足。雖不免割裂古經，然自王安石廢罷《儀禮》，獨存《禮記》，朱子糾其棄經任傳，遺本宗末，因撰是書以存先聖之遺制。分章表目，開卷瞭然，亦考禮者所不廢也。其喪、祭二門則成於朱子門人黄榦，蓋朱子以創稿屬之。楊復原序述榦之言有曰：「始余創二禮粗就，奉而質之先師，喜謂余曰：君所立喪、祭禮，規模甚善，他日取吾所編《家》、《鄉》、《邦國》、《王朝禮》，其悉用此更定」云云，則榦之所編，尚不失朱子之意。然榦僅修《喪禮》十五卷，成於嘉定己卯，其《祭禮》則尚未訂定而榦又歿。越四年壬午，張虙刊之南康，亦未完本也。其後楊復重修《祭禮》，鄭逢辰進之於朝。復序榦之書云：「《喪禮》十五卷前已繕寫，《喪服圖式》今别爲一卷，附於正帙之外。」前稱《喪服圖式》、《祭禮》遺稿，尚有未及訂定之遺憾，則别卷之意固在此。又自序其書云：「南康學宫舊有《家》、《鄉》、《邦國》、《王朝禮》，及張侯虙續刊《喪禮》，又取《祭禮》稿本并刊而存之。竊不自揆，遂據稿本，參以所聞，稍加更定，以續成其書，凡十四卷。」今自卷十六至卷二十九，皆復所重修。合前《經傳通解》及《集傳集注》，總六十有六卷。雖編纂不出一手，而端緒相因，規模不異。古禮之梗概節目，亦略備於是矣。

彭元瑞等《天禄琳琅書目後編・元版經部》　《儀禮經傳通解》。二函。十二冊。宋朱熹撰。書三十七卷，《家禮》六，《鄉禮》四，《學禮》十五，《邦國禮》五，《王朝禮》十四。前有嘉定癸未張虙識。虙，慈谿人。慶元丙辰進士，官國子祭酒。是書目録後載晦菴《乞修三禮劄子》。其子在記稱：《家禮》五卷、《鄉禮》三卷、《學禮》十一卷、《邦國禮》四卷、《王朝禮》十四卷，爲先君晚歲親定絶筆，惟《書數》一篇缺而未補。而《大射禮》、《聘禮》、《公食大夫禮》、《諸侯相朝禮》，皆未脱稿，《王朝禮・卜筮篇》亦缺，餘皆草定而未删改。惟喪、祭二禮，則嘗以屬之門人黄幹云云。是此書與幹所續通爲一篇也。虙識乃宋嘉定年守南康郡鋟版時所作。此則元翻宋槧也。

釋宫

《四庫提要・禮類存目一》　《釋宫》一卷。通行本。舊本題宋朱子撰。原載《晦菴大全集》中，此其别行之本也。然實李如圭作，編集者誤入。説見如圭《釋宫》條下。

朱子儀禮圖

楊士奇等《文淵閣書目・儀禮》　《朱子儀禮圖》。一部，四冊。完全。《朱子儀禮圖》。一部，五冊。　《朱子儀禮圖》。一部，六冊。完全。

吳壽暘《拜經樓藏書題跋記》卷一　《儀禮圖》。《儀禮圖》十七卷。後附《旁通圖》。元刻本。卷首列朱文公《乞修三禮奏劄》，次紹定戊子復自序及陳普序。每葉二十行，行二十字。又一部無《旁通圖》，行款無異，而字畫更精楷，圖畫益明析，爲知不足齋主人所貽。先君子嘗以校通志堂本，經尚無甚異，而圖則遠勝之。翁覃溪鴻臚《通志堂經解目録》云：「宋楊復信齋，朱子門人，嘗爲朱子續編《儀禮經傳通解》，此圖凡二百有五，又《旁通圖》一卷，分宫廟、弁冕、牲鼎、禮器諸類，爲圖二十有五。陳鱣曰：『吳槎客嘗以鮑以文所贈元刻校通志堂刊本，則通志刻本之圖甚謬也。』」

朱子儀禮圖疏

楊士奇等《文淵閣書目・儀禮》　《朱子儀禮圖疏》。一部，十冊。完全。

士冠士昏饋食圖

嵇璜等《清通志・圖譜略・禮》　趙彦肅《士冠士昏饋食圖》。

少儀外傳

楊士奇等《文淵閣書目・儀禮》　呂東萊《少儀外傳》。一部，二冊。完全。

古禮

陳振孫《直齋書録解題・禮類》　《古禮》十七卷，《釋文》一卷，《識誤》三卷。永嘉張淳忠甫所校，乾道中太守章貢曾逮仲躬刻之。首有目録一卷，載大小戴、劉向篇第異同，以古監本、巾箱本、杭細本、嚴本校定，識其誤而爲之序，謂高堂生所傳《士禮》爾，今此書兼有天子、諸侯、卿大夫禮，決非高堂所傳，其篇數偶同，自陸德明、賈公彦皆云然，不知何所據也。案：朱子曰：「張淳所云，不深考於劉向所訂之誤，又不察其所謂《士禮》者，特略舉首篇以名之。其云推而致於天子者，蓋專指冠、昏、喪、祭而言，若燕、射、朝、聘，則士豈有是禮而可推耶？」

馬端臨《文獻通考・經籍考・禮》　《古禮》十七卷，《釋文》一卷，《釋誤》三卷。朱子曰：「張淳云：『如劉歆所言，則高堂生所得，獨爲《士禮》；而今《儀禮》乃有天子、諸侯、大夫之禮。居其大半。疑今《儀禮》，非高堂生之書，但篇數偶同耳！』此則不深考於劉說所訂之誤，又不察其所謂《士禮》者，特略舉首篇以名之。其曰『推而致於天子』者，蓋專指冠、昏、喪、祭而言，若燕、射、朝、聘，則士豈有是禮而可推邪？」

《朱子語録》曰：「《儀禮》人所罕讀，難得善本。而鄭《注》、賈《疏》之外，先儒舊説，多不復見，陸氏《釋文》，亦甚疏略。近世永嘉張淳忠甫校定印本，又爲一書，以識其誤，號爲精密，然亦不能無舛謬。張忠甫所校《儀禮》甚子細，然卻於目録中《冠禮》元端處便錯了，但此本較他本爲最勝。又謂漢初未有《儀禮》之名，疑後學者見十七篇中有《儀》有《禮》，遂合而名之。」

王圻《續文獻通考・經籍考・禮》　《校古禮釋文》一卷，《釋誤》三卷。張淳著。

顧廣圻《思適齋書跋・經部》　《儀禮注疏》十七卷。校宋本。嘉慶庚申元和顧廣圻覆校。於經注云宋本者，張忠甫所謂嚴本是也。以《覲禮》「載大旆」定之，餘亦合。七月十三日記。

儀禮識誤

陳振孫《直齋書録解題・禮類》　《識誤》三卷。永嘉張淳忠甫所校。

馬端臨《文獻通考・經籍考・禮》　《釋誤》三卷。

《宋史・藝文志・禮類》　張淳《儀禮識誤》一卷。

王圻《續文獻通考・經籍考・禮》　《釋誤》三卷。張淳著。

《四庫提要・禮類二》　《儀禮識誤》三卷。《永樂大典》本。宋張淳撰。淳字忠甫，永嘉人。是書乃乾道八年兩浙轉運判官直祕閣曾逮刊。《儀禮鄭氏注》十七卷、陸氏《釋文》一卷，淳爲之校定，因舉所改字句，彙爲一編。其所引據，有周廣順三年及顯德六年刊行之監本，有汴京之巾箱本，有杭之細字本，嚴之重刊巾箱本，參以陸氏《釋文》，賈氏《疏》，覈訂異同，最爲詳審。近世久無傳本，故朱彝尊《經義考》以爲已佚。惟《永樂大典》所載諸條，猶散附經文之後，可以綴録成編。其《鄉射》、《大射》二篇，適在《永樂大典》闕卷中，則不可復考矣。《朱子語録》有曰：「《儀禮》人所罕讀，難得善本。而鄭《注》、賈《疏》之外，先儒舊説多不復見，陸氏《釋文》亦甚疏略。近世永嘉張淳忠甫校定印本，又爲一書以識其誤，號爲精密，然亦不能無舛謬。」又曰：「張忠甫所校《儀禮》甚仔細，較他本爲最勝。」今觀其書，株守《釋文》，往往以習俗相沿之字轉改六書正體，則朱子所謂「不能無舛謬」者，誠所未免。然是書存而古經漢注之譌文脱句藉以考識，舊槧諸本之不傳於今者，亦藉以得見崖略。其有功於《儀禮》，誠非淺小。今覆加檢勘，各疏明其得失，俾瑜瑕不揜。其原本殘闕數處，亦考訂補輯，附於下方。其書《宋史・藝文志》作一卷，而陳振孫《書録解題》作三卷。考淳自序言「哀所校之字，次爲二卷，以《釋文》誤字爲一卷，附其後，總爲三卷」。則《宋志》「一卷」爲傳寫之誤明矣。今仍釐爲三卷，存其舊焉。

張之洞《書目答問・列朝經注經説經本考證》《儀禮識誤》三卷。宋張淳。聚珍本，杭本，福本，《經苑》本，榮譽刻《得月簃叢書》本。

儀禮經傳續通解

陳振孫《直齋書録解題・禮類》《古禮經傳續通解》二十九卷。外府丞長樂黄榦直卿撰。榦，朱侍講之高弟，以其子妻之。自號勉齋，因婦翁廕入仕，爲吏亦以材稱。始晦庵著《禮》書，《喪》、《祭》二禮，未及論次，以屬榦續成之。然亦有未備者。

馬端臨《文獻通考・經籍考・禮》《古禮經傳續通解》二十九卷。

《朱子語録》：賀孫因問：「祭禮附祭儀，如説孝許多如何來得？」曰：「便是祭禮難附兼祭儀。前所説多是天子禮，若《儀禮》所存，唯《少牢饋食》、《特牲饋食禮》是諸侯大夫禮，兼又只是有《饋食》。若天子祭，便合有初間、祭腥等事，如所謂建設朝事、燔燎羶薌，若附《儀禮》，此等皆無入頭處。意問欲將《周禮》中天子祭禮逐項作一總腦，卻以《禮記》附。如《疏》中有説天子，皆編出，因云某已衰老，其間合要理會文字，皆起得箇頭在，及見其成與不見其成，皆未可知，萬一不及見此書之成，諸公千萬勉力，整理得成此書，所係甚大。古禮於今，實是難行。當祭之時，獻神處少，只説酌奠、卒祝、迎尸以後，都是人自食了，主人獻尸，尸又酢主人，酢主婦，酢祝及佐食、宰贊，衆賓等，交相勸酬，甚繁且久，所以季氏之祭，至於繼之以燭。竊謂後世有大聖人者作，與他整理一過，令人蘇醒，必不一一如古人之繁，但放古人大意簡而易行耳。《溫公儀》人所憚行者，只爲閑辭多。長篇浩翰，令人難讀，其實行禮處無多。某嘗修祭儀，只就中間行禮處分作五六段，甚簡易曉，後被人竊去亡之矣。」

信齋楊氏序曰：昔文公朱先生，既修《家》、《鄉》、《邦國》、《王朝禮》，以《喪》、《祭》二禮屬勉齋黄先生編之。先生服膺遺訓，取向來《喪禮》稿本，精專修改，書成，凡十有五卷。復伏讀曰：「大哉書乎！秦、漢而下未有也。」近世以來，儒生習誦，知有《禮記》，而不知有《儀禮》；士大夫好古者，知有唐開元以後之禮，而不知有《儀禮》。今因其篇目之僅存者，爲之分章句、附傳記，使條理明白而易考，後之言《禮》者，有所據依，不至於棄經而任傳，遺本而宗末。王侯大夫之禮，關於綱常者爲尤重，《儀禮》既闕其書，後世以來，處此大變者，咸幽冥而莫知其原，取具臨時，沿襲鄙陋，不經特甚，可爲慨嘆！今因《小戴・喪大記》一篇，合《周禮》、《禮記》諸書，以補其闕，而王侯大夫之禮，莫不粲然可考，於是《喪禮》之本末經緯，莫不悉備。既而又念《喪禮》條目散闊，欲撰《儀禮喪服圖式》一卷，以提其要，而附古今沿革於其後。草具甫就，而先生没矣，嗚呼！此千載之遺憾也。先生所修《祭禮》，本經則《特牲》、《少牢》、《有司徹》，《大戴禮》則《釁廟》。以上四卷，未分章句，入注疏。所補者，則自天神地祇、百神宗廟，以至因事而祭者，如建國、遷都、巡狩、師田、行役、祈禳，及祭服、祭器，事序始終，其綱目尤爲詳備。先生嘗爲復言，《祭禮》用力甚久，規模已定，每取其書，繙閲而推明之，間一二條，方欲加意修定而未遂也。嗚呼！禮莫重於喪、祭，文公以二書屬之先生，其責任至不輕也。先生於二書也推明文王、周公之典，辨正諸儒異同之論，掊擊後世蠹壞人心之邪説，以示天下後世，其正人心，扶世教之功至遠也，而《喪服圖式》、《祭禮》遺稿，尚有未及訂定之遺恨。後之君子，有能繼先生之志者，出而成之，是先生之所望也。抑復又聞之先生曰：「始余創二禮粗就，奉而質之先師，先師喜謂余曰：『君所立《喪》、《祭禮》，規模甚善，他日取吾所編《家》、《鄉》、《邦國》、《王朝禮》，其悉用此規模更定之。』」嗚呼！是又文公拳拳之意，先生欲任斯責，而卒不果也，豈不痛哉！同門之士，以復預聞次輯之略，不可以無言也，復因敬識其始末，以告來者。《喪禮》一十五卷，前已繕寫；《喪服圖式》，今別爲一卷，附於正卷帙之外，以俟君子，亦先生平日之志云。

又曰：嘉定己卯，《喪禮》始克成編，以次將修《祭禮》，即以其書稿本授復，曰：「子其讀之。蓋欲復通知此書本末，有助纂輯也。復受書而退，啟緘伏讀，皆古今天下大典禮，其關係甚重，其條目甚詳，其經傳異同，註疏牴牾，上下數千百載間，是非淆亂，紛錯甚衆。自此朝披夕閲，不敢釋卷，時在勉齋左右隨事，咨問抄識，以待先生筆削，不幸先生即世，遂成千古之遺憾。日邁月征，今十餘年，南康學宮，舊有《家》、《鄉》、《邦國》、

《王朝禮》及張侯慮續刊《喪禮》，又取《祭禮》稿本，併刊而存之，以待後之學者。故四方朋友皆有《祭禮》稿本，未有取其書而修定之者。顧復何人，敢任其責，伏自惟念，齒髮浸衰，曩日幸有所聞，不可不及時傳述，竊不自揆，遂據稿本，參以所聞，稍加更定，以續成其書，凡十四卷云。

楊士奇等《文淵閣書目・儀禮》 《儀禮經傳通解續》。一部，三十冊。

《儀禮經傳通解續》。一部，六冊。

《宋史・藝文志・禮類》 黄幹《續儀禮經傳通解》二十九卷。

張萱等《内閣藏書目録・經部》 《儀禮經傳通解續》五十三冊。不全。獨《喪禮》十五卷，内闕第五、第六、第十、第十三、十四。《續祭禮》二十九卷。全。

彭元瑞等《天禄琳琅書目後編・元版經部》 《儀禮經傳續》。二函，十二冊。宋黄幹撰。幹，字直卿，閩縣人。官知安慶府，謚文肅。書二十九卷。蓋本其師朱熹所屬《喪》、《祭》二禮以續《通解》者也。《喪禮》分喪服、士喪禮、士虞禮、喪大記、卒哭祔練祥禫記、補服、喪服變除、喪服制度、喪服義、喪通禮、喪變禮、弔禮、喪禮義、喪服圖式十四門。《祭禮》分特牲饋食、少牢饋食、有司徹、諸侯遷廟釁廟、祭法、天神、地示、百神、宗廟、因事之祭、祭統、祭物、祭義十三門。其第十六《喪服圖式》一卷後有嘉定辛巳楊復序，稱《喪服圖式》、《祭禮》遺稿，尚有未經訂定之恨。《喪禮》十五卷前已繕寫，《喪服圖式》今列附正卷帙之外，亦先生平日之志。是此卷及《祭禮》又幹卒後復所定者。復，字茂才，號信齋，長溪人，受業朱熹。序於幹又稱門人云。鄭逢辰爲江西漕，以是書獻於朝，贈文林郎，復別著《儀禮圖》行世。

張金吾《愛日精廬藏書志・禮類》 《儀禮經傳通解續》二十九卷。影寫元刻本。宋黄榦撰。卷十六至末則楊復所重修也。此本從元元統補刊本影寫，中多闕文，甚有三四頁全缺者。蓋元本糢糊，寫者未敢臆填，猶有謹慎不苟之意。呂氏刊本凡空白處皆以意联屬，如卷一「著之冠者」「絞帶者屣帶也」條疏。下計缺二百五十一字，呂氏本據賈《疏》塡補，溢至三百七十七字，此類不可校舉，其以意聯屬顯然可知。每思得元刊初印本校補闕文，俾是書復還舊觀，願與同志其訪之。目録後有「元統三年六月日刊補完成」一行，後列銜名五行。

禮也者，天理之節文，人事之儀則也。國有乎禮則天地以之正，人神以之叙，人有乎禮則綱常以之定，倫理以之明，而後品章名義等降隆殺有所措。不然，國而無禮，則國不能以自存，人而無禮，則人不能以自立。有若詩人所賦生不如死之言，則禮之爲用大矣，詎可一日缺與？然四德之寶，根於人心者固無存亡，而寓於典章者，則有興廢。蓋自夫子之時，已興禮壞樂崩之歎，猶幸傳録之或存。至秦火既熾，典籍道逸。自漢以來，放失尤甚。《儀禮》五十八篇，而僅存十七，制度文義，特出於大戴氏、小戴氏之口，雖有《周禮》一書，祇存其綱領，莫究於儀法品數，且已缺其《冬官》。自是以後，日深日遠，併與禮文亦不復講，上下相承，徒存綿蕝士苴之粗，孰識本制末度之詳，大經小目之密？雖有三千三百之名，莫明本然之妙矣。逮至國朝，始立《三禮》之科，應者雖少，然尚有能推究古昔，考求義訓，雖不可盡復於既往，猶可以存古於將來。而荆國王氏，併以其科而廢之，於是泯泯棼棼，反以儀則爲可厭，簡便爲得體，且謂古禮不可行於今矣，豈不重可歎與？此紫陽朱子所以慨然有意纂輯，以曉天下之耳目。嘗於經筵奏疏，願置局集生員而討論之，以存禮學於不墜，而待制作於將來。會以碁間，不果遂。而朱子退居燕間，姑自稡録，分吉、凶、軍、賓、嘉五禮，而條目燦然，僅成三禮，而猶有未脱稿者。不幸天萎哲人，遽成夢奠，猶卷卷囑於門人，意尚未忍忘如此。嘉定間，嗣子侍郎公在方刻之南康郡學，後來勉齋黄公續成《喪》、《祭》二禮，亦併刻焉，而書監竟取之以去。曾幾何年，字畫漫漶，幾不可讀，識者病之，蓋懼此書之無傳也。佖乘軺東江，因敏本司發下之劵尚存，遂即籌度，命工重刻。爰首諮於堂長饒伯輿甫憁契所懷，議以允協，且輟餐供餘鏹以助。遂囑其事於教官丁君抑而任其讎校，於洞學之善士邦侯傃軒趙公希悦亦佐其費。復幹旋本司所有，以添給之。志意既同，始克有成。迺就置其板於書院，庶幾藏之名山，或免湮墜。其經之營之，亦甚艱矣。然朱子所成三禮，止二十餘秩，而勉齋所續則又倍之，厥後信齋楊君始刪其《祭禮》之繁複，稍爲明淨。今《喪禮》則用勉齋所纂，《祭禮》則用信齋所修，且使六藝之廢缺者，庶乎可備，朱子平日之盛心，庶乎可伸矣。又聞朱子嘗考其因革者定六篇，以示講行之方，旋以議禮爲嫌，遂竟焚去，而獨有天子之禮尚存於集者，可以概見，異時或欲有所取法，則執此以往，端有待於後之君子云爾。寶祐癸丑冬日南至，後學金華王佖端拜敬書。

天高地下而禮行乎其中。是禮也，根於一心，散諸三綱五常，流行乎百千萬世。人而無禮，何以戴履於天地間？蓋自伯夷之典不存，周公之經制寖滅，三千三百之儀名雖僅存而實則亡矣。火德中天，文明開運，紫陽朱夫子以斯文自任，憫五禮之寖隳，退自經筵，極力編纂。天理之節文，人事之儀則，臚分彪列，昭如日星。蓋欲覺天下而開人心也。奈何三禮之稿甫就，而兩楹之夢已形。勉齋黄公、信齋楊君，緝成《喪》、《祭》二書，而五禮之書始秩然而大備。朱子垂教之盛心，至是可無遺憾矣！雖然不壽諸梓，無以廣其傳，朱子之心猶未白於天下後世也。敬巖王先生詳刑江左，薄書獄訟之暇，首以是書爲急，豈非以刑者輔治之法，禮者出治之本，刑能使人遠罪而已，禮有以使民日遷善而不自知。三復朱子之言，此敬巖所以拳拳而不容也。一日貽書囑抑曰：「《儀禮》一書，文公平生精力盡在於此，雖《喪》、《祭》二禮成於門弟子之手，然昔定於師友平日之講論。昔板康廬，今歸秘府，吾欲掇餐供之餘，補遺書之闕，子其爲我程督之。」抑雖晚學，奚敢不力！於是擇鄉國之通儒，讎校其舛訛，命庠術之端士，董正其工役，始於癸丑之仲春，成於甲寅之季夏。綱目詳備，篇帙整明，使一代鉅典，復爲藏出之秘寶。自非羽翼斯文，惠顧後學，心考亭不心者，念不到此！昔昌黎韓公讀《儀禮》，謂文王、周公法制盡萃此書，恨不得進退揖遜於其間。愚何幸，獲觀文公之遺教，而無昌黎之遺恨云。是年閏月旦日，門人迪功郎南康軍軍學教授丁抑端拜敬書。

貳卿久軒蔡先生曩持節江左，嘗以俸餘二萬楮遺白鹿買田以助公養，歷年久未遂，敬巖王公乃移刊三禮書。嗚呼！禮之於人，猶桑麻菽粟之爲養，日用飲食，胡可頃刻廢？久軒買田之初心，所以養其身也；敬巖刊書之盛心，所以養其心也。章侍書堂，適際成書，庸誌顛末，庶覽者知流之源，知葉之根云。是歲重九日，後學崑山謝章拜手謹書。

儀禮集傳集注

《宋史・藝文志・禮類》 黄幹《儀禮集傳集註》十四卷。

張萱等《内閣藏書目録・經部》 《儀禮集傳集注》七冊。不全。止《王朝禮》。又《儀禮集傳注》一冊。不全。

禮經類説

王圻《續文獻通考・經籍考・禮》 《禮經類説》。余復著。復，寧德人。光宗初策士大庭，覽復所對曰：余復直而不訐。擢第一。後入史館，兼實録檢討。

冠昏記

王圻《續文獻通考・經籍考・禮》 《冠昏記》。錢時著。

儀禮要義

《宋史・藝文志・禮類》 魏了翁《儀禮要義》五十卷。

《四庫提要・禮類二》 《儀禮要義》五十卷。浙江吴玉墀家藏本。宋魏了翁所撰《九經要義》之一，於每篇各爲條目，而節取注疏，録於下方，與《周易要義》略同。蓋其著書本例如是也。《儀禮》一經，最爲難讀。諸儒訓詁亦稀，其著録於史者，自《喪服》諸傳外，《隋志》僅四家，《舊唐志》亦僅四家，《新唐志》僅三家，今惟鄭玄注、賈公彦疏存耳。鄭注古奥既或，猝不易通。賈疏文繁句複，雖詳贍而傷於蕪蔓，端緒亦不易明。《朱子語録》謂其不甚分明，蓋亦有故。了翁取而删剟之，分臚綱目，條理秩然，使品節度數之辨，展卷即知，不復以辭義轇轕爲病。其梳爬剔抉，於學者最爲有功。雖所採不及他家，而《儀禮》之訓詁，備於鄭、賈之所説，鄭、賈之精華備於此書之所取。後來詮解雖多，大抵以《注疏》爲藍本，則此書亦可云提其要矣。

顧廣圻《思適齋書跋・經部》 《儀禮要義》五十卷。宋刻本。右宋槧本魏文靖公《儀禮要義》五十卷。歸安嚴君九能藏書也。嘉慶壬戌，九能攜至西湖余所寓居相示，并別有手鈔者一部見借，余久聞此書，今得觀焉，乃歎賞，以爲眞天地間第一等至寶，不徒因宋槧而珍重者也！今之《儀禮注疏》依十七篇爲卷，而賈氏之原第世不復見。向在吾郡，黃氏傳校其所藏景德六年單疏本，詫爲得未曾有。但其本失去卅二至卅七六卷，是一大闕陷事。今用此書以相比校，則其分卷之處，景德本所有既合若符節，景德本所無正釐然具存，一一可取以補全之也。即此而爲功於賈書者不甚大哉！至其文句與今本異者，必與景德本合。如《聘禮》記「對曰非禮也敢」，《唐石經》「敢」下衍一「辭」字，自宋以來，經注各本皆仍其誤。賈《疏》云「介則在旁，曰非禮也敢」，張忠甫嘗據之以證「辭」之爲衍字者也。今注疏本反依誤本經注增「辭」字於下，致爲鉅謬，唯景德本及此則儼然未有也。此類尚夥，當以卒業後悉標識於鈔本，茲特撮舉其厓略，書於後而還之。六月初七日元和顧廣圻記。中丞阮公將爲《十三經》作《考證》一書，任《儀禮》者爲德清徐君新田。新田與九能有姻親，曾傳鈔是書。近日復從余所持舊校景德本去，臨出一部，將來此二書者，皆必大顯白於天下。然溯導河所自，則此本與景德本實爲昆侖源也。廣圻又記。

《儀禮要義》五十卷。景宋鈔本。丙子六月再讀。廣圻記。卷五後。丙寅二月重勘起此卷，時在江寧郡齋。廿六日記。卷十九後。江寧寓館鐙下校。澗薲記。卷廿四後。單疏通爲一卷。卷廿六上。右三卷賴以正今本《注疏》之誤者特多，以下三卷差少於此，益惜單疏本之不完也。江寧寓中鐙下讀并記。澗薲居士。卷卅四後。自卅二卷以下，單疏闕六卷，使無《要義》并厓略亦不得知矣，此書之可寶在是也！澗薲漫記，卅日覆校。卷卅七後。五月十一日江寧寓館續校，起此卷。時新合刻注疏始成《鄉射》、《大射》二篇。卷卅八後。右借歸安嚴九能手鈔本寫，宋槧即嚴所藏，壬戌六月曾攜至西湖相示，余爲作兩跋也。文煩不具録。甲子五月顧廣圻記。丙寅六月廿五日，用單疏本互勘一過，時在江寧寓館。澗薲居士。卷五十後。

張金吾《愛日精廬藏書續志・禮類》 《儀禮要義》五十卷。宋魏了翁撰。

禮經會元

王圻《續文獻通考・經籍考・禮》 《禮經會元》。葉時著。時，仁和人，與朱文公相友善。累官至龍圖閣學士。謚文康。所著又有《竹埜詩集》。

徐𤊹《徐氏家藏書目・禮類》 《禮經會元》四卷。

錢謙益等《絳雲樓書目・禮類》 宋葉時《禮經會元》四卷。

黃虞稷《千頃堂書目・三禮類・補宋》 葉時《禮經會元》四卷。

倪燦等《宋史藝文志補・三禮類》 葉時《禮經會元》四卷。

于敏中等《天禄琳琅書目後編・元版經部》 《禮經會元》。一函，四冊。宋葉時撰，四卷。前元潘元明序，時家傳，六世孫廣居識。葉時，《宋史》無傳。考《咸淳臨安志》及嘉靖《浙江通志》載，時，仁和人。淳熙十一年甲科。累官至龍圖閣學士。卒謚文康。著有《禮經會元》、《竹野集》。又《兩浙名賢録》載，時，字秀發，博學善屬文，尤邃於《周禮》，爲學者所宗。晚居嘉興。悉與書首家傳脗合。《宋史・藝文志》及晁公武、陳振孫、馬端臨諸人書目，皆不載是書。書中廣居識語稱「滎陽公敦古尚治，命鋟梓以不朽其傳」云云。則知此書在宋時並未刊行，故不顯於世。滎陽爲潘氏郡望。前有海陵潘元明序，作於至正乙巳。按：乙巳，爲元順帝二十五年。其結銜稱榮祿大夫江浙行省右丞兼同知行樞密院事。考《元史》，無元明傳。《明史・太祖本紀》載順帝二十六年十一月，李文忠下餘杭，潘原明降。淩迪知《萬姓統譜》載：潘原明，泰州人。初與張士誠俱起鹽徒，爲浙江行省平章事，守杭州。李文忠師至錢塘，原明全城歸降，士誠由是勢孤。兩書皆作「原明」，與序中「元明」，「元」字音同字異，第結銜相符，其時亦合。且泰州，自南唐以前皆稱海陵郡，元明之爲泰州人，信而有徵，其即一人無疑。成化《杭州府志》載：廣居，字居仲，仁和人。天資超邁，才力絶人，爲古文詩詞，援筆立就。仕至浙江儒學副提舉。所著有《自得齋集》。書首有「大中丞印」，無考。

《四庫提要・禮類一》 《禮經會元》四卷。內府藏本。宋葉時撰。時字秀發，自號竹埜愚叟，錢塘人。淳熙十一年進士及第，授奉國軍節度推官，歷官吏部尚書。理宗初，以顯謨閣學士出知建寧府。後以寶文閣學士提舉崇福宮。卒謚文康。其立朝無大功過，惟函韓侂胄首以乞和，出時之謀。是書前有《竹埜先生傳》，不著撰人名氏。稱時奏侂胄專政無君，罔上不道，乞梟首置之淮甸，積屍叢冢之間以謝天下，上納之云云。案此傳稱寧宗爲上，當出宋人之筆。曲諱其事，非實録也。其書括《周禮》以立論，凡一百篇。第一篇泛論禮經，乃其總序。第二篇駁漢儒之失。第一百篇補《冬官》之亡。其發揮經義者實九十七篇。內《朝儀》、《宮衛》、《玉鐖》、《祭樂》、《明堂》、《分星》六篇，各系以圖。其《祭樂》後所附之圖，實樂舞之圖。蓋刊木舛譌，移於前幅。其說與鄭伯謙《太平經國之書》體例略同，議論亦多相出入。時於伯謙爲前輩，然《竹埜先生傳》中稱其晚居嘉興，乃著此書，以授門人三山翁合。則二書之作，相去不遠。或伯謙取時書而約之，或時因伯謙書而廣之，均未可定。然伯謙所論或有駁雜，時則大體無疵。惟必欲復封建、井田、肉刑之類，頗迂闊爾。其《注疏》一篇，謂劉歆誣《周禮》，猶先儒舊論。至謂河間獻王以《考工記》補《冬官》爲累《周禮》，且謂漢武帝不信《周禮》由此一篇。其說鑿空無據。又謂鄭康成注深害《周禮》，詆其不當用緯書注耀魄寶等帝名，及用《國語》注分野，用《司馬法》注丘乘，用《左傳》注冕服九章，用《禮記》注褘衣副編。夫康成引緯，歐陽修《乞校正五經劄子》已專論之，無煩時之剿說。至於《國語》、《司馬法》、《左傳》、《禮記》皆古書也，時乃謂不當引以證經，然則注《周禮》者，當引何等書耶？其《補亡》一篇，謂《冬官》散見五官，亦俞庭椿之瑣說。時不咎其亂經，陰相襲用。案《補亡》用庭椿之說，而不言說出於庭椿。反以讀鄭《注》者爲叛經，傎又甚矣。《傳》稱其與紫陽朱文公相友善。然朱子於《詩》攻康成，於《禮》不攻康成。此足知朱子之得於《禮》者深，時之得於《禮》者淺也。以其大旨醇正，多能闡發體國經野之深意，故數百年來，講禮者猶有取焉。

彭元瑞等《天禄琳琅書目後編・元版經部》　《禮經會元》。一函，四冊。宋葉時撰。時，字秀發，號竹埜，錢塘人。淳熙十一年進士。官至吏部尚書。謚文康。書四卷，凡百篇，皆以兩字分目，雖專講《周禮》而近於科舉論策之學者。前有至正二十六年陳基序，又潘元明序，又《竹埜先生傳》，則時家傳也，又六世孫廣居識。詳諸篇，乃元明序刻是書，而基爲作序，其後人作識。考元末張士誠據蘇州，以元學士陳基典文章，其黨潘元明守杭州，所署銜「江浙行省右丞」，乃士誠僞降所假元官。至正乙巳，下距洪武之元纔二年耳。廣居，字居中，著《自得齋集》。

《禮經會元》。一函，一冊。同上，陳、潘二序佚。

儀禮集釋

陳振孫《直齋書録解題・禮類》　《集釋古禮》十七卷，《釋宮》一卷，《綱目》一卷。廬陵李如圭寶之撰。淳熙癸丑進士。案：《文獻通考》作紹興癸丑進士。嘗爲福建撫幹。《釋宮》者，經所載堂室、門庭，今人所不曉者，一一釋之。

馬端臨《文獻通考・經籍考・禮》　《集釋古禮》十七卷，《釋宮》一卷，《綱目》一卷。《中興藝文志》：《儀禮》既廢，學者不復誦習，或不知有是書。乾道間，有張淳始訂其訛，爲《儀禮識誤》。淳熙中，李如圭爲《集釋》，出入經傳；又爲《綱目》，以別章句之指；爲《釋宮》，以論宮室之制。朱熹嘗與之校定《禮》書，蓋習於《禮》者。

楊士奇等《文淵閣書目・儀禮》　《儀禮李如圭集釋》。一部，八冊。

《宋史・藝文志・禮類》　李如圭《儀禮集釋》十七卷。

張萱等《内閣藏書目録・經部》　《儀禮集説》八冊。全。宋淳熙間李寶之如圭取鄭氏《注》而釋之。首一卷爲《儀禮綱目》，以分別章句之指。次《集釋》十七卷，皆發明前人未備。末一卷，爲《釋宮》，考論宮室之制。凡十九卷。

《四庫提要・禮類二》　《儀禮集釋》三十卷。《永樂大典》本。宋李如圭撰。如圭字寶之，廬陵人。官至福建路撫幹。案《文獻通考》引宋《中興藝文志》曰：「《儀禮》既廢，學者不復誦習。乾道間，有張淳始訂其譌，爲《儀禮識誤》。淳熙中，李如圭爲《集釋》，出入經傳；又爲《綱目》，以別章句之旨；爲《釋宮》，以論宮室之制。朱熹嘗與之校定《禮》書，蓋習於《禮》者」云云。則如圭當與朱子同時，而陳振孫《書録解題》言如圭淳熙癸丑進士，《文獻通考》引振孫語，又作紹興癸丑進士。考淳熙紀元凡十六年，中間實無癸丑。紹興癸丑爲高宗改元之三年。朱子校正《儀禮》，乃在晚歲。疑當爲紹熙癸丑，陳氏、馬氏竝譌一字也。宋自熙寧中廢罷《儀禮》，學者鮮治是經。如圭乃全録鄭康成注，而旁徵博引，以爲之釋，多發賈公彦疏所未備。又撰《綱目》、《釋宮》各一篇。世無傳本，故朱彝尊《經義考》云俱未見。今從《永樂大典》録出，排纂成書。十七篇中，首尾完具者尚十五篇。惟《鄉射》、《大射》二篇在《永樂大典》闕卷內，其《綱目》一篇亦闕，無從考補，姑仍其舊。然已得其十之九矣。《儀禮》一經，因治之者希，經文併注，往往譌脱。如圭生於南宋，尚見古本，今據以校正，補《注疏》本經文脱字二十四，改譌字十四，刪衍字十，補注文脱字五百有三，改譌字一百三十二，刪衍字一百六十九，竝參考唐《石經》及陸德明《經典釋文》、張淳《儀禮識誤》及各本文句字體之殊，應加辯證者，不勝指數，各附案語於下方。其《鄉射》、《大射》兩篇，如圭之釋雖佚，亦參取惠棟、沈大成二家所校宋本，證以唐《石經》本，補經文脱字七，改譌字四，刪衍字二，補注文脱字四十一，改譌字三十九，刪衍字十七，以成《儀禮》之完帙。如圭舊本本十七篇，篇自爲卷，其間文句稍繁者，篇頁太多，難於分帙，今析之得三十卷。其《釋宮》則仍自爲一書，別著於録焉。聚珍本，福本，《經苑》本。《釋宮》有守山閣本，《金壺》本。二書雖善，已爲今書該括。

張之洞《書目答問・列朝經注經説經本考證》　《儀禮集釋》三十卷，《儀禮釋宮》一卷。宋李如圭。聚珍本，福本，《經苑》本。《釋宮》有守山閣本，《金壺》本。二書雖善，已爲今書該括。

儀禮釋宮

陳振孫《直齋書録解題・禮類》　《釋宮》一卷。廬陵李如圭寶之撰。

馬端臨《文獻通考・經籍考・禮》　《釋宮》一卷。

《四庫提要・禮類二》　《儀禮釋宮》一卷。《永樂大典》本。宋李如圭撰。如圭既爲《儀禮集釋》，又爲是書，以考論古人宮室之制。仿《爾雅・釋宮》條分臚序，各引經、記、注、疏，參考證明。如據《顧命》東西序、東西夾、東西房之文，證寢廟之制異於明堂，而不用鄭《志》成王崩在鎬京，宮室因文武不改作，故制同諸侯之說。案鄭《志》此條，見《顧命》孔《疏》。又如大夫士東房西室之說，雖仍舊注，而據《聘禮》「賓館於大夫士」，證其亦有右房。據《鄉飲酒》及《少牢饋食》證大夫士亦有左房、東房之稱，與天子諸侯言左對右、言東對西者同。其辨析詳明，深得經意，發先儒之所未發。大抵類此，非以空言説禮者所能也。考《朱子大全集》，亦載其文，與此大略相同，惟無序引。宋《中興藝文志》稱朱子嘗與之校定禮書，疑朱子固嘗録如圭是篇，而集朱子之文者，遂疑爲朱子所撰，取以入集，猶蘇軾書劉禹錫語題姜秀才課冊，遂誤編入軾集耳。觀朱子《儀禮經傳通解》，於《鄉飲酒》「薦出自左房」，《聘禮》「負右房」，皆但存賈《疏》，與是篇所言不同。是亦不出朱子之一證矣。古者宮室，皆有定制，歷代屢更，漸非其舊。如序、楹、楣、阿、箱、夾、牖、戶、當榮、當碑之屬，讀《儀禮》者，尚不能備知其處，則於陳設之地，進退之位，俱不能知，甚或以後世之規模，臆測先王之度數，殊失其眞。是編之作，誠治《儀禮》者之圭臬也。宋陳汶嘗序《集釋》，刻之桂林郡學舍，兼刻是篇。今刻本不傳。惟《永樂大典》內全録其文，別爲一卷，題云李如圭《儀禮釋宮》。蓋其所據猶爲宋本。今據以録出，仍與《集釋》相附。其間字句與朱子本稍有異同，似彼爲初稿，此爲定本。今悉從《永樂大典》所載，以存如圭之舊焉。

儀禮解

王圻《續文獻通考・經籍考・禮》　《儀禮解》。葉味道著。味道，溫州人。嘉定中進士。理宗訪問朱熹門人，使者以味道對。授大學博士，兼崇政殿説書。

類註儀禮

王圻《續文獻通考・經籍考・禮》　《類註儀禮》。黄士毅著。士毅字子洪，莆田人。朱文公命日觀一書，夜叩所見，告以靜坐勿雜，喚醒勿昏。居數月，授以《大學章句》，終其身從事於斯。

儀禮經傳通解續

張萱等《内閣藏書目録・經部》　《儀禮經傳通解續》一百册。全。宋淳祐間信齋楊復著。朱晦庵編集《儀禮經傳通解》，獨《喪》、《祭》二禮未完，而以屬黄勉齋榦續成之。勉齋即世，《祭禮》猶未就。於是信齋據二公草本，參以舊聞，精加修定。凡十四卷，八十一門。是《祭禮》一書，至此始大成也。　又十九册。不全。　又十八册。全。　又二十九册。不全。

儀禮圖解　儀禮旁通圖

《宋史・藝文志・禮類》　楊復《儀禮圖解》十七卷。

張萱等《内閣藏書目録・經部》　《儀禮圖》二册。不全。

高儒《百川書志・禮類》　《儀禮註疏》十七卷。《儀禮圖》十七卷。《儀禮旁通圖》一卷。三書信齋楊氏纂圖。鄭氏註。賈公彦奉敕修撰。

錢謙益等《絳雲樓書目・禮類》　《儀禮圖》八册。三十四卷。楊復。

于敏中等《天禄琳琅書目後編・元版經部》　《儀禮圖》。一函，八册。宋楊復撰。十七卷。後附《儀禮旁通圖》一卷，前載朱子《乞修三禮奏劄》、復自序、陳普序。朱彝尊《經義考》載是書，引明曾棨曰：楊復因朱子之意，取《儀禮》十七篇，悉爲之圖，制度名物，粲然畢備，以圖考書，如指諸掌。西山眞德秀稱爲「千古不刊之典焉」。又引桂萼曰：《儀禮》，經朱子考證已定，楊復圖尤爲明便，其文雖屬難讀，然因圖以指經，因經以求義，斯了然矣。淩迪知《萬姓統譜》載：復，長溪人。受業朱子，與黄幹相友善。著《祭禮》十四卷、《儀禮圖》十四帙，又有《家禮雜説附著二説》。書首復自序稱：「復曩從先師朱文公讀《儀禮》，求其解而不可得，則擬爲圖以象之。今所圖者，則高堂生十七篇之書也。釐爲家、鄉、邦國、王朝諸禮，則因先師《經傳通解》之義例也。附《儀禮旁通圖》於其後，則制度名物之總要也。」云云。序作於紹定戊子。按：戊子，爲宋理宗紹定元年。後有陳普序，未詳其人。刊刻體式，亦仿宋版，而紙質黝厚，非宋製也。

嵇璜等《續通志・圖譜略・禮》　宋楊復《儀禮圖》。又《儀禮旁通圖》。

《四庫提要・禮類二》　《儀禮圖》十七卷，《儀禮旁通圖》一卷。内府藏本。宋楊復撰。復字茂才，號信齋，福州人。鄭逢辰爲江西漕，以所撰《儀禮經傳通解續》獻於朝，贈文林郎。是書成於紹定元年戊子。《書録解題》謂成於淳祐中，蓋未核其自序也。序稱嚴陵趙彦肅作《特牲》、《少牢》二禮圖，質於朱子。朱子以爲更得冠、昏圖及堂室制度并考之乃佳。復因原本師意，録十七篇經文，節取舊説，疏通其意，各詳其儀節陳設之方位，繫之以圖，凡二百有五。又分宫廟門、冕弁門、牲鼎禮器門，爲圖二十有五，名《儀禮旁通圖》，附於後。其於是經，可謂用心勤摯。惟是讀《儀禮》者必明於古人宫室之制，然後所位所陳，揖讓進退，不失其方。故李如圭《儀禮集釋》、朱子《儀禮經傳通解》皆特出《釋宫》一篇，以總挈大綱，使衆目皆有所麗。是書獨廢此一門，但隨事立圖，或縱或横，既無定向，或左或右，僅列一隅。遂似滿屋散錢，紛無條貫。其見於宫廟門僅止七圖，頗爲漏略。又遠近廣狹，全無分數，如序外兩夾，劉熙《釋名》所謂「在堂兩頭，故曰夾」是也。圖乃與房、室竝列，則《公食大夫禮》「宰東夾北西面」，疏云：「位在北堂之南。」《特牲饋食禮》「豆、籩、鉶在東堂」，注云：「房中之東當夾北者。」皆茫然失其處所矣。門與東西塾同在一基，圖乃分在東隅、西隅，則《士虞禮》「七俎在西塾之西」無其地，及《士冠禮》「擯者負東塾」之類，皆非其處所矣。如斯之類，殊未能條理分明。然其餘諸圖，尚皆依經繪象，約舉大端，可粗見古禮之梗概，於學者不爲無裨。一二舛漏，諒其創始之難工可也。

彭元瑞等《天禄琳琅書目後編・宋版經部》　《儀禮圖》。一函，十四册。宋楊復撰。復，字茂才，號信齋，福州人，贈文林郎。書十七卷，用鄭康成《注》，附《音義》，間採《疏》説，其斷以己意者，用「今按」云云。凡圖即附句後，爲圖二百有五，末旁通圖分三門：曰宫廟，曰冕弁，曰牲鼎。禮器爲圖三十有五。前冠晦菴朱文公《乞修三禮奏劄》，次紹定戊子復自序，復爲朱門弟子，趙彦肅嘗作《特牲》、《少牢》二禮圖，質諸朱熹，熹曰：「更得冠、昏圖及堂室制度并考之，乃爲佳爾。」復故因其師説以成此書。是本序後刻「崇化余志安刊於勤有堂」。按：宋版《列女傳》載「建安余氏靖菴刻於勤有堂」，乃南北朝余祖煥始居閩中，十四世徙建安書林，習其業二十五世。余文興以舊有「勤有堂」之名，號勤有居士。蓋建安自唐爲書肆所萃，余氏世業之，仁仲最著，岳珂所稱建余氏本也。

顧廣圻《思適齋書跋・經部》 《儀禮圖》十七卷。《儀禮旁通圖》一卷。宋刊本。余爲蕘圃校《儀禮》，嘗見此書，其中無算爵圖暨司射誘射、聘禮之授使者幣、使者受命諸圖，凡諸舊本俱有脫誤，獨此無絲毫舛錯，洵善本也。

張金吾《愛日精廬藏書志・禮類》 《儀禮圖》十七卷，《儀禮旁通圖》一卷。宋十行本。宋楊復撰。朱子《乞修三禮奏劄》。賈公彥《儀禮疏序》。

《儀禮圖》十七卷，《儀禮旁通圖》一卷。元刊本。宋楊復撰。缺卷十四至末，抄補。楊氏自序後有「崇化余志安刊于勤有堂」木印。朱子《乞修三禮奏劄》。自序。

儀禮合抄損增

王圻《續文獻通考・經籍考・禮》 《儀禮合抄損增》。高斯得著。

內外服制通釋

倪燦等《宋史藝文志補・三禮類》 車垓《內外服制通釋》九卷。字經臣，天台人。

《四庫提要・禮類二》 《內外服制通釋》七卷。兩淮鹽政採進本。宋車垓撰。垓字經臣，天台人。咸淳中由特奏名授迪功郎、浦城縣尉，以年老不赴。德祐二年卒。垓及從兄若水，皆受業於季父安行，安行受業於陳埴，埴受業於朱子。故垓是書一仿《文公家禮》，而補其所未備，有圖，有說，有名義，有提要。凡正服、義服、加服、降服，皆推闡明晰，具有條理。牟楷序，謂《家禮》著所當然，此釋其所以然。蓋不誣也。朱彝尊《經義考》曰：「車氏書，余所儲者，闕第八卷以後。」卷八書目爲《三殤以次降服》，應服期而殤者，降服大功、小功；應服大功而殤者，降服小功；應服小功而殤者，降服緦麻。卷九爲《深衣疑義》。」其標題則仍稱九卷，注存而不注闕，蓋未敢斷後二卷之必佚。然今所傳寫，皆與彝尊本同，則此二卷已佚矣。據馬良驥所作垓《行狀》，其《深衣疑義》本別爲一書，特附録於此書之後，良驥所舉用皇氏「廣頭在下」之注，以「續衽」爲裳之上、衣之旁者，說亦頗核。惜其全文不可睹也。

張金吾《愛日精廬藏書志・禮類》 《內外服制通釋》七卷。文瀾閣傳抄本。宋車垓撰。原九卷，今佚末兩卷。牟楷序。至元後己卯。垓子瑢跋。至元後戊寅。垓從子維賢跋。同上。張復跋。至元後庚辰。

喪禮

王圻《續文獻通考・經籍考・禮》 《喪禮》。黃宜著。

儀禮類例

《宋史・藝文志・禮類》 《儀禮類例》十卷。

儀禮節要

張萱等《內閣藏書目錄・經部》 《儀禮節要》三冊。不全。鈔本莫詳撰集姓氏。

黃虞稷《千頃堂書目・三禮類》 《儀禮節要》三冊。失名姓。

禮經纂要

王圻《續文獻通考·經籍考·禮》 《禮經纂要》。周昌著。

儀禮集注

楊士奇等《文淵閣書目·儀禮》 《儀禮集注》。一部，七冊。

士禮考正

倪燦等《補遼金元藝文志·三禮類》 馮翼翁《士禮考正》。字子羽，永新人，撫州守。

錢大昕《補元史藝文志·禮類》 馮翼翁《士禮考正》。永新人。

儀禮集説

楊士奇等《文淵閣書目·儀禮》 《儀禮敖繼公集説》。一部，十二冊。

《儀禮敖繼公集説》。一部，十五冊。完全。

范邦甸等《天一閣書目·禮類》 《儀禮集説》十七卷。刊本。元敖繼公撰，并自序云：「此書舊有鄭康成注，然其間疵多而醇少，學者不察也。予今輒刪其不合于經者而存其不謬者。意義有未足，則取疏記或先儒之説以補之。又未足，則附之以一得之見焉。」

王圻《續文獻通考·經籍考·禮》 《儀禮集説》。敖繼公著。

張萱等《内閣藏書目録·經部》 《儀禮集説》十五冊。全。元大德間長樂敖繼公注，多仍舊文，與《朱子通解》稍異。凡十七卷。又十二冊。不全。

錢謙益等《絳雲樓書目·禮類》 敖繼公《儀禮集説》十冊。十七卷。元人。

黄虞稷《千頃堂書目·三禮類·補元》 敖繼公《儀禮集説》十七卷。刪鄭注之不合於經者而存其是者。意見有未足，則取疏、記及先儒之説以補之。又未足，則附以己意見。繼公，閩長樂人。

倪燦等《補遼金元藝文志·三禮類》 敖繼公《儀禮集説》十七卷。長樂人。

《四庫提要·禮類二》 《儀禮集説》十七卷。兩江總督採進本。元敖繼公撰。繼公字君善，長樂人，家於吳興。趙孟頫嘗從受業。後以江浙平章高彦敬薦，授信州教授。是書成於大德辛丑。前有自序，稱：「鄭康成注疵多而醇少，刪其不合於經者。意義有未足，則取疏記或先儒之説以補之；又未足，則附以一得之見。」又疑《喪服傳》違悖經義，非子夏作。皆未免南宋末年務詆漢儒之餘習。然於鄭注之中，録其所取，而不攻駁所不取，無吹毛索垢、百計求勝之心。蓋繼公於《禮》所得頗深，其不合於舊説者，不過所見不同，各自抒其心得，初非矯激以爭名，故與目未睹注疏之面，而隨聲佐鬭者，有不同也。且鄭注簡約，又多古語，賈公彦疏尚未能一一申明。繼公獨逐字研求，務暢厥旨，實能有所發揮。則亦不病其異同矣。卷末各附「正誤」，考辨字句頗詳，知非徒騁虚詞者。其《喪服傳》一篇，以其兼釋記文，知作於記後，又疑爲鄭康成散附經記之下，而不敢移其舊第。又十三篇後之記，朱子《經傳通解》皆割裂其語，分屬經文各條之下。繼公則謂諸篇之記，有特爲一條而發者，有兼爲兩條而發者，有兼爲數條而發者，亦有於經義之外别見他禮者，不敢移掇其文，失記者之意」，自比於以魯男子之不可，學柳下惠之可。卷末特爲後序一篇記之。則繼公所學，猶有先儒謹嚴之遺，固異乎王柏、吳澄諸人奮筆而改經者也。

錢大昕《補元史藝文志·禮類》 敖繼公《儀禮集説》十七卷。字君善，長樂人，信州教授。

刊正儀禮纂疏

黃虞稷《千頃堂書目・三禮類》 何澄《刊正儀禮纂疏》。字應清，歙縣人。有孝行。

儀禮考

黃虞稷《千頃堂書目・三禮類・補宋》 方回《儀禮考》。

倪燦等《補遼金元藝文志・三禮類》 方回《儀禮考》。

纂儀禮

徐𤊹《徐氏家藏書目・禮類》 《纂儀禮》二十卷。

儀禮傳

王圻《續文獻通考・經籍考・禮》 《儀禮傳》十篇。吳澂纂次。序曰：按《儀禮》有《士冠禮》、《士昏禮》，《戴記》則有《冠禮》、《昏禮》；《儀禮》有《鄉飲酒禮》、《鄉射禮》、《大射禮》，《戴記》則有《鄉飲酒義》、《射義》，以至於《燕》、《聘》皆然。蓋周末漢初之人作以釋《儀禮》，而戴氏抄以入記者也。今以此諸篇正爲《儀禮》之傳，故不以入記。依《儀禮》編次，粹爲一篇。文有不次者，頗爲更定。《射義》一篇迭陳天子諸侯卿大夫士之射，雜然無倫，釐之爲《鄉射義》、《大射義》二篇。《士相見義》、《公食大夫義》，則用清江劉氏原文所補，並因朱子而加考詳焉。於是《儀禮》之經，自一至九經，各有其傳矣，惟《覲義》闕然。大戴《朝事》一篇實釋諸侯朝覲天子及相朝之禮，故以備《覲禮》之義，而共爲傳十篇云。

高儒《百川書志・禮》 《儀禮傳》十五卷。元翰林學士臨川吳澄幼清撰。

黃虞稷《千頃堂書目・三禮類・補元》 吳澄《儀禮傳》十五篇。與逸經俱入《三禮考注》中。

倪燦等《補遼金元藝文志・三禮類》 吳澄《儀禮傳》十五篇。一云十篇。

錢大昕《補元史藝文志・禮類》 吳澂《儀禮傳》十篇。

禮經節解

徐𤊹《徐氏家藏書目・禮類》 《禮經節解》六卷。吳澄。

儀禮考註

高儒《百川書志・禮》 《儀禮考註》十七卷。元翰林學士臨川吳澄幼清撰。

敘次儀禮

黃虞稷《千頃堂書目・三禮類・補元》 吳澄《敘次儀禮》十七篇。至正十四年甲午李浚民序。

倪燦等《補遼金元藝文志・三禮類》 元吳澄《敘次儀禮》十七篇。

儀禮逸經傳

楊士奇等《文淵閣書目・儀禮》　《儀禮吴澂逸經》。一部，一册。

王圻《續文獻通考・經籍考・禮》　《儀禮逸經》八篇。吴澂纂次。序曰：漢興，高堂生得《儀禮》十七篇，後魯共王壞孔子宅，得古文禮經於孔氏壁中，凡五十六篇，河間獻王得而上之。其十七篇與《儀禮》正同，餘三十九篇藏在祕府，謂之《逸禮》。哀帝初，劉歆欲以列之學官，而諸博士不肯置對，竟不得立。孔、鄭所引逸禮，中霤禮、禘於太廟禮、王居明堂禮，皆其篇也。唐初猶存，諸儒不以爲意，遂至於亡，惜哉。今所纂八篇，其二取之《小戴記》，其三取之《大戴記》，其四取之鄭氏《註》。奔喪也、《中霤》也、《禘於太廟》也、《王居明堂》也，固得《儀禮》三十九篇之四，而《投壺》之類未有考焉。疑古禮逸者甚多，不止於三十九也。《投壺》、《奔喪》篇首與《儀禮》諸篇之體如一，《公冠》等三篇雖已不存，幸有此例。蓋作記者刪取其要以入記，非復正經全篇矣。《投壺》，大小戴不同，《奔喪》與逸禮亦異，則知此二篇亦經刊削，但未如《公冠》等篇之甚耳。五篇之經文殆皆不完，然實爲禮經之正編，則不可以其不完而擯之於記也，故特纂爲《逸經》，以續十七篇之末。至若《中霤》以下三篇，其經亡矣，而篇題僅僅見於註家，片言隻字之未泯者，猶必收拾而不敢遺，亦我愛其禮之意也。

黄虞稷《千頃堂書目・三禮類・補元》　《儀禮逸經》八卷。澄以《小戴記・投壺》、《奔喪》，《大戴記・公冠》、《諸侯遷廟》、《釁廟》。鄭注之中《霤禮》、《禘於太廟禮》、《王居明堂禮》皆禮之遺者，取以補之。元集慶路有刊本，今收入《三禮考注》中。

倪燦等《補遼金元藝文志・三禮類》　吴澄《儀禮逸經》八篇。取小戴之《投壺》、《奔喪》，大戴之《公冠禮》、《諸侯遷廟》、《釁廟》。鄭注之《中霤禮》、《禘于太廟禮》、《王居明堂禮》，皆禮之遺者，補之。今與傳俱收入《三禮考注》中。

錢謙益等《絳雲樓書目・禮類》　吴澄《儀禮逸經》一册。六卷。

《四庫提要・禮類二》　《儀禮逸經傳》二卷。兩江總督採進本。元吴澄撰。澄有《易纂言》，已著録。是編掇拾逸經，以補《儀禮》之遺，凡經八篇。曰《投壺禮》，曰《奔喪禮》，取之《禮記》。曰《公冠禮》，曰《諸侯遷廟禮》，曰《諸侯釁廟禮》，取之《大戴禮記》，而以《小戴禮記》相參定。曰《中霤禮》，曰《禘於太廟禮》，曰《王居明堂禮》，取之鄭康成《三禮注》所引逸文。其編次先後，皆依行禮之節次，不盡從其原文。蓋倣朱子《儀禮經傳通解》之例。其引二戴《記》著所出，鄭注不著所出。則與王應麟《鄭氏易》同。由古人著書，不及後來體例之密，不足異也。其《傳》十篇，則皆取之二戴《記》，曰《冠儀》，曰《昏儀》，曰《士相見儀》，曰《鄉飲酒儀》，曰《鄉射儀》，曰《燕儀》，曰《大射儀》，曰《聘儀》，曰《公食大夫儀》，曰《朝事儀》。其《鄉射儀》、《大射儀》取《禮記・射義》篇所陳天子諸侯卿大夫之射，釐之爲二。其《士相見》、《公食大夫》二儀，則取宋劉敞之所補。敞擬《記》而作者尚有《投壺儀》一篇，亦見《公是集》中，澄偶遺之。明何喬新嘗取以次《朝事儀》後，并爲之跋。通志堂刻《九經解》復佚其文。蓋所據乃未補之舊本，非喬新本也。又閻若璩《尚書古文疏證》第二十一篇曰：「漢興，高堂生傳《禮》十七篇。孔壁出多三十九篇，謂之《逸禮》。平帝時，王莽立之，旋廢。猶相傳至東漢，鄭康成注《三禮》曾引之。《天子巡狩禮》云：制幣丈八尺，純四䋣。《中霤禮》云：以功布爲道布，屬於几。《烝嘗禮》云：射豕者。《軍禮》云：無干車，無自後射。《朝貢禮》云：純四䋣，制丈八尺。《禘於太廟禮》云：日用丁亥，不得丁亥則己亥、辛亥亦用之，無則苟有亥焉可也。又《中霤禮》云：凡祭五祀於廟用特牲，有主有尸，皆先設席於奥。祀户之禮，南面設主於户内之西，乃制脾及腎爲俎，奠於主北。又設盛於俎西，祭黍稷、祭肉、祭醴，皆三。祭肉、脾一，腎再。既祭徹之，更陳鼎俎，設饌於筵前，迎尸略如祭宗廟之儀。《王居明堂禮》云：出十五里迎歲。又云：帶以弓韣，禮之禖下，其子必得天材。又云：季春出疫於郊，以攘春氣。又《中霤禮》云：祀竈之禮，先席於門之奥，東面設主於竈陘，乃制肺及心、肝爲俎，奠於主西。又設盛於俎南，亦祭黍三，祭肺、心、肝各一，祭醴三。亦既祭徹之，更陳鼎俎，設饌於筵前，迎尸如祀户之禮。又《王居明堂禮》云：毋宿於國。又《中霤禮》云：祀中霤之禮，設主於牖下，乃制心及肺、肝爲俎，其祭肉，心、肺、肝各一，他皆如祀户之禮。又云：祀門之禮，北面設主於門左樞，乃制肝及肺、心爲俎，奠於主南，又設盛於俎東。其他皆如祭竈之禮。又《王居明堂禮》云：仲秋九門磔攘，以發陳氣，禦止疾疫。又云：仲秋農隙，民畢入於室，曰：時殺將至，毋罹其災。又云：季秋除道致梁，以利農也。又《中霤禮》云：祀行之禮，北面設主於軷上，乃制腎及脾爲俎，奠於主南，又設盛於俎東，祭肉、腎一，脾再。其他皆如祀門之禮。又《王居明堂禮》云：孟冬之月，命農畢積聚，繫牧牛馬。又云：季冬命國爲酒，以合三族，君子說，小人樂。又云：仲秋乃命國醵逸奔。《喪禮》云：不及殯日於又哭，猶括髮即位，不袒告事畢者，五哭而不復哭也。又云：哭父族與母黨於廟，妻之黨於寢，朋友於寢門外，壹哭而已，不踊。又云：凡拜吉喪，皆尚左手。又云：無服袒免爲位者，唯嫂與叔，凡爲其男子服，其婦人降而無服者，麻。凡二十五條，爲篇名者八，吳草廬《逸經》八篇，僅及其三」云云。則亦不免有所疏漏。然較之汪克寬書，則條理精密多矣。《明一統志》：沅州劉有年，洪武中爲監察御史，永樂中，上《儀禮逸經》十有八篇。楊愼求之內閣，不見其書。朱彝尊《經義考》謂有年所進即澄此本。《逸經》八篇，《傳》十篇，適符其數。其說似乎有據。今世傳《內閣書目》惟載澄書，不著有年姓名。蓋當時亦知出於澄矣。

錢大昕《補元史藝文志・禮類》 吳澄《儀禮逸篇》八篇。

張之洞《書目答問・列朝經注經說經本考證》 《儀禮逸經傳》二卷。元吳澄。《吳文正公集》本，通志堂本，《學津》本。

儀禮逸註

高儒《百川書志・禮》 《儀禮逸註》六卷。元翰林學士臨川吳澄幼清撰。

儀禮補逸

徐𤊹《徐氏家藏書目・禮類》 《經禮補逸》九卷。元汪克寬。

錢謙益等《絳雲樓書目・禮類》 汪克寬《儀禮補逸》一冊。十卷。

黃虞稷《千頃堂書目・三禮類》 汪克寬《經禮補逸》九卷。克寬歿後，是書爲人所竊，幾不傳。程敏政使族人啓訪，得手稿乃爲刊行。一名《儀禮補逸》。弘治二年己酉曾魯序。

倪燦等《宋史藝文志補・三禮類》 汪克寬《經禮補逸》九卷。

《明史・藝文志・禮類》 汪克寬《經禮補逸》九卷。

《四庫提要・禮類二》 《經禮補逸》九卷。兩淮馬裕家藏本。元汪克寬撰。克寬字德輔，祁門人。泰定丙寅舉於鄉。元亡不仕。明初徵修《元史》以老疾辭歸。洪武五年卒於家。事蹟具《明史・儒林傳》。是書取《儀禮》、《周官》、大小戴《記》、《春秋三傳》以及諸經之文有涉於禮者，以吉、凶、軍、賓、嘉五禮統之。吉禮之目六十有八，凶禮之目五十有七，軍禮之目二十有五，賓禮之目十有三，嘉禮之目二十有一，而以《禮經附說》終焉。克寬究心道學，於禮家度數，非所深求。於著書體例，亦不甚講。如每條必標出典，是矣。乃一類之中，條條連綴書之，合爲一篇，文相屬而語不屬，遂參差無緒。又此書實考典文，非考故事。乃多載《春秋》失禮之事，雜列古制之中，如祠禮之昭公十五年有事於武宮；嘗禮之桓公十四年壬申御廩災，乙亥嘗；烝禮之桓公八年正月、五月再烝；大閱禮之桓公六年秋八月，大閱；朝禮，《春秋》之書朝三十六；遇禮，隱公四年公及宋公遇于清；會禮之《春秋》書會九十五；錫命禮之莊公元年王使榮叔錫桓公命；燕饗禮之莊公四年夫人饗齊侯于祝丘：尙略繫以論說，糾正其謬。至於祫嘗禮之文公二年躋僖公，又諸侯大祫禮亦引此條；賵賻禮之隱公元年宰咺歸惠公仲子之賵，三年武氏子來求賻；襚禮之襄公二十八年楚人使公親襚；會葬禮之襄公二年諸姜宗婦來送葬：皆失禮之尤。乃臚列其文，不置一語，不幾使讀者謂古禮當如是乎！至於祭寒暑禮下詆鄭康成徒見木鐸徇合一節與《夏書》孟春合，遂指正月爲夏正，似未見《隋書・經籍志》載康成注《書》祇有二十九篇。又王居明堂禮謂《月令》漢儒所作，指爲呂不韋作者，不知何據。似未見《呂氏春秋》有十二月紀，亦殊疎漏。程敏政《篁墩集》有書是書後曰：「環谷汪先生著書凡十餘種。先生既歿，悉被一人竊去，攘爲己書。《經禮補逸》一編，尤號精確，乃百計購得之。其原本雖被改竄，然有附麗而無刓補。眞贋之迹，皦然甚明。先生元孫文彙等力圖刊布。因爲手校，且摹先生之像於編首，別爲附録一卷」云云。此本有附録、闕文、行狀之類，而無其像，亦無敏政此跋。或後人別得改竄之本刻之歟？以其元人舊帙，議論尚不失醇正，姑存以備一家焉。

張金吾《愛日精廬藏書志・禮類》 《經禮補逸》九卷。舊抄本。元汪克寬撰。曾魯序。洪武二年。

五服圖解

倪燦等《補遼金元藝文志・三禮類》 龔端禮《五服圖解》一卷。

錢謙益等《絳雲樓書目・禮類》 《五服圖解》一冊。龔端禮。

錢曾《讀書敏求記・經》 龔端禮《五服圖解》一卷。五服列五門，每門立男女已未成人之科，分正、加、降、義四等之服，分章劃圖。泰定元年，嘉興路牒呈此書于江浙行省，移咨中書照詳。端禮于至順年間，以布衣上書皇帝。誠有心當世之士，而沉淪不遇，可惜也。

錢大昕《補元史藝文志・禮類》 龔端禮《五朔圖解》一卷。泰定間人。

喪服總類

倪燦等《補遼金元藝文志・三禮類》 張須《喪服總類》。

錢大昕《補元史藝文志・禮類》 張須《喪服總類》。

服制考詳

錢大昕《補元史藝文志・禮類》 周成大《服制考詳》。豫章人，不詳其名。

喪禮服制考

王圻《續文獻通考・經籍考・禮》 《喪禮服制考》。豫章周成大著。

儀禮注

黃虞稷《千頃堂書目・三禮類・補元》 顧諒《儀禮注》。字季友，吳江人。王行爲作傳。

倪燦等《補遼金元藝文志・三禮類》 顧諒《儀禮注》。字季友，吳江人。

錢大昕《補元史藝文志・禮類》 顧諒《儀禮注》八卷。字季友，吳江人。

儀禮戴記附註　外記

范邦甸等《天一閣書目・禮類》 《儀禮戴記附註》四卷，《外記》一卷。藍絲欄鈔本。不著編輯人姓名。

王圻《續文獻通考・經籍考・禮》 《儀禮戴記附著》。黃潤玉著。

黃虞稷《千頃堂書目・三禮類》 黃潤玉《儀禮戴注附注》五卷。析《儀禮》爲四卷。以《禮記》比類附之。其不類者，載諸卷首末。又以軍禮獨缺，取《周官》大田禮補之。及《禮記》載田事者，別爲一卷。通爲箋釋。

《明史・藝文志・禮類》 黃潤玉《儀禮戴記附注》五卷。

儀禮逸經

王圻《續文獻通考・經籍考・禮》 《儀禮逸經》十八篇。劉有年著于永樂中，上之。

黃虞稷《千頃堂書目・三禮類》 《儀禮逸經》十八篇。洪武中御史沅州劉有年，以辭秩養母，忤旨罰輸站役通州。後於州舊家得其書，獻之朝，命付史館。有年建文中起知太平府。成祖靖難，不行迎駕，謫戍雲南。後官交趾按察司僉事，卒。

五服集證

《四庫提要・禮類存目一》 《五服集證》六卷。浙江吳玉墀家藏本。明徐駿撰。駿，常熟人。是書成於正統戊午。考論五服之制，設爲問答以明之。大旨於古制遵朱子《家禮》，當代之制則遵明太祖《孝慈錄》。所採諸書，不過十余種而已。《明史・藝文志》作一卷。此本六卷。考序末有「大明歲次壬申進德書堂新刊」字，則此本猶屬舊刻，不由竄亂。《明史》誤以「六」字爲「一」字耳。

禮經葬制

錢大昕《補元史藝文志・禮類》 趙居信《禮經葬制》。

禮儀纂通深衣圖說

黃虞稷《千頃堂書目・三禮類》 鄭瓘《禮儀纂通深衣圖說》。字溫卿，蘭溪人。弘治庚戌進士，楚雄府通判。

儀禮叙録

《明史・藝文志・禮類》 何喬新《儀禮叙録》十七卷。

射禮圖注易覽

嵇璜等《清通志・圖譜略・禮》 林文奎《射禮圖注易覽》。

祭酒禮儀註

王圻《續文獻通考・經籍考・禮》 《祭酒禮儀註》。侍郎謝鐸著。

儀禮注

黃虞稷《千頃堂書目・三禮類》 程敏政《儀禮注》。

儀禮補逸經傳測

《明史・藝文志・禮類》 湛若水《儀禮補逸經傳測》一卷。

禮經集註

《四庫提要・禮類存目一》 《禮經集註》十七卷。山東巡撫採進本。明張鳳翔撰。鳳翔字蓬元，堂邑人。萬曆辛丑進士，官至兵部尚書。是書主朱子《儀禮》爲經之說，大旨以鄭《注》爲主。其間自出新義者，則多所未允，如《士冠禮》文「降自西階適東壁，北面見于母」，鄭《注》以「適東壁」爲出闈門。賈《疏》謂「母冠子無事在闈門外，故子出闈門見之。」敖繼公不從鄭義，以「適東壁」爲在東堂下，其說已非。鳳翔又以爲「適東壁」者又升自阼階，適東壁房前，北面見母。是時母已在房，果如所言，則「降自西階」之後，仍當有「升阼階」之文。何以經文無之耶？此類數處，皆立異而不能精確也。

射禮集要

錢謙益等《絳雲樓書目・禮類》 《射禮集要》一冊。一卷。陳鳳梧。

《明史・藝文志・禮類》 陳鳳梧《射禮集要》一卷。

昏禮圖

《明史・藝文志・禮類》 王廷相《昏禮圖》一卷。

嵇璜等《清通志・圖譜略・禮》 明王廷相《昏禮圖》。

鄉射禮圖注

《明史・藝文志・禮類》 王廷相《鄉射禮圖注》一卷。

嵇璜等《清通志・圖譜略・禮》 王廷相《鄉射禮圖注》。

喪禮論

《明史・藝文志・禮類》 王廷相《喪禮論》一卷。

喪禮備纂

《明史・藝文志・禮類》 王廷相《喪禮備纂》二卷。

射禮集解

《明史・藝文志・禮類》 朱縉《射禮集解》一卷。

儀禮鄭注附逸禮

黃虞稷《千頃堂書目・三禮類》 胡纘宗《儀禮鄭注附逸儀禮》二十五卷。

《明史・藝文志・禮類》 胡纘宗《儀禮鄭注附逸禮》二十五卷。

鄉射禮集要圖説

徐𤊹《徐氏家藏書目・禮類》 《射禮圖注》一卷。

士射禮舉要

錢謙益等《絳雲樓書目・禮類》 《士射禮舉要》二冊。

士儀禮略舉要

王圻《續文獻通考・經籍考・禮》《士儀禮略舉要》十卷。夏言著。

黃虞稷《千頃堂書目・三禮類》夏時正《士儀禮略》十卷。以朱子《家禮》爲未成之書，而晚年多從《儀禮》，故從《儀禮》參定。又《舉要》十卷。卽刪前書。

錢曾《讀書敏求記・經》夏時正《士禮儀舉要》九卷。時正謂《文公家禮》，未脫稿而佚亡。後雖出而行于世。寔文公未成之書。因取《家禮》、《儀禮》節舉其要，集成一編。

士相見禮儀

《明史・藝文志・禮類》舒芬《士相見禮儀》一卷。

五宗考義

徐𤊹《徐氏家藏書目・禮類》《五宗考義》一卷。潘潢。

飲射圖解

《明史・藝文志・禮類》聞人詮《飲射圖解》一卷。

嵇璜等《續通志・圖譜略・禮》聞人詮《飲射圖解》。

儀禮會通圖

嵇璜等《續通志・圖譜略・禮》陳琳《儀禮會通圖》。

禮經圖

嵇璜等《續通志・圖譜略・禮》胡賓《禮經圖》。

儀禮經解

黃虞稷《千頃堂書目・三禮類》阮琳《儀禮經解》。字廷佩，莆田人。官恩平知縣。

校録古禮

黃虞稷《千頃堂書目・三禮類》王樵《校録古禮》。

鄉飲圖說

嵇璜等《續通志・圖譜略・禮》馮應京《鄉飲圖說》。

禮鄉飲序次圖説

嵇璜等《清通志・圖譜略・禮》　駱礽《禮鄉飲序次圖説》。

儀禮節解

黄虞稷《千頃堂書目・三禮類》　郝敬《儀禮節解》十七卷。

《明史・藝文志・禮類》　郝敬《儀禮節解》十七卷。

《四庫提要・禮類存目一》　《儀禮節解》十七卷。浙江汪啓淑家藏本。

明郝敬撰。敬有《周易正解》，已著録。敬所作《九經解》，皆好爲議論，輕詆先儒。此編尤誤信樂史五可疑之説，謂《儀禮》不可爲經，尤其乖謬。所解亦粗率自用，好爲臆斷，如《士昏禮》「升自西階」一條，經於饗婦而後云「舅姑降自西階，婦降自阼階」。則未饗以前婦固不得以主自處，壻亦不得以室相授，升自西階，在婦爲無專制之義，在壻則亦猶舅姑於婦先以客禮之之義。而敬謂父在，子不由阼，不知爲人子者居不主奥，而此時何以卽席于奥耶！蓋由此升者，特以道婦故也。於「舅坐，答拜」一條，又謂新婦拜舅立，而使其舅坐答拜之，於理未當。不知此是婦人肅拜，故舅坐以答之，尊卑之分宜然，無可疑也。又如《士冠禮》七體、二十一體，度數宜詳。《公食大夫禮》「魚、腸胃、倫膚若九若十有一，下大夫則若七若九」，與陳祥道《禮書》謂諸侯當十三，天子當十五者未合。宜有折衷，而往往以數語了之。知其於考據之學終淺，非説禮之專門也。其間有可取者，如裼襲有衣之裼襲，有玉之裼襲，鄭《註》泥《玉藻》之文，於《聘義》還玉、還璋，皆以爲易衣、加衣之儀。《覲禮》「匹馬卓上」，蓋卓立向前之義，鄭《註》誤以卓爲的。及《公食大夫禮》「又鼎鼏若束若編」，非以茅爲鼏之類。敬之所辨，亦時有千慮之一得，然所見亦罕矣。

鄉飲圖考

嵇璜等《續通志・圖譜略・禮》　何棟如《鄉飲圖考》。

儀禮經傳考次

黄虞稷《千頃堂書目・三禮類》　劉宗周《儀禮經傳考次》。

投壺儀節

黄虞稷《千頃堂書目・三禮類》　汪禔《投壺儀節》一卷。字介夫，祁門人。

儀禮注疏删翼

黄虞稷《千頃堂書目・三禮類》　王志長《儀禮注疏删翼》十七卷。崑山人，舉人。

《明史・藝文志・禮類》　王志長《儀禮注疏删翼》十七卷。

讀儀禮略記

《四庫提要・禮類一》　《讀儀禮略記》十七卷。兩江總督採進本。明朱朝瑛撰。朝瑛有《讀易略記》，已著録。是書於經文不全録，第曰自某至某。所録多敖繼公、郝敬之説，取材頗倹。其自爲説者，亦精義無幾。

儀禮明解

黃虞稷《千頃堂書目・三禮類》 《儀禮明解》八卷。失名姓。

儀禮鄭注句讀 附監本正誤 石經正誤

《四庫提要・禮類二》 《儀禮鄭注句讀》十七卷，附《監本正誤》、《石經正誤》二卷。浙江鮑士恭家藏本。國朝張爾岐撰。爾岐有《周易說略》，已著録。是書全録《儀禮》鄭康成注，摘取賈公彦疏而略以己意斷之。因其文古奥難通，故竝爲之句讀。馬端臨《文獻通考》載其父廷鸞《儀禮注疏序》，稱其家有景德中官本《儀禮疏》，正經注語，皆標起止，而疏文列其下。因以監本附益之，手自點校。并取朱子禮書，與其門人高弟黃氏、楊氏續補之編，分章析條，題要其上。今廷鸞之書不傳，爾岐是編，體例略與相近。案《禮記》曰：「一年視離經辨志。」注曰：「離經，斷句絶也。」則句讀爲講經之先務。沈約《宋書・樂志》於他樂歌皆連書，惟《鐸舞曲・聖人制禮樂篇》，有聲音而無文義，恐迷其句，遂每句空一字書之。則離句者爲之離析，亦古法也。至於字句同異，考證尤詳。所校除監本外，則有唐開成石經本，元吳澄本及陸德明《音義》、朱子與黃榦所次《經傳通解》諸家。其謬誤脱落，衍羡顛倒，經注混淆之處，皆參考得實。又明西安王堯惠所刻《石經補字》最爲舛錯，亦一一駁正。蓋《儀禮》一經，自韓愈已苦難讀，故習者愈少，傳刻之謬愈甚。爾岐兹編，於學者可謂有功矣。顧炎武少所推許，而其與汪琬書云：「濟陽張君稷若名爾岐者，作《儀禮鄭注句讀》一書，頗根本先儒，立言簡當。以其人不求聞達，故無當時之名，而其書實似可傳。使朱子見之，必不僅謝監嶽之稱許也。」又其《廣師》一篇曰：「獨精《三禮》，卓然經師，吾不如張稷若。」乃推挹之甚至，非徒然也。爾岐《蒿菴集》中有自序一篇，稱尚有《吳氏儀禮考注訂誤》一卷，今不在此編中。然此編乃新刊之本，無所佚脫，或是卷又自別行歟。

黃丕烈《蕘圃刻書題識》 宋嚴州本《儀禮經注》精校重雕緣起。嘉慶乙亥春，宋嚴州本《儀禮經注》刊成，將出以問世，而於嚴本之是非，悉校録之，以質諸讀是經者，因著緣起於簡端曰：《儀禮經注》，宋刻絶鮮。國朝顧氏炎武、張氏爾岐祇取唐石經以校明監本，余先後收得宋刻經注本及宋刻單行疏本各校，副本流傳於外。阮芸臺侍郎取以入《儀禮校勘記》中者是也。後張古餘太守在江寧將此經注及疏合刊，學者已幸雙美合璧矣。歲丁卯，古餘又屬影鈔經注本，將以付刊，既而調任吉安，札致余曰：「俟鈔竣，卽交伊友收存。」如言交去。越歲戊辰，伊友云：「古餘謂吳門有好事者如欲刻之，當舉以贈。」遂從伊友處次第取刻之，未及半而靳不與，復商諸友人陶蘊輝補寫其樣之未全者。至乙亥，工成，是此書經注本之行世，古餘太守爲之倡而余與陶君輔之者也。單注爲宋嚴州本，證諸宋張淳《儀禮識誤》而知之。忠甫之序《識誤》也，曰：「淳首得嚴州本，故以爲據。」今考其從嚴本者十數條，皆與此本合，則此本之爲嚴本信矣。雖然當日嚴本久行修板，故不無齟齬，今此本與張所見有同者、有不同者，有闕字未補刻者，甚有不成字者，抑忠甫當日取嚴本爲柢，而取自周廣順至宋之監本、宋京之巾箱本、杭之細字本正南宋嚴本之誤，不足則質之《疏》，質之《釋文》。《疏》、《釋文》又不足，則闕之。是忠甫固謂嚴本未盡善而校之也。朱子偁其子細精密，視他本爲最勝。今此本雖古刻，乃忠甫未見未訂之本也。取忠甫以諸本及《疏》、《釋文》校正者校正之，其能已乎。況監、細字、巾箱，今雖不可得，而《釋文》有明葉石君影鈔宋本，《疏》有單行五十卷宋刻，皆在案頭，往往與所據者合，是不可謂不幸也。又《四庫全書》聚珍板有宋李如圭《集釋》，全載經注，與忠甫所據佳處十同八九，亦足相羽翼。今以陸、賈、李、張四家之書，校此本刊行之，不盡改其字於十七篇內者，存嚴刻之舊面目也，必爲校語，以附後者，猶忠甫《識誤》之意也。抑經注之謬闕，出於嚴本張校之外者，尚不可枚數。段若膺先生定《校勘記》，既臚陳之，而先主《儀禮漢讀考》亦將成書刊行。學者合諸此本讀之，落葉盡埽矣。因古餘、蘊輝襄余刻成此本，遂爲校録一卷，而記其緣起如是。吳縣黃丕烈識。

張之洞《書目答問・列朝經注經說經本考證》 《儀禮鄭注句讀》十七卷。附《監本正誤》一卷，張爾岐，通行本。吳廷華《儀禮章句》已入讀本。《石經正誤》一卷。

喪禮吾說篇

《四庫提要・禮類存目一》《喪禮吾說篇》十卷。浙江巡撫採進本。國朝毛奇齡撰。奇齡有《仲氏易》，已著録。奇齡説經，好立異議，而顛舛乖謬，則莫過於是書。大旨以子夏《喪服傳》爲戰國以後人僞作，故逐條攻擊，務反其説。其叛經之尤者，如謂《喪服》有齊衰無斬衰。考《釋名・釋喪服》曰：「斬衰，不緝其末，直翦斬而已。齊，齊也。」故鄭註《喪服傳》曰：「斬，不緝。齊，緝也。」與《釋名》之義相符。奇齡乃謂齊而不緝，乃齊之本名，而從而緝之，則又以緝齊得名，三年之重齊不緝，期功則緝之。然所謂齊而不緝，仍是《釋名》「斬衰，不緝其末」之説，又何必陽改其名而陰存其實乎！至謂期功以下之齊乃緝，則齊衰三年者皆已不緝，是改斬之名，下同於齊，又改齊之實，上同於斬。支離怪變，彌爲不可究矣。奇齡以《周禮》、《儀禮》同出戰國人僞撰，故於《周禮・司服職》齊衰、斬衰之文，置之不道。至《左氏》乃奇齡所最信者也。考《昭公十年傳》，晉平公卒，叔向曰：「孤斬焉在衰絰之中。」杜預註曰：「既葬，未卒哭，猶服斬衰。」明爲斬衰之確證。乃引《雜記》「三年之喪如斬」語，謂非服斬之義。《襄公十七年傳》：「齊晏桓子卒，晏嬰麤縗斬，苴絰、帶、杖，菅屨。」是斷斷不得謂之非斬服者，奇齡亦謂斬字下屬「苴絰帶」爲句，乃斬苴麻以爲絰帶。《荀子》一書，亦奇齡之所最信也。考《三年問》篇，明出斬衰之名。不能復辨，則曰《禮論》篇中但有齊衰無斬衰，《三年問》篇乃後人妄改。夫稍可穿鑿之處，即改易其訓詁句讀以就己説，至必不可掩之處，則遁而謂之妄改。持是以往，天下復有可據之書乎！奇齡又謂三年之喪當爲三十六月，不得折月，而又無解於《荀子・禮論》篇「二十五月而畢」之文。遂謂畢者，乃畢衰服也。至二十七月禫後又加譚服九月。考《間傳》曰：「中月而禫，禫而纖，無所不佩。」孔穎達疏曰：「此謂禫祭既畢，吉祭以後，無所不佩。」又《喪服小記》曰：「再期之喪，三年也。期之喪，二年也。」《喪大記》曰：「禫而從御，吉祭而復寢。」《檀弓》曰：「是月禫，徙月樂。」《間傳》又曰：「中月而禫，禫而飲醴酒。」飲酒者，先飲醴酒，食肉者，先食乾肉。是徵諸禮經，顯有典訓。今奇齡謂禫後服綅冠素端者，凡十月，與經義無一相合，豈先王制禮之意乎！其他若謂父在爲母不當期年，父母不當爲長子三年，皆據律以議經。至謂本生父母不當降在期服，傳重者不必嫡孫，則不特叛經，且背律矣。豈非恃其博洽，違心巧辨哉！

讀禮問

《四庫提要・禮類存目四》《讀禮問》一卷。浙江巡撫採進本。國朝吳肅公撰。肅公有《詩問》，已著録。是書取禮家喪服之制意所未喻者辨之，又雜論俗禮之不合於古者，共六十五條。間有可採，而師心之處爲多。

讀禮通考

《四庫提要・禮類二》《讀禮通考》一百二十卷。江蘇巡撫採進本。國朝徐乾學撰。乾學字原一，號健菴，崑山人。康熙庚戌進士第三，官至刑部尚書。是編乃其家居讀《禮》時所輯。歸田以後，又加訂定，積十餘年，三易稿而後成，於《儀禮・喪服》、《士喪》、《既夕》、《士虞》等篇及大、小戴《記》，則倣朱子《經傳通解》，兼采衆説，剖析其義。於歷代典制，則一本正史，參以《通典》及《開元禮》、《政和五禮新儀》諸書。立綱統目，其大端有八：一曰喪期，二曰喪服，三曰喪儀節，四曰葬考，五曰喪具，六曰變禮，七曰喪制，八曰廟制。喪期歷代異同則有表，喪服暨儀節、喪具則有圖，縷析條分，頗爲詳備。蓋乾學傳是樓藏書甲於當代，而一時通經學古之士，如閻若璩等，亦多集其門，合衆力以爲之，故博而有要，獨過諸儒。乾學又欲幷修吉、軍、賓、嘉四禮，方事排纂而歿。然是書蒐羅富有，秦蕙田《五禮通考》即因其義例而成之。古今言喪禮者，蓋莫備於是焉。

張之洞《書目答問・列朝經注經説經本考證》《讀禮通考》一百二十卷。徐乾學。原刻通行本。

儀禮商

《四庫提要・禮類二》《儀禮商》二卷，附録一卷。浙江巡撫採進本。國朝萬斯大撰。斯大字充宗，鄞縣人。是書取《儀禮》十七篇，篇爲之説，頗有新義，而亦勇於信心。前有應撝謙序，稱喜其覃思，而嫌其自用，亦篤論也。其《聘禮》解「衣之裼襲」，謂裘外之衣謂之裼衣，裼衣即禮服。聘禮既聘而享，賓主皆裼以將事。推此則凡裘外之裼衣皆禮服矣。考《聘禮》鄭注曰：「裼者，免上衣，見裼衣。」則裼衣之上更有衣明矣。賈疏曰：「假令冬有裘，襯身襌衫又有襦袴，襦袴之上有裘，裘上有裼衣，裼衣之上又有上服、皮弁、祭服之等，則禮服也。」如斯大之説，則裼衣之上，不得更有皮弁、祭服之等矣。至《玉藻》所謂「君衣狐白裘，錦衣以裼之」，蓋諸侯皮弁視朔，特以錦衣爲裼，未聞其不加皮弁服而專用錦衣也。《玉藻》又謂：「君子狐青裘豹褎，元綃衣以裼之。」大夫助祭，服爵弁純衣，亦特以元綃衣爲裼，未聞其不用純衣而用元綃衣也。然則謂裼衣之上無禮服，不特迕注，且悖經矣。斯大又謂襲衣乃於裼衣上加深衣。蓋裼衣直衿，故露美，深衣交衽，故不露美也。今即以聘服皮弁考之，皮弁服之下爲朝服，朝服之下爲玄端，玄端之下爲深衣。深衣爲庶人之服。聘禮重聘而輕享，若享時皮弁而裼，聘時深衣而襲，則聘服反殺於享服三等矣，隆殺之義何在乎？且主國之君與使臣行聘於廟，而各服庶人之服以相見，以爲此其充美，無是理也。其《廟寢圖》列東西箱在東西堂之下，如今廊廡。考《公食大夫禮》云：「賓升，公揖，退於箱下。」又云：「公降，再拜。」若箱在堂下，則既退於箱，又何降乎？故鄭注以箱爲堂上東夾之前。《漢書・董賢傳》：「太皇太后召大司馬賢，引見東箱。」則東箱非廊廡間明矣。王延壽《魯靈光殿賦》曰：「右个清晏。」李善注引杜預《左傳注》曰：「个，東西箱也。」東西个在堂上，則東西箱不在堂下明矣。斯大所圖，亦非經義也。然斯大學本淹通，用思尤鋭，其合處往往發明前人所未發。卷末附《答應嗣寅書》，辨治朝無堂，尤爲精核。棄所短而取所長，亦深有助於考證也。

儀禮惜陰録

《四庫提要・禮類一》《儀禮惜陰録》八卷。兩江總督採進本。國朝徐世沐撰。世沐有《周易惜陰録》，已著録。是書逐節逐句分解，撮標註義，頗爲明簡，較所註他經稍善。然亦疎於考證。如《士冠禮》云：「闕項青組纓。」汲古閣本鄭註：「闕讀如有頍者弁之頍，滕、薛名蔮爲頍。」世沐謂字書無此蔮字而疑之。不知蔮本當作簂。《後漢・烏桓傳》云：「猶中國有簂、步搖。」注云：「簂音吉悔反，字或爲幗。」蓋簂、幗二字通。《續漢書・輿服志》云：「太皇太后、皇太后入廟，翦氂簂。公卿列侯二千石夫人紺繒簂。」《廣雅》曰：「簂謂之帨。」故《玉篇》、《廣韻》、《集韻》、《類篇》俱作簂字，可以正刊本作蔮之譌。至若《釋名》曰：「簂，恢也，魯人曰頍。頍，傾也，著之傾近前也。」即鄭註「滕、薛名簂爲頍」之確證。而《釋名》作簂，不作蔮，則汲古閣本鄭註作「蔮」，其誤顯然。世沐心知其誤，而不能究其所以誤，殊核之未審。又此書多載鄭註所引古今文，然闕漏不可枚舉。即如《士冠禮》注云：「古文闑爲槷，閾爲蹙。」又云：「古文旅作臚。」又云：「今文纚皆作襹。」又云：「古文盥皆作浣。」又云：「壹古文皆作一。」又云：「今文枋爲柄。」又云：「古文啐爲呼。」又云：「古文亶爲癉。」又云：「今文格爲嘏。」此九條俱失載，則他篇可知。又若《士冠禮》戒賓節在筮賓之前，而世沐謂戒賓當在筮賓之後。今考鄭注：戒賓者，戒主人之僚友；筮賓者，筮其可使冠子者。蓋先戒衆賓，後乃於衆賓內更筮其最吉，特使冠子。故賈疏謂取人之法先筮後戒。今以此賓是賢者，必知是吉，故先戒賓。賓已許，方始筮之。以其賢，恆自吉，故先戒後筮。此義最易曉，而世沐謂當先筮後戒，疎矣。至謂冠子一醮足矣，三醮則意複詞緐，具文滋僞，又謂字冠者不當有祝詞之類，尤臆斷之説也。

讀禮紀略　附婚禮廣義

《四庫提要·禮類存目二》　《讀禮紀略》六卷。附《婚禮廣義》一卷。浙江巡撫採進本。國朝朱董祥撰。董祥字熊占，長洲人。是書成於康熙乙卯，乃其居父喪時所作。皆以糾正世俗之誤。其間有泥古而過者，如母喪齊衰三年，固古者喪無二斬之義。然自明洪武以後，凡律令之文，皆云爲母斬衰。仍欲依《喪服》之文服齊衰，等而上之，將遵古禮爲母期年耶？是亂王制也。昭穆祔遷之説，陸佃已與何、張異議。至同堂異室而無左昭右穆之次者，朱子已云「爲禮者猶執祔祖之文，似無意義」，而兩存其説矣。董祥必欲昭遷而穆不動，穆遷而昭不移，不幾於親盡者不必祧，而祧者不必親盡乎？其他微文瑣節，事事繩以古義，持之有故，言之成理，而實多滯礙而難行。至於喪親匿喪之類，皆律有正條，懸如日月，更不待斷斷辨論矣。後附《婚禮廣義》一卷，斟酌今古之間，較爲易行。然皆前人家儀所已有，無勞複衍爲也。

服制圖考

嵇璜等《續通志·圖譜略·禮》　朱建子《服制圖考》。謹按是編集歷代喪服禮制凡三十九條。所引經傳禮書及諸家文集頗稱該洽。

《四庫提要·禮類存目一》　《服制圖考》八卷。江西巡撫採進本。國朝朱建子撰。建子字辰起，秀水人。朱彝尊之從子也。是編集歷代喪服禮制，每條下分古有今無、古無今有、古重今輕、古輕今重四目。後爲《雜問》篇，凡三十九條。所引經傳、禮書及諸家文集，頗稱該洽。然斬衰之喪有三十四條，而所引僅三十一條。如《政和禮》所載夫爲祖、曾祖、高祖承重者，妻從夫之喪，及《孝慈録》所載爲人後者，爲所後祖母之喪，皆古今異制，而建子未及詳載。又齊衰杖期，如《儀禮》所載，繼母嫁，從，爲之服，報，大功九月。如《通典》所載，爲人後者，爲本生祖父母服儀，亦古今異制。當一例詳辨者，亦皆脱略，則考核尚未甚密也。

儀禮訓義

《四庫提要·禮類存目一》　《儀禮訓義》十七卷。庶吉士蔡廷舉家藏本。不著撰人名氏。前有自序，題康熙庚申，則近時人也。其書以一篇爲一卷，第約取註疏而參以朱子及楊復之説。其餘諸家，概不採録。雖頗簡易，然禮制委曲，非一家之言所可盡。註疏以外，限以朱子師弟二人，遂舉諸儒而屏之，殆非該貫之道也。

儀禮述注

《四庫提要·禮類二》　《儀禮述注》十七卷。福建巡撫採進本。國朝李光坡撰。光坡有《周禮述注》，已著録。是書取鄭《注》、賈《疏》，總撮大義，而節取其辭。亦間取諸家異同之説附於後。其中注疏原文，有可刪削者，如《士冠禮》「筮人執筴，抽上韇」，注曰：「今時藏弓矢者，謂之韇丸也。」考《左傳》昭公二十五年「公徒釋甲，執冰而踞」，杜注：「冰，韇丸。或云：韇丸，箭筩。」《方言》曰：「弓藏謂之鞬，或謂之韇丸。」《後漢書·南匈奴傳》曰：「今賚雜繒五百匹，弓鞬韇丸一，矢四發，遣遺單于。」《廣雅》作「皾丸」。此傍借韇丸以明韇字之訓，非經之正義，刪之可也。至如《士冠禮》「贊者洗于房中側酌醴」注：「贊酌者，賓尊，不入房。」光坡節此二句，則賓不自酌而用贊者，義遂不明，爲刪所不應刪矣。又注載古文、今文，最關經義，如《士喪禮》「設決麗于掔」，注引古文掔作捥。考《管子·弟子職》：「飯必捧掔，羹不以手。」《呂覽·本味》篇「述蕩之掔」，高誘注曰：「掔，古手捥之字也。」據此，則以古文之捥證今文之掔，義更明晰。而光坡概節之，亦爲太簡。其旁採諸家之言，尤時有未審。如《公食大夫禮》曰：「飲酒，漿飲，俟於東房。」注：「飲酒先言飲，明非獻酬之酒也。」又曰：「宰夫右執觶，左執豐，進設於豆東。」注：「食有酒者，優賓也。」光坡引楊孚之說曰：「上『飲酒，漿飲，俟于東房』，疏云：『酒漿皆以酳口。』此『進設于豆東』，疏又云：『漿以酳口，不用酒，主人猶設之。』是以優賓兩說，牴牾不同。下文：『祭飲酒于上豆之間，魚腊醬湆不祭。』夫魚腊醬湆不祭，而祭飲酒，則知酒以優賓，但賓不舉耳，豈酳口之物哉！當以優賓之義爲正」云云。今考賈前疏云「酒漿皆以酳口」，謂二飲本竝設以待賓用也。後疏云「漿以酳口，不用酒」，謂二飲雖竝設，其實賓止用漿耳。前後一義相承，竝無牴牾，楊氏殊未解疏意。至於鄭注「優賓」之義，亦謂賓酳口止用漿，而主人仍特設酒，故曰「優賓」。下文之祭飲酒，乃賓加敬以報酳禮之優，與他篇獻酬之酒、祭酒不同。觀鄭上注，明云飲酒非獻酬之酒，則爲飲後潔口之物可知。楊氏以設飲酒爲優賓，而謂飲酒非以酳口，於鄭注優賓之義亦爲未明。且考《周禮・酒人》曰「共賓客之禮酒、飲酒而奉之」，注：「禮酒，饗燕之酒，飲酒，食之酒」。賈疏：「飲酒，食之酒者。《曲禮》曰：『酒漿處右。』此非獻酬之酒，是酳口之酒。」則楊氏謂飲酒非酳口之物，與《酒人》經注皆相矛盾矣。光坡取之，實未深考。然如《士冠禮》「母拜受，子拜送」，光坡謂母拜受，乃受脯而拜，非拜子也。其義最允。蓋此拜受，如《大射儀》「主人盥洗象觚，升，酌膳，東北面獻於公，公拜受」，乃拜受觚，非公先拜其卿大夫也。又如《特牲饋食禮》「主人洗角，升，酌，酳尸，尸拜受」，乃拜受角，非祖考先拜其子孫也。凡此之類，頗有可取。又如《喪服記》「夫之所爲兄弟服，妻降一等」，萬斯同據以爲嫂叔有服之證。光坡不取其說，亦深有決擇。《三禮》之學，至宋而微，至明殆絕。《儀禮》尤世所罕習，幾以爲故紙而棄之。注其書者寥寥數家，卽郝敬《完解》之類，稍著於世者，亦大抵影響揣摩，橫生臆見。蓋《周禮》猶可談王談霸，《禮記》猶可言敬言誠，《儀禮》則全爲度數節文，非空辭所可敷演，故講學家避而不道也。光坡此編，雖瑕瑜互見，然疏解簡明，使學者不患於難讀，亦足爲說《禮》之初津矣。

儀禮經傳內編　外編

《四庫提要・禮類存目三》　《儀禮經傳內編》二十三卷，《外編》五卷。江蘇巡撫採進本。國朝姜兆錫撰。兆錫有《周易本義述蘊》，已著録。是書《內編》首嘉禮，以《士冠禮》冠之，《大夫冠禮》以下繼焉。《昏禮》、《飲食》、《饗燕》、《賓射》、《脤膰》、《賀慶》又次之，次軍禮，次賓禮，次凶禮，次吉禮。《外編》爲《喪服》本經，又《補喪服》，又《採經》四篇，終之以《圖考》。大率以《儀禮》爲主，《儀禮》所未備，則採他書以補之，類多因襲前人，發明最少。卽如《大夫冠禮》，在古禮本無可據。此本但取《禮記》無大夫冠禮而有其昏禮。古者五十而後爵，何大夫冠禮之有！又引《國語》「趙文子冠」一段，以此爲足以補大夫之冠禮。是欲以空言當實義。揆其著書之意，蓋欲補正《儀禮經傳通解》，然不及原書遠矣。

儀禮節要

《四庫提要・禮類存目三》　《儀禮節要》二十卷。江西巡撫採進本。國朝朱軾撰。軾有《周易傳義合訂》，已著録。是編分冠、昏、喪、祭四大綱，而《冠禮》後附以學義，《昏禮》後附以《士相見》、《鄉飲酒》，於《喪》、《祭》二禮尤詳。附圖三卷，則其門人王葉滋所爲，軾所訂定者也。大旨以《朱子家禮》爲主，雜採諸儒之說，而斷以己意。意蓋欲權衡於今古之間，故於今禮多所糾正，於古禮亦多所變通。然如《士相見》、《鄉飲酒》二篇，朱子以爲今不可行，蓋通儒明晰事勢之言。軾事事遵朱子，惟此條所見與朱子相左，必欲復之。然其說迄不可行，則終以朱子爲是也。是書別有一本，僅三卷，乃軾之初稿。此本成於康熙己亥，蓋其後來定本云。

儀禮析疑

《四庫提要・禮類二》　《儀禮析疑》十七卷。江蘇巡撫採進本。國朝方苞撰。苞有《周官集注》，已著録。是書大旨在舉《儀禮》之可疑者而詳辨之，其無可疑者竝經文不録。苞於《三禮》之學，《周禮》差深。晚年自謂治《儀禮》十一次，用力良勤。然亦頗勇於自信，如《士冠禮》「緇布冠缺項」，鄭康成讀缺如「頍弁」之頍。敖繼公則謂：「以緇布一條圍冠爲缺項，別以一物貫之，其兩相又以纓屬。」自來講《儀禮》者多用其説。苞謂：「既有紒以束髪，何爲又以緇布圍冠。據經文乃以青組爲纓，後屬缺項，而前繫於兩相，以結於頤下。」不知鄭氏讀缺爲頍，固爲改字，而別注云：「項中有緬，疏謂兩頭皆爲緬，別繩穿緬中結之。《廣韻》訓緬爲缺。《類篇》曰：『緬，結也。』則鄭之此注，大可依據，明是缺項有布爲之結，然後加繩。」敖繼公説猶有未詳。苞則去敖氏更遠矣。《士昏禮》「納徵：玄纁束帛」，苞云：「致幣之儀不具，何也？士庶人所通行，人皆知之。」夫經文「儷皮」以下，既曰「如納吉禮」，則非以人所通行而略之也。且束帛爲十端，詳於《周禮》鄭注、《禮記・雜記》注。十箇爲束，二端相向卷之，共爲一兩。苞第云：「執一兩以致辭。」則一兩不知爲何語矣。《有司徹》「侑俎」二字，蓋總羣羊左肩、左肫以下，下節「阼俎」，則以起羊肺諸品。而苞以前文有「侑」有「俎」，謂此衍文。果如所説，則與下「阼俎」不配。皆不詳考之故也。然其用功既深，發明處亦復不少。於《士相見禮》，辨注謂賓反見卽有燕禮之非，辨張侯下綱之文，所以見於《鄉射》而不載於《大射儀》之故，皆由《周禮》以通之。於《聘禮》「公答再拜，擯者出，立於門中以相拜」，以爲待公既拜，然後反還振幣。於《覲禮》「侯氏迎于帷門之外，再拜」，解使者不答，以王命未宣，不敢受拜禮。皆細心體認，合乎經義，其他稱是者尚夥。檢其全書，要爲瑜多於瑕也。

張之洞《書目答問・列朝經注經説經本考證》　《儀禮析疑》十七卷。方苞。《望溪全集》本。

肆獻祼饋食禮

《四庫提要・禮類二》　《肆獻祼饋食禮》三卷。兩江總督採進本。國朝任啓運撰。是編以《儀禮・特牲》、《少牢饋食禮》皆「士禮」，因據《三禮》及他傳記之有關於王禮者推之。不得於經，則求諸注疏以補之。凡五篇：一曰《祭統》，二曰《吉蠲》，三曰《朝踐》，四曰《正祭》，五曰《繹祭》。其名則取《周禮》「以肆獻祼享先王，以饋食享先王」之文。每篇之内，又各爲節次。每節皆先撮己説，而自注其説之所出。其後竝附載經、傳。較之黄榦所續《祭禮》，更爲精密。其中如《吉蠲篇》「省牲視濯」節曰：「饔人摡鼎，廩人摡甑甗，司宫摡豆籩及勺爵。」今考《周禮・天官・世婦》曰：「掌祭祀之事，帥女宫而濯摡，爲齊盛。」賈疏謂：「《少牢》：濯摡，以饔人、廩人司宫者，彼大夫家無婦官，故幷使男子官。此天子禮有婦官，與彼異」。啓運此書，既推天子之禮，而仍據《少牢》之文，則《世婦》「帥女官濯溉」之文，遂無歸宿。又《列位》節，啓運謂：「同姓皆在阼階，自北而南，以序昭穆爵位。則於一世中自西而東，以尊卑爲序。蓋世異則子不可先父，世同則弟不妨先兄。觀《中庸》於燕毛言序齒，則昭穆不序齒可知。」案同姓之位，舊説多歧。《文王世子》：「公族在宗廟之中如外朝之位，宗人授事，以爵以官。」《中庸》：「宗廟之禮，所以序昭穆也。」孔疏謂：「同姓無爵者從昭穆，有爵者則以官，與公侯列西階。」孔意蓋欲使《中庸》與《文王世子》二義幷歸一義。其説尚爲意測。《祭統》曰：「凡賜爵，昭爲一，穆爲一，昭與昭齒，穆與穆齒，羣有司皆以齒。此之謂長幼之序。」注曰：「昭穆猶《特牲》、《少牢饋食禮》之衆兄弟。」則兄弟賜爵以齒，其位亦以齒，確有明文。啓運不用孔義，又不用鄭義，別創昭穆不序齒之説，與經義殊爲不合。又《正祭篇》有「薦幣」節，自注云：「據薛氏《禮圖》，鄭氏、孔氏皆未及引《大宰》《小宰》文，及《大戴禮・諸侯遷廟禮》爲據。」今考《大宰》曰：「及祀之日，贊玉幣爵之事。」上承祀五帝之文，不與宗廟相涉。《小宰》曰：「凡祭祀贊玉幣爵之事、祼將之事。」賈疏云：「贊玉幣爵，據祭天，而下云祼將，是據祭宗廟。」則贊幣非祭宗廟明矣。《大宗伯》「以玉作六器」，其幣各以其方之色，亦是據祀五帝也。惟《諸侯遷廟禮》有云：「祝聲三，曰：孝嗣侯某敢以嘉幣告於皇考。今考宗廟之禮，惟告奠有幣，而祭無幣。」故《曾子問》曰：「凡告用牲幣」，注曰：「牲當爲制字之誤也。制幣一丈八尺。」又《大祝》注云：「告用牲幣。」《諸侯遷廟禮》明云：「成廟將徙，敢告。」又云：「告事畢，乃曰擇日爲祭焉。」則告禮而非祭禮明甚。而啓運以之證宗廟正祭，亦爲牽附。又《正祭篇》曰：「后又羞籩二，糗餌粉餈，羞豆二，酏食糝食。肉饔贊薦。」自注云：「孔疏但云『内饔薦』，茲據薛氏《禮圖》。」今考《内饔》職曰：「凡宗廟之祭祀，掌割亨之事。」無薦内羞明文，孔《疏》亦無所出。又《春官・內宗》曰：「掌宗廟之祭祀，薦加豆籩。」夫加豆籩隆於內羞，王后已不親薦，況內羞乎！啓運沿薛《圖》之誤，亦爲失考。然大致綜覈諸家，首尾融貫，極有倫要。如后薦朝事豆籩，啓運列在納牲之前，薛《圖》列在三獻之後。今考《內宰疏》曰：「王出迎牲，時祝延尸於戶外之西，南面。后薦八豆籩，王牽牲入。」則啓運之説確有所本。又考《明堂位》「君肉袒迎牲於門，夫人薦豆籩」，其下云：「君親牽牲，大夫贊幣而從。」據此，則朝事薦豆籩，賈《疏》列在納牲之前甚確。薛《圖》舛謬，亦復顯然。又后薦饋食之豆籩，啓運列在五獻之前，薛《圖》列在五獻之後。今考鄭《司尊彝注》曰：「饋獻薦孰時，后於是薦饋食之豆籩。」云「薦孰時」，則其時初薦孰而未及五獻甚明。故《少牢禮》主婦薦韭菹、醓醢、葵菹、蠃醢，尚在尸未入以前，卽知后於饋食薦豆籩必不在五獻以後。凡此之類，啓運考正薛《圖》之誤，俱精核分明。存而録之，與《續儀禮通解》，亦可以詳略互考焉。

張之洞《書目答問・列朝經注經説經本考證》 《肆獻祼饋食禮纂》三卷。任啓運。《釣臺遺書》本。互見。

宮室考

《四庫提要・禮類二》 《宮室考》十三卷。江蘇巡撫採進本。國朝任啓運撰。啓運有《周易洗心》，已著録。是書於李如圭《釋宮》之外，別爲類次。曰門，曰觀，曰朝，曰廟，曰寢，曰塾，曰宁，曰等威，曰名物，曰門大小廣狹，曰明堂，曰方明，曰辟雍。考據頗爲詳核。惟謂房東爲東廂，西爲西廂，北墉、東墉、西墉、南戶屬諸堂，東爲東堂，西爲西堂，堂上東西牆曰序，序東爲東夾室，西爲西夾室，南墉、東墉、西墉、北戶偏諸東，東爲東堂，西爲西堂。如其所説，則東西廂在房之東西，東西夾室在堂之東西，東西廂之南、東西夾室之北，則四東西堂矣。然考之經傳，實全無根據。《儀禮・覲禮》篇注曰：「東箱，東夾之前，相翔待事之處。」《特牲饋食禮》注曰：「西堂，西夾之前，近南。」疏曰：「卽西箱也。」《爾雅・釋宮》曰：「室有東西廂曰廟。」郭璞注曰：「夾室前堂。」據此則東西廂卽東西堂，明在東西夾室之前。而啓運謂在東西夾室之後，誤矣。《公食大夫禮》曰：「公揖退於箱下，公受宰夫束帛以侑，西鄉立。」注云：「箱東夾之前，俟事之處，受束帛於序端。」蓋東廂卽接序端，公當於序端受束帛，故先立於東廂以俟之，地近則事便也。若東廂在東房之東，夾室之北，則南距序端，中間隔一正堂，使於此而俟事，則往來不便孰甚焉？是證以經文，無一相合。又《漢書・周昌傳》：「呂后側耳於東箱聽。」顏師古注曰：「正寢之東西室皆曰箱。」若東箱僻在房東，遠在夾北，則又何從側耳聽乎？又《金日磾傳》：「莽何羅從外入，從東箱上，見日磾色變，走趨卧內。」蓋從東堂趨室內，故云從外入也。若東廂在房東夾北，則是從內出矣。《後漢書・周舉傳》：「天子親自露坐德陽殿東廂請雨。」則東廂不應在房東夾北明矣。是核以史事，亦無一相合。且《儀禮・燕禮》「小臣共槃匜在東堂下」，注曰：「爲公盥也。」下又云：「公降盥。」蓋降東階就槃匜，故共槃匜在東堂下，就近也。啓運謂東堂在東夾北，則是公降盥於東夾北之堂下，豈經義乎！又《特牲饋食禮》「主婦視饎爨於西堂下」，注曰：「近西壁，南齊于坫。」如東堂在東夾北，則注於「堂下」當云「北齊于坫」矣。啓運不究《儀禮》全經，自立新説，故其失如此。又謂周之爲學者五：中曰成均，左之前曰東膠，左之後曰東序，右之前曰瞽宗，右之後曰虞庠。於四郊先爲四國學：南之東曰東膠，北之東曰東序，南之西爲瞽宗，北之西爲虞庠。今考周太學曰東膠，在公宮南之左，小學曰虞庠，在西郊，見於《王制》注。三代之學所在無文，至劉敞始謂辟廱居中，其北爲虞學，其東爲夏學，其西爲殷學。至陸佃《禮象》，始謂辟廱居中，其南爲成均，北爲上庠，東爲東序，西爲瞽宗。啓運蓋襲其説，遂謂四代之學皆在學中，而不考其無所出。又《三禮義宗》曰：「凡立學之法，有四郊及國中，在東郊謂之東學，在南郊謂之南學，在西郊謂之西學，在北郊謂之北學。」故鄭注《祭義》曰：「周有四郊之虞庠。」據此，則周特爲虞庠於四郊。而啓運謂竝立東序、瞽宗于郊，尤爲特創，不足據也。他若謂宗廟在雉門內，引《禮運》「仲尼與于蜡賓，事畢出遊于觀之上」，《穀梁傳》「禮，送女，母不出祭門，諸母兄弟不出闕門」。如此之類，則頗爲精審，可以與鄭《注》相參矣。《儀禮》一經，久成絶學。啓運能研究鉤貫，使條理秩然，雖間有疵謬，而大致精核，要亦不愧窮經之目矣。

儀禮義疏

《四庫提要·禮類二》 《欽定儀禮義疏》四十八卷。乾隆十三年，《御定三禮義疏》之第二部也。其詮釋七例，與《周官義疏》同，分經文爲四十卷，冠以《綱領》一卷，《釋宫》一卷，不入卷數，殿以《禮器圖》四卷，《禮節圖》四卷。《儀禮》至爲難讀，鄭《注》文句古奥，亦不易解。又全爲名物度數之學，不可以空言騁辯。故宋儒多避之不講。即偶有論述，亦多不傳。惟元敖繼公《儀禮集説》疏通鄭《注》而糾正其失，號爲善本。故是編大旨以繼公所説爲宗，而參核諸家以補正其舛漏。至於今文、古文之同異，則全採鄭注，而移附音切之下。經文、記文之次第，則一從古本，而不用割附之説。所分章段，則多從朱子《儀禮經傳通解》，而以楊復、敖繼公之説互相參校。《釋宫》則用朱子點定李如圭本，《禮器》則用聶崇義《三禮圖》本，《禮節》用楊復《儀禮圖》本，而一一刊其譌謬，拾其疎脱。舉數百年庋閣之塵編，搜剔疏爬，使疑義奥詞，渙然冰釋，先王舊典，可沿溯以得其津涯。考證之功，實較他經爲倍蓰，豈非遭遇聖朝表章古學，萬世一時之嘉會歟？

儀禮釋例

《四庫提要·禮類存目一》 《儀禮釋例》一卷。安徽巡撫採進本。國朝江永撰。永有《周禮疑義舉要》，已著録。是書標曰《釋例》，實止釋服一類，寥寥數頁，蓋未成之書。其釋冕服一條，辨註家「冕廣八寸，長尺六寸，績麻三十升布爲之」之誤，謂：「禮家相傳八十縷爲升，古布幅闊二尺二寸，周尺甚短，以八尺當今之五尺、二尺二寸當今之一尺三寸七分半。如冕延有三十升，其經二千四百縷。是今尺一分之地，須容十七縷有奇，雖績麻極細，亦不能爲此。」其説驗諸實事，最爲細析。又謂：「冕有前旒無後旒，故《大戴禮》及東方朔俱云：冕而前旒，所以蔽明。《玉藻》《郊特牲》云十有二旒，不云二十四旒。漢明帝制冕旒有前無後。正合古義。《玉藻》云前後邃延。不過謂冕長尺六寸，前延後延至武皆深邃耳，非謂前後皆有旒也。」其説與鄭註互異，亦可相參。惟宗陳祥道之説，謂《周禮》之韋弁即爵弁。其説過新，不可信。考《士冠禮》「爵弁服」註曰：爵弁者，冕之次，其色赤而微黑，如爵頭然，或謂之緅，其布三十升。《周禮》「凡兵事韋弁服」註曰：「韋弁以韎韋爲弁，又以爲衣裳。」此爵弁、韋弁顯異者也。惟《書》云：二人雀弁執惠。《僞孔傳》云「雀韋弁」似即以爵弁爲韋弁者。然孔穎達疏云：「據阮諶《三禮圖》，雀弁以布爲之。此傳言雀韋弁者，此人執兵，宜以韋爲之。然下言冕執兵者，不可以韋爲冕，未知孔意如何。」則孔《疏》於此《傳》原不深信，且即以爵韋爲之，要止得名曰爵弁，不得通名韋弁。故《釋名》曰：「以爵韋爲之，謂之爵弁，韎韋爲之，謂之韋弁。」二語極爲分晰，不容相混。至於《周禮·司服》有韋弁，無爵弁。賈《疏》云：「爵弁之服，惟有承天變，及天子哭諸侯乃服之。所服非常，故天子吉服不列之。」此義頗得。如必謂韋弁即爵弁，《司服》未嘗遺爵弁，則王之吉服自大裘至冠弁，其等殺凡八。公之服，自衮冕以下大裘不得服。侯伯之服，自鷩冕以下衮冕不得服。以次殺之，士之服自皮弁而下韋弁不得服。其制甚明。如韋弁即爵弁，士於禮已不得服矣。何以《士冠禮》曰爵弁服纁裳乎？且《儀禮·士冠禮》、《士昏禮》、《士喪禮》既有爵弁服，而《聘禮》曰：「君使卿韋弁歸饔餼。」又曰：「夕夫人使下大夫韋弁歸禮。」則是既有爵弁，又有韋弁明矣。又安得以《司服》不載爲疑也？永又補祥道之説曰：「《詩》方叔將兵，服其命服，朱芾斯皇。又曰：『韎韐有奭，以作六師。』皆爵弁服之韠也。」今考《詩》「服其命服，朱芾斯皇」，《箋》曰：「云命服者，命爲將受王命之服也。天子之服韋弁，服朱衣裳也。」據此，則即《左氏傳》所云「韎韋之跗」，注：「止戎服之常也。」必云爵弁之韠，殊無顯據。又《詩》「韎韐有奭，以作六師」，《箋》曰：「此諸侯世子也。除三年之喪，服士服而來，未遇爵命之時，時有征伐之事，天子以其賢，任爲將軍。」《疏》曰：「將軍之時，猶未得命，由是仍服韎韐。」據此，則經云「以作六師」，蓋將受命爲將軍，非已臨六師而以爵弁之韎韐爲戎服也。故三章皆云「君子至止」，言諸侯初至天子之朝，非即臨戎可知。永引此二詩，亦未爲確據。蓋永考證本精，而此則草創之本耳。

張之洞《書目答問・列朝經注經説經本考證》　《儀禮釋例》一卷。江永，張海鵬刻《墨海金壺》本，守山閣本。《墨海金壺》印行不多，所刻書皆在《守山閣叢書》中。

儀禮釋宮增注

《四庫提要・禮類二》　《儀禮釋宮增注》一卷。安徽巡撫採進本。國朝江永撰。永有《周禮疑義舉要》，已著録。是書取朱子《儀禮釋宮》一篇，案《釋宮》本李如圭之書，誤編於朱子集中，永作此書之時，《永樂大典》尚未顯於世，故不知非朱子之筆。今仍其原書所稱而附著其故於此。爲之詳注，多所發明補正。其稍有出入者，僅一二條。而考證精密者，居十之九。如鄭注謂大夫、士無左右房，朱子疑大夫、士亦有西房而未決。考《詩正義》曰：「《鄉飲酒義》：『尊于房戶之間，賓主共之。』由無西房，故以房與室戶之間爲中。又《鄉飲酒禮》『席賓於戶牖間』，《鄉飲酒義》曰『坐賓于西北』。則大夫、士之戶牖間在西，而房戶間爲正中，明矣。」此大夫、士無西房之顯證。永乃謂：「賓坐戶牖間，主人自阼階上，望之，若在西北，故云坐賓於西北。其實在北而正中。」不知《鄉飲酒義》又云：「坐介于西南，坐僎于東北。」若以永說推之，則《鄉飲酒禮注》所謂主席阼階上，西面；介席西階上，東面。其東西正相向者，自主人望介，乃在西而不在西南也。《鄉飲酒禮》所謂僎席在賓東者，自主人望僎，乃在北而不在東北也。其說殊有難通，且《鄉飲酒義》亦云：「主人坐于東南。」卽知坐賓西北，自據堂之西北，非主人之西北明矣。又《詩・斯干》云：「築室百堵，西南其戶」，鄭箋謂天子之寢左右房，異於一房者之室戶也。永謂《詩》「南東其畝」，謂或南其畝，或東其畝，與此「西南其戶」語勢正同。此燕寢室內，或開西戶以達於東房。考燕寢西戶之制，不見於經。《玉藻》曰：「君子之居恆當戶，寢恆東首。」則燕寢也。而注以「當戶」爲嚮明，則燕寢之戶南嚮也。卽以漢制考之，《漢書・龔勝傳》云：「勝爲牀室中，戶西南牖下，使者入戶，西行南面立。」若爲西向之戶，則入戶卽東行矣。然則燕寢戶皆南嚮，同於正寢。西嚮之說，略無所據也。其他若謂東夾、西夾不當稱夾室，《雜記》、《大戴禮》「夾室」二字，乃指夾與室言之，本名一處，《注疏》連讀之，故相沿而誤。又謂門屏之間曰宁，乃路門之外，屏樹之內，邢《疏》前說爲得，其後說又以爲路門之內，則誤。又謂李巡《爾雅注》「宁，正門內兩塾間」，乃與《詩》之「著」義同，非門屏間之「宁」也。如此之類，不可殫舉。其辨訂俱有根據，足證前人之誤，知其非同影響剽掇之學矣。

張之洞《書目答問・列朝經注經説經本考證》　《釋宮譜增注》一卷。江永。《指海》本。

儀禮小疏

《四庫提要・禮類二》　《儀禮小疏》一卷。江蘇巡撫採進本。國朝沈彤撰。彤有《尚書小疏》，已著録。是書取《儀禮・士冠禮》、《士昏禮》、《公食大夫禮》、《喪服》、《士喪禮》五篇，爲之疏箋，各數十條。每篇後又各爲監本刊誤。卷末附《左右異尚考》一篇，考證頗爲精核。如謂牲二十一體兼有髀，《周禮・內饔》及《士昏禮》兩疏，乃不數髀，陳祥道則去髀而用觳，殊爲舛誤。又謂祥道以骨折乃止折脊脅，不及肩臂臑之骨。不知《士虞》記云：「用專膚爲折俎，取諸脰膉。」折亦謂之折俎，則脊脅亦折可知。又辨萬斯大解縕布缺項及廟寢之誤。又辨《士喪禮》「衆主人在其後」，鄭注所云「庶昆弟」于死者，乃爲衆子，是斬衰之親；敖繼公謂齊衰、大功之親，殊誤。又謂「婦人俠牀東面」，鄭注所云「妻妾子姓」乃謂死者之妻。萬斯大乃云凡《儀禮》喪祭稱主婦者皆宗子之妻，非宗子之母。殊失鄭義。凡斯之類，其說皆具有典據，足訂舊義之譌。其中過於推求，轉致疎舛者，如《士冠禮》注：「今時卒吏及假吏也。」彤謂《後漢志》司隸校尉、州刺史竝有假。劉昭注引《漢官》：「雒陽今有假。」皆不兼吏名。此云假吏者，疑吏字衍。考《後漢書・光武紀》有「宜且罷輕車、騎士、材官、樓船士及軍假吏」。《百官志》謂太常卿有假佐十三人，太僕卿有假佐三十一人，廷尉卿有假佐一人，司隸校尉有假佐二十五人，每州刺史皆有從事假佐。佐卽吏也。故《志》稱佐吏以下，則鄭注假吏之文灼然不誤。又《士冠禮》「設洗直於東榮」，注云：「榮，屋翼也。」《釋宮》引《說文》：「屋梠之兩頭起者爲榮。」梠卽檐也，檐之東西起者乃曰榮。彤據此，指郭璞《上林賦注》所云南榮，屋南檐者爲誤。考《景福殿賦》曰：「南距陽榮，北極幽崖。」是南檐通名榮之顯證，亦不得云郭注爲誤。又《士喪禮》「牢中旁寸」，注云：「牢讀爲樓。」彤雖深信鄭注，而終以「牢讀爲樓」無他證。考焦延壽《易林》曰「失志懷憂，如幽狴牢」，又曰「失羊補牢，無益於憂」爲韻。《淮南子・本經訓》「牢籠天地，彈壓山川」，高誘注曰：「牢讀如屋霤之霤，楚人謂牢爲霤。」蓋蕭、肴、豪、尤四韻，古音本通，鄭注卽從當時之讀。又考《水經注》引釋氏《西域記》曰：「南河自于闐至鄯善，入牢蘭海。」牢蘭卽樓蘭，尤與鄭注闇合。彤疑無證，是未深考。又《喪服》曰：「布總、箭笄、髽，衰三年。」注曰：「髽，露紒也，猶男子之括髮。斬衰括髮以麻，則髽亦用麻。以麻者，自項而前交於額上，卻繞紒如著幓頭焉。」彤不取此注，別用《喪服小記疏》所引皇侃之說，謂斬衰麻髽、齊衰布髽，皆未成服之髽。其既成服，則髽不用麻布，惟露紒耳。且引此條注中「髽，露紒」之文以證麻布二髽外，別爲一露髻之髽。不知鄭注雖云「髽，露紒」，而其下更有「髽亦用麻」之文。其注《士喪禮》亦同。蓋注中「露紒」二字，乃明髽之去纚，既去纚而露紒，又以麻自項卻交於額，則髽之制始全。皇侃乃止取《喪服注》「露紒」二字，而截去其下「髽亦用麻」等句，遂指鄭注以髽服三年之髽爲露紒之髽，不用麻布，斯亦誣矣。彤安得據以攻鄭耶！然自此數條之外，則大抵援據淹通，無可訾議。蓋彤《三禮》之學，亞於惠士奇，而醇於萬斯大。此書所論，亦亞於所作《周官祿田考》，而密於所作《尚書小疏》焉。

張之洞《書目答問・列朝經注經說經本考證》 《儀禮小疏》八卷。沈彤。《果堂集》本，學海堂本。

儀禮章句

《四庫提要・禮類二》 《儀禮章句》十七卷。浙江吳玉墀家藏本。國朝吳廷華撰。廷華字中林，初名蘭芳，仁和人。康熙甲午舉人，由中書舍人歷官福建海防同知。乾隆初，嘗薦修《三禮》。杭世駿《榕城詩話》，稱廷華去官後，寄居蕭寺，穿穴賈、孔，著《二禮疑義》數十卷。案廷華所著《周禮疑義》，今未之見。而此書則名《章句》，未審別有《儀禮疑義》，抑或改名《章句》也。其書以張爾岐《儀禮句讀》過於墨守鄭注，王文清《儀禮分節句讀》以句讀爲主，箋注失之太略，因折衷先儒，以補二書所未及。每篇之中，分其節次。每節之內，析其句讀。其訓釋多本鄭、賈箋疏，亦間採他說，附「案」以發明之。於喪禮尤爲詳審。如《喪服》「嫡孫」條，疏謂祖孫本非一體，此謂祖爲適子服斬，故於孫不重服，特降於大功，疏說非是。《士喪禮》「陳大斂具」條，熬黍、稷各二筐，敖繼公謂置此代奠。此獨從注說，謂設以聚蟻，去熬而蟻亦俱去，蓋善法也。又謂《既夕禮》「皆木桁久之」句，久當作《廬人》「灸諸牆」之灸，柱也，以辨注疏之非。又謂祖奠主人，當在柩東，奠在其南，則亦在柩東。注謂主人及奠俱在柩西，非是。頗見精確。惟於三年之喪，過信毛奇齡三十六月之說，不知此說倡自唐王元感，當時已爲禮官所駁。閻若璩《潛邱劄記》辨之尤悉。廷華蓋偶未考。又謂「袒免」之免，疑襯冠者。案疏謂髽與括髮，以麻布自項嚮前交於額上，卻繞紒，免亦如之，但布廣一寸爲異，未聞有襯冠。其說亦穿鑿。然其章分句釋，箋疏明簡，於經學固不爲無補也。

張之洞《書目答問・正經正注》 《儀禮章句》十七卷。吳廷華。乾隆丁丑、嘉慶丙辰兩刻本。阮元編録《皇清經解》，學海堂刻本，極善。

儀禮疑義

張金吾《愛日精廬藏書志・禮類》 《儀禮疑義》五十卷。抄本。鄭氏注，賈公彥疏。國朝吳廷華存疑。其說謂《儀禮》十七篇，多天子諸侯卿大夫之禮，非高堂生所傳《士禮》十七篇也。鄭、賈惑於《漢志》，多曲折以求合《士禮》，故附會穿鑿，往往有之。又謂鄭、賈不能悉心以觀理，據理以正經，又時以成見強求其合，故其說多可疑云云。此《疑義》之所由作也。漢儒說經，具有師承，非後學所可妄議。然吳氏《三禮》之學，實有根柢，非淺見謏聞一知半解輕議先儒者可比。且以經解經，其精當處要亦有未可沒者。是亦可云鄭、賈之功臣矣。班固《藝文志》言高堂生傳《士禮》十七篇，傳經家謂卽今之《儀禮》，故《宋・藝文志》：《儀禮》十七篇，註亦謂「高堂生所傳」。愚謂高堂生所傳當別有書，非《儀禮》十七篇也。按十七篇中，《士冠》、《士相見》、《士喪》、《旣夕》、《士虞》、《特牲》爲士禮。據《曲禮》「士以羊豕」，則《少牢》亦士禮。鄭玄則以爲大夫禮。《鄉飲》、《鄉射》亦鄭玄謂之士禮。《昏禮》「士」字亦玄自增入。他如《燕禮》、《大射》、《聘禮》、《公食大夫禮》、《覲禮》，雖玄亦不能强謂之士禮。喪禮自天子至於庶人，尤爲最著，則十七篇不特士禮。故以士禮統之，不知此非朱子之言，蓋門人傳記之誤。據《前漢志》載高堂生傳禮在漢初，孝宣時后蒼最明，戴德、戴勝其弟子，據《三禮目録》謂《士冠》第一，始於二戴，則傳禮時，《士冠》未爲經首，安得取士字以統十七篇？楊慈湖《石魚偶記》謂高堂生所傳十七篇爲士禮，今《儀禮》多天子諸侯卿大夫之禮，不當以十七篇數偶同而妄意之，其說是也。愚謂《儀禮》幷非十七篇，蓋《旣夕》當與《士喪禮》合，《有司徹》當與《少牢禮》合，故劉向第以上、下篇名之，則《儀禮》又止十有五篇。或《士冠》、《士相見》諸士禮傳自高堂生，其《聘禮》諸篇則又在古經中，後人取之以足十七篇之數。若以此經爲高堂生所傳《士禮》，斷不敢信也。鄭玄、賈公彥惑於《漢志》，多曲折以求合於《士禮》，傳會穿鑿，往往有之。且二禮皆殘闕之書，而《儀禮》尤甚。如《聘禮》、《喪服》於十七篇爲最詳，而《聘禮》言勞不言積，《喪服》有族昆弟服，無高祖服，詳者尙略，略者更何論焉。又如《大射》之「小卿」、《士喪》之「負依」、《鄉射》之「奏《騶虞》」及《覲禮》諸說，或禮不經見，或常制不符，人多疑之。又況作經者本有互文詳略不同之處，非拘文牽義者所得與。韓昌黎謂《儀禮》難讀，余謂解之更難於讀。鄭、賈不知解，又不能悉心以觀理，據理以正經，又時以成見，强求其合，故其說多可疑。顧《周禮註疏》有宋以來人多以爲疑，《儀禮註疏》疑者獨少，謂其累經者細耳。然謂文王十三生伯邑考，何以澄王化之原？士非孤子，自主昏冠，何以協家有嚴君之義？祖禰爲一廟之祀宗，居易夫人之□□，何以正祭法而挽王迹？他如衣冠尊俎、陳設面位之屬，舍古法而自爲之說者，又其淺矣。有世道人心之責者，可略而不講哉。按《儀禮》之學，《授經圖》所載，不下百十家，至朱子《經傳通解》二十三卷，黄勉齋又續以二十九卷，可謂集大成矣，後學小儒，何容置喙？但懼疑義未剖，經學蓋疏，謹合新故《疑義》，存之得五十卷，非云羽儀在玆，蓋庶幾大雅之教云。雍正十三年歲次乙卯夏五月仁和吳廷華識。

補饗禮

《四庫提要・禮類二》　《補饗禮》一卷。浙江巡撫採進本。國朝諸錦撰。錦有《毛詩說》，已著録。是編以《儀禮》十七篇有《燕禮》，有《公食大夫禮》，而獨無《饗禮》。然其見於《周官》、《春秋傳》、《禮記》者，猶可得而考。元吳澄作《纂言》及《考注》，嘗有《補經》八篇，《補傳》十篇，獨於《饗禮》之文未有特著。蓋緣《聘》、《覲》篇中，俱兼及饗食，謂其可以相通而略之。殊不知饗之爲禮也，大非一聘覲所能該。有祭帝、祫祭之大饗，復有天子享元侯，兩君相見，及凡饗賓客之不同。使不自爲一篇，則雖諸書可考，亦無自而察其全。因據《周官》賓客之禮，聯事而比次之，竝取《左傳》、《禮記》中相發明者，條注於下，爲《補饗禮》一卷。考敖繼公《儀禮集說序》曰：『《公食大夫禮》云：『設洗如饗。』謂如其公饗大夫之禮也。而今之經乃無是禮，則是逸之也』云云。據其所考，則《儀禮》本有《饗禮》一篇，經文可證。錦之所補，非屬鑿空。且是編以《周官》爲宗，《周禮》固《儀禮》綱領。以經補經，固無背於不類。至於分注之傳、記，證佐天然，咸有條理，尤非牽强附會之比。至薦籩、不薦籩之異文，庭燎、門燎掌于閽人、甸人之殊說，竝兩存其義，不生穿鑿，亦勝於空談臆斷之學。雖寥寥不滿二十葉，而古典所存，足資考證，不以其篇帙之少而廢也。

張之洞《書目答問・列朝經注經說經本考證》　《饗禮補亡》一卷。諸錦。吳省蘭刻《藝海珠塵》本。宋劉攽補《士相見義》、《公食大夫義》，在《公是集》中。

禮經本義

《四庫提要・禮類二》　《禮經本義》十七卷。浙江巡撫採進本。國朝蔡德晉撰。德晉字仁錫，無錫人。雍正丙午舉人。乾隆初以楊名時薦，官司務。是書前十六卷皆本經。第十七卷附吳澄所輯《逸禮》八篇，皆引宋、元、明以來諸家之説，與注疏互相參證，大旨皆不戾於古。名物制度，考辨頗悉。亦間出新義，如《士冠禮》文「白屨以魁柎之」，鄭注：「魁，蜃蛤。柎，注也。」蓋以蛤灰柎注於屨，取其潔素。《説文》所云魁蛤，是其確證。乃引萬斯大之説，謂：「魁以木爲之。明時巾帽以木爲範，名曰魁頭，蓋本於此。」殊不免杜撰無稽。然如《士冠禮》，經文曰：「卽筵坐櫛設笄。」敖繼公以爲固冠之笄。德晉則謂：「笄有二種，一是髻內安髮之笄，一是弁冕固冠之笄。此未加冠，明是安髮之笄，繼公所説爲誤。」則亦頗辨析精密，爲前儒所未及也。

儀禮集編

《四庫提要・禮類二》 《儀禮集編》四十卷。浙江巡撫採進本。國朝盛世佐撰。世佐，秀水人。官龍里縣知縣。是書成於乾隆丁卯，裒輯古今説《儀禮》者一百九十七家，而斷以己意。《浙江遺書總録》作十七卷，且稱積帙共二千餘翻，爲卷僅十七者，案經篇數分之，不欲於一篇之中橫隔也。然此本目録列十七卷，書則實四十卷。蓋終以卷軸太重，不得已而分之。《總録》又稱末附《勘正監本石經》，補顧炎武、張爾岐之闕。此本亦有録而無書，豈《總録》但據目録載之歟？其謂朱子《儀禮經傳通解》析諸篇之記分屬經文，蓋編纂之初，不得不權立此例，以便尋省。惜未卒業而門人繼之，因仍不改，非朱子之本意。吳澄亦疑其經傳混淆爲朱子未定之稿。故是編經自爲經，記自爲記，一依鄭氏之舊。其《士冠》、《士相見》、《喪服》等篇，經、記、傳、注，傳寫混淆者，則從蔡沈考定《武成》之例，別定次序於後，而不敢移易經文。其持論頗爲謹嚴，無淺學空腹高談，輕排鄭、賈之錮習。又楊復《儀禮圖》久行於世，然其説皆本注疏，而時有併注疏之意失之者，亦一一是正。至於諸家謬誤，辨證尤詳。雖持論時有出入，而可備參考者多。在近時説禮之家，固不失爲根據之學矣。

張之洞《書目答問・列朝經注經説經本考證》 《儀禮集編》四十卷。盛世佐。刻本。

重刊朱子儀禮經傳通解

《四庫提要・禮類三》 《重刊朱子儀禮經傳通解》六十九卷。大學士于敏中家藏本。國朝梁萬方撰。萬方字廣菴，絳州人。朱子《儀禮經傳通解》本未竟之書，至黃榦乃續成之。此本名爲「重刊」，實則改修。大致據楊復序文，謂朱子稱黃榦所續《喪》、《祭》二禮規模甚善，欲依以改定全書，而未暇，遂以榦之體例，更朱子之體例，與榦書合爲一編，補其闕文，删其冗複，正其譌誤，又採近代諸説，參以己意發明之。其中間有考證，而亦頗失之蕪雜，如所補《學禮書》數篇，朱子原序本云取許氏《説文序説》及《九章算經》爲此篇。萬方乃曼衍及五百四十部之首，附以周伯琦之《字原》。非略非詳，已無裁制。至於以「楷書運筆諸法」爲一章，更爲泛濫。又不採古人舊説，而惟取近時傅山、馮班之論。其中傅山一條云：「亂嚷吾書好，吾書好在那。點波人應儘，分數自知多。漢隸中郎想，唐眞魯國譌。相如頌布濩，老腕一雙摩。」掩其書名而觀之，殆莫能知爲《儀禮經傳通解》之文也。

儀禮管見

張之洞《書目答問・列朝經注經説經本考證》 《儀禮管見》四卷。褚寅亮。家刻本。

儀禮注疏詳校

張之洞《書目答問・列朝經注經説經本考證》 《儀禮注疏詳校》十七卷。盧文弨。抱經堂本。

儀禮喪服文足徵記

張之洞《書目答問・列朝經注經說經本考證》 《喪服文足徵記》十卷。程瑤田。《通藝録》本，學海堂本。

儀禮釋官

張之洞《書目答問・列朝經注經說經本考證》 《儀禮釋官》九卷。胡匡衷。家刻本，學海堂本，胡肇智重刻本。

弁服釋例

張之洞《書目答問・列朝經注經說經本考證》 《弁服釋例》八卷。任大椿。王氏刻本，學海堂本。

儀禮易讀

《四庫提要・禮類存目一》 《儀禮易讀》十七卷。浙江巡撫採進本。國朝馬駉撰。駉字德淳，山陰人。《儀禮》經文詰曲，註疏浩繁，向稱難讀。是編刻於乾隆乙亥，於經文諸句之中，略添虛字聯絡之，以疏通大意。又仿高頭講章之式，彙諸說於上方。大約以鄭《註》、賈《疏》爲主，而兼採元敖繼公《集說》、明郝敬《集解》及近時張爾岐《句讀》諸書，間亦參以己意。取便初學而已，不足以闡經義也。

張之洞《書目答問・列朝經注經說經本考證》 《儀禮易讀》十七卷。馬之駉。通行本。便於初學，惟字太小。

儀禮漢讀考

張之洞《書目答問・列朝經注經說經本考證》 《儀禮漢讀考》一卷。段玉裁。經韻樓本，學海堂本。

儀禮經注疏正譌

張之洞《書目答問・列朝經注經說經本考證》 《儀禮正譌》十七卷。金曰追。刻本。

禮經釋例

張之洞《書目答問・列朝經注經說經本考證》 《禮經釋例》十三卷。凌廷堪。儀徵阮氏《文選樓叢書》本，學海堂本。

儀禮古今文疏證

張之洞《書目答問・列朝經注經說經本考證》 徐養原《儀禮古今文疏證》。有刻本，未見。

儀禮圖

張之洞《書目答問・列朝經注經說經本考證》 《儀禮圖》六卷。張惠言。阮刻單行本，武昌局刻縮本。遠勝宋楊復圖。

儀禮石經校勘記

張之洞《書目答問·列朝經注經説經本考證》《儀禮石經校勘記》四卷。阮元。粤雅堂本。

儀禮故書疏證

張之洞《書目答問·列朝經注經説經本考證》《儀禮故書疏證》卷。宋世犖。《台州叢書》本。

禮經宮室答問

張之洞《書目答問·列朝經注經説經本考證》《禮經宮室答問》二卷。洪頤煊。自著《傳經堂叢書》本。

儀禮古今文疏義

張之洞《書目答問·列朝經注經説經本考證》《儀禮古今文疏義》卷。胡承珙。《墨莊遺書》本。

儀禮正義

張之洞《書目答問·列朝經注經説經本考證》《儀禮正義》四十卷。胡培翬。沔陽陸氏蘇州刻本，內有十二卷楊大堉補。

儀禮宮室定制考

張之洞《書目答問·列朝經注經説經本考證》胡培翬《儀禮宮室定制考》。未見傳本。

儀禮釋注

張之洞《書目答問·列朝經注經説經本考證》《儀禮釋注》二卷。丁晏。六藝堂本。

喪服會通説

張之洞《書目答問·列朝經注經説經本考證》《喪服會通》卷。吳嘉賓。自刻本。

儀禮私箋

張之洞《書目答問·列朝經注經説經本考證》《儀禮私箋》八卷。鄭珍。遵義唐氏刻本，江寧重刻本。

禮記分部

禮記

姚振宗輯《七略別錄佚文·禮》 《禮古記》百三十一篇。《古文記》二百四篇。

嚴本。按：二百四篇者，指五種《古文記》而言也。其一卽此《禮古記》百三十一篇，其二《明堂陰陽記》三十三篇，其三《王史氏記》二十一篇，其四在《樂》類之《樂記》二十三篇，其五在《論語》類之《孔子三朝記》七篇，並見《隋書·經籍志》。凡此五種之書，寔有二百十五篇，此云二百四篇者，其中篇數或有分合，兔以詳知。《別錄》此條上下文大抵言此。百三十一篇爲《古文記》二百四篇之一，或中祕書通合二百四篇爲一種，《別錄》始分別校定爲五種。

《王度記》，似齊宣王時淳于髡等所謂也。

嚴本。馬本。

他家書拾撰所取《曲禮上》第一，《曲禮下》第二，《檀弓上》第三，《檀弓下》第四，《王制》第五，《月令》第六，《曾子問》第七，《文王世子》第八，《禮運》第九，《禮器》第十，《郊特牲》第十一，《內則》第十二，《玉藻》第十三，《明堂位》第十四，《喪服小記》第十五，《大傳》第十六，《少儀》第十七，《學記》第十八，《樂記》第十九，《襍記上》第二十，《襍記下》第二十一，《喪大記》第二十二，《祭法》第二十三，《祭儀》第二十四，《祭統》第二十五，《經解》第二十六，《哀公問》第二十七，《仲尼燕居世》第二十八，《孔子閒居世》第二十九，《坊記》第三十，《中庸》第三十一，《表記》第三十二，《緇衣》第三十三，《奔喪》第三十四，《問喪》第三十五，《服問》第三十六，《間傳》第三十七，《三年問》第三十八，《深衣》第三十九，《投壺》第四十，《儒行》第四十一，《大學》第四十二，《冠義》第四十三，《昏義》第四十四，《鄉飲酒義》第四十五，《射義》第四十六，《燕義》第四十七，《聘義》第四十八，《喪服四制》第四十九。

《釋文叙錄》云：劉向《別錄》有四十九篇，其篇次與今則《禮記》同。名爲他家書拾撰所取。又有《樂記正義》云：《別錄》，《禮記》四十九篇，《樂記》第十九。按：「他家書拾撰所取」者，謂小戴氏也。小戴與劉中壘同論五經於石渠，其人猶在世，故云「他家」，猶言今人也。然則《別錄》既校定《古記》百三十一篇，復似他家拾撰所取者，附記其篇目而不著於録，猶《四庫全書》有附存目錄者歟？鄭氏《三禮目錄》曰：《曲禮》、《王制》、《禮器》、《少儀》、《深衣》，於劉向《別録》屬制度。又曰：《檀弓》、《禮運》、《玉藻》、《大傳》、《學記》、《經解》、《哀公問》、《仲尼燕居》、《孔子閒居》、《坊記》、《中庸》、《表記》、《緇衣》、《儒行》、《大學》，於《別録》屬通論。又曰：《曾子問》、《喪服小記》、《襍記》、《喪大記》、《奔喪》、《問喪》、《服問》、《間傳》、《三年問》、《喪服四制》，於《別錄》屬喪服。又曰：《郊特牲》、《祭法》、《祭儀》、《祭統》，於《別録》屬祭祀。又曰：《文王世子》，于《別錄》屬世子法。又曰：《內則》，於《別録》屬子法。又曰：《投壺》，於《別錄》屬吉禮。又曰：《冠義》、《昏義》、《鄉飲酒義》、《射義》、《燕義》、《聘義》，於《別録》屬吉事。按：以上四十三篇，《曲禮》、《檀弓》、《襍記》三篇分上下，爲四十六篇。《別錄》分制度、通論、喪服、祭祀、世子法、子法、吉禮、吉事，凡八目，餘皆不可考。在《別錄》通百三十一篇，皆一律分別所屬，不僅分此四十三篇也。若《月令》、《明堂位》不在此百三十一篇之內，詳見下條。《樂記》則在《樂》類之首，亦不在此內，詳見下篇矣。

《漢書·藝文志·禮》 《記》百三十一篇。七十子後學者所記也。

姚振宗《漢書藝文志條理·禮家》 《記》百三十一篇，七十子後學者所記也。

劉向《別録》曰：「古文《記》二百四篇。」按此百三十一篇，是二百四篇之一。又《隋志》所云實有二百十五篇，篇數與《漢志》相符。此云二百四篇，或其中篇數分合不一，無以詳知。又曰：「《王度記》，似齊宣王時淳于髡等所說也。」《禮記正義》曰：「《曲禮》、《王制》、《禮器》、《少儀》、《深衣》，於《別録》屬制度，《檀弓》、《禮運》、《玉藻》、《大傳》、《學記》、《經解》、《哀公問》、《仲尼燕居》、《孔子閒居》、《坊記》、《中庸》、《表記》、《緇衣》、《儒行》、《大學》，於《別録》屬通論，《曾子問》、《喪服小記》、《雜記》、《喪大記》、《奔喪》、《問喪》、《服問》、《間傳》、《三年問》、《喪服四制》，於《別録》屬喪服，《郊特牲》、《祭法》、《祭儀》、《祭統》，於《別録》屬祭祀，《文王世子》，於《別録》屬世子法，《內則》，於《別録》屬子法，《投壺》於《別録》屬吉禮，《冠義》、《昏義》、《鄉飲酒義》、《射義》、《燕義》、《聘義》，於《別録》屬吉事。」以上四十三篇，內《曲禮》、《檀弓》、《雜記》各分上下篇，爲四十六篇，卽《隋志》所謂「戴聖刪大戴之書，爲四十六篇」是也。《正義》又云：「《月令》、《明堂位》，于《別録》屬明堂陰陽，《樂記》于《別録》屬《樂記》。」

按：《漢志》，《明堂陰陽》三十三篇，《樂記》二十三篇，在《別録》各爲一書，不在此百三十一篇之內。《隋志》謂馬融傳小戴之學，又足《月令》一篇、《明堂位》一篇、《樂記》一篇，合四十九篇。此足字，據《通典》所引，實定字之誤。此三篇，大戴取之于兩書，小戴又從而取之兩書，有五十六篇之多，大、小戴去取不一，故馬氏又重定其本，《隋志》特分別言之，本不誤，或斥以爲誤者，殆未之詳考。

《隋書・經籍志》：「漢初河間獻王又得仲尼弟子及後學者所記一百三十一篇獻之，時亦無傳之者，至劉向考校經籍檢得一百三十篇。按「二」在十之下，寫者亂之。向因第而叙之。」按此言「第而叙之」者，卽《正義》所云《曲禮》屬制度之類是也。其所第叙今可考見者，曰制度，曰通論，曰喪服，曰祭祀，曰世子法，曰子法，曰吉禮，曰吉事，凡八目。王氏考證今逸篇之名可見者有《三正記》、《別名記》、《親屬記》、《明堂記》、《曾子記》、《禮運記》、《五帝記》見《白虎通》。《王度記》、見《禮記注》、《禮記周禮疏》、《白虎通》、《後漢輿服志注》。《王霸記》、見《夏官注》。《瑞命記》、見《論衡》、《文選注》。《辨名記》、見《春秋疏》。《孔子三朝記》、見《史記》、《漢書注》。《月令記》、《大學志》、見《蔡邕論》。《雜記》、失注出處。又有《號謚記》，見《御覽》七十七。應劭《風俗通》引，《曾子記》、《禮運記》、《雜記》，已見今《禮記》鄭氏注本中，《明堂記》、《月令記》，別爲一書，已詳于前，《大學志》當屬《明堂陰陽》。此三記皆不在此百三十一篇中，王氏誤入。《孔子三朝記》，《別録》自爲一書，入《論語》家，亦不在此百三十一篇中。此之佚篇，唯《三正記》、《別名記》、《親屬記》、《五帝記》、《王度記》、《王霸記》、《瑞命記》、《辨名記》、《號謚記》，餘見《大戴記》所載諸篇，特無以別之。王仁圃氏輯存《王度記》、《三正記》佚文數條。

嘉定錢大昕《廿二史考異》曰：「或謂《漢書》不及《禮記》，考河間獻王所得書，《禮記》居其一。《志》不別出《記》四十九篇者，統于百三十一篇也。」按《考異》又云：「百三十一篇，合大、小戴所傳而言。《小戴記》四十九篇，《曲禮》、《檀弓》、《雜記》分上下，實止四十六篇，合《大戴》之八十五篇，正協百三十一篇之數。今按此說，非也。大、小戴所取合五種二百十五篇，非僅于百三十一篇內取裁也，《隋志》之言可信，其中唯《樂記》十一篇，或亦在百三十一篇中。」按《釋文叙録》云：「漢劉向《別録》有四十九篇，其篇次與今《禮記》同。」又《樂記正義》云：「《別録》，《禮記》四十九篇、《樂記》第十九。」是《別録》中有《小戴》四十九篇，篇目審矣。考二戴所取，不出《隋志》，所舉五種，曰《記》百三十一篇，曰《明堂陰陽記》三十三篇，曰《孔子三朝記》七篇，曰《王史氏記》二十一篇，曰《樂記》二十三篇。又如《大戴記》載及孝昭冠辭則且兼綜《后倉曲臺記》。二戴與劉中壘同時，《別録》唯載五種原編及《曲臺記》本書于《禮》、《樂》、《論語》三類中，若大、小戴《記》在當時不過節録之別本，則但附記及之，不明著于録也。又按班氏舊例連屬而書，此「記」字蒙上，「禮」字卽《禮記》也，改爲分條頭緒便不相屬。

陳振孫《直齋書録解題・禮類》 《禮記》二十卷。卽所謂《小戴禮》也。凡四十九篇。漢儒輯録前記，固非一家之言，大抵駁而不純。獨《大學》、《中庸》爲孔氏之正傳，然初非專爲《禮》作也。唐魏徵嘗以《小戴禮》綜彙不倫，更作《類禮》二十篇，蓋有以也。

《宋史・藝文志・禮類》 《禮記》二十卷。戴聖纂。

姚振宗《漢書藝文志拾補・禮家》 《禮小戴記》四十九篇。《漢書・儒林傳》：「后倉授梁戴德延君、戴聖次君。聖號小戴，以博士論石渠，至九江太守。」《正義》云：「聖，德從子。」《漢書・何武傳》：「武爲揚州刺史，所舉奏二千石長吏必先露章，服罪者爲虧除，免之而已。不服，極法奏之，抵罪或至死。九江太守戴聖，《禮經》號小戴者也，行治多不法，前刺史以其大儒，優容之。及武爲刺史，行部録囚徒，有所舉以屬郡。聖曰：「後進生何知，迺欲亂人治！」皆無所決。武使從事廉得其罪，聖懼，自免，後爲博士，毀武於朝廷。武聞之，終不揚其惡。而聖子賓客爲羣盜，得，繫廬江，聖自以子必死。武平心決之，卒得不死。自是後，聖慚服。武每奏事至京師，聖未嘗不造門謝恩。」《釋文叙録》：「陳邵《周禮論》序云：『戴聖刪《大戴禮》爲四十九篇，是爲《小戴禮》。』」《禮記正義》：「孔子沒後，七十二子之徒共撰所聞以爲此記，或録舊禮之義，或録變禮所由，或兼記體履，或雜序得失，故編而録之以爲記也。《中庸》是子思伋所作。《緇衣》，公孫尼子所撰。鄭康成云：「『《月令》，呂不韋所修。』盧植云『《王制》謂漢文時博士所録。』其餘衆篇皆如此例，但未能盡知所記之人也。」《經義考》曰：王肅注《禮》，以《月令》爲周公所作。羅璧曰：「梁沈約謂《中庸》、《表記》、《坊記》、《緇衣》取子思，《樂記》取公孫尼子，《學記》出毛生。」胡寅曰：「《禮運》，子游作。《樂記》，子貢作。」郝敬曰：「《三年問》，荀卿所著。」

按《釋文叙録》附注云：「漢劉向《別録》有四十九篇，其篇次與今《禮記》同名，爲他家書拾撰所取，不可謂之《小戴禮》。」按小戴與劉光祿同時，豈《別録》中附著其篇目歟？《七略》唯有《古記》原編。凡五種二百十五篇，分著《禮》類、《樂》類、《論語》類中。若大小戴、慶氏諸節本，皆所不著也。又按《書録解題》及《宋・藝文志》於鄭注《禮記》之前，別有戴聖《禮記》二十卷，豈《小戴記》原編至宋猶在耶？似以《禮記》白文而即謂之《小戴記》，不知鄭本《禮記》與《小戴》實有不同者。

楊士奇等《文淵閣書目・禮類》 《禮記》正文。一部，十冊。闕。 《禮記》。一部，六冊。完全。 《禮記》一部，二冊。闕。 《禮記》。一部，二冊。

徐𤊹《徐氏家藏書目・禮類》 《禮記》白文三十卷。

張萱等《内閣藏書目録・經部》 《禮記》。六冊。全。監本。 《禮記》。三冊。不全。 又六冊。不全。 又九冊。不全。

劉若愚《内板經書紀略》 《禮記》。八本，一千六十一葉。

錢謙益等《絳雲樓書目・禮類》 宋板《禮記》十冊。二十卷。

顧廣圻《思適齋集處書跋輯存・經類》 《禮記》二十卷。宋刊本。此撫州公使庫刻本《禮記》，是南宋淳熙四年官書，於今日爲最古矣。末有名銜一紙，裝匠誤分入《釋文》首，不知者輒認以爲舊監本，非也。嘉慶丙寅顧廣圻題。近張古漁太尊開工重雕行世，嘉惠學子，兼成先從兄收藏此書之志良可感也。若古香馡馥，原本獨絶，我小讀書堆中，其永永寶之哉！澗薲幷記。

王史氏

姚振宗輯《七略別録佚文・禮》 《王史氏》二十一篇。七十子後學者。王史氏，六國時人也。嚴本。馬本。

《漢書・藝文志・禮》 《王史氏》二十一篇。七十子後學者。

姚振宗《漢書藝文志條理・禮家》 《王史氏》二十一篇，七十子後學者。劉向《別録》曰：「王史氏，六國時人也。」 鄭樵《通志・氏族略》：「《風俗通》：周先王太史，號王史氏。《英賢傳》：周共王生圉，圉曾孫滿生簡，簡生業，業生宰，世傳史職，因氏焉。《藝文志》有王史氏。」按此則《隋志》稱王氏史氏者，似後人妄加也。本志叙《禮古經》多三十九篇及《明堂陰陽》、《王史氏記》所見多天子諸侯卿大夫之制，雖不能備，猶瘉倉等推《士禮》而致于天子之説。《隋書・經籍志》：「漢初，河間獻王又得仲尼弟子及後學者所記一百三十一篇獻之，至劉向因第而叙之，而又得《明堂陰陽記》三十三篇、《孔子三朝記》七篇、按見下《論語》類中。《王氏史氏記》二十一篇、《樂記》二十三篇，按見下《樂》類中。凡五種合二百十四篇。」當爲二百十五篇。

曲臺后倉

《漢書・藝文志・禮》 《曲臺后倉》九篇。

姚振宗《漢書藝文志條理・禮家》 《曲臺后倉》九篇。后倉有《齊詩故》、《傳》，見前《詩》家。劉歆《七略》曰：「宣皇帝時行射禮，博士后倉爲之辭，至今記之，曰《曲臺記》。」 本書《儒林傳》：「倉説《禮》數萬言，號曰《曲臺記》。」又《易》家《孟喜傳》：「喜父孟卿，善爲《禮》、《春秋》，授后倉、疏廣。世所傳《后氏禮》、《疏氏春秋》，皆出孟卿。」 顔氏《集注》：「如淳曰：『行射禮于曲臺，后倉爲記，故名曰《曲臺記》。《漢官》曰：大射于曲臺。』晉灼曰：『天子射宫，西京無太學，于此行禮也。』服虔曰：『在曲臺校書著説，因以爲名。』師古曰：『曲臺殿在未央宫。』」 《隋書・經籍志》：「宣帝時，后倉，最明其業，乃爲《曲臺記》。」

王氏考證：按《大戴・公符》篇載孝昭冠辭，蓋宣帝時《曲臺記》也。《經義考》：「孫惠蔚曰：曲臺之記，戴氏所述，然多載尸灌之義，牲獻之數，而行事之法，備物之體，蔑有具焉。」按：此則《曲臺記》，亦大戴氏所記述也。按《明堂陰陽》、《王史氏》、《曲臺后倉》三書，舊時文相連屬，皆蒙上文「記」字，今改爲分條，文義遂隔越而不相貫。

中庸説

《漢書・藝文志・禮》 《中庸説》二篇。

姚振宗《漢書藝文志條理・禮家》　《中庸說》二篇。《史記・孔子世家》：「孔子生鯉，字伯魚。先孔子死。伯魚生伋，字子思，年六十二。嘗困于宋。子思作《中庸》。」　本書《古今人表》：子思列第二等上中仁人。錢塘梁玉繩考曰：「子思亦稱孔思，貌無鬚眉，年八十二，葬孔子冢南。」

《孔叢子・居衛》篇：「子思年十六適宋，宋大夫樂朔與之言學焉。朔曰：『《尚書》虞、夏數四篇善也，下此以訖于秦、費，效堯、舜之言爾，殊不如也。』子思答曰：『事變有極，正自當耳！假令周公、堯、舜不更時異處，其書同矣。』樂朔曰：『凡《書》之作，欲以喻民也。簡易爲上，而乃故作難知之辭，不亦繁乎？』子思曰：『《書》之意，兼復深奥，訓誥成義，古人所以爲典雅也。』『昔魯委巷亦有似君之言者。』伋答之曰：『道爲知者傳，苟非其人，道不傳矣。今君何似之甚也。』樂朔不悅而退曰：『孺子辱我！』其徒曰：『魯雖以宋爲舊，然世有讎焉，請攻之。』遂圍子思。宋君聞之，不待駕而救子思。子思既免，曰：『文王困于牖里作《周易》，祖君屈于陳、蔡作《春秋》，吾困于宋，可無作乎？』于是撰《中庸》之書四十九篇。」　鄭氏《三禮目録》曰：「名曰《中庸》者，以其記中和之爲用也，庸，用也。孔子之孫子思伋作之，以昭明聖祖之德也。此于《別録》屬通論。」　王氏考證：「程氏曰：『《中庸》之書，是孔門傳授，成于子思，傳于孟子。』《白虎通》謂之《禮中庸記》。《孔叢子》云：『子思年十六，撰《中庸》之書四十九篇。』東萊呂氏曰：『未冠既非著書之時，而《中庸》之書亦不有四十九篇也，此蓋戰國流傳之妄。』」按十六或是六十之誤，四十九篇或其原編如此。《孔叢子》記其先世遺文軼事，此等處皆可信。《禮記》自大小戴、慶氏而後，東京馬、盧、鄭各有其本，各有取去，其《中庸》一篇保無有刪存于其間，未可以諸家輾轉鈔襲之本信其必是也。　嘉定王鳴盛《蛾術編・說録》曰：「《漢志》《中庸說》二篇，與上《記》百三十一篇各爲一條，則今之《中庸》乃百三十一篇之一，而《中庸說》二篇其解詁也。不知何人所作，惜其書不傳。師古乃云：『今《禮記》有《中庸》一篇，亦非本禮經。蓋此之流。』反以《中庸》爲說之流，師古虛浮無當，往往如此。」按顏注，殆以《禮記》之外別有此《中庸》之書，而不知此乃說《中庸》之書也。

明堂陰陽記

姚振宗輯《七略別録佚文・禮》　《明堂陰陽記》三十三篇。古明堂之遺事。明堂之制，内有太室象紫宮，南出明堂象太微，嚴本。路寢在北堂之西，宗廟在路寢之西。嚴本。馬本。左明堂辟雍，右宗廟社稷。嚴本。馬本。

鄭氏《三禮目録》曰：「《禮記・明堂位》、《月令》，於《別録》屬明堂陰陽。」按言此二篇皆屬此記三十三篇中也。　《隋書・牛弘傳》：「案劉向《別録》及馬宮、蔡邕等所見，當時有古文《明堂禮》、《王居明堂禮》、《明堂圖》、《明堂大圖》、《泰山通義》、魏文侯《孝經傳》等，並說古明堂之事，其書皆亡。」

《漢書・藝文志・禮》　《明堂陰陽》三十三篇。古明堂之遺事。

姚振宗《漢書藝文志條理・禮家》　《明堂陰陽》三十三篇，古明堂之遺事。劉向《別録》曰：「明堂之制，内有太室象紫宮，南出明堂象太微。」又曰：「路寢在明堂之西，社稷宗廟在路寢之西。」又曰：「左明堂辟雍，右宗廟社稷。」按：此皆佚文之散見者，故其語不屬。　劉歆《七略》曰：「王者師天地，體天而行，是以明堂之制内有太室象紫微宮，南出明堂象太微。」

《禮記正義》：「《月令》、《明堂位》，于《別録》中屬明堂陰陽。」蓋戴德先取此入《大戴記》，戴聖又取此入《小戴記》，此二篇在《別録》則屬之《明堂陰陽》三十三篇中也。　本書《成帝本紀》：「陽朔二年春，詔曰：『昔在帝堯，立羲和之官，命以四時之事，令不失其序。故《書》云「黎民於蕃時雍」，明以陰陽爲本也。」此書名《明堂陰陽》，其義蓋大略如此。　蔡邕《明堂月令論》曰：「《月令》篇名，因天時，制人事。天子發號施令，祀神受職，每月異禮，故謂之《月令》。所以順陰陽，奉四時，効氣物，行王政也。成法具備，各從時月，藏之明堂所以示承祖考神明，明不敢泄瀆之義。故以明堂冠月令。《夏小正》，夏之月令也。殷人無文，及周而備，宜周公之所著也。秦相呂不韋著書，取《月令》爲紀號，淮南王亦取以爲第四篇，改名曰《時則》，故偏見之徒或云《月令》呂不韋作，或曰淮南，皆非也。」《大戴記》盧辨注：「明堂月令者，于明堂之中施十二月之令。」　《隋書・牛弘傳》：「弘上議曰：

『案劉向《别録》及馬宮、蔡邕等所見，當時有《古文明堂禮》、《王居明堂禮》、《明堂圖》、《明堂大圖》、《明堂陰陽》、《泰山通義》、魏文侯《孝經傳》等，並説古明堂之事。其書皆亡。』」　王氏考證：「《唐會要》引《禮記明堂陰陽録》，牛弘亦引《明堂陰陽録》，今《禮記・月令》于《别録》中屬《明堂陰陽記》，故謂之《明堂月令》，《説文》引《明堂月令》。」　按：惠定宇氏因治《易》以知明堂之法，撰集《明堂大道録》，其篇目曰《明堂制度》、《明堂四門》、《明堂門數》、《明堂六宗》、《明堂二至降神四時迎氣》、《明堂建官》、《明堂行政》、《明堂清廟》、《明堂配天》、《明堂配食》、《明堂助祭》、《明堂治曆》、《明堂靈臺》、《明堂太學四學》、《明堂郊射》、《明堂設四輔三公》、《明堂尊師》、《明堂朝覲》、《明堂耕耤》、《明堂養老》、《明堂內治》、《明堂天府》、《明堂嘗新》、《明堂四極》、《明堂四面》、《明堂四靈》、《明堂用四夷之學》、《明堂獻俘》，凡二十有八，于班氏言古明堂之遺事率由不越，雖未必盡合三十三篇之舊，然大略可想見矣！

明堂陰陽説

《漢書・藝文志・禮》　《明堂陰陽説》五篇。

姚振宗《漢書藝文志條理・禮家》　《明堂陰陽説》五篇。按此不知何人説。《明堂陰陽記》之文，或劉中壘哀録諸家之説，以其非一家之言，故不著撰人。又按自《曲臺后倉》至此三家，似皆漢人説《禮》之書，猶《禮古記》之支流，故次于《王史氏記》之後。

禮小戴記橋氏章句

姚振宗《漢書藝文志拾補・禮家》　《禮小戴記橋氏章句》四十九篇。《漢書・儒林傳》：「小戴授梁人橋仁季卿、楊榮子孫。仁爲大鴻臚，家世傳業，由是小戴有橋、楊氏之學。」按《百官表》孝平元始二年大鴻臚橋仁，而范書言成帝時。　《後漢書・橋玄傳》：「玄字公祖，梁國睢陽人也。七世祖仁，從同郡戴德學，著《禮記章句》四十九篇，號曰橋君學。成帝時爲大鴻臚。」

《經義考》曰：「按橋、楊本傳小戴之學，班史序次甚明，此云戴德恐誤。」

禮記要鈔

《隋書・經籍志・禮》　《禮記要鈔》十卷。緱氏撰。

《舊唐書・經籍志・禮》　《禮記要鈔》六卷。緱氏撰。

《新唐書・藝文志・禮類》　《緱氏要鈔》六卷。

鄭樵《通志・藝文略・禮》　《緱氏要鈔》六卷。

姚振宗《後漢藝文志・禮類》　《緱氏禮記要鈔》十卷。《周禮疏序》引馬融自序曰：「劉歆末年，天下倉卒，兵革並起，疾疫喪荒，弟子死喪，徒有里人河南緱氏、杜子春尚在。」《隋書・經籍志》曰：「河南緱氏及杜子春受業於劉歆。」又曰：「《禮記要鈔》十卷，緱氏撰。」　《唐・經籍志》：「《禮記要鈔》六卷，緱氏撰。」　《藝文志》：「《緱氏要鈔》六卷。」

按：《隋志》言，河南緱氏及杜子春受業於劉歆，則河南緱氏别爲一人。賈疏序删去及字，遂濛渾不可辨。又《隋志》是書列《禮略》二卷之次，《禮略》不著撰人，侯君謨以爲景鸞撰，其説良是。景鸞，東漢初人，是書編列其後，則亦以爲東漢初人矣。考兩漢《禮》家，别無緱氏，此緱氏其即劉歆弟子佚其名字者歟。又考氏姓諸書，有陳留緱氏、河南緱氏二族，緱氏亦西漢縣屬河南郡，或以爲河南緱氏是杜子春，籍隸郡縣，今考《廣韻》杜字注云：「漢有御史大夫杜周，以南陽豪族徙茂陵，始居京兆。」是漢之杜氏，其先爲南陽人，其後則京兆人，皆非河南人也。

慶氏禮章句

姚振宗《後漢藝文志・禮類》　曹充《慶氏禮章句》四十九篇。

姚振宗《漢書藝文志拾補・禮家》　《禮慶氏記》四十九篇。《漢書・儒林・孟卿傳》：「孟卿事蕭奮，以授后倉。倉授沛聞人通漢子方、梁戴德延君、戴聖次君、沛慶普孝公。孝公爲東平太傅。由是《禮》有大戴、小戴、慶氏之學。普授魯夏侯敬，又傳族子咸，爲豫章太守。」　《漢書・藝文志》：「漢興，魯高堂生傳《士禮》十七篇。訖孝宣世，后倉最明。戴德、戴聖、慶普皆其弟子，三家立於學官。」　《後漢書・曹褒傳》：「褒，字叔通，魯國薛人也。父充，持《慶氏禮》，作章句辨難，於是遂有慶氏學。褒少篤志，結髮傳充業，博物識古，爲儒者宗，作《通義》及《演經雜論》，又傳《禮記》四十九篇，教授諸生千餘人，慶氏學遂行於世。」　《隋書・經籍志》：「后蒼授梁人戴德，及德從兄子聖、沛人慶普，於是有大戴、小戴、慶氏三家並立。後漢唯曹充傳慶氏，以授其子褒。然三家雖存並微，相傳不絕。」　《經義考》曰：「按后氏之《禮》，分爲四家，聞人通漢雖未立於學官，而《石渠禮論》其議奏獨多，慶氏亦必有書，顧未詳篇目。東漢之世，曹充父子尚傳其學，竊怪班氏志藝文，獨不及之何歟？」　按《儒林傳》贊言，其初《禮》家唯有后氏，至宣帝世，復立大、小戴《禮》，是《漢志》所謂三家立於學官者，后氏及大、小戴也，慶氏不與焉。范書《儒林傳》謂二戴、慶氏三家皆立博士，恐非是。東京亦但有二戴博士，見《續漢・百官志》。

慶氏禮辨難

姚振宗《後漢藝文志・禮類》　曹充《慶氏禮辨難》。　《漢書・儒林傳》：「后倉授聞人通漢子方、梁戴德延君、戴聖次君、沛慶普孝公。爲東平太傅，由是《禮》有大戴、小戴、慶氏之學。」　范書《曹褒傳》：「褒，魯國薛人也。父充，持《慶氏禮》，建武中爲博士。顯宗卽位，拜侍中，作章句辨難，于是遂有慶氏學。褒少篤志，結髮傳充業，博物識古，爲儒者宗。傳《禮記》四十九篇，教授諸生千餘人，慶氏學遂行于世。」　又《儒林傳》曰：「建武中，曹充習慶氏學，傳其子褒。」　按：傳《慶氏禮》者，前漢有魯夏侯敬、沛慶咸、大鴻臚王臨，中興後有犍爲董鈞及曹充父子而已。董鈞教授弟子百餘人，曹褒教授弟子千餘人，無一名家，《慶氏禮》遂由是絕矣！又按慶普有《禮記》，與大、小戴《記》並行，《經義考》嘗詳言之。此云充作《章句辨難》，章句者，卽爲《慶氏記》而作，自爲一書；辨難者，所以辨問者之難，又別爲一書。史文簡略類此者，頗多下同此例。曹褒所傳《禮記》四十九篇，卽傳其父《慶氏記章句》也。

禮略

《隋書・經籍志・禮》　《禮略》二卷。

鄭樵《通志・藝文略・禮》　《禮略》二卷。

姚振宗《後漢藝文志・禮類》　景鸞《禮略》二卷。范書《儒林傳》：「又撰《禮內外記》，號曰《禮略》。」　侯《志》曰：「《隋志》有《禮略》二卷，不著名氏，以鸞傳考之，則鸞撰也。」　按：《隋志》於諸家《禮記》之後，別以《禮記鈔》、《禮記義疏》、《禮記評》爲一類，以此二卷爲是類之首，覈以時代，侯説近得其實。

月令章句

姚振宗《後漢藝文志・禮類》　景鸞《月令章句》。鸞。始末見《易》類。范書《儒林傳》作《月令章句》。常璩，梓潼人，士贊著録同。　侯《志》曰：「蔡邕《月令問答》稱前儒特爲《章句》者，皆用意傳，非其本旨，疑卽指鸞書。」　按：蔡中郎以前特爲《月令》作章句，可考見者，唯此侯説實近似之。

禮記注

姚振宗《後漢藝文志・禮類》　馬融《禮記傳》四十九篇。融撰《周官傳》自序曰：「至六十爲武都守，郡小少事，乃述平生之志，著《易》、《尚書》、《詩》、《禮》傳，皆訖。」　范書本傳曰：「注《詩》、《易》、《三禮》、

《尚書》。」　《釋文叙録》：「陳邵《周禮論序》云：後漢馬融、盧植考諸家同異，附戴聖篇章，去其繁重，及所叙，略而行於世，即今之《禮記》是也。鄭玄亦依盧馬之本而注焉。」　《隋書・經籍志》曰：「戴聖又刪大戴之書爲四十六篇，謂之《小戴記》。漢末馬融遂傳小戴之學，融又足按足是定字寫誤。《月令》一篇，《明堂位》一篇，《樂記》一篇，合四十九篇。」　馬國翰輯本序曰：「融之學，長于《三禮》，其《周官禮注》、《喪服經傳注》，隋、唐《志》各著録，獨無《禮記》。《東漢會要》載有融《禮記注》。賈公彦《周禮廢興》云：《禮》傳均不詳卷數，蓋本有注而久佚矣。采得一十六節，録爲一卷云。」　按《通典》四十一有曰：「馬融亦傳小戴之學，又定《月令》、《明堂位》，此處似敓「樂記」二字。合四十九篇。」知《隋志》「足」字乃「定」字之譌，言馬氏考諸家同異，又定此三篇也，是爲馬氏重定本。《四庫提要》有曰「《禮記》輯自漢儒，某增某減，具有主名」，此類是已。

禮記盧植注

陸德明《經典釋文序録・禮》　盧植注《禮記》二十卷。

《隋書・經籍志・禮》　《禮記》十卷。漢北中郎將盧植注。

《舊唐書・經籍志・禮》　《禮記》二十卷。盧植注。

《新唐書・藝文志・禮類》　盧植注《小戴禮記》。二十卷。

鄭樵《通志・藝文略・禮》　《禮記》二十卷。漢北中郎將盧植注。

禮記解詁

姚振宗《後漢藝文志・禮類》　盧植《禮記解詁》二十卷。植始末見《書》類。范書本傳：「作《尚書章句》、《三禮解詁》。時始立太學石經，以正五經文字，植乃上書曰：臣少從通儒故南郡太守馬融受古學，頗知今之《禮記》特多回穴，臣前以《周禮》諸經，發起粃謬，敢率愚淺，爲之解詁，而家乏，無力供繕寫上。願得得將能書生二人，共詣東觀，就官材糧，專心研精，合《尚書》章句，考《禮記》失得，庶裁定聖典，刊正碑文。司馬彪《續漢書》曰：「植少事馬融，與鄭玄同門相友，作《尚書章句》、《禮記解詁》。」　《釋文叙録》：「盧植注《禮記》二十卷。」　《隋書・經籍志》：「《禮記》十卷，漢北中郎將盧植注。」　《唐・經籍志》：「《禮記》二十卷，盧植注。」　《藝文志》：「盧植注《小戴禮記》二十卷。」　《舊唐書・元行沖傳》：「行沖著《釋疑論》曰：小戴之《禮》，行于漢末，馬融注之，時所未覩，盧植分合二十九篇而爲説解，代不傳習。」　馬國翰輯本序曰：「《禮記正義》謂鄭亦依盧、馬之本而爲之注，本傳載刊正碑文之奏，未經允行，而植所自爲禮注，推本師説，訂改紕謬，當必獨成善本，故鄭氏用之也，今就羣書所引輯録一卷。」又王氏《漢魏遺書鈔》輯本一卷。　按：元行沖言，則盧氏又于四十九篇中刪定二十九篇，是爲盧氏重定本。

禮記鄭玄注

陸德明《經典釋文序録・禮》　鄭玄《注》二十卷。

《隋書・經籍志・禮》　《禮記》二十卷。漢九江太守戴聖撰，鄭玄注。

《舊唐書・經籍志・禮類》　《小戴禮記》二十卷。戴聖撰，鄭玄注。

錢東垣等輯《崇文總目・禮類》　《禮記》二十卷。鄭康成注。

《新唐書・藝文志・禮類》　鄭玄注《小戴聖禮記》二十卷。

鄭樵《通志・藝文略・禮》　《禮記》二十卷。漢戴聖撰，鄭玄注。

晁公武《郡齋讀書志・禮類》　《禮記》二十卷。右漢戴聖纂，鄭康成注。聖，即所謂小戴者也。此書乃孔子殁後七十子之徒所共録。《中庸》孔伋作，《緇衣》公孫尼子作，《王制》漢文帝時博士作，河間獻王集而上之。劉向校定二百五十篇。大戴既刪，八十五篇；小戴又刪，四十六篇。馬融傳其學，又附《月令》、《明堂位》、《樂記》，合四十九篇。

陳振孫《直齋書録解題・禮類》　《禮記注》二十卷。漢鄭康成撰。

馬端臨《文獻通考・經籍考・禮》　《禮記》二十卷，鄭玄注。夾漈鄭氏曰：「戴聖爲九江太守，行治多不法，何武爲揚州刺史，聖懼，自免。後爲博士，毁武於朝廷，武聞之，終不揚其惡。而聖子賓客爲盜，繫廬江，聖自以子必死，武平心決之，卒得不死。自是聖慚服武，每奏事至京師，聖未嘗不造門謝恩。戴聖爲禮家之宗，身爲贓吏，而子爲賊徒，可不監哉！學者當先其言而已矣。」　《朱子語錄》曰：「《禮記》有說宗廟朝廷說得遠後雜亂，不切於日用。若欲觀禮，須將《禮記》節出切於日用常行者如《玉藻》、《內則》、《曲禮》、《少儀》看。學禮先看《儀禮》，《儀禮》無全書，其全皆是講說。如《周禮》、《王制》是制度之書，《大學》、《中庸》是說理之書，《儒行》、《樂記》非聖人之書，乃戰國賢士爲之。有許順之者說：人謂《禮記》是漢儒說，恐不然。漢儒最純者莫如董仲舒，仲舒之文最純者莫如《三策》，何嘗有《禮記》中說話來？如《樂記》所謂『天高地下，萬物散殊，而禮制行矣。流而不息，合同而化，而樂興焉』。仲舒如何說得到這裏？想必古來流傳得此箇文字如此。《禮記》有王肅注，煞好。太史公《樂書》載《樂記》全文，注家兼存得王、鄭。如陸農師《禮象》、陳用之《禮書》亦該博，陳氏勝陸氏。如後世禮樂，全不足取，但諸儒《儀禮》，頗有好處，此不可廢，當別類作一書。六朝人多精於此，畢竟當時此學自專門名家，朝廷有禮事便用此等人議之。鄭康成是个好人，考禮名數大有功。王肅議禮，必反鄭玄。」

《宋史・藝文志・禮類》　《禮記注》二十卷。

楊士奇等《文淵閣書目・禮類》　《禮記鄭氏注》。一部，十二冊。闕。

《禮記鄭氏注》。一部，十冊。完全。塾本

《禮記鄭氏注》。一部，九冊。完全。

補入。

範邦甸等《天一閣書目・禮類》　《禮記》二十卷。宋刊本。漢鄭玄註，唐陸德明釋文。

張萱等《內閣藏書目錄・經部》　《禮記》六冊不全。鄭注。　又六冊不全。

彭元瑞等《天祿琳琅書目後編・宋版經部》　《禮記》。二函，十六冊。鄭康成注。附《音義》。書二十卷。每卷末刻經若干字，注若干字，《音義》若干字。按：每卷有「余氏刊于萬卷堂」，或「余仁仲刊于家塾」，或「仁仲比校訖」。《九經三傳沿革例》云：「九經本，自監、蜀、京、杭而外，有建余氏本，分句讀，世稱善本。」仁仲，卽其人也。《禮記》，今行陳澔《集說》，塗改經文甚多，其注疏，監本校之此本不同者：《曲禮》「酒漿處右」，監本譌「內」。「然後辯監本譌「辨」。殺」。《檀弓》「夫由監本譌「猶」。賜也見我」，「舉者出戶，監本譌「尸」。出戶袒」，「歲壹監本譌「一」。漆之」，「斂首監本譌「手」。足形」，「如不出諸監本脫「諸」字。其口」。《王制》「亦監本譌「示」。弗故生也」，「用地小大」。監本譌「大小」。《月令》「黑黃倉監本譌「蒼」。赤」，「乃監本脫「乃」字。命虞人，入山行木」，「坏牆垣」，監本譌「垣牆」。「董小大」。監本譌「大小」。《曾子問》「女氏許諾而弗監本譌「不」。敢嫁」，「曾子問監本脫「問」字。曰：『父母之喪，弗除可乎』」，「祭殤不舉」。監本衍「肺」字。《禮運》「故事有監本譌「可」。守也」，「而固人之監本脫「之」字。肌膚之會」。《郊特牲》「丘乘共監本譌「供」。粢盛」。《玉藻》「入大廟，說笏非古監本譌「禮」。也」。《喪服小記》「麻同，皆兼服之」。監本脫此句。《少儀》「頌監本譌「穎」。杖」，「以授使者于阼階之南，南監本脫一「南」字。面，再拜稽首，送」。《學記》「是以雖離師輔而不反也」。監本脫「也」字。《樂記》「非聽其鏗鎗監本譌「鏘」。而已也」。《雜記》「介立于其監本譌「門」。左」，「視君之母與監本衍「君之」二字。妻」，「宦監本譌「官」。於大夫者之爲之服也」，「宗人視監本譌「祝」。之」。《喪大記》「男子出寢門」，監本衍「外」字。「子大夫公子」，監本衍「衆士」二字。「食粥」，「欑置于西序」。《祭法》「禘郊宗祖」。監本譌「祖宗」。《祭儀》「嘉監本譌「喜」。而昭忘」。《哀公問》「如此，監本衍「則」字。國家順矣」。《孔子閒居》「斯可謂參監本衍「於」字。天地矣」，「嵩高惟監本譌「維」。嶽」。《坊記》「民猶有監本脫「有」字。薄於孝而厚於慈」，「示民監本脫「民」字。不淫也」。《中庸》「可壹監本譌「一」。言而盡也」，「惟監本譌「維」。天之命」，「待其人然監本譌「而」。後行」，「君子監本衍「之」字。所不可及者」。《表記》「道有至，坊本衍「有」字。義有考」，「《詩》云監本譌「曰」。『溫溫恭人』」，「彼記監本作「其」。之子」。《緇衣》「有國監本衍「家」字。者章義監本譌「善」。癉惡」，「往省括于厥坊本脫「厥」字。度」，「昔在監本譌「在昔」。上帝」。《問喪》「以鬼饗監本譌「享」。之」。《昏義》「和於射鄉」，監本譌「鄉射」。「后聽內職」。監本譌「治」。皆足證監本之誤。明唐寅藏。寅家姑蘇之桃花塢，見《明史・文苑傳》。後入毛晉、徐乾學家。徐炯，字章仲，乾學之子，官直隸巡道。

《禮記》。二函，二十冊。鄭康成注。二十卷。每卷末刻經若干字，注若干字。宋中字本。校正與前余仁仲本同。

《禮記》。四函，二十冊。鄭康成注。二十卷。末總注經凡九萬八千一百七十一言，注一十萬九千三百七十八言。宋大字本。自孝宗以上諱皆闕筆，校正與余仁仲本同，惟「斂首足形」「首」作「手」爲小異耳。闕補卷十九。十三。

黄丕烈《蕘圃藏書題識・經類》　《禮記鄭氏注》殘本九卷。宋刊本。此殘宋本《禮記鄭氏注》五至八，十一至十五，共九卷。余得於任蔣橋顧月槎家，偶取《月令》與他本相對，注中「耒，耕之上曲也」，「耕」皆誤爲「耜」，惟此不誤，乃知其佳。碌碌未及全校，恐破爛不完之物，後人視爲廢紙，故先加裝潢，藏諸士禮居中，稍暇當校勘一過。宋本《禮記》，惟故人顧抱沖小讀書堆有全本，《曾子問》中多「周人卒哭而致事」句，定爲太平興國本。又有殘本，先係顧懷芳物，曾從借來，校於惠松崖所校明刻鄭注本上。内《曲禮》「石惡」一條足正諸本之誤，今歸于抱沖，此外未見有宋本也。書此以見殘編斷簡亦足珍惜云。嘉慶二年，歲在丁巳孟冬月五日，黄丕烈書于士禮居。丙子季夏，檢點羣經及此，抱沖已於丁巳年作古，其所藏宋本《禮記》經注全者，係宋時撫州本，陽城張古餘守江寧，介抱沖從弟千里影寫付刊，外間頗多傳播。惜千里作考證，未及將抱沖所歸顧懷芳家殘宋本、余家所藏殘宋本一取證耳。時辰孫美鏐侍，因舉《禮記》諸宋本源流示之。復翁記。

《禮記鄭注》二十卷。校宋本。此本頗善，未識自蜀石經本出否。癸酉六月用此宋本《正義》校一過，南宋本間亦參焉，稱完善矣！松崖。國朝有武英殿仿宋本《禮記》，係從岳刻翻雕，注後附《釋文》，不專鄭注也。此本未識從何本翻刻，間或闌入《釋文》。吾吳惠松崖先生曾手校一過。是書得自朱秋崖家，鈔補首二卷，乃其所爲。余臧諸篋中久矣。今秋從東城顧氏借得殘宋本《禮記鄭注》，字畫整齊，楮墨精雅，因卷首殘缺，未識何本，始以大字本名之云爾。取與惠校本對勘，時有異同，惟大字本所避宋諱，視他本較多。如「縣」、「鬝」、「暋」、「荏」、「苧」等字，皆宋嫌諱而猶避之，是必宋本中之善者矣！俟暇日當以殿本參之。時癸丑秋孟，黄蕘圃識於讀未見書齋。此惠校本《禮記鄭注》，余得諸滋蘭堂，復以兩殘宋本覆校，雖未全璧，亦可寶也。丁巳冬，書友因有人欲覓翻宋本《三禮》，苦無其書而商之於余，余因所臧是雜湊者，擬去之，以待購其全者，然又因《禮記》是惠校且覆勘多善本，雖允其請，而屬其與得主說定，日後仍欲攜歸對臨，今茲三月，偶得此刻《禮記》，擬借臨，而翼日書友竟以此校歸余，蓋楮墨完好，一無動筆，外人所好大抵如是。而此一校再校者，宜其始重而終輕也，豈知余之視此一若寶玉大弓之歸哉！爰誌之，以著余輕棄之過，以明余終得之幸焉。嘉慶戊午三月下澣七日，記於讀未見書齋。《附音重言古注禮記》，《曲禮》至《月令》凡五冊，宋刻巾箱本之殘者也，每葉十六行，行十六字，大小俱如此。余數年前業見之，略校半卷，議價未妥，還之。今夏鄭雲枝復攜來，易余刻《國語》、《國策》五合去，因遂手校於此本上，佳處間有，雖殘本亦可珍。且余舊臧殘北宋本僅《月令》起，兹又多四卷矣。惟是巾箱本分卷與各本異，《檀弓》下卷其實《曲禮》爲上下，《檀弓》分上下，《王制》、《月令》各自爲第，仍自不差，惜卷數不全，無從審其由爾。書之經部日少一日，余故收之，幸毋誚我佞宋之癖。戊辰四月十有八日，黄丕烈。以張古餘新刻撫州《禮記》經注本，校巾箱本之合者，加圈以識之。復翁。道光甲申春季，書友以周香嚴家臧殘宋刻《禮記》卷第五《月令》一冊示余，索直十餅，因留之，竭一日力校之，注周本者是也。字有異者記之，有與舊校合者，偶記之，舉一以概其餘，不數數記也。筆畫精妙，無逾此者，亦未能悉記也。老蕘。周本與諸本異者，惟「犧牲毋牝」一條。又避諱「愿」一字。

黄丕烈《百宋一廛書錄》　《禮記鄭氏注》。

顧廣圻《思適齋書跋・經部》　《禮記》二十卷。宋刻本。此撫州公使庫刻本《禮記》，是南宋淳熙四年官書，於今日爲最古矣！末有名銜一紙，裝匠誤分入《釋文》首，不知者輒認以爲舊監本，非也。嘉慶丙寅顧廣圻題。近張古漁太尊開工重雕行世，嘉惠學子，兼成先從兄收藏此書之志，良可感也！若古香馣馤，原本獨絕，我小讀書堆中其永永寶之哉！澗薲幷記。

張金吾《愛日精廬藏書續志・禮類》　《禮記》殘本八卷。朱蜀大字本。漢鄭氏注，存卷一、卷二，卷五至卷十，凡八卷，每半頁十行，行大字十六字，小字二十一字，「愼」字缺筆，蓋孝宗以後刊本也。

張之洞《書目答問・列朝經注經說經本考證》　影宋撫州單注本《禮記》二十卷，附《考異》二卷。張敦仁校刻本，武昌局繙張本。鄭注。

姚振宗《後漢藝文志・禮類》 鄭玄《禮記注》二十卷。范書《儒林傳》：「玄又注小戴所傳《禮記》四十九篇，通爲《三禮》焉。」《釋文叙録》：「鄭玄注《禮記》二十卷。」《隋書・經籍志》：「《禮記》二十卷，漢九江太守戴聖撰，鄭玄注。」《唐・經籍志》：「《小戴禮記》二十卷。戴聖撰，鄭玄注。」《藝文志》：「鄭玄注《小戴聖禮記》二十卷。」《宋・藝文志》：「鄭玄《禮記注》二十卷。」《鄭學録》曰：「《禮記注》二十卷，唐孔沖遠撰《正義》七十卷，今列于學官。」按陸元朗云：「鄭依盧、馬之本而注焉。」元行沖《釋疑論》曰：「康成於窜伏之中，理紛挐之典，志存探究，靡所咨謀，而猶緝述忘疲，聞義能徙，具于鄭《志》。向有百科，是鄭雖依盧、馬之本而亦有所删存，是爲鄭氏《三禮》中定本。」

禮記音

《隋書・經籍志・禮》 梁有鄭玄《禮記音》一卷，亡。

禮記月令

《宋史・藝文志・禮類》 《禮記月令注》一卷。

張金吾《愛日精廬藏書志・禮類》 《禮記月令》一卷。宋巾箱本。汲古閣藏書。漢鄭康成注，蓋宋刊《禮記》第五卷也。中如經「蓱始生」，十行本及閩監毛本俱誤「蓱」爲「萍」。按鄭注：「蓱，萍也。」《釋文》：「蓱，步丁反，水上浮萍。」則經文非萍明甚。此本作「蓱」，與惠氏校宋本合。注「古者上公」，十行本及閩監毛本俱誤「公」爲「合」。「薙謂迫地删草也」，十行本及閩監毛本俱誤「地」爲「也」。「仲秋命庶民畢入於室」，十行本閩本脱「仲秋命庶」四字，監毛本「命庶」誤「農隙」，此本俱與惠氏校宋本合，足訂今本之誤。又如經「乃命虞人入山行木」，陳氏《集説》本無「乃」字。「命司徒循行積聚」，陳氏《集説》本「司徒」作「有司」。均與《石經考文提要》所引南宋巾箱本合，其爲宋本無疑。後有「婺州義烏酥谿蔣宅崇知齋刊」木印，首頁有「子晉」印記，又有題識云：「《曲禮上》、《曲禮下》、《檀弓上》、《檀弓下》、《王制》、《月令》，自一卷至五卷計六篇，蓋毛氏所藏之卷帙也。今又失五之四，古物日少，爲惋惜者久之。」

禮傳

姚振宗《後漢藝文志・禮類》 荀爽《禮傳》。爽始末見《易》類。馬國翰輯本序曰：「《後漢書》本傳稱其著《禮》、《易》傳，隋、唐《志》皆不載，《册府元龜》載其目而不言卷數，則佚已久矣。兹從《風俗通》殘本及《通典》、《文選注》、《路史注》輯得五節。」按諸書所引，蓋《禮記傳》也，故列于此。《經籍志》曰：「漢初，河間獻王得仲尼弟子及後學者所記一百三十一篇獻之，時亦無傳之者。至劉向考校經籍，檢得一百三十篇，向因第而叙之。而又得《明堂陰陽記》三十三篇、《孔子三朝記》七篇、《王氏史氏記》二十一篇、《樂記》二十三篇，凡五種，合二百十四篇」云云。諸家《禮記》咸於此二百十四篇中，取去增損，互有不同。荀氏是書，必又與大小戴、馬、盧諸本不同，是爲荀氏重定本。

月令章句

《隋書・經籍志・禮》 《月令章句》十二卷。漢左中郎將蔡邕撰。

張之洞《書目答問・列朝經注經説經本考證》 蔡邕《月令章句》二卷。蔡雲輯。道光四年王氏刻本。又馬瑞辰輯注本。

姚振宗《後漢藝文志・禮類》 蔡邕《月令章句》十二卷。范書本傳：「邕字伯喈，陳留圉人也。建寧三年，辟司徒橋玄府，出補河平長，召拜郎中，校書東觀，遷議郎。光和元年，下洛陽獄，髡鉗徙朔方，明年赦還，亡命江海。中平六年，董卓爲司空，辟爲祭酒，補侍御史，又轉持惠氏補注《邕集》，「持」作「治」。書御史，遷尚書。三日之間，惠補注《邕集》云：「三月之中，充歷三臺。」周歷三臺，遷巴郡太守，復留爲侍中。初平元年，拜左中郎將，從獻帝遷都長安，封高陽鄉侯，及卓被誅，王允收付廷尉，死獄中，時年六十一。」邕《月令問答》曰：「予幼讀《記》，以爲《月令》體大經同，不宜與《記》書雜録並行，而《記》家記之，又略及前儒特爲章句者，皆用其意傳，非其本旨。光和元年，予被謗章，罹重罪，徙朔方，危險凜凜，死亡無日。過學者聞，家就而考之，亦自有所覺悟。庶幾頗得事情，而訖未有注記著於文字也。竊誠思之，書有陰陽升降，天文曆數，事物制度，可假以爲本，敦辭託說，審求曆象，其要者莫大於《月令》，故遂於憂怖之中，晝夜密勿，昧死成之。」《隋書・經籍志》：「《月令章句》十二卷，漢左中郎將蔡邕撰。」《宋・藝文志・子部・農家》：「蔡邕《月令章句》一卷。」嚴可均《全後漢文編》曰：「本集《說郛》有《月令問答》、《明堂論》、《月令篇名》等三篇，皆《月令章句》之文。」侯《志》曰：「此書有王謨輯本，不及蔡雲輯本之詳。」又馬氏《玉函山房》輯《章句》、《問答》，各爲一卷。

禮記義記

《隋書・經籍志・禮》 梁有《禮義》四卷，魏侍中鄭小同撰亡。

《舊唐書・經籍志・禮》 《禮記義記》四卷。鄭小同撰。

《新唐書・藝文志・禮類》 鄭小同《禮記義記》四卷。

鄭樵《通志・藝文略・禮》 《禮記義記》四卷。鄭小同。

姚振宗《三國藝文志・禮類》 鄭小同《禮義》四卷。《後漢書・鄭玄傳》：「玄惟有一子益恩，孔融在北海，舉孝廉。及融爲黃巾所圍，益恩赴難隕身。有遺腹子，玄以其手文似己，名之曰小同。」《魏氏春秋》曰：「小同，高貴鄉公時爲侍中，嘗詣司馬文王，文王有密疏，未之屏也，如廁，還問之曰：『卿見吾疏乎？』答曰：『不見。』文王曰：『寧我負卿，卿無負我。』遂酖之。」《魏志・高貴鄉公紀》注：「魏文帝以小同爲郎中，長假在家，年踰三十，太尉華歆表薦之。高貴鄉公正元二年，以侍中講《尚書》終受賜。甘露三年，以關內侯爲五更。」又玄別傳曰：「小同以丁卯日生，而玄以丁卯歲生，故名曰小同。」《隋書・經籍志》：「梁有《禮義》四卷，魏侍中鄭小同撰，亡。」《唐・經籍志》：「《禮記義記》四卷，鄭小同撰。」《藝文志》：「鄭小同《禮記義記》四卷。」

禮記王肅注

陸德明《經典釋文序録・禮》 王肅《[禮記]注》三十卷。

《隋書・經籍志・禮》 《禮記》三十卷。王肅注。

《舊唐書・經籍志・禮》 《禮記》三十卷。王肅注。

《新唐書・藝文志・樂類》 王肅注《小戴禮記》三十卷。

鄭樵《通志・藝文略・禮》 《禮記》三十卷。王肅注。

姚振宗《三國藝文志・禮類》 王肅《禮記注》三十卷。《釋文叙録》：「王肅注《禮記》三十卷。」《隋書・經籍志》：「《禮記》三十卷，王肅注。」《唐・經籍志》同。《藝文志》：「王肅注《小戴禮記》三十卷。」《日本國見在書目》：「《禮記》廿卷，魏衛軍王肅注。」《經義考》曰：「朱子謂王肅議《禮》，必反鄭玄。案肅注《禮》，以《月令》爲周公所作。」馬國翰輯本序曰：「肅說《詩》好與鄭異，注《禮》亦然，而其所用之《禮》本又往往與鄭本不同，不知所據何本。隋、唐《志》並三十卷，今輯爲二卷。」

明堂議

《隋書・經籍志・禮》 《明堂議》三卷，王肅撰。亡。

禮記孫炎注

陸德明《經典釋文序録・禮》 孫炎《[禮記]注》二十九卷。

《隋書・經籍志・禮》 《禮記》三十卷。魏祕書監孫炎注。

《舊唐書・經籍志・禮》 《禮記》三十卷。孫炎注。

《新唐書・藝文志・禮類》 孫炎注《禮記》三十卷。

鄭樵《通志・藝文略・禮》 《禮記》三十卷。魏孫炎注。

姚振宗《三國藝文志・禮類》 孫炎《禮記注》三十卷。炎始末具《易》類。《魏志・王肅附傳》：「樂安孫叔然作《周易例》、《毛詩》、《禮記》諸注。」 《釋文叙録》：「孫炎注《禮記》二十九卷。」 《隋書・經籍志》：「《禮記》三十卷，魏祕書監孫炎注。」 《唐・經籍志》：「《禮記》三十卷，孫炎注。」 《藝文志》：「孫炎注《禮記》三十卷。」 《舊唐書・元行沖傳》：「尚書左丞相張説奏曰：『《禮記》是前漢戴德、戴聖所編録，至魏孫炎始改舊本，以類相比，有同鈔書，先儒所非，竟不行用。貞觀中，魏徵因孫炎所修，更加整比，兼爲之注。』」 又行沖撰《釋疑》曰：「鄭學之徒，有孫炎者，雖挾玄義，乃易前編。」 《經義考》曰：「案唐張燕公駁魏鄭公《類禮》云：『《禮記》傳習已向千載，至魏孫炎始改舊本，以類相比。』則炎所注《禮記》，不用小戴原本可知。」 馬國翰輯本序曰：「《禮記》孫氏注佚説寥寥，僅從《釋文》、《正義》、《大戴禮注》、《史記・樂書》《集解》、《索隱》、《通典》諸書采得三十餘節，録爲一卷。」 案《小戴記》四十九篇本，在劉中壘所録二百十四篇中，故馬、盧、鄭諸家注本各有去取互異之處。王子雍之三十卷，今雖無由考見，亦未必與諸家同。至孫氏以類編次，不復拘定四十九篇之舊第，是又異之異者，然其文終不越二百十四篇之外。同爲仲尼弟子及後學者所記，既大、小戴可以刪存，則後儒亦無不可以取裁，各行其是，何足相非。張燕公駁《類禮》并詆孫叔然之書非通論也宜，元行沖作《釋疑》以自解焉。

刪集禮記

姚振宗《三國藝文志・禮類》 杜寬《刪集禮記》。《魏志・杜畿傳》：「畿，京兆杜陵人也。子恕，幽州刺史。」 《杜氏新書》曰：「恕弟理，年二十一而卒。子寬，字務叔，清虛玄靜，敏而好古，以名臣門戶少長京師，而篤志博學，絶于世務，其意欲探賾索隱，由此顯名，當塗之士多交焉。舉孝廉，除郎中，年四十二而卒，經傳之義多所論駁，皆草創未就，惟《刪集禮記》今存于世。」 案《世系》：「畿三子，恕、理、寬。寬字務叔，孝廉郎中。」又案：恕字務伯，理字務仲，寬字務叔，寬實爲恕之弟。《杜氏新書》當云畿小子寬，此所引有敚文。

禮記音

《隋書・經籍志・禮》 梁有射慈《禮記音》一卷。亡。

《舊唐書・經籍志・禮》 《禮記音》二卷。謝慈撰。

《新唐書・藝文志・禮類》 射慈《小戴禮記音》二卷。

鄭樵《通志・藝文略・禮》 《禮記音義隱》一卷。謝慈。

姚振宗《三國藝文志・禮類》 射慈《禮記音》一卷。《釋文叙録》：「射慈字孝宗，彭城人，吳中書侍郎，齊王傅。《禮記音》一卷。」 《隋書・經籍志》：「《禮記音義隱》一卷，謝氏撰。」 又曰：「梁有鄭玄、王肅、射慈、射貞、孫毓、繆炳《音》各一卷，亡。」 《唐・經籍志》：「《禮記音》二卷，謝慈撰。」 《藝文志》：「射慈《小戴禮記音》二卷。」 《通志・藝文略》：「《禮記音義隱》二卷，謝慈撰。」 侯《志》曰：「謝氏爲慈書，其果爲一書與否，則無以證之矣。」 王謨輯本序曰：「《經典序録》《禮記音》十三家，内有射慈《禮記音》，無義隱字。《隋志》有謝氏《禮記音義隱》一卷，又有射慈《音》一卷，則謝氏與射慈當爲二人，其爲《禮記音》與《音義隱》亦當爲二書也。《經義考》竟作射慈《音義隱》，今從之，而以《正義》、《釋文》所引《隱義》並鈔入焉，凡二十八條。」 馬國翰輯本序曰：「唐時射《音》尚在，故《正義》及引之，然引稱謝玆，謝玆卽射慈。其所説『下室之饋』，音兼乎義。此又謝氏卽射慈之一證也。《唐志》二卷之《音》，卽《隋志》一卷之《音義隱》。《唐志》標題書目多與《隋志》不合，幸存射慈之名，猶可尋繹而參考之也。今從《釋文》、《正義》輯録爲卷。」

禮記音

《隋書・經籍志・禮》 梁有射貞《禮記音》一卷。亡。

禮記注

文廷式《補晉書藝文志・禮類》 淳于纂《禮記注》。《通典》九十八引淳于纂問淳于睿「生不及祖父母，不稅服義」，即此人。

禮記注

文廷式《補晉書藝文志・禮類》 曹述初《禮記注》。《通典》卷七十二、七十三兩引曹述初《集解》，九十九又引曹述初《問范甯說》，一百一引曹述初《問徐邈答》。

禮記注

文廷式《補晉書藝文志・禮類》 劉世明《禮記注》。《通典》一百三引「晉陳氏問劉世明」云云。以上三書並見宋衛湜《禮記集說》。又案《禮記・中庸》「子路問強」節，《正義》引鄭沖說，未知沖亦注《禮記》否，姑附記於此。

禮記寧朔新書

《隋書・經籍志・禮》 《禮記寧朔新書》八卷。王懋約注。梁有二十卷。

《舊唐書・經籍志・禮》 《禮記寧朔新書》二十卷。司馬伷序，王懋約注。

《新唐書・藝文志・禮類》 《禮記寧朔新書》二十卷。並王懋約注。

鄭樵《通志・藝文略・禮》 《禮記寧朔新書》二十卷。司馬伷撰，王懋約注。

文廷式《補晉書藝文志・禮類》 王懋約《禮記寧朔新書》二十卷。《舊唐志》云司馬伷序。

禮記音義隱

《隋書・經籍志・禮》 《禮記音義隱》一卷。謝氏撰。

文廷式《補晉書藝文志・禮類》 謝楨《禮記音》一卷。《釋文序録》列孫毓前，云不詳何人，《隋志》有射貞《禮記音》一卷，即此。

禮記音義隱

《隋書・經籍志・禮》 《禮記音義隱》七卷。

鄭樵《通志・藝文略・禮》 《禮記音義隱》七卷。

禮記音

《隋書・經籍志・禮》 梁有孫毓《禮記音》一卷。亡。

文廷式《補晉書藝文志・禮類》　孫毓《禮記音》一卷。

禮記音

《隋書・經籍志・禮》　梁有繆炳《禮記音》一卷。亡。

文廷式《補晉書藝文志・禮類》　繆炳《禮記音》一卷。

禮記音

《隋書・經籍志・禮》　蔡謨《禮記音》二卷。亡。

文廷式《補晉書藝文志・禮類》　蔡謨《禮記音》二卷。

禮記音

《隋書・經籍志・禮》　員外郎范宣《禮記音》二卷。亡。

文廷式《補晉書藝文志・禮類》　范宣《禮記音》二卷。字宣子，濟陽人，東晉員外郎，不就。本傳作陳留人，詔徵太學博士散騎郎，並不就。國朝朱彝尊《經義考》曰：「按《釋文》銓《爾雅注》『蝗』字，引范宣《禮記音》音横。」

禮記音

《舊唐書・經籍志・禮》　《禮記音》二卷。鄭玄注，曹耽解。

《新唐書・藝文志・禮類》　《禮記音》三卷。曹耽解。

鄭樵《通志・藝文略・禮》　《禮記音》三卷。曹耽。

文廷式《補晉書藝文志・禮類》　曹躭《禮記音》二卷。字愛道，譙國人，東晉安北諮議參軍。《舊唐志》云：「《禮記音》二卷，鄭玄注，曹躭解。」《通典》一百二：永和十二年修復峻平四陵，有博士曹躭、胡訥《議》。卷一百四：有博士曹躭、蔡司空《謚議》。五十八：永和十年臺符問六禮版文博士曹躭《議》。卷一百：納后值忌月，亦引博士曹躭《議》。卷九十：穆帝崩前尚書郎曹躭等奔赴，皆服齊縗云云。卷一百四十七：晉穆帝升平元年，博士荀訥、曹躭議公主有骨肉之親，宜闕樂云云。

禮記音

《隋書・經籍志・禮》　李軌《禮記音》二卷。亡。

《舊唐書・經籍志・禮》　《禮記音》二卷。李軌撰。

《新唐書・藝文志・禮類》　《禮記音》二卷。李軌。

鄭樵《通志・藝文略・禮》　李軌《小戴禮記音》二卷。

文廷式《補晉書藝文志・禮類》　李軌《禮記音》二卷。

禮記音

《隋書・經籍志・禮》　國子助教尹毅《禮記音》二卷。亡。

《舊唐書・經籍志・禮》　《禮記音》二卷。尹毅撰。

《新唐書・藝文志・禮類》　尹毅《小戴禮記音》二卷。

鄭樵《通志・藝文略・禮》　《禮記音》二卷。尹毅。

文廷式《補晉書藝文志・禮類》　尹毅《禮記音》二卷。國子助教，天水人。

禮記音

《隋書・經籍志・禮》　徐邈《禮記音》三卷。亡。

《舊唐書・經籍志・禮》　《禮記音》三卷。徐邈撰。

《新唐書・藝文志・禮類》　徐邈《小戴禮記音》三卷。

鄭樵《通志·藝文略·禮》《禮記音》三卷。徐邈。

文廷式《補晉書藝文志·禮類》徐邈《禮記音》三卷。《通典》一百三引杜挹問徐邈云云，九十八引徐邈答王詢。

禮記音

《隋書·經籍志·禮》劉昌宗《禮記音》五卷。亡。

文廷式《補晉書藝文志·禮類》劉昌宗《禮記音》五卷。

月令章句

《舊唐書·經籍志·禮》《月令章句》十二卷。戴顒撰。

《新唐書·藝文志·禮類》戴顒《月令章句》十二卷。

禮記音

《隋書·經籍志·禮》《禮記音》二卷。宋中散大夫徐爰撰。

《舊唐書·經籍志·禮》《禮記音》二卷。徐爰撰。

《新唐書·藝文志·禮類》徐爰《小載禮記音》二卷。

鄭樵《通志·藝文略·禮》《禮記音》二卷。徐爰。

禮記注

《隋書·經籍志·禮》梁有《禮記》十二卷，業遵注。亡。

《舊唐書·經籍志·禮》《禮記》十二卷。葉遵注。

《新唐書·藝文志·禮類》葉遵《注》十二卷。

鄭樵《通志·藝文略·禮》《禮記》十二卷。葉遵注。《隋志》作「業遵」。

禮記義疏

《隋書·經籍志·禮》梁有《義疏》三卷，宋豫章郡丞雷肅之撰。亡。

禮記略解

《隋書·經籍志·禮》《禮記略解》十卷。庾氏撰。

《舊唐書·經籍志·禮》《禮記略解》十卷。庾蔚之撰。

《新唐書·藝文志·禮類》庾蔚之《禮記略解》十卷。

鄭樵《通志·藝文略·禮》《禮記略解》十卷。庾氏。

禮記類聚

《舊唐書·經籍志·禮》《禮記類聚》十卷。

《新唐書·藝文志·禮類》《禮類聚》十卷。

禮記疏

《隋書·經籍志·禮》《禮記疏》十一卷。

禮記義疏

《隋書・經籍志・禮》《禮記義疏》三十八卷。

鄭樵《通志・藝文略・禮》《禮記義疏》三十八卷。

禮記隱義

《隋書・經籍志・禮》《禮記義》十卷。何氏撰。

《舊唐書・經籍志・禮》《禮記隱》二十六卷。

《新唐書・藝文志・禮類》《禮記隱》二十六卷。

禮記新義疏

《隋書・經籍志・禮》《禮記新義疏》二十卷。賀瑒撰。

鄭樵《通志・藝文略・禮》《禮記新義疏》二十卷。賀瑒。

禮記義證

《隋書・經籍志・禮》《禮記義證》十卷。劉芳撰。

《舊唐書・經籍志・禮》《禮記義證》十卷。劉芳撰。

《新唐書・藝文志・禮類》劉芳《義證》十卷。

鄭樵《通志・藝文略・禮》《禮記義證》十卷。劉芳。

禮記義

《舊唐書・經籍志・禮》《禮記義》十卷。何佟之撰。

《新唐書・藝文志・禮類》何佟之《禮記義》十卷。

鄭樵《通志・藝文略・禮》《禮記義》十卷。何佟之。

禮記大義

《隋書・經籍志・禮》《禮記大義》十卷。梁武帝撰。

《舊唐書・經籍志・禮》《禮大義》十卷。梁武帝撰。

《新唐書・藝文志・禮類》梁武帝《禮大義》十卷。

鄭樵《通志・藝文略・禮》《禮記大義》十卷。梁武帝。

禮大義

《隋書・經籍志・禮》《禮大義》十卷。

禮記講疏

《隋書・經籍志・禮》《禮記講疏》九十九卷。皇侃撰。

《舊唐書・經籍志・禮》《禮記講疏》一百卷。皇侃撰。

《新唐書・藝文志・禮類》皇侃《禮記講疏》一百卷。

鄭樵《通志・藝文略・禮》《禮記講疏》九十九卷。皇侃。

禮記義疏

《隋書・經籍志・禮》 《禮記義疏》四十八卷。皇侃撰。

《舊唐書・經籍志・禮》 《禮記義疏》五十卷。皇侃撰。

《新唐書・藝文志・禮類》 皇侃《義疏》五十卷。

鄭樵《通志・藝文略・禮》 《禮記義疏》四十八卷。皇侃。

明堂圖說

張鵬一《隋書經籍志補・三禮》 《明堂圖說》二卷。後魏渤海封偉伯。《封軌傳》：時將經始明堂，廣集儒學議其制度，九五之論久而不定。偉伯乃披揀經緯，上《明堂圖說》六卷。

禮記義疏

《舊唐書・經籍志・禮》 《禮記義疏》四十卷。熊安生撰。

《新唐書・藝文志・禮類》 熊安生《義疏》四十卷。

鄭樵《通志・藝文略・禮》 《禮記義疏》四十卷。熊安生。

張鵬一《隋書經籍志補・經部》 《禮記義疏》四十卷。同上。《玉函山房輯遺》熊氏《禮記義疏序》云：「《戴記》自分門王、鄭，晉宇迄於周、隋，傳《禮》業者江左尤盛，北人有徐遵明、李業興、李寶鼎、侯聰之徒，皆爲《義疏》，而惟熊氏見於世。」《北史》云《義疏》三十卷，《隋志》不著録，《唐書・藝文志》云四十卷，今輯遺爲四卷。孔氏《正義》與皇侃並論，謂能違背本經，多引外義，猶之楚向北行，馬雖疾而去愈遠矣。又欲釋經文，惟聚難義，猶治絲而棼之手，雖繁而絲益亂也。又謂以熊比皇，皇氏勝。然《正義》以皇氏爲本，其有不備，以熊氏補焉，則既經翦繁摘要，佚說之存，固皆文證詳悉，義理精審者矣。

禮記義疏

《隋書・經籍志・禮》 《禮記義疏》四十卷。沈重撰。

《舊唐書・經籍志・禮》 《禮記義疏》四十卷。沈重撰。

《新唐書・藝文志・禮類》 沈重《禮記義疏》四十卷。

鄭樵《通志・藝文略・禮》 《禮記義疏》四十卷。沈重。

禮記音

張鵬一《隋書經籍志補・經部》 《禮記音》二卷。同上。沈重。

禮記義

王圻《續文獻通考・經籍考・禮》 《禮記義》。戚袞著。

禮記評

《隋書・經籍志・禮》 《禮記評》十一卷。劉儁撰。

《舊唐書・經籍志・禮》 《禮記評》十卷。劉儁撰。

《新唐書・藝文志・禮類》 劉儁《禮記評》十卷。

鄭樵《通志藝文略・禮類》 《禮記評》十卷。劉儁。

禮記釋文

馬端臨《文獻通考・經籍考・禮》 《禮記釋文》四卷。唐陸德明撰。

楊士奇等《文淵閣書目・禮類》 《禮記陸德明音義》。一部，二冊。完全。 《禮記陸德明釋文》。一部，四冊。完全。

顧廣圻《思適齋書跋・經部》 《禮記釋文》四卷。宋刻本。南宋槧本《禮記》鄭氏注六冊，明嘉靖時上海顧從德汝修所藏，後百餘年入崑山徐健菴司寇傳是樓，兩家皆有圖記。乾隆年間，余從兄抱沖收得之，其於宋屬何刻未有明文也。有借校者臆斷爲毛誼父所謂舊監本，而同時相傳皆沿彼稱矣。抱沖續又收得單行《釋文》兩種，一《禮記》，一《左傳》，亦皆南宋槧本，《禮記釋文》卽此也。與《禮記》板式行字，以至工匠記數，罔不相同，而名銜年月在焉。余於是始定《禮記》之卽淳熙四年撫州公使庫刻也。其《禮記》以嘉慶丙寅歲陽城張太守古餘先生見屬刊行，是時抱沖已沒，遺孤尙幼，《釋文》一時檢之弗獲，聊用通志堂所翻單本附於後，使讀者足以悟其爲撫本而已。倏忽以來，又一星終，每念此旣一刻，余實知之獨未能合併而傳其眞，豈非尙留遺憾乎？爰促姪望山尋出，及今病中自力細勘一過，是正翻本之誤不少，將一一改回，以復其舊。但太守久移江右，余復留滯鄉里，未審何日方了此願耳！元書裝四冊，無前人圖記，不詳出自何家，由此而推通志堂當別有一印本云。庚辰孟秋處暑後五日，元和顧廣圻千里甫記於楓江僦舍。

明堂圖議　釋疑

張鵬一《隋書經籍志補・經部》 《明堂圖議》二卷。《釋疑》一卷。隋河南宇文愷。本傳有《明議表》一首。按魏初代都已建明堂，其後遷洛，復營明堂，以李沖領將作大匠監其事。《裴延儁傳》：世宗時詔立明堂，羣臣博議，延儁獨著一堂之論。太傅清河王懌時典禮志。世宗永平、延昌中，欲建明堂，而議者或云五室，李謐、袁飜、賈思伯議見本傳。或云九室，屬年飢，遂寢。熙平二年復議，詔從五室。及元議執政，遂改營九室，值世亂不成，宗配之禮迄無所成。《北齊・邢邵傳》亦有請置學及立明堂奏，《隋書・牛弘傳》又詳論其制而未之行也。皮錫瑞《三禮通論》：「古禮有聚訟千年，至今日而始明者，明堂、辟雍，封禪是也。阮元曰：『辟雍與封禪是洪荒以前之大典，禮最古，不可廢者。』竊以上古未有衣冠，惟用物遮膝前，後有衣冠之制，不肯廢古制，仍留此以爲韍，與冕並重，此卽明堂辟雍之例也。上古未有宮室，聖人制爲棟宇以蔽風雨，帝王有之，民間未必卽有，故其制如今之蒙古包帳房，而又周以外水，如今邨居之必溝繞宅也。古人無多宮室，故祭天、祭祖、軍禮、學禮，布月令行政，朝諸侯，望星象，皆在乎是，故明堂、太廟、太學、靈臺、靈沼皆同一地，就事殊名。三代後制度大備，王居在城內，有前朝後市左祖右社之分，又有大學等皆在城內，而別建明堂於郊外，以存古制，如衣冠之有韍也。鄭康成解爲太學、太廟等各異處，而不知城外原有明堂，泰山下亦有之。蔡伯喈知明堂太廟等同處，而不知此不過城外別建之處，其實祭祀等事仍在城中。此雖憑虛臆斷，然博綜羣書，究其實之如此也。此明堂之說也。」

禮記文外大義

《隋書・經籍志・禮》 《禮記文外大義》二卷。祕書學士褚暉撰。

鄭樵《通志藝文略・禮類》 《禮記文外大義》三卷。祕書學士褚暉撰。

禮大義章

《隋書・經籍志・禮》 《禮大義章》七卷。

禮記正義

《舊唐書・經籍志・禮》　《禮記正義》七十卷。孔穎達撰。

錢東垣等輯《崇文總目・禮類》　《禮記正義》七十卷。孔穎達。

《新唐書・藝文志・禮類》　《禮記正義》七十卷。孔穎達、國子司業朱子奢、國子助教李善信、賈公彥、柳士宣、范義頵、魏王參軍事張權等奉詔撰，與周玄達、趙君贊、王士雄、趙弘智覆審。

鄭樵《通志・藝文略・禮》　《禮記正義》七十卷。孔穎達等。

晁公武《郡齋讀書志・禮類》　《禮記疏》七十卷。右唐孔穎達等貞觀中奉詔撰。其序稱大小二戴共氏而分門，王、鄭兩家同經而異注。爰從晉、宋，逮於周、隋，傳《禮》業者，江左尤盛，其爲義疏者甚多，唯皇甫侃、熊安生見於世，然皇氏爲勝，今據以爲本，其有不備，以熊氏補焉。

尤袤《遂初堂書目・經總類》　《禮記正義》。

陳振孫《直齋書錄解題・禮類》　《禮記正義》七十卷。唐孔穎達等撰。舊有《義疏》行於世者，惟皇甫侃、熊安生二家。皇勝於熊，故據皇氏爲本，有不備則以熊氏補焉。

馬端臨《文獻通考・經籍考・禮》　《禮記正義》七十卷。《朱子語錄》：問：「《禮記》古注外無以加否？」答曰：「鄭《注》自好，看《注》看《疏》自可了。」

《宋史・藝文志・禮類》　孔穎達《禮記正義》七十卷。

楊士奇等《文淵閣書目・禮》　《禮記孔穎達注疏》。一部，二十二冊。闕。《禮記孔穎達注疏》。一部，十二冊。闕。《禮記孔穎達注疏》。一部，十冊。闕。《禮記孔穎達注疏》。一部，二十九冊。殘缺。《禮記孔穎達正義》。一部，四十冊。闕。

高儒《百川書志・禮》　《禮記注疏》六十三卷。唐孔穎達奉勑撰，陸德明釋文。

徐𤊹《徐氏家藏書目・禮類》　《禮記注疏》六十三卷。漢鄭玄注，唐孔穎達疏。

張萱等《内閣藏書目錄・經部》　《禮記疏義》。十八冊。不全。唐孔穎達著，卽《正義》也。闕十九至二十二卷。

《四庫提要・禮類三》　《禮記正義》六十三卷。内府藏本。漢鄭玄注，唐孔穎達疏。《隋書・經籍志》曰：「漢初，河間獻王得仲尼弟子及後學者所記一百三十一篇獻之，時無傳之者。至劉向考校經籍，檢得一百三十篇，第而叙之。又得《明堂陰陽記》三十三篇、《孔子三朝記》七篇、《王史氏記》二十一篇、《樂記》二十三篇，凡五種，合二百十四篇。戴德刪其煩重，合而記之爲八十五篇，謂之《大戴記》。而戴聖又刪大戴之書爲四十六篇，謂之《小戴記》。漢末，馬融遂傳小戴之學。融又益《月令》一篇、《明堂位》一篇、《樂記》一篇，合四十九篇」云云。其說不知所本。今考《後漢書・橋玄傳》云：「七世祖仁，著《禮記章句》四十九篇，號曰橋君學。」仁卽班固所謂小戴授梁人橋季卿者，成帝時嘗官大鴻臚，其時已稱四十九篇，無四十六篇之說。又孔《疏》稱《別錄》《禮記》四十九篇，《樂記》第十九。四十九篇之首，《疏》皆引《鄭目錄》。《鄭目錄》之末必云此於劉向《別錄》屬某門。《月令目錄》云：「此於《別錄》屬《明堂陰陽記》。」《明堂位目錄》云：「此於《別錄》屬《明堂陰陽記》。」《樂記目錄》云：「此於《別錄》屬《樂記》。」蓋十一篇，今爲一篇，則三篇皆劉向《別錄》所有，安得以爲馬融所增。《疏》又引玄《六藝論》曰：「戴德傳《記》八十五篇，則《大戴禮》是也。戴聖傳《禮》四十九篇，則此《禮記》是也。」玄爲馬融弟子，使三篇果融所增，玄不容不知，豈有以四十九篇屬於戴聖之理？況融所傳者乃《周禮》，若小戴之學，一授橋仁，一授楊榮。後傳其學者有劉祐、高誘、鄭玄、盧植。融絕不預其授受，又何從而增三篇乎？知今四十九篇實戴聖之原書，《隋志》誤也。元延祐中，行科舉法，定《禮記》用鄭玄《注》。故元儒說《禮》，率有根據。自明永樂中勑修《禮記大全》，始廢鄭《注》，改用陳澔《集說》，《禮》學遂荒。然研思古義之士，好之者終不絕也。爲之疏義者，唐初尚存皇侃、熊安生二家。案明北監本以皇侃爲皇甫侃，以熊安生爲熊安，二人姓名並誤，足徵校刊之疎。謹附訂於此。貞觀中，勑孔穎達等修《正義》，乃以皇氏爲本，以熊氏補所未備。穎達序稱：「熊則違背本經，多引外義，猶之楚而北行，馬雖疾而去愈遠。又欲釋經文，惟聚難義，猶治絲而棼之，手雖繁而絲益亂也。皇氏雖章句詳正，微稍繁廣。又既遵鄭氏，乃時乖鄭義。此是木落不歸其本，狐死不首其丘。此皆二家之弊，未爲得也。」故其書務伸鄭注，未免有附會之處。然採摭舊文，詞富理博，說《禮》之家，鑽研莫盡，譬諸依山鑄銅，煮海爲監，卽衛湜之書尚不能窺其涯涘，陳澔之流益如莛與楹矣。

孫星衍《平津館鑒藏書籍記・宋版》 《附釋音禮記注疏》六十三卷，題「國子祭酒上護軍曲阜縣開國子臣孔穎達等撰，國子博士兼太子中允贈齊州刺史吳縣開國男臣陸德明釋文」。前有《禮記正義序》，不題姓名。孔穎達序係後人鈔補。黑口版，每葉廿行，行十七字，小字行廿三字。有明正德、嘉靖時暨不注年代補刻葉。此本與故相國和珅翻刻宋本行款相同，惟彼本孔穎達序後有「建安劉叔剛宅鋟梓」木長印。此本原序已缺，無從考證。收藏有「孫潛之印」白文方印。

張之洞《書目答問・列朝經注經說經本考證》 惠校本《禮記注疏》六十三卷。惠棟依宋本校。和氏刻本。

次禮記

《舊唐書・經籍志・禮》 《次禮記》二十卷。魏徵撰。

《新唐書・藝文志・禮類》 魏徵《次禮記》二十卷。亦曰《類禮》。

鄭樵《通志・藝文略・禮》 魏徵《次禮記》二十卷。

禮記注

《新唐書・藝文志・禮類》 王玄度注《禮記》二十卷。

禮記疏

《舊唐書・經籍志・禮》 《禮記疏》八十卷。賈公彥撰。

《新唐書・藝文志・禮類》 賈公彥《禮記正義》八十卷。

鄭樵《通志・藝文略・禮》 《禮記正義》八十卷。唐賈公彥。

《宋史・藝文志・禮類》 賈公彥《禮記疏》五十卷。

張萱等《內閣藏書目錄・禮類》 《大注禮記》十冊，《釋文》四冊。全。卽《禮記注疏》。

錢謙益等《絳雲樓書目・禮類》 元板《禮記注疏》十四冊。

御刊定禮記月令

《新唐書・藝文志・禮類》 《御刊定禮記月令》一卷。集賢院學士李林甫、陳希烈、徐安貞、直學士劉光謙、齊光乂、陸善經、修撰官史玄晏、待制官梁令瓚等注解。自第五易爲第一。

禮記正義

《新唐書・藝文志・禮類》 王方慶《禮經正義》十卷。

鄭樵《通志・藝文略・禮》 《禮記正義》十卷。王方慶。

禮雜問答

《新唐書・藝文志・禮類》 王方慶《禮雜問答》十卷。

禮記小疏

鄭樵《通志・藝文略・禮》 《禮記小疏》二十卷。

《宋史・藝文志・禮類》 《禮記小疏》二十卷。不知作者。

禮記繩愆

《新唐書・藝文志・禮類》 王玄感《禮記繩愆》三十卷。

鄭樵《通志・藝文略・禮》 《禮記繩愆》三十卷。王玄感。

禮記外傳

《新唐書・藝文志・禮類》 成伯璵《禮記外傳》四卷。

錢東垣等輯《崇文總目・禮類》 《禮記外傳》四卷。成伯璵。

鄭樵《通志・藝文略・禮》 《禮記外傳》四卷。成伯璵撰，張幼倫注。

晁公武《郡齋讀書志・禮類》 《禮記外傳》四卷。右唐成伯璵撰。《義例》兩卷五十篇，《名數》兩卷六十九篇。雖以《禮記》爲目，通以《三禮》言之。劉明素序，張幼倫注。

馬端臨《文獻通考・經籍考・禮》 《禮記外傳》四卷。

《宋史・藝文志・禮類》 成伯璵《禮記外傳》十卷。張幼倫注。

楊士奇等《文淵閣書目・禮》 《禮記外傳》。一部，一冊。闕。

月令詩訓

徐𤊹《徐氏家藏書目・禮類》 《月令詩訓》一卷。唐盧景儉。抄本。

禮記字例異同

《新唐書・藝文志・禮類》 《禮記字例異同》一卷。元和十三年詔定。

錢東垣等輯《崇文總目・禮類》 《禮記字例同異》一卷。《唐志》不著撰人。［原釋］闕。天一閣鈔本。

鄭樵《通志・藝文略・禮》 《禮記字例異同》一卷。

禮記唐諸儒要義

楊士奇等《文淵閣書目・禮類》 《禮記唐諸儒要義》。一部，十冊。闕。

禮記評要

鄭樵《通志・藝文略・禮》 《禮記評要》十五卷。

禮記名數要記

鄭樵《通志・藝文略・禮》 《禮記名數要記》三卷。

禮記名義

鄭樵《通志・藝文略・禮》 《禮記名義》十卷。

禮記外傳名數

鄭樵《通志・藝文略・禮》 《禮記外傳名數》二卷。

禮記含文

鄭樵《通志・藝文略・禮》《禮記含文》三卷。

禮記解

陳振孫《直齋書錄解題・禮類》《禮記解》七十卷。馬希孟彥醇撰。未詳何人，亦宗王氏。

馬端臨《文獻通考・經籍考・禮》馬希孟《禮記解》七十卷。

《宋史・藝文志・禮類》馬希孟《禮記解》七十卷。

禮記要義

晁公武《郡齋讀書志・禮類》《禮記要義》二卷。右荊國文公王安石介甫所著也。

楊士奇等《文淵閣書目・禮類》《禮記要義》。一部，八冊。完全。

《禮記要義》。一部，八冊。闕。

禮記音訓指說

《宋史・藝文志・禮類》楊逢殷《禮記音訓指說》二十卷。

禮記解

錢大昕《補元史藝文志・禮類》陳伯春《禮記解》。字耀卿，晉江人。

曲禮講義

《宋史・藝文志・禮類》上官均《曲禮講義》二卷。

禮記解

《宋史・藝文志・禮類》陸佃《禮記解》四十卷。

王圻《續文獻通考・經籍考・禮》陸佃有《禮記解》。

禮記新義

馬端臨《文獻通考・經籍考・禮》《禮記新義》。《宋中興藝文志》：陸佃撰。亦牽於《字說》。宣和末，其子宰上之。

禮記外傳

尤袤《遂初堂書目・經總類》陸左丞《禮記外傳》。

芸閣禮記解

晁公武《郡齋讀書志・禮類》 《芸閣禮記解》四卷。右皇朝呂大臨與叔撰。與叔師事程正叔，《禮》學甚精博，《中庸》、《大學》，尤所致意也。

尤袤《遂初堂書目・經總類》 呂與叔《禮記解》。

陳振孫《直齋書錄解題・禮類》 《芸閣禮記解》十六卷。祕書省正字京兆呂大臨與叔撰。案《館閣書目》作一卷，止有《表記》、《冠》、《昏》、《鄉》、《射》、《燕》、《聘義》、《喪服四制》凡八篇，今又有《曲禮》上下、《中庸》、《緇衣》、《大學》、《儒行》、《深衣》、《投壺》八篇。此晦庵朱氏所傳本，刻之臨漳射垛，書坊稱《芸閣呂氏解》者，即其書也。《續書目》始別載之。

馬端臨《文獻通考・經籍考・禮》 《芸閣禮記解》十六卷。

楊士奇等《文淵閣書目・禮》 《禮記呂氏傳》。一部，五冊。闕。

張萱等《內閣藏書目錄・經部》 《呂氏禮記》。四冊。不全。凡十六卷，闕第三卷。宋淳熙中朱晦庵刻於臨漳學宮。

錢謙益等《絳雲樓書目・禮類》 呂與叔有《芸閣禮記解》十六卷，朱子刻之臨漳。

編禮

晁公武《郡齋讀書志・禮類》 《編禮》三卷。右皇朝呂大臨與叔編。以《士喪禮》爲本，取《三禮》附之，自始死至祥練，各以類分，其施於後學甚悉。尙恨所編者五禮中特凶禮而已。

馬端臨《文獻通考・經籍考・禮》 《編禮》。

禮記精義

鄭樵《通志・藝文略・禮》 《禮記精義》十六卷。李文叔。

《宋史・藝文志・禮類》 李格非《禮記精義》十六卷。

尤袤《遂初堂書目・經總類》 李格非《禮記精義》。

禮記解

王圻《續文獻通考・經籍考・禮》 《禮記解》二十卷。何述著。述字明道，浦城人。登元豐進士第，以徽猷閣待制知永興軍。

深衣制度

尤袤《遂初堂書目・經總類》 《深衣制度》。

《宋史・藝文志・禮類》 王普《深衣制度》一卷。

禮記解義

《宋史・藝文志・禮類》 陳暘《禮記解義》十卷。

明堂訓解

王圻《續文獻通考・經籍考・禮》 《明堂訓解》。姚舜仁著。

禮記解

陳振孫《直齋書録解題・禮類》 《禮記解》二十卷。新安方慤性夫撰。政和二年表進，自爲之序。以王氏父子獨無解義，乃取其所撰《三經義》及《字説》，申而明之，著爲此解，由是得上舍出身。其所解文義亦明白。

馬端臨《文獻通考・經籍考・禮》 方慤《禮記解》二十卷。《朱子語録》曰：「方、馬二解，合當參考，儘有説得好處，不可以其新學而黜之。」

《宋史・藝文志・禮類》 方慤《禮記解義》二十卷。

王圻《續文獻通考・經籍考・禮》 方慤有《禮記解》。

黄虞稷《千頃堂書目・三禮類・補宋》 方慤《禮記解》。桐廬人，父死，廬墓喪畢不歸。覃思積年，解《禮記》，書成，獻之朝。命頒其書於天下。

倪燦等《宋史藝文志補・三禮類》 方慤《禮記解》。桐廬人。書成獻之朝，頒行。

學記口義

馬端臨《文獻通考・經籍考・禮》 《學記口義》二卷。

《宋史・藝文志・禮類》 《學記口義》二卷。

禮記傳

《宋史・藝文志・禮類》 胡銓《禮記傳》十八卷。

破禮記

《宋史・藝文志・禮類》 夏休《破禮記》二十卷。

馬端臨《文獻通考・經籍考・禮》 《破禮記》。《中興藝文志》：夏休以《禮記》多漢儒雜記，於義有未安者，乃援《禮經》以破之。然《中庸》、《大學》實孔氏遺書也。

禮講解

王圻《續文獻通考・經籍考・禮》 《禮講解》。奉化舒璘著。

禮記注

王圻《續文獻通考・經籍考・禮》 《禮記注》。何炎著。

禮記解

王圻《續文獻通考・經籍考・禮》 《禮記解》。顔棫著。棫字叔堅，永春人。淳熙中以上舍釋褐，累官至吏部尚書。邵囦、范鍾、方慤、劉爚、楊炳皆有《解》。

禮記解

王圻《續文獻通考・經籍考・禮》 邵囦有《禮記解》。

禮記解

王圻《續文獻通考·經籍考·禮》 范鍾有《禮記解》。

禮記解

王圻《續文獻通考·經籍考·禮》 劉爚有《禮記解》。

禮記解

王圻《續文獻通考·經籍考·禮》 楊炳有《禮記解》。

戴記心法

王圻《續文獻通考·經籍考·禮》 《戴記心法》。徐畸著。畸，蘭谿人，號南夫。

禮記詳節

錢謙益等《絳雲樓書目·禮類》 元版呂東萊《禮記詳節》。四冊。

曲禮口義

陳振孫《直齋書錄解題·禮類》 《曲禮口義》二卷。戴溪撰。

馬端臨《文獻通考·經籍考·禮》 《曲禮口義》二卷。

《宋史·藝文志·禮類》 戴溪《曲禮口義》二卷。

孔子閒居講義

陳振孫《直齋書錄解題·禮類》 《孔子閒居講義》一卷。龍圖閣學士慈溪楊簡敬仲撰。

禮記解

王圻《續文獻通考·經籍考·禮》 《禮記解》。龍溪黃樵仲著。

月令解

《宋史·藝文志·禮類》 張虙《月令解》十二卷。

王圻《續文獻通考·經籍考·禮》 《月令解》十二篇。張虙著。虙，慈溪人。仕于理宗朝。嘗謂《月令》雖出於呂不韋，而王者後天以奉天時，此書不可缺，乃爲《月令解》十二篇以進。

《四庫提要·禮類三》 《月令解》十二卷。《永樂大典》本。宋張虙撰。虙，慈溪人。慶元丙辰進士，官至國子祭酒。是編乃虙端平初入侍講幄時所纂，未及竟，以病歸，家居時乃續完之，表進於朝。十二月各自爲卷。奏稱每一月改，則令以此一月進於御前，可以裁成天地之道，輔相天地之宜。雖未免過膠古義，不盡可見諸施行。然辭義曉暢，於順時出政之際，皆三致意焉，其用心有足取者。《月令》於劉向《别録》屬《明堂陰陽記》，當卽《漢書·藝文志》所云古明堂之遺事，在《明堂陰陽》三十三篇之内者。《呂氏春秋》録以分冠十二紀。馬融、賈逵、蔡邕、王肅、孔晁、張華皆以爲周公作，鄭康成、高誘以爲卽不韋作。論者據《漢百官表》言，太尉爲秦官。或又據《國語》晉有元尉、輿尉之文，謂尉之名不必起於秦。然究不得因元尉、輿尉遂斷三代必有太尉也。意不韋採集舊文，或傅益以秦制歟。今考其書，古帝王發政施令之大端，皆彰彰具存。得其意而變通之，未嘗非通經適用之一助。至其言誤某令則致某災，殆因《洪範》庶徵而推衍之，遂爲漢儒陰陽五行之濫觴。慮解皆未能駁正。然列在《禮經》，相沿已久，亦不能獨爲慮咎也。原書因隨月進御，故凡解見孟月者，仲月、季月皆重見。《永樂大典》所載，合爲一編，多刪其複，於例爲協。間有刪之不盡者，今併汰除，以歸畫一焉。

張金吾《愛日精廬藏書志·禮類》 《月令解》十二卷。文瀾閣傳抄本。

宋張虙撰。進《月令解》表曰：臣虙言：臣竊以後天而奉天時，雖夙參於造化，按月以觀《月令》，實肇見於聖明。矧臨萬務之繁，欲極羣書之博，惟探尋於要領，庶頤愛於精神，臣惶懼惶懼，頓首頓首！考《呂氏春秋》之書，承周末聖賢之論，紀分十二。井然彙刮之條；歲盡一周，粲若循環之次。雜之於禮，附以爲經，漢相奏之，固嘗表采，唐宗定此，亦就刊刪。雖號鉤深於斯文，未知區别於令序，曷若以孟仲季析爲寒暑之期，於朔望弦占作旦昏之候。所謂舉目皆可見，若欲鋭情，又何如凡饜飫，使自得之，非睿知孰能與此。兹蓋恭遇皇帝陛下，心存兢業，學務雍熙。藝圃覽游，瀹若觀書之樂；經幃訪問，淵乎嗜古之懷。方當省歲以有爲，因此負暄之入獻，取諸儒共集之典釐。每卷各立之門，會析木、會元枵，隨所舍而改；中夾鍾、中大簇，視其律以更。據往知今，自我作古。嚴恭寅畏，外此何求；輔相裁成，由兹而出。執而論曆，殊史家黑白之分；寫以爲圖，笑巧匠丹青之象。其《月令解》十二卷，繕寫成十二冊，謹隨表上進以聞臣。惶懼惶懼，頓首頓首，謹言。

奏《月令解》劄子曰：臣昨者叨侍經筵，適講《月令》。秋之三月，嘗與侍讀鍾震言，欲待《月令》終篇，以十二月分爲十二卷，書之納於禁中。時當此月，陛下則以此月一卷觀覽。凡一月之中，陰陽消長之運，星辰出入之躔，氣序之遷改，景物之移易，與夫園林草木之華盛，鳥獸魚蟲之生育，田舍耕耘之節，婦子蠶桑之期，歷歷具載。使置之座側，又切於崔實之政論；置之几案，何減乎魏徵之諫疏。其於贊化爲益多矣！既而以病，予告有志不成。緣臣身則病矣，而眼猶能觀故書，心能記舊事，於是以秋三月已成之説，上接乎春夏，下逮夫季冬，一一爲之解釋，通前爲十二卷。陛下或許以投進，卽當涓日備録裝褫送上，每一月改，則令以此一月進於御前，陛下展卷時時玩之。或謂智本天賜，聰本天生，一覽無遺，成誦在心。何假纂集之爲，不知此非爲記聞設也，惟致於宫中無事閑暇之燕舉目在前而已。昔有談修養之術者，欲書《月令》置左右，如冬夏至宜謹嗜欲之類，庶得自警。謂陛下守此，則可以裁成天地之道，可以輔相天地之宜，豈謂修養之術哉！臣不勝惓惓。

王制章句

王圻《續文獻通考·經籍考·禮》 《王制章句》。陳埴著。

禮記要義

《宋史·藝文志·禮類》 魏了翁《禮記要義》三十三卷。

阮元《四庫未收書目提要·禮類》 《禮記要義》三十三卷。宋魏了翁撰。《宋史》本傳稱其有《要義》百卷。據《藝文志》，實二百六十三卷。訂定精密，先儒所不及。方回跋了翁所撰《周易集義》云：「前丁酉歲，以權工部侍郎忤時相，謫靖州，取諸經注疏，摘爲《要義》。」《宋史·藝文志》分載其書，而《讀書附志》、《讀書後志》、《書録解題》、《文獻通考》皆不著録。明時已無全本，内閣所藏，據張萱所述，已闕《毛詩》、《周禮》，其餘七經，按其冊數太少，知亦殘闕之本。今《四庫全書》所采，有《周易》、《尚書》、《儀禮》、《春秋》四經。《周易》乃天一閣舊鈔本，已蒙高宗純皇帝親灑宸翰，昭垂卷首，嘉惠藝林，洵奇遇也。其自《周易》、《儀禮》外，率非足本。此書明《聚樂堂藝文目》有之。《經義考》云未見。此本從宋刻影鈔存者三十一卷。《曲禮》上下兩篇，亦以遺佚爲憾。然較諸《春秋》之所存者，固已勝之。案虞集《九經要義序》云：「取諸經注疏正義之文，據事列類而録之。」與方回之言合。而張萱則謂考究《九經》中義理制度。今案其書，删節注疏，存其簡當，去其煩冗，每段之前，各有標目，以便讀者之省覽。了翁初無己說，萱之所言，蓋未嘗詳核也。諸經注疏，自宋遞傳至今，脱文譌字，不可勝舉。了翁所據，猶宋時善本，足資糾訂，而《禮記孔疏》，文繁義富，未易得其厓略，了翁删汰過半，頗爲精允，可以爲研經者之津逮。書中第五卷《王制》篇分上下，實三十四卷云。按此書所闕《曲禮》兩卷，嘉興金氏藏有宋槧魏氏《九經要義》，共二百六十三卷。其《周易》、《尚書》、《儀禮》、《春秋》已著録《四庫》。阮氏後呈進《禮記》暨《尚書》。中闕卷尚有《毛詩要義》三十八卷，乃奉天曹寅舊藏，今歸豐順丁氏。《周禮要義》三十卷，向藏蘇州汪氏，近爲常熟張氏所得。是九經尚存其七，惟《論語》、《孟子》，未見傳本。

禮記纂義

王圻《續文獻通考·經籍考·禮》 《禮記纂義》。蘭溪應鏞著。

禮學舉要　禮學從宜

王圻《續文獻通考·經籍考·禮》 《禮學舉要》、《禮學從宜》。仙遊鄭鼎新著。鼎新，嘉定中登第，從黃幹、楊復遊。

集解小戴記

王圻《續文獻通考·經籍考·禮》 《集解小戴記》。岳珂著。珂，飛之孫也。

批點檀弓

《四庫提要·禮類存目二》 《批點檀弓》二卷。舊本題宋謝枋得撰。枋得字君直，號疊山，信州弋陽人。寶祐四年進士，宋末爲江東制置使。臨安破後，即弋陽起義兵，兵潰後遁迹浦城，元福建行省魏天佑迫脅送燕京，遂絶食而卒。事蹟具《宋史·忠義傳》。是編莫知所自來。明萬曆丙辰，烏程閔齊伋始以朱墨版刻之。齊伋序稱得謝高泉所校舊本，亦不言謝本出誰氏。書中圈點甚密，而評則但標章法句法等字，似孫鑛等評書之法，不類宋人體例。疑因枋得有《文章軌範》，依託爲之。又題楊升菴附注，而與慎《檀弓叢訓》復不相同。據齊伋序，稱彙注疏集注集說諸書，去其繁而存其要，以著於簡端。則齊伋之所加，非慎原注也。蓋明季刊本，名實舛互，往往如斯矣。

禮記集說

陳振孫《直齋書録解題·禮類》 《禮記集說》一百六十卷。直祕閣崑山衛湜正叔集諸家說，自注疏而下爲一書，各著其姓氏。寶慶二年表上之，由此寓直中祕。魏鶴山爲作序。

馬端臨《文獻通考·經籍考·禮》 《禮記集說》一百六十卷。

《宋史·藝文志·禮類》 衛湜《禮記集說》一百六十卷。

楊一奇等《文淵閣書目·禮類》 《禮記衛湜集說》。一部，四十二冊。完全。　《禮記衛湜集說》。一部，四十二冊。完全。　《禮記衛湜集說》。一部，四十二冊。闕。　《禮記衛湜集說》。一部，四十一冊。完全。　《禮記衛湜集說》。一部，四十二冊。完全。塾本「衛湜」作「櫟齋」。

范邦甸等《天一閣書目·禮類》 《禮記集說》一百六十卷。藍絲欄鈔本。宋衛湜撰并序。寶慶元年魏了翁序。又《衛湜集解跋》卷首附衛湜進《禮記》。

張萱等《內閣藏書目錄・經部》 櫟齋《禮記集説》四十二册全。宋寶慶間武進令衛正叔湜撰。進取鄭《注》、孔《義》、陸《釋》以及百家嘗講者，粹爲一書，凡一百六十卷，各記論説姓名，以聽學者自擇。魏了翁有序。又一册不全。　又四十二册全。　又四十册不全。　又四十一册不全。

又三十四册不全。　又四十一册不全。

錢謙益等《絳雲樓書目・禮類》 宋板衛湜《禮記集説》。一百六十卷。

《四庫提要・禮類三》 《禮記集説》一百六十卷。兩江總督採進本。宋衛湜撰。湜字正叔，吳郡人。其書始作於開禧、嘉定間。自序言日編月削幾二十餘載而後成。寶慶二年官武進令時，表上於朝，得擢直祕閣。後終於朝散大夫，直寶謨閣，知袁州。紹定辛卯，趙善湘爲鋟版於江東漕院。越九年，湜復加覈訂，定爲此本。自作前序後序，又自作跋尾，述其始末甚詳。蓋首尾閱三十餘載，故採摭羣言，最爲賅博，去取亦最爲精審。自鄭《注》而下，所取凡一百四十四家。其他書之涉於《禮記》者，所採録不在此數焉。今自鄭《注》、孔《疏》而外，原書無一存者。朱彝尊《經義考》採摭最爲繁富，而不知其書與不知其人者，凡四十九家，皆賴此書以傳，亦可云《禮》家之淵海矣！明初定制，乃以陳澔注立於學官，而湜注在若隱若顯間。今聖朝《欽定禮記義疏》，取於湜書者特多。豈非是非之公，久必論定乎？又湜後序有云：「他人著書，惟恐不出於己。予之此編，惟恐不出於人。後有達者，毋襲此編所已言，沒前人之善也。」其後慈谿黄震《讀禮記日鈔》、新安陳櫟《禮記集義詳解》，皆取湜書删節，附以己見。黄氏融匯諸家，猶出姓名於下方。案：此見《黄氏日鈔》。陳氏則不復標出。案：櫟書今不傳，此見定宇集中櫟所作自叙。卽此一節，非惟其書可貴，其用心之厚，亦非諸家所及矣！

張之洞《書目答問・列朝經注經説經本考證》 《禮記集説》一百六十卷。宋衛湜。通志堂本。

禮記圖説

楊士奇等《文淵閣書目・禮》 《禮記衛湜圖説》。一部，二册。闕。塾本「衛湜」作「朱子」。

禮記詳解

楊士奇等《文淵閣書目・禮》 《禮記朱周翰詳節》。一部，三册。闕。

黄虞稷《千頃堂書目・三禮類・補宋》 朱申《禮記詳解》。十卷。

倪燦等《宋史藝文志補・三禮類》 朱申《禮記詳解》。十卷。

禮記會元

楊士奇等《文淵閣書目・禮》 《禮記會元》。一部，四册。闕。

禮記集傳

楊士奇等《文淵閣書目・禮》 《禮記集傳》。一部，四册。闕。

深衣考

錢大昕《補元史藝文志・禮類》 劉莊孫《深衣考》一卷。

禮記解

王圻《續文獻通考・經籍考・禮》 《禮記解》。又有晉江呂椿著。

錢大昕《補元史藝文志・禮類》 呂椿《禮記解》。

禮記辨證

錢大昕《補元史藝文志・禮類》 程龍《禮記辨證》。

禮記通考

王圻《續文獻通考・經籍考・禮》 《禮記通考》。繆主一著。

黃虞稷《千頃堂書目・三禮類・補元》 繆主一《禮記通考》。

錢大昕《補元史藝文志・禮類》 繆主一《禮記通考》。

禮記正義

王圻《續文獻通考・經籍考・禮》 《禮記正義》一卷。鄭樸翁著。溫州人。

黃虞稷《千頃堂書目・三禮類・補宋》 鄭樸翁《禮記正義》一卷。

倪燦等《宋史藝文志補・三禮類》 鄭樸翁《禮記正義》一卷。

禮記補注

黃虞稷《千頃堂書目・三禮類・補元》 程時登《禮記補注》。

倪燦等《補遼金元藝文志・三禮類》 程時登《禮記補注》。

錢大昕《補元史藝文志・禮類》 程時登《禮記補注》。

深衣翼

黃虞稷《千頃堂書目・三禮類・補元》 程時登《深衣翼》。

倪燦等《補遼金元藝文志・三禮類》 程時登《深衣翼》。

錢大昕《補元史藝文志・禮類》 程時登《深衣翼》一卷。

禮記纂言

楊士奇等《文淵閣書目・禮》 《禮記吳澂纂言》。一部，十三冊。闕。《禮記吳澂纂言》。一部，二十五冊。完全。《禮記吳澂纂言》。一部，十二冊。闕。

范邦甸等《天一閣書目・禮類》 《禮記纂言》三十六卷。新安黃氏刊本。元臨川吳澄撰，吳尙序，正德崑山魏校序，寧國守胡君東皋刻。

王圻《續文獻通考・經籍考・禮》 《禮記纂言》。吳澄著。

徐𤊹《徐氏家藏書目・禮類》 《禮記纂言》三十六卷。元吳澄。

張萱等《內閣藏書目錄・禮類》 《禮記纂言》二十五冊全。《禮記》出自漢儒，會粹二百四篇，戴德刪爲八十五篇，其弟戴聖又刪爲四十三篇，及馬、鄭諸儒分增爲四十九。其間關於《禮經》者才十數篇耳，餘皆收合殘編斷簡而無詮次。朱晦庵、呂東萊每欲商訂，未遑也。元吳澄取朱子遺意，序次此書，謂《大學》、《中庸》已經程、朱表章，不容復列。如《投壺》、

《奔喪》、《六義》等篇，既爲禮之正經，宜附《禮經》之後。餘存者分類次第曰《通禮》，曰《喪禮》，曰《祭禮》，曰《通論》，共三十六篇。又四十一冊不全。又四十二冊全。

錢謙益等《絳雲樓書目・禮類》 吴澄《禮記纂言》。十二冊。草廬之孫當著《周禮纂言》，見《元史》當傳。草廬又有《春秋纂言》三十六卷，惜力訪之未得也。

黄虞稷《千頃堂書目・三禮類・補元》 吴澄《禮記纂言》三十六卷。澄既取《投壺》、《奔喪》以補《逸禮》，而復以《小戴記》中《冠義》、《昏義》、《聘義》、《鄉飲酒義》、《燕義》、《大射義》爲《儀禮》經傳。除《大學》、《中庸》二篇所存，凡三十二篇。《通禮》九，《喪禮》十二，《祭禮》十二，《聘禮》四，《通論》十二。篇次先後，稍變於舊，就篇之中，科分櫛剔，以類相從，俾其上下文義聯屬，章之大旨，標識於左。澄享年八十有五歲，是年書始成，遂卒。

倪燦等《補遼金元藝文志・三禮類》 吴澄《禮記纂言》三十六卷。

《四庫提要・禮類三》 《禮記纂言》三十六卷。兩淮馬裕家藏本。元吴澄撰。澄有《易纂言》，已著録。案危素作澄《年譜》，載至順三年澄年八十四，留撫州郡學，《禮記纂言》成。而虞集《行狀》則稱成於至順四年，即澄卒之歲。其言頗不相合。然要爲澄晚年手定之本也。其書每一卷爲一篇。大旨以《戴記》經文龐雜，疑多錯簡，故每一篇中，其文皆以類相從，俾上下意義聯屬貫通，而識其章句於左。其三十六篇次第，亦以類相從。凡《通禮》九篇，《喪禮》十一篇，《祭禮》四篇，《通論》十一篇，各爲標目。如《通禮》首《曲禮》，則以《少儀》、《玉藻》等篇附之，皆非小戴之舊。他如《大學》、《中庸》依程、朱别爲一書，《投壺》、《奔喪》歸於《儀禮》，《冠義》等六篇别輯爲《儀禮傳》，亦竝與古不同。虞集稱其「始終先後，最爲精密。先王之遺制，聖賢之格言，其僅存可考者，既表而存之，各有所附。而其糾紛固泥於專門名家之手者，一旦各有條理，無復餘藴」，其推重甚至。考《漢書・藝文志》，《禮記》本一百三十一篇，戴德刪爲八十五，戴聖刪爲四十九。與《易》、《書》、《詩》、《春秋》經聖人手定者固殊。然《舊唐書・元行沖傳》，載行沖上《類禮義疏》，張説駁奏曰：「今之《禮記》，歷代傳習，著爲經教，不可刊削。魏孫炎始改舊本，先儒所非，竟不行用。貞觀中，魏徵因孫炎所修，更加整比，兼爲之注，其書竟亦不行。今行沖等解徵所注，勒成一家。然與先儒第乖，章句隔絶。若欲行用，竊恐未可」云云，則古人屢經修緝，迄不能變漢儒舊本。唐以前儒風淳實，不搖惑於新説，此亦一徵。澄復改併舊文，儼然刪述，恐亦不免僭聖之譏。以其排比貫串，頗有倫次，所解亦時有發明，較諸王柏刪《詩》，尚爲有間，故録存之，而附論其失如右。

錢大昕《補元史藝文志・禮類》 吴澂《禮記纂言》三十六卷。

張金吾《愛日精廬藏書志・禮類》 《禮記纂言》三十六卷。明正德刊本。臨川吴文正公澄《纂言》。王守仁刊板序，正德庚辰。自序。魏校後序。正德庚辰。吴尚跋。元統甲戌。

序次小戴記

張萱等《内閣藏書目録・禮類》 吴澄《序次小戴記》四冊不全。

黄虞稷《千頃堂書目・三禮類・補元》 《序次小戴記》八卷。

倪燦等《補遼金元藝文志・三禮類》 吴澄《序次小戴記》八卷。

校正小戴記

王圻《續文獻通考・經籍考・禮》 《校正小戴記》三十六篇，吴澂序次。序曰：「漢興，得先儒所記《禮書》三百餘篇，大戴氏刪合爲八十五，小戴氏又損益爲四十三，《曲禮》、《檀弓》、《雜記》分上下，馬氏增以《月令》、《明堂位》、《樂記》。鄭氏從而爲之注，總四十九篇，精粗雜記，靡所不有。秦火之餘，區區掇拾，所謂存十一於千百，雖不能醇，然先王之遺制，聖賢之格言，往往賴之而存。第其諸篇出于先儒著作之全書者無幾，多是記者旁搜博採，勦取殘編斷簡，會粹成篇，無復詮次，讀者每病其雜亂而無章。唐魏鄭公爲是作《類禮》二十篇，不知其書果何如也，而不可得見。朱子嘗與東萊先生吕氏商訂《三禮》篇次，欲取《戴記》中有關於《儀禮》者附之經，其不係於《儀禮》者仍别爲記。吕氏既不及答，而朱子亦不及爲，幸其大綱存於文集，猶可考也。晚年編校《儀禮經傳》，則其條例與前所商訂又不同矣。其間所附《戴記》數篇，或削本篇之文，補以他篇之文，今則不敢改，止就本篇之中，科分節劘，以類相從，俾其上下章文義聯屬，章之大指標識於左，庶讀者開卷瞭然。若其篇第，則《大學》、《中庸》程子、朱子既表章之，以與《論語》、《孟子》並而爲《四書》，固不容復厠之《禮》篇；而《投壺》、《奔喪》實爲《禮》之正經，亦不可以雜之於《記》；其《冠義》、《婚義》、《鄉飲酒義》、《射義》、《燕義》、《聘義》六篇，正釋《儀禮》，別輯爲《傳》，以附《經》後矣。此外，猶有三十六篇。曰《通禮》者九：《曲禮》、《內則》、《少儀》、《玉藻》通記小大儀文，而《深衣》附焉；《月令》、《王制》專記國家制度，而《文王世子》、《明堂位》附焉。曰《喪禮》者十有一：《喪大記》、《雜記》、《喪服小記》、《服問》、《檀弓》、《曾子問》六篇記喪；而《大傳》、《問傳》、《問喪》、《三年問》、《喪服四制》五篇，則喪之義也。曰《祭禮》者四：《祭法》一篇記祭，而《郊特牲》、《祭義》、《祭統》三篇，則祭之義也。曰《通禮》者十有二：《禮運》、《禮器》、《經解》一類，《哀公問》、《仲尼燕居》、《孔子閒居》一類，《坊記》、《表記》、《緇衣》一類，《儒行》自爲一類，《學記》、《樂記》其文雅馴，非諸篇比，則以爲是書之終。嗚呼，由漢以來，此書千有餘歲矣，而其顛倒糾紛，至朱子始欲爲之是正，而未及竟，豈無望于後之人歟？用敢竊取其義，修而成之，篇章文句，秩然有倫，先後始終，頗爲精審，將來學《禮》之君子於此考信，其有取乎？非但爲戴氏忠臣而已也。

曲禮考註

高儒《百川書志・禮》 《曲禮考註》十卷。元翰林學士吳澄考註。

錢謙益等《絳雲樓書目・禮類》 《曲禮考註》。三冊。十卷。

月令七十二候集解

《四庫提要・禮類存目二》 《月令七十二候集解》一卷。通行本。舊本題「元吳澄撰」。其書以七十二候分屬於二十四氣，各訓釋其所以然。考《禮記・月令》，本無七十二候之說。《逸周書・時訓解》乃以五日爲一候。澄作《禮記纂言》，亦引《唐月令》，分著五日一候之義，然不聞更有此書。其說以經文所記多指北方，非南方之所習見，乃博考《說文》、《埤雅》諸書，兼訪之於農牧，著爲此編。然考證名物，罕所發明。又既以螻蟈爲土狗，又載鼫鼠五技之說，自相矛盾。既以虹爲日映雨氣，又引虹首如驢之說，兼採雜書，亦乖解經之法。疑好事者爲之，託名於澄也。

禮記釋

黃虞稷《千頃堂書目・三禮類・補宋》 陳煥《禮記釋》。字時可，豐城人，宋兩與漕薦，入元不仕。

倪燦等《宋史藝文志補・三禮類》 陳煥《禮記釋》。字時可，豐城人。

禮記詳解

楊士奇等《文淵閣書目・禮》 《禮記陳櫟詳解》。一部，四冊。闕。

禮記集義

楊士奇等《文淵閣書目・禮》 《禮記陳櫟集義》。一部，六冊。完全。

王圻《續文獻通考・經籍考・禮》 《禮記集義》。陳櫟著。櫟，休寧人。致力聖賢之學，涵濡玩索，貫串古今。

黃虞稷《千頃堂書目・三禮類・補元》 陳櫟《禮記集義詳解》十卷。

倪燦等《補遼金元藝文志・三禮類》 陳櫟《禮記集義》十卷。

錢大昕《補元史藝文志・禮類》 陳櫟《禮記集義詳解》十卷。

深衣説

黄虞稷《千頃堂書目・三禮類・補元》 陳櫟《深衣説》。

錢大昕《補元史藝文志・禮類》 陳櫟《深衣説》一卷。

倪燦等《補遼金元史藝文志・三禮類》 陳櫟《深衣説》一卷。

禮記集説

楊士奇等《文淵閣書目・禮》 《禮記陳澔集説》。一部，四册。完全。 《禮記陳澔集説》。一部，三册。闕。 《禮記陳澔集説》。一部，四册。闕。 《禮記陳澔集説》。一部，二册。闕。

徐𤊹《徐氏家藏書目・禮類》 《禮記集説》三十卷。陳顥。

范邦甸等《天一閣書目・禮類》 《禮記集説》三十卷。元陳澔註幷自序。嘉靖丁亥南康府六老堂刊本。 《禮記集説》十卷。元至治壬戌後學東匯澤陳澔著幷序，刊于嘉靖庚寅仲夏。 《禮記集説》三十卷。明嘉靖丙辰重刊。

王圻《續文獻通考・經籍考・禮》 《禮記集説》。陳澔著。澔，都昌人，號雲莊。潛心禮學。

張萱等《内閣藏書目録・經部》 《禮記集説大全》。十八册全。 《禮記集説》。十册全。 又十册全。 又八册全。 又八册全。 又四册全。又二册不全。

錢謙益等《絳雲樓書目・禮類》 元板《禮記集説》。八册。十六卷。

黄虞稷《千頃堂書目・三禮類・補元》 陳澔《禮記集説》三十卷。字可大，號雲柱，又號北山叟，都昌人。

倪燦等《補遼金元藝文志・三禮類》 元陳澔《禮記集説》三十卷。字可大，都昌人。

《四庫提要・禮類三》 《雲莊禮記集説》十卷。通行本。元陳澔撰。澔字可大，都昌人，雲莊其號也。是書成於至治壬戌。朱彝尊《經義考》作三十卷。今本十卷，坊賈所合併也。初，延祐科舉之制，《易》、《書》、《詩》、《春秋》皆以宋儒新説與古注疏相參，惟《禮記》則專用古注疏。蓋其時老師宿儒，猶有存者，知《禮》不可以空言解也。澔成是書，又在延祐之後，亦未爲儒者所稱。明初，始定《禮記》用澔注。胡廣等修《五經大全》，《禮記》亦以澔注爲主，用以取士，遂誦習相沿。蓋説《禮記》者，漢、唐莫善於鄭、孔，而鄭《注》簡奥，孔《疏》典贍，皆不似澔注之淺顯。宋代莫善於衛湜，而卷帙繁富，亦不似澔注之簡便。又南宋寶慶以後，朱子之學大行。而澔父大猷師饒魯，魯師黄榦，榦爲朱子之壻。遂藉考亭之餘蔭，得獨列學官。其注《學記》「術有序」句，引《周禮・鄉大夫》「春秋以禮會民而射於州序」，《周禮鄉・大夫》實無此文。注《檀弓》「五十以伯仲」句，引賈公彦《儀禮疏》，乃孔穎達《禮記疏》文，正與賈説相反，頗爲論者所譏。然朱子注《詩》「騋牝三千」，引《禮記》「問國君之富，數馬以對」，《禮記》無此文。注《孟子》「神農之言」，引史遷「所謂農家者流」，《史記》無此文。蔡沈注《書》「釐降二女於嬀汭」，引《爾雅》「水北曰汭」，《爾雅》無此文。又注《西伯戡黎》，引《史記》「紂使膠鬲觀兵」，注「星有好雨」，引《漢志》「軫星好雨」，《史記》、《漢書》亦均無此文。是皆偶然筆誤，未足以累全書。且何休漢代通儒，號爲學海，而注《公羊傳》「舟中之指可掬」句，引「天子造舟，諸侯維舟，卿大夫方舟，士特舟」語，尚誤記《爾雅》爲《禮》文，又何有於澔？澔所短者，在不知禮制當有證據，禮意當有發明，而箋釋文句，一如注《孝經》、《論語》之法。故用爲蒙訓則有餘，求以經術則不足。朱彝尊《經義考》以「兔園册子」詆之，固爲已甚，要其説亦必有由矣。特《禮》文奥賾，驟讀爲難，因其疏解，得知門徑，以漸進而求於古。於初學之士，固亦不爲無益。是以國朝定制，亦姑仍舊貫，以便童蒙。然復《欽定禮記義疏》，博採漢唐遺文，以考證先王制作之旨，併退澔説於諸家之中，與《易》、《詩》、《書》三經異例。是則聖人御宇，經籍道昌，視明代《大全》抱殘守匱，執一鄉塾課册以錮天下之耳目者，盛衰之相去，蓋不可以道里計矣。

彭元瑞等《天禄琳琅書目後編・明版經部》 《禮記集説》。二函，十六冊。元陳澔撰。澔字可大，號雲莊，都昌人。其父大猷師饒魯，魯師朱熹之婿黃幹，故明初以澔此書列於學官。書十六卷。前有澔序例。書首刻司禮監欽奉聖旨：「《五經四書》經註，坊刊本字有差譌，恁司禮監將《易程朱傳義》、《書蔡沈集傳》、《詩朱熹集傳》、《春秋胡安國傳》、《禮記陳澔集說》、《四書朱熹集注》，都謄寫的本，重新刊印，便於觀覽。欽此。正統十二年五月初二日。」每冊鈐以「表章經史之寶」，乃明官刊祕籍。然以刊印經書之事付之閹宦，而正統年乃王振擅權之時，相傳振以學官淨身，故所爲若此，眞堪姍笑矣！寒山趙氏藏本。

錢大昕《補元史藝文志・禮類》 陳澔《禮記集說》十卷。一作十六卷。字可大，都昌人。

禮記說

王圻《續文獻通考・經籍考・禮》 《禮記說》。韓性著。

黃虞稷《千頃堂書目・三禮類・補元》 韓性《禮記說》四卷。

倪燦等《宋史藝文志補・三禮類》 韓性《禮記說》四卷。

錢大昕《補元史藝文志・禮類》 韓性《禮記說》四卷。

禮記說

王圻《續文獻通考・經籍考・禮》 《禮記說》。黃舜祖著。

禮記集義

錢大昕《補元史藝文志・禮類》 周尚之《禮記集義》。字東陽，南安路上猶縣尹。

禮記講解

黃虞稷《千頃堂書目・三禮類》 周維昭《禮記講解》三十七卷。

禮記訂補

徐𤊹《徐氏家藏書目・禮類》 《禮記訂補》二十四卷。鄧廷曾。

黃虞稷《千頃堂書目・三禮類》 鄧廷曾《禮記訂補》二十四卷。

禮記評析

徐𤊹《徐氏家藏書目・禮類》 《禮記評析》六卷。鄧廷曾。

黃虞稷《千頃堂書目・三禮類》 鄧廷曾《禮記評析》二卷。

禮記講意

徐𤊹《徐氏家藏書目・禮類》 《禮記講意》五卷。倪章。

黃虞稷《千頃堂書目・三禮類》 倪章《禮記講意》五卷。

禮記集說

王圻《續文獻通考・經籍考・禮》 《禮記集說》四十九卷。彭絲著。絲，安福人。父應龍，弟齊叔，父子兄弟自相師友，俱以著述爲業。

黃虞稷《千頃堂書目・三禮類・補元》 彭絲《禮記集說》四十九卷。

字魯初，安福人。

倪燦等《宋史藝文志補・三禮類》 彭絲《禮記集説》四十九卷。字魯初，安福人。

錢大昕《補元史藝文志・禮類》 彭絲《禮記集説》四十九卷。

禮經約

王圻《續文獻通考・經籍考・禮》 《禮經約》。楊維楨著。維楨，諸暨人。舉進士，爲江西提舉，元亡不仕。

黄虞稷《千頃堂書目・三禮類》 楊維楨《禮經約》。

錢大昕《補元史藝文志・禮類》 楊維楨《禮經約》。

禮記類禮

王圻《續文獻通考・經籍考・禮》 《禮記類禮》。梁寅著。

二戴辨

黄虞稷《千頃堂書目・三禮類》 董彝《二戴辨》。字宗文，樂平人。元瑞州録事，入明官國子監學録。

禮記集注

黄虞稷《千頃堂書目・三禮類・補元》 連伯聰《禮記集注》十六卷。

《明史・藝文志・禮類》 連伯聰《禮記集傳》十六卷。

深衣考

黄虞稷《千頃堂書目・三禮類》 朱右《深衣考》。

《明史・藝文志・禮類》 朱右《深衣考》一卷。

深衣圖考

錢大昕《補元史藝文志・禮類》 汪汝懋《深衣圖考》三卷。字以敬，嚴陵人。定海縣尹。

禮經傳約

黄虞稷《千頃堂書目・三禮類》 黄克《禮經傳約》。字紹烈，臨川人。洪武二十七年進士。瑞安知縣。

禮記纂要

黄虞稷《千頃堂書目・三禮類》 王經《禮記纂要》。於名物度數多所折衷。字孟遠，金谿人。至正中以《禮經》兩舉鄉試。入明以薦爲隴西縣令。

禮記總類

黄虞稷《千頃堂書目・三禮類》 張洪《禮記總類》。考洪自爲誌銘，無此書。

禮記大全

范邦甸等《天一閣書目・禮類》 《禮記大全》十二卷。明翰林學士胡廣等奉敕纂修。

劉若愚《内板經書紀略》 《禮記大全》。十八本，一千二百九十九葉。

《明史・藝文志・禮類》 永樂中敕修《禮記大全》三十卷。胡廣等纂。

《四庫提要・禮類三》 《禮記大全》三十卷。少詹事陸費墀家藏本。明胡廣等奉敕撰。以陳澔《集説》爲宗，所採掇諸儒之説，凡四十二家。朱彝尊《經義考》引陸元輔之言，謂「當日諸經《大全》，皆攘竊成書，以罔其上。此亦必元人之成書，非諸臣所排纂」云云。雖頗涉鄰人竊鈇之疑，然空穴來風，桐乳來巢，以他經之蹈襲例之，或亦未必無因歟！諸經之作，皆以明理，非虛懸而無薄。故《易》之理麗於象數，《書》之理麗於政事，《詩》之理麗於美刺，《春秋》之理麗於褒貶，《禮》之理麗於節文，皆不可以空言説。而《禮》爲尤甚。陳澔《集説》略度數而推義理，疎於考證，舛誤相仍。納喇性德至專作一書以攻之，凡所駁詰，多中其失。廣等乃據以爲主，根柢先失。其所援引，亦不過箋釋文句，與澔説相發明。顧炎武《日知録》曰：「自八股行而古學棄，《大全》出而經説亡。洪武、永樂之間，亦世道升降之一會。」誠深見其陋也。特欲全録明代《五經》，以見一朝之制度，姑竝存之云爾。

彭元瑞等《天禄琳琅書目後編・宋版經部》 《禮記集説大全》。二函，十八册。明胡廣等奉敕撰。《五經四書大全》之五，書三十卷。前有凡例、總論，陳澔序，修書官與《周易傳義大全》同。明官刊頒行本。

禮記日鈔

黃虞稷《千頃堂書目・三禮類》 魯穆《禮記日鈔》。

禮記節疏

王圻《續文獻通考・經籍考・禮》 《禮記節疏》。司業張業著。業，安福人。

黃虞稷《千頃堂書目・三禮類》 張業《禮記節疏》。安福人。景泰辛未進士。國子監司業。

禮記解義

黃虞稷《千頃堂書目・三禮類》 何文淵《禮記解義》。

考定深衣古制

王圻《續文獻通考・經籍考・禮》 《考定深衣古制》。黃潤玉著。

黃虞稷《千頃堂書目・三禮類》 黃潤玉《考定深衣古制》。

《明史・藝文志・禮類》 黃潤玉《考定深衣古制》一卷。

深衣考

黃虞稷《千頃堂書目・三禮類》 夏時正《深衣考》一卷。

《明史・藝文志・禮類》 夏時正《深衣考》一卷。

深衣纂疏

黄虞稷《千頃堂書目・三禮類》　岳正《深衣纂疏》一卷。

《明史・藝文志・禮類》　岳正《深衣注疏》一卷。

深衣考正

黄虞稷《千頃堂書目・三禮類》　左贊《深衣考正》一卷。南城人。天順丁丑進士。官布政使。

禮傳

黄虞稷《千頃堂書目・三禮類》　鄭節《禮傳》八十卷。字惟儉，貴谿人。進士。正統中南御史。

《明史・藝文志・禮類》　鄭節《禮傳》八十卷。

禮記集注

黄虞稷《千頃堂書目・三禮類》　羅倫《禮記集注》。

禮記集傳

黄虞稷《千頃堂書目・三禮類》　薛敬之《禮記集傳》。

禮記集成

黄虞稷《千頃堂書目・三禮類》　王傑《禮記集成》安仁人。成化庚子舉人。岷府長史。

禮記集説辨疑

黄虞稷《千頃堂書目・三禮類》　戴冠《禮記集説辨疑》一卷。

《明史・藝文志・禮類》　戴冠《禮記集説辨疑》一卷。

《四庫提要・禮類存目二》　《禮記集説辨疑》一卷。浙江鮑士恭家藏本。明戴冠撰。冠字章甫，長洲人。以選貢授紹興府訓導。是書所論，凡《曲禮》六條，《檀弓》九條，《王制》三條，《曾子問》二條，《文王世子》一條，《禮器》一條，《郊特牲》一條，《内則》五條，《玉藻》二條，《大傳》一條，《少儀》一條，《喪大記》二條，《祭義》一條，《表記》一條，《緇衣》一條，蓋未竟之書也。嘉靖丁未，陸粲刊冠所作《濯纓亭筆記》附載於末。然《筆記》爲雜説，而此書究爲經解，今仍析爲二，各著録焉。

禮記大義

黄虞稷《千頃堂書目・三禮類》　王華《禮記大義》。

禮記節要

黄虞稷《千頃堂書目・三禮類》　宋佳《禮記節要》。奉化人。成化癸卯舉人。王府長史。

深衣纂要

黃虞稷《千頃堂書目・三禮類》 楊廉《深衣纂要》。

《明史・藝文志・禮類》 楊廉《深衣纂要》一卷。

禮記正訓

王圻《續文獻通考・經籍考・禮》 《禮記正訓》。鎮江知府劉績著。績，江夏人。

黃虞稷《千頃堂書目・三禮類》 劉績《禮記正訓》。江夏人。字用熙。弘治庚戌進士。鎮江府知府。

禮記擇言

黃虞稷《千頃堂書目・三禮類》 王崇獻《禮記擇言》。字季徵，山東曹縣人。弘治丙辰進士。歷官左僉都御史，巡撫寧夏。

深衣考

黃虞稷《千頃堂書目・三禮類》 高均《深衣考》一卷。字惟一，侯官人。

禮記類記

黃虞稷《千頃堂書目・三禮類》 祝啓同《禮記類記》十三卷。龍游人。

明堂定制圖

嵇璜等《清通志・圖譜略・禮》 姚聖臣《明堂定制圖》。

深衣圖論

黃虞稷《千頃堂書目・三禮類》 王廷相《深衣圖論》一卷。

《明史・藝文志・禮類》 王廷相《深衣圖論》一卷。

嵇璜等《清通志・圖譜略・禮》 王廷相《深衣圖論》。

古深衣訂

黃虞稷《千頃堂書目・三禮類》 許泮《古深衣訂》。詔安人。辰州府同知。

禮記大旨

黃虞稷《千頃堂書目・三禮類》 童品《禮記大旨》。

讀禮類編

黃虞稷《千頃堂書目・三禮類》 吾翕《讀禮類編》。字廷順，吾啅子。進士。工部主事。

禮記拾遺

黄虞稷《千頃堂書目・三禮類》　余本《禮記拾遺》。

讀禮樂記

黄虞稷《千頃堂書目・三禮類》　王漸逵《讀禮樂記》。因《草廬纂言》再爲訂正，分章類次之。

讀禮表微

黄虞稷《千頃堂書目・三禮類》　程暾《讀禮表微》。字孟陽，歙縣人。

禮記章句

徐𤊹《徐氏家藏書目・禮類》　《禮記章句》八卷。張孚敬。

黄虞稷《千頃堂書目・三禮類》　張孚敬《禮記章句》八卷。

《明史・藝文志・禮類》　張孚敬《禮記章句》八卷。

禮記斷章

黄虞稷《千頃堂書目・三禮類》　韓邦奇《禮記斷章》。

深衣考

王圻《續文獻通考・經籍考・禮》　《深衣考》。夏言著。

《明史・藝文志・禮類》　夏言《深衣考》一卷。

禮記約蒙

黄虞稷《千頃堂書目・三禮類》　王崇慶《禮記約象》一卷。

《明史・藝文志・禮類》　王崇慶《禮記約蒙》一卷。

檀弓叢訓

王圻《續文獻通考・經籍考・禮》　《檀弓叢訓》。楊用修著。

徐𤊹《徐氏家藏書目・禮類》　《檀弓》四卷。謝枋得、楊慎考註。

黄虞稷《千頃堂書目・三禮類》　楊慎《檀弓叢訓》二卷。一名《附注》。

《明史・藝文志・禮類》　楊慎《檀弓叢訓》二卷。一名《附注》。

《四庫提要・禮類存目二》　《檀弓叢訓》二卷。浙江汪啓淑家藏本。明楊慎撰。慎字用修，號升菴，新都人。正德辛未進士第一，授翰林院修撰。以諫大禮，謫戍滇中。事蹟具《明史》本傳。此本前有慎自序，後有永昌張含跋。蓋慎在滇中，採鄭、孔、賀、陸、黄、吳諸家注義，以補陳澔《集傳》所未備。然如胡寅以《檀弓》爲曾子門人，與子思同纂修《論語》，魏了翁又斷爲子游門人。此書既單行，何得於著書之人略而不叙，但引孔《疏》數言，無所訂正？又言思爲子游之子，《注》復遺之。至大夫遣車五乘，與《周官・典命》之文不合者，亦未置一語。蓋邊地無書，姑以點勘遺日，原不足以言詁經也。

更定禮記

黃虞稷《千頃堂書目・三禮類》 張岳《更定禮記》。

禮記正蒙

黃虞稷《千頃堂書目・三禮類》 陳褒《禮記正蒙》。福寧州人，號韜山。監察御史。書初名《淺説》，後更今名。

禮經辨

黃虞稷《千頃堂書目・三禮類》 何維柏《禮經辨》。

禮記會要

黃虞稷《千頃堂書目・三禮類》 宗周《禮記會要》六卷。號理庵。

《四庫提要・禮類存目二》 《就正録禮記會要》六卷。浙江巡撫採進本。

明宗周撰。周，字維翰，興化人。嘉靖辛卯舉人，官至馬湖府知府。是編於先王之制、先聖之言多以意爲斷制，懸定是非。其意皆不考於古，其體亦近於語録，頗不雅馴。

深衣考正

黃虞稷《千頃堂書目・三禮類》 馮公亮《深衣考正》一卷。

禮記存疑

黃虞稷《千頃堂書目・三禮類》 陳塏《禮記存疑》。字山甫，餘姚人。嘉靖壬辰進士。廣東提學副使。

讀禮備忘

黃虞稷《千頃堂書目・三禮類》 吳性《讀禮備忘》二卷。宜興人。嘉靖乙未進士。尙寶司丞。

月令通考

《明史・藝文志・禮類》 盧翰《月令通考》十六卷。

禮記要旨補

《明史・藝文志・禮類》 聞人德潤《禮記要旨補》十六卷。

《四庫提要・禮類存目二》 《禮記要旨補》十卷。兩江總督採進本。

舊本題戈九疇撰，聞人德行增補。蔡必大序又稱：「古睦守戈公以聞人先生舊所傳要旨版行，先生獨弗是，曰是吾土苴也。因取舊稿改竄補綴，以備一家之言。」據此則是書始終出德行手，九疇特刊行之耳，與標題殊相矛盾。又朱彝尊《經義考》載聞人德行《禮記要旨補》十六卷，又載戈九疇《禮記要旨》十六卷。戈氏書既載其後，不應聞人氏書先云「補」，尤爲舛互。此本僅有十卷，而兼題二人之名。其書乃鄉塾講章，每節下綴以破題，最爲猥陋，殆書賈以二家之言合併竄亂，以成此本歟？明季坊本，其不足信類如此，不足深詰也。九疇字雨泉，錦衣衛人。嘉靖己未進士。據蔡必大序，其官爲嚴州府知府。德行字越望，餘姚人。嘉靖戊戌進士。據呂本序，其官乃由翰林外謫。其詳則均不可考矣。

禮記覺言

黄虞稷《千頃堂書目・三禮類》 葉遇春《禮記覺言》八卷。

錢大昕《補元史藝文志・禮類》 葉遇春《禮記覺言》八卷。

禮記明音

《四庫提要・禮類存目二》 《禮記明音》二卷。浙江巡撫採進本。明王覺撰。覺，江陰人，《江南通志》作武進人。嘉靖辛丑進士。書末有南京禮部郎中巴郡劉起宗跋，稱「溝東王子」。溝東，蓋其別號也。是書大抵據陳澔《集説》，專標字音，因書而及其義，因聲而及其形。其所引諸書，刪節詳略，初無體例，亦間有不著出典者。雖於訂正俗讀不爲無功，要亦鄉塾課蒙之本而已。

王制考

范邦甸等《天一閣書目・禮類》 《王制考》四卷。明李黼著。呂元夫序云：「吾友李君黼少承厥祖孟暘、厥考崇善世傳之教，博學羣書，留意歷代之制，凡史傳表記儒先論述有關《王制》者，手自輯録纂成是書，分古今爲二帙。君嘗補註《性理五書》已行，予謂是書尤要。」

黄虞稷《千頃堂書目・三禮類》 李黼《王制考》四卷。無錫人。

禮記摘訓

黄盧稷《千頃堂書目・三禮類》 丘橓《禮記摘訓》十卷。諸城人。嘉靖庚戌進士。南京吏部尚書。謚簡肅。

《明史・藝文志・禮類》 丘橓《禮記摘訓》十卷。

禮記纂注

黄虞稷《千頃堂書目・三禮類》 徐師曾《禮記纂注》四十九卷。吳江人。官給事中。是書刪改陳澔《集説》而參以自得，多所發明。隆慶壬申序。

《明史・藝文志・禮類》 徐師曾《禮記集註》三十卷。

《四庫提要・禮類存目二》 《禮記集註》三十卷。江蘇巡撫採進本。明徐師曾撰。師曾有《今文周易演義》，已著録。是書以陳澔《集説》爲未得經義，故別採先儒舊説以爲此注。於鄭、賈《注》、《疏》間能體會，然訾斥經文者不一而足。如《曾子問》云：「如將冠子而未及期日，而有齊衰、大功、小功之喪，則因喪服而冠，除喪不改冠乎？孔子曰：天子賜諸侯、大夫冕弁，服於太廟，歸設奠，服賜服於斯乎有冠醮，無冠醴。」師曾謂齊衰、大小功，待除而冠未爲遲，何必因喪而冠。冠禮三加而醮，冠畢而醴，若諸侯大夫服賜服，不云三加，安得有醮而無醴？遂指二句爲誤，當云有冠醴無冠醮。蓋師曾以《儀禮・士冠禮》之三醮一醴并爲周人一代之制，故謂三醮之時各有醮，冠畢而又醴。今經文既無三加，則第當有醴，不當有醮。不知周制三加之時竝無三醮，待冠畢而始一醴耳。其三加、三醮乃殷禮，故經文次在冠畢而醴之後，先本朝而後前代也。《士冠禮》鄭《注》、賈《疏》甚明，此經因遭喪殺禮，故改冠後之一醴爲一醮，自用周制。師曾不考《注》、《疏》，誤執殷禮，故有是説。蓋於《三禮》經義未能融合，僅隨文而生義，宜其説之多誤也。

禮記訓解

張萱等《内閣藏書目錄・禮類》 《禮記訓解》十六册。全。萬曆間，禮部尚書汪鏜著。

禮記資記

黄虞稷《千頃堂書目・三禮類》 汪鏜《禮記資記》十八卷。

禮記劄言

黄虞稷《千頃堂書目・三禮類》 章潢《禮記劄言》。

曲禮全經

黄虞稷《千頃堂書目・三禮類》 柯尚遷《曲禮全經》十五卷。

《明史・藝文志・禮類》 柯尚遷《曲禮全經類釋》十四卷。

禮記義

黄虞稷《千頃堂書目・三禮類》 李夔《禮記義》一卷。

禮記日録

黄虞稷《千頃堂書目・三禮類》 黄乾行《禮記日錄》四十九卷。乾行讀《戴禮》日有所得，則錄於其端，故曰《日錄》。初僅三十三卷，此更定本也。乾行，字玉巖，福寧州人。嘉靖癸未進士。四川重慶府知府。

《明史・藝文志・禮類》 黄乾行《禮記日録》四十九卷。

《四庫提要・禮類存目二》 《禮記日録》三十卷。浙江巡撫採進本。明黄乾行撰。乾行字玉巖，福寧人。嘉靖癸未進士，官至重慶府知府。是書首有嘉靖乙卯鍾一元序，言乾行以是經掇科第，拜京秩，膺命相禮衡藩，乃以公之士類。今觀其書，割裂《周禮》、《儀禮》，散綴於《禮記》之中，不復別識，與朱子《經傳通解》之例已大相剌謬。又以小學故實竄入經文，混合爲一，尤爲龐雜。其注或一節附論一篇，或十餘節附論一篇，多牽引道學語録，義皆膚廓。

曲禮

黄虞稷《千頃堂書目・三禮類》 鄧元錫《曲禮》二卷。

禮記輯覽

《四庫提要・禮類存目二》 《禮記輯覽》八卷。兩淮鹽政採進本。明徐養相撰。養相，睢陽衛籍，鳳陽人。嘉靖丙辰進士。其書蓋爲科舉而設，不載經文，惟以某章某節標目，循文訓釋，不出陳澔之緒論。

禮記要旨

《明史・藝文志・禮類》 戈九疇《禮記要旨》十六卷。

禮記庭説

黄虞稷《千頃堂書目・三禮類》 李文纘《禮記庭説》。南安縣人。嘉靖辛酉舉人。岷王府長史。

禮記褒言

黄虞稷《千頃堂書目・三禮類》 王圻《禮記褒言》。

讀禮日鈔

黄虞稷《千頃堂書目・三禮類》 黄洪憲《讀禮日鈔》。

禮記中説

《四庫提要・禮類存目二》 《禮記中説》三十六卷。内府藏本。明馬時敏撰。時敏，字晉卿，陳留人。隆慶中貢生。是編不載經文，但如坊刻時文題目之式，標某章某節，而敷衍其語氣。其名《中説》者，謂折衆説而得其中也。然大旨株守陳澔《集説》，未見其折中者安在。

禮記疑問

黄虞稷《千頃堂書目・三禮類》 姚舜牧《禮記疑問》十二卷。

《明史・藝文志・禮類》 姚舜牧《禮記疑問》十二卷。

《四庫提要・禮類存目二》 《禮記疑問》十二卷。浙江巡撫採進本。明姚舜牧撰。舜牧有《易經疑問》，已著録。是書依文訓義，多作語録之體。間有新説，則多與經義違背。如《曲禮》「爲人子者，父母存，冠衣不純素。孤子當室，冠衣不純采」，鄭氏注：「純，緣也。」《玉藻》曰：「縞冠玄武，子姓之冠也。縞冠素紕，既祥之冠也。」《深衣》曰：「具父母，衣純以青。孤子，衣純以素。」訓最明晰。舜牧乃云：「《論語》：『麻冕，禮也。今也純儉。』此純字亦將作飾緣解乎？」是併字義未及詳考，而漫與鄭、孔爲難也。

檀弓標義

黄虞稷《千頃堂書目・三禮類》 徐應曾《檀弓標義》二卷。

檀弓記通

黄虞稷《千頃堂書目・三禮類》 徐昭慶《檀弓記通》二卷。宣城人。

《四庫提要・禮類存目二》 《檀弓通》二卷。浙江吴玉墀家藏本。明徐昭慶撰。昭慶有《考工記通》，已著録。此編亦取便於初學，體例與所解《考工記》同。其釋「曾子易簀」一章，謂寢簀無定制，不過大夫華而士樸。案古制流傳雖不可悉考，然以席之重數與夫粉純、黼純之異及車旂衣服之別推之，則大夫、士之簀亦必有辨。既明曰大夫之簀，則簀爲大夫之制明矣，不必好立異説也。

禮記新義

《明史・藝文志・禮類》　湯三才《禮記新義》三十卷。

《四庫提要・禮類存目二》　《禮記新義》三十卷。江西巡撫採進本。明湯三才撰。三才字中立，丹陽人。朱彝尊《經義考》叙其書於王翼明、趙宧光之前，蓋隆慶、萬曆間人也。前有其子道衡序。其書與先儒傳注多所牴牾，如解「純素」，謂「純」字不當讀準；解「負劍辟咡」，謂「負劍」爲長者背負童子：皆不可爲訓。惟於名物度數偶有考證，間或可備一解耳。

檀弓輯注

黄虞稷《千頃堂書目・三禮類》　陳與郊《檀弓輯注》二卷。

《四庫提要・禮類存目二》　《檀弓輯註》二卷。浙江巡撫採進本。明陳與郊撰。與郊字廣野，海寧人。萬曆甲戌進士，官至太常寺少卿。是書惟解《檀弓》上、下二篇。於鄭《注》全録，於孔《疏》則刪繁存簡，謂之「疏略」。其陳澔諸家之説，則分行附書，各略以己意爲論斷。所論如《檀弓》名篇，取首二字，不從《正義》非門徒而達禮之説；「孔子少孤」一條，釋「其愼也」即如字，謂必誠必信曰愼，不從鄭氏改「愼」爲「引」之訓：皆有可取。然於喪禮異同反無是正，未免舉小而遺大耳。

《明史・藝文志・禮類》　陳與郊《檀弓輯註》二卷。

檀弓述注

黄虞稷《千頃堂書目・三禮類》　林兆珂《檀弓述注》二卷。

徐𤊹《徐氏家藏書目・禮類》　《檀弓述註》二卷。林兆珂。

《四庫提要・禮類存目二》　《檀弓述註》二卷。浙江巡撫採進本。明林兆珂撰。兆珂有《詩經多識編》，已著録。是書集鄭《注》及諸家之説，而斷以己意，如二三子「羣居則絰」，辨鄭《注》以爲朋友之非；「速貧」、「速朽」，取方希古之言以爲傳者之謬：皆爲有見。惟經文加以評點，非先儒訓詁之法，如王廷相論立後笄榛與王應麟考證蒼梧之類，皆事關經義，而轉與論文剩語列在上方，亦非體例也。

禮記中説

黄虞稷《千頃堂書目・三禮類》　馬翰如《禮記中説》。字抒之，陳留人。萬曆甲戌進士。山西按察司副使。

禮記集注

黄虞稷《千頃堂書目・三禮類》　陳榮選《禮記集注》。同安人，字克舉。萬曆丙子鄉貢士。歷知劍、儋二州，升廣州府同知。以礦税事起，棄官歸。

禮記述注

黄虞稷《千頃堂書目・三禮類》　沈一中《禮記課兒述注》十八卷。字文若，鄞縣人。一貫從弟。萬曆庚辰進士。貴州布政使。天啓壬戌黄居中序。

《明史・藝文志・禮類》　沈一中《禮記述注》十八卷。

讀禮鈔記

黄虞稷《千頃堂書目・三禮類》　馮子咸《讀禮鈔記》。

禮記正義

黄虞稷《千頃堂書目・三禮類》 鄒元標《禮記正義》六帙。

禮記纂注

黄虞稷《千頃堂書目・三禮類》 湯道衡《禮記纂注》三十卷。字平子，丹陽人。萬曆丙辰進士。甘肅巡撫都御史。

《四庫提要・禮類存目二》 《禮記纂注》三十卷。浙江汪啓淑家藏本。

明湯道衡撰。道衡字平子，丹陽人。萬曆丙辰進士，官至僉都御史，巡撫甘肅。其父三才，嘗作《禮記新義》三十卷，已著於録。此本乃道衡居憂之時，自採陳澔《集説》、徐師曾《集注》，掇其所長，裒爲一編，而以己所偶得，附載書之下方，故名《纂注》。與《新義》截然二書。卷首標題，亦不名「新義」。而李維楨、胡士容二序，皆稱曰《禮記纂注新義》，竟合兩書而一之，殊爲舛誤。朱彝尊作《經義考》，但載三才書，而不及此書，殆亦誤以爲一也。獨是刊書之時，道衡尚在，不應不一視維楨、士容之序，遽授之梓，此則理所不可解耳。

禮記新義

黄虞稷《千頃堂書目・三禮類》 湯道衡《禮記新義》三十卷。

禮記説

黄虞稷《千頃堂書目・三禮類》 徐卽登《禮記説》二卷。

禮記纂注

《明史・藝文志・禮類》 王萱《禮記纂註》四卷。

禮經搜義

《明史・藝文志・禮類》 佘心純《禮經搜義》二十八卷。

禮記通解

黄虞稷《千頃堂書目・三禮類》 郝敬《禮記通解》二十二卷。

《明史・藝文志・禮類》 郝敬《禮記通解》二十二卷。

《四庫提要・禮類存目二》 《禮記通解》二十二卷。浙江汪啓淑家藏本。

明郝敬撰。敬有《周易正解》，已著録。言《禮記》者，當以鄭《注》爲宗，雖朱子掊擊漢儒不遺餘力，而亦不能不取其《禮注》。蓋他經可推求文句，據理而談，《三禮》則非有授受淵源，不能臆揣也。敬作此註，於鄭義多所駁難，然得者僅十之一二，失者乃十之八九。如謂「未仕者不稅人」，「稅」當爲「襚」。「國君七个，遣車七乘」，「个」字同「介」。《月令》「冬祀行」是祀井，非祀道塗之行，若祀道塗，則祀土矣。又謂「鄉人禓」是祖禓相逐，不讀爲陽，鄭訓爲強鬼，非也。又謂「動乎四體」爲人之四體，非龜也。凡此之類，有前人已言者，亦有自立義者，固足以匡鄭氏之誤。至於《曲禮》「葱渿處末」，鄭訓「渿」爲「熟葱」，本自不誤。蓋上文有膾炙，有醯醬，膾爲細切之肉腥，細者爲膾，炙爲炮肉，皆二物也。葱、渿分生熟，亦承上二物而來。而敬引「井渫不食」謂「渿」卽「渫」字，通爲「屑」，蓋葱屑也。考之《爾雅》、《説文》、《玉篇》、《廣韻》諸書，古無訓「渿」爲「屑」者也。又謂醆酒涗于清，汁獻涗于醆酒，猶明清與醆酒于舊澤之酒，本以茅泲醴盛於醆，和之以水，加鬱金汁以獻，如今人以水和飲陳酒之類。舊澤謂舊酒，醲厚如膏澤。鄭援《周禮》謂明酌爲事酒，醆酒爲盎齊，清爲清酒，汁獻作汁沙，舊澤當作舊醳。皆誤。今詳推鄭義，皆援據精詳，無可駁詰。敬乃以意更易，徒形臆斷。又謂襲上有衣，不宜又加以裼，多衣則累，古義不明。不知錦在裘上，上有絅衣，經典分明，何可居今而議古！又謂「孚尹」，「孚」爲「信」、「尹」爲「割」，鄭作「浮筠」者非。不知玉之浮光旁達，猶誠信之及人，若第訓「孚」爲「信」，則下文固有「信」字在，豈非重文累句乎！大抵鄭氏之學，其間附會讖文，以及牽合古義者，誠不能無所出入，而大致則貫穿羣籍，所得爲多。魏王肅之學百倍於敬，竭一生之力與鄭氏爲難，至於僞造《家語》以助申己說，然日久論定，迄不能奪康成之席也。敬乃恃其聰明，不量力而與之角，其動輒自敗，固亦宜矣。

讀禮問

黃虞稷《千頃堂書目・三禮類》 趙宧光《讀禮問》。

王制說

《明史・藝文志・禮類》 陳際泰《王制說》一卷。

曲禮删注

黃虞稷《千頃堂書目・三禮類》 劉永澄《曲禮删注》一册。

禮記明訓

徐𤊹《徐氏家藏書目・禮類》 《禮記明訓》。曹學佺。

黃虞稷《千頃堂書目・三禮類》 曹學佺《禮記明訓》二十七卷。

檀弓原

黃虞稷《千頃堂書目・三禮類》 姚應仁《檀弓原》二卷。新安人。

《四庫提要・禮類存目二》 《檀弓原》二卷。浙江吳玉墀家藏本。明姚應仁撰。應仁字安之，徽州人。是編取《檀弓》上、下二篇，删節陳氏《集說》，益以諸家評註，而參以己意，亦往往失之臆斷。如「何居」之「居」，謂不應音「姬」，當作「何處」講，則併不知古義。又「君子有終身之憂，故忌日不樂」，蓋以喪期有限，而思慕無窮，故於此日戒之終身。而應仁謂一日不足以概終身，唯曾子不忍食羊棗，謂之日日忌，尤曲說矣。

禮記翼宗録

黃虞稷《千頃堂書目・三禮類》 靳於中《禮記翼宗錄》五卷。

禮經講雋　禮經内解

黃虞稷《千頃堂書目・三禮類》 徐鑒《禮經講雋》、《禮經内解》。字觀甫，豐城人。萬曆辛丑進士。太僕寺卿。

禮記管見

黄虞稷《千頃堂書目·三禮類》 楊維相《禮記管見》。

禮記疏意

黄虞稷《千頃堂書目·三禮類》 秦繼宗《禮記疏意》三十卷。蘄水人。萬曆庚戌進士。南戸部郎中。

檀弓詮釋

黄虞稷《千頃堂書目·三禮類》 江旭奇《檀弓詮釋》一卷。

禮記説義集訂

黄虞稷《千頃堂書目·三禮類》 楊梧《禮記説義》二十四卷。涇陽人。

《四庫提要·禮類存目二》 《禮記説義集訂》二十四卷。浙江吴玉墀家藏本。明楊梧撰。梧字鳳閣，一字嶧珍，涇陽人。萬曆壬子舉人，官青州府同知。是書不載經文，但如時文題目之式，標其首句，而下注曰幾節。大旨以陳澔《禮記集説》、胡廣《禮記大全》爲藍本，不甚研求古義。如鄭《注》釋「曾子弔於負夏」一條，謂「塡池」當作「奠徹」。胡氏詮謂池以竹爲之，衣以青布，所謂池視重霤者。塡者，縣也，魚以貫之，謂將行也。與鄭大異。而此書但云：「塡池當作奠徹。」不言本自康成，亦不復考訂同異。又如「孺子䵣」一條，論設撥之制，謂設撥是設置撥楡沈之人。蓋以楡性堅忍，所謂不剝不木，十年成榖者，性沈難轉，故設撥以撥輴。其説本諸陸佃，與鄭《注》讀「撥」爲「拂」者迥殊，亦不題出陸名及參校鄭義。凡此之類，不可勝數。蓋鈔撮講章，非一一採自本書，故不能元元本本，折衆説之得失也。

禮記約述

《明史·藝文志·禮類》 陳有元《禮記約述》八卷。

讀禮三録

黄虞稷《千頃堂書目·三禮類》 趙佐《讀禮三録》四卷。

曲禮説注釋

黄虞稷《千頃堂書目·三禮類》 吴桂森《曲禮説注釋》。

禮記意評

《明史·藝文志·禮類》 朱泰禎《禮記意評》四卷。

《四庫提要·禮類存目二》 《禮記意評》四卷。浙江巡撫採進本。明朱泰貞撰。泰貞字道子，海鹽人。萬曆丙辰進士，官至監察御史。漢儒説《禮》、考《禮》之制，宋儒説《禮》、明《禮》之義，而亦未敢盡略其制。蓋名物度數，不可以空談測也。泰貞此書，乃棄置一切，惟事推求語氣，某字應某字，某句承某句，如場屋之講試題，非説經之道也。

禮記摘注便覽

張萱等《内閣藏書目録・禮類》 《禮記摘注便覽》。五冊。全。萬曆間太學李上林輯。

黃虞稷《千頃堂書目・三禮類》 李上林《禮記摘注便覽》二十五卷。字元芳，萬曆間太學生。一作五卷。

禮記補注

黃虞稷《千頃堂書目・三禮類》 王翼明《禮記補注》三十三卷。

《明史・藝文志・禮類》 王翼明《禮記補注》三十卷。

禮記删繁

黃虞稷《千頃堂書目・三禮類》 蔡官治《禮記删繁》。號正庵，德清人。萬曆己未進士。巡撫陝西都御史。爲眞定守，護持趙忠毅南星於難者也。

月令明義

黃虞稷《千頃堂書目・三禮類》 黃道周《月令明義》四卷。崇禎十一年道周官詹事府少詹事進呈。

《明史・藝文志・禮類》 黃道周《月令明義》四卷。

《四庫提要・禮類三》 《月令明義》四卷。福建巡撫採進本。明黃道周撰。道周有《易象正》，已著録。崇禎十一年，道周官少詹事，注《禮記》五篇以進，此其一也。其説以二至、二分、四立，皆歸於中央之土，爲取則於《洛書》之中五，而五氣於以分布。此歲功所由成，政事所從出。故作《月令氣候生合總圖》。又以《月令》載昏旦中星，故有《十二月中星圖》，併細載中星距極遠近度數，及寅泰、卯大壯等十二卦彖象，以爲此聖人敷治之原。每一月分爲一章，其日躔星度則各列原本於前，而别列授時曆新測於後。考《堯典》中星與《月令》不同，故《大衍曆議》曰：「顓頊曆卽夏曆。湯作殷曆，更以十一月甲子合朔冬至爲上元。周人因之，距羲和所記昏明中星，俱差半次。是不韋更考中星，斷取近距。」然先儒論説，大抵推求差分，而不追改經文。至唐明皇始黜《月令》舊文，更附益時事，名《御删定月令》，改置《禮記》第一。故《開成石經》於昏旦中星悉改從唐曆。宋景祐二年，仍復舊本《月令》，而唐《月令》别行。以其變亂古經，不足垂訓故也。道周乃别立經文曰：「孟春之月，日在危，昏昴中，旦房中。仲春之月，日在東壁，昏參中，旦箕中」云云。是又道周自爲《月令》，蹈唐人之失，殊爲未協。特其所注雜採《易象》、《夏小正》、《逸周書》、《管子》、《國語》，參稽考證，於經義頗有闡發。其臚舉史傳，亦皆意存規戒，非漫爲推衍禨祥。則改經雖謬，而其因事納誨之忱，則固無悖於經義也。

表記集傳

黃虞稷《千頃堂書目・三禮類》 黃道周《表記集傳》二卷。

《明史・藝文志・禮類》 黃道周《表記集傳》二卷。

《四庫提要・禮類三》 《表記集傳》二卷。福建巡撫採進本。明黃道周撰。是書爲所進《禮記解》五篇之二。自序以爲古者窺測天地日月，皆先立表，爲「表記」之所由名。考《説文解字》「表」、「裏」字皆從衣。此篇名「表記」者，蓋謂人之言行，猶衣之章身。故鄭康成云：「以其記君子之德，見於儀表者也。」先儒舊義，本無可疑。道周乃謂取於八尺之表，殊爲附會。又是篇古注分九節，《正義》曰：「稱子言之，凡有八所。皇氏云：皆是發端起義，記者詳之，故稱子言之。若於子言之下更廣開其事，或曲説其理，則直稱子曰。今檢上下體例，或如皇氏之言，今依用之」云云。故疏文於諸節脈絡相承處，必詳記之。如云此經又廣明恭敬之事，又云此一節總明仁義之事。又云自此以下至某句更廣明仁義之道。前儒説經，於章段離合之間，其慎如此。陳澔《集説》，不用注疏次第，彊分四十餘章，已乖違古義。道周乃約爲三十六章，併彊立篇名，隨心標目，尤爲自我作古，無所師承。其説則全引《春秋》解之，謂《坊》、《表》二記不專爲《春秋》，而以《春秋》發其條理，則百世而下，有所稽測，得其畧影。夫《坊記》一篇，如曰「以此坊民，諸侯猶有畔者」，又云「以此示民，民猶爭利而忘義」，又云「以此坊民，諸侯猶有薨而不葬者」。其通於《春秋》，初無事彊合，至《表記》篇，則多言君子恭敬仁義之德，而必以《春秋》證之，於經旨亦爲牽合。然其借《春秋》之義，互證旁通，頗有發明。猶之胡安國《春秋傳》，雖未必盡得經意，而議論正大，發揮深切，往往有關於世教，遂亦不可廢焉。

坊記集傳　附春秋問業

黄虞稷《千頃堂書目・三禮類》　黄道周《坊記集傳》二卷。

《明史・藝文志・禮類》　黄道周《坊記集傳》二卷。

《四庫提要・禮類三》　《坊記集傳》二卷，附《春秋問業》一卷。福建巡撫採進本。明黄道周撰。是書爲所進《禮記解》五篇之三。自序以爲聖人之坊亂，莫大於《春秋》。故是書之體，以《坊記》爲經，而每章之下皆臚舉《春秋》事迹以證。但《國語》所載，若內史過之論虢亡，近於語怪，而以爲借神怪以防欲，義涉荒忽。隱公元年「鄭伯克段於鄢」，而以爲爲三桓而發。夫三桓之事，《春秋》著之詳矣，乃謂寓其意於鄭伯之克段，是舍形而論其影也。又《戴記》本爲一篇，而分爲三十章，章各創爲之目，其臆斷亦與《表記集傳》等。第其意存鑒戒，於君臣父子夫婦兄弟之間，原其亂之所自生，究其禍之所終極，頗爲剴切。且《坊記》之文，如曰「治國不過千乘，都城不過百雉，家富不過百乘，以此坊民，諸侯猶有畔者」，是隱爲《春秋》書大夫之彊起例。又云《春秋》不稱楚、越之王喪，亦明著《春秋》之法，則道周此書，固非漫無根據，盡出附會矣。

緇衣集傳

黄虞稷《千頃堂書目・三禮類》　黄道周《緇衣集傳》二卷。

《明史・藝文志・禮類》　黄道周《緇衣集傳》二卷。

《四庫提要・禮類三》　《緇衣集傳》四卷。福建巡撫採進本。明黄道周撰。是書爲所進《禮記解》五篇之四。分二十三章，亦各創立名目。案鄭康成云：「《緇衣》篇善其好賢者之原，故述其所稱之詩以爲其名。」是本有辨別善惡之義，故道周因而推衍其説，證以史事，於愛憎之公私，人才之邪正，莫不詳明剴切，再三致意。自序云：「是傳略採經史關於好惡、刑賞、治道之大者，凡二百餘條，以繫於篇。其於經濟庶務條目之間，雖有未悉，而於君心好惡綱領之原，以至三代而下治亂盛衰之故，亦略云備。」蓋莊烈帝鋭於求治，而闇於知人，輕信輕疑，漫無鑒別，十七年內，易閣臣者五十，賢姦淆雜，卒至於亡。賀逢聖致仕之時，斷以「振作無緒」一語，可云先見。道周此書，意主於格正君心，以權衡進退，所重在君子小人消長之間，不必盡以章句訓詁繩也。

儒行集傳

徐𤊹《徐氏家藏書目・禮類》　《儒行集傳》二卷。黄道周。

黄虞稷《千頃堂書目・三禮類》　黄道周《儒行集傳》二卷。

《四庫提要・禮類三》　《儒行集傳》二卷。福建巡撫採進本。明黄道周撰。是書爲所進《禮記解》五篇之五。雖亦有彊分篇目之失，然記文稱其自立有如此者，其剛毅有如此者云云，則章旨本經中所有。道周分一十七章，較《表記》、《坊記》、《緇衣》之目尚近於自然。其所集之傳，亦雜引歷代史傳，以某某爲能自立，某某爲剛毅。意在上之取士，執此爲則，以定取舍之衡。故其自序云：「仲尼恐後世不學，不知先王之道存於儒者，故併舉以明之。使後之天子，循名考實，知人善任，爲天下得人。」蓋經爲儒者言，道周之傳則爲用儒者言也。大抵道周於諸經，其用力最深者莫如《易》學。觀其與及門朱朝瑛、何瑞圖、劉履丁輩往復商榷，至再至三，所謂一生精力，盡在此書者也。其《孝經集傳》，亦歷六年而成，故推衍亦爲深至。若《禮記》五篇，則借以納諫，意原不主於解經。且一年之中，輯書五種，亦成之太速，故考證或不免有疎。然賦詩斷章，義各有取，郢書燕說，國以大治。苟其切於實用，則亦不失聖人垂教之心。故雖非解經之正軌，而不能不列之經部焉。

禮記手書

《四庫提要·禮類存目二》 《禮記手書》十卷。副都御史黃登賢家藏本。明陳鴻恩撰。鴻恩，黃岡人。萬曆中舉人。此書成於崇禎癸未，乃鄉塾課蒙之本。

禮記新裁

黃虞稷《千頃堂書目·三禮類》 童維巖《禮記新裁》三十六卷。錢塘人。

《四庫提要·禮類存目二》 《禮記新裁》三十六卷。浙江巡撫採進本。明童維巖撰。維巖字叔嶷，錢塘人。其書但標舉題目，詮發作法。蓋鄉塾課本，專爲制義而設者。

說禮約

《四庫提要·禮類存目二》 《說禮約》十七卷。安徽巡撫採進本。明許兆金撰。兆金字丙仲，餘姚人。天啓中貢生，官弋陽縣知縣。是書乃坊刻講章，於名物制度，絶無考證。其注《王制》有曰：「三命元，再命絺。」考《周禮》孤四命絺冕，非再命也。如此者比比而是，亦太疎舛矣。

禮記敬業

黃虞稷《千頃堂書目·三禮類》 楊鼎熙《禮記敬業》八卷。號緝庵，京山人。崇禎戊辰進士。吉安知府。

《明史·藝文志·禮類》 楊鼎熙《禮記敬業》八卷。

《四庫提要·禮類存目二》 《禮記敬業》八卷。江蘇周厚堉家藏本。明楊鼎熙撰。鼎熙字緝菴，京山人。崇禎庚午舉人。是書專爲舉業而作，徑以時文之法詁經。又删去《曾子問》、《明堂位》、《喪服小記》、《喪大記》、《奔喪問》、《喪閒傳》、《三年問》、《喪服》、《四制》九篇。宋人《禮部韻略》，凡字出喪禮者不載，已爲紕謬，然未敢删經也。至明代而喪禮不命題，士子亦遂棄而不讀，如鼎熙輩者，汨於俗學，乃併經文去之。時文盛而經義荒，此亦一驗矣。宋人亦以《檀弓》爲喪禮，故「何居」之「居」，《韻略》不載。楊伯嵒《九經韻補》欲增之。此編獨有《檀弓》。蓋以坊選古文多録之，以爲有資於八比，故不敢去也。

讀禮記略記

《四庫提要·禮類存目二》 《讀禮記略記》四十九卷。浙江巡撫採進本。明朱朝瑛撰。朝瑛有《周易略記》，已著録。是書以一篇爲一卷，每段之下，附以注，無注亦存經文。其研究典物，有裨於實義者僅十之一，餘皆詮釋文句而已。至於三年一禘、五年一祫之說，謂不可信，考證尤疎。惟前有《三禮總論》，言異同之故，乃頗有可採。

夏小正解

《四庫提要・禮類存目二》　《夏小正解》一卷。江西巡撫採進本。國朝徐世溥撰。世溥字巨源，新建人。前明諸生。是編總題曰《榆墩集選》，蓋其集中之一卷也。其注「鳴蜮」曰：「凡釋者貴以邇言土名通之。釋扎以寧縣，釋蜮以屈造，是猶釋荇采以接余，彌令人不可解矣。」其注「匽之興，五日翕，望乃伏」曰：「六字以爲夏五可也。」是亦不務奥僻，不尙穿鑿之旨。然注「爽死」以爲爽鳩祭鳥，恐古文雖奥，不至此。解「俊風」爲俊美之風，是又未考《尙書大傳》「時有俊風，俊者大也」之文而以意解之矣。

檀弓評

《四庫提要・禮類存目二》　《檀弓評》二卷。江蘇巡撫採進本。明牛斗星撰。斗星字杓司，杭州人。是編每章皆摘録陳澔《集説》，而以評語載於上闌。如唐韓愈、宋謝枋得、元吴澄、明楊愼、茅坤諸家，悉採入之，而謝氏之説獨多。

禮記提綱集解

《四庫提要・禮類存目二》　《禮記提綱集解》四卷。山東巡撫採進本。國朝丘元復撰。元復字漢標，號嵋菴，諸城人。是書不列經文，但如時文之式，標某章某節題目，隨文衍義，以陳氏《集説》爲主。蓋經生揣摩弋獲之本也。前有李焕章序，焕章以淹通名，未必肯序此書，或託名歟。

禮記抄説

徐𤊹《徐氏家藏書目・禮類》　《禮記抄説》四十六卷。無名氏。

欽賜儒行篇

錢謙益等《絳雲樓書目・禮類》　《欽賜儒行篇》一册。

深衣考

《四庫提要・禮類三》　《深衣考》一卷。浙江巡撫採進本。國朝黄宗羲撰。宗羲有《易學象數論》，已著録。是書前列己説，後附《深衣》經文；併列朱子、吴澄、朱右、黄潤玉、王廷相五家圖説，而各闢其謬。其説大抵排斥前人，務生新義。如謂衣二幅，各二尺二寸，屈之爲前後四幅，自掖而下殺之，各留一尺二寸。加衽二幅，内衽連於前右之衣，外衽連於前左之衣，亦各一尺二寸。其要縫與裳同七尺二寸。蓋衣每一幅屬裳狹頭二幅也。今以其説推之，前後四幅下屬裳八幅外，右衽及内左衽亦各下屬裳二幅，則裳之屬乎外右衽者，勢必掩前右裳。裳之屬乎内左衽者，勢必受掩於前左裳。故其圖止畫裳四幅。蓋其後四幅統於前圖，其内掩之四幅，則不能畫也。考深衣之裳十二幅，前後各六，自漢唐諸儒沿爲定説。宗羲忽改創四幅之圖，殊爲臆撰。其釋「衽，當旁也」，謂「衽，衣襟也。以其在左右，故曰當旁」。考鄭《注》：「衽，裳幅所交裂也。」郭璞《方言注》及《玉篇注》俱云：「衽，裳際也。」云裳際，則爲裳旁明矣，故《釋名》曰：「衽，襜也，在旁襜襜然也。」蓋裳十二幅，前名襟，後名裾，惟在旁者始名衽。今宗羲誤襲孔《疏》以裳十二幅皆名衽，不明經文「當旁」二字之義，遂別以衣左右衽當之。是不特不知衽之爲裳旁，而并不以衽爲裳幅，二字全迕，益踵孔《疏》而加誤矣。其釋「續衽也」，謂裳與衣相屬，衣通袂長八尺，裳下齊一丈四尺，衣裳相屬處乃七尺二寸，則上下俱闊而中狹，象小要之形，故名「續衽」。其說尤爲穿鑿。其釋「袂圓以應規也」，謂衣長二尺二寸，袂屬之亦如其長。掖下裁入一尺，留其一尺二寸，可以運肘，以漸還之至於袂末，仍得二尺二寸。《玉藻》言祛尺二寸，乃袂口之不縫者，非謂袂止一尺二寸。今考《說文》：「祛，袂也。」《禮·玉藻》鄭注謂祛，袂口也。蓋袂末統名曰祛，今謂袂口半不縫者乃名祛，則袂口之半縫者，豈遂不得名祛乎！且袂口半縫之制，經無明文，又不知宗羲何所據也。宗羲經學淹貫，著述多有可傳，而此書則變亂舊詁，多所乖謬。以其名頗重，恐或貽誤後來，故摘其誤而存録之，庶讀者知所決擇焉。

檀弓問

《明史·藝文志·禮類》 張習孔《檀弓問》四卷。

曾子問講録

《四庫提要·禮類三》 《曾子問講録》四卷。浙江巡撫採進本。國朝毛奇齡撰。奇齡有《仲氏易》，已著録。是書載許輸以下諸人質問之辭，而各爲之答。大抵掊擊鄭《注》、孔《疏》，獨標己見。其中決不可通者，如經文「壻免喪，女之父母使人請，壻弗取而後嫁之，禮也。女之父母死，壻亦如之」。孔《疏》曰：「女之父母已葬，壻家使人請，女家不許，壻然後別取，禮也。」蓋孔氏以女家不許而男別取，與男家不許而女別嫁，互文見義。奇齡則謂：「壻辭婚後，女家復請，重理前說，而男家反故以餘哀未忘，弗敢卽取，然後女家徐徐嫁之。」謂仍嫁此壻，弗別嫁也。殆因何孟春《餘冬序録》深疑此記之有譌，故奇齡解以此說。然案之經文，全不相合。夫讀古人書，當心知其立言之意，而不可拘滯於其辭。《禮記》此文，蓋爲届婚期而遭喪者：男或以中饋之乏主，不能待其女免喪，而先議別取。女或以摽梅之過期，不能待其壻免喪，而先議別嫁。故聖人明爲之制，使必待三年免喪而後請。明未三年免喪以前，不容有異說也。使必待壻不取而後別嫁，必待女不嫁而後別取，明苟非壻不取、女不嫁，則斷無別嫁、別取之理也。然則所謂壻不取，女不嫁者，乃充類至義之盡，要以必無之事。猶晉文公曰「待我二十五年而後嫁」耳，何必作是曲說哉！況《左傳》載齊桓公出蔡姬，蔡人嫁之。魏犨以嬖妾屬其子曰：「必嫁之。」則嫁之爲別嫁明矣，何得解爲仍嫁此壻，弗別嫁也！是皆橫生臆見，殊不可從。惟謂三月廟見爲廟見舅姑，謂除喪不復昏爲不復行昏禮數條，尚能恪守經文注義，不爲譎變之說耳。

禮記疏略

《四庫提要·禮類存目二》 《禮記疏略》四十七卷。河南巡撫採進本。國朝張沐撰。沐有《周易疏略》，已著録。沐於《易》、《詩》、《書》、《春秋》皆有完書。此經則但有《禮運》、《禮器》、《樂記》、《學記》四篇。其餘乃武進王渭、登封馮五典、上蔡李範世及其從子煓所分注，而沐總其成。書內又有張燧、張烒所注者。《內則》一篇，則又全用陳澔注。龐雜湊泊，無復體例。自序謂他經皆疏略，五經闕一不可。又謂「耄矣，倦於勤，不得已，會同志而屬之以分注」云云。夫詁經本著所心得，何必務取足數乎！

禮記偶箋

《四庫提要·禮類存目二》 《禮記偶箋》三卷。浙江巡撫採進本。國朝萬斯大撰。斯大有《儀禮商》，已著録。是書與所爲《學禮質疑》相表裏，皆欲獨出新義，而多不能自通。如謂《士喪禮》所云乘車、道車、藁車卽是遣車，則士亦有遣車。鄭注謂士無遣車，誤。又謂牲體不載於遣車，今考《雜記》「遣車，疏布輤，四面有章」，注：「輤，其蓋也。四面皆有章蔽，以陰翳牢肉。」而《既夕》：「記，薦乘車，鹿淺幦，干、笮、革靾，載旜，纓、轡、貝勒縣于衡。」但稱鹿幦，則僅覆式之章，而無四面之章可知。又凡喪車之有輤者，經文必特著之。《雜記》曰：「其輤有裧，緇布裳帷。」又曰：「大夫以布爲輤。」又曰：「士輤蒲席以爲裳帷。」其於遣車亦特著曰布輤。《士喪禮》經文於乘車詳及幦、笮、鞭、韇及纓、轡、貝勒之細，而不著輤及四面之章，則異於遣車明矣。又《士喪禮》：「乘車載皮弁，道車載朝服，藁車載蓑笠。」而《雜記》曰：「遣車，疏布輤，四面有章，置於四隅，載粻。」蓋載牲兼載粻也，與載皮弁、朝服、蓑笠不同。乃斯大謂遣車載粻而不載牲，烏知載皮弁、朝服之車又豈容兼載粻乎！又鄭注「置于四隅」，謂以此遣車置于椁之四隅，故《周禮・巾車》云：「大喪飾遣車。」鄭亦云：「使人以次舉之，以如墓。」蓋遣車小，故可以人舉之，置諸椁中，卽斯大亦信其說。若《士喪禮》之乘車、道車、藁車，賈《疏》云：「此三車皆當有馬，故有纓、轡、勒。」則非人力之所能舉而椁之所能容也，與遣車安得合而爲一！《檀弓》曰：「諸侯七个，遣車七乘。大夫五个，遣車五乘。」是遣車載牲之明證。乃斯大謂「个」與「介」通，七乘、五乘乃視七介、五介之數。今考《雜記》曰「遣車視牢具」，注：「言車多少各如所包遣奠牲體之數也。遣奠，天子太牢包九个，諸侯亦太牢包七个，大夫亦太牢包五个，士少牢包三个。大夫以上，乃有遣車。」據此，則《雜記》所云「牢具」，卽《檀弓》所云七个、五个。惟遣車載牢具，故其數視牢具。其牢具有七个、五个，故《檀弓》有七乘、五乘。斯大乃謂遣車不載牲，於《檀弓》、《雜記》顯相刺謬。《特牲禮》曰「佐食盛肵俎，俎釋三个」，鄭注：「个猶枚也。」《有司徹》曰：「乃摭于魚腊俎，俎釋三个。」《士虞禮》曰：「舉魚腊俎，俎釋三个。」《少儀》曰：「太牢則以牛左肩臂臑九个。」是个爲牲體，諸經鑿鑿。斯大於《檀弓》乃廢「个」之正文而從「介」之借讀，影響甚矣。斯大又謂《雜記》「大夫三月而葬，五月而卒哭，諸侯五月而葬，七月而卒哭」。大夫以上間月卒哭，若亦間日虞，則終虞與卒哭相去日遠，於《檀弓》所言「必于是日也接」不合。大夫以上，初虞皆是葬日，自後或間五日，或七日，或九日。今考《檀弓》曰：「其變而之吉祭也，比至於祔，必於是日也接，不忍一日末有所歸。」注：「曰有所用接之處，禮所謂他用剛日也。」賈疏《喪服小記》：「赴葬者，赴虞三月而後卒哭。彼據士禮而言，速葬速虞而後，卒哭之前，其日尚賒，不可無祭，謂之爲變。大夫以上依時葬，及虞者後卒哭雖遠，其間不復祭。」據此則大夫以上虞與卒哭異月，本是常禮，爲赴葬、赴虞者設，竝不爲大夫以上虞、卒哭異月設也。然則虞、卒哭不相接，於大夫以上何嫌哉！《檀弓》曰：「葬日虞，弗忍一日離也。」再虞、次虞，止間日一舉。若間五日、七日、九日一舉，則與「弗忍離」之意太遠。又《喪服》章「大功三月，受以小功衰卽葛九月者」，注：「凡天子、諸侯、卿大夫既虞，士卒哭而受服。正言三月者，天子諸侯無大功，主於大夫士也。」據此，大夫於虞訖受服。經明云「三月受服」，則大夫之卒哭自在五月，而初虞自在三月，明矣。斯大謂大夫以上虞，必與卒哭之日相接，因延虞期以下就卒哭之月，殊屬臆測。又斯大謂魯有周廟，卽頖宮也。魯立頖宮之學，以后稷爲先聖，文王爲先師。後人因頖宮祀文王，故以周廟爲文王之廟。今考《文王世子》「必釋奠于先聖、先師」，鄭注：「先聖，周公若孔子。」又曰「凡學，春官釋奠于先師」，鄭注《周禮》曰：「凡有道有德者，使教國子，死則以爲樂祖，祭于瞽宗。」此先師之類也。斯大謂魯頖宮以后稷爲先聖，文王爲先師，未之前聞也。又考《襄公十二年傳》曰「吳子壽夢卒，臨于周廟，禮也。凡諸侯之喪，異姓臨于外，同姓于宗廟，同宗于祖廟，同族于禰廟，是故魯爲諸姬臨于周廟。爲邢、凡、蔣、茅、胙、祭臨于周公之廟」，杜注：「宗廟，所出王之廟。」又考《檀弓》「兄弟吾哭諸廟」。若頖宮則鄭《禮器注》所謂郊之學也。爲同姓哭臨，不應在郊學，則周廟非頖宮明矣。《昭十八年傳》「鄭使祝史徙主祏於周廟」，豈亦曰頖宮乎！是其尤不可通者也。其他若謂周每年時祭皆祫。《儀禮・覲禮》與《曲禮》天子當宁而立曰朝，本是一禮。深衣十二片，四片屬於內衽，四片屬於外衽。其誤已於所爲《儀禮商學》、《春秋隨筆》、黃宗羲《深衣考》中辨之。至謂祭天之圜丘，卽《覲禮》之方明壇。則尤駭見聞，不足深詰已。

張之洞《書目答問・列朝經注經說經本考證》　《禮記偶箋》三卷。萬斯大《萬氏經學五書》本，《續刻得月簃叢書》本。

禮記惜陰録

《四庫提要・禮類存目二》　《禮記惜陰録》八卷。兩江總督採進本。國朝徐世沐撰。世沐有《周易惜陰録》，已著録。是書合《曲禮》、《檀弓》、《雜記》各爲一篇，刪古本上、下之目。《大學》、《中庸》二篇則仍從古本，全録以成完書。每篇之首各注其大意，每篇之末各評其得失。所注多襲陳澔之文，而簡略彌甚。如《月令》「是月也，天子乃以元日祈穀于上帝。乃擇元辰，天子親載耒耜，措之于參保介之御間」。世沐釋「元日」曰「上辛」，釋「元辰」曰「郊後吉日」。今考《正義》，甲、乙、丙、丁等謂之日，郊用上辛，故云「元日」。子、丑、寅、卯等謂之辰，耕用亥日，故云「元辰」。蔡邕《獨斷》曰：「青帝以未臘卯祖，赤帝以戌臘午祖，白帝以丑臘酉祖，黑帝以辰臘子祖，黃帝以辰臘未祖。」是皆祭之用元辰，與用元日異者也。今世沐知元日爲上辛，而不知元辰之爲亥日。但云郊後吉日，是併未考《正義》也。又《月令》「令百工審五庫之量」，世沐云：「庫門設此五庫。」今考《玉海》引《三禮義宗》曰：「因其近庫，卽以爲名，非卽於庫門設此五庫也。」《周書》作雒篇「應門庫臺元閫」，蓋謂庫門亦爲臺門之制。《公羊傳注》：「禮，天子諸侯臺門外闕兩觀，諸侯內闕一觀。」此兩觀、一觀之地，豈遂以爲可設五庫乎！又《玉藻》曰「日中而餕，奏而食」，世沐云：「疑朝食無樂，至日中餕餘乃用樂勸飫。」今考《膳夫》曰：「王日一舉鼎，十有二物皆有俎，以樂侑食。卒食，以樂徹于造。」此非謂餕餘之食也，而侑食皆有樂，故《玉藻》孔疏曰：「言餕餘之時，奏樂而食。」餕尚奏樂，卽朝食奏樂可知。此義甚顯，而世沐疑其無樂，疎矣。觀其自序，世沐手録此稿時，年七十四矣，可謂耄而好學，而其書如是。蓋講學家之談經，類以訓詁爲末務也。

禮記詳說

《四庫提要・禮類存目二》 《禮記詳說》。無卷數。河南巡撫採進本。國朝冉覲祖撰。覲祖有《易經詳說》，已著録。其自序謂明太祖時專以《注疏》衡士，及成祖始用陳氏《集說》。考《元史・選舉志》，仁宗皇慶中，已以《禮記注疏》取士，不始於明。覲祖考之未審也。其書於《注疏》録十之五，兼採衛湜、吳澄、郝敬及諸家之說，大旨取足與陳澔《集說》相發明者。自序謂坊本諸講，其標宗旨，剔字句，順口吻，聯脈絡，化板爲圓，亦足醒人心目。故編檢而分載之，附先儒後。則其作書之旨，大略可知已。

禮記述注

《四庫提要・禮類三》 《禮記述注》二十八卷。福建巡撫採進本。國朝李光坡撰。光坡有《周禮述注》，已著録。是編成於康熙戊子。前有自序云：始讀陳氏《集說》，疑其未盡。及讀《注疏》，又疑其未誠。如序內稱鄭氏祖讖，孔氏惟鄭之從，不載他說，以爲可恨。鄭氏祖讖，莫過於《郊特牲》之郊祀，《祭法》之禘祖宗，而孔氏《正義》皆取王、鄭二說，各爲臚列。其他自五禮大者，至零文單字，備載衆詁。在諸經注疏中，最爲詳核，何妄詆歟？又《禮器》篇斥後代封禪爲鄭祖緯啓之。秦皇、漢武，前鄭數百年，亦鄭注啓之乎！又多約注疏而成，鮮有新意，而指注疏爲舊說。凡此之類，抵冒前人，卽欺負後人，何以示誠乎！抑譏漢、唐儒者說理如夢，此程、朱進人以知本，吾儕非其分也。今於《禮運》則輕其出於老氏，《樂記》則少其言理而不及數。其他多指爲漢儒之附會，逐節不往復其文義，通章不鉤貫其脈絡。而訓《禮運》之「本仁以聚」，亦曰萬殊一本，一本萬殊。《仲尼燕居》之「仁鬼神」、「仁昭穆」，亦曰克去己私，以全心德。欲以方軼前人，恐未能使退舍也。其論可謂持是非之公心，埽門戶之私見。雖義取簡明，不及鄭、孔之賅博。至其精要，則亦略備矣。

禮記擬題解

范邦甸等《天一閣書目・禮類》 《禮記擬題解》一卷。山陽彭頣觀吉甫纂定。

日講禮記解義

《四庫提要·禮類三》　《日講禮記解義》六十四卷。謹案是書爲聖祖仁皇帝經筵所講，皆經御定，而未及編次成帙。皇上御極之初，乃命取繙書房舊稿，校刊頒行。禮爲治世之大經。《周禮》具其政典，《儀禮》陳其節文。《禮記》一書，朱子以爲《儀禮》之傳，然特《冠義》等六篇，及《喪服》諸篇，與《儀禮》相發明耳，至於他篇，則多整躬範俗之道，別嫌明微之防，不盡與《儀禮》相比附。蓋《儀禮》皆古經，《禮記》則多誌其變；《儀禮》皆大綱，《禮記》則多謹於細；《儀禮》皆度數，《禮記》則多明其義。故聖賢之微言精意，雜見其中，斂之可以正心修身，推之可以齊家治國平天下，自天子以至庶人，莫不於是取裁焉。是編推繹經文，發揮暢達，而大旨歸於謹小愼微、皇自敬德以納民於軌物。衛湜所集一百四十四家之説，鎔鑄翦裁，一一薈其精要，信乎聖人制作之意，惟聖人能知之矣。

陳氏禮記集説補正

《四庫提要·禮類三》　《陳氏禮記集説補正》三十八卷。內府藏本。國朝納喇性德撰。性德有《刪補合訂大易集義粹言》，已著録。是編因陳澔《禮記集説》疏舛太甚，乃爲條析而辨之。凡澔所遺者謂之「補」，澔所誤者謂之「正」。皆先列經文，次列澔説，而援引考證以著其失。其無所補正者，則經文與澔説竝不載焉。頗採宋、元、明人之論，於鄭《注》、孔《疏》亦時立異同。大抵考訓詁名物者十之三四，辨義理是非者十之六七。以澔注多主義理，故隨文駁詰者亦多也。凡澔之説皆一一溯其本自何人，頗爲詳核。而愛博嗜奇，亦往往泛採異説。如《曲禮》「席間函丈」，澔以兩席併中間爲一丈。性德引《文王世子》席之制三尺三寸三分寸之一駁之，是也。而又引王肅本文作杖，謂可容執杖以指揮，則更謬於《集説》矣。《月令》「羣鳥養羞」，性德既云《集説》未爲不是，而又引《夏小正》丹鳥羞白鳥及項安世「人以鳥爲羞」之説，云足廣異聞。則明知《集説》之不誤，而彊綴此二條矣。《曾子問》「魯昭公慈母」一條，既用鄭《注》、孔《疏》以補澔注，又引陸佃之謬解，蔓延於《集説》之外，是正陸氏，非正《集説》矣。凡斯之類，皆徵引繁富，愛不能割之故。然綜核衆論，原委分明，凡所指摘，切中者十之八九。即其據理推求者，如《曲禮》「很毋求勝，分毋求多」，澔注稱況求勝者未必能勝，求多者未必能多。性德則謂此乃不忮不求、懲忿窒慾之事。陳氏所云，不免計較得失，若是則可以必勝，可以必多，將不難於爲之矣。是雖立澔於旁，恐亦無以復應也。然則讀澔注者，又何可廢是編歟。

張之洞《書目答問·列朝經注經説經本考證》　《禮記陳氏集説補正》三十八卷。陸元輔代納蘭性德撰。通志堂本。

檀弓疑問

《四庫提要·禮類三》　《檀弓疑問》一卷。兩淮馬裕家藏本。國朝邵泰衢撰。泰衢字鶴亭，錢塘人。明於算術，雍正初以薦授欽天監左監副。其書以《禮記》出自漢儒，而《檀弓》一篇尤多附會，乃摘其可疑者，條列而論辨之。如以脫驂舊館人爲失禮之正，以夫子夢奠之事爲杳冥渺茫，皆非聖人所宜出；又親喪哭無常聲，不應以孺子泣爲難繼；居仇者不反兵而鬬爲啓亂端；曾點之狂乃志大而有所不爲，非狂肆之狂，倚門而歌，斷無此事；以王姬爲齊襄公妻，非魯莊公之外祖母。大都皆明白正大，深中理解，非劉知幾之横生臆解，惑古疑經者可比。惟「師及齊師戰于郎」一條，泰衢以「郎」字爲「郊」字之誤，蓋據《春秋》「戰于郊」之文。不知魯有二郎：隱公元年費伯所城之郎，在今廢魚臺縣地；哀公十一年與齊戰之郎，則爲魯近郊地。案説詳江永《春秋地理考實》。謂郎卽郊則可，謂郎爲誤則不可。又「乘丘之戰」一條，泰衢疑魯莊公敗績之誤。不知古人軍潰曰敗績，車覆亦曰敗績，《左傳》所云「敗績覆壓」者是也。概以戰衄爲疑，亦疎於考據。然偶然疎舛，固亦不害其大旨也。

禮記彙編

《四庫提要・禮類存目二》　《禮記彙編》八卷。浙江吴玉墀家藏本。國朝王心敬撰。心敬有《豐川易説》，已著録。是編取《禮記》四十九篇，自以己意排纂，分爲三編。上編首孔子論禮之言，曰《聖賢訓拾遺》，次以《大學》、《中庸》，又次以《曾子拾遺》、《諸子拾遺》，又次以《樂記》；中編括記中禮之大體，曰《諸儒紀要》，次以《月令》，又次以《王制》，又次以《嘉言善行》；下編聚列記中瑣節末事，及附會不經之條，曰《紀録雜聞》。其意蓋欲別勒一經，踞漢儒之上。然自孫炎以來弗能也，況心敬乎。

戴記緒言

《四庫提要・禮類存目二》　《戴記緒言》四卷。浙江巡撫採進本。國朝陸奎勳撰。奎勳有《陸堂易學》，已著録。是書大旨以《禮記》多出漢儒，不免有附會古義之處，而鄭康成以下諸家，又往往牽合穿鑿，以就其説。乃參考諸經，旁采衆説以正之。每篇各以小序爲綱，而逐字逐句條辨於後。然自信太勇，過於疑經疑傳，牽合穿鑿，亦自不能免也。

校補禮記纂言

《四庫提要・禮類存目二》　《校補禮記纂言》三十六卷。江西巡撫採進本。元吴澄原本。國朝朱軾重訂。澄有《易纂言》，軾有《周易傳義合訂》，皆已著録。是書篇目注釋，一仍原刻。惟軾有所辨定發明者，以「軾案」二字爲別，附載於澄注之末，然不及十分之一二。其中間有旁涉他文者，如注《曲禮》「左青龍而右白虎」一節云：「軾案此節，一首絶好古詩。『急繕其怒』四字，摹寫入神。予嘗閲兵，壁壘森嚴，旌旗四帀，中建大纛，鼓停金靜，寂無人語。已而風動大纛，如驚鴻乍起，急不可引，又如雷聲，山鳴谷應，奔濤駭浪，澎湃衝擊。乃知『急繕其怒』四字之妙。」殆偶有所見，即筆於書。後來編録校刊之時，失於刪削歟。

禮記類編

《四庫提要・禮類存目二》　《禮記類編》三十卷。浙江巡撫採進本。國朝沈元滄編。元滄字麟洲，仁和人。康熙丁酉副榜貢生，以修書議叙，官文昌縣知縣。是書取《禮記》四十七篇，分類排纂。先五典，次五禮，而冠以《通論》、《廣論》。《通論》兼禮、樂，《廣論》分敬、仁、行、學、治、政六條目。末附諸禮儀節，如《曲禮》「毋不敬」至「樂不可極」數語列於《廣論》「敬」之首；「賢者狎而敬之」至「直而勿有」數語列於《廣論》「行」之首；「夫禮者所以定親疎」至「貧賤而知好禮則志不懾」數段列於開卷《通論》「禮」之首，頗爲繁碎。自序云：「割截經文，各依門類，先儒有行之者。」且謂「此書非誦習之書，而考索之書也。誦習則《檀弓》有《檀弓》之文，《緇衣》有《緇衣》之文；考索則《曲禮》有《内則》之事，《内則》有《少儀》之事」云云。其書蓋取檢閲之便，然而經文變爲類書矣。

禮記章義

《四庫提要・禮類存目二》　《禮記章義》十卷。浙江巡撫採進本。國朝姜兆錫撰。兆錫有《周易本義述蘊》，已著録。是書大意，謂《禮記》由漢儒掇拾而成，章段繁碎，説者往往誤斷誤連。當分章以明其義，故曰《章義》。其説謂如《曲禮》「姑姊妹女子子已嫁而反」當通下「父子」、「兄弟」二條爲章；「儗人必於其倫」當通下「君」、「大夫」、「士」、「庶」各條爲章。又有本非一篇而牽合爲篇者，如《經解》之「天子」以下，《聘義》之「問玉」之屬。有簡篇互錯者，如《射義》篇首之「射必先燕」節，當是領起《燕義》、《鄉飲酒義》之總辭，《燕義》篇首之「秋合諸射」節，當是領起《射義》之辭。逐條討論，時有所見。至於「孔氏之不喪出母」，及「降婦人而後行禮」諸條，皆徵引《儀禮》以駁前人之謬，亦間有考證。較之陳澔所注，固爲稍密。而大致循文推衍者多，如《檀弓》：「子張死，曾子有母之喪，齊衰而往哭之。」此自孔子沒後之事。兆錫乃注曰：「豈其未聞教之初則然歟？」是未詳子張少孔子四十八歲也。疎略如是，而動輒排擊鄭、孔，談何容易乎！

大戴禮刪翼

《四庫提要・禮類存目二》　《大戴禮刪翼》四卷。江蘇巡撫採進本。國朝姜兆錫撰。是編節録《大戴禮記》而自爲之註。其孫爽跋其後曰：「刪翼者，因舊本而刪其繁冗，翼其義理者也。刪其繁冗，如《保傅》篇刪去魏公子無忌等文。翼其義理，如《禮三本》篇據《荀子》「利爵」以正「利省」之誤是也。有註在《家語》而從略者，如《王言》、《五義》、《五帝德》、《盛德》等篇是也。也注在《禮記》而從略者，如《哀公問》、《禮察》、《曾子大孝》、《朝事》、《投壺》等篇是也。有注在《儀禮》外編而略互見其義者，如《夏小正》、《武王踐阼》等篇是也。有舊交無注而箋解者，如《曾子立事》、《本孝》、《制言》、《天圓》與《少閒》、《本命》等篇是也。」其述兆錫之意頗悉。然古書存者僅矣，翼可，刪不可也。

檀弓論文

《四庫提要・禮類存目二》　《檀弓論文》二卷。兩江總督採進本。國朝孫濩孫撰。濩孫字邃人，高郵人。雍正庚戌進士，官至監察御史。是書專論《檀弓》之文，故圈點旁批，以櫛疏其章法、句法之妙。每章之下，復綴以總評，亦附注其文義。其凡例謂《檀弓》有益舉業，凡制義中大小題格局法律，無一不備。是爲時文而設，非詁經之書也。

禮記析疑

《四庫提要・禮類三》　《禮記析疑》四十六卷。江蘇巡撫採進本。國朝方苞撰。苞有《周官集註》，已著録。是書亦融會舊説，斷以己意。如《文王世子》以大司成即大司樂，辨注疏以《周官》大樂正爲大司樂、師氏爲大司成之非。於《郊特牲》「郊血、大饗腥序薦璧用樂、薦血實柴之次」一條，謂凡經傳中言郊禮而有獻薦者，皆爲祭稷之事，其論至爲明晰。於「饗禘有樂而食嘗無樂」一條，取荆南馮氏之言，引《楚茨》之詩，以爲嘗當有樂。於《内則》「天子之閣」一條，謂疏以閣爲庖廚，非是，蓋閣所以置果蓏飴餌也。又「付豚」一條，注疏解爲豚全而羊析，不知是豚胖共鼎，羊以羔耳。於《喪服小記》「慈母與妾母不世祭」一條，謂庶子之子立禰廟，則可以祭父之生母。於「士不攝大夫，士攝大夫惟宗子」一條，謂大夫以公事出，而家人攝祭，則義當使親子弟，雖無爵者可攝，無攝以宗子之義也。於《祭統》「祭之日一獻」一條，謂祭禮獻酬交錯，所以和通神人，不宜獻飲未終而爵命羣臣以間之。惟特假于廟，故簡其禮而用一獻，今注謂一獻一酳尸，疏謂其節當在後，編者誤列於前。皆具有所見，足備禮家一解。他如謂執鴈、奠鴈皆爲舒鴈，而非鴈鴻之鴈。不知禮用鴈贄，取其不失時、能守節也，若舒鴈，則何守節之有！又謂《深衣》「純袂、緣、純邊」，純即緣也，緣字疑衍，其意蓋謂當作「純袂純邊」。按鄭注曰：「緣，緆也。」孔疏云：「《既夕禮》鄭注在幅曰綼，在下曰緆。」方氏愨曰：「褎口謂之袂，裳下謂之緣，衣側謂之邊，其純皆半寸」。緣字自有典，則非衍字也。凡斯之類，未免武斷，然無傷於宏旨。其最不可訓者，莫如別爲考定《文王世子》一篇，刪「文王有疾」至「武王九十三而終」一段，又刪「不能涖阼」「踐阼而治」八字，及「虞夏商周有師保有疑丞」一段，「周公抗世子法于伯禽」一段，「成王幼」至「不可不慎也」一段，末「世子之記」一段。夫《禮記》糅雜，先儒言之者不一。然刪定《六經》惟聖人能之。孟子疑《武成》不可信，然未聞奮筆刪削也。朱子改《大學》，刊《孝經》，後儒且有異同。王柏、吳澄竄亂古經，則至今爲世詬厲矣。苞在近時號爲學者，此書亦頗有可採。惟此一節，則不效宋儒之所長，而效其所短，殊病乖方。今録存其書，而附辨其謬於此，爲後來之炯戒焉。

禮記章句

《四庫提要・禮類存目二》　《禮記章句》十卷。江蘇巡撫採進本。國朝任啓運撰。啓運有《周易洗心》，已著録。是編前有康熙戊戌自序，蓋其未通籍時所輯也。案《禮記》諸篇之分類，自劉向《別録》首肇其端，如以《內則》屬子法，《文王世子》屬世子法，《曲禮》、《少儀》、《王制》、《禮器》、《玉藻》、《深衣》屬制度之類。今孔《疏》篇目猶備載之。其後魏有孫炎，復改易舊本，以類相從。而唐魏徵亦以《戴記》綜彙不倫，更作《類禮》二十篇，上之祕府。其書今皆不傳。至宋朱子嘗與呂祖謙商訂《三禮》編次，欲取《戴記》中有關於《儀禮》者附之經，其不係於《儀禮》者仍別爲記。其大綱存於文集。而晚年編次《儀禮經傳通解》，則其條例與前所訂又有不同。元吳澄作《三禮叙録》，別《投壺》、《奔喪》補《儀禮》之經，《冠》、《婚》、《鄉飲》、《燕射》、《聘義》爲《儀禮》之傳。其餘三十六篇爲《通禮》者九，爲《喪禮》者十有一，爲《祭禮》者四，爲《通論》者十二。此則啓運是書之所本也。然啓運之意，則以朱子《經傳通解》一書中喪、祭二禮續諸黄氏，其於《禮記》不爲完書，而僞本吳澄考注，分合增減，尚多未安。惟國初芮城所定三十八篇，名《禮記通識》，其條分規合，遠過僞吳氏本，然於啓運之意猶有異同。因復更其後先，補其闕略，定爲四十二篇。以《大學》、《中庸》冠於首，《明倫》、《敬身》、《立政》次之，《五禮》又次之，《樂》又次之，《通論》又次之。其移易章次，如《深衣》篇全附入《玉藻》內，而又取《少儀》之句以附之，《服問》篇全附入《小記》內，《檀弓》則分其半合諸《問喪》、《三年問》、《間傳》、《喪服四制》而總謂之《喪義》，《郊特牲》則分其半入《禮器》篇內，而其半分入《冠》、《昏》、《祭義》。其餘補附參合，或章或句，尚非一處，蓋與劉向《別録》之以全篇分類者大不同矣。

夏小正注

《四庫提要・禮類存目二》　《夏小正註》一卷。編修勵守謙家藏本。國朝黄叔琳撰。叔琳有《硯北易鈔》，已著録。《夏小正》一書，原載《大戴禮》中，自《隋志》始別爲一卷。宋傅崧卿始分別經傳而爲之注。朱子沿用其例，稍加考定，附於《儀禮經傳通解》中，而未言所本。元金履祥亦未見傅氏之書，遂以爲朱子舊本，採附《通鑑前編》夏禹元年下，而句爲之注，與傅頗有異同。國朝濟陽張爾岐合輯傳、注爲一編，附以己説。叔琳以傳、注多相重複，乃汰其繁蕪，以成是注，亦以己説附之。其稱傳者，《大戴禮》之文。其稱注者，履祥之説。注中稱張氏曰者，爾岐説。稱案者，叔琳説也。其中如改「種黍菽糜」作「菽糜」，而下「菽糜」作「菽糜」；「鹿人從」，引《易》「即鹿從禽」；「丹鳥、白鳥」不主螢火、蝙蝠及蛟蚋之説；以匽爲蟬；以「納卵蒜」爲二物：皆與舊説不同。至「鳴蜮」傳中屈造之屬，引《淮南子》「鼓造」之文，謂爲蝦蟆，則牽合甚矣。

禮記義疏

《四庫提要・禮類三》　《欽定禮記義疏》八十二卷。乾隆十三年《御定三禮義疏》之第三部也。經文四十九篇，釐爲七十七卷，附載圖五卷。其詮釋七例，亦與《周官義疏》同。《三禮》以鄭氏爲專門，王肅亦一代通儒，博觀典籍，百計難之，弗勝也。後儒所見，曾不逮肅之棄餘，乃以一知半解，譁然詆鄭氏不聞道，韓愈所謂不自量者，其是類歟！然《周官》、《儀禮》皆言禮制，《禮記》則兼言禮意。禮制非考證不明，禮意則可推求以義理。故宋儒之所闡發，亦往往得別嫌明微之旨。此編廣摭羣言，於郊社、樂舞、裘冕、車旗、尊彝、圭鬯、燕飲、饗食以及《月令》、《內則》諸名物，皆一一辯訂。即諸子軼聞，百家雜説，可以參考古制者，亦詳徵博引，曲證旁通。而辯説則頗採宋儒，以補鄭《注》所未備。其《中庸》、《大學》二篇，陳澔《集說》以朱子編入《四書》，遂刪除不載，殊爲妄削古經。今仍録全文，以存舊本。惟章句改從朱子，不立異同，以消門戶之爭。蓋言各有當，義各有取，不拘守於一端，而後見衡鑒之至精也。至於御纂諸經，《易》不全用程《傳》、《本義》，而仍以程《傳》、《本義》居先；《書》不全用蔡《傳》，而仍以蔡《傳》居先；《詩》不全用朱《傳》，而仍以朱《傳》居先；《春秋》於胡《傳》尤多所駁正刊除，而尚以胡《傳》標題，列三《傳》之次；惟《禮記》一經，於陳澔《集說》僅棄瑕録瑜，雜列諸儒之中，不以冠首。仰見睿裁精審，務協是非之公。尤足正胡廣等《禮記大全》依附門牆，隨聲標榜之謬矣。

張之洞《書目答問・列朝經注經說經本考證》 《禮記義疏》八十二卷。乾隆十三年。

禮記疑義

張金吾《愛日精廬藏書志・禮類》 《禮記疑義》七十二卷。抄本。鄭氏注，賈公彥疏，國朝吴廷華存疑。《禮》例與《周禮》、《儀禮》同。杭大宗《榕城詩話》曰：「廷華去職，僑居蕭寺，穿穴賈、孔，著《三禮疑義》數十卷。」伏讀《欽定四庫全書總目》曰「《三禮疑義》今未之見」，則傳本之稀可知。此本從錢塘何氏藏本傳録，與《續禮記集說》俱屬僅見之書，故並著於録云。

夏小正詁

《四庫提要・禮類存目二》 《夏小正詁》一卷。浙江巡撫採進本。國朝諸錦撰。錦有《毛詩說》，已著録。是編解《夏小正》之文，或採他說，或出己意衍仿鄭玄之說《檀弓》，注簡於經，故所注最略。然頗斷以臆見。如「正月雉震响」，此自感陽氣而震動。舊解謂雷在地中，人不聞而雉聞之，已爲穿鑿。錦乃斷「雉」爲一句，「震」爲一句，「响」爲一句，意訓震爲雷。正月安得有雷乎？「雞孚粥」讀粥如字，解爲祝雞聲，引韓愈詩「羣雌粥之」爲證。然則「二月出初後羔助厥母粥」，亦解粥爲祝雞聲乎？古文簡奥，傳寫多譌，固不必一一強爲之辭。必欲盡通之，則不鑿不止耳。

明堂大道録

張之洞《書目答問・列朝經注經說經本考證》 《明堂大道録》八卷。惠棟。經訓堂本。

禮記訓義擇言

《四庫提要・禮類三》 《禮記訓義擇言》八卷。兩江總督採進本。國朝江永撰。永有《周禮疑義舉要》，已著録。是書自《檀弓》至《雜記》，於注家異同之說，擇其一是，爲之折衷。與陳澔注頗有出入，然持論多爲精核。如《檀弓》「殷練而祔，周卒哭而祔」，呂氏謂祔祭卽以其主祔藏于祖廟，既除喪而後遷于新廟。永據《左氏傳》特祀于主，烝嘗禘于廟，謂祔後主反殯宮，至喪畢乃遷新廟。引《大戴禮・諸侯遷廟禮》奉衣服由廟而遷于新廟，此廟實爲殯宮。今考《顧命》「諸侯出廟門俟」，孔《傳》曰：「殯之所處曰廟。」又《儀禮・士喪禮》曰「坐止于廟門外」，注曰：「凡宮中有鬼神曰廟。」賈疏曰：「廟門者，士死于適室，以鬼神所在，則曰廟，故名適寢曰廟。」然則《大戴禮》所云由廟者，實由殯宮，非由祖廟。永說有據，可以解程、張諸儒之異同。又如《玉藻》曰「襲裘不入公門」，疏云：「裘上有裼衣，裼衣之上有襲衣，襲衣之上有正服。」據《曲禮疏》，襲衣卽所謂中衣。永謂裼衣上卽謂正服，不得更有中衣。今考《玉藻》「君衣狐白裘，錦衣以裼之」，注曰：「錦衣復有上衣。天子狐白之上衣皮弁服。」皮弁卽爲錦衣之上服，而裼衣之上不復更有中衣可知。雖孔《疏》所說據《玉藻》有長中繼揜尺之文，然繼揜尺之中衣，不襲裼衣。《後漢・輿服志》「宗廟諸祀，冠長冠，服袀玄，絳緣領袖爲中衣，絳絝袜」。《漢書・萬石君傳》注：「中帬若今中衣。」《釋名》：「中衣，言在小衣之外。」小衣卽褻衣也，然則中衣但得襲褻衣，不得襲裼衣也。孔《疏》顯誤，亦以永說爲確。又《雜記》曰：「如三年之喪，則既穎。其練祥皆行」，注曰：「言今之喪既服穎，乃爲前三年者變除，而練祥祭也。此主謂先有父母之服，今又喪長子者。其先有長子之服，今又喪父母，其禮亦然。」永謂：「玩注既字、乃字之意，本謂未穎以前，值練祥不得行。正如《纂言》附論後喪變麻可補行之說，非謂既穎而值前喪一期再期也。」今考上節曰「有父之喪如未沒喪而母死，其除父之喪也，服其除服，卒事，反喪服」，疏曰：「謂母死既葬，後值父應大祥，除服以行祥事。」然則母未葬而值父大祥，亦不可行，必待既葬然後補行明矣。永於下節既字、乃字之義，疏解明確，卽上下二節之義，亦俱可貫通。其他若辨程大昌袒爲免冠，及皇氏髽衰爲露紒髽之誤，尤爲精鑿不磨。至《喪服小記》「生不及祖父母諸父昆弟，而父稅喪，己則否」，王肅謂計己之生不及此親之存，則不稅。永特宗其說，而於經文之弟字，雖不敢如劉知、蔡謨直以爲衍文，乃謂言弟者因昆連及之。則其說臆度，終不如鄭《注》爲得。然全書持義多允，非深於古義者不能也。

張之洞《書目答問・列朝經注經說經本考證》　《禮記訓義擇言》八卷。江永。原刻本，守山閣本，《金壺》本。

深衣考誤

《四庫提要・禮類三》　《深衣考誤》一卷。安徽巡撫採進本。國朝江永撰。深衣之制，衆說糾紛。永據《玉藻》「深衣三袪，縫齊倍要，衽當旁」云：「如裳前後當中者，爲襟爲裾，皆不名衽。惟當旁而斜殺者乃名衽。」今以永說求之訓詁諸書，雖有合有不合，而衷諸經文，其義最當。考《說文》曰：「衽，衣裣也。」裣卽襟，永以裳之前爲襟，而旁爲衽。《說文》乃以衣襟爲衽，則不獨裳爲衽矣。又《爾雅》曰：「執衽謂之袺，扱衽謂之襭。」李巡曰：「衽者，裳之下也。」云下則裳之下皆名衽，不獨旁矣。然《方言》曰「褸謂之衽」，郭璞注曰：「衣襟也。」與《說文》前襟名衽義正同。而郭注又云：「或曰衽，裳際也。」云裳際則據兩旁矣。永之所考，蓋據璞注後說也。又劉熙《釋名》云：「襟，禁也，交於前，所以禁禦風寒也。裾，倨也，倨倨然直，亦言在後當見倨也。衽，襜也，在旁襜襜然也。」證以永說，謂裳前襟後裾，皆直幅不交裂，則卽《釋名》所云「倨倨然直也」。謂在旁者乃名衽，則卽《釋名》「在旁襜襜」之義也。其釋經文「衽，當旁」三字實非孔《疏》所能及。其後辨續衽鉤邊一條，謂續衽在左，前後相屬，鉤邊在右，前後不相屬。鉤邊在漢時謂之曲裾，乃別以裳之一幅斜裁之，綴於右後衽之上，使鉤而前。孔《疏》誤合續衽、鉤邊爲一。其說亦考證精核，勝前人多矣。

張之洞《書目答問・列朝經注經說經本考證》　《深衣考誤》一卷。江永。單行本，學海堂本。

續禮記集說

張金吾《愛日精廬藏書志・禮類》　《續禮記集說》一百卷。抄本。國朝仁和杭世駿大宗撰。世駿乾隆間，與修《三禮》，凡宋元說禮之書散見《永樂大典》中者，悉皆録出，又附益以《黃氏日抄》、吳氏《纂言》、陳氏《集說》及說禮之附見他書者，裒而録之，以續衛氏之書，務取其說之別具新義不襲陳言者，上溯漢魏，下迄國朝，所採凡一百八十餘家，合衛氏書讀之，亦可云《禮經》之淵海矣。

自序曰：「余成童後，始從先師沈似裴先生受《禮經》，知有陳澔不知有衛湜也。又十年，始得交鄭太史筠谷，筠谷贈以衛氏《集說》，窮日夜觀之，采葺雖廣，大約章句訓詁之學爲多，卓然敢與古人抗論者，惟陸農師一人而已。通籍後與修《三禮》，館吏以《禮記》中《學記》、《樂記》、《喪大記》、《玉藻》諸篇相屬，條例既定，所取資者，則衛氏之書也。京師經學之書絶少，從《永樂大典》中有關於《三禮》者悉皆録出。二禮吾不得寓目，《禮記》則肄業及之。《禮記外傳》一書，唐人成伯璵所撰，海宇藏書家未之有也。然止於標列名目如郊社、封禪之類，開葉文康《禮經會元》之先，較量長樂陳氏《禮書》，則長樂心精而辭綺矣。他無不經見之書。至元人之經疑，迂緩庸腐，無一語可以入經解，而《大典》中至有數千篇，益信經窟中可以樹一幟者之難也。明年，奉兩師相命詣文淵閣搜檢遺書，惟宋刻陳氏《禮書》差爲完善，餘皆殘闕無可取擕。珠林玉府之藏至是亦稍得其崖略已。在衛氏後者，宋儒莫如黄東發《日抄》中諸經，皆本先儒，東發無特解也。元儒莫如吴草廬《纂言》，變亂篇次，妄分名目，乃經學之駢枝，非鄭、孔之正嫡也。廣陵宋氏有意駁經，京山郝氏居心難鄭，姑存其説，爲迂儒化拘墟之見，而不能除文吏刻深之習。宋元以後，千喙雷同，得一岸然自露頭角者，如空谷之足音跫然喜矣。國朝文教覃敷，安溪、高安兩元老，潛心《三禮》，高安尤爲傑出。《纂言》中所附解者，非草廬所能頡頏。館中同事編纂者，丹陽姜孝廉上均、宜興任宗丞啓運、仁和吴通守廷華，皆有撰述，悉取而備録之，賢於勝國諸儒遠矣。書成，比於衛氏減三分之二，不施論斷，仍衛例也。

張之洞《書目答問・列朝經注經説經本考證》　《續衛氏禮記集説》一百卷。杭世駿。活字版本。

宗法小記

張之洞《書目答問・列朝經注經説經本考證》　《宗法小記》一卷。程瑤田。《通藝録》内。學海堂本。

禮記集解

張之洞《書目答問・列朝經注經説經本考證》　《禮記集解》六十卷。孫希旦。蘇州新刻本。

深衣釋例

張之洞《書目答問・列朝經注經説經本考證》　《深衣釋例》三卷。任大椿。《燕禧堂五種》本。

内則注

張之洞《書目答問・列朝經注經説經本考證》　錢坫《内則注》三卷。未刊。

撫州本禮記鄭注考異

張之洞《書目答問・列朝經注經説經本考證》　張敦仁《撫州禮記鄭注考異》二卷，附仿宋撫本《禮記》后。

禮記訓纂

張之洞《書目答問・列朝經注經説經本考證》　《禮記訓纂》四十九卷。朱彬。咸豐元年刻本。

禮記補疏

張之洞《書目答問・列朝經注經説經本考證》　《禮記補疏》三卷。焦循。《焦氏叢書》本，學海堂本。

殘宋大字本禮記校勘記

黄丕烈《蕘圃藏書題識再續録・經類》　《殘宋大字本禮記校勘記》一

卷。稿本。《殘宋大字本禮記鄭氏注》五至八，十一至十五，共九卷。每半葉十行，每行大十八字、小廿五字不等。板心有刻工姚臻、毛諒、徐高等姓名，的是南渡前精刻本也。余得於任蔣橋顧月槎家。偶取《月令》與他本相對，注中「耒耕之上曲也」，「耕」皆誤爲「耜」，惟此不誤，乃知其佳。率取他宋槧如撫州本等校之，得異同處若干條，録之如左。他日再得佳本，當詳加校勘作記以表之。嘉慶乙亥黃丕烈書於士禮居。丙子暮春，雨窗無事，刪讎一過。復翁。

禮記長義

張之洞《書目答問・列朝經注經説經本考證》 許桂林《禮記長義》四卷，未見傳本。

燕寢考

張之洞《書目答問・列朝經注經説經本考證》 《燕寢考》三卷。胡培翬。刻本，學海堂本。

三禮總義分部

議奏

《漢書・藝文志・禮》 《議奏》三十八篇。石渠。

姚振宗《漢書藝文志條理・禮家》 《議奏》三十八篇，石渠按此似敚一「論」字。本書《儒林傳》：《易》家梁丘賀傳子臨爲黃門郎。甘露中，奉使問諸儒于石渠。又《詩》家韋賢，治《詩》又治《禮》，傳子玄成，以淮陽中尉論石渠。又《禮》家后倉授沛聞人通漢子方、梁戴聖次君。聖號小戴，以博士論石渠，通漢以太子舍人論石渠。又韋玄成傳受詔與太子太傅蕭望之論石渠，條奏其對。　《隋書・經籍志》：「《石渠禮論》四卷，戴聖撰。」按：此似漢以來相傳三十八篇之舊，又似別爲一書。　《經義考》曰：「按孔氏《詩》、《禮》《正義》及《後漢書志注》每引《石渠禮議》，然多係節文。惟杜氏《通典》差具本末。」又曰：「后氏之禮，分爲四家，聞人通漢雖未立于學官，而《石渠禮論》，其議奏獨多。」　王謨輯本敍録曰：「《隋志》：漢戴聖撰《石渠禮論》四卷」。今鈔出《通典》十三條，《詩》、《禮》《正義》三條，《漢志注》一條。　馬國翰輯本序曰：「《漢志》：『《議奏》三十八篇。』《隋志》載《石渠禮論》四卷，戴聖撰者，即《漢志》之《議奏》。蓋論出諸儒，而近君一人所手定也。《唐志》不著録，時已散佚。《詩》、《禮》《正義》及《後漢書補志注》引之，多係節文。杜佑《通典》引十九節，差具本末，排次于前，其他佚句附後。」　按此篇，凡分七段，《禮古經》及《經》，皆古今文經本，爲第一段。《記》及《明堂陰陽》、《王史氏》，皆《禮古記》之屬也，爲第二段。《曲臺后倉》、《中庸説》、《明堂陰陽説》，皆漢人説《禮》之《記》也，爲第三段。《周官經傳》別爲一家之學，爲第四段。《軍禮》、《司馬法》本《周官》大司馬之職，而大宗伯亦掌之班氏，以其爲五禮之一，故類從于《周官》經傳之後，爲第五段。《古封禪羣祀》、《封禪議對》、《漢封禪羣祀》，皆古今巡狩方嶽之祀典，爲第六段。《議奏》則羣儒雜論《禮》文，爲第七段。

石渠禮論

《隋書・經籍志・禮》 《石渠禮論》四卷。戴聖撰。

鄭樵《通志・藝文略・禮》 《石渠禮論》四卷。戴聖。

羣儒疑義

《隋書·經籍志·禮》 梁有《羣儒疑義》十二卷，戴聖撰。

姚振宗《漢書藝文志拾補·禮家》 戴聖輯《羣儒疑義》十二卷。《隋書·經籍志》：「《石渠禮論》四卷，戴聖撰。梁有《羣儒疑義》十二卷，戴聖撰。」《唐書·經籍志》：「《禮義》二十卷，戴勝等撰。」《舊唐志》「聖」皆作「勝」。《唐·藝文志》：「鄭玄注小戴聖《禮記》二十卷，又《禮議》二十卷。」按：《石渠禮論》卽《石渠議奏》，《藝文志》已著於録，《羣儒疑義》，《經義考》題曰《禮記羣儒疑義》，《舊唐志》作《禮義》，《新志》作《禮議》，義、議古通，觀《新志》叙次似二十卷者，爲鄭氏注本，《七録》「十二卷」，或戴氏原編歟。

通義　演經雜論

姚振宗《後漢藝文志·禮類》 曹褒《通義》十二篇。曹褒《演經雜論》一百二十篇。范書本傳：「褒字叔通，魯國薛人也。父充，持《慶氏禮》作章句辨難，于是遂有慶氏學。褒少篤志，結髮傳父業。初舉孝廉，再遷圉令，免官歸郡，爲功曹，徵拜博士侍中。和帝卽位，擢監羽林左騎。遷射聲、城門校尉、將作大匠。出爲河内太守，坐免。有頃，徵，再遷，復爲侍中。褒博物識古，爲儒者宗。永元十四年卒官，作《通義》十二篇、《演經雜論》百二十篇。」

三禮目録

《隋書·經籍志·禮》 《三禮目録》一卷。鄭玄撰。

《舊唐書·經籍志·禮類》 《三禮目録》一卷。鄭玄注。

《新唐書·藝文志·禮類》 鄭玄《三禮目録》一卷。

鄭樵《通志·藝文略·禮》 《三禮目録》一卷。鄭玄撰。

姚振宗《後漢藝文志·禮類》 鄭玄《三禮目録》一卷。《隋書·經籍志》：「《三禮目録》一卷。鄭玄撰。梁有陶弘景注一卷，亡。」《唐·經籍志》：「《三禮目録》一卷。鄭玄注。」《藝文志》：「鄭玄《三禮目録》一卷。」《鄭學録》曰：「唐孔沖遠撰《禮記正義》，賈公彦撰《周官禮》、《儀禮疏》，並以目録分附篇題下，首疏解之。世遂無單行本。」王謨輯本序曰：「范書本傳獨不及《三禮目録》，已别無傳本。今亦僅從賈、孔二家《正義》鈔出《周禮目録》六條、《儀禮目録》十七條、《禮記目録》四十九條。」按：《三禮目録》舊附《三禮》後，卽序録也。賈公彦《序周禮廢興》，引鄭玄序」云云一條，證以《釋文》，亦卽《三禮目録》之文。

三禮圖

《隋書·經籍志·禮》 《三禮圖》九卷。鄭玄及後漢侍中阮諶等撰。

鄭樵《通志·藝文略·禮》 《三禮圖》九卷。鄭玄及後漢阮諶等撰。

姚振宗《後漢藝文志·禮類》 鄭玄《三禮圖》三卷。《隋書·經籍志》：「《三禮圖》九卷，鄭玄及後漢侍中阮諶等撰。」《日本國人見在書目》：「《周禮圖》十卷，鄭玄、阮諶等撰。」按：《三禮圖》首《周禮》，故佐世誤以爲《周禮圖》。考《隋志》，《三禮圖》之後有《周室王城明堂宗廟圖》一卷，祁諶撰。「祁諶」似「阮諶」之誤。外藩本合爲一帙，故十卷。疑本是一書，《隋志》誤析之。《宋史·儒林·聶崇義傳》：「吏部尚書張昭等奏曰：《四部書目》内有《三禮圖》十三卷，是隋開皇中敕禮部修撰。其圖第一、第二題曰梁氏，第十後題曰鄭氏。今書府有《三禮圖》亦題梁氏、鄭氏。」按：《崇文總目》，《三禮圖》九卷，梁正撰，隋唐間人，卽張昭所謂今書府本内有鄭氏圖。寶儼序聶氏《三禮圖》云：「崇義博采舊圖，凡得六本，其一本是鄭圖。」《鄭學録》曰：「《四庫總目》云：『勘驗《鄭志》，玄實未嘗爲圖。書中宫室、車服等圖，多與鄭注違背。』殆習鄭學者作圖，歸之鄭氏歟？珍謂康成著書，元不盡見《鄭志目録》。宗按：《鄭志目録》，今不可見，何由知其有無？唐劉知幾據以駁《孝經注》，已非確證，因而謂鄭氏不作《禮圖》，恐尤未然。鄭圖後經阮諶、夏侯伏朗、梁正、張鎰、隋開皇迭有修改。聶氏又參校六本，定爲今傳之《三禮圖》。本非盡出鄭手，自然多失鄭意，亦不得以此易唐前舊説也。特今聶圖中唯『雞彝』及『舟是』遵據鄭圖有明文可見，其他皆無從甄別矣。」按：張昭、竇儼所云，則宋初鄭圖尚存。自阮諶後皆編入諸家《三禮圖》，其本凡三卷。唐《羣書四録》有明文，意《三禮》各爲一卷，鄭所圖不過如此。今依以著録。

魯禮禘祫志

姚振宗《後漢藝文志・禮類》 鄭玄《魯禮禘祫志》。《詩・商頌・玄鳥》正義引《魯禮禘祫志》曰：「儒者之説禘祫也，通俗不同，學者競傳其聞，是用訩訩，爭論從數百年來矣。竊念《春秋》者，書天子諸侯中失之事。得禮則善，違禮則譏，可以發起是非，故據而述焉。從其禘祫之先後，考其疏數之所由，而粗記注焉。」《鄭學録》曰：「《魯禮禘祫志》，范書本傳『志』作『義』，唐人稱引皆作『志』，當得其正。《毛詩正義》云：『《詩》箋及《禮》注所言禘祫，數經無正文。鄭以《春秋》上下考校，知其必然，箋注皆爲定解，仍恐後學致惑，故又作《魯禮禘祫志》以明之。』按：此書全文久佚，僅見《詩》、《禮疏》及《通典》所稱引數條，然蕞而讀之，于康成説《禘祫志》，端委以盡。是其書雖亡猶未亡也。」王謨輯本序曰：「諸經正義多引鄭氏《魯禮禘祫志》，《隋志》不著録，《唐志》別有《禮議》二十卷。則《禘祫志》乃《禮議》中一篇目也。今並鈔出《詩正義》四條、《禮記正義》七條、《左傳正義》一條、《通典》二條。」按：王氏謂《禘祫志》在《禮議》中，其説近是。馬國翰輯本序曰：「鄭《駮五經異義》云：『三年一祫，五年一禘，百王通義。以禮讖所云，故作《禘祫志》。』隋、唐《志》不著録，佚已久。孔氏《詩》、《禮正義》及杜氏《通典》皆引，參校同異，訂爲一卷。志引經傳會其通，據《明堂位》『魯用王禮』，臚舉《春秋》言禘祫者以實之。」

禮議

《舊唐書・經籍志・禮》 《禮義》二十卷。戴聖等撰。

《新唐書・藝文志・禮類》 鄭玄《禮議》二十卷。

姚振宗《後漢藝文志・禮類》 鄭玄《禮議》二十卷。《唐書・藝文志》：「鄭玄注《小戴聖禮記》二十卷。又《禮議》二十卷。」《鄭學録》曰：「此書《隋志》、《舊唐志》皆未著録，《通典》六十七載康成伏后敬其父完《議》，卷七十一。又載《春夏封諸侯議》，必皆采自此書。《禮議》之輯成二十卷，可謂詳夥。」按《隋志》，梁有《羣儒疑義》十二卷，戴聖撰。《舊唐志》：「《禮義》二十卷，戴勝等撰。」《舊志》：「聖」皆作「勝」。其云戴勝等者，明非戴氏一家之書，其中蓋有鄭氏《議禮》在焉。《舊志》原其始，故題戴勝等；《新志》要其終，乃歸之鄭氏：實一書，義、議本相通也。《七録》十二卷，是戴氏原編，此與《舊志》所載皆鄭、戴合編，其皇后敬父伏完《議》，當是建安四年以大司農至許都時作。又疑《新唐志》蒙上「注」字，此亦注小戴氏之書而附己説于其中。

三禮音

姚振宗《三國藝文志・禮類》 王肅《三禮音》三卷。《釋文叙録》曰：「王肅《三禮音》各一卷。《七録》惟云撰《儀禮音》。」案：《七録》有王肅《儀禮音》，《隋志》未見。蓋《隋志》之于《七録》，亦有不盡載者，或佚敓在鄭玄《音》二卷之後歟？《隋書・經籍志》：「梁有王肅《禮記音》一卷，亡。」合鄭玄、射慈、射貞、孫毓、繆炳六家《音》云「各一卷」。《唐・經籍志》：「《儀禮音》二卷。」蒙上文王肅撰。《藝文志》：「王肅注《儀禮》十七卷，《音》二卷。」

三禮注

姚振宗《三國藝文志・禮類》 李譔《三禮注》。譔始末見《易》類。《蜀志》本傳：「著《古文易》、《尚書》、《毛詩》、《三禮》，皆依準賈、馬，異于鄭玄，與王氏意歸多同。」《冊府元龜・學校部》注：「釋門李譔爲中散大夫、右中郎將，著《古文易》、《尚書》、《毛詩》、《三禮》。」

三禮圖

姚振宗《後漢藝文志・禮類》 阮諶《三禮圖》三卷。《魏志・杜恕傳》注：《阮氏譜》曰：「諶字士信，徵辟無所就，造《三禮圖》，傳于世。」《宋史・聶崇義傳》：梁正《三禮圖》題識曰：「陳留阮士信受《禮》學于潁川綦毋君，取其説爲圖三卷，多不按《禮》文而引漢事，與鄭君之文違錯。」《後魏書・禮志四》：「阮諶《禮圖》并載秦漢以來輿服。」　《隋書・經籍志》：「《三禮圖》九卷，鄭玄及後漢侍中阮諶等撰。」　按：《魏志》注引「阮氏諶」，不言諶爲侍中，與《隋志》所題異。諶子武，魏正始中清河太守。武弟炳，河南尹。稽其時代，諶當是建安中人。　又按：《隋志》《三禮圖》之後，有《周室王城明堂宗廟圖》一卷，祁諶撰。「祁」當是「阮」之寫誤。蒙上文，故不書時代官位。又曰梁有《冠服圖》一卷，《五宗圖》一卷，《月令圖》一卷，合前九卷凡十三卷。宋張昭引唐《羣書四録》云《三禮圖》十三卷，疑此皆在十三卷之内。隋時有所散佚，故分著于録。《五宗圖》疑鄭氏書，吳薛綜有《述鄭氏禮五宗圖》。

問禮俗

《隋書・經籍志・禮》 《問禮俗》十卷。董勛撰。

《舊唐書・經籍志・禮》 《問禮俗》十卷。董勛撰。

《新唐書・藝文志・禮類》 董勛《問禮俗》十卷。

鄭樵《通志・藝文略・禮》 《問禮俗》十卷。董勛。

問禮俗

《隋書・經籍志・禮》 《問禮俗》九卷。董子弘撰。

鄭樵《通志・藝文略・禮》 《問禮俗》九卷。董子弘。

約禮

文廷式《補晉書藝文志・禮類》 王長文《約禮》十篇。本傳不載。見《華陽國志》云「除煩舉要」。

禮論答問

《隋書・經籍志・禮》 《禮論答問》八卷。宋中散大夫徐廣撰。　《禮論答問》十三卷。徐廣撰。　《禮答問》二卷。徐廣撰，殘缺。梁十一卷。

《舊唐書・經籍志・禮》 《禮論問答》九卷。徐廣撰。

《新唐書・藝文志・禮類》 徐廣《禮論問答》九卷。

鄭樵《通志・藝文略・禮》 《禮論答問》八卷。宋徐廣。　《禮論答問》十三卷。徐廣。　《禮答問》二卷。徐廣。

文廷式《補晉書藝文志・禮類》 徐廣《禮論答問》八卷，又十三卷，又《禮答問》十一卷，又《答問》四卷，並見《隋志》。案：《通典》多引廣説，蓋皆出此四部。

三禮答問

《隋書·經籍志·禮》《答問》四卷。徐廣撰。亡。

禮雜問

《隋書·經籍志·禮》《禮雜問》十卷。范甯撰。

《舊唐書·經籍志·禮》《禮問》九卷。范甯撰。

《新唐書·藝文志·禮類》范甯《禮問》九卷。

鄭樵《通志·藝文略·禮》《禮雜問》十卷。范甯。

文廷式《補晉書藝文志·禮類》范甯《禮雜問》十卷。《舊唐志》：「《禮問》九卷，范甯撰。又《禮論答問》九卷，范甯撰。」馬國翰據《通典》輯録九節。《通典》一百一「徐邈答范甯問」，馬氏不録。

禮論答問

《舊唐書·經籍志·禮》《禮論答問》九卷。范甯撰。

《新唐書·藝文志·禮類》范甯《禮論答問》九卷。

鄭樵《通志·藝文略·禮》《禮論答問》九卷。范甯。

禮議

《隋書·經籍志·禮》宋光祿大夫傅隆《禮議》二卷。亡。

《舊唐書·經籍志·禮》《禮議》一卷。傅伯祚撰。

《新唐書·藝文志·禮類》傅隆《禮議》一卷。

鄭樵《通志·藝文略·禮》《禮議》一卷。傅隆。

禮論

《隋書·經籍志·禮》《禮論》三百卷。宋御史中丞何承天撰。

《舊唐書·經籍志·禮》《禮論》三百七卷。何承天撰。

《新唐書·藝文志·禮類》何承天《禮論》三百七卷。

鄭樵《通志·藝文略·禮》《禮論》三百卷。宋御史中丞何承天。

禮論

文廷式《補晉書藝文志·禮類》周續之《禮論》。見《宋書·隱逸》本傳。

禮論降議

《隋書·經籍志·禮》《逆降義》三卷。宋特進顏延之撰。

《舊唐書·經籍志·禮》《禮論降議》三卷。顏延之撰。

《新唐書·藝文志·禮類》顏延之《禮逆降議》三卷。

禮論條牒

《隋書·經籍志·禮》《禮論條牒》十卷。宋太尉參軍任預撰。

《舊唐書·經籍志·禮》《禮論條牒》十卷。任預撰。

《新唐書·藝文志·禮類》任預《禮論條牒》十卷。

鄭樵《通志·藝文略·禮》《禮論條牒》十卷。任預。

禮論帖

《隋書・經籍志・禮》《禮論帖》三卷。任預撰。梁四卷。

《舊唐書・經籍志・禮》《禮論帖》三卷。任預撰。

《新唐書・藝文志・禮類》任預《禮論帖》三卷。

鄭樵《通志・藝文略・禮》《禮論帖》三卷。任預。

禮論鈔

《隋書・經籍志・禮》《禮論鈔》六十九卷。

《舊唐書・經籍志・禮》《禮論抄》六十六卷。任預撰。

《新唐書・藝文志・禮類》任預《禮論鈔》六十六卷。

鄭樵《通志・藝文略・禮》《禮論鈔》六十九卷。按：《唐志》有六十六卷。

答問雜儀

《隋書・經籍志・禮》《答問雜儀》二卷。任預撰。

鄭樵《通志・藝文略・禮》《答問雜儀》二卷。任預。

禮論鈔

《隋書・經籍志・禮》《禮論鈔》二十卷。庾蔚之撰。

《舊唐書・經籍志・禮》《禮論抄》二十卷。庾蔚之撰。

《新唐書・藝文志・禮類》庾蔚之《禮論鈔》二十卷。

鄭樵《通志藝文略・禮類》《禮論鈔》二十卷。庾蔚之。

禮答問

《隋書・經籍志・禮》《禮答問》六卷。庾蔚之撰。

鄭樵《通志・藝文略・禮》《禮問答》六卷。庾蔚之。

張之洞《書目答問・列朝經注經説經本考證》《禮論鈔》三卷。宋庾蔚之。玉函山房輯本。

禮雜鈔略

《隋書・經籍志・禮》梁有齊御史中丞荀萬秋《鈔略》二卷。亡。

《舊唐書・經籍志・禮》《禮雜抄略》二卷。荀萬秋撰。

《新唐書・藝文志・禮類》荀萬秋《禮雜鈔略》二卷。

鄭樵《通志・藝文略・禮》《禮雜鈔略》二卷。荀萬秋。

逆降義

《隋書・經籍志・禮》《逆降義》一卷，田僧紹撰。亡。

論議疏

《隋書・經籍志・禮》尚書儀曹郎丘季彬《論》五十八卷，《議》一百三十卷，《統》六卷。亡。

釋疑

《隋書・經籍志・禮》《釋疑》二卷，郭鴻撰。亡。

禮答問

《隋書・經籍志・禮》《答問》五十卷，何胤撰。

禮答問

《隋書・經籍志・禮》《答問》十卷。亡。

禮論要鈔

《隋書・經籍志・禮》《禮論要鈔》十卷。王儉撰。梁三卷。

鄭樵《通志・藝文略・禮》《禮論要帖》十卷。王儉。

禮答問

《隋書・經籍志・禮》《禮答問》三卷。王儉撰。

鄭樵《通志・藝文略・禮》《禮答問》三卷。王儉。

禮義答問

《隋書・經籍志・禮》《禮義答問》八卷。王儉撰。

《舊唐書・經籍志・禮》《禮儀答問》十卷。王儉撰。

《新唐書・藝文志・禮類》王儉《禮儀答問》十卷。

鄭樵《通志・藝文略・禮》《禮義答問》八卷。王儉。

禮論要鈔

《隋書・經籍志・禮》《禮論要鈔》一百卷。賀瑒撰。

《舊唐書・經籍志・禮》《禮論要抄》一百卷。賀瑒撰。

《新唐書・藝文志・禮類》賀瑒《禮論要鈔》一百卷。

鄭樵《通志・藝文略・禮》《禮論要鈔》一百卷。賀瑒。

三禮目録注

《隋書・經籍志・禮》梁有陶弘景《三禮目録注》一卷。亡。

禮論要鈔

《隋書・經籍志・禮》《禮論要鈔》十卷。

鄭樵《通志・藝文略・禮》《禮論要鈔》十卷。

禮答問

《隋書・經籍志・禮》　《禮答問》十二卷。

禮答問

《隋書・經籍志・禮》　《禮答問》十卷。何佟之撰。梁二十卷。

《舊唐書・經籍志・禮》　《禮答問》十卷。何佟之撰。

《新唐書・藝文志・禮類》　何佟之《禮答問》十卷。

鄭樵《通志・藝文略・禮》　《禮答問》十卷。何佟之。

禮雜問答鈔

《隋書・經籍志・禮》　《禮雜問答鈔》一卷。何佟之撰。

鄭樵《通志・藝文略・禮》　《禮雜問答鈔》一卷。何佟之。

禮雜問

《隋書・經籍志・禮》　《禮雜問》十卷。

禮雜答問

《隋書・經籍志・禮》　《禮雜答問》八卷。

禮雜答問

《隋書・經籍志・禮》　《禮雜答問》六卷。

禮統

《舊唐書・經籍志・禮》　《禮統》十三卷。賀述撰。

《新唐書・藝文志・禮類》　賀述《禮統》十二卷。

鄭樵《通志・藝文略・禮》　《禮統》十二卷。賀述。

制旨革性大義

《隋書・經籍志・禮》　《制旨革性大義》三卷。梁武帝撰。

禮疑義

《隋書・經籍志・禮》　《禮疑義》五十二卷。梁護軍周捨撰。

《舊唐書・經籍志・禮》　《禮疑義》五十卷。周捨撰。

《新唐書・藝文志・禮類》　周捨《禮疑義》五十卷。

鄭樵《通志・藝文略・禮》　《禮疑義》五十二卷。梁護軍周捨。

三禮宗略

《隋書・經籍志・禮》　《三禮宗略》二十卷。元延明撰。

《舊唐書・經籍志・禮》　《三禮宗略》二十卷。元延明撰。

《新唐書・藝文志・禮類》　元延明《三禮宗略》二十卷。

鄭樵《通志・藝文略・禮》　《三禮宗略》二十卷。元延明。

三禮大義

《隋書・經籍志・禮》　《三禮大義》十三卷。

鄭樵《通志・藝文略・禮》　《三禮大義》十三卷。

三禮大義

《隋書・經籍志・禮》　《三禮大義》四卷。

鄭樵《通志・藝文略・禮》　《三禮大義》四卷。

張鵬一《隋書經籍志補・經部》　《三禮大義》四卷。劉獻之。詳上。

按：《隋志》有《三禮大義》四卷，不著撰人姓名，疑卽獻之著也。

三禮雜大義

《隋書・經籍志・禮》　《三禮雜大義》三卷。

鄭樵《通志・藝文略・禮》　《三禮雜大義》三卷。

三禮義疏

張鵬一《隋書經籍志補・經部》　《三禮義疏》李鉉。

三禮義宗

《隋書・經籍志・禮》　《三禮義宗》三十卷。崔靈恩撰。

《舊唐書・經籍志・禮》　《三禮義宗》三十卷。崔靈恩撰。

《新唐書・藝文志・禮類》　崔靈恩《三禮義宗》三十卷。

錢東垣等輯《崇文總目・禮類》　《三禮義宗》三十卷。［原釋］梁明威將軍崔靈恩撰。其書合《周禮》、《儀禮》、二戴之學，敷述貫串，該悉其義。合一百五十六篇。推衍閎深，有名前世云。見《文獻通考》。

鄭樵《通志・藝文略・禮》　《三禮義宗》三十卷。崔靈恩撰。

晁公武《郡齋讀書志・禮類》　《三禮義宗》三十卷。右梁崔靈恩撰。靈恩，武城人。少篤學，尤精《禮》、《傳》。仕魏。歸梁爲博士，甚拙朴。及解析經理，盡極精致。正始之後，不尚經術，咸事虛談，公卿士大夫蓋取文具而已，而靈恩經明行修，製《義宗》、《詩》、《易》、《春秋》百餘卷，終桂州刺史。此書在唐一百五十篇，今存者一百二十七篇，凡兩戴、王、鄭異同，皆援引古誼，商略其可否，爲禮學之最。

尤袤《遂初堂書目・禮類》　《三禮義宗》。

陳振孫《直齋書錄解題・禮類》　《三禮義宗》三十卷。梁國子博士清河崔靈恩撰。凡一百四十九條，其說推本《三禮》，參取諸儒之論，博而覈矣。案：本傳四十七卷，《中興書目》一百五十六篇，皆與今卷篇數不同。《書目》又云慶曆中高陽許聞誨爲之序，家本亦無此序也。

馬端臨《文獻通考・經籍考・禮》　《三禮義宗》三十卷。

《宋史・藝文志・禮類》　崔靈恩《三禮義宗》三十卷。

張之洞《書目答問・列朝經注經說經本考證》　《三禮義宗》三卷。梁崔靈恩。玉函山房輯本。

三禮圖

《舊唐書・經籍志・禮》《三禮圖》十二卷。夏侯伏朗撰。

《新唐書・藝文志・禮類》夏侯伏朗《三禮圖》十二卷。

鄭樵《通志・藝文略・禮》《三禮圖》十二卷。夏侯伏朗撰。

禮樂義

《隋書・經籍志・禮》《禮樂義》十卷。

禮祕義

《隋書・經籍志・禮》《禮祕義》三卷。

禮論要鈔

《舊唐書・經籍志・禮》《禮論要抄》十三卷。

《新唐書・藝文志・禮類》《禮論要鈔》十三卷。

鄭樵《通志・藝文略・禮》《禮論要鈔》十三卷。

禮記區分

《舊唐書・經籍志・禮》《禮記區分》十卷。

《新唐書・藝文志・禮類》《區分》十卷。

鄭樵《通志・藝文略・禮》《禮區分》十卷。

禮論抄略

《舊唐書・經籍志・禮》《禮論抄略》十三卷。

《新唐書・藝文志・禮類》《禮論鈔略》十三卷。

鄭樵《通志・藝文略・禮》《禮論鈔略》十三卷。

三禮疏

張鵬一《隋書經籍志補・經部》《禮疏》一百卷。隋吴郡褚輝。

禮論

《新唐書・藝文志・禮類》李敬玄《禮論》六十卷。

鄭樵《通志・藝文略・禮》《禮論》六十卷。李敬玄。

禮論鈔

鄭樵《通志・藝文略・禮》《禮論鈔》二十卷。

類禮義疏

《新唐書・藝文志・禮類》元行沖《類禮義疏》五十卷。

鄭樵《通志・藝文略・禮》《類禮義疏》五十卷。元行沖。

五禮異同

《新唐書・藝文志・禮類》 丘敬伯《五禮異同》十卷。

禮略

《新唐書・藝文志・禮類》 杜肅《禮略》十卷。

錢東垣等輯《崇文總目・禮類》 《禮略》十卷。［原釋］唐京兆府櫟陽尉杜肅撰。採古經義，下逮當世，概舉沿革，附禮見文，以其言約旨詳，故自題「略」云。見《文獻通考》。

鄭樵《通志・藝文略・禮》 《禮略》十卷。杜肅。

尤袤《遂初堂書目・禮類》 杜氏《禮略》。

馬端臨《文獻通考・經籍考・禮》 《禮略》十卷。

《宋史・藝文志・禮類》 杜肅《禮略》十卷。

三禮圖

錢東垣等輯《崇文總目・禮類》 《三禮圖》九卷。［原釋］梁正撰。見《玉海・藝文類》。凡兩引。闕。見天一閣鈔本。

三禮圖

《新唐書・藝文志・禮類》 張鎰《三禮圖》九卷。

鄭樵《通志・藝文略・禮》 《三禮圖》九卷。張鎰。

五禮精義

《新唐書・藝文志・禮類》 韋彤《五禮精義》十卷。

錢東垣等輯《崇文總目・禮類》 《五禮精義》十卷。［原釋］唐太常博士韋彤撰。首載唐禮，參引古義，申釋其文。見《文獻通考》。

尤袤《遂初堂書目・禮類》 《五禮精義》。

《宋史・藝文志・禮類》 韋彤《五禮精義》十卷。

五禮極義

《宋史・藝文志・禮類》 殷介集《五禮極義》一卷。

五禮名義

《新唐書・藝文志・禮類》 孫玉汝《五禮名義》十卷。

錢東垣等輯《崇文總目・禮類》 《五禮名義》十卷。孫玉汝撰。

《宋史・藝文志・禮類》 孫玉汝《五禮名義》十卷。

三禮圖

錢東垣等輯《崇文總目・禮類》 《三禮圖》二十卷。［原釋］聶崇義集。見《玉海・藝文類》。周顯德中，參定郊廟器玉，因博采先儒《三禮》舊圖，凡得六本，考正是否，繢素而申釋之。每篇自叙其凡，參以近世沿革之說。建隆二年五年丙寅，表上之，竇儼爲叙。詔太子詹事尹拙集儒學三五人更同參議，拙多所駁正，崇義復引經以釋之。其駁義及答義各四卷，率列于注釋。詔頒行之，又畫于國子監講堂之壁。見《經義考・通禮類》。

鄭樵《通志・藝文略・禮》 《三禮圖》二十卷。聶崇義集。

晁公武《郡齋讀書志・禮類》 《三禮圖》二十卷。右聶崇義周世宗時被旨纂輯，以鄭康成、阮諶等六家圖刊定。皇朝建隆二年奏之，賜紫綬犀帶，獎其志學。竇儼爲之序，有云：周世宗暨今皇帝，恢堯、舜之典則，總夏、商之禮文。命崇義著此書，不以世代遷改，有所抑揚，近古云。

尤袤《遂初堂書目・禮類》 聶崇義《三禮圖》。

陳振孫《直齋書録解題・禮類》 《三禮圖》二十卷。國子司業太常博士河南聶崇義撰。自周顯德中受詔，至建隆二年奏之。蓋用舊圖六本參定，故題「集註」，詔國學圖於宣聖殿後北軒之屋壁，至道中改作於論堂之上，以版代壁。判監李至爲之記。吾鄉郡庠安定胡先生所創論堂繪《三禮圖》，當是依倣京監。嘉熙戊戌風水，堂壞，今不存矣。

馬端臨《文獻通考・經籍考・禮》 《三禮圖》二十卷。

《宋史・藝文志・禮類》 聶崇義《三禮圖集註》二十卷。

楊士奇等《文淵閣書目・禮》 《三禮圖》。一部，四冊。殘缺。 《三禮圖》。一部，六冊。闕。 《三禮圖》。一部，二冊。闕。

錢謙益等《絳雲樓書目・禮類》 宋板聶從義《三禮圖》。二十卷，竇儀序。

于敏中等《天禄琳琅書目・影宋鈔經部》 《三禮圖》二函，八冊。宋聶崇義集註。二十卷。前宋竇儼序，後宋陳伯廣跋。【略】考《宋史》，崇義河南洛陽人，少舉《三禮》，善禮學，通經旨。漢乾祐中，累官至國子《禮記》博士。周顯德中，國子司業兼太常博士。世宗詔崇義參定郊廟器玉，又詔翰林學士竇儼統領之。崇義因取《三禮圖》再加考正。建隆三年四月，表上之，儼爲序。太祖覽而嘉之。五月，賜崇義紫袍、犀帶、銀器、繒帛以獎之云。與《崇文總目》所載略符，惟《崇文總目》稱建隆二年五月上書，晁公武《郡齋讀書志》亦稱皇朝建隆二年，而史載三年，正與儼序合。別本有崇義自序，略云：舊圖十卷，形制闕漏，文字省略，不知所自。臣崇義先於顯德三年冬，奉命差定郊廟器玉，因敢刪改。至大宋建隆二年四月辛丑，第叙既訖。則知崇義書成於建隆二年，至三年始行奏進耳。《宋史》又載詔太子詹事尹拙等參議，多所駁正，崇義復引經以釋之，悉以下工部尚書竇儀，俾之裁定。儀奏：崇義研求師說，耽味《禮經》，較於舊圖，良有新意。尹拙爰承制旨，能整所聞。尹拙駁議及聶崇義答義各四卷，臣再加詳閱，隨而裁置，率用增損，列於注釋，共分爲十五卷以聞。詔頒行之。亦與《崇文總目》所載相合，惟「列於注釋」之語，乃竇儀編次兩家之說，別爲一書，與《三禮圖》無涉耳。書後有永嘉陳伯廣跋，稱《三禮圖》，始熊君子復得蜀本，欲以刻於學，而予至，因屬予刻之。後題淳熙乙未閏月三日。乙未，爲宋孝宗淳熙二年。《浙江通志》載：伯廣，登紹興三十年庚辰進士，通判明州。其所稱熊子復，按《文獻通考》，熊克字子復，建安人，官起居郎。以王丞相季海薦，驟用。王時在樞府，趙溫叔當國，莫知其所從來，頗疑其由徑，沮之。上意向之，不能回也。此書圖畫、人物、器具，用筆工細，乃精於繪事者所作，知影鈔時殊費經營矣。

《四庫提要・禮類四》 《三禮圖集注》二十卷。內府藏本。宋聶崇義撰。崇義，洛陽人，周顯德中累官國子司業。世宗詔崇義參定郊廟祭玉，因取《三禮》舊圖，凡得六本，重加考訂。宋初上於朝，太祖覽而嘉之，詔頒行。考禮圖始於後漢侍中阮諶。其後有梁正者，題諶圖云：「陳留阮士信受學於潁川綦母君，取其說爲圖三卷，多不案禮文，而引漢事與鄭君之文違錯。」正稱《隋書・經籍志》列鄭玄及阮諶等《三禮圖》九卷。《唐書・藝文志》有夏侯伏朗《三禮圖》十二卷，張鎰《三禮圖》九卷。《崇文總目》有梁正《三禮圖》九卷。《宋史》載吏部尚書張昭等奏云：「《四部書目》內有《三禮圖》十二卷，是開皇中敕禮部修撰，其圖第一、第二題云梁氏，第十後題云鄭氏。今書府有《三禮圖》，亦題梁氏、鄭氏。」則所謂六本者，鄭玄一、阮諶二、夏侯伏朗三、張鎰四、梁正五、開皇所撰六也。然勘驗《鄭志》，玄實未嘗爲圖，殆習鄭氏學者作圖，歸之鄭氏歟？今考書中宮室車服等圖，與鄭注多相違異。卽如《少牢饋食》「敦皆南首」，鄭注云：「敦有首者，尊者器飾也。飾蓋象龜。周之制，飾器必以其類。龜有上下甲，此言敦之上下象龜上下甲。」蓋者意擬之辭。而是書敦與簠簋皆作小龜，以爲蓋頂。是一器之微，亦失鄭意。沈括《夢溪筆談》，譏其犧象尊、黃目尊之誤。歐陽修《集古録》譏其簋圖與劉原甫所得眞古簋不同。趙彥衛《雲麓漫鈔》，譏其爵爲雀背承一器，犧象尊作一器繪牛象。林光朝亦譏之曰：「聶氏《三禮圖》全無來歷，轂璧則畫轂，蒲璧則畫蒲，皆以意爲之。不知轂璧止如今腰帶銙上粟文耳。」是宋代諸儒亦不以所圖爲然。然其書鈔撮諸家，亦頗承舊式，不盡出於杜撰。淳熙中陳伯廣嘗爲重刻，題其後云：「其圖度未必盡如古昔，苟得而考之，不猶愈於求諸野乎？」斯言允矣。今姑仍其舊帙録之，以備一家之學。此書世所行者爲通志堂刊本。或一頁一圖，或一頁數圖，而以説附載圖四隙。行款參差，尋覽未便。惟內府所藏錢曾也是園影宋鈔本，每頁自爲一圖，而説附於後，較爲清整易觀。今依仿繕録焉。

彭元瑞等《天禄琳琅書目後編・宋版經部》 《三禮圖》。一函，四冊。同首部。 《三禮圖》。一函，四冊。同首部。曾藏史氏、趙氏。王英，字時彥，金溪人。永樂甲申進士。累官南京禮部尚書。謚文安。有《泉坡集》。後入明內府，鈐九疊篆印。

三禮圖駁義

《宋史・藝文志・禮類》 《三禮圖駁議》二十卷。

禮　志

《新唐書・藝文志・禮類》 丁公著《禮志》十卷。

鄭樵《通志・藝文略・禮》 《禮志》十卷。丁公著。

禮類聚

鄭樵《通志・藝文略・禮》 《禮類聚》十卷。

類　禮

《新唐書・藝文志・禮類》 陸質《類禮》二十卷。

鄭樵《通志・藝文略・禮》 《類禮》二十卷。陸質。

禮　粹

《新唐書・藝文志・禮類》 《禮粹》二十卷。張頻。

錢東垣等輯《崇文總目・春秋類》 《禮粹》二十卷。［原釋］唐寧州參軍張頻纂。凡一百三十五條。直抄崔氏《義宗》之説，無他異聞。見《文獻通考》。闕。見天一閣鈔本。

馬端臨《文獻通考・經籍考・禮》 《禮粹》二十卷。

《宋史・藝文志・禮類》 張頻《禮粹》二十卷。

三禮注疏

錢謙益等《絳雲樓書目・禮類》 《三禮註疏》。

三禮名義

《宋史・藝文志・禮類》 歐陽丙《三禮名義》五卷。

三禮通義

《宋史・藝文志・禮類》　魯有開《三禮通義》五卷。

禮論

尤袤《遂初堂書目・禮類》　陸左丞《禮論》。

禮象

尤袤《遂初堂書目・禮類》　陸左丞《禮象圖》。

陳振孫《直齋書録解題・禮類》　《禮象》十五卷。陸佃撰。以改舊圖之失，其尊、爵、彝、舟，皆取公卿家及祕府所藏古遺器，與聶圖大異。岷隱戴先生分教吾鄉，作閣齋館池上，畫此圖於壁，而以「禮象」名閣，與論堂《禮圖》相媲云。

馬端臨《文獻通考・經籍考・禮》　《禮象》十五卷。

《宋史・藝文志・禮類》　陸佃《禮象》十五卷。

述禮新説

《宋史・藝文志・禮類》　陸佃《述禮新説》四卷。

王圻《續文獻通考・經籍考・禮》　陸佃有《述禮新説》。

禮論

王圻《續文獻通考・經籍考・禮》　《禮論》一篇。章望之著。望之，得象子。志氣宏放，長於議論。初爲校書郎，後以光禄寺丞致仕。寧宗時，朱熹《乞修三禮劄子》曰：「臣聞六經之道同歸，而禮樂之用爲急。遭秦滅學，禮樂崩壞。漢晉以來，諸儒補輯，竟無全書，其頗存者《三禮》而已。《周官》一書，固爲禮之綱領，至其儀法、度數，則《儀禮》乃其本經，而《禮記・郊特牲》、《冠義》等篇乃其義疏耳。前此猶有《三禮》、通禮、學究諸科，禮雖不行，而士猶得以誦習，而知其説。熙寧以來，王安石變亂舊制，廢罷禮儀，而獨存《禮記》之科，棄經任傳，遺本宗末，其失已甚；而博士諸生又誦虚文以供應舉，其間亦有因儀法度數之實而立文者，則咸幽冥而莫知其源，一有大議，率用耳學臆斷而已。若乃樂之爲教，則又絶無師授，律尺短長，聲音清濁，學士大夫莫有知其説者，而不知其爲闕也。故臣頃在山林，嘗與一二學者考訂其説，欲以《儀禮》爲經，而取《禮記》及諸經史雜書所載有及於禮者，皆以附於本經之下，具列註疏諸儒之説，略有端緒。而私家無書檢閲，無人抄寫，久之未成。會蒙除用，學徒分散，遂不能就。而鍾律之制，則士友間亦有得其遺意者。竊欲更加參考，別爲一書，以補六藝之闕，而亦未能具也。欲望聖明特詔有司，許臣就祕書省太常寺閲借禮樂諸書，自招舊日學徒十數人，假空閑官屋數間，與之居處，令其編類。雖官人亦不繫銜請俸，但乞逐月量支錢米，以給飲食、紙札、油燈之費。其抄寫人，即乞下臨安府差撥貼司二十餘名，候結局日量支犒賞，別無推恩。則於公家甚無費用，而可以興起廢墜，垂之永久，使士知實學異日可爲聖朝制作之助，則斯文幸甚，天下幸甚。」

禮論

《宋史・藝文志・禮類》　何洵直《禮論》一卷。

禮問

王圻《續文獻通考・經籍考・禮》　《禮問》三十卷。興化林震著。

禮義解

王圻《續文獻通考・經籍考・禮》　《禮義解》。韓惇著。

二禮講義

《宋史・藝文志・禮類》　胡銓《二禮講義》一卷。

禮經奧旨

《四庫提要・禮類存目三》　《禮經奧旨》一卷。舊本題宋鄭樵撰。考其文即《六經奧論》之一卷也。《六經奧論》本危邦輔託之鄭樵，此更僞中作僞，摘其一卷，別立書名以炫世。曹溶漫收之《學海類編》中，失考甚矣。

二經雅言

《宋史・藝文志・禮類》　汪應辰《二經雅言》二卷。

楊士奇等《文淵閣書目・禮類》　《二經雅言》。一部，一冊。闕。

三禮發微

王圻《續文獻通考・經籍考・禮》　《三禮發微》。趙敦臨著。敦臨，奉化人。紹興進士，爲承議郎。

真禮

尤袤《遂初堂書目・禮類》　《眞禮》。

三禮駁議

尤袤《遂初堂書目・禮類》　《三禮駁議》。

三禮名義疏

《宋史・藝文志・禮類》　鄭氏《三禮名義疏》五卷。不著名。

三禮圖

《宋史・藝文志・禮類》　鄭氏《三禮圖》十二卷。

二禮分門統要

《宋史・藝文志・禮類》　《二禮分門統要》三十六卷。

二禮雅言

尤袤《遂初堂書目・禮類》　《二禮雅言》。

五禮考亡

尤袤《遂初堂書目・禮類》　《五禮考亡》。

續禮議

尤袤《遂初堂書目・禮類》　《續禮議》。

三禮考註

徐𤊹《徐氏家藏書目・禮類》　《三禮考註》三十三卷。朱子。

伊洛禮書補亡

王圻《續文獻通考・經籍考・禮》　《伊洛禮書補亡》。永嘉陳傅良著。

禘祫綿蕞書

尤袤《遂初堂書目・禮類》　吴仁傑《禘祫議》。

《宋史・藝文志・禮類》　吴仁傑《禘祫綿蕞書》三卷。

丁丑三禮辯

馬端臨《文獻通考・經籍考・禮》　《丁丑三禮辯》。《中興藝文志》：李心傳撰。以《儀禮》之説與鄭氏辯者八十四，《周禮》之説與鄭氏辯者二百二十六，皆有據。大戴之書疑者三十，小戴之書疑者一百九十八，鄭氏之注疑者三百七十五，亦各辯其所以而詳識之。

《宋史・藝文志・禮類》　李心傳《丁丑三禮辨》二十三卷。

王圻《續文獻通考・經籍考・禮》　《禮辯》二十三卷。井研李心傳著。

三禮考

《四庫提要・禮類存目三》　《三禮考》一卷。內府藏本。舊本題宋眞德秀撰，諸家書目不著録，惟曹溶《學海類編》載之。書止五頁，引程、朱諸儒之説凡九條，條下係以案語。然案語內引元泰定中丘葵更定《周禮》，又引吴澄《三禮考註》，德秀何由得見之，其僞不待言矣。

律通

倪燦等《宋史藝文志補・三禮類》　歐陽士秀《律通》二卷。宜春人。

凡二十篇。

三禮説

王圻《續文獻通考·經籍考·禮》 《三禮説》蕭㪺著。㪺，奉元人。博極羣書，及門受業者甚衆，稱爲醇儒。

黄虞稷《千頃堂書目·三禮類·補元》 蕭㪺《三禮説》四卷。

倪燦等《宋史藝文志補·三禮類》 蕭㪺《三禮説》。

錢大昕《補元史藝文志·禮類》 蕭㪺《三禮記》四卷。

三禮旁注

王圻《續文獻通考·經籍考·禮》 《三禮旁註》韓信同著。

錢大昕《補元史藝文志·禮類》 韓信同《三禮旁注》。

三禮叙録

王圻《續文獻通考·經籍考·禮》 《三禮叙録》。吴澂纂次。其序曰：《儀禮》十七篇，漢興高堂生得之以授瑕丘蕭奮，奮授東海孟卿，卿授后蒼，蒼授戴德、戴聖。大戴、小戴及劉氏《别録》所傳十七篇，次第各不同，尊卑吉凶先後倫序，惟《别録》爲優，故鄭氏用之，今行於世。《禮經》殘缺之餘，猶有此十七篇爲完書，以唐韓文公尚苦難讀，况其下者乎？自宋王文公行新法，經義廢黜，此經學者益罕傳習。朱子考定《易》、《書》、《詩》、《春秋》四經，而謂《三禮》體大，未能緒正，晚年欲成其書，於此至惓惓也。《經傳通解》乃其編類草稿，將俟喪祭禮畢而筆削焉，無禄弗逮，遂爲萬世之闕典。澂每伏讀而爲之惋惜。竊謂《樂經》既亡，經僅存五。《易·彖傳》本與《繫辭》、《文言》、《説卦》、《序卦》、《雜卦》諸傳共爲《十翼》，居上、下經二篇之後者也，而後人以入卦爻之中。《詩》、《書》之序本自爲十篇，居《國風》、《雅》、《頌》、《典》、《謨》、《誓》、《誥》之後者也，而後人以冠各篇之首。《春秋》三經、三傳初皆列行，《公》、《穀》配經，其來已久，最後注《左氏》者又分傳以附經之年，何居夫傳文序與大經混淆，不惟非所以尊經，且於文義多所梗礙，歷千數百年而莫之或非也，莫之或正也。至東萊呂氏，於《易》始因晁氏本定爲經二篇，傳十篇。朱子於《詩》、《書》各除篇端小序，合而爲一，以寘經後。《春秋》一經雖未暇詳校，而亦别出左氏經文，併以刊之臨漳。於是《易》、《書》、《詩》、《春秋》悉復夫子之舊。五經之中，其未爲諸儒所亂者，惟二禮經，然三百三千不存，蓋失之久矣。朱子補其遺闕，則編類之初，不得不以《儀禮》爲綱，而各疏其下，脱稿之後，必將有所科别，決不但如今稿本而已。若執稿本爲定，則經之章也，而以後記、補記、補傳分隸於其左也，與《彖》、《象》傳之附《易經》者有以異乎？否也。經之篇也，而以傳篇、記篇、補篇錯處于其間也，與《左氏傳》之附《春秋》經者有以異乎？否也。夫以《易》、《書》、《詩》、《春秋》之四經既幸而正，而《儀禮》之一經又不幸而亂，是豈朱子之所以相遺經者哉？徒知尊信草創之書，而不能探索未盡之意，亦豈朱子之所以望後學者哉？嗚呼！由朱子而來，至於今將百年，然而無有乎爾！澂之至愚不肖，猶幸得以私淑于其書，是以忘其僭妄，輒因朱子所分禮章，重加倫紀，其經後之記，依經章次秩叙，其文不敢割裂，一仍其舊，附於篇終。其十七篇次第，並如鄭氏本，更不間以他篇，庶十七篇正經不至雜揉。二戴之《記》中有經篇者，離之爲逸經，禮各有義，則經之傳也，以戴氏所存，兼劉氏所補，合之而爲傳。正經居首，逸經次之，傳終焉，皆别爲卷，而不相紊。此外，悉以歸諸戴氏之《記》。朱子所輯及黄氏《喪禮》、楊氏《祭禮》，亦參伍以去其重復，名曰《朱氏記》，而與二戴爲三。凡周公之典，其未墜于地者，蓋略包舉而無遺。造化之運不息，則天下之所秩，未必終古而廢壞，有議禮制度考文者，出所損所益，百世可知也。

三禮考註

范邦甸等《天一閣書目·禮類》 《三禮考註》六十四卷。刊本。元吳澄撰。

錢謙益等《絳雲樓書目·禮類》 吳澄《三禮考註》。十册。朱竹垞先生言此非草廬書，乃晏壁所爲。

黄虞稷《千頃堂書目·三禮類·補元》 吳澄《三禮考注》四十八卷。成化九年癸巳羅倫序。

倪燦等《宋史藝文志補·三禮類》 《三禮考注》六十八卷。

《四庫提要·禮類存目三》 《三禮考注》六十四卷。兩淮馬裕家藏本。舊本題元吳澄撰。其書據《尚書·周官》篇，以改《周禮》六官之屬，分《大司徒》之半以補《冬官》，而《考工記》别爲一卷。《儀禮》十七篇爲正經，於大、小《戴記》中取六篇爲《儀禮》逸經，取十六篇爲《儀禮》傳。别有《曲禮》八篇。然澄作《尚書纂言》，不信古文，何乃據《周官》以定《周禮》？即以澄《三禮叙録》及《禮記纂言》考之，所列篇目亦不合。其經義混淆，先後矛盾者，不一而足。虞集作澄墓誌，宋濂《元史》澄本傳，皆不言澄有此書。相傳初藏廬陵康震家，後爲郡人晏璧所得，遂掩爲己作，經楊士奇等鈔傳改正。然士奇序及成化中羅倫校刻序皆疑其爲璧所作，則當時固有異論矣。士奇又言：「聞諸長老，澄晚年於此書不及考訂，授意於其孫當，當嘗爲之而未就。」朱彝尊《經義考》言曾購得當所補《周官禮》，以驗今書多不合。又張爾岐《蒿菴閑話》曰：「愚讀《儀禮》，偶得吳氏《考註》，其註皆採自鄭、賈，往往失其端末。其不用鄭、賈者四十餘事，惟《少牢》篇「尸入正祭」章補入「尸受祭肺」四字爲有功於經，餘皆支離之甚。草廬名宿，豈應疏謬至此！後得《三禮考注序》云：「輒因朱子所分禮章，重加倫紀，其經後之記，依經章次秩序，其文不敢割裂，一仍其舊。」今此書則割裂記文，散附經内矣。序又云：「二戴之《記》中有經篇，離之爲逸經。禮各有義，則經之傳也。以戴氏所存兼劉氏所補，合之而爲傳，傳十五篇。」今此書十五篇則具矣。《士相見》、《公食大夫》二篇，但採掇《禮記》之文以充數，求所謂清江劉氏之書無有也。至於逸經八篇，序詳列其目，《公冠》、《遷廟》、《釁廟》取之《大戴》，《奔喪》、《投壺》取之《小戴》，《中霤》、《禘於太廟》、《王居明堂》取之鄭氏註。逸經雖曰八篇，實具其書者五篇而已。其三篇僅存篇題，非實有其書也。今此書《大戴·明堂》列之第二，蓋不知《王居明堂》之與《明堂》爲有辨也。三者與序皆不合，其不出於吳氏也審矣。序又云：「正經居首，逸經次之，傳終焉，皆别爲卷而不相紊，此外悉以歸諸戴氏之《記》。朱子所輯及黄氏《喪禮》、楊氏《祭禮》，亦參伍以去其重複，名曰《朱氏記》，而與二戴爲三。本書次第，略見於此。」今此書《朱記》了不可見，而又雜取二戴之書名爲《曲禮》者八篇，龐雜萃會，望之欲迷，與所云悉以歸諸戴氏之《記》者又不合，何物妄人，謬誣先儒至此云云。然則是書之僞，可以無庸疑似矣。

錢大昕《補元史藝文志·禮類》 吳澂《三禮考注》六十八卷。或云晏璧僞託。

三禮考異

倪燦等《宋史藝文志補·三禮類》 陳煥《三禮考異》。

三家禮

張萱等《内閣藏書目録·禮類》 《三家禮》。二册。不全。

大禮記

王圻《續文獻通考·經籍考·禮》 《大禮記》數卷。張宏圖著。宏圖字巨濟，福清人。以宋朝記禮者多訛舛，因著此書。

錢大昕《補元史藝文志・禮類》 張宏圖《大禮記》。字巨濟，福清人。

三禮考註

王圻《續文獻通考・經籍考・禮》 《三禮考註》。康宗武著。康孫當足成。

二禮祭祀述略

王圻《續文獻通考・經籍考・禮》 《二禮祭祀述略》。資州英澤著。

倪燦等《補遼金元藝文志・三禮類》 黄澤《二禮祭祀述略》。

錢大昕《補元史藝文志・禮類》 黄澤《二禮祭祀述略》。

禮經復古正言

錢大昕《補元史藝文志・禮類》 黄澤《禮經復古正言》。

殷周諸侯禘祫考

錢大昕《補元史藝文志・禮類》 黄澤《殷周諸侯禘祫考》。

周禮禮記注

王圻《續文獻通考・經籍考・禮》 《周禮禮記註》。餘杭趙汝談著。

禮記公羊穀梁等疏

王圻《續文獻通考・經籍考・禮》 《禮記公羊穀梁等疏》。舒雅編纂。雅，旌德人。好學，善屬文。所纂又有《文苑英華》。

三禮旁注

黄虞稷《千頃堂書目・三禮類》 朱升《三禮旁注》。

三禮纂要

黄虞稷《千頃堂書目・三禮類》 王廉《三禮纂要》。處州人。以預修《元史》。授澠池縣丞，累官陝西右布政使。

禮經私録

黄虞稷《千頃堂書目・三禮類》 祝萃《禮經私録》。字惟貞。海寧人。成化甲辰進士，廣東右參政。

三禮儀略　三禮舉要

黄虞稷《千頃堂書目・三禮類》 夏時正《三禮儀略》十卷。《三禮舉要》十卷。

《明史・藝文志・禮類》 夏時正《三禮儀略舉要》十卷。

三禮圖

黃虞稷《千頃堂書目・三禮類》 劉績《三禮圖》二卷。江夏人。知府。

《明史・藝文志・禮類》 劉績《三禮圖》二卷。

嵇璜等《續通志・圖譜略》 劉績《三禮圖》。

《四庫提要・禮類四》 《三禮圖》四卷。浙江吳玉墀家藏本。明劉績撰。績字用熙，號蘆泉，江夏人。弘治庚戌進士，官至鎮江府知府。是書所圖，一本陸佃《禮象》、陳祥道《禮書》、林希逸《考工記解》諸書，而取諸《博古圖》者爲尤多，與舊圖大異。考漢時去古未遠，車服禮器猶有存者，鄭康成圖雖非手撰，要爲傳鄭學者所爲。阮諶、夏侯伏朗、張鎰、梁正亦皆五代前人，其時儒風淳實，尚不以鑿空臆斷相高。聶崇義參考六本，定爲一家之學。雖踵謬沿譌，在所不免，而遞相祖述，終有典型。至《宣和博古圖》所載，大半揣摩近似，強命以名，其間疎漏多端，洪邁諸人已屢攻其失。績以漢儒爲妄作，而依據是圖，殊爲顛倒。然所采陸、陳諸家之說，如齊子尾送女器出於魏太和中，犧尊純爲牛形，王肅據以證鳳羽婆娑之誤；齊景公器出晉永康中，象尊純爲象形，劉杳據以證象骨飾尊之非。蒲璧刻文如蒲荏敷時，穀璧如粟粒，其器出於宋時，沈括據以證蒲形、禾形之謬。此書並採用其說，亦足以備一解。至於宮室制度，輿輪名物，凡房序堂夾之位，輢較賢軹之分，亦皆一一分析。不惟補崇義之闕，且以拾希逸之遺。其他珽荼曲植之屬，增舊圖所未備者又七十餘事。過而存之，未始非兼收並蓄之義也。

二禮經傳測

黃虞稷《千頃堂書目・三禮類》 湛若水《二禮經傳測》六十八卷。大指以《曲禮》、《儀禮》爲經，《禮記》爲傳。其《王制》等二十三篇雜論，不可以分係，而有以相表裏。發明爲《二禮雜傳通測》，又別《小戴・郊特牲》五篇與《大戴・公符》等四篇，爲《儀禮逸經傳》。嘉靖十五年若水爲南京吏部尚書，以其書進呈。

《明史・藝文志・禮類》 湛若水《二禮經傳測》六十八卷。大略以《曲禮》、《儀禮》爲經，《禮記》爲傳。

《四庫提要・禮類存目三》 《二禮經傳測》六十八卷。原任工部侍郎李友棠家藏本。明湛若水撰。若水字元明，增城人。弘治乙丑進士。曆官南京吏、禮、兵三部尚書。事蹟具《明史・儒林傳》。是編從孔子「曲禮三千」、「經禮三百」之說，故曰「二禮」。以《戴記・曲禮》附以《少儀》爲《曲禮》上經三卷，以《儀禮》爲下經十七卷，《冠義》等十六篇爲《儀禮正傳》十六卷，《王制》等二十三篇爲《二禮雜傳通傳》二十三卷，又別分《小戴・郊特牲》等五篇與《大戴・公符》等四篇爲《儀禮逸經傳》。每節各爲章旨，標目殊傷煩碎，所註亦皆空談。

三禮訂疑

王圻《續文獻通考・經籍考・禮》 《三禮訂疑》。尚書湛若水著。若水，增城人。

禮　圖

黃虞稷《千頃堂書目・三禮類》 許判《禮圖》。

四禮翼

黃虞稷《千頃堂書目・三禮類》 袁仁《四禮翼》一冊。

三禮穴法

黃虞稷《千頃堂書目・三禮類》　袁仁《三禮穴法》十八卷。

廟制考議

《四庫提要・禮類存目三》　《廟制考議》。無卷數。浙江巡撫採進本。明季本撰。本有《易學四同》，已著録。是書總論凡七義，附録七十七圖。其中如謂天子五廟，周加文、武二世室乃七廟，其説主鄭康成注。惟《書・咸有一德》稱「七世之廟可以觀德」，則似商以前已有七廟，無以爲解。乃謂自太甲逆溯至相土爲七世，所謂七世之廟專指相土。今考《魯語》曰：「商人禘舜而祖契，郊冥而宗湯。」將觀列祖之德，何遠不及契，近不及湯，而獨舉相土？又考《殷本紀》，相土以下曰昌若、曰曹圉、曰冥、曰振、曰微、曰報丁、曰報乙、曰報丙、曰主壬、曰主癸、曰湯、曰太丁、曰太甲，自太甲上溯相土十四世。而本謂太甲上溯相土爲七世，其説舛謬。蓋緣僞古文《尚書》之言七廟，致生穿鑿。不知《呂氏春秋》引《商書》實作「五世之廟」，無庸如是牽合也。本又謂禘非審諦昭穆，惟有功德而廟不毀者，則當禘於所出之祖廟，而以受命之祖配之。《長發》之詩小序曰「大禘也」，而述契及相土以至於湯，是特審諦其賢君而以湯配也。今考《魯語》曰：「上甲微能帥契者，商人報焉。」《祭法》曰：「冥勤其官而水死，以死勤事則祀之。」自湯以上，雖微、冥得永列祀典，而未聞商人列諸不毀之廟。今本謂相土有功德而廟不毀，擬於三宗，殊爲疏舛。況相土本在毀廟之列，而《長發》爲大禘之詩，得及相土，則毀廟未毀廟之主皆得與矣。此正可以折本之説，而本反引以爲難乎？至謂公劉、太王、王季廟皆不當毀，不特文、武，則益不經矣。本又斥朱子考妣同祫之説，謂禘祫男主得入，女主不得入，故周公營洛邑，特立文、武廟，父子同廟，而其廟無妣主。今考《春秋・僖八年》：「秋七月，禘于太廟，用致夫人。」《左氏傳》曰：「禘而致哀姜焉，非禮也。凡夫人不薨于寢，不殯于廟，不赴于同盟，不附于姑，則弗致也。」據此，則夫人薨于寢、殯于廟、赴于同盟、祔于姑者，皆得以禘致太廟矣，何得云妣主不得與於禘祫乎？《祭統》：「鋪筵設同几，爲依神也。」鄭註：「同之爲言詷也。祭者以其妃配，亦不特几也。」據此，則凡祭皆有配明矣。《洛誥》：「烝祭歲文王騂牛一，武王騂牛一。」又曰：「王入太室祼。」孔《傳》曰：「王賓異周公殺牲精意，以享文、武，皆至其廟親告也。」據云皆至其廟，則祭文、武別廟可知。本何得云父子同廟？《雝詩序》：「禘太祖也。」鄭箋：「太祖謂文王。」而其詩曰：「既右烈考，亦右文母。」則明以文母配也。本又何得謂洛邑之文廟獨無文母乎？本又謂七廟之制，太祖居中，昭不必居左，穆不必居右，古人以右爲尊，當于太祖廟之東，平行以次而東爲四親廟。今考廟以昭穆爲左右，雖不見於經，然考《周禮・家人》曰：「先王之葬居中，以昭穆爲左右。」注曰：「昭居左，穆居右，夾處東西。」則昭穆分左右之明證也。故賈疏即以墓之昭穆推廟之昭穆。今本謂廟之昭穆皆在祖廟之中，又何以解於墓之昭穆別左右乎？又考《匠人》曰：「左祖右社。」賈疏引《祭義》注云：「周尚左。」又考《桓二年》：「取郜大鼎于宋，納于太廟。」何休云：「文家左宗廟尚尊。」據此，則於王宮之外立祖廟，與社稷既尚左，而立祖廟與羣廟則又尚右，何同一地而所尚頓異耶？眞無據之談也。本又謂禘祫在太廟，容主多則太廟宜大。高祖以下羣廟，僅容考妣足矣，故其制小。《周禮・祭僕》言「小喪復於小廟」，《隸僕》言「大喪復于小寢、大寢」是也。今考《閔二年》：「夏五月乙酉，吉禘于莊公。」《定八年》：「冬十月辛卯，禘于僖公。」則春秋禘祭有於羣廟者矣。而未見羣廟之不容多主，則亦未見羣廟之必小於太廟也。《周禮》言小寢、大寢、小廟，非以規制之大小言，特以尊卑言耳。故鄭注但云高祖以下、高祖以上。《考工記》曰：「廟門容大扃七个，于凡廟之門同。」可以知凡廟之室亦同矣，而何大小之別乎？本又不信商祖契、周祖后稷。今考《周語》明云：「我太祖后稷之所經緯也。」《祭法》明云：「祖契而宗湯。」而本不信之，尤荒經蔑古之甚矣。其論歷代廟制，若謂漢光武但當立高祖春陵節侯以上四世廟，不當爲宣、元、成、哀立廟，則明世宗《明倫大典》之説，時勢所牽，又當別論者也。前明《三禮》之學，本最著稱，後世儒者往往承其謬説。故舉其最誤者辨之，庶可得其是非之實焉。

三禮纂注

黃虞稷《千頃堂書目・三禮類》 貢汝成《三禮纂注》四十九卷。字玉甫，宣城人。翰林院待詔。書爲《周禮》六卷、《周禮餘》二卷、《儀禮》及《附傳》十七卷、《儀禮逸經》四卷、《儀禮餘》八卷、《禮記》十二卷。

《明史・藝文志・禮類》 貢汝成《三禮纂注》四十九卷。

《四庫提要・禮類存目三》 《三禮纂注》四十九卷。兩淮馬裕家藏本。明貢汝成撰。汝成字玉甫，宣城人。嘉靖中官翰林院待詔。其書《周禮》六卷，主俞庭椿「《冬官》不亡，散在五官」之說，而變本加厲，不惟移其次第，且點竄其字句，塗改其名目，甚至於別造經文。後附《周禮餘》二卷，則《禮記・王制》、《月令》兩篇也。《儀禮》十六卷，以《禮記・冠義》附《士冠禮》，《昏義》附《士昏禮》，《鄉飲酒義》附《鄉飲酒禮》，《射義》附《鄉射禮》，《燕義》附《燕禮》，《聘義》附《聘禮》，《服問》、《三年問》、《喪服四制》、《喪服小記》四篇附《士喪服》，《問喪》、《間傳》二篇附《士喪禮》，《喪大記》附《既夕禮》，《雜記》上下、《曾子問》三篇附《士虞禮》，《祭義》、《祭統》、《祭法》三篇附《有司徹》。後附《儀禮逸經》四卷，則《投壺》、《奔喪》、《文王世子》、《明堂位》四篇也。《儀禮餘》八卷，則《曲禮》上下、《內則》、《少儀》、《玉藻》、《深衣》、《大傳》、《郊特牲》、《檀弓》上下十篇也。其《禮記》十二卷，所存者《禮運》、《禮器》、《經解》、《哀公問》、《仲尼燕居》、《孔子閒居》、《坊記》、《表記》、《緇衣》、《儒行》、《學記》、《樂記》十二篇，而《大學》、《中庸》不與焉。大抵亦剽朱子及吳澄諸說。其《周禮序》自稱：「如有用我，執此以往。」蓋襲《文中子》之言，尤昧於時勢。前有萬曆九年應天巡撫宋儀望序，乃詆賈、鄭諸人用力愈勤，大義愈晦，而稱汝成是書周公復起不能易，傎之甚矣。

禮考

《明史・藝文志・禮類》 吳嶽《禮考》一卷。

二禮集解

黃虞稷《千頃堂書目・三禮類》 李黼《二禮集解》十二卷。嘉靖間無錫人。合《周禮》、《儀禮》爲一，集諸家之說，間出己見以解之。

《明史・藝文志・禮類》 李黼《二禮集解》十二卷。合《周禮》、《儀禮》爲一，集諸家之說以解之。

《四庫提要・禮類存目三》 《二禮集解》十二卷。浙江巡撫採進本。明李黼撰。黼始末未詳。黃虞稷《千頃堂書目》稱爲嘉靖間無錫人，亦據卷首題「錫山」，卷末題「嘉靖十六年常州府刊行」字耳，無他證也。是書以陳友仁《周禮集説》、楊復《儀禮圖》爲藍本。故《周禮》以序官分冠各官之首，用陳氏例。《儀禮》逐節分注各章之後，用楊氏例。其說率循文箋釋，罕所考證發明。陸元輔稱其自出新意者，案：元輔說見《經義考》。如謂「太宰卿一人，至旅下士三十二人，凡六十三人，而府史、胥徒不與焉。除太宰與府史、胥徒，其餘六十二人，自宮正以下，凡中大夫，卽此小宰中大夫也。凡下大夫，卽此宰夫下大夫也。凡上中下士，卽此上中下士也。非此六十二人之外，又有一項官也。後五官倣此」云云一條，蓋欲以解設官太多之疑。然使王朝之內，事事攝官，恐亦非先王之體制。又稱：「疑六官之屬，卿大夫之數，與《禮記・王制》二十七大夫、八十一元士，多寡不同」云云一條，不知《王制》一篇，漢文帝博士所作，各述所聞，不能比而同之，徒增轇轕也。

三禮類編

《明史・藝文志・禮類》 李經綸《三禮類編》三十卷。

《四庫提要・禮類存目三》 《禮經類編》三十卷。江西巡撫採進本。明李經綸撰。經綸字大經，號寅淸，南豐人。正、嘉間諸生。是編取《周禮》、《儀禮》、《禮記》合而彙之。大意謂聖人之命禮有三：曰經禮也，曲禮也，制度之禮也。經禮所以接神人，曲禮所以正言行，制度之禮所以治名物。後儒昧於分辨，知有經、曲而不知有制度。故以《曲禮》、《經禮》、《制禮》三者爲大綱，而各繫以目。《曲禮》之目分爲五：一曰《曲禮正經》，二曰《曲禮別經》，三曰《曲禮逸經》，四曰《曲禮之傳》，五曰《曲禮增經》。諸目中又雜分子目，其《別經・盛德》篇，皆《大戴記》之文。《逸經》則兼採三《傳》、《國語》及《說苑》、《列女傳》。其所謂《增經》則全録《鄉黨》、《孝經》文也。《經禮》之目亦分爲五：一曰《經禮之經》，二曰《經禮之變禮》，三曰《經禮之曲禮》，四曰《經禮之制禮》，五曰《經禮之傳》。然仍以吉、凶、軍、賓、嘉爲經，而以五者緯焉。其經文有正經、析經、逸經、補經、增經之別，傳亦如之。正經者，《儀禮》之正文，析經者，舊混爲一，今析而出之。他如郊天之採乎《家語》，藉田之採乎《國語》，則名《逸經》。又如取《尙書・康王之誥》增天王卽位禮，取《夏官・司士》之文補天王聽朝禮，則名增經、補經也。《制禮》之目分爲二：一曰《制禮之經》，則《王制》、《月令》、《周官》之文，并《深衣》、《考工》等篇是也。二曰《制禮之傳》，《學記》、《樂記》等篇是也。三大綱之後又有《三禮通傳》，謂經、曲、制度合而論者不可以彊分，如《禮運》、《禮器》、《坊記》、《表記》及《哀公問》等篇是也。合是數者，又冠之以《大學》，終之以《中庸》。《大學》曰「禮冒之經」，謂其規模節目之該括，如五玉之有瑁也。故其諸篇以明德、新民、格致、誠正、修齊、治平分配焉。《中庸》曰「禮藉之經」，謂由博返約，所以爲承藉，猶四圭之有邸也。其於《大學》以「止至善」配焉。末又以《明堂位》、《儒行》及諸篇之疵複者，別爲《外記》一卷，以示區別。其條分縷析，用力亦爲勤摯。然而割裂經文，參糅雜說，取憑胸臆，隨意增刪，殊失先儒謹嚴之意。是欲踵朱子《儀禮經傳通解》，而失其初旨者也。

蒙亨禮樂要

徐𤊹《徐氏家藏書目・禮類》 《蒙亨禮樂要》二卷。阮鶚著。

禮要樂則

黃虞稷《千頃堂書目・三禮類》 阮鶚《禮要樂則》。桐城人。御史。

善俗裨義

徐𤊹《徐氏家藏書目・禮類》 《善俗裨義》一卷。陸樹聲。

三禮編繹

徐𤊹《徐氏家藏書目・禮類》 《三禮繹》四卷。鄧原錫。

黃虞稷《千頃堂書目・三禮類》 鄧元錫《三禮編繹》二十五卷。萬曆元年癸酉序。

《明史・藝文志・禮類》 鄧元錫《三禮編繹》二十六卷。

《四庫提要・禮類存目三》 《三禮編繹》二十六卷。兩淮鹽政採進本。明鄧元錫撰。元錫字汝極，南城人。嘉靖乙卯舉人。萬曆中以翰林待詔徵，未至而卒。事蹟具《明史・儒林傳》。是編以「三禮」爲名，而實非歷代相傳之《三禮》。一曰《曲禮》，以《禮經》所載雜儀細曲者爲經，以《表記》、《坊記》、《緇衣》爲記。二曰《儀禮》，以十七篇爲經，以《射義》

諸篇爲記。三曰《周禮》，以《周官》爲經，而《考工記》、《大戴禮》、《家語》及《禮記》諸篇不可分入《曲禮》者，皆彙列於後爲記。句下夾注，音訓頗簡，蓋非所重。其自爲發明者，則大書而附經文下，所謂「繹」也。昔俞庭椿首亂《周禮》，儒者所譏。朱子作《儀禮經傳通解》，雖列附《禮記》，而仍以《儀禮》爲主，不過引經證經。至吳澄《禮記纂言》，始刪削其文，顛倒其次。貢汝成因而更定《三禮》，彌爲變亂紛紜，已大乖先儒謹嚴之意。至元錫此書，則非惟亂其部帙，併割裂經文，移甲入乙，別爲標目分屬之，甚至採掇他書，臆爲竄入。古經於是乎蕩盡矣。非聖人而刪定六籍，不亦異乎！

禮編

黃虞稷《千頃堂書目・三禮類》 唐伯元《禮編》。

《明史・藝文志・禮類》 唐伯玉《禮編》二十八卷。

禮測

《明史・藝文志・禮類》 樊良樞《禮測》二卷。

禮經考次

《明史・藝文志・禮類》 劉宗周《禮經考次正集》十四卷，《分集》四卷。

讀三禮略記

黃虞稷《千頃堂書目・三禮類》 朱朝瑛《讀三禮略記》。

三禮圖註

徐𤊹《徐氏家藏書目・禮類》 《三禮圖註》一卷。咸寧唐時舉。

三禮合纂

《四庫提要・禮類存目三》 《三禮合纂》二十八卷。江蘇巡撫採進本。

國朝張怡撰。怡一名遺，字自怡，初名鹿徵，號瑤星，江寧人。前明登萊總兵官可大之子。崇禎中，袁崇煥用陳繼儒之言，殺皮島帥毛文龍，邊兵乘機爲變，可大死之，蔭怡錦衣衛千戶。李自成僭位，逼之使降，不從。自成敗遁，乃逃入深山中。至康熙三十四年以壽終。是書《凡例》，稱從周子雪客借衛湜《禮記集說》。雪客爲周在浚字，則康熙初年所作也。其書大體仿《儀禮經傳通解》，而叙次微有不同。首《通禮》，次《祭禮》，次《王朝之禮》，次《喪禮》。其《通禮》以《大學》、《中庸》爲首，《大學》從王守仁所解古本，不用朱子改定之本。次《王朝之禮》，則首《周官》，而以《儀禮・覲》、《聘》、《燕》、《射》諸篇附焉。其言曰：「《禮記》昉于漢儒，中間性道微言、天人奧義，時時吐露。然眞贋相雜，瑕瑜不掩。如《月令》、《王制》諸篇，皆未經夫子刪定者也。《周官》多操切富強之術，詳於政而略於教。《儀禮》皆周旋升降之節，儀則繁而禮則疏。先儒欲推二書爲經，以記爲傳，似非定論」云云。然《儀禮》、《禮記》彼此相應，《周官》所云，頗與之遠，強爲通之，必成轇轕。如因是而斥《周官》，則大不可。且以《周禮》爲有政無教，《儀禮》爲儀繁禮疏，則尤不得先王因事寓訓之旨。大抵其解出於郝敬，而又益以姚江之心學。凡先王大典，皆視爲粗迹，無足怪也。又其《凡例》有云：「文義會通、彼此互舉者，悉照原篇，不敢割裂。」今案《儀禮》一書，有經有記，恰於《昏》、《聘》諸篇，咸裁截記文，分附經次，較其發凡，亦屬矛盾。惟《周官》不用俞氏《復古編》之說，差爲有見耳。

讀禮竊註

《四庫提要・禮類存目三》 《讀禮竊註》一卷。山東巡撫採進本。國朝孫自務撰。自務字樹本，號立菴，安丘人。歲貢生。是書撮舉《三禮》，凡五十七條。其中間有可採者，若《釋名》、《字林》皆以「姪」爲兄弟之女稱，自務引《儀禮喪服》經「姪丈夫婦人報」，證姑於兄弟之子亦有「姪」稱。引據頗爲明確。至謂《祭法》以王考、皇考、顯考、祖考各稱爲姑祖及高曾之別，爲字義不清。又斥《坊記》「寡婦之子不有見焉，則不友也」，爲附會孔子之言。皆以私意疑經，並無明證。又謂朱子以門屏之間爲皋門，今檢全集及各注並無此文。若襲萬斯大之論，以大社爲方丘，不免好從異說。又述斯大之言曰：「《曲禮》『天子當依而立，諸侯北面而見天子曰覲。天子當宁而立，諸公東面、諸侯西面曰朝。』止是一禮。蓋天子將入廟受覲，至宁，先下車而立，諸公于是分班朝見，以通姓名，即所謂朝也。《覲禮》不具文之略也」云云。今考《儀禮》本篇：未覲之前，自郊勞授館，至於侯氏釋幣。既覲之後，自三享聽事，至於三勞，及賜車馬。雖繁文曲節，無不詳載。而獨謂略此朝禮，殊考之未詳。《郊特牲》曰：「覲禮，天子不下堂而見諸侯。」若天子先見諸侯於路門外，則其失甚於下堂矣。自務甚推此說，亦輕信也。觀其篇首叙所見禮家諸書，寥寥無幾。蓋皆據理推測，而以意斷制之耳。

郊社禘祫問

《四庫提要・禮類四》 《郊社禘祫問》一卷。浙江巡撫採進本。國朝毛奇齡撰。奇齡有《仲氏易》，已著録。是書前答門人李塨問南北郊分祀及問有禘無祫之說，末附艾堂問。自注云：「同郡學人集於艾堂所問，此則專論禘祫者也。」其中如南郊、北郊以冬、夏至分祀，見於《周禮》，本有明文。疑無北郊之祀者，本無庸置辨。奇齡性喜攻駁，反覆詰辨，未免繁雜。至於時祭之外，禘爲大祭，所謂「三年一祫，五年一禘」者，語出緯書，本不足據。祫對「犆」爲義，不對「禘」爲義也。奇齡辯大禘與吉禘不相蒙。又言大禘、吉禘時祭必合祭，故稱祫。則皆發昔儒所未及，於經義不爲無補。録存其說，亦足資禮家之采擇焉。

張之洞《書目答問・列朝經注經説經本考證》 《郊社禘祫問》一卷。毛奇齡。《西河集》本，《藝海珠塵》本。

昏禮辨正

《四庫提要・禮類存目三》 《昏禮辨正》一卷。浙江巡撫採進本。國朝毛奇齡撰。奇齡有《仲氏易》，已著録。是書力詆《三禮》經文。引《曲禮》「男女非有行媒不相知名」，而《士昏禮》乃不言行媒；引《曲禮》「齊戒以告鬼神」，謂親迎必先告廟，而《士昏禮》不言告廟；引《春秋・桓三年傳》「夫人至自齊，朝至」之文，謂婦至之日當朝廟，而《士昏禮》不言朝廟；引《春秋》「齊侯越境以送女」，謂女之父既迎壻于門外，亦當送之門外，而《士昏禮》乃言不降送；引《穀梁傳》「納采、問名、納徵、告期」，謂止當有四禮，而《士昏禮》乃誤增「納吉」一禮，又誤入親迎於六禮之內；引《詩・關雎》琴瑟、鐘鼓，謂嫁娶亦當用樂，而《郊特牲》乃謂昏禮不用樂。其說頗爲辨博。其中論告廟、朝至之儀，雖頗有根據，而核其大致，穿鑿者多，未足據爲定論也。

大小宗通繹

《四庫提要・禮類存目三》 《大小宗通繹》一卷。浙江巡撫採進本。國朝毛奇齡撰。是書謂鄭康成《禮記大傳注》以別子之世長子爲大宗，別子庶子之長子爲小宗，則是別子一世無大宗，繼別一世無小宗，凡國君繼世必有三世無大小宗者，於是謂別子之身卽爲大宗。今考《大傳》文曰：「別子爲祖，繼別爲宗。」若別子卽得爲大宗，則經文曷不曰「別子爲宗」乎？經文既明以「祖」與「宗」對舉，卽顯然不可相混，而奇齡乃混之，是叛經矣。奇齡又謂，康成以別子爲妾子，萬一僅有一母弟而無庶，將以無庶而反絶宗乎！今考《儀禮・喪服傳》曰：「庶子不得爲長子三年。」則兼據爲父後者之同母弟，不專指妾子也。故賈公彥《疏》云：「庶子，妾子之號，適妻所生第二者同名庶子，遠別於長子。」則《儀禮》經文已以「庶」該「嫡」矣，何獨於康成致難焉？至奇齡謂別子諸弟之子亦得各爲小宗，不特別子庶子之子而已。則其說頗有根據。《晉語》曰：「黃帝之子二十五人。」又曰：「黃帝之子二十五宗。」韋昭注以爲小宗，可與奇齡此說相證。若如《喪服要記》，別子之庶兄弟，其嫡繼之，各有一大宗。則是別子有十，大宗卽有十矣，與宗子統族之義殊有未合。奇齡謂《要記》各一大宗之說，當爲各一小宗，其義較允。亦不可以好爲彊辨，遂併沒所長也。

張之洞《書目答問・列朝經注經說經本考證》　《大小宗通釋》一卷。毛奇齡。《西河集》本。《藝海珠塵》本。

明堂問

《四庫提要・禮類存目三》　《明堂問》一卷。浙江巡撫採進本。國朝毛奇齡撰。以門人姜垚問九室、五室之辨發端，而終於九宮卦位。其大意專訾鄭康成之主五室爲非，而言五室卽九室，九室卽十二堂。考之《月令》，四正之堂曰太廟，其左右曰左个、右个，而最中一室曰太廟太室。明四正之堂同以此爲室，則左右堂以四隅之室爲室可知也。太廟太室僅一，《月令》繫之中央土所居。奇齡乃云：「太廟太室五。」是併《月令》之文不察，且溷「室」與「堂」而一之。輕議前儒，未免反成舛漏矣。

廟制折衷

《四庫提要・禮類存目三》　《廟制折衷》三卷。浙江巡撫採進本。國朝毛奇齡撰。是書大抵宗王肅而駁鄭康成。康成謂天子五廟，周加文、武二祧爲七。肅謂天子七廟，周加文、武二廟爲九。漢唐以來言廟制者，互相祖述。禮以義起，原不必膠執一說，然未有淆亂舊文如此書之甚者。夫天子七廟之見於《禮器》、《王制》、《祭法》、《穀梁傳》者，奇齡既皆以爲不專言周矣，然《禮器》稱「周旅酬六尸」，則明明言周。鄭《注》、孔《疏》謂后稷之尸發爵不受旅，餘自文、武及四親廟凡六尸。周止七廟，此爲確證。奇齡乃謂六尸爲六廟昭穆之尸，文、武二尸不在內，故祫祭出堂，后稷尸與文、武二尸俱南向，餘東西向。考《禮器》孔疏，旅酬之時，毁廟之主咸在，特無尸耳。又《春秋・文公二年傳》曰：「文、武不先不窋。」《魯語》亦曰：「周之烝也，未嘗躋湯與文、武。」奇齡乃謂文、武二尸獨與后稷同向，則毁廟之主自太王、王季以上皆列在文武之旁，是子孫得躋其父祖，而謂文、武歆此祀乎？奇齡又謂《曾子問》七廟無虛主，明遷廟、文武廟皆可虛主。今考《曾子問》明云：「天子巡守，以遷廟主行。」又云：「今也取七廟之主以行，則失之矣。當七廟、五廟無虛主。」據此，則得虛主者惟遷廟耳。至於文、武之廟，卽奇齡亦知其爲百世不遷者也。而乃於經文遷廟之外，強境一文武廟，是又以不遷之廟爲可虛主矣，與經文「遷廟」二字顯相刺謬。蓋奇齡謂周九廟而欲增高、曾以上二世於七廟內，卽不得不出文、武二廟於七廟外，又以其在七廟外，卽不得云無虛主。故鑿空杜撰而爲此說也。其餘因襲前人已廢之說者，尤難枚舉。蓋準以德厚流光、德薄流卑之義，則天子九廟，於義未嘗有乖。而一自奇齡言之，揆諸經傳，反多未合。甚矣，其彊辨也。

學校問

《四庫提要・禮類存目三》

《學校問》一卷。浙江巡撫採進本。國朝毛奇齡撰。前答門人張希良問學校之名，繼以答門人吴鼎問廟學中稱先師設主，因及鄉飲養老之禮。考夏后氏之學名序，與州學亦名序者，其制一有室，一無室，兩不相蒙。州學之序，《爾雅》所謂「無室曰榭」是也。字或作「謝」，或作「豫」。而《爾雅》又曰：「東西牆謂之序。」則室内曰墉，堂上曰序，堂下曰壁，同爲牆名。是序之名有三，而義各殊。奇齡乃曰：「五架之屋，由戶牖以北爲室，戶牖以南爲序，爲堂。而堂序之分則兩楹以北爲序，以南爲堂。學之楹東爲東序，楹西爲西序。兼言庠序，則有室。單言序，則不及室。」殊爲牽合溷淆也。

稽禮辨論

《四庫提要・禮類存目三》

《稽禮辨論》一卷。江西巡撫採進本。國朝劉凝撰。凝字二至，南豐人。由貢生官崇義縣訓導。是書凡爲論者十六，爲辨者六，合二十二篇。引證頗古，而考核未精。若《月令論》一篇，謂太尉不始於秦，即《國語》之元尉及《夏官》之軍司馬。今考《漢・百官表》，太尉與大司馬更置。《黃霸傳》亦云：「以丞相兼之。」《續漢志》又云：「太尉，公一人。」若《夏官》之軍司馬，則位在小司馬之下，與太尉尊卑懸絶。又《晉語》曰：「知祁奚之果而不淫也，使爲元尉。」韋昭注：「元尉，中軍尉也。」又云：「知鉏遇寇之恭敬而信彊也，使爲輿尉。」韋昭注：「輿尉，上軍尉也。」蓋古者三軍皆有尉。《尉繚子》曰：「長伯教成，合之兵尉。兵尉教成，合之裨將。」兵尉即《國語》之元尉、輿尉也，其職位在軍將下。今凝以元尉爲太尉，尤屬不倫。又若《續唐仲友周禮武成孟子論》一篇，謂諸侯百里爲井者萬，以十井起乘。天子千里爲井者百萬，以百井起乘。今考井田以一甸起乘，無分天子、諸侯。《成公元年》「三月，作丘甲」，杜注：「長轂一乘，甸所賦。今魯使丘出之。譏重斂，故書。」丘，十六井也。諸侯以十六井起乘，尙乖於制，則謂以十井起乘者，不尤謬乎！又若《公路公行公族論》一篇，謂《詩》、《左傳》之公行，即《周禮》之諸子。《文王世子》之庶子專掌庶子之政令。《諸子》文曰「掌國子之倅」，對適子與母弟言之，故云副貳也。今考《諸子職》又云：「國有大事，則帥國子而致于太子。」《周禮》全經凡稱「國子」者，無不統有適庶。《師氏》「以三德敎國子」，《保氏》「養國子以道」，《大司樂》「以樂德、樂語、樂舞敎國子」，《樂師》「掌國學之政以敎國子小舞」，皆是也。今凝獨以諸子所帥之國子爲妾子，與全經無一可通。且凝既知諸子即庶子，而《文王世子》曰：「庶子以公族之無事者守于公宮，正室守太廟。」鄭注：「正室，適子也。」是庶子明掌適子之政，而凝乃誤以國子之倅爲適子母弟之副貳，遂誤以諸子所掌惟妾子之政，使合於《左傳》之公行，不特不會鄭注「倅」字之義，且幷《周禮》全經及《文王世子》之文，亦皆乖剌矣。又若《十二章服辨》一篇，謂郊天未至泰壇，先服狐白裘，次加袞服，爲裼衣，袞服上加大裘，狐白與黑羔相爲表裏，即《家語》所云「天子大裘以黼之」是也。當祀之時，脱裘而服狐白及袞，即《家語》所云「既至泰壇，王脱裘」是也。今考《司服》曰：「祀昊天上帝則服大裘。」如凝之說則是服狐白裘而冕矣。又《玉藻》疏引劉氏說，凡六冕之裘皆用羔；引熊氏說，謂六冕皆用狐青裘。蓋冕服皆玄，羔及狐青裘色亦玄。今以袞表狐白裘，則裘裼異色。又《玉藻》曰：「惟君有黼裘以誓省。」鄭注：「以羔與狐白雜爲黼文。」而凝乃以内服狐白、外服黑羔爲黼文，穿鑿尤甚。凝是書於《三禮》之學頗勤，亦間能致力於漢魏諸書。而喜新好異，故持論往往不確焉。

讀禮志疑

《四庫提要・禮類四》

《讀禮志疑》六卷。浙江巡撫採進本。國朝陸隴其撰。隴其有《古文尙書考》，已著録。是編以《三禮》之書多由漢儒采輯而成，其所載古今典禮，自明堂、清廟、吉、凶、軍、賓、嘉以及名物、器數之微，互相考校，每多齟齬不合。因取鄭、孔諸家注疏，折衷於朱子之書，務得其中。竝旁及春秋律呂與夫天時人事可與《禮經》相發明者，悉爲采入。其有疑而未決者則仍闕之，故曰《讀禮志疑》。案《禮經》自經秦火，雖多殘闕不完，而漢代諸儒，去古未遠，其所訓釋，大抵有所根據，不同於以意揣求。宋儒義理雖精，而博考詳稽，終不逮注疏家專門之學。隴其覃思心性，墨守程朱，其造詣之醇，誠近代儒林所罕見。至於討論《三禮》，究與古人之終身穿穴者有殊。然孔《疏》篤信鄭《注》，往往不免附會，而陳澔《集說》，尤爲弇陋。隴其隨文糾正，考核折衷，其用意實非俗儒所能及。如論孔疏《月令》，引《太史》職鄭注「中數曰歲，朔數曰年」，竝舉則分年歲，單舉則可互稱。又祥禫，主鄭駁王。廟制，尊劉駁鄭。於「禮有擯詔，樂有相步，溫之至也」之文，謂「溫」直是蘊藉，不當如孔疏所云以物承藉。於「未卜禘，不視學」，取孔疏「不當禘祭之年，亦待時祭之後」，駁《集說》「不五年不視學」之說。謂《司尊彝》變朝踐爲朝獻、變再獻爲饋獻爲省文、互文之法。皆自抒所見，絕無門戶之私。至於緇、紂、純三字，謂「純」當作「紂」，古人字亦誤用，後來不可不慎。不知古字多通，原未可以近例相限。又袁黃《羣書備考》，以賈公彥譌作賈逵，人所共知，何煩深辨。而亦特立一條，爲之駁正。此蓋閱書時隨筆標記，門弟子編次校刊，乃誤入正文，未加簡擇，固不足爲隴其病矣。

張之洞《書目答問・列朝經注經說經本考證》　《讀禮志疑》六卷。陸隴其。單行本，《正誼堂全書》本。

學禮質疑

《四庫提要・禮類四》　《學禮質疑》二卷。副都御史黃登賢家藏本。國朝萬斯大撰。斯大有《儀禮商》，已著錄。是書考辨古禮，頗多新說。如謂魯郊惟日至一禮，祈穀不名郊，自魯僭行日至之郊，其君臣託於祈穀以輕其事。後人不察郊與祈穀之分，遂以魯爲祈穀。見《春秋》不書祈穀，遂以祈穀爲郊。今考《襄公七年傳》：「孟獻子曰：夫郊祀后稷以祈農事，啓蟄而郊，郊而後耕。」《桓公五年》：「秋，大雩。」《左氏傳》曰：「書不時也。凡祀啓蟄而郊，龍見而雩。」與孟獻子之言亦合。斯大既不信《左氏》，又據《詩序》謂《昊天有成命》爲郊祀天地，而不言祈穀，遂立是說。不知《大戴禮・公符》篇載郊祝曰：「承天之神，興甘風雨，庶卉百穀，莫不茂者。」則郊兼祈穀之明證。《家語》雖出依託，然皆綴緝舊文，其《郊問》篇稱「至於啓蟄之月，則又祈穀於上帝」，王肅注曰：「啓蟄而郊，郊而後耕。」與鄭、杜二家尤爲契合。斯大別爲創論，非也。斯大又謂大社祭地在北郊，王社祈穀在國中。今考《五經通義》：「大社在中門之外，王社在籍田之中。」孔、賈疏及《通典》俱宗其說。又《左傳・閔公二年傳》：「間於兩社爲公室輔。」杜預注：「周社、亳社兩社之間，朝廷執政所在。」孔穎達疏曰：「魯是周之諸侯，故國社謂之周社。」則國社之所在爲朝廷執政之所在，其爲中門內無疑。諸侯之國社，與天子之大社同也。《周書・作雒》篇曰：「乃設立丘兆於南郊，以上帝配后稷，日月星辰，先王皆與食。諸侯受命於周，乃建大社於國中。」國中與南郊對舉，則大社不在郊而在國可知。斯大所云，誤亦顯著。斯大又謂士止爲小宗，不得爲大宗，以士無祖廟也。今考《喪服小記》曰：「士不攝大夫，士攝大夫惟宗子。」又《荀子》曰：「故王者天太祖，諸侯不敢壞，大夫、士有常宗。」楊倞注曰：「繼別子之後爲族人所常宗，百世不遷之大宗也。」據此，則士亦得爲大宗明矣。又《喪服小記》曰：「庶子不祭殤與無後者，殤與無後者從祖祔食。」鄭玄注曰：「宗子之諸父無後者，爲墠祭之。」孔穎達疏曰：「若宗子是士，無曾祖廟，故諸父無後者爲墠祭之。」又《曾子問》曰：「若宗子死，告於墓而後祭於家。」鄭注曰：「祭於家，容無廟也。」孔疏曰：「祭於家，是容宗子無爵，其家無廟，而祭於庶子之家。」是且有無廟而爲宗子者矣。今斯大謂有始祖廟乃得爲大宗。充其說，不特士不得爲大宗，據《祭法》則大夫止有曾祖廟，將大夫亦不得爲大宗乎？斯大又變其說，謂大夫、士皆得祭高曾祖禰。引《大傳》曰：「大夫、士有大事，省於其君，干祫及其高祖。」今考孔疏：「祫，合也。謂雖無廟而得與有廟者合祭。」大夫蓋祫於曾祖廟而上及高祖，上士則祫於祖廟而上及曾祖、高祖，中士則祫於禰廟而上及祖與曾祖、高祖。又安得援爲皆得有廟之證乎？斯大又謂《小記》大夫、士之妾祔於妾祖姑，亡則中一以上而祔，則祔於高祖姑，是高祖有廟。今考《小記》孔疏曰：「妾無廟，爲壇祔之耳。」則妾雖祔於高祖之妾，不必高祖有廟。觀《雜記》「父母之喪，尚功衰而祔兄弟之殤」，孔疏：「其小功，兄弟、身及父。」是庶人不合立祖廟，則曾祖嫡孫爲之立壇，祔小功兄弟之長殤於從祖，立神而祭，不爲從祖立廟也。又安得謂高祖之妾有廟乎？凡此皆自立異説，略無顯據。其他若辨商周改月改時，周詩、周正及兄弟同昭穆，皆極精確。宗法十餘篇，亦頗見推闡。置其非而存其是，亦未始非一家之學也。

郊社考辨

《四庫提要・禮類存目三》　《郊社考辨》一卷。直隸總督採進本。國朝李塨撰。塨有《周易傳註》，已著録。是編立論主南北郊分祀，大致皆本之毛奇齡。

釣臺遺書

張之洞《書目答問・列朝經注經説經本考證》　《釣臺遺書》四卷。任啓運。彭氏刻本。

參讀禮志疑

《四庫提要・禮類四》　《參讀禮志疑》二卷。編修勵守謙家藏本。國朝汪紱撰。紱一名烜，字燦人，號雙池，婺源人。是書取陸隴其所著《讀禮志疑》，以己意附參於各條之下。其於《三禮》大端，若謂南郊卽爲圜丘，大社卽爲北郊，禘非祭天之名，路寢不得倣明堂之制。又力斥大饗明堂文王配五天帝、武王配五人帝之説。皆主王肅而黜鄭玄，故頗與舊注相左。其謂東西夾室不在堂之兩旁，而在東西房之兩旁。考《儀禮・公食大夫禮》：「公迎賓入，大夫立於東夾南，士立於門，小臣東堂下，宰東夾北，内官之士在宰東上，介門西。」蓋均卽位於堂之上下。如紱所云，則大夫及宰乃違衆而獨立於堂後及東西房兩旁隱蔽之地矣。又《聘禮》設飧，亦云堂上之饌八，西夾六。蓋致饌於賓，其陳設皆自堂及庭及門，取其羅布目前。如紱所云，則饌亦設於堂後矣。紱又謂士無朝服，玄端卽士之朝服，上士玄裳，中士黄裳，下士雜裳。考《士冠禮》曰：「主人玄冠朝服，緇帶素韠。」既云素韠，則素裳矣，與卿大夫以上之朝服，初無以異。未嘗獨以黄裳、玄裳、雜裳之玄端爲朝服也。又《魯語》曰：「列士之妻加之以朝服。」則士固非無朝服。紱皆未之深考也。至所謂大夫、士無西房，故《士喪禮》主人括髮，衆主人免於房，而婦人乃獨髽於室，以無西房故也。其説本孔疏，可破陳祥道《禮書》之惑。又謂大夫、士廟亦當有主，與《通典》所載徐邈及清河王懌之議相合。如斯之類，亦多深得經義。固可與隴其之書竝存不廢也。

張之洞《書目答問・列朝經注經説經本考證》　《參讀禮志疑》二卷。汪紱。單行本。

禮經質疑

張之洞《書目答問・列朝經注經説經本考證》　《質疑》二卷。杭世駿。讀畫齋本，學海堂本。

禘説

張之洞《書目答問・列朝經注經説經本考證》　《禘説》上下卷。惠棟。

三禮會通

《四庫提要・禮類存目三》　《三禮會通》二卷。安徽巡撫採進本。國朝張必剛撰。必剛字繼夫，潛山人。乾隆壬戌進士。是書凡《典制考》一卷、《郊社辨》一卷。《典制考》謂禮本於天，因而臚舉禮文之與天相應者以實之。夫天秩天叙，誰曰不然？然於千百年後掇殘缺之古經一名一物，必錙銖比較，以求其所以法天者何在，則幾於鑿矣。其間至以六門配六爻，果周公本義耶？《郊社辨》以祭莫大於事天地，事天地莫大於郊社，自郊社與圜丘、方澤牽混，而國内外之社又相牽混，而其禮不明。漢鄭氏以《郊特牲》之郊屬孟春，不與圜丘混，其説本確，而王肅顧非之。因據《郊特牲》及《周禮》以證王肅之誤，其説是矣。又辨「周之始郊日以至」，「至」字乃「辛」字之誤，引《逸周書》「辛亥柴上帝」、《漢史》「辛亥祀天位」兩條以證之，其論亦辨。然於《周書》「丁未祀周廟」之下云「越三日庚戌」，其説又不可通。遂謂「五日」誤爲「三日」，「辛亥」誤爲「庚戌」。操是術以往，將義有所窒，卽改經文以就之。天下無不可通之説，天下亦竟無可據之經矣。

三禮約編

《四庫提要·禮類存目三》　《三禮約編》十九卷。江蘇巡撫採進本。國朝汪基撰。基字警齋，休寧人。是書取《儀禮》、《周禮》、《禮記》，刪汰全篇，節録其文。蓋取其便於誦習。然若《周禮·天官》六十職，刪宮正、宮伯而宿衛之制缺。《地官》七十八職，存閭師而刪縣師，則六鄉有徵稅之官，而都、鄙、丘、甸遂無職長。此其關係之最大者。周公制作，固不容以意爲點竄也。

禮　箋

張之洞《書目答問·列朝經注經説經本考證》　《禮箋》三卷。金榜。單行本，學海堂本。原書十卷未全刻。

三禮義證

張之洞《書目答問·列朝經注經説經本考證》　《三禮義證》卷。武億。道光癸卯聊城楊氏刻本。

禮學卮言

張之洞《書目答問·列朝經注經説經本考證》　《禮學卮言》六卷。孔廣森。《顨軒所著書》本，學海堂本。

禮　説

張之洞《書目答問·列朝經注經説經本考證》　《禮説》四卷。凌曙。學海堂本。本名《禮論》。

求古録禮説　補遺

張之洞《書目答問·列朝經注經説經本考證》　《經説》□卷。金鶚。沔陽陸氏刻本。《求古録禮説補遺》一卷。金鶚。潘氏滂喜齋編刻本。

禮　説

張之洞《書目答問·列朝經注經説經本考證》　《禮説》一卷。陳喬樅。家刻本。

通禮分部

五禮駁

文廷式《補晉書藝文志・禮類》 孫毓《五禮駁》。《通典》卷五十六引之，卷六十七：「晉制，皇帝會公卿座位，定太子。後至孫毓，以爲羣臣不應起」云云。疑亦出此書。《通典》一百四引孫毓「七廟諱字議」，餘各卷頗有引毓説者。

江都集禮

《舊唐書・經籍志・禮》 《江都集禮》一百二十卷。潘徽等撰。

大唐新禮

《舊唐書・經籍志・禮》 《大唐新禮》一百卷。房玄齡等撰。

禮書

晁公武《郡齋讀書志・禮類》 《太常禮書》一百五十卷。右皇朝陳祥道用之撰。祥道，元祐初以左宣義郎仕太常博士。解《禮》之名物，且繪其象，甚精博。朝廷聞之，給札繕寫奏御。今世傳止五十卷，予愛之而恨其闕少，得是本於叙州通判盧彭年家，其象且以五采飾之，於是始見其全書云。

陳振孫《直齋書録解題・禮類》 《禮書》一百五十卷。太常博士長樂陳祥道用之撰。論辯詳博，間以繪畫。於唐代諸儒之論、近世聶崇義之圖，或正其失，或補其闕。元祐中表上之。

馬端臨《文獻通考・經籍考・禮》 《太常禮書》一百五十卷。

《宋史・藝文志・禮類》 陳詳道《禮書》一百五十卷。

鄭樵《通志・藝文略・禮》 《禮書》一百五十卷。陳祥道。

尤袤《遂初堂書目・禮類》 陳祥道《禮書》。

范邦甸等《天一閣書目・禮類》 《禮書》一百五十卷。宋左宣義郎太常博士陳祥道上進。元郡人林光大序云：「吾閩憲府前進士趙公宗吉先生，購求善本，首命鋟梓於學。賓幕經歷前進士司行君、知事前國學貢士允中張君董成之。」

徐𤊹《徐氏家藏書目・禮類》 《禮書》一百二十卷。宋陳祥道。

錢謙益等《絳雲樓書目・禮類》 陳祥道《禮書》十二冊。一百五十卷。陳用之《禮書》，論辨詳博，間以繪畫。元祐中表上之。明南監有元板。朱子極稱此書之該博，云勝陸農師《禮象》。

《四庫提要・禮類四》 《禮書》一百五十卷。内府藏本。宋陳祥道撰。祥道字用之，福州人。李廌《師友紀談》稱其許少張榜登科，又稱其元祐七年進《禮圖》、《儀禮注》，除館閣校勘，明年用爲太常博士，賜緋衣，不旬餘而卒。又稱其仕宦二十七年，止於宣義郎。《宋史》則作官至祕書省正字。然晁公武《讀書志》載是書，亦稱左宣義郎太常博士陳祥道撰，與廌所記同。廌又稱嘗爲《禮圖》一百五十卷，《儀禮説》六十餘卷，内相范公爲進之，乞送祕閣及太常寺。陳振孫《書録解題》則稱元祐中表上之。晁公武則稱朝廷聞之，給札繕寫奏御。《宋史・陳暘傳》則稱禮部侍郎趙挺之上言：「暘所著《樂書》二十卷，案：《樂書》實二百卷。《宋史》字誤。貫穿明備，乞援其兄祥道進《禮書》故事給札。」則廌、振孫所記爲確，公武朝廷聞之之説非其實也。其中多掊擊鄭學，如論廟制，引《周官》、《家語》、《荀子》、《穀梁傳》，謂天子皆七廟，與康成天子五廟之説異；論禘祫謂圜丘自圜丘，禘自禘，力破康成禘卽圜丘之説；論禘大於祫竝祭及親廟，攻康成禘小祫大、祭不及親廟之説；辨上帝及五帝，引《掌次》文，闢康成上帝卽五帝之説。蓋祥道與陸佃皆王安石客，案：祥道爲王安石之徒，見晁公武《讀書志》祥道《論語解》條下。安石説經，既創造新義，務異先儒，故祥道與陸佃亦皆排斥舊説。佃《禮象》今不傳，惟神宗時詳定郊廟禮文諸議，今尚載《陶山集》中，大抵多生別解，與祥道駁鄭略同。蓋一時風氣所趨，無庸深詰。然綜其大致，則貫通經傳，縷析條分，前說後圖，考訂詳悉。陳振孫稱其論辨精博，間以繪畫，唐代諸儒之論、近世聶崇義之圖，或正其失，或補其闕。晁公武，元祐黨家；李廌，蘇門賓客：皆與王氏之學異趣。公武則稱其書甚精博，廌亦稱其禮學通博，一時少及，則是書固甚爲當時所重，不以安石之故廢之矣。

張金吾《愛日精廬藏書志・禮類》　《禮書》一百五十卷。元刊本。宋左宣義郎太常博士臣陳祥道上進。進《禮書》表。自序。

五禮新儀

鄭樵《通志・藝文略・禮》　《五禮新儀》二百四十卷。

尤袤《遂初堂書目・禮類》　《政和五禮新儀》。

政和五禮新儀撮要

尤袤《遂初堂書目・禮類》　《政和五禮新儀撮要》。

致美集

倪燦等《補遼金元藝文志・三禮類》　曾巽申《致美集》三卷。

禮樂合編

《四庫提要・禮類存目三》　《禮樂合編》三十卷。兩淮馬裕家藏本。明黃廣撰。廣，無錫人。是書成於崇禎癸酉。以經典古訓與說部小史雜採成文。且每事不詳其源流本末，但舉其一語。又有竝非禮樂而闌入者，殊鮮條理。所立門目，分本紀、統紀諸名，亦皆漫無體例。前有鄭鄤等九人序，皆明末人標榜之辭，不足據也。

禮學彙編

《四庫提要・禮類存目三》　《禮學彙編》七十卷。浙江巡撫採進本。國朝應撝謙撰。撝謙有《周易集解》，已著録。是書蓋倣《儀禮經傳通解》、《續通解》之例而稍變通之，分爲六十一篇，視朱子、黃榦舊目或省或增，或仍其文而變其名。然往往參以臆見。如《王祭》一篇，鄭康成《郊特牲》注謂朝踐在堂，饋食在室。後儒相承，初無異說。而撝謙乃謂朝踐在室，饋食在堂。引《禮運》「玄酒在室，醴醆在戶，粢醍在堂，澄酒在下」，謂朝踐用醴醆，醴醆在室戶內，即知朝踐當在室。饋食用粢醍，粢醍在堂，即知饋食當在堂。今考《儀禮・特牲禮》「尊於戶東」，鄭注云：「室戶東。」《少牢禮》「尊兩甒於房戶之間」，鄭注云：「房西室戶東也。」是皆在堂之明證。即此知醴醆雖在室，而朝踐自得在堂，粢醍雖在堂，而饋食自得在室。亦猶《士冠禮》「側尊一甒醴，在服北」。行禮之地，與設尊之地異所耳，又安得以設尊之地即爲行禮之地耶！又鄭注《司尊彝》，謂王以圭瓚酌鬱鬯，后以璋瓚酌亞祼，則再祼也。今撝謙乃據《大雅》「殷士膚敏，祼將于京」之文，增以賓祼，爲三祼。考《周禮・小宰》云「祭祀行祼將之事」，注云：「又從太宰助王祼也。」《小宗伯》云「凡祭祀、賓客，以時將瓚祼」，注云：「將，送也，猶奉也。祭祀，以時奉而授王。賓客，以時奉而授大宗伯。」然則殷士祼將，亦第奉而助王祼耳，豈自行祼祭乎！至所謂郊天當有十二獻，不特爲經典所不載，亦爲史志所不傳，益不足辨矣。夫《三禮》鄭注合經者十得八九，而撝謙必一一反其說。舍康莊而旁鶩，其惑於多岐，亦宜也。

禮樂通考

《四庫提要・禮類存目三》　《禮樂通考》三十卷。浙江巡撫採進本。國朝胡掄撰。掄字應麟，武進人。掄以《儀禮經傳通解》五禮雜糅，又不能各詳始終本末，疑非朱子親筆，故作是書。首以《通論》一卷，次《吉禮》、《凶禮》各六卷，次《賓禮》二卷，次《軍禮》一卷，次《嘉禮》七卷，而終以《樂制》七卷。然其間雜引經史，叢脞少緒。且《儀禮經傳通解》本朱子未竟之書，屬黄榦續成。授受源流，灼然可證。掄欲竄改其書，而又嫌於改朱子，乃巧爲之辭，謂非朱子之親筆。蓋卽宋儒刪改諸經，託言於漢儒竄亂之故智。雖出爾反爾，足驗好還，然尤而効之，夫亦可以不必矣。

禮書綱目

《四庫提要・禮類四》 《禮書綱目》八十五卷。安徽巡撫採進本。國朝江永撰。其書雖仿《儀禮經傳通解》之例，而參考羣經，洞悉條理，實多能補所未及，非徒立異同。如《士冠禮》「屨，夏用葛」以下五十字，本在辭後記前，《通解》移置經文「陳器服」節末。是書亦沿襲其說，不故相詰難。至於《士昏》記「父醮子，命之辭曰」以下三十一字，《通解》列在「陳器饌」節下，而是書改列在「親迎」節下。又《通解》以記文「婦入三月，然後祭行」二句，別爲「祭行」一節，在「奠菜」節之前。而是書以此二句附於「廟見」節之末。蓋是書「廟見」，卽《通解》之所謂「釋奠」也。揆以禮意，較《通解》爲有倫次。又《通解》割《士冠禮》「無大夫冠禮，而有婚禮」以下四句，謂當在《家語・冠頌》內，疑錯簡於此經，頗涉臆斷。是書則仍記文之舊，不從《通解》，尤爲詳愼，亦未嘗曲相附合也。蓋《通解》，朱子未成之書，不免小有出入。其間分合移易之處，亦尚未一一考證，使之融會貫通。永引據諸書，釐正發明，實足終朱子未竟之緒。視胡文炳輩務博篤信朱子之名，不問其已定之說、未定之說，無不曲爲袒護者，識趣相去遠矣。

五禮通考

《四庫提要・禮類四》 《五禮通考》二百六十二卷。江蘇巡撫採進本。國朝秦蕙田撰。蕙田字樹峯，金匱人。乾隆丙辰進士，官至刑部尚書，謚文恭。是書因徐乾學《讀禮通考》惟詳「喪葬」一門，而《周官・大宗伯》所列五禮之目，古經散亡，鮮能尋端竟委。乃因徐氏體例，網羅衆說，以成一書。凡爲類七十有五。以樂律附於吉禮宗廟制度之後。以天文推步、句股割圜，立「觀象授時」一題統之。以古今州國都邑山川地名，立「體國經野」一題統之。竝載入《嘉禮》。雖事屬旁涉，非五禮所應該，不免有炫博之意。然周代六官，總名曰禮。禮之用，精粗條貫，所賅本博。故朱子《儀禮經傳通解》於《學禮》載鐘律詩樂，又欲取許氏《說文解字》序說及《九章算經》爲《書數》篇而未成，則蕙田之以類纂附，尚不爲無據。其他考證經史，元元本本，具有經緯。非剽竊餖飣，挂一漏萬者可比。較陳祥道等所作，有過之無不及矣。

張之洞《書目答問・列朝經注經說經本考證》 《五禮通考》二百六十二卷。秦蕙田。原刻本，最有用。宋陳祥道《禮書》、朱子《儀禮經傳通解》、江永《禮書綱目》，皆括其中。

雜禮分部

祭法

《隋書・經籍志・禮》 《祭法》五卷，王肅撰。亡。

祭　志

文廷式《補晉書藝文志・禮類》　譙周《祭志》。《唐書・元行沖傳》、《彭景直傳》並引之。《通典》一百三：「蜀譙周論，或曰：有人死而亡其屍者爲招魂葬何如？曰：夫葬所以藏屍柩也，若魂氣則無不之焉得而藏諸。」

宗　譜

文廷式《補晉書藝文志・禮類》　杜預《宗譜》。見《通典》七十三所引。

祠　制

文廷式《補晉書藝文志・禮類》　荀氏《祠制》。《通典》四十八：「晉安昌公荀氏進封大國，祭六代荀氏。《祠制》云：今祭六代，未立廟，暫以廳事爲祭室，須立廟如制備。」

宗　義

文廷式《補晉書藝文志・禮類》　賀循《宗義》。見《通典》七十三所引。

冠　儀

文廷式《補晉書藝文志・禮類》　裴頠《冠儀》。《後魏書・禮志》：「高祖曰：昔裴頠作《冠儀》，不知有四。」

三禮吉凶宗紀

文廷式《補晉書藝文志・禮類》　范隆《三禮吉凶宗紀》。字玄嵩，雁門人。見《儒林傳》云：「甚有條義。」

後養議

《隋書・經籍志・禮》　《後養議》五卷，干寶撰。亡。

文廷式《補晉書藝文志・禮類》　干寶《後養議》五卷。

雜祭法

《隋書・經籍志・禮》　《雜祭法》六卷。晉司空中郎盧諶撰。

文廷式《補晉書藝文志・禮類》　盧諶《雜祭法》六卷。司空中郎。《通志・藝文略》二：盧諶《雜制注》六卷。《初學記》、《太平御覽》諸多引之，並稱盧諶《祭法》。

祭典

《隋書・經籍志・禮》 《祭典》三卷，晉安北將軍范汪撰。亡。

文廷式《補晉書藝文志・禮類》 范汪《祭典》三卷。安北將軍。《通典》九十五引之，卷四十八引作范汪《祀禮》。

祠制

文廷式《補晉書藝文志・禮類》 范汪《祠制》。《初學記》卷四、卷二十六、八百五十二、八百五十八，《北堂書鈔》一百四十六，《御覽》九百六十九引作《祠志》，疑《祭典》中之一篇也。

四時列饌傳

文廷式《補晉書藝文志・禮類》 荀氏《四時列饌傳》。《通典》一百六引段凝問、荀訥答。《通典》六十：高崧問范汪。《初學記》二十六引之，《類聚》八十七引荀氏《春秋祠制》曰：「常設用胡桃。」《書鈔》一百四十八，荀氏《春秋祠祭》「用葅」。又云：「孟冬祭用鹹俎。」陳口口本皆誤。

婚儀祭儀

鄭樵《通志・藝文略・禮》 《婚儀祭儀》二卷。崔浩。

家儀

鄭樵《通志・藝文略・禮》 《家儀》一卷。徐爰。

雜鄉射等議

《隋書・經籍志・禮》 《雜鄉射等議》三卷。晉太尉庾亮撰。亡。

文廷式《補晉書藝文志・禮類》 庾亮《雜鄉射等議》三卷。太尉。

禮難

《隋書・經籍志・禮》 梁有晉益陽令吳商《禮難》十二卷。亡。

文廷式《補晉書藝文志・禮類》 吳商《禮難》十二卷。益壽令。據《續漢志》卷八注。商又曾爲太學博士。《新唐志》：吳商《雜禮義》十一卷。《通典》六十九、八十八引國子博士吳商《答劉寶議》，九十七「父母亡在祖後不爲祖母三年」引吳商《駁義》。又八十八、九十四並引吳商《答成洽論》。

雜禮義

《隋書・經籍志・禮》 梁有晉益陽令吳商《雜議》十二卷。亡。

《舊唐書・經籍志・禮》 《雜禮義》十一卷。吳商等撰。

《新唐書・藝文志・禮類》 吳商《雜禮義》十一卷。

文廷式《補晉書藝文志・禮類》 吳商《雜議》十二卷。

禮議雜記故事

《隋書・經籍志・禮》　梁有晉益陽令吳商《禮議雜記故事》十三卷。亡。

《舊唐書・經籍志・禮》　《禮義雜記故事》十一卷。

《新唐書・藝文志・禮類》　《禮儀雜記故事》十一卷。

文廷式《補晉書藝文志・禮類》　吳商《禮記雜義故事》十三卷。

喪雜事

《隋書・經籍志・禮》　梁有晉益陽令吳商《喪雜事》二十卷。亡。

文廷式《補晉書藝文志・禮類》　吳商《喪雜事》二十卷。

雜禮儀問答

《舊唐書・經籍志・禮》　《雜禮儀問答》四卷。戚壽撰。

《新唐書・藝文志・禮類》　戚壽《雜禮儀問答》四卷。

鄭樵《通志・藝文略・禮》　《雜禮義問答》四卷。戚壽。

家祭儀

鄭樵《通志・藝文略・禮》　《家祭儀》一卷。唐徐潤。

家祭禮

王圻《續文獻通考・經籍考・禮》　《家祭禮》一卷。孟詵。

祠享儀

鄭樵《通志・藝文略・禮》　《祠享儀》一卷。唐鄭正則。

寢堂時享儀

鄭樵《通志・藝文略・禮》　《寢堂時享儀》一卷。唐范傳式。

祭録

鄭樵《通志・藝文略・禮》　《祭録》一卷。唐周元陽。

家薦儀

鄭樵《通志・藝文略・禮》　《家薦儀》一卷。唐賈頊。

家祭儀

鄭樵《通志・藝文略・禮》　盧宏宣《家祭儀》。卷亡。

仲享儀

鄭樵《通志・藝文略・禮》 孫氏《仲享儀》一卷。唐孫日用。

韓氏家祭式

錢謙益等《絳雲樓書目・禮類》 《韓氏家祭式》一冊。韓魏公集唐御史鄭正則等七家祭儀，參酌而用之，名曰「韓氏參用古今家祭式」。朱子嘗編集《通典》、《會要》所載，及唐宋諸家祭禮，爲《古今家祭禮》二十卷。殆以《魏公家祭式》爲未備，故更從而廣之也。

書儀

《四庫提要・禮類四》 《書儀》十卷。江蘇巡撫採進本。宋司馬光撰。以考《隋書・經籍志》，謝元有《內外書儀》四卷，蔡超有《書儀》二卷。以至王弘、王儉、唐瑾皆有此著。又有《婦人書儀》八卷、《僧家書儀》五卷。蓋《書儀》者，古私家儀注之通名。《崇文總目》載唐裴茝、鄭餘慶、宋杜有晉、劉岳尚皆用斯目。光是書亦從舊稱也。凡《表奏公文私書家書式》一卷、《冠儀》一卷、《婚儀》二卷、《喪儀》六卷。《朱子語録》：「胡叔器問四先生禮，朱子謂：二程與横渠多是古禮，溫公則大概本《儀禮》而參以今之所可行者。要之溫公較穩，其中與古不甚遠，是七分好。」又《與蔡元定書》曰「《祭儀》只是於溫公《書儀》內少增損之」云云，則朱子固甚重此書。後朱子所修《祭儀》爲人竊去，其稿不傳。則此書爲禮家之典型矣。馬端臨《文獻通考》載其父廷鸞之言，謂《書儀》載婦入門之日卽拜先靈，廢三月廟見爲非禮，引《朱子語録》，以爲惑於陳鍼子先配後祖一語。又謂《檀弓》明言「殷練而祔，周卒哭而祔」，孔子善殷而云周已戚，《書儀》載祔廟在卒哭後，於禮爲太遽。案杜預《左傳注》謂禮逆婦必先告廟而後行，故楚公子圍稱告莊共之廟。鄭忽先逆婦而後告廟，故謂先配而後祖。其事與廟見無關，光未必緣此起義。又古者三月廟見，乃成爲婦，故有反馬之禮。有未及三月而死，則仍歸葬母家之禮。後世於親迎之日卽事事成其爲婦，三月之內設有乖忤，斷不能離婚而逐之；設有殀折，斷不能輦柩而返之也。何獨廟見之期堅執古義乎？至於殷練而祔，孔子善之，其說雖見《檀弓》，考《宋史・禮志》所載祔廟之儀，實從《周禮》。國制如是，士大夫安得變之？亦未可以是咎光也。他如深衣之制，朱子《家禮》所圖，不內外掩襲，則領不相交。此書釋「曲袷如矩以應方」句，謂「孔《疏》及《後漢書・馬融傳》注所說，似於頸下別施一衿，映所交領，使之正方，如今時服上領衣。不知領之交會處自方，疑無他物」云云。闡發鄭《注》交領之義最明。與《方言》「衿謂之交」郭璞注爲「衣交領」者，亦相符合。較《家禮》所說，特爲詳確。斯亦光考禮最精之一證矣。《禮記大全・檀弓》「忌日不樂」條下，載劉璋之說，引司馬氏《書儀》「忌日則去華飾之服，薦酒食」云云，此本無之。然此本首尾完具，尚從宋本翻雕，不似有所闕佚者。或劉璋偶誤記歟？

彭元瑞等《天禄琳琅書目後編・宋版經部》 《司馬氏書儀》。一函，一本。宋司馬光撰。十卷。分七門：曰表奏，曰公文，曰私書，曰家書，曰冠儀，曰昏儀，曰喪儀。前有刻書序，無名氏。按：書中「敦」字闕筆，乃光宗以後刻。其曰「歲壬子」，卽光宗之紹熙三年也。又刻墨圖記曰「傳椟書堂」，曰「稚川世家」，其人或葛姓也。近有影宋刻本，甚工細。按：其闕空，卽從此本影出。

三家冠婚喪祭禮

《宋史・藝文志・禮類》 《三家冠婚喪祭禮》五卷。司馬光、程頤、張載定。

大裘議

王圻《續文獻通考・經籍考・禮》　陸佃有《大裘議》。

政和冠婚喪祭儀

尤袤《遂初堂書目・禮類》　《政和冠婚喪祭儀》。

四家禮範

尤袤《遂初堂書目・禮類》　《四家禮範》。

通祀輯略

倪燦等《補遼金元藝文志・三禮類》　黄以謙《通祀輯略》三卷。泉州路教授。

通祀輯略續集

倪燦等《補遼金元藝文志・三禮類》　黄元暉《通祀輯略續集》一卷。以謙從子。

古今家祭禮

尤袤《遂初堂書目・禮類》　《古今家祭禮》。

文公家禮

徐㶿《徐氏家藏書目・禮類》　《文公家禮》五卷，附録一卷。吴松顧氏翻宋板。　《文公家禮》七卷。高安朱吾弼重編。　《文公家禮》四卷。

錢謙益等《絳雲樓書目・禮類》　《文公家禮》一冊。

錢曾《讀書敏求記・經》　《文公家禮》十卷。文公居母喪盡哀，自初死以至祥禫，參酌古今之宜，成喪、葬、祭禮，又推之于冠、昏，共成一編，名曰《家禮》。書初成，失之，至殁後始出。楊復惜其未嘗再加審定，因採諸家議論有以發明《家禮》之意者，附註逐條下，幷載諸圖。而劉垓孫又增注之，覽者得詳考焉。

《四庫提要・禮類四》　《家禮》五卷，附録一卷。少詹事陸費墀家藏本。舊本題「宋朱子撰」。案王懋竑《白田雜著》有《家禮考》，曰：「《家禮》非朱子之書也。《家禮》載於《行狀》，其《序》載於《文集》，其成書之歲月載於《年譜》，其書亡而復得之。由載於《家禮附録》。自宋以來，遵而用之。其爲朱子之書，幾無可疑者。乃今反覆考之，而知決非朱子之書也。李公晦叙《年譜》，《家禮》成於庚寅居祝孺人喪時。《文集序》不記年月，而《序》中絶不及居喪事。《家禮附録》陳安卿述朱敬之語，以爲此往年僧寺所亡本，有士人録得，會先生葬日攜來，因得之。其録得攜來，不言其何人，亦不言其得之何所也。黄勉齋作《行狀》，但云所輯《家禮》，世所遵用，其後有損益，未及更定，既不言成於居母喪時，亦不言其亡而復得。其《書家禮後》亦然。敬之，朱子季子。公晦、勉齋、安卿皆朱子高第弟子。而其言參錯，不可考據如此。案《文集》朱子《答汪尙書書》、《與張敬夫書》、《呂伯恭書》，其論《祭儀》、《祭説》，往復甚詳。汪、呂書在壬辰、癸巳，張書不詳其年，計亦在其前後也。壬辰、癸巳距庚寅僅二三年。《家禮》既有成書，何爲絕不之及，而僅以《祭儀》、《祭説》爲言耶？陳安卿録云：『向作《祭儀》、《祭説》，甚簡而易曉，今已亡之矣。』則是所亡者乃《祭儀》、《祭説》而非《家禮》也明矣。《文集》、《語録》自《家禮序》外，無一語及《家禮》者。惟《與蔡季通書》有已取《家禮》四卷納一哥之語。此《儀禮經傳通解》中《家禮》六卷之四，而非今所傳之《家禮》也。甲寅八月《跋三家禮範後》云：『嘗欲因司馬氏之書，參考諸家，裁訂增損，舉綱張目，以附其後。顧以衰病，不能及已。後之君子，必有以成吾志也。』甲寅距庚寅二十年，庚寅已有成書，朱子雖耋老，豈盡忘之，至是而乃爲是語耶？竊嘗推求其故，此必有因《三家禮範》跋語而依仿以成之者。蓋自附於後之君子，而傳者遂以託之朱子所自作。其《序》文亦依仿《禮範》跋語，而於《家禮》反有不合。《家禮》重宗法，此程、張、司馬氏所未及。而《序》中絕不言之，以跋語所未有也。其《年譜》所云『居母喪時所作』，則或者以意附益之爾。敬之但據所傳，不加深考，此如司馬季思刻溫公書之比。公晦從遊在戊申後，其於早年固所不詳，祗叙所聞以爲譜，而勉齋《行狀》之作在朱子沒後二十餘年。其時《家禮》已盛行，又爲敬之所傳録，故不欲公言其非，但其詞略而不盡。其《書家禮後》，謂《經傳通解》未成爲百世之遺恨，則其微意亦可見矣。後之人徒以朱子季子所傳，又見《行狀》、《年譜》所載，廖子晦、陳安卿皆爲刊刻，三山楊氏、上饒周氏復爲之考訂，尊而用之，不敢少致其疑。然雖云尊用其書，實未有能行者，故於其中謬誤，亦不及察，徒口相傳以熟文公《家禮》云爾。惟元應氏作《家禮辨》，其文亦不傳，僅見於明丘仲深濬所刻《家禮》中。其辨專據《三家禮範》跋語，多疎略，未有以解世人之惑，仲深亦不然之。故余今偏考《年譜》、《行狀》及朱子《文集》、《語録》所載，俱附於後，而一一詳證之。其應氏、丘氏語，亦竝附焉。其他所載謬誤亦數十條，庶來者有以知《家禮》決非朱子之書。而余亦得免於鑿空妄言之罪」云云，其考證最明。又有《家禮後考》十七條，引諸説以相印證。《家禮考誤》四十六條，引古禮以相辨難。其説竝精核有據。懋竑之學，篤信朱子，獨於《易本義》九圖及是書斷斷辨論，不肯附會。則是書之不出朱子，可灼然無疑。然自元、明以來，流俗沿用。故仍録而存之，亦記所謂禮從宜、使從俗也。

張金吾《愛日精廬藏書志・禮類》《纂圖集注文公家禮》十卷。影寫宋刊本。宋朱子撰，門人秦溪楊復附注，後學復軒劉垓孫增注。朱子序。

祭禮　家禮雜説附註

王圻《續文獻通考・經籍考・禮》《祭禮》十四卷，《家禮雜説附註》二卷。楊復著。復字志仁，信安人，受業朱文公之門。

雜書纂述

王圻《續文獻通考・經籍考・禮》《雜書纂述》。胡炳文著。炳文，婺源人。元初爲信州山長。篤志朱子之學。

雜禮纂要

王圻《續文獻通考・經籍考・禮》《雜禮纂要》數十卷。惠希孟著。希孟，江陰人，學問該博。

倪燦等《補遼金元藝文志・禮樂書》惠希孟《雜禮纂要》五卷。

錢大昕《補元史藝文志・禮類》惠希孟《雜禮纂要》五卷。

翼禮

倪燦等《補遼金元藝文志・三禮類》程榮登《翼禮》。字孟敷。休寧人。江浙儒學提舉。

錢大昕《補元史藝文志・禮類》程榮登《翼禮》。

釋奠儀圖

倪燦等《補遼金元藝文志・三禮類》　吳夢賢《釋奠儀圖》一卷。

禮經葬制

倪燦等《補遼金元藝文志・三禮類》　趙居信《禮經葬制》。

釋奠通載

倪燦等《補遼金元藝文志・三禮類》　元范可仁《釋奠通載》。

通祀纂要

倪燦等《補遼金元藝文志・三禮類》　范可仁《通祀纂要》二卷。

釋奠儀注

倪燦等《補遼金元藝文志・三禮類》　張頦《釋奠儀注》。

喪禮會記

倪燦等《補遼金元藝文志・三禮類》　葉起《喪禮會記》。字振卿，永嘉人。

錢大昕《補元史藝文志・禮類》　葉起《喪禮會記》。字振卿，永嘉人。

治親禮書

倪燦《補遼金元藝文志・三禮類》　戴石玉《治親禮書》三篇。廬陵人。

錢大昕《補元史藝文志・禮類》　戴右玉《治親禮書》。凡三篇，一曰釋親，二曰宗法，三曰服制。

文公喪禮考異

倪燦等《補遼金元藝文志・三禮類》　吳霞舉《文公家禮考異》。新安人。

錢大昕《補元史藝文志・禮類》　吳霞舉《文公喪禮考異》。

重定先世祭式

倪燦等《補遼金元藝文志・三禮類》　韓謣《重定先世祭式》一卷。

葬祭會要

倪燦等《補遼金元藝文志・三禮類》　張才卿《葬祭會要》一卷。

錢大昕《補元史藝文志・禮類》　張才卿《葬祭會要》一卷。

鄭氏家儀

《四庫提要・禮類存目三》　《鄭氏家儀》。無卷數。浙江巡撫採進本。元鄭泳撰。泳字仲潛，浦江人。官溫州路總管府經歷。義門八世孫濤之弟也。其書依五禮分爲五篇，蓋本司馬氏《書儀》、朱子《家禮》而損益之，并錄其家日用常行之式，編次成書。後附泳所作《祭田祠堂記》二首，又附十五世孫崇岳《祭田號畝記》。是書爲崇岳所刊，蓋卽所附入也。

家　禮

錢謙益等《絳雲樓書目・禮類》　謝子《家禮》。一冊。

家禮儀節

王圻《續文獻通考・經籍考・禮》　《家禮儀節》。瓊山丘濬著。

徐𤊹《徐氏家藏書目・禮類》　《家禮儀節》八卷。胡堯元刻。

錢謙益等《絳雲樓書目・禮類》　《家禮儀節》。八冊。八卷。丘濬。

《四庫提要・禮類存目三》　《家禮儀節》八卷。少詹事陸費墀家藏本。明丘濬撰。濬字仲深，瓊山人。景泰甲戌進士，官至文淵閣大學士。謚文莊。事蹟具《明史》本傳。是書取世傳朱子《家禮》而損益以當時之制。每章之末，又附以餘注及考證，已非原本之舊。惟所稱：「文公《家禮》五卷，不聞有圖。今刻本載於卷首，而不言作者，多不合於本書。《通禮》曰立祠堂，而圖以爲家廟，一也。深衣緇冠，冠梁包武而屈其末，圖則安梁於武之上，二也。本文黑縷而圖下注用白，三也。《喪禮》陳襲衣有深衣等物，而不用《儀禮》質殺二冒，圖乃陳之，四也。本文大斂無布絞之數，而圖有之，五也。大斂無棺中結絞之文，而圖下注則結於棺中，六也。《尺式圖》下載天台潘時舉說，未識歲月曰嘉定癸酉。是時距文公沒時慶元庚申，十有三年矣，豈可謂爲文公作哉！」又稱：「或曰信如此言，圖固非朱子作，何以『祠堂』章下有『主式見《喪禮》及前圖』八字。愚案南雝舊本，於立祠堂下註圈外止云『主式見《喪禮》治葬章』，竝無『見前圖』三字。不知近本何據改『治葬章』三字爲見前圖」云云，其辨證頗明。然此本「祠堂」章「神主」一條下竝無「見治喪章」字，乃有「詳具圖」三字，與濬所言不合。又圖散於各章之中，龐雜錯落，殊無倫叙。其《香案圖》前以二丫髻童子執旛前導，如釋家之狀，決非舊圖所有，亦決非濬之所爲。蓋又坊刻所竄亂者矣。

別本家禮儀節

《四庫提要・禮類存目三》　《別本家禮儀節》八卷。少詹事陸費墀家藏本。舊本題明楊慎編，慎有《檀弓叢訓》，已著錄。是編前有慎序，詞極鄙陋。核其書，卽丘濬之本，改題慎名。其圖尤爲猥瑣。《送葬圖》中至畫四僧前導，四樂工鼓吹而隨之，眞無知坊賈所爲矣。

禮　問

錢謙益等《絳雲樓書目・禮類》　呂柟《禮問》。

黃虞稷《千頃堂書目・三禮類》　呂柟《禮問》內外篇二卷。

《四庫提要・禮類存目三》　《禮問》二卷。浙江巡撫採進本。明呂柟撰。柟有《周易說翼》，已著錄。是書雜論冠、昏、喪、祭之禮，皆與門人問答之辭。末載《入學儀》及渭陽公《祭儀》之類，則此書之附錄也。朱彝尊《經義考》載柟《禮問》內、外篇二卷，云：「未見。」今本卷數相符，而不分內、外篇。或彝尊傳聞未確歟？其中如正《子夏傳》「妾不得體君，爲其父母遂」二語之誤，本於鄭注；解《曾子問》接祭之接爲接續之接，本於衛湜《禮記集說》，持擇頗爲有見。至論廟制，謂古之諸侯多出於天子，其始祖天子祀之，故諸侯五廟。今考《王制》、《祭法》，諸侯五廟皆有始祖廟。

則諸侯原祀及始祖，不特天子祀之也。況《王制》鄭注曰：「太祖，別子始爵者。」孔疏曰：「凡始封之君，謂王之弟封爲諸侯，爲後世之太祖。」如以此始封之別子爲始祖，天子安得祀之！如以爲始封之君所自出之王，則諸侯不得祖天子。魯有文王廟，鄭有厲王廟，孔疏皆以爲非禮之正，安得據以爲通例耶！枏又謂《儀禮・喪服》「父卒繼母嫁，從，爲之服期」，則從生母嫁者當三年。不知《儀禮》經文必特著「從」之一字，是知繼母嫁必從乃服期，不從即不服也。《檀弓》「子思之母死于衛」，鄭注：「嫁母，齊衰期。」則知生母嫁，即不從亦必服期也。生母之厚於繼母，義在於此。若必加服至三年，豈不念嫁母有絶族之義，安得與無故而服三年者同也！今律文生母嫁者在期服章，不別從與不從，蓋準鄭義。枏說似過於情。其他條亦多循舊義，少所闡發。若全載《家祭》及《焚黃》文，則更爲泛濫矣。

泰泉鄉禮

《四庫提要・禮類四》 《泰泉鄉禮》七卷。兩淮鹽政採進本。明黄佐撰。佐字才伯，泰泉其號也。香山人。正德辛巳進士，官至少詹事。事蹟具《明史・文苑傳》。佐之學雖恪守程朱，然不以聚徒講學名，故所論述，多切實際。是書乃其以廣西提學僉事乞休家居時所著，凡六卷。首舉鄉禮綱領，以立教、明倫、敬身爲主。次則冠、婚以下四禮，皆略爲條教。第取其今世可行而又不倍戾於古者。次舉五事，曰鄉約、鄉校、社倉、鄉社、保甲，皆深寓端本厚俗之意。末以《士相見禮》及《投壺》、《鄉射禮》別爲一卷附之。大抵皆簡明切要，可見施行，在明人著述中猶爲有用之書。視所補注之《皇極經世》支離曼衍、敝精神於無益之地者，有空言實事之分矣。

鄉射禮儀節

《四庫提要・禮類存目三》 《鄉射禮儀節》。無卷數，浙江巡撫採進本。明林烈撰。烈，福州人。其始末未詳。據嘉靖丙寅烈自序稱，嘗於其鄉之嵩陽社創射圃，擇子弟一百七十三人，每月朔、望行古鄉射之禮，因作是書。前列《嵩陽射圃記》一篇，述復古之義。其書則節録《儀禮》經文，各略爲詮釋而繫之以圖。然意取簡明，或往往刊削過甚，晦其本旨。如經文「司射」節「將乘矢」之下有云「執弓不挾，右執弦」。蓋司射既發乘矢之後，矢雖盡而弓不釋。其執弓之儀，則右手執弦，左執弣也。烈於「將乘矢」之下删此二語，則執弓、南面揖之節遂不知何所措施。又經文「初射」節「司馬出于下射之南，還其後，降自西階」下，有云「反由司射之南，適堂西，釋弓，襲，反位，立于司射之南」數語，烈又删去，則降自西階之後，其反位由何道，立何方，及由袒而襲之節，皆不可考。是書雖不主於釋經，然經義不明，則儀節俱爽，於行事亦多違礙矣。

四禮初稿

《四庫提要・禮類存目三》 《四禮初稿》四卷。江蘇巡撫採進本。明宋纁撰。纁字伯敬，號栗菴，商丘人。嘉靖丙辰進士，官至吏部尚書。謚莊敏。事蹟具《明史》本傳。是編分冠、昏、喪、祭四禮，略仿古經詞句而純用後世之法。如適子冠于阼，古制也。纁以爲今制南面爲尊，長子、宗子皆宜西向，以避父祖與賓。昏有六禮，今合納采、問名爲一，請期、納幣爲一，與《家禮》所删併者又不同。大都以意爲之也。

正俗篇

徐𤊹《徐氏家藏書目・禮類》 《正俗篇》四卷。許孚遠。

四禮疑

《四庫提要・禮類存目三》 《四禮疑》五卷。江蘇巡撫採進本。明吕坤撰。坤字叔簡，寧陵人。萬曆甲戌進士，官至刑部侍郎。事蹟具《明史》本傳。是書首載《通禮》一卷，《冠》、《昏》、《喪》、《祭》各一卷。意在酌通古今，自成一家之學。其大旨亦本於《書儀》、《家禮》，然好用臆說，未可據爲典要。如謂爲庶母之有子者杖期，無子者當亦同制。長幼尊卑，未有不報者。嫡與妾不報服，猶云名分稱尊。諸子不尊於父妾，父妾爲之期，而諸子不報，非禮也。今考《儀禮·喪服》「齊衰不杖期」章曰：「公妾、大夫之妾，爲其子期。」又《喪服記》曰：「公子爲其母練冠，麻衣縓緣。」據此，則公之妾自爲其子期，其子且不得爲妾母服，則諸子安得爲父妾報？又《喪服》「緦麻」章曰：「士爲庶母。傳曰：何以緦也，以名服也。」馬融曰：「以有母名爲之服緦。」蓋妾之子於己爲同父兄弟，兄弟之生母於己亦得有母名。故《唐律》以庶母爲妾之有子者，蓋取《儀禮》之義。《唐會要》載長孫無忌之奏，謂己之庶昆弟爲其母不杖衰，而己與之無服。同氣之內，凶吉頓殊。求之禮情，深非至理。請依典故，爲服緦麻。則爲庶母服緦麻，亦全從有子起義。妾若無子，則無爲人母之道。傳又安得云「以名服」乎？自《開元禮》、《政和禮》、《書儀》、《家禮》及《明集禮》皆本《唐律》。坤乃橫生異議，過矣。坤又謂經既云：「日中而虞。」又云：「始虞用柔日，再虞用柔日，三虞、卒哭用剛日。葬日卽虞，安問剛柔？其意蓋謂虞、葬同日，葬既無剛柔定日，則虞又安得擇剛柔也？」不知古制不可以繩今，猶今制不可以推古。古之葬恆用柔日，故始虞自得柔日。《曲禮》曰：「喪事先遠日。」註曰：「葬與練祥也。」蓋特於旬之外卜乙丁巳辛癸等柔日也。考《春秋》經傳，凡書葬三十有五，而用柔日者三十有一。其《宣八年》：「十月己丑，葬敬嬴。雨，不克葬。庚寅乃葬。」《定十五年》：「九月丁巳，葬定公，雨，不克葬。戊午乃葬。」其卜葬本日亦仍用柔日。惟《成十五年》「八月庚辰，葬宋共公」，《左傳·隱公元年》「十月庚申，改葬惠公」，偶變此例耳。則葬用柔日，乃古定制。虞、葬同日，其事相因。故《開元禮》、《政和禮》、《書儀》、《家禮》、《明會典》始虞、再虞無不用柔日者。坤不知古禮，遽議經文，其說亦乖。其餘攻經文者不一而足。如《戴記》庶子攝祭，不假不配不歸肉；宗子死，庶子代，有爵稱介，無爵稱子，祭必告于宗子之墓；三年之喪及齊衰大功之喪則因喪而冠，不改冠爲次于中門之外；三年之喪不弔哭諸條，坤皆謂非孔子之言。至《儀禮·士冠禮》一篇，則逐句詰難，幾無完膚。坤之講學在明代最爲篤實，獨此一編，輕於疑古。白璧之瑕，雖不作可矣。

四禮翼

《四庫提要·禮類存目三》　《四禮翼》四卷。浙江巡撫採進本。明呂坤撰。《自序》謂以民間日用常行淺近鄙俗可以家喻戶曉者，析爲條目。凡《冠禮翼》二：曰蒙養，曰成人。《婚禮翼》二：曰女子，曰婦人。《喪禮翼》二：曰侍疾，曰修墓。《祭禮翼》二：曰事生，曰睦族。

宗祠考擬

徐𤊹《徐氏家藏書目·禮類》　《宗祠考擬》一卷。新安張芝。

田家儀注

徐𤊹《徐氏家藏書目·禮類》　《田家儀注》一卷。陳鳴隺。

四禮輯

《四庫提要·禮類存目三》　《四禮輯》一卷。兩淮馬裕家藏本。明馬從聘撰。從聘字起莘，靈壽人。萬曆己丑進士，官至右僉都御史，巡撫延綏。崇禎十一年靈壽城破，與三子同殉節。乾隆乙未，賜謚忠節。是書亦多以意爲之。考《儀禮·士冠禮》賈疏，古者天子諸侯皆十二而冠，士、庶人二十而冠，故《曲禮》稱二十曰弱冠。《後漢書·馬防傳》，年十六，仍自稱未冠。此書《冠禮目録》，謂男子年十五至二十皆可冠。如此之類，皆於古義未協，未可據爲確論也。

四禮約言

《四庫提要・禮類存目二》　《四禮約言》四卷。江西巡撫採進本。明呂維祺撰。維祺字介孺，號豫石，河南新安人。萬曆癸丑進士，官至南京兵部尚書。李自成陷開封，抗節死。事蹟具《明史》本傳。是編分冠、昏、喪、祭四目，皆因古禮之名而刪除儀節，務趨簡易，以通俗易行。然施之一家則可，不宜制爲程式以範天下也。

明四禮集説

《四庫提要・禮類存目三》　《明四禮集説》八卷。兩江總督採進本。明韓承祚撰。承祚自署曰東魯，不知何郡邑人也。是書成於萬曆壬子。大約宗朱子《家禮》，而參以《明會典》。冠、婚、喪、祭，以次分條，雜述前人之儀。而圖說、儀注、祝文等，因類附焉。

辨定祭禮通俗譜

《四庫提要・禮類四》　《辨定祭禮通俗譜》五卷。浙江巡撫採進本。國朝毛奇齡撰。奇齡有《仲氏易》，已著録。是編一名《二重禮譜》。蓋欲成喪、祭二禮，嗣以喪禮別有《吾說編》，因惟存祭禮。其說取古禮而酌以今制，故以《通俗》爲名。凡分七門：一曰《祭所》、二曰《所祭者》、三曰《主祭之人》、四曰《祭之時》、五曰《祭儀》、六曰《祭器》、七曰《祭物》。末附《外神》。其中各條，雖間與朱子《家禮》爲難，不出奇齡平日囂爭之習。然考《朱子年譜》，《家禮》成於乾道六年庚寅，朱子時四十一歲，其稿旋爲人竊去。越三十年，朱子沒後始復有傳本行世。儒者或以爲疑。黃榦爲朱子弟子之冠，亦云爲未暇更定之本。則《家禮》之出自朱子手定與否，尚無顯證。卽眞獲朱子已失之稿，而草創初成，亦恐尚非定本。以王懋竑之篤信朱子，而所作《白田雜著》，乃反覆辨是書之依託。其言具有根據。則奇齡之辨，又不能盡以好勝目之矣。其間如謂漢、唐以來，人臣無建廟之文。南渡紹興、嘉泰諸年，爲秦檜、韓侂胄立廟，而制終未定。考宋龔鼎臣《東原録》稱文彥博家廟不作七間，乃用唐杜岐公家舊式，則安得謂漢以後人臣無建廟之文。其論後世不世爵世官，今之宗子非古宗子，引阡陌不同於井田、郡縣不同於封建爲證，其說是也。然井田廢而正供之義不廢，封建廢而臂指相維之義不廢，世官廢而宗子支子之義不廢。《漢書》載當時詔令，每稱賜天下爲父後者。其時已不世官，而云爲父後，則有不爲父後者可知。今制，父母在而子先卒者，其長孫於祖父母之喪服斬衰三年，卽宗子爲後之義，灼然可推。安能一舉而廢之，使主祭之時但以行輩年齒爲序乎？至於祭必以子一條，謂祠堂合祭先代，使宗子主四親之祭，致凡爲人子者不得祭父，則所祭四親係他人之親，竝非己親，所祭之父係他人之父，竝非己父。措語尤乖，皆不免於瑕纇。蓋其大意務通人情，故不免有違古義。然大致斟酌變通，於古禮之必不可行及俗禮之誤託於古者，剖析考證，亦往往釐然有當，固不妨存備一家之說也。

稽璜等《清通志・圖譜略・禮類》　毛奇齡《辨定祭禮通俗譜》。謹按：是編斟酌變通，於古禮之必不可行及俗禮之誤託於古者，剖析考證，釐然有當。

讀禮偶見

《四庫提要・禮類二》　《讀禮偶見》二卷。江蘇周厚堉家藏本。國朝許三禮撰。三禮字典三，湯陰人。順治辛丑進士，官至兵部右侍郎。嘗受業於孫奇逢之門，故書中雖多參講學語，而於五禮亦頗有證核。大抵據《書儀》、《家禮》、《會典》諸書，折衷一是，以便於行。其於俗禮，解誤者八，釋疑者十。又若《增哭奠家禮儀注》及《增定招魂葬服說》諸篇，皆頗有考據。惟謂喪服古二十五月、今二十七月，則其說頗謬。考喪服二十五月，不過王肅一家之說。《士虞禮》曰「期而小祥，又期而大祥，中月而禫」，鄭注：「中，間也。」《喪服小記》：「妾祔于妾祖姑，亡則中一以上而祔。」又《學記》云：「中年考校。」皆以中爲間。故二十七月而禫。《雜記》：「父在，爲母、妻十三月大祥，十五月禫。」爲母、妻尚祥禫異月，豈三年之喪而祥禫反同月？戴德《喪服變除》篇：「禮，二十五月祥，二十七月而禫。」《白虎通德論》：「三年之喪，再期二十五月。」又云：「二十七月而禫。」《釋名》：「間月而禫。」是皆爲鄭注確證。《三年問》云：「三年之喪，二十五月而畢。」據喪事終，除衰去杖，其餘哀未忘，更延兩月，非喪之正，故第據二十五月言之耳。六朝諸儒多宗鄭注。今律以二十七月而禫。蓋三年之喪，萬世之通義也。《三禮》乃以王肅一家之説爲古制，豈宏通之論乎？

齊家寶要

《四庫提要·禮類二》 《齊家寶要》二卷。江蘇周厚堉家藏本。國朝張文嘉撰。文嘉字仲嘉，錢塘人。是書本《書儀》、《家禮》諸書，酌爲古今通禮：曰《居家禮》，曰《童子禮》，曰《義學約》，曰《師範》，曰《家誡》，曰《家規》，曰《宗講約》，曰《鄉約》，曰《社約》，曰《冠禮》，曰《昏禮》，曰《喪禮》，曰《祭禮》。每門前引經傳及新定儀注，間有附論，折衷頗爲詳慎。但據沈堯中之説，謂三年之喪當三十六月。今考《三年問》「二十五月而畢」，《檀弓》「祥而縞，是月禫，徙月樂」，王肅主之，爲二十五月之證。《士虞記》曰：「期而小祥，又期而大祥，中月而禫。」鄭康成以中月爲間月，則三年之喪，實二十七月。至謂喪三十六月，則始於唐王元感，而張柬之駁之，其議遂寢。載在《唐書·張柬之傳》。文嘉乃取唐人已廢之説，謂宣公新宮災在薨後二十九月，其時主猶在寢，證古人喪不止於二十七月，尤爲誤中之誤。考《成三年》「二月甲子，新宮災」，杜注：「三年喪畢，宣公神主新入廟，故謂之新宮。」據此，則宣公之主已入廟矣。《公羊傳》曰：「新宮者，宣公之宮也。宣宮則曷爲謂之新宮，不忍言也。」《穀梁傳》曰：「新宮者，禰宮也。迫近不敢稱謚，恭也。」據此，則不稱宣宮而稱新宮，必不由於主不在廟。至胡《傳》始引劉絢之説，謂不稱宣宮，以未遷主，於三《傳》略無所據。然絢謂宣公薨至是二十有八月，緩於遷主，則以緩遷爲失明矣。今文嘉乃引以爲三十六月之證，則是以二十八月主不遷廟爲持喪之正經。其誤又甚於絢矣。文嘉又謂凡期喪皆有禫。今考《雜記》曰：「期之喪十一月而練，十三月而祥，十五月而禫。」注曰：「此謂父在爲母也。」《喪服小記》曰：「爲父、母、妻、長子禫。」是期之喪得禫者，止有母、妻及長子耳。《小記》曰：「庶子在父之室，則爲其母不禫。」又曰：「宗子母在，爲妻禫。」明父在爲妻不禫，則是母、妻期喪且有不得禫者矣。今文嘉謂凡期皆得禫，尤未詳考。蓋是書未能窮源於《禮經注疏》，第從《家禮》諸書略求節目，宜其説之有離合也。

朱子禮纂

《四庫提要·禮類四》 《朱子禮纂》五卷。江蘇巡撫採進本。國朝李光地撰。光地有《周易觀彖》，已著録。是書於朱子《儀禮經傳通解》及《家禮》二書外，凡説禮之條散見於《文集》、《語類》者，以類纂集，分爲五目：曰《總論》、曰《冠昏》、曰《喪》、曰《祭》、曰《雜儀》。縷析條分，具有統貫。雖採輯不無遺闕。若《文集》有《答潘恭叔書》論編《儀禮》、《禮記》章句，《答王子合書》論居喪家祭，又有《周禮三德説》、《樂記動靜説》、《書程子禘説後》等篇，此書皆不見録。又《與吳晦叔書》論太廟當南向，太祖當東向，雖與此書所録《答王子合書》大義相似，然《答晦叔書》更爲詳盡，今乃刪詳而存略。又集載《鄂州社壇記》，前列羅願在鄂州所定壇壝制度及社稷向位，朱子必以其深合典禮，故詳述之，以補禮文之闕，而此書乃盡刪前篇，但存某案以下云云，亦失朱子備載之意。然朱子説禮之言，參差散見，猝不能得其端緒。光地類聚而區分之，使秩然有理，於學禮者亦爲有功矣。

家禮辨定

《四庫提要·禮類存目三》 《家禮辨定》十卷。浙江巡撫採進本。國朝王復禮撰。復禮字需人，號草堂，錢塘人。其書創始於康熙壬午，定本於丁亥。因朱子《家禮》而增損之，仍分冠、昏、喪、祭四類。每類之中首以《事宜》，復禮所酌定者也。次以《論辨》，闡所以更定之意也。次以《人鑑》，引古事以證得失也。次以《律例》，申王法之所禁也。次以《擇日》，代卜筮也。終以《啓式》，爲不嫻文詞者設也。其刪去繁文，則用呂維祺之說。其刪去圖式，則用丘濬之說。考李方子作《朱子年譜》云：「乾道五年，先生居母喪，成《家禮》。晚年多所損益，未暇更定。」朱子門人黄榦亦云：「其書始定，爲一行童竊以逃。先生殁，其書始出，今行於世。然其間有與先生晚歲之論不合者。」又明丘濬云：「《家禮》不聞有圖。今卷首圖注多不合於本書，文公豈自相矛盾？末識歲月曰嘉定癸酉，是時距文公沒十有三年矣，豈可謂之公作哉？蓋楊氏贅入昭然也。」據是數說，則《家禮》實朱子未定之本，且久亡其稿。迨其復出，眞贋已不可知。又參以門人所附益，固未可執爲不刊之典。近日王懋竑爲篤信朱子之學者，所作《白田雜著》，亦深以《家禮》爲疑。復禮之辨定，未爲不可。然所辨定者意在宜古宜今，而純以臆斷，乃至於非古非今。又泛引律例，且濫及五行家言，尤爲蕪雜。中引罵詈、鬬毆、賭博諸律，已爲不倫。又引「官吏宿娼律」一條，「擅食田園瓜果律」一條，使掩其卷而思之，是於四禮居何門哉？

四禮寧儉編

《四庫提要・禮類存目三》 《四禮寧儉編》。無卷數。浙江巡撫採進本。國朝王心敬撰。心敬有《豐用易說》，已著録。是書以冠、昏、喪、祭四禮無貴乎繁重，宜崇尚質樸，始易遵行。因取前人所傳《家禮》纂本，更爲刪易，務從省約。又名《豐川家規》，蓋所以教其子弟者。與呂維祺《四禮約言》、宋纁《四禮初稿》用意大約相近，而立法則尤爲簡略焉。

學記

《四庫提要・禮類存目三》 《學記》五卷。直隸總督採進本。國朝李塨撰。塨有《周易傳注》，已著録。是編乃所定家儀，一曰冠、二曰昏、三曰喪、四曰祭、五曰士相見。塨學術出於顔元，其禮樂之學則出自毛奇齡。奇齡講禮，好言諧俗，故是編亦多主簡易。其《士相見禮》一卷，張潮摘録於《昭代叢書》中，然天下迄無行之者也。

昏禮通考

《四庫提要・禮類存目三》 《昏禮通考》二十四卷。浙江巡撫採進本。國朝曹庭棟撰。庭棟有《易準》，已著録。是編詳考昏禮，冠以《大清會典》、《大清律例》，不入卷數，尊功令也。其下乃博考故實，以類編次。然核其體例，多有未合。夫「通」有二義，一則自天子達於庶人，通乎上下者也；一則自先王以迄後世，通乎古今者也。既考昏禮，則當以貴賤各爲門目，知等威之所別。古今各著沿革，知異同之所自。復各考核典文，釐爲子目，以理其緒，而後以變禮、如《曾子問》所謂親迎、遭喪之類。俗禮、如陰陽拘忌及催妝、撒果之類。非禮如《元史》所禁割襟指腹之類。別彙於後，以備其全。庶乎源委秩然，足資考證。庭棟此書，採摭雖富，而端緒糅雜。所分子目，不古不今。第十四卷至以「妝資」爲一門，此於古居何禮也？「媒氏」一門載索紞占冰下人語，韋固見老人月下檢書，是直類書，非通禮矣。

樂部

論述

《漢書·藝文志·樂類序》 《易》曰：「先王作樂崇德，殷薦之上帝，以享祖考。」故自黃帝下至三代，樂各有名。孔子曰：「安上治民，莫善於禮；移風易俗，莫善於樂。」二者相與並行。周衰俱壞，樂尤微眇，以音律爲節，又爲鄭衛所亂故無遺法。漢興，制氏以雅樂聲律，世在樂官，頗能紀其鏗鏘鼓舞，而不能言其義。六國之君，魏文侯最爲好古，孝文時得其樂人竇公，獻其書，乃《周官·大宗伯》之《大司樂》章也。武帝時，河間獻王好儒，與毛生等共采《周官》及諸子言樂事者，以作《樂記》，獻八佾之舞，與制氏不相遠。其內史丞王定傳之，以授常山王禹。禹，成帝時爲謁者，數言其義，獻二十四卷記。劉向校書，得《樂記》二十三篇，與禹不同，其道寖以益微。

《隋書·經籍志·樂類序》 樂者，先王所以致神祇，和邦國，諧萬姓，安賓客，悦遠人，所從來久矣。周人存六代之樂，曰《雲門》、《咸池》、《大韶》、《大夏》、《大護》、《大武》。其後衰微崩壞，及秦而頓滅。漢初，制氏雖紀其鏗鏘鼓儛，而不能通其義。其後竇公、河間獻王、常山王、張禹，咸獻《樂書》。魏、晉已後，雖加損益，去正轉遠，事在《聲樂志》。今録其見書，以補樂章之闕。

錢東垣等輯《崇文總目·樂類序》 ［原敍］三代禮樂自周之末其失已多，又經秦世燬學之暴，然《書》及《論語》、《孝經》得藏孔氏之家，《易》以卜筮不焚，而《詩》本諷誦，不專在于竹帛，人得口以傳之，故獨《禮》之于六經其亡最甚，而樂又有聲器，尤易爲壞失。及漢興，考求典籍，而樂最缺絶，學者不能自立，遂并其説于《禮》家，《書》爲五經，流別爲六藝。夫樂所以達天地之和，而飭化萬物，要之感格人神，象見功德。《記》曰：「五帝殊時，不相沿樂。」所以王者有因時制作之盛，何必區區求古遺缺。至于律呂鍾石，聖人之法雖更，萬世可□考也。自漢以來，樂之沿革惟見史官之志，其書不備，隋、唐所録，今著其存者云。

晁公武《郡齋讀書志·樂類》 古之爲國者，先治身，故以禮、樂之用爲本；後世爲國者，先治人，故以禮、樂之用爲末。先王欲明明德於天下，深推其本，必先修身，而修身之要在乎正心誠意，故禮以制其外，樂以養其內，使內之不貞之心無自而萌，外之不義之事無由而蹈，一身既修，而天下治矣，是以禮、樂之用，不可須臾離也。後世則不然，設法造令，務以整治天下，自適其暴戾恣睢之心，謂躬行率人爲迂闊不可用。若海內平定，好名之主然後取禮之威儀、樂之節奏，以文飾其治而已。則其所謂禮、樂者，實何益於治亂成敗之數？故曰後世爲國者，先治人，以禮、樂之用爲末。雖然，禮文在外，爲易見，歷代猶不能廢；至於樂之用在內，微密要眇，非常情所能知，故自漢以來，指樂爲虛器，雜以鄭、衛、夷狄之音，雖或用於一時，旋即放失，無復存者，況其書哉！今裒集數種，姑以補書目之闕焉爾。

陳振孫《直齋書録解題·音樂類序》 劉歆、班固雖以《禮》、《樂》著之六藝略，要皆非孔氏之舊也，然《三禮》至今行於世，猶是先秦舊傳。而所謂《樂》六家者，影響不復存矣。竇公之《大司樂》章既已見於《周禮》，河間獻王之《樂記》亦已録於《小戴》，則古樂已不復有書。而前志相承，迺取樂府、教坊、琵琶、羯鼓之類，以充樂類，與聖經並列，不亦悖乎！晚得鄭子敬氏《書目》獨不然，其爲説曰：儀注、編年，各自爲類，不得附於《禮》、《春秋》，則後之樂書，固不得列於六藝。今從之，而著於子録雜藝之前。

馬端臨《文獻通考·經籍考·樂》 按：古者《詩》、《書》、《禮》、《樂》，皆所以垂世立教，故班史著之六藝，以爲經籍之首，流傳至於後世，雖有是四者，而俱不可言經矣。故自唐有四庫之目，而後世之所謂《書》者入史門，所謂《詩》者入集門，獨《禮》、《樂》則俱以爲經，於是以歷代典章、儀註等書，廁之《六典》、《儀禮》之後，歷代樂府教坊諸書，廁之《樂記》、《司樂》之後，猥雜殊甚。陳氏之言善矣！然樂者，國家之大典，古人以與禮並稱，而陳氏《書録》則置之諸子之後，而儕之於技藝之間，又太不倫矣。雖後世之樂，不可以擬古，然既以樂名書，則非止於技藝之末而已。況先儒釋經之書，其反理詭道爲前賢所擯斥者，亦沿經之名，得以入於經類，豈後世之樂書，盡不足與言《樂》乎？故今所敍録，雖不敢如前志相承，以之擬經，而以與《儀》註、《讖緯》並列於經解之後，史、子之前云。

焦竑《國史經籍志·樂類序》 《漢志》以《禮》、《樂》著之六藝，皆非孔氏之舊也，然今所傳《三禮》爲漢遺書，而《樂》六家者不可復覩矣。竇公《大司樂》章既見于《周禮》，河間獻王之《樂記》，亦録于《小戴》，則古樂已不復有書，而諸史相沿，至取樂府教坊琵琶羯鼓之類以充樂部，而欲與聖經埒，可乎？雖然今之樂猶古之樂也，儒者覩禮樂崩壞，痛爲惋惜，不知賈人之鐸諧黄鐘之律，庖丁之刀中桑林之舞，牧童之吹葉閨婦之鳴砧，悉闇與音會，樂固未嘗亡也。宋李照、胡瑗改鑄鐘磬，冀還之古。蜀人房庶蓋深非之，謂上古氣與聲樸，後世稍稍更易，而其意自存金石鐘磬也，易爲方響絲竹琴瑟也，易爲箏笛匏笙也，攢之以斗塤土也，變而爲甌擊，鼓而爲革貫，板而爲木于，用亦甚適已，泥者必指廟樂鎛磬鎛鐘爲正，而概謂胡部鹵部爲淫。是欲反盃盂于俎豆，更榻桉爲簟席，亦何益哉？藉令由今之器寄古之聲，去其沾滯靡曼而一歸雅正，非識禮樂之情者不能也。語具《樂志》中，今備録其書以俟考定。

《四庫提要・樂類序》 沈約稱《樂經》亡於秦。考諸古籍，惟《禮記經解》有樂教之文。伏生《尚書大傳》引「辟雝舟張」四語，亦謂之《樂》。然他書均不云有《樂經》。《隋志》：《樂經》四卷。蓋王莽元始三年所立，賈公彦《考工記磬氏疏》所稱「《樂》曰」當卽莽書，非古《樂經》也。大抵《樂》之綱目具於《禮》，其歌詞具於《詩》，其鏗鏘鼓舞則傳在伶官。漢初制氏所記，蓋其遺譜，非別有一經爲聖人手定也。特以宣豫導和，感神人而通天地，厥用至大，厥義至精，故尊其教得配於經。而後代鍾律之書亦遂得著録於經部，不與藝術同科。顧自漢氏以來，兼陳雅俗，豔歌側調，竝隸《雲》、《韶》。於是諸史所登，雖細至箏琶，亦附於經末。循是以往，將小說稗官未嘗不記言記事，亦附之《書》與《春秋》乎？悖理傷教，於斯爲甚。今區別諸書，惟以辨律呂、明雅樂者仍列於經，其謳歌末技，弦管繁聲，均退列雜藝、詞曲兩類中。用以見大樂元音，道侔天地，非鄭聲所得而奸也。

又《樂類》 案：天文、樂律，皆積數之學也。天文漸推漸密，前不及後。樂律則愈久愈失，後終不得及前。蓋天文有象可測，樂律無器可憑也。宋儒不得其器，因循辭於言樂理，又遁辭於言樂本。夫樂生於人心之和，而根於君德之盛，此樂理、樂本也。備是二者，莫過堯舜，而后夔所典，尚規規於聲音器數，何哉？無聲音器數則樂本樂理無所附，使十二律之長短不按陰陽，八音之宮調不分抗墜，雖奏諸唐虞之廷，知其不能成聲也。泛談樂本樂理，豈非大言寡當歟？今所採録，多以發明律呂者爲主，蓋制作之精，以徵諸實用爲貴焉耳。

又《樂類存目》 案：樂爲古制，宜遵古法。阮咸、荀勖之爭不過尺之長短，房庶、范鎮之爭不過黍之縱横耳。宋魏漢津以徽宗指節定尺，明李文利以黄鍾爲長三寸九分，盡改古法，皆世衰而邪說作也。今於詭詞新論悉斥不録，庶不失依永和聲之本旨焉。

耿文光《萬卷精華樓藏書記・樂類序》 《隋志》有《樂經》四卷，其書已佚。沈約曰：秦代滅樂，《樂經》殘亡。劉勰曰：「秦燔《樂經》，漢初紹復，制氏紀其鏗鏘，叔孫定其容與，瞽師務調其器，君子宜正其文。《漢志》制氏以雅樂聲律世在樂官，頗能紀其鏗鏘鼓舞而不能言其義。」章如愚曰：「制氏世爲樂官，所得於竇公者惟《周官・大司樂》一章，而河間雅樂之獻又特采諸子之言以爲樂，漢學之述古者止於此而已。」王昭禹曰：「《周禮》雖出於武帝之世，《大司樂》一章已傳於孝文之時。」楊繼盛曰：「世之談經學者必稱六經，然五經各有專業，而樂則滅絶無傳。」葉時曰：「世儒嘗恨六經亡樂書，然樂不可以書傳也。樂有詩而無書，詩存則古樂傳，詩亡則古樂廢，今不以樂詩不存爲憾，而徒以樂書不傳爲恨，豈知先王作樂之本哉？」徐師曾曰：「古有《樂經》，疑多聲音樂舞之節，而無辭句可讀誦記識，故秦火之後無傳焉。」朱載堉曰：「古樂使人收斂，俗樂使人放肆。俗樂興則古樂亡，與秦火不相干也。」朱彝尊曰：「《周官》成均之法，所以教國子樂德、樂語、樂舞三者而已。樂德則《舜典》命夔教胄子數言已括其要，樂語則《三百篇》可被絃歌者是，樂舞則鏗鏘鼓舞之節，不可以爲經。樂之有經，大約存其綱領，然則《大司樂》一章，卽《樂經》可知矣。《樂記》從而暢言之，無異冠禮之有義，喪服之有傳，卽謂《樂經》於今具存可也。」

文光案：朱氏以《大司樂》一章爲經，以《樂記》一篇爲傳，亦是臆斷。《隋志》所載乃漢時《樂經》，與古無涉。沈約言《樂經》亡於秦，不知何據。葉氏言《詩》亡《樂》亡，亦是一偏之詞。要之古《樂經》之有無不可知，闕疑可也。今所録者凡六家，皆辨律呂明雅樂者，其謳歌末技，弦管繁聲，一概不及。而録諸家《樂經》之說於右，使讀者有考。古云《禮》、《樂》無全書，其言信矣。

黄逢元《補晉書藝文志・樂類序》 《樂經》云亡，兩漢諸儒已少發明，矧在典午，去古愈遠，茲所著録五家而已，編以次之，庶補斯闕。

雜録

《漢書・藝文志・樂》 凡《樂》六家，百六十五篇。出淮南劉向等《琴頌》七篇。

《隋書・經籍志・樂》 右四十二部，一百四十二卷。通計亡書，合四十六部，二百六十三卷。

《舊唐書・經籍志・樂》 右《樂》二十九部，凡一百九十五卷。

錢東垣等輯《崇文總目・樂類》 共四十八部，計一百八十一卷。

《新唐書・藝文志・樂類》 右《樂》類三十一家，三十八部，二百五十七卷。失姓名九家，張文收以下不著録二十家，九十三卷。

《宋史・藝文志・樂類》 右《樂》類一百十一部，一千七卷。

《明史・藝文志・樂類》 右《樂》類五十四部，四百八十七卷。

《四庫提要・樂類》 右《樂》類二十二部，四百八十三卷，皆文淵閣著録。

又《樂類存目》 右《樂》類四十二部，二百九十一卷，內四部無卷數。皆附存目。

張之洞《書目答問・列朝經注經説經本考證》 以上《樂》之屬。

綜　述

樂制分部

鍾律書

姚振宗《漢書藝文志拾補・樂類》 劉歆《鍾律書》五篇。歆始末具《尚書》家。歆序有曰：「一曰備數，二曰和聲，三曰審度，四曰嘉量，五曰權衡。稽之於古今，効之於氣物，和之於心耳，考之於經傳，咸得其實，靡不協同。」又曰「今廣延羣儒，博謀講道，修明舊典」云云。

《漢書・律曆志》：「漢興，北平侯張蒼首律曆事，孝武帝時樂官考正。至元始中，王莽秉政，欲燿名譽，徵天下通知鍾律者百餘人，使羲和劉歆等典領條奏，言之最詳。」

《續漢書・律曆志》：「元始中，博徵通知鍾曆者，考其意義。羲和劉歆典領條奏前史，班固取以爲《志》。」

《晉書・律曆志》：「王莽之際，考論音律，劉歆條奏，大率有五：一曰備數，一、十、百、千、萬也。二曰和聲，宫、商、角、徵、羽也。三曰審度，分、寸、尺、丈、引也。四曰嘉量，籥、合、升、斗、斛也。五曰權衡，銖、兩、斤、鈞、石也。班固因而志之。」

王謨輯本《叙録》曰：「班氏志《律曆》，全取劉歆《鍾律説》，卽《鍾律書》也。其《藝文志》及隋、唐二《志》並不著録，若應劭《風俗通》所引劉歆《鍾律書》，文已具見本志，而徐景安《樂書》載劉歆説五音，較本志及《風俗通》又加詳。《隋書・牛弘傳》，又別引劉歆《鍾律書》，疑此書雖逸，而其遺文必尚有流傳於世者。不僅如班《志》所采也，今姑備録班《志》而以徐景安書、《牛弘傳》二條附焉。」

雅歌詩

姚振宗輯《七略別録佚文・六藝略》 《雅歌詩》四篇。漢興以來，善雅歌者，魯人虞公。發聲淸哀，遠動梁塵。受學者，莫能及也。嚴本。馬本。

《漢書・藝文志・樂》 《雅歌詩》四篇。

姚振宗《漢書藝文志條理・樂家》 《雅歌詩》四篇。【略】王氏《考證》：「《晉志・杜夔傳》『舊《雅樂》四曲：一曰《鹿鳴》，二曰《騶虞》，三曰《伐檀》，四曰《文王》。皆古聲辭。』此四篇豈卽四曲歟？當考。」按：史言河間獻王獻《雅樂》，此四篇似卽河間《雅樂》之歌詩歟？《雅琴趙氏》七篇，名定，勃海人。宣帝時，丞相魏相所奏。

雅琴趙氏

姚振宗輯《七略别録佚文・六藝略》 《雅琴趙氏》七篇。名定，勃海人。宣帝時，丞相魏相所奏。趙氏者，勃海人趙定也。宣帝時，元康、神爵間，丞相奏能鼓琴者勃海趙定、梁國龍德，皆召，入見溫室，使鼓琴待詔。定爲人尙清靜，少言語，善鼓琴。時間燕爲散操，多爲人涕泣者。嚴本。

《漢書・藝文志・樂》 《雅琴趙氏》七篇。名定，勃海人。宣帝時丞相魏相所奏。

雅琴師氏

姚振宗輯《七略别録佚文・六藝略》 《雅琴師氏》八篇。名中，東海人，傳言師曠後。《師氏雅琴》者，名志，一引云名忠。東海下邳人。傳云：言師曠之後，至今邳俗猶多好琴也。嚴本。馬本。

《漢書・藝文志・樂》 《雅琴師氏》八篇。名中，東海人。傳言師曠後。

姚振宗《漢書藝文志條理・樂家》 《雅琴師氏》八篇。名中，東海人。傳言師曠後。

雅琴龍氏

姚振宗輯《七略别録佚文・六藝略》 《雅琴龍氏》百六篇。名德，梁人。《隋書・音樂志》引《别録》云：《龍氏雅琴》百六篇。按：《虞志》析出淮南、劉向等《琴頌》七篇。故止載九十九篇。《雅琴龍氏》亦魏相所奏也，與趙氏俱召見待詔，後拜爲侍郎。雅琴之意，事皆出龍德《諸琴雜事》中。

《漢書・藝文志・樂》 《雅琴龍氏》九十九篇。名德，梁人。

姚振宗《漢書藝文志條理・樂類》 《雅琴龍氏》九十九篇。名德，梁人。劉向《别録》【略】又曰「君子因雅琴之適，故從容以致思焉。其道閉塞，悲愁而作者，名其曲曰《操》，言遇災害不失其操也。」劉歆《七略》曰：「雅琴，琴之言禁也，雅之言正也。君子守正以自禁也。」又曰：「有莊春言琴。」又曰：「《雅暢》第十七。」按：此三條散見《文選・長門賦》、《洞簫賦》、《琴賦》注，大抵皆言《雅琴》事，其云「《雅暢》第十七」者亦三家書中之篇目。本書《王褒傳》：「神爵、五鳳之間，天下殷富，數有嘉應，上頗作歌詩，欲興協律之事。丞相魏相奏言，知音善鼓雅琴者勃海趙定、梁國龔德，皆召見待詔。」按：此作龔德，當從《别録》、《藝文志》、宋鄧名世《古今姓氏書辨證》。《漢・藝文志》：「有梁人龍德，著《雅琴》九十九篇，乃論治地龍子之後。」《隋書・音樂志》：「劉向《别録》有趙氏《雅琴》七篇，師氏《雅琴》八篇，龍氏《雅琴》百六篇。」按：此言百六篇者，當是合淮南、劉向等《琴頌》七篇在内也。按：是篇凡分三段，《樂記王禹記》爲第一段，《雅歌詩》爲第二段，雅琴《趙氏》、《師氏》、《龍氏》爲第三段。

樂四品

姚振宗《後漢藝文志・樂類》 孝明皇帝《樂四品》。《隋書・音樂志》：漢明帝時，樂有四品：一曰太予樂，郊廟上陵之所用焉。二曰雅頌樂，辟雍饗射之所用焉。三曰黄門鼓吹樂，天子宴羣臣之所用焉。其四曰短簫鐃歌樂，軍中之所用焉。鐃歌，黄帝時，岐伯所造云。亦見《續漢書・禮儀志》注引蔡邕《樂意》。范書《曹褒傳》：褒父充對顯宗曰：「《尙書璇璣鈐》曰：『有帝漢出，德洽作樂，名《予》。』」帝善之，下詔曰：「今且改太樂官曰太予樂。歌詩曲操，以俟君子。」又《本紀》：「永平三年秋八月戊辰，改大樂曰大予樂。」

登　歌

姚振宗《後漢藝文志・樂類》 孝明皇帝《登歌》。范書《章帝本紀》：「永平十八年十二月癸巳，有司奏言孝明皇帝聖德淳茂，作《登歌》，正予樂。」《隋書・音樂志》：「漢明帝時，樂有四品，又采百官時頌，以爲《登歌》。」又曰：「《登歌》者，頌祖宗功業也。」

歌詩

姚振宗《後漢藝文志・樂類》　樂人《歌詩》四章。崔豹《古今注・音樂篇》：「《日重光》、《月重輪》」，羣臣，爲漢明帝所作也。明帝爲太子，樂人作《歌詩》四章，以贊太子之德。其一曰《日重光》，其二曰《月重輪》，其三曰《星重暉》，其四曰《海重潤》。漢末喪亂，其後二章亡。舊説云：天子之德，光明如日，規輪如月，衆輝如星，霑潤如海。太子皆比德焉，故云重耳。

樂歌

姚振宗《後漢藝文志・樂類》　白狼王唐菆等獻《樂歌》三章。范書《西南夷傳》：「莋都夷者，武帝所開。永平中，益州刺史梁國朱輔好立功名，在州數歲，宣示漢德，威懷遠夷。自汶山以西，前世所不至，正朔所未加，白狼、槃木、唐菆等百餘國，戶百三十餘萬，口六百萬以上，舉種奉貢，稱爲臣僕。輔上疏曰：『今白狼王唐菆等慕化歸義，作詩三章。遠夷之語，辭意難正。有犍爲郡掾田恭與之習狎，頗曉其言，臣輒令譯其辭語。今遣從事史李陵與恭護送詣闕，並上其樂詩。昔在聖帝，舞四夷之樂，今之所上，庶備其一。』帝嘉之，事下史官，録其歌焉。其一曰《遠夷樂德歌》，其二曰《遠夷慕德歌》，其三曰《遠夷懷德歌》。注云《東觀記》載其歌，并載夷人本語，並重譯訓詁爲華言。按《東觀記》輯本附識曰「田恭所譯」。

光武廟登歌

姚振宗《後漢藝文志・樂類》　東平憲王《光武廟登歌》一章。范書《光武十王傳》：「東平憲王蒼，建武十五年封東平公，十七年進爵爲王。蒼好經書，雅有智思，顯宗甚愛重之。及卽位，拜爲驃騎將軍，位在三公上。定《光武廟登歌》、八佾舞數。在朝數載，多所隆益。而自以至親輔政，聲望日重，意不自安，上疏歸職。五年，乃許還國。立四十五年，建初八年正月薨。」《齊書・樂志》：「永平三年，東平王蒼造《光武廟登歌》。一章，二十六句。」

歌詩四章

姚振宗《後漢藝文志・樂類》　孝章皇帝《歌詩四章》。

靈臺十二門詩

姚振宗《後漢藝文志・樂類》　孝章皇帝《靈臺十二門詩》。《續漢書・禮儀志》注：蔡邕《禮樂志》曰：「孝章皇帝親著《歌詩四章》，列在食舉。又制《雲臺十二門詩》，各以其月祀而奏之。」《續漢書・祭祀志》：又爲靈臺十二門作詩，各以其月祀而奏之。和帝無所增改，蓋作于元和二年也。

鞞舞辭

姚振宗《後漢藝文志・樂類》　孝章皇帝《鞞舞辭》五篇。《晉書・樂志》：「鞞舞，未詳所起，然漢代已施於燕享矣。傅毅、張衡所賦，皆其事也。舊曲有五篇，一《關東有賢女》，二《章和二年中》，三《樂久長》，四《四方皇》，五《殿前生桂樹》。其辭並亡。」《隋書・樂志》：「牛弘請存《鞞》、《鐸》、《巾》、《拂》等四舞，漢魏以來並施于宴饗，鞞舞，漢巴渝舞也。至章帝，造《鞞舞辭》。」《古今樂録》曰：「漢鞞舞曲五篇，並章帝造。」

宗廟上陵殿中食舉樂

姚振宗《後漢藝文志·樂類》 《宗廟上陵殿中食舉樂》九曲。《宋書·樂志》：章帝元和二年，宗廟樂，故事，食舉有《鹿鳴》、《承元氣》二曲。三年，帝自作詩四篇，一曰《思齊皇姚》，二曰《六騏驎》，三曰《竭肅雍》，四曰《涉叶相》，合前六曲，以爲宗廟食舉。加《重來》、《上陵》二曲，合八曲，爲上陵食舉。減《承元氣》一曲，加《維天之命》、《天之曆數》二曲，合九曲，爲殿中食舉。

享宴食舉樂

姚振宗《後漢藝文志·樂類》 《享宴食舉樂》十三曲。《通典》：漢《享宴食舉》十三曲，一曰《鹿鳴》，二曰《重來》，三曰《初筵造》，四曰《俠安》，五曰《歸來》，六曰《遠期》，七曰《有所思》，八曰《明星》，九曰《清涼》，十曰《涉大海》，十一曰《大置酒》，十二曰《承元氣》，十三曰《海淡淡》。

雲臺十二門新詩

姚振宗《後漢藝文志·樂類》 孝靈皇帝《雲臺十二門新詩》。《續漢·禮儀志》注：蔡邕《禮樂志》曰：「嘉按當爲熹。平四年正月中，出《雲臺十二門新詩》，下太予樂官習誦被聲，與舊詩並行。」按：雲臺並當作靈臺。

相和

姚振宗《後漢藝文志·樂類》 《相和》十七曲。《晉書·樂志》：「相和，漢書歌也。絲竹更相和，執節者歌。一部，十七曲。」

但歌

姚振宗《後漢藝文志·樂類》 《但歌》四曲。《晉書·樂志》：「《但歌》四曲，自漢世。無絃節，作伎最先唱，一人唱，三人和。自晉以來不復傳，遂絶。」

三調歌辭

姚振宗《三國藝文志·樂類》 魏《三調歌辭》。《晉書·樂志》曰：「凡諸曲始皆徒歌，既而被之絃管。又有因絲竹、金石造歌以被之魏世《三調歌辭》之類是也。」《宋書·樂志》：「清商《三調歌辭》，曰平調、曰清調、曰瑟調。」《隋書·何妥傳》：「妥上表曰：『至于魏、晉皆用古樂，魏之三祖並制樂辭。』」《文心雕龍·樂府》篇：「至于魏之三祖，氣爽才麗，宰割辭調，音靡節平。觀其北上衆引《秋風》列篇，或述酣宴，或傷羈戍，志不出于淫蕩，辭不離于哀思。雖三調之正聲，實韶夏之鄭曲也。」

相和歌曲

姚振宗《三國藝文志·樂類》 魏《相和歌曲》十三篇。《晉書·樂志》：「相和，漢舊歌也。絲竹更相和，執節者歌。本一部，魏明帝分爲二。更遞夜宿。本十七曲。朱生、宋識、列和等，復合之爲十三曲。」《宋書·樂志》云：「魏、晉之世，有朱生善琵琶，尤發新聲。宋識善擊節倡和，列和善吹笛。」《宋書·樂志》：「《相和》十三曲，曰《氣出倡》，武帝詞。曰《精列》，武帝詞。曰《江南》，古辭。曰《度關山》，武帝詞。曰《東光乎》，古辭。曰《十五》，文帝詞。曰《薤露》，武帝詞。曰《蒿里行》，武帝詞。曰《對酒》，武帝詞。曰

《雞鳴》，古辭。曰《烏生》，古辭。曰《平陵》，古辭。曰《陌上桑》。文帝詞，楚辭鈔，武帝詞。」案：《唐・藝文志》有《三調相和歌辭》五卷。《唐・經籍志》總集類作三卷。蓋後人集録漢、魏列朝曲辭爲之也。

鞞舞歌

姚振宗《三國藝文志・樂類》　魏《鞞舞歌》五篇。《宋書・樂志》：「鞞舞，未詳所起，然漢代已施于燕享矣。傅毅、張衡所賦，皆其事也。」又曰：「魏《鞞舞歌》五篇：一《明明魏皇帝》，二《太和有聖帝》，三《魏曆長》，四《天生烝民》，五《爲君既不易》。」

鍾律法

姚振宗《三國藝文志・樂類》　杜夔《鍾律法》。《魏志》本傳：「夔字公良，河南人也。以知音爲雅樂郎。中平五年，疾去官。州郡司徒禮辟，以世亂奔荆州。後劉琮降太祖，太祖以夔爲軍謀祭酒。夔善鍾律，聰思過人，黄初中爲太樂令、協律都尉。漢鑄鍾工柴玉巧有意思，夔令玉鑄銅鍾，其聲韻清濁多不如法，數毁改作，玉甚厭之，謂夔清濁任意，頗拒捍夔。夔、玉更相白于太祖，太祖取所鑄鍾，雜錯更試，知夔爲精而玉之妄也，于是罪玉。」《武紀》注引《傅子》曰：「桓譚、蔡邕，善音樂而太祖與之埒。」文帝愛待玉，又嘗令夔與左願等于賓客之中吹笙鼓琴。夔有難色，由是帝意不悦。後遂黜免以卒。」　《世説・術解》篇注《晉後略》曰：「鍾律之器，自周之末廢而漢成、哀之間諸儒修而治之。案劉歆典領鍾律有《鍾律書》。至後漢末復隳矣。魏氏使協律知音者杜夔造之，不能考之，典禮徒依于時絲管之聲，時之尺寸而制之，甚乖失禮度。」　《宋書・律志》：「荀勖以魏杜夔所制律吕檢校太樂總章，鼓吹八音，與律乖錯，始知後漢至魏尺度漸長于古四分有餘，夔依爲律吕，故致失韻。」　案：《晉書・律志》云「今考古律相生之次，及魏武已後言音律度量者，以志于篇」，則夔之律法已隳括于其中。

雅樂記

姚振宗《三國藝文志・樂類》　杜夔《雅樂記》。《魏志》本傳：「夔以世亂奔荆州，州牧劉表令與孟曜爲漢王合雅樂，樂備，表欲庭觀之，夔諫而止。後表子琮降太祖，太祖以夔爲軍謀祭酒，參太樂事，因令創制雅樂。夔善鍾律，絲竹八音，靡所不能，惟歌舞非所長。時散郎鄧静、尹齊善詠雅樂，歌師尹胡能歌宗廟郊祀之曲，舞師馮肅、服養曉知先代諸舞，夔總統研精，遠考諸經，近采故事，教習講肄，備作樂器，紹復先代古樂，皆自夔始也。」　《晉書・律志》曰：「漢末天下大亂，樂工散亡，器法堙滅。魏武始獲杜夔，使定樂器聲調。夔依當時尺度，權備典章。」　《晉書・樂志》：「杜夔傳舊雅樂四曲，一曰《鹿鳴》，二曰《騶虞》，三曰《伐檀》，四曰《文王》，皆古聲辭。案：《漢書・藝文志・樂家》載《雅歌詩》四篇，疑此卽是也。及太和中，左延年改夔《騶虞》、《伐檀》、《文王》三曲，更自作聲節，其名雖存而聲實異。唯因夔《鹿鳴》全不改易。每正旦大會，太尉奉璧羣后，行禮東廂，雅樂常作者是也。後又改三篇之行禮詩。第一曰《於赫篇》詠武帝，聲節與古《鹿鳴》同；第二曰《巍巍篇》詠文帝，用延年所改《騶虞》聲；第三曰《洋洋篇》詠明帝，用延年所改《文王》聲；第四曰復用《鹿鳴》，鹿鳴之聲，重用而除古《伐檀》。」《宋書・樂志》云：「魏雅樂四曲，一曰《鹿鳴》，後改曰《於赫》，二曰《騶虞》，後改曰《巍巍》，三曰《伐檀》後省除，四曰《文王》，後改曰《洋洋》。《騶虞》、《伐檀》、《文王》並左延年改其聲，今謂之行禮曲。」案：《鹿鳴》本以宴樂爲體，無當于朝享往時之失也。又《杜夔傳》云：「自左延年等雖妙于音，咸善鄭聲。其好古存正莫及夔。」案：左延年似卽左願改名。

魏國安世歌

姚振宗《三國藝文志・樂類》　王粲《魏國安世歌》。《宋書・樂志》：「太和初，侍中繆襲奏：『《安世歌》，本漢時歌名，今詩歌非往詩之文，則宜變改。自魏國初建，故侍中王粲所作《登歌安世詩》，專以思詠神靈及鑒享之意。宜改《安世歌》曰《享神歌》」。奏可。」又曰：「王粲所撰《安世詩》今亡。」

魏國登歌

姚振宗《三國藝文志·樂類》 王粲《魏國登歌》。粲始末已具《後漢·藝文志·書類》。

魏國渝兒舞歌

姚振宗《三國藝文志·樂類》 王粲《魏國渝兒舞歌》四篇。《晉書·樂志》：「漢《巴渝舞》之曲，有《矛渝本歌曲》、《安弩渝本歌曲》、《安臺本歌曲》、《行辭本歌曲》，總四篇。其辭既古，莫能曉其句度。魏初，乃使軍謀祭酒王粲改創其辭。粲問巴渝帥李管、种王歌曲意，試使歌，聽之，以考校歌曲，而爲之改爲《矛渝新福歌曲》、《弩渝新福歌曲》、《安臺新福歌曲》、《行辭新福歌曲》、《行辭》以述魏德。」《宋書·樂志》：「《魏俞兒舞歌》四篇。魏國初建，所用後于太祖廟並作之。王粲造。」又曰：「魏國初建，使王粲改作《登歌》及《安世巴渝詩》。」案：《魏志·武紀》：「漢建安十八年五月丙申，天子使御史大夫郗慮持節策命公爲魏公，加九錫。秋七月，始建魏社稷宗廟。十一月，初，置尚書侍中、六卿。」《魏氏春秋》曰：「以王粲、杜襲、衛覬、和洽爲侍中。」粲改作《登歌》、《安世巴渝詩》皆作于是年。《巴渝詩》或二十年從征巴漢時作。

魏燕樂歌辭

鄭樵《通志·藝文略·樂》 《魏燕樂歌辭》七卷。

鼓吹鐃歌曲

姚振宗《三國藝文志·樂類》 繆襲《鼓吹鐃歌曲》十二篇。《魏志·劉邵傳》：「邵同時，東海繆襲，官至尚書光祿勳。」《文章志》曰：「襲字熙伯，辟御史大夫府，歷事魏四世。正始六年，年六十卒。」《晉書·樂志》：「漢時有短簫、鐃歌之樂，其曲列于鼓吹，多序戰陣之事。及魏受命，改其十二曲，使繆襲爲詞，述以功德代漢。」《宋書·樂志》：「魏《鼓吹曲》十二篇，繆襲造。第一曲《初之平》，言魏也。第二曲《戰滎陽》，言曹公也。第三曲《獲呂布》，言曹公東圍臨淮，生擒呂布也。第四曲《克官渡》，言曹公與袁紹戰，破之于官渡也。第五曲《舊邦》，言曹公勝袁紹于官渡，還譙收藏士卒死亡也。第六曲《定武功》，言曹公初破鄴，武功之定始乎此也。第七曲《屠柳城》，言曹公越北塞，歷白檀，破三郡烏桓于柳城也。第八曲《平南荆》，言曹公南平荆州也。第九曲《平關中》，言曹公征馬超，定關中也。第十曲《應帝期》，言曹文帝以聖德受命應運期也。第十一曲《邕熙》，言魏氏臨其國，君臣邕穆，庶績咸熙也。第十二曲《太和》，言魏明帝繼體承統，太和改元，德澤流布也。」《文心雕龍·樂府》篇：「軒岐鼓吹，並入樂府，繆襲所致，亦有可算焉。」

鼙舞歌

姚振宗《三國藝文志·樂類》 陳思王植《鼙舞歌》五篇。《魏志》本傳：「陳思王植，字子建。建安十六年封平原侯，十九年徙封臨菑侯。文帝即王位，與諸侯並就國。黄初二年，貶爵安鄉侯，其年改封甄城侯。三年，立爲王，四年徙封雍丘王。太和元年，徙封浚儀，二年，復還雍丘。三年，徙封東阿，六年二月，以陳四縣封植爲陳王邑三千五百戸，發疾薨，時年四十一。」《明紀》：「太和六年十一月庚寅，陳思王植薨。」《宋書·樂志》：「曹植《鞞舞歌序》曰：『漢靈帝西園故事，案：「故事」，《晉志》引作

「鼓吹」。此似音聲之誤。有李堅者，能鞞舞。遭亂，西隨將軍段煨。先帝聞其舊有伎，召之。堅既中廢，兼古曲多謬誤，異代之文，未必相襲，故依前曲作新歌五篇。不敢充之黄門，近以成下國之陋樂焉。』」《宋志》又曰：「魏陳思王《鞞舞歌》五篇，曰：《聖皇篇》、《靈芝篇》、《大魏篇》、《精微篇》、《孟冬篇》。」

樂懸

《隋書·經籍志·樂》 《樂懸》一卷。何晏等撰議。《樂懸圖》一卷。

《樂懸》一卷。又《樂懸圖》一卷。

姚振宗《三國藝文志·樂類》 何晏等《樂懸》一卷。晏始末詳《易》類。《隋書·經籍志》：《樂懸》，一卷。何晏等撰議。《通志·藝文略·樂類》鐘磬門：「《樂懸》一卷，注云：《隋·藝文志》。」案：以《經籍志》爲《藝文志》，又不從《隋志》注「何晏等撰議」字，未詳其旨，晏此書無由考見，疑是隋何妥。

宗廟詩頌

姚振宗《三國藝文志·樂類》 王肅《宗廟詩頌》十二篇。肅始末見《易》類。《宋書·樂志》：「散騎常侍王肅議高皇、太皇帝、太祖、高祖、文、昭、廟，皆宜兼用先代及武始太鈞之舞。有司奏，宜如肅議。奏可。肅私造宗廟《詩頌》十二篇，不被歌。」 《玉海·音樂·樂舞篇》：「《齊志》云：魏王肅作《宗廟詩頌》十二篇，不入于樂。」

鼓吹鐃歌曲

姚振宗《三國藝文志·樂類》 吳韋昭《鼓吹鐃歌曲》十二篇。昭始末見《詩》類。《晉書·樂志》：「是時吳亦使韋昭製十二曲名，以述功德受命。」《宋書·樂志》：「韋昭于孫休世，上《鼓吹鐃歌》十二曲，表曰：當付樂官，善歌者習歌。」《宋志》又曰：「《鼓吹曲》十二篇，韋昭造。曰《炎精缺》者，言漢室衰，武烈皇帝孫堅奮迅猛志，念在匡救，王跡始乎此也。曰《漢之季》者，武烈皇帝悼漢之微，痛卓之亂，興兵奮擊，功蓋海內也。曰《攄武師》者，言大皇帝權卒武烈之業而奮征也。曰《烏林》者，言曹操既破荆州從流東下，大皇帝命將周瑜逆擊之于烏林而破走也。曰《秋風》者，言大皇帝説以使民，民忘其死。曰《克皖城》者，言曹操志圖兼并，令朱光爲廬江太守，上親征光，破之于皖城也。曰《關背德》者，言蜀將關雲長，背棄吳德，心懷不軌，大皇帝引師浮江而擒之也。曰《通荆門》者，言大皇帝與蜀交好齊盟，終復初好也。曰《章洪德》者，言大皇帝章其大德，遠方來附也。曰《從曆數》者，言大皇帝從籙圖之符而建大號也。曰《承天命》者，言上以聖德踐位，道化至德盛也。曰《玄化》者，言上修文訓武，則天而行，仁澤流洽，天下喜樂也。」 案：《唐·藝文志》有漢、魏、吳、晉《鼓吹曲》四卷。《唐·經籍志》入總集類。蓋後人合四朝《鼓吹辭》爲一帙者。

吳拂舞歌詩

姚振宗《三國藝文志·樂類》 《吳拂舞歌詩》五篇。《宋書·樂志》：「江左初又有《拂舞》，舊云：《拂舞》，吳舞也。楊泓《拂舞序》曰：『自到江南見白符舞，或言白鳧鳩舞。云有此來數十年，察其詞旨，乃是吳人患孫晧虐政，思屬晉也。』」 《宋志》又曰：「《拂舞歌詩》五篇，曰《白鳩篇》、《濟濟篇》、《獨祿篇》、《碣石篇》、《淮南王篇》。」

吳白紵舞歌

姚振宗《三國藝文志·樂類》 《吳白紵舞歌》三篇。《宋書·樂志》：「又有《白紵舞》，案舞詞有巾袍之言，紵本吳地所出，宜是吳舞也。」

《宋志》又曰：「《白紵舞歌詩》三篇。」

太樂歌辭

《新唐書・藝文志・樂類》 荀勗《太樂歌辭》二卷。

鄭樵《通志・藝文略・樂》 《大樂歌辭》二卷。荀勗。

大樂雜歌辭

《新唐書・藝文志・樂類》 荀勗《太樂雜歌辭》三卷。

鄭樵《通志・藝文略・樂》 《大樂雜歌辭》三卷。晉荀勗。

晉燕樂歌辭

鄭樵《通志・藝文略・樂》 《晉燕樂歌辭》十卷。荀勗。

元嘉正聲伎録

《隋書・經籍志・樂》 梁有《宋元嘉正聲伎録》一卷。張解撰。亡。

宋太始祭高禖歌辭

鄭樵《通志・藝文略・樂》 《宋太始祭高禖歌辭》十一卷。

管絃記

《舊唐書・經籍志・樂》 《管絃記》十二卷。留進録，淩秀注。

《新唐書・藝文志・樂類》 留進《管絃記》十二卷。

鄭樵《通志・藝文略・樂》 《管絃記》十二卷。留進。

管絃記

《隋書・經籍志・樂》 《管絃記》十卷。淩秀撰。

《新唐書・藝文志・樂類》 淩秀《管絃記》十卷。

鄭樵《通志・藝文略・樂》 《管絃記》十卷。淩秀。

鍾磬志

《隋書・經籍志・樂》 《鍾磬志》二卷。公孫崇撰。

《舊唐書・經籍志・樂》 《鍾磬志》二卷。公孫崇撰。

《新唐書・藝文志・樂類》 公孫崇《鍾磬志》二卷。

鄭樵《通志・藝文略・樂》 《鍾磬志》二卷。公孫崇。

樂社大義

《隋書・經籍志・樂》 《樂社大義》十卷。梁武帝撰。

《舊唐書・經籍志・樂》 《樂社大義》十卷。梁武帝撰。

《新唐書・藝文志・樂類》 梁武帝《樂社大義》十卷。

鄭樵《通志・藝文略・樂》 《樂社大義》十卷。梁武帝。

鍾律緯

《隋書・經籍志・樂》 梁有《鍾律緯》六卷。梁武帝撰。亡。

《宋史・藝文志・樂類》 梁武帝《鍾律緯》一卷。

鍾　律

《舊唐書・經籍志・樂》 《鍾律》五卷。沈重撰。

《新唐書・藝文志・樂類》 沈重《鍾律》五卷。

鄭樵《通志・藝文略・樂》 《鍾律》五卷。沈重。

樂律義

《隋書・經籍志・樂》 《樂律義》四卷。沈重撰。

鄭樵《通志・藝文略・樂》 《樂律義》四卷。沈重。

陳郊廟歌辭

鄭樵《通志・藝文略・樂》 《陳郊廟歌辭》三卷。徐陵。

春官樂部

《隋書・經籍志・樂》 《春官樂部》五卷。

鍾律義

《隋書・經籍志・樂》 《鍾律義》一卷。

鄭樵《通志・藝文略・樂類》 《鍾律義》一卷。

明堂教習音律

鄭樵《通志・藝文略・樂》 《明堂教習音律》一卷。

漢魏吴晉鼓吹曲

《新唐書・藝文志・樂類》 《漢魏吴晉鼓吹曲》四卷。

鄭樵《通志・藝文略・樂》 《漢魏吴晉鼓吹曲》四卷。

鼓吹樂章

《舊唐書・經籍志・樂》 《鼓吹樂章》一卷。

《新唐書・藝文志・樂類》 《鼓吹樂章》一卷。

鄭樵《通志・藝文略・樂》 《鼓吹樂章》一卷。

奏鞞鐸舞曲

鄭樵《通志・藝文略・樂》 《奏鞞鐸舞曲》二卷。

齊朝曲簿

《隋書・經籍志・樂》《齊朝曲簿》一卷。

鄭樵《通志・藝文略・樂》《齊朝曲簿》一卷。

大隋總曲簿

《隋書・經籍志・樂》《大隋總曲簿》一卷。

鄭樵《通志・藝文略・樂》《隋總曲簿》一卷。

正聲伎雜等曲簿

《隋書・經籍志・樂》《正聲伎雜等曲簿》一卷。

鄭樵《通志・藝文略・樂》《正聲伎雜等曲簿》一卷。

太常寺曲簿

《隋書・經籍志・樂》《太常寺曲簿》十一卷。

鄭樵《通志・藝文略・樂》《太常寺曲簿》十一卷。

樂志

《舊唐書・經籍志・樂》《樂志》十卷。蘇夔撰。

《新唐書・藝文志・樂類》蘇夔《樂府志》十卷。

鄭樵《通志・藝文略・樂》《樂府志》十卷。蘇夔。

張鵬一《隋書經籍志補・樂》《樂志》十五篇。隋武功蘇夔。《北史》本傳：「與鄭譯、何妥議樂得罪，議寢不行，著《樂志》十五篇，以見志。」

太樂令壁記

錢東垣等輯《崇文總目・樂類》《太樂令壁記》三卷。〔原釋〕唐叶律郎劉貺撰。分《樂》、《元正樂》、《四夷樂》，合三篇。

《新唐書・藝文志・樂類》劉貺《太樂令壁記》三卷。

鄭樵《通志・藝文略・樂》《太樂令壁記》三卷。劉貺。

尤袤《遂初堂書目・禮類》《太樂令壁記》。

馬端臨《文獻通考・經籍考・樂》《大樂令壁記》。

《宋史・藝文志・樂類》劉貺《大樂令壁記》三卷。

唐宗廟用樂儀

《宋史・藝文志・樂類》《唐宗廟用樂儀》一卷。

唐肅明皇后廟用樂儀

《宋史・藝文志・樂類》《唐肅明皇后廟用樂儀》一卷。

歷代樂儀

錢東垣等輯《崇文總目・樂類》《歷代樂儀》三十卷。〔原釋〕唐叶律郎徐景安撰。總序律呂起周漢，迄于唐，著唐樂章，差爲詳悉。

《新唐書・藝文志・樂類》 徐景安《歷代樂儀》三十卷。

鄭樵《通志・藝文略・樂類》 《歷代樂儀》三十卷。徐景安。

《宋史・藝文志・樂類》 徐景安《新纂樂書》三十卷。

馬端臨《文獻通考・經籍考・樂》 《歷代樂儀》。《崇文總目》：唐協律郎徐景安撰。總序律呂起周、漢訖於唐，著唐樂章，差爲詳悉。

教坊記

《舊唐書・經籍志・樂》 崔令欽《教坊記》一卷。

鄭樵《通志・藝文略・樂》 《教坊記》一卷。崔令欽撰。開元中，雜伎始隸太常，以不應典禮，乃置教坊以處俳優。

晁公武《郡齋讀書志・樂類》 《教坊記》一卷。右唐崔令欽撰。開元中，教坊特盛，令欽記之。率鄙俗事，非有益於正樂也。

馬端臨《文獻通考・經籍考・樂》 《教坊記》一卷。

《宋史・藝文志・樂類》 崔令欽《教坊記》一卷。

教坊録

《宋史・藝文志・樂類》 陸鴻漸《教坊録》一卷。

歷代樂儀

《宋史・藝文志・樂類》 《歷代樂儀》三十卷。

大樂署

《宋史・藝文志・樂類》 《大樂署》三卷。

景祐大樂圖

錢東垣等輯《崇文總目・樂類》 《景祐大樂圖》二十卷。［原釋］皇朝司封員外郎集賢校理聶冠卿撰。景祐二年，大樂署以律準考定雅樂獻之，上召祠部員外郎集賢校理李照，問鐘律大要，照請用黍尺求聲，遂命照制新樂。冠卿討論故事，據經義多所損益，以御製樂曲及鐘律議説制器之法，與古今樂器圖象之異，爲書一百二十六篇，上之。 東垣按：《玉海》引《崇文目》同《宋志》，作聶崇義。

鄭樵《通志・藝文略・樂》 《景祐大樂圖》三十卷。聶冠卿。

馬端臨《文獻通考・經籍考・禮》 景祐《大樂圖》二十卷。

《宋史・藝文志・樂類》 聶冠卿《景祐大樂圖》二十卷。

大樂圖

《宋史・藝文志・樂類》 宋祁《大樂圖》一卷。

大樂圖義

錢東垣等輯《崇文總目・樂類》 《大樂圖義》二卷。［原釋］皇朝太常博士直史館宋祁撰。受詔考試太常樂工，因集古樂鐘律器用之説，上列爲圖，從釋其義，並今樂署闕典所當釐補者，更爲雜論七篇，奏之。

鄭樵《**通志・藝文略・樂**》《大樂圖儀》二卷。宋祁。

尤袤《**遂初堂書目・樂類**》《大樂圖議》。

馬端臨《**文獻通考・經籍考・樂**》《大樂圖義》二卷。

《**宋史・藝文志・樂類**》《大樂圖義》一卷。不知作者。

景祐廣樂記

鄭樵《**通志・藝文略・樂**》《景祐廣樂記》八十一卷。

晁公武《**郡齋讀書志・樂類**》《景祐廣樂記》八十卷。翰林院侍講學士馮元等撰。闕八卷。景祐元年，判太常寺燕肅建言鍾律不調，欲以王朴《律準》更加考詳。詔宋祁與集賢校理李照共領其事，照言朴律太高，比之古樂，約高五律，遂欲改定大樂，制管鑄鍾，并引校理聶冠卿爲檢討官，又詔元等修撰《樂書》，爲一代之典。三年七月，書成。然未幾，照樂廢不用。

尤袤《**遂初堂書目・樂類**》《景祐廣樂圖記》。

陳振孫《**直齋書録解題・樂類**》《景祐廣樂記》八十卷。翰林院侍講學士馮元等撰。闕八卷。景祐元年，判太常寺燕肅建言鍾律不調，欲以王朴《律準》更加考詳。詔宋祁與集賢校理李照共領其事，照言朴律太高，比之古樂，約高五律，遂欲改定大樂，制管鑄鍾，并引校理聶冠卿爲檢討官，又詔元等修撰《樂書》，爲一代之典。三年七月，書成。然未幾，照樂廢不用。

馬端臨《**文獻通考・經籍考・樂**》《景祐廣樂記》。

《**宋史・藝文志・樂類**》馮元、宋祁《景祐廣樂記》八十一卷。

景祐樂府奏議

晁公武《**郡齋讀書志・樂類**》《景祐樂府奏議》一卷。殿中丞致仕胡瑗翼之撰。

馬端臨《**文獻通考・經籍考・樂**》《景祐樂府奏議》一卷。

《**宋史・藝文志・樂類**》胡瑗《景祐樂府奏議》一卷。

皇祐樂府奏議

晁公武《**郡齋讀書志・樂類**》《皇祐樂府奏議》一卷。胡瑗撰。

尤袤《**遂初堂書目・樂類**》《皇祐樂府奏議》。

陳振孫《**直齋書録解題・禮類**》《皇祐樂府奏議》一卷。胡瑗撰。

馬端臨《**文獻通考・經籍考・樂**》《皇祐樂府奏議》一卷。

《**宋史・藝文志・樂類**》胡瑗《皇祐樂府奏議》一卷。

皇祐樂記

晁公武《**郡齋讀書志・樂類**》《皇祐樂記》三卷。右皇朝胡瑗等撰。皇祐二年，下詔曰：國初循用王朴樂，太祖患其聲高，令和峴減下一律，然猶未全。命瑗同阮逸等二十餘人再定。四年，樂成奏之，上御紫宸殿觀焉。此其説也。

尤袤《**遂初堂書目・樂類**》《皇祐廣樂記》。

陳振孫《**直齋書録解題・樂類**》《皇祐新樂圖記》三卷。屯田員外郎阮逸、光祿寺丞胡瑗撰。凡十二篇，首載詔旨，次及律度量衡、鍾磬、鼓鼎、鸞刀，圖其形製，刊板頒之天下。虎丘寺有本，當時所頒藏之名山者也。其末志頒降歲月，實皇祐五年十二月二十一日，用蘇州觀察使印，長貳押字。余平生每見承平故物，未嘗不起敬，因録藏之，一切依元本摹寫，不少異。

馬端臨《**文獻通考・經籍考・樂**》《皇祐樂記》三卷。

皇祐新樂圖記

鄭樵《**通志・藝文略・樂**》《皇祐樂圖記》三卷。阮逸、胡瑗。

晁公武《郡齋讀書志・樂類》 《皇祐新樂圖記》三卷。屯田員外郎阮逸、光祿寺丞胡瑗撰。凡十二篇，首載詔旨，次及律度量衡、鍾磬、鼓鼎、鸞刀，圖其形製，刊板頒之天下。虎丘寺有本，當時所頒藏之名山者也。其末志頒降歲月，實皇祐五年十二月二十一日，用蘇州觀察使印，長貳押字。余平生每見承平故物，未嘗不起敬，因録藏之，一切依元本摹寫，不少異。

楊士奇等《文淵閣書目・樂》 《宋皇祐新樂圖記》。一部，一冊。完全。

張萱等《内閣藏書目録・經部》 《皇祐新樂圖》一冊。全。宋阮逸、胡瑗撰。進。

《宋史・藝文志・樂類》 《皇祐新樂圖記》一冊。三卷。凡十二篇。胡瑗等撰。

錢曾《讀書敏求記・禮樂》 《聖宋皇祐新樂圖記》三卷。宋仁宗景祐三年二月，詔阮逸、胡瑗較定鐘律，蓋以李照樂穿鑿也。至皇祐二年閏十一月，置詳定太樂局，其鐘弇而直，聲鬱不發。著作佐郎劉羲叟曰：「此謂害金，帝將獲心腹之疾。」已而果然。則是羲叟審音，更出逸、瑗之上。當時何以不令羲叟同較定耶？此從閣本鈔出，閣本乃直齋陳伯玉先生嘉熙己亥良月借虎丘寺本録。蓋當時所賜，藏之名山者也。末用蘇州觀察使印，長貳押字，志頒降歲月。直齋又云：「生平每見承平故物，輒慨然起敬，恨生不于其時。」嗟嗟劫燒之餘，閣本已不可問，獨此尚在人間，覽之亦有直齋「承平故物」之感。

《四庫提要・經部・樂類》 《皇祐新樂圖記》三卷。兩淮馬裕家藏本。宋阮逸、胡瑗奉敕撰。仁宗景祐三年二月，以李照樂穿鑿，特詔校定鍾律，依《周禮》及歷代史、志，立議範金。至皇祐五年，樂成奏上，此其圖記也。舊本從明文淵閣録出。後有宋陳振孫嘉定己亥跋，云「借虎丘寺本録」。蓋當時所賜，藏之名山者。又有元天曆二年吳壽民跋，明萬曆三十九年趙開美跋，叙是書源委頗詳。考初置局時，逸、瑗與房庶等皆驛召預議，詔命諸家各作鍾律以獻，而持論互異。司馬光主逸、瑗之説，范鎮主房庶之説，往反爭議，卒不能以相一。其往返書牘，具光《傳家集》中，而鎮所作《東齋記事》，亦略存其概。大抵逸、瑗以爲黄鍾之管積八百一十分，容一千二百黍。又以《九章》圜田算法計之，黄鍾管每長一分，積九分，容十三黍三分黍之一，空徑三分四釐六毫，圍十分三釐八毫。圍徑用徑三圍九古率，而改圍九分爲九方分，別遷就之術也。司馬光曰：古律已亡，非黍無以見度，非度無以見律。律不生於度與黍，將何從生？非謂太古以來律必生於度也。特以近世古律不存，故返從度法求之耳。其論最明。范鎮譏其以度起律，誠爲過當。然鎮以秬、黍、律、尺、龠、鬴、斛、算數、權衡、鍾聲十者，必相合而不相戾，然後爲得。亦不爲無見也。以律起度，與以度起律，源流本無異同。而二家算術不精。逸、瑗等得之於横黍，而失之於圍徑。又以大黍累尺，小黍實管，自相乖反。房庶以千二百黍實之管中，隨其長短，斷之以爲九寸之管，取三分以度空徑。則空徑不生於黍，而別有一物爲度以起分，竟不必實黍於管。亦未見其爲通論也。是書上卷具載律呂、黍尺、四量、權衡之法，皆以横黍起度，故樂聲失之於高。中下二卷考定鍾磬、晉鼓及三牲鼎鸞刀制度，則精核可取云。

張金吾《愛日精廬藏書志・樂類》 《聖宋皇祐新樂圖記》三卷。影寫宋刊本。宋朝奉郎前尚書屯田員外郎輕車都尉賜緋魚袋臣阮逸、承奉郎守光祿寺丞充國子監直講同詳議修制大樂臣胡瑗奉聖旨撰。卷末有「皇祐五年十月初三日，奉聖旨開板印造」兩行。陳振孫跋。吳壽民跋。天曆二年 趙開美跋。萬曆三十九年

樂論　鍾律制議並圖

王圻《續文獻通考・經籍考・樂》 《樂論》十二篇，《鍾律制議並圖》，三卷。俱阮逸著。逸，建陽人。仕爲鎮東軍節度推官。景祐初，與胡瑗俱召赴闕，命同校鍾律，分造鍾磬各一簴。皇祐中，更鑄太常鐘磬。又召瑗、逸與近臣太常官議於祕閣，遂典作樂事。

顯德正樂目

鄭樵《通志・藝文略・樂》 《顯德正樂目》一卷。

古今大樂指掌

尤袤《遂初堂書目・樂類》　《大樂指掌》。

《宋史・藝文志・樂類》　李南玉《古今大樂指掌》三卷。

元祐新定樂法

鄭樵《通志・藝文略・樂》　《元祐新定樂法》一卷。范鎮。

《宋史・藝文志・樂類》　范鎮《新定樂法》一卷。

明堂新曲譜

《宋史・藝文志・樂類》　宋仁宗《明堂新曲譜》一卷。

樂髓新經

鄭樵《通志・藝文略・樂》　《樂髓新經》一卷。

尤袤《遂初堂書目・樂類》　《樂髓新經》。

《宋史・藝文志・樂類》　宗仁宗《景祐樂髓新經》一卷。

審樂要記

鄭樵《通志・藝文略・樂》　《審樂要記》一卷。

《新唐書・藝文志・樂類》　宋仁宗《審樂要記》二卷。

元豐新修大樂記

《宋史・藝文志・樂類》　楊傑《元豐新修大樂記》五卷。

太常樂纂

鄭樵《通志・藝文略・樂》　《太常樂纂》一卷。

樂本書

鄭樵《通志・藝文略・樂》　《樂本書》二十卷。宋朝王箴。

尤袤《遂初堂書目・樂類》　《樂本書》。

燕　樂

《宋史・藝文志・樂類》　蔡攸《燕樂》三十四冊。

大晟樂府雅樂圖

晁公武《郡齋讀書志・樂類》　《大晟樂府雅樂圖》一卷。右皇朝政和中，建大晟樂府，起黄鍾於上躬之中指，棄塞古今諸儒異同之辨，此其譜也。

馬端臨《文獻通考・經籍考・樂》　《雅樂圖譜》。

《宋史・藝文志・樂類》　劉昺《政和大晟樂府雅樂圖》一卷。

景祐大樂制度

鄭樵《通志・藝文略・樂》 《景祐大樂制度》一卷。

蜀雅樂儀

《宋史・藝文志・樂類》 《蜀雅樂儀》三十卷。

釋奠樂器圖

楊士奇等《文淵閣書目・樂》 趙鳳儀《釋奠樂器圖》。一部，一冊。闕。

黄虞稷《千頃堂書目・禮樂類》 趙鳳儀《釋奠樂器圖》一卷。汴人延祐四年守溫州。興創廟學，延名世淑後進。一時文教翕然。

倪燦等《補遼金元藝文志・禮樂書》 趙鳳儀《釋奠樂器圖》一卷。汴人，溫州守。

司樂考

黄虞稷《千頃堂書目・禮樂類》 《司樂考》十卷。余本撰。

聖壽五袠樂章

黄虞稷《千頃堂書目・禮樂類》 瞿九思《聖壽五袠樂章》一冊。萬曆四十年八月進，凡二十五首，樂經以俟録。

孔廟禮樂考

《明史・藝文志・樂類》 瞿九思《孔廟禮樂考》五卷。

樂經以俟録

黄虞稷《千頃堂書目・禮樂類》 瞿九思《樂經以俟録》無卷數。

《四庫提要・樂類存目》 《樂經以俟録》。無卷數。兩江總督採進本。明瞿九思撰。九思有《春秋以俟録》，已著録。是編首以十二律衍爲十二月令，摹仿《禮記》之文，頗爲蕪雜。其解「用宮逐羽而清角生」，「引商刻羽而流徵成」以爲「凡樂調每均自下而上。初律謂之宮，次二謂之商，次三謂之角，次四謂之徵，次五謂之羽，則五乃羽位，非宮與商之位。因下宮居於羽調之羽位，似乎以宮逐羽，而宮下間一之陽律卽是角，故曰：『用宮逐羽而清角生』以下商居於羽調之羽位，似乎引商逐羽，而商下間一之陰律卽是徵，故曰『引商刻羽而流徵成』」云云。案：「下宮」之名，見《國語》伶州鳩所論七律。「下商」之名，則亙古未聞，殆由九思杜撰。又以四清爲清宮、清商、清角、清徵，如商調之數少，宮調之數多，則宮調謂之正宮。宮調之數少，而商調之數多，則宮調謂之下宮。其法以宮與商相較，商與角相較，角與徵羽莫不皆然。惟羽居五調之末，更無他調相較，以知其孰爲正羽，孰爲清羽。然宮商、商角、角徵、徵羽，既以次相較，羽調獨不可與宮相較乎！且古人有少羽、繆羽、清羽諸説，《管子》又有倍羽之律，九思不知凡一律皆有正倍半三聲，遂謂羽無清調，誤矣！又論蔡元定《旋相爲宮圖》黄律雖在黄鍾宮調之首，而黄律不在黄鍾羽調之末，不得謂之以黄鍾起調畢曲。案：樂律始終條理出於自然。起調、畢曲，必用本律，本屬臆度。蔡元定以黄、太、姑、蕤、林、南、應，爲黄律宮者，乃合五聲二變而計之。黄鍾既在一均之內，自可以爲起調畢曲。九思乃分十二律爲五段，每調止用五聲，而其所用者乃長短大小之次，非相生之律，已屬乖舛。又謂一均以十二律周而復始，不知五聲二變可以該括萬聲，亦爲淺陋。至謂十二律之黄、太、姑、夾等字，即爲均腳，尤不知而作矣。

文廟樂編

黄虞稷《千頃堂書目・禮樂類》　潘巒《文廟樂編》二卷。

《明史・藝文志・樂類》　潘巒《文廟樂編》二卷。

文廟禮樂志

《明史・藝文志・樂類》　黄居中《文廟禮樂志》十卷。

大成禮樂集

黄虞稷《千頃堂書目・禮樂類》　史記事《大成禮樂集》三卷。

《明史・藝文志・樂類》　史記事《大成禮樂集》三卷。

頖宮禮樂志

徐𤊹《徐氏家藏書目・論語類》　《頖宮禮樂志》十卷。

頖宮禮樂疏

《明史・藝文志・樂類》　李之藻《頖宮禮樂疏》十卷。

文廟雅樂考

黄虞稷《千頃堂書目・禮樂類》　何棟如《文廟雅樂考》二卷。

《明史・藝文志・樂類》　何棟如《文廟雅樂考》二卷。

大樂嘉成

《四庫提要・樂類存目》　《大樂嘉成》一卷。浙江巡撫採進本。明袁應兆撰。應兆字瑜石，江寧人。崇禎中舉人，官休寧縣教諭。明自洪武二十六年頒《大成雅樂》於天下，令學官依式制造。然奉行者或舉或不舉，其舉者或久而廢，故明之季年，休寧學尚不備樂。應兆乃與知縣王佐考核定制，編爲此書。實明一代享祭先師之樂譜，非一縣之樂譜也。

樂理分部

樂記

姚振宗輯《七略別録佚文・樂家》　《樂記》二十三篇。《樂本》第一，《樂論》第二，《樂施》第三，《樂言》第四，《樂禮》第五，《樂情》第六，《樂化》第七，《樂象》第八，《賓牟賈》第九，《師乙》第十，《魏文侯》第十一，《奏樂》第十二，《樂器》第十三，《樂作》第十四，《意始》第十五，《樂穆》第十六，《説律》第十七，《季札》第十八，《樂道》第十九，《樂義》第二十，《昭本》第二十一，《昭頌》第二十二，《竇公》第二十三。《〈禮記・樂記〉正義》云：劉向校書得《樂記》二十三篇，著於《別録》。又曰：依《別録》所次，有《賓牟賈》，有《師乙》，有《魏文侯》。今此《樂記》有《魏文侯》，乃次《賓牟賈》，《師乙》爲末，則是今之《樂記》與《别録》不同云。鄭氏《三禮目録》曰：《禮記·樂記》於劉向《别録》屬《樂記》。按：卽屬此《樂記》二十三篇中也。《小戴記》取十一篇合爲一篇，《奏樂》以下十二篇不取其內。

《漢書·藝文志·樂》 《樂記》二十三篇。

姚振宗《漢書藝文志條理·樂類》 《樂記》二十三篇。本志叙漢興，制氏以雅樂聲律世在樂官，頗能紀其鏗鎗鼓舞，而不能言其義。武帝時，河間獻王好儒，與毛生等共采《周官》及諸子言樂事者，以作《樂記》，獻八佾之舞，與制氏不相遠。劉向《别録》曰：《樂本》弟一，《樂論》弟二，《樂施》弟三，《樂言》弟四，《樂禮》弟五，《樂情》弟六，《樂化》弟七，《樂象》弟八，《賓牟賈》弟九，《師乙》弟十，《魏文侯》弟十一，《奏樂》弟十二，《樂器》弟十三，《樂作》弟十四，《意始》弟十五，《樂穆》弟十六，《説律》弟十七，《季札》弟十八，《樂道》弟十九，《樂義》弟二十，《昭本》弟二十一，《昭頌》弟二十二，《竇公》弟二十三。按：《禮記·樂記》取《樂本》至《魏文侯》十一篇，合爲一篇。《正義》引《别録》補，其二十三篇之目如此。嚴可均《别録》輯本校語曰：案《〈史記·樂書〉正義》云：劉向《别録》篇次與鄭《目録》同，而《樂記》篇次又不依鄭目。《〈樂記〉正義》云：依《别録》所次，有《賓牟賈》，有《師乙》，有《魏文侯》，今此《樂記》：《魏文侯》，乃次《賓牟賈》，《師乙》爲末，則是今之《樂記》與《别録》不同。按：《樂記》漢時有兩本，其爲大小戴、馬、盧、鄭所取者，乃公孫尼子所撰。次止于十一篇，當在《禮古記》百三十一篇中。此二十三篇，爲河間獻王與毛生諸儒所論次，故其前十一篇之次弟，與《禮記》微有不同。

王禹記

《隋書·經籍志·樂》 《王禹記》二十四篇。

姚振宗《漢書藝文志條理·樂類》 《王禹記》二十四卷。本《志》叙「河間獻王作《樂記》。其内史丞王定傳之，以授常山王禹。禹，成帝時爲謁者，數言其義，獻二十四卷《記》。劉向校書，得《樂記》二十三篇，與禹不同。」本書《禮樂志》：「河間獻王有雅材，亦以爲治道非《禮》《樂》不成，因獻所集雅樂。天子下大樂官，常存肄之，歲時以備數，然不常御，常御及郊廟，皆非雅聲。至成帝時，謁者常山王禹世受河間樂，能説其義。其弟子宋曅上書言之。下大夫博士平當等考試，當以爲河間獻王聘求幽隱，修興雅樂以助化。時，大儒公孫弘、董仲舒等，皆以爲音中正雅，立之大樂。春秋鄉射，作于學官，希闊不講。故自公卿、大夫觀聽者，但聞鏗鎗，不曉其意，而欲以風諭衆庶，其道無由。是以行之百有餘年，德化至今未成。今于曅守習孤學，大指歸于興助教化。衰微之學，興廢在人。宜領屬雅樂，以繼絶表微。河間區區，小國藩臣，以好學修古，能有所存，民到于今稱之。況于聖主廣被之資，修起舊文，放鄭近雅，于以風示海內，揚名後世，誠非小功小美也。事下公卿，以爲久遠難分明，當議復寢。」《〈禮·樂記〉正義》曰：「案《藝文志》云：『常山王禹獻二十四卷《樂記》，劉向所校二十三篇，著于《别録》。篇名猶在二十四卷，記無所録也。』」按：此則《别録》中亦不著其篇名。

樂元語

姚振宗《漢書藝文志拾補·樂類》 河間獻王《樂元語》。獻王始末具《禮》家。《漢書·食貨志》：「王莽下詔曰：《樂語》有五均。」鄧展曰：「《樂語》、《樂元語》，河間獻王所傳，道五均事。」王謨輯本《叙録》曰：《食貨志》鄧展注：「《樂元語》，河間獻王所傳，道五均事。」臣瓚注引其文。《漢書·藝文志》不言獻王著《樂元語》，隋、唐二《志》亦不著録。今鈔出《白虎通》二條，《前漢書注》一條。馬國翰輯本《序》曰：「此書漢、隋《志》皆無其目。據《漢·食貨志》注云，河間獻王所傳。則古《樂記》佚篇之一也。《白虎通》引其言夷狄樂制。《漢書注》載其言五均事。《〈禮記〉正義》引《白虎通》，與今本互異，並訂正焉。」按：《禮樂志》，言叔孫通沒後，河間獻王采《禮》、《樂》古事稍稍增輯，至五百餘篇，今學者不能昭見。此似五百餘篇之僅存者。又疑在《王禹記》二十四篇中。今姑從王氏所補録於此。又按：王莽引此其所立《樂經》，亦必引及之矣。

樂經

《隋書・經籍志・樂》 《樂經》四卷。

姚振宗《漢書藝文志條理・樂類》 元始《樂經》。《漢書・王莽傳》：元始四年，立《樂經》，益博士員，經各五人。按：樂經博士亦五人也。桓譚《新論》曰：「陽城子張名衡，蜀郡人。王翁與吾俱爲講樂祭酒。又別一引云爲典樂大夫。及寢疾，預買棺槨，多下錦繡，立被發冢。」按：此稱王翁者，卽王莽也。王充《論衡・超奇篇》：「成子長作《樂經》，極窅冥之深，非庶幾之才不能成也。」又《對作篇》云：「陽城子張作《樂經》，卓絶驚耳。」應劭《風俗通・氏姓篇》：「漢有諫議大夫陽成公衡。」張澍《輯注》曰：「陽成」一作「陽城」。桓譚《新論》：「陽城子張名衡，爲講學祭酒，蜀人，卽陽成公衡也。」王應麟《困學記聞》曰：《〈考工記・磬氏〉疏》引《樂》云云。朱文公問蔡季通，不知所謂「《樂》云」者是何書。今考《三禮圖》，以爲《樂經》。《尚書大傳》亦引《樂》曰云云。漢元始四年立《樂經》，《續漢志》鮑鄴引《樂經》，今其書無傳。王謨輯本《叙録》曰《隋志》：「《樂經》四卷，不著撰人姓名。」今姑據《論衡》作陽城子長撰。鈔出《書大傳》一條，《周禮疏》二條，《續漢書志》二條，《白虎通》二條。馬國翰輯本序曰：「沈約《宋書》云：秦代滅樂，《樂經》殘亡。王莽時所立，卽陽城衡所著之《樂經》。《隋志》有《樂經》四卷，不著撰人。今佚。從《周禮疏》諸書，輯録」云云。張澍《蜀典》著作類亦輯存七條。按：陽城衡嘗與揚雄、劉歆、褚少孫、史孝山諸人續《太史公書》，綴集太初已後時事，見范書《班彪傳》注，《史通》外篇誤作衛衡」。

樂元起

《舊唐書・經籍志・樂》 《樂元起》二卷。桓譚撰。

《新唐書・藝文志・樂類》 桓譚《樂元起》二卷。

鄭樵《通志・藝文略・樂》 《樂元起》二卷。

姚振宗《後漢藝文志・樂類》 桓譚《樂元起》二卷。范書本傳：「譚字君山，沛國相人也。父成帝時爲太樂令，譚以父任爲郎。博學多通，徧習五經，皆詁訓大義，不爲章句。能文章，尤好古學。數從劉歆、揚雄辨析疑異。莽時，爲掌樂大夫。更始立，召拜太中大夫。世祖卽位，徵待詔，上書言事失旨，不用。後大司空宋弘薦譚，拜議郎給事中。上疏陳時政所宜，不省。復極言讖之非經，帝大怒，曰：『桓譚非聖無法，將下斬之。』譚叩頭流血，良久，乃得解。出爲六安郡丞，意忽忽不樂，道病卒。時年七十餘」。《新論》曰：「昔者孝成帝時，余爲樂府令，凡所典倡優技樂，蓋且千人。」《唐書・經籍志》：《樂元起》二卷。《唐・藝文志》：桓譚，《樂元起》二卷。

琴操

《隋書・經籍志・樂》 《琴操》二卷。桓譚撰。

《新唐書・藝文志・樂類》 桓譚《琴操》二卷。

姚振宗《後漢藝文志・樂類》 桓譚《琴操》二卷。范書本傳：「好音律，善鼓琴，性嗜倡樂。」《唐書・經籍志》：「《琴操》二卷，桓譚撰。」《唐・藝文志》：「桓譚《琴操》二卷。」侯《志》：「馬瑞辰曰：『《唐志》載桓譚《琴操》二卷。按：桓譚《新論》有《琴道篇》，不聞有《琴操》。《文選注》引《新論・雍門説》，孟嘗君曰：今君下羅帳來清風。《北堂書鈔》引作《琴操》，是唐人誤以《琴道篇》爲《琴操》之證。』按：馬説甚辨，然《唐志》所有，未敢輕刪。」

琴操

阮元《四庫未收書提要・樂類》 《琴操》二卷。《平津館叢書》本、《讀畫齋叢書》本皆附補遺。漢蔡邕撰。邕，字伯喈，陳留圉人。事載《後漢書・

列傳》。案：《唐書原本書誤史・藝文志》有桓譚《琴操》二卷。無蔡邕《琴操》，然《桓譚傳》云：「譚好音律，善鼓琴，著書號曰《新論》，《琴道》一篇未成。肅宗使班固續成之。」今《文選注》引《琴道》甚多，俱與此不合，則非譚書可知。又隋、唐兩《志》有孔衍《琴操》一卷，《宋史・志》作三卷。《崇文總目》曰：「晉廣陵相孔衍撰。述詩曲之所從，總五十九章。」《書録解題》曰「止一卷，不著氏名」。《中興書目》云：「晉廣陵守孔衍，以琴調《周詩》五篇、古操引共五十篇。述所以命題之意。」今《周詩》篇同，而操引財二十一篇，似非全書也。與此頗相近。兹從徵士惠棟手鈔本過録，上卷「詩歌」，五曲，一十二操，九引；下卷「雜歌」，二十一章。今《文選・長笛賦》李善注引《琴操》曰：「伏羲作琴，以修身理性，反天眞也。」又《演連珠歸田賦》注引蔡邕《琴操》曰：「伏羲氏作琴，弦有五者，象五行也。」俱與此同，則在唐世已然，其爲舊題無疑。雖中引事實，間有如周公奔于魯之類，未免似沈約之注竹書。然《越裳操》見于大周樂正，《思親操》見于《古今樂録》，其遺聞佚事，均足與經史相證。非後世所能擬託也。

張之洞《書目答問・列朝經注經説經本考證》 《琴操》二卷。漢蔡邕。平津館本。讀畫齋本。他部無可隸，附此。

姚振宗《後漢藝文志・樂類》 蔡邕《琴操》二卷。邕始末見《禮》類。范書本傳：「妙操音律，善鼓琴，及亡命江海，遠跡吳會。吳人有燒桐以爨者，邕聞火烈之聲，知其良木。因請而裁爲琴，果有美音，而其尾猶焦，故時人名曰焦尾琴焉。」 侯《志》：「馬瑞辰曰：『蔡邕本傳，言邕所著有《叙樂》而無《琴操》，而今本《琴操》及傳注，所引皆屬蔡邕。疑《琴操》即在《叙樂》中，猶《琴道》爲《新論》之一篇耳。《北堂書鈔》引蔡邕《琴賦》，言仲尼思歸，即《將歸操》也；梁公悲吟，即楚高梁子《霹靂引》也；周公越裳，即《越裳操》也；白鶴東翔，即《別鶴操》也；樊姬遺歎，即《列女引》也。與夫《鹿鳴》三章，楚曲《明光》，俱與《琴操》合，則《琴操》爲中郎所撰，信有徵矣。』」【略】 按《日本國書目》：「《琴操》一卷，蔡伯諧撰。」似即此書。

琴詩

姚振宗《後漢藝文志・樂類》 蓋勳《琴詩》十二章。范書本傳：「勳字元固，敦煌廣至人也。初舉孝廉，爲漢陽長史，領太守，徵拜討虜校尉。靈帝召見，拜京兆尹。及董卓廢少帝，徵爲議郎，又以爲越騎校尉。復出爲潁川太守，未及至郡，徵還京師。勳雖强直不屈，而內厭于卓，不得意，疽發背，卒。時年五十一。」 袁宏《後漢紀》曰：「勳爲京兆尹時，雖身在外，甚見信重，乃著《琴詩》十二章。奏之，帝善焉。」

樂論

姚振宗《三國藝文志・樂類》 劉邵《樂論》十四篇。《魏志》本傳：「邵字孔才，廣平邯鄲人也。建安中，爲計吏。詣許，辟御史大夫府，拜太子舍人，遷祕書郎。黃初中，爲尚書郎、散騎侍郎。明帝即位，出爲陳留太守，徵拜騎都尉，遷散騎常侍。邵以爲宜，制禮作樂，以移風俗，著《樂論》十四篇。事成未上，會明帝崩，不施行。正始中，執經講學，賜爵關內侯，卒。」宋庠《〈人物志〉跋》曰：「據今官書《魏志》作勉劭之劭，從力。他本或從邑，晉邑之名。案：字書此二訓外，別無他釋，然俱不協孔才之義。《説文》則爲邵音同上，但召旁從卩耳，訓高也。李舟《切韻》訓美也，高美，又與孔才義符。揚子《法言》曰『周公之才之邵』是也。」《四庫提要》曰：「庠所辯精核，今從之。」 《玉海・音樂類》：「劉邵《樂論》二十四篇。《文選》注、《太平御覽》並引之。」 嚴可均《全三國文編》曰：「邵有《樂論》十四篇，見《魏志》本傳，今亡。」

樂論

文廷式《補晉書藝文志・樂類》 阮籍《樂論》。《漢書・五行志》注，

《御覽》引書綱目。

樂論

文廷式《補晉書藝文志・樂類》　裴秀《樂論》。《魏志・裴潛傳》注，引《文章序録》。

琴操

《隋書・經籍志・樂》　《琴操》三卷。晉廣陵相孔衍撰。

《舊唐書・經籍志・樂》　《琴操》三卷。孔衍撰。

錢東垣等輯《崇文總目・樂類》　《琴操》三卷。［原釋］晉廣陵相孔衍撰。述詩曲之所從，總五十九章。見《文獻通考》。

《新唐書・藝文志・樂類》　孔衍《琴操》二卷。

鄭樵《通志・藝文略・樂》　《琴操》三卷。晉廣陵相孔衍。

陳振孫《直齋書録解題・樂類》　《琴操》一卷。不著名氏。《中興書目》云：晉廣陵守孔衍以琴調《周詩》五篇、古操引共五十篇，述所以命題之意。今《周詩》篇同，而操引財二十一篇，似非全書也。

馬端臨《文獻通考・經籍考・樂》　《琴操》三卷。

文廷式《補晉書藝文志・樂類》　孔衍《琴操》三卷。《隋志》、《舊唐志》同《唐志》作一卷。

樂論

《隋書・經籍志・樂》　《樂論》三卷。梁武帝撰。

《舊唐書・經籍志・樂》　《樂論》三卷。梁武帝撰。

《新唐書・藝文志・樂類》　梁武帝《樂論》三卷。

鄭樵《通志・藝文略・樂》　《樂論》三卷。梁武帝。

樂義

《隋書・經籍志・樂》　梁有《樂義》十一卷。武帝集朝臣撰。亡。

古今樂録

《隋書・經籍志・樂》　《古今樂録》十二卷。陳沙門智匠撰。

《舊唐書・經籍志・樂》　《古今樂録》十三卷。釋智匠撰。

《新唐書・藝文志・樂類》　釋智匠《古今樂録》十三卷。

鄭樵《通志・藝文略・樂》　《古今樂録》十二卷。陳沙門智匠。

《宋史・藝文志・樂類》　陳僧智匠《古今樂録》十三卷。

樂部

《隋書・經籍志・樂》　《樂部》一卷。

鄭樵《通志・藝文略・樂》　《樂部》一卷。

樂元

《隋書・經籍志・樂》　《樂元》一卷。魏僧撰。

鄭樵《通志・藝文略・樂》　《樂元》二卷。魏僧撰。

當管七聲

《隋書・經籍志・樂》《當管七聲》二卷。魏僧撰。

鄭樵《通志・藝文略・樂》《當管七聲》二卷。魏僧撰。

樂書

《隋書・經籍志・樂》《樂書》七卷。後魏丞相士曹行參軍信都芳撰。

《舊唐書・經籍志・樂》《樂書》九卷。信都芳注。

《新唐書・藝文志・樂類》信都芳刪注《樂書》九卷。

鄭樵《通志・藝文略・樂》《刪注樂書》九卷。後魏信都芳。

張鵬一《隋書經籍志補・樂》《樂書》七卷。後魏河間信都芳。《魏書・樂志》正光中，侍中安豐王延明受詔監修金石，博採古今樂事，令其門生河間信都芳考算之，屬天下多難，終無制造。芳後乃撰延明所集《樂說》，并《諸器準圖說》二十餘事而注之。《器準圖》三卷《志》已録。不得在樂署考正聲律也。

樂雜書

《隋書・經籍志・樂》《樂雜書》三卷。

鄭樵《通志・藝文略・樂》《樂雜書》三卷。

樂書

張鵬一《隋書經籍志補・樂》《樂書》二卷。後魏公孫崇。《魏書・樂志》：正始元年，詔曰：「太樂令公孫崇，更調金石，爕理音準，其書二卷，並表悉付尚書。」

樂書

張鵬一《隋書經籍志補・樂》《樂書》百卷。北齊趙郡李神威。見《李義深傳》。

樂典

張鵬一《隋書經籍志補・樂》《樂典》十卷。後周河南斛斯徵本傳：徵精《三禮》兼解音律。

樂論

《隋書・經籍志・樂》《樂論》一卷。衛尉少卿蕭吉撰。

鄭樵《通志・藝文略・樂》《樂論》一卷。蕭吉。

樂譜集解

《隋書・經籍志・樂》《樂譜集》二十卷。蕭吉撰。

《舊唐書・經籍志・樂》《樂譜集解》二十卷。蕭吉撰。

《新唐書・藝文志・樂類》蕭吉《樂譜集解》二十卷。

律吕五法圖

鄭樵《通志・藝文略・樂》 《律吕五法圖》一卷。蕭吉。

樂要

《隋書・經籍志・樂》 《樂要》一卷。何妥撰。

鄭樵《通志・藝文略・樂》 《樂要》一卷。何妥。

樂府聲調

《隋書・經籍志・樂》 《樂府聲調》三卷。鄭譯撰。 《樂府聲調》六卷。岐州刺史、沛國公鄭譯撰。

《舊唐書・經籍志・樂》 《樂府聲調》六卷。鄭譯撰。

《新唐書・藝文志・樂類》 鄭譯《樂府聲調》六卷。

鄭樵《通志・藝文略・樂》 《樂府聲調》六卷。鄭譯。 《樂府聲調》三卷。鄭譯。

古今樂記

《隋書・經籍志・樂》 《古今樂記》八卷。李守眞撰。

《新唐書・藝文志・樂類》 李守眞《古今樂記》八卷。

鄭樵《通志・藝文略・樂》 《古今樂記》八卷。李守眞。

正聲樂調

《新唐書・藝文志・樂類》 竇璡《正聲樂調》一卷。

太常寺曲名

《隋書・經籍志・樂》 《太常寺曲名》一卷。

鄭樵《通志・藝文略・樂》 《太常寺曲名》一卷。

樂事

《隋書・經籍志・樂》 《樂事》一卷。

樂略

《隋書・經籍志・樂》 《樂略》四卷。

樂簿

《隋書・經籍志・樂》 《樂簿》十卷。

鄭樵《通志・藝文略・樂》 《樂簿》十卷。

歌曲名

《隋書・經籍志・樂》《歌曲名》五卷。

鄭樵《通志・藝文略・樂》《歌曲名》五卷。

歷代樂名

《隋書・經籍志・樂》《歷代樂名》一卷。

鄭樵《通志・藝文略・樂》《歷代樂名》一卷。

歷代曲名

《舊唐書・經籍志・樂》《歷代曲名》一卷。

《新唐書・藝文志・樂類》《歷代曲名》一卷。

鄭樵《通志・藝文略・樂》《歷代曲名》一卷。

鍾律緯辯宗見

《隋書・經籍志・樂》《鍾律緯辯宗見》一卷。

推七音

《隋書・經籍志・樂》《推七音》一卷。并尺法。

《舊唐書・經籍志・樂》《推七音》一卷。

《新唐書・藝文志・樂類》《推七音》一卷。

鄭樵《通志・藝文略・樂》《推七音》二卷。并尺法。

樂章記

鄭樵《通志・藝文略・樂》《樂章記》五卷。

樂論事

《隋書・經籍志・樂》《樂論事》一卷。

《舊唐書・經籍志・樂》《論樂事》二卷。

《新唐書・藝文志・樂類》《論樂事》二卷。

鄭樵《通志・藝文略・樂》《樂論事》二卷。

黃鍾律

《隋書・經籍志・樂》《黃鍾律》一卷。

鄭樵《通志・藝文略・樂》《黃鍾律》一卷。

大周正樂

錢東垣等輯《崇文總目・樂類》《大周正樂》一百二十卷。［原釋］

周翰林學士竇儼撰。顯德中，儼奉詔集綴。其書博而無次。

鄭樵《通志・藝文略・樂》《大周正樂》一百二十卷。

馬端臨《文獻通考・經籍考・樂》《大周正樂》一百二十卷。

《宋史・藝文志・樂類》《大周正樂》八十八卷。五代周竇儼訂論。

新樂書

《新唐書・藝文志・樂類》 張文收《新樂書》十二卷。

鄭樵《通志・藝文略・樂》 《新樂書》十二卷。張文收。

樂經

《舊唐書・經籍志・樂》 《樂經》三十卷。李玄楚撰。

《新唐書・藝文志・樂類》 李玄楚《樂經》三十卷。

鄭樵《通志・藝文略・樂》 《樂經》三十卷。李玄楚。

樂略

《舊唐書・經籍志・樂》 《樂略》四卷。元慇撰。

《新唐書・藝文志・樂類》 元慇《樂略》四卷。

鄭樵《通志・藝文略・樂》 《樂略》四卷。元慇。

聲律指歸

《舊唐書・經籍志・樂》 《聲律指歸》一卷。元慇撰。

《新唐書・藝文志・樂類》 元慇《聲律指歸》一卷。

鄭樵《通志・藝文略・樂》 《聲律指歸》一卷。元慇。

三調相和歌辭

《新唐書・藝文志・樂類》 翟子《三調相和歌辭》五卷。

鄭樵《通志・藝文略・樂》 翟子《三調相和歌辭》五卷。

三調相和歌辭

鄭樵《通志・藝文略・樂》 《三調相和歌辭》五卷。

齊三調雅辭

鄭樵《通志・藝文略・樂》 《齊三調雅辭》五卷。

聲律要訣

錢東垣等輯《崇文總目・樂類》 《聲律要訣》十卷。［原釋］唐田琦撰。推本律呂及制管定音之法，文雖近俗，而于樂禮尤諳焉。

鄭樵《通志・藝文略・樂》 《聲律要訣》十卷。唐田琦。

晁公武《郡齋讀書志・樂類》 《聲律要訣》十卷。右唐上黨郡司馬田疇撰。疇序謂「一切樂器，依律呂之聲，皆須本月眞響。若但執累黍之文，則律呂陰陽不復諧矣。故據經史參校短長爲此書」云。

《宋史・藝文志・樂類》 田琦《聲律要訣》十卷。

馬端臨《文獻通考・經籍考・樂》 《聲律要訣》十卷。

周優人曲辭

錢東垣等輯《崇文總目·樂類》《周優人曲辭》二卷。［原釋］周吏部侍郎趙上交、翰林學士李昉、諫議大夫劉濤、司勳郎中馮古纂録《燕優人曲詞》。

鄭樵《通志·藝文略·樂》《周優人曲辭》二卷。

馬端臨《文獻通考·經籍考·樂》《周優人曲辭》二卷。

樂説

鄭樵《通志·藝文略·樂》《樂説》五卷。和峴。

新纂樂書

鄭樵《通志·藝文略·樂》《新纂樂書》三十卷。聶冠卿。

樂苑

錢東垣等輯《崇文總目·樂類》《樂苑》五卷。［原釋］不著撰人名氏。叙樂律聲器，凡二十篇。

鄭樵《通志·藝文略·樂》《樂苑》五卷。陳游。

尤袤《遂初堂書目·樂類》《樂苑》。

馬端臨《文獻通考·經籍考·樂》《樂苑》五卷。

《宋史·藝文志·樂類》《樂苑》五卷。

樂儀

鄭樵《通志·藝文略·樂》《樂儀》十卷。李上交。

樂議

尤袤《遂初堂書目·樂類》胡瑗《樂議》。

樂説

《宋史·藝文志·樂類》趙德先《樂説》三卷。

樂書

《宋史·藝文志·樂類》趙德先《樂書》三十卷。

三聖樂書

陳振孫《直齋書録解題·禮類》《三聖樂書》一卷。宋祁子京撰。

馬端臨《文獻通考·經籍考·樂》《三聖樂書》一卷。

韶武遺音

《宋史・藝文志・樂類》 滕康叔《韶武遺音》一卷。

律管説

鄭樵《通志・藝文略・樂》 《律管説》一卷。阮逸。

補亡樂書

鄭樵《通志・藝文略・樂》 《補亡樂書》三卷。房庶。

晁公武《郡齋讀書志・樂類》 《補亡樂書》三卷。右皇朝房庶撰。古律既亡，後世議樂者，縱黍爲之則尺長，律管容黍爲有餘，王朴是也；横黍爲之則尺短，律管容黍爲不足，胡瑗是也。故庶欲先以一千二百黍，納之於律管中，黍盡乃得九十分，爲黄鍾之長。其説大要以律生尺耳。范蜀公本之以製雅樂。

尤袤《遂初堂書目・樂類》 《補亡樂書》。

馬端臨《文獻通考・經籍考・樂》 《補亡樂書》三卷。【略】石林葉氏曰：元祐中，昭陵命胡瑗，阮逸更造新樂，將成，宋景文得蜀人房庶所作《樂書補亡》三卷上之，以爲知樂。庶自言嘗得古文《漢書・律曆志》，言其「度起於黄鍾之長，用子穀秬黍中者」，一「黍」字下脱「之起積一千二百黍」八字，乃與下文之「實」字相接，而人不悟，故歷世皆以累黍爲尺，當如《漢志》以秬黍中者千二百實管中，爲九十分以定黄鍾之長，而加一分以爲尺，則《漢志》所謂「一爲一分」者，黄鍾九十分之一，而非一黍之一也。又言樂有五音，今無正徵音，國家以火德王，而亡本音，尤非是。范景仁力主其説，時方用累黍尺，故庶但報聞罷。崇寧中，更定大晟樂，始申景仁之説，而增徵音。然《漢書》卒未嘗補其脱字，蓋不知庶之所自本也。陳氏曰：庶説惟范鎮是之。時胡瑗、阮逸制樂，已有定議，遂格不行。元豐四年，庶子審權作演義，以述父之意。其後元祐初，范蜀公自爲新樂，奏之於朝，蓋用其説云。

《宋史・藝文志・樂類》 房庶《補亡樂書總要》三卷。

真館飲福等

《宋史・藝文志・樂類》 房庶《眞館飲福等》一卷。

樂要

尤袤《遂初堂書目・樂類》 《樂要》。

《宋史・藝文志・樂類》 令狐揆《樂要》三卷。

樂論

鄭樵《通志・藝文略・樂》 《樂論》一卷。沈括。

王圻《續文獻通考・經籍考・樂》 《樂論》。沈括著。

《宋史・藝文志・樂類》 沈括《樂論》一卷。

樂律

《宋史・藝文志・樂類》 沈括《樂律》一卷。

王圻《續文獻通考・經籍考・樂》 《樂律》。沈括著。

樂律圖

鄭樵《通志・藝文略・樂》 沈括《樂律圖》。

樂器圖

《宋史・藝文志・樂類》 沈括《樂器圖》一卷。

王圻《續文獻通考・經籍考・樂》 《樂器圖》。沈括。

元豐大樂記

尤袤《遂初堂書目・樂類》 《元豐大樂記》。

詩樂説

鄭樵《通志・藝文略・樂》 《詩樂説》三卷。吴良輔。

樂書

鄭樵《通志・藝文略・樂》 《樂書》五卷。吴良輔。

《宋史・藝文志・樂類》 吴良輔《樂書》五卷。

樂記

鄭樵《通志・藝文略・樂》 《樂記》三十六卷。

《宋史・藝文志・樂類》 吴良輔《樂記》三十六卷。

樂書

晁公武《郡齋讀書志・樂類》 范蜀公《樂書》一卷。右皇朝范鎮景仁撰。景仁論樂宗房庶，潛心四十餘年，出私財鑄樂器。

馬端臨《文獻通考・經籍考・樂》 范蜀公《樂書》一卷。

元祐樂議

尤袤《遂初堂書目・樂類》 《元祐樂議》。

元祐祀典樂歌

尤袤《遂初堂書目・樂類》 《元祐祀典樂歌》。

樂書

陳振孫《直齋書録解題・樂類》 《樂書》二百卷。祕書省正字三山陳暘晉之撰。建中靖國元年進之。爲《禮書》陳祥道者，其兄也。其書雅、俗、胡部音器、歌舞，下及優伶、雜戲，無不備載。博則博矣，未免於蕪穢也。賜紹聖元年制科，終禮部侍郎。

馬端臨《文獻通考・經籍考・樂》　《樂書》二百卷。

《宋史・藝文志・樂類》　陳暘《樂書》二百卷。

楊士奇等《文淵閣書目・樂》　陳暘《樂書》。一部，十二冊。完全。　陳暘《樂書》。一部，二十冊。完全。　陳暘《樂書》。一部，十冊。闕。

張萱等《内閣藏書目録・經部》　《樂書》二十冊。全。宋建中靖國間，宣德郎陳暘撰。進采十三經，中凡論樂者，爲之訓義，後附以律吕諸圖譜，凡二百卷　又十二冊。全。同前

范邦甸等《天一閣書目・樂類》　《樂書》二百卷。宋宣德郎祕書省正字陳暘上進。楊萬里《序》云：太常博士臣陳祥道上，體聖意作爲《禮書》一百有五十卷。其弟太學博士臣暘作爲《樂書》二百卷，然未就也。至哲宗時，祥道以《禮書》獻至。徽宗時，暘以《樂書》獻中，更多難二書，見之者鮮焉。今年二月丙子，朝奉大夫權發遣建昌軍事三山陳侅岐送以《樂書》一編，且以書底萬里曰：「岐幼師先君樞密嘗因請業。」問曰：「士奚若而成於樂。」先君曰：「聖門之學驟而語未可也。」從先儒問津則鄉先生陳公，晉之有《樂書》，在岐自是求其書，老而後得之，是用刻棗與學者公之。

于敏中等《天禄琳琅書目・元版經部》　《樂書》六函，三十六冊。宋陳暘撰。二百卷。前宋楊萬里序，次暘《進表》并序，次趙挺之《請寫録樂書劄子》、准行詔旨、《樂書目録正誤》、樓鑰序、陳芾題辭，後陳岐林、于沖二跋。陳振孫《書録解題》曰：《樂書》二百卷。祕書省正字三山陳暘撰。建中靖國初進之。爲《禮書》陳祥道，其兄也。其書雅俗畢備，博則博矣，未免於蕪穢也。考《宋史》，陳暘，字晉之，福州人。中紹聖制科，授順昌軍節度推官。徽宗初，進《迓衡集》以勸導紹述，得太學博士、祕書省正字，進鴻臚太常少卿、禮部侍郎，以顯謨閣待制提舉醴泉觀。建中靖國元年，趙挺之劄子稱「暘所著《樂書》，卷帙既多，無力繕寫。臣欲乞依祥道例，特賜筆吏畫工寫録圖畫進獻」云云。徽宗從之，並以詔書褒暘，有「成書甚富，衆論所稱，差進厥官。以爲爾寵」之語。《宋史》：挺之，字正夫，密州諸城人。進士上第，由登、棣二州教授，累官至右僕射。卒謚清憲。樓鑰序云：「樂家之書，未有此比，而又苦其舛誤，無所考證。聞建昌陳史君刊此書，與《禮書》並傳，取而校正，復爲質之經傳，尚三數百條。會陳子芾爲南豐宰，因以寄之南豐，欲別刊此編，以補郡本之缺。求書其後」云云。其序作於嘉泰二年，所稱陳史君卽作跋之陳岐。岐跋作於慶元己未，按己未爲宋寧宗慶元五年。至七年，改元嘉泰。是此書在徽宗時祇經寫録，逮岐始爲刻梓。而芾又別刊之，三年之中兩付剞劂矣。此本字多俗體，如「禮」作「礼」、「興」作「兴」之類。雖係元翻宋刻，而筆畫清朗，紙墨俱佳。固元刊之傑出者也。《宋史》：樓鑰，字大防，明州鄞縣人。隆興元年試南宮，有司偉其辭藝，欲以冠多士，策偶犯舊諱，知貢舉洪遵奏得旨，以冠末等。由溫州教授，累官至參知政事，卒贈少師，謚宣獻。陳岐、陳芾、林子沖，《宋史》俱無傳，淩迪知《萬姓統譜》：林子沖，字通卿，自號岫雲居士，侯官人。之奇從子，學問德業有聲鄉里，問士宗之者數百人。淳熙中，登進士第，初爲南豐簿，時郡守陳岐欲修二陳《禮》、《樂書》，以子沖大儒之後，延以特榻。子沖隨文釋義，訂正頗多。書中有「禮部官書」朱文長印，似亦爲明永樂間所採輯者。　御題：「宋陳暘《樂書》二百卷，與其兄祥道所著《禮書》，並傳於世。其間網羅放失，參考古今損益之故，犁然具備。而《女樂》一篇，尤足垂千古炯戒。楊萬里序中特著明之。意深遠矣。幾暇閑披，有資君德，夫豈獨雕鎪精好，輝映東壁耶？乾隆甲子秋分後二日，御題。」鈐寶二：曰「稽古右文之璽」，曰「乾隆宸翰」。

《四庫提要・樂類》　《樂書》二百卷。福建巡撫採進本。宋陳暘撰。暘，字晉之，閩清人。紹聖中登制科。官禮部侍郎。事蹟具《宋史》本傳。此書乃建中、靖國間，暘爲祕書省正字時所進。自第一卷至九十五卷，引《三禮》、《詩》、《書》、《春秋》、《周易》、《孝經》、《論語》、《孟子》之言，各爲之訓義。其第九十六卷至二百卷，則專論律吕本義、樂器、樂章及五禮之用樂者，爲樂圖論。引據浩博，辨論亦極精審。視其兄祥道《禮書》，殆相伯仲。第《禮書》所載，祗詳於三代器數，是書則又推及律吕本原及後世雅俗諸部。故陳振孫《書録解題》謂「《樂書》博則博矣，未能免於蕪穢也」。然暘書包括歷代，總述前聞，既欲備悉源流，自不得不兼陳正變。使振孫操筆而修史，將舉古來秕政亂法一切刪之不載乎？此南宋人迂謬之見，不足據也。其中惟辨二變、四清二條，實爲紕繆。自古論四清者，舉民臣相避以爲尊卑立說，本屬附會。暘則曰：「黃鍾至夾鍾四清聲，以附正聲之次，其意蓋謂夷則至應鍾四宮而設。既謂黃鍾至夾鍾爲清，又謂爲夷則至應鍾而設，

是兩四清也。不知每一均必具五聲，夷則一均以夷、南、無應爲次，而闕角聲。必須黄鍾清爲角。南呂一均以南、無應爲次，而闕羽角二聲。必須黄清爲羽。大清爲角以調而論，則謂夷、南、無、應四律；以聲而言，則爲黄、大、太、夾四清，非有二也。其不用正聲而用清聲者，樂之高下以漸，無驟高驟下之理。以夷則一均言之，始用夷、南、無、應四正律，則其聲以次而高。而忽用黄鍾正律，雖同在一均，而高下不協，故必以黄清協之也。」暘引李照十二鍾之説，殊爲舛誤。又論二變曰：「五聲者，樂之拇指也。二變者，五聲之駢枝也。五聲可益爲七音，則五星、五行、五常亦可益而七之乎？二變之説始於《尚書》，而曼衍於《左傳》、《國語》、《書傳》、《漢志》是不知書之在治忽，有五聲而無七始。《國語》之七同，有四宫而無徵也。《左氏》爲七音之説，蓋八音耳。八音以土爲主，而七音非土不和。故《書》之《益稷》，《禮》之《樂記》，其言八者皆虚其一，猶大衍虚其一也」云云。不知二變之生，由於高下之次。蔡元定相去二律則音節遠之説最有根據。若不究其理之所由然，而但以數相較，則七較之五而多其二者，將十二較之五而亦多其七。是音不得有其七，而律亦不得有其十二乎？且五聲二變，有管律弦度之不同。半太蔟與正黄鍾應，半夾鍾與正大呂應，此理尤爲暘所不知也。至以七音爲八音虚土而言，尤爲牽强矣。又其釋《周官》三宫之樂，以圜黄、太、姑爲宫之旋而在天者，故其合别而爲四。函太、姑、南爲宫之旋而在地者，故其合降而爲三。黄、大、太、應爲宫之旋而在人者，故其合降而爲二。若然，則天宫用八律，地宫用六律，人宫用四律，以多少爲差别也。而圜丘樂六變，方丘樂八變，宗廟樂九變，又何以解耶？凡此之類，皆不可據爲典要。然唐以來樂書無傳，北宋樂書惟《皇祐新樂圖記》及此書存耳。遺文緒論，條理可徵，又安可以一眚廢耶。

孫星衍《平津館鑒藏書籍記・影寫本》 《樂書》二百卷，《目録》一卷。題「迪功郎建昌軍南豐縣主簿林宇沖校勘」。前有慶元庚申楊萬里、三山陳先生《樂書序》，宣德郎祕書省正字陳暘《進樂書表》并序一篇，又建中靖國元年牒并議、詔、敕爲一卷。此本目録、篇題、行款俱與元本少異。又中多闕葉，余因以元本補鈔完足。

張金吾《愛日精廬藏書志・樂類》 《樂書》二百卷，《目録》二十卷。元至正刊本。宋陳暘撰。迪功郎建昌軍南豐縣主簿林宇沖校勘。缺序目及卷一至卷三三卷，抄補。

宋自藝祖基命，順應天人，太宗集統，清一文軌；眞宗懿文，倬彼雲漢；仁宗深仁，天地大德；英宗廣淵，克肖四聖；至於神宗厲精天綱，發憤王道，丕釐制作，緝熙百度，集五朝之大成，出百王而孤雄，聲明文物，煥乎有章。相如所謂五三六經之傳，楊雄所謂泰和在唐虞成周，不在我宋熙、豐之隆，其將焉在？於是太常博士臣陳祥道上體聖意作爲《禮書》一百有五十卷。其弟太學博士臣暘作爲《樂書》二百卷，然未就也。至哲宗時，祥道以《禮書》獻，至徽宗時暘以《樂書》獻。中更多難，二書見之者鮮焉。今年二月丙子，朝奉大夫權發遣建昌軍事三山陳侯岐送似《樂書》一編，且以書抵萬里曰：「岐學殖荒落，稽古剌經，則岐豈敢。然幼師先君樞密嘗因請業而問焉，曰士奚若，而成於樂。先君曰：『聖門之樂驟而語未可也。抑從先儒而問津焉。』則鄉先生陳公晉之有《樂書》在，小子志之。岐自是求其書，老而後得之。舒鼎昭兆，不足爲古；璀斝紀甗，不足爲珍。然不敢私也。是用刻棗與學者公之。願執事發揮而潤色之，以詮次於先生序篇之左方，俾學者有稽焉。」萬里發書，披編而三讀之。蓋遠自唐虞三代，近逮漢唐本朝，上自六經，下逮子史百氏，内自王制，外逮戎索，網羅放失，貫綜煩悉。放鄭而壹之雅，引今而復之古，使人味其論，玩其圖，忽乎先王金鍾天球之音鏘如於左右也，粲乎前代鷺羽玉戚之容躍如於前後也。後有作者，不必求之於野，證之於杞宋而損益可知矣。讀之至《女樂》之篇，曰：「女樂之爲禍，大矣！齊人遺魯，孔子行；秦人遺戎，由余去；晉出宋禕，帝疾愈；虞受二八，邦政亂。」則執編而歎曰：鑠哉言乎！其有國者之膏肓，而醫國者之玉札丹砂乎！斯人也，不有斯疾也，上也；斯人也有斯疾也，而服斯藥也，次也；斯人也有斯疾也，而吐斯藥也，無次矣。慶元庚申通議大夫寶文閣待制致仕楊萬里序。

尚書禮部近惟建中靖國元年正月九日敕中書省禮部侍郎兼侍讀實録修撰趙挺之劄子奏，臣聞六經之道，禮樂爲急。方當盛時，所宜稽考情文以飾治具，然非博洽該通之士莫能盡也。臣竊見祕書省正字陳暘著成《樂書》二百卷，貫穿載籍，頗爲詳備。陳暘制策登科。其兄祥道亦著《禮書》，講閲古今制度曲盡。元祐中，嘗因臣寮薦舉，蒙朝廷給筆札畫工，録其書以付太常寺。今暘所著《樂書》卷帙既多，無力繕寫以進。臣欲乞依祥道例，特賜筆吏畫工三五人寫録圖畫進獻。如蒙聖覽，以爲可采，乞付太常寺與祥道所著《禮書》同共施行。取進止。正月八日三省同奉聖旨，依奏本部尋下太常寺抄録，到元祐四年十二月二十三日敕中書省臣寮上言，曾論奏乞朝廷量給紙札及差楷書畫工等，付太常博士陳祥道録進《禮書》，未蒙降敕指揮。方今朝廷講修治具，以《禮書》爲先。臣切知所撰《禮書》累歲方成，用功精深，頗究先王之藴。然而卷帙浩大，又圖寫禮器之屬不一，祥道家貧，無緣上進。伏望聖慈特降指揮，量給紙札，并差楷書三五人畫工一二人付祥道處，俾圖録進以備聖覽，必有所補。取進止。十二月二十二日三省同奉聖旨，依奏内楷書許差三人、畫工一人，須至公文牒請照會施行謹牒。建中靖國元年正月二十七日牒。

進書表曰：臣某言。臣聞百王之治一是，無上文明；六經之旨同歸，莫先禮樂。將光華於盛旦，必若稽於大猷。固豈小臣所宜輕議。臣誠惶誠懼，頓首頓首。臣竊以禮因天澤而制，樂象地雷而成，實本自然，非由或使。帝王殊尚，不相襲而相沿；文質從宜，爲可傳而可繼。自商周之損益，更秦漢而陵遲。樂謝夔龍，音流鄭、衛。浸廢修聲之瞽，上下何幾；更乖旋律之宫，尊卑莫辨。或指胡部爲和奏，或悦俗調爲雅音。二變興而五序愆期，四清作而中氣爽應。欲召和於天地，其道無繇；思饗德於鬼神，何修而可。是故稽度數以適正，省文彩而趨則；勿用夷以亂華，罔俾哇而害雅。息諸儒好異之説，歸大樂統同之和。自然百獸舞庭，符虞帝九成之奏；四靈覽德，顯周王六變之功。恭惟皇帝陛下，席奕世積累之基，御百年富庶之俗，恩涵萬國之雨露，威奮四夷之雷霆。期月之間，大功數十，寰海之内，萬物盛多。將畢入於形容，宜莫如於制作。斯文未喪，俟君子而後成；與治同興，豈腐儒之能預。如臣學非精博，才昧變通，黽勉父兄之義方，寤寐聖賢之彝訓。夷考治世之成法，紹復先王之舊章。志大而心愈勞，力多而功益少。閉孫敬之户餘四十年，廣姬公之書成二百卷。人多嗤爲傳癖，世或指爲經癡。自言皓首而不疑，孰意近臣之過採。囊章朝奏，俄簡在於宸衷；筆札暮頒，靡遐遺於瞽説。雖無俾於國論，庶有紹於家聲。私竊爲榮，居慙浮實，敢擬倫於玉爵，甘並質於瓦甌。仰瀆離明，俯增震恐。萬幾多暇，儻垂甲夜之觀；一得不遺，願贊太平之化。臣所撰《樂書》并《目録》二百二十卷，謹繕寫成一百二冊，隨表上進以聞。臣誠惶誠懼，頓首頓首，謹言。宣德郎祕書省正字臣陳暘上進。

《自序》曰：臣聞先天下而治者在禮樂，後天下而治者在刑政。三代而上，以禮樂勝刑政而民德厚；三代而下，以刑政勝禮樂而民風偷。是無他，其操術然也。恭惟神宗皇帝超然遠覽，獨觀昭曠之道，革去萬蠹，鼎新百度。本之爲禮樂，末之爲刑政。凡所以維綱治具者，靡不交修畢振，而典章文物一何焕歟。臣先兄祥道是時直經東序慨然有志禮樂。上副神考修禮文，正雅樂，正意既而就《禮書》一百五十卷。哲宗皇帝祗遹先志，詔給筆札繕寫以進，有旨下太常議焉。臣兄且喜且懼。一日語臣曰：「禮樂治道之急務，帝王之極功，闕一不可也。比雖籠絡今昔上下數千載間，殆及成書亦已勤矣，顧寤寐在樂而精力不逮也。」屬臣其勉成之。臣應之曰：小子不敏，敬聞命矣。臣因編修論次，未克有成。先帝擢寘上庠陛下陞之文館，積年於兹，著成《樂書》二百卷。曲蒙陛下誤恩，特給筆札，俾録上進，庶使臣兄弟以區區所聞，得補聖朝制作，討論萬一。其爲榮幸，可勝道哉！雖然，纖埃不足以培泰華之高，勺水不足以資河海之深，亦不敢不盡心焉爾。臣竊謂古樂之發，中則和，過則淫。三才之道，參和爲沖氣；五六之數，一貫爲中合。故沖氣運而三宫正焉，參兩合而五聲形焉，三五合而八音生焉，二六合而十二律成焉。其數度雖不同，要之一會歸中聲而已。過此則胡、鄭哇淫之音，非有合於古也。是知樂以太虚爲本，聲音律吕以中聲爲本，而中聲又以人心爲本也。故不知情者不可與言作，不知文者不可與言述。況後世泯泯棼棼，復有不知而述作者乎？嗚呼！《樂經》之亡久矣，情文本末湮滅殆盡，心達者體知而無師，知之者欲教而無徒。後世之士，雖有《論語》亦不過出入先儒臆説而已。是以聲音所以不和者，以樂不正也；樂所以不正者，以經不明也。臣之論載，大致據經考傳，尊聖人，折諸儒，追復治古而是正之。囊括載籍，條分彙從，總爲六門，別爲三部。其書冠以經義，所以正本也；圖論冠以雅部，所以抑胡、鄭也。經義已明而六律六吕正矣，律吕已正而五聲八音和矣。然後發之聲音而爲歌，形之動靜而爲舞。人道性術之變，蓋盡於此。苟非寓諸五禮，則樂爲虚器，其何以行之哉？是故循乎樂之序，君子以成焉；明乎樂之義，天下以寧焉。然則樂之時用，豈不大矣哉？繇是觀之，五聲十二律，樂之正也；二變四清，樂之蠹也。蓋二變以變宫爲君，四清以黃鍾清爲君。事以時作，固可變也，而君不可變。太簇、大吕夾鍾或可分也，而黃鍾不可分。既有宮矣，又有變宮焉；既有黃鍾矣，又有黃鍾清焉。是兩之也。豈古人所爲尊無二上之旨哉？爲是說者，古無有也，聖人弗論也。其漢、唐諸儒傅會之說歟？存之則傷教而害道，削之則律正而聲和。臣是敢辭而闢之，非好辯也，志在華國，義在尊君，庶幾不失仲尼放鄭聲惡亂雅之意云爾。臣謹序。

合刻禮樂書後序曰：六經之道同歸，禮樂之用爲急。吾夫子刪詩定書之餘，拳拳以贊禮樂爲務。夏殷之禮，類能言之，而以文獻不足徵爲可惜。周之禮今用之，則曰「吾從周」。及其自衛反魯，然後樂正雅頌，各得其所。世皆曰聖人約魯史，修《春秋》，而不知筆削本旨，所以推行周公之禮樂。至贊《周易》則以上天下澤之《履》、雷出地奮之《豫》，爲天地自然之禮樂。而夏時殷輅周冕《韶舞》，無非宗廟之美，顔淵亦與聞焉。嗚呼，聖人討論禮樂，至於如是至矣，盡矣，蔑以加矣。遭秦滅學，漢儒掇拾，百孔千瘡，後世者無幾。宋儒陳氏兄弟潛心考古，悉意稽經，講求有用之學。凡唐、虞、三代禮樂名物度數，與其所以制作之由，靡不具之圖說。先儒疏義，寸長片善，搜抉無遺，非徒區區好尚奇古，務資博洽。其命意，則曰兹實聖人斟酌帝王之典，立萬世常行之道，形爲器服，寓於文字，有天下國家者推而行是，則納民軌物，陶世雍熙，有不難者矣。吾閩憲府僉憲前進士趙公宗吉先生購求善本，首命鋟梓於學，賓幕經歷前進士可行君、知事前國學貢士允可張君董成其事，爰馳一介謁序於翰林盱江伯生虞公，庶幾他日朝廷采而用之。則古禮可復，今樂可變，甚盛舉也。抑愚聞之，禮樂必俟君子，君子學道則愛人。昔公西氏志宗廟會同，端章甫爲小相則夫子與之，子之武城，聞弦歌之聲則莞爾而笑。今憲府得賢，遺文不隊，抑可謂大有功于聖門哉。至正丁亥秋七月辛丑福州路儒學教授郡人林光大謹序。

黃鍾徵角調

《宋史・藝文志・樂類》 徽宗《黃鍾徵角調》二卷。

樂論

《宋史・藝文志・樂類》 劉昺《樂論》八卷。

大晟樂書

鄭樵《通志・藝文略・樂》 《大晟樂書》十三卷。

大晟樂書

鄭樵《通志・藝文略・樂》 《樂書》二十卷。劉炳。

晁公武《郡齋讀書志・樂類》 《大晟樂書》二十卷。大中大夫開封劉炳子蒙撰。「大晟」者，本方士魏漢津妄出新意，以祐陵指節定尺律，傅會身爲度之說。炳爲大司樂，精爲緣飾。又有《圖譜》一卷。

尤袤《遂初堂書目・樂類》 《大晟樂書》。

陳振孫《直齋書録解題・樂類》 《大晟樂書》二十卷。大中大夫開封劉炳子蒙撰。「大晟」者，本方士魏漢津妄出新意，以祐陵指節定尺律，傅會身爲度之說。炳爲大司樂，精爲緣飾。又有《圖譜》一卷。

馬端臨《文獻通考・經籍考・樂》 《大晟樂書》二十卷。

《宋史・藝文志・樂類》 劉昺《大晟樂書》二十卷。

雅樂圖譜

陳振孫《直齋書録解題・樂類》 大中大夫劉炳子蒙撰《圖譜》一卷。

馬端臨《文獻通考・經籍考・樂》 《雅樂圖譜》。大中大夫劉炳子蒙撰。

樂演卦

鄭樵《通志・藝文略・樂》　《樂演卦》一卷。

樂　傳

鄭樵《通志・藝文略・樂》　《樂傳》二卷。

曆代樂議

尤袤《遂初堂書目・樂類》　《曆代樂議》。

隆韶導和集

鄭樵《通志・藝文略・樂》　《隆韶導和集》一卷。姚公立。

晁公武《郡齋讀書志・樂類》　《隆韶導和集》一卷。案：《文獻通考》題《隆韶道百和集》，誤。

陳振孫《直齋書録解題・樂類》　《隆韶導和集》一卷。案：《文獻通考》題《隆韶道百和集》，誤。保義郎大晟府案協律姚公立撰。以律呂、節氣、陰陽爲說，凡四十九條。

馬端臨《文獻通考・經籍考・樂》　《隆韶道百和集》一卷。

樂　書

《宋史・藝文志・樂類》　李如篪《樂書》一卷。

樂舞新書

尤袤《遂初堂書目・樂類》　《樂舞新書》。

馬端臨《文獻通考・經籍考・樂》　《樂舞新書》。《中興藝文志》：吳仁傑撰。論《關雎》者二，論風雅頌者九，論笙鏞雅頌者二，論《大雅》、《小雅》者一，論二《南》者二，論雅者九，凡二十五篇。

《宋史・藝文志・樂類》　吳仁傑《樂舞新書》二卷。

律呂新書

楊士奇等《文淵閣書目・樂》　蔡氏《律呂新書》。一部，一冊。完全。

《宋史・藝文志・樂類》　蔡元定《律呂新書》二卷。

張萱等《内閣藏書目録・經部》　《律呂新書》一冊。全。宋蔡元定著。

馬端臨《文獻通考・經籍考・樂》　《律呂新書》二卷。《中興藝文志》曰：蔡元定季通撰。其法以律生尺，如房庶、范鎮之論，亦祖兩漢《志》、蔡邕說及我朝程子、張子，又主淮南太史小司馬之說，以九分爲寸。

朱子序曰：南狩今六十年，學士大夫因仍簡陋，遂無復以鍾律爲意者。吾友蔡君季通，乃獨心好其說，而力求之，旁搜遠取，巨細不捐，積之累年，乃若冥契，著書兩卷，凡若干言。予嘗得而讀之，愛其明白而淵深，縝密而通暢，不爲牽合附會之談，而横斜曲直，如珠之不出於盤，其言雖多出於近世之所未講，而實無一字不本於古人已。試之成法，蓋若黃鍾圜徑之數，則漢斛之積分可考；寸以九分爲法，則淮南太史小司馬之說可推；五聲二變之數，變律半聲之例，則杜氏之《通典》具焉；變宮變徵之不得爲調，則孔氏之《禮》（數）［疏］因亦可見。至於先求聲氣之元，而因律以生尺，則尤所謂卓然者，而亦班班雜見於兩漢之《志》、蔡邕之說，與夫國朝《會要》以及程子、張子之言。顧讀者不深考，其間雖或有得於此者，而又不能無失於彼，是以晦蝕紛拏，無復定論。抑季通之爲此書，詞約理明，初非難讀，而讀之者往往未及終篇，輒已欠伸思睡，固無由了其歸趣。獨以予之頑頓不敏，乃能熟復數過，而僅得其旨意之彷彿。季通亦許予能知己，故屬以序而不得辭焉。《朱子語録》曰：季通律書，分明是好，卻不是暗說，自有按據。

錢謙益等《絳雲樓書目・樂類》　《律呂新書》。二卷。蔡元定撰。朱子序。又吳仁傑撰《樂舞新書》。凡二十六篇。

《四庫提要・樂類》　《律呂新書》二卷。編修李潢家藏本。宋蔡元定撰。元定字季通，建陽人。慶元中坐黨禁，流道州卒。事蹟具《宋史・道學傳》。朱子稱其律書「法度甚精，近世諸儒皆莫能及」。又云：「季通理會樂律，大段有心力，看得許多書。及爲是書作序。」又曰：「黄鍾圍徑之數，則漢斛之積分可考；寸以九分爲法，則淮南太史小司馬之說可推；五聲二變之數，變律半聲之例，則杜氏之《通典》具焉；變宮變徵之不得爲調，則孔氏之《禮》疏固亦可見。至於先求聲氣之元，而因律以生尺，則尤所謂卓然者。而亦班班雜見於兩漢之制、蔡邕之說，與夫國朝《會要》以及程子、張子之言。」蓋是書實朱、蔡師弟子相與共成之者，故獨見許如此。書分二卷，一爲律呂本原，凡十三篇。黄鍾第一，黄鍾之實第二，黄鍾生十一律第三，十二律之實第四，變律第五，律生五聲圖第六，變聲第七，八十四聲圖第八，六十調圖第九，候氣第十，審度第十一，嘉量第十二，謹權衡第十三。其一卷爲律呂證辨，凡十篇。造律第一，律長短圍徑之數第二，黄鍾之實第三，三分損益上下相生第四，和聲第五，五聲大小之次第六，變宮變徵第七，六十調第八，候氣第九，度量權衡第十。今考元定之說，多截竹以擬黄鍾之管，皆即以其長權爲九寸，而度其圍徑如黄鍾之法。更迭以吹，則中聲可得。淺深以列，則中氣可驗。是截管之法，必本之候氣也。而候氣之說最爲荒渺。後漢、晉、隋《志》所載，又各異同。既云以木爲案，加律其上，又云埋之土與地平，又云置於案上而以土埋之，上平於地，此置律有淺深高下之不一也。既云以葭莩灰抑其內端，氣至者灰去。又云以竹灰實律，以羅縠覆律口，氣至吹灰動縠，有小動、大動、不動三說。又云灰飛動素，散出於外，而氣應有早晚，灰飛有多少。其說又不一也。然則候氣既不足憑，人聲又無左驗，是蔡氏所謂聲氣之元者，亦徒爲美聽而已，非能見之實事也。劉歆銅斛，具詳《漢志》，而《隋志》又詳載其銘，曰：律嘉量斛，方尺而圓，其外庣旁，九釐五毫，冪百六十二寸，深尺積一千六百二十寸，容十斗。祖沖之所議，以爲漢世斛銘，劉歆詭謬其數，爲算氏之劇疵者是也。元定乃併《漢志》，取之以定黄鍾積實爲八百一十分，何也？荀勖之尺，《隋志》所謂晉前尺也。當晉之時，阮咸已譏其高，而元定以爲此尺出於汲冢之律，與劉歆之斛最爲近古。樂聲高急，不知當時之圍徑果爲何如。夫古人所云徑三分圍九分者，言圓徑三分而周九分也。空圍即圓周也。胡瑗疑其管狹，不足容千二百黍，遂大其空徑四釐六毫，而周爲十分三釐八毫。是亦徑三圍九之率也。因以空圍爲管內之面冪爲容九方分矣。元定從之，而以圓田術起算黄鍾積實，又失之太大，則不精算術之誤也。至謂黄鍾六變律不與本均之聲相應，而不知當用清聲。又謂二變不可以爲調，而不知二變之調具足五音。若以二變音爲每調之七音，則反爲出調。凡此皆元定之所未及詳者，故特著之以糾其失焉。

律呂本原　律呂辨證

楊士奇等《文淵閣書目・樂》　蔡氏《律呂本原》。一部，一冊。闕。
張萱等《内閣藏書目録・經部》　蔡氏《律呂本原》一冊。同前人。
錢曾《讀書敏求記・禮樂》　蔡氏《律呂本原》一卷。《律呂辨證》一卷。蔡氏，建陽蔡元定、季常也。文公極稱許之。此從閣本録出，清常道人手爲校正。

聲律關鍵

楊士奇等《文淵閣書目・樂》 鄭起潛《聲律關鍵》。一部，四册。闕。

大樂演義

陳振孫《直齋書録解題・樂類》 《大樂演義》三卷。案：《文獻通考》，《大樂演義》上有《補亡樂書》三卷。成都房審權撰。皇祐中宋祁、田況薦益州進士房庶曉音律，上其《樂書補亡》三卷。庶自言得古本《漢書》，云「度起於黃鍾之長，以子穀秬黍中者，一黍之起，積一千二百黍之廣，度之九十分，黃鍾之長，一爲一分」。今本脱「之起，積一千二百黍」八字。故前世累黍爲尺，以制律。是律生於尺，非尺生於律也。且「一爲一分」者，蓋九十分之一也，後世誤以一黍爲一分，非是。當以秬黍中者一千二百實管中，黍盡得九十分，爲黃鍾之長九寸，加一，以爲尺，則律定矣。惟范鎮是之。時胡瑗、阮逸制樂，已有定議，遂格不行，詳見國史《律曆志》。審權，庶之子也，元豐四年爲此書，以述父之意。其後元祐初，范蜀公老矣，自爲新樂奏之於朝，蓋用其説云。

馬端臨《文獻通考・經籍考・樂》 《補亡樂書》三卷。《大樂演義》三卷。【略】石林葉氏曰：元祐中，昭陵命胡瑗、阮逸更造新樂，將成，宋景文得蜀人房庶所作《樂書補亡》三卷上之，以爲知樂。庶自言嘗得古文《漢書・律曆志》，言其一度起於黃鍾之長，用子穀秬黍中者」，一「黍」字下脱「之起積一千二百黍」八字，乃與下文之「實」字相接，而人不悟，故歷世皆以累黍爲尺，當如《漢志》以秬黍中者千二百實管中，爲九十分以定黃鍾之長，而加一分以爲尺，則《漢志》所謂「一爲一分」者，黃鍾九十分之一，而非一黍之一也。又言樂有五音，今無正徵音，國家以火德王，而亡本音，尤非是。范景仁力主其説，時方用累黍尺，故庶但報聞罷。崇寧中，更定大晟樂，始申景仁之説，而增徵音。然《漢書》卒未嘗補其脱字，蓋不知庶之所自本也。

律呂新書贅述

黃虞稷《千頃堂書目・禮樂類・補元》 程時登《律呂新書贅述》。

倪燦等《補遼金元藝文志・禮樂書》 程時登《律呂新書贅述》。

錢大昕《補元史藝文志・樂類》 程時登《律呂新書贅述》。

樂律考

王圻《續文獻通考・經籍考・樂》 《樂律考》。陸正著。

中和樂經

楊士奇等《文淵閣書目・樂》 元《中和樂經》。一部，一册。完全。元《中和樂經》。一部，一册。完全。元《中和樂經》。一部，一册。闕。元《中和樂經》。一部，一册。闕。

張萱等《内閣藏書目録・經部》 皇元《中和樂經》二册。元余載采集經典禮樂之語，彙而爲書。

黃虞稷《千頃堂書目・禮樂類・補元》 余載皇元《中和樂經》十卷。

倪燦等《補遼金元藝文志・禮樂書》 余載《中和樂經》十卷。

錢大昕《補元史藝文志・樂類》 余載皇元《中和樂經》二卷。一作十卷。

韶舞九成樂補

楊士奇等《文淵閣書目・樂》 元《韶舞九成樂補》。一部，二册。闕。

黃虞稷《千頃堂書目・禮樂類・補元》　皇元《韶舞九成樂補》。不知撰人。

倪燦等《補遼金元藝文志・禮樂書》　余載《韶舞九成樂補》一卷。

嵇璜等《續通志・圖譜略・樂》　元余載《韶舞九成樂譜》。

《四庫提要・樂類》　《韶舞九成樂補》一卷。《永樂大典》本。元余載撰。載始末無考，惟據其進書原序，自稱「三山布衣，前福州路儒學録」。又據其門人新安朱模進《樂通韶舞補略序》，知爲仁宗天曆中人，其字曰大車，以養親辭官，篤行授徒，自甘嘉遯而已。是編《文淵閣書目》著録，世無傳本，惟《永樂大典》所載篇帙猶完。首爲《九德之歌音圖》，次爲《九德之歌義圖》，次爲《九磬之舞綴兆圖》，次爲《九磬之舞采章圖》，其歌圖以五聲五言相配，所謂平濁、平清者，與沈約、徐景安分平聲爲上下以配五音者異。沈約說見米芾《畫史》。徐景安說見王應麟《困學紀聞》。與司馬光、劉鑑諸家以喉、舌、脣、齒、牙配五音者亦異。又以六律、六呂分用，與諸家樂書以十二律相生之次爲旋宮七音之次者，尤截然不同。然考周德清《中原音韻》所謂陰平、陽平，卽載平濁、平清之說也。《周官・大司樂》鄭玄註所謂「六律合陽聲，六呂合陰聲」，卽載「律、呂分用」之說也。則雖自出新意，亦不爲無據。至於準大衍之數以製《河圖》，準太乙行九宮法以造《洛書》，皆起於陳摶以後。后夔典樂之日，實無是文。載所定舞圖，皆根《河》、《洛》以起數，尤不免附會牽合。然數不外於奇偶，奇偶不外於陰陽，《易》道廣大，事事可通，亦未始不言之成理。束皙之補《六詩》，皮日休之補《九夏》，不必其定合於古，要猶存古義於萬一，終勝於側調幺弦、導欲增悲者也。則載是書亦不妨存備一說矣。其書屢經傳寫，譌誤宏多，如《音圖》第八章「至哉坤元」之「坤」字，據後《義圖》應在第八格，而舊本誤在第七格。又如《綴兆始成圖》中層左右皆闕兩位，據舞用八佾當得六十四人，不應再成以下皆六十四，始成乃止六十。且復綴卽始成之位次，後《采章圖》內亦各有黃衣二人之位，則此圖之佚脫顯然。今竝校正，使復其舊。其以朱圈墨圈記舞人之位者，亦間有淆亂，竝釐正焉。

錢大昕《補元史藝文志・樂類》　余載皇元《韶舞九成樂譜》一卷。

律呂成書

楊士奇等《文淵閣書目・樂》　劉瑾《律呂成書》。一部，一冊。闕。

黃虞稷《千頃堂書目・禮樂類・補元》　劉瑾《律呂成書》。

倪燦等《補遼金元藝文志・禮樂書》　劉瑾《律呂成書》二卷。

《四庫提要・樂類》　《律呂成書》二卷。《永樂大典》本。元劉瑾撰。瑾有《詩集傳通釋》，已著録。是書以候氣爲定律之本，因而推其方圓周徑，以考求其積分。蓋瑾之學篤信宋儒。故其註《詩》守朱子之說，不踰尺寸。其論《樂》，守蔡氏、彭氏之說，亦不踰尺寸也。考《管子・地員》篇稱呼音中徵中羽之數，及《呂氏春秋・古樂》篇，稱伶倫先制黃鍾之宮，次制十有二筒咸不言候氣。至司馬彪《續漢書志》始載其法，相傳爲出於京房，然別無顯證。《隋書》載後齊信都芳能以管候氣，仰觀雲色，嘗與人對語，卽指天曰：「孟春之氣至矣」。人往驗管而飛灰果應。又稱「毛爽草，候氣法」，述漢魏以來律尺稍長灰悉不飛。其先人柄誠與其兄喜所爲律管，皆飛灰有徵應。然後來均不用其法。蔡邕有言，古之爲鍾律者，以耳齊其聲；後人不能，假器以定其度。以度量者，可以文載口傳，然不如耳治之明決也。然則舍可辨之音而求諸杳茫不可知之氣，斯亦末矣。至蔡氏《律呂新書》，推衍舊文，仍言候氣。其數以「徑一圍三」立度，爲算頗疎。彭氏覺其未合，改用祖沖之「徑七圍二十二」之率。然稽諸《隋志》，此猶約率，非密率也。瑾合二家之書，反復推衍以成是編。較諸古人之神解，誠未必窺其精微。然宋儒論樂，所見不過如此。有元一代，著述尤稀，此書猶不甚支離者。長短兼存，以資考訂，固亦不妨姑備一說云爾。

錢大昕《補元史藝文志・樂類》　劉瑾《律呂成書》二卷。

律呂管鑰

黃虞稷《千頃堂書目・禮樂類》　周瑛《律呂管鑰》一卷。

《明史・藝文志・樂類》 周瑛《律呂管鑰》一卷。

律呂新書釋義

黃虞稷《千頃堂書目・禮樂類》 白良輔《律呂新書釋義》。

律呂纂例圖説

黃虞稷《千頃堂書目・禮樂類》 楊廉《律呂纂例圖説》。因西山之書。有與朱子《儀禮經傳正解》有不同者，故爲之説。

和樂餘音

黃虞稷《千頃堂書目・禮樂類》 徽莊王見沛《和樂餘音》十卷。

樂書

錢謙益等《絳雲樓書目・樂類》 李文利《樂書》十册。

大樂律呂元聲

黃虞稷《千頃堂書目・禮樂類》 李文利《大樂律呂元聲》六卷。文利，號兩山，莆田人。官思南府儒學教授。本之劉恕《通鑑外紀》，長孫無忌《隋志》，并《呂氏春秋》，謂「黃帝命伶倫取竹制律，斷兩節間三寸九分而吹之，爲黃鍾之宮，曰含少」。因而詳加考證，正司馬遷九寸之誤，編□成而作。其兄前廬江知縣李元校補之。嘉靖三年，其門人巡撫四川監察御史范承鑾進其書於朝。王廷相、韓邦奇皆精心樂律，不以其説爲然。

《明史・藝文志・樂類》 李文利《大樂律呂元聲》六卷。附《律呂考註》四卷。

《四庫提要・經部・樂類存目》 《大樂律呂元聲》六卷。兩淮鹽政採進本。明李文利撰。文利字乾遂，號兩山，莆田人。成化庚子舉人，官思南府教授。是書據《呂氏春秋》「黃鍾長三寸九分」之説，駁司馬遷「黃鍾長九寸」之誤。《明史・藝文志》又載黃積慶作《樂律管見》二卷。駁文利之説，考《呂氏春秋・仲夏・古樂》篇言：黃帝命伶倫自大夏之西，阮隃之陰，取竹嶰溪之谷，空竅厚均者，斷兩節間，其長三寸九分，而吹之以爲黃鍾之宮。吹曰含少。次制十二筒以聽鳳凰之鳴，以別十二律，其雄鳴爲六，雌鳴亦六，以比黃鍾之宮，而皆可以生之。故曰「黃鍾之宮，律呂之本」。其《季夏・音律》篇又曰：「黃鍾生林鍾，林鍾生太蔟，太蔟生南呂，南呂生姑洗，姑洗生應鍾，應鍾生蕤賓，蕤賓生大呂，大呂生夷則，夷則生夾鍾，夾鍾生無射，無射生仲呂。三分所生，益之一分以上生；三分所生，去其一分以下生。黃鍾、大呂、太蔟、夾鍾、姑洗、仲呂、蕤賓爲上，林鍾、夷則、南呂、無射、應鍾爲下。」是其損益相生，與《史記》同也。假令以三寸九分爲黃鍾，而如其上下相生之法，而三分損益之至於應鍾，止長一寸八分四釐有奇，何以成聲耶？又案：吳韋昭註《國語》曰「黃鍾陽之變」，言陽氣變而爲黃鍾耳，猶《漢志》云「黃鍾爲乾之初九」也，與蕤賓無與也。其言「黃鍾爲管長九寸，徑三分，圍九分」，而又舉蕤賓成數云「管長六寸三分」，所以分別黃鍾、蕤賓者，尋文案數，甚爲明了。其不以九寸本蕤賓之律，而爲黃鍾之變者，亦甚明矣。至《呂覽》先言三寸九分爲黃鍾之宮，又云次制十二筒以比黃鍾之宮，而皆可以生之，則黃鍾之宮非即黃鍾，與《月令》云「六月律中黃鍾之宮，十一月律中黃鍾」者正同也。文利誤解《呂覽》、韋昭之意，而堅執三寸九分爲黃鍾，并以黃鍾之九寸爲蕤賓，不至舛乎至於以三寸九分起數，循環升降，自大呂以至蕤賓五陽辰，皆以陽升而進九分。惟黃鍾陽氣尚微，故止進六分。自林鍾以至黃鍾五陰辰，皆以陰降而退九分。惟林鍾陰氣未盛，故止退六分。夫陰陽進退，皆由馴致，或多或少，以漸而加，不得進退先以六分而後驟增至九分也。又五聲生數次第，宮五十，商八十，角九十，徵七十，羽六十，多少之數，毫無法象。又云：變宮五十，變徵七十，二變與正律同數，尤不可解也。其《六十調圖》，雖本《律呂新書》，改其次序以從左旋。而每五調之後又列一宮，與《大司樂》奏歌之説相附。其《雙宮對調圖》，則止據奏歌二律分配之，更爲牽強矣。

大樂律呂考證

錢謙益等《絳雲樓書目・樂類》 《大樂律呂考註》一冊。四卷。李文利。

黃虞稷《千頃堂書目・禮樂類》 李文利《大樂律呂考證》四卷。

《明史・藝文志・樂類》 李文利《大樂律呂考證》四卷。

古樂經傳全書

黃虞稷《千頃堂書目・禮樂類》 湛若水《古樂經傳全書》二卷。

《明史・藝文志・樂類》 湛若水《古樂經傳全書》二卷。

《四庫提要・樂類》 《古樂經傳》三卷。兩淮鹽政採進本。明湛若水撰。若水有《二禮經傳測》，已著録。是書《補樂經》一篇，若水所擬《古樂正傳》十篇，則録其門人呂懷之書。《古樂本傳》一篇卽《樂記》原文。《別傳》一篇，皆《周禮》所言樂事。《雜傳》一篇，《律傳》一篇，則雜採《孟子》以下及歷代論樂語也。其大旨以論度數爲主，以論義理爲後。故以己所作者反謂之經，而《樂記》以下古經反謂之傳。然古之度數其密率已不可知。非聖人聲律身度者，何由於百世之下闇與古合，而用以播諸金石管弦之器？若水遽定爲經，未免自信之過矣。

六樂説

《四庫提要・樂類存目》 《六樂説》，無卷數。江蘇巡撫採進本。明劉績撰。績有《三禮圖説》，已著録。此其論樂之書也。前有《自序》，謂「蔡氏《律呂新書》不合者多，因以古義求已亡之器，以古器推未言之義，作爲此書」。然持論偏執，且多疎略。如云「七音，漢以前但謂之和繆，不能立名」。又云「天地自然之聲，每律有極清聲，清多濁少聲。五聲未盡，故又生變徵、極清，變商清多濁少，以盡之」，而不取先儒變宮之説。夫變宮之説，漢以前固無有矣。若變商之説，則淮南以後亦無有也。斯亦杜撰之甚者矣。又云：凡字能調爲他字者爲陰聲，不能調爲他字者爲陽聲。如「黃」陽「荒」陰之類。案：字分陰陽始於周德清《中原音韻》，以聲之高下論之，非謂其能調他聲否也。以字母言之，則「見」有陰無陽，「疑」有陽無陰，卽純清、純濁字也。「見」之陽「疑」之陰，雖有聲而無其字。「溪」、「羣」二母，則卽一聲而「溪」陰「羣」陽，自爲清、濁。劉氏所言，於音韻殊爲隔閡。至於鐘磬等制，多據《博古圖》以變亂古人舊説，尤不可訓矣。

六樂圖

黃虞稷《千頃堂書目・禮樂類》 劉績《六樂圖》二卷。

《明史・藝文志・樂類》 劉績《六樂圖》二卷。

嵇璜等《續通志・圖譜略・樂》 明劉績《六樂圖》。

樂經集注

《四庫提要・樂類存目》 《樂經集註》二卷。山東巡撫採進本。明張鳳翔撰。鳳翔有《禮經集註》，已著録。是書取《春官・大司樂》以下二十官爲《樂經》，謂漢竇公獻《古樂經》，文與《大司樂》合，是其明證。今以所述二十官之義證之註疏，多相符合。惟《大司樂》一官，序樂制最詳，而文亦最奧。鄭註「圜鍾爲宮」以下文，謂「天宮夾鍾，陰聲，其相生從陽數，其陽無射，無射上生中呂，中呂與地宮同位。不用中呂上生黃鍾，黃鍾下生林鍾，林鍾地宮，又不用林鍾上生太蔟。太蔟下生南呂，南呂與無射同位，又不用南呂上生姑洗。」其「林鍾爲宮」、「黄鍾爲宮」，相生之例亦然。其義頗奥，故宋、元人多不從。是書於此類要義，多未發明，而徒事牽衍文句，蓋亦無足深取矣。

樂律管見

黄虞稷《千頃堂書目・禮樂類》 何瑄《樂律管見》一卷。一名《律呂管見》。

《明史・藝文志・樂類》 何瑭《樂律管見》一卷。一名《律呂管見》。

律呂會通

黄虞稷《千頃堂書目・禮樂類》 田汝耔《律呂會通》。

苑洛志樂

張萱等《内閣藏書目録・經部》 《苑洛志樂》十二冊。全。嘉靖間苑洛韓邦奇著。

錢謙益等《絳雲樓書目・樂類》 韓《苑雒志樂》四冊。二十卷。韓司馬通理學，曉經濟，一時聲望甚重，海内稱苑雒先生。容城楊公，嘗從之受律呂之學。

黄虞稷《千頃堂書目・禮樂類》 《苑洛志樂》二十卷。門人潼關張大猷編次。邦奇殫精四十年而成是書。刊書之日，有九鶴飛舞於庭。

《明史・藝文志・樂類》 韓邦奇《苑洛志樂》二十。

《四庫提要・樂類》 《苑洛志樂》二十卷。浙江汪啓淑家藏本。明韓邦奇撰。邦奇有《易學啓蒙意見》，已著録。是書首取《律呂新書》爲之直解，凡二卷。前有邦奇自序。後有衛淮序。第三卷以下乃爲邦奇所自著。其於律呂之原，較明人所得爲密，而亦不免於好奇，如《雲門》、《咸池》、《大章》、《大夏》、《大韶》、《大濩》六樂，名雖見於《周官》，而音調節奏，漢以來無能傳者。邦奇乃各爲之譜，謂：「黄帝以土德王，《雲門》象天用火，起黄鍾之徵，以生爲用，則林鍾也。《咸池》象地用水，起大呂之羽，以土所剋爲用，則無射也。《大章》、《大韶》皆起於黄鍾，夏以金德王，林鍾屬金，商聲，故《大夏》用林鍾之商。南呂以南呂起聲，商以水德王，應鍾屬水，羽聲，故《大濩》用應鍾之羽，夷則以夷則起聲。」今考旋宮之法，林鍾一律以黄鍾之徵爲火，以仲呂之商爲金。若以月律論之，則是六月之律，而非金也。故邦奇於《大夏》下自注云「相緣如此，還用夷則爲是」，則夷則爲七月之律，屬金，與《大濩》用應鍾爲十月之律屬水者一例矣。然則林鍾、夷則不已兩岐其説乎？又謂：「《大司樂》『圜鍾爲宮』，以南呂起聲，一變在姑洗，至六變在圜鍾，故云『若樂六變則天神皆降』，『函鍾爲宮』，以應鍾起聲，一變在蕤賓，至八變在函鍾，故云『若樂八變，則地祇皆出』，『黄鍾爲宮』，以南呂起聲，一變在姑洗，至九變在黄鍾，故云『若樂九變，則人鬼可得而禮』。」今考《左氏傳》，謂「五降之後，不容彈矣」，則宮、徵、商、羽、角五聲也，《前漢書・禮樂志》曰：「八音七始，則宮、徵、商、羽、角、變宮、變徵七聲也。」凡譜聲者率不越此二端。此書圜鍾爲宮，初奏以黄鍾之羽，南呂起聲，順生至黄鍾收宮，凡得十聲。次奏用林鍾之羽，姑洗起聲，而姑洗實爲前奏黄鍾之角，所謂「用宮逐羽而清角生」也。函鍾爲宮，用太蔟之羽，應鍾起聲，順生至本宮太蔟，又順生徵商二律，復自商逆轉徵宮二律，收宮凡得十四聲。商不順生羽而逆轉爲徵，所謂「引商刻羽而流徵成」也。黄鍾爲宮，凡陽律之奏用宮逐羽，陰呂之奏引商刻羽，是以十聲與十四聲各五奏也。至謂周樂皆以羽起聲，本於《咸池》，而於黄鍾爲宮，起南呂則用黄鍾本宮之羽。函鍾爲宮，起應鍾，應鍾爲太蔟之羽，太蔟爲林鍾之徵，則又用徵之羽矣。圜鍾爲宮，起南呂，南呂爲黄鍾之羽，黄鍾爲圜鍾之羽，則又用羽之羽矣。同一用羽起聲，而所用之法又岐而爲三。推其意不過誤解《周禮》八變，九變之文，以函鍾爲宮，當在初奏之第九聲，方與八變合，卽不得不以應鍾爲第一聲，而應鍾非函鍾之羽也。以圜鍾爲宮當在初奏之第七聲，方與六變合，卽不得不以南呂爲第一聲，而南呂非圜鍾之羽也。卽又不得不謂應鍾爲羽之羽，南呂爲徵之羽矣。由杜撰而遷就由遷就而支離，此數卷最爲偏駮。其他若謂凡律空圍九分，無大小之異。其九分爲九方分。蕤賓損一下生大呂，優於益一上生大呂。以黃鍾至夾鍾四清聲爲可廢，以夷則至應鍾四律圍徑不當遞減。雖其說多本前人，然決擇頗允。又若考定度量權衡、樂器、樂舞、樂曲之類，皆能本經據史，具見學術，與不知而妄作者究有逕庭。史稱邦奇「性嗜學，自諸經、子、史及天文、地理、樂律、術數、兵法之書，無不通究。所撰《志樂》，尤爲世所珍。」亦有以焉。末有嘉靖二十八年其門人楊繼盛序。據繼盛自作年譜，蓋嘗學樂於邦奇，所云夜夢虞舜擊鍾定律之事，頗爲荒渺。然繼盛非妄語者，亦足見其師弟覃精是事，寤寐不忘矣。

律呂直解

錢謙益等《絳雲樓書目・樂類》 《律呂直解》一卷。韓邦奇。

黃虞稷《千頃堂書目・禮樂類》 韓邦奇《律呂新書直解》一卷。

《明史・藝文志・樂類》 韓邦奇《律呂新書直解》一卷。

樂律舉要

《四庫提要・樂類存目》 《樂律舉要》一卷。編修程晉芳家藏本。明韓邦奇撰。邦奇有《易學啓蒙意見》，已著録。此書爲曹溶《學海類篇》所載。校核其文，乃從邦奇《苑洛志樂》中摘録十餘條，爲立此名也。

律呂新書解

黃虞稷《千頃堂書目・禮樂類》 余本《律呂新書解》。

樂律發明

黃虞稷《千頃堂書目・禮樂類》 任慶雲《樂律發明》一卷。

樂律纂要

錢謙益等《絳雲樓書目・樂類》 季本《樂律纂要》一冊。

黃虞稷《千頃堂書目・禮樂類》 季本《樂律纂要》一卷。

《明史・藝文志・樂類》 季本《樂律纂要》一卷。

《四庫提要・樂類存目》 《樂律纂要》一卷。兩淮馬裕家藏本。明季本撰。本有《易學四同》已著録。是書凡十三篇。其論聲氣之源，欲舍古尺而治以耳，亦不甚取候氣之法。其論律管圍徑，頗以祖沖之密率疑胡瑗三分四釐六毫有奇之説。其論黃鍾生十一律，以蕤賓生大呂非本法。其論十二律寸法，以六變律補鍾律解之闕。其論正變倍半，駁但用四清聲之非。其論五聲相生，不取沈括《筆談》；論二變聲，不取杜佑《通典》。後附趙彥肅所傳《開元詩譜》十二章，則舊文也。本承姚江之學派，其持論務欲掃滌舊文，獨標心得。至於論禮論樂，亦皆自出新裁。一知半解，雖不無可取，而大致不根於古義。觀其自序，亦言「無所師承，以意考究而得之」也。

律呂別書

黃虞稷《千頃堂書目・禮樂類》 季本《律呂別書》一卷。《別書》辨《律呂新書》之誤及《律呂元聲》之非。

《明史・藝文志・樂類》 季本《律呂別書》一卷。

律同

黄虞稷《千頃堂書目·禮樂類》　蔡宗兗《律同》二卷。

《明史·藝文志·樂類》　蔡宗兗《律同》二卷。

《四庫提要·樂類存目》　蔡氏《律同》二卷。浙江吴玉墀家藏本。明蔡宗兗撰。宗兗，字我齋，山陰人。正德丁丑進士。官興化府教授。是書以《本性》、《稽數》、《候氣》三篇爲上卷，以《文聲》、《協律》、《制器》、《正度量權》四篇爲下卷。其稽數，所據《史記》生鍾分演爲圖説，皆人所同有。其以古人半律當元定蔡氏變律，不如仍古人之名爲是。其謂變律之不必增設，亦似有所見，而未盡其奥文聲一篇，不用二變，古亦有此論。驗之於今，南曲如此，北曲則必有二變矣。皆其宫調之乙、凡二字也。至謂五聲則有二變，如樓之梯、堂之階，則殊未協。又以疊字散聲之説而當二變，則益不合矣。《制器篇》皆古人樂書中所有，而漏略未全。《正度量權篇》亦律吕新書之舊文。其「候氣」之説，尤拘泥而不驗者也。《協律篇》，牽引四聲，究古人歌法。不知近起水磨腔，乃斤斤於此。前人以平、上、去、入配宫、商、角、徵、羽，分爲舌居中、口開張等説，實於五聲無與，不可混并爲。宗兗雖小變其意，然以公、隆、厖、禾等韻配十二律，則亦尚沿其誤耳。

樂典

張萱等《内閣藏書目録·經部》　《樂典》八册。全。嘉靖間宫詹南海黄佐著，凡三十六卷。

錢謙益等《絳雲樓書目·樂類》　黄佐《樂典》八册。三十六卷，黄少詹，字才伯，謚文裕，香山人，博綜古今。著書凡二十餘種，其聲名與瓊臺後先相望云。

黄虞稷《千頃堂書目·禮樂類》　黄佐《樂典》三十六卷。爲《樂均》十二卷，《樂義》九卷，《大司樂義》三卷，《樂記》十一卷，末一卷爲《詩樂》。嘉靖甲寅序。

《明史·藝文志·樂類》　黄佐《樂典》三十六卷。

《四庫提要·樂類存目》　《樂典》三十六卷。副都御史黄登賢家藏本。明黄佐撰。佐有《泰泉鄉禮》，已著録。是編自一卷至十二卷爲《樂均》，自十三卷至二十一卷爲《樂義》，自二十二卷至二十四卷爲《大司樂義》，自二十五卷至三十五卷爲《樂記》，三十六卷爲《詩樂》。其所重者則尤在《樂均》。其言律吕之數，以爲每律虚三分，吹口黄鍾之管其數七十八，半之爲含少，以求合於《吕氏春秋》「黄鍾之宫三寸九分」之説，又引《史記·律書》「黄鍾、太蔟、姑洗、林鍾、南吕五律之數，以爲虚三分之證。不知《律書》中諸「七分」字皆爲「十分」字之譌，司馬貞《索隱》已辨之。而三寸九分，亦爲四寸五分之譌，近時江永《律吕闡微》辨之尤詳。佐據此誤本爲宗，故其説愈推愈謬。又古者吹律本爲無孔之管，後乃一律一吕，各爲一聲。每管設孔備五聲二變之數，兼旋宫换調之法。佐乃疑爲無孔之管氣從下洩，欲每管設孔以爲律始，亦殊臆撰。至於解釋經義，往往支離。若解《大司樂》「奏黄鍾，歌大吕，舞雲門，以祀天神」，謂「黄鍾七變蕤賓爲繆羽，應合大吕，大吕七變函鍾爲繆羽，應合太蔟」。其圖列黄鍾，大吕各正聲三調，變聲九調，合爲十二調。然謂「正聲第一調七聲俱備，第二調則有變宫而無變徵，第三調則變宫、變徵全無，至變聲第六調則自宫至羽并無角音，第七調則自宫至商并無羽音，第八調則自宫至徵并無商音，第九調則惟宫之一聲」。夫天下安有一聲而可列爲一調者乎？徒爲異説而已。《明史》本傳載佐自稱此書「洩造化之祕」，殆不然乎！

雅樂發微

黄虞稷《千頃堂書目·禮樂類》　張敔《雅樂發微》八卷。江西德興人，弘治中舉人，禮部員外郎。

《明史·藝文志·樂類》　張敔《雅樂發微》八卷。

《四庫提要·樂類》　《雅樂發微》八卷。兩淮馬裕家藏本。明張敔撰。考明有兩張敔，其一字伯起，合肥人。永樂中貢入太學，除廣東道監察御史，官至陝西按察使僉事。所著有《京氏易考》，見朱彝尊《經義考》。此張敔饒州人，朱載堉《律呂精義》第五卷中載有其名。又《明史・陸粲傳》：載粲劾張璁、桂萼疏，有「禮部員外郎張敔假律曆而結知」之語，與此書亦相合，蓋即其人也。敔論樂大旨，以入聲最低者命爲黃鍾，其最高者爲應鍾之變宮。是書自元聲正半律諸法，以逮樂器、樂歌、懸圖舞表，分門畢具。後又作《雅義》三卷附之。六十律、八十四調、十六鍾以及累黍生尺之法，無不悉究。其序謂論琴律本之朱子，論笛制本之杜夔，論旋宮本之《周禮》，論鍾鎛本之《國語》，於樂制頗有考證。然如論蕤賓生大呂主《呂覽》、《淮南子》上生之說。不知律呂相生定法，上生與下生相間，故左旋與右旋相乘。今應鍾既上生蕤賓，而蕤賓又上生大呂，與上下相生之序極爲錯迕。乃先儒已廢之論，殊不足據也。

樂書雜義

黃虞稷《千頃堂書目・樂禮類》 張敔《樂書雜義》七卷。

《明史・藝文志・禮類》 張敔《樂書雜義》七卷。

律呂新書解

黃虞稷《千頃堂書目・禮樂類》 張敔《律呂新書解》。

陸氏樂議

錢謙益等《絳雲樓書目・樂類》 《陸氏樂議》。

律呂古義

錢謙益等《絳雲樓書目・樂類》 呂懷《律呂古意》。

黃虞稷《千頃堂書目・禮樂類》 呂懷《律呂古義》二卷。

《明史・藝文志・樂類》 呂懷《律呂古義》二卷。

《四庫提要・樂類存目》 《律呂古義》三卷。兩淮鹽政採進本。明呂懷撰。此編前載總序，後列七圖，分律本、律變、候氣、納音等門，竝載雜說內外篇及答問數條。其中心統之說，頗近釋氏。所論亦時多牽合，未能得律呂之本也。

律呂廣義

黃虞稷《千頃堂書目・禮樂類》 《律呂廣義》三卷。嘉靖己酉序。

《明史・藝文志・樂類》 呂懷《律呂廣義》三卷。

韻樂補遺

黃虞稷《千頃堂書目・禮樂類》 呂懷《韻樂補遺》二卷。

《明史・藝文志・樂類》 呂懷《韻樂補遺》二卷。

簫韶考逸

錢謙益等《絳雲樓書目・樂類》 《簫韶考逸》一冊。

《四庫提要・樂類》 《簫韶考逸》二卷。浙江巡撫採進本。明呂懷撰。懷有《周易卦變圖傳》，已著録。懷律呂之學受之於湛若水，若水嘗採所論入《古樂經傳》中。是書則又懷與其門人胡采輩問答而作也。其説以黄、大、太、夾、姑、仲、蕤、林、夷九均爲韶之九成，雜引五行、納音以相配合。其論《韶舞》則仿周人《四表》之制，以黄、林、太、夾、南、姑、應、蕤、夷爲九成。其論《樂器》則據《風俗通》，笙、柷、鼓、簫、琴、塤、鍾、磬爲八音之器。卷末又雜録問、答之語。所載十二律積數，繁衍無當。又以陰陽術數之説附會其間，益雜糅矣。

古樂筌蹄　律呂新書補注　青宮樂調　典樂要論　樂記補説　四聖圖解

黄虞稷《千頃堂書目·禮樂類》　李文察《樂記補説》二卷。《四聖圖解》二卷。《律呂新書補注》一卷。《典樂要論》三卷。嘉靖十七年五月，文察以遼州同知進是書。部議以文察所進書於樂理、樂聲，多前人所未發。且於人聲中考定五音，以爲制律候氣之本。法似徑截，深合《虞書》「依永和聲」之理。宜令文察與太常知音律者選能歌舞生百餘人，協同肄習。詔授文察太常寺典簿。

《明史·藝文志·樂類》　李文察《樂記補説》二卷。《四聖圖解》二卷。《律呂新書補注》一卷。《典樂要論》三卷。《古樂筌蹄》九卷。《青宮樂調》三卷。

嵇璜等《續通志·圖譜略·樂》　李文察《四聖圖解》。

《四庫提要·樂類》　李氏《樂書》十九卷。山東巡撫採進本。明李文察撰。文察，里貫未詳。嘉靖十七年官遼州同知時，表進此書於朝，詔授太常寺典簿。其書凡《古樂筌蹄》九卷，《律呂新書補註》一卷，《青宮樂調》三卷，《典樂要論》三卷，《樂記補説》一卷，《四聖圖解》二卷。文察生平所學，具見於《古樂筌蹄》，大旨本《史記·律書》與《周官·大司樂》職文而自爲之説。《律書》生鍾術：上九，商八，羽七，角六，宫五，徵九，置一而九三之以爲法，實如法得長一寸，凡得九寸，命曰黄鍾之宫。文察解之曰：「上九者，以九爲上，尺取九寸，寸取九分，去十而存九之謂也。以下八七六五九之數皆自酉而定，蓋酉爲寸法，其位當乎十也。商八，太蔟爲商，居寅，自寅數酉當八。羽七，南呂爲羽，居酉，酉衡在卯，自卯數酉當七。角六，姑洗爲角，居辰，自辰數酉，當六。宫五，黄鍾爲宫，居子，自子數酉當十。十者，二其五也，是亦五焉。徵九，林鍾爲徵，居未，未衡在丑，自丑數酉當九。」今以其言考之，酉爲寸法而位居十，已與上九之義不合。八、七、六、五、九、之數羽酉、徵、未皆取衡位，雖可以六陽當位，自得六陰，則居其衡解之，而自宫子至酉實爲十數，不得云宫五。乃云「十者，二其五也」，勉强牽合，莫此爲甚。六十調圖，率以羽聲起調，如黄鍾宫起南呂，黄鍾徵起姑洗，黄鍾商起應鍾，黄鍾羽起蕤賓，黄鍾角起大呂之類。皆以羽聲數至黄鍾而止，以合宫五徵九、商八、羽七、角六之數。今以黄鍾言之，黄鍾、林鍾、太蔟、南呂、姑洗、應鍾、蕤賓七律卽宫、徵、商、羽、角、變宫、變徵一均之數。黄鍾爲宫，則七律自蕤賓止矣。文察不用黄鍾、林鍾、太蔟三律，而以其南呂羽起調。至蕤賓以下，乃取大呂、夷則、夾鍾、無射、仲呂、黄鍾六律繼之，共得十聲，而合宫五之數。大呂、夷則等律於黄鍾宫不相干涉，而第十聲之黄鍾亦非黄鍾爲宫之原律。至黄鍾徵調林鍾爲宫，七律以林鍾、太蔟、南呂、姑洗、應鍾、蕤賓、大呂爲次，文察不用林鍾、太蔟、南呂三律，而以其姑洗羽起調，至大呂下取夷則、夾鍾、無射、仲呂、黄鍾五律繼之，共得九聲，以合徵九之數。其謬與黄鍾宫同。而更有甚者，黄鍾宫雖不用黄鍾本律，而有第十聲之變律，猶可言也；黄鍾徵調以林鍾徵爲宫，今棄之不用，而自姑洗至黄鍾九聲竝無林鍾之律，得命之爲宫，而仍名之爲黄鍾徵，是名實錯亂也。《大司樂》三大祀樂天神之樂，文察以黄鍾、林鍾、太蔟、南呂、姑洗、應鍾、蕤賓、大呂、夷則、夾鍾順行爲十奏之次；大呂、蕤賓、應鍾、姑洗、南呂、太蔟、林鍾、黄鍾、仲呂、無射逆行爲十歌之次；姑洗、應鍾、蕤賓、大呂、夷則、夾鍾爲六變之次。六變之樂夾鍾爲宫，則黄鍾爲羽，起聲在羽之羽，則爲南呂。故一變姑洗，至六變仍得夾鍾合南呂六變數之，則羽七也。夫經文明言「黄鍾爲角，太蔟爲徵」。文察因其不合，則云：「黄鍾乃夾鍾羽在第九奏，爲夷則之角。太蔟乃夾鍾變宫，在第二奏，爲林鍾之徵。」至姑洗爲羽，萬不得通，乃云「姑洗在夾鍾前一位，乃黄鍾之角。黄鍾乃夾鍾之羽，其氣相關，在第三奏，爲林鍾之羽」。夫六十調八十四聲旋宫之法，每一律皆含五聲二變，特以宫調不同，某律之爲某聲，乃一定之次，而不相假借。若彼此移易而仍不可通，亦徒爲好異而已矣。其《律呂新書補註》、《青宮樂調》、《典樂要論》三書，大旨不出乎此。《樂記補說》因陳澔之註而補之，以發明「禮先樂後」之旨，不及於器數。《四聖圖解》上卷四圖，一爲《伏羲先天卦圖》，一爲《文王後天卦圖》，一爲《夏禹九疇圖》，一爲《箕子洪範圖》。下卷四圖，一曰《用保聖躬》，二曰《用明聖心》，三曰《用一聖動》，四曰《用直聖政》，更一字不及於樂。據其自序，欲以德政爲作樂之本也。然當世宗元修之日，而引蔡沈之說稱「老彭得之以養身」云云。毋亦欲希時好乎。

樂經元義

錢謙益等《絳雲樓書目・樂類》 劉濂《樂經元義》四冊。八卷。

黃虞稷《千頃堂書目・禮樂類》 劉濂《樂經元義》八卷。濂謂三百篇之《詩》，以詞意寓乎聲音，以聲音附之詞意。讀之則爲言，歌之則爲曲，被之金石管絃則爲樂。《樂經》不缺，《三百篇》皆樂經也。因擬《三百篇》爲宮、商二調，定樂器之品，爲宮、商、角、徵、羽，各具六律旋宮之法，爲陽生陰成尺量之法，爲累黍、容黍、以夷則，無射爲二變調。與古今諸儒之說頗異。盧校云：嘉靖二十九年六月自序。

《明史・藝文志・樂類》 劉濂《樂經元義》八卷。

《四庫提要・樂類存目》 《樂經元義》八卷。直隸總督採進本。明劉濂撰。濂有《易象解》，已著録。是書第一卷曰《律呂篇》，二卷曰《八音篇》，三卷曰《萬舞篇》，四卷至七卷曰《古詩音調篇》，八卷曰《微言篇》。其論律呂也，專駁《樂記》與《周禮・大司樂》，其論音調也。謂三百篇之中宮、商近雅，徵、羽近淫，每篇每章，分出某宮某律，又於其中分列有和有亂。其論頌，又極駁圜鍾函鍾，大都自任臆見，無所師承。前有嘉靖二十九年自序，稱上下數千年，閱歷聖哲不知凡幾，皆見不及此。亦傎之甚矣。

九代樂章

《明史・藝文志・樂類》 劉濂《九代樂章》二十三卷。

律呂新書分注圖纂

嵇璜等《續通志・圖譜略・樂》 許珍《律呂新書分注圖纂》。

《四庫提要・樂類存目》 《律呂新書分註圖纂》十三卷。安徽巡撫採進本。明許珍撰。珍字時聘，號靜菴，天長人。卷首葉良佩序，自「掌敎吾庠」之語，據太學題名碑。良佩嘉靖癸未進士，浙江太平人。則珍乃太平學官也。是編以蔡氏《律呂新書》分前後二卷，前爲《律呂本原》，後爲《證辨》，前後隔越，不便初學。乃以後卷證辨分入前卷各章之末。又取《性理大全三註》、《集覽》、《補註》諸書，分疏於前章各段之下，以便觀覽。大抵依文爲訓，無所發明。

樂論

《明史・藝文志・樂類》 唐順之《樂論》八卷。

律呂正聲

黃虞稷《千頃堂書目・禮樂類》 王邦直《律呂正聲》六十卷。字東溟，即墨人。由明經嘉靖中爲鹽山丞，上書條奏十事，世宗褒嘉之。有勿以官卑廢言之旨，好研究六律，因著是書。然其說亦本之李文利黃鍾三寸九分之說。

《明史・藝文志・樂類》 王邦直《律呂正聲》六十卷。

《四庫提要・樂類存目》 《律呂正聲》六十卷。內府藏本。明王邦直撰。邦直字子魚，即墨人。李維楨序以爲曾官鹽山縣縣丞，林增志序則以爲鉛山縣縣丞。二序同時，自相矛盾。考《明世宗實録》，實作鹽山，則增志序誤也。其書以卦氣定律呂，推步準之《太玄經》，分寸準之《呂覽》，故大旨主李文利黃鍾三寸九分之說，而獨斜其律，以左律爲右律。又以三分損一，隔八相生截然兩法，而力辨古來牽合爲一之非。援引浩繁，其説甚辨。自漢司馬遷至明韓邦奇諸家，皆有節取，而無一家當其意。蓋邦直當嘉靖間上書論時政，坐是閑廢，閉戶二十年，乃成此書。王士禎《池北偶談》記萬曆甲午詔修國史，翰林周如砥嘗上其書於史館，蓋亦篤志研思之作也。然維禎序述其欲比孔子自衛反魯，使雅頌得所。邦直自序亦稱千載之謬可革，往聖之絶學不患於無繼，則未免過夸矣。

擬補樂經

黄虞稷《千頃堂書目・禮樂類》 楊繼盛《擬補樂經》。

《明史・藝文志・樂類》 楊繼盛《擬補樂經》一卷。

鍾律通考

黄虞稷《千頃堂書目・禮樂類》 倪復《鍾律通考》一冊。一作《樂律通考》。

《四庫提要・樂類》 《鍾律通考》六卷。浙江范懋柱家天一閣藏本。明倪復撰。復有《詩傳纂義》，已著録。是書凡二十七章，始於《黄鍾本原》，終於《風雅十二詩圖譜》。其中或標卷目，或不標卷目，疑傳寫者有所佚脱，非其舊也。卷首有嘉靖丙戌張邦奇序，謂其「本之《儀禮》經傳，參之西山蔡氏之説，歷考古今制度，辨正百家之得失，以求合乎聲氣之元」。今考是書，大端不失古法。其中如《呂氏春秋》黄鍾三寸九分，與歷代律書九寸之説不合。是書則謂三寸者，三三九寸也，九分者，九方分也。後何瑭及鄭世子載堉皆用是説。至於五聲二變，明有《國語》伶州鳩之説可證，而是書乃謂「宫屬君，周加變宫，因誅紂也。徵屬事，周加變徵，示革商之舊政也」。殊杜撰無稽。又所載六十調圖，若黄鍾五調以無射爲商，夷則爲角，仲呂爲徵，夾鍾爲羽之故。同時韓邦奇於蔡氏舊圖疏解甚詳，而此書乃竟不之及，尤不免於漏略。然其中亦頗有可採者，如《左氏傳》「中聲以降，五降之後不容彈矣」，蔡元定謂五聲之後二變不容爲調，朱子謂蕤賓以下不可爲宫。是書則謂朱子之説與《禮記》所云旋相爲宫似有未合，故特從元定。又若黄鍾生十一律，倍其實，四其實，三其法，及角音六十四，生變宫變徵，類能竝列朱、蔡異同之法，參互詳審，頗爲不苟，亦可謂勤於此事者矣。

雅樂考

錢謙益等《絳雲樓書目・樂類》 韋煥《雅樂考》三冊。

黄虞稷《千頃堂書目・禮樂類》 韋煥《雅樂考》二十卷。常熟人。仙遊教諭。

《四庫提要・樂類存目》 《雅樂考》二十卷。兩淮鹽政採進本。明韋煥撰。煥，常熟人。嘉靖中，官福建仙游縣教諭。是書雜引前代論樂之事，鈔撮成編。前三卷題曰「經書」，皆引六經言樂之文，《論語》、《孟子》亦皆詳載，而《左傳》惟引「初獻六羽」、「季札來聘」二條，《儀禮》則不録一字。四卷題曰「諸子」，自《太公六韜》以至《莊子》、《列子》皆取一二條。五卷爲「五聲」，六卷、七卷爲「六律」，八卷、九卷爲「律制」，十卷至十二卷爲「八音」，十三卷至十六卷爲「樂制」，皆剽剟習見之言。十七卷至末皆明之樂章，併教坊曲令亦載焉。全書無所發明，惟「六羽」條下稱祀孔子當增武舞耳。

大音傳習

錢謙益等《絳雲樓書目・樂類》 《大音傳習》。

律呂分解發明

黄虞稷《千頃堂書目・禮樂類》 孫應鼇《律呂分解發明》四卷。

《明史・藝文志・樂類》 孫應鼇《律呂分解發明》四卷。

《四庫提要・樂類存目》 《律呂分解》二卷，《律呂發明》二卷。浙江巡撫採進本。明孫應鼇撰。應鼇有《淮海易談》，已著録。是書考辨律呂，多出臆斷。如旋宮之法，以十二律相生爲次，每調用五聲二變，止得七聲。如通計一均五調所用之七律，則三十五聲祗得十一律。今以黃鍾一均言之，自黃鍾而上，用夷則、夾鍾、無射、仲呂四律；自黃鍾而下，用林鍾、太蔟、南呂、姑洗、應鍾、蕤賓六律，併黃鍾爲十一律。其不用大呂者，以旋宮之法所不及也。應鼇不解其義，乃云：「大呂助黃鍾宣氣，后妃之象，地道無成，而代有終，故虛而不用。」穿鑿殊甚。其算漢斛銘文之徑，尤爲疎舛。《嘉量方尺圖》，其外方斜卽圓徑也。方求斜術，以方尺自乘倍之，開方得斜，卽以之爲圓徑，用祖氏密率得圓周，乃不易之法。今應鼇以徑一圍三最疎之率起算，命斜徑爲一尺四寸有奇，周四尺二寸。是以開方乘除所得之數無一不謬，與祖氏所有「徑一一四、周三五五」密率相去殊遠。乃自云依祖氏布算，何也？況卽以「徑一圍三」論之，則斜徑一尺四寸有奇者，周亦不止於四尺二寸。總之根柢不明，故無往而不牴牾也。

樂律全書

《明史・藝文志・樂類》 朱載堉《樂律全書》四十卷。

于敏中等《天禄琳琅書目・明版經部》 《樂律全書》六函，三十六冊。明朱載堉著。《律呂精義內篇》十卷，《外篇》十卷，《律學新說》四卷，《學樂新說》一卷，《算學新說》一卷，《聖壽萬年曆》二卷，《萬年曆備考》三卷，《律曆融通》四卷，附録一卷，《操縵古樂譜》一卷，《旋宮合樂譜》一卷，《鄉飲詩樂譜》六卷，《六代小舞譜》一卷，《小舞鄉樂譜》一卷，《二佾綴兆圖》一卷，《靈星小舞譜》一卷，共四十七卷。首載堉書成進表，其餘各書進表、序文并敕諭、題跋俱散見各卷。萬曆三十四年載堉《進書表》稱「臣檢閱書笥，除曆書已進外，其律書內有數目字樣及樂舞圖，恐謄寫舛誤，就令圖畫刊板，是以延遲十年，今始成書。爲此具本，謹以所撰《律呂精義》一部計六冊，《律學新說》一部計六冊，《樂舞全譜》一部計八冊，裝潢成帙，專差右長史李德賫奉進獻」云云。是載堉此書非由一時進御，故各自爲卷，可分可合也。考《明史》，鄭恭王厚烷以言時政獲罪，降爲庶人，錮之鳳陽。子載堉，篤學有至性，痛父見繫，築土室宮門外，席藁獨處者十九年。厚烷還邸，始入宮，上《算曆歲差法》及所著《樂律書》，考辨詳確，識者稱之。卒，謚端清。朱彝尊《經義考》謂河間獻王之後言禮樂者莫有過焉，良不誣也。明內府藏本，有「廣運之寶」。

《四庫提要・樂類》 《樂律全書》四十二卷。浙江巡撫採進本。明朱載堉撰。載堉，鄭恭王厚烷世子也。是書萬曆間嘗進於朝。《明史・藝文志》作四十卷。今考此本所載，凡書十一種。惟《律呂精義》內、外篇各十卷，《律學新說》四卷，《鄉飲詩樂譜》六卷，皆有卷數。其《樂學新說》、《算學新說》、《操縵古樂譜》、《六代小舞譜》、《八佾綴兆圖》、《靈星小舞譜》、《旋宮合樂譜》七種，則皆不分卷，與《藝文志》所載不符。疑史誤也。載堉究心律數，積畢生之力以成是書。卷帙頗爲浩博，而大旨則盡於《律呂精義》一書。其說謂度本起於黃鍾之長，就此黃鍾而均分爲十寸，寸十分，命曰一尺，當橫黍百粒，是爲度尺。若以此黃鍾分爲八寸一分，寸九分，凡八十一分，當縱黍八十一粒，是爲律尺。又橫黍百粒，縱黍八十一粒，當斜黍九十粒，是黃鍾之長。以橫黍尺度之，則爲一尺，寸十分，凡百分。以橫黍尺度之，則爲八寸一分，寸九分，凡八十一分。以斜黍尺度之，則爲九寸，寸十分，凡九十分也。其十二律長短之數則據《㮚氏》爲量，「內方尺而圜其外」之文，謂圓徑卽方斜，命黃鍾正律爲一尺，用句股求弦術，得弦爲蕤賓倍律。蓋黃正爲句股，則蕤倍爲弦，蕤正爲句股，則黃正爲弦，黃、蕤二律互爲句股也。其生南呂、應鍾諸律，非句股所能御，蓋本於諸乘方比例相求之法。載堉云：句股術者，飾詞也。律管長短，由於尺有大小。其云黃鍾九寸者，蓋算術設率如此，亦猶鄭康成注，十二律、分、寸、氂、毫、絲之數，破一寸以爲十分，乃審度之正法。太史公約十爲九，則欲其便於損益而爲假設之權制也。或者訶其以一尺爲黃鍾，與九寸之文相反，可謂不達其意矣。仲呂反生黃鍾，自何承天、劉焯、胡瑗皆有是說。蔡氏論之，以爲惟黃鍾一律成律，他十一律皆不成律。不知律生於聲，不生於數。吹之而聲應，則成律矣。若遷就其聲以就數，則五音且不和矣，尙得謂之律耶！又或者以其開方乘除有不盡之數爲病。夫理之當用開方乘除而數有畸零者，雖秒忽不盡何害。假令句股求弦而句方股方相併以平方開之不盡，亦將謂之不成弦耶。此不知算術者也。是書所論橫黍百粒當縱黍八十一粒之尺度，及半黃鍾不與黃鍾應，而半太蔟與黃鍾應之說，皆精微之論。聖祖仁皇帝《律呂正義》一書，備採其說，不可以其與蔡氏有異同而置之也。至其十二律相生之法，以黃鍾正律一尺爲第一率，倍黃鍾二尺爲第十三率，則蕤賓倍律爲第七率，故仲呂可以反生黃鍾。左旋右旋，皆可徑求次律，卽諸乘方用連比例相求之法也。試列十三率明之。以眞數一爲首率，卽第一率。方邊二爲二率。平方四爲三率，立方八爲四率。三乘方十六爲五率。四乘方三十二爲六率，五乘方六十四爲七率，六乘方一百二十八爲八率，七乘方二百五十六爲九率，八乘方五百一十二爲十率，九乘方一千零二十四爲十一率，十乘方二千零四十八爲十二率，十一乘方四千零九十六爲末率，卽十三率。以首率一乘末率四千零九十六開平方，卽得七率六十四，卽黃鍾求蕤賓法。以七率六十四乘首率一開平方，得八爲四率，卽蕤賓求南呂法也。以首率一自之，又以四率八乘之，開立方得二率方邊二，卽南呂求應鍾法也。若四率八自之，再以首率一乘之，開立方得三率四，卽南呂求無射法也。其比例則首之於二，猶二之於三，二之於三，猶三之於四，依次至第十三率，比例皆同。或前隔一位，隔二三位，與後隔一位，隔二三位，比例亦同。卽各律求各次律法也。書中未明言其立法之根。又黃鍾正律倍律相乘開方，有類句股求弦與方求斜二術。自蕤賓求南呂法以下，非句股法所能御。而亦以句股言之，未免過於祕惜，以塗人耳目耳。江永著《律呂闡微》一書，專解載堉之法。永最深晣算術，而猶不能得其立法之意，餘可知矣。

張之洞《書目答問・列朝經注經說經本考證》 《樂律全書》四十二卷。明朱載堉。明刻本。十種。

律呂精義

黃虞稷《千頃堂書目・禮樂類》 鄭世子載堉《律呂精義內篇》十卷，《律呂精義外篇》十卷。先是，世子父鄭恭王及其舅祖都御史何塘，皆善言樂。因述其意而爲是書。《內篇》主聲數者爲本，爲目十有三。《外篇》主辨論者爲末。《律學新說》四卷，《樂學新說》一卷，《算學新說》一卷，《操縵古樂譜》一卷，《旋宮合樂譜》一卷，《鄉飲詩樂譜》一卷，《六代小舞譜》一卷，《小舞鄉樂譜》一卷，《二佾綴兆圖》一卷，《靈星小舞譜》一卷。成祖《道教樂章譜》、《天地壇大祀樂章譜》、《太廟五享樂章譜》、《王府家廟樂章譜》、《王府內壇樂章譜》、《邵公儲古樂義衡府高唐王瑟譜》、《劉銳瑟譜》、《弦歌要旨張助琴譜》、《黃獻琴譜》、《蕭鸞琴譜》、《韓岳廣鄉射禮儀集》。以上總名《樂律全書》。萬曆□□年進呈，《律呂正論》四卷。《瑟譜》二卷。

律呂正論

《四庫提要・樂類存目》 《律呂正論》四卷。浙江巡撫採進本。明朱載堉撰。是書掃除古法，自生新意。謂《史記》稱黃鍾八寸十分一，乃約十分爲寸。《管子》稱九九以是生黃鍾，乃約九分爲寸。自京房、劉歆始以九寸爲九十分，以空圍相乘得八百一十分。宋蔡元定祖之，其說皆謬。因創爲縱黍、斜黍、橫黍三等尺圖，謂元定誤以斜黍之積爲橫黍之積，故諸律尺度皆謬。於是每律長短皆列三等新法，以糾其失。又以密術推內外周徑面冪及積實，而終之以琴律圖譜。大抵皆掊擊前人之說也。以載堉所撰《律呂精義》與是書相考，是書大呂橫黍律長九寸四分三釐九毫，而《律呂精義》則載大呂橫黍律長九寸四分三釐八毫七絲四忽三微一纖。是書太蔟橫黍律長八寸九分一釐九毫，而《律呂精義》載太蔟橫黍律長八寸九分一釐八毫九絲八忽七微一纖。是書夾鍾橫黍律長八寸四分一釐九毫，而《律呂精義》夾鍾橫黍律長八寸四分一釐八毫九絲六忽四微一纖。其餘絲忽以下，收零作整者甚多。蓋此書爲載堉草創之本，而《律呂精義》後出，其算術與年俱進，故得數不同也。

律呂質疑辨惑

《四庫提要・樂類存目》 《律呂質疑辨惑》無卷數。浙江巡撫採進本。舊本題曰「句曲山人伯勤甫撰」。伯勤者，明鄭世子載堉字也。書中有云：「《律呂精義內篇》備載各律內外周徑面冪積實乘除算術已詳，今恐文煩，故不細解，只將倍正半三十六律內外徑數開如左。」蓋載堉既爲《律呂精義》，又爲此書以約其義也。其說謂《前漢志》度本起於黃鍾之長，黃鍾之長便是一尺，若外加一寸然後成尺，則不可謂度本起於黃鍾之長矣。故全書俱從黃鍾長一尺立算，與所謂《律呂精義》及《正論》互相闡發，《千頃堂書目》不著録，蓋未之見。今鈔本附於《律呂正論》之後，而以王所用《律呂正論序》冠於卷端，則二書一時傳寫裝潢者誤移也。

樂律管見

錢謙益等《絳雲樓書目・樂類》 黃積慶《樂律管見》二册。二卷。

黃虞稷《千頃堂書目・禮樂類》 黃積慶《樂律管見》二卷。金谿人。正李文利黃鍾三寸九分之非。

《明史・藝文志・樂類》 黃積慶《樂律管見》二卷。正李文利之非。

黃鐘元統

錢謙益等《絳雲樓書目・樂類》 錢錫陵《黃鐘元統》一册。

樂律考

黃虞稷《千頃堂書目・禮樂類》 袁昌祚《樂律考》。字茂文，東莞人。萬曆中，四川布政司參議。

舞志

黃虞稷《千頃堂書目・禮樂類》 張敉《舞志》十二卷。

《四庫提要・樂類存目》 《舞志》十二卷。浙江鮑士恭家藏本。明張敉撰。敉，初名獻翼。有《讀易紀聞》，已著録。是書凡十二篇，一曰《舞容》，二曰《舞位》，三曰《舞器》，四曰《舞服》，五曰《舞人》，六曰《舞序》，七曰《舞名》，八曰《舞音》，九曰《舞什》，十曰《舞述》，十一曰《舞議》，十二曰《舞例》。大旨以韓邦奇《志樂》爲本，而雜引史傳以暢其旨，頗爲詳備。然多闌入後世俗樂，未免雅鄭雜糅。至援《山海經》刑天舞干戚之類，以證古義，尤爲貪多嗜奇，擇焉不精矣。

律呂解注

黃虞稷《千頃堂書目・禮樂類》 鄧文憲《律呂解注》二卷。晉江人。

《明史・藝文志・樂類》 鄧文憲《律呂解注》二卷。

《四庫提要・樂類存目》 《律呂解註》二卷。浙江汪啓淑家藏本。明鄧文憲撰。文憲，號念齋，新會人。官晉江縣教諭。是書成於萬曆癸未，全録《律呂新書》舊註。所自爲詮解者，殊不及十之一。至蔡書六十調一圖，於旋宮之法，已爲賅備。文憲又每調各爲一圖，附於蔡圖之後，尤徒爲繁碎矣。

音律啓蒙

黃虞稷《千頃堂書目・禮樂類》 沈堯中《音律啓蒙》。

樂律志

黃虞稷《千頃堂書目・禮樂類》 黃汝良《皇明樂律志》四卷。崇禎年進呈。

《明史・藝文志・樂類》 黃汝良《樂律志》四卷。

律　筌

黃虞稷《千頃堂書目・禮樂類》 王述古《律筌》。禹州人。山西右布政使。學者稱中嵩先生。

含少論略

黃虞稷《千頃堂書目・禮樂類》 葛見堯《含少論略》一卷。

《明史・藝文志・樂類》 葛見堯《含少論略》一卷。

律呂會元

黃虞稷《千頃堂書目・禮樂類》 姚良《律呂會元》。字晉卿，吳縣人。

律呂音韻通括

黃虞稷《千頃堂書目・禮樂類》 程元初《律呂音韻通括》十五卷。新安人。家累千金。棄而不顧，襆被走四方。思以著作垂世，錢謙益爲作《徽士録》萬曆己酉序。

八音摘要

《四庫提要・樂類存目》 《八音摘要》二卷。兩淮鹽政採進本。明汪浩然撰。是書凡二十五目。上卷自《歷代樂議旋相爲宮議》以下爲十五目。下卷分列八音及舞圖歌譜爲十目。大抵摭拾舊論，如制氏之記其鏗鏘而已。

律書詳註

黃虞稷《千頃堂書目・禮樂類》 王正中《律書詳注》一卷。保定人。崇禎丁丑進士。長興知縣。

《明史・藝文志・樂類》 王正中《律書詳註》一卷。

禮樂合編

《明史・藝文志・樂類》 葉廣《禮樂合編》三十卷。

律呂叶韻統

黃虞稷《千頃堂書目・禮樂類》 程全之《律呂叶韻統》三卷。

律呂新書私解

黃虞稷《千頃堂書目・禮樂類》 王朝璽《律呂新書私解》一卷。

《明史・藝文志・樂類》　王朝璽《律呂新書私解》一卷。

黃鍾元統圖說

黃虞稷《千頃堂書目・禮樂類》　王思宗《黃鍾元統圖說》一卷。

《明史・藝文志・樂類》　王思宗《黃鍾元統圖說》一卷。

樂苑珠船

黃虞稷《千頃堂書目・禮樂類》　張曰炳《樂苑珠船》二卷。

古樂義

《四庫提要・樂類存目》　《古樂義》十二卷。湖南巡撫採進本。明邵儲撰。儲此書《明史・藝文志》不著録。書中考辨《韶樂》尤詳，大概據《虞書》「戛擊鳴球，搏拊琴瑟以詠」爲堂上之樂，「合止柷敔，笙鏞以間」爲堂下之樂，「簫韶九成」爲樂之始終節奏。又據《漢志》「樂歌九德」，顔師古註「九功之德皆可歌也」之語，以水、火、金、木、土穀惟修至「勸之以九歌，俾勿壞」，自「天叙有典」至「政事懋哉懋哉」，自「庶頑讒說」至「於否則威之」，自「股肱喜哉」至「百工熙哉」，自「元首明哉」至「庶事康哉」爲九德之歌。據舞蹈宣八風之氣，及文始五行舞諸說，推之爲九韶之舞。不知經傳所云韶樂，本寥寥數語，毫無聲律器數可推。而儲乃敷衍之以爲當時韶樂如是，其勉強附會，自不待言。至其論十二律皆具正管正聲、子管子聲，爲二十四律。其十二律衍唱之法，如黃鍾宮衍唱，以黃、林、太、南、姑、應爲一均，應、蕤、大、夷、夾爲一均，皆用正管。無、仲、黃、林、太一均，四律皆用正管。獨黃鍾用子管。南姑應蕤太一均，獨大呂用子管。不知聲音之道，高下以漸，諸高之中而忽雜一下，或諸下之中而忽雜一高，則律不成律，歌不成歌。儲侈言韶樂，實於尋常聲音之道尚未能辨也。

古樂書

《四庫提要・樂類》　《古樂書》二卷。浙江巡撫採進本。國朝應撝謙撰。撝謙字嗣寅，仁和人。是書上卷論律呂本原，大旨本蔡氏《新書》，而參以注疏及朱子之說。下卷論樂器制度，則本陳祥道《禮書》及李之藻《頖宮禮樂疏》者爲多。議論醇正，考訂簡核，頗得要領。其間立說之未合者，如六十聲圖以宮爲最濁之音。謂十二律旋宮，自黃鍾而下林鍾均則太姑二律爲陵宮。南呂均則太、姑蕤三律爲陵宮。其意蓋以太、姑二律長於林鍾之六寸，太、姑、蕤三律長於南呂之五寸餘，故應鍾爲最短之律。應鍾均則徵、商、羽、角四律皆爲陵宮也。不知旋宮之法，本於十二律之相生，不以長短爲相生之次。至長生短爲下生，短生長爲上生，不過以上下爲別，非謂「徵必短於宮，商必短於徵」也。其失總由於「宮爲最濁」之一言，而不知宮爲中聲，故致此誤。撝謙又謂「古人既云黃鍾九寸，則其制度必加一寸而爲尺。謂黃鍾九寸竟作一尺者固非，謂黃鍾九寸止得八寸一分者亦非」云云。夫黃鍾九寸爲本造律度十分之九，而析九寸爲一尺，則橫黍之度，約九寸爲八寸一分，則縱黍之度。是云九寸與云一尺，云八寸一分者，非有異也。撝謙強加分析，尤屬未合。然其他精審處，亦往往足資考證。如《考工記》：「鳧氏爲鍾，兩欒謂之銑，銑間謂之于，于上謂之鼓，鼓上謂之鉦，鉦上謂之舞。十分其銑，去二以爲鉦。以其鉦爲之銑間，去二分以爲鼓間。以其鼓間爲之舞脩，去二分以爲舞廣。」《記》文不言鉦，間及鼓徑之度。鄭注云：「鉦間亦當六，故又云鉦六，鼓六，舞四，此鍾口十者其長十六。」然鉦間、鼓間既同方六，而《記》又云：「大鍾十分，其鼓間以其一爲之厚。小鍾十分，其鉦間以其一爲之厚。」則鼓間鉦間不得同度。撝謙云「鉦間與舞廣同爲四」，較之鄭注，頗爲可通。又「銑間謂之于」，先儒皆無明訓。撝謙作正體二圖，則鼓間下段兩角之下垂者，即銑間。蓋古之鍾制，如鈴而不圓。兩角相距之中徑爲十分。其自兩角至鼓間之長體爲八分，至兩角相距之外體獨缺。故鄭注鍾長十六，不算銑間。又以于鼓、鉦舞四名爲皆鍾體，則銑間自有體長之度可知。撝謙此二圖，固爲最明晰也。

律呂圖說

王士禎《重輯漁洋書跋》　《律呂圖說》。華陰王弘撰。無異寄其鄉王建常仲復《律呂圖說》二卷。蓋本諸朱、蔡，參之李文利、王子魚、邢雲路諸書，而折衷以自得之義。建常居河、渭之間，早棄帖括，以著述自娱。崑山顧炎武寧人訪之，一見折服，以爲吴中所未有，蓋秦士之高尚其志者。予詢王少司空嶽生，云建常邠州長武人。

嵇璜等《清通志・圖譜略・樂類》　王建常《律呂圖說》。謹按是書大抵依蔡氏《律呂新書》次第爲之，圖說尤力申候氣之法，歷引《隋志》及明人韓邦奇諸說爲之發明。

《四庫提要・樂類存目》　《律呂圖說》九卷。陝西巡撫採進本。國朝王建常撰。建常，字仲復，渭南人。是書成於康熙戊辰。自謂「殫四十餘年之功」。大抵依蔡氏《律呂新書》次第爲之圖說，尤力申候氣之法。歷引《隋志》及明人韓邦奇、王邦直之說，爲之發明。案：候氣之說，雖詳具於《續漢志》，然隋開皇九年，高祖遣毛爽、蔡子元候氣於普明寺，其法已不能應。其事具詳《隋志》。即蔡氏所謂「多截管以求黃鍾」者，亦究未之能得。建常所論，亦泥古而不知變通者矣。末有王宏撰後序，歷稱黃宗羲、梅文鼎、毛奇齡諸家，以爲「與建常此書皆不合，其惑滋甚。安得聚諸人於一堂，窮其本而究其變」則亦深有微詞矣。

律呂圖說

嵇璜等《清通志・圖譜略・樂類》　張紫芝《律呂圖說》。謹按是書首引朱子《鐘律篇》，次列《黃鐘圖》，自此以下凡三十八圖，以《月建日躔圖》終焉。每圖各爲之說。

《四庫提要・樂類存目》　《律呂圖說》一卷。江蘇巡撫採進本。國朝張紫芝撰。紫芝，字鷟山，一字秀山，杭州人。是書首引朱子《鍾律篇》，次列黃鍾圖。自此以下凡三十八圖，以《月建日躔圖》終焉。每圖皆爲之說，大都不出蔡元定、韓邦奇及鄭世子載堉舊說。前有孔毓璣序，稱其爲學徒講解，以六律正五音句，著爲此書，於《四子書》中不留纖毫疑義，則亦舉業之緒餘矣。

大成樂律

《四庫提要・樂類存目》　《大成樂律》一卷。山東巡撫採進本。國朝孔貞瑄撰。貞瑄字璧六，號歷洲，晚號聊叟，曲阜人。順治庚子舉人，官大姚縣知縣。是編乃貞瑄爲濟南教授時作。推洞簫七調，以明三分損一、上生、下生之旨，尤詳於琴瑟譜，其節奏大概本之闕里廟中。其辨鄭世子「瑟以合宫命之，別於旋宫」之說，有五不可通。頗多訂正。然謂樂亡而求諸俗，至以箏爲瑟之遺制，未免亂鄭聲於雅樂矣。

易律通解

《四庫提要・樂類存目》　《易律通解》八卷。浙江巡撫採進本。國朝沈光邦撰。光邦臨海人。雍正中官中書舍人。《易》道陰陽，律呂亦本陰陽，《易》爲天地自然之數，律呂亦本天地自然之數。故推而衍之，其理可以相通。然《易》不爲律作，律亦不爲《易》作，無容牽合而一之也。是書引律以合《易》，以天地五十有五之數畫爲三角圖，與算家開方廉率立成之法相類。所用過揲之數，以九八不以九六，策數以五十五不以五十，於律義頗多牴牾。至律管不用圍徑，又於十二律之外，增「小呂」、「含少」二律於「無射」之後，亦自我作古也。

聖諭樂本解説

《四庫提要・樂類》 《聖諭樂本解説》二卷。浙江巡撫採進本。國朝毛奇齡撰。奇齡有《仲氏易》，已著録。是書成於康熙三十一年五月，擬進呈未果。至三十八年三月，聖祖仁皇帝南巡，奇齡迎駕於嘉興，乃以是書恭進。故卷首載三十五年一疏，而卷末又有三十八年附記。其書因大學士伊桑阿《論樂原疏》本於徑一圍三，隔八相生之聖論。故推闡考證，分條注釋。其進書原疏稱：合三書十三卷，首爲《樂本解説》一卷。今此本乃分二卷，蓋全書文義相屬，本爲一篇。刊版之時，乃以「論徑一圍三」者爲前卷，「論隔八相生者」爲後卷，取其條例明晰。當迎駕恭進之時，卽此刊本，則仍奇齡所自分矣。

皇言定聲録

《四庫提要・樂類》 《皇言定聲録》八卷。浙江巡撫採進本。國朝毛奇齡撰。書内推本聖祖仁皇帝論樂，而自附其九聲七調之説。合五聲及宫清、商清、角清、徵清爲九聲，合五聲及變宫、變徵爲七調。謂曲終不用二變，而器色以七調之色字應之，故九聲爲聲，七調爲調。因又辯昔人以變宫在宫前，變徵在徵前爲非，而移二變於二正後。蓋熟於吹簫笛者，翻宫換調。以宫逐羽聲則羽爲宫，而宫當商，商當角，角當徵，徵當羽，皆差一位。故變宫本在羽後宫前者，變而居宫後商前矣；變徵本在角後徵前者，變而居徵後羽前矣。此今時管色字所常用，非奇齡以獨創得之者也。其餘自行己意，攻駁古人，辭氣往往太過。姑存之以備參考可矣。

竟山樂録

嵇璜等《清通志・圖譜略・樂類》 毛奇齡《竟山樂録》。謹按：是書據明寧王權《唐樂・笛色譜》爲準，以解五音十二律，還相爲宫，俾唐以來舊譜，獨有考焉。

《四庫提要・樂類》 《竟山樂録》四卷。浙江巡撫採進本。國朝毛奇齡撰。是書據明寧王權《唐樂・笛色譜》爲準，以四、乙、上、尺、工、凡六字循環成七調。如四爲領調，則乙爲變宫，上爲商，尺爲角，工爲徵，凡爲變徵，六爲羽。又除羽無清聲，置乙凡二字不用，復從六而推。高四爲宫清，高上爲商清，高尺爲角清，高工爲徵清，合之宫爲九聲。蓋簫笛色字譜及金元曲調，其動盪曲折，總不出此九聲之環轉。伶官遞相授受，稱爲唐樂之遺法。奇齡遂據以解五音十二律，還相爲宫，以攻司馬遷《律書》、蔡元定《律吕新書》之説，欲舉古來所謂三分損益，隔八相生者，一切廢之。併伶州鳩所對亦斥爲妄言。夫寧王《笛色譜》果否爲唐人之舊，未可知也。卽眞出唐人，而唐之雅樂固未聞能與三代比，乃執其優伶賸譜以定天地之元音，舉漢氏以來諸儒授受去古未遠者悉指爲謬。揆以事理，似乎未然。惟《寧王譜》今已不傳，存録是編，俾唐以來教坊舊調，金以來院本遺音，猶有考焉，亦技藝之一種也。是書本奇齡作，而託於其父鏡所傳，故題曰《竟山樂録》。竟山者，鏡之字也。末一卷爲「采衣堂論樂淺説」十四條，稱出自其兄仁和教諭萬齡，而詞氣亦宛似奇齡。無可佐證，亦姑妄聽之焉。

張之洞《書目答問・列朝經注經説經本考證》 《竟山樂録》四卷。毛奇齡。《西河集》本。

樂經内編

《四庫提要・樂類存目》 《樂經内編》二十卷。江蘇巡撫採進本。國朝張宣猷撰。雜採諸經書言樂之文，排纂成書，無所考正。自序又稱「採諸史者謂之外編」，今外編未見，非完書也。

古樂經傳

《四庫提要・樂類》《古樂經傳》五卷。左副都御史黃登賢家藏本。國朝李光地撰。光地有《周易觀彖》，已著録。是書取《周禮・大司樂》以下二十官爲經，以《樂記》爲之傳。又有《附樂經》、《附樂記》，統爲五卷，《樂經》、《樂記》爲光地所自訂，其《樂教》、《樂用》二篇則其孫淸植以遺稿輯成者也。《樂經》之最不易通者，莫若《大司樂》一篇，蓋竇公以後，久失其傳。鄭氏所注，亦自隱奥難曉，學者各爲之説，遂至紛紜轇轕，聚訟無休。光地之論，謂經文「圜鍾爲宮」，當作「黃鍾爲宮」，蓋卽以黃鍾爲宮也。黃鍾爲角，則黃鍾角調也。其起調、畢曲之律以姑洗。太蔟爲徵，則太蔟徵調也。其起調、畢曲之律以南呂。姑洗爲羽，則姑洗羽調也，其起調，畢曲之律以大呂。據此，則黃鍾爲角，乃姑洗爲黃鍾之角。太蔟爲徵，乃南呂爲太蔟之徵。姑洗爲羽，乃大呂爲姑洗之羽。經文似當云黃鍾之角，太蔟之徵，姑洗之羽，不得云黃鍾爲角，太蔟爲徵，姑洗爲羽。光地錯綜比附，亦未免迂曲而不可通。然其以上文祀天神四望所用之律爲證，亦自有意義，正不妨存此一解，以補前人所未備也。其他立説，亦多考核確當，議論精詳。蓋其究心此事，用力甚深，與一切師心臆度者固自有間矣。

李氏學樂録

嵇璜等《清通志・圖譜略・樂類》 李塨《李氏學樂録》。謹按：李塨嘗學五音、七聲、十二律以器色相配之説于毛奇齡，作《宮調圖》、《七調全圖》及《十二律旋相爲宮隔八相生》等圖，而皆爲之論説。

《四庫提要・樂類》《李氏學樂録》二卷。浙江巡撫採進本。國朝李塨撰。塨有《周易傳注》，已著録。塨嘗學五音、七聲、十二律以器色相配之説於毛奇齡，作《宮調圖》、《七調全圖》及《十二律旋相爲宮隔八相生合圖》、《器色七聲還相爲宮隔八相生圖》、《篩色下生上生圖》、《五音七聲十二律器色七字爲七調還相爲宮隔八相生全圖》、《六律正五音圖》，而皆爲之論。其説主於四、上、尺、工、六五字，除一領調字，餘字自領調一聲遞高，又自領調一聲遞低，圓轉爲用。雖於黃鍾之宮所以爲律本者無所發明，然亦可備一家之説。是書本塨所編，以皆述其聞於奇齡者，奇齡又手定之，故後人編入《西河合集》中，而題奇齡之名於首。然實非奇齡所自著。趙汸《春秋師説》未嘗題黃澤之名，古之例也。故今改題塨名，以不没其眞焉。

鍾律陳數

《四庫提要・樂類存目》《鍾律陳數》一卷。兩江總督採進本。國朝顧陳垿撰。陳垿，字玉亭，太倉人。康熙己酉舉人，官行人司行人。自孟康、韋昭皆有黃鍾管徑三分、圍九分之説，算家以其周徑相求之率，於術最疎，久廢不用。陳垿仍本舊説，以徑三分爲生律之數。又云：「卽九爲寸，律之九，度之十也。取徑之三十，因九歸得三分又三分分之一，爲律生之度。黃鍾管徑三分又三分分之一，以九還原，卽三周十分又三百三十九分分之一十六。以九還原，爲九分又一百一十三分之四十八。則是徑九分者，乃虛立之率，而非實數。」其説與蔡氏約十爲九之論合。然圍九之率終爲疎舛，卽陳垿究不能強解也。《隋書・律志》載祖沖之密率「徑一百一十三，周三百五十五」。陳垿用此率以算周徑，較「徑三圍九」之法爲密。如以新率四率比例推之，徑一爲一率，周三一四一五九二六五爲二率，徑一百一十三爲三率，推得四率之周爲三五五九九九九六九四五，比祖氏三五五密率尾數尚多八位，又陳垿所未知矣。

律呂正義

《四庫提要・樂類》《御定律呂正義》五卷。康熙五十二年。聖祖仁皇帝《御定律曆淵源》之第三部也。凡分三編。上編二卷，曰《正律審音》，以發明黃鍾起數及縱長體積、面羃周徑、律呂損益之理，管弦律度旋宮之法。下編二卷，曰《和聲定樂》，以明八音制器之要。各有圖說，而於各篇之中，詳考古今之同異。續編一卷，曰《協均度曲》，則取波爾都哈兒國人徐日升及壹大里呀國人德里格所講聲律節奏，證以經史所載律呂宮調諸法，分配陰陽二均字譜，亦有圖有說。案：造律之法，必先累黍，漢魏以後，迄無定論。尺既不定，則黃鍾眞度亦無由得。恭惟聖祖仁皇帝天縱神聖，以縱橫二黍相較，橫黍百粒，適當縱黍八寸一分之限，用四率比例，推得古黃鍾九寸，爲今尺之七寸二分九釐，其體積、面羃周徑皆用密率乘除，至爲精密。此千古難明之絕學，待聖人而明者也。又言樂者率宗司馬遷、《淮南子》之說，以三分損益之術，誤爲管音五聲二變之次。復執《管子》弦音五聲度分牽合於十二律呂之中，故管律弦度俱不可得而明，而陽律陰呂又錯互用之，益滋譌謬。不知律呂分用，顯有《周官》六律合陽聲、六呂合陰聲，及《國語》六間之文可據。而弦管之生聲取分，各有不同，弦度全半相應，管音半律較全律則下一音。《呂覽》以三寸九分之管爲聲中黃鍾之宮，即半太蔟合黃鍾之義。若不問管弦全、半之分，而槩以三分損益所得之黃、林、太、南、姑、應、蕤爲七音，又以半黃鍾爲清宮，失之遠矣！至旋宮之法，宮自爲宮，調自爲調。《管子》羽徵之數大於中，《國語》宮逐羽音，是其遺法，故以宮主宮，羽主調，則當二變者不起調，而與調首不合之徵音，亦不起調，一均凡羽、宮、商、角四調，七均凡二十八調。至弦度自首音至第八音，得六全分，與管律之得全分者不同。若以律呂之分索之弦音，則陰陽相雜，聲隨度移，即《隋志》所云「七聲之內，三聲乖應」者是也。故但以弦音奏之而不和，以管音亦止有宮、商、徵、羽之四調而已。凡此皆自來論樂家所昧昧者，非聖人心通制作之原，烏能律均出度，妙合造化，有如是之精微廣大耶！若夫播之聲氣，則和聲定樂，論竹音以律呂相和而設孔，琴以倍徵爲第一弦，協均度曲，論弦音清濁二均遞轉合聲之法，皆迥出昔人論議之外，而一一莫不與經史所載相發明。斯誠聰明天亶，度越千古者矣。

張之洞《書目答問・列朝經注經說經本考證》 《御纂律呂正義》五卷。康熙五十二年。殿本。

樂律古義

《四庫提要・樂類存目》 《樂律古義》二卷。福建巡撫採進本。國朝童能靈撰。能靈有《周易剩義》，已著録。是書謂《洛書》爲五音之本，《河圖》爲《洛書》之源。《河圖》圓而爲氣，《洛書》方而爲體。五音者，氣也，氣凝爲體，體以聚氣，然後聲音出焉。蔡氏《律呂新書》，沿《淮南子》、《漢書》之說，誤以亥爲黃鍾之實，惟所約寸、分、釐、絲、忽之法，其數合於《史記・律書》。因取其說爲之推究源委，以成是書。夫萬事萬物，不離乎數。故旁牽蔓引，無不可比附於《圖》、《書》，而律、曆兩家以數爲根，尤易於假借。其文敷衍成理，然非聖人作樂之本旨也。伶倫製律，何嘗一字及《圖》、《書》哉！

律呂纂要

《四庫提要・樂類存目》 《律呂纂要》二卷。內府藏本。不著撰人名氏，前後亦無序跋。分上、下二篇，每篇各十有三說。大意以律呂之要在辨其聲音之高下長短。上篇則發明高下之節，下篇則發明長短之度，似乎近人節録《欽定律呂正義》，以便記誦者也。

律呂新論

《四庫提要・樂類》 《律呂新論》二卷。山東巡撫採進本。國朝江永撰。永有《周禮疑義舉要》，已著録。是編上卷首論蔡氏《律書》，次論五聲，次論黃鍾之宮，次論黃鍾之長，次論黃鍾之積，次論十二律，次論三分損益、次論二變聲，次論變律。下卷首論琴，次論四清聲，次論旋宮，次論樂調，次論造律，次論候氣，次律呂餘論。其大旨以琴音立說。考古人皆以管定律，漢京房作準定數，由十二律生六十律，因而生三百六十律，此用弦求聲之始。永之説殆源於是。然管音弦音其生聲取律微有不合，故不免有所牽合。然其論黃鍾之積，論宋儒算術之誤，論律生於曆諸條，皆能自出新意。蓋律曆皆由算積，故《漢書》併爲一志。永深於算法，故於律度能推其微渺也。至於定黃鍾之宮，則據蔡邕《月令章句》以校《呂氏春秋》之譌，併糾《漢志》刪削之誤。辨損益相生以爲均勻截管，則不致往而不返，亦能發前人所未發，固亦可存備一家之學者矣。

張之洞《書目答問・列朝經注經説經本考證》 《律呂新論》二卷。江永。守山閣本。

律呂闡微

《四庫提要・樂類》 《律呂闡微》十卷。兩江總督採進本。國朝江永撰。是書引聖祖仁皇帝《論樂》五條爲《皇言定聲》一卷，冠全書之首。而《御製律呂正義》五卷，永實未之見。故於西人五線六名八形號三遲速，多不能解。其作書大旨，則以明鄭世子載堉爲宗。惟方圓周徑用密率起算，則與之微異。載堉之書，後人多未得其意，或妄加詆驚。今考載堉命黃鍾爲一尺者，假一尺以起句股開方之率，非於九寸之管有所益也。其言黃鍾之律長九寸，縱黍爲分之九寸也。寸皆九分，凡八十一分，是爲律本。黃鍾之度長十寸，橫黍爲分之十寸也。寸皆十分，凡百分，是爲度母。縱黍之律，橫黍之度，名數雖異，分劑實同。語最明晰。而昧者猶執九寸以辨之，不亦惑乎。《考工記》「㮚氏爲量，內方尺而圜其外」，則圓徑與方斜同數，方求斜術與等邊句股形求弦等。今命內方一尺，爲黃鍾之長，則句股皆爲一尺。各自乘併之，開方得弦爲內方之斜，卽外圓之徑，亦卽蕤賓倍律之率。蓋方圓相函之理，方之內圓得外圓之半，其外圓必得內圓之倍。圓之內方得外方之半，其外方亦必得內方之倍。今圓內方邊一尺，其冪一百；外方邊二尺，其冪四百。若以內方邊一尺求斜，則必置一尺自乘而倍之以開方。是方斜之冪二百，得內方之倍，外方之半矣。蕤賓倍律之冪，得黃鍾正律之倍，倍律之半。是以圓內方爲黃鍾正律之率，外方爲黃鍾倍律之率，則方斜卽蕤賓倍律之率也。於是以句乘之，開平方得南呂倍律之率；以股再乘之，開立方得應鍾倍律之率。既得應鍾，則各律皆以黃鍾正數十寸乘之爲實。以應鍾倍數爲法除之，卽得其次律矣。其以句股乘除開方所得之律，較舊律僅差毫釐而稍贏。而左右相生，可以解往而不返之疑。且十二律周徑不同，而半黃鍾與正黃鍾相應，亦可以解同徑之黃鍾不與半黃鍾應而與半太蔟應之疑。永於載堉之書，疏通證明，具有條理。而以蕤賓倍律之率生夾鍾一法，又能補原書所未備。惟其於開平方得南呂之法，知以四率比例解之，而開立方得應鍾法，則未能得其立法之根而暢言之。蓋連比例四率之理，一率自乘，用四率再乘之，與二率自乘再乘之數等。今以黃正爲首率，應倍爲二率，無倍爲三率，南倍爲四率，則黃正自乘，又以南倍乘之，開立方卽得二率爲應鍾倍律之率也。其實載堉之意，欲使仲呂返生黃鍾，故以黃正爲首率，黃倍爲末率。依十二律長短之次，列十三率，則應鍾爲二率，南呂爲四率，蕤賓爲七率也。其乘除開平方立方等術皆連比例相求之理，而特以方圓句股之説隱其立法之根，故永有所不覺耳。

張之洞《書目答問・列朝經注經説經本考證》 《律呂闡微》，十卷。江永。

律呂新書註

《四庫提要・樂類存目》 《律呂新書註》三卷。河南巡撫採進本。國朝周模撰。模，儀封人。是書成於雍正甲辰。所註皆依文訓義，惟於魯齋彭氏所算黃鍾圍徑字畫譌舛者，能訂正其失耳。自序云：「不得黃鍾則十一律無由而正。然不究黃鍾之眞度，而徒以在聲爲中聲，在氣爲中氣，在人爲喜怒哀樂『未發』與『發而中節』等理語解之。」此所謂言之可聽，而用之無當者也。

樂律表微

《四庫提要・樂類》《樂律表微》八卷。浙江巡撫採進本。國朝胡彥昇撰。彥昇字竹軒，德清人。雍正庚戌進士。官定陶縣知縣。是書凡《度律》二卷，《審音》二卷，《製調》二卷，《考器》二卷，多糾正古人之謬。如謂：「十二律相生終於仲呂，其復生黄鍾之清聲，以爲仲呂之徵、夷則之角者，《淮南》所謂變宮生徵，變徵生商，變商生羽，變羽生角，變角生宮也。其聲由五音之變生，非由仲呂之數生。若欲由仲呂還生黄鍾，則其數有所不足。五音相生窮於角，其又生變宮，遞相生以至仲呂之爲角者，《淮南》所謂角生姑洗，姑洗生應鍾，應鍾生蕤賓而七音備也。其音由律生，非由角之數生。若欲由角更生變宮，再生變徵，則其數有所不盡。故十二律相生不計餘數，五音相生不計變音。」其論甚正。蓋旋宮之法，清濁以漸，而清極則反濁，濁極則反清，亦一定之理。仲呂爲宮，其黄清之爲徵者，在弦音則黄鍾之半音，在管音則太蔟之半音。由絲竹之生聲取分，各有不同。但取高下之相協，不必計其數之損益者，盡與不盡也。必欲數之適盡，則京房之六十律亦有不盡之數矣。至錢樂之三百律，杜佑之十二變律，蔡西山之六變律，則又皆襲京房之謬説而失之者也。古人止十二律旋宮最爲簡便。即如琴之七弦，每位必有三準，其音皆與全弦散音合。簫笛六孔，竝出音孔爲七，而「四」字高吹即五，「合」字高吹即六，此其聲之高下清濁，自然相應，豈假於變律耶？至於變宮、變徵二音，本在五音之外，故以變目之。今因仲呂以下之十律，而皆如《地形訓》之説，目以變宮、變商，恐黄鍾變律縱與正律有分，亦必不能獨成一聲。彥昇是論，可謂精且審矣。彥昇又謂：「荀勖十二笛是古人遺法，今但作黄鍾、大呂二笛，而十二畢具。」其法黄鍾笛用黄、林、太、南、姑、應、蕤七律，大呂笛用大、夷、夾、無、仲、黄、林七律。作大呂笛之法，但以黄鍾笛相較，其黄、林二律之孔無所挪移，餘四孔及出音孔皆下黄鍾笛半孔。其七調除黄、林二調相同外，其大、夾、仲、夷、無五調，合黄鍾笛之七調爲十二律調，較古人之云六十調及八十四調者亦爲簡易可從。在近代講樂諸家，猶爲有所心得者也。

律呂新書衍義

《四庫提要・樂類存目》《律呂新書衍義》一卷。浙江巡撫採進本。國朝呂夏音撰。夏音，字大昭，新昌人。雍正丙午舉人，官知縣。是編取蔡元定之書，更爲推闡。凡爲説五，圖六。圖後又各附以論及歌訣。其論律呂相生之次，與元定頗有異同。元定謂：「六律在子、寅、辰、午、申、戌六陽辰者，皆損而下生。六呂在丑、卯、巳、未、酉、亥六陰辰者，皆益而上生。至蕤賓生大呂，損而下生，其管只四寸一分八釐三毫。夷則生夾鍾，損而下生，其管只三寸六分六釐三毫。無射生仲呂，損而下生，其管只三寸二分八釐六毫。」於是謂：「三呂在陰無所增損，三呂在陽則用倍數，使與十二月之氣相應。」夏音不從專主《呂氏春秋》及《淮南子》之説，謂：「自子至巳前六辰爲陽，皆下生，下生則損。自午至亥後六辰爲陰，皆上生，上生則益。子之生未，一陽生二陰。未之生寅，二陰生三陽。寅之生酉，三陽生四陰。酉之生辰，四陰生五陽。辰之生亥，五陽生六陰。午之生丑，一陰生二陽。丑之生申，二陽生三陰。申之生卯，三陰生四陽。卯之生戌，四陽生五陰。戌之生巳，五陰生六陽。」自矜其説爲前人未發。然應鍾生蕤賓，以亥之六陰生午之一陰，與陰陽相生之例不合。終未若元定之書，深有合於司馬遷、班固諸家古法也。

賡和録

《四庫提要・樂類存目》《賡和録》二卷。廣東巡撫採進本。國朝何夢瑤撰。夢瑤字報之，南海人。雍正庚戌進士。是書恭録聖祖仁皇帝《律呂正義》爲《述要》上、下二卷。又以所纂蔡氏《律呂新書訓釋》、曹庭棟《琴學纂要》附入下卷。謹案：《正義》所論琴律，據《管子》、《白虎通》諸書，以大弦爲倍徵，三弦爲宮，與諸家云一弦爲宮者迥異。蔡、曹二書尚仍舊説，夢瑤依文訓釋，尚未能推闡御製之精微，以糾正流傳之舛誤也。

律呂正義後編

《四庫提要·樂類》 《御製律呂正義後編》，一百二十卷。乾隆十一年，奉敕撰。律呂之書，人各異説。聖祖仁皇帝累黍而得黄鍾眞度，陰陽分用，各加以一半律而成七音，共爲清濁一十四音。又以管律弦度生聲取分，各有不同，明弦音不可以律呂之度取分。凡所以定尺考度，製器審音，與夫五聲五變應和之原，剖析微芒，發千古未有之精義，而樂器樂章則尚未及釐定。蓋欲俟審比樂音之法具有成書，而後考證古今，勒爲定制，以徵大樂之明備也。我皇上德藴中和，業隆繼述。凡太常之襲謬承譌者，音節篇章，親加釐定。合則仍其故，不合則易其辭，更其調。字櫛句比，盡美盡善。爰命廷臣，詮次以成是編。凡分十類：曰《祭祀樂》，曰《朝會樂》，曰《宴饗樂》，曰《導引樂》，曰《行幸樂》，竝詳其用樂節次，隨月旋宫之法。而備及曲詞調譜，佾數舞勢，鼓拍疾徐之節。次曰《樂器考》，器各有圖，圖各有説，而御製諸銘具載焉。次曰《樂制考》，溯自上古，若《雲門》、《大卷》以降，迄於前明，博采精義，偏徵史志，凡其制作命名之由，因革損益之故，靡不殫述。次曰《樂章考》，亦自上古迄明，依類臚舉。次曰《度量權衡考》，制器定律之本也。次曰《樂問》，則設爲問答，以窮竟其義，而前人舊説可采者，間亦附録。蓋《御製律呂正義》殫窮理數之藴，妙契聲氣之元者，至是而被諸金石，形諸歌頌，一一徵實用焉。神聖製作，洵先後同揆矣。至於首載歷奉諭旨，及館臣諸奏議積盈二卷。於古今異同之辨，名物度數之詳，竝指示是非，考詢得失，務協於伶倫榮猨之舊。又豈皇祐定樂，但聽司馬光、范純仁等盈廷聚訟，莫能稱制臨決者所可比擬萬一哉。古者六經竝重，而樂無專書。漢魏而下，歷代沿革之故，具在史册。先儒殫精推測，究莫能以相一者，一則尺度不同，莫能定黄鍾之眞數。一則無制作之權，而空談其理，未能實諧諸管絃也。是編本《御製律呂正義》正律審音、和聲定樂之法，而審訂源流，驗諸器數。揚雄《法言》所謂「羣言淆亂折諸聖」，鄭氏《禮記注》所謂「作禮樂者，必聖人在天子之位」也。依永和聲之盛，蔑以加於此矣。

琴　旨

《四庫提要·樂類》 《琴旨》二卷。兩江總督採進本。國朝王坦撰。坦，字吉途，南通州人。自來言琴律者，其誤有五：一在不明《管子》五音四開之法，而以管音律呂定弦音；一在不知以五聲二變明弦音之度分，而以律呂分徽位；一在不知《管子》百有八爲倍徵，及《白虎通》離音尙徵之意，泥於大不踰宫之説，而以大弦爲宫；一在不知三弦爲宫，而以一弦十微爲仲呂；一在據正宫一調論律呂，謂隋廢旋宫，止存黄鍾一均，而不知五聲旋宫轉調之全。惟《御製律呂正義》一書，考定詳明，發古人之所未發。坦作是書，一一本《正義》之旨，而反覆推闡。其「五聲數論琴」説，謂絲樂弦音，其體本實。當以五聲之數定其絲綸多寡之數爲之體，徽分疏密之數爲之用。不可以黄鍾九寸，太簇八寸爲準。蓋管音全半不相應，弦音全半相應。以管律與徽分較之，欲取其聲之同，則其分不同。欲取其分之同，則其聲不同。卽《正義》以「五聲二變定弦音之度」，及「管音弦音全半應聲不同」二篇之旨也。其「釋黄鍾均以仲呂爲角之疑」説，謂一弦全度散聲爲林鍾，徽則十徽乃黄鍾宫位，故應三弦散聲。如以一弦全度散聲爲黄鍾，則十徽乃仲呂之位，不能應三弦之姑洗角。卽《正義》「絲音尙徵，一弦非宫」之義也。其「三弦獨下一徽」説，謂十分之徽爲全度四分之三，宫聲三弦之全度八十一分三，因之則爲二百四十三。以二百四十三而四分之，則六十零七五爲十徽之分，而五弦之全度則爲角聲六十四之分。必按三弦六十四之分，始與之應，故在十一徽。其「五弦獨上半徽」説，謂五聲以倍半取應，凡九徽之分爲全度三分之二，其聲爲本弦相生之聲。五弦角聲，角生變宫。其三弦爲宫聲，故不能與九徽變，宫聲變而必在上半徽。卽《正義》「宫聲三弦之角位在十一徽」，與「角聲之宫位在八徽九徽正中」之義也。其「泛音四準」説，謂全弦以七徽爲界，自七徽上至岳山，得聲之淸。所出五聲二變度分之聲，與實音相應。八徽至十三徽得聲之濁。泛音不與實音相應，乃從焦尾至各徽而出。其「旋宫轉調」説，謂角調之角弦緊一聲而爲宫聲，卽爲旋宫。角既爲宫，則宫轉徵，徵轉商，商轉羽，羽轉角，皆以次而移。於《正義》

諸圖說尤能精思闡發。在近時言琴諸家，可謂不失其宗者矣。

大樂元音

《四庫提要・樂類存目》　《大樂元音》七卷。山東巡撫採進本。國朝潘士權撰。士權，號龍菴，黔陽人。官太常寺博士。是書成於乾隆己丑。前五卷據琴定樂，大旨本《管子》「下徵之數一百八，下羽之數九十六」，《白虎通》「絃音離故首徵」二說而通之。案絃審音，以首絃爲下徵，二絃爲下羽，三絃爲宮，四、五、六、七爲商、角、徵、羽，并附以《儀禮樂譜》十二篇，圖說頗繁。然實本《欽定律呂正義》琴以首絃爲下徵之說，旁爲推演。其由琴聲而推諸樂，與近時江永《律呂新論》所見略同，但不及永書之精密耳。六卷附以琴譜、曲譜。七卷附曆學音調，類例甚詳。惟合、四、乙、上、尺、工，凡唐人新法，兹既不取，而又兼以「凡」字代變宮，「乙」字代變徵，則矛盾在所不免矣。

律呂新書箋義　附八音考略

《四庫提要・樂類存目》　《律呂新書箋義》二卷，附《八音考略》一卷。湖南巡撫採進本。國朝羅登選撰。登選，衡山人。是編取蔡元定書爲之訓釋，亦有强爲之說者。如《八十四聲圖箋》云「合」爲黃鍾古，「六」爲黃鍾清，本之《宋志》所載《燕樂字譜》：「『合』『六』皆頭管翕聲，非笛色也。」《六十調圖箋》云「今民間俗樂亦有調法，如用『六』字調」，是古清黃鍾調，不知俗樂以笛色正宮之字定調，頭管之翕聲爲「合」，是加「上」字哨吹之而爲「合」。若去哨吹之，則祗是「上」字也。且唐、宋時燕樂高於雅樂三律，以夾鍾清爲宮。蔡氏《新書》云「緊五者夾鍾之清聲，俗樂以爲宮」是也。燕樂之黃鍾，其聲當雅樂夾鍾，《新唐書》云「宮聲應夾鍾之律」是也。然則笛色「六」字，已非雅樂黃鍾其非古黃鍾益可知矣。至於書中所引推步算術之類，尤爲牽合。末附《八音考略》一卷，亦無大闡明云。

黃鍾通韻　附黃鐘通韻琴圖補遺

《四庫提要・樂類存目》　《黃鍾通韻》二卷。翰林院筆帖式都保家藏本。國朝都四德撰。都四德，字乾文，號秋莊，滿洲鑲紅旗人。是書凡十篇：曰律度量衡第一，五音位次第二，六律第三，七均第四，五音六律相生第五，律呂名義第六，律本第七，循環爲宮第八，聲字第九，律數第十。末又附以琴圖，共爲上、下二卷。多本蔡元定《律呂新書》而附益以己意。如《聲字》一篇，於國書十二字頭獨取第一、第二、第四、第五、第十二章之字，而其餘皆不之及。而五章中又雜取第四章之ᠠᠨ安ᡝᠨ恩二字以配宮，第五章之ᠠᠩ昂ᡝᠩ鞥二字以配商，第一章之ᠠ阿ᡝ額二字以配角，第十章之ᠠᠣ敖ᡝᠣ歐二字以配徵，第二章之ᠠᡳ愛平聲讀ᡝᡳ額依二字以配羽。以上十字，分之配十干。又取首章之ᡳ依ᡠ烏兩字共爲十二字，分配十二律，作爲横直方圓之圖，且謂人之言語聲音止此數字。殊不知我國書十二字頭，整齊肅括，無音不備，無韻不該，非可偏舉其五字頭以爲分配也。據其所論，蓋以此五章可用漢字對音，其餘七章雙聲疊韻，爲漢文所無，故不用耳。然國書有二合三合切音之不同，推其原本，則自首句六字而外，其餘何一非雙聲疊韻？而謂止於七章而已乎？今以漢文字有無爲國音之區別，漢文所有者，則取配五音十二律，而漢文所無者，概置弗論，是未究國書制作之本也。且字頭十二，雖曰平列，其實十一章皆以第一章爲綱領，而第一章又以第一句爲綱領。觀國語中竝無以他字加於ᠠ阿ᡝ額ᡳ依ᠣ鄂ᡠ烏之上者，其偶遇此音，亦以他字代之。蓋此數字總貫十二章，如臣之有君，子之有母，其體統實爲最尊，不宜與衆音竝列。又所列ᠠ阿ᠠᡳ愛平聲韻ᠠᠨ安ᠠᠩ昂ᠠᠣ敖等字，反居ᡝ額ᡝᡳ額依ᡝᠨ恩ᡝᠩ鞥ᡝᠣ歐等字之下，亦多未安。伏稽《欽定國書新語》，即以ᠠ阿爲陽，以ᡝ額爲陰，以此可見ᠠ阿之類皆陽位也，ᡝ額之數皆陰位也。陰不可以先陽，乃國書之義例，不可以隨章布列矣。至其以五章字頭統詩韻三十部，雖亦近似，然限以前所拈之數字，亦不足以盡清文之蘊。惟所論清字切音之法，皆中竅要，爲有益於學者耳。

樂原

《四庫提要·樂類存目》《樂原》。無卷數。江蘇巡撫採進本。舊本題鬻子撰，不著名氏。相其紙色版式，蓋近時人也。首爲《總論》一篇，泛摭聲律身度之常談。書中亦録《通典》、《玉海》之舊文，其他若謂「陽律有二變，陰律無二變」，不知十二律旋相爲宫，各有五聲二變，故得八十四聲。若陰律無二變，則十二律旋宫止得七十二聲矣。又謂：「吉事用九寸起律，則黄鍾也；凶事用八寸起律，則大吕也。」考之《周禮·大司樂》「凡日月食，四鎮五嶽崩，大傀、異災，諸侯薨，令去樂」，從未見有凶事用樂，亦未見先王特別八寸之管爲凶事用者。至《史記》述漢制，始有「吹簫給喪」之語，然豈可以論古樂歟？

音律節略考

《四庫提要·樂類存目》《音律節略考》一卷。兩江總督採進本。國朝潘繼善撰。繼善，號本菴，婺源人。是編首列律呂損益上下相生之法，次列正半、變半諸律長短之法，次列十二律還相爲宫之法，後列黄宫七管至應宫七管十二圖，即《律呂新書》所謂八十四聲，蓋旋宫譜也。其中所云本朱子《儀禮經傳通解》者，乃局於所見而云然。朱子亦考據舊文，非自立新法也。

樂記逸篇

吴壽暘《拜經樓藏書題跋記》《樂記逸篇》。國朝秀水陳氏熷補，亡，凡十三篇。丁小疋學博校訂，並書所引各書于逐條上。小疋題前云：「庚子秋，梅軒出都赴豫章文幕，此本留余所。聞梅軒得心疾反里門，余歸南數載，不及見之。去歲攜此至新安，今春略爲校正。元本徵引經籍不盡出書名，余所不知者尚四五條，擬緘寄吴君兔牀，付之梓人以廣其傳焉。丙午二月廿一日，記於巖寺鎮之鷗先草閣。」又云：「天下無無書不讀之人，然梅軒所引者非僻書也。予之學荒記疏，亦良可愧矣。四月廿日，杰又記。」又云：「凡徵引古書者必標書名，并詳卷數，傳寫有誤，易於查改。其原書已亡而散見載籍者，則云見某書某篇，此編纂法也。凡一事而各書所載互異者，寧作夾註記其異同，勿便删併湊合。」耕厓先生亦曾借閱。先君子書後曰：「勤補云《樂記》補亡，用意甚善。但必云某書是某逸篇，則不可。或類集其近似者，而云此可補奏樂，此可補樂器，以存其彷彿，庶乎可也。幸與小疋商之，所見亦是。惜效曾病廢，無從以斯言告之耳。己酉穀雨日吴某記。」

燕樂考原

張之洞《書目答問·列朝經注經説經本考證》《燕樂考原》六卷。淩廷堪。《淩次仲集》本。粵雅堂本。

律呂古義

張之洞《書目答問·列朝經注經説經本考證》錢塘《律呂古義》六卷，亦名《律呂考文》。未見傳本。

樂懸考

張之洞《書目答問·列朝經注經説經本考證》《樂懸考》二卷。江藩。粵雅堂本。

張之洞《書目答問·列朝經注經説經本考證》《聲律通考》卷。今人，廣州刻本。

樂譜分部

十二律譜義

《舊唐書・經籍志・樂》《十二律譜義》一卷。

《新唐書・藝文志・樂類》《十二律譜義》一卷。

樂　譜

《隋書・經籍志・樂》《樂譜》四卷。

十二律譜

鄭樵《通志・藝文略・樂》《十二律譜》。

唐郊祀樂章譜

鄭樵《通志・藝文略・樂》《唐郊祀樂章譜》二卷。張說、王涇。

無射商九調譜

錢東垣等輯《崇文總目・樂類》《無射商九調譜》一卷。［原釋］唐蕭祐撰。祐因胡笳推無射商，自創爲九調。見《文獻通考》。闕。見天一閣鈔本。

《新唐書・藝文志・樂類》蕭祐《無射商九調譜》一卷。

鄭樵《通志・藝文略・樂》《無射商九調譜》一卷。蕭祐。

馬端臨《文獻通考・經籍考・樂》《無射商九調譜》一卷。

《宋史・藝文志・樂類》蕭祐《無射商九調譜》一卷。

太常大樂曲部并譜

鄭樵《通志・藝文略・樂》《太常大樂曲部并譜》一卷。

三樂譜

《宋史・藝文志・樂類》沈括《三樂譜》一卷。

五音會元圖

晁公武《郡齋讀書志・樂類》《五音會元圖》一卷。右未知何人所撰。謂樂各有譜，但取篳篥譜爲圖，以七音十二律，使俗易曉。

馬端臨《文獻通考・經籍考・樂》《五音會元圖》。

運譜四議

《宋史・藝文志・樂類》劉昺《運譜四議》二十卷。

政和頒降樂曲樂章節次

《宋史・藝文志・樂類》 劉昺《政和頒降樂曲樂章節次》一卷。

雅樂均聲格

鄭樵《通志・藝文略・樂》 《雅樂均聲格》一卷。

系聲樂譜

《宋史・藝文志・樂類》 鄭樵《系聲樂譜》二十四卷。

嵇璜等《續通志・圖譜略・樂》 宋鄭樵《系聲樂譜》。

律呂圖

《宋史・藝文志・樂類》 《律呂圖》一卷。

樂譜總集

錢謙益等《絳雲樓書目・樂類》 《樂譜總集》一册。

六樂圖

錢謙益等《絳雲樓書目・樂類》 《六樂圖》一册。

律呂律曆禮樂雜志

黄虞稷《千頃堂書目・禮樂類・補元》 杜瑛《律呂律曆禮樂雜志》三十卷。

倪燦等《補遼金元藝文志・禮樂書》 杜瑛《律呂律曆禮樂雜志》三十卷。

孫德謙《金史藝文略・樂》 《律呂律曆禮樂雜志》三十卷。信安杜瑛文玉撰。父時昇，《金史》列《隱逸傳》。金將亡，瑛避地河南緱氏山中。時兵後，文物彫喪，瑛搜訪諸書讀之，究其指趣，間關轉徙，教授汾、晉間。元世祖召見問計，謂可大用，命從行，以疾弗果。中統初，張文謙奏爲提舉學校官，又辭，杜門著書，不以窮通得喪動其志，優游道藝，以終其身。年七十，遺命其子曰：「吾卽死，當表吾墓曰『緱山杜處士』。」則其抗節不仕，固金之遺老也，《元史》入之《隱逸傳》，宜矣。嘗見《畿輔通志》廁諸金人，故今取其著述分編本志。本傳云：「其於律則究其始，研其義，長短清濁，周徑積實，各以類分，取經史之説以實之。」是瑛眞深于樂律者也。

瑟譜

黄虞稷《千頃堂書目・禮樂類・補元》 熊朋來《瑟譜》。

倪燦等《補遼金元藝文志・禮樂書》 熊朋來《瑟譜》六卷。

《四庫提要・樂類》 《瑟譜》六卷。《永樂大典》本。元熊朋來撰。朋來有《五經説》，已著録。是書大旨以爲在禮堂上侑歌，惟瑟而已，他弦莫侑，爲古人所最重。自瑟敎廢而歌《詩》者莫爲之譜。既作《瑟賦》二篇，發明其理，復援據古義，參以新意，定爲一編。首爲《瑟弦律圖》；次爲《旋宮六十調圖》；次爲《雅律通俗譜例》；次爲《指法》；次爲《詩舊譜》，凡《鹿鳴》、《四牡》、《皇皇者華》、《魚麗》、《南有嘉魚》、《南山有臺》、《關雎》、《葛覃》、《卷耳》、《鵲巢》、《采蘩》、《采蘋》十二篇，卽趙彦肅所傳《開元十二詩譜》；次曰《詩新譜》，凡《騶虞》、《洪澳》、《考槃》、《黍離》、《緇衣》、《伐檀》、《蒹葭》、《衡門》、《七月》、《菁菁者莪》、《鶴鳴》、《白駒》、《文王》、《抑》、《崧高》、《烝民》、《駉》十七篇，皆朋來所補；次曰《樂章譜》，爲學宫釋奠樂章；終以《瑟譜後録》，則古來論瑟之語也。其《瑟弦律圖》，以中弦爲極清之弦，虚而不用，駁姜氏瑟圖二十五弦全用之非。案：聶崇義《三禮圖》，雅瑟二十三弦，其所常用者十九弦，其餘四弦謂之番。番，贏也。頌瑟二十五弦，盡用之。又《莊子》、《淮南子》均有「鼓之，二十五弦皆動」之文，則姜氏之説於古義有徵，未可盡斥。其《旋宮圖》內所列六十調皆據蔡氏《律呂新書》所推。其十二宮則用《禮記正義》黄鍾一、林鍾二之次，與蔡氏黄鍾一、大呂二之次不同。又改二變爲二少，少與老相應，變與正不相應，實不如《律呂新書》之確。又黄鍾一均，惟黄鍾宫用七正律，無射商則一正一半五變半，夷則角則二正二半三變半。朋來列七正律於黄鍾宫之前，而無射商以下不書正變及半律變半律，亦爲疎略。其《樂章譜》，既用唐樂三和之法，注曰：「如大呂爲角，則於大呂均取中呂起調畢曲。太蔟爲徵，則於太蔟均取南呂起調畢曲。」應鍾爲羽，則於應鍾均取夷則起調畢曲。然於黄鍾爲宫無義。又曰「今釋奠迎神，或祇用黄鍾爲宫一曲叠奏之」云云。案范鎭《皇祐新樂圖記》曰：「黄鍾爲角者，夷則爲宫。黄鍾之角者，姑洗爲角。十二律之於五聲，皆如此率。而世俗之説乃去『之』字，謂太蔟曰黄鍾商，姑洗曰黄鍾角，林鍾曰黄鍾徵，南呂曰黄鍾羽。」其義至明。今因大呂爲角而取中呂起調畢曲，太蔟爲徵而取南呂起調畢曲，應鍾爲羽而取夷則起調畢曲，則是大呂之角，太蔟之徵，應鍾之羽，而非大呂爲角，太蔟爲徵，應鍾爲羽矣。至於黄鍾爲宫，與黄鍾之宫。則同一黄鍾，無以異也。朋來既用唐制，而又云祇用黄鍾爲宫一曲叠奏。豈非於意亦有所未安，而爲騎牆之論歟。他如後録中以堯作十五弦之瑟，見於《呂覽》者，誤爲《樂記》。記憶偶疎，又其小疵矣。然樂律一門，諸家著録，琴譜爲多。瑟則東晉之初尚有桓伊歌曹植詩事。以後傳者寥寥。錢起所云「二十五弦彈夜月」，李商隱所云「錦瑟無端五十弦者」，特詩人寄興之詞，不必眞有其事。古調之僅存者不過郊廟朝會，備雅樂之一種而已。朋來於舊譜放佚之餘，爲之考訂蒐羅。尚存梗概。史稱其通曉樂律，尤善鼓瑟。則與儒者不通宫調而坐談樂理者，尚屬有殊。存之亦足見古樂之遺也。

錢大昕《補元史藝文志・樂部》 熊朋來《瑟譜》六卷。

張之洞《書目答問・列朝經注經説經本考證》 《瑟譜》六卷。元熊朋來。粤雅堂本。《指海》本，內有《唐開元十二詩譜》。

樂原琴原

黄虞稷《千頃堂書目・禮樂類・補元》 趙孟頫《樂原琴原》。

倪燦等《補遼金元藝文志・禮樂書》 趙孟頫《樂原琴原》。

旋宮合樂譜

嵇璜等《續通志・圖譜略・樂》 余載《旋宮合樂譜》。

六代小舞譜

嵇璜等《續通志・圖譜略・樂》 余載《六代小舞譜》。

大元樂書

黄虞稷《千頃堂書目・禮樂類・補元》 孔思道《大元樂書》。孔子裔孫，字進道。由常州教授歷官太常禮儀院判。

倪燦等《補遼金元藝文志・禮樂書》　孔思道《大元樂書》。聖裔，字進道。太常禮儀院判。

黃鍾律説

王圻《續文獻通考・經籍考・樂》　《黃鍾律説》八篇。彭絲著。

黃虞稷《千頃堂書目・禮樂類・補元》　彭絲《黃鐘律説》八篇。

倪燦等《補遼金元藝文志・禮樂書》　彭絲《黃鍾律説》八篇。

錢大昕《補元史藝文志・樂類》　彭絲《黃鐘律説》八篇。

胡氏律論

王圻《續文獻通考・經籍考・樂》　《胡氏律論》。按熊朋來序曰：上古造律，其次聽律，其後算律。《虞書》、《周禮》有聽律之官，無算律之法。六觚一掘，自秦柱下史得此書以行於漢，至今惟班、馬猶可徵其餘言。上下生意同，甄漢中以禮運旋宮著在算術，因除如法，而不免承《後漢志》之誤。《後志》誤於京氏準法，《禮記疏》亦與《呂氏春秋》、《淮南子》同一説，是上下生且不定，何以算律哉？律呂各自爲法則，乾坤六體之序定矣；同位娶妻，隔八生子之象著矣；倍因四因，一損一益之算均矣。若曰自子至午，上生者七，自未至亥，下生者五，既非子午中分，使丑午連并上生，而三呂用倍之意荒矣。《後志》十二律之實雜以算法，而算家輒因仍用之，以蕤賓、夷則、無射四因二除爲大呂、夾鍾、中呂之算，非律生呂算例矣。甄氏能辯其終於南呂之非，而不自知襲用《後志》之誤也。或謂大呂爲六呂之首，從《後志》則大呂得算爲多，是不然。陽得當位，陰得對衝。律生呂自林鍾始，非先林鍾也，乃所以先大呂也；十二宮終於中呂，非中呂之窮也，當應鍾之次也。是故天統以黃鍾，人統以太簇，地統宜以大呂，而以林鍾；抗林鍾於大呂之位，所以配黃鍾而母太簇，則大呂、夾鍾、中呂在未、酉、亥之次，皆從下生之算，入呂則加倍有律之半，所以必有呂之倍

也。知此，則上下生之誤不足辯。用倍者其本法，不用倍者算家取疾約法，其實一也。若四清二變，昔者固亦疑之，李照、范景仁不能爭，況陳暘以下託之空言乎？樂器惟瑟有十二清，而四清在其中，不能通行於他器也。吾觀中呂黃鍾之交，知聲音有出於度數之外者。無射之商、夷則之角、夾鍾之羽、中呂之徵，若彈絲吹竹擊拊金石，聲音至此流轉自若也。算家以中呂求黃鍾，殫其術而不能合乎十七萬七千一百四十七之算。有以倍數四因之者，則三分之不盡，二算而虧數已多；有以正數四因之者，則亦一算不行，而虧數且過半矣。三分不行之算既未有以處之，紀其餘力有不盡之處，持未定之算，而謂之黃鍾變律，又推以爲林鍾、太簇、南呂之變，甚者託名執始不自信其爲黃鍾，縱使人得以窺算術之涯涘，而黃鍾流行諸律本無間斷也。算法之起，殆因律管有長短，此算家因律以命術，非律命於算也。猶之方田焉，田生五穀，豈知我爲圭箕弧環，律以和聲，豈知我爲正變倍半，皆算家命之耳。故曰古之爲鍾律者，以耳齊其聲，後人不能，始假數以正其度。雅樂之不可興，聲音之學不傳也。古者自小學已教之六樂九數，今耄且罔知，豈惟算律哉？若字音之學，於儒者事最近，而喉唇二音，宮羽異説，羽有喻母，而或以從角音，徵有知母，而或以從商音，矧曰其有能協于皇極之律呂哉？昔西山蔡氏固疑《呂氏春秋》、《淮南子》非本法，本法則三呂用倍矣。此書謂黍命於律，律不命於黍，吾於算法亦云。又謂空圍九分乃算家內周，非空中空九分也。律有半，呂有倍，使用半、用倍、用正、用變各有倫理。凡以羽翼蔡氏之書，非求異也，當與本原辯證並傳。無所事雅樂則已，倘有志於制作，將於是乎證焉。先生深於卦象聲韻，非止算律也，姑以是傳世，亦賢於漢中太守矣。

黃虞稷《千頃堂書目・禮樂類・補元》　《胡氏律論》一卷。熊朋來有序，稱豫章胡先生，不知其名。

倪燦等《補遼金元藝文志・禮樂書》　《胡氏律論》一卷。豫章人，失名。

九宮譜

黃虞稷《千頃堂書目・禮樂類・補元》 《九宮譜》十六卷。

大成樂譜

黃虞稷《千頃堂書目・禮樂類》 王敕《大成樂譜》二卷。歷城人。國子監祭酒。

嵇璜等《續通志・圖譜略・樂》 朱敕《大成樂譜》。

燕饗樂譜

黃虞稷《千頃堂書目・禮樂類》 李璧《燕享樂譜》。字白夫，廣西武緣人。呂柟爲序。

《明史・藝文志・樂類》 李璧《宴饗樂譜》一卷。

嵇璜等《續通志・圖譜略・樂》 李璧《宴饗樂譜》。

詩樂圖譜

黃虞稷《千頃堂書目・禮樂類》 呂柟《詩樂圖譜》十八卷。嘉靖丙申序。

《明史・藝文志・樂類》 呂柟《詩樂圖譜》十八卷。

嵇璜等《續通志・圖譜略・樂》 呂柟《詩樂圖譜》。

大成樂舞圖譜

黃虞稷《千頃堂書目・禮樂類》 張鶚《大成樂舞圖譜》二卷。字允薦，臨清州人。善律呂學。先官太僕丞。致仕。嘉靖九年，釐正郊祀雅樂，起升太常寺丞，典雅樂，晉正卿。

《明史・藝文志・樂類》 張諤《大成樂舞圖譜》二卷。

嵇璜等《續通志・圖譜略・樂》 張諤《大成樂舞圖譜》。

古樂心談

黃虞稷《千頃堂書目・禮樂類》 張鶚《古樂心談》一卷。

《明史・藝文志・樂類》 張諤《古雅心談》一卷。

大成樂舞圖說

黃虞稷《千頃堂書目・禮樂類》 樂和聲《大成樂舞圖說》一卷。載堉撰。

《明史・藝文志・樂類》 樂和聲《大成樂舞圖說》一卷。

嵇璜等《續通志・圖譜略・樂》 朱載堉、樂和聲《大成樂舞圖說》。

樂舞全譜

于敏中等《天祿琳琅書目・明版經部》 《樂舞全譜》。二函，八冊。明朱載堉著。首《操縵古樂譜》，次《旋宮合樂譜》，次《鄉飲詩樂譜》，次《六代小舞譜》，次《小舞鄉樂譜》并《二佾綴兆》，次《靈星小舞譜》。觀前書載堉進表稱《樂舞全譜》一部計八冊。是此書原可單行，今所分冊數與表所云適合，且係初印本，紙墨並出前部之上。

嵇璜等《續通志・圖譜略・樂》 明朱載堉《操縵古樂譜》。又《鄉飲酒樂譜》。又《小舞鄉樂譜》。又《二佾綴兆圖》。又《靈星小舞譜》。

九代樂章

黄虞稷《千頃堂書目・禮樂類》 《九代樂章》二十三卷。

八音圖注

黄虞稷《千頃堂書目・禮樂類》 王思宗《八音圖注》一卷。

《明史・藝文志・樂類》 王思宗《八音圖注》一卷。

嵇璜等《續通志・圖譜略・樂》 王思宗《八音圖注》。

九宫譜

黄虞稷《千頃堂書目・禮樂類》 徐迎慶《九宫譜》。松江人。

詩經樂譜　樂律正俗

《四庫提要・樂類》 《欽定詩經樂譜》三十卷。《樂律正俗》一卷。乾隆五十三年奉敕撰。我皇上啓六義不傳之祕，示千秋大樂之原，特命皇子暨樂部諸臣，據文義以定宫調，援古證今，親加指示，而於永言之微旨，御定爲一字一音，合於大音希聲之義。竝遵御製《律吕正義》體例，分列《八音譜》、《旋宫表》，字色各異，而聲律則同，可謂盡美盡善，足以識性情之正，而建中和之極矣。考歌詩之見於史冊者，漢宗廟樂用《登歌》，而猶仿《清廟》遺音。晉正會樂奏《於赫》，而不改《鹿鳴》聲節，則知古樂雖屢變，而其音節不能盡變也。唐開元鄉飲樂雖不著宫譜，而獨取一字一音，朱子蓋嘗言之。豈非古有其法而不能用，我皇上深究其本原，適合於古哉？後世譜《詩》者，明朱載堉《樂律全書》所載《關雎》數篇，琴瑟至用一字十六彈，皇上親命樂工按譜試之，俱不成聲。屢降諭旨駁正之。又撰《樂律正俗》一書，以糾其誤。又考嘉靖十五年國子祭酒吕柟著《詩樂圖譜》，共六集，分爲六譜，以教六館諸生。而其譜專取黄鍾一調，即朱載堉以笛合字爲宫聲之法也。歌字不論平仄，亦不取某字起某字止之例，鐘磬止用黄、大、仲、林、南、清黄六音，而虛其十二不用。琴瑟止用六絃。蓋以意爲之，不知而作者也。且自《周南》至《商頌》僅八十餘譜，烏足與語全《詩》之盛美，聖皇之作述哉！總計原詩三百五篇，增入御製《補笙詩》六篇，凡三百十一篇，簫、笛、鐘、琴、瑟凡一千五百五十五譜云。

春秋部

論述

《漢書·藝文志·春秋類序》 古之王者世有史官，君舉必書，所以愼言行，昭法式也。左史記言，右史記事，事爲《春秋》，言爲《尙書》，帝王靡不同之。周室旣微，載籍殘缺，仲尼思存前聖之業，乃稱曰：「夏禮吾能言之，杞不足徵也；殷禮吾能言之，宋不足徵也。文獻不足故也，足則吾能徵之矣。」以魯周公之國，禮文備物，史官有法，故與左丘明觀其史記，據行事，仍人道，因興以立功，就敗以成罰，假日月以定曆數，藉朝聘以正禮樂。有所褒諱貶損，不可書見，口授弟子，弟子退而異言。丘明恐弟子各安其意，以失其眞，故論本事而作傳，明夫子不以空言說經也。《春秋》所貶損大人當世君臣，有威權勢力，其事實皆形於傳，是以隱其書而不宣，所以免時難也。及末世口說流行，故有《公羊》、《穀梁》、《鄒》、《夾》之《傳》。四家之中，《公羊》、《穀梁》立於學官，鄒氏無師，夾氏未有書。

《隋書·經籍志·春秋類序》 《春秋》者，魯史策書之名。昔成周微弱，典章淪廢，魯以周公之故，遺制尙存。仲尼因其舊史，裁而正之，或婉而成章，以存大順，或直書其事，以示首惡。故有求名而亡，欲蓋而彰，亂臣賊子，於是大懼。其所褒貶，不可具書，皆口授弟子。弟子退而異說，左丘明恐失其眞，乃爲之傳。遭秦滅學，口說尙存。漢初，有公羊、穀梁、鄒氏、夾氏，四家並行。王莽之亂，鄒氏無師，夾氏亡。初齊人胡母子都，傳《公羊春秋》，授東海嬴公。嬴公授東海孟卿，孟卿授魯人眭孟，眭孟授東海嚴彭祖、魯人顏安樂。故後漢《公羊》有嚴氏、顏氏之學，與《穀梁》三家並立。漢末，何休又作《公羊解說》。而《左氏》，漢初出於張蒼之家，本無傳者。至文帝時，梁太傅賈誼爲訓詁，授趙人貫公。其後劉歆典校經籍，考而正之，欲立於學，諸儒莫應。至建武中，尙書令韓歆請立而未行。時陳元最明《左傳》，又上書訟之。於是乃以魏郡李封爲左氏博士。後羣儒蔽固者，數廷爭之。及封卒，遂罷。然諸儒傳《左氏》者甚衆。永平中，能爲《左氏》者，擢高第爲講郎。其後賈逵、服虔並爲訓解。至魏，遂行於世。晉時，杜預又爲《經傳集解》。《穀梁》范甯注、《公羊》何休注、《左氏》服虔、杜預注，俱立國學。然《公羊》、《穀梁》，但試讀文，而不能通其義。後學三《傳》通講，而《左氏》唯傳服義。至隋，杜氏盛行，服義及《公羊》、《穀梁》浸微，今殆無師說。

錢東垣等輯《崇文總目·春秋類序》 ［原敍］昔周法壞而諸侯亂，平王以後不復雅而下同列國，吳、楚、徐、夷並僭稱王，天下之人不稟周命久矣。孔子生其末世，欲推明王道以扶周，乃聘諸侯，極陳君臣之理，諸侯無能用諸，退而歸魯，即其舊史，考諸行事，加以王法，正其是非，凡其所書，一用周禮爲《春秋》十二篇，以示後世。後世學者傳習旣久，其說遂殊，公羊高、穀梁赤、左丘明、鄒氏、夾氏分爲五家，鄒、夾最微，自漢世已廢，而三家盛行。當漢之時，《易》與《論語》分爲三，《詩》分爲四，《禮》分爲二，及學者散亡，僅存其一，而餘家皆廢，獨《春秋三傳》並行至今。初，孔子大修六經之文，獨於《春秋》欲以禮法繩諸侯，故其辭尤謹約而義微隱，學者不能極其說，故三家之傳於聖人之旨各有得焉。太史公曰：「爲人君者不可不知《春秋》。」豈非王者之法具在乎？見《歐陽文忠公集》。

馬端臨《文獻通考·經籍考·春秋》 先公曰：論《春秋》者，言夫子感麟而作，作起獲麟，而文止於所起，踰再歲而夫子夢奠矣。故歐陽公謂此夫子旣老而成之書。《春秋緯演孔圖》云：孔子修《春秋》，九月而成，卜之得陽《豫》之卦，是《春秋》二百四十二年之書，以九月而成。

王褘《青巖叢録》 《春秋》正經，《漢·藝文志》雖有之，而自漢以來，經文皆雜於《左氏》、《公羊》、《穀梁》三《傳》之中，旣明異同，復有增損，苟遂信其爲聖人所修之文，可不可也？自今考之，「盟于蔑」，《左氏》以爲「蔑」，而《公羊》、《穀梁》以爲「昧」。「築郿」，《左氏》以爲「郿」，而《公羊》、《穀梁》以爲「微」。「會于厥慭」，《左氏》以爲「厥慭」，而《公羊》、《穀梁》以爲「屈銀」。又如「尹氏」之爲「君氏」，「如雨」之爲「而雨」，其異同有如此。《公羊》、《穀梁》於「襄公二十一年」皆書「孔子生」，而《左氏》則不書。《左氏》於獲麟之後，復引經以至于「六年，仲尼卒」，而《公羊》、《穀梁》則無之。其增損有如此。由是言之，則正經之在三《傳》者，皆不足信。姑取其可信者，則《左氏》爲優。何也？《公羊》、《穀梁》皆以其傳麗于正經，納經於傳中，無所分別；而《左氏》則經自爲經，傳自爲傳，至杜預乃分經之年與傳之年相附。則正經之在《左傳》者，猶爲可信也。然而聖人筆削之本文，後世亦不復見矣。且漢世傳《春秋》者五家，鄒氏無師，夾氏無書，既先亡，而初立博士惟公羊，宣帝世復立穀梁，至平帝時乃立左氏。三《傳》之有功於聖經固也，然而其得失亦相半，《左氏》詳於事，《公羊》明於例，《穀梁》精於義，此其所爲得也。《左氏》之誣，《公羊》之亂，《穀梁》之鑿，此其所爲失也。至其互相牴牾，使聖人修經之旨因以不明，則古今學者之通患也。晉劉實撰《三傳條例》，劉兆則三家之異合而通之，取《周官》「調人」之義，作《春秋調人》，而氾毓又合三《傳》撰《春秋釋疑》，韋表微又著《三傳總例》，以通理經趣。凡若此類，不一而足。至唐啖助、趙匡、陸淳，始考三《傳》短長，信經以駁傳，以聖人書法纂而爲例，得其義者十七八，自漢以來言《春秋》者，未之能過也。宋世言《春秋》者亡慮數百家，惟程子之《傳》，有以明聖人經世之大法。武夷胡氏之《傳》，又於尊王賤霸、內夏外彝、恤患復讎之大義，深致意焉。他若泰山孫氏、□□□氏專以書法論褒貶，襄陵許氏、永嘉陳氏、專以書法論世變，而清江劉氏《傳》、《權衡》、《意林》三書，臨海葉以《傳》、《獻》、《考》三書，尤爲精密，皆卓然名家者也。獨朱氏之論《春秋》有曰：「據事直書，而善惡自見，於是爲得聖人修經之本心，而前儒賞罰之說稍廢。」樸鄉呂氏《或問》實主其義，今世學《春秋》者咸宗之。

焦竑《國史經籍志·春秋類序》　孔子西觀周室，令子夏等十四人求周史記，得諸國寶書而《春秋》作焉。秦處曰：書非史記周圖，仲尼不采，其自謂述而不作也。以此漢初博士惟公羊一家，宣帝益以穀梁，至平帝時左氏始立。大抵《左氏》傳事不傳義，是以詳於史而事未必覈；《公》、《穀》傳義不傳事，是以詳於經而義未必當。及乎後儒，保殘守陋，往往主傳而賓經，失乃彌甚。夫聖人之作經，豈冀有三子者爲之傳耶？無三《傳》，經遂不可明耶。善乎！趙鵬飛之言。學者當以無傳求《春秋》，不可以有傳求《春秋》，得之矣。說經者總若干家而余得並列於篇。

《四庫提要·春秋類序》　說經家之有門戶，自《春秋三傳》始，然迄能竝立於世。其閒諸儒之論，中唐以前則《左氏》勝，啖助、趙匡以逮北宋則《公羊》、《穀梁》勝。孫復、劉敞之流，名爲棄傳從經，所棄者特《左氏》事跡、《公羊》、《穀梁》月日例耳。其推闡譏貶，少可多否，實陰本《公羊》、《穀梁》法，猶誅鄧析用竹刑也。夫刪除事跡，何由知其是非？無案而斷，是《春秋》爲射覆矣。聖人禁人爲非，亦予人爲善。經典所述，不乏褒詞，而操筆臨文，乃無人不加誅絕，《春秋》豈吉網羅鉗乎？至於用夏時則改正朔，削尊號則貶天王，《春秋》又何僭以亂也！沿波不返，此類宏多，雖舊說流傳，不能盡廢。要以切實有徵，平易近理者爲本。其瑕瑜互見者，則別白而存之。遊談臆說，以私意亂聖經者，則僅存其目。蓋六經之中，惟《易》包衆理，事事可通，《春秋》具列事實，亦人人可解。一知半見，議論易生，著録之繁，二經爲最，故取之不敢不慎也。

又《春秋類四》　案：《春秋三傳》互有短長，世以范甯所論爲允，甯實未究其所以然也。左氏說經，所謂「君子曰」者，往往不甚得經意。然其失也，不過膚淺而已。公羊、穀梁二家，鉤棘月日以爲例，辨別名字以爲褒貶，乃或至穿鑿而難通。三家皆源出聖門，何其所見之異哉？左氏親見國史，古人之始末具存，故據事而言，即其識有不逮者，亦不至大有所出入。公羊、穀梁則前後經師，遞相附益，推尋於字句之間，故憑心而斷，各徇其意見之所偏也。然則徵實迹者其失小，騁虛論者其失大矣。後來諸家之是非，均持此斷之可也。至於左氏文章，號爲富豔，殘膏賸馥，沾溉無窮。章沖聯合其始終，徐晉卿排比其對偶，後人接踵，編纂日多，而概乎無預於經義，則又非所貴焉。

又《春秋類存目二》　案：明科舉之例，諸經傳註皆因元制，用宋儒。然程子作《春秋傳》未成，朱子又未註《春秋》，以胡安國學出程子、張洽學出朱子，《春秋》遂定用二家。蓋重其所出之淵源，非眞有見於二人之書果勝諸家也。後張《傳》以文繁漸廢，胡《傳》竟得孤行，則又考官舉子其趨簡易之故，非律令所定矣。且他經雖限以一說立言，猶主經文，《春秋》一經，則惟主發揮傳義。其以經文命題，不過傳文之標識，知爲某公某年某事而已。觀張朝瑞《貢舉考》，備列明一代試題，他經皆具經文首尾，惟《春秋》僅列題中兩三字，如盟密、夾谷之類，其視經文不爲輕重可知矣。是《春秋》雖列在學官，實以胡《傳》當一經，孔子特擁其虛名而已。經義之荒，又何足怪乎？《欽定春秋傳說彙纂》總括衆說，折衷聖言，凡安國迂謬之談，悉一一駁正，此足見是非之公，終有不能強掩者矣。今檢校遺書，於明代說《春秋》家多所刊削，庶不以科擧俗學蝕聖經之本旨云爾。

耿文光《萬卷精華樓藏書記・春秋類序》 《漢志》：《春秋古經》十二篇經，十一卷，所謂魯之《春秋》是也。周、燕、齊、宋皆有《春秋》，載在《墨子》，所謂《百國春秋》是也。其書亡矣。古本《春秋經》自爲一帙，今《春秋》讀本亦有無傳者，全非古式，豈《漢志》之舊哉？左氏作傳時經文已闕，如「夏五郭公夫人氏」，皆闕文也。經闕而後傳始作也。《左氏春秋傳》，《漢志》三十卷，其事詳而實，其文富而艷。或作五十。凡以爲《春秋》之例，或云《魯史》有例，聖人之《春秋》無例，以義爲例。或以《春秋》爲褒貶之書，或云有貶而無褒，或云以《春秋》爲褒貶者，亂《春秋》者也，其說互異。然褒之一字出於後世，馬遷則云采善，劉向所云首貶患也。劉歆曰：左氏筆削與聖人同意而不言褒貶，其言褒貶者，失微顯之義矣。何孟春曰：經以標義，史以備事，經義隱而史事顯，《左氏》備事之書也。聖人筆削義隱於事，次第其事，傳以實之。實之者，顯之也。其說當矣。然左氏依經以爲傳，後人或舍傳以從經，其攻駁左氏者，實隱本公、穀，故以私意亂聖經者，其書可刪。孔子作《春秋》若無左氏爲之傳，則讀者何由究其事之本末？左氏之功不淺矣。故當時雖不立於學官，而後世誦習，久而益顯，非公、穀所可比也。左氏或以爲楚人，或以爲魏人，或以左氏、左丘氏爲二人，或云古之賢人在孔子前，然傳終於孔子卒後。《漢志》以爲與孔子同時，然口授弟子不當有闕文，則班書未可深信也。又或以爲魯太史或以爲左史，倚相并存，其說不必辨也。《公羊傳》、《穀梁傳》，《漢志》皆十一卷，二家皆經生各守所學。近世尚有《公羊》學，而《穀梁》益微。今所録者凡二十九家，三《傳》注疏以外，皆愼所擇。附以《繁露》，則古書也。

黄逢元《補晉書藝文志・春秋類序》 《春秋三傳》，《公》、《穀》盛行於漢，而《左氏》獨微，晚置博士，廢興相嬗，備員而已。自服虔倡於前，杜預踵其後，學乃大昌，而預功尤偉。信乎，丘明忠臣也！江左中興，立《左氏傳》，服氏、杜氏博士二《傳》闕如。荀崧奏請許立《公羊》，會王敦亂作，不果行。《穀梁》則以膚淺目之，不置博士。在當時治是學者，有孔衍、江熙、程闡、徐邈、徐乾、劉兆、胡訥諸家，獨范甯《集解》稱善。《公羊》之學，王接獨闕何休，黜周王魯之謬，惜書遭喪亂，當時已佚。徂期繼父志踵而成之，今亦不傳。然其家法有如此者，杜氏於丘明功固偉矣，而罪亦實甚。顯則強經就傳，隱則黨同司馬，藉傳行奸。說見焦循《春秋左傳補疏》。録《春秋》三十一家，殿以外傳《國語》。

雜録

《漢書・藝文志・春秋》 凡《春秋》二十三家，九百四十八篇。省《太史公》四篇。

陸德明《經典釋文序録・注解傳述人》 古之王者必有史官，君擧則書，所以愼言行，昭法式也。諸侯亦有國史，《春秋》即魯之史記也。孔子應聘不遇，自衛而歸，西狩獲麟，傷其虛應，乃與魯君子左丘明觀書於太史氏，因魯史記而作《春秋》。上遵周公遺制，下明將來之法，褒善黜惡，勒成十二公之經，以授弟子，弟子退而異言。丘明恐弟子各安其意以失其眞，故論本事而爲之傳，明夫子不以空言說經也。《春秋》所貶損大人當世君臣，其事實皆形於傳，故隱其書而不宣，所以免時難也。及末世口說流行，故有公羊、名高，齊人，子夏弟子，受經於子夏。穀梁、名赤，魯人。麋信云與秦孝公同時；《七録》云名淑，字元始；《風俗通》云子夏門人。鄒氏、王吉善《鄒氏春秋》。夾氏之《傳》。鄒氏無師，夾氏有録無書，故不顯於世。桓譚《新論》云：「《左氏傳》遭戰國寢藏。後百餘年，魯人穀梁赤作《春秋》，殘略多有遺文。又有齊人公羊高緣經文作《傳》，彌失本事。」

漢興，齊人胡毋生、字子都，景帝時爲博士，年老歸教於齊。齊之言《春秋》者宗事之，公孫弘亦頗受焉。趙人董仲舒官至江都、膠西相。並治《公羊春秋》。蘭陵褚大、梁相。東平嬴公、諫大夫。廣川段仲溫、呂步舒步舒，丞相長史。皆仲舒弟子。嬴公守學，不失師法，授東海孟卿及魯眭弘。字孟，符節令。弘授嚴彭祖字公子，東海下邳人，爲博士，至左馮翊、太子太傅。及顏安樂，字翁孫，魯國薛人也，孟姊子也，爲齊郡太守丞。由是《公羊》有嚴、顏之學。弘弟子百餘人，常曰：「《春秋》之意在二子矣。」彭祖授琅邪王中。少府，家世傳業。中授同郡公孫文東平太傅，徒衆甚盛。及東門雲。荊州刺史。安樂授淮陽泠豐字次君，菑川太守。及淄川任翁。少府。豐授大司徒馬宮字游卿，東海戚人，封扶德侯。及琅邪左咸。郡守、九卿，徒衆甚盛。始貢禹字少翁，琅邪人，御史大夫。事嬴公而成於眭孟，以授潁川堂谿惠。惠授泰山冥都。丞相史。又疏廣字仲翁，東海蘭陵人，太子太傅。事孟卿，以授瑯邪筦路。筦路及冥都又事顔安樂。路授大司農孫寶。字子嚴，潁川鄢陵人。 瑕丘江公受《穀梁春秋》及《詩》於魯申公，武帝時爲博士，傳子至孫，皆爲博士。使與董仲舒論，江公吶於口，而丞相公孫弘本爲《公羊》學，比輯其義，卒用董生。於是上因尊《公羊》家，詔太子受。衛太子復私問《穀梁》而善之。其後寖微，唯魯榮廣、字王孫。浩星公二人受焉。廣盡能傳其《詩》、《春秋》。蔡千秋、字少君，諫大夫、郎中戶將。梁周慶、字幼君。丁姓字子孫，至中山太傅。皆從廣受。千秋又事浩星公，爲學最篤。宣帝即位，聞衛太子好《穀梁》，乃詔千秋與《公羊》家並說。上善《穀梁》說，又選郎十人從千秋受。會千秋病死，徵江公孫爲博士，詔劉向受《穀梁》，欲令助之。江博士復死，乃徵周慶、丁姓待詔，使卒授十人。十餘歲，皆明習。乃召五經名儒太子太傅蕭望之等大議殿中，平《公羊》、《穀梁》同異。時《公羊》博士嚴彭祖、侍郎申輓、伊推、宋顯，《穀梁》議郎尹更始、待詔劉向、周慶、丁姓並論。望之等多從《穀梁》，由是大盛，慶、姓皆爲博士。姓授楚申章昌曼君。爲博士，至長沙太傅。初尹更始字翁君，汝南邵陵人，議郎、諫大夫、長樂戶將。事蔡千秋，又受《左氏傳》，取其變理合者以爲章句，傳子咸大司農。及翟方進、字子威，汝南上蔡人，丞相，封侯。房鳳。字子元，琅玡不其人，光祿大夫、五官中郎將、青州牧。始江博士授胡常，常授梁蕭秉，字君房。王莽時爲講學大夫。 左丘明作《傳》以授曾申。申傳衛人吳起。魏文侯相。起傳其子期。期傳楚人鐸椒。楚太傅。椒傳趙人虞卿。趙相。卿傳同郡荀卿名況。況傳武威張蒼。漢丞相，北平侯。蒼傳洛陽賈誼。長沙、梁王太傅。誼傳至其孫嘉。嘉傳趙人貫公。《漢書》云：賈誼授貫公，爲河間獻王博士。貫公傳其少子長卿。蕩陰令。長卿傳京兆尹張敞字子高，河東平陽人，徙杜陵。及侍御史張禹。字長子，清河人。禹數爲御史大夫蕭望之言《左氏》，望之善之，薦禹，徵待詔，未及問，會病死。禹傳尹更始。更始傳其子咸及翟方進、胡常。常授黎陽賈護。字季君，哀帝時待詔爲郎。護授蒼梧陳欽。字子佚，以《左氏》授王莽，至將軍。《漢書・儒林傳》云：「漢興，北平侯張蒼及梁太傅賈誼、京兆尹張敞、太中大夫劉公子皆修《春秋左氏傳》。」始劉歆字子駿，向之子，王莽國師。從尹咸及翟方進受《左氏》。哀帝時，歆與房鳳、王龔欲立《左氏》，爲師丹所奏，不果。平帝時始得立。「由是言《左氏》者本之賈護、劉歆。」歆授扶風賈徽。字元伯，後漢潁陰令，作《春秋條例》二十一卷。徽傳子逵。逵受詔列《公羊》、《穀梁》不如《左氏》四十事，奏之，名曰《左氏長義》，章帝善之。逵又作《左氏訓詁》。司空南閣祭酒陳元作《左氏同異》。大司農鄭衆作《左氏條例章句》。南郡太守馬融爲《三家同異》之說。京兆尹延篤字叔堅，南陽人。批注：謝承《書》作「延固」。受《左氏》於賈逵之孫伯升，因而注之。汝南彭汪字仲博。記先師奇說及舊注。太中大夫許淑、字惠卿，魏郡人。九江太守服虔、字子慎，河南人。侍中孔嘉、字山甫，扶風人。魏司徒王朗、字景興，肅之父。荊州刺史王基、大司農董遇、徵士燉煌周生烈並注解《左氏傳》。梓潼李仲欽著《左氏指歸》。陳郡潁容字子嚴，後漢公車徵不就。作《春秋條例》。又何休字邵公，任城人，後漢諫大夫。作《左氏膏肓》、《公羊墨守》、《穀梁廢疾》。鄭康成箴《膏肓》，發《墨守》，起《廢疾》，自是《左氏》大興。 漢初，立《公羊》博士。宣帝又立《穀梁》。平帝始立《左氏》。後漢建武中，以魏郡李封爲《左氏》博士，羣儒蔽固者數廷爭之，及封卒，因不復補。和帝元興十一年，鄭興父子奏上《左氏》，乃立於學官，仍行於世，迄今遂盛行，二《傳》漸微。江左中興，立《左氏傳》杜氏、服氏博士，太常荀崧奏請立二《傳》博士，詔許立《公羊》，云：「《穀梁》膚淺不足立博士。」王敦亂，竟不果行。《左氏》今用杜預注；《公羊》用何休注；《穀梁》用范甯注。二《傳》近代無講者，恐其學遂絶，故爲音以示將來。

《隋書・經籍志・春秋》 右九十七部，九百八十三卷。通計亡書，合一百三十部，一千一百九十二卷。

《舊唐書・經籍志・春秋》 右《春秋》一百二部，一千一百八十四卷。

錢東垣等輯《崇文總目・春秋類》 共三十三部，計三百九十六卷。

《新唐書・藝文志・春秋類》 右《春秋》類六十六家，一百部，一千一百六十三卷。失姓名五家，王玄度以下不著録二十二家，四百三卷。

王應麟《玉海・藝文・春秋》 杜預曰：《春秋》，魯史記之名，記事者以事繫日，以日繫月，以月繫時，以時繫年，所以紀遠近別同異也，故史之所記，必表年以首事，年有四時，故錯舉以爲所記之名。《周禮》有史官掌邦國四方之事，達四方之志，諸侯亦各有國史，大事書之於策，小事簡牘而已。周德既衰，官失其守，諸所記注，多違舊章。仲尼因魯史成文，考其眞僞而志其典禮，上以遵周公之遺制，下以明將來之法。蓋周公之志，仲尼從而明之。何休曰：夫子之作《春秋》，將以變周之文，從先代之質。范甯曰：平王東遷，周室微弱，王道盡矣。夫子傷之，乃作《春秋》，所以明黜陟，著勸戒，成天下之事業，定天下之邪正，使夫善人勸，淫人懼。胡安國曰：《春秋》乃史外傳心之要，公好惡則發乎《詩》之情，酌今古則貫乎《書》之事，興常典則體乎《禮》之經，本忠恕則導乎《樂》之和，著權制則盡乎《易》之變。學經以傳爲按，則當閱《左氏》，玩辭以義爲主，則當習《公》、《穀》。

《宋史・藝文志・春秋類》　右《春秋》類二百四十部，二千七百九十九卷。王柏《左氏正傳》以下不著録二十三部，四百八十八卷。

《明史・藝文志・春秋類》　右《春秋》類一百三十一部，一千五百二十五卷。

《四庫提要・春秋類四》　右《春秋》類一百十四部，一千八百三十八卷，附録一部，十七卷，皆文淵閣著録。

又《春秋類存目二》　右《春秋》類一百十八部，一千五百七十六卷，内十部無卷數。皆附存目。

張之洞《書目答問・列朝經注經説經本考證》　以上《春秋左傳》之屬。　以上《春秋公羊傳》之屬。　以上《春秋穀梁傳》之屬。　以上《春秋總義》之屬。《春秋家》與三《傳》皆不合者，不録。陸氏三種，於三《傳》皆加攻駁，因唐以前書，舉以備考。

綜　述

春秋經分部

春秋古經

《漢書・藝文志・春秋》　《春秋古經》十二篇，《經》十一卷。《公羊》、《穀梁》二家。

鄭樵《通志・藝文略・春秋》　《春秋經》，十二卷。

晁公武《郡齋讀書志・春秋》　《春秋正經》十二卷。右以《左氏》經爲本，其與《公》、《穀》不同者注於下。　《春秋經》一卷。每事爲一行，廣德軍所刊，古監本也。　《春秋經》一卷。朱熹所刻於臨漳四經之一。其於《春秋》獨無所論著，惟以《左氏》經文刻之。　《春秋古經》一卷。禮部侍郎眉山李燾仁父所述。

馬端臨《文獻通考・經籍考・春秋》　《春秋經》一卷。陳氏曰：「每事爲一行。廣德軍所刊古監本，晦庵又刻於臨漳四經之一。其於《春秋》，獨無所論著，惟以《左氏》經文刻之。李燾仁甫又定《春秋古經》一卷。」眉山李氏《古經後序》曰：「《漢・藝文志》有《春秋古經》十二篇，《經》十一卷。隋、唐《志》同。《古經》十二篇、十一卷者，本《公羊》、《穀梁》二家所傳，吴士燮始爲之注，《隋氏》載焉。又有賈逵《春秋三家經訓古》十二卷，《宋三家經》二卷，《唐志》又有李鉉《春秋二傳異同》十一卷，李氏《三傳異同例》十三卷，馮伉《三傳異同》三卷，元和國子監修定《春秋加減》一卷。士燮、賈逵、宋及李、馮、元和諸書，今皆不存，獨抱遺經者，莫適爲正。蓋《公羊》得立學官最先，《穀梁》次之，《左氏》最後。故士燮但注二家，不及《左氏》；賈逵既立《左氏》，始通三家。逵、燮幷宋以下異同加減文字，悉已亡佚，莫知其舉厝何也。隋末唐初，《左》學特盛，二家浸微。陸德明《音義》、《隋・經籍志》皆云。自杜預集解《左氏》，合經傳爲一，貞觀十六年，孔穎達承詔修《疏》，永徽四年，長孫無忌等重上《正義》，丘明傳學愈益盛矣，而仲尼遺經無復單行。學者或從杜解抄出，獨存《左氏》，擯落二家。幸陸德明與穎達同時於太學自著《音義》，兼存二家本書，仍各注《左氏》別字，顧亦無決擇。德明爲國子博士，貞觀十七年也。惟貞元末，陸淳《纂例》，列三《傳》經文差繆，凡二百四十一條，自言考校從其有義理者，然往往亦言未知孰是，兼恐差繆不止二百四十一條。惜啖、趙《集傳》今俱失墜，無從審覆耳。《唐志》：「陸質《集注春秋》二十卷，又集傳《春秋纂例》十卷，《春秋微旨》二卷，《春秋辯疑》七卷。今存者，惟《纂例》、《微旨》、《辯疑》耳。」余患苦此久矣！嘗欲即三家所傳，純取遺經心以爲是者，則大書之，仍細書其不然者於其下。數十年間，游走東西，志弗獲就。會潼川謝疇元錫來從余遊，其治《春秋》極有功，因付以斯事，居三月而書成。旁蒐遠引，不一而足，反説以約，厥功彌著。余撫其書喜甚，亟刻板與學者共之。昔司馬遷言《春秋》文成數萬，張晏曰《春秋》才萬八千字，遷誤也。今細數之，更闕一千四百二十八字。數最易見者，尚爾錯誤，何况聖人筆削之旨乎？余鄉所謂心以爲是者，衆未必以爲是也，亦獨纂例考校，從其有義理者云耳。既心以爲是，則於證據操舍必具成說，其説自當別出，兹第刻《春秋》純經，庶學者相與盡心焉！仍用《漢志》舊名，題曰《春秋古經》。十二公各爲一篇，不復分爲十一卷，蓋卷第於經義初無當也。」按：《春秋古經》，雖《漢・藝文志》有之，然夫子所修之《春秋》，其本文世所不見，而自漢以來，所編《古經》，則俱自三《傳》中取出經文，名之曰「正經」耳！然三《傳》所載經文，多有異同，則學者何所折衷？如「公及邾儀父盟於蔑」，《左氏》以爲「蔑」，《公》、《穀》以爲「眛」，則不知夫子所書者曰「蔑」乎？曰「眛」乎？「築郿」，《左氏》以爲「郿」，《公》、《穀》以爲「微」，則不知夫子所書曰「郿」乎？曰「微」乎？「會於厥慭」，《公》、《穀》以爲「屈銀」，則不知夫子所書曰「厥慭」乎？曰「屈銀」乎？若是者殆不可勝數，蓋不特亥豕魯魚之偶誤其一二而已。然此特名字之訛耳，其事未嘗背馳於大義，尚無所關也。至於君氏卒，則以爲聲子，魯之夫人也；尹氏卒，則以爲師尹，周之卿士也。然則夫子所書隱三年夏四月辛卯之死者，竟爲何人乎？不寧惟是。《公羊》、《穀梁》於襄公二十一年皆書孔子生。按《春秋》惟國君世子生則書之，子同生是也。其餘雖世卿擅國政，如季氏之徒，其生亦未嘗書之於冊。夫子萬世帝王之師，然其始生，乃鄹邑大夫之子耳，《魯史》未必書也。《魯史》所不書，而謂夫子自紀其生之年於所修之經，決無是理也。而《左》於哀公十四年獲麟之後，又復引經以至十六年四月書仲尼卒，杜征南亦以爲近誣。然則《春秋》本文其附見於三《傳》者，不特乖異，未可盡信。而三子以其意增損者，有之矣。蓋襄二十一年所書者，公、穀尊其師授而增書之也；哀十六年所書者，左氏痛其師亡而增書之也，俱非《春秋》之本文也。三子者以當時口耳所傳授者，各自爲傳，又以其意之所欲增益者攙入之，後世諸儒，復據其見於三子之書者，互有所左右而發明之，而以爲得聖人筆削之意於千載之上，吾未之能信也。《易》有彖象，本與卦爻爲二，而王弼合之；《詩》、《書》有序，本與經文爲二，而毛萇、孔安國合之；《春秋》有三《傳》，亦本與經文爲二，而治三《傳》者合之。先儒務欲存古，於是取其已合者復析之，命之曰《古經》。然彖象之與卦爻，序之與經，毛、孔、王三公雖以之混爲一書，尚未嘗以己意增損於其間，苟復析之，即古人之舊矣。獨《春秋》一書，三《傳》各以其說與經文參錯，而所載之經文又各乖異。蓋事同而字異者，「及邾儀父盟於蔑」「於眛」之類是也；事字俱異者，「尹氏」、「君氏」之類是也；元未嘗書其事而以意增入者，「孔子生」、「孔丘卒」是也。然則自三《傳》中所取出之經文既有乖異，又有增益，遽指以爲夫子所修之《春秋》可乎？然擇其差可信者而言之，則《左氏》爲優，何也？蓋《公羊》、《穀梁傳》，直以其所作傳文攙入正經，不曾別出，而《左氏》則經自經，而傳自傳。又杜元凱《經傳集解》序文以爲分經之年與傳之年相附，則是左氏作《傳》之時，經文本自爲一書，至元凱始以《左氏傳》附之經文各年之後，是《左氏傳》中之經文，可以言「古經」矣。然獲麟而後引經以至仲尼卒，則分明增入，杜注亦自以爲《春秋》本終於獲麟，弟子欲記聖師之卒，故採《魯史記》以續夫子之經，而終於此。然則既續之於獲麟之後，寧保其不增益之於獲麟之前，如《公》、《穀》所書「孔子生」之類乎？是亦未可盡信也。

高儒《百川書志・春秋》　《春秋》七卷。正經。《春秋古文》六卷。

張萱等《内閣藏書目録・春秋類》　《春秋》十五冊。全。

姚振宗《漢書藝文志條理・春秋家》　《春秋古經》十二篇。《經》十一卷。公羊、穀梁二家。《史記・孔子世家》：「子曰：『弗乎弗乎，君子病殁世而名不稱焉。吾道不行矣，吾何以自見於後世哉？』乃因史記作《春秋》。上至隱公，下訖哀公十四年，十二公。據魯，親周，故殷，運之三代。《正義》殷中也，又中運夏、殷、周之事也。約其文辭而旨博，故吳楚之君，自稱王，而《春秋》貶之曰『子』。踐土之會實召周天子，而《春秋》諱之曰『天王狩于河陽』，推此類以繩當世。貶損之義，後有王者，舉而開之。《春秋》之義行，則天下亂臣賊子懼焉。孔子在位，聽訟文辭，有可與人共者，弗獨有也。至于爲《春秋》，筆則筆，削則削，子夏之徒不能贊一辭。弟子受《春秋》，孔子曰：『後世知丘者以《春秋》，而罪丘者亦以《春秋》。』」《周禮・小宗伯》疏：古文《春秋》者，《藝文志》云「《春秋古經》十二卷」，是此古文經所藏之書。文帝除挾書之律，此本然後行于世，故稱「古文」。　王氏考證《史記・吳世家》：余讀《春秋》古文，服虔注《左氏》云：古文篆書一簡八字。又曰《詩正義》，漢初爲傳訓者，皆與《經》別，行三《傳》之文，不與經連，故石經書《公羊傳》皆無經文。　《經義考》：王觀國曰：「前漢《藝文志》：『《春秋古經》十二篇，經十一卷，《左氏傳》三十卷。』蓋古本《春秋經》，自爲一帙。至左氏作《傳》三十卷，自爲一帙。杜預作《春秋經傳集解》乃分《經》之年而居《傳》之首，于是不復有古經《春秋》矣。」【略】　錢大昕《三史拾遺》曰：《春秋古經》十二篇。此《左氏經》也。下云《經》十一卷，則《公》、《穀》二家之《經》也。漢儒傳《春秋》者，以《左氏》爲古文，《公羊》、《穀梁》爲今文。稱「古經」，則共知其爲《左氏》矣。《左氏》經傳本各單行，故別有《左氏傳》。　王鳴盛《蛾術編・説録》曰：「《左氏》《經》與《公羊》、《穀梁》、《經》不同。」《漢・藝文志》「《春秋古經》十二篇」。此《左氏》之《經》也。其下又云「《經》十一卷」。小字夾注云：《公羊》、《穀梁》二家。則《公》、《穀》之《經》同也。如《左氏》「君氏卒」，《公》、《穀》並作「尹氏」。可見《左氏經》獨言古者，孔子之《經》。《左氏》之《傳》皆用古文，而孔壁所得，又有古文《左傳》，故《左氏經》獨稱「古經」。

春秋音義

鄭樵《通志・藝文略・春秋》　《春秋音義》六卷。陸德明。

楊士奇等《文淵閣書目・春秋類》　《春秋陸德明音義》。一部三冊。完全。

春秋摘微

鄭樵《通志・藝文略・春秋》　《春秋摘微》一卷。盧仝。

晁公武《郡齋讀書志・春秋》　《春秋摘微》四卷。右唐盧仝撰。其解《經》不用《傳》，然旨意甚疎。韓愈謂「《春秋三傳》束高閣，獨抱遺經究終始」，蓋實録也。祖無擇得之於金陵，《崇文總目》所不載。

尤袤《遂初堂書目・春秋》　唐盧仝《摘微》。

馬端臨《文獻通考・經籍考・春秋》　巽嚴李氏曰：「仝治《春秋》，不以《傳》害《經》，最爲韓愈所稱。今觀其書，亦未能度越諸子，不知愈所稱果何等義也。舊聞仝解『惠公仲子』曰『聖辭也』，而此乃無之，疑亦多所亡逸云。」

春秋尊王發微

《通志藝文略・春秋》　《春秋尊王發微》十二卷。孫復。

晁公武《郡齋讀書志・春秋》　《春秋尊王發微》十二卷。右皇朝孫明復撰。史臣言明復治《春秋》，不取傳、注，其言簡而義詳，著諸大夫功罪，以考時之盛衰，而推見治亂之迹，故得《經》之意爲多。常秩則譏之曰：「明復爲《春秋》，猶商鞅之法，棄灰於道者有刑，步過六尺者有誅。」謂其失於刻也。胡安國亦以秩之言爲然。

尤袤《遂初堂書目・春秋》　孫復《尊王發微》。

陳振孫《直齋書録解題・春秋類》　《春秋尊王發微》十五卷。國子監直講平陽孫明復撰。歐陽文忠爲作墓誌。潁川常秩譏之曰：「明復爲《春秋》，如商鞅之法。」謂其失於刻也。

馬端臨《文獻通考經籍考・春秋類》　石林葉氏曰：「孫明復《春秋》，專廢傳從經，然不盡達經例，又不深於禮學，故其言多自牴牾，有甚害於經者，雖槩以禮論當時之過，而不能盡禮之制，尤爲膚淺。」《朱子語録》曰：「近時言《春秋》，皆是計較利害，大義却不曾見。如唐之陸淳，本朝孫明復之徒，他雖未曾深於聖經，然觀其推言治道，凜凜然可畏，終是得聖人箇意思。《春秋》之作，蓋以當時人欲横流，遂以二百四十二年行事，寓其褒貶，恰如今之事送在法司相似，極是嚴謹，一字不輕易。若如今之説，只是箇權謀智略兵書譎詐之書爾。聖人晚年，痛哭流涕，筆爲此書，其肯恁地織巧？豈至恁地不濟事？」陳氏曰：「復居泰山之陽，以《春秋》教授，不惑傳注，不爲曲説，其言簡易，明於諸侯大夫功罪，以考時之盛衰，而推見王道之治亂，得於經爲多。石介而下，皆師事之，歐陽文忠公爲作墓誌。」

《宋史・藝文志・春秋類》　孫復《春秋尊王發微》十二卷。

楊士奇等《文淵閣書目・春秋》　《春秋孫明復發微》。一部，四冊。完全。

《春秋孫明復發微》。一部，四冊。闕。

范邦甸等《天一閣書目・禮類》　《春秋尊王發微》十二卷。藍絲欄鈔本。

宋平陽孫明復氏撰。紹興鄱陽魏安行序。卷末云：「安行假守鄱陽，公餘獲與同僚參校，整正謬誤凡一百十九，《釋文》二百十四。命工鏤版，以授學宫。若先生操理學問，則有范文正公薦章，歐陽文忠公墓誌銘載之詳矣，此不復叙。」卷末備載范文正公《舉張問孫復狀》、歐陽文忠公撰《孫先生墓誌銘》。

錢曾《讀書敏求記・春秋》 孫復《春秋尊王發微》十二卷。孫復明復以《春秋》教授生徒于泰山之下，著《尊王發微》。撥棄三《傳》，自立褒貶，君子嘉其志而惜之。《春秋》所以有棄灰璅法之譏也。

《四庫提要・春秋類四》 《春秋尊王發微》十二卷。内府藏本。宋孫復撰。復字明復，平陽人。事蹟詳《宋史・儒林傳》。案：李燾《續通鑑長編》曰：「中丞國子監直講孫復，治《春秋》不惑傳注。其言簡易，得經之本義。既被疾，樞密使韓琦言於上，選書吏，給紙札，命其門人祖無擇即復家録之。得書十五卷，藏祕閣。」然此書實十二卷。考《中興書目》，別有復《春秋總論》三卷，蓋合之共爲十五卷爾。今《總論》已佚，惟此書尚存。復之論，上祖陸淳，而下開胡安國，謂《春秋》有貶無褒，大抵以深刻爲主。晁公武《讀書志》載常秩之言曰：「明復爲《春秋》，猶商鞅之法，棄灰於道者有刑，步過六尺者有誅。」蓋篤論也。而宋代諸儒，喜爲苛議。顧相與推之，沿波不返，遂使孔庭筆削，變爲羅織之經。夫知《春秋》者莫如孟子，不過曰「《春秋》成而亂臣賊子懼」耳。使二百四十二年中無人非亂臣賊子，則復之説當矣。如不盡亂臣賊子，則聖人亦必有所節取。亦何至由天王以及諸侯、大夫無一人一事不加誅絶者乎？過於深求，而反失《春秋》之本旨者，實自復始。雖其間辨名分，別嫌疑，於興亡治亂之機亦時有所發明。統而核之，究所謂功不補患者也。以後來説《春秋》者，深文鍛鍊之學大抵用此書爲根柢，故特録存之，以著履霜之漸，而具論其得失如右。程端學稱其《尊王發微》、《總論》二書外，又有《三傳辨失解》。朱彝尊《經義考》因之。然其書，史不著録，諸儒亦罕所稱引。考《宋史・藝文志》及《中興書目》，均有王日休撰《春秋孫復解三傳辨失》四卷，或即日休所撰之書，端學誤以爲復作歟？然則是駁復之書，非復所撰也。

吴壽暘《拜經樓藏書題跋記・羣經小學》 《春秋尊王發微》。是編影鈔本。每葉二十八行，行二十二字。前有「虞山錢曾遵王藏書」圖記，又有「修遠氏」、「顧宸之印」、「季振宜印」、「滄葦」四圖記。先君子跋云：「予收得舊鈔本《春秋尊王發微》，書體頗端楷。玩其圖記，蓋虞山錢遵王先生藏本，嘗載諸《讀書敏求記》者殆即此也。述古堂之書，後盡歸於季滄葦侍御，滄葦既沒，又復散去。此雖崑山片玉，猶足以想見當時之盛也。因取通志堂刊本手校而藏之。」暘案：二本互有得失。如莊七年「恆星不見」，解云「常星，星之常見者也」；宣十一年「楚人殺陳夏正舒」。下同。蓋皆避諱，存宋本面目。今刻本「常星」乃作「常」，「正舒」直改作「徵」矣。

春秋直音

陳振孫《直齋書録解題・春秋類》 《春秋直音》三卷。德清丞方淑智善撰。劉給事一止爲作序。以學者或不通音切，故於每字切脚之下，直注其音，蓋古文未有反切，爲音訓者皆如此。服虔、如淳、文穎輩，於《漢書音義》可見。

馬端臨《文獻通考・經籍考・春秋》 《春秋直音》三卷。

《宋史・藝文志・春秋類》 方淑《春秋直音》三卷。

春秋白文

楊士奇等《文淵閣書目・春秋》 《春秋白文》。一部，一冊。完全。

徐㶿《徐氏家藏書目・春秋類》 《春秋白文》一卷。

小篆春秋

徐㶿《徐氏家藏書目・春秋類》 《小篆春秋》二卷。

素王統

徐𤇍《徐氏家藏書目・春秋類》　《素王統》一卷。陳履祥。

春秋古經説

張之洞《書目答問・列朝經注經説經本考證》　《春秋古經説》二卷。侯康。《嶺南遺書》本。

左傳分部

春秋左氏傳

《漢書・藝文志・春秋》　《左氏傳》三十卷。左丘明，魯太史。

陳振孫《直齋書録解題・春秋類》　《春秋左氏傳》三十卷。自昔相傳以爲左丘明撰。其好惡與聖人同者也。而其末記晉知伯反喪於韓、魏，在獲麟後二十八年，去孔子沒亦二十六年，不應年少後亡如此。又，其書稱「虞不臘矣」、「見於嘗酎」及「秦庶長」，皆戰國後制，故疑非孔子所稱左丘明，別是一人爲史官者。其釋《經》義例，雖未盡當理，而具得當時事實，則非二傳之比也。

楊士奇等《文淵閣書目・春秋》　《春秋左傳》。一部，十六冊。完全。　《春秋左傳》。一部，六冊。殘缺。　《春秋左傳》。一部，六冊。闕。　《春秋左傳》。一部，六冊。闕。　《春秋左傳》。一部，六冊。闕。　《春秋左傳》。一部，十一冊。闕。　《春秋左傳》。一部，十三冊。完全。　《春秋左傳》。一部，十五冊。完全。　《春秋左傳》。一部，十五冊。殘缺。　《春秋左傳》。一部，四冊。闕。　《春秋左傳》。一部，四冊。闕。

高儒《百川書志・春秋》　《春秋左傳》十六卷。左丘明傳。

張萱等《内閣藏書目録・經部》　《春秋左傳》。四冊。全。《春秋左傳》八冊。不全。《春秋左傳》五冊。不全。

《四庫提要・春秋類一》　《春秋左傳正義》六十卷。内府藏本。晉杜預注，唐孔穎達疏。自劉向、劉歆、桓譚、班固皆以《春秋傳》出左丘明，左丘明受經于孔子，魏晉以來儒者更無異議。至唐趙匡始謂《左氏》非丘明。蓋欲攻《傳》之不合《經》，必先攻作《傳》之人非受《經》于孔子，與王柏欲攻《毛詩》先攻《毛詩》不傳于子夏，其智一也。宋、元諸儒，相繼竝起，王安石有《春秋解》一卷，證左氏非丘明者十一事，陳振孫《書録解題》謂出依託。今未見其書，不知十一事者何據。其餘辨論，惟朱子謂虞不臘矣爲秦人之語。葉夢得謂紀事終于智伯，當爲六國時人，似爲近理。《經》止獲麟，而弟子續至孔子卒。《傳》載智伯之亡，殆亦後人所續。《史記・司馬相如傳》中有揚雄之語，不能執是一事指司馬遷爲後漢人也。則載及智伯之説，不足疑也。今仍定爲左丘明作，以祛衆惑。至其作《傳》之由，則劉知幾「躬爲國史」之言最爲確論。《疏》稱大事書于策者，《經》之所書；小事書于簡者，《傳》之所載。觀晉史之書趙盾，齊史之書崔杼及寧殖，所謂載在諸侯之籍者，其文體皆與《經》合。墨子稱《周春秋》載杜伯，《燕春秋》載莊子儀，《宋春秋》載祏觀辜，《齊春秋》載王里國中里。覈其文體，皆與《傳》合。《經》、《傳》同因國史而修，斯爲顯證。知説《經》去《傳》，爲舍近而求諸遠矣。今以《左傳》經文與二《傳》校勘，皆《左氏》義長，知手録之本確于口授之本也。

姚振宗《漢書藝文志條理・春秋家》　《左氏傳》三十卷。左丘明，魯太史。《史記・十二諸侯年表》：「孔子明王道，干七十餘君莫能用。故西觀周室，論史記舊聞，興于魯而次《春秋》，上記隱，下至哀之獲麟，約其辭文，去其煩重，以制義法，王道備，人事浹。七十子之徒口受其傳指，爲有所刺譏褒諱挹損之文辭，不可以書見也。魯君子左丘明懼弟子人人異端，各安其意，失其眞，故因孔子史記具論其語，成《左氏春秋》。」　劉歆《七略》曰：「《春秋》兩家文，或具四時，或不於古文，無事不必具四時。」

按：「古文」謂左氏也，此似以《公》、《穀》兩家文方《左氏》者。　本志敍：「仲尼思存前聖之業，以魯周公之國，禮文備物，史官有法，故與左丘明觀其史記，據行事，仍人道，因興以立功，敗以成罰，假日月以定曆數，藉朝聘以正禮樂。有所褒諱貶損，不可書見，口授弟子。弟子退而異言。丘明恐弟子各安其意，以失其眞，故論本事而作《傳》，明夫子不以空言說經也。《春秋》所貶損大人當世君臣，有威權勢力，其事實皆形于傳，是以隱其書而不宣，所以免時難也。」　本書《儒林傳》：「漢興，北平侯張倉及梁太傅賈誼、京兆尹張敞、大中大夫劉公子皆修《春秋左氏傳》，誼爲《左氏傳訓故》，授趙人貫公，爲河間獻王博士。」按：河間王本傳云：其學舉六藝，立《毛氏詩》、《左氏春秋》博士。許氏《說文解字敍》曰：「北平侯張倉獻《春秋左氏傳》。」段玉裁曰：「孝惠三年，乃除挾書之律，張倉當于三年後獻之。然則漢之獻書張倉最先，漢之得書首《春秋左傳》。」　又曰：「房鳳字子元，不其人也。爲五官中郎將。時，光祿勳王龔以外屬內卿，與奉車都尉劉歆共校書，三人皆侍中。歆白《左氏春秋》可立，哀帝納之，以問諸儒，皆不對。歆于是數見丞相孔光，爲言《左氏》以求助，光卒不肯。唯鳳、龔許歆，遂共移書責讓太常博士，語在歆傳。又傳贊曰：「平帝時，又立《左氏春秋》、《毛詩》、《逸禮》、《古文尚書》。」　又《劉歆傳》：「歆校祕書，見古文《春秋左氏傳》，歆大好之。以爲左丘明好惡與聖人同，親見夫子，而公羊、穀梁在七十子後。傳聞之與親見之，其詳略不同。歆數以難向，向不能非間也。及歆親近，欲建立《左氏春秋》及《毛詩》、逸《禮》、《古文尚書》，皆列于學官。哀帝令歆與五經博士講論其義，諸博士或不肯置對，歆因移書太常博士，責讓之。曰：魯恭王得『古文』於壞壁之中，逸《禮》有三十九，《書》十六篇及《春秋》左氏丘明所修，皆古文舊書，多者二十餘通，藏於祕府，伏而未往發者綴學之士不考情實，雷同相從，隨聲是非，抑此三學，謂左氏爲不傳《春秋》，豈不哀哉？」　《釋文敍録》：「左丘明作《傳》以授曾申，申傳衛人吳起，起傳其子期，期傳楚人鐸椒，椒傳趙人虞卿，卿傳同郡荀卿名況，況傳武威張倉，倉傳洛陽賈誼，誼傳至其孫嘉，嘉傳趙人貫公。」《漢書》云：「賈誼授貫公，爲河間獻王博士。」　《隋書・經籍志》「左氏漢初出于張倉之家，本無傳者。至文帝時，梁太傅賈誼爲訓詁，授趙人貫公。」《玉海・藝文》云：「《正義》：漢武帝時，河間獻王獻《左氏》及古文《周官》。」　《史通・申左》篇曰：「周禮之故事，魯國之遺文，夫子因而修之，亦存舊制而已。至于實録，付之丘明用使善惡畢彰，眞僞盡露。向使孔《經》獨用，《左傳》不作，則當代行事安得而詳者哉？　蓋語曰『仲尼修《春秋》，逆臣賊子懼』，又曰『春秋之義也，欲蓋而彰，求名而亡，善人勸焉，淫人懼焉。』《左傳》所録無媿斯言。此則《傳》之與《經》，其猶一體，廢一不可，相須而成。如曰不然，則何者稱爲勸戒者哉！」

左氏微

《漢書・藝文志・春秋》　《左氏微》二篇。

姚振宗《漢書藝文志條理・春秋家》　《左氏微》二篇。顔氏《集注》曰：「微，謂釋其微旨。」　《經義考》：「亡名氏《左氏微》，《漢志》二篇，佚。」　按：此列《鐸氏微》之前，則六國時爲左氏學者也。其書大抵亦如鐸氏、虞氏之鈔撮成編者。

鐸氏微

《漢書・藝文志・春秋》　《鐸氏微》三篇。楚太傅鐸椒也。

姚振宗《漢書藝文志條理・春秋家》　《鐸氏微》三篇。楚太傅鐸椒也。《史記・十二諸侯年表》：「鐸椒爲楚威王傅，爲王不能盡觀《春秋》，采取成敗，卒四十章，爲《鐸氏微》。」　劉向《別録》曰：「左丘明授曾申，申授吳起，起授其子期，期授楚人鐸椒。鐸椒作《鈔撮》八卷，授虞卿。」王氏《考證》：「《說苑》：『魏武侯問「元年」于吳子，吳子對曰：「言國君必謹始也」，「謹始奈何？」曰：「正之。」「正之奈何？」曰：「明智。」』吳起學《春秋》見於此。」　本書人表，鐸椒列第四等中上。梁玉繩考曰：「鐸椒始見《史記・十二侯表》。楚人，爲楚威王太傅。吳起之子期以《左傳》傳鐸椒，椒采取爲《鐸氏微》。」　按《別録》云：「《鈔撮》八卷。」《漢志》本《七略》云：「《微》三篇。」似《別録》後文尚有「今定著三篇」云云，抑《鈔撮》別爲一書也。

虞氏微傳

《漢書・藝文志・春秋》 《虞氏微傳》二篇。趙相虞卿。

姚振宗《漢書藝文志條理・春秋家》 《虞氏微傳》二篇。趙相虞卿。

《史記》列傳：「虞卿者，游說之士也。躡蹻擔簦說趙孝成王。一見，賜黃金百鎰，白璧一雙。再見，爲趙上卿，故號爲虞卿。封以一城。以魏齊之故，不重萬戶侯卿相之印，與魏齊間行，卒去趙，困于梁。魏齊已死，不得意，乃著書。」《索隱》曰：「魏齊，魏相，與應侯有仇，秦求之急，乃抵虞卿。虞卿棄相印，乃與齊間行，亡歸梁，以託信陵君。信陵君疑未決，齊自殺。故虞卿失相，乃窮愁而著書也。」按：魏齊事亦見《范睢列傳》。 劉向《別録》曰：「鐸椒作《鈔撮》八卷，授虞卿。虞卿作《鈔撮》九卷，授荀卿，荀卿授張倉。」 本書人表，虞卿列第三等上下。梁玉繩考曰：「虞卿始見趙，魏、楚《策》，趙孝成王以爲上卿。失其名，虞乃氏也。史《集解》引譙周謂『食邑于虞』，非」。按：梁氏似以《史記》稱《虞氏春秋》，故證以爲非食邑。 《黃氏日鈔》曰：「秦攻長平，虞卿勸趙附楚、魏以和秦，而後秦可和趙。不聽，故大敗，其後趙將割六城事秦。虞卿使于齊，以謀秦。而秦反和趙。及魏欲與趙約從，則卿亟勸成之。卿無言不効，無謀不忠，大要歸於結和鄰國以自重，而使秦反輕。此至當不易之說也，與一時東西捭闔之士異矣。」又曰：「爲卿而食采于虞，史不載其姓氏、州里。」 按：虞卿爲鐸氏弟子，此《微》、《傳》二篇似傳注之流。爲《鐸氏微》而作歟？《別録》言作《鈔撮》九卷者，似謂儒家之《虞氏春秋》，非謂此書。史言《虞氏春秋》八篇，加以録一篇，正合九卷之數。

張氏微

《漢書・藝文志・春秋》 《張氏微》十篇。

姚振宗《漢書藝文志條理・春秋家》 《張氏微》十篇。《經義考》：「張氏，失名。《春秋微》，《漢志》：十篇。佚。」 按：張氏疑即張倉。倉爲鐸氏三傳弟子，容有是作。或鐸氏之後別有張氏，佚其名字。

春秋左氏傳訓故

姚振宗《漢書藝文志拾補・春秋家》 張倉《春秋左氏傳訓故》。劉向《別録》曰：左丘明授曾申，申授吳起，起授其子期，期授楚人鐸椒，鐸椒作《抄撮》八卷，授虞卿。虞卿作《抄撮》九卷，授荀卿，荀卿授張蒼。《史》、《漢》列傳：張蒼，陽武人也。秦時爲御史，主柱下方書。有罪亡歸。及沛公略地過陽武，蒼以客從，沛公爲漢王，以爲常山守。爲代相、趙相，復相代。燕王臧荼反，從攻有功，封北平侯，食邑千百戶，遷爲計相。漢立皇子長爲淮南王，蒼相之。十四年，遷爲御史大夫。又《任敖傳》云：文帝四年，代灌嬰爲丞相。蒼尤好書，無所不觀，無所不通，爲丞相十餘年。文帝後元年病免，孝景五年薨，謚曰文侯，年百餘歲。 《漢書・儒林傳》：漢興，北平侯張蒼修《春秋左氏傳》。 荀悅《漢紀》：漢興，張蒼、賈誼皆爲《左氏訓》。《崇文總目》曰：漢張蒼、賈誼皆爲《春秋訓詁》。

春秋左氏傳訓故

姚振宗《漢書藝文志拾補・春秋家》 賈誼《春秋左氏傳訓故》。《史》、《漢》列傳：賈生名誼，雒陽人也。文帝召以爲博士。是時賈生年二十餘，超遷，一歲中至太中大夫。天子議以任公卿之位，絳、灌、東陽侯、馮敬之屬盡害之。天子乃以賈生爲長沙王太傅。賈生既辭往行，聞長沙卑溼，自以壽不得長，又以適去，意不自得。後歲餘，文帝思誼，徵之至，居頃之，拜爲梁懷王太傅。居數年，梁王勝墜馬死。誼自傷爲傅無狀，常哭泣，後歲餘，亦死，年三十三。孝武初立，舉賈生之孫二人至郡守。而賈嘉最好學，世其家。《世系表》：「長沙王太傅誼生璠，尚書中兵郎。生二子，嘉、惲，嘉宜春太守。」《史記》傳末云：「嘉與余通書，至孝昭時列爲九卿。」 《漢書・儒林傳》：漢興，北平侯張蒼及梁太傅賈誼皆修《春秋左氏傳》。誼爲《左氏傳訓詁》，授趙人貫公，爲河間獻王博士。 《隋書・經籍志》：《左氏》漢初出於張蒼之家，本無傳者。至文帝時，梁太傅賈誼爲《訓詁》，授趙人貫公。 《釋文敘録》曰：「荀卿傳武威張蒼，蒼傳洛陽賈誼。」

修春秋左氏傳

姚振宗《漢書藝文志拾補・春秋家》 張敞《修春秋左氏傳》。《漢書》本傳：敞字子高，本河東平陽人也。祖父孺，徙茂陵。敞後隨宣帝徙杜陵，以鄉有秩補太守卒史，爲甘泉倉長、太僕丞、豫州刺史。宣帝徵爲太中大夫平尚書事，出爲函谷關都尉、山陽太守、膠東相守、京兆尹。免爲庶人，召爲冀州刺史。元帝初即位，敞爲太原太守，使使者徵，欲以爲左馮翊，會病卒。敞本治《春秋》，以經術自輔，其政頗雜儒雅。 《漢書・儒林傳》：漢興，北平侯張蒼及梁太傅賈誼、京兆尹張敞皆修《春秋左氏傳》。 《釋文敘録》：荀卿傳武威張蒼，蒼傳洛陽賈誼，誼傳至其孫嘉，嘉傳趙人貫公，貫公傳其少子長卿，長卿傳京兆尹張敞。按：此言傳授諸家，與《儒林傳》異，似所據爲劉向《别録》。

修春秋左氏傳

姚振宗《漢書藝文志拾補・春秋家》 劉公子《修春秋左氏傳》。《漢書・儒林傳》：漢興，北平侯張蒼及梁太傅賈誼、京兆尹張敞、太中大夫劉公子皆修《春秋左氏傳》。 按《劉歆傳》云：初，《左氏傳》多古字古言，學者傳訓故而已。此四家皆傳訓故者也，諸書不言。張敞、劉公子有訓故，故從史文題曰《修春秋左氏傳》。劉公子史佚其名，亦不詳其始末。

春秋左氏傳章句

姚振宗《漢書藝文志拾補・春秋家》 劉歆《春秋左氏傳章句》。歆始末具《尚書》家。

春秋左氏傳條例

《舊唐書・經籍志・春秋》 《春秋左氏傳條例》二十卷。劉歆撰。

姚振宗《漢書藝文志拾補・春秋家》 劉歆《春秋左氏傳條例》二十卷。《漢書》本傳：「歆校祕書，見古文《春秋左氏傳》。歆大好之時，丞相史尹咸以能治《左氏》與歆共校經傳。歆略從咸及丞相翟方進受，質問大義。初《左氏傳》多古字古言，學者傳訓故而已。及歆治《左氏》，引傳文以解經，轉相發明。由是章句、義理備焉。」 《漢書・儒林傳》：「尹更始傳子咸及翟方進、胡常，常授黎陽賈護。而劉歆從尹咸及方進受。由是言《左氏》者本之賈護、劉歆。」又《傳贊》曰：「平帝時，立《左氏春秋》。」 桓譚《新論》曰：「劉子政、子駿、子駿兄弟子伯玉，《御覽》九百九十引《新論》云：子駿兄子伯玉。俱是通人，尤重《左氏》，教授子孫，下至婦女，無不讀誦。」 嘉定錢大昕《三史拾遺》曰：「劉歆説《春秋》，日食各占其分野之國，蓋本《左氏》去魯地如衞地之旨而推衍之。」又曰：「經書日食三十有六，並哀十四年一食，數之實三十有七。」按：劉歆説日食三十七，見《漢書・五行志下》之下，故錢氏云爾。 馬國翰《春秋左氏傳章句》輯本序曰：「杜預《集解》序云『劉子駿創通大義』，然則《左氏》之有章句，自歆始也。隋、唐《志》皆不著録。按：馬氏未考。《舊唐志》故云爾。佚已久。從《正義》、《釋文》輯二十節。其説多與賈逵、潁容、許淑並引，則三家皆祖述劉氏者也。」 按：《漢書・五行志》引劉歆《春秋説》六十餘條。其間或明著歆《左氏》説，其所不著者，亦皆歆説左氏之文也。馬氏輯本失采此志，遺漏多矣。范書《鄭興傳》：「興善《左氏》。天鳳中，將門人從劉歆講正大義，歆美興才，使撰《條例》、《章句》、《訓詁》。」即此《章句》、《條例》，復使興爲之《訓詁》也。

春秋左氏傳

姚振宗《漢書藝文志拾補・春秋家》 陳欽《春秋左氏傳》。亦稱《陳氏春秋》。《漢書・王莽傳》：「始建國二年冬十二月，遣厭難將軍陳欽等十二人伐匈奴。分匈奴國土、人民以爲十五，立十五單于。遣中郎將藺苞、戴級馳之塞下，召拜當爲單于者。三年，苞、級招誘單于弟咸、咸子登入塞，脅拜咸爲孝單于，遣去。將登至長安，拜爲順單于，留邸。四年二月，厭難將軍陳欽言，虜犯邊者皆孝單于咸子角所爲。莽怒，斬其子登於長安，以視諸蠻夷。天鳳元年，徵還諸將在邊者，免陳欽等十八人。二年二月，單于咸既和親，求其子登屍，莽欲遣使送致，恐咸怨恨害使者，乃收前言當誅侍子者，故將軍陳欽以他罪繫獄。欽曰：『是欲以我爲說於匈奴也。』遂自殺。」欽事蹟見於《王莽傳》者如此。 《漢書・儒林傳》：「尹更始傳子咸及翟方進、胡常，常授黎陽賈護，護授蒼梧陳欽子佚，以《左氏》授王莽，至將軍。」《後漢書・陳元傳》：「元，蒼梧廣信人也。父欽，習《左氏春秋》，事黎陽賈護，與劉歆同時而別自名家。王莽從欽受《左氏》學，以欽爲厭難將軍。」章懷太子曰：「欽以《左氏》授王莽，自名《陳氏春秋》，故曰『別』也。」惠棟《後漢書補注》曰：「許愼《五經異義》引奉德侯陳欽《春秋》說。」

春秋左氏章句訓詁

姚振宗《後漢藝文志・春秋類》 鄭興《春秋左氏章句訓詁》。《東觀記》曰：「興從博士金子嚴，爲《左氏春秋》。」 范書本傳：「少學《公羊春秋》，晚善《左氏傳》。遂積精深思，通達其旨，同學者皆師之。天鳳中，將門人從劉歆講正大義。歆美興才，使撰《條例》、《章句》、《訓詁》，及校《三統曆》。」又曰：「興好古學，明《左氏》，世言《左氏》者多祖于興。而賈逵自傳其父業，故有鄭、賈之學。」 按：劉歆有《春秋左氏傳條例》及《章句》。《漢書》本傳云：「由是章句、義理備焉。」義理即條例，《左氏》有條例自歆始。其後諸家疏通證明，以迄杜征南《釋例》，皆本之歆。此命歆訓詁其條例、章句，又校其所撰《三統曆》，皆王莽天鳳中作。

春秋左氏條例訓詁

姚振宗《後漢藝文志・春秋類》 鄭興《春秋左氏條例訓詁》。興始末見《禮》類。

春秋左氏條例

姚振宗《後漢藝文志・春秋類》 賈徽《春秋左氏條例》二十一卷。范書《賈逵傳》：「逵父徽，從劉歆受《左氏春秋》，兼習《國語》、《周官》。又受《古文尚書》于塗惲，學《毛詩》于謝曼卿。作《左氏條例》二十一篇。」 《釋文敍録》：「言《左氏》者本之賈護、劉歆。歆授扶風賈徽字元伯，後漢潁陰令，作《春秋條例》二十一卷。」

春秋左氏訓詁

姚振宗《後漢藝文志・春秋類》 陳元《春秋左氏訓詁》。范書本傳：「元字長孫，蒼梧廣信人也。父欽，習《左氏春秋》，事黎陽賈護，與劉歆同時而別自名家。王莽從欽受《左氏》學，以欽爲猒難將軍。元少傳父業，爲之訓詁，鋭精覃思，至不與鄉里通。以父任爲郎。建武初，元與桓譚、杜林、鄭興俱爲學者所宗。時議欲立《左氏傳》博士，范升奏以爲《左氏》淺末，不宜立。元聞之，乃詣闕上疏，書奏，下其議。范升復與元相辨難，凡十餘上。按：此即建武四年事。帝卒立《左氏》學。元以才高著名，辟司空李通府，後復辟司徒歐陽歙府。數陳當世便宜郊廟之禮，帝不能用。以病去，年老，卒于家。」按：此是陳氏《春秋》自爲一家，與鄭、賈諸儒出自劉歆者師授不同。《蜀志・尹默傳》：「默專精《左氏春秋》。自劉歆《條例》，鄭衆父子、賈逵、陳元方、服虔注説，咸略誦述。」此「方」字，史衍文，即謂此陳元也。元方爲潁川陳紀字。宋蕭常《續漢書》于《尹默傳》乃改爲陳紀，一若陳紀實有《左氏》注説者，頗爲炫惑，今並附訂于此。

春秋左氏同異

姚振宗《後漢藝文志・春秋類》 陳元《春秋左氏同異》。《釋文敍録》曰：「范曄《後漢書》云京兆陳元傳《費氏易》。」又曰：「元字長孫，司空南閣祭酒，兼傳《左氏春秋》。」又曰：「司空南閣祭酒陳元作《左氏同異》。」按：范書《儒林傳》《易》家無京兆字，陸氏誤也。按：侯《志》以此書謂即《訓詁》。今考本傳，《訓詁》乃爲其父書，而作此《同異》，蓋别爲一書。考《儒林・李育傳》云：「育讀《左氏傳》，以爲前世陳元、范升之徒更相非折，折，難也。而多引圖讖，不據理體。」蓋即指此書。又似因范升辨難，爲此《同異》，以申《左氏》也。

春秋牒例章句

《隋書・經籍志・春秋》 梁有《春秋左氏傳》。《條例》九卷。漢大司農鄭衆撰。

《舊唐書・經籍志・春秋》 《春秋左氏傳條例章句》九卷。鄭衆撰。

《新唐書・藝文志・春秋類》 鄭衆《牒例章句》九卷。

鄭樵《通志・藝文略・春秋》 《左傳條例》九卷。漢大司農鄭衆。《牒例章句》九卷。鄭衆。

姚振宗《後漢藝文志・春秋類》 鄭衆《春秋左氏條例章句》九卷。

春秋左氏長義

姚振宗《後漢藝文志・春秋類》 鄭衆《春秋左氏長義》十九條。《公羊序疏》曰：「賈逵作《長義》，意望奪去《公羊》而興《左氏》。鄭衆亦作《長義》十九條十七事，專論《公羊》之短、《左氏》之長，在賈逵之前。」又曰：「鄭衆雖扶《左氏》而毁《公羊》，但不與讖合，帝王不信，毁《公羊》處少」云云。按：《長義》十九條，似即《春秋刪》十九篇，然别無碻證。又十九篇者即十九卷，與十九條亦不合，故仍分録之。

春秋左氏難記

姚振宗《後漢藝文志・春秋類》 鄭衆《春秋左氏難記》。衆始末見《易》類。范書《鄭興附傳》：「年十二，從父受《左氏春秋》。精力于學，明《三統曆》，作《春秋難記條例》，知名于世。」荀悦《漢紀論》曰：「中興之後，大司農鄭衆、侍中賈逵各爲《春秋左氏傳》作解注。」《釋文敍録》：「大司農鄭衆作《左氏條例・章句》」《隋書・經籍志》：「梁有《春秋左氏傳條例》九卷，漢大司農鄭衆撰。」《唐・經籍志》：「《春秋左氏傳條例音句》九卷，鄭衆撰。」「音句」蓋「章句」之譌。《藝文志》「鄭衆《牒例章句》九卷。」馬氏玉函山房輯諸經疏、史記注爲一卷。

春秋釋訓

《隋書・經籍志・春秋》 《春秋釋訓》一卷。賈逵撰。

春秋左氏長經

《隋書・經籍志・春秋》 《春秋左氏長經》二十卷。漢侍中賈逵章句。

《舊唐書・經籍志・春秋》 《春秋左氏長經章句》三十卷。賈逵撰。

《新唐書・藝文志・春秋類》 賈逵《春秋左氏長經章句》二十卷。

鄭樵《通志・藝文略・春秋》 《春秋左氏長經》二十卷。漢侍中賈逵章句。

姚振宗《後漢藝文志・春秋類》 賈逵《春秋左氏長經》二十卷。逵始末見《易》類。【略】侯《志》曰：「《南齊書・陸澄傳》：澄與王儉書曰：『泰元晉孝武帝年號。取服虔而兼取賈逵經，服傳無經，今留服而去賈，則經有所闕。』觀此知服虔注傳不注經，賈逵則兼注經、傳。《左傳・襄三十一年疏》云『賈逵注經』，今考賈本經文，有與杜異者，如莊九年『公伐齊納子糾』，賈本無『子』字。宣十二年『宋師伐陳』，賈無此句。昭十一年『齊國弱』，賈本作『國酌』是也。」 按：侯《志》以此書謂即《長義》，今考隋、唐《志》，並以此書冠「解詁」之前，皆曰「章句」。其「長義」止四十一條，安有二十卷之多？且其體近論難，亦安得有章句之目？《通志略》亦列此于《春秋》經類中，實爲經注。其《解詁》三十卷，與《國語》同。上顯宗者，則傳注也。馬氏玉函山房有輯本一卷。哀録本傳所載《左氏》大義奏，傳注所引《左傳》、《公羊》及徐彦《疏》引《大義》殘文二節爲一帙，以《大義》爲「長義」，又以「長義」爲「長經」，皆非也。

春秋左氏傳解詁

陸德明《經典釋文序録・次第》 賈逵《左氏解詁》三十卷。

《隋書・經籍志・春秋》 《春秋左氏解詁》三十卷。賈逵撰。

《舊唐書・經籍志・春秋》 《春秋左氏傳解詁》三十卷。賈逵撰。

《新唐書・藝文志・春秋類》 賈逵《解詁》三十卷。

鄭樵《通志・藝文略・春秋》 《春秋左氏解詁》三十卷。賈逵。

姚振宗《後漢藝文志・春秋類》 賈逵《春秋左氏傳解詁》三十卷。范書本傳：「逵父徽，從劉歆受《左氏春秋》。逵傳父業，弱冠能誦《左氏傳》及五經本文。雖爲古學，兼通五家《穀梁》之說。注：五家謂尹更始、劉向、周慶、丁姓、王彦等，皆爲《穀梁》，見《前書》也。宗按：王彦，前書《儒林傳》作王亥。此五家皆宣帝大議殿中，其說在《石渠議奏》三十九篇中。惟尹更始、劉向別有書。尤明《左氏傳》、《國語》，爲之《解詁》五十一篇。注：《左氏》三十篇，《國語》二十一篇。永平中，上疏獻之。顯宗重其書，寫在祕館。」 又建初元年，逵上奏曰：「臣以永平中上言《左氏》與圖讖合者，先帝不遺芻蕘，省納臣言，寫其傳詁，藏之祕書。」 《釋文敍録》：「逵又作《左氏訓詁》。」又曰：「賈逵《左氏解詁》三十卷。」 《隋書・經籍志》：「《春秋左氏解詁》三十卷。賈逵撰。」 《唐・經籍志》同。 《藝文志》：「賈逵《春秋左氏長經章句》二十卷。又《解詁》三十卷。」 王謨輯本《序録》曰：「《文獻通考》已不著録。今鈔出《釋文》二條，《左傳疏》一百三十條，《尚書疏》一條，《毛詩疏》五條，《周禮疏》二條，《禮記疏》一條，《史記注》一百八十八條，都爲一卷。」 馬國翰輯本序曰：「宋王應麟輯古文《春秋左傳》十二卷中載賈逵佚說，而疎漏者尚三之一。兹更補綴，合舊輯爲二卷。《正義》病其雜，取《公羊》、《穀梁》以釋《左氏》，謂之『以冠雙屨，將絲綜麻』。然《長經》固別標殊旨，兹取三《傳》之同者通釋之，亦何有鑿枘之不相入耶？」

春秋左氏大義

姚振宗《後漢藝文志・春秋類》 賈逵《春秋左氏大義》三十事。范書本傳：「肅宗立，降意儒術，特好《左氏傳》。建初元年，詔逵入講白虎觀、雲臺。帝善逵說，使出《左氏傳》大義長于二傳者。逵于是具條奏之曰：『臣謹擿出《左氏》三十事尤著明者，斯皆君臣之正義，父子之紀綱。其餘同《公羊》者十有七八，或文簡小異，無害大體。』書奏，帝嘉之，令逵自選《公羊》嚴、顏諸生高才者二十人，教以《左氏》，與簡紙經、傳各一通。八年，乃詔諸儒各選高才生受《左氏》、《穀梁春秋》、《古文尚書》、《毛詩》，由是四經遂行於世。皆拜逵所選弟子及門生爲千乘王國郎。」注：千乘王沆，宣帝子也。宗按：千乘貞王，章帝長子也。沆當作伉，見范書傳。《東觀記》曰：「建初元年，詔逵入講北宫白虎觀、南宫雲臺，使出《左氏》大義。書奏，上嘉之，賜布五百疋、衣一襲。」袁宏《後漢紀》曰：「建武初，議立《左氏》學博士，范升議，譏毁《左氏》，以爲不宜立。愍帝按：此是章帝之譌。即位，《左氏》學廢，乃使郎中賈逵敍明《左氏》大義。」《太平御覽》六百五十引《三輔決録》曰：「賈逵建初元年受詔列《春秋公羊》、《穀梁》不如《左氏》四十事，名《左氏長義》。」按：此以《左氏大義》三十事誤爲《左氏長義》四十事。《釋文敍録》：「逵受詔立《公羊》、《穀梁》不如《左氏》四十事。奏之，名曰《左氏長義》，章帝善之。」按：此誤會亦與《三輔決録》同。孔穎達《左傳序》疏曰：「章帝時，賈逵上《春秋大義》四十條，以抵《公羊》、《穀梁》。帝賜布五百疋。」按：此言《春秋大義》不誤，言四十事亦誤。按：是書上于建初元年，其曰《大義》者，乃承詔命以名書。時章帝欲立《左氏》學，恐諸儒蔽固者又廷爭不已，故命逵有是作。據袁《紀》言，蓋即《左氏春秋》之敍論，於《左氏》之廢興極有關繫。若《長義》但與李育相往復，與此實别爲一書。《東觀記》、袁《紀》、范《書》所言悉合。《決録》、《敍録》皆不免於傳譌。

春秋左氏長義

姚振宗《後漢藝文志・春秋類》 賈逵《春秋左氏長義》四十一事。孔穎達《左傳序》疏曰：「章帝時，賈逵上《春秋大義》，以抵《公羊》、《穀梁》，又與《左氏》作《長義》。」按：此言又與《左氏》作《長義》，是亦以爲《大義》在前，《長義》在後，截然兩書也。賴有此一語，使後人得以尋求，而侯氏《志》反以爲誤。徐彦《公羊序》疏曰：「賈逵作《長義》四十一條。云《公羊》理短，《左氏》理長。」按：徐疏此數語最確，其下云云，又以《大義》誤爲《長義》矣。按：范書《儒林・李育傳》云：「育作《難左氏義》四十一事。建初四年，詔育與諸儒論五經於白虎觀。育以《公羊》義難賈逵，往返皆有理證。」據此，則賈氏有申《左氏》義四十一事，即《疏》所云「又與《左氏》作《長義》」，徐《疏》所云「長義四十一條，言《公羊》理短，《左氏》理長」者是也。蓋《大義》抵《公》、《穀》二家，此爲李育難義而作，不及《穀梁》，作於建初四年。本傳云所著經傳義詁及論難百餘萬言，此即論難之一。當時或亦編入《白虎議奏》中。

春秋左氏經傳朱墨列

《隋書・經籍志・春秋》 《春秋左氏經傳朱墨列》一卷。賈逵撰。

鄭樵《通志・藝文略・春秋》 《春秋左氏經傳朱墨例》一卷。賈逵。

姚振宗《後漢藝文志・春秋類》 賈逵《春秋左氏經傳朱墨列》一卷。《隋書・經籍志》：「《春秋釋訓》一卷，賈逵撰。《春秋左氏經傳朱墨列》一卷，賈逵撰。」按：《隋志》列此二書於諸家釋例之首，則皆是《春秋》例之類。又按：《魏志・王肅傳》注引《魏略》云：「弘農董遇善《左氏傳》，爲作朱墨别異。」蓋本之賈氏。此列字疑别字之譌。

春秋左氏傳注

姚振宗《後漢藝文志・春秋類》 許淑《春秋左氏傳注》。杜預《春秋左氏傳序》曰：「劉子駿創通大義，賈景伯父子、許惠卿皆先儒之美者也。」孔穎達曰：「許惠卿，名淑，魏郡人也。」《釋文敍録》：「太中大夫許淑，字惠卿，魏郡人。注解《左氏傳》。」馬國翰輯本序曰：「《春秋左傳》許氏注，唯《經典釋文》載之，隋、唐《志》皆不著録，卷亦不詳，書佚已久。從《正義》輯六節，皆與劉歆、賈逵同説，則杜序所謂『大體轉相祖述』者。漢人篤守師法，于此益信矣。」侯《志》：「《釋例》屢引許説，杜多不從，惟昭七年經『暨齊平』，《正義》引許惠卿以爲『燕與齊平』，則杜氏從之。按范書《范升傳》：「時尚書令韓歆上疏，欲爲《費氏易》、《左氏春秋》立博士。建武四年，升與韓歆及太中大夫許淑等互相辨難。」又《續漢・曆志》：「建武八年，太中大夫許淑等上書言曆不正宜當改更。」是亦長于曆數者，與鄭少贛、賈元伯同輩，亦及見劉歆，學術相同。

難左氏義

姚振宗《後漢藝文志・春秋類》 李育《難左氏義》四十一事。范書《儒林傳》：「李育字元春，扶風漆人也。少習《公羊春秋》，沈思專精，博覽書傳，知名太學，深爲同郡班固所重。固奏記薦育於驃騎將軍東平王蒼，由是京師貴戚爭往交之。州郡請召，育到，輒辭病去。常避地教授，門徒數百，頗涉獵古學。嘗讀《左氏傳》，雖樂文采，然謂不得聖人深意，以爲前世陳元、范升之徒更相非折，而多引圖讖，不據理體，於是作《難左氏義》四十一事。建初元年，衛尉馬廖舉育方正，爲議郎。後拜博士。四年，詔與諸儒論五經於白虎觀，育以《公羊》義難賈逵，往返皆有理證，最爲通儒。再遷尚書令。免歸。歲餘，復徵，再遷侍中，卒於官。」 惠棟《後漢書補注》：徐彥曰：「賈逵作《長義》四十一條，云《公羊》理短，《左氏》理長，故育亦作《難左氏義》四十一事，以申公羊。下云：以《公羊》難逵，即是也。」宗按：先有李氏《難義》而後賈氏作《長義》，故下云「往返皆有理證」。

春秋左氏傳義詁

姚振宗《後漢藝文志・春秋類》 孔奇《春秋左氏傳義詁》三十一卷。范書《孔奮傳》：「奮字君魚，扶風茂陵人也。少從劉歆受《春秋左氏傳》。歆稱之，謂門人曰：『吾已從君魚受道矣。』弟奇，游學洛陽，博通經典，作《春秋左氏刪》。」注曰：「刪，定其義也。」《連叢子》：孔通《左氏傳義詁序》曰：「先生名奇，字子異，褒成君次孺第二子之後也。前書《孔光傳》：光父霸，字次孺。元帝師，號褒成君。霸次子捷。兄君魚，王莽末避地大河之西，以論道爲事。是時先生年二十一矣，每與其兄論學，其兄謝服焉。先生雅好儒術，淡忽榮祿，不願從政。遂刪撮《左氏傳》之難者，集爲《義詁》。發伏闡幽，讃明聖祖之道，以祛後學者之蔽。著書未畢，而早世不永。宗人子通痛其不遂，惜兹大訓不行於世，乃校其篇目，各如本第，並序答問，凡三十一卷。」嚴氏《全後漢文編》曰：孔通，太師孔光族曾孫。

春秋左氏説

姚振宗《後漢藝文志・春秋類》 孔嘉《春秋左氏説》。范書《孔奮傳》：「奮晚有子嘉，官至城門校尉。作《左氏説》云。章懷太子曰：「説，猶今之疏也。」《釋文敍録》：「侍中孔嘉，字山甫，扶風人。注解《左氏傳》。」

春秋左氏傳訓故

姚振宗《漢書藝文志拾補・春秋家》 尹咸《春秋左氏傳訓故》。《漢書・儒林傳》：「賈誼爲《左氏傳訓故》，授趙人貫公，貫公子長卿授清河張禹，禹授汝南尹更始，更始傳子咸及翟方進、胡常。」又曰：「咸至大司農。」《漢書・劉歆傳》：「及歆校祕書，見古文《春秋左氏傳》，歆大好之。時丞相史尹咸以能治《左氏》，與歆共校經傳。歆略從咸及丞相翟方進受，質問大義。初，《左氏傳》多古字古言，學者傳訓故而已。」《漢書・藝文志》：「成帝時，使謁者陳農求遺書於天下。詔光祿大夫劉向校經傳諸子詩賦，步兵校尉任宏校兵書，太史令尹咸校數術。」《釋文敍録》：「賈誼傳至其孫嘉，嘉傳貫公，貫公傳其少子長卿，長卿傳京兆尹張敞及侍御史張禹，禹傳尹更始。更始傳子咸，汝南邵陵人也。」《崇文總目》曰：「漢張蒼、賈誼、尹咸皆爲《春秋訓詁》。」按：尹咸爲《左氏傳訓故》，唯見《崇文總目》。在《春秋正義》條。今證以《劉歆傳》，則所言良信。咸當成帝時爲太史令，哀帝時爲丞相史，後至大司農。史不著其字。

春秋左氏傳注

姚振宗《後漢藝文志・春秋類》 延篤《春秋左氏傳注》。謝承書曰：「延篤，字叔固。」范書本傳：「篤，字叔堅，南陽犨人也。少從潁川堂溪典受《左氏傳》，又從馬融受業，博通經傳。舉孝廉，爲平陽侯相。桓帝以博士徵，拜議郎，與朱穆、邊韶共著作東觀。稍遷侍中、左馮翊，徙京兆。以病免歸，教授家巷。後遭黨事禁錮。永康元年，卒于家。篤論解經傳，多所駁正。後儒服虔等以爲折中。」《釋文敘録》：「京兆尹延篤受《左氏》于賈逵之孫伯升，因而注之。」惠棟《後漢書補注》曰：「今《左傳正義》引延叔堅說，當是服虔所采。」

春秋左氏傳記

姚振宗《後漢藝文志・春秋類》 彭汪《春秋左氏傳記》。《釋文敘録》：「汝南彭汪字仲博，記先師奇說舊注。」馬國翰輯本序曰：「《春秋序》正義云：『中興以後，陳元、鄭衆、賈逵、馬融、延篤、彭仲博、許惠卿、服虔、潁容之徒，皆傳《左氏春秋》。』隋、唐《志》無彭汪著書之目。《正義》引彭仲博二節，亦不標其書名。《經義考》載『彭氏《左氏奇說》佚』。據録一家，存漢師之遺詁焉。」

春秋左氏分野

《隋書・經籍志・春秋》 梁有《春秋左氏分野》一卷。鄭玄撰。亡。

姚振宗《後漢藝文志・春秋類》 鄭玄《春秋左氏分野》一卷。玄始末見《易》類。

春秋十二公名

《隋書・經籍志・春秋》 梁有《春秋十二公名》一卷。鄭玄撰。亡。

姚振宗《後漢藝文志・春秋類》 鄭玄《春秋十二公名》一卷。《隋書・經籍志》：「梁有《春秋左氏分野》一卷、《春秋十二公名》一卷。鄭玄撰。」按錢氏大昕《三史拾遺》曰：「劉歆說《春秋》日食三十七，各佔其分野之國，蓋本《左氏》去魯地如衛地之旨而推衍之。鄭氏《分野》似本劉歆之說以爲書。《十二公名》似即《春秋人名考》之類。」

春秋左氏膏肓

《隋書・經籍志・春秋》 《春秋左氏膏肓》十卷。何休撰。

《舊唐書・經籍志・春秋》 《春秋左氏膏肓》十卷。何休撰。鄭玄箴。

錢東垣等輯《崇文總目・春秋類》 《左氏膏肓》九卷。［原釋］漢司空掾何休始撰。答賈逵事，因記《左氏》所短，遂頗流布，學者稱之。後更刪補爲定。今每事左方輒附鄭康成之學，因引鄭說，竄寄何書云。書今殘逸，第七卷亡。見《文獻通考》。

《新唐書・藝文志・春秋類》 《何休左氏膏肓》十卷。鄭玄箴。

鄭樵《通志・藝文略・春秋》 《左氏膏肓》十卷。何休。

晁公武《郡齋讀書志・春秋類》 《左氏膏肓》九卷。右漢何休撰。休始答賈逵事，因記《左氏》之短。鄭康成嘗著《箴膏肓》，後人附之逐章之下。

尤袤《遂初堂書目・春秋》 《左氏膏肓》九卷。

陳振孫《直齋書録解題・春秋類》 《左氏膏肓》十卷。何休著《公羊墨守》等三書。鄭康成作《鍼膏肓》、《起廢疾》、《發墨守》以排之。休見之曰：「康成入吾室，操吾戈，以伐我乎？」今其書多不存，惟范甯《穀梁集解》載休之說，而鄭君釋之，當是所謂《起廢疾》者。今此書並存二家之言，意亦後人所録。《館閣書目》闕第七卷，今本亦止闕宣公。而於第六卷分《文十六年》以後爲第七卷，當並合之。其十卷止於昭公，亦闕定、哀，固非全書也。而錯誤殆未可讀，未有他本可正。

馬端臨《文獻通考・經籍考・春秋》 《左氏膏肓》九卷。

《宋史・藝文志・春秋類》 何休《左氏膏肓》十卷。

春秋左氏傳解誼

陸德明《經典釋文序録・次第》 服虔《解誼》三十卷。

《隋書・經籍志・春秋》 《春秋左氏傳解誼》三十一卷。漢九江太守服虔注。

《舊唐書・經籍志・春秋》 《春秋左氏傳解誼》三十卷。服虔注。

《新唐書・藝文志・春秋類》 服虔《左氏解誼》三十卷。

鄭樵《通志・藝文略・春秋》 《春秋左氏傳解誼》三十一卷。服虔。

姚振宗《後漢藝文志・春秋類》 服虔《春秋左氏傳解誼》三十一卷。

范書《儒林傳》：「服虔，字子愼，初名重，又名祇，後改爲虔。河南滎陽人也。少以清苦建志，入太學受業。有雅才，作《春秋左氏傳解》，行之至今。舉孝廉，稍遷。中平末，拜九江太守，免。遭亂行客，病卒。」《世說・文學》篇：鄭玄欲注《春秋傳》，尚未成。時行，與服子愼遇，宿客舍，先未相識。服在外車上與人說己注《傳》意，玄聽之良久，多與己同。玄就車與語曰：「吾久欲注，尚未了。聽君向言，多與吾同。今當盡以所注與君。」遂爲服氏注。惠氏《後漢書補注》曰：棟案服氏《解誼》，僖十五年「遇歸妹之睽」，文十二年「在師之臨」，皆以互體說《易》，與鄭氏合。《世說》所稱爲不謬矣。

《釋文敍録》：九江太守服虔注解《左氏傳》。又曰：服虔《解誼》三十卷。《隋書・經籍志》：《春秋左氏傳解誼》三十一卷，漢九江太守服虔注。《唐日本書目》同。《唐・經籍志》：《春秋左氏傳解誼》三十卷，服虔注。《藝文志》服虔《左氏解誼》，三十卷。　王謨輯本序曰：今從諸經《正義》、《史記集解》鈔出七百八十餘條，分爲四卷。　馬國翰輯本序曰：今從王應麟所輯《古文春秋左傳》所引服說，更補缺漏，釐爲四卷。

春秋左氏膏肓釋痾

《隋書・經籍志・春秋》 《春秋左氏膏肓釋痾》十卷。服虔撰。

《舊唐書・經籍志・春秋》 《春秋左氏膏肓釋痾》五卷。服虔撰。

《新唐書・藝文志・春秋類》 服虔《膏肓釋痾》五卷。

鄭樵《通志・藝文略・春秋》 《春秋左氏膏肓釋痾》十卷。服虔。

姚振宗《後漢藝文志・春秋類》 服虔《春秋左氏膏肓釋痾》十卷。

【略】 馬國翰輯本序曰：「服氏有《膏肓釋痾》，《隋志》十卷，《唐志》五卷，今散佚。唯于《後漢續志》注得一條，附録《解誼》後。　侯《志》曰：劉昭注《續漢書・禮儀志上》引《春秋釋痾》。《初學記》二十六引《春秋釋痾》。

服氏注春秋左傳

《隋書・經籍志・春秋》 《服氏注春秋左傳》十卷。殘缺。

春秋左氏音隱

陸德明《經典釋文序録・次第》 服虔《音》一卷。

《隋書・經籍志・春秋》 梁有服虔、杜預《音》三卷。

《舊唐書・經籍志・春秋》 《春秋左氏音隱》一卷。服虔撰。

《新唐書・藝文志・春秋類》 《音隱》一卷。

鄭樵《通志・藝文略・春秋》 《左傳音隱》一卷。

姚振宗《後漢藝文志・春秋類》 服虔《春秋左氏音隱》一卷。《釋文敍録》：服虔《音》一卷。《隋書・經籍志》：梁有服虔、杜預《音》三卷。

按：此乃後人合杜氏《音》爲一編。亡。

春秋漢議駁

《隋書・經籍志・春秋》 梁有《春秋漢議駁》二卷。服虔撰。亡。

春秋塞難

《隋書・經籍志・春秋》 《春秋塞難》三卷。服虔撰。

春秋成長説

《隋書・經籍志・春秋》 《春秋成長説》九卷。服虔撰。

春秋杜氏服氏注春秋左傳

《隋書・經籍志・春秋》 《春秋杜氏服氏注春秋左傳》十卷。殘缺。

鄭樵《通志・藝文略・春秋》 《春秋左氏注》十卷。杜、服二氏。

文廷式《補晉書藝文志・春秋類》 《春秋杜氏服氏注春秋左傳》十卷。《隋志》有此書，注云：殘缺。

春秋圖

《隋書・經籍志・春秋》 《春秋左氏圖》十卷。漢太子太傅嚴彭祖撰。亡。

《舊唐書・經籍志・春秋》 《春秋圖》七卷。嚴彭祖撰。

《新唐書・藝文志・春秋類》 嚴彭祖《春秋圖》七卷。

鄭樵《通志・藝文略・春秋》 《春秋圖》七卷。漢嚴彭祖。

又《圖譜略・春秋》 嚴彭祖《春秋圖》。

古今春秋盟會地圖

《隋書・經籍志・春秋》 梁有《古今春秋盟會地圖》一卷。亡。

鄭樵《通志・藝文略・春秋》 《春秋盟會地圖》一卷。漢嚴彭祖。

姚振宗《漢書藝文志拾補・春秋家》 嚴彭祖《春秋盟會地圖》一卷。

【略】朱彝尊《曝書亭集・春秋地名考序》曰：如嚴彭祖之《圖》，專紀會盟，則圍伐滅取土地之見遺者多矣。王謨輯本《敍録》曰：羅泌《路史・國名紀》引《盟會圖》十五，引《盟會圖疏》八，引《春秋圖》四，內唯平丘與清二條涉盟會，餘皆地名、國名，又多唐以後州名，或即嚴氏本書，而唐以後人疏之也。今仍其目，鈔出二十七條。

左傳鈔

文廷式《補晉書藝文志・春秋類》 黄容《左傳鈔》。《華陽國志・常寬傳》云：時蜀郡太守巴西黄容，亦好著作，著《家訓》、《梁州巴紀》、《姓族》、《左傳鈔》，凡數十篇。

春秋左氏傳達義

《隋書・經籍志・春秋》 梁有《春秋左氏傳達義》一卷。漢司徒掾王玢撰。亡。

春秋釋例

《隋書・經籍志・春秋》　《春秋釋例》十卷。漢公車徵士潁容撰。

《舊唐書・經籍志・春秋》　《春秋左氏傳例》七卷。

《新唐書・藝文志・春秋類》　潁容《釋例》七卷。

鄭樵《通志・藝文略・春秋》　《春秋釋例》十卷。漢公車聘士潁容。

姚振宗《後漢藝文志・春秋類》　潁容《春秋左氏條例》十卷。范書《儒林傳》：潁容字子嚴，陳國長平人也。博學多通，善《春秋左氏》。師事太尉楊賜。郡舉孝廉。州辟，公車徵，皆不就。初平中，避亂荆州，聚徒千餘人。劉表以爲武陵太守，不肯起。著《春秋左氏條例》五萬餘言。建安中卒。　杜預《春秋左氏傳序》曰：劉子駿創通大義，賈景伯父子、許惠卿皆先儒之美者也。末有潁子嚴者，雖淺近亦復名家。故特舉劉、賈、許、潁之違，以見同異。疏曰：杜以爲先儒之内，四家差長，故特舉其違，以見異同。自餘棄而不論也。　《釋文敍録》：陳郡潁容，字子嚴。後漢公車徵，不就。作《春秋條例》。《隋書・經籍志》：《春秋釋例》十卷。漢公車徵士潁容撰。《唐・經籍志》：《春秋左氏傳例》七卷。失注撰人。《藝文志》：潁容《釋例》七卷。　王謨輯本序曰：今從《左傳正義》鈔出六條，《毛詩正義》一條，《史記注》一條，《水經注》二條，《初學記》一條，《御覽》五條，《玉海》一條。侯《志》曰：王謨輯本，杜預《釋例》所載、蕭吉《五行大義》所引者尚未采也。　馬國翰輯本序曰：《後漢・儒林傳》稱《左氏條例》，隋、唐《志》作《釋例》，書名與杜氏同，今佚。輯録二十七節，其全書體例不能詳考。

左氏傳釋

姚振宗《後漢藝文志・春秋類》　謝該《左氏傳釋》。范書《儒林傳》：「謝該字文儀，章陵人也。善明《春秋左氏》，爲世名儒，門徒數百千人。建安中，河東人樂詳條《左氏》疑滯數十事以問，該皆爲通解之，名爲《謝氏釋》，行於世。仕爲公車司馬令，以父母老，託疾去官，欲歸鄉里，會荆州道斷，不得去。少府孔融上書薦之，詔即徵還，拜議郎，以壽終。」　《魏志・杜恕傳》注：《魏略》曰「樂詳字文載，河東人。少好學，建安初，詳聞南郡謝該善《左氏傳》，乃從南陽步涉詣許，從該問難諸要，今《左氏問七十二事》，詳所撰也。」　按《魏略》所言，則謝氏所釋者，凡七十二事。時獻帝遷都許昌，謝爲公車司馬令，時所作名《左氏謝氏釋》。

春秋左氏章句後定

姚振宗《後漢藝文志・春秋類》　宋衷《春秋左氏章句後定》。衷始末見《易》類。《晉書・曆志》：杜預《春秋長曆說》曰：「考古今十曆中，有《眞夏曆》，《眞周曆》。」又曰：「漢末，宋仲子集七曆以考《春秋》。」案其夏、周二曆，術數皆與《藝文志》所記不同，故更名爲《眞夏》、《眞周曆》也。又徐彥《公羊疏》卷首稱宋氏注《春秋說》三科九旨云云，似即此宋氏。　按：杜征南嘗見宋仲子集七曆考《春秋》之書。其書名不可考見。惟《劉表傳》云：表使宋衷等譔立五經章句，謂之《後定》。」則此是五經章句之一。又常璩《梓潼人士贊》云：「尹默受學宋忠，專精《左氏春秋》。以《左傳》授後主。」又李仁從宋仲子受古學。《左氏》，古學也。此衷爲《左氏》學之證，因據以名書。杜征南言與《藝文志》不同者，必是宋仲子所見夏、周二曆，與《漢・藝文志》所記卷數不同，別是一本也。

春秋左氏經注

陸德明《經典釋文序録・次第》　士燮注《春秋經》十一卷。

《隋書・經籍志・春秋》　《春秋經》十一卷。吳衛將軍士燮注。

《舊唐書・經籍志・春秋》　《春秋經》十一卷。士燮撰。

《新唐書・藝文志・春秋類》 士燮注《春秋經》十一卷。

鄭樵《通志・藝文略・春秋》 《春秋經》十一卷。吴衛將軍士燮注。

姚振宗《三國藝文志・春秋類》 士燮《春秋左氏經注》十三卷。《吴志》本傳：「燮字威彦，蒼梧廣信人也。少游學京師，事潁川劉子奇，治《左氏春秋》。劉陶字子奇。有《中文尚書》、《春秋訓詁條例》，已録入《後漢・藝文志》。察孝廉，補尚書郎，免官。後舉茂才，除巫令，遷交阯太守。燮謙虚下士，中國士人往依避難者以百數。耽玩《春秋》，爲之注解。陳國袁徽與尚書令荀彧書曰：『交阯士府君既學問優博，又達于從政，處大亂之中，保全一郡，二十餘年疆埸無事，民不失業，羈旅之徒，皆蒙其慶。官事小闋，輒玩習書傳，《春秋左氏傳》尤簡練精微。吾數以咨問《傳》中諸疑，皆有師説，意思甚密。又《尚書》兼通古今，大義詳備。聞京師古今之學，是非忿爭，今欲條上《左氏》、《尚書長義》上之。』其見稱如此。漢以燮爲綏南中郎將，董督七郡領交阯太守如故。後以燮不廢職貢，復下詔拜安遠將軍，封龍度亭侯。建安十五年，孫權加燮爲左將軍。建安末年，遷衛將軍，封龍編侯，在郡四十餘歲。黄武五年，年九十卒。」《釋文敍録》：「士燮字彦威，蒼梧人。吴衛將軍，龍編侯。注《春秋經》十一卷。」《隋書・經籍志》：「《春秋經》十三卷，吴衛將軍士燮注。」《唐・經籍志》：「《春秋經》十一卷，士燮撰。」《藝文志》：「士燮注《春秋經》十一卷。」案：《文獻・經籍考》引眉山李氏《古經後序》曰：「《春秋經》十一卷者，本公羊、穀梁二家所傳。吴士燮始爲之注，《隋氏》載焉。」又曰：「士燮但注二家不及《左氏》。」今案《隋志》實十三卷，蓋古經十二卷，録一卷。《釋文》及《唐志》作十一卷者，或有所合併。而《釋文》列之《左氏》學家則甚分明也，不知李氏何以云爾。似因《漢志》古經十二篇與公、穀二家經十一卷合爲一條，而誤會也。《經義考》誤作《春秋傳注》，亦云《隋志》十一卷。侯《志》疑不能明，亦以爲《隋志》十一卷。輾轉沿誤，殆不可解。

春秋左氏傳注

《隋書・經籍志・春秋》 《春秋左氏傳》十二卷。魏司徒王朗撰。

《舊唐書・經籍志・春秋》 《春秋傳》十卷。王朗注。

《新唐書・藝文志・春秋類》 王朗注《左氏》十卷。

鄭樵《通志・藝文略・春秋》 《春秋左氏傳》十二卷。魏司徒王朗。

姚振宗《三國藝文志・春秋類》 王朗《春秋左氏傳注》十二卷。朗始末見《易》類。《魏志》本傳：「朗著《易》、《周官》、《春秋》傳，咸傳于世。」《釋文敍録》：「魏司徒王朗，字景興，肅之父。注解《左氏傳》。」《隋書・經籍志》：「《春秋左氏傳》十二卷，魏司徒王朗撰。」《唐・經籍志》：「《春秋傳》十卷，王朗撰。」《藝文志》：「王朗注《左氏》十卷。」

春秋左氏釋駁

《隋書・經籍志・春秋》 《春秋左氏釋駁》一卷。王朗撰。亡。

姚振宗《三國藝文志・春秋類》 王朗《春秋左氏釋駁》一卷。【略】按：自漢以來，駁《左氏》者，如范升、李育、何休，不一家。王氏此釋不知誰家「駁義」。

春秋左氏傳解

姚振宗《三國藝文志・春秋類》 張昭《春秋左氏傳解》。《吴志》本傳：「昭字子布，彭城人也。少好學，從白侯子安受《左氏春秋》。漢末大亂，昭南渡江，孫策命爲長史，撫軍中郎將。後劉備表孫權行車騎將軍，昭爲軍師，綏遠將軍，封由拳侯。權稱尊號，更拜輔吴將軍，改封婁侯，食邑萬戶。在里宅無事，乃著《春秋左氏傳解》。年八十一，嘉禾五年卒，謚曰文侯。」

春秋左氏傳章句

陸德明《經典釋文・序録・次第》 董遇《章句》三十卷。

《隋書・經籍志・春秋》 《春秋左氏傳》三十卷。董遇章句。

《舊唐書・經籍志・春秋》 《春秋左氏經傳章句》三十卷。董遇注。

《新唐書・藝文志・春秋類》 董遇《左氏經傳章句》三十卷。

鄭樵《通志・藝文略・春秋》 《春秋左氏經傳章句》三十卷。董遇。

姚振宗《三國藝文志・春秋類》 董遇《春秋左氏傳章句》三十卷。遇始末具《易》類。《釋文敍録》：「魏大司農董遇注解《左氏傳》。」【略】馬國翰輯本序曰：「魏董遇《章句》，隋、唐《志》並三十卷。今佚。從《正義》、《釋文》輯得十節。其本字多與杜異，而同于賈、服、王肅。

春秋左氏傳朱墨別異

姚振宗《三國藝文志・春秋類》 董遇《春秋左氏傳朱墨別異》。《魏志・王肅附傳》注：《魏略・儒宗傳》曰：「初，遇善《左氏傳》，更爲作《朱墨別異》。人有從學者，遇不肯教，而云：『必當先讀百徧』，言『讀書百徧而義自見』。從學者云：『苦渴無日。』遇言：『當以三餘。』或問三餘之意，遇言：『冬者歲之餘，夜者日之餘，陰雨者時之餘也。』由是諸生少從遇學，無傳其《朱墨》者。」 案：《隋志》有賈逵《春秋左氏經傳朱墨列》一卷。遇此作蓋本之賈氏。

春秋左氏傳解

姚振宗《三國藝文志・春秋類》 杜寬《春秋左氏傳解》。寬始末見《禮》類。《魏志・杜恕傳》注：《杜氏新書》曰：「寬，經傳之義，多所論駁，皆草創未就，惟删集《禮記》及《春秋傳解》，今存于世。」

春秋左氏傳注

姚振宗《三國藝文志・春秋類》 周生烈《春秋左氏傳注》。《魏志・王肅附傳》：「自魏初徵士燉煌周生烈、明帝時大司農董遇等，亦歷注經、傳，頗傳于世。」裴松之曰：「此人姓周生，名烈。何晏《論語集解》有烈《義例》，餘所著述，見晉武帝《中經簿》。」案：《姓苑》引晉武《中經簿》云：「姓周生，名烈，爲博士也。」《意林》引周生子自序云：「六蔽鄙夫燉煌周生烈，字文逸。」《釋文敍録》：「周生烈，燉煌人。」《七録》云：「字文逢，本姓唐，魏博士侍中。」又曰：「魏徵士燉煌周生烈注解《左氏傳》。」 侯《志》引葛洪曰：「周生烈，學精而不仕。」

春秋左氏傳注

姚振宗《三國藝文志・春秋類》 王基《春秋左氏傳注》。基始末具《詩》類。《釋文敍録》：「魏荆州刺史王基注解《左氏傳》。」《冊府元龜・學校部・注釋門》：「王基，字伯輿，東萊人。爲荆州刺史。譔《毛詩駁》一卷。又注解《左氏傳》。」

春秋左氏傳注

陸德明《經典釋文・序録・次第》 王肅《注》三十卷。

《隋書・經籍志・春秋》 《春秋左氏傳》三十卷。王肅注。

《舊唐書・經籍志・春秋》 《春秋左氏傳》三十卷。王肅注。

《新唐書・藝文志・春秋類》 王肅《注》三十卷。

鄭樵《通志・藝文略・春秋》 《春秋左氏傳》三十卷。王肅。

姚振宗《三國藝文志・春秋類》 王肅《春秋左氏傳注》三十卷。肅始末詳見《易》類。【略】馬國翰輯本敍曰：「肅注《春秋左氏經傳》，隋、唐《志》並三十卷。今佚。輯録《正義》、《史記集解》諸書爲一卷。其本字往往與杜氏殊異。」

左氏問

姚振宗《三國藝文志・春秋類》 樂詳《左氏問》七十二事。《魏志・杜恕傳》注：「《魏略・儒宗傳》曰：『樂詳字文載，河東人。少好學。建安初，詳聞公車司馬令南郡謝該善《左氏傳》，乃從南陽步涉詣許，從該問疑難諸要。今《左氏樂氏問》七十二事，詳所撰也。所問既了，歸鄉里。時杜畿爲太守，署詳文學祭酒。黄初中，徵拜博士。太和中，轉拜騎都尉。正始中，以年老罷歸于舍，本國宗族歸之，門徒數千人。』」《魏志・杜恕傳》：「恕下廷尉，當死。以父畿勤事水死，免爲庶人，徙章武郡，卒于徙所。甘露二年，河東樂詳年九十餘，上書訟畿之遺績，朝廷感焉。詔封恕子預爲豐樂亭侯，邑百戶。」案：樂詳至魏末尚存，猶上書爲故君訟，而元凱受封。元凱《左氏》學或亦嘗從問焉。其《左氏問》七十二事，作于建安初，時年三十餘。謝氏之釋，當亦録入此書。

春秋左氏傳説要

《隋書・經籍志・春秋》 《春秋説要》十卷。魏樂平太守麋信撰。

《舊唐書・經籍志・春秋》 《春秋左氏傳説要》十卷。麋信撰。

《新唐書・藝文志・春秋類》 麋信《左氏傳説要》十卷。

鄭樵《通志・藝文略・春秋》 《春秋説要》十卷。麋信。

姚振宗《三國藝文志・春秋類》 麋信《春秋左氏傳説要》十卷。《釋文敍録》：「麋信，字南山，東海人。魏樂平太守。」【略】案：麋信不見于史，意即麋竺、麋芳之同族。竺，東海朐人。《冊府元龜》云：「康信譔《春秋要》一卷。並寫誤也。」

春秋左氏條例

《隋書・經籍志・春秋》 《春秋條例》十一卷。晉太尉劉寔撰。

《舊唐書・經籍志・春秋》 《春秋左氏條例》十卷。劉寔撰。

《新唐書・藝文志・春秋類》 劉寔《條例》十卷。劉寔《左氏牒例》二十卷。

鄭樵《通志・藝文略・春秋》 《春秋條例》十一卷。晉太尉劉寔。

文廷式《補晉書藝文志・春秋類》 劉寔《春秋左氏條例》二十卷。

《隋志》作十一卷。兩唐《志》此書皆複出。

集解春秋序

《隋書・經籍志・春秋》 劉寔等《集解春秋序》一卷。

鄭樵《通志・藝文略・春秋》 劉寔等《集解春秋序》一卷。

文廷式《補晉書藝文志・春秋類》 劉寔等《集解春秋序》一卷。《春秋左氏傳》杜預序《正義》曰：「晉太尉劉寔與杜同時人，爲此序作注，不言釋例。」序又曰：「劉寔分變例、新意以爲二事。」

春秋左氏諸大夫世譜

《隋書・經籍志・春秋》 《春秋左氏諸大夫世譜》十三卷。

錢東垣等輯《崇文總目・春秋類》 《春秋世譜》七卷。［原釋］不著撰人名氏。凡七卷。起黄帝至周，見于《春秋諸國世系傳》，久稍失其次矣。按：《隋唐書目》《春秋大夫世族譜》十三卷。顧啓期撰。而杜預《釋例》自有《世族譜》一卷，今書與《釋例》所載不同，而本或題云「杜預撰」

者，非也。疑此乃啓期所撰云。見《文獻通考》。

鄭樵《通志・藝文略・春秋》《春秋左氏諸大夫世族譜》十三卷。顧啓期。《春秋世譜》七卷。

馬端臨《文獻通考・經籍考・春秋》《春秋世譜》一卷。

春秋左氏傳指歸

姚振宗《三國藝文志・春秋類》李譔《春秋左氏傳指歸》。譔始末見《易》類。《蜀志》本傳：「譔著古文《易》、《尚書》、《毛詩》、《三禮》、《左氏傳》。」《華陽國志》：「譔，父仁，從司馬德操、宋仲子受古學。譔少受父業，又講問尹默。」默亦受學司馬徽、宋忠，專精《左氏春秋》。著古文《周易》、《尚書》、《毛詩》、《三禮》、《左氏》注解。」《釋文敍録》：「梓潼李仲欽著《左氏指歸》。」

春秋左氏釋滯

《隋書・經籍志・春秋》梁有《春秋釋滯》十卷。晉尚書左丞殷興撰。

《舊唐書・經籍志・春秋》《春秋左氏釋滯》十卷。殷興撰。

《新唐書・藝文志・春秋類》殷興《左氏釋滯》十卷。

鄭樵《通志・藝文略・春秋》《左氏釋滯》十卷。殷興。

文廷式《補晉書藝文志・春秋類》殷興《春秋左氏釋滯》十卷。尚書左丞。

春秋左氏經傳集解

陸德明《經典釋文序録・次第》杜預《經傳集解》三十卷。字元凱，京兆杜陵人，晉鎮南大將軍、開府儀同三司、當陽穆侯。

《隋書・經籍志・春秋》《春秋左氏經傳集解》三十卷。杜預撰。《春秋杜氏》殘缺。

《舊唐書・經籍志・春秋》《春秋左氏傳》三十卷。杜預注。

錢東垣等輯《崇文總目・春秋類》《春秋經傳集解》三十卷。杜預撰。

《新唐書・藝文志・春秋類》杜預《左氏經傳集解》三十卷。

鄭樵《通志・藝文略・春秋》《春秋左氏經傳集解》三十卷。杜預。

尤袤《遂初堂書目・春秋類》舊監本《左傳》。

晁公武《郡齋讀書志・春秋類》《春秋左氏傳》三十卷。右晉杜預元凱集劉子駿、賈景伯父子、許惠卿、潁子嚴之注，分《經》之年與《傳》之年相附，故題曰《春秋經傳集解》。其發明甚多，古今稱之，然其弊則棄《經》信《傳》。如成公十三年麻隧之戰，《傳》載秦敗績，而《經》不書，以爲晉直秦曲；則韓役書「戰」，時公在師，復不須告，克獲有功，亦無所諱，於《左傳》之例皆不合。不曰《傳》之謬而猥稱「經文闕漏」，其尤甚者至如此。

陳振孫《直齋書録解題・春秋類》《春秋左氏經傳集解》三十卷。晉鎮南大將軍京兆杜預撰。其述作之意，序文詳之矣。專修丘明之《傳》以釋《經》。後世以爲左氏忠臣者也。其弊或棄經而信傳，於《傳》則忠矣，如經何？

馬端臨《文獻通考・經籍考・春秋》《春秋左氏傳》三十卷。劉子駿曰：「左丘明好惡與聖人同，親見夫子，而公、穀在七十子後傳聞之，與親見其詳略不同也。」杜元凱曰：「左丘明受經於仲尼，以爲經者不刊之書也，故傳或先經以始事，或後經以終義，或依經以辯理，或錯經以合異，隨義而發。其例之所重，舊史遺文，略不盡舉，非聖人所修之要故也。身爲國史，躬覽載籍，必廣記而備言之。其文緩，其旨遠，將令學者原始要終，尋其枝葉，究其所窮，優而柔之，使自求之，饜而飫之，使自趨之。趨，七住反，又七俱反。若江海之浸，膏澤之潤，渙然冰釋，怡然理順，然後爲得也。其發凡以言例，皆經國之常制，周公之垂法，史書之舊章，仲尼從而修之，以成一經之通體。其微顯闡幽，裁成義類者，皆據舊例而發義，指行事以正褒貶，諸稱『書』、『不書』、『先書』、『故書』、『不言』、『不稱』、『書曰』之類，皆所以起新舊，發大義，謂之變例。然亦有史所不書，即以爲義者，此蓋《春秋》新意，故《傳》不言。凡曲而暢之也，其經無義例，因行事而言，則傳直言其歸趣而已，非例也。」陳氏曰：「自昔相傳以爲左丘明撰，其好惡與聖人同者也。而其末記晉智伯反喪於韓、魏，在獲麟後二十八年，去孔子沒亦二十六年，不應年少後亡如何。又其書稱『虞不臘矣』，見於嘗酎及秦庶長，皆戰國後制，故或疑非孔子所稱左丘明，別自是一人爲史官者。其釋經義例，雖未盡當理，而具得當時事實，則非二傳之比也。」《朱子語録》曰：「左氏之病，是以成敗論是非，而不本於義理之正。嘗謂左氏是箇猾頭熟事趨炎附勢之人，《左氏傳》是箇博記人做，只是以世俗見識斷當世事，皆功利之説。國秀問三《傳》優劣。曰：左氏曾見國史，考事頗精，只是不知大義，專去小處理會，往往不曾講學。孔子作《春秋》，當時亦須與門人講説，所以公、穀、左氏得箇源流，只是漸漸訛舛。當初若全無傳授，如何鑿空撰得。」

《春秋左氏經傳集解》三十卷。夾漈鄭氏曰：杜預解《左氏》，顔師古解《漢書》，所以得「忠臣」之名者，以其盡之矣。《左氏》未經杜氏之前，凡幾家；一經杜氏之後，後人不能措一辭。《漢書》未經顔氏之前，凡幾家；一經顔氏之後，後人不能易其説。縱有措辭易説之者，如朝月曉星，不能有其明也。如此之人，方可以解經。苟爲文言多，而經旨不見，文言簡，而經旨有遺，自我説之後，後人復有説者，皆非箋釋之手也。傳注之學起，惟此二人其殆庶幾乎！其故何哉？古人之言所以難明者，非爲書之理意難明也，實爲書之事物難明也；非爲古人之文言難明也，實爲古人之文言有不通於今者之難明也。能明乎《爾雅》之所作，則可以知箋注之所當然，不明乎《爾雅》之所作，則不識箋注之旨歸也。善乎二子之通《爾雅》也！顔氏所通者訓詁，杜氏所通者星歷、地理。當其顔氏之理訓詁也，如與古人對談；當其杜氏之理星歷、地理也，如羲和之步天，如禹之行水。然亦有所短，杜氏則不識蟲魚鳥獸草木之名，顔氏則不識天文地理。孔子曰：「知之爲知之，不知爲不知，是知也。」杜氏爲星曆、地理之言，無不極其致，至於蟲魚鳥獸草木之名，則引《爾雅》以釋之；顔氏於訓詁之言甚暢，至於天文地理則濶略焉，此爲「不知爲不知」也。其他紛紛是何爲者？釋是何經？明是何學？

胡師安等《元西湖書院重整書目》　《春秋左傳注》。

《宋史・藝文志・春秋類》　杜預《春秋左氏傳經傳集解》三十卷。

楊士奇等《文淵閣書目・春秋》　《春秋集解》一部，十五冊。完全。

范邦甸等《天一閣書目・春秋類》　《春秋經傳集解》三十卷。晉杜預註。

《春秋經傳集解》三十卷。無刊者姓名。《春秋經傳》三十八卷。晉杜預註。

徐𤊹《徐氏家藏書目・春秋類》　《春秋左傳杜注》三十卷。

張萱等《内閣藏書目録・經部》　《春秋經傳集解》十一冊。不全。即《左傳》杜預注。　《羅文左傳》四冊。全。即杜預注。　《春秋》七冊。不全。即《左傳杜氏注》。　又十六冊。全。《左傳杜氏注》。

錢謙益等《絳雲樓書目・春秋類》　宋板《左傳杜註》。三十卷。杜氏又有《釋例》十五卷。唐劉蕡作序。　宋板巾箱《左傳》五冊。

錢曾《讀書敏求記・春秋》　《春秋集傳集解》三十卷。南宋刻本。首列《二十國年表》、《音義》，視他本較詳。《初學集》載牧翁所跋宋板《左傳》，其經傳十四至三十卷，已歸天上。《圖説》二卷，《經傳》一至十三卷尚存人間，幸爲予得之。覆視跋語所云「在在處處應有神物護持」，良不虚也。墨蹟如新，古香馣藹，逐本前後葉，每條註「某本作某字」，「應從某本是正」。此等書，勿論其全不全，譬諸藏古玩家，收得柴窰殘器半片，便奉爲天球拱璧，而况鎮庫典籍乎？

于敏中等《天禄琳琅書目・宋版經部》　《春秋經傳集解》。四函，三十二冊。晉杜預《集解》。三十卷。前自序，末附五代馮繼先《春秋名號歸一圖》二卷，無名氏《春秋年表》。諸卷末有木記，曰「相臺岳氏刻梓家塾」，或曰「相臺岳氏刻梓荆谿家塾」。爲長方、橢圓、亞字諸式，具大小篆、隸文。蓋南宋岳珂乃飛孫，本相州湯陰人，故以相臺表望。南渡後，徙常州，今宜興有珂父霖墓，故家塾以荆谿名。珂校刊九經三傳，著《沿革例》，讎勘最爲精覈。其辨折此書之言曰：「《春秋名號歸一圖》二卷，馮繼先撰，刊本多譌錯。嘗合京、杭、建、蜀本參校，有氏名略同，實非一人而合爲一者；有名字若殊，本非二人而析爲二者；有自某國適他國而前後互見者；有稱某公與某年而經傳不合者。或以傳爲經，或以注爲傳，或偏旁疑似而有亥豕之差，或行數牽連而無甲乙之別，若此類非一。今若訂之經傳，勘其譌謬，且爲分行，以見別書。若雜出於經傳與注，而止稱經或傳、注；散見於前後數年間，而止稱某公某年，蓋據始見而書之。廖本無《年表》、《歸一圖》，今既刊《公》、《穀》，併補二書，以附經傳之後。」又曰：「《春秋年表》、三朝《藝文志》不載作者名。今諸本或闕名號，或紊年月，參之經傳，多有舛錯。不無刊寫之誤，皆以經傳正之。《史記》年表書事，今表止書繼立循舊，不敢增。」又曰：「按《館閣書目》，元豐中楊彥齡撰，二卷；紹興中環中撰，一卷，今本一卷，與紹興中本及《藝文志》所載者同。」珂之考證如此。今詳閱卷中，凡所臚謬誤之處，俱經改正無譌，然則此本之善，具徵學密，匪獨工良也。　曾入明項篤壽萬卷堂，後歸季振宜家。其「紫玉元居寶刻」，不知誰氏之章。諸印於各卷中，間互錯出，蓋諸家裝潢分冊參差不齊，又或祇得其半。今裒然成帙，洵足寶也。篤壽字子長，秀水人。嘉靖壬戌進士，入詞林。性好藏書，見祕冊，輒令小胥傳鈔，儲之舍北萬卷樓。見《浙江志》。

《春秋經傳集解》二函，十五冊。　晉杜預《集解》。三十卷。自序。相臺書塾《刊正九經三傳沿革例》云：「世所傳《九經》，有建余氏、興國于氏，二本皆稱其善。而廖氏以余氏不免誤舛，于氏未爲的當，合諸本參訂，爲最精。版行之初，天下寶之。」又云：「廖本《春秋》無《年表》、《歸一圖》」，此書每卷末有木記，曰「世綵廖氏刻梓家塾」，爲長方、橢圓、亞字諸式，具篆文、八分，而不載《年表》、《歸一圖》。蓋岳珂所稱者，即爲此本。考《中興藝文志》，載《世綵堂集》三卷，稱政和中，廖剛曾祖母與祖母享年最高，皆及見五世孫，剛作堂名「世綵」以奉之，士大夫爲作詩。又趙均《石蹟記》：「廖瑩中刻《世綵堂帖》。瑩中，名玉，號羣玉，爲賈似道客。」周密《癸辛雜識》載《賈廖刊書》一條云：「廖羣玉諸書，九經本最佳，凡以數十種比校，百餘人校正而後成。以撫州草鈔紙、油煙墨印造，其裝褫至以泥金爲籤，則其貴重可知矣。」　婁東王世懋藏本。世懋字敬美，世貞之弟，明太常卿。又卷中多有「徑山居頂菴」紅記。按：徑山爲天目東北峰，《山門事狀》云：徑山之頂，乃天目龍之別居，國一大師法欽隱此山頂。《山志》雖不載居頂菴，而釋德淸《淩霄峯記》云：「圓照禪師居峰頂十年，古鼎禪師亦居十年。梵懷慧公結菴於頂，居十三年。」蓋徑山以峰頂爲祖庭，主僧講席在焉，或旁通儒書，曾藏此本。此諸僧者，未知其何屬也。【略】　闕補卷十三、卷十四、卷十七之卷二十二，計四冊。鋟刻亦精，但字畫較瘦，卷末無「世綵廖氏」印，書中亦無「徑山」紅記，乃用別本補入。

彭元瑞等《天禄琳琅書目後編・宋版經部》

《春秋經傳集解》。四函，二十八冊。杜預《集解》。三十卷。前預自序，後預後序。每卷末載經若干字、注若干字，後序末載凡三十四萬五千八百四十四字。　按：是本乃眞宋監版，希世之珍。其證有四：不附入《音義》，一也；自序後連卷一，不另篇，二也；闕筆極謹嚴，如《桓二年》「珽」字諸書從未見避，三也；明傳刻監本誤字，一一無譌，四也。得此眞於讀書者有益，不特元明諸刻，即同時麻沙本度越遠矣。　書末有近人跋云：「《昭二十年》：『衛侯賜北宮喜謚曰貞子，賜析朱鉏謚曰成子』，杜注云：『皆未死而賜謚及墓田，傳終而言之。』王伯厚《困學紀聞》引爲『是人臣生而賜謚也。』後之考訂，如升菴、寧人輩，皆據以爲古人有生而謚者。昔何義門得宋槧不全《左傳》，注中云『皆死而賜謚及墓田，傳終言之』，無『未』字、『而』字，以示閻百詩，相爲擊節。且若有『未』字則與『傳終言之』句不相屬。余見宋槧《左傳》多矣，即如南宋相臺岳氏、世綵堂廖氏所刻《九經》稱最善本，廖本未見，岳本及諸本檢之皆有『未』字。癸巳歲，余至虞山席玉照家，得汲古閣所藏宋本《左傳》全帙及殘本五冊，檢之皆作『死而賜謚』，故毛氏並殘本而藏之也。蓋『未』字之增已久，伯厚不加細審，爲所誤耳。余因取翻岳本校之，無甚大謬，然此一字之增，何啻霄壤？間正數十字，皆岳本不及，此本眞可寶也，因誌之，以破千古之誤。乾隆丙午秋仲，彭城仲子識。」又云：「漁洋《池北偶談》十四卷《談藝》亦引其說，亥豕之誤人如此，學者能不考之？」按：是跋作於近人，不著名氏，而其說頗有考訂，且足彰是本之善。其所引何焯語，出所評《困學紀聞》中，亦有根據，故附鈔之。潘耒，字次耕，號稼堂，吳江人。受業於顧炎武。康熙己未博學鴻詞科，官檢討。有《遂初堂集》。餘無考。【略】　闕補卷三十。十三、二十八。

《春秋經傳集解》。四函，三十冊。杜預集解。三十卷，附《音義》。前預自序。末卷載凡三十四萬五千八百四十四字，經十九萬八千八百八十二字，注十四萬六千九百六十二字。後預後序，又刻印記云：「淳熙三年四月十七日，左廊司局內曹掌典秦王禎等奏聞，壁經《春秋左傳》、《國語》、《史記》等書，多爲蠹魚傷牘，不敢備進上覽。奉敕用棗木椒紙各造十部，四年九月進覽，監造臣曹棟校梓、司局臣郭慶驗牘。」按：書中字句，間有一二與傳刻監本同者，然大指尙不舛誤。據識，乃孝宗年所刻，以備宣索者。棗木刻世尙知用，若印以椒紙，後來無此精工也。

《春秋經傳集解》。四函，三十冊。同前，後闕淳熙三年識。明吳寬藏本，後入常熟錢氏、蕭山毛氏。吳寬，字原博，長洲人。成化壬辰進士第一，官至禮部尙書。諡文定。錢曾，字遵王，著《讀書敏求記》，辨證古籍極賅博。毛奇齡，字大可，號西河，康熙己未博學鴻詞科，官檢討。

《春秋經傳集解》。四函，三十冊。同前，闕後識。按《明史·太祖諸子列傳》：周王橚，好學能詞賦，嘗作《元宮詞》百章，又撰《救荒本草》。闢東書堂以教世子，長史劉淳爲之師。橚始封之王，故有御書樓，蓋其賜籍也。

《春秋經傳集解》。四函，三十冊。同前，闕後識。以上四部，皆一本所印，後二部稍後出，不及前二部紙墨之精良也。陳選，字士賢，號克庵，台州人。成化朝布政使。

《春秋經傳集解》。四函，三十一冊。杜預集解，附《音義》。書三十卷。前預自序，《春秋諸國地理圖》、《三皇五帝三代春秋諸國世次》、《春秋名號歸一圖》、《諸侯興廢》、《春秋總例》、《春秋始終》、《春秋傳授次第》，總名爲《春秋圖說》。後預自序。按：《名號歸一圖》，五代馮繼先撰；《諸國地理圖》取之宋僞蘇軾《地理指掌圖》中。餘不知撰自何氏。宋麻沙本，末刻印記云「謹依監本寫作大字，附以《釋文》，三復校正刊行，如履通衢，了亡窒礙，誠可嘉矣。兼列圖表於卷首，迹夫唐虞三代之本末源流，雖千載之久，豁然如一日矣。其明經之指南歟！以是衍傳，願垂清鑑。淳熙柔兆涒灘中夏初吉，閩山阮仲猷種德堂刊」。據此，則岳珂謂監本《釋文》自爲一書益信。而明代傳刻附入《釋文》者，皆沿麻沙而非宋監本之舊，宜字句之多舛耳。

《春秋經傳集解》。四函，二十八冊。同前，前預自序、後序，餘圖表俱闕失。曾入明內府，王鏊《史餘》：「文淵閣有鍍金銀印，其文曰『文淵閣印』，篆非九疊，獨爲省文，此印是也。」宋濂，字景濂，浦江人。明初佐命，官承旨。邵寶，字國寶，號二泉，無錫人。正德朝禮部尙書。

又《元版經部》　《春秋經傳集解》。四函，三十二冊。篇目見前宋版經部。書三十卷。前有杜預序，次《春秋諸國地理圖》，次《三皇至春秋諸國世次圖》、次《春秋名號歸一圖》、次《諸侯興廢圖》、次《總例》、次《春秋始終三傳授受圖》，後有預後序。巾箱本，槧工紙墨的係元時，而篇幅狹小，乃坊間刻印者。

又《明版經部》　《春秋經傳集解》。六函，三十冊。篇目同前宋版經部。明翻宋槧，極清整。　《春秋經傳集解》。四函，二十八冊。同上，係一版摹印。

《春秋經傳集解》。四函，三十冊。同上，係一版摹印稍後。

黄丕烈《百宋一廛書録》　《春秋經傳集解》。小字本《春秋經傳集解》，三十卷。存者二十三卷。就其存者卷中《昭二十年傳》「衛侯賜北宮喜諡曰『貞子』，賜析朱鉏諡曰『成子』，而以齊氏之墓予之」，杜注云：「皆死而賜諡及墓田，傳終言之。」較各本「皆未死而賜諡」，少一「未」字。向見何校《困學紀聞》云：宋本《左傳》有作「皆死而賜諡者」，當即此本。每葉二十八行，每行二十四字。板刻狹小，字畫精工。惜遭前人點抹，朱筆縱橫，殊不耐觀。然迭經名家收藏，如「顧印仁效」、「馮彥淵讀書記」圖章具存，前人亦知寶惜矣。　《春秋經傳集解》。大字。《春秋經傳集解》三十卷。存者十八卷，與小字本合之，止少第十四卷耳。每欲援百衲《史記》之例，聚各本彙裝，惜岳刻附《釋文》，未能與小字、大字兩本不附《釋文》者合之也。《昭二十年傳》，杜注「皆死而賜諡」句，兩本並同，知此本之佳。舊爲毛氏所藏，楮瑩墨凝，絕無點汙，雖不全，亦至寶也。後序末有「經凡一十九萬八千三百四十八言，注凡一十四萬六千七百八十八言」，分兩行刻，不曰「字」而曰「言」，蓋從古也。　《春秋經傳集解》。此宋本《春秋經傳集解》，杜氏注。前有《春秋序》一篇，序後有碑牌一，其文作細篆，計十字「相臺岳氏刻梓荆溪家塾」，明時翻刻已無此款。今所存者，卷一至卷六，卷十五至卷十八，卷二十三至卷二十六，卷二十九、卷三十。其間仍不無缺葉，蓋殘毀之至矣。其收藏圖書有三，一印「沈士穪」，一印「滄浪漁隱」，一印「東駁父子」，一印卷下有墨書一行云「吳興沈巽士穪題」，前所載圖書皆其印也。通體塗抹不堪，其於卷端標明云：「凡抹朱文章，青義理，黄辭命，墨大綱。」古人讀書之法，自爲區別，以便誦習，有如此者，曷足怪耶？又有「大章」一印，「冒鷺」一印，是收藏家非評閱之人矣。

張之洞《書目答問·正經正注》　朱墨本《左傳》。明閔氏刻本。

龔顯曾《**金藝文志補録・春秋類**》　附杜預《左傳注》。天德三年國子監印定。

春秋左氏傳評

《**隋書・經籍志・春秋**》　《春秋左氏傳評》二卷。杜預撰。

《**舊唐書・經籍志・春秋**》　《左氏杜預評》二卷。

《**新唐書・藝文志・春秋類**》　《左氏杜預評》二卷。

鄭樵《**通志・藝文略・春秋**》　《春秋左傳評》二卷。杜預。　《左氏杜預評》二卷。

文廷式《**補晉書藝文志・春秋類**》　杜預《春秋左氏傳評》二卷。

春秋釋例

陸德明《**經典釋文序録・次第**》　杜預《春秋釋例》十五卷，四十篇。

《**隋書・經籍志・春秋**》　《春秋釋例》十五卷。杜預撰。

《**舊唐書・經籍志・春秋**》　《春秋左氏傳例》　又十五卷杜預撰。

錢東垣等輯《**崇文總目・春秋類**》　《春秋釋例》十五卷。杜預撰。

［原釋］凡五十三例。見《文獻通考》。

《**新唐書・藝文志・春秋類**》　杜預《釋例》十五卷。

鄭樵《**通志・藝文略・春秋**》　《春秋釋例》十五卷。杜預。

晁公武《**郡齋讀書志・春秋類**》　《春秋釋例》十五卷。右晉杜預撰。凡四十部。集《左傳》諸例及地名、譜第、曆數，皆顯其同異，從而釋之，發明尤多。昔人稱預爲《左氏》忠臣，而預自以爲有《傳》癖，觀此尤信。

尤袤《**遂初堂書目・春秋類**》　《杜氏釋例》。

陳振孫《**直齋書録解題・春秋類**》　《春秋釋例》十五卷。杜預撰。預既爲《集解》，別集諸例及地名、譜第、歷數，相與爲部，凡四十部。唐劉蕡爲之序。

馬端臨《**文獻通考・經籍考・春秋**》　《春秋通例》十五卷。

《**宋史・藝文志・春秋類**》　杜預《春秋釋例》十五卷。

徐𤊹《**徐氏家藏書目・春秋類**》　《春秋左傳釋義》　卷。

《**四庫提要・春秋類一**》　《春秋釋例》十五卷。《永樂大典》本。晉杜預撰。預事蹟詳《晉書》本傳。是書以經之條貫必出於傳，傳之義例歸總於凡。《左傳》稱凡者五十，其別四十有九，皆周公之垂法，史書之舊章，仲尼因而修之，以成一經之通體。諸稱「書」、「不書」、「先書」、「故書」、「不言」、「不稱」、「書曰」之類，皆所以起新舊，發大義，謂之變例。亦有舊史所不書，適合仲尼之意者，仲尼即以爲義。非互相比較，則褒貶不明，故別集諸例及地名、譜第、歷數相與爲部。先列經傳數條，以包通其餘，而傳所述之「凡」繫焉。更以己意申之，名曰《釋例》。地名本之《泰始郡國圖》，《世族譜》本之劉向《世本》與《集解》。一經一緯，相爲表裏。《晉書》稱預自平吳後，從容無事，乃著《集解》。「又參考衆家譜第，謂之《釋例》又作《盟會圖》、《春秋長曆》，備成一家之學，比老乃成。」今考《土地名》篇，稱孫氏僭號於吳，故江表所記特略。則其屬稿實在平吳以前，故所列多兩漢、三國之郡縣，與晉時不盡合。至《盟會圖》、《長曆》，則皆書中之一篇，非別爲一書。觀預所作《集解序》，可見史所言者未詳。《晉書》又稱：「當時論者謂預文義質直，世人未之重，惟祕書監摯虞賞之。」考嵇含《南方草木狀》，稱晉武帝賜杜預蜜香紙萬番，寫《春秋釋例》及《經傳集解》，則當時固重其書，史所言者亦未盡確也。其書自《隋書・經籍志》而後，並著於録，均止十五卷。惟元吳萊作《後序》，云四十卷。豈元時所行之本卷次獨分析乎？自明以來，是書久佚，惟《永樂大典》中尚存三十篇，並有唐劉蕡原序。其六篇有《釋例》而無經傳，餘亦多有脫文。謹隨篇掇拾，取孔穎達《正義》及諸書所引《釋例》之文補之。校其譌謬，釐爲四十七篇，仍分十五卷，以還其舊。吳萊《後序》亦並附焉。案預《集解序》云：「《釋例》凡四十部。」《崇文總目》云：「凡五十三例。」而孔穎達《正義》則云：「《釋例》事同則爲部，小異則附出，孤經不及例者聚於終篇。四十部次第，從隱即位爲首，先有其事則先次之。世族土地，事既非例，故退之終篇之前。是《土地名》起於宋衛遇于垂。《世族譜》起於無駭卒，無駭卒在遇垂之後，故地名在世族前。今是書原目不可考，故因孔氏所述之大旨，推而廣之，取其事之見經先後爲序。《長曆》一篇則次之《土地名》、《世族譜》後，以《集解》序述歷數在地名、譜第後也。《土地名》篇釋例云：「據今天下郡國縣邑之名，山川道涂之實，爰及四表，皆圖而備之。然後以春秋諸國邑盟會地名附列之，名曰《古今書》《春秋盟會圖》別集《疏》一卷附之。釋例所畫圖，本依官司空圖，據泰始之初郡國爲正。孫氏初平江表，十四郡皆貢圖籍。荆、揚、徐三州皆改從今爲正，不復依用司空圖。」則是書應有圖，而今已佚。又有附《盟會圖疏》，臚載郡縣，皆是元魏、隋唐建置地名，非晉初所有。而「陽城」一條，且記唐武后事，當是預本書已佚，而唐人補輯。又《土地名》所釋亦有後人增益之語，今仍録原文，而各加辨證於下方。考預書雖有曲從左氏之失，而用心周密，後人無以復加。其例亦皆參考經文，得其體要，非公、穀二家穿鑿月日者比。摯虞謂左丘明本爲《春秋》作傳，而《左傳》遂自孤行，《釋例》本爲《傳》設，而所發明，何但《左傳》，故亦孤行。案：「故」字文義未明，疑爲「當」字之譌，以《晉書》原本如是，始仍其舊文。良非虚美。且《永樂大典》所載，猶宋時古本。觀《夫人內女歸寧例》一篇，末云：凡若干字，經傳若干字，《釋例》若干字，當時校讎精當，概可想見。如《長曆》載文公四年十有二月壬寅，夫人風氏薨。杜云：「十二月庚午朔，無壬寅。」近刻注疏本竝作「十有一月」。案：十一月庚子朔，三日得壬寅，不可謂無壬寅也。又襄公六年經文本云：「十有二月，齊侯滅萊。」而近刻《左傳》本前則曰：「十一月，齊侯滅萊，萊恃謀也。」後則曰：「晏弱圍棠，十一月丙辰而滅之。」今考《長曆》十一月丁丑朔，是月無丙辰。十二月丁未朔，十日得丙辰。杜預係此日於十二月下，不言日月有誤。可見今本傳文兩言「十一月」，皆「十二月」之譌也。如此之類，可以校訂舛誤者，不可縷數。《春秋》以《左傳》爲根本，《左傳》以杜解爲門逕，《集解》又以是書爲羽翼。緣是以求筆削之旨，亦可云考古之津梁，窮經之淵藪矣。

張之洞《**書目答問・列朝經注經説經本考證**》《春秋釋例》十五卷。晉杜預。岱南閣校本。聚珍本福本。席氏掃葉山房本。《古經解彙函》本。

文廷式《**補晉書藝文志・春秋類**》杜預《春秋釋例》十五卷。今存。

春秋釋例地名譜

鄭樵《**通志・藝文略・春秋**》《春秋釋例地名譜》一卷。杜預。

古今書春秋名會圖別集疏

文廷式《**補晉書藝文志・春秋類**》杜預《古今書春秋名會圖別集疏》一卷。見《釋例》卷五，蓋即本傳所云《春秋盟會圖》也。

春秋長曆

張之洞《**書目答問・列朝經注經説經本考證**》《長曆》一卷。晉杜預。微波榭校本，掃葉山房本。

文廷式《**補晉書藝文志・春秋類**》杜預《春秋長曆》。見《律曆志》及《春秋左氏傳疏》。案：此即《釋例》之一篇，今姑從本傳録之。

春秋世譜

《**宋史・藝文志・春秋類**》杜預《春秋世譜》七卷。

小公子譜

鄭樵《**通志・藝文略・春秋**》《小公子譜》六卷。杜預。

文廷式《**補晉書藝文志・春秋類**》杜預《春秋公子譜》。據《通志》

卷七十二，鄭樵曾見此書。

春秋土地名

張之洞《書目答問・列朝經注經說經本考證》 《春秋土地名》一卷。晉杜預。岱南閣校本。聚珍本福本。席氏掃葉山房本。《古經解彙函》本。

春秋左氏傳音

陸德明《經典釋文序録・次第》 杜預《音》三卷。

《隋書・經籍志・春秋》 梁有服虔、杜預《音》三卷。亡。

《舊唐書・經籍志・春秋》 《春秋左氏傳音》三卷。杜預注。

《新唐書・藝文志・春秋類》 杜預《音》三卷。

鄭樵《通志・藝文略・春秋》 《左傳音》三卷。杜預。

文廷式《補晉書藝文志・春秋類》 杜預《春秋左氏傳音》三卷。

汲冢師春

鄭樵《通志・藝文略・春秋》 《師春》二卷。

陳振孫《直齋書録解題・春秋類》 《汲冢師春》一卷。晉汲郡魏安釐王冢所得古簡。杜預得其《記年》，知爲魏國史記，以考證《春秋》。別有一卷，純集疏《左氏傳》卜筮事，上下次第及其文義皆與《左傳》同。名曰「師春」，似是鈔集者人名也。今此書首敍周及諸國世系，又論分野、律呂爲圖，又雜録謚法、卦變，與杜預所言純集卜筮者不同，似非當時本書也。

馬端臨《文獻通考・經籍考・春秋》 《汲冢師春》一卷。

《宋史・藝文志・春秋類》 《汲冢師春》一卷。《師春》純集疏《左傳》卜筮事。

春秋左氏傳音

陸德明《經典釋文序録・次第》 嵇康《音》三卷。字叔夜，譙國人，（晉）中散大夫。

《隋書・經籍志・春秋》 《春秋左氏傳音》三卷。魏中散大夫嵇康撰。

鄭樵《通志・藝文略・春秋》 《春秋左傳音》三卷。魏中散大夫嵇康。

姚振宗《三國藝文志・春秋類》 嵇康《春秋左氏傳音》三卷。康始末見《易》類。【略】馬國翰輯本序曰：「嵇氏《音》，《唐志》不著録。佚已久。陸德明《釋文》引五節，《史記索隱》引一節，並據采輯，比于《廣陵散》云。」

春秋左氏傳音

陸德明《經典釋文序録・次第》 魏高貴鄉公《音》三卷。曹髦字士彥，魏廢帝。

《隋書・經籍志・春秋》 梁有魏高貴鄉公《春秋左氏傳音》三卷。

《舊唐書・經籍志・春秋》 《春秋左氏傳音》三卷。高貴鄉公撰。

《新唐書・藝文志・春秋類》 高貴鄉公《左氏音》三卷。

姚振宗《三國藝文志・春秋類》 高貴鄉公《春秋左氏傳音》三卷。《魏志・本紀》：「高貴鄉公，諱髦，字彥士。文帝孫，東海定王霖子也。正始五年，封郯縣高貴鄉公。少好學，夙成。齊王廢，公卿議迎立公。嘉平六年十月庚寅即皇帝位，改元正元。正元三年夏六月丙午，改元甘露。甘露五年夏五月己丑卒。年二十。」裴注引《漢晉春秋》、《晉紀》、《魏氏春秋》、《魏末傳》諸書，略曰：帝見威權日去，不勝其忿，乃自出討司馬昭。賈充逆帝，戰于南闕下，令成濟、成倅抽戈犯蹕，刃出于背，帝倒車下，崩。

春秋左氏傳義注

陸德明《經典釋文序録・次第》 孫毓《注》二十八卷。

《隋書・經籍志・春秋》 《春秋左氏傳義注》十八卷。孫毓注。

《舊唐書・經籍志・春秋類》 《春秋左氏傳義注》三十卷。孫毓注。

《新唐書・藝文志・春秋類》 孫毓《左氏傳義注》三十卷。

鄭樵《通志・藝文略・春秋》 《春秋左氏傳義注》十八卷。孫毓。

文廷式《補晉書藝文志・春秋類》 孫毓《春秋左氏傳義注》十八卷。《釋文序録》作二十八卷。《隋志》蓋脱「二」字。杜預《春秋左氏經傳集解》三十卷。今存。《後魏書・賈思伯傳》：「國子博士遼西衛冀隆爲服氏之學，上書難《杜氏春秋》六十三事。」此與劉氏《規杜》惜皆不傳。預書崇惡黨篡，得罪名教，《釋例》所説抑又甚焉。近世焦里堂摭其《集解》謬言，顯加排斥，余引申其義以考《釋例》，實典午之姦黨，非丘明之素臣也，承學之士其鑒之哉。

春秋左氏傳賈服異同略

《隋書・經籍志・春秋》 《春秋左氏傳賈服異同略》五卷。孫毓撰。

《舊唐書・經籍志・春秋》 《春秋左氏傳賈服異同略》五卷。孫毓撰。

《新唐書・藝文志・春秋類》 孫毓《賈服異同略》五卷。

鄭樵《通志・藝文略・春秋》 《春秋傳賈服異同略》五卷。孫毓。

文廷式《補晉書藝文志・春秋類》 孫毓《春秋左氏傳賈服異同略》五卷。馬國翰曰：「毓二書皆佚。今輯録八節，大旨申賈而駁服。蓋服注受于鄭康成，而王肅説多主賈逵、孫朋，于王猶評詩之見也。」《昭二十六年傳》「規求無過」，《正義》曰：「俗本作規服。王孫皆注云『貪也』。」哀十年《正義》：「孫毓以爲季子食邑於州來，世稱延州來季子，猶趙氏。世稱知伯。」《昭十七年傳》「火出而章，必火入而伏」，《正義》：「服虔注重火别句，孫毓云『賈氏舊文無重火字』。」《二十一年傳》「而不能送亡，君請侍之」，《正義》曰：「服虔以君上屬，孫毓以君下屬。」

春秋左氏函傳義

《隋書・經籍志・春秋》 《春秋左氏函傳義》十五卷。干寶撰。

《舊唐書・經籍志・春秋》 《春秋義函傳》十六卷。干寶撰。

《新唐書・藝文志・春秋類》 干寶《春秋義函傳》十六卷。

鄭樵《通志・藝文略・春秋》 《春秋義函傳》十六卷。干寶。《隋志》作《春秋左氏函傳》十五卷。

文廷式《補晉書藝文志・春秋類》 干寶《春秋左氏函傳義》十五卷。《舊唐志》作《春秋左氏義函傳》十六卷。馬國翰輯此書得三節。隱十有一年《正義》。

春秋左氏傳條例

《隋書・經籍志・春秋》 《春秋左氏傳條例》二十五卷。

鄭樵《通志・藝文略・春秋》 《左氏傳條例》二十五卷。

春秋義例

《隋書・經籍志・春秋》 《春秋義例》十卷。

鄭樵《通志・藝文略・春秋》 《春秋義例》十卷。

春秋全綜

文廷式《補晉書藝文志・春秋類》 劉兆《春秋全綜》。本傳云：「爲

「《春秋左氏解》，名曰《全綜》。」

春秋左氏傳音

陸德明《經典釋文序録·次第》 荀訥《音》四卷。字世言，新蔡人，東晉尚書左民郎。

《隋書·經籍志·春秋》 尚書左人郎荀訥等《音》四卷。亡。

《舊唐書·經籍志·春秋》 《春秋左氏音》四卷。曹耽、荀訥撰。

《新唐書·藝文志·春秋類》 曹耽、荀訥《音》四卷。

文廷式《補晉書藝文志·春秋類》 荀訥等《春秋左氏傳音》四卷。尚書左民郎，字世言，新蔡人。

春秋左氏傳音

陸德明《經典釋文序録·次第》 徐邈《音》三卷。

《隋書·經籍志·春秋》 《春秋左氏傳音》三卷。徐邈撰。

《舊唐書·經籍志·春秋》 《春秋左氏傳音》三卷。孫邈撰。

《新唐書·藝文志·春秋類》 孫邈《音》三卷。

鄭樵《通志·藝文略·春秋》 《左傳音》三卷。徐邈。

文廷式《補晉書藝文志·春秋類》 徐邈《春秋左氏傳音》三卷。馬國翰曰：「《隋志》三卷，《唐志》一卷。今從《釋文》、《集韻》輯爲一卷。《釋文》所引宣、成、襄、昭四公較多，隱、莊、僖、文、定五公間引一二，桓、閔、哀三公全佚。則唐時已非完本矣。」案：《左氏傳序》正義云：「徐邈以晉世言五經音訓，爲此序作音。」《昭二十年》「齊侯疥」，《正義》曰：徐仙民《音》作「疥」。

春秋左氏經例

《隋書·經籍志·春秋》 《春秋經例》十二卷。晉方範撰。

《舊唐書·經籍志·春秋》 《春秋左氏經例》十卷。方範撰。

《新唐書·藝文志·春秋類》 方範《經例》六卷。

鄭樵《通志·藝文略·春秋》 《春秋經例》十一卷。晉方範。

文廷式《補晉書藝文志·春秋類》 方範《春秋左氏經例》十二卷。

春秋左氏傳音

《隋書·經籍志·春秋》 曹躭《音》。

《舊唐書·經籍志·春秋》 《春秋左氏音》四卷。曹躭、荀訥撰。

《新唐書·藝文志·春秋類》 曹躭、荀訥《音》四卷。

文廷式《補晉書藝文志·春秋類》 曹躭《春秋左氏傳音》四卷。

春秋左氏傳音

陸德明《經典釋文序録·次第》 李軌《音》三卷。

《隋書·經籍志·春秋》 《春秋左氏傳音》三卷。李軌撰。

《舊唐書·經籍志·春秋》 《春秋左氏傳音》三卷。李弘範撰。

《新唐書·藝文志·春秋類》 李軌《音》三卷。

鄭樵《通志·藝文略·春秋》 《左傳音》三卷。李軌。

文廷式《補晉書藝文志·春秋類》 李軌《春秋左氏傳音》三卷。

左氏釋

張鵬一《隋書經籍志補・春秋》　《左氏釋》。高允。

春秋左氏經傳通解

《隋書・經籍志・春秋》　《春秋左氏經傳通解》四卷。王述之撰。

鄭樵《通志・藝文略・春秋》　《春秋左氏經傳解》四卷。王述之。

文廷式《補晉書藝文志・春秋類》　王述之《春秋左氏經傳通解》四卷。

春秋左氏區別

《隋書・經籍志・春秋》　《春秋左氏區別》三十卷。宋尚書功論郎何始眞撰。

《舊唐書・經籍志・春秋》　《春秋左氏區分》十二卷。何始眞撰。

《新唐書・藝文志・春秋類》　何始眞《春秋左氏區別》十二卷。

鄭樵《通志・藝文略・春秋》　《春秋左氏區別》三十卷。宋尚書郎何始眞。

春秋釋例引序

《隋書・經籍志・春秋》　梁有《春秋釋例引序》一卷。齊正員郎杜乾光撰。亡。

駁杜氏春秋難

張鵬一《隋書經籍志補・春秋》　《駁杜氏春秋難》十卷，賈思同。本傳云：「國子博士遼西衛冀隆爲服氏之學，上書難《杜氏春秋》六十三事。思同復駁冀隆乖錯者十一條。互相是非，積成十卷。詔下國學集諸儒考之，事未竟而思同卒。」

春秋左氏圖

鄭樵《通志・藝文略・春秋》　《春秋左氏圖》十卷。梁簡文帝。

春秋左傳例苑

《隋書・經籍志・春秋》　《春秋左傳例苑》十九卷。

《舊唐書・經籍志・春秋》　《春秋左氏傳例苑》十八卷。梁簡文帝撰。

《新唐書・藝文志・春秋類》　梁簡文帝《左氏傳例苑》十八卷。

鄭樵《通志・藝文略・春秋》　《春秋左傳例苑》十八卷。梁簡文帝。

春秋經傳説例疑隱

《隋書・經籍志・春秋》　梁有《春秋經傳説例疑隱》一卷。吴略撰。亡。

春秋左氏經傳義略

陸德明《經典釋文序録・次第》 梁東宫學士沈文何撰《春秋義疏》，闕下帙，陳東宫學士王元規續成之。

《隋書・經籍志・春秋》 《春秋左氏經傳義略》二十五卷。陳國子博士沈文阿撰。

《舊唐書・經籍志・春秋》 《春秋義略》二十七卷。沈文阿撰。

《新唐書・藝文志・春秋類》 沈文阿《義略》二十七卷。

鄭樵《通志・藝文略・春秋》 《春秋左氏經傳義略》二十五卷。陳國子博士沈文阿。《唐志》二十七卷。

續春秋左氏經傳義略

陸德明《經典釋文序録・次第》 梁東宫學士沈文阿撰。《春秋義疏》，闕下帙，陳東宫學士王元規續成之。

《隋書・經籍志・春秋》 王元規續沈文阿《春秋左氏傳義略》十卷。

鄭樵《通志・藝文略・春秋》 王元規續沈文阿《春秋左氏傳義略》十卷。

春秋左氏傳音

《隋書・經籍志・春秋》 王元規又撰《春秋音》。

《舊唐書・經籍志・春秋》 《春秋左氏傳音》三卷。王元規撰。

《新唐書・藝文志・春秋類》 王元規《音》三卷。

鄭樵《通志・藝文略・春秋》 《左傳音》三卷。王元規。

春秋左氏傳音

《舊唐書・經籍志・春秋》 《春秋左氏傳音》十二卷。

《新唐書・藝文志・春秋類》 《左氏音》十二卷。

鄭樵《通志・藝文略・春秋》 《左傳音》十二卷。見《唐志》。

左傳服注釋謬

張鵬一《隋書經籍志補・春秋》 《左傳服注釋謬》。北齊上黨李崇祖。《北史》本傳：「姚文安難服虔《左傳解》七十七條，名曰《駮妄》，崇祖申明服氏名曰《釋謬》。」 皮錫瑞《春秋通論》曰：「南北分立時代，江南《左傳》則杜元凱，河洛則服子慎，當時有『寧道孔、孟誤，諱言鄭、服非』之語，則服注盛行可知。據《世説新語》云：『鄭君作《左氏傳注》未成，以與子慎』，則鄭、服之學，本是一家。北方諸儒徐遵明傳服注，傳其業者有張買奴、馬敬德、邢峙諸人，衛冀隆申服難杜，劉炫作《春秋述義》，攻昧規過，以規杜氏，惟姚文安排斥服注。南方則崔靈恩申服難杜，虞僧誕又申杜難服，以答靈恩，秦道靜亦申杜以答衛冀隆。杜預玄孫坦與弟驥爲青州刺史，故齊地多習杜義，蓋服、杜之爭二百餘年，至唐始專宗杜。杜作《集解》，別異先儒，自成一家之學，唐作《正義》，掃棄異説。如駮劉炫以申杜，又專用杜氏一家之學，自是之後，治《春秋》者既非孔子之學，亦非左氏之學，又非賈、服諸儒之學，止是杜預一家。」

春秋左氏傳立義

《隋書・經籍志・春秋》 《春秋左氏傳立義》十卷。崔靈恩撰。

《舊唐書・經籍志・春秋》 《春秋立義》十卷。崔靈恩撰。

《新唐書・藝文志・春秋類》 崔靈恩《立義》十卷。

鄭樵《通志・藝文略・春秋》 《春秋左氏傳立義》十卷。崔靈恩。

春秋左傳杜預序集解

《隋書・經籍志・春秋》 《春秋左傳杜預序集解》一卷。劉炫注。

鄭樵《通志・藝文略・春秋》 《春秋左傳杜預序集解》一卷。劉炫注。

春秋左氏傳述義

《隋書・經籍志・春秋》 《春秋左氏傳述義》四十卷。東京太學博士劉炫撰。

錢東垣等輯《崇文總目・春秋類》 《春秋述議》一卷。［原釋］隋在京太學博士劉炫撰。本四十篇。唐孔穎達《正義》蓋據以爲説而增損之。今三十九篇。亡。見《文獻通考》

《新唐書・藝文志・春秋類》 《述議》三十七卷。

鄭樵《通志・藝文略・春秋》 《春秋左氏傳述義》四十卷。東京太學博士劉炫。

馬端臨《文獻通考・經籍考・春秋》 《春秋述議傳》。《崇文總目》：隋東京太學博士劉炫撰。本四十篇，唐孔穎達《正義》蓋據以爲説而增損之。今三十九篇。亡。

《宋史・藝文志・春秋類》 劉炫《春秋述議略》一卷。

春秋規過

《舊唐書・經籍志・春秋》 《春秋規過》三卷。劉炫撰。

《新唐書・藝文志・春秋類》 劉炫《規過》三卷。

鄭樵《通志・藝文略・春秋》 《規過》三卷。劉炫。

張鵬一《隋書經籍志補・春秋》 《春秋規過》三卷。同上。玉函山房輯佚。云炫既作《春秋左氏傳述義》，又摘杜義中之失以正之，自居乎杜氏之諍友，故書名《規過》。《北史》炫本傳及《隋志》並無此書之目。《唐志》有三卷。考《北史》《述議》，《隋志》作《述義》並四十卷。《唐志》《述議》三十七卷，《規過》三卷。知《北史》、《隋志》皆以《規過》附於四十卷內，唐始分著之也，今佚。孔氏《正義序》謂規杜氏之失，凡一百五十餘條，而《正義》所引乃有一百七十餘條，或有一條內連及數事，《正義》分載各經傳注下者。然其佚説固散見《正義》中矣，輯爲二卷。夫劉好非毁索垢求瘢，固不免煩碎錯亂之處，亦有顯爲杜失而孔疏，必委曲護之，左杜右劉，前人固有定論已。

左氏傳刊例

張鵬一《隋書經籍志補・春秋》 《左氏傳刊例》十卷。北齊河間張思伯。《北史》本傳云：「善説《左氏傳》，爲馬敬德之次撰《刊例》十卷，行於世。」

春秋左氏義略

《隋書・經籍志・春秋》 《春秋義略》三十卷。陳右軍將軍張沖撰。

《舊唐書・經籍志・春秋》 《春秋左氏義略》三十卷。張沖撰。

《新唐書・藝文志・春秋類》 張沖《春秋左氏義略》三十卷。

鄭樵《通志・藝文略・春秋》 《春秋義略》三十卷。陳右軍將軍張沖。

張鵬一《隋書經籍志補・春秋》 《春秋義略》。張沖。本傳云異於《杜氏》七十餘事。

春秋左氏義略

《隋書・經籍志・春秋》 《春秋左氏義略》八卷。

鄭樵《通志・藝文略・春秋》 《春秋左氏義略》八卷。

春秋五十凡義疏

《隋書・經籍志・春秋》 《春秋五十凡義疏》二卷。

春秋左氏鈔

《舊唐書・經籍志・春秋》 《春秋左氏抄》十卷。

《新唐書・藝文志・春秋類》 《左氏鈔》十卷。

鄭樵《通志・藝文略・春秋》 《左氏鈔》十卷。

春秋左傳釋文

楊士奇等《文淵閣書目・春秋》 《春秋左傳釋文》。一部，六冊。完全。

張萱等《内閣藏書目録・經部》 《春秋左傳釋文》六冊。全。唐陸德明撰。皆音切字義。

錢謙益等《絳雲樓書目・春秋類》 《左傳釋文》三冊。

于敏中等《天禄琳琅書目・宋版經部》 《春秋左氏音義》。二函，八冊。唐陸德明著。五卷。後附宋聞人模《經傳識異》。按：此即德明《經典釋文》之一《左氏釋文》。原六卷，今合卷五、六爲一。宋嘉定時興國學刊本。興國軍隸江南西路，亦江西諸郡書版也。卷末結銜五人，爲知軍、通判、教授、判官。又有教授聞人模跋，載本學補刊《春秋》，更新五經之由。蓋當時刻《春秋》而附以陸氏《音義》，今獨存《音義》耳。按德明《釋文》本分五經、三《傳》，并及《孝經》、《論語》、《爾雅》、《老》、《莊》，各自成編，無嫌單行也。琴川毛氏、崑山徐氏兩家藏本，有印記。

左傳義疏

《新唐書・藝文志・春秋類》 徐文遠《左傳義疏》六十卷。

鄭樵《通志・藝文略・春秋》 《左氏義疏》六十卷。徐文遠。

左傳音

《新唐書・藝文志・春秋類》 徐文遠《左傳音》三卷。

鄭樵《通志・藝文略・春秋》 《左傳音》三卷。徐文遠。

春秋左氏傳敘

錢東垣等輯《崇文總目・春秋類》 《春秋左氏傳敘》一卷。[原釋] 陰洪道注。闕。見天一閣鈔本。

《新唐書・藝文志・春秋類》 陰弘道《春秋左氏傳序》一卷。

《宋史・藝文志・春秋類》 陰洪道注《春秋敍》一卷。

春秋正義

《舊唐書・經籍志・春秋》 《春秋正義》三十七卷。孔穎達撰。

錢東垣等輯《崇文總目・春秋類》 《春秋正義》三十六卷。[原釋]

唐國子祭酒孔穎達撰。按：漢張蒼、賈誼、尹咸、鄭衆、賈逵皆爲詁訓，然參用《公》、《穀》二家。至晉杜預專治《左氏》。其後有沈文阿、蘇寬、劉炫皆據杜説。貞觀中，穎達據劉學而損益之。

《新唐書・藝文志・春秋類》　《春秋正義》三十六卷。孔穎達、楊士勛、朱長才奉詔撰。馬嘉運、王德韶、蘇德融與隋德素覆審。

鄭樵《**通志・藝文略・春秋**》　《春秋正義》三十六卷。孔穎達。

晁公武《**郡齋讀書志・春秋類**》　《春秋正義》三十六卷。右唐孔穎達撰。自杜預專治《左氏》學，其後沈文阿、蘇寬、劉炫皆有義疏，而炫性矜伐，雅好非毁，規杜氏之失一百五十餘事，義特淺近，然比諸家猶有可觀，今書據以爲本，而以沈氏補其闕焉。

尤袤《**遂初堂書目・春秋類**》　《左氏正義》。

陳振孫《**直齋書録解題・春秋類**》　《春秋左氏傳正義》三十六卷。唐孔穎達等撰。自晉、宋傳杜學爲義疏者，有沈文阿、蘇寬、劉炫。沈氏義例麤可，經傳極疏；蘇氏不體本文，惟攻賈、服；劉炫好規杜失，比諸義疏猶有可觀。今據以爲本，其有疏漏，以沈氏補焉。

馬端臨《**文獻通考・經籍考・春秋**》　《春秋正義》三十六卷。

胡師安等《**元西湖書院重整書目**》　《春秋左傳疏》。

《**宋史・藝文志・春秋類**》　孔穎達《春秋左氏傳正義》三十六卷。

楊士奇等《**文淵閣書目・春秋**》　《春秋左傳注疏》。一部，二十七册。殘缺。　《春秋左傳注疏》。一部，三十五册。殘缺。　《春秋左傳注疏》。一部，三十册，完全。　《春秋左傳注疏》。一部，三十册。完全。塾本補入。　《春秋左傳正義》。一部，二十一册。殘缺。　《春秋正義》。一部，二十一册。完全。　《春秋左傳注疏》。一部，三十五册。完全。　《春秋左傳注疏》。一部，三十册。完全。

高儒《**百川書志・春秋**》　《春秋左氏註疏》六十卷。杜氏註。唐孔穎達等奉敕撰。國子博士陸德明《釋文》。

徐𤊹《**徐氏家藏書目・春秋類**》　《春秋左傳注疏》六十卷。漢杜預注。唐孔穎達疏。

張萱等《**内閣藏書目録・經部**》　又《春秋正義》二十册。全。孔穎達著。　《春秋注疏》三十四册。全。　唐孔穎達《左傳正義》凡三十六卷。婺州刻板。　又《春秋左傳注疏》十五册。全。　《春秋正義》二十八册。不全。孔穎達注疏。　又《春秋正義》六册。不全。

錢謙益等《**絳雲樓書目・春秋類**》　《左傳註疏》。《春秋正義》三十六卷。

于敏中等《**天禄琳琅書目・元版經部**》　《附釋音春秋左傳註疏》。六函，六十册。晉杜預註，唐孔穎達疏，陸德明音義。共六十卷。前穎達《春秋正義序》。《崇文總目》：「《春秋正義》，唐國子祭酒孔穎達撰。」此書名曰《附釋音春秋左傳註疏》，蓋仿宋版監本《附音春秋公》、《穀》二書之例。然元時監本已不逮於宋，而此乃屬坊刻，宜其又遜一籌矣。闕補卷五十七、二十三。卷五十八、十八之二十七。卷六十。二十八二十九。

《**四庫提要・春秋類一**》　《春秋左傳正義》六十卷。内府藏本。周左丘明傳，晉杜預注，唐孔穎達疏。自劉向、劉歆、桓譚、班固，皆以《春秋傳》出左丘明，左丘明受《經》於孔子，魏、晉以來儒者，更無異議。至唐趙匡始謂左氏非丘明，蓋欲攻傳之不合經，必先攻作傳之人非受經於孔子，與王柏欲攻《毛詩》，先攻《毛詩》不傳於子夏，其智一也。宋、元諸儒、相繼竝起，王安石有《春秋解》一卷，證左氏非丘明者十一事。陳振孫《書録解題》謂出依託，今未見其書，不知十一事者何據。其餘辨論，惟朱子謂「虞不臘矣」爲秦人之語，葉夢得謂紀事終於智伯，當爲六國時人似爲近理。然考《史記・秦本紀》，稱惠文君十二年始臘，張守節《正義》稱秦惠文王始效中國爲之，明古有臘祭，秦至是始用，非至是始創。閻若璩《古文尚書疏證》亦駁此説曰：「史稱秦文公始有史以記事，秦宣公初志閏月，豈亦中國所無，待秦獨創哉？」則臘爲秦禮之説，未可據也。《左傳》載預斷禍福，無不徵驗，蓋不免從後傳合之。惟《哀公九年》稱趙氏其世有亂，後竟不然，是未見後事之證也。《經》止獲麟，而弟子續至孔子卒。《傳》載智伯之亡，殆亦後人所續。《史記・司馬相如傳》中有揚雄之語，不能執是一事指司馬遷爲後漢人也，則載及智伯之説，不足疑也。今仍定爲左丘明作，以祛衆惑。至其作傳之由，則劉知幾「躬爲國史」之言最爲確論。疏稱「大事書於策者，經之所書；小事書於簡者，傳之所載」，觀晉史之書趙盾，齊史之書崔杼及甯殖，所謂載在諸侯之籍者，其文體皆與經合。墨子稱《周春秋》載杜伯，燕春秋載莊子儀，《宋春秋》載祐觀辜，《齊春秋》載王里國中里，覈其文體，皆與傳合。經、傳同因國史而修，斯爲顯證。知説經去傳，爲舍近而求諸遠矣。《漢志》載《春秋》古經十二篇、經十一卷。注曰「公羊、穀梁二家」。則左氏經文不著於録。然杜預《集解序》稱分經之年與傳之年相附比其義類，各隨而解之。陸德明《經典釋文》曰舊夫子之經與丘明之傳各異，杜氏合而釋之，則《左傳》又自有經。考《漢志》之文，既曰「古經十二篇」矣，不應復云「經十一卷」。觀《公》、《穀》二傳皆十一卷，與經十一卷相配，知十一卷爲二傳之經，故有是注。徐彦《公羊傳疏》曰：「《左氏》先著竹帛，故漢儒謂之古學。」則所謂「古經十二篇」，即《左傳》之經，故謂之古。刻《漢書》者誤連二條爲一耳。今以《左傳》經文與二《傳》校勘，皆《左氏》義長，知手録之本確於口授之本也。言《左傳》者，孔奇、孔嘉之説久佚不傳，賈逵、服虔之説亦僅偶見他書。今世所傳，惟杜注、孔疏爲最古。杜注多強經以就傳，孔疏亦多左杜而右劉。案劉炫作《規過》以攻杜解，凡所駁正，孔疏皆以爲非。是皆篤信專門之過，不能不謂之一失。然有注疏，而後《左氏》之義明，《左氏》之義明，而後二百四十二年內，善惡之跡，一一有徵。後儒妄作聰明，以私臆談褒貶者，猶得據傳文以知其謬。則漢、晉以來藉《左氏》以知經義，宋、元以後更藉《左氏》以杜臆説矣。傳與注疏均謂有大功於《春秋》，可也！

孫星衍《平津館鑒藏書籍記・宋版》 《附釋音春秋左傳注疏》六十卷。題孔穎達等，陸德明銜名。與《禮記注疏》本同，唯「孔穎達等」字下有「奉敕」二字。前有孔穎達《春秋正義序》。此與《禮記注疏》皆南宋閩中刊本。每葉廿行，行十七字，小字行廿三字。有明正德、嘉靖年間補刻葉。

張金吾《愛日精廬藏書志・春秋類》 《春秋左傳正義》三十六卷。臨金壇段氏校宋慶元本。唐國子祭酒上護軍曲阜縣開國子臣孔穎達等奉敕撰。序，後序。中賓「中」字，宋本甚模糊，或是「作」字，姑以意定。叨蒙異恩，分閫浙左，仰體聖天子崇尚經學之意，惟恐弗稱。訪諸僚吏，則聞給事中汪公之爲帥也，嘗取國子監《春秋經傳集解正義》，參以閩、蜀諸本，俾其屬及里居之彥，相與校讎，毋敢不恪；又自取而觀之，小有訛謬，無不訂正。以故此書純全，獨冠他本，不憚廣費鳩工，集事方殷而遽去。今檢正俞公以提點刊獄兼攝府事，亦嘗加意是書，未畢而又去。中賓竊惟《春秋》一經，褒善貶惡，正名定分，萬世之權衡也。筆削淵奥，雖未易測知，然而《左氏傳》、杜氏《集解》、孔氏《義疏》，發揮聖經，功亦不細。萃爲一書，則得失盛衰之迹，與夫諸儒之説，是非異同，昭然具見。比前人雅志，繼其後者庸可已乎？遂卒成之。諸經正義既刊於倉臺，而此書復刊於郡治，合五爲六，炳乎相輝，有補後學，有裨教化，遂爲東州盛事。昔熙、豐大臣疑是經非聖哲之書，不列於學官，識者痛之。中興以來，抑邪詖，尊聖經，乃復大顯，以至於今。世道所關，不可以無述也。於是乎書。慶元庚申二月既望，吳興沈中賓謹題。　杜氏後序幷淳化元年勘校官姓名及慶元庚申吳興沈中賓重刻題跋一篇，依宋本抄補於後。戊子三月，借得朱君文游滋蘭堂藏本及石經，詳細手校。凡宋本有疑誤者，悉書於本字之旁，經傳文兼從石經增正一二。七月三十日校畢，冶泉樹華記。　南宋翻刻北宋本。無陸氏《音義》，復以《釋文》，幷借得金梧亭、惠松崖兩先生從南宋本手校者，互勘一過。八月廿五日。　此宋淳化庚寅官本，慶元庚申摹刻者也。凡宋本佳處，此本盡有，凡今日所存宋本，未有能善於此者也。爲滋蘭堂朱丈文游物，陳君芳林於乾隆戊子借校一部。陳君既沒，嘉慶壬戌予借諸令嗣，命長孫美中細意臨校，次子騭倅而終之。吾父有《左傳》之癖，此本當同吾父手寫本，子孫永遠寶愛。文游名奐，藏書最精，今皆散。《左傳》今在歙金修撰輔之家。芳林著《春秋內外傳考證》、《宋庠補音考證》，東原師甚重之。癸亥五月段玉裁記。

吳壽暘《拜經樓藏書題跋記・群經小學》 《春秋左傳注疏》。右六十卷。前題「附釋音春秋左傳注疏」，每葉二十行，每行大字十五，小字二十三。傳與經皆平格，經文一年下皆接書，但冠以圈，不提行。注與釋文不混。如《桓三年傳》「齊侯送姜氏」下，云「齊侯送姜氏」，本或作「送姜氏于讙，公子則下卿送，公子、公女」。但作小字，以圈隔之，與宋本同。蓋作《釋文》不作注也。汲古閣本則作注矣。先君子嘗以宋本校汲古本，云：「按此正陸氏《釋文》，毛氏誤刻作注，及其專刻《左傳》杜注，則又幷《釋文》而脱之，皆誤。」《襄十一年傳》「無所不諧」，注「九合諸侯」下云云，亦《釋文》，加圈以別之。毛氏本則直作註矣。其它《釋文》及註爲汲古閣本所脱誤者尚多。若經文「佹諸」、傳文「費夸父曰吉遇公用享于天子之卦也」、「趙孟曰天乎」之類，皆與宋本同。前有蒙叟圖記，蓋曾入絳雲樓者。

春秋左氏傳

《新唐書·藝文志·春秋類》 王玄度注《春秋左氏傳》。卷亡。

鄭樵《通志·藝文略·春秋》 王玄度注《左傳》。卷亡。

左氏釋疑

《新唐書·藝文志·春秋類》 裴安時《左氏釋疑》七卷。字適之，大中江陵少尹。

鄭樵《通志·藝文略·春秋》 《左氏釋疑》七卷。

左氏傳

《新唐書·藝文志·春秋類》 許康佐等集《左氏傳》三十卷。一作文宗御集。

春秋纂要

《新唐書·藝文志·春秋類》 高重《春秋纂要》四十卷。字文明，士廉五代孫，文宗時翰林侍講學士。帝好《左氏春秋》，命重分諸國各爲書，别名《經傳要略》。歷國子祭酒。

鄭樵《通志·藝文略·春秋》 《春秋纂要》四十卷。高重。

左傳事類

《新唐書·藝文志·春秋類》 第五泰《左傳事類》二十卷。字伯通，青州益都人，咸通鄂州文學。

左氏傳引帖斷義

錢東垣等輯《崇文總目·春秋類》 《左氏傳引帖斷義》十卷。［原釋］僞蜀進士蹇遵品撰。擬唐禮部試進士帖經舊式，敷經具對。見《文獻通考》。闕。

鄭樵《通志·藝文略·春秋》 《左傳引帖斷義》七卷。僞蜀蹇遵品。

馬端臨《文獻通考·經籍考·春秋》 《左氏傳引帖新義》。《崇文總目》：僞蜀進士蹇遵品撰。擬唐禮部試進士帖經舊式，覈經具對。

《宋史·藝文志·春秋類》 蹇遵品《左傳引帖斷義》十卷。

演左傳謚族圖

錢東垣等輯《崇文總目·春秋類》 《演左傳謚族圖》五卷。［原釋］不著撰人名氏。以左氏學《世譜》增廣之，貫穿系敘，差無遺略。見《文獻通考》。

鄭樵《通志·藝文略·春秋》 《演左傳謚族圖》五卷。

馬端臨《文獻通考·經籍考·春秋》 《演左氏傳謚族圖》。

《宋史·藝文志·春秋類》 《春秋謚族圖》五卷。

春秋左氏傳口音

《宋史・藝文志・春秋類》 韓台《春秋左氏傳口音》三卷。

春秋纂類

《宋史・藝文志・春秋類》 葉清臣《春秋纂類》十卷。

左傳節文

《四庫提要・春秋類存目一》 《左傳節文》十五卷。兵部侍郎紀昀家藏本。舊本題宋歐陽修編。明萬曆中刊版也。取《左傳》之文略爲刪削。每篇之首，分標敘事、議論、詞令諸目，又標神品、能品、眞品、具品、妙品諸名，及章法、句法、字法諸字。前有慶曆五年修自序，序中稱胡安國《春秋傳》及眞德秀《文章正宗》，是不足與辨矣。

左氏解

陳振孫《直齋書録解題・春秋類》 《左氏解》一卷。專辨左氏爲六國時人，其明驗十有一事。題王安石撰，實非也。

馬端臨《文獻通考・經籍考・春秋》 《左氏解》一卷。

《宋史・藝文志・春秋類》 王安石《左氏解》一卷。

左氏春秋年表

尤袤《遂初堂書目・春秋類》 《春秋年表》。

《宋史・藝文志・春秋類》 楊彥齡《左氏春秋年表》二卷。

《四庫提要・春秋類一》 《春秋年表》一卷。浙江鮑士恭家藏本。不著撰人名氏。陳振孫《書録解題》云：「《春秋二十國年表》一卷，不知何人作。自周而下，次以魯、蔡、曹、衛、滕、晉、鄭、齊、秦、楚、宋、杞、陳、吳、越、邾、莒、薛、小邾。」《館閣書目》有《年表》二卷，元豐中楊彥齡撰。自周之外，凡十三國。又《董氏藏書志》有《年表》，無撰人。自周至吳、越，凡十國。征伐、朝覲、會同皆書。今此表正二十國，與《書録解題》所載同，蓋即陳振孫所見也。其書在宋本自單行，岳珂雕印九經，乃以附《春秋》之後。珂記云：「《春秋年表》，今諸本或闕號名，或紊年月，參之經傳，多有舛錯。今皆爲刊正。諸國君卒與立皆書，惟魯闕，今依經傳添補。廖本無《年表》、《歸一圖》。今既刊《公》、《穀》，幷補二書以附經傳之後。」是此書經珂刊補，與馮繼先之《名號歸一圖》同刻者。《通志堂經解》不考岳珂之語，乃與《名號歸一圖》連爲一書，亦以爲馮繼先所撰，誤之甚矣。

左氏蒙求

《宋史・藝文志・春秋類》 楊彥齡《左氏蒙求》二卷。

春秋邦典

陳振孫《直齋書録解題・春秋類》 《春秋邦典》二卷。唐既濟潛亨撰。案：原本脫「濟」字，今據《宋史・藝文志》增入。質肅之姪，自號眞淡翁，與其子愨問答而爲此書。鄒道卿爲之序。

馬端臨《文獻通考・經籍考・春秋》 《左氏邦典》二卷。

《宋史・藝文志・春秋類》 唐旣濟《春秋邦典》二卷。

左氏鼓吹

鄭樵《通志・藝文略・春秋》 《左氏鼓吹》一卷。吴元緒。

陳振孫《直齋書録解題・春秋類》 《左氏鼓吹》一卷。彭門吴元緒撰。

馬端臨《文獻通考・經籍考・春秋》 《左氏鼓吹》一卷。

《宋史・藝文志・春秋類》 吴元緒《左氏鼓吹》一卷。

左氏紀傳

馬端臨《文獻通考・經籍考・春秋》 《左氏紀傳》五十卷。巽岩李氏曰：不著撰人名氏。取丘明所著二書，用司馬遷《史記》法，君臣各爲紀傳。凡欲觀某國之治亂，某人之臧否，其行事本末畢陳於前，不復錯見旁出，可省繙閲之勤。或事同而辭異者，皆兩存之。又因以得文章繁簡之度，雖編削附離，尚多不滿人意，然亦可謂有其志矣。獨所序世族譜繫，旣與釋例不同，又非史遷所記，質諸《世本》亦不合也，疑撰者別據他書，今姑仍其舊，以俟考求。又題後在陵陽觀沈存中自誌，乃知此書存中所著。存中喜述作，而此書終不滿人意，史法信未易云。

王圻《續文獻通考・經籍考・春秋》 《左氏紀傳》，沈括著。括，湖州人。嘉祐中進士，累官龍圖閣學士，後以光祿少卿分司潤州，卒。

春秋經傳集解

于敏中等《天禄琳琅書目・宋版經部》 《監本纂圖春秋經傳集解》。四函，二十八册。宋蘇軾《春秋列國圖》，經傳全録晉杜預《集解》，附唐陸德明《音義》，復加重言、重意、似句、互註諸例，共三十卷。前、後，預自序。是書與監本《纂圖重言重意互註點校毛詩》體例相同，字形槧式亦俱脗合。意唐宋人帖括之書，羣經皆備，合之《纂圖互註周禮》，知爲當時所並行。《吴江縣志》載，張基字德載，於書無所不窺，尤邃於經術，著述甚富。崇禎時，贈翰林院待詔。此即其藏本。其「謹止齋」、「潯陽山人」、「青芝山房」三印無考。

吴壽暘《拜經樓藏書題跋記・群經小學》 《春秋諸侯廢興》、《春秋總例》、《春秋始終》。右三種，先君子從《春秋經傳集解》中録出。書後云：「偶借得宋槧《春秋經傳集解》，乃淳熙丙申閩山阮仲猷種德堂刊本。後附《春秋諸國地理圖》及《列代世次》、《春秋名號歸一圖》、《諸侯廢興》、《春秋總例》、《春秋始終》、《左氏公羊穀梁三家傳授次序》。余爲摘録三種，餘皆《通志堂經解》中所有者，不具録。甲辰三月二十二日，燈下記。

春秋左氏後傳　補遺

晁公武《郡齋讀書附志・春秋類》 《春秋左氏後傳》十二卷。

陳振孫《直齋書録解題・春秋類》 《春秋後傳》二十卷，《補遺》一卷。陸佃撰。《補遺》者，其子宰所作也。宰字元鈞，游之父。

馬端臨《文獻通考・經籍考・春秋》 《春秋後傳》、《補遺》共二十一卷。

《宋史・藝文志・春秋類》 陸佃《春秋後傳》二十卷。又《補遺》一卷。

春秋左氏傳鑑

鄭樵《**通志・藝文略・春秋**》 《春秋左氏傳鑑》三卷。

左氏指元

鄭樵《**通志・藝文略・春秋**》 《左氏指元》十卷。楊希範。

左氏春秋傳雜論

《**宋史・藝文志・春秋類**》 晁補之《左氏春秋傳雜論》一卷。

春秋左氏講義

《**宋史・藝文志・春秋類**》 范沖《春秋左氏講義》四卷。

左傳類編

陳振孫《**直齋書録解題・春秋類**》 《左傳類編》六卷。呂祖謙撰。分類内外傳事實、制度、論議凡十九門，首有綱領數則，兼采他書。

馬端臨《**文獻通考・經籍考・春秋**》 《左傳類編》六卷。

《**宋史・藝文志・春秋類**》 呂祖謙《左傳類編》六卷。

楊士奇等《**文淵閣書目・春秋**》 《春秋左傳類編》。一部，六冊。完全。

《春秋左傳類編》。一部，四冊。完全。 《春秋左傳類編》。一部，六冊。闕。

張萱等《**内閣藏書目録・經部**》 《左氏類篇》四冊。宋呂祖謙編。中分十九則，曰周、曰齊、曰晉、曰楚、曰吴越、曰夷狄、曰附庸，皆列國行事；曰諸侯制度、曰風俗、曰禮、曰氏族、曰官制、曰財用、曰刑、曰兵制、曰地理、曰春秋前事，自唐虞以來《左氏》所引典故，曰論議，則《左氏》中論議之文也。東萊呂太史《春秋左傳類篇》六冊。

張金吾《**愛日精廬藏書志・春秋類**》 東萊呂太史《春秋左傳類編》。舊抄本。宋呂祖謙撰。不分卷。自周至論議，凡十九門。官制分子目九，曰周、曰魯、曰晉、曰楚、曰齊、曰宋、曰鄭、曰衛，附諸小國曰家臣；論議分子目七，曰典禮、曰兵、曰土功、曰荒政、曰火政、曰諸侯政事、曰名臣議論。每門俱前列《左傳》，而以《國語》附其後。首有年表三十，綱領二十二，則年表者，以魯紀年，而諸國征伐、會盟諸大事列其下。綱領者，雜採《尚書》、《周禮》、《禮記》、《論語》、《孟子》、《國策》、《漢書》，及晉杜氏預、宋呂氏希哲、謝氏良佐之説，以爲一書之綱領也。是書《直齋書録解題》、《宋史・藝文志》、明《内閣書目》著録六卷，《經義考》注佚。伏讀《欽定四庫全書總目》，曰《左傳類編》久無傳本，則是書之佚久矣。此本首尾完整，洵稱奇秘。惟不分卷數，與陳氏等所載不符，或傳寫者合并歟？

【略】程端學曰：《左氏類編》，門人所編。《春秋本義》。

春秋左氏博議

晁公武《**郡齋讀書附志・春秋類**》 《春秋左氏博議》二十五卷。右東萊先生所著也，自爲之序。

陳振孫《**直齋書録解題・春秋類**》 《左氏博議》二十卷。呂祖謙撰。方授徒時所作。自敍曰：《春秋》經旨概不敢僭議，而枝辭贅喻，則舉子所資課試也。

馬端臨《**文獻通考・經籍考・春秋**》 《左氏博議》二十卷。

《**宋史・藝文志・春秋類**》 《左氏博議》二十卷。

楊士奇等《**文淵閣書目・春秋**》 《春秋呂東萊博議》。一部，四冊。殘缺。

《春秋呂東萊博議》。一部，六冊。完全。

高儒《百川書志・春秋》　東萊《博議》十六卷。宋東萊呂祖謙撰。凡八十六篇。

范邦甸等《天一閣書目・春秋類》　呂東萊《左氏博議》六卷。刊本。宋呂祖謙撰自序。東萊先生《左氏博議》二十五卷。刊本卷首殘缺三頁。明正德己巳江東張偉識後云：「東萊先生《左氏博議》，市肆間行之已久，獨其全帙不見于天下。正德丁卯，鉛山張侍御以其十卷授予兄廷鎮刻之。時以缺卷尚多，意在趑趄。未幾，復得十卷于當塗濮內翰，吾鄉梅留守又出其所鈔末五卷，盱江何冬官亦以其世藏先生手叙一通見畀，是書遂爲完璧。」

錢謙益等《絳雲樓書目・春秋類》　呂東萊《博議》。二十卷。伯恭又有《左氏説》三十卷，多所發明，皆門人雜記其平日講論也。晦翁稱之。又有《左傳類編》六卷。吴虎臣撰《左氏發揮》六卷，比《博議》爲優。

《四庫提要・春秋類二》　《詳注東萊左氏博議》二十五卷。浙江巡撫採進本。宋呂祖謙撰。相傳祖謙新娶，於一月之内成是書。今考自序，稱屏處東陽之武川，居半歲，里中稍稍披蓬藋從予遊，談餘語隙，波及課試之文，乃取《左氏書》理亂得失之跡，疏其説於下。旬儲月積，浸就篇帙。又考祖謙年譜，其初娶韓元吉女，乃紹興二十七年在信州，不在東陽。後乾道三年五月持母喪，居明招山，學子有來講習者。四年已成《左氏博議》，五年二月除母服，五月乃繼娶韓氏女弟。則是書之成，實在喪制之中，安有新娶之事？流俗所傳誤也。書凡一百六十八篇，《通考》載作二十卷，與此本不同。蓋此本每題之下附載《左氏》傳文，中間徵引典故，亦略爲注釋，故析爲二十五卷。其注不知何人作，觀其標題版式，蓋麻沙所刊。考《宋史・藝文志》有祖謙門人張成招《標注左氏博議綱目》一卷，疑當時書肆以成招《標注》散入各篇也。楊士奇稱別有一本十五卷，題曰《精選》。黄虞稷稱明正德中有二十卷刊本。今皆未見。坊間所鬻之本僅十二卷，非惟篇目不完，併字句亦多妄削，世久不見全書。此本有董其昌名字二印，又有朱彝尊收藏印，亦舊帙之可寶者矣。

張金吾《愛日精廬藏書續志・春秋類》　《新刊京本詳增補注東萊先生左氏博議》二十五卷。明書林劉氏安正堂刊本。宋呂祖謙撰。安正堂刊板跋。自序。

春秋左氏傳説

陳振孫《直齋書録解題・春秋類》　《左氏説》三十卷。呂祖謙撰。於《左氏》一書多所發明，而不爲文，似一時講説，門人所鈔録者。

馬端臨《文獻通考・經籍考・春秋》　《左氏説》三十卷。

《宋史・藝文志・春秋類》　《左氏説》一卷。

張萱等《内閣藏書目録・經部》　《左氏傳説》四册。全。呂東萊祖謙著。

《四庫提要・春秋類二》　《春秋左氏傳説》二十卷。兩江總督採進本。宋呂祖謙撰。祖謙有《古周易》，已著録。其生平研究《左傳》，凡著三書：一曰《左傳類編》、一曰《左傳博議》、一即是編。其《類編》取《左氏》之文，分別爲十九目，久無傳本，惟散見《永樂大典》中，頗無可采。《博議》則隨事立義，以評其得失。是編持論與《博議》略同，而推闡更爲詳盡。陳振孫《書録解題》稱其於《左氏》一書，多所發明，而不爲文，似一時講説，門人所鈔録者。其説良是。《朱子語録》亦稱其極爲詳博，然遣辭命意，頗傷於巧。考祖謙所作《大事記》，朱子亦謂有纖巧處，而稱其指公孫弘、張湯姦狡處，皆説得羞愧殺人云云。然則朱子所謂巧者，乃指其筆鋒穎利，凡所指摘，皆刻露不留餘地耳。非謂巧於馳辨，或至顛倒是非也。《書録解題》載是書爲三十卷，此本僅二十卷。考明張萱《内閣書目》所載《傳説》四册外，尚有《續説》四册。知陳氏所謂三十卷者，實兼《續説》十卷計之。今《續説》別於《永樂大典》之中裒采成帙，以其體例自爲起訖，仍分著於録云。

春秋左傳續説

楊士奇等《文淵閣書目・春秋》　《春秋左傳續説》。一部，四册。完全。《春秋左傳法説》。一部，一册。闕。

張萱等《內閣藏書目録・經部》　《春秋左傳續說》四冊。全。呂祖謙。

《四庫提要・春秋類二》　《春秋左氏傳續說》十二卷。《永樂大典》本。宋呂祖謙撰。是編繼《左氏傳說》而作，以補所未及，故謂之《續說》。久無傳本。今見於《永樂大典》者，惟自僖公十四年秋八月，至三十三年；襄公十六年夏，至三十一年。舊本闕佚，無足采録，其餘則首尾完具，以傳文次第排比之，仍可成帙。其中如「臾駢送狐射姑之帑」、「孟獻子愛公孫敖二子」兩條，俱以《博議》所云爲非。是則是書當成於晚年矣。其體例主於隨文解義，故議論稍不如前說之閎大。然於傳文所載，闡發其藴，竝抉摘其疵。如所謂《左氏》有三病，不明君臣大義，一也；好以人事附會災祥，二也；記管晏事則盡精神，說聖人事便無氣象，三也云云。雖亦沿宋儒好軋先儒之習，然實頗中其失。至於朝祭、軍旅、官制、賦役諸大典，及晉、楚興衰，列國向背之事機，詮釋尤爲明暢。惟子服景伯系本桓公，而以爲出自襄公，稍爲譌舛耳。蓋祖謙邃於史事，知空談不可以說經，故研究傳文，窮始末以核得失，而不倡廢傳之高論，視孫復諸人，其學爲有據多矣。

張金吾《愛日精廬藏書志・春秋類》　《春秋左氏傳續說》十二卷，附《綱領》。文淵閣傳抄本。宋呂祖謙撰。

左氏國語類編

陳振孫《直齋書録解題・春秋類》　《左氏國語類編》二卷。呂祖謙撰。與《左傳類編》略同。但不載《綱領》，止有十六門，又分《傳》與《國語》爲二。

馬端臨《文獻通考・經籍考・春秋》　《左傳國語類編》二卷。

《宋史・藝文志・春秋類》　《左氏國語類編》二卷。祖謙門人所編。

王圻《續文獻通考・經籍考・春秋》　《左氏國語類編》。

左氏博議綱目

《宋史・藝文志・春秋類》　《左氏博議綱目》一卷。祖謙門人張成招標注。

王圻《續文獻通考・經籍考・春秋》　《左氏綱目》。

左氏君子例　詩如例　詩補遺

《四庫提要・春秋類存目一》　《左傳君子例》一卷。《詩如例》一卷。《詩補遺》一卷。內府藏本。宋李石撰。石有《方舟易學》，已著録。《左氏春秋傳》多有「君子曰」字，林栗指爲劉歆所加，其說無據。案：栗說見《經義考》所引。石則以爲《左氏傳》有所謂「君子曰」者，又有稱「仲尼孔子曰」者，皆示後學以褒貶大法，聖人作經之意義。因録爲例，凡君子七十三條，而以聖語三十二條附之，皆無所發明。又以《左傳》引《詩》不皆與今說《詩》者同，因取所載一篇一句，悉裒集而闡論之，以蘄合於斷章取義之旨。凡一百六十八條，名曰《詩如例》。復采《左傳》所載箴詞歌謠三十八事，名曰《詩補遺》。於經義悉無大裨益。特當南北宋間正說《春秋》者掊擊三《傳》之時，而石獨篤志古學，爲足尚耳。舊載《方舟集》中，石門人劉伯熊合爲一編，題曰《左氏諸例》，實非石之舊名。今仍各標本目。其文則與《方舟易學》仍歸諸《方舟集》中，不更録焉。

左傳叙略

黃虞稷《千頃堂書目・春秋類》　石琚《左傳叙略》三卷。字仲芳，益都人，嘉靖甲午舉人。

《明史・藝文志・春秋類》　石琚《左傳章略》三卷。

左傳編紀

《宋史·藝文志·春秋類》 張傳靖《左傳編紀》十卷。

左氏綱領

馬端臨《文獻通考·經籍考·春秋》 《左氏綱領》四卷。晁氏曰：皇朝文濟道撰。排比事實爲儷句，《蒙求》之類也。

左氏蒙求

馬端臨《文獻通考·經籍考·春秋》 《左氏蒙求》三卷。晁氏曰：皇朝王舜俞序。不知何人。所作過於《綱領》者。

春秋世系

晁公武《郡齋讀書志·春秋類》 《春秋世系》一卷。右不著撰人姓名。譜《左氏》諸國君臣世系，獨秦無世臣。

春秋左氏事類

王圻《續文獻通考·經籍考·春秋》 《春秋左氏事類》漳州黄穎著。

左傳國語要略　考异

王圻《續文獻通考·經籍考·春秋》 《左傳國語要略》十卷。《考異》三卷。沈虚中著。虚中，廣德人。舉進士，歷官吏部尚書。

春秋左氏辨失

《宋史·藝文志·春秋類》 王日休《春秋左氏辨失》一卷。

左氏發揮

陳振孫《直齋書録解題·春秋類》 《左氏發揮》六卷。臨川吴曾虎臣撰。取《左氏》所載事，時爲之論，若史評之類。

馬端臨《文獻通考·經籍考·春秋》 《左氏發揮》六卷。

《宋史·藝文志·春秋類》 吴曾《左氏發揮》六卷。

左氏聯璧

趙希弁《郡齋讀書附志·春秋類》 《左氏聯璧》八卷。右三山葉儀鳳子儀撰。乃對偶之書也。

左氏摘奇

阮元《四庫未收書目》 《左氏摘奇》十二卷。宋胡元質撰。元質字長文，吳郡人。官給事中。考《宋史・藝文志》，于史部下，載《西漢字類》五卷，注「胡元質撰」，而于《經部・春秋類》下，載《左氏摘奇》十二卷，則注「不知作者」，此疑當日或傳刻者失之。惟陳振孫《直齋書録解題》中，載此稍爲詳悉，其姓氏爵里，實與今本相合。此本從吳中藏書家影宋鈔録，卷後有元質自記一條云：「《左氏摘奇》，皆手所約取。原本約下脱取字，據《摘奇》本書補。鋟木於當涂道院，與同志者共之。乾道癸巳元日書。」當係原刊所識。書中摘録經傳一二字，必兼採杜預《集解》，其謹嚴處，視林鉞《漢雋》、蘇易簡《文選雙字類要》爲勝。《宋史・志》入之經類，似不爲過。至《文獻通考》竟列於類書之中，猶未盡此書之要也。

張金吾《愛日精廬藏書志・春秋類》　《左氏摘奇》十二卷。影寫宋刊本。宋胡元質撰。《左氏摘奇》，皆手所約取，鋟木於當涂道院，與同志者共之。乾道癸巳元日吳郡胡元質書。《直齋書録解題》曰：《左氏摘奇》十二卷，給事中吳郡胡元質長文撰。

左氏説

《宋史・藝文志・春秋類》　李孟傳《左氏説》十卷。

王圻《續文獻通考・經籍考・春秋》　《左氏説》李孟傳著。孟傳，上虞人。累官大府丞，終直寶謨閣。所著又有《雜志》九十餘卷。

左氏春秋講義

《宋史・藝文志・春秋類》　時瀾《左氏春秋講義》十卷。

左氏紀傳

《宋史・藝文志・春秋類》　《左氏紀傳》五十卷。

左氏摘奇

《宋史・藝文志・春秋類》　《左氏摘奇》十二卷。並不知作者。

楊士奇等《文淵閣書目・春秋》　《春秋摘奇》。一部，一冊。闕。

春秋後傳　春秋左氏章指

趙希弁《郡齋讀書附志・春秋類》　《春秋左氏章指》十七卷。右止齋陳傳良所著也。四明樓忠簡公鑰序其前，清海崔清獻公與之識其後，而刻於惟揚郡庠。

陳振孫《直齋書録解題・春秋類》　《止齋春秋後傳》十二卷、《左氏章指》三十卷。陳傳良撰。樓參政鑰大防爲之序。大略謂《左氏》存其所不書，以實其所書。《公羊》、《穀梁》以其所書，推見其所不書，而《左氏》實録矣。此《章指》之所以作。若其他發明多新説，序文略見之。

馬端臨《文獻通考・經籍考・春秋》　止齋《春秋後傳》、《左氏章指》共四十二卷。

《宋史・藝文志・春秋類》　陳傳良《春秋後傳》十二卷。又《左氏章指》三十卷。

楊士奇等《文淵閣書目・春秋》　《春秋左氏章指》。一部，四冊。完全。《春秋陳傳良後傳》。一部，一冊。完全。

張萱等《内閣藏書目録・經部》　《春秋左傳章旨》四冊。全。宋止齋陳傳良。取《左傳》每段以數語括其大旨，間有評駁。

錢謙益等《絳雲樓書目・春秋類》　陳傳良《春秋纂例後傳》一冊。

春秋左氏國紀

趙希弁《郡齋讀書附志・春秋類》 《春秋左氏國紀》二十卷。右清江徐得之所編也。自周而下，各繫以國，又因事而爲之論斷。止齋陳傅良序之。

馬端臨《文獻通考・經籍考・春秋》 《左氏國紀》。徐得之撰。止齋陳氏序曰：自荀悅、袁宏以兩漢事編年爲書，謂之《左氏》體，蓋不知《左氏》於是始矣。昔夫子作《春秋》，博極天下之史矣。諸不在撥亂世反之正之科，則不録也。左氏獨有見於經，故采史記次第之，某國事若干，某事書，某事不書，以發明聖人筆削之旨云爾，非直編年爲一書也。古者事、言各有史，凡朝廷號令與其君臣相告語爲一書，今《書》是已；被之弦歌，謂之樂章，爲一書，今《詩》是已；有司藏焉，而官府都鄙邦國習行之，爲一書，今《儀禮》若《周官》之《六典》是已；自天下至大夫士民族傳序爲一書，若所謂《帝繫》、《世本》是已；而他星卜醫祝皆各爲書。至編年則必叙事如《春秋》，三代而上僅可見者《周譜》，他往往見野史、《竹書》、《穆天子傳》之類。自夫子始以編年作經，其筆削嚴矣，左氏亦始合事、言二史，與諸書之體，依經以作傳，附著年月下，苟不可以發明筆削之指，則亦不録也。蓋其辭足以傳遠，而無與於經誼，則別爲《國語》。至夫子所見書，左氏有不盡見，又闕不敢爲傳，唯謹如此。後作者顧以爲一家史體，而讀《左氏》者，寖失其意見，謂不釋經，是書之在亡，幾無損益於《春秋》，故曰袁、荀二子爲之也。由是言之，徐子所爲《左氏國紀》曷可少哉！余讀《國紀》，周平、桓之際，王室嘗有事於四方，其大若置曲沃伯爲侯，詩人美焉，而經不著。師行非一役，亦與《王風》刺詩合，而特書伐鄭一事。王子頹之禍，視帶爲甚，襄書而惠不書也。學者誠得《國紀》，伏而讀之，因其類居而稽之經，某國事若干，某事書，某事不書，較然明矣。於是致疑，疑而思，思則有得矣。徐子殆有功於《左氏》者也。余苦不多見書，然嘗見唐閲《左氏史》與《國紀》略同，而無所論斷，今《國紀》有所論斷矣。余故不復贊，而道其有功於《左氏》者爲之序。

《宋史・藝文志・春秋類》 徐得之《左氏國紀》二十卷。

王圻《續文獻通考・經籍考・春秋》 《左氏國紀》二十卷。徐得之之著。

左氏句解

張萱等《内閣藏書目録・經部》 《左氏句解》七冊。全。宋林堯叟注。七十卷。

錢謙益等《絳雲樓書目・春秋類》 《左傳林堯叟註》四冊。四十六卷。

黄虞稷《千頃堂書目・春秋類》 林堯叟《春秋左傳句解》七十卷。字唐翁。

倪燦等《宋史藝文志補・春秋類》 林堯叟《春秋左傳句解》七十卷。字唐翁。

張金吾《愛日精廬藏書志・春秋類》 《春秋左傳句解》七十卷。元刊本。曝書亭藏書。宋林堯叟注。明崇禎時杭州書坊以林注分附杜注，而是書遂晦。此本猶是林氏原書。首卷有「朱彝尊錫鬯」、「南書房舊講官」兩印。

春秋類事始末

陳振孫《直齋書録解題・春秋類》 《春秋類事始末》五卷。朝請大夫吳興章沖茂深撰。子厚之曾孫，葉少藴之壻。

馬端臨《文獻通考・經籍考・春秋》 《春秋類事始末》五卷。

《宋史・藝文志・春秋類》 章沖《左氏類事始末》五卷。

范邦甸等《天一閣書目・春秋類》 《左傳事類本末》五卷。藍絲欄鈔本。宋淳熙茂深章沖撰。幷自序云：「沖少時，侍石林葉先生爲學。先生作《春秋讞》、《考》、《傳》，使沖執《左氏》之書，從旁備檢閲。《左氏》傳事不傳義，每載一事，或先經以發其端，或後經以終其旨，有越二三君數十年而後備，近者，亦或十數年。有一人而數事所關，有一事而先後若異。君臣之名字，有數語之間而稱謂不同。間見錯出，常病其不屬。冲因與先生日閱以熟，乃得各從其類。有當省文，頗多裁損，亦有裂句摘字，聯綮而成文者。二百四十二年之間小大之事，靡不采取，約而不煩，一覽盡見。又總記其災異、力役之數，時君之政，戰陣之法，與夫器物之名，併繫于後。讀之者，不煩參考，而畢陳于目前。惜先生已歿，不及見類書之成。淳熙乙巳歲，冲假守山陽，嘗刊之郡庠。竭來天台，簿領之暇，遂加是正，復刊之郡庠」云。又臨江謝諤有序。

王圻《續文獻通考・經籍考・春秋》 《春秋類事始末》。章冲著。

春秋左傳節解

范邦甸等《天一閣書目・春秋類》 《春秋左傳詳節解句》三十五卷。宋朱申周翰註釋，明顧梧芳起鳳校正。震澤王鏊序云：「《春秋左傳詳節》三十五卷，宋魯齋、朱申、周翰註釋。今董南畿學政、黃侍御希武以授同知蘇州府事張幼仁俾刻之郡中。」萬曆重刊。王穉登序。

黃虞稷《千頃堂書目・春秋類》 朱申《春秋左傳節解》三十五卷。

倪燦等《宋史藝文志補・春秋類》 朱申《春秋左傳節解》三十五卷。

《四庫提要・春秋類存目一》 《春秋左傳句解》三十五卷。兩淮馬裕家藏本。元朱申撰。申有《周禮句解》，已著録。是書惟解《左傳》，不參以經文，蓋猶用杜預以前之本，其一事而始末別見者，各附注本文之下，端委亦詳。惟傳文頗有刪節，是其所短。如《隱公》之首，刪「惠公元妃孟子」一節，則隱、桓兄弟之故，何自而明哉？

左氏始終

黃虞稷《千頃堂書目・春秋類》 程公說《左氏始終》三十卷。

倪燦等《宋史藝文志補・春秋類》 程公說《左氏始終》三十卷。

春秋要義

《宋史・藝文志・春秋類》 魏了翁《春秋要義》六十卷。

《四庫提要・春秋類二》 《春秋左傳要義》三十一卷。兩江總督採進本。宋魏了翁撰。亦所輯《九經要義》之一也。其書節録注疏之文，每條之前各爲標題，而系以先後次第，與諸經《要義》體例竝同。考了翁序，李明復《春秋集義》云「余嘗覽諸儒之傳，至本朝先正，謂此爲經世之大法、傳心之要典，余懼益深。乃裒萃以附於經，尙慮觀書未廣，擇理未精，故未敢輕出。李君乃先得我心而爲是書」云云。是了翁亦嘗裒輯衆說以注《春秋》，其書未就，而其所取於注疏者則尙見於是編。凡疏中日月名氏之曲說煩重瑣屑者，多刊除不録。而名物度數之間，則刪繁舉要，本末燦然。蓋左氏之書，詳於典制，三代之文章禮樂，猶可以考見其大凡。其遠勝《公》、《穀》，實在於此。了翁所輯，亦可謂得其要領矣。原本六十卷，朱彝尊《經義考》注曰「未見」。此本僅存三十一卷，末有萬曆戊申中秋後三日龍池山樵彭年《手跋》一篇，稱「當時鏤帙不全，後世無原本可傳。甘泉先生有此書三十一卷，藏之懷古閣中，出以相示，因識數言於後」。則亦難覯之本矣。然甘泉爲湛若水之號，若水登弘治乙丑進士，至萬曆戊申凡一百四年，不應尙在。彭年與文徵明爲姻家，王世貞序其詩集，稱年死之後，家人鬻其遺稿，則萬曆末亦不復存。且《九經要義》皆刪節注疏，而《跋》稱其訂定精密，爲先儒所未論及，尤不相合。疑殘本偶存，好事者僞爲此《跋》，而未核其年月也。

左氏廣誨蒙

《宋史・藝文志・春秋類》 李浹《左氏廣誨蒙》一卷。

左氏釋疑　譜學

《宋史・藝文志・春秋類》　黎良能《左氏釋疑》、《譜學》各一卷。

左傳約説　百論

陳振孫《直齋書録解題・春秋類》　《左傳約説》一卷。《百論》一卷。奉議郎新昌石朝英撰。又有《王道辨》一書，未板行，僅存其書於此編之末。其爲説平平，無甚高論。

馬端臨《文獻通考・經籍考・春秋》　《左傳約説》、《百論》共二卷。

《宋史・藝文志・春秋類》　石朝英《左傳約説》一卷。又《百論》一卷。

左氏正傳

《宋史・藝文志・春秋類》　王柏《左氏正傳》一十卷。

春秋左氏遺意

王圻《續文獻通考・經籍考・春秋》　《春秋左氏遺意》二十卷。李昶著。昶，東平須城人。世祖召見，知無不言，累官翰林侍讀學士、吏部尚書。務持大體，不事苛細。

黄虞稷《千頃堂書目・春秋類》　李昶《春秋左氏遺意》二十卷。昶父世弼，從外家受孫明復《春秋》，得其宗旨。昶承家學，集諸家之説而折衷之。東平須城人。累官翰林侍讀學士，吏部尚書。

倪燦等《補遼金元藝文志・春秋類》　李昶《春秋左氏遺意》二十卷。東平，須城人，吏部。

錢大昕《補元史藝文志・春秋類》　李昶《春秋左氏遺意》二十卷。

古文春秋左傳

吳壽暘《拜經樓藏書題跋記・群經小學》　《古文春秋左傳》。右十二卷。王應麟撰集。先君子從小疋學博鈔校，識後云：「乾隆癸卯秋日，從歸安丁君小疋借録。九月晦日，校于皐亭道中。烏柏醉霜，青山如畫。」

左傳闕疑

黄虞稷《千頃堂書目・春秋類》　吳思齊《左傳缺疑》。

倪燦等《宋史藝文志補・春秋類》　吳思齊《左傳缺疑》。

錢大昕《補元史藝文志・春秋類》　吳思齊《左傳闕疑》。字子美，永康人。

春秋左傳續辨

錢大昕《補元史藝文志・春秋類》　謝翺《春秋左傳續辨》。

春秋左史捷徑

王圻《續文獻通考・經籍考・春秋》　《春秋捷徑》徐文鳳著。

范邦甸等《天一閣書目・春秋類》　《春秋左史捷徑》二卷。刊本。

明進士麻城劉守泰撰序。

錢大昕《補元史藝文志・春秋類》 徐文鳳《春秋捷徑》十卷。字伯恭，壽昌人。

左傳紀事編年

王圻《續文獻通考・經籍考・春秋》 《左傳紀事編年》。馮之純著。

春秋左傳羅氏節

楊士奇等《文淵閣書目・春秋》 《春秋左傳羅氏節》。一部，三冊。闕。

《春秋左傳羅氏節》。一部，四冊。完全。

春秋左氏廣晦蒙

楊士奇等《文淵閣書目・春秋》 《春秋左氏廣晦蒙》。一部，一冊。闕。

春秋左傳本末

楊士奇等《文淵閣書目・春秋》 孔克《春秋左傳本末》。一部，二十冊。完全。

續屏山杜氏春秋遺説

張萱等《内閣藏書目録・經部》 敬鉉《續杜屏山遺説》。從孫敬儼編。内曲折辨論，扶持《左氏》，罔敢訂砭，爲左氏設也。凡八卷。

黄虞稷《千頃堂書目・春秋類》 大寧先生《續屏山杜氏遺説》八卷。鉉從孫敬儼編。鉉續屏山杜氏説，爲《左》設也。

倪燦等《補遼金元藝文志・春秋類》 敬鉉《續屏山杜氏遺説》八卷。易州人。中都儒學提舉。末一書鉉從孫儼編。

錢大昕《補元史藝文志・春秋類》 敬儼《續屏山杜氏春秋遺説》八卷。

龔顯曾《金藝文志補録・春秋類》 《續屏山杜氏春秋遺説》八卷。敬鉉從孫儼編。倪《志》收入《元志》。

左氏蒙求

錢大昕《補元史藝文志・春秋類》 吴化龍《左氏蒙求》。字伯秀，又字漢翔。

左氏窺斑

錢大昕《補元史藝文志・春秋類》 葉正道《左氏窺斑》。失其名，台州臨海人。

春秋左氏綱目

錢大昕《補元史藝文志・春秋類》 安熙《春秋左氏綱目》。

左傳義例

黄虞稷《千頃堂書目・春秋類》 吴迂《左傳義例》。

倪燦等《宋史藝文志補・春秋類》 吳迂《左傳義例》。

錢大昕《補元史藝文志・春秋類》 吳迂《左傳義例》。

左傳分紀

黄虞稷《千頃堂書目・春秋類》 吳迂《左傳分紀》。

倪燦等《宋史藝文志補・春秋類》 吳迂《左傳分紀》。

錢大昕《補元史藝文志・春秋類》 吳迂《左傳分紀》。

左氏君子議

王圻《續文獻通考・經籍考・春秋類》 《左氏君子議》。楊維楨著。

黄虞稷《千頃堂書目・春秋類》 楊維楨《左氏君子議》。

錢大昕《補元史藝文志・春秋類》 楊維楨《左氏君子議》。

左傳分紀

黄虞稷《千頃堂書目・春秋類》 汪克寛《左傳分紀》。

左氏本末

錢大昕《補元史藝文志・春秋類》 曹元博《左氏本末》。松江人。

春秋左氏傳補註

范邦甸等《天一閣書目・春秋類》 《春秋左氏傳補註》十卷。刊本。

元新安趙汸傳幷序。

王圻《續文獻通考・經籍考・春秋》 《左氏補注》。

黄虞稷《千頃堂書目・春秋類》 趙汸《春秋左氏補注》十卷。汸述其師之説云：「《春秋》本原脈絡，盡在《左傳》，而杜預之《注》，陳傅良之《章旨》，最爲有依據。因取陳氏之説，附於杜注之下，而補其所不及。其微詞奥義，注有未備者頗采孔氏之説，暢而述之。」

錢謙益等《絳雲樓書目・春秋類》 《左氏補註》一册。十卷。

倪燦等《補遼金元藝文志・春秋類》 趙汸《春秋左氏傳補註》十卷。

王士禛《漁洋書跋》 《左傳補注》。趙子常先生經學，爲明初儒林之冠。少受《春秋》於黄楚望，著《春秋屬辭》十五卷。宋文憲公亟稱之。別著《集傳》十五卷，《師説》三卷。而此《左氏傳補注》十卷，海鹽陳緯度光緈遺予。舊刊本，古雅可寶惜，因與新刻《東山集》同藏篋中。緯度博雅多讀書，嘗著《竹素辨譌》二卷，客死京師，殊可哀也。

《明史・藝文志・春秋類》 趙汸《左傳補注》十卷。

《四庫提要・春秋類三》 《春秋左氏傳補注》十卷。兩江總督採進本。元趙汸撰。汸尊黄澤之説《春秋》，以《左氏傳》爲主，注則宗杜預。《左》有所不及者，以《公羊》、《穀梁》二傳通之。杜所不及者，以陳傅良《左傳章旨》通之。是書即采傅良之説，以補《左傳集解》所未及。其大旨爲杜偏於《左》，傅良偏於《穀梁》，若用陳之長以補杜之短，用《公》、《穀》之是以救《左傳》之非，則兩者兼得。筆削義例，觸類貫通，傳注得失，辨釋悉當。不獨有補於杜解，爲功於《左傳》，即聖人不言之旨，亦灼然可見。蓋亦《春秋》家持平之論也。至杜預《釋例》，自孔穎達散入疏文，久無單行之本。《永樂大典》所採録，得見者亦稀。陳傅良之《章旨》，世尤罕睹。汸所采録，略存梗概，是固考古者所亟取矣。

彭元瑞等《天禄琳琅書目後編・元版經部》 《春秋左氏傳補注》。一函，三冊。元趙汸撰。書十卷。前有汸自序，謂《春秋》以《左氏傳》爲主，《左氏傳》以杜預注爲主。《左傳》所未及，以《公羊》、《穀梁傳》通之，杜注所未備，以陳傅良《左傳章指》補之，乃挈作書大旨。鐫印與前同一家所藏。

張之洞《書目答問・列朝經注經説經本考證》　《春秋左傳補注》十卷。元趙汸。通志堂本。龔翔麟玉玲瓏閣叢刻本。

左傳要語

高儒《百川書志・春秋》　《左傳要語》二卷。國朝誠意伯括蒼劉基著。

春秋左氏傳類編

錢大昕《補元史藝文志・春秋類》　魏德剛《春秋左氏傳類編》。鉅鹿人。

左氏鉤元

黄虞稷《千頃堂書目・春秋類》　王廉《左氏鉤元》。

左傳事類

錢大昕《補元史藝文志・春秋類》　徐安道《左傳事類》。

春秋左傳直解

黄虞稷《千頃堂書目・春秋類》　郭登《春秋左傳直解》十二卷。

《明史・藝文志・春秋類》　郭登《春秋左傳直解》十二卷。

左傳擷英

王圻《續文獻通考經籍考・春秋》　《左傳擷英》。何喬新著。

黄虞稷《千頃堂書目・春秋類》　何喬新《左傳擷英》三卷。字廷秀。

春秋地名考

徐𤊹《徐氏家藏書目・春秋類》　《春秋地名考》一卷。楊愼。

錢謙益等《絳雲樓書目・春秋類》　楊愼《春秋地名考》一冊。

黄虞稷《千頃堂書目・春秋類》　楊愼《春秋地名考》一卷。

《明史・藝文志・春秋類》　楊愼《春秋地名考》一卷。

左觿

黄虞稷《千頃堂書目・春秋類》　邵寶《左觿》一卷。

《明史・藝文志・春秋類》　邵寶《左觿》一卷。

《四庫提要・春秋類存目一》　《左觿》一卷。通行本。明邵寶撰。寶字國賢，號二泉，無錫人。成化甲辰進士，官至南京禮部尚書，謚文莊。事蹟具《明史・儒林傳》。是編乃其讀《左傳》所記，雜論書法及注解，然寥寥無多，蓋隨意標識於傳文之上，亦其簡端録之類也。其中精確者數條，顧炎武《左傳補注》已採之，所遺者其糟粕矣。

春秋左傳類解

錢謙益等《絳雲樓書目・春秋類》 劉績《春秋左傳類解》十冊。十二卷。

黄虞稷《千頃堂書目・春秋類》 劉績《春秋左傳類解》二十卷。號蘆泉，江夏人。弘治庚戌進士。鎮江知府。與山陰劉績別爲一人。

《明史・藝文志・春秋類》 劉績《春秋左傳類解》二十卷。

春秋左傳分類

錢謙益等《絳雲樓書目・春秋類》 《春秋左傳分類》一冊。

左氏春秋鐫

錢謙益等《絳雲樓書目・春秋類》 陸粲《左氏鐫》二冊。永新又著《附注》，幷《胡傳辨疑》，牧翁稱之。張以寧《胡傳辨疑》。元吴師道有《春秋胡傳附辨》。

黄虞稷《千頃堂書目・春秋類》 《左氏鐫》二卷。以左氏非左丘明，故爲言卑淺，不中於道，疑戰國時私淑於孔者所爲，因爲之鐫以曉示學者。

《明史・藝文志・春秋類》 陸粲《春秋左氏鐫》二卷。

《四庫提要・春秋類存目一》 《左氏春秋鐫》二卷。浙江巡撫採進本。明陸粲撰。粲有《左傳附注》，已著録。是編乃其由工科給事中坐劾張璁、桂萼謫都匀驛丞時，途中所作。皆糾正《左氏議論》之失，亦柳宗元《非國語》之類。然於《左氏》釋經之謬，闢之可也。至記事記言，但各從其實，事乖言謬，咎在古人，與紀載者無與也。亦謂之《鐫左》，則非其罪矣。甚哉其固也。

彭元瑞等《天禄琳琅書目後編・明版經部》 《左氏春秋鐫》。一函，二冊。明陸粲撰。粲字子餘，長洲人。嘉靖丙戌進士。以工科給事中劾張璁、桂萼，謫都鎮驛驛丞，終永新知縣，《明史》有傳。書二卷。上卷五十四章，下卷六十章。前有粲自序，後自跋。大指以《左氏》爲戰國初私淑七十子之徒者爲之，往往卑淺不中道，或爲奇言怪説。漢晚立學官，劉歆始定章句。疑歆以意附益者多，故爲此書鐫之。考程頤謂臘爲秦禮，庶長爲秦官，林乘謂《左傳》凡言「君子曰」是劉歆之詞，粲所辨「人當戰國、語出劉歆」，蓋本諸此。粲別撰《左傳附註》及《春秋胡氏傳辨疑》，乃究心於麟經之學者。按《跋》略云：「予以給事中謫都鎮丞，去京師萬里，挾《左氏傳》自隨，行且讀之。有所見，暮宿逆旅，書諸簡。既至，以傳亭之廢止於黎峩，稍次其説爲一編。二三子校刻之後，列平越衛學。門生六人校刻，時嘉靖庚寅也。」粲以謫宦遠方爲此書，《跋》中自比柳宗元謫永州作《非國語》，亦陰襲蘇軾海外諸黎故事。末刻「嘉靖戊申，吴郡盧氏重刻於少谷草堂」。刊印頗工雅。

左傳附注

錢謙益等《絳雲樓書目・春秋類》 杜氏《左傳解附註》一冊。五卷。陸粲。

黄虞稷《千頃堂書目・春秋類》 陸粲《左傳附注》五卷。粲讀《左氏注疏》，若釋文於訓詁音切可疑者，輒以己見及他書之説可證據者，附注其下。

《明史・藝文志・春秋類》 陸粲《左傳附注》五卷。

《四庫提要・春秋類三》 《左傳附註》五卷。浙江巡撫採進本。明陸粲撰。粲字子餘，長洲人，嘉靖丙戌進士，官至工科給事中。以劾張璁、桂萼，謫都鎮驛驛丞，終於永新縣知縣。事蹟具《明史》本傳。是編前三卷駁正杜預之注義，第二卷駁正孔穎達之疏文，第五卷駁正陸德明《左傳釋文》之音義。多旁采諸家之論，亦間斷以己意，於訓詁家頗爲有裨。顧炎武《日知録》於駁正《左傳注》後附書曰：「凡邵、陸、傅三先生所已辨者不録。」邵者邵寶《左傳觿》，傅者傅遜《左傳屬事》，陸即粲也。蓋炎武亦甚重此書矣。粲又有《春秋左傳鐫》二卷，大意以《左傳》爲戰國人作，而劉歆又以意附益，故往往卑賤不中道。或爲奇言怪説，鶩於末流。考粲以《左傳》爲出戰國，蓋因程子謂臘爲秦禮，庶長爲秦官，已爲膠固。其以竄亂歸之劉歆，蓋因林栗謂《左傳》凡言「君子曰」是劉歆之詞，尤無佐證，未免務爲高論，仍蹈明人臆揣之習，所謂畫蛇添足者也。故惟録此編，而《左傳鐫》則別存其目焉。

春秋左傳考例

黄虞稷《千頃堂書目·春秋類》 李舜臣《春秋左傳考例》。

左氏始末

徐𤊹《徐氏家藏書目·春秋類》 《左氏始末》卷。唐荆川。

黄虞稷《千頃堂書目·春秋類》 唐順之《左氏始末》十二卷。分爲十五門，曰后、曰宗、曰官、曰倖、曰奸、曰弑、曰逐、曰亂、曰盜、曰鎮、曰戰、曰戎、曰名臣、曰禮樂、曰方技。《始末》以《左氏内傳》爲主，而纖悉委曲，有逸出於《外傳》、《史記》者亦入焉。

《明史·藝文志·春秋類》 唐順之《左氏始末》十二卷。

左傳纂註

徐𤊹《徐氏家藏書目·春秋類》 《左傳纂註》。

左傳纂

黄虞稷《千頃堂書目·春秋類》 吴從周《左傳纂》四卷。字宗文，邵武府人。嘉靖中貢士。爲浙江慶元縣訓導，有禦倭功，升國子監學士。

左傳兵法

黄虞稷《千頃堂書目·春秋類》 吴從周《左傳兵法》。

讀左贅言

黄虞稷《千頃堂書目·春秋類》 王升《讀左贅言》。字士新，宜興人，嘉靖間歲貢，雲南鹽課司提舉。

春秋左傳註解辯訣

王圻《續文獻通考·經籍考·春秋》 《春秋左傳註解辯訣》。嚴訥著。

春秋左傳節文

徐𤊹《徐氏家藏書目·春秋類》 《左傳節文》十五卷。汪道昆。

黄虞稷《千頃堂書目·春秋類》 汪道昆《春秋左傳節文》十五卷。

《明史·藝文志·春秋類》 汪道昆《春秋左傳節文》十五卷。

左傳釋義評苑

黄虞稷《千頃堂書目·春秋類》 《左氏釋義評范》二十卷。萬曆庚寅申時行序。

《明史・藝文志・春秋類》 王錫爵《左傳釋義評苑》二十卷。

左氏詳節

黄虞稷《千頃堂書目・春秋類》 許孚遠《左氏詳節》八卷。

《明史・藝文志・春秋類》 許孚遠《左氏詳節》八卷。

春秋左傳鈔

黄虞稷《千頃堂書目・春秋類》 焦竑《春秋左傳鈔》十四卷。

春秋左翼

黄虞稷《千頃堂書目・春秋類》 王震《春秋左翼》四十三卷。

《明史・藝文志・春秋類》 王震《春秋左翼》四十三卷。

《四庫提要・春秋類存目一》 《春秋左翼》四十三卷。浙江汪啓淑家藏本。明王震撰。震字子省，烏程人。其書繫傳於經文之下，凡先經起義，後經終事者，悉撮爲一。《左傳》中稱號不一者，皆改從經文稱名。有經無傳者，采他書補之。前後編次，亦間有改易。案：朱彝尊《經義考》有王氏《春秋左翼》，不著撰人名氏，亦不載卷數，而所録焦竑之序，與此本卷首序合，當即此書也。

春秋左傳釋附

徐𤊹《徐氏家藏書目・春秋類》 《左傳釋附》二十卷。黄洪憲。

黄虞稷《千頃堂書目・春秋類》 黄洪憲《春秋左傳釋附》二十七卷。萬曆己亥序。

《明史・藝文志・春秋類》 黄洪憲《春秋左傳釋附》二十七卷。

左氏釋

黄虞稷《千頃堂書目・春秋類》 馮時可《左氏釋》二卷。

《明史・藝文志・春秋類》 馮時可《左氏釋》。

《四庫提要・春秋類三》 《左氏釋》二卷。江蘇巡撫採進本。明馮時可撰。時可字敏卿，號元成，華亭人。隆慶辛未進士，官至湖廣布政司參政，事蹟附見《明史・馮恩傳》。此書皆發明《左傳》，訓詁中如解《莊公二十五年》「秋大水，鼓用牲于社于門」，謂王者事神治民有祠而無祈，有省而無禳，用鼓已末，何況於攻，董仲舒、杜預之説皆誤。考《周禮・大祝》「六祈：一曰類，二曰造，三曰禬，四曰祭，五曰攻，六曰説」，鄭康成注謂攻、説則以辭責之，如其鳴鼓。然則攻固六祈之一矣。時可所言，殊爲失考。至《昭公二十九年》「賦晉國一鼓鐵以鑄刑鼎」，杜注孔疏皆謂冶石爲鐵，用橐扇火謂之鼓，計會一鼓便足。時可則引王肅《家語注》云：「三十斤爲鈞，四鈞爲石，四石爲鼓。」蓋用四百八十斤鐵以鑄刑書，適給於用。則勝注疏説多矣。蓋雖間有臆斷，而精核者多，固趙汸《補註》之亞也。此書舊與《左氏討》、《左氏論》合爲一書，總標曰《元敏天池集》。意當時編入集內，故鈔本尚襲舊題。今惟録此編，而所謂討與論者則別存目，故各分著其名焉。

左氏討

黄虞稷《千頃堂書目・春秋類》 馮時可《左氏討》二卷。

《明史・藝文志・春秋類》 馮時可《左氏討》二卷。

《四庫提要・春秋類存目一》 《左氏討》一卷。江蘇巡撫採進本。明馮時可撰。時可有《左氏釋》，已著録。是書前有自序，稱先爲《左氏討》，繼爲《左氏釋》，後爲《左氏論》。其《釋》則訓詁爲多，《討》與《論》則皆評其事之是非。不知分爲二書，以何別其體例也。然所討論，皆以意爲之，往往失於迂曲。如謂陽虎之攻季氏爲必受命魯君，是眞信其張公室也，豈《春秋》書盜爲曲筆乎？故今惟録《左氏釋》而二書則附存其目焉。

左氏論

黄虞稷《千頃堂書目・春秋類》 馮時可《左氏論》二卷。

《明史・藝文志・春秋類》 馮時可《左氏論》二卷。

《四庫提要・春秋類存目一》 《左氏論》一卷。江蘇巡撫採進本。 明馮時可撰。

左傳測義

徐𤊹《徐氏家藏書目・春秋類》 《左傳測義》七十卷。凌稚隆。

黄虞稷《千頃堂書目・春秋類》 凌稚隆《左傳測義》七十卷。烏程人，萬曆中貢士。

《明史・藝文志・春秋類》 凌稚隆《左傳測義》七十卷。

《四庫提要・春秋類存目一》 《春秋左傳評注測義》七十卷。浙江吳玉墀家藏本。 明凌稚隆撰。稚隆字以棟，烏程人。是書詮釋《左傳》，以杜預注爲宗，而博採諸說增益之。其於《左氏》之不合者，亦間有辨正。又取世次、姓氏、地名、謚號、封爵標於卷首，以便檢閲。然皆冗碎不足觀。朱彝尊《經義考》作七十卷，《浙江通志》作三十卷，此本與彝尊所記合，知《通志》爲傳寫誤矣。

左傳摘疑

黄虞稷《千頃堂書目・春秋類》 楊伯珂《左傳摘疑》十卷。字孟甫，淮安大河衛人。萬曆丙戌進士。汾州府同知。

左記

徐𤊹《徐氏家藏書目・春秋類》 《左紀》十一卷。吳錢應奎編。分國。

黄虞稷《千頃堂書目・春秋類》 錢應奎《左記》十一卷。

《明史・藝文志・春秋類》 錢應奎《左記》十一卷。

左粹類纂

黄虞稷《千頃堂書目・春秋類》 施仁《左粹類纂》十二卷。字宏濟，長洲舉人。

《明史・藝文志・春秋類》 施仁《左粹類纂》十二卷。

春秋左傳屬事

黄虞稷《千頃堂書目・春秋類》 傅遜《春秋左傳屬事》二十卷。仿建安袁氏《通鑑紀事本末》爲書，更爲之注，參互以訂杜預之誤。每一事竟，復論其人，所以得失。萬曆乙酉序。遜，字元凱，嘉定人。師崑山歸有光，其學長於論古今成敗，有光不能屈也。

《明史・藝文志・春秋類》 傅遜《春秋左傳屬事》二十卷。

《四庫提要・春秋類三》 《左傳屬事》二十卷。浙江巡撫採進本。 明傅遜撰。遜字士凱，太倉人。嘗遊歸有光之門。困頓場屋，晚歲乃以歲貢授建昌訓導。是書發端於其友王執禮，而遜續成之。倣建安袁樞《紀事本末》之體，變編年爲屬事，事以題分，題以國分，傳文之後，各隱括大意而論之，於杜氏《集解》之未安者，頗有更定。而凡傳文之有乖於世教者，時亦糾正焉。遜嘗自云：「傳中文義頗竭思慮，特於地理殊多遺憾，恨不獲徧蒐天下郡縣志而精考之。」又云：「元凱無漢儒不能爲《集解》，遜無元凱不能爲此注。」其用心深至，推讓古人，勝於文人相輕者多矣。

春秋左傳注解辨誤

徐𤊹《徐氏家藏書目・春秋類》 《左傳附註辨悞》二卷。吳郡傅遜。

錢謙益等《絳雲樓書目・春秋類》 傅遜《春秋左傳注辨誤》一冊。二卷。震川門人。

黄虞稷《千頃堂書目・春秋類》 《春秋左傳注解辨誤》二卷。會衆説以折衷杜注之誤，有未經辨議，亦創以己意爲之釐革焉。萬曆癸未序。

《明史・藝文志・春秋類》 傅遜《春秋左傳注解辨誤》二卷。

《四庫提要・春秋類存目一》 《左傳注解辨誤》二卷。江蘇巡撫採進本。明傅遜撰。遜有《左傳屬事》，已著録。是編皆駁正杜預之解，間有考證，而以意推求者多。視後來顧炎武、惠棟所訂，未堪方駕。前有《古字奇字音釋》一卷，乃《左傳屬事》之附録，裝緝者誤置此書中，頗淺陋無可取。後附《古器圖》一卷，則其孫熙之所彙編，亦剿襲楊甲《六經圖》，無所考訂也。

讀左漫筆

《四庫提要・春秋類存目一》 《讀左漫筆》一卷。編修程晉芳家藏本。明陳懿典撰。懿典字孟常，秀水人。萬曆壬辰進士，官至中允，乞假歸。崇禎初，起爲少詹事，不赴。此書蓋其讀《左傳》時隨筆漫記，凡二十七條。《嘉禾徵獻録》載懿典有《讀左史》二卷，此即其《讀左》一卷也。大抵如時文評語。如開卷「石碏殺州吁」一條云：「石碏誘州吁離窟穴而執之，大是高識。」又如「孟僖子知孔子」一條云：「孟僖子能知夫子，且能稱其上世而知後有達者，可謂具隻眼人。」此類亦何須贅論也。

左氏始末

黄虞稷《千頃堂書目・春秋類》 徐鑒《左氏始末》。字觀甫，豐城人。萬曆辛丑進士，太僕寺卿。

左氏兵法

黄虞稷《千頃堂書目・春秋類》 王世德《左氏兵法》。字長民，永康人。萬曆辛丑進士，巡撫雲南都察御史。

左傳合注春秋列國世家

黄虞稷《千頃堂書目・春秋類》 龔時憲《左傳合注春秋列國世家》。字行素，大倉州人。爲州學生，好著述。

鍾評左傳

《四庫提要・春秋類存目一》 《鍾評左傳》三十卷。内府藏本。是編爲毛晉汲古閣所刻。惟録杜預《左傳集解》較坊本兼刻林堯叟注者，特爲近古。然綴以鍾惺評點，改其名爲《鍾評左傳》，殊爲蛇足。惺撰《詩歸》，別開蹊徑，尚能成一家之言。至於詁經，則非其所長也。

春秋左傳典略

黃虞稷《千頃堂書目・春秋類》 陳許廷《春秋左傳典略》十二卷。

《四庫提要・春秋類存目一》 《春秋左傳典略》十二卷。江蘇巡撫採進本。明陳許廷撰。許廷字靈茂，海鹽人。萬曆中諸生，以薦授兵部司務。其書每一公爲一卷，皆摘取《左氏》中單文隻字之可資考核者，證以他書。繁稱博引，以詭麗爲宗，不專主於疏通經義。然就其所論，亦往往失之穿鑿。如衛懿公好鶴，則取浮丘公之言。秦人歸襚，則指爲漢輿之讖。多未免於蕪雜也。

春秋左氏人物譜

徐𤊹《徐氏家藏書目・春秋類》 《春秋人物譜》十三卷。張事心。

黃虞稷《千頃堂書目・春秋類》 張事心《春秋左氏人物譜》一卷。字子靜，福清貢士，海澄訓導。

《明史・藝文志・春秋類》 張事心《春秋左氏人物譜》一卷。

嵇璜等《續通志・圖譜略・春秋》 張事心《春秋左氏人物譜》。

左瘤史

黃虞稷《千頃堂書目・春秋類》 朱焯《左瘤史》二卷。字惟盛，邵武府人。稱志庵先生。

春秋左傳杜林合註

范邦甸等《天一閣書目・春秋類》 《春秋左傳杜林合註》五十卷。刊本。晉杜預著。宋林堯叟註。唐陸元朗音。

黃虞稷《千頃堂書目・春秋類》 《左傳杜林合注》五十卷。合杜預、林堯叟解注爲一書。

倪燦等《宋史藝文志補・春秋類》 《左傳杜林合注》五十卷。

《四庫提要・春秋類三》 《左傳杜林合注》五十卷。左都御史應階進本。明王道焜、趙如源同編。案：朱彝尊《經義考》載宋林堯叟《春秋左傳句解》四十卷，引鄭玥之言曰：「堯叟字唐翁。崇禎中，杭州書坊取其書合杜注行之。」又載此書五十卷，引陸元輔之言曰：「王道焜，杭州人。中天啓辛酉鄉試。與里人趙如源濬之共輯此書」云云。今書肆所行卷數與彝尊所記合，而削去道焜、如源之名。又首載凡例，題爲堯叟所述，而中引永樂《春秋大全》，殆足哈噱。蓋即以二人編書之凡例改題堯叟也。杜預注《左氏》號爲精密。雖隋劉炫已有所規，元趙汸、明邵寶、傅遜、陸粲、國朝顧炎武、惠棟又遞有所補正，而宏綱巨目，終越諸家。堯叟之書，徒以箋釋文句爲事，實非其匹。第古注簡奧，或有所不盡詳，堯叟補苴其義，使淺顯易明，於讀者亦不無所益，且不似朱申《句解》，於傳文橫肆刊削，故仍録存之，以備一解。中附陸德明《音義》，當亦道焜等所加，原本所有，今亦竝存焉。

吳壽暘《拜經樓藏書題跋記・群經小學》 《春秋左傳》。右《春秋左傳杜林合注》，家塾讀本。先子題首頁云：「右《春秋左氏傳》，爲宜興儲在陸先生批本，往見于長橋書肆中，因急購以歸。先生評選《左》《國》兩《漢》及唐宋八家古文，藝林奉爲圭臬，惜坊刻流傳簡略滋甚，盡失先生本意。即以《左氏》而論，刻本視此僅什之二三，他可知矣。又嘗見其子芝跋文集云：『先君子沈潛嗜書，老而彌篤。于左氏、司馬氏、昌黎氏之書，反覆含咀，不下數十百過』，蓋其生平用力之勤若是。而坊刻乃爾簡略，微是書，幾無以見先生之苦心，眞可恨也！漫志於此，以告世之讀儲氏書者。乾隆戊戌春日，兔牀吳某。」

春秋左傳地名録

黄虞稷《千頃堂書目・春秋類》 劉城《春秋左傳地名録》二卷。字伯宗，貴池人。貢士。崇禎中，江西布政使。張秉文保舉堪任州牧，辭不就。

《明史・藝文志・春秋類》 劉城《春秋左傳地名録》二卷。

《四庫提要・春秋類存目一》 《春秋左傳地名録》二卷。浙江巡撫採進本。明劉城撰。城字伯宗，貴池人。是編前列國名，後列地名，各以十二公時代爲序。地名之下各有注，少僅一二字，多亦不過六七字。蓋隨手集録，姑備記誦，無所考正。視後來高士奇、江永二家之書不及遠矣。

左記

黄虞稷《千頃堂書目・春秋類》 章大吉《左記》十二卷。字惠伯，山陰人。

左略

黄虞稷《千頃堂書目・春秋類》 曾益《左略》一卷。會稽人。

左氏聯璧

黄虞稷《千頃堂書目・春秋類》 葉紹鳳《左氏聯璧》八卷。

倪燦等《宋史藝文志補・春秋類》 葉紹鳳《左氏聯璧》八卷。

讀左日鈔

《四庫提要・春秋類四》 《讀左日鈔》十二卷。補二卷。浙江巡撫採進本。國朝朱鶴齡撰。鶴齡有《尚書埤傳》，已著録。是書採諸家之説，以補正杜預《春秋經傳集解》之闕譌。於趙汸、陸粲、傅遜、邵寶、王樵五家之書所取爲多。大抵集舊解者十之七，出己意者十之三，故以鈔名。所補二卷，多用顧炎武説。炎武《杜解補正》三卷，具有完帙，此所採未及什一。其凡例稱庚申之秋，炎武自華陰寄《左傳》注數十則，蓋是時《杜解補正》尚未成也。鶴齡斥林堯叟《音義》之陋，所取僅三四條，持論極允。至孔穎達《正義》，家弦戸誦，久列學官，斷無讀注而不見疏者，乃連篇采掇，殊屬贅疣。至《襄九年傳》「閏月」當作「門五日」，本爲杜注，乃引以補杜，尤爲牀上牀矣。他如於《定公八年傳》，謂公山不狃之意在於張公室，陽虎之意不在公室，但欲假公室以制三桓爲利而已。《定公十二年傳》，則云公山不狃、叔孫輒之徒據費以畔，説者謂叛季非叛魯，其説非也。彼稔見三家不臣之迹，尤而效之，藉口於張公室耳云云，是一事而臧否頓殊。又如《莊公二十二年傳》，引《史記正義》以未羊巽女爲姜姓之訓。於《昭九年傳》，又續引汪琬之説駁張守節失《左氏》之指，是一義而去取迥異。皆未免於小疵。然其中如引鬭辛以駁伍員之復讎，天經地義，爲千古儒者所未發。引定公五年、文公十七年二《傳》，證公壻池非晉侯之壻，引《檀弓》越人弔衛將軍文子事，證秦人歸僖公成風之襚。引《漢書・王嘉傳》，證「屈蕩尸之」當作「戸之」之類，亦具有考證。雖瑕瑜竝陳，不及顧炎武、惠棟諸家之密，而薈稡衆長，斷以新義，於讀《左傳》者要亦不爲無補焉。

左傳杜解補正

《四庫提要・春秋類四》 《左傳杜解補正》三卷。通行本。國朝顧炎武撰。炎武一名絳，字寧人，崑山人。博極羣書，精於考證，國初稱學有根柢者以炎武爲最。李光地嘗爲作《小傳》，今載《榕村集》中。是書以杜預《左傳集解》時有闕失，賈逵、服虔之注、樂遜之《春秋序義》，今又不傳。於是博稽載籍，作爲此書。至邵寶《左觿》等書，苟有合者，亦皆采輯。若「室如懸罄」，取諸《國語》；「肉謂之羹」，取諸《爾雅》；「車之有輔」，取諸《呂覽》；「田祿其子」，取諸《楚辭》；「千畝原之在晉州」，取諸鄭康成；「祏爲廟主」，取諸《說文》；「石四爲鼓」，取諸王肅《家語注》；「祝其之爲萊蕪」，取諸《水經注》。凡此之類，皆有根據。其他推求文義，研究訓詁，亦多得《左氏》之意。昔隋劉炫作《杜解規過》，其書不傳，惟散見孔穎達《正義》中。然孔《疏》之例，務主一家，故凡炫所規，皆遭排斥，一字一句，無不劉曲而杜直，未協至公。炎武甚重杜解，而又能彌縫其闕失，可謂掃除門戶，能持是非之平矣。近時惠棟作《左傳補注》，糾正此書「尨涼」一條、「大司馬固」一條、「文馬百駟」一條、「使封人慮事」一條、「遇艮之八」一條、「豆區釜鍾」一條。然其中文馬之說，究以炎武爲是。棟又摘其引古《春秋左氏》說，但舉《漢書·五行志》之名，又摘其「禮爲鄰國闕」一條，用服虔之說而不著所自。案徵引佚書，當以所載之書爲據。棟引《世本》不標《史記注》，引京相璠土地名，不標《水經注》，正體例之疎，未可反譏炎武。至服虔一條，當由偶忘出典。棟注《昭公二十九年》「賦晉國一鼓鐵」，證以王肅《家語注》，亦明馮時可之說，未標時可之名也。是固不以掠美論矣。

張之洞《書目答問·列朝經注經說經本考證》 《左傳杜解補正》三卷。顧炎武。《亭林遺書》本。學海堂本。借月山房本。《指海》本。

左傳事緯

《四庫提要·春秋類四》 《左傳事緯》十二卷。附録八卷。山東巡撫採進本。國朝馬驌撰。驌字驄御，又字宛斯，鄒平人。順治己亥進士，官淮安府推官，終於靈璧縣知縣。是書取《左傳》事類，分爲百有八篇，篇加論斷。首載晉杜預、唐孔穎達《序論》及自作《丘明小傳》一卷、《辨例》三卷、《圖表》一卷、《覽左隨筆》一卷、《名氏譜》一卷、《左傳字奇》一卷，合《事緯》爲二十卷。內《地輿》有說無圖，蓋未成也。王士禎《池北偶談》稱其博雅嗜古，尤精《春秋左氏》學，載所著諸書與此本竝同，惟無《字奇》及《事緯》，豈士禎偶未見歟？三《傳》之中，左氏親覩國史，事蹟爲眞，而褒貶則多參俗議。公羊、穀梁二家得自傳聞，記載頗謬，而義例則多有師承。《朱子語録》謂左氏史學，事詳而理差；公、穀經學，理精而事謬。蓋篤論也。驌作是書，必謂《左氏》義例在《公》、《穀》之上，是亦偏好之言。然驌於《左氏》實能融會貫通，故所論具有條理。其圖表亦皆考證精詳，可以知專門之學與涉獵者相去遠矣。

張之洞《書目答問·列朝經注經說經本考證》 《左傳事緯》十二卷，附録八卷。馬驌。自刻本。漢陽朝宗書室活字版本無附録。

左傳統箋

《四庫提要·春秋類存目二》 《左傳統箋》三十五卷。浙江汪啓淑家藏本。國朝姜希轍撰。希轍字二濱，餘姚人。明崇禎壬午舉人。國朝官至奉天府府丞。此書循文衍義，所據者特杜預、林堯叟、孔穎達三家，參以朱申《句解》。其所引證，又皆不標所出，猶沿明季著書之習。

左傳姓名考

《四庫提要·春秋類存目二》 《左傳姓名考》四卷。江蘇巡撫採進本。國朝高士奇撰。士奇有《左傳地名考》，已著録。是編蓋與地名考相輔而行，然體例龎雜，如出二手。如不論嫡、妾皆謂之夫人，已於篇首發例，而於齊乃別出「悼公妾季姬」一條。有世系者從其世系，不論歲月，亦於篇首發例，而晉平鄭父平豹、巫臣、邢伯皆不相隨，楚伯州犂、吳伯嚭仍系之晉，楚，管修仍系之齊，而巫臣之子乃不系之楚；魯婦人戴己、楚婦人鬭伯比妻、齊婦人棠姜、陳婦人夏姬、宋婦人蕩伯姬之類，各出一條，而他國皆不載；僖負羈下旁注一「妻」字，尤不畫一；魯君女紀伯姬、楚君女江芊之類，亦各出一條，而他國不載；秦女簡璧、衛孔伯姬併列之夫人條中，尤爲舛謬。周石速以膳夫列之大夫，晉優施、寺人披、豎頭須竝以賤役列之士，許叔名見於傳，削之不載，滕、薛、杞、莒皆自爲篇，而虢公、虞公、紀侯、隨侯皆儼然躬桓之班，乃與潞子嬰兒、介葛盧等併爲一篇。其他顛倒雜亂、自相矛盾者，幾於展卷皆然，不能備數。其委諸門客之手，士奇未一寓目乎？

張之洞《書目答問・列朝經注經説經本考證》　《左傳姓名同異考》四卷。高士奇。《高文恪四部稿》本。

春秋左傳事類年表

黃虞稷《千頃堂書目・春秋類》　顧宗瑋《春秋左傳事類年表》。字連叔，吳江人。遺書目作松江，誤。

《四庫提要・春秋類存目二》　《春秋左傳事類年表》一卷。浙江鮑士恭家藏本。國朝顧宗瑋撰。宗瑋字廷敬，吳江人。其書每一年爲半頁，横分十格，一曰周，二曰魯，三曰列國，四曰災異，五曰郊祀，六曰朝聘，七曰會盟，八曰征伐，九曰城築，十曰土田。各以經文散書其內，而傳文爲經所不載者亦附見焉。據其凡例，尚有《三傳異同》一卷、《春秋通例》一卷、《春秋稽疑》一卷、《春秋參同》一卷、《春秋提要發明》一卷、《春秋圖譜》一卷、《春秋箋釋》一卷、《春秋餘論》一卷，今皆未見，蓋非完書也。

春秋左氏傳小疏

《四庫提要・春秋類四》　《春秋左氏傳小疏》一卷。江蘇巡撫採進本。國朝沈彤撰。彤有《尚書小疏》，已著録。是編以趙汸、顧炎武所補《左傳杜注》爲未盡，更爲訂正。其中得失互見。如《襄公二十六年傳》：「享子展，賜之先路、三命之服，先八邑，賜子產次路、再命之服，先六邑。」彤謂八邑、六邑其數少，乃司勳所云賞地，非采邑之加田，《疏》亦誤。今考《司勳》曰：「凡頒賞地，參之一食，惟加田無國正。」《注》曰：「加田既賞之，又加賜以田，所以厚恩也。」據此，則是特以賞田有所未盡，更加以賞，未有賞田反少，加田反多者。今彤謂八邑、六邑爲數少，當是賞地，則加田爲數當多矣，與《周禮》殊爲未合。蓋彤著《周官祿田考》，誤以《大司徒注》小都、大都旁加之數，即爲《司勳》之加田，故今以子展、子產皆國卿，若受加田則約得小都，旁加四里。《傳》云「八邑」者，據《注》不過三十二井；云《六邑》者，不過二十四井。故疑其數少，非加田。其實皆不然也。又如《文公元年傳》「歸餘于終」，彤謂積氣朔餘日以置閏，在四季月，故曰「歸餘於終」。經傳所書閏月，皆不得其正，惟昭公二十年閏八月，於夏時適爲閏六月，偶合耳。今考《昭公二十年》書「春王正月」，《傳》曰：「二十年春王二月己丑，日南至。」杜《注》謂當言「正月己丑朔，日南至」。時史失閏更在二月後，故《經》因史而書正月，《傳》更具於二月。《疏》謂歷之正法，往年十二月後宜置閏月，即此年正月，當是往年閏月。此年二月，乃是正月。時史於往年錯不置閏，閏更在二月之後，《傳》於八月之下，乃云閏月戊辰殺宣姜是也。注不言在八月後者，以正月之前當置閏，二月之後即不可也。據此，則是年八月置閏，正史官之失。彤反以爲偶合，亦非也。至如《襄公二十八年傳》「令倍其賦」，孔《疏》謂賞地之稅三分，王食其一，二入於王臣。此采邑貢王之數。然則諸侯之臣受采地者，亦當三分之一歸於公。言重倍其賦，當以三分而二入公。今考采邑貢王，《大司徒注》曰：「采地食者皆四之一。百里之國凡四都，一都之田稅入于王。五十里之國凡四縣，一縣之田稅入于王。二十五里之國凡四甸，一甸之田稅入于王。」其賞地貢王，則孔《疏》所引《司勳注》「三分計稅，王食其一」是也。然則采地、賞地貢數顯異。今孔《疏》於侯國采地之賦不計四分之一而計三分之一，是誤以賞地爲采地矣。彤辨正其非，足關相沿之謬。又如《襄公二十五年傳》「賦車兵徒兵」，杜《注》云：「車兵甲士。」《孔疏》云：「知非兵器者，上云數甲兵，下云甲楯之數，故知此謂人也。」顧炎武謂執兵者之稱兵自秦始，三代以上無之。凡杜之以士卒解兵者皆非。彤引《隱公五年傳》「諸侯之師敗鄭徒兵」，《襄公元年傳》「敗其徒兵于洧上」，云徒兵則不得謂非士卒矣。亦可以補正顧氏之失。雖未完之書，録而存之，於讀《左傳》者亦有所裨也。

張之洞《書目答問・列朝經注經説經本考證》　《左傳小疏》一卷。沈彤。《果堂集》本。學海堂本。

左傳拾遺

《四庫提要・春秋類存目二》　《左傳拾遺》二卷。直隸總督採進本。國朝朱元英撰。元英字師晦，上元人。康熙己丑進士。是書摘取《左傳》一百一十事，爲文一百二十有一。蓋仿《東萊博議》之體。惟《博議》多闡經義，此則頗訂傳文耳。然好出新意，亦往往失之過苛。如《桓公十七年》：「冬十月朔，日有食之。」《傳》曰：「不書日，官失之也。」元英則以不日爲特筆，譏《左氏》不知聖人之意。《襄公二十九年》「吳季札請觀周樂歌《小雅》」，有「周德之衰」一語，元英以爲訓詁之失，而引《九章算法》，謂差分爲衰分。其説皆不能確也。

左傳杜註補義

《四庫提要・春秋類存目二》　《左傳杜註補義》一卷。山西巡撫採進本。國朝蘇本潔撰。本潔字幼清，常熟人。康熙癸巳舉人，官興化府知府。是編因顧炎武《左傳杜解補正》有所未盡，乃作此以補之。多推求文句，體味語意，而罕所引據考證，故名曰「補義」。前有康熙庚子陶貞一序，稱本潔原本兼補林堯叟《注義》，貞一爲刪之。知所據者坊刻《杜林合注》之本，非《注疏》本也。

左繡

《四庫提要・春秋類存目二》　《左繡》三十卷。通行本。國朝馮李驊陸浩同編。李驊字天閑，錢塘人。浩字大瀛，定海人。是編首載《讀左卮言》、《十二公時事圖説》、《春秋三變説》、《列國盛衰説》、《周十四王説》。書中分上、下二格，下格列杜預《經傳集解》及林堯叟《左傳解》，杜解悉依原文，林解則時多刪節。又摘取孔氏《正義》及國朝顧炎武《左傳補正》二書與杜氏有異同者，附於其後。別無新義。上格皆載李驊與浩評語，則竟以時文之法商推經傳矣。

春秋識小録

《四庫提要・春秋類四》　《春秋識小録》九卷。浙江巡撫採進本。國朝程廷祚撰。廷祚有《大易擇言》，已著録。是書凡《春秋職官考略》三卷，《春秋地名辨異》三卷，《左傳人名辨異》三卷。其考職官，首爲數國共有之官。次爲一國自有之官。皆分列排纂，凡與《周禮》異同者一一根據注疏爲之辨證，頗爲精核。末爲《晉軍政始末表》，序晉軍八變之制，而詳列其將佐之名。又以御戎、戎右附表於後，亦皆整密。惟置諸國而獨詳晉，則未知其例云何也。其考地名，首爲地同而名異，次爲地異而名同。末爲《晉書地理志證今》，以杜預注《左傳》，皆用晉代地名故也。其辨人名，自一人二名以逮一人八名者，皆彙列而分注之。大致與《春秋名號歸一圖》互相出入，而較爲簡明。雖似與《經》義無關，然讀《經》、讀《傳》者往往因官名、地名、人名之舛異，於當日之事迹不能融會貫通。因於聖人之褒貶，不能推求詳盡。如胡安國之誤執季孫，橫生異論，毛奇齡之附會尹氏，牽合正經者，蓋有之矣。則廷祚是書，固讀《春秋》家所當知也。

張之洞《書目答問・列朝經注經説經本考證》　《春秋識小録》九卷。《職官考略》三卷、《地名辨異》。程廷祚。《緜莊遺書》本、《珠塵》本三卷。

左傳人名辨異

張之洞《書目答問・列朝經注經説經本考證》　《左傳人名辨異》三

卷。程廷祚。《緜莊遺書》本，《珠塵》本。

左傳補注

《四庫提要・春秋類四》 《左傳補注》六卷。桂林府同知李文藻刊本。國朝惠棟撰。棟有《周易述》，已著録。是書皆援引舊訓以補杜預《左傳集解》之遺，本所作《九經古義》之一，以先出別行，故《九經古義》刊本虛列其目而無書。目作四卷，此本實六卷，則後又有所增益也。其中最典確者，如《隱五年》「則公不射」，引《周禮・射人》「祭祀則贊射牲」、《司弓矢》「供射牲之弓矢」及《國語》倚相之言，證旁引射蛟之誤。案此朱子之說，非杜注也。蓋因補杜而類及之。《莊公十四年》「繩息嬀」，引《呂覽》「周公作詩以繩文王之德」及《表記》鄭《注》「譽，繩也」，證杜訓譽之由。《二十八年》：「臧孫辰告糴于齊，禮也。」引《周書・糴匡解》：「年儉穀不足，君親巡方，卿告糴。」證爲古禮。《僖五年》「虞不臘矣」，引《太平御覽》舊注及《風俗通》、《月令章句》，證臘不始秦。《十年》「七輿大夫」，引王肅《詩傳》，證「七」當作「五」。《二十二年》「大司馬固諫曰」，引《晉語》「公子過宋，與司馬公孫固相善」，證固爲人名。《二十七年》「夏書曰」，引《墨子・明鬼篇》，證《尚書》但有《夏書》、《商書》、《周書》，本無《虞書》。《文十八年》「在九刑不忘」，引《周書・嘗麥解》，證爲刑書九篇。《宣二年》「以視于朝」，引《毛詩・鹿鳴箋》、《儀禮・士昏禮》注，證「視」爲正字，郭忠恕作「示」爲誤。《三年》「不逢不若」，引郭璞《爾雅注》作「禁禦不若」，證以杜《注》「逢」字在下文，知今本譌寫。《六年》「以盈其貫」，引《韓非子》「以我滿貫」，證「貫」字。《成十六年》「徹七札焉」，引《呂覽・愛士篇》，證鄭康成一甲七札之說。《襄二十三年》「娶子鑄」，引《樂記》鄭注，證鑄即祝國。又「踞轉而鼓琴」，引許愼《淮南子注》，證「轉」即「軫」。《二十五年》「愼始而敬終，終以不困」，引《周書・常訓解》，證不出古文《蔡仲之命》。《二十七年》「崔杼生成及彊而寡」，引《墨子・辭過篇》，證無妻曰寡。《昭元年》「具五獻之籩豆于幕下」，引《禮記正義》，證杜《注》五獻之誤。《十五年》「一歲而有三年之喪二」，引《墨子・公孟》、《非儒》二篇，證妻喪三年爲春秋末造之禮。《二十六年》「鑿而乘於他車」，引《說文》證「𨏔」誤作「鑿」。《哀二十五年》「轔而登席」，引《少儀》，證燕必解轔。皆根據昭然，不同臆揣。至《文二年》「廢六關」，引《公羊傳注》，證「廢」訓「置」則是，又引韋昭《國語注》，證「置」訓「廢」則非。蓋置有二義，一爲建置之置，《公羊注》所言是也；一爲棄置之置，《國語注》所言是也。此猶亂可訓治，而「亂離瘼矣」不可訓治；臭可訓香，而「逐臭之夫」不可訓香。古之設關在譏而不在征，臧文仲廢六關以博寬大之譽，而使姦宄莫詰，陰以厲民，故誅其心而謂之不仁。棟但執反覆旁通之義，殊爲偏駁。又《文十三年》「其處者爲劉氏」，孔穎達《疏》明言漢儒加此一句，則爲「劉」字無疑。而必謂原作「留」字，漢儒改爲卯金刀。《宣二年》「文馬百駟」，當以丘光庭《兼明書》所辨爲是，而必引《說文》畫馬之訓。《襄十七年》「澤門之晳」，謂古「皋」、「澤」字通，又謂諸侯有皋門，其說固是；然邑中澤門，各指所居，皋門非所居之地也。《二十一年》「公姑姊」，既謂注疏皆非，斷爲同宗之女，然於姑可解，於姊終無解也。《二十五年》「執簡以往」，引服虔說一簡八字，證太史書崔杼事亦八字，殊嫌牽合。《三十年》「亥有二首六身」，即指爲《孟子》之亥唐，尤爲附會。《昭七年》「余敢忘高圉、亞圉」，引《竹書紀年》補杜預之闕，不知汲郡古文，預所目睹，預既不引，知原書必無此文，未可以後來僞本證其疏漏。案：書中屢引《竹書紀年》，蓋未及詳考今本之僞。至於《二十一年》「鄭翩願爲鸛」，引陸佃《埤雅》之雜說，案：鸛井出《酉陽雜俎》，非始於佃。《哀六年》「無疾而死」，引《汲冢瑣語》之野談。《十二年》「效夷言」，謂春秋時已重吳音，不始於晉。更非注經之體矣。他如「公即位」之「位」，必欲從古經作立；「屢豐年」之「屢」，必欲從《說文》作「婁」，亦皆徒駴耳目，不可施行。蓋其長在博，其短亦在於嗜博；其長在古，其短亦在於泥古也。

張之洞《書目答問・列朝經注經說經本考證》 《左傳補注》六卷。惠棟。《貸園叢書》本。《守山閣》本。《金壺》本。學海堂本。

春秋左傳分國土地名

黃虞稷《千頃堂書目・春秋類》 《春秋左傳分國土地名》二卷。沈淑撰。

春秋列國職官

黃虞稷《千頃堂書目・春秋類》 《春秋列國職官》一卷。沈淑撰。

春秋器物宮室

黃虞稷《千頃堂書目・春秋類》 《春秋器物宮室》一卷。沈淑撰。

春秋左傳補注

張之洞《書目答問・列朝經注經説經本考證》 《左傳補注》三卷。馬宗槤。原刻本。學海堂本。

左傳補注

張之洞《書目答問・列朝經注經説經本考證》 《左傳補注》一卷。姚鼐。《惜抱軒集》本。

春秋左傳古義

張之洞《書目答問・列朝經注經説經本考證》 錢塘《春秋左傳古義》六卷，未刊。

讀左補義

《四庫提要・春秋類存目二》 《讀左補義》五十卷。浙江巡撫採進本。國朝姜炳璋撰。炳璋有《詩序補義》，已著録。是書欲破説《春秋》者屈經從例之弊，謂《春秋》無例，《左傳》所言之例皆史氏之舊文。其凡有五：一曰西周舊典，二曰東遷後列國相沿之例，三曰魯史自相傳授之例，四曰霸國更定之例，五曰魯君臣私定之例。杜預所謂凡例，皆周公之禮經；變例皆聖人之新意者，未爲定論。其援據頗典博，參考亦頗融貫。然謂史氏相沿有此五例，《左氏》遂據以推測聖經可也。謂《春秋》全因五例之舊文，則聖人直隷魯史，不筆不削，何以云其義竊取，何以云「知我罪我，其惟《春秋》」乎？觀《襄公二十年傳》甯殖曰「名藏在諸侯之策」，曰「孫林父甯殖出其君」，而經書「襄公十四年夏四月己未，衛侯出奔齊」。是亦不盡用策書之明證矣。所註用杜解者十之六七，兼採他説并參以己意亦頗簡潔，而《傳》後必附以説，簡端又冠以評，或論事、或論文，如坊選古文之例，殊非註經之體也。

左傳評

《四庫提要・春秋類存目二》 《左傳評》三卷。山東巡撫採進本。國朝李文淵撰。文淵字静叔，益都人。《春秋左傳》本以釋經，自眞德秀選入《文章正宗》，亦遂相沿而論文。近時寧都魏禧、桐城方苞於文法推闡尤詳。

文淵以二家所論尚有未盡，乃自以己意評點之。僅及僖公二十四年，而文淵夭逝，書遂未畢。其兄文藻哀次遺稾，編爲三卷，刊版於潮陽。末有文藻跋，稱其潛心《易》、《禮》兩經，取古人圖象傳註羅而繹之者數年，以至於病且死。故所評閱，多未終卷云。

劉炫規杜持平

張之洞《書目答問・列朝經注經説經本考證》《劉炫規杜持平》六卷。邵瑛。原刻本。

春秋左傳詁

張之洞《書目答問・列朝經注經説經本考證》《左傳詁》五十卷。洪亮吉。集外續刻本。

左通補釋

張之洞《書目答問・列朝經注經説經本考證》《左通補釋》三十二卷。梁履繩。家刻本。原書共六種。統名《左通》。尚有《駮證》、《考異》、《廣傳》、《古音》、《肊説》五種未刊。

春秋左傳補疏

黄虞稷《千頃堂書目・春秋類》《春秋左氏補疏》五卷。焦循撰。

張之洞《書目答問・列朝經注經説經本考證》《左傳補疏》五卷。焦循《焦氏叢書》本。學海堂本。

春秋左傳補注

張之洞《書目答問・列朝經注經説經本考證》沈欽韓《左傳補注》一卷，未見傳本。

左傳考異

張之洞《書目答問・列朝經注經説經本考證》沈欽韓《左傳考異》十卷，未見傳本。

左傳賈服注輯述

張之洞《書目答問・列朝經注經説經本考證》《左傳賈服注輯述》二十卷。李貽德。餘姚朱氏刻本，馮宗楗先有輯本刊行，李書爲詳，且有發揮。

春秋左氏古義

張之洞《書目答問・列朝經注經説經本考證》《春秋左氏古義》六卷。臧壽恭。滂喜齋本。

左傳舊疏考證

張之洞《書目答問・列朝經注經説經本考證》《左傳舊疏考證》八卷。劉文淇。道光十八年刻本。原書十二卷。

公羊傳分部

春秋公羊傳

《漢書·藝文志·禮》 《公羊傳》十一卷。公羊子，齊人。

晁公武《郡齋讀書志·春秋》 《春秋公羊傳》十二卷。右戴宏序云：子夏傳之公羊高，高傳其子平，平傳其子地，地傳其子敢，敢傳其子壽。至漢景帝時，壽乃與弟子胡母子都著以竹帛；其後傳董仲舒，以《公羊》顯於朝。又四傳至何休，爲《經傳集詁》，其書遂大傳。鄭玄曰：《公羊》善於讖，休之注，引讖爲多。

鄭樵《通志·藝文略·春秋》 《春秋公羊傳》。

尤袤《遂初堂書目·春秋》 杭本《公羊傳》。

陳振孫《直齋書録解題·春秋類》 《春秋公羊傳》十二卷。齊人公羊高，稱受經於子夏，傳子至玄孫壽。當漢景帝時，壽乃與弟子齊胡母子都著於竹帛，及董仲舒亦傳之，《說題辭》云：「傳我書者，公羊高也。」此亦傳會之言，蓋鄭康成亦有《公羊》善讖之說，往往言讖文者多宗之。

馬端臨《文獻通考·經籍考·春秋》 《春秋公羊傳》十二卷。

楊士奇等《文淵閣書目·春秋》 《春秋公羊傳》。一部，四冊。完全。《春秋公羊傳》。一部，六冊。完全。《春秋公羊傳》。一部，四冊。完全。《春秋公羊傳》。一部，六冊。完全。《春秋公羊傳》。一部，二冊。完全。《春秋公羊傳》。一部，六冊。完全。《春秋公羊傳》。一部，六冊。完全。《春秋公羊傳傳》。一部，二冊。完全。《春秋公羊傳傳》。一部，二冊。完全。右二部塾本與前七部同不重「傳」字。《春秋公羊傳》。一部，六冊。完全。

錢謙益等《絳雲樓書目·春秋類》 宋板《公羊傳》。十二卷。

姚振宗《漢書藝文志條理·春秋家》 《公羊傳》十一卷。公羊子，齊人。本書《人表》，公羊子列第四等中上。梁玉繩考曰：「公羊子，始見《公羊·桓六》，名高，齊人，子夏弟子。宋大中祥符二年，封臨淄伯。」後漢戴宏《春秋解疑》論曰：「子夏傳與公羊高，高傳與其子平，平傳與其子地，地傳與其子敢，敢傳與其子壽。至漢景帝時，壽乃共弟子胡母子都著于竹帛。」本書《儒林傳》：「漢興，言《春秋》，于齊則胡母生，于趙則董仲舒。」又曰：「瑕丘江公授《穀梁春秋》及《詩》于魯申公，傳子至孫爲博士。武帝時，江公與董仲舒並。仲舒通五經，能持論，善屬文。江公吶于口，上使與仲舒議，不如仲舒。而丞相公孫弘本爲公羊學，比輯其議，卒用董生。于是上因尊公羊家，詔太子受《公羊春秋》。由是，公羊大興。」又傳贊曰：「初，《書》唯有歐陽，《禮》后，《易》楊，《春秋》公羊而已。」

張之洞《書目答問·正經正注》 武昌局刻《公羊》單注大字本。古注，卷數仍舊。

公羊外傳

《漢書·藝文志·春秋》 《公羊外傳》五十篇。

姚振宗《漢書藝文志條理·春秋家》 《公羊外傳》五十篇。

公羊雜記

《漢書·藝文志·春秋》 《公羊雜記》八十三篇。

姚振宗《漢書藝文志條理·春秋家》 《公羊雜記》八十三篇。《經義考》：「《公羊雜記》，《漢志》：八十三篇，佚。按《漢書·公孫弘傳》『學《春秋》雜說』，度即《公羊雜記》也。」按《儒林傳》云：「胡母生歸教于齊。齊之言《春秋》者宗事之，公孫弘亦頗受焉。」又本傳云：「弘年四十餘，乃學《春秋》雜說。」朱氏以爲即此《公羊雜記》。若是，則是書漢初已有之，由來舊矣。《藝文志·詩家》云：「齊轅固、燕韓生，皆爲之傳。或取《春秋》，采雜說，咸非其本義。」似亦即此雜記也。賈景伯曰：「公羊多任于權變。」權變之説無窮，故其雜記多至八十三篇。

公羊董仲舒治獄

《漢書・藝文志・春秋》　《公羊董仲舒治獄》十六篇。

姚振宗《漢書藝文志條理・春秋家》　《公羊董仲舒治獄》十六篇。

《史記・儒林傳》：「董仲舒，廣川人也。按：廣川國之廣川縣人。又廣川國，宣帝時爲信都國。以治《春秋》。孝景時，爲博士。今上即位，爲江都相中，廢爲中大夫。下吏當死，詔赦之。使相膠西王，疾免。居家至卒，終不治産業，以修學著書爲事。故漢興至于五世之間，唯董仲舒名爲明于《春秋》，其傳公羊氏也」。　本書《列傳》：「仲舒在家，朝廷如有大議，使使者及廷尉張湯就其家而問之，其對皆有明法。年老，以壽終于家。家徙茂陵，子及孫皆以學至大官。」又傳贊曰：劉歆以爲「仲舒遭漢承秦滅學之後，六經離析，下帷發憤，潛心大業，令後學者有所統壹，爲羣儒首」。　《後漢書・應劭傳》：「邵刪定律令，爲《漢儀》。建安元年乃奏之。曰：『故膠東相董仲舒，老病致仕。朝廷每有政議，數遣廷尉張湯親至陋巷，問其得失。于是作《春秋決獄》二百三十二事，動以經對，言之詳矣。』」　《隋書・經籍志》：「《春秋決事》十卷，董仲舒撰。」　《唐書・經籍志・法家》：「《春秋決獄》十卷，董仲舒撰。」　《藝文志・法家》：「董仲舒《春秋決獄》，十卷。」《崇文總目》：「《春秋決事比》十卷，漢董仲舒撰。丁氏平，黄氏正。初，仲舒既老病致仕，朝廷每有政議，武帝數遣廷尉張湯問其得失。于是作《春秋決疑》二百三十二事，動以經對。至吳，太史令吳、按此下似脱範字。汝南丁季，按季或是孚之譌。江夏黄復平正得失，今頗殘缺，止有七十八事。」《經義考》曰：「《漢志》『《公羊治獄》』，《隋志》作《春秋決事》，《七録》作《春秋斷獄》，新、舊《唐書》作《春秋決獄》，《崇文總目》作《春秋決事比》。《漢志》十六篇，《七録》五卷，隋、唐《志》，《崇文目》十卷。王充曰：『仲舒表《春秋》之義，稽合于律，無乖異者。』桓寬曰：『《春秋治獄》論心定罪，志善而違于法者，免；志惡而合于法者，誅。』王應麟曰：『仲舒《春秋決獄》，其書今不見。』《太平御覽》載二事，其一引春秋許止進藥，其一引夫人歸于齊。《通典》載一事，引《春秋》之義，父爲子隱。應劭謂『二百三十二事，今僅見三事而已』。按《藝文類聚》有引《決獄》『君獵得麑』一事。」　馬國翰輯本，序曰：「董氏傳春秋公羊學，既撰《繁露》，悉究天人之奥。復撰此書，引經斷獄，當代取式焉。今佚，從《禮記正義》、《通典》、《白帖》、《藝文類聚》、《御覽》諸書輯得八節。其論衡情準理，頗持其平。妻甲見夫乙毆母而殺乙，比于武王誅紂雖康成議其過，大誼要自可通也。」又王謨《漢魏遺書鈔》亦輯存六條。

春秋公羊傳章句

姚振宗《漢書藝文志拾補・春秋家》　胡母生《春秋公羊傳章句》。

《漢書・儒林傳》：「漢興言春秋於齊，則胡母生。」又曰：「胡母生，字子都，齊人也。治《公羊春秋》，爲景帝博士，與董仲舒同業。仲舒著書稱其德，年老歸教於齊，齊之言《春秋》者，宗事之。公孫弘亦頗受焉。」　唐本《文館詞林》：見近刻《古佚叢書》。「後漢李固祀胡母先生，敎曰：自宣尼没七十子亡，經義乖散，秦復火之。然胡母子都稟天淳和，沈淪大道，深演聖人之旨。始爲《春秋》制造《章句》。是故嚴、顔有所祖述，徵、微後生得以光啓，斯所謂法施於人者也。故宣尼豫表之日，胡母生知事情，匿書自藏，不敢有聲。」按《儒林傳》云：孝文本好刑名之言，及至孝景不任儒，竇太后又好黄老術，諸博士具官，待問未有進者，故此云爾。又曰：「太守以不材，嘗學《春秋》胡母章句，每讀其書，思覩其人，不意千載來臨此邦。是乃太守之先師又法施於人，禮宜有祀。」　按范書《李固傳》：永和中，固以荆州刺史徙爲泰山太守。此下敎祀胡母先生，其即爲泰山太守時也。李學胡母生《公羊章句》，可補范書之缺，而胡母生齊之泰山郡人，有《公羊章句》，亦賴以彌縫班書之略。　又按《儒林傳》云：瑕丘江公受《穀梁春秋》及《詩》於魯申公。武帝時，江公與董仲舒並上使與仲舒議，不如仲舒，而丞相公孫弘本爲公羊學，比輯其義，卒用董生。於是上因尊公羊家，由是公羊大興。《藝文志》：「《公羊章句》三十八篇，不著撰人。」疑即董氏書。胡母氏《章句》據李子堅言，當時匿書自藏，殆歸敎於齊。齊之學《春秋》者傳之。至後漢猶存，爲何劭公等所祖述。

春秋公羊傳條例

姚振宗《漢書藝文志拾補・春秋家》 胡母生《春秋公羊傳條例》。何休《〈春秋公羊傳解詁〉序》曰：「往者略依胡母生《條例》，多得其正。」徐彦曰：「胡母生雖以《公羊經傳》授董氏，猶自別作《條例》，故何氏取之。」

公羊章句

《漢書・藝文志・春秋》 《公羊章句》三十八篇。

姚振宗《漢書藝文志條理・春秋家》 《公羊章句》三十八篇。本書《儒林傳》：「胡母生與董仲舒同業。董生弟子遂之者，蘭陵褚大、東平嬴公、廣川段仲、溫呂步舒。大至梁相，步舒丞相長史，唯嬴公守學不失師法，爲昭帝諫大夫，授東海孟卿、魯眭孟。孟爲符節令。」又曰：「嚴彭祖與顏安樂俱事眭孟。孟死，彭祖、安樂各顓門教授。由是，《公羊春秋》有顏、嚴之學。」 按《儒林傳》又云：「瑕丘江公受《穀梁春秋》于魯申公。武帝時，使與仲舒議，不如仲舒。而丞相公孫弘本爲《公羊》學，比輯其議，卒用董生。」則此《章句》似董生爲之也，不即其弟子嬴公下及嚴、顏諸人所作。以其出自衆人，故不著名氏。《隋志》有嚴彭祖《公羊傳》十二卷，恐非此書。又後漢李固言胡母生有《春秋章句》，當時匿書自藏，則又非此書矣。詳見《拾補春秋家》。

春秋公羊訓詁

姚振宗《漢書藝文志拾補・春秋家》 孔驩《春秋公羊訓詁》。《史記・孔子世家》曰：「安國爲今皇帝博士，至臨淮太守，早卒。安國生卬，卬生驩。」曲阜孔繼汾《闕里文獻考》曰：「安國孫驩，舉博士，官至弘農太守，精《春秋三傳》，著《公羊訓詁》。」又《著述考》曰：「孔子十三代孫漢弘農太守驩，有《公羊訓詁》卷佚。」 按：太史公嘗從孔安國問《古文尚書》，而《世家》敍其世系至其孫驩而止，是驩與史公同時而稍後者。宋孔傳《東家雜説》亦言孔子十三代孫驩爲博士。《儒林傳》無其人。

春秋章句

姚振宗《漢書藝文志拾補・春秋家》 張寬《春秋章句》。《漢書・循吏文翁傳》：「文翁少好學，通《春秋》。景帝末，爲蜀郡守。見蜀地辟陋，欲誘進之。乃選郡縣小吏開敏有材者張叔等十餘人，遣詣京師受業博士或學律令，數歲皆成就還歸。文翁以爲右職，用次察舉官，有至郡守刺史者。《蜀志》秦宓與王商書曰：「文翁遣司馬相如東受七經，還教吏民。」《地理志》曰：「文翁倡其教，相如爲之師。」 晉常璩《華陽國志》曰：「孝文帝末年，以廬江文翁爲蜀守，乃立學。遣雋士張叔等十八人東詣博士受七經，還以教授，學徒鱗萃。孝武帝徵入叔爲博士，叔明天文、災異，始作《春秋章句》，官至侍中、揚州刺史。」又蜀郡人士贊曰：「張寬，字叔文，成都人。作《春秋章句》十五萬言。」 按：《漢・儒林傳》無張寬，其學不知主何家。考景武之世，京師博士業唯《春秋公羊》一家，若《左氏》唯河間王國始立博士，《穀梁》至宣帝時始立，由是推尋大抵主《公羊》家。

公羊顏氏記

《漢書・藝文志・春秋》 《公羊顏氏記》十一篇。

姚振宗《漢書藝文志條理・春秋家》 《公羊顏氏記》十一篇。本書《儒林傳》：「董仲舒弟子嬴公，嬴公授魯眭孟，嚴彭祖與顏安樂俱事眭孟，孟弟子百餘人，唯彭祖、安樂爲明，質問疑誼，各持所見。孟曰：『《春秋》

之意在二子矣。』孟死，彭祖、安樂各顓門教授，由是《公羊春秋》有顔、嚴之學。」又曰：「顔安樂，字公孫，魯國薛人，眭孟姊子也。家貧，爲學精力，官至齊郡太守丞。後爲仇家所殺。安樂授淮陽泠豐、淄川任公，由是顔家有『泠任之學』。又琅琊筦路、泰山冥都，都與路又事顔安樂，故顔氏復有『筦冥之學』。」《後漢書・儒林傳》：「齊胡母子都傳《公羊春秋》，授東平嬴公，嬴公授東海孟卿，孟卿授魯人眭孟，眭孟授東海嚴彭祖、魯人顔安樂。彭祖爲「春秋嚴氏學」，安樂爲「春秋顔氏學」。又瑕丘江公傳《穀梁春秋》，三家皆立博士。馬國翰輯本序曰：「《公羊顔氏記》，隋、唐《志》不著録，佚已久。從徐彦《疏》及洪适《隸續》載石經《公羊》哀輯七節，附録本傳爲卷。」按：《六藝論》言顔氏弟子有劉向，爲《漢書》所未言。蓋其初爲《公羊》學，故惠定宇氏謂「向封事多《公羊》説」。然則《七略》録《顔氏記》者，以其師説也不及《嚴氏春秋》者，有所略也。

春秋公羊傳

姚振宗《漢書藝文志拾補・春秋家》 冥都《春秋公羊傳》。亦稱《冥氏春秋》。《漢書・儒林・顔安樂傳》：「始貢禹，事嬴公，成於眭孟，至御史大夫。疎廣事孟卿，授琅邪筦路，禹授潁川堂溪惠，惠授泰山冥都，都爲丞相史。都與路又事顔安樂，故顔氏復有『筦冥之學』。」王應麟《玉海・藝文》曰：《禮秋官冥氏注》鄭司農云：「冥讀爲《冥氏春秋》之冥。」疏云：《冥氏春秋》者，「冥氏」作《春秋》書名。若晏子、呂氏《春秋》之類。又《漢志考證》曰：按《儒林傳》，堂谿惠授泰山冥都，顔氏有「筦冥之學」。疏謂若《晏子》、《呂氏春秋》之類，恐非。按：疎氏、冥氏爲董仲舒三四傳弟子，後漢博士張玄傳冥氏學，范書《儒林傳》云：「諸生上言玄兼説嚴氏、宣氏不宜，爲顔氏博士。」惠氏《補注》曰：「宣氏乃冥氏之寫誤。」

春秋公羊傳

《隋書・經籍志・春秋》 《春秋公羊傳》十二卷。嚴彭祖撰。

《舊唐書・經籍志・春秋》 《春秋公羊傳》五卷。公羊高傳，嚴彭祖述。

《新唐書・藝文志・春秋類》 《春秋公羊傳》五卷。嚴彭祖述。

鄭樵《通志・藝文略・春秋》 《春秋公羊傳》十二卷。嚴彭祖。

姚振宗《漢書藝文志拾補・春秋家》 嚴彭祖《春秋公羊傳》十二卷。《漢書・儒林傳》：「董仲舒弟子東平嬴公守學不失師法」，授魯眭孟。又曰：「嚴彭祖字公子，東海下邳人也。與顔安樂俱事眭孟。孟弟子百餘人，唯彭祖、安樂爲明，質問疑誼，各持所見。孟曰：『《春秋》之意，在二子矣。』孟死，彭祖、安樂各顓門教授，由是《公羊春秋》有『顔嚴之學』。彭祖爲宣帝博士，至河南東郡太守，以高第入爲左馮翊，遷太子太傅。」又曰：「彭祖竟以太傅官終。」《隋書・經籍志》曰：「初，齊人胡母子都傳《公羊春秋》，授東平嬴公。嬴公授東海孟卿，孟卿授魯人眭孟，眭孟授東海嚴彭祖、魯人顔安樂。故後漢《公羊》有嚴氏、顔氏之學。按：《儒林傳》載胡母生弟子唯有公孫弘一人，嬴公乃董仲舒弟子。又嬴公授孟卿及眭孟，眭孟非受之孟卿，與此言傳授大異。眭孟名弘，有列傳。傳載其自言先師董仲舒，則嬴公確爲仲舒弟子。【略】唐日本國人佐世《見在書目》：「《春秋公羊傳》十二卷，嚴彭祖注。」馬國翰輯本序曰：「《公羊嚴氏春秋》，唯孔穎達《左傳正義》、徐彦《公羊疏》各引一節。杜佑《通典》兼引馮君《嚴氏春秋章句》。合輯並附録本傳爲卷。按：洪氏《隸釋》，漢嚴訢碑政和中出於下邳。云訢字少通，治《嚴氏春秋》、馮君《章句》。訢蓋彭祖之後，後漢安順時人。別詳《後漢・藝文志》。

春秋公羊傳

姚振宗《漢書藝文志拾補・春秋家》 疏廣《春秋公羊傳》。亦名《疏氏春秋》。《漢書》本傳：「廣字仲翁，東海蘭陵人也。少好學，明《春秋》。家居教授，學者自遠方至。徵爲博士、太中大夫。地節三年，爲太子少傅，數月，徙爲太傅。廣兄子受以賢良舉爲太子家令，宣帝拜受爲太子少傅，父子並爲師傅，朝廷以爲榮。父子俱移病乞骸骨歸鄉里，以壽終。」又傳贊曰：「疏廣行止足之計，免辱殆之累。」《漢書·儒林·孟喜傳》：「喜父號孟卿，善爲《禮》、《春秋》，授后倉、疏廣，世所傳后氏《禮》、疏氏《春秋》，皆出孟卿。」又《顔安樂傳》云：「疎廣事孟卿，至太子太傅。廣授琅邪筦路，爲御史中丞。」

駁何氏漢議

《隋書·經籍志·春秋》《駁何氏漢議》二卷。鄭玄撰。

鄭樵《通志·藝文略·春秋》《駁何氏漢議》二卷。鄭玄。

姚振宗《後漢藝文志·春秋類》鄭玄《駁何氏漢議》二卷。

駁何氏漢議叙

《隋書·經籍志·春秋》《駁何氏漢議敍》一卷。

鄭樵《通志·藝文略·春秋》《駁何氏漢議叙》一卷。

姚振宗《後漢藝文志·春秋類》《駁何氏漢議序》一卷。【略】《唐日本國人見在書目》：《駁何氏漢議》九卷，鄭玄撰。《唐·經籍志》：何氏《春秋漢議》十一卷，何休撰。鄭玄駁。麋信注。《藝文志》：何休《春秋漢議》十卷。麋信注，鄭玄駁。按：麋信在後，此誤倒其文。《鄭學録》曰：按《漢議》，即《後漢書·儒林傳》何休以《春秋》駁漢事六百餘條，妙得《公羊》本意者也。康成之駁，久亡。唐以前書亦無一稱引者。按：《漢議駁》二卷，當是鄭氏本書。《日本書目》及兩唐《志》九卷、十卷、十一卷者，是連何氏本文，又附以麋信之注。鄭氏既駁，其文並駁其序，是可知何氏書有自撰《序録》一卷在後也。

春秋公羊傳問答

《隋書·經籍志·春秋類》《春秋公羊傳問答》五卷。荀爽問，魏安平太守徐欽答。

《舊唐書·經籍志·春秋》《春秋公羊答問》五卷。荀爽問，徐欽答。

《新唐書·藝文志·春秋類》荀爽、徐欽《答問》五卷。

鄭樵《通志·藝文略·春秋》荀爽、徐欽《答問》五卷。

姚振宗《後漢藝文志·春秋類》荀爽《公羊問》。范書本傳又作《公羊問》。

姚振宗《三國藝文志·禮類》徐欽《春秋公羊答問》五卷。《隋書·經籍志》【略】案：荀爽《公羊問》編入《新書》，見《後漢書》本傳。徐欽始末未詳，蓋深于《公羊》者。其及見荀慈明相往復乎？抑從後取荀氏書而答之也。《冊府元龜》作徐凱，未詳孰是。文以庾翼、王愆期《問答》之二卷爲徐氏書，則誤。讀《隋志》上下文之失也。

春秋公羊解詁

陸德明《經典釋文序録·注解傳述人》何休注《公羊》十二卷。本傳稱休坐陳蕃廢錮，「乃作《春秋公羊解詁》，覃思不闚門者十有七年。其鋭精墨守如此」。又《公羊》徐《疏》云：何氏作《墨守》、《廢疾》、《膏肓》，「在注《傳》之前，猶鄭君先作《六藝論》迄，然後注書」也。見行徐彦《疏》二十八卷，徐爲唐以前人。《公羊疏》，《崇文總目》始著録，董廻云世傳徐彦所作。清儒陳立作新《疏》。

《隋書·經籍志·春秋》《春秋公羊解詁》十一卷。漢諫議大夫何休注。

《舊唐書·經籍志·春秋》《春秋公羊經傳》十三卷。何休注。

錢東垣等輯《崇文總目·春秋類》《春秋公羊經傳解詁》二十二卷。何休撰。東垣按《隋志》：十一卷，《唐志》：十三卷，《通考》：十二卷。

鄭樵《通志・藝文略・春秋》　《春秋公羊解詁》十一卷。何休。

陳振孫《直齋書録解題・春秋類》　《春秋公羊傳解詁》十二卷。漢司空掾任城何休邵公撰。休爲太傅陳蕃屬。蕃敗，坐禁錮，作《解詁》，覃思不窺門十七年。又作《公羊墨守》、《左氏膏肓》、《穀梁廢疾》。黨禁解，拜議郎，終諫議大夫。其書多引讖緯，其所謂「黜周王魯」、「變周文從殷質」之類，《公羊》皆無明文。蓋爲其學者相承有此説也。三科九旨，詳其疏中。

馬端臨《文獻通考・經籍考・春秋》　《公羊傳解詁》十二卷。

《宋史・藝文志・春秋類》　何休《公羊傳》十二卷。

楊士奇等《文淵閣書目・春秋》　《春秋公羊傳解詁》。一部，四冊。完全。

高儒《百川書志・春秋》　《春秋公羊傳註疏》二十八卷。漢司空掾任城何休學解。

徐𤊹《徐氏家藏書目・禮類》　《春秋公羊傳注疏》十八卷。漢何休注。

張萱等《内閣藏書目録・經部》　《春秋公羊傳》。六冊。全。何休學。又六冊。全。又六冊。全。又四冊。全。又二冊。全。又二冊。全。又四冊。全。又六冊。全。又四冊。全。《春秋解詁》四冊。全。《公羊傳何休學》。

錢曾《讀書敏求記・春秋》　《春秋公羊經傳》何休《解詁》十二卷。《釋文》一卷。此北宋槧本之精絶者，故附《釋文》于《經傳》後。若南宋人鏤刻便散入逐條注下矣。

于敏中等《天禄琳琅書目・宋版經部》　《春秋公羊經傳解詁》。二函，十冊。漢何休學。十二卷。休自序。鐫刻年月不載，而字體甚古，於宋孝宗以上諱皆闕筆，知爲南渡後刊。書中每間數紙，輒有眞書木印，曰「鄂州州學官書」，曰「鄂泮官書，帶去準盗」。考王應麟《玉海》，咸平四年六月，詔郡縣有學校聚徒講誦之所，賜九經書一部。大觀二年六月，州學藏書閣賜名「稽古」。則州郡諸學置官書，自宋初已行之。李心傳《朝野雜記》載王瞻叔爲學官，常請摹印諸經疏及《經典釋文》，貯郡縣以贍學。或省係錢，各市一本，置之於學。是南渡後猶重此舉，且有準盗之條，官守爲綦嚴矣。闕補卷十二。末。

孫星衍《平津館鑒藏書籍記・明版》　《春秋公羊注疏》廿八卷。題「漢何休學」。撰疏人姓名，留黑，蓋一行，未刻。何休序疏不刻入卷中，亦題「漢何休學」。次行題「明御史李元陽、提學僉事江以達校刊」。前有景德二年中書門下牒。徐彦《公羊疏》，《唐志》不著録。宋《崇文總目》始稱「或云徐彦」，明監本因之。此本不著姓名，頗勝於俗本。每葉十八行，行廿一字。收藏有「蕭山王氏珍藏」朱文方印，「允達別字敬齋」白文方印。

黄丕烈《蕘圃藏書題識》　《公羊解詁》十二卷。宋余仁仲本。《九經三傳沿革例》載有建余氏本，余所見殘本，《穀梁》在周香嚴家，即萬卷堂余仁仲校刻者也。此外有《周禮》亦缺《秋官》，藏顧抱沖所。今秋得此《春秋公羊經傳解詁》十二卷，完善無缺，實爲至寶。得之價白金一百二十兩，不特書估居奇，亦余之愛書有以致此。初，是書出鎮江蔣春農家，書估以賤直購之。攜至吾郡，疊爲有識者稱賛，故索價竟至不減。余務在必得，惜書而不惜錢物，書魔故智有如是者。《春秋》五傳，鄒、夾已亡，左、穀二家勵存晉人之注，惟公羊注猶漢人，安得不以至寶視之！儻有餘力，當付剞劂，以廣其傳焉。嘉慶戊辰秋七月黄丕烈識。

張金吾《愛日精廬藏書志・春秋類》　《春秋公羊經傳解詁》十二卷。臨何氏校宋余仁仲本。何休學。後有經傳注、音義、字數三行，「余仁仲刊於家塾」一行。上方臨惠氏評閲語。序。　卷三後題識云：借蜀本大字校此三卷。鄂州州學官書，最爲精善，惜無單疏本校疏文脱誤也。康熙五十六年冬十月望日小山何煌記。　康熙丁酉冬，假同門李廣文秉成所買宋槧官本手校，再令張翼庭、倪顥仲各校一過。今以其手校本相勘，猶有漏落。三人僅敵一手，何秉成之心如絲髮也，書以識愧。巳亥初夏何仲友。　蜀本校經注三卷。　元板校疏。　宋槧官本校經注，全。　唐石經校經。　惠松崖評閲。

姚振宗《後漢藝文志・春秋類》　何休《春秋公羊解詁》，十一卷。范書《儒林傳》：「何休字邵公，任城樊人也。父豹，少府。休爲人質朴訥口，而雅有心思，精研六經，世儒無及者。以列卿子詔拜郎中，非其好也，辭病而去。太傅陳蕃辟之，與參政事。蕃敗，休坐廢錮，乃作《春秋公羊解詁》，覃思不闚門十有七年。黨禁解，辟司徒，拜議郎，再遷諫議大夫。年五十四，光和五年卒。」【略】　《唐日本國人見在書目》：《春秋公羊集詁》十二卷，何休學。

春秋公羊條傳

《舊唐書・經籍志・春秋》　《春秋公羊條傳》一卷。何休注。

《新唐書・藝文志・春秋類》　《公羊條傳》一卷。

鄭樵《通志・藝文略・春秋》　《公羊傳條例》一卷。何休。

姚振宗《後漢藝文志・春秋類》　何休《春秋公羊傳條例》一卷。休《解詁》自序有曰：「往者略依胡母生《條例》，多得其正。」疏云：「胡母生，本雖以《公羊》經傳授董氏，猶自別作《條例》。故何氏取之，以通《公羊》也。」《隋書・經籍志》：「梁有《春秋公羊傳條例》一卷，何休撰，亡。」《唐・經籍志》：「《春秋公羊條傳》一卷，何休注。」《藝文志》：「何休《公羊條傳》一卷。」按：傳似例之誤。

春秋公羊謚例

《隋書・經籍志・春秋》　《春秋公羊謚例》一卷。何休撰。

鄭樵《通志・藝文略・春秋》　《春秋公羊謚例》一卷。何休。

姚振宗《後漢藝文志・春秋類》　何休《春秋公羊文謚例》一卷。徐彥《疏》引《文謚例》云：「《春秋》有五始、三科、九旨、七等、六輔、二類、七缺之義。」馬國翰輯本序曰：「此書翼《公羊解詁》而作。《隋志》：一卷。《唐志》不載，佚已久。徐彥疏引其略，玆據録補。」

春秋公羊傳條例

《隋書・經籍志・春秋》　梁有《春秋公羊傳條例》一卷。何休撰。亡。

春秋公羊墨守

《隋書・經籍志・春秋》　《春秋公羊墨守》十四卷。何休撰。

《舊唐書・經籍志・春秋》　《春秋公羊墨守》二卷。何休撰，鄭玄發。

《新唐書・藝文志・春秋類》　《墨守》一卷。鄭玄發。

鄭樵《通志・藝文略・春秋》　《公羊墨守》十四卷。何休。

姚振宗《後漢藝文志・春秋類》　何休《公羊墨守》、《左氏膏肓》、《穀梁廢疾》。范書《儒林傳》：休與其師博士羊弼追述李育意，以難二《傳》。按：李育以《公羊》義難賈逵，見前。作《公羊墨守》、《左氏膏肓》、《穀梁廢疾》。章懷《鄭玄傳》注曰：「言《公羊》義理深遠，不可駁難，如墨翟之守城也。」《說文》曰：「肓，隔也。心下爲膏。」喻《左氏》之疾不可爲也。《公羊序疏》：何氏作《墨守》以距敵《長義》。按：距敵賈逵《長義》也。賈作《長義》以答李育，何又追述育意以距賈逵。爲《廢疾》以難《穀梁》，爲《膏肓》以短《左氏》。蓋在注傳之前，猶鄭君先作《六藝論》訖，然後注書。《隋書・經籍志》：《公羊墨守》十四卷，何休撰。《春秋左氏膏肓》十卷，何休撰。《春秋穀梁廢疾》三卷，何休撰。《唐日本國見在書目》及《宋史・藝文志》僅存《膏肓》十卷。《崇文總目》曰：「《左氏膏肓》，漢司空掾何休始撰答賈逵事，因記《左氏》所短，遂頗流布，學者稱之，後更刪補爲定。」按此必據原書序目所云。

春秋漢議

《隋書・經籍志・春秋》　《春秋漢議》十三卷。何休撰。

《舊唐書・經籍志・春秋》　《何氏春秋漢議》十一卷。何休撰，鄭玄駁，糜信注。

《新唐書・藝文志・春秋類》　《春秋漢議》十卷。糜信注，鄭玄駁。

鄭樵《通志・藝文略・春秋》　《春秋漢議》十三卷。何休。

姚振宗《後漢藝文志・春秋類》 何休《春秋漢議》十三卷。范書《儒林傳》：又以《春秋》駮漢事六百餘條，妙得《公羊》本意。【略】《日本國見在書目》：《春秋漢議》十卷，何休撰。【略】 侯《志》曰：《通典》卷八十：漢安帝崩，立北鄉侯，未踰年薨。以王禮葬，于《春秋》何義也？何休答曰：《春秋》未踰年，魯君子野卒，降君稱子從大夫禮可也。當即出此書。 按范書《蘇不韋傳》：不韋掘魏郡李暠父阜冢，斷取阜頭以祭父墳。士大夫多譏其發掘冢墓，歸罪枯骨，不合古義。惟任城何休方之伍員。似即此書中一事。

姚振宗《三國藝文志・春秋類》 糜信注何氏《春秋漢議》十一卷。信見前。《唐書・經籍志》：「何氏《春秋漢議》十一卷。何休撰，鄭玄駁，糜信注。」《藝文志》：「何休《春秋漢議》十卷。糜信注，鄭玄駁。」案：《唐・經籍志》似糜信取何氏之議、鄭氏之駁，而幷爲之注。據《唐・藝文志》則又似糜信但注何氏議，而附以鄭氏駁。

春秋議

《隋書・經籍志・春秋》 《春秋議》十卷。何休撰。

鄭樵《通志・藝文略・春秋》 《春秋議》十卷。何休。

姚振宗《後漢藝文志・春秋類》 何休《春秋議》十卷。【略】 按：此似即《漢議》之別本。

理何氏漢議

《隋書・經籍志・春秋》 糜信《理何氏漢議》二卷。魏人撰。

鄭樵《通志・藝文略・春秋》 《理何氏漢議》二卷。魏糜信。

姚振宗《三國藝文志・春秋類》 糜信《理何氏漢議》二卷。《隋書・經籍志》：「糜信《理何氏漢議》二卷。魏人撰。」 按：《隋志》有鄭玄《駁何氏漢議》二卷。此似魏人據糜信說以申理何氏之議，而附以己說。蓋從何、鄭、糜三家書中析出，別爲是編。又或是兩唐《志》之糜氏《注》。

解疑論

姚振宗《後漢藝文志・春秋類》 戴宏《解疑論》。 范書《吳祐傳》：「祐以光祿四行，遷膠東侯相。時濟北戴宏父爲縣丞，宏年十六，從在丞舍。祐每行園，常聞諷誦之音，奇而厚之，亦與爲友。卒成儒宗，知名東夏，官至酒泉太守。」注引《濟北先賢傳》曰：「宏，字元襄，剛縣人也。年二十二，爲郡督郵署主簿。」 何休《公羊解詁序》曰：「恨先師觀聽不決，多隨二創。」疏云：「此先師，戴宏等也。戴宏作《解疑論》而難《左氏》，不得《左氏》之理，不能以《正義》決之，故云『觀聽不決』。『多隨二創』者，上文云『至有背經任意反傳違戾者』，與《公羊》爲一創；又云『援引他經失其句讀』者，又與《公羊》爲一創。今戴宏作《解疑論》，多隨此二事。」 馬國翰輯本序曰：宏，不詳何人，其書史志亦不載。其難《左氏》之説，佚不可見。徐彥疏引其序一則，述《公羊》源流論二則，並録爲卷。

春秋公羊例序

《隋書・經籍志・春秋》 《春秋公羊例序》五卷。刁氏撰。

駁何氏漢議

《舊唐書・經籍志・春秋》 《何氏春秋漢記》十一卷。服虔撰。

《新唐書・藝文志・春秋類》 《駁何氏春秋漢議》十一卷。

鄭樵《通志・藝文略・春秋》 《駁何氏漢議》十一卷。服虔。

姚振宗《後漢藝文志・春秋類》 服虔《春秋漢議駁》二卷。 范書

《儒林傳》：「又以《左傳》駮何休之所駮漢事六十條。」《隋書・經籍志》：「梁有《春秋漢議駮》二卷，服虔撰。亡。」後又重出一條，云「梁有《漢議駮》二卷，服虔撰，亡」。《唐・經籍志》：「何氏《春秋漢記》十一卷。服虔注。」《藝文志》：「《駮何氏春秋漢議》十一卷。」《七録》別自爲書，故止二卷。兩唐《志》各爲一編，故十一卷。

春秋公羊傳注

姚振宗《三國藝文志・禮類》 唐固《春秋公羊傳注》。《吳志・闞澤附傳》：澤州里先輩丹陽唐固亦修身積學，稱爲儒者，著《國語》、《公羊》、《穀梁傳注》，講授常數十人。權爲吳王，拜固議郎，自陸遜、張溫、駱統等皆拜之。黄武四年，爲尙書僕射，卒。」裴松之曰：「《吳録》曰：『固字子正，卒時年七十餘矣。』」案《冊府元龜》云：「固字世正，或音聲之誤，或唐人避諱改爲子正。」《唐書・宰相世系表》：唐睢七世至漢中郎將蒙；蒙生臨邛令都；都孫尙書令林，王莽時，封建德侯，林六世至翔，爲丹陽太守因家焉。翔二子：固、滂。固，吳尙書僕射。案：固弟滂著《子書》。見子部道家。

公羊解詁

《新唐書・藝文志・春秋類》 王肅《公羊解詁》十三卷。

春秋公羊違義

《舊唐書・經籍志・春秋》 《春秋公羊違義》三卷。劉寔撰。劉晏注。

《新唐書・藝文志・春秋類》 劉寔《公羊違義》三卷。劉晏注。

鄭樵《通志・藝文略・春秋》 《公羊違義》三卷。劉寔。

文廷式《補晉書藝文志・春秋類》 劉寔《春秋公羊達義》三卷。《隋志》以此書附注《左氏傳》各書中，蓋寔固左氏學。此書亦以公羊通左氏也。《舊唐志》作《公羊違義》，似較切。今既不得見原書，姑列于此。

春秋公羊集解

陸德明《經典釋文序録・注解傳述人》 孔衍《集解》十四卷。字舒元，魯人。東晉廣陵相。

《隋書・經籍志・春秋》 《春秋公羊傳》十四卷，孔衍集解。

《舊唐書・經籍志・春秋》 《春秋公羊經傳集解》十四卷。孔氏注。

《新唐書・藝文志・春秋類》 孔氏《公羊集解》十四卷。

鄭樵《通志・藝文略・春秋》 《春秋公羊集解》十四卷。孔衍。

文廷式《補晉書藝文志・春秋類》 孔衍《春秋公羊傳集解》十四卷。字舒元，魯人。《春秋左傳序正義》案：孔舒元《公羊傳》本云十有四年春，西狩獲麟。何以書記異也？今麟非常之獸，其爲非常之獸，奈何有王者則至，無王者則不至。然則孰爲而至？爲孔子之作《春秋》。據此則舒元《集解》本與何邵公不同。惜《釋文》不廣引之也。

春秋公羊經傳注

陸德明《經典釋文序録・注解傳述人》 王愆期《注》十二卷。字門子，河東人。東晉散騎常侍，辰陽伯。

《隋書・經籍志・春秋》 《春秋公羊經傳》十三卷。晉散騎常侍王愆期注。

《舊唐書・經籍志・春秋》 《春秋公羊》，十二卷。王愆期撰。

《新唐書・藝文志・春秋類》 王愆期注《公羊》十二卷。

鄭樵《通志・藝文略・春秋》 《春秋公羊經傳》十三卷。王愆期。

文廷式《補晉書藝文志・春秋類》 王愆期《春秋公羊經傳注》，十三卷。字門子，河東人。散騎常侍，辰陽伯。

春秋公羊傳記注

陸德明《經典釋文序録・注解傳述人》 高龍《注》十二卷。字文，范陽人。東晉河南太守。

《隋書・經籍志・春秋》 梁有《春秋公羊傳》十二卷，晉河南太守高龍注。

《舊唐書・經籍志・春秋》 《春秋公羊傳記》十二卷。高襲注。

《新唐書・藝文志・春秋類》 高襲《傳記》十二卷。

鄭樵《通志・藝文略・春秋》 《春秋公羊傳》十二卷。高襲。

文廷式《補晉書藝文志・春秋類》 高龍《春秋公羊傳注》十二卷。字文，范陽人。東晉河南太守。《舊唐志》作「高襲」。

春秋公羊音

陸德明《經典釋文序録・注解傳述人》 江惇《音》一卷。

《隋書・經籍志・春秋》 《春秋公羊音》，晉徵士江淳撰，一卷。

文廷式《補晉書藝文志・春秋類》 江惇《春秋公羊音》一卷。徵士。《隋志》作汪淳，誤。

春秋公羊音

陸德明《經典釋文序録・注解傳述人》 李軌《音》一卷。

《隋書・經籍志・春秋》 《春秋公羊音》，李軌撰，一卷。

文廷式《補晉書藝文志・春秋類》 李軌《春秋公羊音》一卷。

春秋公羊解序

《隋書・經籍志・春秋》 《春秋公羊解序》一卷。鮮于公撰。

鄭樵《通志・藝文略・春秋》 《春秋公羊解序》一卷。鮮于公撰。

春秋公羊疏

《隋書・經籍志・春秋》 《春秋公羊疏》十二卷。

鄭樵《通志・藝文略・春秋》 《春秋公羊疏》十二卷。見《隋志》。

春秋公羊傳注

文廷式《補晉書藝文志・春秋類》 周續之注《公羊傳》。見《南史》。

公羊釋

張鵬一《隋書經籍志補・春秋》 《公羊釋》。後魏渤海高允。《北史》本傳：「允所製詩賦詠頌，箴論贊誄。《左氏釋》、《公羊釋》、《毛氏拾遺》、《雜解議》、《何鄭膏肓事》，凡百餘篇，別有集。」志已録。行世又云：「允明算法，爲《算術》三卷。」

春秋公羊音

《舊唐書・經籍志・春秋》 《春秋公羊音》二卷。王儉撰。

《新唐書・藝文志・春秋類》　王儉《音》二卷。

鄭樵《通志・藝文略・春秋》　《公羊音》，二卷。王儉。

公羊何休注音

張鵬一《隋書經籍志補・春秋》　《公羊何休注音》，劉芳。

春秋公羊傳音義

鄭樵《通志・藝文略・春秋》　《公羊音》。又一卷。陸德明。

楊士奇等《文淵閣書目・春秋》　《春秋公羊傳音義》。一部，一冊。殘缺。

《春秋公羊傳釋文》。一部，一冊。完全。

張萱等《內閣藏書目録・經部》　《春秋公羊音義》。一冊，全。唐陸德明著。

公羊新例

《宋史・藝文志・春秋類》　陳德寧《公羊新例》十四卷。

春秋公羊疏

錢東垣等輯《崇文總目・春秋類》　《春秋公羊疏》三十卷。［原釋］不著撰人名氏。援證淺局，出于近世，或云徐彥撰。皇朝邢昺等奉詔是正，始令太學傳授，以備《春秋》三家之旨。見《文獻通考》。

鄭樵《通志・藝文略・春秋》　《春秋公羊疏》三十卷。

晁公武《郡齋讀書志・春秋》　《春秋公羊傳疏》三十卷。右不著撰人。李獻臣云「徐彥撰」，亦不詳何代人也。《崇文總目》謂其「援證淺局，出於近世」。以何氏三科九旨爲宗，本其説曰：「何氏之意『三科九旨』，正是一事爾。總而言之，謂之『三科』，析而言之，謂之『九旨』。新周故宋，以春秋當新王，此『一科三旨』也；所見異辭，所聞異辭，所傳聞異辭，此『二科六旨』也；內其國而外諸夏，內諸夏而外夷狄，此『三科九旨』也。」

陳振孫《直齋書録解題・春秋類》　《春秋公羊傳疏》三十卷。不著撰者名氏。《唐志》亦不載。《廣川藏書志》云：世傳徐彥撰，不知何據。然亦不能知其定出何代，意其在貞元、長慶後也。景德中，侍講邢昺校定傳之。

馬端臨《文獻通考・經籍考・春秋》　《春秋公羊疏》三十卷。

春秋公羊傳注疏

尤袤《遂初堂書目・春秋類》　《公羊正義》。

胡師安等《元西湖書院重整書目》　《公羊注疏》。

《宋史・藝文志・春秋類》　《公羊疏》三十卷。

王圻《續文獻通考・經籍考・春秋》　徐彥《公羊疏》三十卷。

楊士奇等《文淵閣書目・春秋》　《春秋公羊傳注疏》。一部，八冊。殘缺。

《春秋公羊傳注疏》。一部，八冊。闕。

《春秋十三經注疏公羊傳》。一部，五冊。完全。

《春秋十三經注疏公羊傳》。一部，八冊。完全。

范邦甸等《天一閣書目・禮類》　《春秋公羊傳疏》二十八卷。刊本。明御史李元陽校刊。

錢謙益等《絳雲樓書目・春秋類》　《公羊註疏》。疏三十卷。

于敏中等《天祿琳琅書目・宋版經部》　《監本附音春秋公羊註疏》。二函，十六冊。漢何休《解詁》，唐徐彥《疏》，附唐陸德明《音義》，共二十八卷。休自序。宋景德二年六月，中書門下牒文「奉敕校讐，刊印頒行」，具載編首。牒後結銜：工部侍郎、參知政事馮，兵部侍郎、參知政事王，兵部侍郎、平章事寇，吏部侍郎、平章事畢。考《宋史・宰輔表》，景德元年八月，畢士安自吏部侍郎參知政事，加同中書門下平章事，寇準自兵部侍郎加同中書門下平章事。二年四月，馮拯自工部侍郎除參知政事。皆與牒合。

而二年參知政事，有王欽若、王旦二人。《通鑑綱目》載欽若以四月罷，牒在六月，知非欽若也。歐陽修《文正王公神道碑銘》：「咸平四年以工部侍郎參知政事，再遷刑部侍郎。景德二年，始遷尚書左丞。」牒文爲兵部侍郎，微有不合。但下牒時旦方參政，其遷尚書左丞或在牒後，況時閲五年，其中遷轉靡常，碑文失載，未可知也。書首有「尚友」方記，不知誰氏。而卷中丹筆竄注之處，校勘頗爲詳密。

《四庫提要・春秋類一》《春秋公羊傳注疏》二十八卷。內府藏本。漢公羊壽《傳》，何休《解詁》，唐徐彥《疏》。案《漢書・藝文志》：《公羊傳》十一卷。班固自注曰：公羊子，齊人。案《漢・藝文志》不題顏師古名者，皆固之自注。顏師古注曰：名高。案：此據《春秋説》題詞之文，見徐彥《疏》所引。徐彥《疏》引戴宏序曰：子夏傳與公羊高，高傳與其子平，平傳與其子地，地傳與其子敢，敢傳與其子壽。至漢景帝時，壽乃與齊人胡母子都著於竹帛。何休之注亦同。休説見《隱公二年》「紀子伯莒子盟於密」條下。今觀傳中有「子沈子曰」、「子司馬子曰」、「子女子曰」、「子北宮子曰」，又有「高子曰」、「魯子曰」，蓋皆傳授之經師，不盡出於公羊子。《定公元年傳》「正棺於兩楹之閒」二句，《穀梁傳》引之，直稱「沈子」，不稱「公羊」。是并其不著姓氏者亦不盡出公羊子，且并有「子公羊子曰」，尤不出於高之明證。知傳確爲壽撰，而胡母子都助成之。舊本首署高名，蓋未審也。又羅壁識遺，稱《公羊》、《穀梁》自高、赤作傳外，更不見有此姓。萬見春謂皆姜字切韻脚，疑爲姜姓假託。案鄒爲邾婁，披爲勃鞮，木爲彌牟，殖爲舌職。記載音譌，經典原有是事。至弟子記其先師，子孫述其祖父，必不至竟迷本字，別用合聲。璧之所言，殊爲好異。至程端學《春秋本義》，竟指高爲漢初人，則講學家臆斷之詞，更不足與辨矣。三《傳》與《經》文，《漢志》皆各爲卷帙。以《左傳》附經始於杜預，《公羊傳》附經則不知始自何人。觀何休《解詁》，但釋傳而不釋經，與杜異例，知漢末猶自別行。今所傳蔡邕石經殘字《公羊傳》，亦無經文，足以互證。今本以傳附經，或徐彥作《疏》之時所合併歟。彥《疏》，《文獻通考》作三十卷。今本乃止二十八卷，或彥本以經文併爲二卷，別冠於前，後人又散入傳中，故少此二卷，亦未可知也。彥《疏》，《唐志》不載。《崇文總目》始著録，稱「不著撰人名氏，或云徐彥」。董逌《廣川藏書志》亦稱世傳徐彥，不知時代，意其在貞元、長慶之後。考《疏》中「邲之戰」一條，猶及見孫炎《爾雅注》完本，知在宋以前。又「葬桓王」一條，全襲用楊士勛《穀梁傳疏》，知在貞觀以後。中多自設問答，文繁語複，與丘光庭《兼明書》相近，亦唐末之文體。董逌所云不爲無理，故今從逌之説，定爲唐人焉。

孫星衍《平津館鑒藏書籍記・宋版》《監本附音春秋公羊注疏》二十八卷。前何休序疏不在卷中。每卷某公俱與大題相連。每葉廿行，行十七字，小字行廿三字。亦有元、明補刻葉。岳珂云：「舊、新監本不附釋音。」此監本亦附音，當出於岳氏所見刊本之後。《天祿琳琅》「宋本」卷首有景德二年六月中書門下牒文，此本無之。

春秋公羊辨失

《宋史・藝文志・春秋類》《春秋公羊辨失》一卷。王日休。

公羊釋例

張之洞《書目答問・列朝經注經説經本考證》諸寅亮《公羊釋例》三十卷，未刊。

公羊補注

張之洞《書目答問・列朝經注經説經本考證》《公羊補注》一卷。姚鼐。《惜抱軒集》本。

春秋公羊通義

張之洞《書目答問・列朝經注經説經本考證》《春秋公羊通義》十一卷，敘一卷。孔廣森。《顨軒所箸書》本。學海堂本。

公羊補注

張之洞《書目答問・列朝經注經説經本考證》《公羊補注》一卷。馬宗槤。刻本。

春秋公羊經何氏釋例

張之洞《書目答問・列朝經注經説經本考證》《公羊何氏釋例》十卷。劉逢祿。學海堂本。

公羊何氏解詁箋

張之洞《書目答問・列朝經注經説經本考證》《公羊何氏解詁箋》一卷。劉逢祿。學海堂本。

發墨守評

張之洞《書目答問・列朝經注經説經本考證》《發墨守評》一卷。劉逢祿。學海堂本。

箴膏肓評

張之洞《書目答問・列朝經注經説經本考證》《箴膏肓評》一卷。劉逢祿。學海堂本。

穀梁廢疾申何

張之洞《書目答問・列朝經注經説經本考證》《穀梁廢疾申何》二卷。劉逢祿。學海堂本。

公羊逸禮考徵

張之洞《書目答問・列朝經注經説經本考證》《公羊逸禮考徵》一卷。陳奐。潘氏滂喜齋刻本。

春秋公羊禮疏

張之洞《書目答問・列朝經注解説經本考證》凌曙有《公羊禮疏》十一卷，未見傳本。

公羊禮説

張之洞《書目答問・列朝經注經説經本考證》《公羊禮説》一卷。凌曙。學海堂本。別有《公羊禮疏》十一卷。《公羊問答》二卷。蜚雲閣《凌氏叢書》本。

又姚氏咫進齋本未畢工。

公羊答問

張之洞《書目答問·列朝經注經説經本考證》 凌曙有《公羊問答》二卷，未見傳本。

春秋決事比

張之洞《書目答問·列朝經注經説經本考證》 龔自珍《春秋決事比》，未見傳本。

穀梁傳分部

春秋穀梁傳

《漢書·藝文志·春秋》 《穀梁傳》十一卷。穀梁子，魯人。

尤袤《遂初堂書目·經總類》 杭本《穀梁傳》。

陳振孫《直齋書録解題·春秋類》 《春秋穀梁傳》十二卷。魯人穀梁赤，一名俶，字元始，亦稱子夏弟子。自荀卿、申公至蔡千秋、江翁凡五傳。宣帝好之，遂盛行於世。

晁公武《郡齋讀書志·春秋類》 《春秋穀梁傳》，十二卷。右范甯注。應劭《風俗通》稱穀梁名赤，子夏弟子。糜信則以爲秦孝公同時人。阮孝緒則以爲名俶，字元始。皆未詳也。自孫卿五傳至蔡千秋，漢宣帝好之，遂盛行於世。自漢、魏以來，爲之注解者，有尹更始、唐固、糜信、孔演、江熙等十數家，而范甯以爲皆膚淺，於是帥其長子參、中子雍、小子凱、從弟邵及門生故吏，商略名例，博采諸儒同異之説，成其父汪之志。嘗謂三《傳》之學，《穀梁》所得最多，諸家之解，范甯之論最善。甯，字武子，晉人。

馬端臨《文獻通考·經籍考·春秋》 《春秋穀梁傳》十二卷。

楊士奇等《文淵閣書目·春秋》 《春秋穀梁傳》。一部，四冊。完全。《春秋穀梁傳》。一部，四冊。完全。《春秋穀梁傳》。一部，四冊。完全。《春秋穀梁傳》。一部，六冊。完全。《春秋穀梁傳》。一部，一冊。完全。《春秋穀梁傳》。一部，二冊。闕。《春秋穀梁傳》。一部，四冊。闕。塾本補入。《春秋穀梁傳》。一部，七冊。闕。《春秋穀梁傳》。一部，二冊。完全。

錢謙益等《絳雲樓書目·春秋類》 宋板《穀梁傳》。十二卷。

張之洞《書目答問·正經正注》 《穀梁傳》二十卷。

姚振宗《漢書藝文志條理·春秋家》 《穀梁傳》十一卷。穀梁子，魯人。

本書《人表》，穀梁子列第四等中上。梁玉繩考曰：「穀梁子，始見《穀梁·隱五》，魯人，名淑，字元始，一名赤，又名寘，又名喜。子夏門人。與秦孝公同時。宋眞宗封龔丘伯，徽宗政和元年改睢陵伯。」《穀梁疏》曰：「穀梁子，名淑，字元始，魯人。一名赤。受經于子夏，爲經作《傳》，傳孫卿，卿傳魯人申公，申公傳博士江翁。」《通志·氏族略》：「穀梁氏，不知其本。魯有穀梁赤，傳《春秋》。」《尸子》云：「穀梁淑，字元始，魯人，亦傳《春秋》十五篇。望出下邳。」《姓纂》云：「今下邳有穀梁氏。」本書《儒林傳》：「武帝詔太子受《公羊》，太子既通，復私問《穀梁》而善之。其後浸微，唯魯榮廣王孫、皓星公二人受焉。廣高才捷敏，與《公羊》大師眭孟等論數困之，故好學者頗復受《穀梁》。宣帝即位，聞衛太子好《穀梁》，以問丞相韋賢、長信少府夏侯勝及侍中史高，皆魯人也。言穀梁子本魯學，公羊氏乃齊學也，宜興《穀梁》。時沛蔡千秋爲郎，爲學最篤。召見與公羊家並説，上善《穀梁》説。至甘露元年，召五經名儒大議殿中，多從《穀梁》，由是《穀梁》之學大盛。」又傳贊曰：「初唯有《春秋公羊》，至孝宣世復立《穀梁春秋》。」【略】按《儒林傳》申公卒以《詩》、《春秋》授而瑕丘江公，盡能傳之，徒衆最盛。又曰瑕丘江公受《穀梁春秋》及《詩》于魯申公，傳子至孫爲博士。又《後漢書·儒林傳》瑕丘江公傳《穀梁春秋》。似《穀梁傳》著于竹帛者，瑕丘江公也。

穀梁章句

《漢書・藝文志・春秋》　《穀梁章句》三十三篇。

姚振宗《漢書藝文志條理・春秋家》　《穀梁章句》三十三篇。　本書《儒林傳》：瑕丘江公授按：授當爲受。《穀梁春秋》于魯申公，其後浸微，唯魯榮廣王孫、皓星公二人受焉。沛蔡千秋少君、梁周慶幼君、丁姓子孫皆從廣受。千秋又事皓星公，爲學最篤。宣帝愍其學且絶，選郎十人從千秋受。汝南尹更始翁君本自事千秋，會千秋病死，徵江公孫爲博士。劉向以故諫大夫通達待詔，受《穀梁》。甘露元年，大議殿中，由是《穀梁》之學大盛，慶、姓皆爲博士。姓授楚申章昌曼君，爲博士；尹更始爲諫大夫，又受《左氏傳》，取其變理合者以爲章句，傳子咸及翟方進、琅琊房鳳。又曰：「始江博士授胡常，由是《穀梁春秋》有尹、胡、申、章、房氏之學。」　按：《穀梁》之學，傳自申公。其後名家則江公、榮廣、皓星公、蔡千秋、周慶、丁姓、尹更始、劉向、江公孫凡九人。稍後又有胡常申、章昌、房鳳三人，此《章句》大抵皆出此諸人。當宣帝立《穀梁》，劉向身親其事。其後校書，乃定著爲是帙。亦以出自衆人，不名一家，故不著姓名。史言尹更始爲《章句》。《釋文敍録》亦有「尹更始《穀梁章句》十五卷」。則此書似尹氏所作。然尹氏兼取《左氏》，非《穀梁》顓門之業，且本志不著撰人。未必全出尹氏也。

穀梁外傳

《漢書・藝文志・春秋》　《穀梁外傳》二十篇。

姚振宗《漢書藝文志條理・春秋家》　《穀梁外傳》二十篇。《經義考》：「《公羊外傳》，《漢志》：五十篇，佚。《穀梁外傳》，《漢志》：二十篇，佚。」　錢大昕《三史拾遺》曰：「漢時《公》、《穀》二家皆有外傳，其書不傳。大約似《韓詩外傳》。今人稱《國語》爲外傳，《漢志》卻無此名目。」上黨馮班《鈍吟雜録》曰：「或曰《史記》敍下宮之難，不取《左氏》，豈非好奇乎？余曰不然也。趙亡去漢興未遠，此國之大事。趙氏所由存亡，雖秦火之後，其文獻必猶有可徵者。漢時有《公羊》、《穀梁》外傳，今皆不知所言何事，太史公當時豈《左傳》之外便無所據乎？」　按：《左氏外傳》爲《國語》，皆左丘明一家之言。《公》、《穀》則口説流傳，至漢初始著竹帛，而《穀梁》至宣帝時始盛。此兩家《外傳》，大抵皆漢人爲之，不出于高與赤也，可知已。

春秋穀梁傳

《隋書・經籍志・春秋》　《春秋穀梁傳》五卷。孔君指訓。殘缺。梁十四卷。

鄭樵《通志・藝文略・春秋》　《春秋穀梁傳》五卷。孔君指訓。

姚振宗《漢書藝文志拾補・春秋家》　孔驩《春秋穀梁傳訓詁》。驩，始末見前。孔繼汾《闕里文獻考》：「安國孫驩，精《春秋三傳》，著《公羊穀梁訓詁》。」又《著述考》曰：「驩有《公羊訓詁》、《穀梁訓詁》，卷並佚。」　按：《隋志》於孔衍《集解》之外，別有《春秋穀梁傳》五卷，注云：「孔君指訓。殘闕。梁十四卷。」次漢人段肅之後，晉人范甯之前，疑即驩書。

春秋穀梁章句

陸德明《經典釋文序録・注解傳述人》　尹更始《穀梁章句》十五卷。

《隋書・經籍志・春秋》　梁有《春秋穀梁傳》十五卷。漢諫議大夫尹更始撰，亡。

《舊唐書・經籍志・春秋》　《春秋穀梁章句》十五卷。穀梁俶解，尹更始注。

《新唐書・藝文志・春秋類》　《春秋穀梁傳》十五卷。尹更始注。

鄭樵《通志·藝文略·春秋》　《春秋穀梁傳》十五卷。漢諫大夫尹更始。

姚振宗《漢書藝文志拾補·春秋家》　尹更始《春秋穀梁傳章句》十五卷。

《漢書·儒林傳》：「瑕丘江公受《穀梁春秋》及《詩》於魯申公。武帝時，《公羊》大興，《穀梁》浸微。唯魯榮廣、皓星公二人受焉。沛蔡千秋從廣受，千秋又事皓星公，爲學最篤。汝南尹更始翁君事千秋。甘露元年，議大殿中，平《公羊》、《穀梁》同異。時《公羊》博士嚴彭祖、《穀梁》議郎尹更始等十一人，議三十餘事，多從《穀梁》。由是《穀梁》之學大盛。尹更始爲諫大夫、長樂戶將，又受《左氏傳》，按：受之侍御史淸河張禹。取其變理合者，以爲《章句》，傳子咸及翟方進、房鳳。」按：《玉海》四十二引《儒林傳》云「尹更始《左氏章句》」，蓋即指此，而誤以爲左氏也。　《玉海·藝文》曰：「漢儒兼通《穀梁》、《左氏》者，胡常、尹更始。」按：尚有尹咸、翟方進。　《釋文敍録》：「尹更始，字翁君，汝南邵陵人。議郎諫大夫，長樂戶將。」又曰：「漢更始《穀梁章句》十五卷。」按：漢當爲尹。　《隋書·經籍志》：「梁有《春秋穀梁傳》十五卷。漢諫議大夫尹更始撰，亡。」　《唐·經籍志》：「《春秋穀梁傳章句》十五卷。穀梁俶解尹更始注。」　《藝文志》：「《春秋穀梁傳》十五卷，尹更始注。」　馬國翰輯本敍曰：「尹更始《穀梁章句》，楊士勛引一節。《禮記正義》、《周禮疏》、《文選注》各引一節。又《注疏》引《穀梁說》五節、舊說五節。《大戴禮注》引《春秋穀梁說》一節。案：漢儒傳《穀梁》學者，惟尹及劉向有書。范注於劉說皆明標劉向。「隕石于宋五」注引劉說，疏引舊說，云與劉向合，明非劉氏說矣。且尹在漢爲《穀梁》，名在博士周慶、丁姓之上，又獨有著書，則凡引穀梁說及舊說者，皆尹氏章句無疑也。並據合輯。按：馬氏取《穀梁說》、舊說以爲即尹氏《章句》，不能無疑。　按：漢初爲《穀梁》者，自魯申公始，申公傳瑕丘江公，江公傳魯榮廣及皓星公，廣傳沛蔡千秋、梁周慶、丁姓，而江公又傳子至孫，宣帝時爲博士。慶、姓皆宣帝時博士。《藝文志》有《穀梁章句》三十三篇，疑始於江公，武帝使江公與公羊家董仲舒議，不勝。丞相公孫弘卒，用董生而《穀梁》微。以是知江公先有其書。而其後諸家各有所說。宣帝立《穀梁》，劉向與其議，及成帝詔向領校經傳，始校録其書。入中祕，以其出自衆人，故不著名氏。尹氏此書，兼取《左氏》，非《穀梁》專業，故知《漢志》所載三十三篇，非尹氏書。

春秋穀梁傳

姚振宗《漢書藝文志拾補·春秋家》　劉向《春秋穀梁傳》。向，始末見《禮類》。

《漢書》本傳：「宣帝初，立《穀梁春秋》，徵更生受《穀梁》，講論五經於石渠。」又《劉歆傳》云：「歆及向始皆治《易》，宣帝時詔向受《穀梁春秋》，十餘年，大明習。歆亦湛靖有謀，父子俱好古。歆以爲左丘明好惡與聖人同，親見夫子，而公羊、穀梁在七十子後，傳聞之與親見之，其詳略不同。歆數以難向，向不能非間也。然猶自扶或引作持。其《穀梁義》。」　《漢書·儒林傳》：「宣帝善《穀梁說》，劉向以故諫大夫通達待詔，受《穀梁》，欲令助之。自元康中始講，至甘露元年，積十餘歲，皆明習。迺召五經名儒太子太傅蕭望之等大議殿中，平《公羊》、《穀梁》同異，各以經處是非。時《穀梁》議郎尹更始、待詔劉向等與公羊家各五人議三十餘事，多從《穀梁》。由是《穀梁》之學大盛。」　《漢書·五行志》「景、武之世，董仲舒治《公羊春秋》，始推陰陽爲儒者宗。宣、元之後，劉向治《穀梁春秋》，數其禍福傳以《洪範》與仲舒錯」。顔師古曰：「傳或作傳，讀曰附，謂附著。」　馬國翰輯本敍曰：「劉向《穀梁傳》，《漢·儒林傳》不言撰作，隋、唐《志》皆不著録。惟《晉書·五行志》引劉向《春秋說》，范注、楊疏，亦並引劉向，則劉氏實有書矣。蒐輯一十六節，其說多明災異，與所記《洪範五行》相表裏云。　按：《漢書·五行志》又云「是以攬仲舒別向、歆」，謂取仲舒之《公羊說》、劉向之《穀梁說》及《洪範五行傳》、劉歆之《左氏說》、《五行傳》五書。其中明引劉向《穀梁說》十餘條，又引劉向《春秋說》百餘條，蓋亦《穀梁說》也。其引劉向說《春秋》前後事四十餘條，則《五行傳》之《文王氏》，《漢魏遺書鈔》概以爲《五行傳》，非是。馬氏沿其誤。據馬氏序亦有《五行傳》輯本，今未見。故不取《漢志》，僅從《晉書注疏》輯存十餘條，皆由未嘗詳審《漢志》序文之誤也。

春秋穀梁傳

《隋書・經籍志・春秋》　《春秋穀梁傳》四卷。殘缺。張、程、孫、劉四家集解。

鄭樵《通志・藝文略・春秋》　《春秋穀梁傳》四卷。殘缺。張、程、孫、劉四家集解。

春秋穀梁傳

陸德明《經典釋文序録・注解傳述人》　段肅《注》十二卷。不詳何人。

《隋書・經籍志・春秋》　《春秋穀梁傳》十四卷。段肅注。疑漢人。

《舊唐書・經籍志・春秋》　《春秋穀梁傳》十三卷。段氏注。

《新唐書・藝文志・春秋類》　《春秋穀梁傳段肅注》十三卷。

鄭樵《通志・藝文略・春秋》　《春秋穀梁傳》十四卷。段肅注。疑漢人。

姚振宗《後漢藝文志・春秋類》　段肅《春秋穀梁傳注》十四卷。【略】惠棟《九經古義》曰：《經典敍録》「不詳肅何人」。《隋志》「疑漢人」。棟按《後漢・班固傳》：固奏記東平王云：「弘農功曹史殷肅，達學洽聞，才能絶倫，誦《詩三百》，奏使專對。」章懷注云：「固集殷作段。」然則殷肅即段肅也。　按《史通・外篇》曰：《史記》所書，年止漢武。太初已後，闕而不録。其後劉向、向子歆及諸好事者，若馮商、衛衡、揚雄、史岑、梁審、肆仁、晉馮、段肅等，相次撰續，迄于哀、平間。肅蓋兩漢間人，當哀、平、王莽時，嘗居史職，續《太史公書》。班氏奏記稱弘農功曹史，則顯宗初所居郡職，似即弘農人歟？

春秋穀梁廢疾

《隋書・經籍志・春秋》　《春秋穀梁廢疾》三卷。何休撰。　《春秋穀梁廢疾》三卷。何休撰。鄭玄釋。張靖箋。

《舊唐書・經籍志・春秋》　《春秋穀梁廢疾》三卷。何休作。鄭玄釋。張靖箋。

《新唐書・藝文志・春秋類》　《穀梁廢疾》三卷。鄭玄釋。張靖箋。

鄭樵《通志・藝文略・春秋》　《穀梁廢疾》三卷。何休。

姚振宗《後漢藝文志・春秋類》　《穀梁廢疾》三卷。何休。

文廷式《補晉書藝文志・春秋類》　張靖《穀梁廢疾箋》三卷。

春秋穀梁傳

陸德明《經典釋文序録・注解傳述人》　唐固《注》十二卷。字子正，丹陽人。吳尚書僕射。

《隋書・經籍志・春秋》　《春秋穀梁傳》十三卷。吳僕射唐固注。

《舊唐書・經籍志・春秋》　《春秋穀梁傳》十二卷。唐固注。

《新唐書・藝文志・春秋類》　唐固注《穀梁》十二卷。

鄭樵《通志・藝文略・春秋》　《春秋穀梁傳》十三卷。

姚振宗《三國藝文志・春秋類》　唐固《春秋穀梁傳注》十三卷。固見前。

春秋穀梁傳

陸德明《經典釋文序録・注解傳述人》　糜信《注》十二卷。字南山，東海人。魏樂平太守。

《隋書・經籍志・春秋》《春秋穀梁傳》十二卷。魏樂平太守糜信注。

《舊唐書・經籍志・春秋》《春秋穀梁傳》十二卷。糜信注。

《新唐書・藝文志・春秋類》糜信注《穀梁》十二卷。

鄭樵《通志・藝文略・春秋》《春秋穀梁傳》十二卷。魏樂平太守糜信。

姚振宗《三國藝文志・春秋類》糜信《春秋穀梁傳注》十二卷。【略】王謨輯本序曰：糜信于《禮記》，並無注解。而《月令正義》于「反舌無聲」句下引糜信説。《太平御覽》又引作「糜信難曰」，文亦互異。不知其何所據也。今並無考，唯從《穀梁傳疏》鈔出糜氏注本二十二條，《釋文》七條，《史記》注一條。馬國翰輯本序曰：楊士勛《疏》引或作糜信，《禮記正義》引其説「反舌事」，又作糜信。《册府元龜》糜信外復出康信。《太平御覽》引《穀梁注》作庾信，並誤也。信注《穀梁》十二卷，今佚。從楊《疏》、《釋文》及《御覽》輯録爲一卷。侯《志》曰：案《穀梁疏》于范注之略者，每引糜注補之。其文當較范爲詳。故晉泰元立《穀梁》博士，用糜注，至齊猶然。見《南齊書・陸澄傳》。余蕭客《古經解鉤沈序録》曰：《釋文》引糜信《穀梁音》。案：此音陸氏不明著于録，似附入本注，不別爲編，故今亦置不復出。

春秋穀梁傳

《隋書・經籍志・春秋》《春秋公羊穀梁傳》十二卷。晉博士劉兆撰。

穀梁傳

《隋書・經籍志・春秋》《穀梁傳》十卷。晉堂邑太守張靖注。

《舊唐書・經籍志・春秋》《春秋穀梁傳》十一卷。張靖集解。

《新唐書・藝文志・春秋類》張靖《集解》十一卷。

鄭樵《通志・藝文略・春秋》《穀梁傳》十卷。晉堂邑太守張靖。

文廷式《補晉書藝文志・春秋類》張靖《穀梁傳注》十卷。堂邑太守。《舊唐志》作十一卷。《新唐志》作《集解》。

穀梁傳義

《舊唐書・經籍志・春秋》《穀梁傳義》三卷。蕭邕注。

《新唐書・藝文志・春秋類》蕭邕《問傳義》三卷。

鄭樵《通志・藝文略・春秋》蕭邕《問傳義》三卷。

文廷式《補晉書藝文志・春秋類》蕭邕《穀梁傳義》三卷。《新唐書》作《穀梁問傳義》。柳興宗《穀梁大義述》云：沈蕭，未詳時代。兩唐《志》列之劉兆下，徐乾上，當是晉人。

春秋穀梁傳

《隋書・經籍志・春秋》《春秋穀梁傳》十六卷。程闡撰。

《舊唐書・經籍志・春秋》《春秋穀梁經傳》十六卷。程闡集注。

《新唐書・藝文志・春秋類》程闡《經傳集注》十六卷。

鄭樵《通志・藝文略・春秋》《春秋穀梁傳》十六卷。程闡。

文廷式《補晉書藝文志・春秋類》程闡《春秋穀梁經傳集注》十六卷。

春秋穀梁傳

《隋書・經籍志・春秋》《春秋穀梁傳》十四卷。孔衍撰。

《舊唐書・經籍志・春秋》《春秋穀梁傳》十三卷。孔衍訓注。

《新唐書・藝文志・春秋類》孔衍《訓注》十三卷。

鄭樵《通志・藝文略・春秋》《春秋穀梁傳》十四卷。孔衍。

文廷式《補晉書藝文志・春秋類》 孔衍《春秋穀梁傳訓注》十四卷。《釋文序録》作《集解》，今從《舊唐志》。《隋志》：「《春秋穀梁傳》五卷。孔君楷訓，殘缺。梁十四卷。」疑衍一字君楷。

穀梁傳注

文廷式《補晉書藝文志・春秋類》 郭琦《穀梁傳注》。見《隱逸傳》。

春秋穀梁經集解

《舊唐書・經籍志・春秋》 《春秋穀梁經集解》十卷。沈仲義注。

《新唐書・藝文志・春秋類》 沈仲義《集解》十卷。

文廷式《補晉書藝文志・春秋類》 沈仲義《穀梁經傳集解》十卷。

穀梁傳集解

《隋書・經籍志・春秋》 梁有《春秋穀梁傳》十卷，胡訥集解。亡。

陸德明《經典釋文序録・注解傳述人》 胡訥《集解》十卷。

文廷式《補晉書藝文志・春秋類》 胡訥《穀梁傳集解》十卷。楊士勛《穀梁疏》作胡訥之。

春秋穀梁傳

《隋書・經籍志・春秋》 梁有《春秋穀梁傳》十三卷，晉給事郎徐乾注。亡。

陸德明《經典釋文序録・注解傳述人》 徐乾《注》十三卷。字文祚，東莞人。東晉給事中。

《舊唐書・經籍志・春秋》 《春秋穀梁傳》十三卷。徐乾注。

《新唐書・藝文志・春秋類》 徐乾《注》十三卷。

鄭樵《通志・藝文略・春秋》 《春秋穀梁傳》十三卷。晉給事郎徐乾。

文廷式《補晉書藝文志・春秋類》 徐乾《春秋穀梁傳注》十三卷。給事郎。【略】馬國翰曰：「范注引六節，楊疏引一節，研究書法日與不日之例。全書之旨概可知矣。」《通典》四十九引太常博士徐乾議《莊二十四年》「赤歸於曹郭公」，范注、楊疏並引之，而義似異，俟考。

穀梁春秋

文廷式《補晉書藝文志・春秋類》 聶熊注《穀梁春秋》。見《石季龍載記》。慕容儁祕書監，清河聶熊見《儁載記》。

春秋穀梁傳

陸德明《經典釋文序録・注解傳述人》 徐邈《注》十二卷。

《隋書・經籍志・春秋》 《春秋穀梁傳》十二卷。徐邈撰。

《舊唐書・經籍志・春秋》 《春秋穀梁》十二卷。徐邈注。

《新唐書・藝文志・春秋類》 徐邈《注》十二卷。

鄭樵《通志・藝文略・春秋》 《春秋穀梁傳》十二卷。徐邈。

文廷式《補晉書藝文志・春秋類》 徐邈《春秋穀梁傳注》十二卷。《晉書・范甯傳》云：「既而徐邈復爲之注，世亦稱之。」是邈書成在甯後也。馬國翰曰：「《注疏》引九十一節，《北堂書鈔》引二節，《初學記》引一節，並據輯録《注》、《義》二書，不能區分矣。」《書鈔》九十九引徐邈《穀梁子》云：「滄海横流則舟航濟其用，震風陵雨而棟宇競其功。」孔廣陶校云：蓋序文也。案：《書鈔》九十五引徐邈《穀梁序》云：「夫子感隱、桓之事，作《春秋》。振王道於無王，故始自隱公，所感而興。」《隱九年疏》云：徐邈引尹更始云所者俠之氏。尹氏之説僅見可貴也。

春秋穀梁傳義

《隋書・經籍志・春秋》《春秋穀梁傳義》十卷。徐邈撰。

《舊唐書・經籍志・春秋》《春秋穀梁傳義》十二卷。徐邈注。

《新唐書・藝文志・春秋類》徐邈《傳義》十卷。

鄭樵《通志・藝文略・春秋》《春秋穀梁傳義》十卷。徐邈。

文廷式《補晉書藝文志・春秋類》徐邈《春秋穀梁傳義》十卷。

答春秋穀梁義

《隋書・經籍志・春秋》徐邈《答春秋穀梁義》三卷。

鄭樵《通志・藝文略・春秋》徐邈《答春秋穀梁義》三卷。

文廷式《補晉書藝文志・春秋類》徐邈《答春秋穀梁義》三卷。

春秋穀梁音

《舊唐書・經籍志・春秋》《春秋穀梁音》一卷。徐邈撰。

文廷式《補晉書藝文志・春秋類》徐邈《春秋穀梁音》一卷。見《舊唐志》。本傳云：「合三《傳》爲之解注，撰《春秋釋疑》。」《公羊・成二年》疏云：「《公羊説解疑論》皆譏尹父。」案：所引《解疑論》，未詳何書。

春秋穀梁傳集解

陸德明《經典釋文序録・注解述人》范甯《集注》十二卷。

《隋書・經籍志・春秋》《春秋穀梁傳》十二卷。范甯集解。梁有《穀梁音》一卷，亡。

《舊唐書・經籍志・春秋》《春秋穀梁傳》十二卷。范甯集注。

錢東垣等輯《崇文總目・春秋類》《春秋穀梁傳》十二卷。范甯注。

《新唐書・藝文志・春秋類》范甯《集注》十二卷。

鄭樵《通志・藝文略・春秋》《春秋穀梁傳》十二卷。范甯集解。

陳振孫《直齋書録解題・春秋類》《春秋穀梁傳集解》十二卷。晉豫章太守順陽范甯武子撰。甯嘗謂王、何之罪，深於桀、紂，著論以排之。仕爲中書侍郎。其甥王國寶憚之，乃相驅扇，因求外補抵罪。會赦免。甯以爲《春秋》惟《穀梁氏》無善釋，故爲之注解。其序云：「升平之末，先君稅駕於吳，帥門生故吏、兄弟子姪研講六籍、三《傳》。」蓋甯父汪爲徐、兗二州北伐失利，屏居吳郡時也。汪没之後，始成此書。所集諸家之説，皆記姓名。其稱何休曰及鄭君釋之者，即所謂《發墨守》、《起廢疾》也；稱「邵曰」者，甯從弟也；稱「泰曰」、「雍曰」、「凱曰」者，其諸子也。汪，范晷之孫。晷在《良吏傳》。自晷至泰五世，皆顯於時。甯父子、祖孫同訓釋經傳，行於後世，可謂盛矣。泰之子蔚宗亦著《後漢書》，以不軌誅死，其家始亡。

馬端臨《文獻通考・經籍考・春秋》《穀梁傳集解》十二卷。

《宋史・藝文志・春秋類》范甯《穀梁傳》十二卷。

張萱等《内閣藏書目録・經部》《春秋穀梁傳》。四冊。全。范甯集解。又五冊，全。又四冊，全。

范邦甸等《天一閣書目・春秋類》《穀梁傳註疏》二十卷。晉范甯集解。唐楊士勛疏。

于敏中等《天禄琳琅書目・宋版經部》《監本附音春秋穀梁註疏》。二函，十冊。晉范甯集解，唐楊士勛疏，附唐陸德明音義共二十卷。士勛序。《朝野雜記》云：「監本書籍，紹興末年所刊。是書於欽宗以上諱皆闕筆，而皇瑗『瑗』字乃孝宗諱，全書不闕，蓋紹興監本也。」又云：「胄監刊六經，無《禮記》。今猶存《毛詩》、《春秋左氏》、《公羊》、《穀梁傳》，而《禮記》亦可證矣。」朱謀瑋《藩獻記》：「晉莊王鍾鉉，憲王之子，高皇帝曾孫也。正統七年，以榆杜王進封。王好博古，喜法書，嘗以《絳帖》歲久斷脫，令世子奇源采舊所藏古今名人墨蹟，摹刻以傳，號《寶賢堂集古法帖》。

今世傳之書畫，多『晉府』章，即其人也。」餘諸印無可考，或仿漢銅章，皆隨手鈐用，無關鑒藏也。

《監本附音春秋穀梁註疏》。二函，十二冊。篇目同前。勘對此書，與前景德二年中書牒刻《公羊註疏》板匡字體俱合。板心上注每紙大小字數，中標名「公疏」「穀疏」，字亦從俗省筆，出於匠手，兩本正符。蓋景德原刻諸經此其二也。　明沈周有竹居所藏。周，字啓南，長洲人。於書無所不覽，文摹《左氏》，詩擬白居易、蘇軾、陸游，字仿黃庭堅，爲世所愛重，尤工於畫，評者謂爲明世第一。巡撫王恕、彭禮咸禮敬之，欲留幕下，並以母老辭，終身不仕。《明史》有傳。其「羣雅齋」、「吳惟明印」、「康虞父」三印，大小略等，似係一人之章，但世里未詳。至「方外司馬」一印亦無考。

《四庫全書提要・春秋類一》　《春秋穀梁傳注疏》二十卷。內府藏本。晉范甯集解，唐楊士勛疏。其《傳》則士勛疏，稱：「穀梁子名俶，字元始，一名赤，受經於子夏。爲經作傳則當爲穀梁子所自作。」徐彥《公羊傳疏》又稱：「公羊高五世相授，至胡毋生乃著竹帛，題其親師，故曰『公羊傳』。《穀梁》亦是著竹帛者，題其親師，故曰『穀梁傳』。則當爲傳其學者所作。」案：《公羊傳》「定公即位」一條，引「子沈子曰」，何休《解詁》以爲後師。案：此注在《隱公十一年》所引「子沈子」條下。此《傳》「定公即位」一條，亦稱「沈子曰」，公羊、穀梁既同師子夏，不應及見後師。又「初獻六羽」一條，稱「穀梁子曰」，《傳》既穀梁自作，不應自引己說。且此條又引「尸子曰」，尸佼爲商鞅之師，鞅既誅，佼逃於蜀，其人亦在穀梁後，不應預爲引據。疑徐彥之言爲（未）得其實。但誰著於竹帛，則不可考耳。《漢書・藝文志》載《公羊》、《穀梁》二家《經》十一卷，《傳》亦各十一卷。則《經》《傳》初亦別編。范甯《集解》，乃併《經》注之，疑即甯之所合。《定公元年》「春王三月」一條，發《傳》於「春王」二字之下，以「三月」別屬下文，頗疑其割裂。然考劉向《說苑》，稱文王似元年，武王似春王，周公似正月。向受《穀梁春秋》，知《穀梁經》文以「春王」二字別爲一節，故向有此讀。至「公觀魚于棠」一條、「葬桓王」一條、「杞伯來逆叔姬之喪以歸」一條、「曹伯廬卒于師」一條、「天王殺其弟佞夫」一條，皆冠以「傳曰」字，惟「桓王」一條與《左傳》合，餘皆不知所引何《傳》。疑甯以《傳》附《經》之時，每條皆冠以「傳曰」字，如鄭玄、王弼之《易》有「彖曰」、「象曰」之例，後傳寫者刪之，此五條其削除未盡者也。甯注本十二卷，以兼載門生故吏子弟之說，各列其名，故曰《集解》。《晉書》本傳稱：甯此書爲世所重，既而徐邈復爲之注，世亦稱之。今考書中乃多引邈注，未詳其故。又自序有「商略名例」之句，《疏》稱甯別有《略例》百餘條，此本不載。然注中時有「傳例曰」字，或士勛割裂其文，散入注疏中歟？士勛始末不可考。孔穎達《左傳正義序》，稱與故四門博士楊士勛參定，則亦貞觀中人。其書不及穎達書之賅洽，然諸儒言《左傳》者多，言《公》、《穀》者少，既乏憑藉之資，又《左傳》成於衆手，此書出於一人，復鮮佐助之力，詳略殊觀，固其宜也。其疏「長狄眉見於軾」一條，連綴於「身橫九畝」句下，與注相離。蓋邢昺刊正之時，又多失其原第，亦不盡士勛之舊矣。

彭元瑞等《天禄琳琅書目後編・宋版經部》　《監本附音春秋穀梁傳注疏》。二函，十冊。范甯集解，楊士勛疏。二十卷。前甯序。按：書中字句與明傳刻監本不同者，隱八年「惡入明監本脫『入』字。者也」、「而祭泰山之邑也」。明監本脫「也」字。桓二年「臣既死，君不忍稱其名」，明監本脫此句。九年「則是放明監本譌『故』。命也」，十有七年「公明監本脫『公』字。及邾儀父盟於趡」。莊二年「爲之主明監本脫『主』字。者卒之也」，十有九年「其遠之」，明監本脫「之」字。二十有五年「鼓用牲於社」。明監本脫此句。僖十年「吾明監本脫『吾』字。若此而入自明」，十有六年「六鶂」，明監本譌「鷁」。二十有二年「旌亂明監本脫『亂』字。於上」，二十有三年「茲父之明監本脫此三字。不葬」。宣九年「楚子」，明監本譌「人」。十年「反明監本譌『友』。之」。成十有六年「猶存明監本譌『在』。公也」。襄二年「庚辰，明監本譌『寅』。鄭伯睔卒」。昭四年「爲齊討明監本譌『封』。也」，哀元年「故卜免牛明監本譌『卜』。也」，六年「可明監本譌『何』。以言弗受也」。《公》、《穀》單行刻本甚少，得此宋監本舊書，足資考證。　闕補卷二、五、六，卷六、十三。卷十二、十三之十八。

《監本附音春秋穀梁傳注疏》。二函，十二冊。同前。闕補卷一、一之四，卷四、十二、十三，卷五、十、十七，卷十、二，卷九、十八，卷十五、十三、十四，卷二十、十五、十六。

張金吾《愛日精廬藏書志・春秋類》　《春秋穀梁傳》十二卷。臨惠氏校宋余仁仲本。晉范甯集解。卷末有經傳注、音義、字數三行，及國學進士余仁仲、劉子庚、陳幾、張甫，奉議郎簽書武安軍節度判官廳公事陳應行等銜名五行，又「余氏萬卷堂藏書記」本印，上方臨惠氏、李氏評閱語，文公以前據南監本校。序。《昭公十三年》「吳滅州來」下題識曰：「此卷先命奴子羅中郎川南監本逐字比校訖，又以建安余氏萬卷堂《集解》殘本、章丘李氏《穀梁疏》殘鈔本手校，復用石經參校，經傳譌謬都淨，注疏中亦十去其五。獨惜余氏本宣公以前、鈔本文公以上俱缺，無從取正耳。康熙丁酉初夏何仲子記。　無名氏題識曰：自七卷至末，經傳本惠松崖先生校過。今照惠本臨出。而宋本亦藏余家，又細心校對，一一注出，庶可無遺恨矣。　宋刊《穀梁》余仁仲本，大字廿二行十九字，注雙行，每行廿七字。《釋音》同。　建安余氏萬卷堂本《集解》校注。宣公元年起。　章丘李氏《穀梁疏》校疏。文公元年起。　南監本、唐石經校經。　惠半農閲。棟參。

文廷式《補晉書藝文志・春秋類》　范甯《春秋穀梁傳集解》十二卷。今存。《隋志》又有孔君楷《春秋穀梁傳訓》十四卷，列段肅後、范甯前，必魏晉人也。俟考。

春秋穀梁傳例

《隋書・經籍志・春秋》　《春秋穀梁傳例》一卷。范甯撰。

鄭樵《通志・藝文略・春秋》　《穀梁傳例》一卷。范甯。

文廷式《補晉書藝文志・春秋類》　范甯《春秋穀梁傳例》一卷。楊士勛《穀梁疏》曰：「范氏別爲《略例》百餘條。」按范注每稱「傳例疏」，亦屢引《略例》，是唐時尚存。

薄叔玄問穀梁義

《隋書・經籍志・春秋》　薄叔玄《問穀梁義》二卷。梁四卷。

鄭樵《通志・藝文略・春秋》　薄叔玄《問穀梁義》二卷。

文廷式《補晉書藝文志・春秋類》　《薄叔玄問穀梁義》四卷。《穀梁疏》屢引「范答薄氏之駁」。馬國翰曾輯之。

范甯穀梁音

文廷式《補晉書藝文志・春秋類》　《范甯穀梁音》一卷。

張鵬一《隋書經籍志補・春秋》　《穀梁范甯注音》。劉芳。

春秋穀梁傳釋文

楊士奇等《文淵閣書目・春秋》　陸德明《春秋穀梁傳釋文》。一部，五冊。闕。

穀梁音

鄭樵《通志・藝文略・春秋》　《穀梁音》一卷。陸德明。

春秋穀梁傳疏

《舊唐書・經籍志・春秋》　《春秋穀梁傳疏》十三卷。楊士勛撰。

錢東垣等輯《崇文總目・春秋類》　《春秋穀梁疏》三十卷。［原釋］唐國子四門助教楊士勛撰。皇朝邢昺等奉詔是正，令太學傳授。見《文獻通考》。

《新唐書・藝文志・春秋類》　楊士勛《穀梁疏》十二卷。

鄭樵《通志・藝文略・春秋》　《春秋穀梁疏》十二卷。唐楊士勛。

晁公武《郡齋讀書志・春秋類》　《春秋穀梁傳疏》十二卷。右唐楊士勛撰。士勛官至國子四門助教。

趙希弁《郡齋讀書附志・經類》 《春秋穀梁傳註疏》二十卷。右唐國子四門助教楊士勛撰。

陳振孫《直齋書録解題・春秋類》 《春秋穀梁傳疏》十二卷。唐國子四門助教楊士勛撰。

馬端臨《文獻通考・經籍考・春秋》 《春秋穀梁傳疏》十二卷。

《宋史・藝文志・春秋類》 楊士勛《春秋穀梁疏》十二卷。

楊士奇等《文淵閣書目・春秋》 《春秋穀梁傳注疏》。一部，五冊。完全。《春秋穀梁傳注疏》。一部，五冊。完全。《春秋穀梁傳注疏》。一部，五冊。闕。《春秋穀梁傳注疏》。一部，五冊。闕。《春秋十三經註疏穀梁傳》。一部，五冊。完全。《春秋十三經註疏穀梁傳》。一部，五冊。完全。

高儒《百川書志・春秋》 《春秋穀梁傳註疏》二十卷。唐國子四門助教楊士勛撰。陸氏釋文。范甯集解。

徐㶿《徐氏家藏書目・春秋類》 《春秋穀梁傳注疏》二十卷。

張萱等《内閣藏書目録・經部》 《春秋穀梁傳》六冊。全。范甯集解。楊世勛疏。又《穀梁注》四冊。全。同前。《穀梁注疏》二冊。全。唐助教楊世勛著。

錢謙益等《絳雲樓書目・春秋類》 《穀梁註疏》。疏十二卷。

于敏中等《天禄琳琅書目・宋版經部》 《監本附音春秋穀梁注疏》。二函，十冊。晉范甯集解，唐楊士勛疏，附唐陸德明音義，共二十卷。士勛序。《朝野雜記》云：監本書籍，紹興末年所刊。是書於欽宗以上諱皆闕筆，而皇瑗，「瑗」字乃孝宗諱，全書不闕，蓋紹興監本也。又云：胄監刊六經，無《禮記》。今猶存《毛詩》、《春秋左氏》、《公羊》、《穀梁傳》，而無《禮記》亦可證矣。朱謀㙔《藩獻記》：晉莊王鐘鉉，憲王之子，高皇帝曾孫也。正統七年，以榆杜王進封。王好博古，喜法書，嘗以《絳帖》歲久斷脱，令世子奇源采舊所藏古今名人墨蹟，摹刻以傳，號《寶賢堂集古法帖》。今世傳之書畫，多「晉府」章，即其人也。餘諸印無可考。或仿漢銅章，皆隨手鈐用，無關鑒藏也。

《監本附音春秋穀梁注疏》。二函，十二冊。篇目同前。勘對此書，與前景德二年中書牒刻《公羊注疏》板框字體俱合，板心上注每紙大小字數，中標名「公疏」、「穀疏」，字亦從俗，省筆出於匠手，兩本正符。蓋景德原刻諸經，此其二也。明沈周有竹居所藏。周，字啓南，長洲人。於書無所不覽，文摹《左氏》，詩擬白居易、蘇軾、陸游，字仿黄庭堅，爲世所愛重。尤工於畫，評者謂爲明世第一。巡撫王恕、彭禮咸禮敬之，欲留幕下，並以母老辭，終身不仕，《明史》有傳。其「羣雅齋」、「吳惟明印」、「康虞父」三印，大小略等，似係一人之章，但世里未詳。至「方外司馬」一印，亦無考。

又《明版經部》 《監本附音春秋穀梁傳注疏》。一函，六冊。晉范甯集解，唐楊士勛疏，陸德明音義。二十卷。前范甯序。按：前宋版亦有此書，標題稱《監本附音春秋穀梁注疏》，此書標題於「穀梁」下刊入「傳」字，其非宋本無疑。觀每卷之版長短不齊，其長者規仿宋槧猶有似處，短者則遠遜之。蓋係書賈偶得舊印不全之本，翻刻者半、補刊者半耳。紙墨亦俱不佳，非善本也。泰興季氏藏本。

孫星衍《平津館鑒藏書籍記・宋版》 《春秋穀梁注疏》廿卷。題「晉范甯集解，唐楊士勛疏」。范甯序疏亦不列入。卷中「桓」、「恆」等字俱從宋本缺筆。每葉十八行，行廿一字。板心下刻字人姓名，同前各本。收藏有「訒葊圖書」白文方印。

《監本附音春秋穀梁注疏》二十卷。題范甯集解，楊士勛疏。每卷某公亦與大題相連。前范甯序下題「國子四門助教楊士勛撰，國子博士兼太子中允贈齊州刺史吳縣開國男陸德明釋文」。序文標題「穀梁」下多一「傳」字。每葉廿行，行十七字，小字行廿三字。亦有元、明補刻葉。

張金吾《愛日精廬藏書志・春秋類》 《春秋穀梁疏殘本》七卷。抄本。唐國子四門助教楊士勛撰。原十二卷，今佚一至五五卷。單疏本自《儀禮》外，惟《穀梁》、《爾雅》尚有傳本，爲楊氏、邢氏原書。《爾雅疏》未之見。是書則從李中麓藏本轉輾傳寫者，闕文誤字雖亦不少，以無別本可校，姑仍其舊，不取據注疏本臆改也。中有遠勝今本而校勘記未載者，略疏一二於後。《襄六年》「齊侯滅萊」云云，當在十有二月「齊侯滅萊」下，單疏本另標起止，閩本與「莒人滅繒」《疏》幷作一段。《襄二十七年傳》「織絇邯鄲」云云，當在「衛侯之弟專出奔晉」傳「織絇邯鄲」下，單疏本另標起止，閩本與「衛殺其大夫甯喜」疏幷作一段。此可正注疏本分隸之誤也。《文三年》「死而墜地」，閩本「地」作「者」。案：上云「螽死而墜於地」下云「螽飛在上墜地死」，則「地」字較長。《宣八年》「有事於廟，而聞之者去樂句卒事，而聞之者廢繹」，閩本「去樂」下多「卒事至」三字。《成二年》「但傳以此戰不詐」，閩本「詐」作「許」，案上云「豈使詐戰」，則「詐」字較長。《三年》注「迫近至謚也」，閩本作「迫近至稱謚」，案注云「迫近，言親禰也。桓僖遠祖則稱謚」，楊所見本或有「也」字，故云「至謚也」。《五年》「又別一」，案又別一者，別例一也。范氏出女例三，別例一，故云「又別一」。閩本一作「引」，誤。《十五年》「不與大夫之持伯權也」，閩本「持」作「得」，義雖兩通，「持」字較長。《昭二十三年》「傳於無嫌之義」，閩本「傳」字脱。案疏云「孔子書經游夏爲傳經於不疑之中，而彊生疑傳於無嫌之義而巧出嫌」，則「傳」字似不可少。《定元年》「人情之意，欲其有得」，案：得謂得雨也。閩本「得」作「益」，誤。《哀十二年》「夫人薨者十」，閩本「十」下有「而書葬者十」五字，「八者並書葬」，案：夫人薨者十，隱公夫人、昭公夫人不書葬，則書葬者止八。閩本「八」作「十」，誤，此可正注疏本字句之誤也。至若《文元年》「《春秋》内魯」，閩本「内」作「向」。《二年》「著袷嘗者謂之大事」，閩本「之」作「以」。《八年》「歸其宗廟」，閩本「歸」作「掃」。《八年》「有二種之意也」，閩本「二」作「可」。《成十年》「衛侯之弟專爲罪兄稱弟」，閩本「衛侯」作「侯伯」，「弟」作「尊」。《十六年》「如公羊晝日爲冥」，閩本「晝」作「書」。《昭二十六年》「言外者據内生名」，閩本「内」作「丙」。《哀四年》「《春秋》，賊不討則不書葬」，閩本「書」作「葬」。此則筆畫之誤，尤顯然者也。中遇「貞」字俱作「眞」，蓋避宋諱。「志」作「至」，「如」作「而」，「至」作「致」，蓋古字通用。「何」作「可」，蓋宋本殘缺，影寫者就半字寫之，蓋其愼也。是書於傳注不録全文，止標起訖。綜其體例，大要有三，或標某某至某某，或標某某云云，或竟標傳注全文一二句。注疏本欲歸一例，俱改作某某至某某。「釋曰」二字，或有或無，「傳注」則一一標出，注疏本「傳注」二字大半删去，而每段俱增「釋曰」冠之，非單疏本尚存原書，而目無從復識。是固當與《儀禮疏》同爲希世之珍也！

穀梁新例

《宋史・藝文志・春秋類》　陳德寧《穀梁新例》六卷。

春秋穀梁辨失

《宋史・藝文志・春秋類》　王日休《春秋穀梁辨失》一卷。

穀梁三例

黄虞稷《千頃堂書目・春秋類》　李舜臣《穀梁三例》。

穀梁傳疏證

張之洞《書目答問・列朝經注經説經本考證》　馬宗槤《穀梁傳疏證》，未見傳本。

穀梁補注

張之洞《書目答問・列朝經注經説經本考證》　《穀梁補注》一卷。姚鼐。《惜抱軒集》本。

穀梁古注

張之洞《書目答問・列朝經注經說經本考證》 邵晉涵《穀梁古注》，未刊。

穀梁釋例

張之洞《書目答問・列朝經注經說經本考證》 《穀梁釋例》四卷。許桂林。粵雅堂本題一卷，實四卷。

穀梁大義述

張之洞《書目答問・列朝經注經說經本考證》 《穀梁大義述》□卷。柳興宗。有刻本。未見。

穀梁禮證

張之洞《書目答問・列朝經注經說經本考證》 《穀梁禮證》二卷。侯康。伍元徽刻。《嶺南遺書》本。

春秋總義分部

帝王歷紀譜

錢東垣等輯《崇文總目・春秋類》 《帝王歷紀譜》二卷。［原釋］不著撰人名氏。其叙言周所封諸侯子孫散于他國。孔子修《春秋》而譜其世系，上採帝王歷紀，而條次之，蓋學《春秋》所録。今本題云「荀卿撰」者，非也。見《文獻通考》

鄭樵《通志・藝文略・春秋》 《帝王歷紀譜》二卷。

晁公武《郡齋讀書志・春秋類》 《帝王歷紀譜》三卷。右題曰秦相荀卿撰。載周末列國世家，故一名《春秋公子血脈圖》。頗多疎略，決非荀卿所著，且卿未嘗相秦，豈世別有一荀卿耶？

馬端臨《文獻通考・經籍考・春秋》 《帝王歷紀譜》三卷。巽岩李氏曰：「其載帝王歷紀殊少，序諸侯卿大夫之世頗詳，而《崇文總目》止名《帝王歷紀譜》，今從之」。舊題云「秦相荀卿撰」。荀卿未嘗相秦，其繆妄立見，蓋田野陋儒，依託以欺末學耳。故筆削最無義例，前後抵牾，不可偏舉。而所著族繫又與《世本》不同，質之司馬遷、杜預，亦復差異，不知撰者果證據何書也。其血脈間有強附横入，灼然非類者，要當釐正之，顧不敢輕改，姑仍其舊，使學者自擇焉。篇首尾雜引《左氏傳》中語，事既殘缺不屬，字書訛舛尤甚，往往不可句讀。參考《左氏傳》略加是正，十僅得四五云。其他政如棼絲結髮，未易一二爬梳也。

《宋史・藝文志・春秋類》 荀卿《公子姓譜》二卷。一名《帝王歷紀譜》。

三家經

《隋書・經籍志・春秋》 宋有《三家經》二卷。亡。

鄒氏傳

《漢書・藝文志・春秋》 《鄒氏傳》十一卷。

鄭樵《通志・藝文略・春秋》 《春秋鄒氏傳》十一卷。

姚振宗《漢書藝文志條理・春秋家》 《鄒氏傳》十一卷。

夾氏傳

《漢書・藝文志・春秋》 《夾氏傳》十一卷。有録無書。

鄭樵《通志・藝文略・春秋》 《春秋夾氏傳》十一卷。《鄒、夾傳》雖亡，今取而備之，以見五家之所始。

《宋史・藝文志・春秋類》 《春秋夾氏》三十卷。

姚振宗《漢書藝文志條理・春秋家》 《夾氏傳》十一卷。有録無書。

本志總敍曰：「《春秋》分爲五。」韋昭曰：「謂左氏、公羊、穀梁、鄒氏、夾氏也。」 又篇敍曰：「及末世口説流行，故有《公羊》、《穀梁》、《鄒》、《夾》之傳。四家之中，《公羊》、《穀梁》立于學官，鄒氏無師，夾氏未有書。」 本書《王吉傳》：「吉字子陽，琅琊皋虞人也。兼通五經，能爲《鄒氏春秋》。」 《隋書・經籍志》：「漢初，公羊、穀梁、鄒氏、夾氏四家並行。王莽之亂，鄒氏無師，夾氏亡。」 《公羊疏》曰：「五家之傳，鄒氏、夾氏口説無文，師既不傳，道亦尋廢。」 王氏《考證》：「范升奏曰：『《春秋》之家，又有鄒、夾。』《七録》云『建武中，鄒、夾氏皆絶。』又曰：『《夾氏傳》十一卷，有録無書。然則録存而書亡也。』又云：『有書，當考。』」 《經義考》曰：「按《夾氏傳》，《漢志》注云有録無書，而《宋史・藝文志》載有《春秋夾氏》三十卷。不知何人擬作。其書今亦無存。」 按王氏《考證》謂夾氏有書當考，其即此《夾氏傳》欲取以旁證者。 錢大昕《三史拾遺》曰：「《人表》中中軋子、取子，此二人未詳，竊意當即治《春秋》之夾氏、鄒氏也。軋與夾音相近，取即聚字，鄒與聚聲亦不遠。」按：《人表》第五等此二子之後，即次以沈子、北宮子、魯子、公扈子、尸子，皆《春秋》家爲《公》、《穀》二傳所引者，錢宫詹之言尤近似也。

定嚴氏春秋章句

姚振宗《後漢藝文志・春秋類》 鍾興《定嚴氏春秋章句》。范書《儒林傳》：「鍾興，字次文，汝南河陽人也。少從少府丁恭受《嚴氏春秋》。恭薦興學行高明，光武召見，問以經義，應對甚明。帝善之，拜郎中，稍遷左中郎將。詔令定《春秋章句》，去其復重，授皇太子。又使宗室諸侯從興受章句。封關内侯，固辭不受，卒於官。」

删定嚴氏春秋章句

姚振宗《後漢藝文志・春秋類》 樊儵《删定嚴氏春秋章句》。范書《樊宏傳》：宏，字靡卿，南陽湖陽人也。世祖之舅。拜光祿大夫，位特進，次三公，封壽張侯。子儵，字長魚，就侍中丁恭受《公羊嚴氏春秋》。永平元年，拜長水校尉。北海周澤、琅琊承宫並海内大儒，儵皆以爲師友而致之於朝。二年，徙封燕。十年，卒，謚曰哀侯。初，儵删定《公羊嚴氏春秋章句》，世號「樊侯學」，教授門徒前後三千餘人。弟子李修、夏勤，皆爲三公。 劉攽《後漢書刊誤》曰：「樊儵，字長魚。按：儵非魚類，與名不合，疑本是「鯈」字。鯈即魚名，可爲字也。又按：儵弟名鮪，知作鯈無疑。

春秋刪

姚振宗《後漢藝文志・春秋類》 鄭衆《春秋刪》十九篇。范書《鄭興附傳》：「建初六年，代鄧彪爲大司農。其後受詔作《春秋刪》十九篇。八年，卒官。」

春秋釋訓

《隋書・經籍志・春秋》 《春秋釋訓》一卷。賈逵撰。

鄭樵《通志・藝文略・春秋》 《春秋釋訓》一卷。賈逵。

姚振宗《後漢藝文志・春秋類》 賈逵《春秋釋訓》一卷。

春秋三家經本訓詁

《隋書・經籍志・春秋》 《春秋三家經本訓詁》十二卷。賈逵撰。

《舊唐書・經籍志・春秋》 《春秋三家經詁訓》十二卷。賈逵撰。

《新唐書・藝文志・春秋類》 《春秋三家訓詁》十二卷。賈逵。

鄭樵《通志・藝文略・春秋》 《春秋三家經本訓詁》十二卷。賈逵。

姚振宗《後漢藝文志・春秋類》 賈逵《春秋三家經本訓詁》十二卷。

【略】侯《志》曰：《公羊・莊十二年》「宋萬弑其君接」，疏引賈氏云：「《公羊》、《穀梁》曰『接』。」《昭四年》「大雨雹」，疏引賈氏云：「《穀梁》作大雨雪。」五年疏引賈氏云：「秦伯罃，《穀梁傳》云秦伯偃。」《定十年》「宋樂世心出奔曹」，疏云：「『世』字亦有作『泄』字者，故賈氏言焉。」《哀四年》「亳社災」，疏引賈氏云：「《公羊》曰薄社。」皆此書中語也。又《定十年》「叔孫州仇、仲孫何忌帥師圍費」，疏云：「《左氏》、《穀梁》此『費』字皆爲『郈』。賈氏不云《公羊》曰費者，蓋文不備，或所見異也。」「齊侯、衛侯、鄭游遬會于鞌」，疏云：「《左氏》、《穀梁》作『安甫』，『安甫』是鞌字之寫誤。賈氏不云《公羊》曰鞌者，亦是文不備。」《十五年》「齊侯、衛侯次于籧篨」，疏云：「《左氏》作『籧挐』。賈氏無。《說文》不備也。」據此數條，知此書體例，于《左氏》經文之異《公》、《穀》者，必釋之曰《公》、《穀》作某。故偶有未言，徐彥即以爲不備也。

減定嚴氏春秋章句

姚振宗《後漢藝文志・春秋類》 張霸《減定嚴氏春秋章句》。范書本傳：霸字伯饒，蜀郡成都人也。七歲通《春秋》。後就長水校尉樊儵受《嚴氏公羊春秋》，遂博覽五經。舉孝廉，光祿主事，稍遷。永元中，爲會稽太守。初，霸以樊儵《刪嚴氏春秋》猶多繁辭，乃減定爲二十萬言，更名《張氏學》。後四遷爲侍中。卒年七十。將作大匠翟酺等與諸門人追録本行，謚曰憲文。《華陽國志》云：謚曰「文父」。按：常璩蜀郡人士贊云：「霸爲會稽太守，立文學，學徒以千數，道路聞誦聲。」本傳亦云：「霸到越郡中，爭厲志節，習經者以千數。」此書蓋即永元中守郡時作以授文學者。

春秋旨義終始論

姚振宗《後漢藝文志・春秋類》 北海敬王睦《春秋旨義終始論》。范書《宗室四王傳》：「北海靖王興，建武二年封魯王嗣光武兄仲。」後徙北海，「立三十九年，薨，子敬王睦嗣。睦少好學，博通書傳，光武愛之。」「顯宗在東宮，尤見幸待，入侍諷誦，性謙恭好士。」「名儒宿德，莫不造門。由是聲價益廣。」「能屬文，作《春秋旨義終始論》。」「立十年，薨。」

嚴氏春秋章句

姚振宗《後漢藝文志・春秋類》 馮君《嚴氏春秋章句》。洪适《隸釋》曰：「漢嚴訢碑云：『訢，字少通。治《嚴氏春秋》馮君《章句》。』兩漢傳《春秋》嚴氏學，無姓馮者，蓋史之闕文也。」嚴訢碑，宋政和中出于下邳。《經義考》曰：「馮君《章句》見於漢碑，灼然可據。乃班固《儒林傳》未之載。杜佑《通典》引《公羊》説『主藏太廟室西壁中，以備火災』，或問高堂隆曰：『昔馮君八萬言章句説正廟之主，各藏太室西壁之中。遷廟之主，於太祖太室北壁之中。按《逸禮》，藏主之處，似在堂上壁中。』答云：『章句但言藏太祖北壁中，不別堂室。』按見《通典》四十八卷中。所云馮君章句係説《公羊春秋》者，當即嚴訢所治之書。始知《儒林傳》所載尚有遺漏也。」陽湖洪亮吉《通經表》曰：「今按《後漢書・馮緄傳》引謝承書，緄學《公羊春秋》，馮君或即是緄，未可知也。」按：馮君章句八萬言。魏時尚存，高堂隆見之，意《中經部》必著録其書。今不可考矣。洪稚存以爲馮緄。按本傳，緄字鴻卿，巴郡宕渠人。少學《春秋》，舉孝廉，七遷爲廣漢屬國都尉、御史中丞、隴西、遼東太守、京兆尹、司隸校尉、太常、車騎將軍、將作大匠、河南尹、屯騎校尉，三爲廷尉，卒於官。」又《車騎將軍馮緄碑》云：「治《春秋》嚴、《韓詩》、倉氏，兼律大杜。嚴下敚氏字，倉氏下似敚禮字。卒於桓帝永康元年。」《嚴訢碑》云：「訢卒於桓帝和平元年。」是緄與訢同時，而訢先緄卒十七年。又按：《嚴氏春秋章句》，中興之初，鍾興始奉詔刪定，樊儵又刪之，張霸又刪爲二十萬言，至馮君乃刪爲八萬言，刪之無可刪矣。由是推尋，則馮當在張霸之後，此馮緄彌復近是。《經義考》以馮君爲前漢人。考班書，馮奉世學《春秋》，涉大義，奉世子野王通《詩》，野王弟立通《春秋》。成帝時，與野王相代爲上郡守吏，民歌之曰：「大馮君，小馮君，兄弟繼踵相因循，從容賢知惠吏民。」此小馮君馮立在嚴彭祖之後，庶幾近似。又范書馮衍子豹以《春秋》教授，鄉里爲之語曰：「道德彬，馮仲文。」豹爲野王之曾孫，一云立之曾孫，則家世《春秋》者也。此馮豹則又近似之。然諸馮皆以功名顯，史無明文，疑不能定也。

春秋三傳異同説

姚振宗《後漢藝文志・春秋類》 馬融《春秋三傳異同》説。融始末見《易》類。范書本傳：「融嘗欲訓《左氏春秋》，及見賈逵、鄭衆注，乃曰：『賈君精而不博，鄭君博而不精，既精既博，吾何加焉。』但著《三傳異同説》。」馬國翰輯本序曰：「《馬氏著《三傳異同説》，隋、唐《志》不載，書佚已久。輯二十一節，如説二叔爲夏、殷之叔世，五典爲五行，與賈、鄭殊異。」侯《志》曰：「據此書名，似是爲三家折衷。然《正義》所引馬融説七條，《王制》疏、《水經・清水》注、《文選・吳都賦》注引各一條，皆與《公》、《穀》無涉。疑此書雖以異同名，而所釋者《左氏》爲多。蓋融本欲注《左氏》而中止者也。」

春秋訓詁

姚振宗《後漢藝文志・春秋類》 劉陶《春秋訓詁》陶始末見《書》類。范書本傳：陶明《尚書》、《春秋》，爲之訓詁。按本傳，此書與《中文尚書》同時所作，在順陽長以病免官時也。

春秋條例

姚振宗《後漢藝文志・春秋類》 劉陶《春秋條例》。本傳：拜侍御史。靈帝宿聞其名，數引納之，詔陶次第《春秋條例》。按《吳志・士燮傳》：少游學京師，事潁川劉子奇，治《左氏春秋》。知陶亦《左氏》學也。

箴膏肓　起廢疾　發墨守

《四庫提要·春秋類一》 《箴膏肓》一卷。《起廢疾》一卷。《發墨守》一卷。山西巡撫採進本。漢鄭玄撰。《後漢書》玄本傳，稱任城何休好《公羊》學，遂著《公羊墨守》、《左氏膏肓》、《穀梁廢疾》。玄乃《發墨守》、《鍼膏肓》、《起廢疾》。休見而歎曰：「康成入吾室，操吾矛，以伐我乎？」其卷目之見《隋書·經籍志》者，有《左氏膏肓》十卷，《穀梁廢疾》三卷，《公羊墨守》十四卷，皆注何休撰。而又別出《穀梁廢疾》三卷，注云鄭玄釋，張靖箋。似鄭氏所釋與休原本，隋以前本自別行，至《舊唐書·經籍志》所載《膏肓》、《廢疾》二書，卷數竝同，特《墨守》作二卷爲稍異。其下竝注「鄭玄箴」、「鄭玄發」、「鄭玄釋」云云，則已與休書合而爲一。迨於宋世，漸以散佚。惟《崇文總目》有《左氏膏肓》九卷，而陳振孫所見本復闕宣、定、哀三公。振孫謂其錯誤不可讀，疑爲後人所録，已非隋、唐《志》之舊。其後，漢學益微，即振孫所云不全之《左氏膏肓》，亦遂不可復見矣。此本凡《箴膏肓》二十餘條，《起廢疾》四十餘條，《發墨守》四條，竝從諸書所引，掇拾成編，不知出自誰氏。或題爲宋王應麟輯，亦別無顯據。殆因應麟嘗輯鄭氏《周易注》、《齊魯韓三家詩考》，而以類推之歟？然《玉海》之末不附此書，不應其孫不見，而後來反有傳本也。今以諸書校勘，惟《詩·大明篇》疏所引宋襄公戰泓一條，尚未收入，其餘竝已蒐采無遺。雖不出自應麟手，要亦究心古義者之所爲矣。謹爲掇拾補綴，著之於録，雖視原書不及什之一二，而排比薈萃，略存梗概，爲鄭氏之學者，或亦有所考焉。

張之洞《書目答問·列朝經注經説經本考證》 《箴膏肓》一卷。《起廢疾》一卷。《發墨守》一卷。漢鄭玄。問經堂輯本，《珠塵》本，亦在黃奭輯《高密遺書》內。

姚振宗《後漢藝文志·春秋類》 鄭玄《發墨守》、《鍼膏肓》、《起廢疾》。范書本傳：「及黨事起，乃與同郡孫嵩等四十餘人俱被禁錮，遂隱修經業，杜門不出。時任城何休好《公羊》學，遂著《公羊墨守》、《左氏膏肓》、《穀梁廢疾》，玄乃發《墨守》，鍼《膏肓》，起《廢疾》。休見而歎曰：『康成入吾室，操吾矛，以伐我乎！』」《釋文敍録》：又何休作《左氏膏肓》、《公羊墨守》、《穀梁廢疾》，鄭康成鍼《膏肓》，發《墨守》，起《廢疾》，自是《左氏》大興。又曰休見大慚。《隋書·經籍志》：《春秋穀梁廢疾》三卷，何休撰，鄭玄釋。《唐·經籍志》：《春秋公羊墨守》二本，何休撰，鄭玄發《春秋左氏膏肓》十卷，何休撰，鄭玄箴。《春秋穀梁廢疾》三卷，何休作，鄭玄釋。張靖箴。《藝文志》：何休《公羊墨守》二卷，鄭玄發。《左氏膏肓》十卷，鄭玄箴。《穀梁廢疾》三卷，鄭玄釋。張靖成。按：「成」似「箴」之誤。《崇文總目》曰：《左氏膏肓》九卷，漢何休撰。今每事左方，輒附鄭康成之學，因引鄭説，竄寄何書。【略】　王謨輯本序曰：「此三書在宋已殘闕，今《四庫》所載較宋時又殘闕矣。茲復廣爲蒐輯，凡得《箴膏肓》三十餘條，《起廢疾》四十餘條，《發墨守》七條。《鄭學録》曰：三書至宋皆佚，不知何代人輯録。國朝內府有其本。武英殿聚珍版印行。乾隆間，王大令復爲注明所采原書，更加增補，刊行于世。

春秋條例

姚振宗《後漢藝文志·春秋類》 荀爽《春秋條例》。爽始末見《易》類。張璠《記》曰：「爽幼好學，年十二，通《春秋》、《論語》，耽思經典，不應徵命。」范書本傳：著《禮》、《易傳》、《詩傳》、《尚書正經》、《春秋條例》。按：荀氏《春秋》，史不言其主何家，然其爲荀卿之後，則《左氏》其家學。觀所治《易傳》用古文，所上奏疏引《左氏》、《公羊》，而著書別有《公羊問》，蓋兼通二家。此《條例》則《左氏學》也。

春秋雜議難

《隋書·經籍志·春秋》 梁有《春秋雜議難》五卷。漢少府孔融撰。

姚振宗《後漢藝文志·春秋類》 孔融《春秋雜議難》五卷。范書本傳：「融字文舉，魯國人。孔子二十世孫也。七世祖霸，爲元帝師。父宙，太山都尉。融幼有異才，性好學，博涉多該覽，辟司徒楊賜府。大將軍何進辟，舉高第，爲侍御史。託病歸家。後辟司空掾，拜中軍候，遷虎賁中郎將。忤董卓旨，轉議郎，爲北海相。及獻帝都許，徵爲將作大匠，遷少府。忤曹操，免官。歲餘，復拜太中大夫，下獄，棄市，時年五十六，妻子皆被誅。」《獻帝本紀》：建安十三年八月壬子，曹操殺太中大夫孔融，夷其族。《隋書・經籍志》：「梁有《春秋雜議難》五卷。漢少府孔融撰。」《唐・經籍志》：「《春秋雜議》五卷。」脱「難」字，又失注撰人。《藝文志》：「《雜義難》五卷。」亦失注撰人。

春秋達長義

鄭樵《通志・藝文略・春秋》 《春秋左氏達義》一卷。漢司徒掾王玢。

馬端臨《文獻通考・經籍考・春秋》 《春秋達長義》一卷。王玢撰。

姚振宗《後漢藝文志・春秋類》 王玢《春秋左氏達義》一卷。《隋書・經籍志》：「梁有《春秋左氏達義》一卷，漢司徒掾王玢撰，亡。」《唐・經籍志》：「《春秋達長義》一卷，王盼撰。」此作盼，未詳孰是。《藝文志》：「王玢《達長義》一卷。」洪亮吉《通經表》云「玢」或作「珍」。按：王玢始末未詳。《隋志》叙次在服虔、孔融之間，則靈、獻時人也。兩唐《志》作「達長義」。達，通也。似取鄭、賈諸儒之長義而通之。

春秋成長説

《隋書・經籍志・春秋》 《春秋成長説》九卷。服虔撰。

《舊唐書・經籍志・春秋》 《春秋成長説》七卷。服虔撰。

《新唐書・藝文志・春秋類》 《春秋成長説》七卷。

鄭樵《通志・藝文略・春秋》 《春秋成長説》九卷。服虔。

姚振宗《後漢藝文志・春秋類》 服虔《春秋成長説》九卷。【略】馬國翰曰：「服氏又有《春秋成長説》，《隋志》九卷，《唐志》七卷。今唯於《正義》得一條，附著《解誼》後。

春秋塞難

《隋書・經籍志・春秋》 《春秋塞難》三卷。服虔撰。

《舊唐書・經籍志・春秋》 《春秋塞難》三卷。服虔撰。

《新唐書・藝文志・春秋類》 《塞難》三卷。

鄭樵《通志・藝文略・春秋》 《春秋塞難》三卷。服虔。

姚振宗《後漢藝文志・春秋類》 服虔《春秋塞難》三卷。

春秋五十凡義疏

《隋書・經籍志・春秋》 《春秋五十凡義疏》二卷。

鄭樵《通志・藝文略・春秋》 《春秋五十凡義疏》二卷。

春秋例

姚振宗《三國藝文志・春秋類》 孫炎《春秋例》。炎始末具《易》類。

春秋三傳注

姚振宗《三國藝文志・春秋類》 孫炎《春秋三傳注》。《魏志・王肅附傳》：「樂安孫叔然，作《周易》、《春秋例》、《毛詩》、《禮記》、《春秋三傳》諸注。」《册府元龜》引此文皆以爲王肅所撰，殊爲舛誤。

春秋三傳論

《隋書・經籍志・春秋》 《春秋三傳論》十卷。魏大長秋韓益撰。

《舊唐書・經籍志・春秋》 《春秋三傳論》十卷。韓益撰。

《新唐書・藝文志・春秋類》 韓益《三傳論》十卷。

鄭樵《通志・藝文略・春秋》 《春秋三傳論》十卷。魏大長秋韓益。

姚振宗《三國藝文志・春秋類》 韓益《春秋三傳論》十卷。益始末見《書》類。

春秋公子譜

鄭樵《通志・藝文略・春秋》 《春秋公子譜》一卷。吳楊蘊。

《宋史・藝文志・春秋類》 楊蘊《春秋公子譜》一卷。楊蘊《春秋年表》一卷。

春秋大夫譜

《舊唐書・經籍志・春秋》 《春秋大夫譜》十一卷。顧啓期撰。

《新唐書・藝文志・春秋類》 顧啓期《大夫譜》十一卷。

鄭樵《通志・圖譜略・春秋》 顧啓期《大夫圖》。

春秋公羊穀梁傳

《隋書・經籍志・春秋》 《春秋公羊穀梁傳》十二卷。晉博士劉兆撰。

鄭樵《通志・藝文略・春秋》 《春秋公羊穀梁集傳》十二卷。晉博士劉兆。

文廷式《補晉書藝文志・春秋類》 劉兆《春秋公羊穀梁傳》十二卷。博士。《公羊》釋文僖公五年「卒帖，一本作貼，服也。劉兆同」。馬國翰輯本得十條。案《唐志》有劉兆《三家集解》十一卷。今案《華嚴經音義》卷上，引劉兆注《公羊傳》曰：「幸，遇也。」《玉篇》原本「放」字下引劉兆《公羊注》：「放，猶代也。」「編」字下引《公羊傳春秋編年》劉兆曰：「編，比連也。」《玉篇》原本「軋」字下引《穀梁傳》「取邾田，自漷水。軋，辭也。」劉兆曰：「軋，委曲隨漷水，爲侵邾田多也。」「歉」字下引《穀梁傳》「四穀不升謂之歉」，劉兆曰：「歉，虛也。」「歉」字下引《穀梁傳》「一穀不升謂之歉」，劉兆曰：「歉，不足也。」「紿」字下引《穀梁傳》「惡公子之紿」，劉兆曰：「紿，相負欺也。」「綦」字下引《穀梁傳》「兩足不能相過，齊謂之踂，衛謂之綦」，劉兆曰：「天性然者也。綦，連絣也。踂，聚合不解放也。縶，如見絆也。」此注引傳未備，今仍之。「纍」字下《穀梁傳》「慶宣，纍也」，劉兆曰：「纍，黨屬也。」又曰：「箕鄭，纍也」，劉兆曰：「纍，連及也。」皆注《公羊》、《穀梁》，無注《左氏》者。蓋《春秋全綜》一書已久佚矣。

三家集解

《舊唐書・經籍志・春秋》 《春秋公羊穀梁左氏集解》十一卷。劉兆撰。

《新唐書・藝文志・春秋類》 劉兆《三家集解》十一卷。

鄭樵《通志・藝文略・春秋》 《三家集解》十一卷。劉兆。

春秋調人

文廷式《補晉書藝文志・春秋類》 劉兆《春秋調人》。見本傳。又《御覽》六百十引王隱《晉書》曰：「（比）［兆］以《春秋》一經，三家殊途，互爲讎敵，乃思三家之異，合而通之。《周禮》有和怨調人之官。遂作《春秋調人》，七萬餘言。」

春秋公羊穀梁二傳評

《隋書·經籍志·春秋》 《春秋公羊穀梁二傳評》三卷。

《舊唐書·經籍志·春秋》 《春秋公羊穀梁二傳評》三卷。江熙撰。

《新唐書·藝文志·春秋類》 江熙《公羊穀梁二傳評》三卷。

鄭樵《通志·藝文略·春秋》 《春秋公羊穀梁二傳評》三卷。《公穀二傳評》三卷。江熙。

文廷式《補晋書藝文志·春秋類》 江熙《公羊穀梁二傳評》三卷。馬國翰曰：「熙字太和，官至兗州别駕。見《册府元龜》。《隋志》不著名，《唐志》題『江熙』。《玉海》云：『《公穀二傳評》今佚。』范甯注引十九節，據輯一卷。」

春秋土地名

《隋書·經籍志·春秋》 《春秋土地名》三卷。晋裴秀客京相璠等撰。

《舊唐書·經籍志·春秋》 《春秋土地名》三卷。

《新唐書·藝文志·春秋類》 京相璠《春秋土地名》三卷。

鄭樵《通志·藝文略·春秋》 《春秋土地名》三卷。晋裴秀客京相璠等撰。

文廷式《補晋書藝文志·春秋類》 裴秀客、京相璠等《春秋土地名》三卷。《水經·穀水》注：「京相璠與裴司空彦季修《晋輿地圖》，作《春秋地名》。」馬國翰有輯本。《初學記》卷八引作「春秋地名」。 樗里璠《春秋土地記》三卷。濟南人。見《元和姓纂》卷二，疑即京相璠之誤也。

春秋三傳

文廷式《補晋書藝文志·春秋類》 王長文《春秋三傳》十二篇。本傳不載。《華陽國志》云：「長文以爲《春秋三傳》之經不同，每生訟議，乃據經摭傳，著《春秋三傳》十二篇。」

春秋序論

《隋書·經籍志·春秋》 《春秋序論》二卷。干寶撰。

《舊唐書·經籍志·春秋》 《春秋序論》一卷。干寶撰。

《新唐書·藝文志·春秋類》 《序論》一卷。

鄭樵《通志·藝文略·春秋》 《春秋序論》二卷。干寶撰。

文廷式《補晋書藝文志·春秋類》 干寶《春秋序論》二卷。

春秋成奪

《隋書·經籍志·春秋》 《春秋成奪》十卷。潘叔度撰。

《舊唐書·經籍志·春秋》 《春秋成集》十卷。潘叔度注。

《新唐書·藝文志·春秋類》 潘叔度《春秋成集》十卷。

鄭樵《通志·藝文略·春秋》 《春秋成奪》十卷。潘叔度。

文廷式《補晋書藝文志·春秋類》 潘叔度《春秋成奪》十卷。

春秋經合三傳

《隋書·經籍志·春秋》 《春秋經合三傳》十卷。潘叔度撰。

《舊唐書・經籍志・春秋》《春秋合三傳通論》十卷。潘叔度注。
《新唐書・藝文志・春秋類》潘叔度《合三傳通論》十卷。
鄭樵《通志・藝文略・春秋》《春秋三傳通論》十卷。潘叔度。
文廷式《補晉書藝文志・春秋類》潘叔度《春秋經合三傳》十卷。
按：《隋志》列韓益後、胡訥前，當是晉人。

春秋三傳評

《隋書・經籍志・春秋》《春秋三傳評》十卷。胡訥撰。
《舊唐書・經籍志・春秋》《春秋三傳評》十卷。胡訥撰。
《新唐書・藝文志・春秋類》胡訥《三傳評》十卷。
鄭樵《通志・藝文略・春秋》《春秋三傳評》十卷。胡訥。
文廷式《補晉書藝文志・春秋類》胡訥《春秋三傳評》十卷。

春秋集三師難

《隋書・經籍志・春秋》梁有《春秋集三師難》三卷。胡訥撰。今亡。
文廷式《補晉書藝文志・春秋類》胡訥《春秋集三師難》三卷。

春秋集三傳經解

《隋書・經籍志・春秋》梁有《春秋集三傳經解》十卷。胡訥撰。今亡。
《舊唐書・經籍志・春秋》《春秋三傳經解》十一卷。胡訥集撰。
《新唐書・藝文志・春秋類》胡訥集撰《三傳經解》十一卷。
鄭樵《通志・藝文略・春秋》《三傳經解》十一卷。胡訥集撰。
文廷式《補晉書藝文志・春秋類》胡訥《春秋集三傳經解》十卷。

春秋三傳

文廷式《補晉書藝文志・春秋類》范隆著《春秋三傳》。本傳。

春秋釋難

《隋書・經籍志・春秋》《春秋釋難》三卷。晉護軍范堅撰。亡。
文廷式《補晉書藝文志・春秋類》范堅《春秋釋難》三卷。護軍。堅附《范汪傳》。

春秋旨通

《隋書・經籍志・春秋》《春秋旨通》十卷。王述之撰。
《舊唐書・經籍志・春秋》《春秋旨通》十卷。王延之撰。
《新唐書・藝文志・春秋類》王延之《旨通》十卷。
鄭樵《通志・藝文略・春秋》《春秋旨通》十卷。王述之。
文廷式《補晉書藝文志・春秋類》王述之《春秋旨通》十卷。

春秋釋疑

文廷式《補晉書藝文志・春秋類》氾毓《春秋釋疑》。

春秋序

《隋書・經籍志・春秋》《春秋序》一卷。賀道養注。

鄭樵《通志・藝文略・春秋》《春秋序》一卷。賀道養注。

春秋序

《隋書・經籍志・春秋》《春秋序》一卷。崔靈恩撰。

鄭樵《通志・藝文略・春秋》《春秋序》一卷。崔靈恩撰。

春秋經傳解

《隋書・經籍志・春秋》《春秋經傳解》六卷。崔靈恩撰。

《舊唐書・經籍志・春秋》《經傳解》六卷。崔靈恩。

鄭樵《通志・藝文略・春秋》《春秋經傳解》六卷。崔靈恩。

春秋申先儒傳論

《隋書・經籍志・春秋》《春秋申先儒傳論》十卷。崔靈恩撰。

《舊唐書・經籍志・春秋》《春秋申先儒傳例》十卷。崔靈恩撰。

《新唐書・藝文志・春秋類》《申先儒傳例》十卷。

鄭樵《通志・藝文略・春秋》《春秋申先儒傳論》十卷。崔靈恩。《申先儒傳例》一卷。

春秋發題

《隋書・經籍志・春秋》梁有《春秋發題》一卷。梁簡文帝撰。亡。

春秋經傳詭例疑隱

《舊唐書・經籍志・春秋》《春秋經傳詭例疑隱》一卷。吳略撰。

《新唐書・藝文志・春秋類》吳略《春秋經傳詭例疑隱》一卷。

鄭樵《通志・藝文略・春秋》《春秋經傳說例疑隱》一卷。梁吳略。

春秋序

《隋書・經籍志・春秋》《春秋序》一卷。田元休注。

鄭樵《通志・藝文略・春秋》《春秋序》一卷。田元休注。

春秋序義疏

鄭樵《通志・藝文略・春秋》《春秋序義疏》二卷。

春秋釋例引序

《隋書・經籍志　春秋》梁有《春秋釋例引序》一卷，齊正員郎杜乾光撰。亡。

春秋叢林

《隋書・經籍志・春秋》《春秋叢林》十二卷。
《舊唐書・經籍志・春秋》《春秋叢林》十二卷。李謐撰。
《新唐書・藝文志・春秋類》李謐《叢林》十二卷。
鄭樵《通志・藝文略・春秋》《春秋叢林》十二卷。李謐。

春秋義林

《隋書・經籍志・春秋》《春秋義林》一卷。
鄭樵《通志・藝文略・春秋》《春秋義林》一卷。
楊士奇等《文淵閣書目・春秋》《春秋意林》。一部，一冊。完全。

春秋經解

《舊唐書・經籍志・春秋》《春秋經解》六卷。沈宏撰。
《新唐書・藝文志・春秋類》沈宏《經傳解》六卷。
鄭樵《通志・藝文略・春秋》《經傳解》六卷。沈宏。

春秋文苑

《隋書・經籍志・春秋》《春秋文苑》六卷。
《舊唐書・經籍志・春秋》《春秋文苑》六卷。沈宏撰。
《新唐書・藝文志・春秋類》沈宏《文苑》六卷。
鄭樵《通志・藝文略・春秋》《春秋文苑》六卷。梁沈宏。

春秋嘉語

《隋書・經籍志・春秋》《春秋嘉語》六卷。
《舊唐書・經籍志・春秋》《春秋嘉語》六卷。沈宏撰。
《新唐書・藝文志・春秋類》沈宏《嘉語》六卷。
鄭樵《通志・藝文略・春秋》《春秋嘉語》六卷。

春秋五辯

《隋書・經籍志・春秋》《春秋五辯》二卷。梁五經博士沈宏撰。
鄭樵《通志・藝文略・春秋》《春秋五辨》一卷。梁博士沈宏。

春秋辭苑

《舊唐書・經籍志・春秋》《春秋辭苑》五卷。
《新唐書・藝文志・春秋類》《春秋辭苑》五卷。
鄭樵《通志・藝文略・春秋》《春秋辭苑》五卷。

春秋大夫辭

《隋書・經籍志・春秋》《春秋大夫辭》三卷。
鄭樵《通志・藝文略・春秋》《春秋大夫辭》三卷。

春秋辯證

《隋書・經籍志・春秋》 《春秋辯證》六卷。

鄭樵《通志・藝文略・春秋》 《春秋辨證》六卷。

春秋雜義

《隋書・經籍志・春秋》 《春秋雜義》五卷。

《新唐書・藝文志・春秋類》 《雜義難》五卷。

鄭樵《通志・藝文略・春秋》 《雜義難》五卷。

春秋義章

張鵬一《隋書經籍志補・春秋》 《春秋義章》三十卷。後魏華陰徐遵明。本傳：陽平館陶趙世業家有《服氏春秋》，是晉世永嘉舊本，遵明乃往讀之，復經數載，因手撰《春秋義章》三十卷。

春秋序義

張鵬一《隋書經籍志補・春秋》 《春秋序義》。後周河東樂遜。本傳：「魏正光中，從徐遵明受《孝經》、《喪服》、《論語》、《詩》、《書》、《禮》、《易》、《左氏春秋》大義。」又云：「周太祖召遜教授諸王子，在館六年，遜講《論語》、《毛詩》及服虔所注《春秋左氏傳》，著《孝經》《論語》《毛詩》《左氏春秋》序論十餘篇。又著《春秋序義》，通賈、服説，發杜氏違辭理，並可觀。」《北史》同。

春秋三傳述

張鵬一《隋書經籍志補・春秋》 《春秋三傳述》十卷。後魏頓丘李彪。

三傳略例

張鵬一《隋書經籍志補・春秋》 《三傳略例》三卷。劉獻之。《北史》同。

三傳經説同異比較

張鵬一《隋書經籍志補・春秋》 《三傳經説同異比較》，後魏隴西辛馥。見《辛紹先傳》，云「書未就」。《北史》同。

春秋三傳注

張鵬一《隋書經籍志補・春秋》 《春秋三傳注》三十卷。隋隴西辛德源。

春秋攻昧

《舊唐書・經籍志・春秋》 《春秋攻昧》十二卷。劉炫撰。

《新唐書・藝文志・春秋類》 劉炫《攻昧》十二卷。

鄭樵《通志・藝文略・春秋》 《攻昧》十二卷。劉炫。

張鵬一《隋書經籍志補・春秋》 《春秋攻昧》十卷。隋河間劉炫。

《北史》本傳：內史送炫詣吏部，尚書韋世康問其所能。炫自爲狀曰：「《周禮》、《禮記》、《毛詩》、《尚書》、《公羊》、《左傳》、《孝經》、《論語》，孔、鄭、王、何、服、杜等注凡十三家，雖義有精粗，並堪講授；《周易》、《儀禮》、《穀梁》用功差少；史子文集，嘉言故事，咸誦於心；天文律曆，窮覈微妙；至於公私文翰，未嘗假手吏部，竟不詳試。」又云：炫著《論語述義》十卷、《志》已録。《春秋攻昧》十卷、《五經正名》十二卷、《志》已録。《孝經述義》五卷、《志》已録。《春秋述義》四十卷、《志》已録。《尚書述義》二十卷、《志》已録。《毛詩述義》四十卷、《志》已録。《注詩序》《隋志》作《毛詩集小序》。一卷、《算術》一卷，並文集行於世。炫又有《毛詩譜》二卷。玉函山房輯遺序云：炫著《春秋規過》以攻杜氏，杜注外衆說有不合者，作此以駮難之。「攻昧」，取《尚書》「仲虺」文也。《北史》本傳載十卷。《隋志》不著録。《唐志》十二卷。今佚。孔氏《正義》引炫難賈逵、何休、服虔及或說，反覆掊擊，《攻昧》之佚文也，輯録九節。史稱炫強記默識，莫與爲儔。又謂多自矜伐，好輕侮當世，書適肖其人矣。

春秋義囊

鄭樵《通志・藝文略・春秋》 《春秋義囊》七卷。

《宋史・藝文志・春秋類》 劉炫《春秋義囊》二卷。

春秋序義疏

《隋書・經籍志・春秋》 《春秋序義疏》一卷。

春秋辯證明經論

《舊唐書・經籍志・春秋》 《春秋辯證明經論》六卷。

《新唐書・藝文志・春秋類》 《春秋辨證明經論》六卷。

春秋先儒異同

鄭樵《通志・藝文略・春秋》 《春秋先儒異同》三卷。李鉉。

春秋二傳異同

《舊唐書・經籍志・春秋》 《春秋二傳異同》十一卷。李鉉撰。

《新唐書・藝文志・春秋類》 李鉉《春秋二傳異同》十二卷。

鄭樵《通志・藝文略・春秋》 《春秋二傳異同》十二卷。李鉉。

三傳異同例

《新唐書・藝文志・春秋類》 李氏《三傳異同例》十三卷。開元中，右威衛録事參軍。失名。

鄭樵《通志・藝文略・春秋》 李氏《三傳異同例》十三卷。

張鵬一《隋書經籍志補・春秋》 《三傳異同》李鉉。

三傳釋文

陳振孫《直齋書録解題·春秋類》　《三傳釋文》八卷。唐陸德明撰。

《宋史·藝文志·春秋類》　陸德明《三傳釋文》八卷。

春秋後語

《新唐書·藝文志·春秋類》　盧藏用《春秋後語》十卷。

春秋叙

《宋史·藝文志·春秋類》　陰洪道《春秋叙》一卷。

春秋公穀考異

《宋史·藝文志·春秋類》　楊士勛《春秋公穀考異》五卷。

春秋排門顯義

《宋史·藝文志·春秋類》　張翰一作「幹」。《春秋排門顯義》十卷。

春秋要類

《宋史·藝文志·春秋類》　袁希一作「孝」政《春秋要類》五卷。

春秋傳類

《宋史·藝文志·春秋類》　張德昌《春秋傳類》十卷。

春秋諫類

《宋史·藝文志·春秋類》　沈緯《春秋諫類》二卷。

春秋義鑑

《新唐書·藝文志·春秋類》　郭翔《春秋義鑑》三十卷。

鄭樵《通志·藝文略·春秋》　《春秋義鑑》三十卷。郭翔撰。

《宋史·藝文志·春秋類》　郭翔《春秋義鑑》三十卷。

春秋世本圖

嵇璜等《續通志·圖譜略·春秋類》　崔表《春秋世本圖》。

春秋類聚

《宋史・藝文志・春秋類》 王仲孚《春秋類聚》五卷。

春秋振滯

《新唐書・藝文志・春秋類》 王玄感《春秋振滯》二十卷。

鄭樵《通志・藝文略・春秋》 《春秋振滯》二十卷。王玄感。

春秋通

《新唐書・藝文志・春秋類》 韓滉《春秋通》一卷。

鄭樵《通志・藝文略・春秋》 《春秋通》一卷。韓滉。

春秋闡微纂類義統

鄭樵《通志・藝文略・春秋》 《春秋纂類義統》十卷。趙匡。

《宋史・藝文志・春秋類》 趙匡《春秋闡微纂類義統》十卷。

春秋集傳纂例

《新唐書・藝文志・春秋類》 陸質集注《春秋》二十卷。又集傳《春秋纂例》十卷。

鄭樵《通志・藝文略・春秋》 《集傳春秋纂例》十卷。陸質。

晁公武《郡齋讀書志・春秋》 《春秋纂例》十卷。右唐陸淳撰。其序云：「啖氏製《統例》，分別疏通會其義；趙氏損益，多所發揮。今纂而合之，凡四十篇。」

尤袤《遂初堂書目・春秋類》 唐陸淳《纂例》。

陳振孫《直齋書録解題・春秋類》 《春秋集傳纂例》十卷。唐給事中吳郡陸質伯淳撰。初，潤州丹陽主簿趙郡啖助叔佐明《春秋》，傳洋州刺史河東趙匡伯循。質從助及伯循傳其學。助考三《傳》，舍短取長，又集前賢注釋，補以己意，爲《集傳》、《集注》。又撮其綱目，爲《統例》。助卒，質與其子異繕録，以詣伯循，請損益焉。質隨而纂會之，大曆乙卯歲，書成。質本名淳，避憲宗諱改焉，故其書但題陸淳。助之學，以爲《左氏》敍事雖多，解意殊少。《公》、《穀》傳《經》，密於《左氏》。至趙、陸則直謂《左氏》淺於《公》、《穀》，誣謬實繁，皆孔門後之門人。但《公》、《穀》守《經》《左氏》通史，其體異爾。丘明夫子以前賢人，如史佚、遲任之流。焚書之後，學者見《傳》及《國語》，俱題左氏，遂引以爲丘明。且《左傳》、《國語》文體不倫，敍事多乖，定非一人所爲也。蓋左氏廣集諸國之史，以解《春秋》，子弟門人見事迹多不入《傳》，或復不同，故各隨國編之，以廣異聞。自古豈止一丘明姓左乎？案漢儒以來，言《春秋》者，惟宗三《傳》，三《傳》之外，能卓然有見於千載之後者，自啖氏始，不可沒也。《唐志》有質《集注》二十卷，今不存，然《纂例》、《辨疑》中，大略具矣。又有《微旨》二卷，未見。質，梁陸澄七世孫，仕通顯，黨王叔文，侍憲宗東宮，會卒，不及貶。然則其與不通《春秋》之義者，相去無幾耳。

馬端臨《文獻通考經籍考・春秋類》 《春秋集傳纂例》、《辨疑》共十七卷。

《宋史・藝文志・春秋類》 陸淳《集傳春秋纂例》十卷。

楊士奇等《文淵閣書目・春秋》 《春秋啖趙纂例》。一部，一冊。完全。

張萱等《内閣藏書目録・經部》 《春秋三書》十二冊。不全。即《纂例》、《辨疑》、《微旨》也。皆陸淳纂内《纂例》闕第六、第七卷，《辨疑》几七卷。淳取舍三《傳》之義，可入條例者已於《纂例》備言之，其有隨文解釋非例可舉者，又纂啖、趙二公之説著爲《辨疑》。其三《傳》繁文可以例包者，但舉例不復繁釋也，闕第四、第五卷。《微旨》闕上卷。《啖趙纂列》一冊。全。門人陸淳纂，啖助例也。初助撰《春秋統例》三卷，分別條流，通會其義。趙匡損益，多所發揮。淳纂而合之，有辭義難解者，亦加注釋，兼載《經》文於本條之內，使學者以類求其義。其三《傳》例，可取可舍，啖、趙具已分析，亦隨條編。

范邦甸等《天一閣書目·春秋類》　《春秋集傳纂例》十卷。宋刊本。唐陸淳撰。宋慶曆吳興朱臨序陸自識云：啖子所撰《統例》三卷，皆分別條流，通會其義。趙子損益，多所發揮。今故纂而合之。有詞義難解者，亦隨加註釋，兼備載《經》文於本條之內，使學者以類求義，昭然易知。其三《傳》義例，可取可舍，啖、趙具已分析，亦隨條編附，以祛疑滯名。《春秋集傳纂例》凡四十篇，分爲十卷云。

錢謙益等《絳雲樓書目·春秋類》　唐陸淳《春秋纂例》。十卷。又有《左氏章指》四十二卷。樓鑰序淳又有《春秋集注》十卷。貞元中爲國子博士，自表進，其表呂溫代作。見溫集中，有「臣以故潤州丹陽縣主簿臣啖助爲嚴師，以故洋州刺史臣趙匡爲益友。考《左傳》之疏密，辨《公》、《穀》之善否，助或未盡，敢讓當仁，匡有可行，亦刈其楚」諸語。

錢曾《讀書敏求記·春秋》　陸淳《春秋啖趙纂例》十卷。昌黎《寄盧仝》詩：「《春秋》五傳束高閣，獨抱遺經究終始。」三《傳》之重于漢而輕于唐，其來漸矣。啖助、趙匡欲舍傳以求經，岸然多所去取。陸淳奉其說，爲《纂例》，爲《辨疑》。柳子厚見其書，恆願埽于陸先生之門，可謂傾倒時人至矣。然後來學者往往鑿空好新，立私說以解《春秋》，出主入奴，茫無的質，真有高束三傳之慮，其殆啖、趙爲之嚆矢歟？

《四庫提要·春秋類一》　《春秋集傳纂例》十卷。浙江汪啟淑家藏本。唐陸淳撰。蓋釋其師啖助並趙匡之說也。助字叔佐，本趙州人，徙關中，官潤州丹陽縣主簿。匡字伯循，河東人。官洋州刺史。淳字伯冲，吳郡人，官至給事中。後避憲宗諱，改名質。事跡具《唐書·儒學傳》。案《二程遺書》、陳振孫《書録解題》及朱臨作是編《後序》，皆云淳師助、匡。《舊唐書》云「淳師匡，匡師助」。《新唐書》則云「趙匡、陸淳皆助高弟」。案呂溫集有代淳《進書表》稱「以啖助爲嚴師，趙匡爲益友」。又淳自作《修傳始終記》稱助爲啖先生，稱匡爲趙子。餘文或稱爲趙氏。《重修集傳義》又云「淳秉筆執簡，侍於啖先生左右十有一年」，而不及匡。又柳宗元作淳《墓表》，亦稱助、匡爲淳師友。當時序述，顯然明白。劉昫以下諸家，並傳聞之誤也。助之說《春秋》，務在考三家得失，彌縫漏闕，故其論多異先儒。如論《左傳》非丘明所作，《漢書》丘明授魯曾申、申傳吳起、自起六傳至賈誼等說，亦皆附會。公羊名高，穀梁名赤，未必是實。又云：「《春秋》之文簡易，先儒各守一傳，不肯相通。互相彈射，其弊滋甚。《左傳》序周、晉、齊、宋、楚、鄭之事獨詳，乃後代學者因師授衍而通之，編次年月，以爲傳記。又雜採各國諸卿家傳及卜書、夢書、占書、縱橫、小說。故序事雖多，釋經殊少，猶不如《公》、《穀》之於經爲密。」其論未免一偏。故歐陽修、晁公武諸人皆不滿之，而程子則稱其絕出諸家，有攘異端開正途之功。蓋舍《傳》求《經》，實導宋人之先路，生臆斷之弊，其過不可掩；破附會之失，其功亦不可沒也。助書本名《春秋統例》，僅六卷。卒後淳與其子異裒録遺文，請匡損益，始名《纂例》。成於大歷乙卯，定著四十篇，分爲十卷。《唐書·藝文志》亦同。此本卷數相符，蓋猶舊帙。其第一篇至第八篇爲全書總義，第九篇爲魯十二公並世緒，第三十六篇以下爲經傳文字脫謬及人名、國名、地名。其發明筆削之例者，實止中間二十六篇而已。袁桷後序稱此書廢已久，所得爲寶章桂公校本。聞蜀有小字本，惜未之見。吳萊、柳貫二後序，皆稱得平陽府所刊金泰和三年禮部尚書趙秉文家本。是元時已爲難得，其流傳至今，亦可謂巋然獨存矣。

孫星衍《平津館鑒藏書籍記·元版》　《春秋啖趙二先生集傳纂例》十卷。題陸淳纂。前有慶曆戊子朱臨序、《〈春秋集傳辨疑〉凡例》。每葉廿行，行廿字。孫退谷墨蹟題識云：「延祐五年十一月，集賢學士曲出言：唐陸淳所著《春秋纂例》、《辨疑》、《微旨》三書，有益後學，請令江西行省鋟梓，以廣其傳。從之。此當日鋟本，余求之十年，始見之」云云。其爲前輩珍重如此。收藏有「北平孫氏」朱文方印、「北平孫氏硯山齋圖書」朱文方印、「范士楫印」白文方印、「其生父」白文方印、「禹蹟」朱文方印、「敏求齋圖書印」白文長印、「靜遠齋藏書記」朱文長印、「匪棘堂」朱文長印、「果親王府圖籍」朱文方印又朱文長印、「果親王點定」朱文長印。

張金吾《愛日精廬藏書志·春秋類》　《春秋啖趙二先生集傳纂例》十卷。舊抄本。唐陸淳纂。

張之洞《書目答問・列朝經注經說經本考證》 《春秋集傳纂例》十卷。唐陸淳。玉玲瓏閣本。錢儀吉刻《經苑》本。《古經解彙函》重刻錢本。

春秋微旨

《新唐書・藝文志・春秋類》 陸質《春秋微旨》二卷。

鄭樵《通志・藝文略・春秋》 《集傳春秋微旨》三卷。唐陸淳。

晁公武《郡齋讀書志・春秋》 《春秋微旨》六卷。右唐陸淳伯撰。淳，吴人。纂三《傳》不同，擇其善者，質以啖助、趙匡之說。助，字叔佐。閩人。匡，字伯修，天水人。《微旨》自爲序。公武嘗學《春秋》，閱古今諸儒之說多矣。大抵啖、趙以前學者，皆顓門名家，苟有不通，寧言《經》誤，其失也固陋；啖、趙以后學者，喜援《經》擊《傳》，其或未明，則憑私臆決，其失也穿鑿。均之失聖人之旨而穿鑿之害爲甚。

錢東垣等輯《崇文總目・春秋類》 《集傳春秋微旨》二卷。陸淳撰。東垣按原釋附見下書。《宋志》作《集注》三卷。今本亦三卷，無「集傳」二字。陳詩庭云：陸淳乃其原名，後避唐憲宗嫌諱，改名質，字伯淳。故諸家書目或題作「質」。《通志略》以《春秋纂例》爲質撰，以《微旨》爲淳撰，竟似兩人，陋矣。

《宋史・藝文志・春秋類》 陸淳《集註春秋微旨》三卷。

楊士奇等《文淵閣書目・春秋》 《春秋陸淳集傳微旨》。一部，一冊。完全。

張萱等《内閣藏書目録・經部》 《春秋集傳微旨》一冊。全。陸淳著。凡三卷。三《傳》舊說亦備存之，而啖、趙之說居多。

錢曾《讀書敏求記・春秋》 陸淳《春秋微旨》三本。内閣藏本。子從曹秋岳先生借録。

黄虞稷《千頃堂書目・春秋類》 《春秋三傳》朱墨本。唐陸淳纂《春秋微旨》，以朱墨別三《傳》之當否，歲久漫滅，寖失其眞。乃重加考正，言有未周，意有未周，則出新義以補焉。

《四庫提要・春秋類一》 《春秋微旨》三卷。内府藏本。唐陸淳撰。

案：陳振孫《書録解題》稱《唐志》有淳《春秋集傳》二十卷，今不存。又有《微旨》一卷，未見。袁桷作淳《春秋纂例後序》，稱來杭得《微旨》三卷，乃皇祐間汴本。蓋其書刻於開封，故南渡之後，遂罕傳本。至桷得北宋舊槧，乃復行於世也。柳宗元作淳墓表，稱《春秋微旨》二篇。《唐書・藝文志》亦作二卷。此本三卷，不知何時所分。然卷首有淳《自序》，實稱總爲三卷。或校刊柳集者誤三篇爲二篇，修《唐書》者因之歟？是書先列三《傳》異同，參以啖、趙之說而斷其是非。《自序》謂事或反經而志協乎道，蹟雖近義而意實蘊姦，或本正而末邪，或始非而終是，介於疑似之間者，竝委曲發明，故曰《微旨》。其書雖淳所自撰，而每條必稱「淳聞之師曰」，不忘本也。《自序》又謂三《傳》舊說亦竝存之，其義當否則以朱墨爲別。今所行本，於應用朱書者皆以方匡界畫其起訖。意皇祐舊槧，以木不能具朱墨，故用嘉祐《本草》之例，以陰文、陽文爲別。後人傳寫，又艱於雙鉤，遂以界畫代之。以非大旨所繫，今亦姑仍其式，而附著舊例於此焉。

張之洞《書目答問・列朝經注經說經本考證》 《春秋微旨》三卷。唐陸淳。玉玲瓏閣本。錢儀吉刻《經苑》本。《古經解彙函》重刻錢本。《學津》本。

春秋集傳辨疑

《新唐書・藝文志・春秋類》 陸質《春秋辨疑》二卷。

鄭樵《通志・藝文略・春秋》 《集傳春秋辨疑》七卷。陸淳。

晁公武《郡齋讀書志・春秋》 《春秋辨疑》一卷。唐陸淳撰。

尤袤《遂初堂書目・春秋類》 唐陸淳《辨疑》。

陳振孫《直齋書録解題・春秋類》 《春秋集傳辨疑》七卷。唐給事中吴郡陸質伯淳撰。

錢東垣等輯《崇文總目・春秋類》 《集傳春秋辨疑》七卷。［原釋］唐給事中陸淳纂。初，淳以三家之《傳》不同，故採獲善者，參以啖助、趙匡之說，爲《集傳春秋》。又本褒貶之意，更爲《微旨》，條別三家，以朱墨記其勝否。又摭三家得失，與經戾者，以啖、趙之說訂正之，爲《辨疑》。見《文獻通考》。東垣按：柳子厚撰陸淳墓表云爲《春秋集注》十篇，《辨疑》七篇，《微旨》二篇。與此正合。今本十卷，當是後人所析。

《宋史・藝文志・春秋類》 陸淳《春秋辨疑》七卷。

范邦甸等《天一閣書目・春秋類》 《春秋辨疑》十卷。刊本。唐陸淳纂。宋吳興朱臨序云：唐有陸氏總啖、趙之説，爲《纂例》，爲《辨疑》，所得獨多。於近古以啖、趙之賢，而陸氏兼之，其得多也亦宜矣。《纂例》雖傳而世不全，獨《辨疑》無遺辭，學《春秋》者，當自《辨疑》始。明無錫華察題跋。

錢謙益等《絳雲樓書目・春秋類》 陸淳《春秋辨疑》。七卷。《元史・仁守本紀》：延祐五年，集賢大學士太保庫春言唐陸淳著《春秋辨疑》、《纂例》、《微旨》三書，有益后學，請令江西行省鋟梓，以廣其傳。從之。

錢曾《讀書敏求記・春秋》 陸淳《春秋辨疑》十卷。

《四庫提要・春秋類一》 《春秋集傳辨疑》十卷。江蘇巡撫採進本。唐陸淳所述啖、趙兩家攻駁三《傳》之言也。柳宗元作淳墓誌，稱《辨疑》七篇。《唐書・藝文志》同。吳萊作序，亦稱七卷。此本十卷，亦不知何人所分。刊本於萊序之末，附載延祐五年十一月集賢學士克酬原作「曲出」，今改正。言「唐陸淳所著《春秋纂例》、《辨疑》、《微旨》三書，有益後學，請令江西行省鋟梓」云云。其分於是時歟？淳所述《纂例》一書，蓋啖助排比科條，自發筆削之旨。其攻擊三《傳》，總舉大意而已。此書乃舉傳文之不入《纂例》者，縷列其失，一字一句而詰之，故曰《辨疑》。所述趙説爲多，啖説況之。冠以《凡例》一篇，計十七條，但明所以刪節經文傳文之故。其去取之義，則仍經文年月以次説之。中如「鄭伯克段」《傳》，啖氏謂鄭伯必不囚母，殊嫌臆斷。以是爲例，豈復有可信之史？況「大隧」故蹟，《水經注》具有明文，安得指爲左氏之虚撰？如斯之類，不免過於疑古。又如「齊衛胥命」《傳》，其説與《荀子》相符。當時去聖未遠，必有所受。而趙氏以爲譏其無禮。如斯之類，多未免有意求瑕。又如「叔姬歸於紀」《傳》，《穀梁》以爲不言逆，逆之道微。淳則謂不言逆者，皆夫自逆。夫禮聞送媵，不聞逆媵，《傳》固失之。禮聞親迎妻，不聞親迎娣姪，淳説亦未爲得。如斯之類，亦不免愈辨而愈非。然《左氏》事實有本，而論斷多疎。《公羊》、《穀梁》每多曲説，而《公羊》尤甚。漢以來各守專門，論甘者忌辛，是丹者非素。自是書與《微旨》出，抵隙蹈瑕，往往中其窾會。雖瑕瑜互見，要其精核之處，實有漢以來諸儒未發者。固與鑿空杜撰、橫生枝節者異矣。

張之洞《書目答問・列朝經注經説經本考證》 《春秋集傳辨疑》十卷。唐陸淳。玉玲瓏閣本。《古經解彙函》重刻龔本。

三傳異同

《新唐書・藝文志・春秋類》 馮伉《三傳異同》三卷。

春秋集傳

《新唐書・藝文志・春秋類》 樊宗師《春秋集傳》十五卷。

春秋加減

錢東垣等輯《崇文總目・春秋類》 《春秋加減》一卷。［原釋］唐元和時國子監承詔修定。以此經字文多少不同，故誌其增損以防差駁。見《文獻通考》。

《新唐書・藝文志・春秋類》 《春秋加減》一卷。元和十三年，國子監修定。

鄭樵《通志・藝文略・春秋》 《春秋加減》一卷。

尤袤《遂初堂書目・春秋類》 《春秋加減》。

陳振孫《直齋書録解題・春秋類》 《春秋加減》一卷。稱元和十三年國子監奉敕定，不著人名。校定偏旁及文多寡，若《五經文字》之類。此本作小襀冊，才十餘板。前有「睿思殿書籍印」，末稱「臣雩校正」。蓋承平時禁中書也，不知何爲流落在此。

馬端臨《文獻通考・經籍考・春秋》 《春秋加減》一卷。

《宋史・藝文志・春秋類》 《春秋加減》一卷。

春秋指要圖

《宋史·藝文志·春秋類》 黃恭密《春秋指要圖》一卷。

春秋三傳總例

《新唐書·藝文志·春秋類》 韋表微《春秋三傳總例》二十卷。

鄭樵《通志·藝文略·春秋》 《三傳總例》，二十卷。韋表微。

三傳指要

《新唐書·藝文志·春秋類》 劉軻《三傳指要》十五卷。

鄭樵《通志·藝文略·春秋》 《三傳旨要》十五卷。劉軻。

春秋指掌

錢東垣等輯《崇文總目·春秋類》 《春秋指掌》十五卷。［原釋］唐試左武衛兵曹李瑾撰。瑾集諸家之説，爲《序義》、《凡例》各一篇。抄孔穎達《正義》爲五篇，採摭餘條爲《碎玉》一篇。集先儒異同，辨正得失，爲三篇，取劉炫《規過》申證其義，爲三篇。大抵專依杜氏之學以爲説云。見《玉海·藝文類》及《文獻通考》。 東垣按：《通考》不著卷數。引巽巖李氏曰《春秋指掌》其第一卷，新編目録多取杜氏《釋例》及陸氏《纂例》，瑾所自著無幾，而《敘義》以下十四卷，但分門鈔録。孔穎達《左氏正義》皆非瑾所自著也。本朝王堯臣《崇文總目》及李淑《圖書志》皆以先儒《異同》、《規過》、《序例》等篇爲瑾筆削誤矣。

《新唐書·藝文志·春秋類》 李瑾《春秋指掌》十五卷。

鄭樵《通志·藝文略·春秋》 《春秋指掌》十五卷。李瑾。

馬端臨《文獻通考·經籍考·春秋》 《春秋指掌》。

《宋史·藝文志·春秋類》 李瑾《春秋指掌圖》十五卷。

春秋碎玉

鄭樵《通志·藝文略·春秋》 《春秋碎玉》一卷。唐李瑾。

春秋指元

錢東垣等輯《崇文總目·春秋類》 《春秋指元》十卷。［原釋］唐張傑撰。摘《左氏》傳文申釋基義。見《文獻通考》。 闕。見天一閣鈔本。

《新唐書·藝文志·春秋類》 張傑。《春秋指元》十卷。

鄭樵《通志·藝文略·春秋》 《春秋指元》十卷。張傑。

馬端臨《文獻通考·經籍考·春秋》 《春秋指元》。

《宋史·藝文志·春秋類》 張傑《春秋指玄》十卷。

春秋圖

錢東垣等輯《崇文總目·春秋類》 《春秋圖》五卷。［原釋］唐張傑撰。以《春秋》所載車服、器用、都城、井邑之制，繢而表之。見《文獻通考》。

《新唐書·藝文志·春秋類》 張傑《春秋圖》五卷。

鄭樵《通志·藝文略·春秋》 《春秋圖》五卷。唐張傑。

鄭樵《通志·圖譜略·春秋》 張傑《春秋圖》。

馬端臨《文獻通考·經籍考·春秋》 《春秋圖》。

《宋史·藝文志·春秋類》 張傑《春秋圖》五卷。

嵇璜等《續通志・圖譜略・春秋類》　張傑《春秋圖》。

春秋指掌圖

《宋史・藝文志・春秋類》　張傑《春秋指掌圖》二卷。

春秋手鑑圖

鄭樵《通志・藝文略・春秋》　《春秋手鑑圖》一卷。

鄭樵《通志・圖譜略・春秋》　《春秋手鑑圖》。

公穀總例

《新唐書・藝文志・春秋類》　成玄《公穀總例》十卷。字又玄，咸通山陽令。

鄭樵《通志・藝文略・春秋》　《公穀總例》十卷。成玄。

春秋通例

錢東垣等輯《崇文總目・春秋類》　《春秋通例》三卷。［原釋］唐陸希聲撰。因三家之例，裁正其宂，以通《春秋》之旨。見《文獻通考》。

《新唐書・藝文志・春秋類》　陸希聲《春秋通例》三卷。

鄭樵《通志・藝文略・春秋》　《春秋通例》三卷。陸希聲。

尤袤《遂初堂書目・春秋類》　唐陸希聲《通例》。

馬端臨《文獻通考・經籍考・春秋》　《春秋通例》。

《宋史・藝文志・春秋類》　陸希聲《春秋通例》三卷。

折衷春秋

錢東垣等輯《崇文總目・春秋類》　《折衷春秋》三十卷。［原釋］唐陳岳撰。以三家異同三百餘條，參求其長，以通《春秋》之義。見《文獻通考》。　諸仁勳云：諸家書目皆作《春秋折衷論》。

《新唐書・藝文志・春秋類》　陳岳《折衷春秋》三十卷。唐末鍾傳江西從事。

鄭樵《通志・藝文略・春秋》　《春秋折衷論》三十卷。陳岳。

晁公武《郡齋讀書志・春秋類》　《春秋折衷論》三十卷。右唐陳岳撰。以《左氏傳》爲上，《公羊傳》爲中，《穀梁傳》爲下，比其異同而折衷之。岳，唐末從鍾傳辟爲江西從事。

陳振孫《直齋書録解題・春秋類》　《春秋折衷論》三十卷。唐江西觀察判官廬陵陳岳撰。以三《傳》異義，折衷其是非，而斷於一。岳，唐末十上春官，晚乃辟江西從事。

馬端臨《文獻通考・經籍考・春秋》　《春秋折衷論》三十卷。

《宋史・藝文志・春秋類》　陳岳《春秋折衷論》三十卷。

春秋精義

錢東垣等輯《崇文總目・春秋類》　《春秋精義》三十卷。［原釋］不著撰人名氏。彙事于上，分鈔杜氏、孔頴達言數家之説，參以《釋文》。見《文獻通考》。

鄭樵《通志・藝文略・春秋》　《春秋精義》三十卷。

馬端臨《文獻通考・經籍考・春秋》　《春秋精義》。

《宋史・藝文志・春秋類》　《春秋精義》三十卷。

春秋宗族名謚譜

錢東垣等輯《崇文總目・春秋類》《春秋宗族名謚譜》五卷。［原釋］不著撰人名氏。略採《春秋三傳》諸國公卿大夫姓名謚號。見《文獻通考》。闕。見天一閣鈔本。

鄭樵《通志・藝文略・春秋》《春秋宗族名謚譜》五卷。

馬端臨《文獻通考・經籍考・春秋》《春秋宗族名謚譜》。

春秋龜鑑

錢東垣等輯《崇文總目・春秋類》《春秋龜鑑》一卷。［原釋］不著撰人名氏。述《春秋》，周及諸侯世次齊魯大國公子、公孫。初不詳備，其後傳寫又失其次敘，今存以備討閱。見《文獻通考》

鄭樵《通志・藝文略・春秋》《春秋龜鑑》一卷。

馬端臨《文獻通考・經籍考・春秋》《春秋龜鑑》。

《宋史・藝文志・春秋類》《春秋龜鑑》一卷。

春秋經社

鄭樵《通志・藝文略・春秋》《春秋經社》十二卷。

延陵先生講義

《宋史・藝文志・春秋類》《延陵先生講義》二卷。

春秋纂要

錢東垣等輯《崇文總目・禮類》《春秋纂要》十卷。［原釋］僞唐人姜虔嗣撰。以《春秋》左氏、公、穀三家之《傳》，學者鈔集之文。見《文獻通考》。闕。見天一閣鈔本。

鄭樵《通志・藝文略・春秋》《春秋纂要》十卷。僞唐姜虔嗣。

馬端臨《文獻通考・經籍考・春秋》《春秋纂例》。

《宋史・藝文志・春秋類》姜虔嗣《春秋三傳纂要》二十卷。

春秋名字異同録

鄭樵《通志・藝文略・春秋》《春秋名字異同録》五卷。馮繼先。

《宋史・藝文志・春秋類》馮繼先《春秋名字同異録》五卷。

春秋名號歸一圖

錢東垣等輯《崇文總目・春秋類》《春秋名號歸一圖》二卷。［原釋］僞蜀馮繼先撰。以《春秋》官謚、名字，裒附初名之左。見《文獻通考》。

鄭樵《通志・藝文略・春秋》《春秋名號歸一圖》二卷。馮繼先。

鄭樵《通志・圖譜略・春秋》《春秋名號歸一圖》。

晁公武《郡齋讀書志・春秋類》《春秋名號歸一圖》二卷。右僞蜀馮繼先撰。《左氏》所書人，不但稱其名，或字，或號，或爵、謚，多互見，學者苦之。繼先皆取以繫之名下云。

尤袤《遂初堂書目・春秋類》《名號歸一圖》。

陳振孫《直齋書録解題・春秋類》《春秋名號歸一圖》二卷。案：原本不著卷，與《宋史・藝文志》同。今據《文獻通考》補書。僞蜀馮繼先撰。凡《左傳》所載君臣，名氏，字、謚互見錯出，故爲此《圖》以一之。周一，魯二，齊三，晋四，楚五，鄭六，衛七，秦八，宋九，陳十，蔡十一，曹十二，吴十三，郕十四，杞十五，莒十六，滕十七，薛十八，許十九，雜小國二十。

馬端臨《文獻通考·經籍考·春秋》 《春秋名號歸一圖》二卷。【略】

巽岩李氏曰：「昔丘明傳《春秋》，於列國君臣之名字，不一其稱，多者或至四五，始學者蓋病其紛錯難記。繼先集其同者爲一百六十篇，音同者附焉，於《左氏》抑亦微有所助云。宋大夫莊堇，秦右大夫詹，據《傳》未始有「父」字，而繼元輒增之。所見異本，若子韓皙者，蓋齊頃公孫，《世族譜》與《傳》同，而繼元獨以爲韓子皙，與楚、鄭二公孫黑共篇，蓋誤也。

《宋史·藝文志·春秋類》 馮繼先《春秋名號歸一圖》。

《四庫提要·春秋類一》 《春秋名號歸一圖》二卷。兩江總督採進本。

蜀馮繼先撰。陳振孫《書録解題》載是書，所列人名，周一，魯二，齊三，晋四，楚五，鄭六，衛七，秦八，宋九，陳十，蔡十一，曹十二，吴十三，郕十四，杞十五，莒十六，滕十七，薛十八，許十九，雜小國二十。《崇文總目》謂其「以官謚、名字裒附初名之左」。《文獻通考》引李燾云：「昔丘明傳《春秋》，於列國君臣之名字，不一其稱，多者或至四五。始學者蓋病其紛錯難記。繼先集其同者爲一百六十篇。」以是二端推之，是繼先舊本本爲旁行斜上，如表譜之體，故以圖爲名，而分至一百六十篇也。今本目次與振孫所言合。其每一人爲一條，既非裒附初名之左，亦無所謂一百六十篇者，與《崇文總目》及李燾所説迥異。案岳珂雕印《相臺九經例》云：「《春秋名號歸一圖》二卷，刻本多譌錯。嘗合京、杭、建、蜀本參校，有氏名異同，實非一人，而合爲一者；有名字若殊，本非二人，而析爲二者；有自某國適他國，而前後互見者；有稱某公與某年，而經傳不合者。或以傳爲經，或以注爲傳，或偏旁疑似而有亥豕之差；或行款牽連而無甲乙之別。今皆訂其譌謬，且爲分行，以見別書。」然則今本蓋珂所刊定移易，非復李燾以前之舊本。觀燾所稱宋大夫莊堇，秦右大夫詹傳，未始有「父」字，而繼先輒增之。若子韓皙者，蓋齊頃公孫，《世族譜》與傳同。而繼先獨以爲韓子皙，與楚、鄭二公孫黑其篇。今檢驗此本，皆無此文，則爲珂所削改明矣。

春秋音義賦

《宋史·藝文志·春秋類》 尹玉羽《春秋音義賦》十卷。冉遂良注。

春秋字源賦

《宋史·藝文志·春秋類》 尹玉羽《春秋字源賦》二卷。楊文舉注。

春秋纂類義統

《宋史·藝文志·春秋類》 蹇遵品《春秋纂類義統》十卷。本十二卷。第二、第四闕。

春秋通義

《宋史·藝文志·春秋類》 《春秋通義》十二卷。

春秋新義

《宋史·藝文志·春秋類》 《春秋新義》十卷。

春秋文權

《宋史・藝文志・春秋類》 《春秋文權》五卷。

春秋雜體例

鄭樵《通志・藝文略・春秋》 《春秋雜體例》一卷。

春秋傳類音

《宋史・藝文志・春秋類》 張冒德《春秋傳類音》十卷。

春秋原要

鄭樵《通志・藝文略・春秋》 《春秋原要》二卷。王曉。

春秋論

錢東垣等輯《崇文總目・春秋類》 《春秋論》一卷。［原釋］皇朝秘書監胡旦撰。多摭杜氏之失，有裨經旨。見《文獻通考》。闕。見天一閣鈔本。

馬端臨《文獻通考・經籍考・春秋》 《春秋論》。

春秋左傳類對賦

楊士奇等《文淵閣書目・春秋》 《春秋徐晉卿對類賦》。一部，一冊。闕。

黃虞稷《千頃堂書目・春秋類》 徐晉卿《春秋經傳類對賦》一卷。晉卿皇祐中爲將仕郎，試秘書省校書郎。

倪燦等《宋史藝文志補・春秋類》 徐晉卿《春秋經傳類對賦》一卷。試秘書省校書郎。

春秋正論

鄭樵《通志・藝文略・春秋》 《春秋正論》三卷。龍昌期。

春秋復道論

鄭樵《通志・藝文略・春秋》 《春秋復道論》十五卷。龍昌期。

春秋意

鄭樵《通志・藝文略・春秋》 《春秋意》十五卷。皮元。

春秋褒貶志

鄭樵《通志・藝文略・春秋》 《春秋褒貶志》五卷。劉夔。

春秋折衷義

鄭樵《通志・藝文略・春秋》《春秋折衷義》十一卷。吳孜。

《宋史・藝文志・春秋類》吳孜《春秋折衷》十二卷。

三傳玄談

鄭樵《通志・藝文略・春秋》《三傳玄談》一卷。

春秋總論

鄭樵《通志・藝文略・春秋》《春秋總論》三卷。孫復。

尤袤《遂初堂書目・春秋類》《春秋總論》。

《宋史・藝文志・春秋類》《春秋總論》一卷。

春秋口義

鄭樵《通志・藝文略・春秋》《春秋口義》二十卷。胡瑗。

陳振孫《直齋書録解題・春秋類》《春秋口義》五卷。胡翼之撰。至宣十二年而止。戴岷隱在湖學，嘗續之，不傳。

馬端臨《文獻通考・經籍考・春秋》《春秋口義》五卷。

《宋史・藝文志・春秋類》胡瑗《春秋口義》五卷。

春秋要義

鄭樵《通志・藝文略・春秋》《春秋要義》三十卷。胡瑗。

春秋世論

王圻《續文獻通考・經籍考・春秋》《春秋世論》。江休復著。休復，陳留人。爲人外簡曠，內行甚飭，其文章醇雅，尤長於詩，善隸書，與人交，久而彌篤。所著又有文集若干卷。

春秋集議略論

《宋史・藝文志・春秋類》李堯俞《春秋集議略論》二卷。

三傳集義

鄭樵《通志・藝文略・春秋》《三傳集義》三十卷。李堯俞。

春秋本旨

鄭樵《通志・藝文略・春秋》《春秋本旨》四卷。何涉。

王圻《續文獻通考・經籍考・春秋》《春秋本旨》。何涉著。涉，南充人。讀書晝夜刻苦，自六經百家及山經地志醫卜之術，無不精究，舉進士。長厚有操行，未嘗談人過惡。

春秋統例

鄭樵《通志・藝文略・春秋》 《春秋統例》二十卷。朱臨。

春秋私記

《宋史・藝文志・春秋類》 朱臨《春秋私記》一卷。

春秋外傳

《宋史・藝文志・春秋類》 朱臨《春秋外傳》十卷。

春秋論

《宋史・藝文志・春秋類》 趙瞻《春秋論》三十卷。

王圻《續文獻通考・經籍考・春秋》 《春秋論》。趙瞻。盩厔人。舉進士，調孟州司戶參軍，累遷同知樞密院事。所著有《春秋論》。

春秋經解義例

《宋史・藝文志・春秋類》 趙瞻《春秋經解義例》二十卷。

春秋索隱

鄭樵《通志・藝文略・春秋》 《春秋索隱》五卷。陳洙。

春秋集傳

錢東垣等輯《崇文總目・春秋類》 《春秋集傳》十五卷。〔原釋〕皇朝王沿纂。沿患學者自私其家學而是非多異，失聖人之意，乃集三《傳》之說，刪爲一書。又見《秘書目》有先儒春秋之學，頗多因啓求之，得董仲舒等十餘家，沿自以先儒猶爲未盡者，復以己意箋之，見《文獻通考》

鄭樵《通志・藝文略・春秋》 《春秋集傳》十五卷。宋朝王沿。

晁公武《郡齋讀書志・春秋類》 《春秋集傳》十五卷。右皇朝王沿撰。集三《傳》解經之文。沿，字聖源，大名人。好《春秋》，所至以《春秋》斷事。此書仁宗朝嘗奏御，詔直昭文館，後官至天章閣待制。

馬端臨《文獻通考・經籍考・春秋》 《春秋集傳》十五卷。

《宋史・藝文志・春秋類》 王沿《春秋集傳》十五卷。

春秋經解

晁公武《郡齋讀書志・春秋類》 黎氏《春秋經解》十二卷。右皇朝黎錞希聲撰。錞，蜀人，歐陽公之客。名其書爲《經解》者，言以經解經也。其後又爲《統論》附焉。

馬端臨《文獻通考・經籍考・春秋》 黎氏《春秋經解》十二卷。

《宋史・藝文志・春秋類》 黎錞《春秋經解》十二卷。

春秋義解

《宋史・藝文志・春秋類》 王裴《春秋義解》十二卷。

春秋通解

晁公武《郡齋讀書志・春秋類》 馮氏《春秋通解》十二卷。右皇朝馮山字允南撰，普州人。澥之父也。

馬端臨《文獻通考・經籍考・春秋》 馮氏《春秋通解》十二卷。

春秋傳

晁公武《郡齋讀書志・春秋類》 《春秋劉氏傳》十五卷。右皇朝劉敞原父撰。【略】《劉氏傳》其所解《經》也。如「桓無王」、「季友卒」、「胥命」、「用郊」之類，皆古人所未言。

尤袤《遂初堂書目・春秋類》 劉氏《權衡》、《意林》、《傳》、《説例》并全。

陳振孫《直齋書録解題・春秋類》 《春秋傳》十卷。《權衡》十七卷，《意林》一卷，《説例》一卷。案：《宋史・藝文志》作《春秋傳》十五卷，《權衡》十七卷，《説例》十一卷，《意林》二卷。《文獻通考》亦謂《春秋傳》、《權衡》、《意林》三書共三十四卷。此本篇目疑有脱誤。集賢院學士清江劉敞原父撰。始爲《權衡》以平三家之得失，然後集衆説，斷以己意，而爲之《傳》。《傳》所不盡者，見之《意林》。其《傳》用《公》、《穀》文體。《説例》凡四十九條。

馬端臨《文獻通考・經籍考・春秋》 《春秋權衡》、《意林》、《劉氏春秋傳》，共三十四卷。劉敞原父撰。

《宋史・藝文志・春秋類》 劉敞《春秋傳》十五卷。

《四庫提要・春秋類一》 《春秋傳》十五卷。內府藏本。宋劉敞撰。敞所作《春秋權衡》及《意林》，宋時即有刊本。此《傳》則諸家藏弆，皆寫本相傳。近時通志堂刻入《經解》，始有版本。故論者或疑其僞。然核其議論體裁，與敞所著他書，一一脗合，非後人所能贋作也。其書皆節録三《傳》事蹟，斷以己意。其褒貶義例，多取諸《公羊》、《穀梁》。如以莊公圍郕師還爲仁義，以公孫寧、儀行父爲有存國之功，以晉殺先縠爲疾過，以九月用郊爲用人，而「趙鞅入晉陽以叛」一條，尚沿二《傳》以地正國之謬，皆不免於膠固。其《經》文雜用三《傳》，不主一家。每以經傳連書，不復區畫，頗病混淆。又好減損三《傳》字句，往往改竄失眞。如《左傳》「惜也，越竟乃免」句，後人本疑非孔子之言，敞改爲討賊則免，而仍以「孔子曰」冠之，殊爲踳駁。考黄伯思《東觀餘論》，稱考正《書・武成》實始於敞，則宋代改經之例，敞導其先，宜其視改傳爲固然矣。然論其大致，則得經意者爲多。蓋北宋以來，出新意解《春秋》者，自孫復與敞始。復沿啖、趙之餘波，幾於盡廢三《傳》。敞則不盡從《傳》，亦不盡廢《傳》，故所訓釋爲遠勝於復焉。

春秋權衡

晁公武《郡齋讀書志・春秋類》 《春秋權衡》十七卷。皇朝劉敞原父撰。

尤袤《遂初堂書目・春秋類》 劉氏《權衡》。

陳振孫《直齋書録解題・春秋類》 《權衡》十七卷。集學院學士清江劉敞原父撰。

馬端臨《文獻通考・經籍考・春秋》 《春秋權衡》、《意林》、《劉氏春秋傳》，共三十四卷。劉敞原父撰。其自序曰：劉子作《春秋權衡》，《權衡》之書始出，未有能讀者，自序其首曰：「權，準也；衡，平也。物雖重，必準於權；權雖移，必平於衡。故權衡者，天下之公器也，所以使輕重無隱也，所以使低昂適中也，察之者易知，執之者易從也。不準則無以知輕重，不平則輕重雖出，不信也。故權衡者，天下之至信也。凡議

《春秋》，亦若此矣！《春秋》一也，而傳之者三家，是以其善惡相反，其褒貶相戾，則是何也？非以其無準失輕重邪？且昔者董仲舒、江公、劉歆之徒，蓋常相與爭此三家矣，上道堯、舜，下據《周禮》，是非之議，不可勝陳，至於今未決，則是何也？非以其低昂不平邪？故利臆說者害公義，便私學者妨大道，此儒者之大禁也。誠準之以其權，則童子不欺，平之以其衡，則市人不惑，今此新書之謂也。雖然，非達學通人，則亦必不能觀之矣。耳牽於所聞，而目迷於所習，恐懷見破之私意，而無從善服義之公心，故亦譬之權衡矣，或利其寡而視權如嬴，或利其多而視權如縮，若此者，非權衡之過也，人事之變也。」石林葉氏曰：「劉原甫知經而不廢傳，亦不盡從傳，據義考例，以折衷之，經傳更相發明，雖間有未然，而淵源已正。今學者治經不精，而蘇、孫之學，近而易明，其失者不能遽見，故皆信之。而劉以其難人，則或詆以爲用意太過，出於穿鑿，彼不知經，無怪其然也。」

《宋史・藝文志・春秋類》 劉敞《春秋權衡》十七卷。

楊士奇等《文淵閣書目・春秋》 《春秋劉敞權衡》。一部，四冊。闕。

《春秋劉敞權衡》。一部，三冊。闕。 《春秋劉敞權衡》。一部，三冊。闕。

《春秋劉敞權衡》。一部，三冊。闕。

范邦甸等《天一閣書目・春秋類》 《春秋權衡》十七卷。紅絲欄鈔本。

宋劉敞原父氏撰并自序。其首定爲十七卷。淳熙十三年，劉龜從題跋云：曾伯祖公是先生所作《春秋傳》、《說例》、《權衡》、《意林》四書，元祐間，被旨刊行。今吳、蜀、江東西皆有本。龜從修縣學，既成，鋟板于中以廣其傳。

《四庫提要・春秋類一》 《春秋權衡》十七卷。內府藏本。宋劉敞撰。

敞字原父，臨江新喻人。慶曆中舉進士，官至集賢院學士。事蹟具《宋史》本傳。據其弟攽作敞行狀，及歐陽修作敞墓誌，俱稱敞《春秋傳》十五卷，《權衡》十七卷，《說例》二卷，《文權》二卷，《意林》五卷。王應麟《玉海》所記亦同。陳振孫《書錄解題》曰：「原父始爲《權衡》，以平三家之得失。然後集衆說，斷以己意，而爲之《傳》。《傳》所不盡者，見之《意林》。」然則《傳》之作在《意林》前，此書又在《傳》前。敞《春秋》之學，此其根柢矣。《自序》謂《權衡》始出，未有能讀者。又謂非達學通人，則亦必不能觀之。其自命甚高。葉夢得作《石林春秋傳》，於諸家義疏多所排斥，尤詆孫復《尊王發微》，謂其不深於禮學，故其言多自牴牾，有甚害於經者。雖概以禮論當時之過，而不能盡禮之制，尤爲膚淺。惟於敞則推其淵源之正。蓋敞邃於禮，故是書進退諸說，往往依經立義，不似復之意爲斷制。此亦說貴徵實之一驗也。

春秋意林

晁公武《郡齋讀書志・春秋類》 《春秋意林》二卷。右皇朝劉敞原父撰。《意林》敍其解經之旨。

尤袤《遂初堂書目・春秋類》 劉氏《意林》。

陳振孫《直齋書錄解題・春秋類》 《意林》一卷。《說例》一卷。

馬端臨《文獻通考・經籍考・春秋》 《春秋意林》。劉敞原父撰。

案：《宋史・藝文志》作《意林》二卷。集賢院與士清江劉敞原父撰。

《宋史・藝文志・春秋類》 劉敞《春秋意林》二卷。

楊士奇等《文淵閣書目・春秋》 《春秋劉敞意林》。一部，一冊。闕。

《春秋劉敞意林》。一部，二冊。闕。 《春秋劉敞意林》。一部，一冊。完全。

《春秋劉敞意林》。一部，二冊。闕。

張萱等《內閣藏書目錄・經部》 《春秋意林》一冊。劉敞著。

范邦甸等《天一閣書目・春秋類》 《春秋意林》二卷。藍絲欄鈔本。

宋劉敞撰。軍學學録王與能校正。

《四庫提要・春秋類一》 《春秋意林》二卷。內府藏本。宋劉敞撰。

《宋史・藝文志》作二卷。王應麟《玉海》作五卷。馬端臨《經籍考》則併《春秋權衡》、《春秋傳》、《春秋意林》總題三十四卷。今考《權衡》實十七卷，《傳》實十五卷，合以《意林》二卷，正得三十四卷。與《宋志》合。則《玉海》作五卷，傳寫誤也。元吳萊嘗作是書《後序》曰：「劉子作《春秋權衡》，自稱書成，世無有能讀者。至《意林》猶未脫稿，多遺闕。」今觀其書，或僅標經文數字，不置一辭。或草草數言，文不相屬。而下注「云云」二字。或一條之下，別標他目一兩字，與本文迥不相關。或詰屈聱牙，猝難句讀。或僅引其端而詞如未畢。其爲隨筆劄記，屬稿未竟之書，顯然可證。萊所説誠不誣也。又敞既苦志研求，運意深曲，又好雕琢其詞，使在可解不可解之間。然考葉夢得《石林春秋傳》，稱不知經者以其難入，或詆以爲用意太過，出於穿鑿。然熟讀深思，其間正名分，別嫌疑，大義微言，灼然聖人之意者，亦頗不少。文體之澀，存而不論可矣。

春秋傳説例

尤袤《遂初堂書目・春秋類》 劉氏《説例》。

陳振孫《直齋書録解題・春秋類》 《春秋説例》一卷。集賢院學士清江劉敞原父撰。【略】《説例》凡四十九條。

《宋史・藝文志・春秋類》 劉敞《春秋説例》十一卷。

《四庫提要・春秋類一》 《春秋傳説例》一卷。《永樂大典》本。宋劉敞撰。案敞行狀、墓誌俱稱《春秋説例》二卷。陳振孫《書録解題》則以爲一卷。蓋傳鈔分合，互有不同。至《宋史・藝文志》，獨稱敞《説例》十一卷，殆傳寫誤衍一「十」字，或竟以十一篇爲十一卷也。敞《春秋傳》、《權衡》、《意林》三書，《通志堂經解》有刊版。《文權》與《説例》二書，則僅有其名，絕無傳本。今檢《永樂大典》，尚雜引《説例》之文。謹詳加綴輯，仍釐爲一卷。據《書録解題》稱，《説例》凡四十九條。今之所裒，僅二十五條，止得其半。且多零篇斷句，不盡全文。又惟《公即位例》、《與例》、《使來例》、《師行例》、《大夫奔例》、《殺大夫例》、《弗不例》七條載有原文標目，餘則説存而標目復佚。今竝詳釋本文，倣原存諸條體例，爲之校補。又諸書所載，俱稱《春秋説例》，惟《永樂大典》加「傳」字。案：是編比事以發論，乃其傳文褒貶之大旨，《永樂大典》所載，似尚屬宋刻之舊。今亦從之。敞説《春秋》，頗出新意，而文體則多摹《公》、《穀》，諸書皆然，是編尤爲簡古。惟《説大夫帥師例》一條，稱魯不當有三軍，而以《周禮》爲後人附會，未免稍偏。又《宣公十八年經》文「歸父還自晉」，敞《春秋傳》從《左氏》作「至笙」，而是編則從《公》、《穀》作「至檉」，亦頗自相牴牾。其餘則大致精核，多得經意。而宋元説經諸家都未徵引，可知自宋以後，已稱罕覯。是編崖略幸存，固《春秋》家所當寶貴矣。

春秋説

晁公武《郡齋讀書志・春秋類》 横渠《春秋説》一卷。右皇朝張載子厚撰。爲門人雜説《春秋》。其書未成。

馬端臨《文獻通考・經籍考・春秋》 横渠《春秋説》一卷。

春秋經解

陳振孫《直齋書録解題・春秋類》 《春秋經解》十五卷。孫覺撰。其《自序》言三家之説，《穀梁》最爲精深，且以爲本。雜取二《傳》及諸儒之説，長者從之；其所未安，則以所聞於安定先生者斷之。楊龜山爲之後序。海陵周茂振跋云：先君傳《春秋》於孫先生，嘗言王荆公初欲釋《春秋》以行於天下，而莘老之書已出，一見而忌之，自知不復能出其右，遂詆聖經而廢之曰：此「斷爛朝報」也。不列於學官，不用於貢舉云。

馬端臨《文獻通考・經籍考・春秋》 《春秋經解》十五卷。

《宋史・藝文志・春秋類》 《春秋經解》十五卷。

楊士奇等《文淵閣書目・春秋》 《春秋孫覺經解》。一部，十冊。完全。

張萱等《内閣藏書目録・經部》 龍學孫公《春秋經傳》十冊。全。宋孫覺著。以三家之説，校其當否，而專主《穀梁》。其是非褒貶，雜取三《傳》及啖、趙、陸三家，擇其説之最長者，而以胡安定之説斷焉。

錢謙益等《絳雲樓書目・春秋類》 孫覺《春秋經解》四冊。十五卷。卷首自序，楊中立作後序。莘老又有《春秋經社》六卷。

錢曾《讀書敏求記・春秋》 孫覺《春秋經解》十五卷。莘老游于安定之門。著《經解》行世。初，王安石釋《春秋》未成，見此書而惎之，因詆聖《經》爲「腐爛朝報」。龜山先生稱莘老片言寸簡皆足垂世，况成書耶？嘉定丙子，汪綱題而刻之新安。

張之洞《書目答問・列朝經注經說經本考證》《春秋經解》十五卷。

宋孫覺。聚珍本。福本。

春秋學纂

《宋史・藝文志・春秋類》孫覺《春秋學纂》十二卷。

春秋經社要義

鄭樵《通志・藝文略・春秋》《春秋經社要義》六卷。孫覺。

晁公武《郡齋讀書志・春秋》《春秋經社》六卷。右皇朝孫覺撰。其學亦出於啖、趙，凡四十餘門。論義頗嚴。

陳振孫《直齋書録解題・春秋類》《春秋經社要義》六卷。龍圖閣學士高郵孫覺莘老撰。覺從胡安定游，門弟子以千數，別其老成者爲經社，覺年最少，儼然居其間，衆皆推服。此殆其時所作也。

馬端臨《文獻通考・經籍考・春秋》《春秋經社》六卷。

《宋史・藝文志・春秋類》孫覺《春秋經社要義》六卷。

《四庫提要・春秋類一》《春秋經解》十三卷。兵部侍郎紀昀家藏本。宋孫覺撰。覺字莘老，高郵人。擢進士第。官至御史中丞。事蹟具《宋史》本傳。此書題曰「龍學孫公」，蓋其致仕之時，以龍圖閣學士兼侍講提舉醴泉觀也。覺早從胡瑗游，傳其《春秋》之學。大旨以抑霸尊王爲主。《自序》稱《左氏》多說事蹟，《公》、《穀》以存梗概。今以三家之說，較其當否，而《穀梁》最爲精深，且以《穀梁》爲本。其說是非褒貶，則雜取三《傳》及歷代諸儒啖、趙、陸氏之說，長者從之；其所未聞，則以安定先生之說解之。今瑗《口義》五卷已佚，傳其緒論，惟覺此書。周麟之《跋》稱，初，王安石欲釋《春秋》以行於天下，而莘老之《傳》已出，一見而有惎心，自知不能出其右，遂詆聖經而廢之。邵輯《序》稱，是書作於晚年，謂安石因此廢《春秋》，似未必盡然，然亦可見當時甚重其書，故有此說也。《宋史・藝文志》載覺《春秋經解》十五卷，又《春秋學纂》十二卷，《春秋經社要義》六卷。朱彝尊《經義考》據以著録，於經解注曰「存」，於《學纂》《要義》皆注曰「佚」。然今本實十三卷，自隱公元年至獲麟，首尾完具，無所殘闕，與《宋志》所載不符。考陳振孫《書録解題》載《春秋經解》十五卷，《春秋經社要義》六卷，而無《春秋學纂》。王應麟《玉海》載《春秋經社要義》六卷，《春秋學纂》十二卷，而無《春秋經解》。其《學纂》條下注曰「其說以《穀梁》爲本，及採《左氏》、《公羊》歷代諸儒所長，間以其師胡瑗之說斷之，分莊公爲上、下」云云。與今本一一相合。然則《春秋學纂》即《春秋經解》之別名，《宋志》既誤分爲二書，并譌其卷數。《書録解題》亦譌十三卷爲十五卷。惟《玉海》所記爲得其眞矣。

春秋備對

《宋史・藝文志・春秋類》謝子房《春秋備對》十三卷。

春秋指要

《宋史・藝文志・春秋類》朱振《春秋指要》一卷。

春秋正名頤隱要旨　春秋正名頤隱要旨要敍論

《宋史・藝文志・春秋類》朱振《春秋正名頤隱要旨》十二卷。《春秋正名頤隱要旨要敍論》一卷。

春秋講義

《宋史・藝文志・春秋類》　朱振《春秋講義》三卷。

春秋興亡圖鑑

《宋史・藝文志・春秋類》　沈滋仁《春秋興亡圖鑑》一卷。

春秋傳紀

鄭樵《通志・藝文略・春秋》　《春秋傳紀》。王綽著。

春秋統微

《宋史・藝文志・春秋類》　章拱之《春秋統微》二十五卷。

春秋會義

鄭樵《通志・藝文略・春秋》　《春秋會義》三十卷。杜諤。

晁公武《郡齋讀書志・春秋類》　《春秋會義》二十六卷。右皇祐間進士杜諤集《釋例》、《繁露》、《規過》、《膏肓》、《先儒同異篇》《指掌碎玉》、《折衷》、《指掌議》、《纂例》、《辨疑》、《微旨》、《摘微》、《通例》、《胡氏論》、《箋義》、《總論》、《尊王發微》、《本旨》、《辨要》、《旨要》、《集議》、《索隱》、《新義》、《經社》三十餘家成一書，其後仍斷以己意。」雖其說不皆得聖人之旨，然使後人博觀古今異同之說，則於聖人之旨或有得焉。

尤袤《遂初堂書目・春秋類》　《春秋會義》。

陳振孫《直齋書録解題・春秋類》　《春秋會義》二十六卷。鄉貢進士江陽杜諤獻可撰。自三《傳》及啖、趙諸儒迄於孫氏經社，凡三十餘家，集而繫之，時述以己意。有任貫者爲之序，嘉祐中人也。

馬端臨《文獻通考・經籍考・春秋》　《春秋會義》二十六卷。

《宋史・藝文志・春秋類》　杜諤《春秋會義》二十六卷。

楊士奇等《文淵閣書目・春秋》　《春秋杜諤會義》。一部，十一冊。完全。

《春秋杜諤會義》。一部，六冊。完全。

張萱等《内閣藏書目録・經部》　《春秋會義》十一冊。全。宋元祐間眉州杜諤注，以三《傳》及諸儒三十餘家議論分繫於經之下而附以說，凡二十六卷。又六冊。全。又十四冊。不全。又五冊。不全。鈔本同前。

春秋新義

鄭樵《通志・藝文略・春秋》　《春秋新義》十卷。宋堂。

春秋通義

鄭樵《通志・藝文略・春秋》　《春秋通義》十二卷。王哲。

《宋史・藝文志・春秋類》　王哲《春秋通義》十二卷。

春秋異義解

鄭樵《通志・藝文略・春秋》　《春秋異義解》十二卷。王哲。

皇綱論　春秋明例隱括圖

鄭樵《通志・藝文略・春秋》　《皇綱論》五卷。王晳。《春秋明例隱括圖》一卷。王晳。

陳振孫《直齋書録解題・春秋類》　《春秋皇綱論》五卷。《明例隱括圖》一卷。太常博士王晳撰。至和中人。《館閣書目》有《通義》十二卷。未見。

馬端臨《文獻通考・經籍考・春秋》　《春秋皇綱論》、《明例隱括圖》共六卷。

《宋史・藝文志・春秋類》　王晳《皇綱論》五卷。

楊士奇等《文淵閣書目・春秋》　《春秋王晳皇綱論》。一部，一冊。完全。塾本補入。

范邦甸等《天一閣書目・春秋類》　《春秋皇綱》五卷。凡二十三篇。紅絲欄鈔本。宋太原王晳撰。

《四庫提要・春秋類一》　《春秋皇綱論》五卷。内府藏本。宋王晳撰。晳自稱太原人。其始末無可考。陳振孫《書録解題》言其官太常博士。考龔鼎臣《東原録》，載眞宗天禧中，錢惟演奏留曹利用，丁謂事稱晏殊以語翰林學士王晳，則不止太常博士矣。王應麟《玉海》云：「至和中，晳撰《春秋通義》十二卷，據三《傳》注疏及啖、趙之學，其説通者附經文之下，闕者用己意釋之。又《異義》十二卷。《皇綱論》五卷。」今《通義》、《異義》皆不傳，惟是書尚存。凡爲論二十有二，皆發明夫子筆削之旨，而考辨三《傳》及啖助、趙匡之得失。案「趙匡」書中皆作「趙正」，蓋避太祖之諱。其《尊王下篇》引《論語》作「一正天下」，亦同此例。其言多明白平易，無穿鑿附會之習。其《孔子修春秋篇》曰：「若專爲誅亂臣賊子使知懼，則尊賢旌善之旨闕矣。」足破孫復等有貶無褒之説。其《傳釋異同篇》曰：「左氏善覽舊史，兼該衆説，得《春秋》之事蹟甚備。然於經外自成一書，故有貪惑異説，採掇過當。至於聖人微旨，頗亦疎略。而大抵有本末，蓋出一人之所撰述也。公、穀之學本於議論，擇取諸儒之説，繫於經文。故雖不能詳其事蹟，而於聖人微旨，多所究尋。然失於曲辨贅義、鄙淺叢雜，蓋出於衆儒之所講説也。」又曰：「左氏好以一時言貌之恭惰，與卜筮巫醫之事，推定禍福，靡有不驗。此其蔽也。固當裁取其文，以通經義。如玉之有瑕，但棄瑕而用玉，不可并棄其玉也。二《傳》亦然。」亦足破孫復等盡廢三《傳》之説，在宋人《春秋》解中可謂不失古義。惟《郊禘篇》謂周公當用郊禘，成王賜之不爲過，魯國因之不爲僭，《殺大夫篇》謂凡書殺大夫，皆罪大夫不能見幾先去，則偏駁之見，不足爲訓矣。

春秋三傳異同字

鄭樵《通志・藝文略・春秋》　《三傳經字異同》一卷。丁副。

《宋史・藝文志・春秋類》　《春秋三傳異同字》一卷。丁副撰。

春秋演聖統例

鄭樵《通志・藝文略・春秋》　《春秋演聖統例》二十卷。丁副。

晁公武《郡齋讀書志・春秋》　《春秋演聖統例》二十卷。右皇朝丁副撰。田偉書目「副」作「嗣」，未知孰誤。其序云：「經有例法，一家所至，較然重輕。杜預《釋例》，專《左氏》而未該；唐陸淳《纂例》，雖舉《經》而未備。」織悉絓羅而咸在者，其惟此書乎？

馬端臨《文獻通考・經籍考・春秋》　《春秋演聖統例》二十卷。

《宋史・藝文志・春秋類》　丁副《春秋演聖統例》二十卷。

春秋三傳雜評

鄭樵《通志・藝文略・春秋》　《春秋三傳雜評》十卷。

春秋索隱

《宋史・藝文志・春秋類》 朱定序《春秋索隱》五卷。

春秋闕言

鄭樵《通志・藝文略・春秋》 《春秋闕言》十二卷。黄君兪。

春秋指微

《宋史・藝文志・春秋類》 魯有開《春秋指微》十卷。

春秋機括

晁公武《郡齋讀書志・春秋類》 《春秋機括》一卷。右皇朝沈括存中撰《春秋》譜也。

馬端臨《文獻通考・經籍考・春秋》 《春秋機括》一卷。

《宋史・藝文志・春秋類》 沈括《春秋機括》二卷。

春秋義略

鄭樵《通志・藝文略・春秋》 《春秋義略》十四卷。董敦逸。

春秋通義

《宋史・藝文志・春秋類》 家安國《春秋通義》二十四卷。

春秋新義

王圻《續文獻通考・經籍考・春秋》 《春秋新義》。家勤國著。勤國，眉山人，與蘇軾兄弟爲同門友。王安石久廢《春秋》學，勤國憤之，著爲此書。

春秋傳

尤袤《遂初堂書目・春秋類》 伊川《程氏傳》。

陳振孫《直齋書録解題・春秋類》 《春秋傳》二卷。程頤撰。略舉大義，不盡爲說。襄、昭後尤略。序文崇寧二年所作，蓋其晚年也。

馬端臨《文獻通考・經籍考・春秋》 伊川《春秋傳》二卷。程子自序曰：後世以史視《春秋》，謂褒善貶惡而已，至於經世之大法，則不知也。《春秋》大義數十，其義雖大，炳如日星，乃易見也，惟其微辭隱義、時措從宜者，爲難知也。或抑或縱，或與或奪，或進或退，或微或顯，而得乎義理之安，文質之中，寬猛之宜，是非之公，乃制事之權衡，揆道之模範也。夫觀百物，然後識化工之神，聚衆材，然後知作室之用，於一事一義而欲窺聖人之用心，一本無「心」字。非上智不能也。故學《春秋》者，必優游涵泳、默識心通，然後能造其微也。後王知《春秋》之義，則雖德非禹、湯，尚可以法三代之治。自秦而下，其學不傳，予悼夫聖人之志不明於後世也，故作《傳》以明之，俾後之人通其文而求其義，得其意而法其用，則三代可復也。是《傳》也，雖未能極聖人之藴奧，庶幾學者得其門而入矣。《朱子語類》曰：「或問伊川《春秋傳》」曰：「中間有說好處，如難理會處，他亦不爲決然之論。如說『滕子來朝，』以爲滕本侯爵，後微弱服屬於魯，自貶降而以子禮見魯，則貢賦少力易供。此說最好。程沙隨之說亦然。」

《宋史・藝文志・春秋類》 程頤《春秋傳》一卷。

春秋通志

尤袤《遂初堂書目・春秋》 朱長文《通志》。

《宋史・藝文志・春秋類》 朱長文《春秋通志》二十卷。

春秋集傳

晁公武《郡齋讀書志・春秋類》 潁濱《春秋集傳》十二卷。右蘇轍子由撰。大意以世人多師孫明復，不復信史，故盡棄《三傳》，全以《左氏》爲本，至其不能通者始取《二傳》、啖、趙。自熙寧謫居高安，至元符初，十數年矣，暇日輒有改定，卜居龍川而書始成。

尤袤《遂初堂書目・春秋類》 《蘇氏傳》。

陳振孫《直齋書録解題・春秋類》 《春秋集傳》十二卷。蘇轍撰。專本《左氏》，不得已乃取二傳、啖、趙。蓋以一時談《經》者不復信史，或失事實故也。

馬端臨《文獻通考・經籍考・春秋》 潁濱《春秋集傳》十二卷。石林葉氏曰：蘇子由專據《左氏》言經，《左氏》解經者無幾。其凡例既不盡經，所書亦多違牾，疑自出己意爲之，非有所傳授，不若《公》、《穀》之合於經。故蘇氏但以《傳》之事釋經之文而已，《傳》事之誤者，不復敢議，則遷經以成其說，亦不盡立凡例，於經義皆以爲求之過。《朱子語録》曰：蘇子由解《春秋》，謂其從赴告，此說亦是。既書鄭伯突，又書鄭世子忽，據史文而書耳。定，哀之時，聖人親見，據實而書，隱、桓之時，世既遠，史冊亦有簡略處，夫子據史冊寫出耳。

《宋史・藝文志・春秋類》 蘇轍《春秋集傳》十二卷。

楊士奇等《文淵閣書目・春秋》 《春秋蘇穎濱集解》。一部，三冊。完全。

徐𤊹《徐氏家藏書目・春秋類》 蘇穎濱《春秋傳》十二卷。

張萱等《內閣藏書目録・經部》 《春秋集傳》三冊。全。宋蘇轍著。時人治《春秋》多師孫明復，盡棄三《傳》。後王安石解經至《春秋》漫不能通，則詆爲「斷爛朝報」，致學者不能復明《春秋》。故轍著此書，集諸家之說，而裁之以義，凡十二卷。

錢謙益等《絳雲樓書目・春秋類》 蘇穎濱《春秋解》。十二卷。

《四庫提要・春秋類一》 《春秋集解》十二卷。浙江吳玉墀家藏本。宋蘇轍撰。先是劉敞作《春秋意林》，多出新意。孫復作《春秋尊王發微》，更舍《傳》以求《經》。古說於是漸廢。後王安石詆《春秋》爲「斷爛朝報」，廢之不列於學官。轍以其時《經》、《傳》竝荒，乃作此書以矯之。其說以《左氏》爲主，《左氏》之說不可通，乃取《公》、《穀》、啖、趙諸家以足之。蓋以《左氏》有國史之可據，而《公》、《穀》以下則皆意測者也。《自序》稱「自熙寧間謫居高安，爲是書，暇輒改之。至元符元年，卜居龍川，凡所改定，覽之自謂無憾。」蓋積十餘年而書始成。其用心勤懇，愈於奮臆遽談者遠矣。朱彝尊《經義考》載陳宏緒《跋》曰：「《左氏》紀事，粲然具備，而亦間有悖於道者。《公》、《穀》雖以臆度解經，然亦得失互見。如戎伐凡伯於楚丘，《穀梁》以戎爲衛。齊仲孫來，《公》、《穀》皆以爲魯慶父。魯滅項，又皆以爲齊實滅之。顯然與經謬戾，其失固不待言。至如隱四年秋，翬帥師會宋公、陳侯、蔡人、衛人伐鄭。桓十有四年秋八月壬申，御廩災。乙亥，嘗。莊二十有四年夏，公如齊逆女。諸如此類，似《公》、《穀》之說妙合聖人精微。而潁濱一概以深文詆之，因噎廢食。讀者揜其短而取其長可也。」其論是書頗允。此本不載，蓋刻在宏緒前也。《宋史・藝文志》稱是書爲《春秋集傳》，《文獻通考》則作《集解》，與今本合。知《宋志》爲傳寫誤矣。

春秋機括

王圻《續文獻通考・經籍考・春秋》　《春秋機括》。陸佃著。

春秋傳

王圻《續文獻通考・經籍考・春秋類》　《春秋傳》。王巖叟著。

春秋總要

《宋史・藝文志・春秋類》　李撰《春秋總要》十卷。

春秋傳

晁公武《郡齋讀書志・春秋類》　劉質夫《春秋》五卷。右皇朝劉絢質夫撰。絢學於二程之門。伯淳嘗語人曰：「他人之學，敏則有矣，未易保也。斯人之至，吾無疑焉。」正叔亦曰：「遊吾門者多矣，而信之篤、得之多、行之果、守之固，若子者幾希。」有李參序。

尤袤《遂初堂書目・春秋類》　劉絢《春秋學》。

陳振孫《直齋書録解題・春秋類》　《春秋傳》十二卷。劉絢質夫撰。二程門人，其師亟稱之。所解明正簡切。

馬端臨《文獻通考・經籍考・春秋》　劉質夫《春秋》十二卷。【略】《中興國史志》：絢傳說多出於頤書，而頤以爲不盡本意，故更爲之，未及竟，故莊公以後解釋多殘闕。

張萱等《内閣藏書目録・經部》　《春秋劉氏傳》二冊。全。莫詳其名。

繹聖傳

晁公武《郡齋讀書志・春秋類》　《繹聖傳》十二卷。右皇朝任伯雨德翁所撰。解經不甚通。例如解「桓十三年二月，公會紀侯、鄭伯。己巳，及齊侯、宋公、衛侯、燕人戰。齊師、宋師、衛師、燕師敗績」，取《穀梁》之説，戰稱人，敗績稱師，重衆之説。殊不知齊人伐衛，衛人及齊人戰，衛人敗績，何獨不重衆也。

馬端臨《文獻通考・經籍考・春秋》　《繹聖傳》十二卷。

《宋史・藝文志・春秋類》　任伯雨《春秋繹聖新傳》十二卷。

王氏春秋

晁公武《郡齋讀書志・春秋類》　《王氏春秋》十二卷。右皇朝王當撰。當，眉山人。嘗爲《春秋列國諸臣傳》十萬餘言，今又釋《春秋》，眞可謂有志矣。

春秋列國諸臣傳

鄭樵《通志・藝文略・春秋》　《春秋列國諸臣贊傳》五十一卷。王當。

晁公武《郡齋讀書志・春秋類》　《春秋列國諸臣傳》五十一卷。右皇朝王當撰。類《左氏》所載列國諸臣事，效司馬遷爲之傳，凡一百三十有四人，繫之以贊云。

尤袤《遂初堂書目・春秋類》　《春秋列國諸臣傳》。

陳振孫《直齋書録解題・春秋類》　《春秋列國諸臣傳》五十一卷。賢良眉山王當子思撰。元祐中復制科，嘗以蘇軾薦，案《文獻通考》作「以蘇轍薦」。試六論首選。廷對切直，或欲黜之，宣仁后曰：「以直言取士，不可以直言棄。此仁宗故事也。」乃置下第，與堂除簿尉。所傳諸臣皆本《左氏》，有見於他書者，則附其末，繫之以贊。諸贊論議純正，文辭簡古，於經傳亦多所發明。

馬端臨《文獻通考・經籍考・春秋》 王氏《春秋列國諸臣傳》共六十三卷。

《宋史・藝文志・春秋類》 王當《春秋列國諸臣傳》五十一卷。

楊士奇等《文淵閣書目・春秋》 《春秋王當列國傳》。一部，六冊。闕。

錢曾《讀書敏求記・春秋》 王當《春秋臣傳》三十卷。採《左氏》諸臣始末，每人掇拾成一小傳，逐卷後有總贊，簡勁明潔，有古良史之遺風。

張金吾《愛日精廬藏書志・春秋類》 新刊標注蜀本，王學士當《春秋臣傳》三十卷。舊抄本。宋王當撰。直學省元曾基之、學諭省元丘聞之同校正。

春秋五禮例宗

陳振孫《直齋書録解題・春秋類》 《五禮例宗》十卷。直祕閣吳興張大亨嘉父撰。其自序言：「少聞《春秋》於趙郡和仲先生。某初蓋嘗作《例宗》，論立例之大要矣。先生曰：『此書自有妙用，學者罕能領會，多求之繩約中。迺近法家者流，苛細繳繞，竟亦何用？惟丘明識其用，然不肯盡談，微見端兆，使學者自得之。』予從事斯語十有餘年，始得其彷彿。」《通訓》之作，所謂去例以求經略，微文而視大體者也。東坡一字和仲，所謂趙郡和仲，其東坡乎？然《例宗》考究，未爲詳洽。

馬端臨《文獻通考・經籍考・春秋》 《春秋通訓》、《五禮例宗》共二十六卷。

《宋史・藝文志・春秋類》 張大亨《五禮例宗》十卷。

楊士奇等《文淵閣書目・春秋》 《春秋張大亨五禮例宗》。一部，一冊。完全。

王圻《續文獻通考・經籍考・春秋》 《五經例宗》。張大亨著。

《四庫提要・春秋類二》 《春秋五禮例宗》七卷。浙江吳玉墀家藏本。宋張大亨撰。大亨字嘉父，湖州人。登元豐乙丑乙科。何薳《春渚紀聞》、王明清《玉照新志》竝載其嘗官司勳員外郎，以王國侍讀、侍講官名與朝廷相紊，奏請改正事。陳振孫《書録解題》載大亨《春秋通訓》及此書，則稱爲「直祕閣吳興張大亨撰」。蓋舉其所終之官也。考《左傳發凡》，杜預謂皆周公禮典。韓起見《易》象、《春秋》，亦謂周禮在魯。孫復作《春秋尊王發微》，葉夢得譏其不深於禮學，故其言多自牴牾。蓋《禮》與《春秋》本相表裏。大亨是編，以杜預《釋例》與《經》踳駁，兼不能賅盡，陸淳所集啖、趙《春秋纂例》，亦支離失眞，因取《春秋》事蹟，分吉、凶、軍、賓、嘉五禮，依類別記，各爲總論。義例賅貫，而無諸家拘例之失。陳振孫稱爲「考究詳洽」，殆非溢美。元吳澄作《春秋纂言》，分列五禮，多與此書相出入。澄非剽襲人書者，殆偶未見傳本歟？朱彝尊《經義考》載此書十卷，注曰「存」。而諸家寫本，皆佚其《軍禮》三卷，已非彝尊之所見。然《永樂大典》作於明初，凡引此書皆吉、凶、賓嘉、四禮之文，《軍禮》絕無一字。則此三卷之佚久矣，彝尊偶未核檢也。

吳壽暘《拜經樓藏書題跋記・羣經小學》 《春秋五禮例宗》舊鈔本。闕三卷。前有紹聖四年大亨自序。先君書簡端云：「偶得舊鈔本《春秋五禮例宗》，中闕第四、五、六三卷。頃周芚兮大令得宋槧本，闕卷與此同。大令言昔通志堂刊《經解》時，此書及龍仁夫《易傳》以求全本不獲，遂從舍旃。理或然與。甲辰三月十五日識。」

張金吾《愛日精廬藏書志・春秋類》 《春秋五禮例宗》十卷。舊抄本。宋雪川張大亨集。闕卷四、卷五、卷六三卷。自序曰：昔杜元凱作《釋例》，以明《春秋》異同之義，事類相發，各爲條綱，使覽者用力少而見功多，可謂善矣。然其間維以傳例與經踳駁，而又摘數端，不能該盡，學者病之。唐陸淳乃因啖、趙之餘，別爲《纂例》，其所條別，一出於經，比於杜公詳顯完密。後之説者，謂之要例，於淳拘於微文捨事從例故事，有相濟以成而反裂爲數門者，非持差失其始終，抑亦汩昏其義趣，聖經大旨支離失眞，迷眩後生，莫此爲甚。蓋人之美惡，大小萬殊，聖人因其實而被之以名，豈顧拘於繩約，若乃定其筆削以示後世，則固有典要存焉，善學者因其人之美惡，以推聖人之心，而究觀其典要之所在，則其旨不辨而自白矣。顧予非知經者，特懼子弟之溺於斯，乃緝本文。通其乘舛以刊前作之誤，名曰《春秋五禮例宗》。蓋周禮盡在魯矣，聖人以爲法，凡欲求經之軌範，非五禮何以質其從違。觀者或無間於古今，則當信子言之不妄也。紹聖四年二月十七日序。

春秋通訓

陳振孫《直齋書録解題・春秋類》 《春秋通訓》十六卷。《五禮例宗》十卷。直秘閣吳興張大亨嘉父撰。

馬端臨《文獻通考・經籍考・春秋》 《春秋通訓》、《五禮例宗》共二十六卷。

《宋史・藝文志・春秋類》 張大亨《春秋通訓》十六卷。

王圻《續文獻通考・經籍考・春秋》 《春秋通訓》、《五經例宗》。張大亨著。

《四庫提要・春秋類二》 《春秋通訓》六卷（永樂大典）本。宋張大亨撰。是書自序，謂少聞《春秋》於趙郡和仲先生。考宋《蘇軾年譜》，軾本字和仲。又蘇洵族譜稱爲唐相蘇頲之裔，系出趙郡。今所傳軾《題烟江疊嶂圖詩》石刻，末亦有「趙郡蘇氏」印。然則趙郡和仲先生即軾也。蘇籀《雙溪集》載大亨以《春秋》義問軾，軾答書云：「《春秋》儒者本務。然此書有妙用，學者罕能領會，多求之繩約中。乃近法家者流，苛細繳繞，竟亦何用？惟左丘明識其用，終不肯盡言，微見端兆，欲使學者自求之」云云。與大亨自序亦合。蓋其學出於蘇氏，故議論宗旨亦近之。陳振孫《書録解題》及《宋史・藝文志》竝作十六卷。朱彝尊《經義考》云「已佚」。此本載《永樂大典》中，十二公各自爲卷，而隱公、莊公、襄公、昭公又自分上、下卷，與十六卷之數合。然每卷篇頁無多，病其繁碎。今併爲六卷，以便省覽，其文則無所佚脱也。

春秋義　總義

《宋史・藝文志・春秋類》 謝湜《春秋義》二十四卷。又《總義》三卷。

春秋指南

晁公武《郡齋讀書志・春秋類》 《春秋指南》十卷。右吳園先生張根知常撰。以征伐會盟，年經而國緯。汪藻爲之序。

陳振孫《直齋書録解題・春秋類》 《春秋指南》二卷。案：《宋史・藝文志》作十卷。張根知常撰。專以編年旁通該括諸國之事，如指諸掌。又爲《解例》，亦用旁通法。其他《辨疑》、《雜論》諸篇，略舉要義，多所發明。

馬端臨《文獻通考・經籍考・春秋》 《春秋指南》十卷。

《宋史・藝文志・春秋類》 張根《春秋指南》十卷。

春秋得法志例論

晁公武《郡齋讀書志・春秋類》 《得法忘例論》三十卷。右皇朝馮正符所撰。熙寧八年，何郯取其書奏之而久之不報，意者王安石不喜《春秋》故也。其書例最詳，悉務通經旨，不事浮辭。正符頗與鄧綰、陳亨甫交私，後坐口語被斥。

陳振孫《直齋書録解題・春秋類》 《春秋得法志例論》三十卷。蜀州晉原主簿遂寧馮正符信道撰。其父堯民希元爲鄉先生，案：堯民原本誤作「先民」，今據《文獻通考》改正。正符三上禮部不第，教授梓、遂學十年，著此書及《詩》、《易》、《論語解》。蜀守何郯首以其《春秋論》上之。熙寧末，中丞鄧綰薦之，得召試，賜同進士出身。王安石亦待之厚。其書首辨王魯、素王之說，及杜預三體五例、何休三科九旨之怪妄穿鑿。皆正論也。

馬端臨《文獻通考·經籍考·春秋》 《春秋得法志例論》三十卷。巽岩李氏曰：信道當熙寧九年，用御史鄧文約薦召試舍人院，賜出身。文約尋責守虢、略，信道亦坐附會，奪官歸故郡。後又得馮允南所爲墓銘，信道實事安逸處士何羣，其學蓋得之羣，羣學最高，國史有傳。其師友淵源果如此，則謂信道附會進取，或以好惡言之耳。王荆公當國，廢《春秋》不立學官，而信道學經，顧於《春秋》特詳。鄧御史嚴事王荆公不敢異，乃先以《得法志例論》言於朝，初不曰宰相不喜此也，此亦可見當時風俗猶淳厚，士各行其志，不專以利祿故輟作，御史殆加於人一等。然信道要當與何羣牽聯書國史，鄧御史偶相知，適相累耳。余舊評如此。今無子孫，其書則爲鬻書者擅易其姓名，屬諸李陶。陶字唐夫，嘗學於溫公，號通經。李氏諸子，唐夫最賢，而《得法志例》，則實非唐夫所論也，不知者妄託之。

春秋人譜

《宋史·藝文志·春秋類》 《春秋人譜》一卷。孫子平、練明道同撰。

春秋傳

王圻《續文獻通考·經籍考·春秋》 《春秋傳》。許翰著。又有林希逸著。

春秋傳

《宋史·藝文志·春秋類》 陳禾《春秋傳》十二卷。

春秋統論

《宋史·藝文志·春秋類》 陳禾《春秋統論》一卷。

春秋新傳

晁公武《郡齋讀書志·春秋類》 《春秋新説》十一卷。右皇朝余安行撰。採左氏、公羊、穀梁及孫復四家書，參以己意爲之。

馬端臨《文獻通考·經籍考·春秋》 《春秋新傳》十一卷。

《宋史·藝文志·春秋類》 余安行《春秋新傳》十二卷。

春秋經辨

陳振孫《直齋書録解題·春秋類》 《春秋經辨》十卷。廬陵蕭楚子荆撰。紹聖中，貢禮部不第。蔡京用事，與其徒馮澥書，言蔡將爲宋王莽，誓不復仕。死建炎中。自號三顧隱客，門人謚爲清節先生。胡邦衡師事之，以《春秋》登甲科，歸拜牀下。楚告之曰：「學者非但拾一第，身可殺，學不可辱，毋禍吾《春秋》乃佳。」邦衡志其墓。

馬端臨《文獻通考·經籍考·春秋》 《春秋經辯》十卷。

《宋史·藝文志·春秋類》 蕭楚《春秋經辨》十卷。

《四庫提要·春秋類一》 《春秋辨疑》四卷。《永樂大典》本。宋蕭楚撰。楚字子荆，廬陵人。紹聖中游太學，貢禮部不第。於時蔡京方專國，楚憤嫉其姦，謂京且將爲宋王莽，誓不復仕，遂退而著書。明《春秋》之學，趙暘、馮澥、胡銓皆師事之。建炎四年始卒。曾敏行《獨醒雜志》稱所著《春秋經辨》行於廬陵。《宋史》亦載其《春秋經解》十卷。朱彝尊《經義考》謂其已佚，僅摭録胡銓之《序》。此本所載銓《序》，與《經義考》合，惟題曰《春秋辨疑》爲小異。或後來更定，史弗及詳歟？《江西通志》及《萬姓統譜》皆云是書四十九篇。今止四十四篇，蓋有佚脱。《宋志》云十卷，今《永樂大典》所載止二卷，則明人編輯所合併也。書之大旨，主於以統制歸天王，而深戒威福之移於下。雖多爲權姦柄國而發，而持論正大，實有合尼山筆削之義，與胡安國之牽合時事，動乖《經義》者有殊；與孫復之名爲尊王，而務爲深文巧詆者用心亦别。陳振孫《書録解題》稱胡銓以《春秋》登第，歸拜牀下。楚告之曰：「學者非但拾一第，身可殺，學不可辱，毋禍我《春秋》乃佳。」厥後銓以孤忠讜論，震耀千秋，則其師弟之於《春秋》，非徒以口講耳受者矣。每篇各有注文，皆楚自作，亦間有胡銓及他弟子所附入。謹以原注及胡銓附注别題之，而以今所校正附其下，俾各不相淆焉。

春秋講義

《宋史·藝文志·春秋類》 黄叔敖《春秋講義》五卷。

春秋傳　通例　通旨

晁公武《郡齋讀書志·春秋類》 《胡氏春秋傳》三十卷。右皇朝胡安國被旨撰。安國師程頤，其傳《春秋》事，按《左氏》義，取《公》、《穀》之精者，採孟子、莊周、董仲舒、王通、邵堯夫、程明道、張横渠、程正叔之説，以潤色之。其序略曰：「近世推隆王氏新説，按爲國是，獨於《春秋》，貢舉不以取士，庠序不以設官，經筵不以進讀，斷國論者，無以折衷，天下不知所適，人欲日長，天理日消，其效使夷狄亂華，莫之遏也。」

尤袤《遂初堂書目·春秋類》 《胡氏傳》、《通例》、《通旨》，全。

陳振孫《直齋書録解題·春秋類》 《春秋傳》三十卷，《通例》一卷，《通旨》一卷。徽猷閣待制建安胡安國康侯撰。紹興中經筵所進也。事按《左氏》義，採《公》、《穀》之精，大綱本《孟子》，而微旨多以程氏之説爲證。近世學《春秋》者皆宗之。「通旨」者，所與其徒問答及其他議論條例，凡二百餘章，其子寧輯爲一書。

馬端臨《文獻通考·經籍考·春秋》 胡文定《春秋傳》、《通例》、《通旨》共三十二卷。《中興史志》曰：安國書與孫覺合者十六七。《朱子語録》曰：胡文定《春秋》非不好，卻不合。這件事聖人意是如何下字，那件事聖人意又如何下字，要知聖人只是直筆據見在而書，豈有許多忉怛？胡《春秋傳》有牽強處，然議論有開合精神。

《宋史·藝文志·春秋類》 胡安國《春秋傳》三十卷，又《通例》一卷，《通旨》一卷。

楊士奇等《文淵閣書目·春秋》 《春秋胡氏傳》。一部，三册。完全。 《春秋胡氏通例》。一部，一册。完全。 《春秋胡氏年表》。一部，一册。完全。 《春秋胡氏年表》。一部，一册。完全。塾本補入。

高儒《百川書志·春秋》 《春秋胡傳》三十卷，《序例》一卷，《綱領》一卷，《諸國語廢語》一卷。瞿校：「廢語」鈔本作「廢説」。《正經音訓》一卷，《春秋提要》一卷。 宋文定公給事中崇安胡安國撰。參用諸説，附林堯叟《括例始末》。

范邦甸等《天一閣書目·春秋類》 《春秋傳》三十卷。刊本。宋胡安國撰。 《春秋胡傳》三十卷。明成化壬寅劉憲序。殘。甲午崇仁書堂重刊。 《春秋胡傳》三十卷。刊本。明嘉靖癸未廣東贛州府清獻堂刊。 《春秋胡傳》三十卷。江超恒編纂。 《春秋胡傳集解》三十卷。刊本。明正統六年海虞陳喆集解。嘉靖九年常熟鄧韍序。安正堂劉氏按京本刊行。 《春秋四傳》三十八卷。明巡按福建監察御史開州吉澄校刊。縉雲樊獻科重訂。

徐𤊹《徐氏家藏書目·春秋類》 《春秋胡傳》三十卷。

張萱等《内閣藏書目録·經部》 《春秋胡氏傳》三册。全。 又七册。不全。 《春秋年表》一册。 又一册。後附《名號歸一圖》二卷。莫詳編輯姓氏。

錢謙益等《絳雲樓書目·春秋類》 《春秋胡氏傳》八册。《通例》、《通旨》共三十二卷。

《四庫提要·春秋類二》 《春秋傳》三十卷。通行本。宋胡安國撰。安國事蹟詳《宋史・儒林傳》。案：《玉海》載紹興五年四月詔：「徽猷閣待制胡安國，經筵舊臣，令以所著《春秋傳》，纂述成書進入。十年三月書成，上之。詔奬論，除寶文閣直學士，賜銀幣。」是安國此《傳》，久已屬稿，自奉敕撰進，又覆訂五年而後成也。俞文豹《吹劍録》，稱其自草創至於成書，初稿不留一字，其用意亦勤矣。顧其書作於南渡之後，故感激時事，往往借《春秋》以寓意，不必一一悉合於《經》旨。《朱子語録》曰：「《胡氏春秋傳》，有牽強處，然議論有開合精神。」亦千古之定評也。明初定科舉之制，大略承元舊式，宗法程、朱。而程子《春秋傳》僅成二卷，闕略太甚。朱子亦無成書。以安國之學出程氏，張洽之學出朱氏，故《春秋》定用二家。蓋重其淵源，不必定以其書也。後洽《傳》漸不行用，遂獨用安國書，漸乃棄經不讀，惟以安國之《傳》爲主。當時所謂《經》義者，實安國之《傳》義而已。故有明一代，《春秋》之學爲最弊。馮夢龍《春秋大全凡例》有曰：「諸儒議論儘有勝胡氏者，然業已尊胡，自難竝收以亂耳目。」則風尚可知矣。爰逮本朝，敦崇經術，《欽定春秋傳説彙纂》於安國舊説始多所駁正，棄瑕取瑜，擷其精粹，已足以綜括原書。第其書行世已久，亦未可竟廢，謹校而録之，以存一家之言。若其中紕漏之處，則《欽定彙纂》中業已抉摘無遺，昭示海內。茲不復論辨焉。

彭元瑞等《天禄琳琅書目後編・元版經部》　《春秋胡傳》。二函，十六冊。宋胡安國撰。安國字康侯，崇安人。紹聖中進士。官至給事中。謚文定，從祀聖廟。書三十卷。首安國自序，次《諸國興廢説》，次《總例》。按：是書元延祐格用以取士，坊刻袖珍取便攜覽，而紙墨工整，故爲當時善本，致難得也。　《春秋胡傳》。二函，十六冊。篇目同前，無《諸國興廢説》及《總例》，經傳俱大書，傳低一格，刻手亦精雅。

又《明版經部》　《春秋胡傳》。二函，十六冊。篇目見前元版經部。版式與正統十二年刻《禮記集説》同。蓋司禮監刻《五經四書》之一也。

春秋傳

尤袤《遂初堂書目・春秋類》　《葉氏傳》。

陳振孫《直齋書録解題・春秋類》　《春秋傳》十二卷，《考》三十卷，《讞》三十卷。葉夢得撰。各有序。【略】其序《傳》曰：「左氏傳事不傳義，是以詳於史，而事未必實，以其不知《經》也。《公》、《穀》傳義不傳事，是以詳於《經》，而義未必當，以其不知史也。乃酌三家，求史與《經》。不得於事，則考於義；不得於義，則攷於事，更相發明以作《傳》。」夢得自號石林居士，明敏絶人，藏書至多，博鑒彊記，故其爲書，辨訂考究，無不精詳。然其取何休之説，以十二公爲法天之大數，則所未可曉也。

馬端臨《文獻通考・經籍考・春秋》　石林《春秋傳》、《春秋考》、《春秋讞》共七十二卷。

《宋史・藝文志・春秋類》　葉夢得《春秋傳》二十卷。

楊士奇等《文淵閣書目・春秋》　《春秋葉石林傳》。一部，五冊。完全。

張萱等《内閣藏書目録・經部》　石林先生《春秋傳》五冊。全。宋葉夢得注，有眞西山後跋。

《四庫提要・春秋類二》　《春秋傳》二十卷。浙江朱彝尊家曝書亭藏本。宋葉夢得撰。夢得字少蘊，號石林，吳縣人。紹聖四年進士。南渡後官至崇信軍節度使。事蹟具《宋史・文苑傳》。夢得以孫復《春秋尊王發微》主於廢《傳》以從《經》，蘇轍《春秋集解》主於從《左氏》而廢《公羊》、《穀梁》，皆不免有弊。故其書參考三《傳》以求《經》。不得於事則考於義，不得於義則考於事，更相發明，頗爲精核。開禧中，其孫筠刊於南劍州。眞德秀跋之，稱其闢邪説，黜異端，有補世教不淺。《宋史・藝文志》又載夢得別有《春秋考》三十卷，《讞》三十卷，《指要總例》二卷，《石林春秋》八卷。今《讞》、《考》二書散見《永樂大典》中，尚可得其大概，餘皆散佚。惟此《傳》猶爲完書。《南窗紀談》載「夢得爲《春秋》書，其別有四，解釋音義曰《傳》，訂正事實曰《考》，掊擊三《傳》曰《讞》，編列凡例曰《例》。嘗語徐惇濟曰：『吾之爲此名，前古所未見也。』惇濟曰：『吳程秉著書三萬餘言，曰《周易摘》、《尚書駁》、《論語弼》，得無近是乎』」云云。案此《傳》不專釋音義，其説已非。至於以一字名書，古人多有。即以《春秋》而論，傳爲通名，不必言矣。如《漢志》所載鐸氏、張氏皆有《春秋微》、《公羊傳疏》有閔因《春秋序》。《後漢書》有鄭衆《春秋刪》，《隋志》有何休《春秋議》、崔靈恩《春秋序》、孫炎併先有《春秋例》，夢得博洽，安得不見？乃以爲古無此名，必非事實。且《宋志》載夢得《春秋指要總例》，亦不名曰《春秋例》，殆小説附會之辭，不足據也。

春秋考

陳振孫《直齋書録解題・春秋類》 《春秋考》三十卷。葉蘿得撰。各有序。【略】其序《考》曰：「君子不難於攻人之失，而難於正己之是。必有得也，乃可知其失；必有是也，乃可斥其非。自其《讞》推之，知吾之所正爲不妄也，而後可以觀吾《考》；自其《考》推之，知吾之所擇爲不誣也，而後可以觀吾《傳》。」

馬端臨《文獻通考・經籍考・春秋》 石林《春秋考》。

《宋史・藝文志・春秋類》 葉夢得《春秋考》三十卷。

《四庫提要・春秋類二》 《春秋考》十六卷。《永樂大典》本。宋葉夢得撰。是書於寧宗開禧中與《春秋傳》、《春秋讞》同刻於南劍州。元程端學作《春秋三傳辨疑》，多引其説，則當時猶有傳本。自明以來，藏書家皆不著録，故朱彝尊《經義考》注曰「已佚」。惟《永樂大典》頗載其文，以次檢校，尚可得十之八九。今排比綴緝，復勒成編。其書大旨在申明所以攻排三《傳》者，實本周之法度制作以爲斷，初非有所臆測於其間。故所言皆論次周典，以求合於《春秋》之法。其文辨博縱横，而語有本原，率皆典核。陳振孫《書録解題》稱其辨定考究，無不精詳，殆不誣也。原書前有《統論》，其後乃列十二公，逐條詮叙而而不録《經》文，今悉仍舊例。其卷帙則約略篇頁，輯爲《統論》三卷。隱公以下，以《次編》爲十三卷。不復拘《宋志》三十卷之數。據夢得自序，稱自其《讞》推之，知吾所正爲不妄，而後可以觀吾《考》。自其《考》推之，知吾所擇爲不誣，而後可以觀吾《傳》。然《書録解題》已先列《傳》，次列《考》，次列《讞》。蓋《傳》其大綱，而《考》、《讞》其發明之義疏也。今仍從陳氏之序，次於《傳》後焉。

春秋讞

陳振孫《直齋書録解題・春秋類》 《春秋讞》三十卷。葉夢得撰。各有序。其序《讞》曰：「以《春秋》爲用法之君而已，聽之有不盡其辭，則欺民；有不盡其法，則欺君。凡啖、趙論三家之失，爲《辨疑》，劉氏廣啖、趙之遺，爲《權衡》，合二書，正其差誤而補其疏略，目之曰《讞》。」

馬端臨《文獻通考・經籍考・春秋》 石林《春秋讞》。

《宋史・藝文志・春秋類》 葉夢得《春秋讞》三十卷。

《四庫提要・春秋類二》 《春秋讞》二十二卷。《永樂大典》本。宋葉夢得撰。是書抉摘三《傳》是非，主於信《經》不信《傳》，猶沿啖助、孫復之餘波。於《公羊》、《穀梁》多所駁詰。雖《左傳》亦據《傳》末「韓魏反而喪之」之語，謂知伯亡時左氏猶在，斷以爲戰國時人。案《經》有續書，《傳》亦有續書，夢得蓋未深考，語詳《左傳注疏》條下。昌言排擊。如辨諸侯世相朝爲衰世之事；辨宰孔勸晉獻公及魯穆姜悔過之言皆出附會；辨十二次分十二國之謬；辨夾谷之會孔子沮齊景公事亦出假託；辨隳郈、隳費非孔子本意；辨諸侯出入，有善有惡；辨諸侯卒之或日或不日，非盡屬褒貶；魯侯之至與不至，亦不可拘牽成例。雖辨博自喜，往往有瀾翻過甚之病。於《經》旨或合或離，不能一一精確。而投之所向，無不如志，要亦文章之豪也。惟古引《春秋》以決獄，不云以決獄之法治《春秋》。名書以《讞》，於義既爲未允。且左氏、公羊、穀梁皆前代經師，功存典籍，而加以推鞫之目，於名尤屬未安。是則宋代諸儒藐視先儒之錮習，不可以爲訓者耳。考《宋・藝文志》，是書本三十卷。又夢得自記《左傳》四百四十二條，《公羊》三百四十條，《穀梁》四百四十條。今據《永樂大典》所載，參以程端學《春秋辨疑》，通加檢核。《左傳》闕九十條，《公羊》闕六十五條，《穀梁》缺八十四條，蓋已非完帙。然其大較已略具矣。謹依類排次，釐爲《左傳讞》十卷，《公羊》、《穀梁讞》各六卷。

張金吾《愛日精廬藏書志・春秋類》 《春秋讞》二十二卷。文瀾閣傳抄本。宋葉夢得撰。凡《左傳》十卷。《公羊》、《穀梁》各六卷。

石林春秋

《宋史·藝文志·春秋類》 葉夢得《石林春秋》八卷。

春秋指要總例

《宋史·藝文志·春秋類》 葉夢得《春秋指要總例》二卷。

春秋經解

陳振孫《直齋書録解題·春秋類》 《春秋經解》十六卷。涪陵崔子方彥直撰。紹聖中，罷《春秋》取士，子方三上書，乞復之，不報。遂不應進士舉。黃山谷稱之曰：「六合有佳士，曰崔彥直。其人不游諸公，然則其賢而有守可知矣。」其學辨三《傳》之是非，而專以日月爲例，則正蹈其失而不悟也。

馬端臨《文獻通考·經籍考·春秋》 《春秋經解》、《本例》、《例要》共十七卷。

《宋史·藝文志·春秋類》 崔子方《春秋經解》十二卷。

《四庫提要·春秋類二》 《春秋經解》十二卷。《永樂大典》本。宋崔子方撰。子方，涪陵人，字彥直，號西疇居士。《晁説之集》又稱其字伯直，蓋有二字也。朱彝尊《經義考》稱其嘗知滁州，曾子開爲作《茶仙亭記》。《經解》諸書，皆罷官後所作。考子方《宋史》無傳，惟李心傳《建炎以來繫年要録》稱其於紹聖間三上疏，乞置《春秋》博士，不報。乃隱居眞州六合縣，杜門著書者三十餘年。陳振孫《書録解題》所載大略相同。朱震《進書劄子》亦稱爲東川布衣。彝尊之説，不知何據。惟《永樂大典》引《儀眞志》一條云：「子方與蘇、黃游。嘗爲知滁州曾子開作《茶仙亭記》，刻石醉翁亭側。黃庭堅稱爲六合佳士。」殆彝尊誤記是事，故云然歟？考子方著是書時，王安石之説方盛行，故不能表見於世。至南渡以後，其書始顯。王應麟《玉海》載，建炎二年六月，江端友請下湖州取崔子方所著《春秋傳》藏秘書。紹興六年八月，子方之孫若上之。是時朱震爲翰林學士，亦有劄子上請。當時蓋甚重其書矣。子方《自序》云：「聖人欲以繩當世之是非，著來世之懲勸，故辭之難明者著例以見之。例不可盡，故有日月之例，有變例。愼思精考，若網在綱。」又《後序》一篇，具述其疏解之宗旨。大抵推本《經》義，於三《傳》多所糾正。如以晉文圍鄭謂討其不會翟泉，以郕伯來奔爲見迫於齊。以齊侯滅萊不書名，辨禮記諸侯滅同姓名之誤。類皆諸家所未發。雖其中過泥日月之例，持論不無偏駁，而條其長義，實足自成一家。所撰凡《經解》、《本例》、《例要》三書。《通志堂經解刊本》，僅有《本例》。今從《永樂大典》裒輯成編，各還其舊。自僖公十四年秋至三十二年，襄公十六年夏至三十一年，《永樂大典》竝闕，則取黃震《日鈔》所引及《本例》補之。其他《本例》所釋有引伸此書所未發，或與此書小有異同者，竝節取附録。而卷袠、書名則竝遵《宋史》。至子方原書，經文已不可見。今以所解參證，知大略皆從《左氏》，而亦間有從《公》、《穀》者，故與胡安國《春秋傳》或有異同焉。

春秋本例　例要

尤袤《遂初堂書目·春秋類》 《崔氏傳本例要》。仝。

陳振孫《直齋書録解題·春秋類》 《春秋經解》十六卷。《本例》、《例要》一卷。涪陵崔子方彥直撰。

《宋史·藝文志·春秋類》 崔子方《春秋本例》、《例要》二十卷。

楊士奇等《文淵閣書目·春秋》 《春秋崔氏本例》。一部，四冊。闕。

范邦甸等《天一閣書目·春秋類》 《春秋本例》二十卷。烏絲欄鈔本。宋涪陵崔氏西疇居士撰幷序。

《四庫提要·春秋類二》 《春秋本例》二十卷。内府藏本。宋崔子方撰。是書大旨以爲聖人之書，編年以爲體，舉時以爲名，著日月以爲例，而日月之例又其本，故曰《本例》。凡一十六門，皆以日月時推之，而分著例、變例二則。州分部居，自成條理。考《公羊》、《穀梁》二《傳》專以日月爲例，固有穿鑿破碎之病。然《經》書「公子益師卒」，《左傳》稱「公不與小斂，故不書日」，則日月爲例，已在二《傳》之前。疑其時去聖未遠，必有所受。但予奪筆削，寓義宏深，日月特其中之一例。故二家所説，時亦有合。而推之以概全經，則支離轇轕而不盡通。至於必不可通，於是委曲遷就，變例生焉。此非日月爲例之過，而全以日月爲例之過也。亦猶《易》中互體未嘗非取象之一義，必卦卦以互體求象，則穿鑿遂甚耳。啖助、趙匡一埽諸例而空之，豈非有激而然，如王弼之棄象言《易》乎？子方此書，陳振孫《書録解題》稱其學辨正三《傳》之是非，而專以日月爲例，則正蹈其失而不悟。所論甚允。然依據舊《傳》，雖嫌墨守，要猶愈於放言高論，逞私臆而亂聖經，説《春秋》者古來有此一家，今亦未能遽廢焉。

《春秋例要》一卷。《永樂大典》本。宋崔子方撰。考《宋史・藝文志》，子方《春秋經解》十二卷、《本例例要》二十卷，知子方所著原本，此書與《本例》合并矣。朱彝尊《經義考》稱《本例》、《例要》十卷，竝存。而今通志堂刊行之，《本例》則析目録別爲一卷，以足二十卷之數，而《例要》闕焉。蓋誤以《本例》目録爲《例要》，而不知其別有一篇。恐彝尊所見即爲此本。其曰「竝存」，亦誤注也。今考《永樂大典》所載，雖分析爲數十百條，繫於各字之下，而裒輯其文，尚可相屬。較通志堂本所載目録，一字不同，灼知爲刊刻之誤。謹編綴前後，略依《本例》次序，排纂成編，以還子方所著三書之舊焉。

春秋見微

《宋史・藝文志・春秋類》 范柔中《春秋見微》五卷。

四家春秋集解

晁公武《郡齋讀書志・春秋類》 《四家春秋集解》二十五卷。右或人集皇朝師協、石季長、王棐、景先之解爲一通，具載本文。

馬端臨《文獻通考・經籍考・春秋》 《四家春秋集解》二十五卷。

春秋要旨

《宋史・藝文志・春秋類》 呂奎《春秋要旨》十二卷。

春秋經解

《宋史・藝文志・春秋類》 劉易《春秋經解》二卷。

春秋義

鄭樵《通志・藝文略・春秋》 《春秋義》二十卷。王棐。

春秋諸臣傳

鄭樵《通志・藝文略・春秋》 《春秋諸臣傳》三十卷。鄭昂。

《宋史・藝文志・春秋類》 鄭昂《春秋臣傳》三十卷。

春秋本旨

陳振孫《直齋書録解題・春秋類》 《春秋本旨》二十卷。知饒州丹陽洪興祖慶善撰。其序言：「三代各立一王之法，其末皆有弊。《春秋》經世之大法，通萬世而亡弊。」又言：「《春秋》本無例，學者因行事之迹以爲例，猶天本無度，曆者即周天之數以爲度。」又言：「屬辭比事，《春秋》教也。學者獨求于義，則其失迂而鑿；獨求于例，則其失拘而淺。」若此類多先儒所未發，其解《經》義，精而通矣。興祖嘗爲程瑀作《論語解序》。忤秦檜，貶昭州以死。

馬端臨《文獻通考・經籍考・春秋》 《春秋本旨》二十卷。

春秋集傳

尤袤《遂初堂書目・春秋類》 王彦光《集傳》。

陳振孫《直齋書録解題・春秋類》 《春秋集傳》十五卷。監察御史王葆彦光撰。朱翌新仲爲作序。葆，周益公之婦翁也。其説多用胡氏。

馬端臨《文獻通考・經籍考・春秋》 《春秋集傳》十五卷。

《宋史・藝文志・春秋類》 王葆《春秋集傳》十五卷。

東宮春秋講義

《宋史・藝文志・春秋類》 王葆《東宮春秋講義》三卷。

春秋經筌

楊士奇等《文淵閣書目・春秋》 《春秋趙鵬飛經筌》。一部，十冊。完全。

《春秋經筌》。一部，十冊。完全。

范邦甸等《天一閣書目・春秋類》 《春秋經筌》十六卷。紅絲欄鈔本。司馬公題籤。宋咸淳左綿木訥先生趙鵬飛撰。并《自序》云：學者當以無傳明《春秋》，不可以有傳求《春秋》。謂《春秋》無傳之前，其旨安在，當默與心會矣。三《傳》固無足據，然公吾心而評之，亦時有得聖意者。若何休癖護其學，吾未嘗觀焉。惟范甯爲近公，至于論三家則均舉其失，曰：失之誣，失之俗，失之短，不私其所學也。其師之失，亦從而箴之。故穀梁子之傳，實賴甯爲多。如經書「乾時之戰，我師敗績」，赤曰：「不諱敗，惡内也。」甯知其妄，正之曰：「讎無時而可通惡内之言，傳失之。」經書作「三軍」，赤曰：「古者諸侯一軍，作三軍，非也。」甯知其疎，正之曰：「總言諸侯一軍，又非制也。」若是者，蓋多有之。故愚以爲甯之學近乎公。而王通亦曰：「范甯有志乎《春秋》焉。」愚學《春秋》，每學甯之志，作《經筌》。又石泉青陽夢炎有序：《麟經》在蜀，尤有傳授。蓋濂溪先生仕于合，伊川先生謫于涪，金堂謝持正先生親受敎于伊川，以發明筆削之旨。故薰陶浸漬所被者廣，如馮公輔、朱萬里、張習之、劉光遠諸先生，皆一時所宗。吾鄉木訥趙先生實爲之倡，所著《詩故》、《經筌》二書，有功于聖經甚大。《詩故》湮沒不傳，《經筌》獨存。其爲説不外乎濂洛之學，而善于原情，不爲傳註所拘。至于推見至隱，使二百四十二年事瞭如指掌。其所參訂，率有據依。余與先生居同里，且受《經》于先生之高弟，每患此書未能散見于四方，謹刊諸家塾，與同志其之。

張萱等《内閣藏書目録・經部》 木訥先生《春秋經筌》十冊。全。宋左緜趙鵬飛著。因説《經》者拘泥三《傳》，多非聖人本意。乃自據《經》解《經》，故曰《經筌》。

黄虞稷《千頃堂書目・春秋類》 趙鵬飛木訥先生《春秋經筌》十六卷。字企明，左緜人。尙著有《詩故》，失傳。

倪燦等《宋史藝文志補·春秋類》 趙鵬飛木訥先生《春秋經筌》十六卷。字企明，左緜人。

《四庫提要·春秋類二》 《春秋經筌》十六卷。湖北巡撫採進本。宋趙鵬飛撰。鵬飛字企明，號木訥，綿州人。其意以説《經》者拘泥三《傳》，各護師説，多失聖人本旨。故爲此書，主於據《經》解《經》。其《自序》曰：「學者當以無《傳》明《春秋》，不可以有《傳》求《春秋》。無《傳》以前，其旨安在，當默與心會矣。」又曰：「三《傳》固不足據，然公吾心而評之，亦有時得聖意者。」夫三《傳》去古未遠，學有所受。其間經師衍説，漸失本意者，固亦有之。然必一舉而刊除，則《春秋》所書之人，無以核其事。所書之事，無以核其人。即以開卷一兩事論之，「元年春王正月」，不書即位，其失在夫婦嫡庶之間。苟無《傳》文，雖有窮理格物之儒，殫畢生之力，據《經》文而沈思之，不能知聲子、仲子事也。「鄭伯克段於鄢」，不言段爲何人，其失在母子兄弟之際。苟無《傳》文，雖有窮理格物之儒，殫畢生之力，據《經》文而沈思之，亦不能知爲武姜子、莊公弟也。然則舍《傳》言《經》，談何容易！啖助、趙匡攻駁三《傳》，已開異説之萌。至孫復而全棄舊文，遂貽《春秋》家無窮之弊。蔡絛《鐵圍山叢談》載鹿谿生黃沈之説曰：「今時爲《春秋》者，不探聖人之志，逐《傳》則論魯三桓、鄭七穆，窮《經》則會計書甲子者若干、書侵書伐凡幾」云云。沈從學於陳瓘、黃庭堅，其授受尚有淵源，而持論業已如此，蓋皆沿復之説也。鵬飛此書，亦復之流派。其最陋者，至謂《經》書「成風」，不知爲莊公之妾、僖公之妾，付之闕疑。張尚瑗《三傳折諸》，譏其臆解談經，不知《左氏》有成風事季友而屬僖公之事，不值一噱。頗爲切中其病。然復好持苛論，鵬飛則頗欲原情，其平允之處亦不可廢。寸有所長，存備一説可矣。

春秋指蹤

《宋史·藝文志·春秋類》 鄧驥《春秋指蹤》二十一卷。

春秋經解　辨疑

王圻《續文獻通考·經籍考·春秋》 《春秋經解》三十卷。《辯疑》一卷。江琦著。琦字全叔，建陽人。宣和中進士。

春秋敍鑑

《宋史·藝文志·春秋類》 黃彬《春秋敍鑑》三卷。

《宋史·藝文志·春秋類》 張暄《春秋龜鑑圖》一卷。

春秋要論

鄭樵《通志·藝文略·春秋》 《春秋要論》五卷。馬擇言。

《宋史·藝文志·春秋類》 馬擇言《春秋要類》五卷。

春秋會元

鄭樵《通志·藝文略·春秋》 《春秋會元》十二卷。鄭昭慶。

春秋圖鑑

鄭樵《通志·藝文略·春秋》 《春秋圖鑑》五卷。

鄭樵《通志·圖譜略·春秋》 《春秋圖鑑》。

《宋史·藝文志·春秋類》 洪勳《春秋圖鑑》五卷。

嵇璜等《續通志・圖譜略・春秋》　宋洪勳《春秋圖鑑》。

春秋守鑑

《宋史・藝文志・春秋類》　王叡《春秋守鑑》一卷。

春秋災異録

《宋史・藝文志・春秋類》　《春秋災異録》六卷。

春秋宗族名氏圖

鄭樵《通志・圖譜略・春秋》　《春秋宗族名氏圖》。

春秋公子血脉譜

尤袤《遂初堂書目・春秋類》　《春秋公子血脈譜》。

春秋世次圖

鄭樵《通志・藝文略・春秋》　《春秋世次圖》四卷。鄭壽。

春秋括甲子

鄭樵《通志・藝文略・春秋》　《春秋括甲子》。

魯史春秋卦名

鄭樵《通志・藝文略・春秋》　《魯史春秋卦名》一卷。

春秋十二國年曆

鄭樵《通志・藝文略・春秋》　《春秋十二國年曆》一卷。
《宋史・藝文志・春秋類》　《春秋十二國年曆》一卷。

春秋十二國年曆

《宋史・藝文志・春秋類》　《春秋十二國年曆》一卷。一名《春秋齊年》。

春秋機要

鄭樵《通志・藝文略・春秋》　《春秋機要》一卷。

春秋國君名例

鄭樵《通志・藝文略・春秋》　《春秋國君名例》一卷。

春秋謚族譜

鄭樵《通志・藝文略・春秋》　《春秋謚族譜》一卷。

春秋諸國録

鄭樵《通志・藝文略・春秋》　《春秋諸國録》。

演左傳氏族圖

鄭樵《通志・圖譜略・春秋》　《演左傳氏族圖》。

三傳分門事類

晁公武《郡齋讀書志・春秋類》　《三傳分門事類》十二卷。右莫詳誰氏所編。以類相從而分其門也。

春秋解

《宋史・藝文志・春秋類》　呂本中《春秋解》。二卷。

王圻《續文獻通考・經籍考・春秋》　《春秋解》。呂本中著。

《四庫提要・春秋類二》　《春秋集解三》十卷。内府藏本。宋呂本中撰。舊刻題曰呂祖謙，誤也。本中字居仁，好問之子。《宋史》本傳載其靖康初官祠部員外郎。紹興六年賜進士，擢起居舍人。八年遷中書舍人，兼侍講，權直學士院。學者稱爲「東萊先生」，故趙希弁《讀書附志》稱是書爲東萊先生撰。後人因祖謙與朱子遊，其名最著，故亦稱爲東萊先生。而本中以詩擅名，詩家多稱呂紫微，東萊之號稍隱，遂移是書於祖謙。不知陳振孫《書録解題》載是書，固明云本中撰也。朱彝尊《經義考》嘗辨正之，惟以《宋志》作十二卷爲疑。然卷帙分合，古今每異，不獨此書爲然。況振孫言「是書自三《傳》而下，集諸儒之説，不過陸氏、兩孫氏、兩劉氏、蘇氏、程氏、許氏、胡氏數家，而采擇頗精，全無自己議論。」以此本考之亦合知舊刻誤題審矣。惟《宋志》此書之外，別出祖謙《春秋集解》三十卷，稍爲牴牾。疑宋末刻本，已析其原卷，改題祖謙，故相沿譌異，史亦因之重出耳。祖謙《年譜》備載所著諸書，具有年月，而《春秋集解》獨不載，固其確證，不必更以他説疑也。本中嘗撰《江西宗派圖》，又有《紫微詩話》，皆盛行於世。世多以文士目之，而經學深邃乃如此。林之奇從之受業，復以其學授祖謙，其淵源蓋有自矣。

春秋三傳評

王圻《續文獻通考・經籍考・春秋》　《春秋三傳評》。永新龍淼著。

春秋後傳補遺

《宋史・藝文志・春秋類》 陸宰《春秋後傳補遺》一卷。

春秋類論

《宋史・藝文志・春秋類》 趙震揆《春秋類論》四十卷。

春秋紀詠

《宋史・藝文志・春秋類》 洪皓《春秋紀詠》三十卷。

楊士奇等《文淵閣書目・春秋》 《春秋洪皓紀詠》。一部，六冊。殘缺。

春秋正辭　通例

陳振孫《直齋書録解題・春秋類》 《春秋正辭》二十卷，《通例》十五卷。知盱眙軍東平畢良史少董撰。良史爲東京留守屬官。東京再陷，留敵中三年，著此書。已而得歸，表上之。

馬端臨《文獻通考・經籍考・春秋》 《春秋正辭》、《通例》共三十五卷。

《宋史・藝文志・春秋類》 畢良史《春秋正辭》二十卷。

春秋人表

《宋史・藝文志・春秋類》 韓璜《春秋人表》一卷。

春秋時論

《宋史・藝文志・春秋類》 李棠《春秋時論》一卷。

屬辭比事

《宋史・藝文志・春秋類》 辛次膺《屬辭比事》五卷。

息齋春秋集注

陳振孫《直齋書録解題・春秋類》 《息齋春秋集注》十四卷。禮部侍郎鄞高閌抑崇撰。其學專本程氏，序文可見。

馬端臨《文獻通考・經籍考・春秋》 《息齋春秋集注》十四卷。

胡師安等《元西湖書院重整書目》 《春秋高氏解》。

楊士奇等《文淵閣書目・春秋》 《春秋高閌集注》。一部，六冊。完全。

《春秋高閌集注》。一部，六冊。完全。

《春秋高氏集註》。一部，六冊。完全。

《春秋高閌集注》。一部，六冊。闕。

王圻《續文獻通考・經籍考・春秋》 《息齋春秋集著》。鄞縣高閎註。

張萱等《内閣藏書目録・經部》 《息齋春秋集注》六冊。全。宋紹興間禮部侍郎廣陵郡高閌著。其説專以程《傳》爲本，又博采諸儒之論，而集爲注。大指謂仲尼懼先王經世之法莫傳，立爲中制，俾萬世可通行，故假周以立法，而託始於隱公，皆推明伊川之意也。四明樓鑰序。

《四庫提要・春秋類二》 《春秋集注》四十卷。《永樂大典》本。宋高閌撰。閌字抑崇，鄞縣人。紹興元年，以上舍選賜進士第。歷官禮部侍郎。事蹟具《宋史・儒林傳》。是書以程子《春秋傳》爲本，故仍冠以程子原序。其説則雜采唐、宋諸家，鎔以己意，不復標舉其姓名。史稱秦檜疑閌薦張九成，出知筠州，不赴卒。而樓鑰序是書則云：「以直道忤時宰，一斥不復。家食累年，略不以事物自攖，日有定課，風雨弗渝。」蓋閎家居以後，歷久始卒。晚年精力，盡在是書。史文言之未詳也。閎大旨雖宗程《傳》。然如程子據漢薄昭《與淮南王書》有齊桓殺弟之語，遂謂子糾爲弟，齊桓爲兄。閎則仍用三《傳》、《史記》、《荀子》之文，云子糾、小白皆襄公弟。糾居長，爲當立。絶不依阿牽就，務存門戶之私。他如解「衛人立晉」，解「夫人氏之喪至自齊」，解「取濟西田」諸條，皆深得聖人微旨。其解「及向戌盟于劉」，云：「凡因來聘而盟者，必在國內。劉，王畿采地。豈有來聘魯而遠盟于劉者？蓋下文有『劉夏』，傳者以爲春夏之夏，與文四年『夏逆婦姜于齊』文同，故誤增『于劉』二字。」又如以州蒲爲州滿之譌。亦皆足以備一解。惟隱公九年會防之防在琅邪華縣東南，十年取防之防在高平昌邑縣西南，文公十二年城諸及鄆之鄆在成陽姑幕南，成公四年城鄆之鄆在東郡廩丘縣東，閎皆混爲一地，未免於考據少疎耳。原書久佚，惟散見《永樂大典》中。謹按次排比，薈粹成編。其《永樂大典》原闕者，則采各書所引閎說補之。首尾完具，復爲全帙。陳振孫《書録解題》稱是書十四卷。今以篇頁繁重，析爲四十卷。又《宋史》本傳稱閎有《春秋集解》，而《永樂大典》實作《集注》。與《書録解題》同，當是宋本原題。今竝從之。至所載《經》文，多從《左氏》而亦間有從《公》、《穀》者，蓋宋代諸儒，大都兼采三《傳》，不盡如漢世專門之學也。

春秋四譜

尤袤《遂初堂書目・春秋類》 《春秋四譜》。

《宋史・藝文志・春秋類》 鄧名世《春秋四譜》六卷。

嵇璜等《續通志・圖譜略・春秋》 鄧名世《春秋四譜》。

辨論譜説

《宋史・藝文志・春秋類》 鄧名世。《辨論譜説》一卷。

春秋中論

《宋史・藝文志・春秋類》 劉本《春秋中論》三十卷。

春秋正宗

王圻《續文獻通考・經籍考・春秋》 《春秋正宗》。趙敦臨著。

春秋門例通解

王圻《續文獻通考・經籍考・春秋》 《春秋門例通解》。王鎡著。

春秋傳解

王圻《續文獻通考・經籍考・春秋》 《春秋傳解》。陳琰著。

春秋列國圖

鄭樵《通志・藝文略・春秋》 《春秋列國圖》一卷。

《宋史・藝文志・春秋類》 劉英《春秋列國圖》一卷。

嵇璜等《續通志・圖譜略・春秋》 劉英《春秋列國圖》。

春秋車服圖

鄭樵《通志・藝文略・春秋》 《春秋車服圖》。

嵇璜等《續通志・圖譜略・春秋》 劉英《春秋車服圖》。

春秋二十國年表

陳振孫《直齋書録解題・春秋類》 《春秋二十國年表》一卷。案：解題自周而下所列止十八國，蓋有脱字。不知何人作。周而下，次以魯、蔡、曹、衛、滕、晉、鄭、齊、秦、楚、宋、杞、陳、吴、邾、莒、薛、小邾。按《館閣書目》有《年表》二卷，元豐中楊彦齡撰。自周之外，凡十三國，仍總計蠻夷戎狄之事。又按董氏《藏書志》：《年表》無撰人。自周至吴、越凡十國，又有附庸諸國別爲表，凡征伐、朝覲、會同皆書。今此表止記即位及卒，皆非二家書也。

馬端臨《文獻通考・經籍考・春秋》 《春秋二十國年表》一卷。

《宋史・藝文志・春秋類》 環中《左氏春秋二十國年表》一卷。

春秋列國臣子表

《宋史・藝文志・春秋類》 環中《春秋列國臣子表》十卷。

春秋考異

陳振孫《直齋書録解題・春秋類》 《春秋考異》四卷。不著名氏。録三《傳》經文之異者。

馬端臨《文獻通考・經籍考・春秋》 《春秋考異》四卷。

《宋史・藝文志・春秋類》 吴曾《春秋考異》四卷。

春秋經傳集解

尤袤《遂初堂書目・春秋類》 林栗《集傳》。

陳振孫《直齋書録解題・春秋類》 《春秋經傳集解》三十三卷。林栗撰。其學專主《左氏》，而黜二傳，故爲《左氏傳解》，表上之。

馬端臨《文獻通考・經籍考・春秋類》 《春秋經傳集解》三十三卷。

《宋史・藝文志・春秋類》 林栗《經傳集解》三十三卷。

春秋集善

趙希弁《郡齋讀書附志・春秋類》 《春秋集善》十一卷。右胡忠簡公銓爲敷文閣直學士、提舉江州太平興國宫日，被旨投進之書也。其説多引《易》以證之。張忠獻公浚爲之序。

陳振孫《直齋書録解題・春秋類》 《春秋集善》十一卷。端明殿學士廬陵胡銓邦衡撰。銓既事蕭楚爲《春秋》學，復學於胡文定公安國。南遷後作此書。張魏公浚爲之後序。

馬端臨《文獻通考・經籍考・春秋》 《春秋集善》十一卷。

《宋史・藝文志・春秋類》 胡銓《春秋集善》十三卷。

晁公武《郡齋讀書附志・春秋類》

春秋通義

王圻《續文獻通考・經籍考・春秋》　《春秋通義》。王剛中著。剛中，樂平人。紹興間進士，孝宗朝累遷同知樞密院。卒謚恭簡。

春秋地名譜

《宋史・藝文志・春秋類》　鄭樵《春秋地名譜》十卷。

嵇璜等《續通志・圖譜略・春秋》　鄭樵《春秋地名譜》。

春秋傳　春秋考

陳振孫《直齋書録解題・春秋類》　夾漈《春秋傳》十二卷，《考》一卷。鄭樵撰。樵之學大抵工于考究，而義理多迂僻。

馬端臨《文獻通考・經籍考・春秋》　夾漈《春秋傳》、《春秋考》、《地名》共十四卷。其《通志》中自述曰：按《春秋》之經，則魯史記也。初無同異之文，亦無彼此之説，良由三家所《傳》之書有異同，故是非從此起。臣作《春秋考》，所以是正《經》文，以凡有異同者，皆是訛誤。古者簡編艱繁，學者希見親書，惟以口相授。左氏世爲楚史，親見官書，其訛差少，然有所訛，從文起。公、穀漢之經生，惟是口傳，其訛差多，然有所訛，從音起。以此辯之，了無滯疑。又有《春秋傳》十二卷，以明經之旨，備見周之憲章。

《宋史・藝文志・春秋類》　鄭樵《春秋考》十二卷。又《春秋傳》十二卷。

春秋名義

《宋史・藝文志・春秋類》　周彦熠《春秋名義》二卷。

春秋正義

《宋史・藝文志・春秋類》　毛邦彦《春秋正義》十二卷。

春秋故訓傳

《宋史・藝文志・春秋類》　晁公武《春秋故訓傳》三十卷。

春秋解

《宋史・藝文志・春秋類》　胡定《春秋解》十二卷。

春秋門例通解

《宋史・藝文志・春秋類》　王炫《春秋門例通解》十卷。

春秋解

王圻《續文獻通考・經籍考・春秋》　《春秋解》，王十朋著。楊簡、鄒補之俱有。

春秋學

《宋史・藝文志・春秋類》 李肅《春秋學》十卷。

春秋總鑑

《宋史・藝文志・春秋類》 董自任《春秋總鑑》十二卷。

春秋經解　指要

陳振孫《直齋書録解題・春秋類》 《春秋經解》十二卷，《指要》二卷。知常州永嘉薛季宣士龍撰。《指要》列譜例于前，其序專言諸侯無史，天子有外史，掌四方之志，而職于周之太史。隱之時，始更周歷而爲魯史。季宣博學通儒，不事科舉。陳止齋師事之。季宣死當乾道九年，年四十九。其爲此書實紹興三十二年。蓋甫二十歲云。

馬端臨《文獻通考・經籍考・春秋》 《春秋經解》、《指要》共十四卷。《朱子語録》曰：薛常州解《春秋》，不知如何率意如此，只是幾日成此文字。如何說諸侯無史，內則尚有閫史。又如趙盾、崔杼事，皆史臣所書。

王圻《續文獻通考・經籍考・春秋》 《春秋經解》、《指要》。薛季宣著。

春秋事對

《宋史・藝文志・春秋類》 李塗《春秋事對》五卷。蔡延龜注。

春秋名義

《宋史・藝文志・春秋類》 王日休《春秋名義》一卷。

春秋明例　孫復解三傳辨失

《宋史・藝文志・春秋類》 王日休《春秋孫復解辨失》一卷。

春秋素志　麟臺獨講

《宋史・藝文志・春秋類》 夏沐《春秋素志》三百一十五卷。又《春秋麟臺獨講》十一卷。

春秋傳

王圻《續文獻通考・經籍考・春秋》 《春秋傳》二十卷。耿秉著。秉，江陰人。仕爲兵部郎中，終煥章閣待制。

春秋類例

《宋史・藝文志・春秋類》 石公孺《春秋類例》十二卷。

春秋外傳

《宋史・藝文志・春秋類》 王汝猷《春秋外傳》十五卷。

春秋扶懸

《宋史・藝文志・春秋類》 《春秋扶懸》三卷。

春秋比事

《宋史・藝文志・春秋類》 《春秋比事》三卷。

春秋要義

《宋史・藝文志・春秋類》 《春秋要義》十卷。

春秋策問

《宋史・藝文志・春秋類》 《春秋策問》三十卷。

春秋集解

趙希弁《郡齋讀書附志・春秋類》 《春秋集解》三十卷。右東萊先生所著也。長沙陳邕和父爲之序，而不書其名。

陳振孫《直齋書録解題・春秋類》 《春秋集解》十二卷。呂祖謙撰。自三《傳》而下，集諸家之説，各記其名氏，然不過陸氏及兩孫氏、兩劉氏、蘇氏、程氏、許崧老、胡文定數家而已。大略如杜諤《會義》，而所擇頗精，卻無自己議論。

馬端臨《文獻通考・經籍考・春秋》 《春秋集解》十二卷。《朱子語録》曰：呂居仁《春秋》亦甚明白，正如某《詩傳》相似。

《宋史・藝文志・春秋類》 呂祖謙《春秋集解》三十卷。

楊士奇等《文淵閣書目・春秋》 《春秋呂東萊集解》。一部，十五冊，完全。《春秋呂東萊集解》。一部，十五冊。殘缺。

范邦甸等《天一閣書目・春秋類》 《春秋集解》三十卷。紅絲欄鈔本。宋東萊呂本中撰。

王圻《續文獻通考・經籍考・春秋》 《春秋集解》、《左氏綱目》、《左氏國語類編》。呂祖謙著。

張萱等《内閣藏書目録・經部》 《春秋呂氏集解》十五冊。全。宋呂祖謙博考三《傳》以來至宋儒諸説，摭其合於《經》者撮要編之。凡三十卷。《春秋集解》九冊。不全。同前。

錢謙益等《絳雲樓書目・春秋類》 呂東萊《春秋集解》五冊。十二卷。本中。朱子云：「呂居仁《春秋》甚明白，正如某《詩傳》相似。」

春秋呂東萊集傳微旨

楊士奇等《文淵閣書目・春秋》 《春秋呂東萊集傳微旨》。一部，一冊。完全。

春秋後傳

錢曾《讀書敏求記・春秋》 陳止齋《春秋後傳》十二卷。此書大旨詳于樓攻媿序中。茶陵所刻，字多訛舛。此則勤德堂刊本也。止齋尚有《左氏章指》一書，俟續求之。

《四庫提要·春秋類二》 《春秋後傳》十二卷。兩江總督採進本。宋陳傅良撰。傅良字君舉，案傅良或作傅良，諸本互有異同，然其字曰君舉，則爲傅説舉於版築之義，故今定爲傅字。號止齋，溫州瑞安人。乾道八年進士，官至中書舍人、寶謨閣待制。謚文節。事蹟具《宋史》本傳。是編有其門人周勉跋，稱傅良爲此書，將脱稿而病，學者欲速得其書，倅傭書傳寫。其已削者或留其帖於編，增人是正者或揭去弗存。是今所傳，已非傅良完本矣。趙汸《春秋集傳自序》，於宋人説《春秋》者，最推傅良。稱其「以《公》、《穀》之説參之《左氏》，以其所不書實其所書，以其所書推見其所不書，得學《春秋》之要，在三《傳》後卓然名家。而惜其誤以左氏所録爲魯史舊文，而不知策書有體，夫子所據以加筆削者，左氏亦未之見。左氏書首所載不書之例，皆史法也，非筆削之旨。公羊、穀梁每難疑以不書發義，實與左氏異師。陳氏合而求之，殊失其本。故於左氏所録而《經》不書者，皆以爲夫子所筆削，則其不合於聖人者亦多」云云。考左氏爲《春秋》作《傳》，非爲策書作《傳》。其所云某故不書者，不得《經》意或有之，必以爲別發史例，似非事實。況不修《春秋》二條，《公羊傳》尚有傳聞，不應左氏反不見。恐均不足爲傅良病。惟以《公》、《穀》合《左氏》爲切中其失耳。自王弼廢象數，而談《易》者曰增；自啖助廢三《傳》，而談《春秋》者日盛。故解五經者，惟《易》與《春秋》二家著録獨多。空言易騁，兹亦明效大驗矣。傅良於臆説蠭起之日，獨能根據舊文，研求聖人之微旨。樓鑰《序》稱其於諸生中擇能熟誦三《傳》者三人，曰蔡幼學，曰胡宗，曰周勉。游宦必以一人自隨。遇有所問，其應如響。其考究可謂至詳。又其書雖多出新意，而每《傳》之下必注曰「此據某説」、「此據某文」。其徵引亦爲至博，以是立制。世之枵腹而談褒貶者，庶有豸乎？傅良別有《左氏章旨》三十卷，樓鑰所序蓋兼二書言之。朱彝尊《經義考》注曰「未見」。今《永樂大典》中尚存梗概，然已殘闕，不能成帙，故不復裒録焉。

春秋發微

王圻《續文獻通考·經籍考·春秋》 《春秋發微》。趙彥秬著。

春秋顯微例目

《宋史·藝文志·春秋類》 程迥《春秋顯微例目》一卷。

王圻《續文獻通考·經籍考·春秋》 《春秋傳顯微例目》。程迥著。

春秋傳

《宋史·藝文志·春秋類》 程迥《春秋傳》二十卷。

春秋元經

王圻《續文獻通考·經籍考·春秋》 《春秋元經》。福州邵整著。

春秋雜説

王圻《續文獻通考·經籍考·春秋》 《春秋雜説》。狄斐著。斐，長沙人。舉進士甲科，累官太常少卿。篤志好爲古文。所著又有文集十二卷。

春秋講義

《宋史・藝文志・春秋類》 戴溪《春秋講義》四卷。

楊士奇等《文淵閣書目・春秋》 《春秋戴少望講義》。一部，四冊，闕。

王圻《續文獻通考・經籍考・春秋》 《春秋講義》。戴溪著。溪，永嘉人。

《四庫提要・春秋類二》 《春秋講義》四卷。《永樂大典》本。宋戴溪撰。溪有《續呂氏家塾讀詩記》，已著録。開禧中，溪爲資善堂説書，累轉太子詹事。時景獻太子命類《易》、《詩》、《書》、《春秋》、《論語》、《孟子》、《通鑑》各爲説以進，此即其《春秋》説也。書中如以齊襄迫紀侯去國爲託復讎以欺諸侯，以秦與楚滅庸爲由巴、蜀通道，以屢書「公如晉至河，乃復」爲晉人啟季氏出君之漸，以定公戊辰即位爲季氏有不立定公之心，皆具有理解。而時當韓侂胄北伐敗衄，和議再成，故於内修外攘、交鄰經武之道，尤惓惓焉。至卒葬之類，竝闕而不釋。考宋代於喪服之制，避忌頗深。如「何居」、「居」字語出《檀弓》，《禮部韻略》即不載，其他可知。溪之不釋此類，蓋當時講幄之體也。嘉定癸未五月，溪長子桷鋟木金陵學舍，沈光序之。寶慶丙戌，牛大年復刻於泰州。其序稱是書期於啟沃君聽，天下學士不可得而聞。蓋非經生訓詁家言，故流傳未廣。陳氏《書録解題》不著於録，殆以是歟。《宋史・藝文志》作四卷，王瓚《溫州志》作三卷。朱彝尊《經義考》注曰「已佚」。今外間絶無傳本，惟《永樂大典》所采，尚散見各條《經》文之下，今謹爲裒輯校正。自僖公十四年秋至三十三年，襄公十六年三月至三十一年，《永樂大典》所闕，則取黄震《日鈔》所引補之。仍從《宋史》釐爲四卷，而每卷又各分上、下。其所釋《經》文多從《左氏》，故其間從《公》、《穀》者並附案語於下方焉。

張金吾《愛日精廬藏書志・春秋類》 《春秋講義》四卷。文淵閣傳抄本。宋戴溪撰。

春秋解

《宋史・藝文志・春秋類》 楊簡《春秋解》十卷。

春秋義宗

《宋史・藝文志・春秋類》 高端叔《春秋義宗》一百五十卷。

王圻《續文獻通考・經籍考・春秋》 《春秋義宗》一百五十卷。高元之著。元之字端叔，鄞人。集《春秋》説三百餘家，號「義宗」，悉本經旨。

春秋講義

王圻《續文獻通考・經籍考・春秋》 《春秋講義》。黄裳著。裳，劍州晉城人。幼能屬文，乾道中進士，累遷禮部尚書兼侍讀。端純孝友，每講隨事納忠。

春秋會要

王圻《續文獻通考・經籍考・春秋》 《春秋會要》。順昌廖德明著。

春秋解

王圻《續文獻通考・經籍考・春秋》 《春秋解》陳謙著。謙，永嘉人。乾道中進士，累官寶謨閣待制。所著又有《永寧編》諸書。

春秋五論

徐𤊹《徐氏家藏書目・春秋類》 蔡復齋《春秋五論》五卷。宋蔡沆著。悞附《勿軒易學》後。

春秋解

王圻《續文獻通考・經籍考・春秋》 《春秋解》。陳震著。震字省仲，晉江人。淳熙進士。王日休亦有《春秋解》。

春秋傳

《宋史・藝文志・春秋類》 林拱辰《春秋傳》三十卷。

春秋集注 綱領

楊士奇等《文淵閣書目・春秋》 《春秋張洽注》。一部，四冊。闕。《春秋張洽集註》。一部，四冊。完全。

范邦甸等《天一閣書目・春秋類》 《春秋集註》十一卷。刊本。宋臨江張洽撰。

王圻《續文獻通考・經籍考・春秋》 《春秋集註》。張文憲洽所著。

錢謙益等《絳雲樓書目・春秋類》 宋板張洽《春秋集註》。二十六卷。字元德，清江人。遊朱子之門，與黃勉齋、輔廣卿齊名。

《四庫提要・春秋類二》 《春秋集注》十一卷。《綱領》一卷。江西巡撫採進本。宋張洽撰。洽字元德，清江人。嘉定中進士。官至著作佐郎。端平元年，朝廷知洽家居著書，宣命臨江軍守臣以禮延訪，齎紙札謄寫以進。書既上，除洽知寶章閣。會洽卒，謚之曰文憲。以其書付祕閣。書首有洽《進書狀》，自言「於漢、唐以來諸儒之議論，莫不考覈研究，取其足以發明聖人之意者，附於每事之左，名曰《春秋集傳》。既又因此書之粗備，復倣先師文公《語》、《孟》之書，會其精意，詮次其說，以爲《集注》」云云。考《朱子語録》，深駁胡安國夏時冠周月之說。洽此書以春爲建子之月，與《左傳》王周正月義合，足破支離轇轕之陋。車若水《腳氣集》乃深以洽改從周正爲非，門戶之見，殊不足據。至若水謂「《春秋》一書，質實判斷不得，除非起孔子出來，說當時之事，與所以褒貶去取之意方得。今作《集注》，便是質實判斷，此照《語》、《孟》例不得。《語》、《孟》是說道理，《春秋》是紀事。且首先數句便難明。惠公仲子，不知惠公之仲子耶？或惠公同仲子耶？尹氏卒，一邊道是婦人，一邊道是天子之世卿。諸儒議世卿之說，自是明訓。恐是舉燭尚明之論，理雖是而事則非也」云云，其論亦頗中洽之病。要其合者不可廢也。明洪武中，以此書與胡安國《傳》同立學官。迨永樂間，胡廣等剽襲汪克寬《纂疏》爲《大全》。其說專主胡《傳》，科場用爲程式，洽書遂廢不行。今此書遺本僅存，而所謂《集傳》則佚之久矣。

彭元瑞等《天禄琳琅書目後編・宋版經部》 《春秋集注》。一函，二冊。張洽注。洽字元德，清江人。朱門弟子。嘉定中進士。官至著作佐郎。此書既上進，除知寶章閣。會洽卒，謚文憲。書十一卷。前端平元年九月臨江軍牒，次端平元年八月省劄，次端平元年九月洽請繕寫狀，次二年七月洽追狀，次洽申諱字覆黃小貼子，次《春秋綱領》。按：明初定科舉制，《春秋》用胡安國《傳》及洽《集注》。此書列於學官，與朱、蔡、胡、陳、竝行。後來學者日趨簡便，遂廢不行。惟通志堂有新刻。似此宋本，稀如星鳳矣。闕補卷二、九、十。卷五、六。

春秋集傳

王圻《續文獻通考・經籍考・春秋》 《春秋集傳》。張文憲洽所著。

阮元《四庫未收書目提要・春秋類》　《春秋集傳》十九卷。宋張洽撰。洽有《春秋集注》及《綱領》，《四庫全書》已著録。洽爲朱子門人，《宋史》載《道學傳》。伏讀《四庫全書總目》，云《集注》遺本僅存，而所謂《集傳》，則佚之久矣。是編元本二十六卷。元延祐中，李敎授萬敵刻于臨江路學，洽曾孫庭堅校正者。卷首有宋端平二年繳省投進狀。《經義考》載庭堅《後序》云：「副使臧公移文本路總府下學，刊刻《集傳》、《沿革》二書。《集傳》雖成，而章卷倒亂，文字差訛。迨癸丑江南諸道行御史臺行移各路，《春秋》用張主一《傳》。延祐庚寅詔興科目，而遠方士友購求者衆。李廣文補刊《集傳》，始爲全書。」云「惜此本缺卷十八至卷二十，又卷二十三至二十六，共七卷。然全書崖略，尚可推尋」。如云「魯公朝聘之禮不行于王室，及論衆仲言樂之失當，以劉氏之説爲宗論聖人書初之旨，當以《公羊》、程氏之説爲正。云「文公不會伯主，以取晉怒」，云「諸侯不得越境親迎」，辨《穀梁》言恆事之非。能集衆家所長，討論歸于至當，固《春秋》家所不廢也。

張金吾《愛日精廬藏書志・春秋類》　《春秋集傳》十九卷，附《綱領》。抄本。宋張洽集傳。是書《經義考》注「佚」，諸家書目亦絶少著録者。伏讀欽定《四庫全書總目》，曰《集注》遺本僅存，《集傳》則佚之久矣。今讀其書，統會羣言，掊擊僞辨，尊王黜霸，大義凜然。凡二百四十二年之事，與漢、唐以來諸儒之議論，莫不考覈研究，以成一家之書。其采集衆説，以一家爲主，而以諸家之説可在相證明者附注於下。所採自三《傳》外，於晉、唐則杜預、啖助、趙匡、陸淳，於宋則二孫覺、復，二劉敞、綺，伊川程氏頤、襄陵許氏翰、武夷胡氏安國之説居多，餘若晉范氏甯、唐孔氏穎達、宋蘇氏轍、呂氏本中、胡氏寧以及王氏、石氏、任氏、景氏、范氏名俱未詳則偶一採取，不及杜、啖諸家之備也。洽亦間附己説，如「隱公元年春王正月」條，謂周人改月見於書傳，坦然甚明。但當時兼存夏正，故經傳之間互見迭出，深以胡氏「夏時冠周月」之説爲非，辨析至詳，附注幾及千言，皆集注所未及，是固當與《集注》並行，而不可偏廢者也。原本二十六卷，今佚卷十八至二十，卷二十三至末，凡七卷。《繳省投進狀》後有「延祐甲寅，李敎授捐俸補刊於臨江路學」兩行。　張洽《繳省投進狀》。　洽曾孫庭堅《綱領後跋》曰：路學所刊《集傳》無《綱領》。庭堅延祐甲寅承命校正，遂以此請李廣文併刊，方爲全書。諸費皆廣文自爲規畫，不申支，不題助，故事成而人不知。第《集注》沿革未刊，庭堅繼今圖之，百拜謹識。

春秋解

王圻《續文獻通考・經籍考・春秋》　《春秋解》三卷。蘇權著。權字元中，淳熙進士，學於張南軒。

春秋地例增釋紀年雜編

王圻《續文獻通考・經籍考・春秋》　《春秋地例增釋紀年雜編》。龍溪余嘉著。

春秋比事

陳振孫《直齋書録解題・春秋類》　《春秋比事》二十卷。沈棐文伯撰。陳亮同父爲序曰：「文伯名棐，湖州人，嘗爲婺之校官，以文辭稱，而不聞其以經稱也。」按湖有沈文伯名長卿，號審齋居士，爲常州倅，忤秦檜，貶化州，不名棐也。不知同父何以云然，豈別有名棐而字文伯者乎？然則非湖人也。

馬端臨《文獻通考・經籍考・春秋》　《春秋比事》二十卷。陳同甫序之曰：《春秋》繼四代而作者也，聖人經世之志，寓於屬辭比事之間，而讀書者每患其難通，其善讀則曰「以《傳》考《經》之事迹，以經考傳之眞僞」，如此則《經》果不可以無《傳》矣。游、夏之徒，胡爲而不能措一辭也？余嘗欲即經以類次其事之始末，考其事以論其時，庶幾抱遺經以見聖人之志。客有遺余以《春秋總論》者，曰是習《春秋》者之祕書也。余讀之灑然有當於余心，雖其論未能一一中的，而即經類事，以見其始末，使聖人之志，可以捨傳而獨考，此其爲志亦大矣！惜其爲此書之勤，而卒不見其名也，或曰是沈文伯之所爲也。文伯名棐，湖州人，嘗爲婺之校官，因爲易其名曰《春秋比事》，鋟諸木以與同志者共之。

《宋史・藝文志・春秋類》 沈棐《春秋比事》二十卷。

楊士奇等《文淵閣書目・春秋》 沈文伯《春秋比事》。一部，四冊。闕。

沈文伯《春秋比事》。一部，六冊。完全。

張萱等《内閣藏書目録・經部》 《春秋比事》六冊。宋澤熙間陳亮序云：莫詳編撰姓氏，疑婺州校官沈棐注也。前以諸國爲類，後以朝聘、盟會、侵伐等類，凡事之相同者各爲之說，共二十卷。　又《春秋比事》三冊。不全。鈔本同前。

《四庫提要・春秋類二》 《春秋比事》二十卷。浙江吳玉墀家藏本。舊本題宋沈棐撰。棐始末無可考。惟是書前有陳亮序，稱其字文伯，湖州人，嘗爲婺之校官。陳振孫《書録解題》曰：「案湖有沈文伯，名長卿，號審齋居士，爲常州倅，忤秦檜，貶化州，不名棐也。不知同父何以云然，豈別有名棐而字文伯者乎？然則非湖人也」云云。其說與亮迥異。都穆《聽雨紀談》，又據嘉定辛未盧陵譚月卿序，以爲莆陽劉朔撰，併稱月卿親見劉氏家本。此本不載月卿序，亦未審穆何所據。疑以傳疑，無從是正。以陳亮去棐世近，姑從所序，仍著棐名。其書前以諸國類次，後以朝聘、征伐、會盟事蹟相近者，各比例而爲之說，持論頗爲平允。本名《春秋總論》，亮爲更此名。元至正中嘗刊於金華。其版久燬，世罕傳本。故朱彝尊《經義考》注曰「已佚」。此本前有中興路儒學教授王顯仁序，蓋猶從元刻傳録者也。

春秋明辨

《宋史・藝文志・春秋類》 任公輔《春秋明辨》十一卷。

春秋解

馬端臨《文獻通考・經籍考・春秋》 徐潮州《春秋解》十二卷。知潮州、徐某德操撰。水心序略曰：賤傳之學，惟《春秋》爲難工。經，理也；史，事也。《春秋》名經而實史也，專於經則理虛而無證，專於史則事礙而不通，所以難也。年時閏朔，禘郊廟制，理之綱條不專於史也；濟西河曲，丘甲田賦，事之枝葉不專於《經》也。薛伯卒，經無預，然杞、滕、郳、莒之興廢固明也；詭諸卒，史無預，然戊寅、甲子之先後固察也。觀潮州此類，皆卓信，明而篤矣。至於授霸者之權，彼與此奪；録夷狄之變，先略後詳；諸侯群誅，大夫衆貶，凡《春秋》始終統紀所繫，自《公》、《穀》以來，畫爲義例，名分字別，族貴人微，其能本末相顧，隱顯協中如潮州，殆鮮焉。然則理之熟，故經而非虛；事之類，故史而非礙歟！古人以教其國，而使人知深於是書者歟！雖然，《詩》、《書》、《禮》所以紀堯、舜、三代之盛，而《春秋》衰世之竭澤也，示不泯絕而已。或者遂謂一事一義皆聖人之用，則余未敢從也。

春秋樞宗

《宋史・藝文志・春秋類》 李融《春秋樞宗》十卷。

春秋通略全義

《宋史・藝文志・春秋類》 惠簡《春秋通略全義》十五卷。

春秋事要

《宋史・藝文志・春秋類》 元保宗《春秋事要》十卷。

春秋琢瑕

《宋史・藝文志・春秋類》 鞏濬一作「潛」《春秋琢瑕》一卷。

春秋分門屬類賦

《宋史・藝文志・春秋類》 崔昇《春秋分門屬類賦》三卷。楊均注。

春秋機要賦

《宋史・藝文志・春秋類》 裴光輔《春秋機要賦》一卷。

續春秋機要賦

《宋史・藝文志・春秋類》 李象《續春秋機要賦》一卷。

春秋括囊賦集注

《宋史・藝文志・春秋類》 玉霄《春秋括囊賦集注》一卷。

春秋蒙求

《宋史・藝文志・春秋類》 王鄒彦《春秋蒙求》五卷。

春秋大旨

王圻《續文獻通考・經籍考・春秋》 《春秋大旨》。佘端蒙著。錢時亦著。

徐𤊹《徐氏家藏書目・春秋類》 《春秋大旨》十卷。

春秋考義

《宋史・藝文志・春秋類》 李心傳《春秋考義》十三卷。

王圻《續文獻通考・經籍考・春秋》 《春秋考》十三卷。李心傳著。

春秋分記

趙希弁《郡齋讀書附志・春秋類》 《春秋分記》九十卷。右克齋程公說伯剛所編也。其弟公許守宜春，刻于郡齋，游丞相侶爲之序。

陳振孫《直齋書録解題・春秋類》 《春秋分記》九十卷。邛州教授眉山程公說伯剛撰。以《春秋》經傳倣司馬遷書爲《年表》、《世譜》、《曆》、《天文》、《五行》、《地理》、《禮樂》、《征伐》、《官制》諸書。自周、魯而下，及諸小國、夷狄皆彙次之。時有所論發明，成一家之學。公說積學苦志，早年登科，值逆曦亂，憂憤以死，年三十七。兄弟三人皆以科第進。今中書舍人公許，其季也。

馬端臨《文獻通考・經籍考・春秋》《春秋分記》九十卷。

《宋史・藝文志・春秋類》程公説《春秋分記》九十卷。

楊士奇等《文淵閣書目・春秋》《春秋程伯剛分記》。一部，二十冊。完全。《春秋程伯剛分記》。一部，二十五冊。完全。《春秋程伯剛分記》。一部，二十冊。完全。《春秋程伯剛分記》。一部，二十五冊。完全。《春秋程伯剛分記》。一部，二十冊。闕。

張萱等《内閣藏書目録・經部》《春秋程氏分記》二十五冊。全。宋淳祐間克齋程公説編。以聖經爲本，而事則按《左氏》，間取《公》、《穀》及先儒論辨，以證其誣。至於論述大綱，悉本《孟子》，而微詞多取程、胡二氏，復以己意，別爲新注。又倣司馬遷《史記》，爲《年表》九卷，《世譜》七卷，《名譜》二卷，《書》二十有六卷，《周天王紀》二卷，《魯及列國世家》二十六卷，附庸諸小國及四夷十有三卷，凡九十卷。又《春秋分記》二十冊。全。同前。

于敏中等《天禄琳琅書目・宋版經部》《春秋分記》。四函，四十冊。宋程公説著。首《例要》三則，次《年表》九卷，《世譜》七卷，《名譜》二卷，《書》二十六卷，《周天王紀》二卷，内魯及列國《世本》三十二卷，《次國》、《小國》及《四夷》十二卷，共九十卷。前游侣序、公説自序，又其弟公許序，並附公説墓誌銘。宋淳祐三年，程公許守宜春，刻是書於郡齋。陳振孫《書録解題》盛稱之。此本卷中多有元時鈐用官印，且於首尾紙背用紅字條記，係大德十年江浙等處行中書省奉中書省取備國子監書籍令，儒學副提舉陳公舉校勘申解。考《元史》世祖至元十二年，括江西諸郡書板。宜春隸江西，蓋至元詔取而大德始上。此即宋刊元印之本。御題：「分記原通記，尊王義寓中。年經國爲緯，外抑内斯崇。統萬乃惟一，會殊則以同。稀珍傳宋槧，遺暇可研窮。乾隆甲午秋，御題。」鈐寶一，曰「乾隆御筆」。

《四庫提要・春秋類二》《春秋分紀》九十卷。兩淮馬裕家藏本。宋程公説撰。公説字伯剛，號克齋，丹稜人，居於宣化。年二十五登第，官邛州教授。吳曦之亂，棄官，攜所著《春秋》諸書匿安固山中修之，甫成而卒，年僅三十七。是書前有開禧乙丑自序。淳祐三年，其弟公許刊於宜春。凡《年表》九卷，《世譜》七卷，《名譜》二卷，《書》二十六卷，《周天王事》二卷，《魯事》六卷，《大國世本》二十六卷，《次國》二卷，《小國》七卷，附録三卷。其《年表》則冠以周及列國，而后夫人以下與執事之卿皆各爲一篇。其《世譜》則王族公族以及諸臣每國爲一篇，魯則增以婦人名、仲尼弟子，而燕則有録無書，蓋原闕也。《名譜》則凡名著於《春秋》者分五類列焉。《書》則曆法、天文、五行、疆理、禮樂、征伐、職官七門，其周、魯及列國《世本》以及《次國》、《小國》，附録則各以《經》、《傳》所載分隸之。條理分明，叙述典贍。所采諸儒之説，與公説所附序論，亦皆醇正。誠讀《春秋》者之總匯也。明以來其書罕傳，故朱彝尊《經義考》注曰「未見」。顧棟高作《春秋大事表》，體例多與公説相同。棟高非剽竊著書之人，知其亦未見也。此本出自揚州馬曰璐家，與《通考》所載卷數相合。内宋諱猶皆闕筆，蓋從宋刻影鈔者。劉光祖作公説墓誌，稱其所作尚有《左氏始終》三十六卷、《通例》二十卷、《比事》十卷。是殆刻意於《左氏》之學者。宋自孫復以後，人人以臆見説《春秋》，惡舊説之害己也，則舉三《傳》義例而廢之。又惡《左氏》所載證據分明，不能縱横顛倒，惟所欲言也，則併舉《左傳》事蹟而廢之。譬諸治獄，務燬案牘之文，滅證佐之口，則是非曲直乃可惟所斷而莫之爭也。公説當異説坌興之日，獨能考核舊文，使本末源流，犁然具見，以杜虚辨之口舌，於《春秋》可謂有功矣。

張金吾《愛日精廬藏書志・春秋類》《春秋分紀》九十卷。附《例要》抄本。宋程公説撰。司馬子長始爲紀、傳、表、書，革左氏編年之舊，踵爲史者咸祖述焉。近歲程君伯剛又取左書釐而記之，一用司馬氏法。然則編年果紀、傳、表、書之不若乎？按《詩》，王政廢興，大小分載，是爲二《雅》；十五國事，各以條列，則曰《國風》。此固紀及世家之權輿也。懷襄既定，邦賦以成，厥有《禹貢》；前代時若，分職以訓，專爲《周官》。此則八書之端緒也。左氏身爲國史，讀夫子之《春秋》，將傳焉以翼之，遂爲席卷載籍，包舉典故，囊括萬務，并呑異聞之規摹。然事雜而志繁，義叢而詞博，非胸臆之大，或得此而遺彼；非精力之強，或舉始而忘終。析異合同，彙分區別，君蓋善學左氏者，匪編年不紀傳若也。始君爲邛南校官，嘗過漢嘉，我先忠公實爲守，君入謁以《春秋》官制贄焉，先公異之。俾侶往丹鉛點勘，不以旅寓輟。後三十餘載，書既藏秘府，君弟季與自頌臺薇省作牧宜春，鋟而廣之，以序見屬。於是從君之子子午取全書繙閲焉，《年表》之卷九，《世譜》七，《名譜》二，《書》二十有六，《周天王事》二，魯六，晉至吳世本之數與書等，《次國》、《小國》、《四夷》、附録十有三。其於諸書力尤浩大，凡厥典制、宗王揭周，侯度不恭，是非自辨，封建廣狹，閏餘舛差，說多紛紜，訂使歸一。當曦之叛，棄官入山，茹涕修之，事定竟死。子午語我，猶記遺言。吾書始周，終肅謹氏。金源自出，臣子可忘。嗚呼！夫子《春秋》，有事、有文、有義，尊王抑霸，貴夏賤夷，此所謂義非耶。今事與文，君既殫精思矣，其於義也，不惟筆之，抑又身之。自唐以來，或欲獨究遺經，閣束三《傳》，不知鑿空而立己見。興比事而探聖心，所德孰多，使與君同時獲見此，曰必將傳吾改。是君名公說，籍叙宣化，故口徙云。淳祐三年夏四月乙卯南光游侶序。

《周禮》有史官掌邦國四方之事，達四方之志。諸侯亦各有國史，大事書之以策，小事簡牘而已。《春秋》魯史也，仲尼加筆削爲垂世之經，孟軻氏發明宗旨，曰「世衰道微，邪說暴行，有作孔子，懼作《春秋》」。春秋，天子之事也。是故孔子曰：「知我者，其惟《春秋》乎；罪我者，其惟《春秋》乎？」又曰：「王者之迹熄而《詩》亡，《詩》亡然後《春秋》作；晉之《乘》，楚之《檮杌》，魯之《春秋》，一也。」其事則齊桓、晉文，其文則史，其義則某竊取之矣。烏乎！孟子之言，則《春秋》傳心之要也。夫《春秋》爲天子之事，當本之周，曷爲本之魯也？本之魯，而「元年春王正月」加「王」乎？其間以魯而系之王，示天下諸侯皆當宗王也。列國之事不一矣。事有隱惡，安得盡見之？赴告冊書，所可見者，大綱存焉。舉其大綱則妙而天道，微而物變，與夫國異政、家殊俗可以推見。此《春秋》詳於內魯，而亦該夫侯國之政也。《左氏》傳經，紀載博備，兼列國諸史之體，使後之訟事以求經，不爲無取。然或謂艷而富，其失也誣。《公》、《穀》二《傳》解經多而叙事略，亦蔽於短俗。學者高則束傳而談經，下則詢文而違理，嘗竊病之，輒推《春秋》旨義，即《左氏傳》分而記焉。事雖因於《左氏》，而義皆本諸聖經。又旁采《公》、《穀》及諸子之說，精且要者，附正其下。冠有周，尊王也；次以魯，內魯也。自晉以下，爲世本者十有二，次國小國各自著録，又爲年表、世譜、書總九十卷，目曰《春秋分記》。曲明聖人遺意，以示來世。至於得失盛衰之變，亦備論其故。蓋《春秋》則以見天下之當一乎？周而分記則以見列國之所以異，因其異而一之，此《分記》所爲作也，尚《春秋》意也。開禧二年歲在乙丑春正月丙戌眉桂枝程公說伯剛甫序。

先兄伯剛自童草至強仕，殫思於《春秋》一書，不自覺其心力之耗，重以感時憤懣，沒其元首。言之，可爲楚愴。猶幸先一年而《分記》書脫稿，持是以待後之學者。其爲壽也，不亦多乎哉？兄早登進士科，須次親庭，及爲廣都主簿、臨邛教官，公許皆得侍左右。每見其窮晝夜，廢食寢，節玩索，探討鉤纂，竄易前後，積稿如山。先君子先大人一日閱所坐蒲團穿破，意竊嘉之，而亦憂之，或勸以惜精神，養壽命。兄拱手答曰：「學不可以而修短不可期。苟得就此書，庶無負大人及吾母教誨。」二親固疑其語之不詳，後一年而卒。死生出入，意者自有見而然耶？公許幼刻意，欲自見於詩文，所習博雜，兄責之甚厲。忝繼名弟，偶以組繡鞶帨見知於當代。文章家游揚引重，謬承人乏。載筆入直禁省，而經訓窔奧，未之有省多，以是有愧於吾先兄。是書嘗得備四庫之儲，塵乙夜之覽。學《春秋》者，多欲傳抄，苦於編帙之夥誤。口口恩職牧宜春，六閱月，綱條粗整，因有餘力刻梓公帑，廣其傳於四方。兄玉立頎秀，蜀之儒先若李文懿公、楊恭憲公、劉文節公、游忠公、劉清惠公寶謨、宇文公皆深知之，而鄧元卿、薛中章、宋正仲、李德季、馮公輔、程元甫、李貫之、張義立與今秀巖李微之太史諸賢，則同志而相與講論者也。東南鉅公將指使蜀，兄與之際遇，尤加賞而敬愛之厚，莫若大諫溫陵傅公。傅公在朝，訝嗣音之間闊，適有故吏上謁，亟問以安否，狀何如？吏具以答。傅公歎惋不已。兄之學於《春秋》爲專門，然每與仲遜兄揚搉今古，所著《金石刻辭》極精詣，詩亦雅淡，銳欲以不朽自樹立，而皆不克壽，可悲也已。宇文公正父從南軒最久，以學行著西南。兄事之期年，得南軒講論理性之說，益以茲事自任。天假之年，其所成就，詎止是耶。猶子子任，頃歲避地下峽，乃盡以兄遺文篋藏與俱，油口風濤，獨《分記》得免。適經進副木留京邑，得以參校舛誤，斯文之不墜失也，而忍使之堙晦無傳，可乎？若夫仲氏之詩文甚富，不幸併燬於兵難矣。兄之言行，得文節劉公誌墓，足以詔永久。論著之法，亦已詳所自爲序，及知院資政公毅堂游公冠篇端之作。手足鍾情，愴慕奚極。凡夙昔所親見，兄稽古之勤、求益之切、取友之端，具載如上方。抑以表見吾兄此書，非與淺學編類以備遺忘者同。覽者當自知之。公論在人，小子不敢得而私也。淳祐三年癸卯歲立秋節，季弟朝奉大夫直寶謨閣知袁州軍州事借紫程公許序。

春秋比事

黃虞稷《千頃堂書目・春秋類》　程公說《春秋比事》十卷。

倪燦等《宋史藝文志補・春秋類》　程公說《春秋比事》十卷。

春秋通解

王圻《續文獻通考・經籍考・春秋》　《春秋通解》十五卷。泉州余克濟著。王鎡亦有《春秋解》。

春秋註

王圻《續文獻通考・經籍考・春秋》　《春秋註》。輔廣著。

春秋博議

王圻《續文獻通考・經籍考・春秋》　《春秋博議》十卷。莆田鄭可學子上著。

春秋說

王圻《續文獻通考・經籍考・春秋》　《春秋說》。戴栩著。袁桷亦有《春秋說》。

春秋三傳抄

王圻《續文獻通考・經籍考・春秋》　《春秋三傳抄》。陳宓著。宓字思復，號復齋，興化陳俊卿之子。官至龍圖閣。少從其兄同遊朱文公門。

春秋集義　綱領

《宋史・藝文志・春秋類》　李明復《春秋集義》五十卷。《集義綱領》二卷。

楊士奇等《文淵閣書目・春秋》　《春秋李俞集義》。一部，十冊。闕。
《春秋李俞集義》。一部，十五冊。殘缺。

張萱等《內閣藏書目錄・經部》　《春秋集義》十冊全。宋嘉定間太學生李俞編進。俞舊名明復。取周、程、張三子，或著書以明《春秋》，或講他經以及《春秋》，或其說有合於《春秋》者，皆廣收之。定其後先，審其精麤，各附於本章之次。中有魏鶴山序。

《四庫提要・春秋類二》　《春秋集義》五十卷。《綱領》三卷。江蘇巡撫採進本。宋李明復撰。明復亦名俞，字伯勇，始末無考。據魏了翁序，知爲合陽人，嘉定中太學生爾。是書首行題「校正李上舍經進春秋集義」，次行又題「後學巴川王夢應」。案朱彝尊《經義考》云：「《宋・藝文志》載李明復《春秋集義》五十卷，又載王夢應《春秋集義》五十卷。嘗見宋季舊刻，即李氏原本，而王氏刊行之。非王氏別有《集義》也。」此本乃無錫鄒儀蕉綠草堂藏本。核其題名，與彝尊所見本相合。知《經義考》所說有據，而《宋志》誤分爲二也。張萱《內閣書目》稱其采周、程、張三子，或著書以明《春秋》，或講他經以及《春秋》，或其說有合於《春秋》者，皆廣收之。然所采如楊時、謝湜、胡安國、朱子、呂祖謙之說，不一而足，謝湜尤多。萱蓋考之未審耳。《經義考》載是書前有《綱領》二卷，又有魏了翁序。此本乃皆不載，蓋傳寫佚之。然「春王正月」條下自注曰「餘見《綱領》

上、中二卷」。則《綱領》當有三卷，故有上、中、下之分。《經義考》作二卷，亦小誤矣。今檢《永樂大典》，明復所著《綱領》尚存，謹録而補之，仍釐爲三卷，以還其舊焉。

春秋説

王圻《續文獻通考・經籍考・春秋》　《春秋説》。洪咨夔著。

《四庫提要・春秋類二》　《春秋説》三十卷。《永樂大典》本。宋洪咨夔撰。咨夔字舜俞，於潛人。歷官端明殿學士，事蹟具《宋史》本傳。是書有咨夔自序，稱自考功罷歸，杜門深省，作《春秋説》。案本傳稱理宗初咨夔爲考功員外郎，以忤史彌遠，又言李全必爲國患，爲李知孝、梁成大所劾，鐫秩家居者七年。是書蓋是時所作也。又本傳第稱咨夔所著有《兩漢詔令擥鈔》、《春秋説》等書，而皆不載其卷數。朱彝尊《經義考》引吴任臣之言云「止三卷」。而《永樂大典》載吴潛所作咨夔行狀，則謂《春秋説》實三十卷。今考是書，篇帙繁重，斷非三卷所能盡。潛與咨夔同官相契，當親見其手定之本。任臣所言，蓋後來傳聞之誤耳。其書議論明鬯，而考據事勢，推勘情僞，尤多前人所未發。如以書「公子友如陳」爲著季氏專魯之始，以晉侯執曹伯負芻而不爲曹立君正爲異日歸之之地，以書「大蒐昌閒」爲季氏示威於衆以脅國人，皆得筆削微意。惟謂慶父出奔爲季友故縱，謂劉子、單子以王猛入王城爲不知有君，頗爲紕繆。然棄短取長，其卓然可傳者，不能沒也。今《兩漢詔令》等書久已散佚，此書亦無傳本，惟《永樂大典》尚多載其文。謹裒輯編次，釐正譌舛，仍分爲三十卷，以還舊觀。至《春秋》經文，三《傳》各有異同。今咨夔原本，《經》文已不可見，就其所説推之，知其大概多從《左氏》，而間亦參取於《公》、《穀》。今竝加案語，附識其下。又自僖公十四年秋至三十三年，襄公十六年夏至三十一年，《永樂大典》原本已佚，而他家經解又絶無徵引，無從葺補，今亦姑闕之焉。

張金吾《愛日精廬藏書志・春秋類》　《春秋説》三十卷。文瀾閣傳抄本。宋洪咨夔撰。自序。

春秋指掌圖

嵇璜等《續通志・圖譜略・春秋》　沈炎《春秋指掌圖》。

王圻《續文獻通考・經籍考・春秋》　《春秋指掌圖》。沈炎著。

春秋傳

王圻《續文獻通考・經籍考・經解》　《春秋傳》。林希逸著。

春秋三傳正附論

《宋史・藝文志・春秋類》　陳藻、林希逸《春秋三傳正附論》十三卷。

春秋講義

王圻《續文獻通考・經籍考・春秋》　《春秋講義》。陸震發著。

春秋三傳會同

王圻《續文獻通考・經籍考・春秋》　《春秋三傳會同》。龍溪陳思謙著。思謙學問該博，教授後學，嘗魁鄉薦，朱文公喜之，因語門人李唐咨，以女妻焉。

春秋王霸列國世紀

楊士奇等《文淵閣書目・春秋》 《春秋李祺王伯世紀》。一部，一冊。闕。

王圻《續文獻通考・經籍考・春秋》 《春秋王伯世紀》，李珙著。珙字孟開，連江人。官國子祭酒。

錢謙益等《絳雲樓書目・春秋類》 《春秋王霸世紀》一冊。三卷。李琪。

《四庫提要・春秋類二》 《春秋王霸列國世紀編》三卷。浙江范懋柱家天一閣藏本。宋李琪撰。琪字開伯，吳郡人。官國子司業。其書成於嘉定辛未。以諸國爲綱，而以《春秋》所載事蹟類編爲目。前有序，後有《論斷》。第一卷爲《王朝及霸國》。霸國之中黜秦穆、楚莊而存宋襄。又於晉文以下列自襄至定十君。而特附以《魯》二卷，爲周同姓之國。而特附以《三恪》三卷，皆周異姓之國，而列秦、楚、吳、越於諸小國後，所論多有爲而發。如譏晉文借秦抗楚，晉悼結吳困楚，則爲徽宗之通金滅遼而言。譏紀侯隣於讎敵而不能自強，則爲高宗之和議而言。其意猶存乎鑿戒。至於稱魯已滅之後至秦、漢猶爲禮義之國，則自解南渡之弱。霸國之中退楚莊、秦穆而進宋襄，則自解北轅之恥。置秦、楚、吳、越於諸小國後，則又隱示抑金尊宋之意。蓋借《春秋》以寓時事，略與胡安國《傳》同。而安國猶堅主復讎之義，琪則徒飾以空言矣。流傳已久，姑録以備一家。且以見南宋積削之後，士大夫猶依經託傳，務持浮議以自文。國勢日頽，其來漸矣。存之亦足示炯戒也。

春秋習説

王圻《續文獻通考・經籍考・春秋》 《春秋習説》。趙涯著。涯，嘉定中進士。

春秋尊經辨　春秋本末説

王圻《續文獻通考・經籍考・春秋》 《春秋尊經辨》、《春秋本末説》。范士衡著。士衡，豐城人。謂《春秋》説蔓衍，皆傳註害之，故作。師事朱熹，熹稱以老友。

春秋集傳

王圻《續文獻通考・經籍考・春秋》 《春秋集傳》。豐城陳友沅著。

讀春秋紀　讀國語

王圻《續文獻通考・經籍考・春秋》 《讀春秋紀》、《讀國語》。王柏著。

春秋地里源委

黄虞稷《千頃堂書目・春秋類》 杜瑛《春秋地里源委》十卷。

倪燦等《補遼金元藝文志・春秋類》 杜瑛《春秋地里源委》十卷。

錢大昕《補元史藝文志・春秋類》 杜瑛《春秋地理原委》十卷。

龔顯曾《金藝文志補録・春秋類》 《春秋地里原委》十卷。杜瑛　倪氏、金氏《補三史藝文志》。俱收入《元志》。

孫德謙《金史藝文略・春秋》 《春秋地理源委》十卷。杜瑛撰。見《元史》本傳。

春秋摭實　要論　紀要　指南

王圻《續文獻通考・經籍考・春秋》　《春秋摭實》、《要論》、《紀要》、《指南》。翁夢得著。

春秋三傳通議

王圻《續文獻通考・經籍考・春秋》　鄞縣趙善湘著。

春秋集註

王圻《續文獻通考・經籍考・春秋》　《春秋集註》。奉化舒津著。

春秋貫串

錢大昕《補元史藝文志・春秋類》　季立道《春秋貫串》。字成甫，處州龍泉人。臨汝書院山長。

春秋集義

《宋史・藝文志・春秋類》　王夢應《春秋集義》五十卷。

春秋詳説　春秋集傳綱領

楊士奇等《文淵閣書目・春秋》　《春秋家鉉翁詳説》。一部，八冊。完全。　《春秋家鉉翁集傳綱領》一部，八冊，闕。　《春秋集傳綱領》一部，一冊。完全。

張萱等《内閣藏書目録・經部》　《春秋詳説》八冊，全，宋家鉉翁著。鈔本。　《春秋集傳綱領》一冊。全。宋家鉉翁著。凡六篇。首原春秋託始，次原夏正，次明五始，次評三《傳》，次明伯，次明凡例，即詳説首篇也。

倪燦等《宋史藝文志補・春秋類》　家鉉翁《春秋集傳詳説》三十卷。又《綱領》一卷。

黃虞稷《千頃堂書目・春秋類》　家鉉翁《春秋集傳詳説》三十卷。《綱領》一卷。鉉翁北遷時居河間所作，因答問以述己意。《綱領》凡六類。首原春秋託始，次原夏正，次明五始，次明三《傳》，次明伯，次明凡例，共十篇。

王士禛《漁洋書跋》　《則堂先生春秋集傳》。家鉉翁《春秋集傳詳説》三十卷。崑山徐氏刻本。有鉉翁自序。高郵龔璛跋云：至元丙子宋亡，以則堂先生歸，置諸瀛者十年，卒成此書。自瀛寄宣，託于其友肅齋潘公從大藏之。泰定乙丑，宣學鋟梓，凡三十卷。《綱領》十篇，一原春秋託始，二推明行夏時之意，三辨五始，四評三傳，五明霸，六以經正例。按：則堂祖大西，名列朱文公黨籍。大西曾祖願，願父勤國，與二蘇爲同門友，嘗憤王安石廢《春秋》，著《春秋新義》，蓋家學云。

《四庫提要・春秋類二》　《春秋詳説》三十卷。兩江總督採進本。宋家鉉翁撰。鉉翁號則堂，以蔭補官。後賜進士出身，官至端明殿學士，簽書樞密院事。事蹟具《宋史》本傳。是書末有龔璛跋曰：「至元丙子宋亡，以則堂先生歸，置諸瀛州者十年，成此書。自瀛寄宣，託於其友潘公從大藏之。」今考《宋史》本傳，稱鉉翁在河間，以《春秋》教授弟子。河間即瀛州也。又鉉翁《則堂集》中有爲其弟所作《志堂説》，稱「余自燕以來瀛，卒《春秋》舊業，成《集傳》三十卷」。篇末題「甲申正望」。甲申爲至元二十一年，上距宋亡凡十年，與𤩽《跋》十年之説合；下距元貞元年賜號放歸復十年，與𤩽《跋》成書於瀛之説亦合。惟鉉翁自稱《集傳》，而此曰《詳説》，或後又改名歟？其説以《春秋》主乎垂法，不主乎記事。其或詳或略，或書或不書，大率皆抑揚予奪之所繫。要當探得聖人心法所寓，然後參稽衆説而求其是。故其論平正通達，非孫復、胡安國諸人務爲刻酷者所能及。其在河間作《假館詩》云：「平生著書苦不多，可傳者見之《春秋》與《周易》。」蓋亦確然自信者。今惟此書存，其《周易》則不可考矣。

春秋三傳會考

《宋史・藝文志・春秋類》 王應麟《春秋三傳會考》三十六卷。

王圻《續文獻通考・經籍考・春秋》 《三傳會考》，慶元王應麟著。

春秋旨要

王圻《續文獻通考・經籍考・春秋》 《春秋旨要》十二卷。王惟賢著。惟賢字思齊，鄞人。嗜學博覽，與弟惟義皆以儒名。

黄虞稷《千頃堂書目・春秋類》 王惟賢《春秋旨要》十二卷。字思齊，鄞縣人。與弟惟義俱以儒名。

倪燦等《補遼金元藝文志・春秋類》 王惟賢《春秋旨要》十二卷。字思齊，鄞縣人。

錢大昕《補元史藝文志・春秋類》 王惟賢《春秋旨要》十二卷。字思齊，鄞人。

春秋或問　春秋五論

楊士奇等《文淵閣書目・春秋》 《春秋呂大圭或問》。一部，三冊。闕。《春秋呂大圭五論》。一部，一冊。闕。《春秋呂大圭五論》。一部，一冊。完全。

《春秋五論》。一部，一冊。完全。

范邦甸等《天一閣書目・春秋類》 《春秋五論》一卷。藍絲欄鈔本。宋溫陵呂大生述。無序。卷尾小識云：舊借故編修王堯衢懋中家藏本手録，堯衢則自其內兄荆川宮諫處得之者也。隆慶改元，夏六月五日皇山樗老姚咨重録，時年七十有二。

張萱等《內閣藏書目録・經部》 《春秋五論》一冊。全。宋溫陵呂大圭著。

黄虞稷《千頃堂書目・春秋類》 呂大圭《春秋五論》一卷。同安人，號樸卿先生。淳熙進士。知漳州軍，蒲壽庚降元，脅署降表，不從，見殺。

倪燦等《宋史藝文志補・春秋類》 呂大圭《春秋五論》一卷。同安人。淳熙進士。知漳州軍，蒲壽庚降元，脅署降表，不從，見殺。

《四庫提要・春秋類二》 《春秋或問》二十卷。附《春秋五論》一卷。兩江總督採進本。宋呂大圭撰。大圭字圭叔，號樸鄉，南安人。淳祐七年進士。官至朝散大夫、行尚書吏部員外郎，兼國子編修、實録檢討官、崇政殿說書，出知興化軍。嘗撰《春秋集傳》，今已散佚。此《或問》二十卷，即申明《集傳》之意也。大旨於三《傳》之中多主《左氏》、《穀梁》，而深排《公羊》。於何休《解詁》，斥之尤力。考三《傳》之中，事蹟莫備於《左氏》，義理莫精於《穀梁》。惟《公羊》雜出衆師，時多偏駁。何休《解詁》，識合讖緯，穿鑿尤多。大圭所論，於三家得失，實屬不誣。視諸家之棄《傳》談《經》，固迥然有別。所著《五論》，一曰《論夫子作春秋》，二曰《辨日月褒貶之例》，三曰《特筆》，四曰《論三傳所長所短》，五曰《世變》。程端學嘗稱《五論》明白正大，而所引《春秋》事，時與《經》意不合。今考《或問》之中，與《經》意亦頗有出入。大概長於持論而短於考實。然大圭後於德祐初由興化遷知漳州，未行而元兵至。沿海都制置蒲壽庚舉城降，大圭抗節遇害。其立身本末皎然千古，可謂深知《春秋》之義。其書所謂明分義，正名實，著幾微，爲聖人之特筆者，侃侃推論，大義凜然，足以維綱常而衛名教。又不能以章句之學錙銖繩之矣。

春秋解問

《宋史・藝文志・春秋類》 丁裔昌《春秋解問》一卷。

春秋括義

《宋史・藝文志・春秋類》 邵川《春秋括義》三卷。

春秋綴英

《宋史・藝文志・春秋類》 謝璧《春秋綴英》二卷。

春秋通説

陳振孫《直齋書録解題・春秋類》 《春秋通説》十三卷。永嘉黃仲炎若晦撰。端平中，嘗進之於朝。

馬端臨《文獻通考・經籍考・春秋》 《春秋通説》十三卷。

《宋史・藝文志・春秋類》 黃仲炎《春秋通説》一十三卷。

楊士奇等《文淵閣書目・春秋》 《春秋黃仲炎通説》。一部，九冊。完全。

范邦甸等《天一閣書目・春秋類》 《春秋通説》一冊。不分卷。朱絲欄鈔本。宋黃仲炎撰。

王圻《續文獻通考・經籍考・春秋》 《左傳約説》百篇。黃仲炎著。

《四庫提要・春秋類二》 《春秋通説》十三卷。兩江總督採進本。宋黃仲炎撰。仲炎字若晦，永嘉人。其進是書表，稱肄舉業而罔功。李鳴復奏《舉狀》，稱科舉之外，窮經篤古。蓋老而不第之士也。書成於紹定三年，其奏進則在端平三年。《自序》謂《春秋》爲聖人教戒天下之書，非褒貶之書。所書之法爲教，所書之事爲戒。自三《傳》以褒貶立意，專門師授，仍陋襲譌。由漢以後，類例益岐，大義隱矣。故其大旨謂直書事蹟，義理自明。於古來經師相傳王不稱天，桓不稱王之類，一切闢之。案《朱子語録》云：「聖人據實而書，是非得失，有言外之意。必於一字一辭間求褒貶所在，竊恐未然。」仲炎表中所云酌朱熹之論者，蓋本於是。何夢申作呂大圭《春秋或問序》，謂傳《春秋》者幾百家，大抵以褒貶賞罰爲主，惟《或問》本朱子而盡斥之，不知仲炎已先發之矣。中如於南季來聘，據三《傳》、《戴記》謂天子無聘諸侯之禮，《周禮》時聘之説不足信。於滕薛來朝，謂諸侯無私相朝之禮，三《傳》俱謬，則過於疑古。以盟首止爲王世子立黨制父，則過於深文。以「子同生」爲《傳》語誤入《經》文，以「葬蔡桓侯」爲「公」字之譌，以「同圍齊」爲「圍」字重寫之誤，疑及正《經》，亦未免臆爲推測。然如謂季友爲巨姦竊交宮闈，則成風私事，《傳》有明文，辭嚴義正，足以爲千古之大防矣。其論胡安國之書曰：「孔子雖因顔淵之問，有取於夏時，不應修《春秋》而遽有所改定也。胡安國氏謂《春秋》以夏正冠月，而朱熹氏非之，當矣。孔子之於《春秋》，述舊禮者也。如惡諸侯之強而存天子，疾大夫之偪而存諸侯，憤吳、楚之橫而尊中國，此皆臣子所得爲者。若夫更革當代之王制，竊用天子之賞罰，決非孔子意也。夫孔子修《春秋》，方將以律當時之僭，其可自爲僭哉？」其立義明白正大，深得聖人之意。蓋迥非安國所及也。

春秋指述

王圻《續文獻通考・經籍考・春秋》 《春秋指迷》。鄭時中著。

春秋經世

錢大昕《補元史藝文志・春秋類》 蘇壽元《春秋經世》，又《春秋大旨》。字伯鸞，安福人。

春秋精義

王圻《續文獻通考・經籍考・經解》 《春秋精義》。呂椿著。

錢大昕《補元史藝文志・春秋類》 呂椿《春秋精義》。

春秋管見

黃虞稷《千頃堂書目・春秋類》 王應奎《春秋管見》。德興人，隱居自適，不畜妻子。

倪燦等《宋史藝文志補・春秋類》 王應奎《春秋管見》。德興人。

春秋類義

黃虞稷《千頃堂書目・春秋類》 王嘉《春秋類義》。德興人。

倪燦等《宋史藝文志補・春秋類》 王嘉《春秋類義》。德興人。

春秋科義雄覽

《宋史・藝文志・春秋類》 塗昭良《春秋科義雄覽》十卷。

春秋法度編

錢大昕《補元史藝文志・春秋類》 趙孟何《春秋法度編》。字漢弼，鄞人。

春秋經傳

黃虞稷《千頃堂書目・春秋類》 許瑾《春秋經傳》十卷。字子瑜，紹興人。

倪燦等《宋史藝文志補・春秋類》 許瑾《春秋經傳》十卷。字子瑜，紹興人。

春秋應判

《宋史・藝文志・春秋類》 《春秋應判》三十卷。

春秋道統

《四庫提要・春秋類存目一》 《春秋道統》二卷。兩江總督採進本。是書僅分上、下二卷，而鈔本細字乃八巨冊。不著撰人名氏，惟冠以乾道八年晉江傅伯成《序》，稱爲元祐間《春秋》博士劉絢質夫所作。考陳振孫《書録解題》載劉絢《春秋傳》，無「道統」二字之名。《文獻通考》作十二卷，《玉海》作五卷，與二卷之數亦不合。又振孫稱所解明正簡切，而此本竝無解《經》之語，止鈔撮《左氏傳》，間及《公》、《穀》、《國語》及略採諸家一二條。且不特《傳》文多所刪節，即經文亦止摘録一二字，如明代坊本之標題。宋人經説，亦無此例。《序》中以「何休學」連爲人名，其陋已極。又稱後之有功於《春秋》者有杜預、林堯叟。林堯叟乃在南宋中年，伯成此序作於南宋之初，何由得見？且《杜林合注》是明末坊間所刻，伯成又何由以杜、林竝稱乎？又伯成慶元初爲太府丞，寶慶初始加龍圖閣學士。此序既曰乾道八年壬辰，是時伯成方舉進士，何得先以龍圖閣學士結銜？譌謬種種，不可殫述。僞書之拙，無過是矣。其卷首收藏諸印，亦一手僞造，不足信也。

春秋通論

《四庫提要・春秋類存目一》《春秋通論》二卷。兩江總督採進本。舊本題曰「宋人撰」，不著名氏。諸家書目亦不著録。其書統論周及列國大勢，推其興廢之由。周及魯、齊、晉、宋、衛、鄭、楚、秦，各爲一篇，吳、越其爲一篇，皆捃拾舊文，爲事後成敗之論。每句隸事而各引《傳》以爲之注。其言膚淺，無所發明。

春秋通義

《四庫提要・春秋類一》《春秋通義》一卷。兩江總督採進本。不著撰人名氏。考《宋史・藝文志》，蹇遵品、王晳、家安國、丘葵皆有《春秋通義》，其書均佚不傳。蹇氏、王氏書各十二卷，家氏書二十四卷，丘氏書二卷。此本僅存一卷，凡四十八條。編端冠以小序，稱孔子之修《春秋》也，因其舊文，乘以新意，正例筆之，常事削之，其有繆戾乖剌，然後從而正之，別彙之曰特筆。而《小序》之後亦以「特筆」二字爲標題。蓋此卷爲《通義》中之一種，但不知四家中爲誰氏之書耳。然如「星隕如雨」一條，《公羊》引《不修春秋》曰：「隕星不及地尺而復，君子修之，曰星隕如雨。」此特潤色舊文，非關襃貶。以爲特筆，於義不倫。至華督有無君之心，而後動於惡。故先書殤公，後書孔父，《傳》有明文，眞特筆也。而反不及之，亦屬挂漏。至於謂《春秋》二百四十二年而終之以獲麟，明亂極必治，而王者之迹卒不熄。則其説高於諸家多矣。

春秋釋疑

《宋史・藝文志・春秋類》《春秋釋疑》二十卷。

春秋考異

《宋史・藝文志・春秋類》《春秋考異》四卷。

春秋加減

《宋史・藝文志・春秋類》《春秋加減》四卷。

春秋直指

《宋史・藝文志・春秋類》《春秋直指》三卷。

春秋類

《宋史・藝文志・春秋類》《春秋類》六卷。

春秋例

《宋史・藝文志・春秋類》 《春秋例》六卷。

春秋表記

《宋史・藝文志・春秋類》 《春秋表記》一卷。

王侯世系

《宋史・藝文志・春秋類》 《王侯世系》一卷。

春秋釋例地名譜

《宋史・藝文志・春秋類》 《春秋釋例地名譜》一卷。

春秋本旨

《宋史・藝文志・春秋類》 《春秋本旨》五卷。

春秋圖說

楊士奇等《文淵閣書目・春秋》 《春秋圖說》。一部，二冊。闕。

錢謙益等《絳雲樓書目・春秋類》 《春秋圖說》一冊。

黄虞稷《千頃堂書目・春秋類》 《春秋圖說》。

倪燦等《宋史藝文志補・春秋類》 《春秋圖說》。

《四庫提要・春秋類存目一》 《春秋圖說》無卷數。浙江吳玉墀家藏本。

不著撰人名氏。前列目百二十有二，始《十二公年譜》終《諸儒傳授》。中間列國世次、輿地、山川、名號，以及經傳所載名物、典故，悉有圖有說。其年表皆鈔《史記》，其《名號歸一圖》即馮繼先所撰，而分爲十九圖。至歲星、八音、四凶、十六相諸圖，則又掇之《五經圖》中。《春秋列國圖說》則摭自東坡《指掌圖》。又列鄭樵考定諸國地名及叙國邑地同異說，叙山水同異說。大抵雜駁不倫，未見精核。卷首題曰「春秋筆削發微考」，楊甲《六經圖》中有《春秋筆削發微圖》，以此本互勘，一一相合。蓋掇取甲書《春秋》一卷，而攙以雜說，僞立此名。卷首有「竹垞」二字朱文印，蓋朱彝尊所藏，而《經義考》不著此名，是必後覺其贋託，棄之不録，而所棄之本又爲吳氏所收耳。

春秋四傳

《宋史・藝文志・春秋類》 《春秋四傳》二十卷。

徐𤊹《徐氏家藏書目・春秋類》 《春秋四傳》三十八卷。

張萱等《內閣藏書目録・經部》 《春秋四傳》十二冊。全。

《四庫提要・春秋類存目一》 《春秋四傳》三十八卷。內府藏本。

不知何人所編。首載杜預、何休、范甯、胡安國四序。次《春秋綱領》，述各家議論；次《春秋提要》，如周十二王，魯十二公，以及會盟戰伐之數，竝撮舉大凡。次《春秋列國圖說》。次《春秋二十國年表》。次《春秋諸國興廢說》。凡經文之下，皆分注《左氏》、《公羊》、《穀梁》三《傳》，而胡《傳》則別爲標出，間加音注，別無發明參考之處。考元俞皐《春秋集傳釋義大成》，始於三《傳》之後附録胡《傳》，吳澄序稱其兼列胡氏，以從時尚，而四傳之稱，亦即見於澄序中。知胡《傳》躋三《傳》之列，自元初已然。此本驗其版式，猶爲元槧，蓋當時鄉塾讀本也。

張之洞《書目答問・列朝經注經説經本考證》《春秋四傳》合刻本。三十八卷。《左》、《公》、《穀》、《胡》。元失名人編。通行本。

春秋紀詠

《宋史・藝文志・春秋類》 宇文虛中《春秋紀詠》三十卷。

孫德謙《金史藝文略・春秋》《春秋紀詠》三十卷。宇文虛中撰。見《宋史・藝文志》。

春秋傳

龔顯曾《金藝文志補録・春秋類》《春秋傳》。馬定國。

春秋備忘

楊士奇等《文淵閣書目・春秋》 敬鉉《春秋備忘》一部，五冊。闕。 敬鉉《春秋備忘》。一部，八冊。完全。 敬鉉《春秋備忘》。一部，十五冊。殘缺。

王圻《續文獻通考・經籍考・春秋》《春秋備忘》四十卷，敬鉉著。鉉，易州人。初爲中都儒學提舉，博通經史，文章鳴世，學者稱爲太寧先生。

張萱等《内閣藏書目録・經部》 敬先生《春秋備忘》八冊。鈔本。宋敬鉉著集《春秋》家諸儒之説而折衷之者。 又九冊。不全。 又四冊。不全。

黄虞稷《千頃堂書目・春秋類》 敬鉉《春秋備忘》十卷。

倪燦等《補遼金元藝文志・春秋類》 敬鉉《春秋備忘》十卷。

錢大昕《補元史藝文志・春秋類》 敬鉉《春秋備忘》四十卷。一作四十六卷，一作三十卷。

龔顯曾《金藝文志補録・春秋類》《春秋備忘》三十卷。敬鉉。倪氏、金氏《補志》俱收入《元志》。倪作《備忘》十卷。《續備忘遺説》三十卷。金作四十卷，敬儼著。

春秋傳例説略

楊士奇等《文淵閣書目・春秋》 敬鉉《春秋傳例説略》。一部，八冊。完全。 敬鉉《春秋傳例説略》。一部，一冊。闕。 敬鉉《春秋傳例説略》。一部，三冊。闕。

張萱等《内閣藏書目録・經部》 大寧先生敬氏《續明三傳例説略》二冊，不全，即敬鉉《春秋備忘》中一書也。

黄虞稷《千頃堂書目・春秋類》 大寧先生《續明三傳例説略》八卷，集《春秋》諸儒之説而折衷之。

倪燦等《補遼金元藝文志・春秋類》 敬鉉《續明三傳例説略》八卷。

錢大昕《補元史藝文志・春秋類》 敬鉉《明三傳例》八卷。

龔顯曾《金藝文志補録・春秋類》《明三傳例》八卷。敬鉉。倪作《續三傳例説略》。

春秋備忘續遺説

楊士奇等《文淵閣書目・春秋》 敬鉉《春秋備忘續遺説》。一部，二冊。完全。 敬鉉《春秋備忘續遺説》。一部，二冊。闕。 《春秋備忘遺説》。一部，四冊。完全。

張萱等《内閣藏書目録・經部》 太寧先生敬氏《春秋備忘續遺説》二冊。

黄虞稷《千頃堂書目・春秋類》 敬鉉《續備忘遺説》三十卷。

倪燦等《補遼金元藝文志・春秋類》 敬鉉《續備忘遺説》三十卷。

春秋握奇圖

嵇璜等《續通志・圖譜略・春秋類》 金利鑾孫《春秋握奇圖》。

《四庫提要・春秋類存目一》 《春秋握奇圖》一卷。《永樂大典》本。金利鑾孫撰。鑾孫字士貴，盱江人。前有自序，稱「《握奇圖》者，《春秋》家之學也。二百四十二年而該之萬八千言，編年以爲經，而列五伯內外諸侯以緯之，縱取則年與事類，衡切則國之本末具在。乃各叙事略於其後，一覽而思過半矣」云云。據其所言，則此書所重在於《年表》。今《年表》散佚，祇存其論。已非鑾孫著書之本旨，不足取矣。

龔顯曾《金藝文志補録・春秋類》 《春秋握奇圖》一卷。利鑾孫。

孫德謙《金史藝文略・春秋》 《春秋握奇圖》一卷。盱江利鑾孫士貴撰。見《續文獻通考》。【略】

春秋檃括

錢大昕《補元史藝文志・春秋類》 張著《春秋檃括》三卷。

春秋外傳

王圻《續文獻通考・經籍考・春秋》 《春秋外傳》五十卷，《三傳序論》、《列國序論》一卷。按郝經序有曰：河南苟宗道嘗受學於予，時以書狀官從行。於是五年之間，講肄不輟。甲子春，宗道請傳春秋之學，且志其說，而無書以爲據，乃以故所記憶者爲《春秋外傳》。蓋自三《傳》之外而爲是，不敢自同於三《傳》也。以《春秋》正經多不同，乃爲論次，作《章句音義》八卷。求聖人之意者必探其本以爲綱，乃作《制作本原》三十一篇十卷。《春秋》一書，義在于事，必比事而觀，其義可見，乃爲《比類條目》一百三十篇十二卷。三《傳》之說不同，故聖經之旨不一，乃爲《三傳折衷》，俾經之大義定于一，凡五十卷。卷首又著《三傳序論》、《列國序論》一卷。其間訛缺謬戾者甚衆，俟變通之日，取諸書以考實之，庶幾有成，而見素患難之志云。

黃虞稷《千頃堂書目・春秋類》 郝經《春秋外傳》八十一卷。經使宋時拘館眞州所作也。爲《章句音義》八卷，《春秋制作本原》十卷，凡三十一篇；《比類條目》十二卷，凡十百三十篇；《三傳折衷》五十卷，《三傳序論列國論》一卷。總名曰《春秋外傳》。

倪燦等《補遼金元藝文志・春秋類》 元郝經《春秋外傳》八十一卷。

錢大昕《補元史藝文志・春秋類》 郝經《春秋外傳》八十一卷。《春秋章句音義》八卷，《制作本原》十卷，比類條目十二卷，《三傳折衷》五十卷，《三傳序論》、《列國序論》一卷。

春秋例義

錢大昕《補元史藝文志・春秋類》 劉淵《春秋例義》。

春秋續傳記

錢大昕《補元史藝文志・春秋類》 劉淵《春秋續傳記》。

春秋原旨

黃虞稷《千頃堂書目・春秋類》 徐嘉善《春秋原旨》。字尙友，德興人。

倪燦等《宋史藝文志補・春秋類》 徐嘉善《春秋原旨》。字尙友，德興人。

三傳辨疑

黃虞稷《千頃堂書目・春秋類》 徐嘉善《三傳辨疑》。

倪燦等《宋史藝文志補・春秋類》 徐嘉善《三傳辨疑》。

春秋三傳要義

王圻《續文獻通考・經籍考・春秋》 《春秋三傳要義》。蔣宗簡著。

錢大昕《補元史藝文志・春秋類》 蔣宗簡《春秋三傳要義》。

春秋類例

王圻《續文獻通考・經籍考・春秋》 《春秋類例》。周敬孫著。

錢大昕《補元史藝文志・春秋類》 周敬孫《春秋類例》。

春秋本義

錢大昕《補元史藝文志・春秋類》 劉莊孫《春秋本義》二十卷。

春秋三傳集説分紀

錢大昕《補元史藝文志・春秋類》 單庚金《春秋三傳集説分紀》五十卷。字君範，剡源人。

春秋傳説集略

錢大昕《補元史藝文志・春秋類》 單庚金《春秋傳説集略》十二卷。

春秋通義

王圻《續文獻通考・經籍考・春秋》 《春秋通義》，同安丘葵著。

黃虞稷《千頃堂書目・春秋類》 丘葵《春秋正義》。

倪燦等《補遼金元藝文志・春秋類》 丘葵《春秋正義》，同安人。

錢大昕《補元史藝文志・春秋類》 丘葵《春秋通義》。

春秋纂言　總例

楊士奇等《文淵閣書目・春秋》 《春秋吳文正公纂言》。一部，十八冊。完全。《春秋吳文正公纂言》。一部，十冊。殘缺。《春秋吳文正公纂言》。一部，十六冊。殘缺。

王圻《續文獻通考・經籍考・春秋》 《春秋纂言》，吳澄著。

張萱等《内閣藏書目録・經部》 《春秋纂言》九冊，不全，元吳澄類纂闕第五冊。又六冊，不全。又八冊，不全。同前。

黃虞稷《千頃堂書目・春秋類》 吳澄《春秋纂言》十二卷。《總例》三卷。

倪燦等《補遼金元藝文志・春秋類》 吳澄《春秋纂言》十二卷。《總例》二卷。

《四庫提要・春秋類三》 《春秋纂言》十二卷。《總例》一卷。兩淮鹽政採進本。元吳澄撰。澄有《易纂言》，已著録。是書采摭諸家傳注，而間以己意論斷之。首爲總例，凡分七綱、八十一目。其天道、人紀二例，澄所創作。餘吉、凶、軍、賓、嘉五例，則與宋張大亨《春秋五禮例宗》互相出入，似乎蹈襲。然澄非蹈襲人書者，蓋澄之學派，兼出於金谿、新安之間，而大亨之學派，則出於蘇氏。澄殆以門戶不同，未觀其書，故與之闇合而不知也。然其縷析條分，則較大亨爲密矣。至於《經》文行款，多所割裂，而《經》之闕文亦皆補以方空，於體例殊爲未協。則澄於諸經率皆有所點竄，不獨《春秋》爲然。讀是書者取其長而置其所短可也。明嘉靖中，嘉興府知府蔣若愚嘗爲鋟木，湛若水序之。歲久散佚，世罕傳本。王士禎《居易録》自云「未見其書」，又云「朱檢討曾見之吳郡陸醫其清家」。是朱彝尊《經義考》之注「存」，亦僅一覩。此本爲兩淮所採進，殆即傳寫陸氏本歟？久微而著，固亦可寶之笈矣。

錢大昕《補元史藝文志・春秋類》 吳澂《春秋纂言》十二卷。又《總例》二卷。

張金吾《愛日精廬藏書志・春秋類》 《春秋纂言》十二卷。《總例》五卷。舊抄本。元吳澄學自序。

春秋述解

王圻《續文獻通考・經籍考・春秋》 《春秋述解》。潘迪著。

黃虞稷《千頃堂書目・春秋類》 潘迪《春秋述解》。

倪燦等《補遼金元藝文志・春秋類》 潘迪《春秋述解》。

錢大昕《補元史藝文志・春秋類》 潘迪《春秋述解》。

春秋經疑問對

《四庫提要・春秋類存目一》 《春秋經疑問對》二卷。《永樂大典》本。元黃復祖撰。復祖字仲篪，盧陵人。《元史》：「仁宗皇慶三年復科舉法，漢人、南人第一場明經、經疑二問，《大學》、《論語》、《孟子》、《中庸》內出題。經義一道，各治一經。元統以後，少變程式。易漢人、南人第一場《四書》爲本經。」復祖序云：「至正辛巳大科載復有經疑之條。」即《元史・志》所謂變程式之時也。其書以《經》、《傳》之事同辭異者求其常變，察其詳略，以《經》覈《傳》，以《傳》考《經》，以待學子之問。蓋亦比事屬辭之遺意。其大旨則專爲場屋進取而作，故議論多，而義理則疎焉。

春秋集解

王圻《續文獻通考・經籍考・春秋》 《春秋集解》，元胡炳文著。

錢大昕《補元史藝文志・春秋類》 胡炳文《春秋集解》。

春秋綱常

錢大昕《補元史藝文志・春秋類》 張鑑《春秋綱常》。

春秋諸傳考正

黃虞稷《千頃堂書目・春秋類》 程直方《春秋諸傳考正》。字道夫，號前村。婺源人。

倪燦等《補遼金元藝文志・春秋類》 程直方《春秋諸傳考正》。

錢大昕《補元史藝文志・春秋類》 程直方《春秋諸傳考正》。

春秋旁通

黃虞稷《千頃堂書目・春秋類》 程直方《春秋旁通》。

倪燦等《補遼金元藝文志・春秋類》 程直方《春秋旁通》。

錢大昕《補元史藝文志・春秋類》 程直方《春秋旁通》。

春秋集傳釋義大成

楊士奇等《文淵閣書目・春秋》　《春秋俞臯釋義》。一部，四冊。完全。

張萱等《内閣藏書目録・經部》　《春秋釋義》四冊。全。元泰定間，新安俞臯述取諸家之説融會之，系以三《傳》，其大旨宗趙良鈞。

錢謙益等《絳雲樓書目・春秋類》　俞臯《春秋集傳釋義大成》四冊。十二卷。

黄虞稷《千頃堂書目・春秋類》　俞臯《春秋集傳釋義大成》十二卷。字心遠，新安人，泰定間人。師事宋進士趙良鈞，良鈞與臯皆新安人。良鈞在宋爲廣德軍教授，宋亡不仕，以《春秋》教授。臯因師授，取《左》、胡、《公》、《穀》及程、朱二子啖、趙、孫、劉、陳、項、呂、張諸儒之長，而附以所聞於父師者，以發明經旨。分別三《傳》是否，而補胡氏之所未及。

倪燦等《補遼金元藝文志・春秋類》　俞臯《春秋集傳釋義大成》十二卷。字心遠，新安人。

錢曾《讀書敏求記・春秋》　俞臯《春秋集傳釋義》十二卷。先取各家注釋，以己意採集于前，申之以程子之言後，詳列三《傳》胡氏《傳》，使人得備覽而尋繹其説。元刻中之佳者。

《四庫提要・春秋類二》　《春秋集傳釋義大成》十二卷。內府藏本。元俞臯撰。臯字心遠，新安人。初，其鄉人趙良鈞，宋末進士及第，授修職郎、廣德軍教授。宋亡不仕，以《春秋》教授鄉里。臯從良鈞受學，因以所傳著是書。《經》文之下，備列三《傳》，其胡安國《傳》亦與同列。吳澄《序》謂兼列胡氏以從時尚，而四《傳》之名亦權輿於澄《序》中。胡《傳》日尊，此其漸也。然臯雖以四《傳》竝列，而於胡《傳》之過偏過激者實多所匡正。澄《序》所謂「玩《經》下之釋，則四《傳》之是非不待辯而自明，可謂專門而通者」，固亦持平之論矣。觀臯《自序》，稱所定十六例，悉以程子《傳》爲宗。又引程子所謂微辭隱義，時措時宜，於義不同而辭同、事同而辭不同者，反復申明不可例拘之意。又稱學者宜熟玩程《傳》，均無一字及安國。蓋其師之學本出於程子，特以程《傳》未有成書，而胡《傳》方爲當代所傳習，故取與三《傳》竝論之。統核全書，其大旨可以概見，固未嘗如明代諸人竟尊胡《傳》爲經也。

錢大昕《補元史藝文志・春秋類》　俞臯《春秋集傳釋義大成》十二卷。字心遠，新安人。

春秋辨疑

錢大昕《補元史藝文志・春秋類》　程龍《春秋辨疑》。

三傳節注

黄虞稷《千頃堂書目・春秋類》　陳櫟《三傳節注》。

倪燦等《宋史藝文志補・春秋類》　陳櫟《三傳節注》。

錢大昕《補元史藝文志・春秋類》　陳櫟《三傳節注》。

春秋通解

王圻《續文獻通考・經籍考・春秋》　《春秋通解》。熊禾著。

黄虞稷《千頃堂書目・春秋類》　熊禾《春秋通解》。

錢大昕《補元史藝文志・春秋類》　熊禾《春秋通解》。一作「詮考」。

春秋論考

倪燦等《宋史藝文志補・春秋類》　熊禾《春秋論考》。

春秋建正辯

王圻《續文獻通考・經籍考・春秋》　《春秋建正辯》。牟楷著。

四傳歸經

錢大昕《補元史藝文志・春秋類》　張在《四傳歸經》。字文在，眞定槀城人。濮州教授。

春秋諸國統紀

楊士奇等《文淵閣書目・春秋》　《春秋齊履謙統紀》。一部，四冊。闕。

范邦甸等《天一閣書目・類》　《春秋諸國統紀》六卷。刊本。元延祐四年丁巳夏沙鹿齊履謙叙，其弟思恭有序。

王圻《續文獻通考・經籍考・春秋》　《春秋諸國統記》。齊履謙著。按吳徵《序》曰：魏郡齊履謙伯恆甫之説《春秋》，則不承陋襲，故皆苦思深究而自得，内魯尊周之外，徑書其君之卒十八國，乃分彙諸國之統記凡二十。己所持見，各傳於《經》，縷數旁通，務合書法，餘事闕而不録。其義視李則明決多，其詞視呂則簡澤勝，予之所可，靡或不同，間有不同，亦求之太過，非苟言也。

張萱等《内閣藏書目録・經部》　《春秋諸國統紀》二冊。全。元延祐間司成齊履謙著。分彙春秋時二十國之統紀。凡六卷。

錢謙益等《絳雲樓書目・春秋類》　元齊履謙《春秋諸國統紀》一冊。六卷。

黃虞稷《千頃堂書目・春秋類》　齊履謙《春秋諸國統紀》六卷。經自周、魯而外，書其君之卒者十有八國，乃分彙諸國之統紀凡二十。己所特見，各著於經，書成於延祐四年。

倪燦等《補遼金元藝文志・春秋類》　齊履謙《春秋諸國統紀》六卷。又目録一卷。

于敏中等《天禄琳琅書目・元版經部》　《春秋諸國統紀》。一函，六冊。元齊履謙撰。六卷。前元吳澄序，履謙自序，後齊思恭跋。　《元史》：齊履謙，字伯恆。父義，善算術。履謙生六歲，從父至京師。七歲，讀書一過，即能記憶。年十一，盡曉推步之法。十三，從師聞聖賢之學。自是以窮理爲務，非洙泗、伊洛之書不讀。至元間，授星曆教授。大德中，遷保章正。仁宗即位，嘉尚儒術，擢國子監丞，改授國子監司業，與吳澄並命，時號得人。未幾，以履謙僉太史院事，至延祐元年，復爲國子司業。後拜太史院使。卒於官。至順三年，贈翰林學士資善大夫上護軍，追封汝南郡公，謚文懿。吳澄，字幼清，撫州崇仁人。舉進士不第。以元明善薦，除江西儒學副提舉，繼以國子監丞，遷司業。英宗即位，超授翰林學士，進階大中大夫。移疾歸，年八十五，卒，贈江西行省左丞上護軍，追封臨川郡公，謚文正。履謙此書成於延祐四年，乃復爲國子司業時所作。其書始魯終吳，合二十國，而附録諸小國、亡國於後。澄曾與履謙同官，深知其學，因爲之序。朱彝尊《經義考》載是書，有柳貫跋，此本無之；而有思恭跋，又《經義考》中所無。思恭《元史》無傳，跋稱履謙曰「大兄司成君」，則知爲履謙之弟。書中有「禮部官書」朱文長印，與宋版《通鑑紀事本末》書中所鈐符合，似亦明永樂間所採之本也。　琴川毛氏藏本。

《四庫提要・春秋類三》　《春秋諸國統紀》六卷。目録一卷。浙江吳玉墀家藏本。元齊履謙撰。履謙字伯恆，大名人。官至太史院使。事蹟具《元史》本傳。此書乃其延祐丁巳爲國子司業時所作。前有自序，謂今之《春秋》，蓋聖人合二十國史記爲之。自三《傳》專言褒貶，於諸國分合與《春秋》所以爲《春秋》，概未之及。故叙類此書，以備諸家之闕。凡二十有二篇，首魯、次周、次宋、次齊、次晉、次衛、次蔡、次陳、次鄭、次曹、次秦、次薛、次杞、次滕、次莒、次邾、次許、次宿、次楚、次吳。自内魯尊周外，各以五等之爵爲次。其入春秋後降爵者，則隨所降之爵列之，而楚、吳以僭王殿焉。目録謂此皆國史具在，聖人據以作《春秋》者。又以諸小國、諸亡國彙爲二篇，附録於末。目録謂此無國史，因二十國事所及而載者。皆先於各國下列叙大勢與其排比之意，題曰某國春秋統紀。蓋據《墨子》有《百國春秋》，徐彦《公羊疏》有孔子求《周史記》得百二十國寶書之文，故不主因魯史從赴告之義也。案：《春秋》如不據魯史，不應以十二公紀年。如不從赴告，不應僖公以後晉事最詳，僖公以前晉乃不載一事。此蓋掇拾雜説，不考正經。且魯史不紀周年，内魯可也。履謙分國編次而魯第一、周第二，不曰王人雖微加於諸侯之上乎？況天王也。至於隱公八年葬蔡宣公，宣公十七年葬蔡文公，竝《經》有明文。履謙漏此二條，乃於桓公十七年，葬蔡桓侯，謂諸國皆僭稱公，惟蔡仍舊章。反引《左傳》爲證，殊爲踳舛。又《經》書桓公三年夫人姜氏至自齊，六年九月丁卯子同生，其事更無疑義。《穀梁》「傳疑故志之」之説，已爲不核事實。履謙乃竟以莊公爲齊侯之子，尤爲乖謬。以其排比《經》文，頗易尋覽，所論亦時有可采，故録存之。吴澄《序》稱其縷數旁通，務合書法。間或求之太過，要之不苟爲言。蓋瑕瑜不掩，澄已有微辭矣。

錢大昕《補元史藝文志・春秋類》 齊履謙《春秋諸國統記》六卷。又目録一卷。

讀春秋編

楊士奇等《文淵閣書目・春秋》 陳深《讀春秋編》。一部，三冊。完全。

錢謙益等《絳雲樓書目・春秋類》 宋陳深《讀春春秋編》二冊。三卷。

黄虞稷《千頃堂書目・春秋類》 陳深《清全齋讀春秋編》十二卷。

倪燦等《宋史藝文志補・春秋類》 陳深《清全齋讀春秋編》十二卷。

《四庫提要・春秋類二》 《讀春秋編》十二卷。内府藏本。宋陳深撰。深字子微，平江人。嘗題所居曰「清全齋」，因以爲號。朱彝尊《經義考》引盧熊《蘇州志》，稱深生於宋。宋亡，篤志古學，閉門著書。天曆間奎章閣臣以能書薦，潛匿不出。考鄭元祐《僑吴集》有深次子植墓誌。據其所稱，植以至正二十二年卒，年七十。則植生於至元三十年癸巳。又自稱長於植一年，少於深三十餘年。則深之生當在開慶、景定間。宋亡之時，僅及弱冠，故至天曆間尚存也。所著有《讀易編》、《讀詩編》，今竝未見。惟此書僅存。其説大抵以胡氏爲宗，而兼采《左氏》。蓋左氏身爲魯史，言必有據，非公羊、穀梁傳聞疑似者比。自宋人喜以空言説《春秋》，遂併其事實而疑之，幾於束諸高閣。深所推闡，雖別無新異之見，而獨能考據事實，不爲虚憍恃氣、廢《傳》求《經》之高論。可謂篤實君子，未可以平近忽之矣。

錢大昕《補元史藝文志・春秋類》 陳深《清全齋讀春秋編》十二卷。一作三卷。

春秋然疑

黄虞稷《千頃堂書目・春秋類》 陳深《春秋然疑》。字子淵，長興人。嘉靖乙酉舉人，雷州府推官。

春秋説

錢大昕《補元史藝文志・春秋類》 俞師魯《春秋説》。字唯道，婺源人。至治中，廣德路儒學教授。

春秋舉傳論　周正如傳考　春秋紀聞

黄虞稷《千頃堂書目・春秋類》 黄景昌《春秋舉傳論》。按：《舉傳》有序，或作黄澤。《周正如傳考》。浦江人。

倪燦等《宋史藝文志補・春秋類》 黄景昌《春秋舉傳論》，又《周正如傳考》，又《春秋紀聞》。浦江人。

錢大昕《補元史藝文志・春秋類》 黄景昌《春秋公穀舉傳論》，《周正如傳考》二卷。字明遠，浦江人。

春秋說

黃虞稷《千頃堂書目・春秋類》 袁桷《春秋說》。

倪燦等《補遼金元藝文志・春秋類》 袁桷《春秋說》。

錢大昕《補元史藝文志・春秋類》 袁桷《春秋說》。

春秋說

黃虞稷《千頃堂書目・春秋類》 吾衍《春秋說》。

倪燦等《宋史藝文志補・春秋類》 吾衍《春秋說》。

錢大昕《補元史藝文志・春秋類》 吾衍《春秋說》。

春秋百問

錢大昕《補元史藝文志・春秋類》 萬思恭《春秋百問》六卷。

春秋五傳

錢大昕《補元史藝文志・春秋類》 曾震《春秋五傳》。廬陵人。

春秋旨要

王圻《續文獻通考・經籍考・春秋》 《筆削本旨》。黃澤著。

黃虞稷《千頃堂書目・春秋類》 黃澤《春秋旨要》。

倪燦等《補遼金元藝文志・春秋類》 黃澤《春秋旨要》。

三傳義例考

王圻《續文獻通考・經籍考・春秋》 《三傳義例考》。黃澤著。

黃虞稷《千頃堂書目・春秋類》 黃澤《三傳義例考》。

倪燦等《補遼金元藝文志・春秋類》 黃澤《春秋三傳義例考》。

春秋師說

王圻《續文獻通考・經籍考・春秋》 《春秋解》。黃澤著。

倪燦等《宋史藝文志補・春秋類》 黃澤《春秋師說》三卷。門人趙汸類次。

春秋類傳

王圻《續文獻通考・經籍考・春秋》 《春秋類傳》。邛峽王申子著。

黃虞稷《千頃堂書目・春秋類》 王申子《春秋類傳》。

倪燦等《宋史藝文志補・春秋類》 王申子《春秋類傳》。

錢大昕《補元史藝文志・春秋類》 王申子《春秋類傳》。

春秋正經句解

錢大昕《補元史藝文志・春秋類》 劉彭壽《春秋正經句解》。字壽翁，淳安縣尹。

春秋澤存

錢大昕《補元史藝文志・春秋類》 劉彭壽《春秋澤存》。

春秋主意

錢大昕《補元史藝文志・春秋類》 王相《春秋主意》十卷。字吾素，吉水人。延祐進士，國子助教，擢翰林修撰。

春秋温故管窺

黄虞稷《千頃堂書目・春秋類》 許謙《春秋溫故管窺》。

倪燦等《補遼金元藝文志・春秋類》 許謙《春秋溫故管窺》。

錢大昕《補元史藝文志・春秋類》 許謙《春秋故溫管闚》。

春秋三傳義疏

黄虞稷《千頃堂書目・春秋類》 許謙《春秋三傳義疏》。

倪燦等《補遼金元藝文志・春秋類》 許謙《春秋三傳義疏》。

錢大昕《補元史藝文志・春秋類》 許謙《春秋三傳義疏》。

春秋纂例原旨

錢大昕《補元史藝文志・春秋類》 戚崇僧《春秋纂例原旨》三卷。字仲咸，金華人。

春秋學講

錢大昕《補元史藝文志・春秋類》 戚崇僧《春秋學講》一卷。

春秋纂例

黄虞稷《千頃堂書目・春秋類》 錢仲咸《春秋纂例》。永康人，許謙弟子。

倪燦等《宋史藝文志補・春秋類》 錢仲咸《春秋纂例》。永康人。

春秋透天關

楊士奇等《文淵閣書目・春秋》 《春秋透天關》。一部，二冊。闕。

黄虞稷《千頃堂書目・春秋類》 晏兼善《春秋透天關》十二卷。

倪燦等《宋史藝文志補・春秋類》 晏兼善《春秋透天關》十二卷。

《四庫提要・春秋類存目一》 《春秋透天關》四卷。《永樂大典》本。舊本題「晏兼善撰」，不著時代。據其兼及合題，是元人也。其書專爲場屋而作，義殊膚淺。如解「元年春王正月」云「若就春字正月上用工，則春者天之所爲，聖人紀人道之始，全以天道、王道立說亦可」云云。則一書之大指可知矣。

春秋本義

楊士奇等《文淵閣書目・春秋》 《春秋程端學本義》。一部，十五冊。

完全。《春秋程端學本義》。一部，八冊。完全。

范邦甸等《天一閣書目・春秋類》　《春秋本義》。殘。有「尙寶少卿袁氏忠澈」印。　宋四明程端學編。

王圻《續文獻通考・經籍考・春秋》　《春秋本義》三十卷。程端學著。端學，鄞人。通《春秋》。至治中進士，仕爲國子助教，動有師法。

張萱等《內閣藏書目錄・經部》　《春秋程氏本義》十五冊。全。元至正間四明程端學著。本程氏之意，折衷百家而爲之説。　凡三十卷。又八冊。不全。　又十四冊。不全。同前。

黃虞稷《千頃堂書目・春秋類》　程端學《春秋本義》三十卷。　端學慨《春秋》一經未有歸一之説，偏索前代説《春秋》集，凡百三十家，折衷異同，湛思二十餘年，作《本義》以發聖人之經旨。復作《辨疑》以討三《傳》之疑似，作《或問》以校諸儒之異同。在元泰定間《綱領》一卷，明著作之意也。

倪燦等《補遼金元藝文志・春秋類》　程端學《春秋本義》三十卷。

《四庫提要・春秋類三》　《春秋本義》三十卷。兩江總督採進本。元程端學撰。端學字時叔，號積齋，慶元人。至治元年舉進士第二，官國子助教，遷翰林國史院編修官。事蹟附載《元史・儒學傳・韓性傳》中。是書乃其在國學時所作。所采自三《傳》而下凡一百七十六家，卷首具列其目。《寧波府志》及《千頃堂書目》均稱所採一百三十家，未喻其故也。首爲《通論》一篇、《問荅》一篇、《綱領》一篇。其下依《經》附説，類次羣言，閒亦綴以案語。《左傳》事蹟，即參錯於衆説之中，體例頗爲糅雜。其大旨仍主常事不書有貶無褒之義。故所徵引，大抵孫復以後之説。往往繳繞支離，橫加推衍，事事求其所以貶。如《經》書「紀履緰來逆女」、「伯姬歸于紀」，此自直書其事，舊無褒貶。端學必謂履緰非命卿，紀不當使來迎，魯亦不當聽其迎。夫履緰爲命卿，固無明文。其非命卿，又有何據乎？紀叔姬之歸酅，舊皆美其不以盛衰易志，歸於夫族。端學必以爲當歸魯而不當歸酅，斯已刻矣，乃復誣以失節於紀季，此又何所據乎？至於宋儒之駁《左傳》，不過摘其與《經》相戾，如《經》曰「楚子麇卒」，而《傳》曰「遇弒」之類耳。端學乃事事皆云未知信否，則天下無可據之古書矣。以其尙頗能糾正胡《傳》，又所採一百七十六家，其書佚者十之九，此書猶略見其梗概，姑録之，以備參考焉。

錢大昕《補元史藝文志・春秋類》　程端學《三傳辨疑》二十卷。

春秋綱領

楊士奇等《文淵閣書目・春秋》　《春秋程氏綱領》。一部，十五冊。完全。

黃虞稷《千頃堂書目・春秋類》　程端學《春秋本義》三十卷，《綱領》一卷。

倪燦等《補遼金元藝文志・春秋類》　程端學《春秋綱領》一卷。

錢大昕《補元史藝文志・春秋類》　程端學《春秋本義》三十卷。又《綱領》一卷。

春秋或問

楊士奇等《文淵閣書目・春秋》　《春秋程端學或問》。一部，四冊。完全。

王圻《續文獻通考・經籍考・春秋》　《春秋或問》十卷。程端學著。

張萱等《內閣藏書目錄・經部》　《春秋或問》四冊。全。宋程端學注。凡十卷。

《四庫提要・春秋類三》　《春秋或問》十卷。浙江范懋柱家天一閣藏本。元程端學撰。端學既輯《春秋本義》，復歷舉諸説得失以明去取之意。因成此書。蓋與《本義》相輔而行者也。其中最紕繆者，莫過於堅執周用夏正一條，反覆引譬，至於一萬餘言，無一不郢書燕説。甚至於隱公元年不書即位，亦謂即位當在前年十一月，故正月不書，以爲改正不改月之證。其陋殆不足與辨。然其他論説，乃轉勝所作之《本義》。蓋《本義》由誤從孫復之説，根柢先乖，故每事必穿鑿其文，務求聖人所以貶。即本條無可譏彈，亦必旁引一事或旁引一人以當其罪，遂至於支離轇轕，多與《經》義相違。此書則歷舉諸家，各加抨擊。雖過疑三《傳》，未免乖方。至於宋代諸儒一切深刻瑣碎之談、附會牽合之論，轉能一舉而摧陷之。然則《本義》之失，失於芟除糾結之後又自生糾結耳。若此書所辨訂，則未嘗盡不中理也。棄短取長，固亦未可竟廢焉。

錢大昕《補元史藝文志・春秋類》 程端學《春秋或問》十卷。

春秋三傳辨疑

楊士奇等《文淵閣書目・春秋》 《春秋程端學辨疑》。一部，九冊。完全。

范邦甸等《天一閣書目・春秋類》 《三傳辨疑》十五卷。宋四明程端學編。

王圻《續文獻通考・經籍考・春秋》 《三傳辯疑》二十卷。程端學著。

張萱等《内閣藏書目録・經部》 程端學《春秋辨疑》十冊。全　皆辨三《傳》之可疑者。　又五冊。全。　又四冊。不全。同前。

黄虞稷《千頃堂書目・春秋類》 程端學《三傳辨疑》二十卷。

倪燦等《宋史藝文志補・春秋類》 程端學《三傳辨疑》二十卷。

《四庫提要・春秋類三》 《春秋三傳辨疑》二十卷。《永樂大典》本。元程端學撰。是書以攻駁三《傳》爲主，凡端學以爲可疑者，皆摘録經文、傳文而疏辨於下。大抵先存一必欲廢傳之心，而百計以求其瑕纇，求之不得，則以不可信一語概之。蓋不信三《傳》之説，創於啖助、趙匡。案韓愈《贈盧仝》詩有「《春秋》三《傳》束高閣，獨抱遺經究終始」之句。仝與啖、趙同時，蓋亦宗二家之説者，以所作《春秋摘微》已佚，故今據現存之書惟稱啖、趙。其後析爲三派，孫復《尊王發微》以下，棄傳而不駁傳者也。劉敞《春秋權衡》以下，駁三《傳》之義例者也。葉夢得《春秋讞》以下，駁三《傳》之典故者也。至於端學，乃兼三派而用之，且併以《左傳》爲僞撰，變本加厲，罔顧其安，至是而横流極矣。平心而論，《左氏》身爲國史，記録最眞，《公羊》、《穀梁》去聖人未遠，見聞較近。必斥其一無可信，世寧復有可信之書。此眞妄搆虚辭，深誣先哲。至於褒貶之義例，則《左氏》所見原疎，《公》、《穀》兩家書由口授，經師附益，不免私增，誠不及後來之精密。端學此書，於研求書法，糾正是非，亦千慮不無一得。固未可惡其剛愎，遂概屏其説也。《通志堂經解》所刊，有《本義》，有《或問》，而不及此書。據納喇性德之序，蓋以殘闕而置之。此本爲浙江吳玉墀家所藏，第一卷蠹蝕最甚，有每行惟存數字者。然第二卷以下則尚皆完整。今以《永樂大典》所載校補其文，遂復爲全帙。吳本於《左氏》所載諸軼事，每條之下俱注「非本義不録」字，疑爲端學定稿之時加以簽題，俾從刪削，而繕寫者仍誤存之也。以原本如是，今亦姑仍其舊焉。

錢大昕《補元史藝文志・春秋類》 程端學《三傳辨疑》二十卷。

張金吾《愛日精廬藏書志・春秋類》 《春秋三傳辨疑》二十卷。文瀾閣傳抄本。元程端學撰。

春秋比事

王圻《續文獻通考・經籍考・春秋》 《春秋比事》。劉希賢著。

黄虞稷《千頃堂書目・春秋類》 劉希賢《春秋比事》。字仲愚，鄞縣人。江浙儒學副提舉。

倪燦等《宋史藝文志補・春秋類》 劉希賢《春秋比事》。　字仲愚鄞人。江浙儒學副提舉。

春秋發微

王圻《續文獻通考・經籍考・春秋》 《春秋發微》一卷。臧夢解著。

黄虞稷《千頃堂書目・春秋類》 臧夢解《春秋發微》一卷。

倪燦等《補遼金元藝文志・春秋類》 臧夢解《春秋發微》一卷。

錢大昕《補元史藝文志・春秋類》 臧夢解《春秋發微》一卷。

春秋通旨

錢大昕《補元史藝文志・春秋類》 尹用和《春秋通旨》。安福人。

春秋舉要

錢大昕《補元史藝文志・春秋類》 黃琢《春秋舉要》。字玉潤，吉水人。

春秋纂例

王圻《續文獻通考・經籍考・春秋》 《春秋纂例》，李應龍著。應龍字玉林，光澤人郁之後。至元中，薦爲白鹿洞書院山長及漳州路教授，俱不赴。

錢大昕《補元史藝文志・春秋類》 李應龍《春秋纂例》。字玉林，光澤人。

春秋通旨

王圻《續文獻通考・經籍考・春秋》 《春秋通旨》。安福劉聞著。

黃虞稷《千頃堂書目・春秋類》 劉聞《春秋通旨》。字文庭，安福人。天曆進士，知沔陽州。

倪燦等《補遼金元藝文志・春秋類》 劉聞《春秋通旨》。字文庭，安福人。沔陽知州。

錢大昕《補元史藝文志・春秋類》 劉聞《春秋通旨》。字文霆，安福人。天曆進士翰林修撰。知沔陽府。

春秋集解

王圻《續文獻通考・經籍考・春秋》 《春秋集解》。馮翼翁著。翼翁，永新人。進士試蝌蚪賦有名，官至撫州守。

黃虞稷《千頃堂書目・春秋類》 馮翼翁《春秋集解》。字子羽，奉新人。泰定元年進士，撫州知州。

倪燦等《補遼金元藝文志・春秋類》 馮翼翁《春秋集解》。字子羽，奉新人。

錢大昕《補元史藝文志・春秋類》 馮翼翁《春秋集解》。

春秋大義

王圻《續文獻通考・經籍考・春秋》 《春秋大義》。馮翼翁著。

黃虞稷《千頃堂書目・春秋類》 馮翼翁《春秋大義》。

倪燦等《補遼金元藝文志・春秋類》 馮翼翁《春秋大義》。

錢大昕《補元史藝文志・春秋類》 馮翼翁《春秋大義》。

春秋集傳

錢大昕《補元史藝文志・春秋類》 鄧淳翁《春秋集傳》。邵武人。

春秋胡傳補説

王圻《續文獻通考・經籍考・春秋》 《春秋傳附辯》，吳師道著。師道，金華人。幼學於金履祥，延祐間授［國子］博士，所著又有《戰國策校註》行世。

黄虞稷《千頃堂書目・春秋類》 吴師道《春秋胡傳補説》十二卷。一作《春秋胡傳附辨》。

倪燦等《補遼金元藝文志・春秋類》 吴師道《春秋胡傳補説》。一作《春秋胡傳附辨》。

錢大昕《補元史藝文志・春秋類》 吴師道《春秋胡傳補説》。

春秋集議

錢大昕《補元史藝文志・春秋類》 張君立《春秋集議》。豫章人。

春秋經旨

王圻《續文獻通考・經籍考・春秋》 《春秋經旨》。黄清志著。

黄虞稷《千頃堂書目・春秋類》 黄清老《春秋經旨》。字子肅，邵武人。泰定四年進士，湖廣儒學提舉。

倪燦等《補遼金元藝文志・春秋類》 黄清老《春秋經旨》。字子肅，邵武人。湖廣儒學提舉。

錢大昕《補元史藝文志・春秋類》 黄清老《春秋經旨》。字子肅，邵武人。泰定進士翰林編修，湖廣儒學提舉。

春秋三傳歸一義

王圻《續文獻通考・經籍考・春秋》 《三傳歸一義》三十卷。張樞著。樞，浙之東陽人。

黄虞稷《千頃堂書目・春秋類》 張樞《春秋三傳歸一義》三十卷。樞言學《春秋》者必始於三《傳》，而其義例互有不同。乃辨析其是非，會通其歸趣，參以先儒之説，裁以至當之理，編爲是書。

倪燦等《宋史藝文志補・春秋類》 張樞《春秋三傳歸一義》三十卷。

倪燦等《補遼金元藝文志・春秋類》 張樞《春秋三傳》朱墨本。

錢大昕《補元史藝文志・春秋類》 張樞《春秋三傳歸一義》三十卷。

春秋大義

王圻《續文獻通考・經籍考・春秋》 《春秋大義》。楊惟禎著。

黄虞稷《千頃堂書目・春秋類》 楊維楨《春秋大議》。

錢大昕《補元史藝文志・春秋類》 楊維楨或《春秋大義》。

左氏君子議

王圻《續文獻通考・經籍考・春秋》 《左氏君子議》。楊惟禎著。

黄虞稷《千頃堂書目・春秋類》 楊維楨《左氏君子議》。

春秋透天關

王圻《續文獻通考・經籍考・春秋》 《春秋透天關》。楊惟禎著。

黄虞稷《千頃堂書目・春秋類》 楊維楨《春秋透天關》十二卷。

春秋定是録

黄虞稷《千頃堂書目・春秋類》 楊維楨《春秋定是録》。

錢大昕《補元史藝文志・春秋類》 楊維楨《春秋定是録》十二卷。

春秋合題著説

《四庫提要・春秋類存目一》 《春秋合題著説》三卷。《永樂大典》本。元楊維楨撰。維楨字廉夫，號鐵崖，山陰人。泰定四年進士。初署天台尹，改錢清場鹽司令，轉建德總管府推官，擢江西儒學提舉。未及上而兵亂，遂不復仕，放浪於詩酒歌舞之間。明初，命修禮樂書，旋以老病辭歸。事蹟具《明史・文苑傳》。案《宋禮部貢舉條式》、《崇寧貢舉令》，《春秋》義題聽於三《傳》解經處出。靖康元年改，止用正《經》出題。紹興五年禮部議，《春秋》正經詞語簡約，比之五經爲略。問目所在，易於周徧。往往州郡問目，重複甚多。每遇程文，鮮不相犯。請仍聽於三《傳》解《經》處相兼出題。《元史・選舉志》所載延祐條例，不言《春秋》出題之法。以維楨是書考之，蓋亦以經文易複，改爲合題。明制《春秋》合題之法，蓋沿元舊也。維楨自序曰：「《春秋》正變無定例，故闕合無定題。筆削有微旨，故會通有微意。初學者不知通活法以求義，場屋中往往不得有司之意。今以當合題凡若干，各題著説，使推其正變無常，縱横各出，以禦場屋之敵。」又曰：「學者因是而得其活法，則求經之微亦無出於此，不止決科之計。」然其書究爲科舉而作，非通《經》者所尚也。

麟經賦

錢大昕《補元史藝文志・春秋類》 吳暾《麟經賦》一卷。字朝陽，淳安人。泰定進士鎮平縣尹。

春秋解義　春秋表義

黄虞稷《千頃堂書目・春秋類》 鄭杓《春秋解義》。《春秋表義》。字子樫，莆田人。

倪燦等《宋史藝文志補・春秋類》 鄭杓《春秋解義》。又《春秋表義》。字子樫，莆田人。

錢大昕《補元史藝文志・春秋類》 鄭杓《春秋解義》。或作「表義」。字子經，福州人，一云興化人。泰定中，南安儒學教諭。

見羅經旨

徐𤊹《徐氏家藏書目・春秋類》 《見羅麟經旨》一卷。李材。

黄虞稷《千頃堂書目・春秋類》 李材《見羅經旨》一卷。

春秋世變圖

王圻《續文獻通考・經籍考・春秋》 《春秋世變圖》二卷。浦江吳淶著。

黄虞稷《千頃堂書目・春秋類》 吳萊《春秋世變圖》二卷。別著《春秋經説》、《胡氏傳考誤》，皆未成編。

倪燦等《宋史藝文志補・春秋類》 吳萊《春秋世變圖》二卷。

嵇璜等《續通志・圖譜略・春秋類》 元吳萊《春秋世變圖》。

錢大昕《補元史藝文志・春秋類》 吳萊《春秋世變圖》二卷。

春秋傳授譜

王圻《續文獻通考・經籍考・春秋》 《春秋傳授譜》一卷。浦江吳淶著。

黃虞稷《千頃堂書目・春秋類》 吳萊《春秋傳授譜》一卷。

倪燦等《宋史藝文志補・春秋類》 吳萊《春秋傳授譜》一卷。

錢大昕《補元史藝文志・春秋類》 吳萊《春秋傳授譜》一卷。

春秋經説　胡氏傳正誤

錢大昕《補元史藝文志・春秋類》 吳萊《春秋經説》《胡氏傳正誤》。未脱稿。

春秋手鏡

黃虞稷《千頃堂書目・春秋類》 陳大倫《春秋手鏡》。字彥理，諸暨人。

倪燦等《宋史藝文志補・春秋類》 陳大倫《春秋手鏡》。字彥理，諸暨人。

錢大昕《補元史藝文志・春秋類》 陳大倫《春秋手鏡》。字彥理，諸暨人。

春秋經傳闕疑

黃虞稷《千頃堂書目・春秋類》 鄭玉《春秋經傳闕疑》三十卷。集羣儒之説而參以己意。一作八卷。

倪燦等《補遼金元藝文志・春秋類》 鄭玉《春秋經傳闕疑》四十五卷。

《四庫提要・春秋類三》 《春秋經傳闕疑》四十五卷。浙江鮑士恭家藏本。元鄭玉撰。玉事蹟詳《元史・忠義傳》。其體例以經爲綱，以傳爲目。敘事則專，主《左氏》，而附以《公》、《穀》。立論則先以《公》、《穀》而參以歷代諸儒之説。經有殘闕則考諸《傳》以補其遺。傳有舛誤，則稽於經以證其謬。大抵平心靜氣，得聖人之意者爲多。所著《師山集》中有《屬王季溫刊春秋闕疑書》，至被執就死之時，惟惓惓以此書爲念，蓋其平生精力所注也。其《序》謂：「常事則直書而義自見，大事須變文而義始明。蓋《春秋》有魯史之舊文，有聖人之特筆。不可字求其義，如酷吏之刑書；亦不可謂全無其義，如史官之實録」。又曰：「聖人之《經》，辭簡義奥，固非淺見臆説所能窺測所以。歲月既久，殘闕滋多，又豈懸空想像所能補綴？與其通所不可通，以取譏於當世，孰若闕其所當闕，以俟知於後人。」其論皆洞達光明，深得解《經》之要。故開卷周正、夏正一事，雖其理易明，而意有所疑，即闕而不講，慎之至也。昔程端學作《春秋本義》等三書，至正中官爲刊行，而日久論定，人終重玉此書。豈非以玉之著書主於明經以立教，端學之著書主於詆《傳》以邀名，用心之公私迥不同哉？玉字子美，歙縣人。元末除翰林待制，以疾辭。明兵入徽州，守將迫之降，玉不屈死。與宋呂大圭及同時李廉均可謂能明大義，不愧於治《春秋》矣。明郎瑛《七修類稿》乃謂玉既不受元爵，自當仕明，謂之當生而不生。其説殊謬。伯夷、叔齊豈嘗受殷爵哉？瑛所云云，所謂小人好議論，不樂成人之美者也。

錢大昕《補元史藝文志・春秋類》 鄭玉《春秋經傳闕疑》四十五卷。

春秋紀聞

黃虞稷《千頃堂書目・春秋類》 吳迂《春秋紀聞》。

錢大昕《補元史藝文志・春秋類》 吳迂《春秋紀聞》。

春秋胡傳纂疏

楊士奇等《文淵閣書目・春秋》　《春秋汪氏纂疏》一部，四冊。完全。

《春秋汪氏纂疏》一部，十冊。完全。

王圻《續文獻通考・經籍考・春秋》　《春秋纂疏》。汪克寬著。克寬，祁門人。少穎敏力學，隱居教授，隣郡學者皆宗之。

張萱等《内閣藏書目録・經部》　《春秋纂疏》九冊。全。元至元間新安汪克寬編纂。取諸説可以發明胡氏者疏於胡《傳》之下。鈔本。又六冊。不全。

錢謙益等《絳雲樓書目・春秋類》　汪克寬《春秋胡傳附録纂疏》十二冊。字德輔。隱居不仕。以十年之功爲此書，凡三十卷。

黄虞稷《千頃堂書目・春秋類》　汪克寬《春秋胡傳附録纂疏》三十卷。書撰於順帝後紀。至元中汪澤民、虞集皆有叙。《春秋大全》多襲用其書。

倪燦等《補遼金元藝文志・春秋類》　汪克寬《春秋胡傳附録纂疏》三十卷。

《明史・藝文志・春秋類》　汪克寬《春秋胡傳附録纂疏》三十卷。

《四庫提要・春秋類三》　《春秋胡傳附録纂疏》三十卷。浙江吳玉墀家藏本。元汪克寬撰。克寬有《禮經補逸》，已著録。是書前有克寬自序，稱：「詳註諸國紀年謚號，可究事實之悉；備列經文同異，可求聖筆之眞。益以諸家之説，而裨胡氏之闕疑；附以辨疑權衡，而知三《傳》之得失。」然其大旨，終以胡《傳》爲宗。考《元史・選舉志》，延祐二年定「經義」、「經疑」取士條格，《春秋》用三《傳》及胡安國《傳》。虞集《序》中亦及其事。蓋兼爲科舉而設。吳澄《序》俞臯《春秋釋義》所謂以胡《傳》從時尚者也。陳霆《兩山墨談》譏其以魯之郊祀爲夏正，復以魯之烝嘗爲周正，是亦遷就胡《傳》，不免騎牆之一證。然能於胡《傳》之説一一考其援引所自出，如《注》有《疏》，於一家之學亦可云詳盡矣。明永樂中，胡廣等修《春秋大全》，其《凡例》云：「紀年依汪氏《纂疏》，地名依李氏《會通》，《經》文以胡氏爲據，例依林氏。」其實乃全剿克寬此書。原本具在，可以一一互勘也。

孫星衍《平津館鑒藏書籍記・明版》　《春秋胡氏傳纂疏》卅卷。題「新安汪克寬學」。第一卷第一葉寫補，此據第二卷。前有引用諸儒姓氏，先儒格言，又有《春秋胡氏傳附録纂疏凡例》，後有汪克寬自序，至正辛巳虞集序，至元四年汪澤民序。後有「汪氏叔志」、「天禧光録五世孫」、「新安世家」三木印。末有至正八年吳國英跋。其書以胡氏《傳》爲主，雜引各家之説以疏證之。黑口板，每葉廿二行，行廿字。收藏有「衣谷居士」白文方印、「藉口園本」白文方印、「文德之口」朱文方印。

張金吾《愛日精廬藏書續志・春秋類》　《春秋胡氏傳纂疏》三十卷。元至正刊本。元新安汪克寬學。自序後有「建安劉叔簡栞於日新堂」木印。汪澤民序。至元戊寅。虞集序。至正辛巳。凡例。自序。至正丙戌。吳國英後序。至正戊子。

春秋釋義

錢謙益等《絳雲樓書目・春秋類》　汪克寬《春秋釋義》十二卷。

春秋提要

黄虞稷《千頃堂書目・春秋類》　汪克寬《春秋提要》。

春秋作義要訣

黄虞稷《千頃堂書目・春秋類》　汪克寬《春秋作義要訣》。一卷。

春秋尊王發微

黄虞稷《千頃堂書目・春秋類》 汪克寬《春秋尊王發微》。八卷。

春秋論斷

王圻《續文獻通考・經籍考・春秋》 《春秋論斷》，林泉生著。泉生字清源，永福人。爲翰林直學士，知制誥。以氣節自負，其學尤邃於《春秋》。

黄虞稷《千頃堂書目・春秋類》 林泉生《春秋論斷》。字清源，福州永福人。邃於《春秋》。官翰林直學士，知制誥，同修國史。

倪燦等《補遼金元藝文志・春秋類》 林泉生《春秋論斷》。字清源，福州永福人。翰林直學士，知制誥，同修國史。

錢大昕《補元史藝文志・春秋類》 林泉生《春秋論斷》。字清源，永福人。天曆進士，翰林直學士，謚文敏。

春秋集傳

王圻《續文獻通考・經籍考・春秋》 《春秋集釋》十卷。方道叡著。道叡，浙江人。

黄虞稷《千頃堂書目・春秋類》 方道壑《春秋集傳》十卷。字以愚，號愚泉，方逢辰曾孫，淳安人。至順二年進士，江西行省員外郎。洪武初被召不起。

倪燦等《補遼金元藝文志・春秋類》 方道叡《春秋集傳》十卷。字以愚，淳安人。江西行省員外郎。

錢大昕《補元史藝文志・春秋類》 方道叡《春秋集傳》十卷。

春秋玉鑰匙

黄虞稷《千頃堂書目・春秋類》 陳植《春秋玉鑰匙》。永豐人，李齊榜進士，翰林待制。

倪燦等《宋史藝文志補・春秋類》 陳植《春秋玉鑰匙》。永豐人翰林待制。

錢大昕《補元史藝文志・春秋類》 陳植《春秋玉鑰匙》一卷。永豐人，翰林待制。

春秋按斷

王圻《續文獻通考・經籍考・春秋》 《春秋按斷》。魯貞著。貞，開化人。元末隱居不仕。

錢大昕《補元史藝文志・春秋類》 魯貞《春秋案斷》。

聖筆全經

錢大昕《補元史藝文志・春秋類》 潘著《聖筆全經》。字澤民，嘉興人。湖安路儒學正。

春秋考義

王圻《續文獻通考・經籍考・春秋》 《春秋考義》。梁寅著。

黄虞稷《千頃堂書目・春秋類》 梁寅《春秋考義》十卷。病《傳》之求褒貶或過，乃因朱子之言爲論事之得失。

《明史・藝文志・春秋類》　梁寅《春秋考義》十卷。

春秋經傳考

王圻《續文獻通考・經籍考・春秋》　《春秋經傳考》，戴良著。良，金華人。少從黄溍遊，英偉秀發，以文章擅名。所著又有《和陶詩》、《九靈山房文集》。

黄虞稷《千頃堂書目・春秋類》　戴良《春秋經傳考》三十二卷。

春秋集傳

王圻《續文獻通考・經籍考・春秋》　《春秋集傳》。洪武初休寧趙汸著。

錢謙益等《絳雲樓書目・春秋類》　趙汸《春秋集傳》四冊。十五卷。牧翁言此是未成之書，擇焉而不精也。

黄虞稷《千頃堂書目・春秋類》　《春秋集傳》十五卷。始汸至正戊子初作《集傳》，既復著《屬詞》，義精例密。《集傳》所列經義史法，猶有未備，且謂《屬詞》時推筆削之權，而《集傳》大明經世之志，必二書相表裏，而後《春秋》之旨方完。至壬寅復著《集傳》至昭公二十七年，攖痾遂閣筆。迨洪武己酉冬汸卒。其門人倪尚誼據《屬辭》、《義例》補成之。

倪燦等《補遼金元藝文志・春秋類》　趙汸《春秋集傳》十五卷。

《明史・藝文志・春秋類》　趙汸《春秋集傳》十五卷，附録二卷。

《四庫提要・春秋類三》　《春秋集傳》十五卷。兩江總督採進本。元趙汸撰。汸有《周易文詮》，已著録。是書有汸《自序》及其門人倪尚誼《後序》。尚誼稱是書初稿始於至正戊子。一再刪削，迄丁酉成編。既而復著《屬辭》，義精例密。乃知《集傳》初稿，更須討論。而序文中所列史法經義，猶有未至。歲在戊寅，重著是《傳》。草創至昭公二十八年，乃疾疢難厄，閣筆未續。至洪武己酉，遂卒。自昭公二十八年以下，尚誼據《屬辭》義例續之。序中所謂策書之例十有五、筆削之義八者，亦尚誼更定，而原本有譌誤疏遺者咸補正焉。則此書實成於尚誼之手。然義例一本於汸，猶汸書也。汸《自序》曰：「學者必知策書之例，然後筆削之義可求。筆削之義既明，則凡以虛辭說經者皆不攻而自破。」可謂得說經之要領矣。

張之洞《書目答問・列朝經注經説經本考證》　《春秋集傳》十五卷。元趙汸。微波榭本。《學津》本。通志堂本。

春秋屬辭

楊士奇等《文淵閣書目・春秋》　《春秋趙子常屬辭》。一部，六冊。闕。

王圻《續文獻通考・經籍考・春秋》　《春秋屬詞》。洪武初休寧趙汸著。

錢謙益等《絳雲樓書目・春秋類》　趙汸《春秋屬詞》六冊。十五卷。

黄虞稷《千頃堂書目・春秋類》　《春秋屬詞》十五卷。離析部居，分別義例，立爲八禮以布列之。汸以《春秋》有史氏之舊文，有聖人之特筆，必先明於二者，而後可以讀《春秋》。殫精畢慮，凡二十年而成是書。

倪燦等《補遼金元藝文志・春秋類》　趙汸《春秋屬詞》十五卷。

《明史・藝文志・春秋類》　趙汸《春秋屬辭》十五卷。

《四庫提要・春秋類三》　《春秋屬辭》十五卷。兩江總督採進本。元趙汸撰。汸於《春秋》用力至深。至正丁酉，既定《集傳》初稿，又因《禮記・經解》之語，悟《春秋》之義在於比事屬辭，因復推筆削之旨，定著此書。其爲例凡八：一曰存策書之大體，二曰假筆削以行權，三曰變文以示義，四曰辨名實之際，五曰謹內外之辨，六曰特筆以正名，七曰因日月以明類，八曰辭從主人。其説以杜預《釋例》、陳傅良《後傳》爲本，而亦多所補正。汸《東山集》有《與朱楓林書》曰：「謂《春秋》隨事筆削，決無凡例，前輩言此亦多，至丹陽洪氏之説出，則此段公案不容再舉矣。其言曰：《春秋》本無例，學者因行事之迹以爲例。猶天本無度，曆家即周天之數以爲度。此論甚當。至黄先生則謂魯史有例，聖《經》無例。非無例也，以義爲例，隱而不彰，則又精矣。今汸所纂述，卻是比事屬辭法。其間異同詳略，觸事貫通，自成義例，與先儒所纂所釋者殊不同。然後知以例說《經》，固不足以知聖人，爲一切之說以自欺而漫無統紀者，亦不足以言《春秋》

也。是故但以《屬辭》名書。」又有《與趙伯友書》曰：「承筆削《行狀》作《黄先生傳》，特奉納《師說》一部、《屬辭》一部。尊兄既熟《行狀》，又觀《師說》，則於六經復古之學，艱苦之由，已得大概。然後細看《屬辭》一過，乃知區區抱此二十餘年，非得已不已，强自附於傳注家，以徼名當世之謂也。其書參互錯綜，若未易觀。然其入處祗是屬辭比事法，無一義出於杜撰」云云。其論義例頗確，其自命亦甚高。今觀其書，删除繁瑣，區以八門，較諸家爲有緒。而目多者失之糾紛，目少者失之强配，其病亦略相等。至日月一例，不出《公》、《穀》之窠臼，尤嫌繳繞，故仍爲卓爾康所譏。語見爾康《春秋辨義》。蓋言之易而爲之難也。顧其書淹通貫穿，據《傳》求《經》，多由考證得之，終不似他家之臆說。故附會穿鑿雖不能盡免，而宏綱大旨則可取者爲多。前有宋濂《序》，所論《春秋》五變，均切中枵腹游談之病。今併録之，俾憑臆說經者知情狀不可揜焉。

彭元瑞等《天禄琳琅書目後編·元版經部》 《春秋屬詞》。二函，十冊。元趙汸撰。書十五卷。前有宋濂序，次汸自序。書分八例，曰存策書之大體百三十一條，曰假筆削以行權七十四條，曰變文以示義十八條，曰辨名實之際六條，曰謹華夷之辨十四條，曰特筆以正名十八條，曰因日月以明類十六條，曰詞從主人十八條。大意以《春秋》之義在於比事屬詞，因取杜預《釋例》、陳傅良《後傳》爲本，以推筆削之旨，而亦多所補正。末有前鄉貢進士池州路儒學學正朱升校正，學生倪尚誼校對，金居敬覆校。濂序署銜「前史官」，蓋濂元至正中薦授翰林編修，以親老人龍門山著書，序當作於是時。蓋與前二書皆元末所刊。宋實穎，字既庭，長洲人。順治辛卯舉人，官興化教諭，志稱騷壇名宿。

吴壽暘《拜經樓藏書題跋記·羣經小學》 《春秋屬辭》。舊刻本。每葉二十六行，行二十七字。後列校刻氏名。爲曝書亭、道古樓二家藏書，有其圖記，俱極精雅。按《千頃堂書目》謂其離析部居，分别義例，立爲八體以布列之。汸以《春秋》有史氏之舊文，有聖人之特筆，必先明于二者，而後可以讀《春秋》。殫精畢慮，凡二十年而成。蓋其精審若是。義門太史亦謂東山《春秋》諸書名重。子常又有《春秋左氏傳補註》十卷，《春秋集傳》十五卷。今通志堂所刻乃《春秋師說》三卷，《春秋補註》十卷耳。

春秋金鎖匙

楊士奇等《文淵閣書目·春秋》 《春秋金鎖匙》。一部，一冊。闕。

錢謙益等《絳雲樓書目·春秋類》 《春秋金鎖匙》。一冊。一卷。

錢曾《讀書敏求記·春秋》 趙汸《春秋金鎖匙》一卷。是書曾于牧翁書架上見之，後不知散佚何處。此則焦氏家藏舊鈔本也。【略】楚望云：「學《春秋》當以三《傳》爲主，而三《傳》之中又當據《左氏》事實，以求聖人旨意之所歸。盖其中自有脈絡可尋，人自不肯細意推求耳。」旨哉斯語，一洗唐、宋來舍《傳》求《經》之妄論矣。

范邦甸等《天一閣書目·春秋類》 《春秋金鎖匙》一卷。朱絲欄鈔本。元趙汸撰。

《四庫提要·春秋類三》 《春秋金鎖匙》一卷。兩江總督採進本。元趙汸撰。其書撮舉聖人之特筆與《春秋》之大例，以事之相類者，互相推勘，考究其異同，而申明其正變。蓋合比事屬辭而一之。大旨以春秋之初，主於抑諸侯；春秋之末，主於抑大夫。中間齊、晉主盟，則視其尊王與否而進退之。其中如謂聖人貶杞之爵，降侯爲子，與毛伯錫命稱天王、稱錫爲以君與臣之詞；召伯賜命稱天子稱賜爲彼此相與之詞。雖尚沿舊說之陋，而發揮書法，條理秩然。程子所謂「大義數十，炳如日星」者，亦庶幾近之矣。考宋沈棐嘗有《春秋比事》一書，與此書大旨相近。疑汸未見其本，故有此作。然二書體例各殊，沈詳而盡，趙簡而明，固不妨於竝行也。

吴壽暘《拜經樓藏書題跋記·羣經小學》 《春秋金鎖匙》。右鈔本，一卷，亦子常著。《讀書敏求記》云：「是書曾於牧翁架上見之，後不知散佚何處。此則焦氏家藏舊鈔本也。」惜多訛舛。先君子曾從沈層雲先生借紅櫚書屋新刊本校勘，頗多是正。

張之洞《書目答問·列朝經注經說經本考證》 《春秋金鎖匙》一卷。元趙汸。微波榭本。《學津》本。

春秋師說

王圻《續文獻通考・經籍考・春秋》　《左氏師說》。洪武初休寧趙汸著。

徐𤊹《徐氏家藏書目・春秋類》　《春秋師說》三卷。趙汸。

錢謙益等《絳雲樓書目・春秋類》　趙汸《春秋師說》一冊。一卷。

黃虞稷《千頃堂書目・春秋類》　趙汸《春秋師說》三卷，附録二卷。汸輯其師資中黃澤所著書内《春秋》諸説，及平日所聞者爲是書。凡十有一篇。附録者録澤所爲文及詩，與己所爲澤行狀也。

倪燦等《補遼金元藝文志・春秋類》　趙汸《春秋師說》三卷。

錢曾《讀書敏求記・春秋》　趙汸《春秋師說》三卷。子常游楚望之門，得益《春秋》爲多，故次其師説十一篇以成是書。

《四庫提要・春秋類三》　《春秋師說》三卷。兩江總督採進本。元趙汸撰。汸常師九江黃澤。其初，一再登門，得《六經疑義》十餘條以歸。已，復往留二載，得口授六十四卦大義與學《春秋》之要。故題曰《師說》，明不忘所自也。汸作《左傳補注序》曰：「黃先生論《春秋》學以左丘明、杜元凱爲主。」又作澤行狀，述澤之言曰：「説《春秋》須先識聖人之氣象，則一切刻削煩碎之説自然退聽。」又稱：「嘗考古今禮俗之不同，爲文十餘通，以見虛辭説經之無益。」蓋其學有原本，而其論則持以和平，多深得聖人之旨。汸本其意，類爲十一篇。其門人金居敬又集澤《思古十吟》，與吳澂二序及行狀附録於後。行狀載澤説《春秋》之書，有《元年春王正月辨》、《筆削本旨》、《諸侯取女立子通考》、《魯隱不書即位義》、《殷周諸侯禘祫考》、《周廟太廟單祭合食説》、《作丘甲辨》、《春秋指要》。蓋即所謂爲文十餘通者。朱彝尊《經義考》又載有《三傳義例考》，今皆不傳。惟賴汸此書，尚可識黃氏之宗旨。是亦讀孫覺之書，得見胡瑗之義者矣。

彭元瑞等《天禄琳琅書目後編・元版經部》　《春秋師說》。一函，二冊。元趙汸撰。汸字子常，休寧人。隱居不仕。明洪武二年，召修《元史》，乞還。卒。書三卷，凡十一篇，曰《論春秋述作本旨》，曰《論魯史策書遺法》，曰《論三傳得失》，曰《論古注得失》，曰《論漢唐宋諸儒得失》，曰《論學春秋之要》，曰《經旨舉略》，曰《王正月辯》，曰《魯隱公元年不書即位義》，曰《諸侯娶女立子通考》，曰《春秋指要》。汸師王澤，澤所著經説曰《六經辨釋補注》、曰《翼經罪言》、曰《經學復古樞要》。澤既殁，汸乃取前諸書中爲《春秋》説者類次成書，名曰《師說》。澤字楚望，資州人，曾爲景星、東湖兩書院山長。前有至正戊子汸序，後附澤詩十首、文二首，汸所撰澤行狀一首。麻沙小字本。

吳壽暘《拜經樓藏書題跋記・羣經小學》　今通志堂所刻乃《春秋師說》三卷。《春秋補註》十卷耳。

春秋會通

楊士奇等《文淵閣書目・春秋》　《春秋李廉會通》。一部，三冊。完全。《春秋李廉會通》。一部，四冊。完全。《春秋李廉會通》。一部，五冊。闕。《春秋李廉會通》。一部，五冊。闕。整本補入。

張萱等《内閣藏書目録・經部》　《春秋會通》四冊。全。元至正間廬陵李廉編。先《左氏》，次《公》、《穀》，次杜氏、何氏、范氏，次疏義，總之以胡氏爲主。而陳氏之《後傳》、張氏之《集注》皆並列之。凡二十卷。又四冊。全。同前。

錢謙益等《絳雲樓書目・春秋類》　李廉《春秋諸傳會通》十四冊。二十四卷。

王圻《續文獻通考・經籍考・春秋》　《春秋會通》。李廉著。廉，安福人。元末以鄉魁登進士。

黃虞稷《千頃堂書目・春秋類》　李廉《春秋諸傳會通》二十四卷。字行簡，安福人。元至正壬午以是經舉三甲進士。官至贛州路信豐縣尹。遇寇亂，戰敗，守節死。其論先《左氏》，次《公》、《穀》，次杜、何、范三《注》及《正義》。總之以胡氏爲主，而陳氏之《後傳》、張氏之《集注》，皆并列之。

倪燦等《補遼金元藝文志・春秋類》　李廉《春秋諸傳會通》二十四卷。字行簡，安福人。信豐縣尹，禦寇死。

《四庫提要・春秋類三》　《春秋諸傳會通》二十四卷。浙江范懋柱家天一閣藏本。元李廉撰。廉字行簡，廬陵人。明楊士奇《東里集》云：「廉於至正壬午以《春秋》舉於鄉，擢陳祖仁榜進士。官至信豐令。遇寇亂，守節死。時南北道梗，未及旌褒。明初修《元史》時，故交無在當路者，有司又不知採録以聞，故史竟遺之。」則廉實忠義之士，非以空言説經者矣。此書以諸家之説薈萃成編。自序謂：「先《左氏》事之案也，次《公》、《穀》傳《經》之始也，次三《傳》注專門也，次疏義釋所疑也；總之以胡氏，貴乎斷也；陳、張竝列，擇其長也。又備采諸儒成説及他傳記略加疏剔，於異同是非始末之際，每究心焉。」然是編雖以胡氏爲主，而駁正殊多。又參考諸家，竝能掇其長義。一事之疑，一辭之異，皆貫串全經以折衷之。如謂仲子非嫡，隱公不得謂之攝；齊桓之霸基於僖、襄；三桓之盛兆於魯僖；不書吳敗越夫椒，責其不能復讎；書葬昭公，罪魯不以季氏爲逆；書葬劉文公，罪畿內諸侯之僭；書築蛇淵囿，責定公受女樂而荒，持論俱明白正大。《總論》百餘條，權衡事理，尤得比事屬辭之旨。故欽定《春秋傳説彙纂》多採録焉。廉自序題「至正九年己丑」，又稱「讀經三十年，竊第南歸，叨録劇司，乃成是書」。考《元史》，陳祖仁榜在順帝至正二年。蓋廉於鄉舉之歲即登進士第，而通籍頗晚。閉戶著書，故得潛心古義，不同於科舉之學也。

彭元瑞等《天禄琳琅書目後編・元版經部》　《春秋諸傳會通》。二函，十六冊。元李廉撰。廉，字行簡，廬陵人。楊士奇《東里集》載廉以至正二年舉於鄉，成進士，官信豐令，遇寇亂守節死，《元史》遺之。書二十四卷。前有杜預《左傳序》、何休《公羊傳序》、范甯《穀梁傳序》、程頤《春秋序》、胡安國《春秋傳序》及《進表》、樓鑰《陳氏後傳序略》，次凡例，次《讀春秋綱領》。通部經文大書，三《傳》及胡安國《傳》、陳傅良《後傳》、張洽《集注》，皆低一格，各以白文標識。其附録注疏低二格，自作按語低三格，體例極爲嚴晰。考別本有廉自序，謂先《左氏》，事之案也；次《公》、《穀》，傳經之始也；次三《傳》之注專門也；次疏義釋所疑也。總之，以胡氏貴斷也；陳張、竝列，擇所長也。其作書之旨具是，大抵主胡氏而多所駁正。此本序佚，鋟工古雅，元版最上乘。卷末有「至正辛卯仲冬虞氏明復齋刊」、「南谿精舍」兩墨記，與前蔡沈《書集傳》同出一家。

錢大昕《補元史藝文志・春秋類》　李廉《春秋諸傳會通》二十四卷。字行簡，安福人。至正壬午進士，贛州路信豐縣尹。遇寇亂，戰敗守節死。

張金吾《愛日精廬藏書志・春秋類》　《春秋諸傳會通》二十四卷。元至正刊本。元廬陵進士李廉輯。自序後有「至正辛卯臘月崇川書府重刊」木印。自序。凡例。讀春秋綱領。

吳壽暘《拜經樓藏書題跋記・羣經小學》　《春秋諸傳會通》。《諸傳會通》二十四卷，後有「至正辛卯仲冬虞氏明復齋刊」長墨印、「南谿精舍」小墨印。每葉二十四行，行二十二字。元刻之最精者。前有「何焯之印」，後有「叢書堂印」二圖記，蓋爲匏翁、義門二先生所藏弆者。書側題識精整，猶義門先生手筆。翁覃溪鴻臚《通志堂經解目録》云：「至正九年七月自序，所編諸傳，據《左》、《公》、穀》及胡、陳、張，而以張氏爲主。然所引張洽即今所見張氏《集註》而非張氏之傳，則知張洽《集傳》其書之佚久矣。」

春秋編類

王圻《續文獻通考・經籍考・春秋》　《春秋編類》十二卷。宋景濂曰：宣城梅致和著。辯其世變，要其指歸，蓋得之於研精者，惜與《耕稿》十卷俱燬于兵。

黃虞稷《千頃堂書目・春秋類》　梅致《春秋編類》二十卷。宣城人。宋濂有序。

倪燦等《補遼金元藝文志・春秋類》　梅致《春秋編類》二十卷。宣城人。

錢大昕《補元史藝文志・春秋類》　梅致《春秋編類》二十卷。一作君和，宣城人。

春秋讞義

黃虞稷《千頃堂書目・春秋類》　于文傳《春秋讞義》十二卷。

倪燦等《宋史藝文志補・春秋類》　于文傳《春秋讞義》十二卷。

春秋提綱

楊士奇等《文淵閣書目・春秋》　《春秋陳則通提綱》。一部，一冊。完全。

范邦甸等《天一閣書目・春秋類》　《春秋提綱》十卷。藍絲欄，綿紙鈔本。元陳則通撰，陳應龍編并跋。至正丁亥大比之歲夏四月丙戌盱江胡光世跋于石泉書院。

黃虞稷《千頃堂書目・春秋類》　陳則通鐵山先生《春秋提綱》十卷。胡光世爲序。

倪燦等《宋史藝文志補・春秋類》　陳則通鐵山先生《春秋提綱》十卷。

《四庫提要・春秋類三》　《春秋提綱》十卷。兩江總督採進本。舊本題「鐵山先生陳則通撰」。不著爵里，亦不著時代，其始末未詳。朱彝尊《經義考》列之劉莊孫後王申子前，然則元人也。是書綜論《春秋》大旨，分門凡四：曰征伐、曰朝聘、曰盟會、曰雜例。每門中又區分其事，以類相從，題之曰例。然大抵參校其事之始終，而考究其成敗得失之由。雖名曰例，實非如他家之說《春秋》以書法爲例者。故其言閎肆縱横，純爲史論之體，蓋說經家之別成一格者也。其「雜例」門中論《春秋》爲用夏正，猶堅守胡安國之說。然安國解文公十四年「有星孛于北斗」，解昭公十七年「有星孛于大辰」，全襲董仲舒、劉向之義。則通「災異例」中獨深排漢儒事應之謬，則所見固勝於安國矣。

錢大昕《補元史藝文志・春秋類》　陳則通《春秋提綱》十卷。

春秋節傳

王圻《續文獻通考・經籍考・春秋》　《春秋節傳》，魯淵著。淵，淳安人。勵志爲學。舉進士，爲華亭丞。所著又有《策府樞要》。餘干饒魯亦有《節傳》。

黃虞稷《千頃堂書目・春秋類》　魯淵《春秋節傳》。字道源，淳安人。至正辛卯舉進士，爲華亭丞。入明，聘不起。

倪燦等《補遼金元藝文志・春秋類》　魯淵《春秋節傳》。字道源，淳安人，華亭丞。

錢大昕《補元史藝文志・春秋類》　魯淵《春秋節傳》。字道源，淳安人，至正進士，華亭丞。

春秋裨傳

王圻《續文獻通考・經籍考・春秋》　《裨傳》、《類編》、《五論辯》。宋景濂曰：故東吳先生儀究心於《春秋》，謂聖人之經一，而諸家異傳，大道榛塞，乃著此三書，辭義嚴密，多先儒所未言者。

黃虞稷《千頃堂書目・春秋類》　吳儀《春秋裨傳》。字明善，金谿人。從學虞集，至正丙申舉鄉試。吳伯宗父。時稱爲東吳先生。

倪燦等《補遼金元藝文志・春秋類》　吳儀《春秋裨傳》。字明善，金谿人。

錢大昕《補元史藝文志・春秋類》　吳儀《春秋稗傳》。字明善，金谿人。

春秋類編

王圻《續文獻通考・經籍考・春秋》　《［春秋］類編》。

黃虞稷《千頃堂書目・春秋類》　吳儀《春秋類編》。

倪燦等《補遼金元藝文志・春秋類》　吳儀《春秋類編》。

錢大昕《補元史藝文志・春秋類》　吳儀《春秋類編》。

春秋五傳論辨

王圻《續文獻通考・經籍考・春秋》《五論辯》。

黄虞稷《千頃堂書目・春秋類》 吳儀《五傳論辨》。

倪燦等《補遼金元藝文志・春秋類》 吳儀《五傳論辨》。

錢大昕《補元史藝文志・春秋類》 吳儀《春秋五傳論辨》。

春秋傳論

王圻《續文獻通考・經籍考・春秋》《春秋傳論》十卷。郭正子著。

倪燦等《補遼金元藝文志・春秋類》 郭鏜《春秋傳論》十卷。

黄虞稷《千頃堂書目・春秋類》 郭鏜《春秋傳論》十卷。

錢大昕《補元史藝文志・春秋類》 郭鏜《春秋傳論》十卷。

春秋大義

錢大昕《補元史藝文志・春秋類》 汪汝懋《春秋大義》一百卷。

春秋讞議

楊士奇等《文淵閣書目・春秋》《春秋王元杰讞義》。一部，五冊。闕。

王圻《續文獻通考・經籍考・春秋》《春秋讞議》若干卷。王原傑著。原傑，吳江人。學邃行潔。至正間領薦，値兵興，不復仕，教授於鄉。

黄虞稷《千頃堂書目・春秋類》 王元杰《春秋讞義》十卷。字子英，吳江人。至正間領鄉薦，値兵興不復仕。教授於鄉，有文曰《貞白英華集》及詩《水雲清嘯集》，皆進於朝。

倪燦等《補遼金元藝文志・春秋類》 王元杰《春秋讞義》十卷。字子英，吳江人。

《四庫提要・春秋類三》《春秋讞義》九卷。浙江汪啟淑家藏本。元王元杰撰。元杰字子英，吳江人。至正間領鄉薦。以兵興不仕，教授鄉里以終。昔程子作《春秋傳》未成，朱子之論《春秋》亦無專書。元杰乃輯其緒言，分綴經文之下，復删掇胡安國《傳》以盡其意。安國之書在朱子前，而其說皆列朱子後。欲別所尊，故不以時代拘也。其間如隱公四年「州吁」條下，備録朱子《邶風・擊鼓》篇《傳》，於《春秋》書法無關，亦以意所推崇，一字不欲芟削耳。三家之末，元杰以己意推闡，別標曰《讞》，如桓公四年「紀侯大去」條下，程子以大爲紀侯之名，意主責紀不責齊。元杰之《讞》則委曲恕紀，不從程子之說。而全書之内於朱子無一異辭，其宗旨概可見矣。恭讀御題詩註，以程朱子重儓目之，允足破鄉曲豎儒守一先生之錮見。又其書襲葉夢得之謬，以「讞」爲名，亦經御題嚴闢，尤足以戒刻深鍛鍊以法家說《春秋》者。以其謹守舊文，尚差勝無師瞽說，故仍録存之，而敬述聖訓，明正其失如右。原書十二卷，久無刊本。今諸家所藏皆佚脱其後三卷，無從校補，亦姑仍之焉。

錢大昕《補元史藝文志・春秋類》 王元杰《春秋讞義》十二卷。字子英，吳江人。黄丕烈云此書有千文傳序。《千頃堂》別出千文傳《春秋讞義》十二卷，似重出。

張金吾《愛日精廬藏書志・春秋類》《春秋讞義》十二卷。抄本。元吳郡後學王元杰集讞。伏讀欽定《四庫全書總目》曰「原書十二卷，久無刊本。諸家所藏皆佚脱其後三卷，無從校補」云云。此本後三卷完善無闕，可貴也。千文傳序。至正十年。

春秋啓鑰

范邦甸等《天一閣書目・春秋類》《春秋啓鑰》五卷。紅絲欄鈔本。元至正廬陵彭飛南滇氏校正。不著撰書人名字。卷首彭自序。

黃虞稷《千頃堂書目・春秋類》 彭飛《春秋啓鑰龍虎正印》五卷。

倪燦等《補遼金元藝文志・春秋類》 彭飛《春秋啓鑰龍虎正印》五卷。

春秋釋疑

錢大昕《補元史藝文志・春秋類》 王莊《春秋釋疑》。

春秋案斷補遺

錢大昕《補元史藝文志・春秋類》 鍾伯紀《春秋案斷補遺》。大梁人。

春秋傳

黃虞稷《千頃堂書目・春秋類》 俞漢《春秋傳》三十卷。字仲雲，諸暨人。所纂書，元時命禮部下江浙儒學刊板。授書院山長，不赴。

倪燦等《宋史藝文志補・春秋類》 俞漢《春秋傳》三十卷。字仲雲，諸暨人。

錢大昕《補元史藝文志・春秋類》 俞漢《春秋傳》三十卷。字仲雲，諸暨人。

春秋旨要

黃虞稷《千頃堂書目・春秋類》 楊如山《春秋旨要》十卷。

錢大昕《補元史藝文志・春秋類》 楊如山《春秋旨要》十卷。字少游，蜀嘉定州人。淮海書院山長。

春秋辨疑

王圻《續文獻通考・經籍考・春秋》 《春秋辯疑》。安福彭絲著。

黃虞稷《千頃堂書目・春秋類》 彭絲《春秋辨疑》。

倪燦等《補遼金元藝文志・春秋類》 彭絲《春秋辨疑》。

錢大昕《補元史藝文志・春秋類》 彭絲《春秋辨疑》。

春秋探微

黃虞稷《千頃堂書目・春秋類》 馬駢《春秋微》十四卷。

倪燦等《宋史藝文志補・春秋類》 馬駢《春秋探微》十四卷。

春秋志疑

黃虞稷《千頃堂書目・春秋類》 靜菴《春秋志疑》九帙。

倪燦等《宋史藝文志補・春秋類》 靜菴《春秋志疑》九帙。

春秋十三伯論

黃虞稷《千頃堂書目・春秋類》 莊穀《春秋十三伯論》一卷。

倪燦等《宋史藝文志補・春秋類》 莊穀《春秋十三伯論》一卷。

春秋纂

黃虞稷《千頃堂書目・春秋類》 蔡深《春秋纂》十卷。字淵仲，江西樂平人。元徽州路學教授。明初，陶安薦其學行，以老病不赴。

《明史・藝文志・春秋類》 蔡深《春秋纂》十卷。

倪燦等《補遼金元藝文志・春秋類》 蔡深《春秋纂》十卷。字淵仲，江西樂平人，徽州路學教授。

春秋啓鑰

黃虞稷《千頃堂書目・春秋類》 熊釗《春秋啓鑰》。字伯昭，進賢人。領元鄉薦。洪武中，薦入校書會同館。

春秋要旨

黃虞稷《千頃堂書目・春秋類》 滕克恭《春秋要旨》。字安卿，祥符人。元集賢學士。洪武初，徵典鄉試。

春秋指掌圖

嵇璜等《續通志・圖譜略・春秋類》 徐梅龜《春秋指掌圖》。

春秋傳授譜

嵇璜等《續通志・圖譜略・春秋類》 徐梅龜《春秋傳授譜》。

春秋翼義

黃虞稷《千頃堂書目・春秋類》《春秋翼義》一卷。

倪燦等《補遼金元藝文志・春秋類》《春秋翼義》一卷。

春秋通天竅

楊士奇等《文淵閣書目・春秋》《春秋通天竅》。一部，一冊。完全。

黃虞稷《千頃堂書目・春秋類》《春秋通天竅》一卷。

倪燦等《補遼金元藝文志・春秋類》《春秋通天竅》一卷。

春秋事義考

錢謙益等《絳雲樓書目・春秋類》《春秋事義考》一冊。

春秋集傳約記

楊士奇等《文淵閣書目・春秋》《春秋集傳約記》。一部，一冊，完全。

張萱等《內閣藏書目録・經部》《春秋集傳約記》一冊。全。鈔本。莫詳姓氏。皆三《傳》及胡《傳》也。

黃虞稷《千頃堂書目・春秋類》《春秋集傳約記》一冊。

倪燦等《補遼金元藝文志・春秋類》《春秋集傳約記》一冊。

春秋纂疏

楊士奇等《文淵閣書目・春秋》　《春秋纂疏》。一部，九冊。完全。

春秋或問

楊士奇等《文淵閣書目・春秋》　《春秋或問》。一部，五冊。完全。

麟經指南

《四庫提要・春秋類存目一》　《麟經指南》一卷。《永樂大典》本。不著撰人名氏。前有自序，署曰「退修菴題」，亦不詳何人也。序稱幼習是經，以舉進士爲業。投老山林，兵火之餘，先世遺書無復存者。間因餘暇，條分大義，立題命意。凡可引用之語，各附於後，又間引先儒破題。蓋元末鄉塾之陋本也。

春秋紀事類編

黃虞稷《千頃堂書目・春秋類》　《春秋紀事類編》一卷。

倪燦等《補遼金元藝文志・春秋類》　《春秋紀事類編》一卷。

春秋年考

黃虞稷《千頃堂書目・春秋類》　《春秋年考》。

倪燦等《補遼金元藝文志・春秋類》　《春秋年考》。

春秋標題要旨

范邦甸等《天一閣書目・春秋類》　《春秋標題要旨》一卷。西陵沈載錫、程吳龍訂定，及門程斯彪校。

春王正月考　辨疑

王圻《續文獻通考・經籍考・春秋》　《春秋考》。《胡傳辯疑》。翰林侍講張以寧著。以寧，古田人。

黃虞稷《千頃堂書目・春秋類》　張以寧《春秋春王正月考》一卷。《辨疑》一卷。以寧洪武二年己酉夏，使安南著是書，明年春書成，卒於安南寓館。其嗣孫隆宣德元年始輯而刊之。其書以周正爲主，本之孔、孟、朱子，徵之經史而下其衆說之不齊者，則因朱子之說以釋其疑，而次於其後。

錢曾《讀書敏求記・春秋》　《春王正月考》前卷，《春王正月考辨疑》後卷。宋儒致疑于「春王正月」，紛如聚訟。云夏正得天，乃百王所同，是以有冬不可爲春之疑。云夫子嘗以行夏之時告顔子，是以有夏時冠周月之疑。云漢武以夏時首寅月，于今莫之或改，是以傳書者有改正朔、不改月數之疑。而又有春秋用夏之時、夏之月之疑。疑愈甚，則說愈多，說愈多，而儒者之惑終不可解，良可喟也。晉安張呂寧以《春秋經》登泰定丁卯李黼榜進士。讀書淮南者十餘年，歷稽經史傳記及古注疏，并劉向周春夏冬，陳寵天以爲正周以爲春之說。比觀《朱子晚年定論》，參錯辨核，斷以「春王正月」之「春」爲周之時。洪武二年夏，奉使安南，假館命筆，勒成一書。明年庚戌春始卒業，踰月疾革而逝。宣德元年丙午，其孫隆恐手澤泯而無傳，依舊本摹寫刊行。予昔侍牧翁于雲上軒，晨夕伏承緒言，每嘆此書絶佳，問津知塗，幸免冥行擿埴，皆先生之訓也。撫卷流涕者久之。

《明史・藝文志・春秋類》　《春秋春王正月考》一卷。《辨疑》一卷。

張以寧。

《四庫提要・春秋類三》 《春王正月考》二卷。兩江總督採進本。明張以寧撰。以寧字志道，古田人。元泰定丁卯進士，官至翰林侍講學士，入明仍故官。洪武二年奉使冊封安南王，還卒於道。事迹具《明史・文苑傳》。史稱以寧以《春秋》致高第，故所學尤專《春秋》，多所自得。撰《胡傳辨疑》最辨博，惟《春王正月考》未就。寓安南踰半歲，始卒業。今《胡傳辨疑》已佚，惟此書存。考三正疊更，時月竝改。《經》書正月繫之於王，則爲周正不待辨。正月、正歲二名載於《周禮》。兩正竝用，皆王制也。左氏發《傳》，特曰「王周正月」，則正月建子，亦無疑。自漢以來，亦無異議。至唐劉知幾《史通》，始以《春秋》爲夏正，世無信其說者。自程子泥於「行夏之時」一言，盛名之下，羽翼者衆。胡安國遂實以夏時冠周月之說。程端學作《春秋或問》，遂堅持門戶。以梅賾僞《書》爲據，而支離蔓引以證之，愈辨而愈滋顛倒。夫《左氏》失之誣，其間偶爾失眞，或亦間有。至於本朝正朔，則婦人孺子皆知之，不應《左氏》誤記。即如程子之說，以左氏爲秦人，亦不應距周末僅數十年，即不知前代正朔也。異說紛紛，殆不可解。以寧獨徵引五經，參以《史》、《漢》著爲一書，決數百載之疑案，可謂卓識。至於當時帝王之後，許用先代正朔，故宋用商正，見於長葛之《傳》。諸侯之國，亦或用夏正。故《傳》載晉事，與《經》皆有兩月之差。古書所記，時有參互。後儒執爲論端者，蓋由於此。以寧尚未及抉其本原。又《伊訓》、《泰誓》諸篇皆出古文，本不足據。以寧尚未及明其僞託，而《周禮》正歲、正月之兼用，僅載鄭注數語，亦未分析暢言之，以祛疑似。於辨證尚爲未密。然大綱既得，則細目之少疎，亦不足以病矣。

張之洞《書目答問・列朝經注經說經本考證》 《春王正月考》一卷。明張以寧。《指海》本，通志堂本。

春秋論斷

黃虞稷《千頃堂書目・春秋類》 張以寧《春秋論斷》三卷。

春秋尊王發微

《明史・藝文志・春秋類》 張以寧《春秋尊王發微》八卷。

春秋集義

黃虞稷《千頃堂書目・春秋類》 胡翰《春秋集義》。

春秋明經

高儒《百川書志・春秋》 《春秋明經》四卷。國朝誠意伯括蒼劉基著。

黃虞稷《千頃堂書目・春秋類》 劉基《春秋明經》四卷。《春秋》制舉之言。

春秋傳類編

黃虞稷《千頃堂書目・春秋類》 朱右《春秋傳類編》。

春秋胡氏傳標注

黃虞稷《千頃堂書目・春秋類》 張宣《春秋胡氏傳標注》。字藻仲，江陰人。其書明初與《四書》點本幷刊於江陰邑庠。

春秋貫珠

黃虞稷《千頃堂書目・春秋類》 瞿佑《春秋貫珠》。

春秋本末

張萱等《內閣藏書目録・經部》 《春秋本末》二十册。全。洪武十二年命儒臣編纂。分國而類聚之，凡三十卷。

黃虞稷《千頃堂書目・春秋類》 《春秋本末》三十卷。懿文太子命言臣傳藻等編。先是洪武十一年夏五月皇太子御文華殿，命侍臣講讀《春秋左氏傳》，以列國之事錯見間出，難於考究終始。乃命藻等分列國而類聚之，附以《左氏傳》。首周王之世，以尊正統；次魯公之年，以仍舊文；列國則先齊、晉而後楚、吳，以爲內外之別。十二年六月書成，太祖聞而嘉之，賜名《春秋本末》。

王圻《續文獻通考・經籍考・春秋類》 《春秋本末》。洪武十二年，太祖命傳藻等纂録。首周，次齊、魯諸國，後吳、楚，附以《左氏傳》。列國始終，秩然有序。

《明史・藝文志・春秋類》 《春秋本末》三十卷。洪武中，懿文太子命宮臣傳藻等編。

春秋論

王圻《續文獻通考・經籍考・春秋類》 《春秋論》。徐尊生著。

黃虞稷《千頃堂書目・春秋類》 徐尊生《春秋論》一卷。字大年，淳安人。

《明史・藝文志・春秋類》 徐尊生《春秋論》一卷。

春秋書法鉤玄

楊士奇等《文淵閣書目・春秋》 《春秋石光霽書法》。一部，一册，闕。

黃虞稷《千頃堂書目・春秋類》 石光霽《春秋書法鉤玄》四卷。字仲濂，泰州人。從張以寧學《春秋》，洪武十三年以薦爲國子監學正，升春秋博士。一作二十卷。

《明史・藝文志・春秋類》 石光霽《春秋書法鉤玄》四卷。

《四庫提要・春秋類三》 《春秋鉤玄》四卷。浙江吳玉墀家藏本。明石光霽撰。光霽字仲濂，泰州人。張以寧之弟子也。洪武十三年以薦爲國子監學正，擢《春秋》博士。《明史・文苑傳》附載《張以寧傳》中。史稱「元故官來京者，危素及以寧名尤重。素長於史，以寧長於經。素宋元史稿俱失傳，而以寧《春秋》學遂行。門人石光霽作《春秋鉤玄》」云云，則此書猶以寧之傳也。大旨本張大亨、吳澄之意，以《春秋》書法分屬五禮。凡失禮者則書之以示褒貶。因考《周禮》經注，詳録吉、凶、軍、賓、嘉五禮條目。其有五禮不能盡括者，如年月日時、名稱爵號之類，則別爲雜書法以冠於首。每條書法之下，採集諸《傳》之詞，以切要者爲綱，發揮其義者爲目。大概以《左傳》、《公》、《穀》胡氏、張氏爲主。義有未備者，亦間採啖、趙諸儒之說，而總以己意折衷之。其所稱張氏，即以寧也。史稱以寧長於《春秋》，著有《春秋胡傳辨疑》及《春王正月考》。今《辨疑》已佚，賴光霽能傳其說。是編所引以寧之言爲最多，尚可見其梗概。前有序文一篇，無撰人名氏。言「啖、趙之《纂例》，詳於《經》而略於《傳》。《纂疏》、《會通》之書，備於《傳》而略於《經》。茲能損益其所未備。」其稱許頗當。朱彝尊《經義考》作「四卷」。此本不分卷數，疑傳寫者所合併。今從彝尊之說，仍析爲四卷著録焉。

春秋序事本末　逸傳　左氏辨

黃虞稷《千頃堂書目・春秋類》 曹宗儒《春秋序事本末》三十卷。

《逸傳》三卷。《左氏辨》一卷。字元博，松江人，教諭。

《明史・藝文志・春秋類》 曹宗儒《春秋序事本末》三十卷。《逸傳》三卷。《左氏辨》三卷。

春秋書法大旨

楊士奇等《文淵閣書目・春秋》 《春秋高允憲書法大旨》。一部一冊。闕。

《春秋書法大旨》。一部，一冊。完全。

張萱等《内閣藏書目録・經部》 《春秋書法大旨》。國子博士高允憲、助教楊磐奉旨編次。悉因聖經以考三《傳》，及杜、何、范、啖、趙、程、胡、陳、張之説。依啖、趙《纂例》分類，刪其繁冗，撮其樞要。凡二十三則。鈔本。

黄虞稷《千頃堂書目・春秋類》 《春秋書法大旨》一卷。洪武中，國子博士高允憲、助教楊磐奉旨編次，依啖、趙《纂例》，分類删繁節要，凡二十三則。

春秋集説

黄虞稷《千頃堂書目・春秋類》 王受益《春秋集説》。字子謙，山陰人。洪武中明經，爲本邑儒學訓導。取汪氏《纂疏》、李廉《會通》、程氏《本義》裒爲一書。

春秋微意發端

黄虞稷《千頃堂書目・春秋類》 包仕登《春秋微意發端》。字文舉，松陽人。洪武中國子助教。

春秋正義

黄虞稷《千頃堂書目・春秋類》 楊昇《春秋正義》。字孟潛，杭州人。洪武中徽州府儒學教授。

春秋纂要

黄虞稷《千頃堂書目・春秋類》 周鳴《春秋纂要》。

春秋五論

黄虞稷《千頃堂書目・春秋類》 金居敬《春秋五論》。字元忠，休寧人。從朱升、趙汸學，凡二家著述，多其校正。

春秋説約

黄虞稷《千頃堂書目・春秋類》 張洪《春秋説約》十二卷。晚年所著。

《明史・藝文志・春秋類》 張洪《春秋説約》十二卷。

春秋直指　春秋要旨

王圻《續文獻通考・經籍考・春秋》 《春秋直旨》，《春秋要旨》，俱新淦金幼孜著。由進士至武英殿大學士，謚文靖。

黃虞稷《千頃堂書目・春秋類》 金幼孜《春秋直指》三十卷。《春秋要旨》三卷。幼孜爲翰林侍講，侍仁宗於東宮，命合纂十二公事爲《要旨》以進。

《明史・藝文志・春秋類》 金幼孜《春秋直指》三十卷。《春秋要旨》三卷。

春秋大全

劉若愚《内板經書紀略》 《春秋大全》。十八本，一千四百五十九葉。

范邦甸等《天一閣書目・春秋類》 《春秋集傳大全》三十七卷。刊本。明翰林學士胡廣等奉敕編。

黃虞稷《千頃堂書目・春秋類》 《春秋集傳大全》三十七卷。胡廣、楊榮等奉敕纂輯，以胡氏爲主。

《明史・藝文志・春秋類》 永樂中，敕修《春秋集傳大全》三十七卷。胡廣等纂。

《四庫提要・春秋類三》 《春秋大全》七十卷。内府藏本。明永樂中胡廣等奉敕撰。考宋胡安國《春秋傳》，高宗時雖經奏進，而當時命題取士，實兼用三《傳》。《禮部韻略》之後所附條例可考也。《元史・選舉志》載延祐科舉新制，始以《春秋》用胡安國《傳》定爲功令。汪克寬作《春秋纂疏》，一以安國爲主，蓋遵當代之法耳。廣等之作是編，即因克寬之書，稍爲點竄。朱彝尊《經義考》引吳任臣之言曰「永樂中敕修《春秋大全》，纂修官四十二人。其《發凡》云：「紀年依汪氏《纂疏》，地名依李氏《會通》，《經》文以胡氏爲據，例依林氏。實則全襲《纂疏》成書。雖奉敕纂修，實未纂修也。朝廷可罔，月給可糜，賜予可邀，天下後世詎可欺乎」云云。於廣等之敗闕，可爲發其覆矣。其書所採諸説，惟憑胡氏定去取，而不復考論是非。有明二百餘年，雖以《經》文命題，實以《傳》文立義。至於元代合題之制，尚考《經》文之異同。明代則割《傳》中一字一句，牽連比附，亦謂之「合題」。使《春秋》大義日就榛蕪，皆廣等導其波也。迨我聖祖仁皇帝欽定《春秋傳説彙纂》，於胡《傳》谿刻不情、迂闊鮮當之論，始一一駁正，頒布學宮。我皇上又刊除場屋合題之例，以杜穿鑿。筆削微旨，乃灼然復著於天下。廣等舊本，原可覆瓿置之。然一朝取士之制，既不可不存以備考，且必睹荒途之蒙翳，而後見芟蕪除穢之功，必經歧徑之迷惑，而後知置郵樹表之力。存此一編，俾學者互相參證，益以見前代學術之陋，而聖朝經訓之明也。

彭元瑞等《天禄琳琅書目後編・明版經部》 《春秋集傳大全》。二函，十八冊。明胡廣等奉敕撰。《五經四書大全》之四，書七十卷。前有《凡例》、《序論》、《二十國年表》、《諸國興廢説》、《列國圖説》，修書官與《周易傳義大全》同。朱彝尊《經義考》引吳任臣之言曰「永樂中敕修《春秋大全》，其發凡云紀年依汪氏《纂疏》，地名依李氏《會通》，經文以胡氏爲據，例依林氏。實則全襲《纂疏》成書，雖奉敕纂修，實未纂修也」云云。汪氏，乃元汪克寬。所著《胡傳纂疏》，今以對勘，任臣之言不誣。其《列國圖説》，以爲出於東坡者，亦出僞《地理指掌圖》。 明官刊頒行本。

春秋集説

楊士奇等《文淵閣書目・春秋》 《春秋李衡集説》。一部，三冊。完全。

張萱等《内閣藏書目録・經部》 《春秋集説》三冊。全。洪武間臨川李衡著。其説宗吳草廬，參以李廉《會通》、汪德輔《胡氏傳注》，凡五十餘家鈔本。

黃虞稷《千頃堂書目・春秋類》 李衡《春秋釋例集説》三卷。洪武間臨川人。一作《集説》。其説宗吳草廬，而參以《會通》、《纂疏》諸説，凡五十餘家。

《明史・藝文志・春秋類》 李衡《春秋釋例集説》三卷。

春秋名例

黃虞稷《千頃堂書目・春秋類》 陳嵩《春秋名例》。字伯高，寧海人。年十五，縣辟爲吏，嵩上書邑令，請爲縣庠生。永樂中，以太學生纂修文淵閣。

春秋舉要

王圻《續文獻通考・經籍考・春秋》 《春秋舉要》若干卷。吉水陳琢著。

春秋管窺王霸總論

黄虞稷《千頃堂書目・春秋類》 李柰《春秋管窺王霸總論》。蒙陰人。宣德丁未進士，陝西右參議。

春秋集録

黄虞稷《千頃堂書目・春秋類》 劉實《春秋集録》十五卷。

春秋口義

黄虞稷《千頃堂書目・春秋類》 劉翔《春秋口義》。靖江人。宣德己酉舉人，翰林院檢討。

春秋講義

黄虞稷《千頃堂書目・春秋類》 包瑜《春秋講義》。字希賢，青田人。成化中浮梁教諭。

春秋辨疑

黄虞稷《千頃堂書目・春秋類》 夏時正《春秋辨疑》。未成。

春秋提要

王圻《續文獻通考・經籍考・春秋》 《春秋提要》。知廉州府饒秉鑑著。秉鑑，廣昌人。

黄虞稷《千頃堂書目・春秋類》 饒秉鑑《春秋會傳》十五卷。《提要》一卷。字憲章，廣昌人。正統甲子舉人。廉州府知府。維倫序其書。

《明史・藝文志・春秋類》 饒秉鑑《春秋會傳》十五卷，《提要》一卷。

《四庫提要・春秋類存目一》 《春秋提要》四卷。江西巡撫採進本。明饒秉鑑撰。秉鑑字憲章，號雯峰，廣昌人。正統甲子舉人，官至廉州府知府。朱彝尊《經義考》載秉鑑《春秋會通》十五卷、《提要》一卷。今按此書實四卷，與《春秋會通》另爲一書，彝尊蓋未見其本，故傳聞譌異。其書以《春秋》書時書月難於記誦，故錯綜而次序之，分十二公爲十二篇。先列經文於右，而總論其義於後。大旨以胡《傳》爲宗。

春秋會傳

黄虞稷《千頃堂書目・春秋類》 饒秉鑑《春秋會傳》十五卷。

《明史・藝文志・春秋類》 饒秉鑑《春秋會傳》十五卷。

春秋成紀

黃虞稷《千頃堂書目・春秋類》 熊復《春秋成紀》。豐城人，以五經教授鄉里，四方從學者數百人。

錢大昕《補元史藝文志・春秋類》 熊復《春秋會傳》。或作「成紀」。字庶可，新建人。

春秋通解

黃虞稷《千頃堂書目・春秋類》 胡居仁《春秋通解》。

春秋詞命

高儒《百川書志・春秋》 《春秋詞命》三卷。國朝震澤王鏊集。

范邦甸等《天一閣書目春秋類》 《春秋詞命》三卷。刊本。明王鏊撰并序。

徐𤊹《徐氏家藏書目・春秋類》 《春秋辭命》二卷。

黃虞稷《千頃堂書目・春秋類》 王鏊《春秋詞命》三卷。正德十一年序。

春秋經解摘録

黃虞稷《千頃堂書目・春秋類》 楊循吉《春秋經解摘録》一卷。

《明史・藝文志・春秋類》 楊循吉《春秋經解摘録》一卷。

春秋傳疑

黃虞稷《千頃堂書目・春秋類》 余本《春秋傳疑》一卷。

《明史・藝文志・春秋類》 余本《春秋傳疑》一卷。

春秋膚説

黃虞稷《千頃堂書目・春秋類》 宋佳《春秋膚説》。字子美，奉化人。成化癸卯舉人，徽府長史。

春秋訓義

黃虞稷《千頃堂書目・春秋類》 蔡芳《春秋訓義》十一卷。字茂之，浙江平陽人。弘治戊午舉人，福建鹽運司副使，折衷諸傳而爲是書。

《明史・藝文志・春秋類》 蔡芳《春秋訓義》十一卷。

春秋卑論

黃虞稷《千頃堂書目・春秋類》 馮厚《春秋卑論》。字良載，慈谿人。舉明經，官淮府長史，與李伯璵同編《文翰類選大成》，學者稱坦庵先生。

元山春秋論

黃虞稷《千頃堂書目・春秋類》 席書《元山春秋論》一卷。

《明史・藝文志・春秋類》　席書《元山春秋論》一卷。

春秋補傳

黄虞稷《千頃堂書目・春秋類》　江曉《春秋補傳》五卷。

《明史・藝文志・春秋類》　江曉《春秋補傳》十五卷。

春秋正傳

王圻《續文獻通考・經籍考・春秋》　《春秋正傳》。湛若水著。

黄虞稷《千頃堂書目・春秋類》　湛若水《春秋正傳》三十七卷。以正諸傳之謬而歸之正。故曰《正傳》。

《明史・藝文志・春秋類》　湛若水《春秋正傳》三十七卷。

《四庫提要・春秋類三》　《春秋正傳》三十七卷。禮部尚書曹秀先家藏本。明湛若水撰。若水有《二禮經傳測》，已著録。此書大旨以《春秋》本魯史之文，不可強立義例，以臆説汩之。惟當考之於事，求之於心，事得而後思人之心，《春秋》之義皆可得。因取諸家之説釐正之。其曰「正傳」者，謂正諸《傳》之謬也。其體例先引三《傳》，次列諸儒之言而以己意爲之折衷，頗與劉敞《權衡》相近。中間如論隱公不書即位，則謂以不報故不書，乃史之文，非夫子之所削。論宋公、陳侯、蔡人、衛人伐鄭，則謂若以稱爵稱人有褒貶，則人衛可矣，人蔡何爲？其不人宋又何爲？決非聖人之義。其論衛人立晉，則謂衛人者，他國稱之之詞，諸説皆不足泥。其論滕侯卒，則謂諸侯宜薨而書卒，或葬或不葬，皆魯史之舊，聖人無所加損。論宋公、衛侯遇于垂，則謂史因報而書之，聖人因史而存之。前後議論，率本此意。《春秋》治亂世之書，謂聖人必無特筆於其間，亦不免矯枉過正。然比事屬辭，《春秋》之教。若本能舉向來穿鑿破碎之例，一掃空之，而核諸實事以求其旨，猶説經家之謹嚴不支者矣。

春秋質疑

黄虞稷《千頃堂書目・春秋類》　任桂《春秋質疑》四卷。先之以總義十六條，而後隨經文解之，一曰書法，二曰時月，三曰天王，四曰諸侯大夫，五曰君臣父子，六曰適妾，七曰妾母，八曰五伯，九曰鑒衡，十曰慎獨，十一曰正朔，十二曰閏月，十三曰等第，十四曰朝聘，十五曰經傳考，十六曰復仇論。桂，寶安人，從學湛若水，其爲書頗多牽合。

《明史・藝文志・春秋類》　任桂《春秋質疑》四卷。

春秋志疑

王圻《續文獻通考・經籍考・春秋》　《春秋志疑》十八卷。胡端敏著。

黄虞稷《千頃堂書目・春秋類》　胡世寧《春秋志疑》十八卷。一作八卷。

《明史・藝文志・春秋類》　胡世寧《春秋志疑》十八卷。

春秋稽傳録

黄虞稷《千頃堂書目・春秋類》　徐獻忠《春秋稽傳録》。

春秋經傳辨疑

范邦甸等《天一閣書目・春秋類》　《春秋經傳辨疑》一卷。綿紙朱絲欄鈔本。明成化戊戌蘭溪童品撰并自序。

黃虞稷《千頃堂書目・春秋類》 童品《春秋經傳辨疑》一卷。

《明史・藝文志・春秋類》 童品《春秋經傳辨疑》一卷。

《四庫提要・春秋類三》 《春秋經傳辨疑》一卷。內府藏本。明童品撰。品字廷式，號愼齋，蘭溪人。弘治丙辰進士。朱彝尊《經義考》稱其官至兵部員外郎。朱國楨《湧幢小品》則稱其登第後爲兵部主事，僅兩考，引年致仕。家居十九年，以讀書喪明而卒。其學問行誼，不後於章懋，而以有傳有不傳爲惜。所述本末甚詳，知《經義考》以傳聞誤也。是書前有《自序》，題「成化戊戌冬十一月」。末又有弘治壬戌二月《跋》，云「是歲品以儒學生教授於陸生震汝亨之家，成此一帙，距今二十五年」云云。考國禎所紀品以成化丙午始舉於鄉，是書之成在前八年，故自稱曰儒學生。其登第在弘治丙辰，下距壬戌七年，正僅滿兩考之歲。蓋《序》作於未第時，《跋》作於致仕後也。《春秋》三《傳》，《左氏》采諸國史，《公》、《穀》授自經師。草野之傳聞自不及簡策之紀載，其義易明。是編論《左氏》所載事蹟凡九十三條，於三《傳》異同者，大抵多主《左氏》而駁《公》、《穀》，蓋由於此。然於宋師圍曹，則疑《左氏》所載不甚明曉，於華元出奔晉一條，亦有疑於《左氏》。則亦非堅持門戶，偏黨一家者也。刻本久佚，故朱彝尊《經義考》注云「未見」。此蓋傳鈔舊本，幸未佚亡者，固宜亟録而存之矣。

春秋意見

黃虞稷《千頃堂書目・春秋類》 許誥《春秋意見》一卷。

《明史・藝文志・春秋類》 許誥《春秋意見》一卷。

春秋記愚　或問

黃虞稷《千頃堂書目・春秋類》 金賢《春秋記愚》十卷，《或問》百篇。字士希，其先本西域默伽國人，祖以進麒麟至官鴻臚少卿，家於金陵。賢舉弘治壬戌進士，官給事中，忤劉瑾出爲大名府知府，再徙延平，請老歸。

《明史・藝文志・春秋類》 金賢《春秋紀愚》十卷。

春秋列傳

徐𤊹《徐氏家藏書目・春秋類》 《春秋列傳》七卷。劉節。

黃虞稷《千頃堂書目・春秋類》 劉節《春秋列傳》五卷。一作八卷。

春秋集要

黃虞稷《千頃堂書目・春秋類》 鍾芳《春秋集要》二卷。戶部侍郎。

《明史・藝文志・春秋類》 鍾芳《春秋集要》二卷。

《四庫提要・春秋類存目一》 《春秋集要》十二卷。浙江巡撫採進本。明鍾芳撰。芳字仲實，瓊山人。正德戊辰進士，官至戶部左侍郎。是書以《集要》爲名，故文殊簡略。中間如謂「春王正月」爲建子，謂《桓公三年》書「有年」非紀異，謂《襄公二十八年》書衞侯衎非侯其改過，謂《昭公元年》書敗狄大鹵非譏毀車崇卒，與胡《傳》異者不過數條。餘大抵依回其說。甚至如《僖公十七年》夏滅項，胡《傳》誤以爲季孫者，亦因仍不變，無所短長。又多採董仲舒、劉向、劉歆災異之說，穿鑿事應。至以宣公八年之大旱爲十五年稅畝之由，事在七年之後，而應在七年之前，尤爲乖謬。其採用《公》、《穀》月日之例，既多附會。而採用《左傳》，尤無體例。其最甚者，《莊公二十年》「陳殺公子御寇」下忽注「晉獻公患桓、莊之族偪，而士蔿譖去之」十五字；《僖公二十二年》「未公伐鄭」下忽附録「被髮而祭於野，夷俗皆然」十字；《二十三年》「楚人伐陳」下，忽附録「男女同姓，其生不蕃」八字。此類不可殫數。其採用《左氏》義者，《襄公四年》「叔孫豹如晉」下，惟辨古自歌、工歌二義；《僖公九年》「會於葵丘」下，責宰孔不當阻晉侯；《成公五年》「梁山崩」下責伯宗之攘善，亦皆與《經》義渺不相關。陳烈序乃稱其擴前人之所未發，過矣。

春秋説志

錢謙益等《絳雲樓書目・春秋類》 呂柟《春秋説志》二册。五卷。

黄虞稷《千頃堂書目・春秋類》 呂柟《春秋説志》五卷。

《四庫提要・春秋類存目一》 《春秋説志》五卷。浙江吴玉墀家藏本。

明呂柟撰。柟有《周易説翼》，已著録。柟所著他書率篤實近理，惟此書務為新説苛論。凡所譏刺，皆假他事以發之，而所書之本事反置不論。如以「公及邾儀父盟于蔑」、「祭伯來」、「公及戎盟于唐」、「鄭人伐衛」、「衛人殺州吁」，皆為平王之罪。又如「叔孫豹卒」，謂《經》不書餓死，乃為賢者諱。謂「郯子來朝」，以其知禮録之。大抵褒貶迂刻，不近情理。至謂書季孫意如之卒為見天道之左，則聖人併怨天矣。其失不止於穿鑿也。

《明史・藝文志・春秋類》 呂柟《春秋説志》五卷。

春秋輯略

黄虞稷《千頃堂書目・春秋類》 陸釴《春秋輯略》。鄞縣人，正德辛巳第二人及第。

鍼胡篇

徐𤊹《徐氏家藏書目・春秋類》 《鍼胡》一卷。袁仁。

黄虞稷《千頃堂書目・春秋類》 袁仁《鍼胡篇》一卷。吴江人，仁祥之子，顥祥之父也。

《明史・藝文志・春秋類》 袁仁《鍼胡篇》一卷。

《四庫提要・春秋類三》 《春秋胡傳考誤》一卷。通行本。明袁仁撰。仁有《尚書砭蔡編》，已著録。是書前有自序，謂宋胡安國憤王氏之不立《春秋》，承君命而作《傳》，志在匡時，多借《經》以申其説。其意則忠，而於《經》未必盡合。其説良是。至謂安國之《傳》非全書，則不盡然。安國是編，自紹興乙卯奉敕纂修，至紹興庚申而後繕本進御，豈有未完之理哉？然其抉摘安國之失，如周月非冠夏時，盟宿非宿君與盟，宰渠伯糾，宰非冢宰，伯非伯爵，夏五非舊史闕文，齊仲孫來之非貶，召陵之役，齊桓不得為王德，管仲不得為王佐，首止序王世子於末非以示謙，晉卓子立已踰年，非獨里克奉之為君，季姬之遇鄫子非愛女使自擇壻，鼷鼠食牛角非三桓之應，正月書襄公在楚，非以存魯君之名，吴子使札非罪其讓國，《左傳》「莒展輿事以攻」當為「已攻」，齊豹非求名不得，歸鄆、讙、龜陰非聖人自書其功，獲麟而誇以簫韶、河洛為傳者之陋：皆深有理解。他若「會防」一條，義不係於胡《傳》；「蔡桓侯」一條，謂葬以侯禮，亦以意為之，別無顯證。石之紛如本非大夫，不應與孔父、仇牧一例見《經》。仁一概排之，則吹求太甚矣。

張之洞《書目答問・列朝經注經説經本考證》 《春秋胡傳考誤》一卷。明袁仁。《學津》本。

春秋備義

黄虞稷《千頃堂書目・春秋類》 馬理《春秋備義》。

春秋本義

黄虞稷《千頃堂書目・春秋類》 胡纘宗《春秋本義》十二卷。

《明史・藝文志・春秋類》 胡纘宗《春秋本義》十二卷。

春秋質疑

黃虞稷《千頃堂書目・春秋類》 林希元《春秋質疑》。

春秋曲言

黃虞稷《千頃堂書目・春秋類》 姜絅《春秋曲言》十卷。字幼章，金華人。正德丁丑進士，工部郎中。

《明史・藝文志・春秋類》 姜絅《春秋曲言》十卷。

春秋集傳

黃虞稷《千頃堂書目・春秋類》 王漸逵《春秋集傳》。以周王無建子之制，夏曆爲百王之書，而《春秋》非冠月之訓，立論采諸儒議論之精確者爲是書。

春秋經世

徐𤊹《徐氏家藏書目・春秋類》 《春秋經世》二卷。魏校。

黃虞稷《千頃堂書目・春秋類》 魏校《春秋經世書》二卷。

《明史・藝文志・春秋類》 魏校《春秋經世書》二卷。

《四庫提要・春秋類存目一》 《春秋經世》一卷。安徽巡撫採進本。明魏校撰。校有《周禮沿革傳》，已著録。是編名《春秋經世》者，蓋取《莊子》「《春秋》經世先王之志」語也。所注惟隱公一卷，其注多從《左氏》。然如「公矢魚于棠」，全録臧僖伯諫詞，惟移《傳》末「非禮也，且言遠地也」二句於《傳》首，此亦何需校鈔録耶？間有自出新意者，如謂紀子伯、莒子盟于密，當作紀侯子帛，以子帛爲紀侯之名。又謂挾卒乃異姓之卿，則又皆杜撰之談矣。

春秋説

黃虞稷《千頃堂書目・春秋類》 張邦奇《春秋説》一卷。

《明史・藝文志・春秋類》 張邦奇《春秋説》一卷。

春秋旨要

黃虞稷《千頃堂書目・春秋類》 左璒《春秋旨要》。

春秋解

黃虞稷《千頃堂書目・春秋類》 謝理《春秋解》。

春秋蒙引

黃虞稷《千頃堂書目・春秋類》 何澄《春秋蒙引》。字應清，舉人，歙縣人。

春秋指要

黃虞稷《千頃堂書目・春秋類》 梅鷟《春秋指要》一卷。

春秋斷義

黄虞稷《千頃堂書目・春秋類》 王崇慶《春秋斷義》二卷。

《明史・藝文志・春秋類》 王崇慶《春秋析義》二卷。

春秋億

黄虞稷《千頃堂書目・春秋類》 王道《春秋億》四卷。

《明史・藝文志・春秋類》 王道《春秋億》四卷。

春秋私考

范邦甸等《天一閣書目・春秋類》 《春秋私考》三十六卷。刊本。明嘉靖會稽季本撰幷序。嘉靖庚戌武進唐順之亦有序。嘉靖丁巳慈谿王交後序。

張萱等《内閣藏書目録・經部》 《春秋私考》十二册全。嘉靖間會稽季本著，凡三十六卷。

錢謙益等《絳雲樓書目・春秋類》 季本《春秋私考》十二册。三十六卷。

黄虞稷《千頃堂書目・春秋類》 季本《春秋私考》三十六卷。於《公》、《穀》之義例，《左氏》之事實，皆摧破不遺餘力，而自爲之説。

《明史・藝文志・春秋類》 季本《春秋私考》三十卷。

《四庫提要・春秋類存目一》 《春秋私考》三十六卷。浙江汪啓淑家藏本。明季本撰。本有《易學四同》，已著録。本不信三《傳》，故釋《經》處謬戾不可勝舉。如言惠公仲子非桓公之母，盜殺鄭三卿乃晉人使刺客殺之，晉文以歸國非秦伯所納。諸如此類，皆無稽之談。夫孫復諸人之棄《傳》，特不從其褒貶義例而已。程端學諸人之疑《傳》，不過以所記爲不實而已。未有於二千餘年之後，杜撰事蹟，以改易舊文者。蓋講學家之恣横，至明代而極矣。

春秋集傳

錢大昕《補元史藝文志・春秋類》 趙惟賢《春秋集傳》。

春秋疑義

黄虞稷《千頃堂書目・春秋類》 舒芬《春秋疑義》。

春秋解

黄虞稷《千頃堂書目・春秋類》 霍韜《春秋解》。

春秋傳義

黄虞稷《千頃堂書目・春秋類》 鄭佐《春秋傳義》。字時夫，歙縣人。正德甲戌進士，福建右參議。

周正辨疑會通

黄虞稷《千頃堂書目・春秋類》 李濂夏《周正辨疑會通》四卷。

《明史・藝文志・春秋類》 李濂夏《周正辨疑會通》四卷。

春秋易簡發明

黄虞稷《千頃堂書目·春秋類》 湯沍《春秋易簡發明》二十卷。潼川州人。正德辛巳進士，溧陽知縣，父歿廬墓次，遂不仕。一作「四卷」。

《明史·藝文志·春秋類》 湯沍《春秋易簡發明》二十卷。

續春秋明經

黄虞稷《千頃堂書目·春秋類》 黄佐《續春秋明經》十二卷。常山人，嘉靖丁未進士，江西右參政。

《明史·藝文志·春秋類》 黄佐《續春秋明經》十二卷。

春秋傳意

黄虞稷《千頃堂書目·春秋類》 黄佐《春秋傳意》。

春秋世學

范邦甸等《天一閣書目·春秋類》 《春秋世學》三十二卷。藍絲欄鈔本。卷首有「天一閣」、「四明范氏圖書記」二印。宋清敏公丹陽豐稷案斷，十五世孫明豐道生釋義。

黄虞稷《千頃堂書目·春秋類》 豐坊《春秋世學》三十八卷。

《四庫提要·春秋類存目一》 《春秋世學》三十二卷。兩淮鹽政採進本。明豐坊撰。坊有《古易世學》，已著録。是書自稱卽其先世宋御史中丞稷之「案斷」而爲之釋義。故曰「世學」。然「案斷」之名，宋人書目及《宋史·藝文志》皆不著録，向來説《春秋》者亦所未聞。其僞蓋無足辨也。

春秋胡氏傳辨疑

黄虞稷《千頃堂書目·春秋類》 陸粲《胡傳辨疑》二卷。嘉靖辛卯序。

《明史·藝文志·春秋類》 陸粲《胡傳辨疑》二卷。

《四庫提要·春秋類三》 《春秋胡氏傳辨疑》二卷。江蘇巡撫採進本。明陸粲撰。前有自序，謂胡氏説《經》，或失於過求，詞不厭煩而聖人之意愈晦，故著此以辨論之。大旨主於信《經》而不信例。其言曰：「不以正大之情觀《春秋》，而曲生意義，將焉所不至矣。」又曰：「昔之君子有言《春秋》無達例。如以例言，則有時而窮。惟其有時而窮，故求其説而不得，從而爲之辭。」又曰：「《春秋》褒善貶惡，不易之法。今用此説以誅人，又忽用此説以賞人，使後世求之而莫識其意，是直舞文吏所爲，而謂聖人爲之乎？」其抉摘説《經》之弊，皆洞中癥結。其例皆先列胡《傳》於前，而以己説糾正於後。如以《春秋》始於隱公，獨取歐陽氏之説，以爲遠而難明者不修，而不取胡氏罪平王之説。於「紀履緰來逆女」，以爲爲齊侯滅紀葬伯姬書，而不取胡氏逆女必親、使大夫非正之説。於「遂以夫人婦姜至自齊」，以爲聲姜、敬嬴、穆姜，皆稱婦，以文、宣、成皆有母稱婦，以別於君母，而不取胡氏貶稱婦以見惡之説。於「齊人來歸鄆讙龜陰田」，以爲魯及齊平而歸田，不必以夾谷之會悉歸功於孔子，三《傳》、《家語》及《史記》皆未足據，而不取胡氏所稱攝相卻齊兵之説。如此者凡六十餘條，大抵明白正大，足以破繁文曲説之弊。自元延祐二年立胡《傳》於學官，明永樂纂修《大全》，沿而不改，世儒遂相沿墨守，莫敢異同。惟粲及袁仁始顯攻其失。其後若俞汝言、焦袁熹、張自超等，踵以論辨，乃推闡無餘。雖卷帙不多，其有功於《春秋》固不尠也。朱彝尊《經義考》作四卷，注云「未見」。此本祇上下二卷，實無所闕佚。殆彝尊考之未審歟？

張之洞《書目答問·列朝經注經説經本考證》 《春秋胡氏傳辨疑》二卷。明陸粲。《指海》本。

春秋讀意

徐㶿《**徐氏家藏書目・春秋類**》《春秋讀意》一卷。唐樞。

黄虞稷《**千頃堂書目・春秋類**》唐樞《春秋讀意》一卷。

《**四庫提要・春秋類存目一**》《春秋讀意》一卷。浙江汪啓淑家藏本。

明唐樞撰。樞有《易修墨守》，已著録。其論《春秋》以爲不當以褒貶看聖人，祇備録是非，使人自見。蓋以救宋儒穿鑿之失。然謂《春秋》字字褒貶固爲偏論，謂《春秋》竟無褒貶則數十特筆亦灼然不可誣也。讀者知其矯枉之意可矣。

春秋明志録

錢謙益等《**絳雲樓書目・春秋類**》熊過《春秋明志録》四冊。徵引太叢雜，如季彭山説亦采入，他可知矣。

黄虞稷《**千頃堂書目・春秋類**》熊過《春秋明志録》十二卷。

《**四庫提要・春秋類三**》《春秋明志録》十二卷。浙江吴玉墀家藏本。

明熊過撰。過有《周易象指决録》，已著録。其《周易》，頗不主先儒舊説。此書亦多自出新意，辨駁前人。於《公羊》、《穀梁》及胡安國《傳》俱有所糾正，而攻《左傳》者尤甚。如以邢遷于夷儀爲邢自遷，非桓公遷之；以城楚丘爲魯備戎而城，非桓公城以封衛；以晉人執虞公爲存於其國，制之使不得他去，而非執以歸；以甯母之會辭子華爲不實；以洮盟謀王室爲誣説；以用鄫子爲出自邾人，非宋公之命；以晉懷公爲卓子之謚，文公未嘗殺子圉；以趙盾竝未使先蔑逆公子雍于秦；以衛石惡爲孫氏黨，非甯氏黨；以楚殺慶封非以罪討，無負斧鉞徇軍事，俱不免鑿空立説。又如以郭公爲鳥名，謂如螟蜮之類，書以紀異；以梁亡爲魯大夫會盟所聞，歸而言之，不由赴告，故不著其亡之由：亦多出於臆斷。大抵務黜三《傳》，如程端學。端學不過疑《傳》，過乃至意造事蹟，其弊更甚於端學。然端學多繳繞拘牽，格格然不能

自達。過則斷制分明，紕繆者極其紕繆，平允者亦極其平允。卓爾康《春秋辨義》謂其頗出新裁，時多微中，亦《春秋》之警策者。語固不誣。故今糾其廢傳之失以彰炯戒，而仍不沒其所長焉。

春秋疏義

黄虞稷《**千頃堂書目・春秋類**》丁鈇《春秋疏義》。字君武，南直通州人。貢士，平谷知縣。

春秋集傳

黄虞稷《**千頃堂書目・春秋類**》楊時秀《春秋集傳》三十卷。

倪燦等《**宋史藝文志補・春秋類**》楊時秀《春秋集傳》三十卷。

春秋録疑

錢謙益等《**絳雲樓書目・春秋類**》趙恆《春秋録疑》四冊。晉江人。

黄虞稷《**千頃堂書目・春秋類**》趙恆《春秋録疑》十七卷。字志貞，晉江人。嘉靖戊戌進士，官信安知府。有耳疾，故仕不久。善爲古文詞。嘉靖乙巳序。

《**明史・藝文志・春秋類**》趙恆《春秋録疑》十七卷。

《**四庫提要・春秋類存目一**》《春秋録疑》十六卷。浙江范懋柱家天一閣藏本。

明趙恆撰。恆字志貞，晉江人。嘉靖戊戌進士，官至姚安府知府。是書本胡氏《傳》而敷衍其意，專爲科舉而設。故經文可爲試題者，每條各於講義之末總括二語，如制藝之破題。其合題亦附於後，標所以互勘對舉之意。

春秋内傳列國語

黃虞稷《千頃堂書目・春秋類》 許應元《春秋内傳列國語》。字子春，杭州人。嘉靖壬辰進士，廣西右布政使。

春秋仲義

徐𤊹《徐氏家藏書目・春秋類》 《春秋仲義》二十九卷。馬森。

黃虞稷《千頃堂書目・春秋類》 馬森《春秋仲義辨類》二十九卷。

《明史・藝文志・春秋類》 馬森《春秋仲義辨類》二十九卷。

春秋本義

黃虞稷《千頃堂書目・春秋類》 黃光昇《春秋本義》。

春秋備覽

徐𤊹《徐氏家藏書目・春秋類》 《春秋備覽》十卷。

黃虞稷《千頃堂書目・春秋類》 魏謙吉《春秋大旨備覽》四卷。柏鄉人。嘉靖戊戌進士，兵部侍郎。

春秋大旨

黃虞稷《千頃堂書目・春秋類》 魏謙吉《春秋大旨》十卷。

《明史・藝文志・春秋類》 魏謙吉《春秋大旨》十卷。

春秋筆意

黃虞稷《千頃堂書目・春秋類》 王崇儉《春秋筆意》。

春秋辨疑

黃虞稷《千頃堂書目・春秋類》 李先芳《春秋辨疑》。辨「春王正月」諸注之謬，并考「獲麟」之後、威烈之前經史不傳之緒。

春秋國華

王圻《續文獻通考・經籍考・春秋》 《春秋國華》嚴訥著。訥，常熟人。

黃虞稷《千頃堂書目・春秋類》 嚴訥《春秋國華》十七卷。萬曆乙亥徐栻陳瓚序。訥，常熟人，字敏卿，號養齋，恪子。嘉靖辛丑進士，太子太保，武英殿大學士，謚文靖。與撰《承天大志》、《永樂大典》。

《明史・藝文志・春秋類》 嚴訥《春秋國華》十七卷。

《四庫提要・春秋類存目一》 《春秋國華》十七卷。兩淮馬裕家藏本。

明嚴訥撰。訥字敏卿，常熟人。嘉靖辛丑進士。官至武英殿大學士，謚文靖。事蹟具《明史》本傳。是書以《春秋》所書周及列國之事分隸其國，而仍以魯十二公之年編之，雜採三《傳》，附於《經》下，亦間及《國語》、《史記》諸書。其甥陳瓚序，稱訥請沐三月而成是書。則潦草編排，取盈卷帙，宜但鈔録舊文，無所發明考證矣。

春秋正旨

黄虞稷《千頃堂書目・春秋類》 高拱《春秋正旨》一卷。

《明史・藝文志・春秋類》 高拱《春秋正旨》一卷。

《四庫提要・春秋類三》《春秋正旨》一卷。安徽巡撫採進本。明高拱撰。拱字肅卿，新鄭人。嘉靖辛丑進士，官至吏部尚書、中極殿大學士。謚文襄。事蹟具《明史》本傳。是編之作，蓋以宋以來說《春秋》者穿鑿附會，欲尊聖人而不知所以尊，欲明書法而不知所以明，乃推原《經》意，以訂其謬。首論《春秋》乃明天子之義，非以天子賞罰之權自居。次論孔子必不敢改周正朔而用夏時。次論託之魯史者以其尚存《周禮》，非以其周公之後而假之。次論王不稱天乃偶然異文，滕侯稱子乃時王所黜，聖人斷無貶削天子降封諸侯之理。次論齊人歸鄆、讙、龜陰田非聖人自書其功，深斥胡《傳》以天自處之非。次論《春秋》作於哀公十四年，乃孔子卒之前一歲，適遇獲麟，因而書之，《經》非感麟而作，麟亦非應《經》而至。次論說《經》以左氏爲長，胡氏爲有激而作，餘諸家之紛紛皆由誤解「天子之事」一語。其言皆明白正大，足破說《春秋》者之痼疾。卷帙雖少，要其大義凜然，多得《經》意，固迥出諸儒之上矣。

三傳鼂乙集

黄虞稷《千頃堂書目・春秋類》 顧起經《三傳鼂乙集》。

春秋提綱

黄虞稷《千頃堂書目・春秋類》 胡直《春秋提綱》。字敬方，吉水人。貢入太學，中永樂甲申鄉試。六館多師之，稱西澗先生。

春秋傳

黄虞稷《千頃堂書目・春秋類》 袁顥《春秋傳》三十卷。

《明史・藝文志・春秋類》 袁顥《春秋傳》三十卷。

春秋或問

黄虞稷《千頃堂書目・春秋類》 袁祥《春秋或問》八卷。

《明史・藝文志・春秋類》 袁祥《春秋或問》八卷。

春秋四傳通解

黄虞稷《千頃堂書目・春秋類》 陳士芳春秋《四傳通解》十二卷。海寧人。

《四庫提要・春秋類存目一》《春秋四傳通辭》十二卷。浙江巡撫採進本。明陳士芳撰。士芳字清佩，海寧人。是書采輯《左氏》、《公羊》、《穀梁》、胡氏四《傳》，削其繁冗。其《左氏傳》之不附經文者，咸刪汰無遺。亦間附己意於其下。因董仲舒有「《春秋》無通辭，隨變而移」之語，遂題曰「通辭」，以明義例之有定。然名曰四《傳》，實則依附胡氏，無所異同。名曰考校經文，去取三《傳》，實則合胡氏者留，不合胡氏者去，未嘗以經正傳也。

春秋傳

錢謙益等《絳雲樓書目・春秋類》 朱睦㮮《春秋傳》十冊。

春秋諸傳辨疑

黃虞稷《千頃堂書目・春秋類》 周藩宗正睦㮮《春秋諸傳辨疑》二卷。一作四卷。

《明史・藝文志・春秋類》 朱睦㮮《春秋諸傳辨疑》四卷。

《四庫提要・春秋類存目一》 《春秋諸傳辨疑》四卷。浙江范懋柱家天一閣藏本。明朱睦㮮撰。睦㮮有《易學識遺》，已著録。是編凡一百八十八條，《明史・藝文志》著録卷數與此本相合，然與睦㮮所撰《五經稽疑》中說《春秋》者文竝相同。據睦㮮《五經稽疑》自序，蓋此書先成，別本行世，後乃編入《五經稽疑》中。今《五經稽疑》已別著録，則此本無庸複載，故附存其原名，備考核焉。

春秋輯傳　宗旨　凡例

錢謙益等《絳雲樓書目・春秋類》 王樵《春秋輯傳》六册。十五卷。

黃虞稷《千頃堂書目・春秋類》 王樵《春秋輯傳》十五卷，《凡例》三卷。一名《春秋經世》。萬曆乙未序。

《明史・藝文志・春秋類》 王樵《春秋輯傳》十五卷《凡例》三卷。

《四庫提要・春秋類三》 《春秋輯傳》十三卷。《宗旨》一卷。《春秋凡例》二卷。直隸總督採進本。明王樵撰。樵有《周易私録》，已著録。是編朱彝尊《經義考》作十五卷，又別出《凡例》二卷，注曰「未見」。此本凡《輯傳》十三卷，前有《宗旨》三篇、附論一篇，共爲一卷，與十五卷之數不符，蓋彝尊偶誤。又《凡例》二卷，今實附刻書中，彝尊亦偶未檢也。其《輯傳》以朱子爲宗，博采諸家，附以論斷，未免或失之冗，然大旨猶爲醇正。其《凡例》則比類推求，不涉穿鑿，較他家特爲明簡。明人之說《春秋》，大抵範圍於胡《傳》。其爲科舉之計者，庸濫固不足言。其好持議論者，又因仍苛說，彌用推求，巧詆深文，爭爲刻酷，尤失筆削之微旨。樵作此書，差爲篤實。其在當日，亦可云不移於俗學者矣。

春秋億

黃虞稷《千頃堂書目・春秋類》 徐學謨《春秋億》六卷。

《明史・藝文志・春秋類》 徐學謨《春秋億》六卷。

《四庫提要・春秋類三》 《春秋億》六卷。江蘇巡撫採進本。明徐學謨撰。學謨字叔明，嘉定人。嘉靖庚戌進士，官至禮部尚書。是編序題《春秋億》，而卷首題曰「徐氏《海隅集》」，目録又題曰「外編」，蓋其全集之一種。十二公各爲一篇，不載經文，而一一排比年月，隨《經》詮義。蓋漢代《經》《傳》別行，原不相屬。似乎創例，實古法也。大旨以《春秋》所書皆據舊史，舊史所闕聖人不能增益。如隱、莊、閔、僖不書即位，桓三年以後不書王，衛人、陳人從王伐鄭不稱天，以及日月之或有或無，皆非聖人所筆削。一掃《公羊》、《穀梁》無字非例之說，與孫復、胡安國無事非譏之論。夫《春秋》之作既稱筆削，則必非全録舊文，漫無襃貶。學謨持論雖未免矯枉過直，然平心靜氣，不事囂爭，言簡理明，多得《經》意，實勝宋、元諸儒之穿鑿。其駁夏時周月之說曰：「爲下而先倍，烏在其爲《春秋》也。」可謂要言不煩者矣。

春秋原經

黃虞稷《千頃堂書目・春秋類》 詹萊《春秋原經》十七卷。玉山人。

《明史・藝文志・春秋類》 詹萊《春秋原經》十七卷。

春秋世譜

黃虞稷《千頃堂書目・春秋類》 吳國倫《春秋世譜》十卷。以《春秋》列國事實，見於《史記》他書者，分國爲諸侯世家。

《明史・藝文志・春秋類》　吳國倫《春秋世譜》十卷。以《春秋》列國事實見於《史記》他書者，分國爲諸侯世家。

嵇璜等《續通志・圖譜略・春秋類》　明吳國倫《春秋世譜》。

春秋節要

黃虞稷《千頃堂書目・春秋類》　孫應鼇《春秋節要》。

春秋竊義

黃虞稷《千頃堂書目・春秋類》　章潢《春秋竊義》。

春秋四傳私考

《四庫提要・春秋類存目一》　《春秋四傳私考》十三卷。兩淮鹽政採進本。明徐浦撰。浦字伯源，浦城人。官監察御史。是書舉《左氏》、《公》、《穀》、胡《傳》之異同，衷以己意。於胡《傳》之深刻者多所駁正，持論頗平允。然每就事論事，不相貫串。如宋公和卒，謂不書薨以示褒。不知外諸侯經皆書卒也。又凡浦無所論斷之條，皆不存經之原文，似乎刪節聖經，亦非體制。

春秋讀傳解略

黃虞稷《千頃堂書目・春秋類》　姜寶《春秋讀傳解略》十二卷。疏胡《傳》之意義，以便於學者。

《明史・藝文志・春秋類》　姜寶《春秋讀傳解略》十二卷。疏胡《傳》之義意，以便學者。

春秋事義全考

黃虞稷《千頃堂書目・春秋類》　姜寶《春秋事義全考》二十卷。本之胡氏而旁引折衷以補其未備，萬曆乙酉序。

《明史・藝文志・春秋類》　姜寶《春秋事義全考》二十卷。

《四庫提要・春秋類三》　《春秋事義全考》十六卷。浙江巡撫採進本。明姜寶撰。寶有《周易傳義補疑》，已著録。《明史・藝文志》、朱彝尊《經義考》俱載是書二十卷，而此少四卷。然檢其篇帙，未見有所闕佚，疑或別有附録而佚之歟？其大旨雖以胡《傳》爲本，而亦頗參以己意。襄公、昭公以下胡《傳》多闕，亦胥爲補葺。中間地名以今證古，雖間有考訂，皆無以甚異於諸家。惟向來說《春秋》者以筆削褒貶爲例，故如王不稱天、公不書即位之類，皆謂孔子有意貶絶。是褒譏之法且將上施於君父，揆諸聖人明倫垂教之本意，當必不然。寶獨謂孔子於周王、魯侯事有非者，直著其非而已。後人說《經》，用惡字、罪字、譏貶字，皆非聖人之意。其言明白正大，爲啖、趙以來所未及。可謂闡筆削之微意，立名教之大防。雖頗近科舉之學，不以害其宏旨也。

春秋類編

黃虞稷《千頃堂書目・春秋類》　秦瀹《春秋類編》三十二卷。無錫人。

春秋因是

黃虞稷《千頃堂書目・春秋類》　梅之熉《春秋因是》三十卷。宣城人。

《四庫提要・春秋類存目一》　《春秋因是》三十卷。浙江巡撫採進本。明梅之熉撰。之熉字惠連，麻城人。是編專爲《春秋》制義比題、傳題而作，每題必載一破題而詳列作文之法。蓋舊制以《春秋》一經可命題者不過七百餘條，慮其易於弋獲，因而創爲合題。及合題之説紛紜淆亂，試官舉子均無定見，於是此類講章出焉。夫信《傳》不信《經》，先儒以爲詬厲，猶爲三《傳》言之也。至於棄置《經》文而惟於胡《傳》之中推求語氣以行文，《經》已荒矣。其弊也，又於胡《傳》之中摘其一字、兩字，牽合搭配，以聯絡成篇，則併《傳》亦荒矣。此類講章，皆經學之蠹賊，本不足録。特一以見場屋舊制。所謂比題、傳題者，其陋如此，並非別有精微。一以見明季時文之弊，名爲發揮《經》義，實則割裂《傳》文，於聖人筆削之旨，南轅北轍，均可以爲炯鑑。故附存其目，爲學《春秋》者戒焉。

春秋繹通

徐𤊹《徐氏家藏書目・春秋類》 《春秋繹通》一卷。鄧原錫。

黃虞稷《千頃堂書目・春秋類》 鄧元錫《春秋繹通》一卷。

《明史・藝文志・春秋類》 鄧元錫《春秋繹》一卷。

春秋貫玉

黃虞稷《千頃堂書目・春秋類》 顔鯨《春秋貫玉》四卷。慈谿人，提學副使。

《明史・藝文志・春秋類》 顔鯨《春秋貫玉》四卷。

春秋訂疑

黃虞稷《千頃堂書目・春秋類》 林命《春秋訂疑》十二卷。字子順，建安人。嘉靖甲辰進士，廣東按察司副使。

《明史・藝文志・春秋類》 林命《春秋訂疑》十二卷。

國概

黃虞稷《千頃堂書目・春秋類》 穆文熙《國概》六卷。

《明史・藝文志・春秋類》 穆文熙《國概》六卷。

春秋尊王發微

黃虞稷《千頃堂書目・春秋類》 邵弁《春秋尊王發微》十卷。嘉靖癸丑，弁避寇幽居，以《經》自隨。久之，日有所記札，疏爲《或問》一卷，《凡例輯略》一卷，《屬詞比事》八卷，總名之曰《春秋尊王發微》。他目中有弁《春秋通議》，不知即此書否。

《明史・藝文志・春秋類》 邵弁《春秋尊王發微》十卷。《屬辭比事》八卷，《或問》一卷，《凡例輯略》一卷。

春秋通議

錢謙益等《絳雲樓書目・春秋類》 邵弁《春秋通議》一冊。

春秋日録

黃虞稷《千頃堂書目・春秋類》 王錫爵《春秋日録》三十卷。

春秋蠡測

徐𤊹《徐氏家藏書目・春秋類》 《春秋蠡測》一卷。新字俞懋學著。

黄虞稷《千頃堂書目・春秋類》 余懋學《春秋蠡測》四卷。一作二卷。

《明史・藝文志・春秋類》 余懋學《春秋蠡測》四卷。

春秋質疑

黄虞稷《千頃堂書目・春秋類》 魏時應《春秋質疑》十二卷。南昌人，萬曆乙未進士，光祿寺卿。

春秋愚謂

黄虞稷《千頃堂書目・春秋類》 徐允祿《春秋愚謂》四卷。字汝廉，嘉定縣人。取《左》、《公》、《穀》、胡四傳，撮其大旨於前，而折衷以己意。有四《傳》俱無當者，更出己見斷之。

《明史・藝文志・春秋類》 徐允祿《春秋愚謂》四卷。

春秋心印

黄虞稷《千頃堂書目・春秋類》 吴從周《春秋心印》。字文卿，婺源人。萬曆中貢士，杭州府通判。

春秋提要

黄虞稷《千頃堂書目・春秋類》 虞宗瑤《春秋提要》二卷。字仲嶠，錢唐人。胡《傳》之前，舊有《提要》分《春秋》所書事而類之，然僅有編目未備全旨，是書每條下各撮胡《傳》大全大旨以釋之。

《明史・藝文志・春秋類》 虞宗瑤《春秋提要》二卷。

春秋以俟録

《四庫提要・春秋類存目一》 《春秋以俟録》一卷。兩淮馬裕家藏本。明瞿九思撰。九思字睿夫，黄梅人。萬曆癸酉舉人。爲知縣張維翰所誣構，謫戍塞下。張居正援之，得釋。后薦授翰林待詔，不赴。詔有司歲廩給之，終其身。事蹟具《明史・文苑傳》。是書多穿鑿附會之談。如十二公配十二月，二百四十年配二十四氣之類，皆迂謬不經。與洪化昭《周易獨坐談》皆明儒之行怪者也。

春秋世業

黄虞稷《千頃堂書目・春秋類》 舒邦儒《春秋世業》。餘干人。萬曆甲戌進士，南京刑部主事。

春秋疑問

黄虞稷《千頃堂書目・春秋類》 姚舜牧《春秋疑問》十二卷。

《明史・藝文志・春秋類》 姚舜牧《春秋疑問》十二卷。

《四庫提要・春秋類存目一》 《春秋疑問》十二卷。浙江巡撫採進本。明姚舜牧撰。舜牧有《易經疑問》，已著録。是書不盡從胡《傳》，亦頗能掃諸家穿鑿之説，正歷來刻深嚴酷之論。視所注諸經，較多可取，而亦不免於以意推求，自生義例。如列國之事承告則書，《左氏》實爲定説。舜牧於宿男卒不書名，既云告不以名矣，乃於「鄭伯克段」則曰：「此鄭事也，魯《春秋》何以書？見鄭莊處母子兄弟之間，忍心害理，凡友邦必不可輕與之。此一語專爲後日渝平歸祊、助鄭伐宋起，非謂此事極大，漫書於魯之《春秋》也。」是不考策書之例，但牽引《經》文，横生枝節。至於解紀季姜歸京師，謂自季姜歸後，周聘不復加於魯，乃知以前三聘特在謀婚。此無論別無確據，卽以年月計之，三聘之首，是爲凡伯，其事在隱公九年，距祭伯之逆十四年矣。有天子求婚，惟恐弗得，謀於十四年之前者乎？此併經文亦不能牽合矣。說經不應如是也。

春秋正旨

黃虞稷《千頃堂書目・春秋類》 孟化鯉《春秋正旨》。

春秋質疑

《四庫提要・春秋類三》 《春秋質疑》十二卷。安徽巡撫採進本。明楊于庭撰。于庭字道行，全椒人。萬曆庚辰進士。官至兵部職方司郎中。此書之旨，以胡安國《春秋傳》意主納牖，褒諱抑損，不無附會。於《春秋》大義，合者十七，不合者十三。又於《左氏》、《公》、《穀》或採或駁，亦不能悉當。因條舉而論辨之。如胡氏謂春王正月乃以夏時冠周月，于庭則引《禮記》孟獻子曰「正月日至，可以有事于上帝。七月日至，可以有事于祖」，證日至之爲冬至，卽知周以子月爲正月。又胡氏謂《經》不書公卽位爲未請命于王，于庭則引《文公元年》「春王正月公卽位，越四月，天王使毛伯來錫公命」，《成公八年》「秋七月，天子使召伯來賜公命」，據此，則錫命皆在卽位之後數年或數月，可知前此之未嘗請命而皆書卽位，胡說未可通。又胡氏以從祀先公爲昭公，至是始得從祀于太廟，于庭則謂季氏靳昭公不得從祀，其事不見於三《傳》。至馮山始創言之，胡氏不免於輕信。凡此之類，議論多爲精確，固非妄攻先儒，肆爲異說者比也。

春秋說

黃虞稷《千頃堂書目・春秋類》 徐卽登《春秋說》十一卷。

《明史・藝文志・春秋類》 徐卽登《春秋說》十一卷。

春秋匡解

黃虞稷《千頃堂書目・春秋類》 鄒德溥《春秋匡解》八卷。

《明史・藝文志・春秋類》 鄒德溥《春秋匡解》八卷。

《四庫全書總目提要春秋類存目一》 《春秋匡解》六卷。浙江巡撫採進本。明鄒德溥撰。德溥有《易會》，已著録。是書專擬《春秋》合題，每題擬一破題，下引胡《傳》作注，又講究作文之法。蓋鄉塾揣摩科舉之本。德溥陋必不至是，疑或坊刻僞託耶？

春秋古器圖

嵇璜等《續通志・圖譜略・春秋類》 傅遜《春秋古器圖》。

春秋總例

鄭樵《通志・藝文略・春秋》 《春秋總例》十二卷。周希聖。

春秋日録

黄虞稷《千頃堂書目・春秋類》 黄乾行《春秋日録》。字大同，福寧州人。嘉靖癸丑進士，重慶知府。

春秋説

黄虞稷《千頃堂書目・春秋類》 錢世揚《春秋説》十卷。

《明史・藝文志・春秋類》 錢世揚《春秋説》十卷。

春秋翼附

黄虞稷《千頃堂書目・春秋類》 黄正憲《春秋翼附》二十卷。

《明史・藝文志・春秋類》 黄正憲《春秋翼附》二十卷。

《四庫提要・春秋類存目一》 《春秋翼附》二十卷。浙江汪啓淑家藏本。

明黄正憲撰。正憲有《易象管窺》，已著録。是書大旨以胡安國《傳》未免過於刻覈，因博採舊聞，自唐孔穎達以下悉爲折衷。於明世諸家則多取山陰季本《私考》、金壇王樵《輯傳》二書。今觀其所論，如謂尹氏卒爲吉甫之後，非卽《詩》家父所刺者，仲孫蔑會齊高固於無婁，地非牟數，亦間有考證。然核其大體，則未能悉精確也。

麟經統一篇

《四庫提要・春秋類存目一》 《麟經統》一篇十二卷。浙江巡撫採進本。

明張杞撰。杞字成夫，湖州人。萬曆丁酉舉人，官福清縣教諭。其書不載《經》文，惟以《經》文之可作試題者截其中二三字爲目，各以一破題括其意，卽注胡《傳》於下。後列合題數條，亦各擬一破題，并詮注作文之要。其體又在講章下矣。

麟傳統宗

黄虞稷《千頃堂書目・春秋類》 夏元彬《麟傳紀宗》十二卷。

《四庫提要・春秋類存目一》 《麟傳統宗》十三卷。浙江巡撫採進本。

明夏元彬撰。元彬本名彪，字仲弢，德清人。其書餖飣成編，漫無體例。隱公之前，冠以《國語》十數條，以志周東遷始末。蓋仿馮夢龍《春秋衡庫》爲之，而疎略尤甚。《經》文之下，或録《左氏》，或取《公》、《穀》、《國語》隸之，或標《傳》名，或不標《傳》名。其附録者，或有「附」字，或無「附」字。端緒茫然，猝難究詰。又如「費伯」之注誤在「盟唐」之下。「楚殺公子側」《傳》上，忽注云：「出宋楚平《傳》」。「衛州吁弑君」下祇載《詩・綠衣》一章，竝無他注。「壬午大閱」，全録《周官》中「春教振旅」以下四則，亦不置一詞。如是者指不勝屈。文震孟《序》乃稱其「得於經術者深」，亦可異矣。

春秋本義

黄虞稷《千頃堂書目・春秋類》 沈堯中《春秋本義》四卷。

春秋十二公明辨

黄虞稷《千頃堂書目・春秋類》 唐大章《春秋十二公明辨》。字士一，仙遊人。天啓中貢士。以《經》爲主，不規規於三《傳》。

春秋直解

黃虞稷《千頃堂書目・春秋類》 郝敬《春秋直解》十二卷《春秋非左》二卷。

《明史・藝文志・春秋類》 郝敬《春秋直解》十二卷。

《四庫提要・春秋類存目一》 《春秋直解》十五卷。浙江汪啓淑家藏本。明郝敬撰。敬有《周易正解》，已著録。是編前有《讀春秋》五十餘條。其言曰：「今讀《春秋》，勿主諸《傳》先入一字，但平心觀理，聖人之情，恍然自見。」蓋卽孫復等廢《傳》之學而又加甚焉。末二卷題曰《非左》，凡三百三十餘條，皆摘《傳》文之紕繆。其中如費伯城郎駁《左氏》非公命不書之誤，其說甚辨。公爲大王請糴於四國，不書者諱之也，其說亦有理。凡此之類，不可謂非左氏諍臣。至於曲筆深文，務求瑕釁。如「論賓媚人稱五霸」一條，不信杜預豕韋、昆吾之說，必以宋襄、楚莊足其數，而謂五霸之名非其時所應有。如此之類，則不免好爲議論矣。

春秋胡傳翼

黃虞稷《千頃堂書目・春秋類》 錢時俊《春秋胡傳翼》三十卷。常熟人。萬曆甲辰進士。萬曆辛亥序。

《明史・藝文志・春秋類》 錢時俊《春秋胡傳翼》三十卷。

春秋解

黃虞稷《千頃堂書目・春秋類》 胡舜胤《春秋解》。字明祚，餘干人。萬曆庚戌進士，禮部郎中。

春秋正意

黃虞稷《千頃堂書目・春秋類》 曾舜漁《春秋正意》。博羅人，萬曆戊戌進士，山東按察司副使。

春秋纂注

黃虞稷《千頃堂書目・春秋類》 王衡《春秋纂注》四卷。

《明史・藝文志・春秋類》 王衡《春秋纂注》四卷。

春秋孔義

范邦甸等《天一閣書目・禮類》 《春秋孔義》刊本殘。明梁溪高攀龍著。秦堈編輯。崇禎庚辰高世泰序。

黃虞稷《千頃堂書目・春秋類》 高攀龍《春秋孔義》十二卷。崇禎庚辰刊。

《明史・藝文志・春秋類》 （李）［高］攀龍《春秋孔義》十二卷。

《四庫提要・春秋類三》 《春秋孔義》十二卷。浙江汪啓淑家藏本。明高攀龍撰。攀龍有《周易易簡録》，已著録。是書斟酌於左氏、公羊、穀梁、胡安國四家之《傳》，無所考證，亦無所穿鑿。意主於以《經》解《經》，凡《經》無《傳》有者不敢信，《傳》無《經》有者不敢疑，故名曰《孔義》，明爲孔子之義而非諸儒之臆說。雖持論稍拘，較之破碎繳繞横生異議，猶說《經》之謹嚴者矣。朱彝尊《經義考》此書之外別有李攀龍《春秋孔義》十二卷，注曰「未見」。今案書名卷數竝同，攀龍之名又相同，不應如是之巧合。考李攀龍惟以詩名，不以經術見。其墓誌本傳亦不云嘗有是書。豈諸家書目或有以攀龍之名同，因而誤高爲李者，彝尊未及考核，誤分爲二歟？

春秋辨義

黄虞稷《千頃堂書目・春秋類》 卓爾康《春秋辨義》四十卷。一作三十卷，崇禎辛未序。

《明史・藝文志・春秋類》 卓爾康《春秋辨義》四十卷。

《四庫提要・春秋類三》 《春秋辨義》三十九卷。浙江巡撫採進本。明卓爾康撰。爾康有《易學》，已著録。是書大旨分爲六義：曰《經》義、曰《傳》義、曰書義、曰不書義、曰時義、曰地義。持論皆爲醇正。其《經》文每條之下，皆雜取舊説排比詮次，而斷以己意。每公之末，又各附以《列國本末》一篇，舉繫於盛衰興亡之大者，別爲類敘，亦頗有體要。中間如甲戌己丑陳侯鮑卒，以爲是甲戌年正月己丑，史官偶倒其文。不知古人紀歲，自有閼逢、攝提格等歲陰、歲陽二十二名。其六十甲子，古人但用以紀日，不以紀歲。又如五石、六鷁爲外災，何以書？爲其三恪，且在中國。不知晉之梁山崩，宋衛陳鄭災，豈皆三恪乎？又天王狩于河陽，謂晉欲率諸侯朝王，恐有畔去者，故使人言王狩以邀之。其心甚盛，無可皆議。九爲有意翻新，反於理有礙。此類皆不可爲訓。然如謂「鄭人來渝平」當依左氏訓更成，其以爲墮成、不果成者，文義皆誤；又解「戎伐凡伯于楚丘」，謂一國言伐，一邑亦言伐，一家言伐，一人亦言伐，《公羊》以伐爲大，乃不知侵伐之義，強爲之辭。則皆明白正大，足破諸説之拘牽。在明季説《春秋》家，猶爲有所闡發焉。

春秋傳删

黄虞稷《千頃堂書目・春秋類》 曹學佺《春秋傳删》十卷。

春秋義略

黄虞稷《千頃堂書目・春秋類》 曹學佺《春秋義略》三卷。

《明史・藝文志・春秋類》 曹學佺《春秋義略》三卷。

春秋闡義

徐𤊹《徐氏家藏書目・春秋類》 《春秋闡義》十二卷。曹學佺。

黄虞稷《千頃堂書目・春秋類》 曹學佺《春秋闡義》十二卷。

《明史・藝文志・春秋類》 曹學佺《春秋闡義》十二卷。

《四庫提要・春秋類存目一》 《春秋闡義》十二卷。浙江汪啓淑家藏本。明曹學佺撰，學佺有《易經通論》，已著録。是書朱彝尊《經義考》注曰「未見」，蓋不甚傳。大抵捃摭舊文，無所闡發。

別本春秋大全

《四庫提要・春秋類存目一》 《別本春秋大全》三十卷。内府藏本。明馮夢龍撰。是書雖以《春秋大全》爲名，而非永樂中官修之原本。其體例，惟胡安國《傳》全録，亦間附《左傳》事蹟，以備時文捃摭之用。諸家之説，則僅略存數條。其《凡例》有云：「《大全》中諸儒議論，儘有勝胡氏者，然業已宗胡，自難竝收以亂耳目。」是不亦明知其謬而爲之歟？

春秋衡庫

黄虞稷《千頃堂書目・春秋類》 馮夢龍《春秋衡庫》三十卷。前後附録二卷。前後附録者，紀《春秋》以前《國語》所載，及獲麟以後續傳也。

《明史・藝文志・春秋類》 馮夢龍《春秋衡庫》二十卷。

《四庫提要・春秋類存目一》 《春秋衡庫》三十卷。浙江吳玉墀家藏本。

明馮夢龍撰。夢龍字猶龍，吳縣人。崇禎中，由貢生官壽寧縣知縣。其書爲科舉而作，故惟以胡《傳》爲主，雜引諸說發明之。所列《春秋》前事後事，欲於《經》所未書、《傳》所未盡者，原其始末。亦殊沓雜。

春秋補傳

黃虞稷《千頃堂書目・春秋類》 張銓《春秋補傳》十二卷。

《明史・藝文志・春秋類》 張銓《春秋補傳》十二卷。

春秋實録

黃虞稷《千頃堂書目・春秋類》 鄧來鸞《春秋實録》十二卷。字繡青，宜黃人。天啓壬戌進士，武昌知府。

《四庫提要・春秋類存目一》 《春秋實録》十二卷。浙江吳玉墀家藏本。

明鄧來鸞撰。來鸞字繡青，宜黃人。天啓壬戌進士，官至武昌府知府。是編專爲科舉而作，故其《凡例》曰：「《春秋》從胡，凡左與胡觭者必削，定是非也。」又曰：「《春秋左傳》，惟有關經題者載之，從簡便也。」其書可不必問矣。

春秋三傳衷考

黃虞稷《千頃堂書目・春秋類》 施達《春秋三傳衷考》十二卷。長興人。

《四庫提要・春秋類存目一》 《春秋三傳衷考》十二卷。浙江巡撫採進本。明施天遇撰。天遇字昌辰，武康人。是編雖以三《傳》爲名，實以胡《傳》爲去取。凡胡《傳》所駁，概從刊削，故所存僅三《傳》之事蹟。又雜引《詩》、《書》、《禮記》及《國語》之文以足之，特取備時文之捃摭而已。

春秋愍渡

黃虞稷《千頃堂書目・春秋類》 耿汝忞《春秋愍渡》十五卷。字克勵，黃安人，耿定向子。

《明史・藝文志・春秋類》 耿汝忞《春秋愍渡》十五卷。

春秋羅纂

黃虞稷《千頃堂書目・春秋類》 馮伯禮《春秋羅纂》十二卷。字讓伯，平湖人。萬曆間太學生。父爲參政，敏功以勞卒於官。伯禮郤同官之賻，卒而沈思孝諡之曰「貞孝先生」。

《明史・藝文志・春秋類》 馮伯禮《春秋羅纂》十二卷。

春秋歸義　總序雜説　便考

黃虞稷《千頃堂書目・春秋類》 賀仲軾《春秋歸義》三十二卷，《總序雜説》一卷，《便考》十卷。字景瞻，獲嘉人。爲武德兵備副使。家居，值甲申之變，衣冠北向，題字几上自縊死，臨死顏色不變，陽陽如平生。妻妾四五人，皆感其義，同死。其書有駁「夏時冠周月」之失，博辨拘例，說《經》者之非。

《明史・藝文志・春秋類》 賀仲軾《春秋歸義》三十二卷，《便考》十卷。

周正考

張萱等《內閣藏書目録・經部》 《周正考》一册。國朝冷逢震雜引古今經史子傳，以證胡文定《春秋》「春王正月」謂以「夏時冠周月」之語，而時與月皆未改爲是。其説頗精。

黄虞稷《千頃堂書目・春秋類》 冷逢震《周正考》一卷。雜引古今經史子傳，以正胡《傳》「夏時冠周月」之誤。萬曆中四川資縣人。

《明史・藝文志・春秋類》 冷逢震《周正考》一卷。

春秋是正

黄虞稷《千頃堂書目・春秋類》 羅喻義《春秋是正》。

春秋或問　存疑　續義

黄虞稷《千頃堂書目・春秋類》 鄭良弼《春秋或問》十四卷，《存疑》一卷，《續義》二卷。字宗説，淳安人，萬曆舉人。

《明史・藝文志・春秋類》 鄭良弼《春秋或問》十四卷，《存疑》一卷，《續義》二卷。

春秋續義發微

《四庫提要・春秋類存目一》 《春秋續義發微》十二卷。兩淮馬裕家藏本。明鄭良弼撰。良弼字子宗，號肖巖，淳安人。萬曆中舉人。此編取胡安國《傳》所未及者，拾遺補闕，續明其義。一步一趨，皆由安國之義而推之，故其得失亦與安國相等。朱彝尊《經義考》載良弼有《春秋或問》十四卷，《存疑》一卷，竝《續義》三卷，俱云未見。今此本分十二卷，與所記卷數不符，殆彝尊以傳聞誤載歟。

春秋確

黄虞稷《千頃堂書目・春秋類》 潘曾紘《春秋確》。字昭度，烏程人。萬曆丙辰進士，兵部侍郎。

權書止觀

黄虞稷《千頃堂書目・春秋類》 潘曾綰《權書止觀》八卷。

春秋麟寶

黄虞稷《千頃堂書目・春秋類》 （俞）〔余〕敷中《春秋麟寶》六十三卷。姑蔑人。

《四庫提要・春秋類存目一》 《春秋麟寶》六十三卷。浙江汪啓淑家藏本。明余敷中撰。敷中不知何許人。是書成於萬歷乙卯。全録《左》、《國》、《公》、《穀》之文於《經》文之下，《左》、《國》則録其全，《公》、《穀》則除其複。《國語》事有在《春秋》前者，別爲首卷於前。無所訓釋，亦無所論斷。前有萬歷乙卯自序，言夫子獲百二十國寶書作《春秋》，而絶筆於獲麟，故曰《麟寶》。其命名取義，殆於「札闥鴻休」矣。

春秋心印

《四庫提要・春秋類存目一》 《春秋心印》十四卷。兩江總督採進本。

明鄭鉥撰。鉥，上海人。萬曆中由貢生官青田縣訓導。是編取林堯叟《春秋句解》中所爲提要而推廣其門目，依類摘取經、傳、疏列其下，雜引諸儒之說而附以己意。前列《春秋總論》十二篇，語多凡陋，率以私意窺測聖人。其體例尤爲複沓。如《莊元年》「王使榮叔來錫桓公命」，列於錫命類。《定十四年》「天王使石尚來歸脤」，列周歸脤類。而五始類中皆載之。《桓十一年》「柔會宋公、陳侯、蔡叔盟于折」，既列盟類，又入會類。《僖九年》「九月戊辰，盟于葵丘」，亦列盟類，又入殊盟類。舛互殆不勝舉。其《凡例》末一條云：「書成之時，夢齊桓公、晉文公各持一單，單開七事，相揖贈予，若謝而辭之意。覺而思之，各開單七事者，二七十四也。卷完十四，其義已盡，以示不必再録。又隆慶初輯《通史聚精》八十卷，亦夢文公朱先生慰余曰：『余《綱目》甚覺煩冗，子能爲我刪葺，深愜我意，故茲致謝。』」語殊怪妄，是又吳與弼《日録》之故智矣。

編春秋所見所聞所傳聞

黄虞稷《千頃堂書目・春秋類》 陸增曄《編春秋所見所聞所傳聞》三卷。字章之，會稽人。

《明史・藝文志・春秋類》 陸曾曄《編春秋所見所聞所傳聞》三卷。

春秋四傳辨疑

徐𤊹《徐氏家藏書目・春秋類》 《春秋四傳辨疑》二卷。陳肇曾。

春秋表正

黄虞稷《千頃堂書目・春秋類》 黄道周《春秋表正》。

春秋揆

黄虞稷《千頃堂書目・春秋類》 黄道周《春秋揆》一册。

《四庫提要・春秋類存目一》 《春秋揆》一卷。浙江汪啓淑家藏本。明黄道周撰。道周有《易象正》，已著録。是書以天人之故，若表之於夏景。《春秋》以天治人，故以《揆》名書，通爲一篇。其說謂「揆者，晷也，表晷也。日南則其晷陰，日北則其晷陽。揆之則於其景也。宣公之三年景中也，僖公之十七年而景乃南，襄公之十年而景乃北。景南者極近，景北者極遠」。又謂「春秋之紀二百四十有二，共三之八十有一，兩之一百二十。自文王受命之年以至仲尼之沒，參之而得七，兩之而得五。文王以四千三百二十年爲春秋，仲尼以三千六百年爲春秋。五文王之春秋，有五文王者出。六仲尼之春秋，有六仲尼者出。十一大聖人者，以行其二統，而天地爲再開闢」云云。蓋以《皇極經世》之學說《春秋》，自三《傳》以來，未之前聞。即邵子亦未發此義也。道周《禮記》諸傳，雖不必盡當於本旨，而借經抒論，於人事猶有所裨。此則眞無用之數學，不能以道周之故，曲爲之說矣。

春秋說

黄虞稷《千頃堂書目・春秋類》 華允誠《春秋說》。長洲籍，無錫人。天啓壬戌進士，吏部主事。

春秋易義

黄虞稷《千頃堂書目・春秋類》 林胤昌《春秋易義》十二卷。以《易》證《春秋》之義，故曰《易義》。胤昌，字爲磐，晉江人。天啓壬戌進士，歷官吏部文選司郎中。

林嗣昌《春秋易義》十二卷。晉江人，天啓壬戌進士，吏部文選郎中。

《明史・藝文志・春秋類》 林嗣昌《春秋易義》十二卷。

春秋存俟

黄虞稷《千頃堂書目・春秋類》 余颺《春秋存俟》十二卷。字賡之，莆田人。崇禎丁丑進士，宣城知縣，吏部主事。

《明史・藝文志・春秋類》 余颺《春秋存俟》十二卷。

春秋竊論

黄虞稷《千頃堂書目・春秋類》 方孔炤《春秋竊論》。

三傳異同

黄虞稷《千頃堂書目・春秋類》 魏靖國《三傳異同》三十卷。字伯饒，東鄉人。

《明史・藝文志・春秋類》 魏靖國《三傳異同》三十卷。

春秋纂

《四庫提要・春秋類存目一》 《春秋纂》無卷數。山西巡撫採進本。明朱之俊撰。之俊有《周易纂》，已著録。是書大抵隨文生義，罕所根據。如「成風請救須」句，乃婦人左袒母家之常態，遽以繼絶美之。如斯之類，所見頗淺。又如芮伯萬母事，引隋獨孤后以責其妬，與經義了不相關。至於災異必推事應，尤多穿鑿。

春秋比事

黄虞稷《千頃堂書目・春秋類》 張國經《春秋比事》七卷。漳浦人。天啓壬戌進士，四川布政司參政。

《明史・藝文志・春秋類》 張國經《春秋比事》七卷。

麟旨定

黄虞稷《千頃堂書目・春秋類》 陳于鼎《麟旨定》八冊。宜興人。

《四庫提要・春秋類存目一》 《麟旨定》無卷數。浙江汪啓淑家藏本。明陳于鼎撰。于鼎字爾新，宜興人。是書成於崇禎庚午。以「麟」字代「春秋」字，命名已陋。又但標擬題，各以一破題爲式，而略爲詮釋於下，即在舉業之中亦爲下乘矣。

春秋三書

黄虞稷《千頃堂書目・春秋類》 張溥《春秋三書》三十一卷。字天如。大倉州人。崇禎辛未進士，翰林院庶吉士。學者稱西銘先生。

《明史・藝文志・春秋類》 張溥《春秋三書》三十一卷。

《四庫提要・春秋類存目一》 《春秋三書》三十二卷。副都御史黄登賢家藏本。明張溥撰。溥有《詩經注疏大全合纂》，已著録。是書第一編曰《列國論》，凡二十四卷。第二編曰《四傳斷》凡七卷。第三編曰《書法解》，凡一卷。同時徐汧、張采爲之序。采又有《例言》，稱《列國論》中尚闕「雜國」一題。《四傳斷》中「僖公」闕十餘年，文公全闕，襄公以下亦全闕，采間爲補之。《書法解》爲目多端，僅成一則。溥與采倡立復社，聲氣交通，蔓延天下，爲明季部黨之魁。其學問則多由涉獵，未足專門。其所撰述，惟

《漢魏六朝一百三家集》，蒐羅放佚，採摭繁富，頗於藝苑有功。然在當時，止與梅鼎祚《文紀》諸書齊驅竝駕，較之楊愼、朱謀㙔《考證》，已爲少遜矣。至於經學，原非所擅長。此書爲未成之本，亦別無奥義。采等以交游之故，爲掇拾補綴而刊之，實不足以爲溥重也。

春秋義

黄虞稷《千頃堂書目・春秋類》 顧懋樊《春秋義》三十卷。

《明史・藝文志・春秋類》 顧懋樊《春秋義》三十卷。

《四庫提要・春秋類存目一》 《春秋義》三十卷。江蘇周厚堉家藏本。明顧懋樊撰。懋樊有《桂林點易丹》，已著録。是書朱彝尊《經義考》云「未見」。前有懋樊自序，稱以胡《傳》爲宗，參之《左氏》、《公》、《穀》三家，佐以諸儒之說。今觀其書，直敷衍胡《傳》爲舉業計耳，未嘗訂正以三《傳》，亦未訂正以諸儒之說也。

春秋年考

《四庫提要・春秋類存目一》 《春秋年考》一卷。浙江巡撫採進本。不著撰人名氏。後有自跋，稱初成於天啓甲子，重訂於崇禎辛未。自署曰「天畸人」。有三小印：一曰「三峩」，一曰「仲先」，一曰「且止菴居」。不知爲何許人也。其書仿《史記・十二諸侯年表》之例，以年爲經，以國爲緯，各書大事於年下。然體例頗爲叢雜。如周爲第一格，平王四十九年稱「宰咺來賵仲子」。此内魯之詞，當繫之魯，不當繫之周也。至五十九年稱「武氏子來魯求賻」，則稱「來」似内魯，稱「魯」又似外魯，更無體例矣。又瓦屋之盟列之於晉，則排纂有譌，晉獲秦諜增晉伐秦字，則事實或誤，均不足以爲據。

春秋說

《四庫提要・春秋類存目一》 《春秋說》三十卷，附録三卷。山東巡撫採進本。明王寖大撰。寖大字幼章，合肥人。崇禎丁丑進士。是書雜採諸說，斷以己意，而本於卓爾康《辨義》者爲多。其首爲《諸家考》，叙古來《春秋》家及所著書；次爲《經傳大旨》，輯諸家議論之與己合者；次《紀傳》，輯周及列國事蹟，分析《經》文，各以類從，而附以《時義地義論》；次爲《春秋總義》；次《比事》四十二則，自跋附焉。總爲三卷弁於首。次乃詮釋《經》文，分十二公爲三十卷。朱彝尊《經義考》不載，蓋此本爲寖大孫雲龍所録，未及刊版故也。寖大以《春秋》本魯史原文，孔子修之。蓋筆削史文以見義，非變史文以起義。自說《經》者不舉大義而求之名字、爵號、日月及會之類以爲義例。蓋昉於《公》、《穀》盛於胡氏，詮說愈繁，而經學愈亂。故著是書以破諸家之言書法者。然《春秋》固本魯史，其間亦有聖人特筆。如「天王狩于河陽」，《左傳》具述改修之義。《坊記》所引《魯春秋》、《公羊傳》所引《不修春秋》，及甯殖所稱「載在諸侯之策」者，揆之聖經，有同有異。欲駁一字褒貶之說，而謂聖經僅魯史之節文，未免矯枉而過直。其說《經》亦多臆斷。如解「尹氏卒」，云：「《公》、《穀》謂譏世卿，鑿矣。欒、郤、韓、范世專晉，七穆世專鄭，曷爲不譏，而特譏王朝大夫乎？夫外大夫卒，例不見《經》，《春秋》何由譏之耶？」解「肆大眚」，云：「文姜罪惡通天，歿後必有陰禍，莊公肆眚，爲之求福免罪耳。」不知《春秋》時浮屠之教未入中土，何得有罪福之說。解「鄭棄其師」，云：「此高克怨辭。夫克一逋臣，豈能以其事偏赴列國？杜預所謂克狀其事以告魯者，本無確證。何得遽斷爲據克之言？」又《比事》中解「城築」一條，云：「邑書城。臺、館、囿書築。城，土功也，故須築。南門、雉門書作，木功也，故須作。夫南門、雉門豈竟不須土功？且兩觀何以亦書作也？」凡此皆隨意生文，不爲典要。至其《紀傳》叙事，竝始於隱元年，訖於哀十四年。其中止云某事書於《經》某事不書。又自齊、晉以下皆以魯公年數紀年，即《周本紀》亦然。是屈天王之正朔，就侯國之紀年。經解史裁，蓋兩無所當矣。其諸家考中升胡《傳》於西漢諸儒之前，已爲無識。卷後又自識云：「呂大圭、灌甫、趙企明、姜廷善未詳。」案灌甫，明宗室朱睦㮮字，已見《考》中，而遽忘之。呂大圭字圭叔，南宋末人，所著有《春秋或問》及《五論》。企明，宋趙鵬飛字，所著有《春秋經筌》。廷善，明姜寶字，所著有《春秋事義考》。而寖大俱曰未詳。是卽此數家，尚未窺全帙，甚至引杜預《集解》亦稱之爲「杜疏」，尤爲無據。蓋所見未博，故議論多而考證少也。

春秋志在

黃虞稷《千頃堂書目・春秋類》　來集之《春秋志在》十二卷。

《明史・藝文志・春秋類》　來集之《春秋志在》十二卷。

春秋四傳權衡

黃虞稷《千頃堂書目春秋類》　來集之《四傳權衡》一卷。

《明史・藝文志・書秋類》　來集之《四傳權衡》一卷。

讀春秋略記

黃虞稷《千頃堂書目・春秋類》　朱朝瑛《讀春秋略記》。

《四庫提要・春秋類三》　《讀春秋略記》十卷。兩江總督採進本。明朱朝瑛撰。朝瑛有《讀易略記》，已著録。其學出自黃道周。頗不拘墟於俗見，而持論不必皆醇。是書輯録舊文，補以己意所採上自啖助、趙匡，下及季本、郝敬，大抵多自出新義，不肯傍三《傳》以說經者。朝瑛之所論斷，亦皆冥搜別解，不主故常。如謂甫父二字，古文通用，爲男子之美稱。孔父之字嘉，猶唐杜甫之字美。此與程子以大爲紀侯之名，援欒大爲例者何異？又力斥《漢書・五行志》穿鑿傳會之非，而於「恆星不見」一條，乃引何休之說以爲法度廢絶、威信不行之驗。與胡安國不談事應，而星孛北斗大辰仍採董仲舒、劉向義者亦同。至於論《隱公三年》「春王二月己巳，日有食之」，乃三月非二月。「夫人子氏」爲隱公之夫人，而非仲子。亦未嘗不考證分明。大致似葉夢得之《三傳讞》，而學不能似其博；又似程端學之《三傳辨疑》，而論亦不至似其迂。其於二書，蓋皆伯季之間。置其偏僻，擇其警策，要不失爲讀書者之說經也。

春秋四傳質

《四庫提要・春秋類三》　《春秋四傳質》二卷。湖南巡撫採進本。明王介之撰。介之字石崖，衡陽人。是書取三《傳》及胡安國《傳》異同，斷以己意。其「無駭卒」條云：《春秋》二百四十二年間，事屢變，文亦屢易。四《傳》各成其說，而斷以義，則胡氏精而《公》、《穀》尤正；質以事，則《左氏》有徵爲可信也。蓋作書大旨如此。其中有本舊說者，如《隱公元年》闢胡《傳》元卽仁也之說，本楊時《答胡康侯書》，闢胡《傳》建子非春之說，本熊朋來說是也。有據一《傳》而去取互異者，如「王正月」爲大一統，從《公羊傳》，而闢其王謂文王之說是也。有就四《傳》互質之者，如文公逆婦姜于齊，四《傳》異說，舍《左氏》、《公羊》、胡《傳》而從《穀梁》。有專據胡《傳》而亦不盡從者，如定公從祀先公，取其昭公始祀于廟之說，而闢其事出陽虎而不可詳之說是也。俱頗有所見，不同勦說。至於桓公，「公卽位」，《公羊》以爲如其意也，介之誤作胡《傳》，而詆其巧而誣。文公，「公四不視朔」，《左氏》、《公羊》以爲疾，《穀梁》以爲厭政，胡《傳》從《穀梁》，介之誤作三《傳》皆以爲疾，而胡氏辨其無疾。亦未免時有舛誤。然明之末造，《經》、《傳》俱荒，介之尚能援據古義，糾胡安國之失，亦可謂拔俗千尋矣。

春秋平義

黃虞稷《千頃堂書目・春秋類》 俞汝言《春秋平義》十二卷。秀水人，諸生。

《四庫提要・春秋類四》 《春秋平義》十二卷。浙江巡撫採進本。國朝俞汝言撰。汝言字石吉，秀水人。前明諸生。是書多引舊文，自立論者無幾。然自宋孫復以來，說《春秋》者務以攻擊三《傳》相高，求駕乎先儒之上，而穿鑿煩碎之弊日生。自元延祐以後，說《春秋》者務以尊崇胡《傳》爲主，求利於科舉之途，而牽就附合之弊亦遂日甚。明張岐然嘗作《五傳平文》以糾其謬，而去取尚未能皆允。汝言此書，亦與岐然同意，而簡汰精審，多得《經》意，正不以多生新解爲長。前有《自序》，謂傳經之失不在於淺而在於深，《春秋》爲甚。可謂片言居要矣。此本爲汝言手稾，其中塗乙補綴，朱墨縱橫，其用心勤篤，至今猶可想見也。朱彝尊《經義考》載繆泳之言，稱汝言研精經史，尤熟於明代典故，嘗撰有《宰相列卿年表》，其詩、古文曰《漸川集》。今皆未見。蓋亦好學深思之士，所由與枵腹高談者異歟？

春秋四傳糾正

黃虞稷《千頃堂書目・春秋類》 俞汝言《春秋四傳糾（謬）正》一卷。

《四庫提要・春秋類四》 《春秋四傳糾正》一卷。浙江巡撫採進本。國朝俞汝言撰。康熙丙辰，汝言《春秋平義》始脫稿。是歲之夏，復續作此書，以綜括大旨。相傳其晚年失明，口授而成之者也。書中摘列《春秋三傳》及胡安國《傳》之失，隨事辨正，區爲六類。一曰尊聖而忘其僭，計八條，二曰執理而近於迂，計十五條，三曰尚異而隣於鑿，計二十三條，四曰臆測而近於誣，計四十三條，五曰稱美而失實情，計八條，六曰摘瑕而傷鍥刻，計六條，末附春王正月辨一篇。中左氏、公羊、孔安國、鄭玄之說，明周正改時、改月春秋正朔皆從周，其中如華督奪孔父之妻，齊桓因蔡姬而侵蔡，史家簡策相傳，必有所據。卽就傳文而論，亦無以斷其心不然。汝言皆以爲臆測近誣，轉未免自蹈臆測，又《公羊》褒齊襄之復仇，固爲謬戾，然紀侯譖齊哀公於周，至於見烹，則實有其事。汝言乃謂語言之故不足爲仇，亦不甚可解。至《春王正月辨》中謂《左傳》「王周正月」句，「王周」二字猶漢稱皇漢，宋稱皇宋之義，則不知正月、正歲並見《周禮》，兼用夏正，實亦王制。故特言王周正月，明非夏時，無庸牽引漢宋，橫生曲說。又一行、衛朴推驗春秋日食，皆合於建寅一條。汝言無以難之，遂泛謂不足深據。不知日月交食，推朔望不推時令，建子建寅，食限無殊，一語可明，亦不必顢頇其說。如斯之類，雖或間有小疵，然六類之中，大抵皆立義正大。持論簡明。一卷之書，篇帙無幾，而言言皆治《春秋》者之藥石，亦可謂深得經意者矣。

春秋五傳平文

《四庫提要・春秋類存目一》 《春秋五傳平文》四十一卷。內府藏本。明張岐然編。岐然字秀初，錢塘人。其書採《左傳》、《公羊傳》、《穀梁傳》、胡安國《傳》而益以《國語》。《國語》亦稱《春秋外傳》，故謂之「五傳」。曰「平文」者，明「五傳」兼取，無所偏重之義也。其自序曰：「嘗與虞子仲嵩泛覽《春秋》七十二家之旨，蓋鮮有不亂者。及觀近時經生家之說，殆不可復謂之《春秋》。究其弊，率起於不平心以參諸家，而過尊胡氏。久之惟知有胡氏《傳》更不知有他氏。又久之惟從胡《傳》中牽合穿鑿，併不知有《經》。此所謂亂之極也」云云。考胡安國當高宗之時，以《春秋》進講，皆準南渡時勢以立言。所謂喪欲速貧，死欲速朽，有爲言之者也。元、明兩代，時異勢殊。乃以其源出程子，遂用以取士。已非安國作傳之初意。元制兼用三《傳》，明制兼用張洽《傳》蓋亦陰知胡安國之多僻，而補救其偏。永樂中修《春秋大全》，襲用汪克寬《纂疏》，乃專尊胡《傳》，又非延祐、洪武立法之初意。然胡廣等之《大全》，雖偏主一家，傷於固陋，猶依經立義也。其後剽竊相仍，棄經誦傳，僅摘經文二三字以標識某公某年，迨其末流《傳》亦不誦，惟約略傳意，標一破題，轉相授受而已。蓋又併非修《大全》之初意矣。岐然指陳流弊，可謂深切著明。故其書皆參取四《傳》以救胡《傳》之失。雖去取未必盡當，要其鍼砭俗學、破除錮習，於《春秋》不爲無功。惟五《傳》皆具有成編，人所習誦，不待此刻而傳。故取其衛經之意，而不複録其書焉。

春秋辯疑

王圻《續文獻通考・經籍考・春秋》 《春秋辯疑》。夏尚著。慈谿人。

春秋中的

王圻《續文獻通考・經籍考・春秋》 《春秋中的》。張復著。

黄虞稷《千頃堂書目・春秋類》 張復《春秋中的》一卷。字明善，淳安人。嚴州府學訓導。

《明史・藝文志・春秋類》 張復《春秋中的》一卷。

春秋類集大成

黄虞稷《千頃堂書目・春秋類》 徐晨《春秋類集大成》。字鳳鳴，浙江壽昌人。歲貢，官宿州同知。

鏖題備覽

范邦甸等《天一閣書目春秋類》 《鏖題備覽》一冊。藍絲格鈔本。不著撰人名氏。

春秋列傳

范邦甸等《天一閣書目春秋類》 《春秋列傳》五卷。刊本。魏節重編，周瑯校。卷首有「崑崙山人」、「范伯子受」二圖章。貴溪丘九仞序。

春秋程傳補

《四庫提要・春秋類存目二》 《春秋程傳補》二十卷。浙江汪啓淑家藏本。國朝孫承澤撰。承澤有《尚書集解》，已著録。是編以程子《春秋傳》非完書，集諸儒之説以補之。其詞義高簡者重爲申明，闕略者詳爲補綴。書成於康熙九年。按：伊川《春秋傳》，《宋史・藝文志》作一卷。陳亮《龍川集》有《跋》云：「伊川先生之序此書也，蓋年七十有一矣，四年而先生歿。今其書之可見者纔二十年。」陳振孫《書録解題》云：「略舉大義，不盡爲説。襄、昭後尤略。」考程子《春秋傳序》作於崇寧二年，書未定而黨論興，至桓公九年止。門人間取經説續其後，此陳亮所謂可見者二十年也。是書桓公九年以前全載程《傳》，十年以後以《經説》補之，《經説》所無者採諸説補之，中取諸新安汪克寬《纂疏》者居多。《纂疏》即明代《春秋大全》所本。其書堅守胡安國《傳》，則仍胡氏之門戶而已，未必盡當程子意也。又所補諸《傳》皆不出姓氏，於原文亦多所芟改，其桓公九年以前程子無《傳》者亦爲補之。則是自爲一書，特託名於程子耳。考陳亮《跋》有云：「先生於是二十年之間，其義甚精，其類例甚博。學者苟優柔饜飫，自得於意言之表，不必惜其闕也。」然則何藉承澤之補乎？

春秋傳議

《四庫提要・春秋類存目二》　《春秋傳議》四卷。山東巡撫採進本。國朝張爾岐撰。爾岐有《周易說略》，已著録。是書意在折衷三《傳》，歸於至當，然發明胡《傳》之處居多，猶未敢破除門戶。同時有樂安李煥章爲爾岐作傳云「著《春秋傳議》，未輟而卒」。今此本闕略特甚，蓋未成之稿而好事者刻之也。

春秋集解　附校補春秋集解緒餘　春秋提要補遺

《四庫提要・春秋類存目二》　《春秋集解》十二卷。附《校補春秋集解緒餘》一卷。《春秋提要補遺》一卷。浙江汪啓淑家藏本。國朝應撝謙撰。撝謙有《周易集解》，已著録。是書節録三《傳》及胡安國《傳》，參證諸家之說，而以己意折衷之。前有自序，末附《校補春秋集解緒餘》一卷，則其門人錢塘淩嘉邵所補輯也。凡撝謙之說，稱曰「應氏」，而嘉邵之說則退一格以別之。皆摘論《經》中疑義。又附《春秋提要補遺》一卷，如軍賦、祭祀等事，分門類紀，不書撝謙姓氏，當亦嘉邵所著歟？

春秋稗疏

《四庫提要・春秋類四》　《春秋稗疏》二卷。湖南巡撫採進本。國朝王夫之撰。夫之有《周易稗疏》，已著録。是編論《春秋》書法及儀象典制之類，僅十之一，而考證地理者居十之九。其論書法，謂《閔公元年》書季子、仲孫高子皆不名，乃閔公幼弱，聽國人之所爲，故從國人之尊稱。然考襄公之立，實止四歲，昭公之出，亦非一年，均未聞以君不與政，書事或有變文，何獨閔公見存，反從國人立議。其論《春秋》書戎皆指徐戎，斥杜預陳留、濟陽東有戎城之非。且謂曹衛之間不應有戎，證以《費誓》，似乎近理。然周之戎如今土司參錯於郡縣，觀追戎濟西，則去曹近而去徐遠。至於凡伯聘魯歸周而戎伐之於楚丘，則凡伯不涉徐方，徐戎亦斷難越國，安得謂曹衛之間戎不雜居？如此之類，固未免失之臆斷。至以鸜鵒爲寒號蟲，反斥《埤雅》之謬，以延廄爲延袤其廄，亦爲穿鑿。杜注陘亭在召陵南，不云即在召陵，乃刪除南字而駁之，尤爲文致其失。然如莒人入向之向，謂當從杜預在龍亢，而駁《水經注》所引闞駰之說，誤以邑名爲國名，足以申杜《注》之義。辨杞之東遷在春秋以前；辨殺州吁于濮非陳地；辨洮爲曹地非魯地，音推小反，不音他刀反；辨貫字非貫字之誤；辨厲即賴國，非隨縣之厲鄉；辨踐土非鄭地；辨翟泉周時不在王城之內；辨莒、魯之間有二鄆；辨仲遂所卒之垂非齊地；辨次鄑之鄑非鄑國，亦非鄭地；辨春秋之祝其非漢之祝其：皆足以糾杜《注》之失。據《後漢郡國志》謂郎在高平，據《括地志》謂胡在郾城，據《漢書・地理志》謂重丘在平原，據應劭《漢書注》謂陽在都陽，皆足以補杜《注》之闕。至於謂子糾爲齊襄公之子，案：劉瑾《詩集傳通釋》，解《何彼穠矣》篇亦以桓公爲襄公子。然瑾由誤記，與夫之有所考辨者不同。謂魯襄公時頻月日食，由於誤視暈珥，亦足以備一解。在近代說經之家，尚頗有根柢。其書向未刊行，故子糾之說，近時梁錫璵據爲新義；翟不書族定姒非謚之說，近時葉酉亦據爲新義，殆皆未見其書也。

春秋家說

《四庫提要・春秋類存目二》　《春秋家說》三卷。湖南巡撫採進本。國朝王夫之撰。夫之有《周易稗疏》，已著録。是書前有自序，稱大義受於其父，故以「家說」爲名。其攻駁胡《傳》之失，往往中理，而亦好爲高論，不顧其安，其弊乃與胡《傳》等。如文姜之與於弒，夫之謂不討則不免於忘父，討之則不免於殺母。爲莊公者，惟有一死而別立桓公之庶子，庶子可以申文姜之誅。不知子固無殺母之理，即桓之庶子亦豈有殺嫡母之理？視生母爲母而視嫡母爲非母，此末俗至薄之見，可引以斷經義乎？閔公之弒，夫之謂當歸獄於慶父，不當歸獄於哀姜。哀姜以母戕子，與文姜不同，不得以人爵壓天倫。此亦牽於俗情，以常人立論。不知作亂於國家，卽爲得罪於宗廟。唐武后以母廢中宗，天下譁然而思討，君子不以爲非。彼獨非母子乎？首止之會，定王世子，所以消亂端於未萌。世子非不當立，則不得謂之謀位。諸侯非奉所不當奉，則不得謂之要狹。夫之必責以伯夷、叔齊之事，則張良之羽翼惠帝，何以君子不罪之乎？如此之類，皆以私情害大義。其他亦多詞勝於意。全如論體，非說《經》之正軌。至於《桓公元年》，無端而論及人君改元宜建年號之類，連篇累牘，橫生枝節，於《春秋》更無關矣。

春秋傳注

黃虞稷《千頃堂書目・春秋類》　嚴啓隆《春秋傳注》三十六卷。烏程人。

《四庫提要・春秋類存目二》　《春秋傳註》三十六卷。浙江吳玉墀家藏本。國朝嚴啓隆撰。啓隆字爾泰，烏程人。前明諸生。其說謂孔子欲討陳恆而不得，故作《春秋》，以戒三家。不始惠公而始隱公者，以隱有鍾巫之難，特託以發凡。不終於陳恆、簡公之事，而終以獲麟者，欲以諱而不書，陰愧三家之心。又謂《春秋》治大夫，非治諸侯，以三十六君之事爲經，而其餘爲緯。以文公以前爲賓，而以後爲主。經之義當明，緯之義可以不問；主之義當明，賓之義可以不問。又謂《春秋》一字一句皆史舊文，聖人竝無筆削。其意蓋深厭說《春秋》者之穿鑿，欲一掃而空之。而不知矯枉過直，反自流於偏駁也。

吳壽暘《拜經樓藏書題跋記・羣經小學》　《春秋傳注》。鈔本。前有朱竹垞檢討手跋云：「《春秋傳注》三十六卷，烏程縣學生嚴啓隆爾泰撰。爾泰名著復社，甲申後避跡，自稱巓軨子，始爲是書示生徒。以胡氏爲非，不敢盡糾其謬。錢尚書受之勸其改作，乃復點竄舊稿成之。繹其辭，庶幾鍼膏肓而起廢疾矣。康熙戊子二月，竹垞老人書，時年八十。」此跋見《曝書亭集》。後有康熙戊辰姪明範《著書年譜述》。

春秋備要

《四庫提要・春秋類存目二》　《春秋備要》三十卷。江蘇周厚堉家藏本。國朝翁漢麐撰。漢麐字仔安，常熟人。其書以胡《傳》爲主，亦節録《左氏》以明事之本末。至於書之上闌標破題，下闌標合題，則全非詁經之體矣。

春秋論

《四庫提要・春秋類存目二》　《春秋論》二卷。江蘇巡撫採進本。國朝嚴轂撰。轂字佩之，無錫人。前明諸生。是書凡九十九篇。每篇略如袁樞《紀事本末》之例，標舉事目，類聚《經》文於前，而附論於下。其體在經義史評之間。而持論嚴酷，又頗傷輕薄。其《莊公忘父讎》一篇云：「王姬之卒，文姜之幸也。不然，何以奪新婚之宴而復敘淫奔之好也？文姜數數與齊侯享會，是又莊公之幸也。不然，安得結懽於齊侯而有狩獵之馳騁、衛俘之弋獲也？」是豈儒者說經之體耶！

春秋正業經傳删本

《四庫提要・春秋類存目二》　《春秋正業經傳删本》十二卷。江蘇周厚堉家藏本。國朝金甌撰。甌字完城，一字寧武，秀水人。是書專爲舉業而設，以胡《傳》爲主。凡《經》文之不可命題者，皆删去之，極爲誕妄。又上格標單題、合題等目，每題綴一破題而詳論作文之法，與經義如風馬牛之不相及。其目本不足存。然自有制藝以來，坊本五經講章如此者不一而足。時文家利於剽竊，較先儒傳注轉易於風行。苟置之不論不議，勢且蔓延不止，貽患於學術者彌深。故存而闢之，俾知凡類於此者，皆在所當斥焉。

春秋毛氏傳

《四庫提要・春秋類四》 《春秋毛氏傳》三十六卷。浙江巡撫採進本。國朝毛奇齡撰。奇齡有《仲氏易》，已著録。自昔說《春秋》者但明義例。至宋張大亨始分五禮，而元吳澄因之，然麤具梗概而已。奇齡是書，分改元即位、生子、立君、朝聘、盟會、侵伐、遷滅、昏覿、享唁、喪期、祭祀、蒐狩、興作、甲兵、田賦、豐凶、災祥、出國、入國、盜殺、刑戮，凡二十二門。又總該以四例：曰禮例、曰事例、曰文例、曰義例。然門例雖分，而卷之先後，依經爲次，無割裂分隸之嫌，較他家體例爲善。其說以《左傳》爲主，間及他家，而最攻擊者莫若胡安國《傳》。其論安國開卷說「春王正月」已辭窮理屈，可謂確論。然《左傳》「元年春王周正月」之文，本以《周禮》正歲正月兼用夏正，夏正亦屬王制。故變文稱「王周正月」，以爲建子之明文。而奇齡乃讀「春王」爲一句，「周正月」爲一句，謂王字乃木王於春之王，而非天王之王。其爲乖謬，殆更甚於安國。又如鄭康成《中庸注》：「策，簡也。」蔡邕《獨斷》亦曰：「策者，簡也。其制長二尺，短者半之。」《春秋正義》曰：「大事書於策者，《經》之所書也；小事書於簡者，《傳》之所載也。」又曰：「大事後雖在策，其初亦記於簡。」據此，則經、傳、簡策，竝無定名。故崔杼之事稱南史氏執簡，而華督之事稱名在諸侯之策，其文互見。奇齡乃以簡書、策書爲《經》、《傳》之分，亦爲武斷。然其書一反胡《傳》之深文，而衡以事理，多不失平允之意。其義例皆有徵據，而典禮尤所該洽。自吳澄《纂言》以後，說《春秋》者罕有倫比，非其說《詩》、說《書》好逞臆見者比。至於喧呼叫呶，則其結習所成。千篇一律，置之不議不論可矣。

張之洞《書目答問・列朝經注經説經本考證》 《春秋毛氏傳》三十六卷。毛奇齡。《西河集》本。

春秋簡書刊誤

《四庫提要・春秋類四》 《春秋簡書刊誤》二卷。浙江巡撫採進本。國朝毛奇齡撰。是書刊正三《傳》《經》文之誤。其以「簡書」爲名者，蓋仍執其《傳》據策書、《經》據簡書之說也。大旨以《左傳》爲主，而附載《公》、《穀》之異文，辨證其謬。因胡安國《傳》多從《穀梁》，併安國亦排斥之。其舍《左氏》而從《公羊》者，惟襄公十四年「衛侯衎出奔齊」一條耳。考《左傳》雖晚出，而其文實竹帛相傳。《公》、《穀》雖先立於學官，而其初皆經師口授，或記憶之失眞，或方音之遞轉，勢所必然，不足爲怪。奇齡所考正者，如會袲，不當有齊侯；單伯送王姬，不應作逆；齊人來歸衛俘，據《書序》知俘即是寶，非經傳有異；公伐齊納子糾，不應無子字；齊人殲于遂，不應作瀸；曹羈出奔陳，赤歸于曹，與鄭忽出奔衛，突歸于鄭同例；會洮，不應有鄭世子華；欒書救鄭，不應作侵鄭；召公來錫公命，不應作賜命；襄公五年救陳，不應有莒子、邾子、滕子、薛伯會虢之衛；齊惡，不應作石惡；齊欒施，不應作晉欒施；叔孫婼，不應名舍；公會齊侯盟于黃，不應作晉侯；衛趙陽，不應作晉趙陽。皆極精核。至於《經》書「冬，宋人取長葛」，《傳》乃作「秋」，但知《經》、《傳》不符，而不知宋以先王之後用商正，取以建酉之月。則此冬而彼猶秋，實與晉用夏正《經》、《傳》皆差兩月一例。又「衛師入郕」，《公羊》「郕」作「盛」，遂詆其宋將作送，衛將作彗。不知《穆天子傳》所載盛姬，即郕國之女。《考古圖》「許」或作「鄦」，「魯」或作「鹵」，俱勒諸鐘鼎，斷非譌寫。古字異文，如斯者衆，未可盡以今文繩之。又謂「昔恆星不見，夜中星隕如雨」，昔字訓夜，雖見《列子》，然不應一作昔，又一作夜。不知《列子》稱「夜則昏憊而熟寐，昔昔夢爲國君」，又稱「夜亦昏憊而寐，昔昔夢爲人僕」，正昔夜二字竝用。又謂皋陶可作咎由，由於音同。西乞術不可作西乞遂，由於音異。是以後世之平仄，律古人之轉音。不知《檀弓》以「木」爲「彌牟」，《戰國策》以「包胥」爲「勃蘇」者，不一而足也。如斯之類，特以偏主一家，曲加排斥，均爲未得其平。甚至「于」作「於」、「饗」作「享」，《經》、《傳》處處通用。

於《公》、《穀》亦縷摘之，益瑣屑矣。然其可取者多，瑕究不掩其瑜也。

春秋屬辭比事記

《四庫提要・春秋類四》　《春秋屬辭比事記》四卷。浙江巡撫採進本。國朝毛奇齡撰。奇齡作《春秋傳》，分義例爲二十二門，而其書則仍從《經》文十二公之序。此乃分門隸事，如沈棐、趙汸之體，條理頗爲明晰，考據亦多精核。蓋奇齡長於辨禮，《春秋》據禮立制，而是書據禮以斷《春秋》，宜其秩然有紀也。至《周禮》一書，與《左傳》多不相合。蓋《周禮》爲王制，而《左傳》則皆諸侯之事。《周禮》爲初制，而《左傳》則皆數百年變革之餘。強相牽附，徒滋糾結。奇齡獨就《經》說《經》，不相繳繞，尤爲特識矣。是書爲奇齡門人所編，云本十卷。朱彝尊《經義考》惟載六卷，且云「未見」。此本於二十二門之中僅得七門，而「侵伐」一門尚未及半。蓋編次未竟之本。雖非完書，核其體要，轉勝所作《春秋傳》也。

張之洞《書目答問・列朝經注經說經本考證》　《春秋屬比事記》四卷。毛奇齡。《西河集》本。學海堂本。

春秋條貫篇

《四庫提要・春秋類存目二》　《春秋條貫篇》十一卷。浙江巡撫採進本。國朝毛奇齡撰。奇齡有《仲氏易》，已著録。初、康熙乙丑，奇齡充會試同考官，分閱春秋房。舊制，《春秋》一單題，二雙題，一脱《經》題。是時初罷脱經題，其雙題猶未罷。案合題罷於乾隆初。奇齡與監試御史論雙題不合，因舉及經之條貫，必出於《傳》語。案此杜預之說。奇齡以爲《經》文自有條貫，不待於《傳》。乃排比《經》文，標識端委，使自相聯絡，以成此書。大致用章沖《類事本末》之意。惟沖類《傳》，而奇齡則類《經》。沖於《傳》有去取，奇齡於《經》則十二公事仍其舊第，但以事之相因者移附首條之下。又每條各附論說以闡發比事屬詞之義耳。其以《隱公三年》「四月尹氏卒」，《六年》「春鄭人來輸平」《十一年》「冬十有一月壬辰公薨」三條爲一貫。蓋據金履祥《通鑑前編》之說，以尹氏爲鄭尹氏。然尹氏非卿，其卒例不見《經》。與叔肸之以公弟書者不同。似巧合而實附會，是爲不當合而合。至於《隱公元年》「三月，公及邾儀父盟于蔑」，《七年》「秋公伐邾」，《桓公十有七年》「二月丙午，公會邾儀父盟于趡、秋八月，及宋人、衛人伐邾」，其間邦交離合，事亦相因，而歸單簡，是爲不當分而分。以其體例而論，既於《經》文之首各題與某事相因，則何不仍《經》文舊第而逐條標識其故，脈絡亦自可尋。又何必移後綴前，使相陵亂？奇齡說《春秋》諸書，頗有可觀。惟此一編，則欲理之而反棼之，殆無取焉。

春秋志

《四庫提要・春秋類存目二》　《春秋志》十五卷。河南巡撫採進本。國朝湯秀琦撰。秀琦有《讀易近解》，已著録。是書爲表者八：曰《春秋事蹟年表》，曰《春秋大綱年表》，曰《天王年表》，曰《十二伯主年表》，曰《魯十二公年表》，曰《列國年表》，曰《經傳小國年表》，曰《列國卿大夫世表》。爲書法者四：曰《書法精義》，曰《書法條例》，曰《書法比事》，曰《書法遺旨》。表以考事，書法以考義也。考《南史》稱司馬遷作表，旁行斜上，體仿《周譜》。蓋以端緒參差，恐其瞀亂，故或國經而年緯，或國緯而年經，使一縱一橫，絲牽繩貫，雖篇章隔越，而脈絡可尋。秀琦所作八表，惟《列國年表》不失古法，其餘年表但以字之多少，每半頁分爲數格，橫讀之成文，縱讀之卽不相貫。半頁以外，則格數寬狹多寡互異，併橫讀亦不可通。其《經傳小國年表》、《列國卿大夫世表》，或半頁之中、一行之內，參差界畫，各自爲文，更縱讀、橫讀皆不相屬，烏在其爲年表也？《書法精義》皆依違胡安國之文，《書法條例》亦剽竊崔子方之式，惟《書法比事》謂有順文上下以爲比者，有分別事類以爲比者。如方有天王之事，而遽會蟲牢，著其無王；楚滅江而晉伐秦，譏其不救；既伐邾而公如齊，則侵小附強可知；介再朝而後侵蕭，則求援舉兵可知。如斯之類，皆順文上下，以見褒貶，其說爲沈棐諸家所未及。又《書法遺旨》自抒己論，雖不免間有騎牆，而駁正處時有特見，其長亦不可沒耳。蓋秀琦之說，本可分繫《經》文之下，其爲一書，而必欲變例見奇，多分門目，轉致重複糾結，治絲而棼。亦可謂不善用長矣。

春秋類義折衷

《四庫提要·春秋類存目二》 《春秋類義折衷》十六卷。浙江巡撫採進本。國朝王芝藻撰。芝藻有《大易疏義》，已著録。是書以《左氏》、《公羊》、《穀梁》、胡《傳》爲主，亦間採程子及臨川吳氏、廬陵李氏諸家以爲之注。其自出己見，則加「臆解」二字以別之。後附《總論》二十條。書成於康熙三十五年。自序稱《公羊》襲取《穀梁》之書而續爲之，其說不知所據。大旨謂《左傳》可信者十之四，不可信者十之六；《公羊》亦多謬戾；惟《穀梁》猶不失聖門之舊。前有《自題口號》云：「自讀《春秋》四十年，只如羣動對青天。邇來深考流傳義，始覺先儒多誤傳。」其命意所在，可概見矣。

春秋集解

王士禛《漁洋書跋》 《春秋集解》洛陽縣丞李集鳳，字翽升，山海衛人。貢士，研精三《傳》。撰《春秋集解》四十卷。予門人汪檢討楫出守河南府，雅重其書，欲爲刻之梓以傳。

春秋輯傳辨疑

《四庫提要·春秋類存目二》 《春秋輯傳辨疑》無卷數。直隸總督採進本。國朝李集鳳撰。集鳳字翽升，山海衛人。今其地爲臨榆縣。集鳳嘗官洛陽縣丞。《畿輔通志》稱其淹貫羣籍，尤善《春秋》。彙先儒注解，討辨詳核，歷三十年，凡四易稿，然後成書六十五卷，名曰《春秋辨疑》。此本細字密行，凡五十二巨冊，不分卷帙，蓋猶其未編之稿。以紙數計之，當得一百餘卷，《通志》所言似未確也。其書所載《經》文，皆從胡《傳》，而三《傳》之異同則附録之，未免信新本而輕古經。說經則事多主左，義多主胡，故竝尊之曰「左子」、「胡子」，比擬亦爲不類。其諸家所解，則臚列而參考之。徵引浩博，辨論繁複，殆有「堯典」二字說十四萬言之勢焉。

春秋集傳

《四庫提要·春秋類存目二》 《春秋集傳》十卷。湖南巡撫採進本。國朝李文炤撰。文炤有《周易本義拾遺》，已著録。是書大旨宗胡《傳》而稍採諸說，變其面貌，往往曼延於經義之外。如解元年而牽及改元，已爲旁文，又因改元而深譽前明十三帝之不改元，不更蛇足乎？衛桓書葬，是爲據事而筆諸冊，乃牽及衛侯不當謚桓，謂以著衛人之私。然則凡葬必書謚，以何者別其非譏耶？許世子不嘗藥，引張氏之說，謂其必用砒霜鍛之不熟，已屬臆揣，又責以不能窮理居敬，去本事不太遠乎？是但知拾五子之緒言，而未嘗知三《傳》之古義者耳。

春秋疏略

《四庫提要·春秋類存目二》 《春秋疏略》五十卷。河南巡撫採進本。國朝張沐撰。沐有《周易疏略》，已著録。是書以《經》文爲魯史，以《左傳》爲孔子所作。謂孔子取魯史尊之爲經，而以不可爲經者挨年順月附録經左，命之曰《左傳》。異哉斯言！自有經籍以來，未之聞也。

春秋指掌　前事　後事

《四庫提要・春秋類存目二》　《春秋指掌》三十卷。《前事》一卷。《後事》一卷。内府藏本。國朝儲欣、蔣景祁同撰。欣字同人，康熙庚午舉人；景祁字京少，皆宜興人。是書於三《傳》及胡氏《傳》外多取馮夢龍《春秋指月》、《春秋衡庫》二書，蓋科舉之學也。末附《春秋前事》一卷，皆《國語》之文；《後事》一卷，備録《左傳》「小邾射來奔」以下諸事。亦用馮氏之例。

學春秋隨筆

《四庫提要・春秋類存目二》　《學春秋隨筆》十卷。浙江巡撫採進本。國朝萬斯大撰。斯大有《儀禮商》，已著録。斯大曾編纂《春秋》爲二百四十二卷，燬於火。其後更自蒐輯，以成此書。其學根柢於三《禮》，投其釋《春秋》也，亦多以《禮》經爲根據，較宋元以後諸家空談書法者有殊。然斯大之説《經》，以新見長，亦以鑿見短。如解《閔二年》「吉禘於莊公」，謂四時之祭，惟禘特大，故又曰大事。《王制》：「天子犆礿、祫禘、祫嘗、祫烝。」三祫中惟禘特大，故又曰大祫。先儒因《僖八年》、《宣八年》、《定八年》皆有禘，推合於三年一禘。惡知僖、宣、定八年之禘皆以有故而書，非謂惟八年乃禘，六年、七年與九年皆不禘也。今考《禮緯》：「三年一祫，五年一禘。」《公羊》曰：「五年而再殷祭。」是五年而一祫一禘也，《公羊》必非無據。斯大謂每年皆祫，卽以時祭爲祫祭，蓋襲皇氏虞夏每年皆祫之説，而不知皇氏固未嘗以時祭爲祫祭。《王制》曰：「天子犆礿、祫禘、祫嘗、祫烝。諸侯礿犆，禘，一犆一祫，嘗祫，烝祫。」注謂「天子先祫而後時祭，諸侯先時祭而後祫」。如謂禘烝、嘗卽是祫，則與祫無分先後，何以經文於天子先言祫而後言禘、烝、嘗，於諸侯先言禘、烝、嘗，而後言祫耶？又「禘一犆一祫」，《疏》謂「諸侯當夏禘時，不爲禘祭，惟一犆一祫而已。」皇氏謂諸侯夏時若祫則不禘，若禘則不祫俱謂時禘不與祫竝行也。若時禘卽是禘，則《經》文又何以云「禘一犆一祫」耶？至於謂四時之祭，夏禘爲大，故曰大事，又曰大祫，尤爲牽合穿鑿。《周禮・司勳》曰：「凡有功者銘書于王之大常，享于大烝。」《禮記・祭統》曰：「内祭則大嘗禘。」是嘗烝亦得稱大矣。烏得執一大字，獨斷爲夏禘也？又祔而作主，特祀于主，烝嘗禘于廟。斯大謂祔于祖廟，主不復反于寢。引黄宗羲之説，謂祥禫則于祖廟，特祭新死者，不及皇祖，故云祭于主。烝嘗禘則惟及皇祖，不及新死者，故云于廟。今考鄭玄《士虞禮》注：「凡祔已，主復于寢。」説最精確。《大戴禮・諸侯遷廟》曰：「徙之日，君玄服，從者皆玄服，從至于廟。」盧辯注：「廟謂殯宮也。」其下又曰：「奉衣服者至碑，君從，有司皆以次從，出廟門至于新廟。」據此，則遷廟以前，主在殯宮明矣。鄭《注》謂練而遷廟，杜《注》謂三年遷廟。若卒哭而祔之後，主常在廟，則于練及三年又何得更自殯宮遷主乎？又引王廷相之説，謂遷廟禮出廟門至于新廟，是自所祔之廟而至新廟。今考《喪服小記》「無事不辟廟門」，注曰：「廟，殯宮。」《雜記》曰：「至于廟門，不毁牆，遂入適所殯。」凡以殯宮爲廟，見於經傳者甚多。其以《大戴禮》出廟門之廟爲祔廟，由不知殯宮之亦名廟也。又考《禮志》云「更釁其廟」，則必先遷高祖于太廟，而後納祖考之主。又候遷祖考于新廟，然後可以改釁故廟，而納新祔之主。是新主祔于祖廟卽遷于祖廟甚明。謂自所祔之廟遷于新廟，則是祔者一廟，遷者又一廟矣，與《禮志》全悖。斯大乃襲其説，而反攻鄭玄及朱子，尤誤。又《成元年》「三月作丘甲」，斯大謂車戰之法，甲士三人，一居左以主射，一居右以主擊刺，一居中以御車。間有四人其乘者，則謂之駟乘，魯畏齊強，車增一甲，皆爲駟乘。因使一丘出一甲。今考《春秋傳》，叔孫得臣敗狄于鹹，富父終甥駟乘，在《文十一年》。則是成元年以前魯人已有駟乘矣。其不因此年三月令丘出一甲始爲駟乘可知。又考《襄二十三年傳》：「齊侯伐衛，燭庸之越駟乘。」然則駟乘者豈特魯乎？謂魯畏齊始爲駟乘，尤屬臆測。又《成十年》：「齊人來媵。」《左氏》曰：「同姓媵之，異姓則否。」故杜《注》謂書以示譏。斯大襲劉敞之説，謂諸侯得以異姓媵。今考《公羊》曰：「諸侯娶一國，則二國往媵之，以姪娣從之。」《白虎通》曰：「備姪娣從者，爲其必不相嫉也。不娶兩娣何，博異氣也。娶三國何，廣異類也。」又《周語》

曰：「王御不參一族。」韋昭注：「參，三也。一族，一父子也。」故取姪娣以備三，不參一族之女。據此，則是同姓異族者得媵也。若異姓得媵，則《周語》當云「不參一姓，」不得云「不參一族」矣。至以仲子爲惠公嫡配，孟任爲莊公元妃，以叔姬歸于紀爲歸于紀季，則尤不根之論，全憑意揣者矣。

春秋識餘

張金吾《愛日精廬藏書志・春秋類》　《春秋識餘》十六卷。抄本。國朝內閣學士兼禮部侍郎臣徐秉義纂輯。

春秋不傳

《四庫提要・春秋類存目二》　《春秋不傳》十二卷。江蘇巡撫採進本。國朝湯啓祚撰。啓祚字迪宗，寶應人。其書自稱「不傳」者，謂於四《傳》無所專從也。今觀所說，特不從《左傳》耳。於《公羊》、《穀梁》、胡氏皆掇其餘論，而日月之例信《公》、《穀》尤篤。蓋三家之《傳》皆以譏貶爲主，而亦各有所平反。啓祚乃專取三家嚴刻鍛鍊之說，合爲一書。如其所論，是聖人之立法，更酷於商鞅、韓非也。

春秋集解讀本

《四庫提要・春秋類存目二》　《春秋集解讀本》十二卷。安徽巡撫採進本。國朝吳應申撰。應申字文在，歙縣人。以《春秋》經解卷帙浩繁，難於徧讀，因薈萃衆說，擇其合於《經》旨者詳註《經》文之下，以資記覽。自序謂詞可計日而誦，爲愚魯者計甚便。蓋特課讀之本，非有意於闡發經義者也。

春秋惜陰録

《四庫提要・春秋類存目二》　《春秋惜陰録》八卷。兩江總督採進本。國朝徐世沐撰。世沐有《周易惜陰録》，已著録。是編於《經》義刻意推求，而往往失之迂曲。如「春王正月」，知斷斷不能稱夏正，而必回護其說，謂冠之以春正，見周正之不善，言外見行夏時之意。至《經》末「春，西狩獲麟」，亦謂春爲夏之冬，蓋終以夏時之意。《經》必一時無事，乃空書首月以備天道。其二月、三月有事，則正月可以不書，此通例也。而於《定公元年》「春王三月，晉人執宋仲幾于京師」，蓋因穀梁氏發《傳》於「春王」二字之下，故注疏家斷「春王」二字別爲一條，其文實與「三月」相貫。世沐見其別爲一條，遂謂無君不可書正月，故但書「春王」二字。聖人有是書法乎？鄭伯克段則謂鄭莊謀逐其弟，魯當討之。聖人書此，與討陳恆同義。是爲臣討君，綱常倒置矣。「紀履緰來逆女」，則疑魯喪制未滿，不應嫁女，聖人用以示譏。考是時距隱公卽位已二十二月。踰年改元之前，不知其已經幾月，安見惠公之卒不在前一年之春夏乎？其他節外生枝，率皆此類。又自《襄公二十二年》以後，每年必增書孔子事。夫《左傳》書孔子卒，二《傳》紀孔子生，先儒已以爲非禮。以先師家牒年譜增入國史之中，殆於周有二王，魯有兩公。尊聖人者不宜尊以所不受也。

春秋蓄疑

《四庫提要・春秋類存目二》　《春秋蓄疑》十一卷。陝西巡撫採進本。國朝劉蔭樞撰。蔭樞有《大易蓄疑》，已著録。是編以治《春秋》者信《傳》而不信《經》，故於《經》文各條下列三《傳》及胡氏《傳》爲案，而以己意斷其得失。於胡《傳》尤多駁正，頗能洗附會穿鑿之習。而或併《左傳》事實疑之，則師心太過矣。

春秋詳說

《四庫提要・春秋類存目二》《春秋詳說》無卷數。河南巡撫採進本。國朝冉覲祖撰。覲祖有《易經詳說》，已著録。是書大旨，事蹟多取《左傳》，而論斷則多主胡《傳》。間有與胡《傳》異同者。如胡《傳》以惠公欲立桓爲邪心，隱公探其邪心而成之。覲祖則謂父之令可行於子，子之孝不當拒乎父，依泰伯、伯夷之事觀之，不可以爲逆探其邪心。使桓不弑而隱終讓，可不謂之賢君？其論頗爲平允。又如於孔父之死，則駁杜、孔從君於非之說；於滕子來朝，則從杜、孔時王所黜之說：亦時時自出己意。然徵引諸家，頗傷蕪漫。又略於考證，而詳於議論。如夏正、周正，累牘連篇，卒不得一言之要領。而《莊公元年》王使榮叔來錫桓公命，《傳》則又謂聖人筆削，寧爲深求，不可泛視。存此意以說《春秋》，宜失之穿鑿者多矣。

春秋類考　春秋疑義

《四庫提要・春秋類存目》《春秋類考》十二卷。《春秋疑義》一卷。兩淮鹽政採進本。國朝華學泉撰。學泉字天沐，無錫人。順治中布衣。其書取《春秋》大事分八十八門，以類排比。每事之下，附以諸家之注，間綴己說。大旨崇尚宋儒，尤多主胡《傳》。其《疑義》一卷，則專抒《類考》中未盡之藴。然有無庸疑而疑者。如謂《司馬法》一甸五百一十二家而出兵車一乘，甲士、步卒、七十五人。若萬二千五百人爲軍，當八萬五千三百家而後足一軍之數。天子六鄉止七萬五千家，不能供一軍。不知一甸五百一十二家出七十五人，此采地出軍之法也；每一家卽出一人者，鄉遂出軍之法也。天子六軍出自六鄉，不出自采地。六鄉以七萬五千家而出七萬五千人，何患不足六軍之數？學泉混二法而爲一，宜其疑也。如此之類，頗爲失考。近時顧棟高著《春秋大事表》，體例亦略仿此書。而大致皆不出宋程公說之《春秋分紀》。疑二人皆未見公說書也。

春秋地名考略

《四庫提要・春秋類四》《春秋地名考略》十四卷。浙江巡撫採進本。國朝高士奇撰。士奇字澹人，錢塘人。居於平湖。以諸生薦直內廷，授中書舍人，改翰林院侍講，官至內閣學士。是編乃康熙乙丑士奇奉敕撰《春秋講義》，因考訂地理，併成是書奏進。據閻若璩《潛丘劄記》，稱「秀水徐勝敬可，爲人作《左傳地名》訖，問余成公二年鞌之戰」云云，則實士奇倩勝代作也。其書以《春秋經傳》地名分國編次，皆先列國都，次及諸邑。每地名之下，皆先列《經》文、《傳》文及杜預《注》，而復博引諸書，考究其異同，砭正其踈舛，頗爲精核。惟時有貪多炫博，轉致瑣屑者。如魯莊公築臺臨黨氏，遂立「黨氏臺」一條，殊於地理無關。又如晉以先茅之縣賞胥臣，遂立「先茅之縣」一條，既不能指爲何地，但稱猶云蘇忿生之田，則亦安貴於考耶？是則過求詳備之失也。

張之洞《書目答問・列朝經注經說經本考證》《春秋地名考略》十四卷。徐善代高士奇撰。《高文恪四部稿》本。

春秋遵經集說

《四庫提要・春秋類存目二》《春秋遵經集說》二十六卷。兩淮鹽政採進本。國朝丘鍾仁撰。鍾仁，字近夫，崑山人。康熙戊午，應博學鴻詞，老不與試，特賜中書舍人。其《凡例》稱，是編本述孟子、朱子說《經》之義，故冠二子之說於簡端。其集說則兼取諸家。然其書瑕瑜互見。如「春王正月」之說，自張以寧以後辨析已無疑義，乃仍以夏時謬論反覆支離。又如「荆敗蔡師于莘，以蔡侯獻舞歸」，乃以爲志楚之強，所以旌將來齊桓之功。凡此之類，多不足據。其他如「叔孫得臣卒」一條，以不日爲闕文，而以胡安國之從《公羊》爲非。「許世子止」一條，用歐陽修之說，而證以蔡景公之書葬。凡此之類，亦間有可取。然統核全書，瑜究不掩其瑕也。

春秋測微

《四庫提要・春秋類存目二》《春秋測微》十三卷。浙江巡撫採進本。國朝朱奇齡撰。奇齡字與三，號拙齋，海寧人。康熙中貢生。是書前冠以《王朝列國世次族系》一卷。《經》文則一公爲一卷。其説多主胡《傳》，而稍糾其刻酷過當之論。然胡《傳》之所未及，而奇齡從而鍛鍊者亦復不少。大旨以意揣量，據理斷制，而不信《左氏》之事實，故往往不考典制，不近情理。如《左氏》稱聲子爲繼室，此娣姪之名。而奇齡見今人繼妻稱繼室，遂謂聲子爲嫡妻，而隱公爲嫡子，稱其當立。胡《傳》指滅項爲季氏，已爲不考，然尚無主名。奇齡遂歸獄於行父，以執政在文公之世者，移之僖公之世。如斯之類，皆失之不考。至於「葬衛桓公」一條，謂桓之爲謚，不宜加於衛完，閔其未有失德，不忍加以惡謚，故《春秋》因之。然則儻有失德，孔子當爲改惡謚乎？「戎伐凡伯」一條，本在衛地，乃責魯失於防送，以境外之事責之主人。然則凡有使臣，皆當大具甲卒，衛入本國而後返乎？以此説《經》，恐非筆削之旨也。其所自信，在於以《經》解《經》。然説「刺公子買」一條，言魯無殺大夫者，惟此一事，則未檢《成公十六年》又刺公子偃也。其説「刺公子偃」一條，謂「刺」者非明正其罪而隱殺之之謂，則又未檢「刺買」一條，《經》書「不卒戍，刺之」，《傳》亦稱「以不卒戍説於楚」，固明正其罪也。是亦難言以《經》説《經》矣。

春秋大義

《四庫提要・春秋類存目二》《春秋大義》四卷。海北巡撫採進本。國朝張希良撰。希良字石虹，黄安人。康熙乙丑進士，官至翰林院侍讀學士。是編前有《自序》，謂：「善説《經》者莫若康侯。私心竊有所未滿者，聖心忠恕，刻則離；聖心簡直，曲則離；聖心明白而正大，纖則離。左氏即未親見聖人，亦必竊窺魯史。公、穀二氏得之傳聞，難以依據。康侯據二氏以駁左，亦未爲盡得。故一本左氏，錯綜當時之事勢。平心以想聖人之心，而名字、人爵、時日諸例概所不取。「其持論甚確。」然如《文公四年》「甯俞來聘」、「謂以納饘」，貨醫而書；《昭公十七年》「郯子來朝」，謂以仲尼學官而紀。豈《成公三年》之孫良夫、《襄公元年》之公孫剽、《七年》之孫林父、盡屬衛之君子，而春秋書來朝者四十，皆因孔子之問乎？此又過執《左氏》，以《經》外附録之事横生議論者也。至《宣公八年》之「公子遂卒」、「夫人嬴氏薨」，謂八月之内同登鬼録，有陰奪其魄者。《春秋》之法，論是非，不論禍福。以是立義，所見彌淺矣。

三傳折諸

《四庫提要・春秋類四》《三傳折諸》四十四卷。江蘇巡撫採進本。國朝張尚瑗撰。尚瑗字宏遽，一字損持，吳江人。康熙戊辰進士，改庶吉士，散館外補興國縣知縣。尚瑗初從朱鶴齡遊，講《春秋》之學。鶴齡作《讀左日鈔》，尚瑗亦作《讀三傳隨筆》。積累既久，卷帙遂夥，乃排纂而成是書。曰「折諸」者，取揚雄「羣言淆亂折諸聖」之語也。凡《左傳》三十卷，《公羊》、《穀梁》各七卷，而用力於《左傳》尤多。如卷首所列「郊禘五嶽考」、「地名同考」、「名謚同考」、「名姓世表」諸篇，皆引據典核，可資考證。惟其書貪多務得，細大不捐，每摭漢魏以下史事與傳文相證，往往支離曼衍。如因衛懿公好鶴遂涉及唐玄宗舞馬之類，不一而足。與經義或渺不相關，殊爲蕪雜。然取材既廣，儲蓄遂宏。先儒訓詁之遺，經師授受之奥，微言大義，亦多錯見於其中。所謂披沙簡金，往往見寶，固未可以其糠粃遂盡棄其精英。且《春秋》一經，説者至夥，自孫復、劉敞之徒倡言廢《傳》，後人沿其流派，遂不究事實而臆斷是非。胡安國《傳》自延祐以來懸爲功令，而《僖公十七年》之滅項，乃誤歸獄於季孫，由議論多而考證少也。尚瑗是書，雖未能刊削浮文，頗乖體要，而蒐羅薈稡，猶爲摭實之言。過而存之，視虚談褒貶者固勝之遠矣。

春秋義疏

《四庫提要·春秋類存目二》　《春秋義疏》無卷數。檢討蕭芝家藏本。國朝蔣家駒撰。家駒有《尚書義疏》，已著録。是書以胡《傳》爲藍本，而稍以己意更正之，然終不出胡《傳》奇刻之習。或自出新意，又往往未安。如謂孝公、惠公賢未著，隱爲賢君，是以託始。且稱隱親親而尊王，睦鄰而守禮。夫讓桓，可謂親親；若平王葬而不會，凡伯聘而不報，可謂尊王乎？無駭入極，翬伐鄭，伐邾，敗宋，可謂睦鄰乎？易祊於鄭，矢魚於棠，可謂知禮乎？後文每事示譏，而開卷極詞稱善，是自相矛盾也。宰咺歸仲子之賵。《左氏》但云子氏未薨耳。家駒謂以仲子爲夫人，惠公宜死，仲子亦宜死，故天王幷賵以示意。是以車馬之錫爲灰釘之賜，諷使仲子自裁也。有是情事耶？

春秋長曆

《四庫提要·春秋類四》　《春秋長曆》十卷。兩江總督採進本。國朝陳厚耀撰。厚耀字泗源，泰州人。康熙丙戌進士。官蘇州府教授。以通算入直內廷，改授檢討，終右諭德。是書補杜預《長曆》而作。原本不分卷帙。今約略篇頁，釐爲十卷。其凡有四：一曰曆證。備引《漢書》、《續漢書》、《晉書》、《隋書》、《唐書》、《宋史》、《元史》、《左傳注疏》、《春秋屬辭》、《天元曆理》、朱載堉《曆法新書》諸説，以證推步之異。其引《春秋屬辭》載杜預論「日月差謬」一條，爲《注》、《疏》所無。又引《大衍曆義》「春秋曆考」一條，亦《唐志》所未録。尤足以資考證。二曰古曆。以古法十九年爲一章。一章之首，推合周曆正月朔日冬至。前列算法，後以春秋十二公紀年，横列爲四章，縱列十二公，積而成表，以求曆元。三曰曆編。舉春秋二百四十二年，一一推其朔閏及月之大小，而以《經》《傳》干支爲證佐。皆述杜預之説而考辨之。四曰曆存。以古曆推隱公元年正月庚戌朔。杜氏《長曆》則爲辛巳朔，乃古曆所推之上年十二月朔，謂元年之前失一閏，蓋以《經》、《傳》干支排次知之。厚耀則謂如預之説，元年至七年中書日者雖多不失，而與二年八月之庚辰、三年十二月之庚戌、四年二月之戊申，又不能合。且隱公三年二月己巳朔日食，桓公三年七月壬辰朔日食，亦皆失之。蓋隱公元年以前非失一閏，乃多一閏。因退一月就之，定隱公元年正月爲庚辰朔，較《長曆》實退兩月，推至僖公五年止。以下朔閏，因一一與杜曆相符，故不復續載焉。杜預書惟以干支遞排，而以閏月小建爲之遷就。厚耀明於曆法，故所推較預爲密。蓋非惟補其闕佚，竝能正其譌舛。於考證之學極爲有裨，治《春秋》者固不可少此編矣。

張之洞《書目答問·列朝經注經説經本考證》　《補春秋長曆》十卷。陳厚耀。刻本。今人烏程汪氏《補春秋長曆》未刊。

春秋世族譜

《四庫提要·春秋類四》　《春秋世族譜》一卷。兩江總督採進本。國朝陳厚耀撰。春秋之世，自王朝以迄諸侯、大夫，得姓受氏，各有源流，其人之見於經傳者，不可殫數。漢宋衷有《世本》四卷，唐代尚傳，今惟孔氏《正義》中偶載其文，而書則久佚。《隋書·經籍志》有《春秋左氏諸大夫世譜》十三卷，不知何人所撰，今亦無存。杜預作《春秋釋例》，中有《世族譜》一篇，具載其世系昭穆之詳，而自宋以來，湮沒不見。今恭遇聖代表章遺籍，《釋例》一書，得於《永樂大典》中，裒輯叢殘，復爲完帙。獨《世族譜》僅存數條，仍不免於闕略。厚耀當時既未覩《釋例》原本，因據孔氏《正義》，旁參他書，作此以補之。其體皆仿旁行斜上之例，首周世次圖，而以周之卿大夫附後，次魯、次晉、次衛、次鄭、次齊、次宋、次楚、次秦、次陳、次蔡、次曹、次莒、次杞、次滕、次許、次邾、次吳、次越、次小國諸侯。皆先叙其君王世系，而附以卿大夫。其偶見經傳，而無世次可稽，如周之凡伯南季，魯之衆仲、秦子之類，則別曰「雜姓氏名號」，另爲一篇，附卿大夫世系之後。搜採頗爲該洽。近時顧棟高作《春秋大事表》，有《世系表》二卷，其義例與此相近，而考證互有異同。如周卿大夫之周公忌父、召莊公諸人，此書徵引不及顧本之備。又脱漏王叔氏世系不載，亦爲遜於顧本。然顧氏於有世系者敘次較詳，其無可考者概闕而不録。此書則於經傳所載之人，祇稱官爵及字者，悉臚採無遺，實爲顧本所未及。讀《春秋》者，以此二書互相考證，則《春秋》氏族之學，幾乎備矣。

張之洞《書目答問・列朝經注經説經本考證》 《春秋世族譜》一卷。陳厚耀。與李淇《春秋世紀編》合刻本，道光十九年湯刻本。

或菴評春秋三傳

《四庫提要・春秋類存目二》 《或菴評春秋三傳》無卷數。江西巡撫採進本。國朝王源撰。源字崑繩，號或菴。大興人。康熙癸酉舉人。是書本名《文章練要》，分六宗百家。六宗以《左傳》爲首，百家以《公羊傳》、《穀梁傳》爲首。然六宗僅《左傳》有評本。百家亦惟評《公羊》《穀梁》二傳而已。經義文章，雖非兩事，三《傳》要以經義傳，不僅以文章傳也。置經義而論文章，末矣；以文章之法點論而去取之，抑又末矣。眞德秀《文章正宗》始録《左傳》，古無是例，源乃復沿其波乎？據其全書之例，當歸總集。以其僅成三《傳》，難以集名，姑仍附之《春秋》類焉。

春秋傳説彙纂

《四庫提要・春秋類四》 《欽定春秋傳説彙纂》三十八卷。康熙三十八年奉敕撰。初，胡安國作《春秋傳》，張栻已頗有異議。朱子編《南軒集》，存而不刪，蓋亦以栻説爲然。至元延祐中復科舉法，始以安國之《傳》懸爲功令，而有明一代因之。故元吳澄作《俞皋春秋集傳序》，稱「兼列胡氏以從時尚」。明馮夢龍作《春秋大全凡例》，稱「諸儒議論儘有勝胡《傳》者，然業以胡《傳》爲宗，自難竝收以亂耳目」。豈非限於科律，明知其誤而從之歟？欽惟聖祖仁皇帝道契天經，心符聖義，於尼山筆削，洞鑒精微。雖俯念士子、久誦胡《傳》，難以驟更，仍綴於三《傳》之末，而指授儒臣，詳爲考證。凡其中有乖《經》義者，一一駁正，多所刊除。至於先儒舊説，世以不合胡《傳》擯弃弗習者，亦一一采録表章，闡明古學。蓋以聖人之德，居天子之位，故能蕩滌門戶，辯別是非，挽數百年積重之勢而反之於正也。自時厥後，能不爲胡《傳》所錮者，如徐庭垣之《春秋管窺》、焦袁熹之《春秋闕如編》，嚮然竝作，不可殫數。袞鉞之義，遂皦若三光。維風維草之效，誠有自來矣。臣等繕校之餘，爲《春秋》幸，并爲天下萬世讀《春秋》者幸也。

張之洞《書目答問・正經正注》 《春秋傳説彙纂》三十八卷。康熙三十八年。

春秋宗朱辨義

《四庫提要・春秋類四》 《春秋宗朱辨義》十二卷。浙江巡撫採進本。國朝張自超撰。自超字彝歎，高淳人。康熙癸未進士，未仕而卒。《江南通志》列之《儒林傳》中。是書大意本朱子據事直書之旨，不爲隱深阻晦之説。惟就《經》文前後，參觀以求其義，不可知者則闕之。篇首《總論》二十條，頗得比事屬辭之旨。其中如單伯逆王姬則從王氏之説，以爲魯之大夫。於秦獲晉侯，辨所以不書名之故。於宋師敗績，辨所以不書公之故。於司馬華孫來盟，辨胡《傳》義不係乎名之説。於盟宋罪趙武之致弱。於楚公子比、公子棄疾弑立，書法見《春秋》微顯之義。於齊殺高厚謂非説晉，而於衛人立晉一條，尤得《春秋》深意。雖以「宗朱」爲名，而參求《經》、《傳》，務求心得，實非南宋以來穿鑿附會之説。後方苞作《春秋通論》，多取材此書。近時解《春秋》者，焦袁熹《春秋闕如編》外，此亦其亞矣。

春秋三傳同異考

《四庫提要・春秋類存目二》 《春秋三傳同異考》一卷。浙江巡撫採進本。國朝吴陳琬撰。琬字寶崖，錢塘人。其書取三《傳》人、名地名相異及事之不同者，各著於篇。又辨別三《傳》義例得失，而斷以己意。

春秋三傳纂凡表

《四庫提要·春秋類存目二》 《春秋三傳纂凡表》四卷。兩淮馬裕家藏本。國朝盧軒撰。軒字六以，海寧人。康熙己丑進士。官翰林院編修。其書以三《傳》所言書法之例，彙而爲表。經文直書爲經，傳文横書爲緯。凡分三格，以《左氏》居上格，《公羊》居中格，《穀梁》居下格。皆但列舊文，而於其同異是非不加考證。蓋軒欲作「三傳擇善」一書，故先纂此表，以便檢閲。尚未及訂正其得失也。

春秋説

《四庫提要·春秋類存目二》 《春秋説》十二卷。山西巡撫採進本。國朝田嘉穀撰。嘉穀有《易説》，已著録。是書以胡《傳》爲主，三《傳》有爲胡《傳》所採者，亦附録之。胡《傳》所引事實，則依《春秋大全》小注録之。卷首兼論作文之法。蓋其書專爲舉業而設。至於遣調鍊詞，皆入《凡例》，與説經之體遠矣。

春秋剩義

《四庫提要·春秋類存目二》 《春秋剩義》二卷。江西巡撫採進本。國朝應麟撰。麟有《易經粹言》，已著録。是編亦摘《經》文標題而各爲之説。其論「春王正月」，以爲夫子行夏之時，改周正朔，大端已失。其他亦皆陳因之論。

春秋原經

《四庫提要·春秋類存目二》 《春秋原經》二卷。副都御史黄登賢家藏本。國朝王心敬撰。心敬有《豐川易説》已著録。是編不載《經》文，亦不及《經》中所書之事，惟泛論孔子之意。分爲四篇：一曰《講讀八法》，二曰《通論》，三曰《原春秋之由作》，四曰《諸儒論春秋》。其大旨本《孟子》之言，以尊王抑伯爲主，持論甚正。其謂孔子不以一字爲褒貶，亦足以破諸家紛紜轇轕之陋。而矯枉過直，加以懸揣臆斷，不顧事理之安。至謂《左傳》事迹皆聖人之所删，不當復存其説。考古者左史記言，右史記事。《尚書》者，左史類也；《春秋》者，右史類也。劉知幾作《史通》，敘述源流，至爲明析。心敬乃援《尚書》爲例，謂事迹之可存者聖人必存，如典、謨、訓、誥是也；事迹之不可存者，聖人必删，如《左傳》所載是也。因而盡廢諸《傳》，惟以《經》解《經》。不思《經》文簡質，非《傳》難明。卽如「鄭伯克段于鄢」一條，設無《傳》文，則段于鄭爲何人，鄭伯克之爲何故？《經》文既未明言，但據此六字之文，抱遺經而究終始，雖聖人復生，沈思畢世，無由知其爲鄭伯之弟，以武姜内應作亂也。是開卷數行，已窒礙不行，無論其餘矣。況自有《六經》以後，歷漢至今，通儒輩出，其失經意者固多，得經意者亦不少。心敬乃一概排斥，謂孔子之後惟孟子能知，孟子之後直至心敬乃能知。甚至謂孔門諸子未見《春秋》，故《論語》無一字及之。子思亦未見《春秋》，故《中庸》亦無一字及之。至孟子搜索闕里，始見本經。揆以事理，豈其然乎？

春秋闕如編

《四庫提要·春秋類四》 《春秋闕如編》八卷。江蘇巡撫採進本。國朝焦袁熹撰。袁熹字廣期，金山人。康熙丙子舉人。是編爲袁熹未成之書，僅及《成公八年》而止。每卷有袁熹名印，蓋猶其稿本。前有其孫鍾璜《跋》，亦當時手跡也。自《穀梁》發常事不書之例，孫復衍有貶無褒之文，後代承流，轉相摹仿，務以刻酷爲經義。二百四十二年之中，上至天王，下至列國，無一人得免於彈刺。遂使游夏贊之而不能者，申韓爲之而有餘。流弊所極，乃有貶及天道者，呂枏《春秋說志》謂書季孫意如卒，所以見天道之左。《春秋》於是乎亂矣。袁熹是書，獨酌情理之平，立褒貶之準，謹持大義而刊削煩苛。如隱公盟蔑，諸家皆曰惡私盟。袁熹則謂繼好息民，猶愈於相虞相詐。至七年伐邾，事由後起，不容逆料而加貶辭。又謂會潛之戎，本雜處中國，修好息民，亦衰世之常事，褒貶俱無可加。謂無駭之書名，若後世帝室之胄不繫以姓，非貶而去之。謂書齊侯弟年，見齊之重我，使其親貴，非譏過寵其弟。謂書螟爲蟲傷苗稼，即當留意補助，不以此一事便爲惡。如此之類數十條，皆一洗曲說。至於武氏子求賻，乃魯不共命，天王詰責，豈敢反譏天王？家父求車，乃天子責貢賦有闕，《經》婉其文曰求車，不應舍其下，責其上。尤大義凜然，非陋儒所及。末附《讀春秋》數條，論即位或書或不書，四時或備或不備，有史所本無，有傳寫脫佚，非聖人增減於其間。亦足破穿鑿之說。近代說《春秋》者，當以此書爲最。雖編輯未終，而義例已備，於經學深爲有裨。非其經說諸書出於門人雜録者比也。

春秋義存録

《四庫提要・春秋類存目二》 《春秋義存録》十二卷。浙江巡撫採進本。國朝陸奎勳撰。奎勳有《陸堂易學》，已著録。是編力破《春秋》一字褒貶之說，頗能掃《公》《穀》拘例之失與宋儒深刻嚴酷之論，而矯枉過直。謂孔子全因舊史之文，然則所謂筆削者安在？所謂其義竊取者又安在？況《公羊》著《不修春秋》之文，《左氏》記河陽書狩之語，去聖未遠，必有所受。舉一二節可例其餘。乃謂除此數條之外，悉因魯國之成書。然則必如倪思之《班馬異同》，字字著原本、改本，郭茂倩之《樂府詩集》，篇篇分本詞入樂，而後信爲孔子有所修改耶？其疑胡《傳》而信《左氏》，亦足破以《經》解《經》之空談。而乃別出新奇，欲以孔子之言解《春秋》。凡一切子書，緯書所引，不問眞僞，一概闌入，已爲蕪雜。至於其文與《春秋》無關，如《莊公八年》「齊無知」一條，引《坊記》曰「子云：君不與同姓共車」一節，又引《文言傳》「積善之家」一節，註曰「案前條之義爲齊僖言也，後條之義爲齊襄言也」，似乎孔子一生無一語不因《春秋》而發者，有是理耶？至於《僖公二十年》「杞子卒」一條，引《論語》「子曰：夏禮吾能言之」一節，以合於《左傳》夷禮之說。而又註案「杞稱子《左傳》以爲《經》夷之，不若《穀》註時王所黜之說爲善」，是併駁孔義矣。全書大抵類是。是皆務高求勝之過也。

春秋鈔

《四庫提要・春秋類存目二》 《春秋鈔》十卷。江西巡撫採進本。國朝朱軾撰。軾有周《易傳義合訂》，已著録。是編不全載《經》文，但有所論說者，標《經》文爲題，而註某年於其下。其敘雖稱「惟恪守胡《傳》」，間有詞旨未暢及意有所未安者，始妄陳管窺之見」，然駁胡《傳》者不一而足。如「春王正月」即駁夏時之說，「伯姬歸于紀」即駁諸侯親迎之說，「州吁弑其君完」即駁不稱公子爲責君之說，「桓公、宣公書有年」即駁變異之說，「諸侯盟于幽」即駁首叛盟之說，「楚宜申來獻捷」即駁當力拒楚使上告天王之說，「齊人侵西鄙，公追齊師」即駁書人見示弱、書師見伏衆之說，「陽處父救江」即駁責晉不合諸侯之說，「齊人弑其君商人」即駁歸罪國人之說，「楚子圍鄭」即駁嘉楚討賊之說，「新宮災」即駁神主未入哭爲非禮之說，「甯喜弑其君剽」即駁廢立之說，「叔孫豹會虢」即駁尙信之說，「公如晉，至河乃復」即駁從權適變之說，「暨齊平」即駁暨爲不得已之說，「李孫意如會厥慭」即駁力不能加之說，「盜殺衛侯之兄縶」即駁歸獄宗魯之說，「從祀先公」即駁出于陽虎之說。如斯之類，不可殫數。所謂恪守胡《傳》蓋遜詞耳。至於攻擊《左傳》，則頗傷臆斷。如以鄭叔段「餬口四方」爲詭詞；謂段果出奔，鄭莊豈置之不問？以「戎伐凡伯于楚丘以歸」爲凡伯忍辱而自歸，非戎挾之以去；以「楚執蔡世子有用之」爲猶後世執蓋行酒之類，斷無殺而用祭之理；以《哀公八年》「宋執曹伯陽」爲未嘗滅曹，揆之古書，皆無佐證，核以事理，亦未盡安。他如「以成宋亂」之說，從劉敞而駁杜預。然聖經之意，正以始於義而終於利，兩節相形，其事婉而章耳。如直書先公之助亂，暴揚國惡，《春秋》無此法也。「許叔入許」，責其不告於王，不知乘隙復國，機在呼吸，往返告王，不衣冠而救焚溺乎？召陵之役，不聲楚僭王之罪，自以王樵之説爲定，而必謂苟以去王號責楚，迫於大義，當無不從，似非當日之事勢。至首止之會，責王世子不能爲伯夷、泰伯，抑又強天下以所難矣。其持論大旨，往往類此。雖駁胡《傳》實仍在胡《傳》門徑之中，不及所作《周易傳義合訂》遠矣。

春秋參義

《四庫提要・春秋類存目二》 《春秋參義》十二卷。浙江巡撫採進本。國朝姜兆錫撰。兆錫有《周易本義述蘊》，已著録。是書仍以胡安國《傳》爲宗。其所必不安者，亦間有附論一二，然必援朱子。蓋恐人議其異於胡氏，故稱朱子以正之。猶之《書經參義》，恐人議其異於蔡氏，亦必稱朱子以正之也。故卷首有《綱領》三十三條，於孔、孟之説題曰「特標」，於諸儒題曰「彙輯」、「彙録」，惟於《朱子語録》六則，題曰「遵録」。其宗旨可以概見云。

春秋事義慎考

《四庫提要・春秋類存目二》 《春秋事義慎考》十四卷。江蘇巡撫採進本。國朝姜兆錫撰，其書凡上、中、下三《考》，共十二卷，而附以《考前》、《考後》各一卷。《考》上曰《紀》時，曰《系名》。《考》中曰《正位》，曰《大婚》，曰《喪紀》，曰《祀典》，曰《賦税》，曰《工役》，曰《軍旅》，曰《蒐狩》，曰《刑法》，曰《朝聘之屬》，曰《會盟之屬》，曰《侵伐之屬》，曰《歸遺之屬》，曰《徵求之屬》，曰《告假之屬》，曰《取竊之屬》，曰《遊觀之屬》，曰《奔執之屬》，曰《歸入之屬》，曰《剗亡之屬》，曰《弑殺之屬》，曰《災荒之屬》，曰《變異之屬》。考下曰《事詞通義》，曰《事同書異》，曰《書同文異》，曰《釋文明義》，曰《隱文存義》，曰《省文約義》，曰《互文推義》，曰《單文錯義》，曰《闕文》，曰《衍文》，曰《誤文》。《考前》曰《聖經本末》，曰《列傳本末》，曰《王侯邦國》，曰《王侯世系》，曰《庶邦雜服》，曰《伯功本末》，曰《聖治本末》。《考後》曰《傳有經無》。每條皆分析辨論，大旨主于羽翼胡《傳》。然《春秋》一書，古今聚訟，胡氏曲爲之解，已多牴牾，兆錫復從而割裂分配，彌繁瑣而失當也。

公穀彙義

《四庫提要・春秋類存目二》 《公穀彙義》十二卷。浙江巡撫採進本。國朝姜兆錫撰其書以《公》、《穀》二《傳》主於發義，與《左傳》主於紀事者不同。且《左氏》失誣，其事文與義不待言。至二《傳》中有混其文以害義者，有泥其文以害義者，竝有竄其文而事與義俱害者。惟正終以正始，貴道不貴惠之屬，固卓乎道義之權衡，聖哲之軌範也。故擇之宜慎焉。因彙編二《傳》異同之處，別白其是非。而《左氏》發例釋經之文亦附見焉。於三家褒貶之例，無所偏主，頗足以資參考，較兆錫所註諸經似爲可取。然春秋事蹟，二《傳》多據傳聞，《左氏》所述則皆據簡策，兆錫駁二《傳》之事蹟，往往併《左氏》而駁之，則終不出宋人臆斷之學也。

春秋通論

《四庫提要・春秋類四》 《春秋通論》四卷。江蘇巡撫採進本。國朝方苞撰。苞有《周官集注》，已著録。是編本《孟子》「其文則史，其義則某竊取之」一意，貫穿全經。按所屬之辭，合其所比之事，辯其孰爲舊文，孰爲筆削，分類排比，爲篇四十。每篇之內，又各以類從，凡分章九十有九。考筆削之跡，自古無徵。《公羊傳》曰：「《不修春秋》曰：霣星不及地尺而復。君子修之曰：星霣如雨。」原本、改本竝存者此一條耳。《左傳》甯殖曰：載在諸侯之策，曰：「孫林父甯殖出其君。」《經》文則曰：「衛侯衎出奔齊。」其爲聖人所改與否，已不可定。至《左傳》稱仲尼謂以臣召君不可以訓，書曰「天王狩於河陽」。則但有改本，不知原本爲何語矣。故黃澤曰：「《春秋》所以難看，乃是失卻《不修春秋》。若有《不修春秋》互相比證，則史官記載，仲尼所以筆削者正自顯然易見。」是自昔通儒，已以不見魯史無從辯別爲憾。苞乃於二千餘載之後，據文臆斷，知其孰爲原書，孰爲聖筆，如親見尼山之操觚。此其說未足爲信。惟其掃《公》、《穀》穿鑿之談，滌孫、胡鍥薄之見，息心靜氣，以《經》求《經》，多有協於情理之平，則實非俗儒所可及。譬諸前修，其吳澄之流亞歟？

春秋比事目録

《四庫提要・春秋類存目二》 《春秋比事目録》四卷。江蘇巡撫採進本。國朝方苞撰。苞有《周官集注》，已著録。苞既作《春秋通論》，恐學者三《傳》未熟，不能驟尋其端緒。乃取其事同而書法互異者，分類彙録，凡八十有五類。然宋沈棐、元趙汸皆已先有此著。沈書僅有鈔本，趙書亦近日始刊行。苞在康熙中，二書未出，故不知而爲此屋下之屋，猶之顧棟高未見程公說書，乃作《春秋大事表》也。

日講春秋解義

《四庫提要・春秋類四》 《日講春秋解義》六十四卷。謹案：是書爲聖祖仁皇帝經筵舊稿。世宗憲皇帝復加考論，乃編次成帙。說《春秋》者莫夥於兩宋。其爲進講而作者，《宋史・藝文志》有王葆《春秋講義》二卷，今已散佚；張九成《橫浦集》有《春秋講義》一卷；《永樂大典》有戴溪《春秋講義》三卷。大抵皆演繹《經》文，指陳正理，與章句之學迥殊。是非惟崇政邇英、奏御之體裁如是，亦以統馭之柄在愼其賞罰，賞罰之要在當其功罪。而別嫌疑，明是非，定猶豫者，則莫精於《春秋》。聖人筆削之旨實在於是也。故孟子曰「《春秋》，天子之事也。」公扈子曰：「有國者不可以不學《春秋》，《春秋》國之鑑也。」董仲舒推演《公羊》之旨得二百三十二條，作《春秋決事》十六篇，其義蓋有所受矣。是編因宋儒進御舊體，以闡發微言。每條先列《左氏》之事蹟，而不取其浮夸。次明《公》、《穀》之義例，而不取其穿鑿。反覆演繹，大旨歸本於王道，允足明聖經之書法，而探帝學之本原。聖祖仁皇帝、世宗憲皇帝聖聖相承，鄭重分明，以成此一編，豈非以經世之樞要，具在斯乎？

春秋三傳事實廣證

《四庫提要・春秋類存目二》 《春秋三傳事實廣證》無卷數。兩江總督採進本。不著撰人名氏。採諸書所載春秋時事迹列於三《傳》之下。意取互相參證。然左氏親見國史，公、穀兩家已不及其確實，乃兼採諸子雜說寓言，欲以考校其是非，亦徒成其龐雜而已矣，於經義無補也。

半農春秋說

《四庫提要・春秋類四》 《半農春秋說》十五卷。內府藏本。國朝惠士奇撰。士奇有《半農易說》，已著録。士奇父周惕，長於說經，力追漢儒之學。士奇承其家傳，考證益密，於三《禮》核辨尤精。是書以禮爲綱，而緯以《春秋》之事，比類相從。約取三《傳》附於下，亦間以《史記》諸書佐之。大抵事實多據《左氏》，而論斷多採《公》、《穀》。每條之下，多附辨諸儒之說。每類之後，又各以己意爲總論。大致出於宋張大亨《春秋五禮例宗》、沈棐《春秋比事》，而不立門目，不設凡例。其引據證佐，則尤較二家爲典核。雖其中災異之類，反復辨詰，務申董仲舒《春秋》陰陽，劉向、劉歆《洪範》五行之說，未免過信漢儒，物而不化。然全書言必據典，論必持平，所謂元元本本之學，非孫復等之枵腹而談，亦非葉夢得等之恃博而辨也。

張之洞《書目答問・列朝經注經說經本考證》 《半農春秋說》十五卷。惠士奇。家刻本。

宋元春秋解提要

《四庫提要・春秋類存目二》 《宋元春秋解提要》無卷數。左副都御史黄登賢家藏本。國朝黄叔琳編。叔琳有《研北易鈔》，已著録。是編雜採宋、元諸家之説，而不加論斷。前有《總論》、《凡例》，亦皆採集舊文。卷首有自注脱落未寫者四十二條，書中亦多空白。蓋與其《宋元易解提要》均未竟之稿也。

春秋大事表　輿圖

《四庫提要・春秋類四》 《春秋大事表》五十卷。《輿圖》一卷。附録一卷。兩江總督採進本。國朝顧棟高撰。棟高有《尚書質疑》，已著録。是書以《春秋》列國諸事，比而爲表：曰《時令》、曰《朔閏》、曰《長歷拾遺》、曰《疆域》、曰《爵姓存滅》、曰《列國地理犬牙相錯》、曰《都邑》、曰《山川》、曰《險要》、曰《官制》、曰《姓氏》、曰《世系》、曰《刑賞》、曰《田賦》、曰《吉禮》、曰《凶禮》、曰《賓禮》、曰《軍禮》、曰《嘉禮》、曰《王迹拾遺》、曰《魯政下逮》、曰《晉中軍》、曰《楚令尹》、曰《宋執政》、曰《鄭執政》、曰《爭盟》、曰《交兵》、曰《城築》、曰《四裔》、曰《天文》、曰《五行》、曰《三傳異同》、曰《闕文》、曰《吞滅》、曰《亂賊》、曰《兵謀》、曰《引據》、曰《杜注正譌》、曰《人物》、曰《列女》。其《險要表》後附以《地形口號》，《五禮表》後附以《五禮源流口號》。《輿圖》則用朱字、墨字以分別古今地名。附録則皆諸表序幷表中所未及者，又爲辨論以訂舊説之譌。凡百三十一篇。考宋程公説作《春秋分紀》，以《傳》文類聚區分，極爲精密。刊版久佚，鈔本流傳亦罕。棟高蓋未見其書，故體例之間，往往互相出入。又表之爲體，昉於《周譜》。旁行斜上，經緯成文，使參錯者歸於條貫。若其首尾一事，可以循次而書者，原可無庸立表。棟高事事表之，亦未免繁碎。至參以七言歌括，於著書之體亦乖。然條理詳明，考證典核，較公説書實爲過之。其辨論諸篇，皆引據博洽，議論精確，多發前人所未發，亦非公説所可及。其《朔閏》一表，用杜預隱公元年正月起辛巳朔之説，與陳厚耀所推長曆退一閏者不合。蓋厚耀之書，棟高亦未之見，故稍有異同云。

張之洞《書目答問・列朝經注經説經本考證》 《春秋大事表》五十卷，《輿圖》一卷，附録一卷。顧棟高。原刻本。學海堂本太少。

春秋管窺

《四庫提要・春秋類四》 《春秋管窺》十二卷。浙江巡撫採進本。國朝徐庭垣撰。據《浙江遺書總録》，庭垣，秀水人，官新昌縣縣丞。然不言書成於何時。前有庭垣自序，亦無年月。案庭垣爲朱彝尊同縣人，而彝尊《經義考》不載是書，則在彝尊以後矣。自宋以來，説《春秋》者尊聖人而不知所以尊，遂以貶黜天王，改易正朔，舉天下千名犯義之事，皆誣稱爲孔子之特筆，而不知已亂名教之大防。庭垣自序駁諸儒之失，有曰「世但知推尊聖人，而不知孔子當日固一魯大夫也。於周天子則其大君，於魯公則其本國之君，於列國諸侯，則俱周天子所封建，與魯君竝尊者也。身爲人臣，作私書以賞罰王侯君公，此犯上作亂之爲，而謂聖人肯爲之乎？如謂所誅絶者非在位之王公，豈先王先公遂可得而誅之乎？昌言無忌，禍之招也。縱曰深藏其書，不輕示人。然聖人者不欺屋漏，明知犯上干禁而故作之，又深匿之以圖幸免，亦必無之事矣。舉世襲先儒之論，而不究其非。藉有妄人，亦曰我欲法《春秋》也，亦削天子位號，黜當代公卿，其將何辭以遏之」云云。其持論最爲正大。又自述注釋之例曰：「以《左傳》之事實質《經》，以《經》之異同辨例。於《公羊》、《穀梁》二《傳》及諸儒論釋，其合於義例，先後無悖者，不復置議。如其曲説偏斷，理有窒礙，則據經文先後以駁正之」云云。其立義亦爲明坦。其中如桓不書王之類，間亦偶沿舊説。然其大旨醇正，多得《經》意。與焦袁熹之《闕如編》，其識皆在啖、趙諸儒之上，正未可貴遠而賤近也。舊帙蠹蝕，字句間有殘闕，無別本可以校補。然大旨宏綱，炳然無損，正不以一二斷簡廢之矣。

春秋義補註

《四庫提要・春秋類存目二》 《春秋義補註》十二卷。江蘇巡撫採進本。國朝楊方達撰。方達有《易學圖說會通》，已著録。初，孫嘉淦作《春秋義》，大旨祖胡安國之說。後漸悟其非，旋自燬版。案：嘉淦自燬其版，事見此書《凡例》第三條中。方達嘗受知於嘉淦，因爲删補其文，以成是編。大旨於三《傳》多取《公》《穀》《經》文。如「裂繻」作「履綸」、「矢魚」作「觀魚」、「叔孫婼」作「叔孫舍」、「定姒」作「定弋」之類，亦多從《公》、《穀》。其《左傳》事迹，往往在所擯斥。如「天王狩于河陽」，《傳》有明文，乃云：「或魯史本書狩，或夫子書狩，皆不可知。」是并其可取之說亦不信也。於諸家多取宋以後，其唐以前之說僅採劉向《災異》一兩條。如「文公喪娶」一條，全用《春秋繁露》而不肯標董仲舒之名，蓋諱言宗漢儒也。其持論尤務爲深刻，二百四十二年之中，偶免譏彈者，惟「叔姬歸于紀」、「紀季以酅入于齊」、「紀叔姬歸于酅」、「葬蔡桓侯」、「齊師、宋師、曹師城邢」、「齊侯伐楚，次陘，盟于召陵」、「諸侯遂救許」、「宋公御說卒」、「狄救齊」、「楚人救衛」、「甯俞來聘」、「叔肸卒」、「伯姬歸于宋」、「仲孫蔑卒」、「宋伯姬卒」、「劉子、單子以王猛入于王城」、「叔孫舍卒」、「宋公佐卒于曲棘」、「劉卷卒」十八九條而已。而召陵之盟、甯俞之聘，嘉淦所許者，方達又推論其失，咎齊桓不聲楚僭王之罪，咎甯俞知聘魯而不知朝周。實則倖邀寬論者，僅十五六事也。其中自相矛盾者，如既謂隱公爲篡，又謂桓公爲弑，是以討篡爲弑也。既謂州吁弑桓公，而王不問，衛人立晉，而王不問，咎在天王，於王人子突救衛，又罪其知順逆，而不知衆寡。是爲天王者進退無不干咎也。朱子稱孫復說《春秋》如商君之法，若是書者又豈止於商君乎？其最甚者，拘泥常事不書之說，於十二公之薨，卽終於路寢合禮之正者，亦必求其所以貶。然則苟無所貶，則國君易代，史可不詳歟？至於「紀季姜歸于京師」，謂季姜非嫡長，不可以爲王后；「許叔八于許」，謂許君有子叔不奉之而自立；又不知其所據矣。

春秋義

《四庫提要・春秋類存目二》 《春秋義》十五卷。山西巡撫採進本。國朝孫嘉淦撰。嘉淦字錫公，興縣人。康熙癸巳進士，官至吏部尚書協辦大學士。謚文定。嘉淦以《春秋》一書比事屬詞，《經》本甚明，無籍於《傳》，乃盡去各《傳》，反覆《經》文，就事之前後比而屬之，尋其起止，通其脈絡。其事俱存，義亦可見。至日月、名氏、爵謚之間，則不復爲之穿鑿。然大抵以《公羊》常事不書之說爲根本，於《春秋》本旨未能盡愜。後自覺其失，旋燬其版。此猶其初刊時所印行云。語詳楊方達《春秋義補註》條下。

春秋地理考實

《四庫提要・春秋類四》 《春秋地理考實》四卷。安徽巡撫採進本。國朝江永撰。永有《周禮疑義舉要》，已著録。是編所列《春秋》山川國邑地名，悉從《經》、《傳》之次。凡杜預以下舊說已得者仍之，其未得者始加辨證，皆確指今爲何地。俾學者按現在之輿圖，卽可以驗當時列國之疆域及會盟侵伐之迹，悉得其方向道里。意主簡明，不事旁摭遠引，故名曰《考實》。於名同地異，注家牽合混淆者，辨證尤詳。如謂《隱公元年傳》「費伯帥師城郎」，其地在今廢魚臺縣，去曲阜二百里許。而《九年經》書「城郎」及《桓十年》「齊侯、衛侯、鄭伯來戰于郎」、《莊十年》「齊師、宋師次于郎」者，別爲魯近郊地名，則《公羊傳》所謂「吾近邑」、《左傳》記公子偃自雩門出先犯宋師與《哀十一年》「師及齊師戰于郊」、《檀弓》作「戰于郎」者，皆無疑矣。《僖公三十年傳》「燭之武見秦伯曰：許君焦、瑕」。杜預以焦、瑕爲晉河外列城二邑，與《傳》所云晉惠公賂秦以河外列城之五，東盡虢略，南及華山，內及解梁者不合。永則謂之武所言，乃于河外列城舉焦，于內及解梁城者舉瑕，以該所許之邑。引《水經注》云：「涑水西逕郇城，又西南逕解縣故城南，解梁卽斯城也。又西南逕瑕城，晉大夫詹嘉之故邑也」云云。且考定郇城在解故城東北二十四里，瑕城在解西南五里，二地相距三十里許。杜預於《成公六年》「絳大夫言郇瑕氏之地沃饒近鹽」，合郇瑕爲一，於《僖公十五年》瑕呂飴甥以瑕呂爲姓，皆失之。其訂譌補闕，多有可取。雖卷帙不及高士奇《春秋左傳地名考》之富，而精核則較勝之矣。

張之洞《書目答問・列朝經注經説經本考證》　《春秋地理考實》四卷。江永。學海堂本。

春秋經傳類求

《四庫提要・春秋類存目二》　《春秋經傳類求》十二卷。兩江總督採進本。國朝孫從添、過臨汾同編。從添號石芝，常熟人。臨汾，長洲人。是書始刻於乾隆己卯。取《春秋》三《傳》及胡安國《傳》分爲一百二十門。每門前列書法，後載事類，事類之中又自分《經》、《傳》。其《自述》謂本於蘇軾「《春秋》當以類求」一語。雖亦欲發比事屬辭之旨，然割裂繁碎，彌難尋檢。卷首列《春秋諸國圖説》一篇，亦取之蘇軾《指掌圖》。不知《指掌圖》後人贋作，非軾書也。

春秋管見

《四庫提要・春秋類存目二》　《春秋管見》無卷數。奉天府尹採進本。國朝魏樞撰。樞有《東易問》，已著録。是書雜採《春秋》三《傳》及胡《傳》之文，亦以己意附註於後。然大抵用意苛深，不出胡氏之門徑。其自出新意者，尤往往乖舛。如《春秋》魯史，以魯紀年，故正月書王以明有統。樞乃擅改《經》文，以周紀年，以魯附註。是但知竊襲《通鑑綱目》之例，而不知以周紀年則正月書王爲複。與僞本《玄經》既書「某帝某年」，又書「帝正月者」同一失矣。《哀公十四年》「春，西狩獲麟」，自當以獲麟爲重，樞乃謂：「冬獵曰狩，《經》雖絶筆於十四年之春，而實則十有三年之冬。不沒其春者，所以奉正朔而大一統之尊。必終於冬者，所以明天道而順四時之序。蓋隱寓行夏時之意。」是又節外生枝，屈孔子以就己説矣。如斯之類，比比而然，皆不足爲訓也。

三正考

《四庫提要・春秋類四》　《三正考》二卷。編修勵守謙家藏本。國朝吳鼐撰。鼐有《易象約言》，已著録。《春秋》以周正紀時，原無疑義。唐劉知幾始有《春秋》用夏正之説。至宋儒泥「行夏之時」一言，遂是非蠭起。元李濂著《夏周正辨疑》，明張以寧著《春王正月考》，而《經》義始明。鼐復取兩家之説，節其繁冗，益以近儒所論，補所未備，駁胡氏、蔡氏改月不改時及諸儒時月俱不改之説，以明《左氏》王周正月之旨，辨證極有根據。其中「三正通於民俗」一條，所引陳廷敬、蔡德晉諸説，於三代諸書所紀年月差互之處，一一剖其所以然，更足以破疑似之見。雖篇帙無多，而引證詳明，判數百年紛紜轇轕之論，於經學亦爲有功矣。

春秋深

《四庫提要・春秋類存目二》　《春秋深》十九卷。湖北巡撫採進本。國朝許伯政撰。伯政有《易深》，已著録。是書謂孔子既因魯史作《春秋》，其史中所載事實，卽爲之傳。今《左傳》中敘而不斷，言約旨精者，卽孔子所作。其有加註解，如「段不弟故不言弟」之類，又加論贊，如「君子曰」、「仲尼曰」之類。詞氣浮夸，多與《經》旨相悖，乃屬左氏增設。書内皆列之小註，使不與本《傳》相混。其有《傳》無《經》者，則全刪不録。按近時河南張沐著《春秋疏略》，以左爲列於《經》左之義，不爲人姓。伯政蓋踵是説。然又覺《傳》中論贊或稱孔子、或稱仲尼，究不類孔子所自作，故變更其説，歸於左氏增加耳。至《春秋》之用周正，原無可疑。其兼用夏正，以便民事，則有《周禮》「正月正歲」之文，顯然可據。伯政但摭經書中夏正之文以相詰難，蓋知其一不知其二。其《左傳》「王周正月」一語，尤爲確證。伯政并此二字詆爲不通，以爲後人所加。則凡古書之害於己說者，悉以後人竄入概之，天下無不可伸之論矣。惟其考定每年十二月朔日甲子，及節氣時刻，俾二百四十年間置閏之得失、干支之次序，一一可見，以伸其合於夏正之說，似乎可據。不知周正、夏正，在月不在日。其月雖相差六十日，而其日則六十甲子剛及一週。不論周正、夏正，其朔望原未嘗改，不足以爲建寅之據。亦不揣本而齊末也。

空山堂春秋傳

《四庫提要・春秋類存目二》　《空山堂春秋傳》十二卷。通行本。國朝牛運震撰。運震有《空山堂易傳》，已著録。是編說《經》，不信三《傳》，動相駁難，蓋宋劉敞、孫復之流。由其記誦淹通，足以濟其博辨，故異論往往而生也。

春秋筆削微旨

《四庫提要・春秋類存目二》　《春秋筆削微旨》二十六卷。陝西巡撫採進本。國朝劉紹攽撰。紹攽有《周易詳說》，已著録。是編採《公》、《穀》二傳附會之說，與孫、胡諸家臆斷之論彙爲一書，而更以己意穿鑿之。大旨惟以名字、月日爲襃貶，而掊擊《左氏》尤力。其說謂《左氏》不過敘事，於《經》義毫無發明，不知有事迹而後有是非，有是非而後有襃貶，但據書字爲襃矣。其所以襃之故，紹攽能研求其字而知之乎？但據書人爲貶矣，其所以貶之故，紹攽能研求一人字而知之乎？如宰咺賵惠公仲子爲貶，設無《左傳》，何由知仲子爲妾而貶之？齊高子來爲襃，設無《左傳》，何由知爲高徯存魯而襃之？幸藉《傳》而知其事，又諱所自來，以《傳》爲不足據，是何異迷途之人藉人爲導，得途之後，鞭其人而逐之乎？

春秋通論

《四庫提要・春秋類存目二》　《春秋通論》五卷。陝西巡撫採進本。國朝劉紹攽撰。是書與所著《筆削微旨》相爲經緯，而往往循文敷衍，罕所發明。如《桓三年》「日有食之既」一條云：「《春秋》日食三十六。隱之食者一，桓、文、成食者各二，僖、宣、定食者各三，莊之食者四，襄之食者九，昭之食者七。其中食既者三，此及宣八年七月、襄二十四年七月，皆變之甚者。」又《莊十五年》「鄭人侵宋」一條云：「外書侵五十有七，始於此，終《哀十三》晉魏曼多侵衛。書伐二百一十三。始《隱二年》鄭人伐衛，終《哀十三》公子申伐陳。天下之無道甚矣。」《僖十九年》「邾人執鄫子用之」一條云：「用人者二。此年用鄫子。《昭十一年》『楚執蔡世子有用之』。其虐爲已甚矣。」夫日食之爲災、侵伐之爲無道，殺人以祭之爲虐，亦何待贅言乎？

春秋隨筆

《四庫提要・春秋類四》　《春秋隨筆》二卷。洗馬劉權之家藏本。國朝顧奎光撰，奎光字星五，無錫人，乾隆乙丑進士，官瀘溪縣知縣。是編不載《經》文，但偶有所得則録之，故名「隨筆」。其中如「桓公會稷以成宋亂」，成自訓平，其下取鼎納廟之事，所謂美始而惡終也。而奎光取劉敞之說，以爲成就其亂。《春秋》諱國惡，二百四十二年無此徑遂之筆也。公子翬之寵自以翼戴之故，華氏之立、自以賂故，兩不相謀。而奎光謂立華氏爲翬之私，華氏立而翬遂命爲公子。夫國君樹其私人，豈必援鄰國之例？不立華氏，翬將終身不命乎？鄭滅虢檜，晉滅魏、霍，其事舊矣。而奎光謂滅國自齊桓始，何不考也？紀叔姬歸於酅，自重叔姬之節。而奎光謂以酅存紀，是牽陳滅書陳災之《傳》。莊公之娶哀姜，奎光謂因其色美，已爲臆度之詞，而又謂莊公未聞好色。彼築臺以臨黨氏，割臂以盟孟任，非好色之明證歟？

公子友敗莒于酈，奎光以爲與翬帥師、慶父帥師其專相等。此無論莒人責賂而來，居於必應之勢，非出軍疆外者比。且核以《傳》文，絶無專行之證，何所據而斷非君命也？子卒不書弑，自與隱公不書弑一例。而奎光以爲史臣之曲筆，豈《春秋》亦曲筆乎？敬嬴雨不克葬，自是適值其時。《公羊》以爲咎徵，已出附會，而奎光乃借以明天道，豈弑逆者葬必遇雨耶？且《春秋》以褒貶爲賞罰，不以果報爲勸戒，此非《經》義也。如斯之類，瑕纇蓋所不免。然如謂《春秋》例從義起，非義從例生。謂《春秋》有達例，有特筆，然亦須理會大處，不可苛細繳繞。謂春秋時天子僅守府，方伯亦失職，説者乃於小國見伐，責其不告，不足以服其心。謂《春秋》將以治世之無王者，而胡氏於宰咺歸賵則曰貶而書名，於榮叔歸含及賵則曰王不稱天，如此則無王自《春秋》始矣。謂説《春秋》者自相矛盾，既云爲賢者諱，又曰責賢者備；既曰隱公爲攝，又曰桓公爲簒：何者爲是？皆深中《春秋》家苛刻迂謬之弊，故其所論多能得筆削之旨。奎光嘗撰《然疑録》，所載説《春秋》諸條，與此相同。其爲先有此本，又編於《然疑録》中，或先載《録》中，又摘出別爲此本，均不可考。然《然疑録》頗爲瑣雜，論其菁華，則已盡此兩卷中矣。

春秋直解

《四庫提要・春秋類四》　《御纂春秋直解》十五卷。乾隆二十三年奉敕撰。以十二公爲十二卷，莊公、僖公、襄公篇頁稍繁，各析一子卷，實十五卷。大旨在發明尼山本義，而剗除種種迂曲之説，故賜名曰《直解》，冠以御製序文，揭胡安國《傳》之傅會臆斷，以明誥天下，與欽定《春秋傳説彚纂》宗旨同符。考班彪之論《春秋》曰：「平易正直，《春秋》之義也。」王充之論《春秋》曰：「公羊、穀梁之《傳》，日月不具，輒爲意使。平常之事有怪異之説，徑直之文有曲折之義，非孔子之心。」蘇軾之論《春秋》曰：「《春秋》，儒者本務。然此書有妙用，儒者罕能領會，多求之繩約中，乃近法家者流，苛細繳繞，竟亦何用？」朱子之論《春秋》亦曰：「聖人作《春秋》，不過直書其事，而善惡自見。」又曰：「《春秋》傳例多不可信，聖人紀事，安有許多義例。然則聖《經》之法戒，本其聞其見：聖人之勸懲，亦易知易從。自啖助、趙匡倡爲廢《傳》解《經》之説，使人人各以臆見私相揣度，務爲新奇以相勝，而《春秋》以荒。自孫復倡爲有貶無褒之説，説《春秋》者必事事求其所以貶，求其所以貶而不得，則鍛鍊周内以成其罪，而《春秋》益荒。」俞汝言《春秋平義序》謂「傳經之失不在於淺而在於深，《春秋》尤甚」。可謂片言居要矣。是編恭承訓示，務斟酌情理之平，以求聖《經》之微意。凡諸家所説穿鑿破碎者，悉斥不採，而筆削大義，愈以炳然。學者恭讀御纂《春秋傳説彚纂》以辨訂其是非，復恭讀是編以融會其精要，《春秋》之學已更無餘藴矣。

春秋正辭

張之洞《書目答問・列朝經注經説經本考證》　《春秋正辭》十三卷。莊存與。味經齋本，學海堂本。

春秋集古傳註　或問

《四庫提要・春秋類存目二》　《春秋集古傳註》二十六卷，《或問》六卷。兩江總督採進本。國朝郜坦撰。坦，淮安人。是書成於乾隆乙丑。首爲《纂例》十五篇，末爲《或問》六卷，言所以去取諸家之意。《經》文皆遵《左氏》，不遵《左氏》者，惟「紀子帛」改從伯、「君氏卒」改從尹、「鄭人來渝平」改從輸三條耳。其事蹟亦據《左氏》。其所集傳註，多用杜預、孔穎達、啖助、趙匡、陸淳、孫復、劉敞、孫覺、程子、許翰、胡安國、高閌、陳傅良、張洽、趙鵬飛、家鉉翁、吳澄十七家之説，而別採宋元諸家以輔之。在説《春秋》家，亦非純尚空談者。然持論亦傷深刻，又時時好出新意，而不盡允協。如改「君氏」爲「尹氏」，仍以爲郎公囚于鄭之「尹氏」，則沿襲金履祥之説，殊爲附會。又如趙盾弑君越境乃免，趙匡、劉敞、孫覺、朱子、呂祖謙諸儒皆以爲必非孔子之言。而坦於《或問》中則云：「越境而不返乎？晉國董狐又何言以正其弒？」於《集古傳註》中則云「去國不返，然後君臣之義絶。越境乃免之言，爲今無將之心者開一門路」云云。夫《春秋》作而亂臣賊子懼，曾謂聖人而爲後世開一門路，使姦雄藉口乎？至於城楚丘之說，其《傳註》本主劉敞，而《或問》則以爲主孫復。二書之中，不免偶傷牴牾，猶其小節矣。

春秋義解

《四庫提要・春秋類存目二》 《春秋義解》十二卷。湖北巡撫採進本。國朝劉夢鵬撰。夢鵬字雲翼，蘄水人。乾隆辛未進士，官饒陽縣知縣。是書卷首列孟子、朱子之論《春秋》者爲《述孟》、《述朱》。次爲《王朝世次考》、《列國世次考》、《魯世次考》。以下十二公爲十二卷。大旨尊《公》、《穀》而斥《左氏》。其《自序》謂：《公》、《穀》比事屬辭，義不詭於儒者，而斤斤於日月、名氏、爵號以求例，曾謂《春秋》之旨盡如是乎？若《左氏》紀事多而誤，說《經》疏而謬。如莒密州之事，《經》不云世子展輿也，而《左》以爲展輿。莒庶其之事，《經》不云世子僕也，而《左》以爲僕。蔡侯申之事，《經》賤者書盜也，而《左》以爲公孫翩。晉州蒲之事，《經》不云欒書、中行偃也，而《左》以爲欒書、中行偃。晉夷皋之事，《經》以爲趙盾也，而《左》以爲穿。鄭伯夷之事，《經》以爲歸生也，而《左》以爲宋。吳僚之事，《經》不云公子光也，而《左》以爲公子光。鄭髡頑，《經》以爲卒也，而《左》以爲公子騑之謀。楚子麇，《經》以爲卒也，而《左》以爲公子圍之逆。齊陽生，《經》以爲卒也，而《左》以爲陳乞以說於吳。其他大夫奔殿，《經》或止一二人，而《左》增入數人。會盟侵伐，《經》各有其事，而《左》或牽移他事。滕、薛，杞、宋，蔡、郳，各二國，經載分明，而《左》誤合爲一。緣陵、城杞，實繫兩地，而《左》以爲俱繫淳于。入祊假田，各有情事，而《左》以爲魯鄭相易。子帛君氏譌誤字也，而《左》以爲名稱。甲戌、己丑，兩存日也，而《左》以爲再赴。葬桓王，諱也，而《左》以爲改葬。子般，卒也，而《左》以爲殺。子牙，卒也，而《左》以爲酖。諸如世次增添，事迹舛誤，難以殫述。其持論甚辨，幾於季本、郝敬、毛奇齡。然《經》垂書法、《傳》述事實。必以《經》所不書卽爲增設，則河陽之狩，周天子眞巡狩矣。其論似通而實謬。至於深文過當，憑臆率斷。如以隱爲竊國，欺桓幼而攘之，垂涎十有餘年；以子同生爲哀姜張本，自子生至婦入，見其過期不取，昏姻不時；以季友志在奉僖，援齊得復，故賊閔公者乃季友非慶父；以齊崔杼之事，亦因景公附杼，故杼爲立景而生逆謀；以昭公三十二年吳伐越乃南越芊姓，非於越之越。亦可謂果於自信者矣。

春秋一得

《四庫提要・春秋類存目二》 《春秋一得》一卷。編修周永年家藏本。國朝閻循觀撰。循觀有《尙書讀記》，已著録。然《尙書讀記》多推求文句，未能闡帝王經世之大法，是編則於筆削大義多所發明。如曰：「胡氏夏時冠周月之說，理所必無。夫子作《春秋》以明文武之道、文武之制，而夫子更之，可乎？」曰：「武氏子來求賻，罪魯也。」曰：「州吁不稱公子，絶之於衛也。胡氏謂莊公不待以公子之道，以爲爲人君父之戒，何以懼亂臣乎？」曰：「諸侯不得專殺大夫，故凡大夫之殺，《春秋》皆稱國舉官，不論有罪無罪及殺當其罪否也。此義先儒多誤會。」曰：「說者謂王不稱天爲《春秋》貶黜天子，不亦甚乎？春王正月不曰天王，則天王、王一也。」曰：「梁山崩，穀梁氏曰：君親縞素帥羣臣而哭之，既而祠焉。斯崩山之壅河流者矣。此術者之言也。左氏曰：君爲不舉，降服乘縵，徹樂出次，祝幣史辭以禮焉。此有司之存也。胡氏曰：古之遭變異而外爲此文者，必有恐懼修省之心生於內，徒舉其文而無實以先之，何以弭災變乎？此儒者之道也。」其言明白正大多類此。惜止八十八條，未能成書也。

春秋日食質疑

《四庫提要・春秋類存目二》　《春秋日食質疑》一卷。編修程晉芳家藏本。國朝吳守一撰。守一字萬先，歙縣人。是書推考歲差加減，以證《春秋》所載日食之誤。春秋日月，以《長曆》考之，往往有譌，見於杜預《釋例》。此更詳其進退遲速以求交限，末附《詩書日食考二條》，以互相參證。但其云《隱公三年》「春王二月己巳朔，日有食之」，當是三月己巳朔，書二月者，晦朔之誤；《桓公三年》「秋七月壬辰朔，日有食之」，當是五月癸丑朔，書三月者，或夏正之譌。近者陳厚耀作《春秋長曆表》，以爲隱公元年以前非失一閏，乃多一閏。退一月就之。隱公元年正月爲庚辰朔，較《長曆》實退兩月，推至僖公五年止。以閏月小建爲之遷就，則隱、桓三年日食更不必疑矣。《僖公十五年》「夏五月，日有食之」，守一以爲當是三月甲戌。而顧棟高《春秋長曆拾遺表》以爲當是四月癸丑朔。《襄公二十四年》七八月遞食，守一與棟高皆從《大衍歷》，以爲八月無食。其他守一、棟高說亦多同，而皆不及厚耀之密。生數千載之後，必欲求歲差於秒忽之間，亦未見其悉得。姑存其說焉可矣。

張之洞《書目答問・正經正注》　《春秋日食質疑》一卷。吳守一。《指海》本。借月山房本。

春秋究遺

《四庫提要・春秋類四》　《春秋究遺》十六卷。安徽巡撫採進本。國朝葉酉撰。酉有《詩經拾遺》，已著録。是編多宗其師方苞《春秋通論》，而亦稍有從違。其曰《究遺》者，蓋用韓愈《贈盧仝》詩「《春秋》三《傳》束高閣，獨抱遺經究終始」語也。於胡《傳》苛刻之說及《公》、《穀》附會之例，芟除殆盡。於《左氏》亦多所糾正，乃往往幷其事迹疑之。如開卷之「仲子」，謂惠公違禮再娶，以嫡禮聘之可也。酉必據此謂諸侯可再娶，則衛莊公於莊姜見在復娶於陳，陳之厲嬀、有娣戴嬀，其正名爲嫡可知，亦將據以爲諸侯之禮可竝建兩嫡乎？郎之戰距桓公之立已十年，酉乃謂三國來討弒隱公之罪，《左傳》周班後鄭之說爲誣。鄫季姬之事，《左氏》以爲歸寧見止，於事理稍近。《公羊》以爲使自擇配，已屬難據。酉乃斷爲季姬已許鄫子，而僖公悔婚，故季姬義不改適，私會鄫子。「天王狩于河陽」，左氏所傳必有所受，此正筆削之微旨。而酉以爲周王欲省諸侯殷見之費，自往就之，所傳仲尼之言不可信。皆未免鑿空。《文公十二年》之子叔姬與《十四年》之子叔姬，酉以爲孿生之女，已屬臆度。又以齊人所執之子叔姬爲舍之妻，《傳》誤以爲舍之母。又以《宣公五年》齊高固所娶之子叔姬即以妻舍之子叔姬，竝非兩人。輾轉牽合，總以叔之一字不容有兩生義。不知女笄而字，不過伯、仲、叔、季四文。益以庶長之孟，亦不過五。設生六女，何以字之？是知未笄以前，用名爲別。既笄而字，字不妨複。因此而駁《傳》文，未免橫生枝節。莒人滅鄫，《傳》言恃賂。酉以爲襄公五年鄫已不屬魯，《傳》爲失實。而下文「季孫宿如晉」，又用《傳》「晉以鄫故來討，曰：何故亡鄫」之語。使鄫不屬魯，其亡與魯何關？亦爲矛盾。他如王不稱天、桓無王之說，因仍舊文，不能改正。而以趙岐《孟子注》「曹交，曹君之弟」語，證《左傳・哀公八年》「宋人滅曹」之誤，更爲倒置。然大致準情度理，得《經》意者爲多。其《凡例》中所謂變例、特文、隱文、闕文之說亦較諸家之例爲有條理。他若據《漢・地理志》辨戎伐凡伯之楚丘非衛地，據《史記》夷姜爲衛宣夫人、非烝父妾，據《宣公三年經》書「春王正月郊，牛之口傷，改卜牛。牛死，乃不郊」，辨魯不止僭祈穀之郊。若斯之類，亦時有考證。統核全書，瑕固不掩其瑜也。

春秋三傳釋疑

張之洞《書目答問・列朝經注經說經本考證》　錢塘《春秋三傳釋疑》十卷。未刊。

春秋十論

張之洞《書目答問·列朝經注經説經本考證》　《春秋十論》一卷。洪亮吉。《卷施閣集續刻》本。

春秋三傳異文箋

張之洞《書目答問·列朝經注經説經本考證》　《春秋三傳異文箋》十三卷。趙坦。學海堂本。

春秋説略

張之洞《書目答問·列朝經注經説經本考證》　《春秋説略》四卷。郝懿行。《郝氏遺書》本。

春秋經傳朔閏表

張之洞《書目答問·列朝經注經説經本考證》　《春秋經傳朔閏表》二卷。姚文田。在《邃雅堂學古録》內。家刻本。

春秋三傳異文釋

張之洞《書目答問·列朝經注經説經本考證》　《春秋三傳異文釋》十三卷。李富孫。蔣光煦刻。《別下齋叢書》本。

春秋名字解詁

張之洞《書目答問·列朝經注經説經本考證》　《春秋名字解詁》二卷。王引之。自刻本附《經義述聞》後。

春秋經傳朔閏表發覆

張之洞《書目答問·列朝經注經説經本考證》　《春秋經傳朔閏表發覆》四卷。施彦士。附刻范景福《春秋上律表》四篇。《求己堂八種》本。孔繼涵《春秋閏例日食例》，未見傳本。

春秋經傳比事

張之洞《書目答問·列朝經注經説經本考證》　《春秋經傳比事》二十二卷。林春溥。《竹柏山房十一種》本。

春秋屬辭辨例編

張之洞《書目答問·列朝經注經説經本考證》　《春秋屬辭辨例編》六十卷。張應昌。蘇州局本。

三